本成果受到中国人民大学"中央高校建设世界一流大学(学科)和特色发展引导专项资金"支持,项目批准号:15XNLG09

大国学研究文库

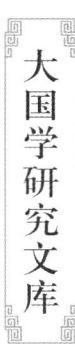

文献学与语文学视野下的蒙古史研究

Mongolian History: Its Sources and Philological Criticism

乌 兰○著

中国社会科学出版社

图书在版编目（CIP）数据

文献学与语文学视野下的蒙古史研究/乌兰著. —北京：中国社会科学出版社，2021.12

（大国学研究文库）

ISBN 978-7-5203-6909-1

Ⅰ. ①文… Ⅱ. ①乌… Ⅲ. ①蒙古族—民族历史—中国—文集 Ⅳ. ①K281.2-53

中国版本图书馆 CIP 数据核字（2020）第 142172 号

出 版 人	赵剑英
责任编辑	顾世宝
责任校对	闫 萃
责任印制	戴 宽

出　　版	中国社会科学出版社
社　　址	北京鼓楼西大街甲 158 号
邮　　编	100720
网　　址	http://www.csspw.cn
发 行 部	010-84083685
门 市 部	010-84029450
经　　销	新华书店及其他书店
印　　刷	北京君升印刷有限公司
装　　订	廊坊市广阳区广增装订厂
版　　次	2021 年 12 月第 1 版
印　　次	2021 年 12 月第 1 次印刷
开　　本	710×1000　1/16
印　　张	45.25
插　　页	2
字　　数	766 千字
定　　价	258.00 元

凡购买中国社会科学出版社图书，如有质量问题请与本社营销中心联系调换
电话：010-84083683
版权所有　侵权必究

目　录

第一部分

《蒙古源流》成书的历史背景及其作者 …………………………（3）
《蒙古源流》的流传及其研究 ……………………………………（16）
《汪国钧本蒙古源流》评介 ………………………………………（31）
《元朝秘史》版本流传考 …………………………………………（44）
《元朝秘史》版本流传续考 ………………………………………（59）
关于《元朝秘史》顾校本的几个问题 ……………………………（79）
《元朝秘史》文献学研究史简述 …………………………………（89）
《〈蒙古源流〉研究》导论 ………………………………………（107）
《〈元朝秘史〉校勘本》前言 ……………………………………（157）

第二部分

《元朝秘史》"兀真"考释 ………………………………………（201）
关于《元朝秘史》中的"马阿里黑·伯牙兀歹" ………………（206）
关于《元朝秘史》旁译缺失的词汇 ………………………………（215）
从新现蒙古文残叶看罗桑丹津《黄金史》与《元朝秘史》之关系 ……（242）
Wang Guowei's Collation of the Secret History of the Mongols ………（255）
王国维的《元朝秘史》校勘与其蒙元史研究之关系 ……………（267）
额尔登泰先生与《蒙古秘史》研究
　　——纪念额尔登泰先生诞辰一百周年 ………………………（291）

第三部分

满都海哈屯与达延汗
　　——《蒙古源流》选译并注释 ……………………（299）
从亦思满被诛到兀鲁思孛罗遇弑
　　——《蒙古源流》选译并注释 ……………………（327）
"右翼之战"与达延汗统治的最终确立
　　——《蒙古源流》选译并注释 ……………………（353）

第四部分

蒙古征服乞儿吉思史实的几个问题 ………………………（377）
关于达延汗史实方面几个有争论的问题 …………………（389）
Dayan 与"大元"
　　——关于达延汗的汗号 ……………………………（404）
17 世纪蒙古文史书中的若干地名考 ………………………（411）
关于蒙古人的姓氏 …………………………………………（427）
《八旗满洲氏族通谱》蒙古姓氏考 …………………………（436）
关于月伦太后与朵颜山关系问题
　　——应当合理挖掘利用历史文化资源 ……………（458）
关于成吉思汗祖源的一些思考 ……………………………（468）
成吉思汗去世及埋葬地问题再研究 ………………………（480）
蒙古国西部新发现汉文崖壁诗所涉史事考 ………………（498）
释"庆元儒学洋山砂岸复业公据"中的八思巴文 …………（509）

第五部分

印藏蒙一统传说故事的由来 ………………………………（515）
关于成吉思汗"手握凝血"出生说 …………………………（524）
古代蒙古人历史编纂之特点
　　——从《元朝秘史》到《蒙古源流》的变化 …………（531）

蒙古文历史文献中涉及"国"及其相关概念的一些表述方法 ………（546）

第六部分

关于整理蒙文史籍的意见 ………………………………（565）
近年の中国に於ける蒙古史研究の概要 ………………（568）
近年来国内外蒙古史研究概况 …………………………（581）
日本的蒙古史研究概述 …………………………………（606）
日本的《元朝秘史》研究概况 …………………………（616）
日本における『元朝秘史』研究の歴史をたずねて
　　——早稲田大学で過した研究生活の回顧として ………（625）
"第九届国际蒙古学家大会"纪要 ………………………（636）
罗依果先生简介及著作目录 ……………………………（655）
亦师亦友三十载
　　——怀念尊敬的罗依果先生 ………………………（663）

第七部分

清格尔泰先生访谈录 ……………………………………（675）
蔡美彪先生访谈录 ………………………………………（694）
周清澍先生访谈录 ………………………………………（699）

后　记 ……………………………………………………（710）

第一部分

《蒙古源流》成书的历史背景及其作者

　　《蒙古源流》（Erdeni-yin Tobči. 以下简称《源流》）是蒙古人重要的史书之一，问世于结束蒙古文化"黑暗时期"的17世纪。书中有关明代蒙古的大量记载，是研究明代蒙古史的重要史料，书中有关蒙古汗系祖源以及蒙元时期蒙古史的记载，反映了17世纪蒙古人历史观方面的变化。这样一部史书的出现，与16世纪以来蒙古地区的政治、经济形势、思想风气，以及作者个人的家庭环境、生活经历和思想意识都有着密切的关系。关于这方面的问题，前人已有一些论述①，本文将在前人研究成果的基础上，补充一些新的史料，展开进一步的分析论述。

历史背景

　　《源流》成书于17世纪后半叶。17世纪在蒙古历史和蒙古史学发展史上都是特殊时期。自16世纪末起，曾经因达延汗的崛起而重振的蒙古政局再度走向衰落，至17世纪30年代，大汗的直属部落及漠南蒙古诸部都落入清王朝统治之下。汗统断绝，外喀尔喀、卫拉特诸部亦处于被兼并的危境之中。从17世纪初起，《阿勒坦汗传》、《黄金史纲》、罗桑丹津《黄金史》、《黄史》、《源流》、《阿萨刺黑齐史》等蒙古人自己创作的史书相继问世，形成了自13世纪《元朝秘史》成书以来蒙古史学发展史上

---

　　① ［日］江实：《蒙古源流（译注）》（东京弘文堂，1940年）研究篇第二编。［比］田清波（A. Mostaert）：*Erdeni-yin Tobci, Mongolian Chronicle by SagangSecen*（《宝史纲，萨冈彻辰的蒙古编年史》，哈佛大学出版社1956年版）导言。周清澍、额尔德尼巴雅尔：《〈蒙古源流〉初探》，载《民族史论丛》，吉林人民出版社1980年版。

的第二个高峰。这批蒙古史书集中出现于 17 世纪，且多产生在蒙古漠南鄂尔多斯、土默特地区，不是一种偶然现象，而是由多方面因素促成的必然结果。

社会的稳定——史书创作的政治条件 1368 年，元王朝被朱元璋建立的明王朝所取代。元朝最高统治者北归蒙古草原后，一方面，在元明鼎革之际，蒙明战争尚未见分晓的时候，蒙古汗室又卷入了异系、异姓权臣们争夺汗权的内乱漩涡中。先是阿里不哥后裔与忽必烈后裔争权，也速迭儿乘脱古思帖木儿汗被明军打败之机，弑君篡位。后来是蒙古本部与别部瓦剌异姓贵族为争夺全蒙古的统治权进行了长期的斗争，瓦剌首领也先还一度登上大汗的宝座，杀元裔几尽。也先死后，孛来、毛里孩等强部首领崛起，满都鲁即位之后，权臣秉政，阿罗出、孛罗忽、癿加思兰、亦思马因勾心斗角，互相诛杀，蒙古草原扰无宁日。到 15 世纪 80 年代，达延汗即位，开始逐步统一蒙古。他打败了瓦剌，消除了来自别部的威胁，诛杀了权臣亦思马因，把政权真正掌握在大汗手中，征服右翼诸部，扫平了割据势力，又将诸子分封于各部之中，将蒙古本部各部收归自己及子嗣的统治之下，使蒙古社会出现了相对稳定发展的状态。这种局面一直持续到 17 世纪前半叶林丹汗败亡前后。另一方面，蒙古与明朝间的战争自明初以来长年不断，先是蒙古为反攻中原，明朝为肃清"残元"而展开了激烈的争战。经过多年的较量，蒙古的主力受到重创，元气大伤，明朝也付出了巨大的代价。双方已无力大战，形成蒙、明对峙的局面。明朝的边防逐渐收缩，至 15 世纪中叶"土木之变"后，明朝的防线基本上稳定在西起嘉峪关，东到山海关的长城一线，九边之外的河套、丰州、开平、大宁及其以北地区成为蒙古稳定的驻牧区。明初以来出现的蒙明势力范围的拉锯状态基本结束，地域界限趋于稳定。蒙明之间在边境上的摩擦虽然经常发生，但总体上说来，蒙古深入明境的时候多，明军深入蒙古的时候少。来自明朝方面的攻击日渐减少，乃至消除，也成为蒙古地区由动荡转为安定的原因之一。就是说，自 16 世纪初以来，蒙古社会的政治形势出现了好的转机，内忧外患大幅度减少，人民生活趋于安定，社会开始走上正常发展的道路。

以往的百余年间，蒙古社会外扰内乱不断，统治者尚不能时时安享太平，人民更是饱尝战争之苦。据明朝方面的报道，仅在明初，蒙古就在战争中损失了不少图籍①。我们现在看不到在蒙古地区保存下来的 16 世纪中叶以前的任何一部明代蒙古文化作品，就足以证明这一点。尽管蒙古人的文化传统在明初以来的约 200 年间没有完全丢弃，蒙古文字一直在传习使用，但毕竟缺乏一个安定的局面，无法大量出现书面作品。有学者把元末至 16 世纪后半叶的时期称为蒙古历史上的"黑暗时期"，说这一时期蒙古人的文化倒退了②。

鄂尔多斯、土默特两部原为异姓封建主满都来、火筛控制的强部，后被达延汗收服，在达延汗重新组建蒙古本部时，仍被编入右翼，成为右翼三万户中的两个万户。这两部的新统治者的系统都出自达延汗的第三子巴尔斯博罗特。巴尔斯博罗特是达延汗统一各部后所封的第一任济农（受封时间约在 1510 年），他的直辖部即为鄂尔多斯万户。他的济农之号和鄂尔多斯万户的首领之位由其长子衮·必里克一系继承；他的次子阿勒坦一系为土默特万户的首领。巴尔斯博罗特与衮·必里克、阿勒坦父子三人都是精明强干、足智多谋的政治家，他们凭借属部较好的实力基础和封地较好的自然条件，在很短的时间内将鄂尔多斯部和土默特部发展成为蒙古诸部中势力最强的两大部落，政治声望一时超过了大汗的直辖部——左翼的察哈尔万户。尤其是阿勒坦汗在衮·必里克济农中年去世之后雄长诸部，成为右翼实际上的领袖。在阿勒坦汗控制时期，蒙古右翼部落政治上很大

---

① 《明太祖实录》洪武三年五月辛丑："……左副将军李文忠师趋应昌……明日克之，获元主嫡孙买的里八剌并后妃宫人暨诸王省院达官士卒等，并获宋之玉玺金宝一十五、宣和殿玉图书一、玉册二……"洪武二十一年四月丙辰："黎明至捕鱼儿海南饮马，侦知虏主营在海东北八十余里。[蓝]玉以[王]弼为前锋，直薄其营……忽大军至……虏主脱古思帖木儿与其太子天保奴、知院捏怯来、丞相失烈门等数十骑遁去……获其次子地保奴……得宝玺图书牌面一百四十九、宣敕照会三千三百九十道……"洪武二十五年八月庚申："总兵官都指挥使周兴遣人送所俘胡兵至京。先是兴率师至……安达纳哈出之地，见车马迹，遂追至兀者河，得空车百余辆，将还，适永平卫百户汪广报言哨遇胡兵……胡兵弃辎重溃去。兴乃遣燕山左护卫指挥谢礼率轻骑疾追之，至彻彻儿山，又大败之，生擒五百余人，获马驼牛羊及银印图书、银字铜牌等物，悉送京师。"

② [苏] 符拉基米尔佐夫（Б. Я. Владимирцов）：《蒙古书面语与喀尔喀方言比较语法》（陈伟、陈鹏译，青海人民出版社 1988 年版，第 23 页）："蒙古书面语发展的第二阶段一直延续到 16 世纪的末叶，其中经历了蒙古史上的黑暗时期（从 14 世纪末起，即从元朝灭亡直至 16 世纪后半叶）。这时，蒙古人在文化方面倒退了……"[蒙] 比拉（Ш. Бира）：《蒙古史学史》（陈弘法译，内蒙古教育出版社 1988 年版，第 138 页）："至今尚未发现一部成书于蒙古'黑暗时代'——14 世纪末至 16 世纪末的完整史著……"

的一件事就是处理与明朝的关系。为了获得生产、生活所需的农业、手工业产品以及统治者所需的奢侈品，鄂尔多斯、土默特等部在重建初期也曾频频侵掠明边，虽然有所收获，但自身损失也不小。16世纪40年代初，阿勒坦汗开始向明廷提出通贡互市的请求，期望通过和平的途径与明朝进行正常的物资交流。然而，由于双方统治集团积怨太深，明廷一再拒绝了阿勒坦汗的请求，而阿勒坦汗则更为猛烈地侵掠明边，以示报复，其中包括轰动一时的1550年"庚戌之变"。在阿勒坦汗的军队兵围都城的不利情况下，明廷被迫同意开放马市以换取蒙古退兵。但仅过一年多，马市就因来自明廷方面的阻力而停市，招致蒙古右翼部落又恢复侵扰边境20年，直到16世纪70年代初明廷改变了政策，双方才达成和议，"俺答封贡"终于告成。

总之，自16世纪以来，蒙古地区尤其是鄂尔多斯、土默特地区较为安定稳固的社会环境，为17世纪蒙文史书准备了土壤。

经济的恢复和发展为史书的创作提供了物质基础　明初以来，蒙古社会战乱频仍，几无宁日。战乱本身牵扯、耗费了大量的人力、物力，影响了人们正常的生产、生活；战乱的结果又使人口和牲畜大量减少，牧场荒废，使生产力的发展严重受阻；加之对外经济联系基本上被切断，蒙古的社会经济陷入了极其艰难的境地。人们不是为战事所累，就是为生计奔波，不可能有多少闲心从事创作，而且物质条件也满足不了创作的需求。不说别的，光是作为主要书写材料的纸张就非常缺乏，这一点会直接影响大部头作品的创作。纸张缺乏的问题即使在经济开始复苏的年代也常常困扰蒙古地区①。

15世纪中叶以后，蒙古的经济开始逐渐复苏，牧地、牲畜和人口都有所增加。到达延汗时期，由统一带来的相对稳定的社会环境，由分封子嗣等形成的诸部划地而牧，都有利于生产的发展，蒙古的经济状况有了较明显的改善。诸部之中，发展最快的还应当数鄂尔多斯部和土默特部。鄂

---

①　因为游牧经济的限制，明代蒙古人自己仍不生产纸张，来源主要仰仗同中原交换；纸张一般只用来书写表章文件。不得已时，羊皮、白桦树皮、木板等也用来写字。蒙古缺乏纸张的情况，在外界也有些反映。例如，《明孝宗实录》弘治十七年三月壬午条记载说达延汗的使臣以"番地纸难得"为由，不肯返回重写公文；《李朝实录》世宗二十四年五月戊辰条记载说蒙古皇帝的使臣所示蒙古字敕书"纸似黄色薄纸"。阿勒坦汗与明朝实现通贡互市之后，明廷"每给以纸笔之具"（《北虏风俗·尊师》），蒙古还可以用牲畜、畜产品、木材等从汉地换得纸张。

尔多斯部所占据的河套地区、土默特部所占据的丰州川地区，都是水草丰美、气候适宜的得天独厚的好地方，这两部凭借所据地区优越的地理条件，大力发展畜牧业，牲畜头数大量增加，阿勒坦汗的土默特部牲畜数量一时达到了"马四十万、橐驼牛羊百万"①。从历次与明朝通贡互市的情况、向三世达赖喇嘛等西藏高僧进献礼品的情况来看，土默特部和鄂尔多斯部的牲畜数字都相当可观。畜牧业是蒙古的传统经济形式，也是其主要的生产部门。尽管畜牧业生产有了较大的发展，部落的实力因此有所增强，然而单一的畜牧业经济毕竟不能满足社会多方面的需求。为了弥补畜牧业经济的不足，土默特部、鄂尔多斯部又因地制宜开发农业。16世纪中叶开始，阿勒坦汗组织汉地移民（包括战俘和自愿来投者）在丰州川开展农业生产，种植粮食、蔬菜以及经济作物，将这里发展成了一块繁荣的半农半牧地区。鄂尔多斯地区也有人从事耕作②。手工业也取得了较大发展。牧民日常生活中所需用具多由牧民自制，与畜牧业生产有关的工具也由牧民自家制作完成，专业手工业生产者担负铁加工、精巧木制品加工、金银珠宝加工等专项手工产品的生产任务，生产技艺已达到相当高的水平，蒙古人生产的铁制品、木制品还曾受到中原汉人的称赞。随着中原一批批汉族工匠的涌入和西藏一些工匠的到来，土默特地区、鄂尔多斯地区的建筑业有了较快的发展。最具代表意义的建筑成果是土默特地区的库库河屯城（今呼和浩特的前身），另外土默特地区的大召、席力图召（均在库库河屯城内）、美岱召，鄂尔多斯地区的王爱召、准格尔召等藏传佛教寺院，也都堪称建筑艺术的精品。

自16世纪70年代初阿勒坦汗与明廷达成协议后，土默特部、鄂尔多斯部等右翼诸部成为明朝互市的主要对象，诸部用马匹等畜牧业产品从汉地交换到生产和生活所需农业、手工业产品以及上层渴求的奢侈品，满足了自身社会的需求，同时又刺激了畜牧业的进一步发展，使整个经济形势

---

① 《万历武功录》卷七《俺答列传上》。
② 《北房风俗·耕猎》："今观诸夷耕种，与我塞下不甚相远。其耕具有牛，有犁；其种子有麦，有谷，有豆，有黍。此等传来已久，非始于近日。惟瓜瓠茄芥葱韭之类，则自款贡以来，种种俱备。"《读史方舆纪要》（卷四四）："嘉靖初，中国叛人逃出边者，……有众十余万。南至边墙，北至青山，东至威宁海，西至黄河岸，南北四百里，东西千余里，一望平川，无山陂溪涧之险，耕种市廛，花柳蔬圃，与中国无异。"《秦边纪略》卷六《河套》："河套地饶，耕稼如中国。"

进入良性循环。

经济的不断发展，带来了社会文化生活的活跃。16世纪末《甘珠尔》《丹珠尔》等巨帙藏文佛教著作蒙译工程的开工，说明经过一段时期经济的增长，蒙古地区已具备了创作大部头文化作品的客观物质条件，随后于17世纪出现蒙文史书创作高峰的现象，也就不足为奇了。

藏传佛教的普及对史书的编纂有巨大影响　元亡以后，藏传佛教在蒙古宫廷内还有一些断断续续的活动，但影响很小，作用也有限。16世纪10年代，被达延汗击败的原永谢布部首领亦不剌携残众西遁青海湖地区，在包括藏族在内的地区重图发展，不久又有卜儿孩一支"逃据海西"[①]，与亦不剌联营。至16世纪30年代，右翼鄂尔多斯部、土默特部开始经略青海湖地区，衮·必里克济农和阿勒坦汗曾两次率军攻入该地区，给亦不剌等人以沉重的打击。衮·必里克济农去世以后，阿勒坦汗又多次出兵青海湖地区，把这一地区纳入自己的势力范围。在经略青海湖地区的过程中，蒙古右翼部落首次接触到藏族部落。阿勒坦汗之子丙兔所部留驻青海湖地区，衮·必里克济农之孙宾兔所部驻牧松山地区（今甘肃省永登县、天祝藏族自治县一带），打通了右翼蒙古部落通往藏区的道路，为藏传佛教传入蒙古地区创造了契机。16世纪60年代中期，衮·必里克济农之孙库图克台·彻辰·洪台吉率鄂尔多斯军深入青海藏区，将当地三位高僧带回鄂尔多斯。库图克台从此皈依佛教，成为蒙古本部地区与藏传佛教建立联系的积极推行者。16世纪70年代初，阿勒坦汗会见藏族僧人阿升喇嘛，并听其传教，也开始信奉佛教。1578年，阿勒坦汗、库图克台与藏传佛教格鲁派高僧索南嘉措（即三世达赖喇嘛）在仰华寺会见之后，藏传佛教迅速传入蒙古右翼部落，渗透到社会各个领域，并进一步传入其他蒙古部落，给整个蒙古社会带来了全面的影响。

作为一种宗教，藏传佛教首先在蒙古人的精神生活方面产生了巨大的影响，佛教的思想已深入人心，成为人们行为的依据和准则。反映在文化事业方面，蒙译藏文佛经典籍，学习佛学理论和佛教传播史的活动成为时尚，一批新型的文化人——以佛教思想武装头脑，蒙、藏兼通，具有一定本民族历史、文化知识的人随之产生，而佛学理论和佛教传播

---

① 《明实录》嘉靖六年冬十月癸巳、十年闰四月癸亥、十年六月戊寅、十一年正月丁卯、十二年二月癸卯条。

史带来的新思想和新知识又刺激了蒙古史书的创作。从前由于战乱未能记载成书的历史，因时局的稳定和经济的发展已获得落实于文字的条件，思想上的新变化又使人急于重新解释某些历史现象。17世纪产生的《源流》等史书，大多是按照一种新的创作模式——印、藏、蒙一统相承的叙述方式完成的，主要特点是宣传所谓印、藏、蒙一统的思想，将佛教在三地的弘传史与三地的王统史结合起来叙述，反映了藏传佛教文化的启迪与影响。

政治局势的变化成为史书创作的重要促发因素 集中产生了一批蒙文蒙古史书的17世纪，在蒙古历史上是一个特殊时期。自16世纪初动荡的蒙古政局因达延汗的统一而稳定下来后，蒙古社会经历了一段较为平稳的发展时期，但是到了16世纪末叶，蒙古已开始感受到来自新兴势力女真（后称满洲）的威胁。经过三四十年的摩擦、冲突，至17世纪30年代漠南蒙古诸部已先后被满洲统治者所制服，大汗林丹汗遁死青海大草滩，传续了四百多年的蒙古汗统从此不复存在。满洲贵族建立清王朝后，继续向外扩张，蒙古外喀尔喀和卫拉特诸部亦面临险境，命运凶多吉少。蒙古人一次次的反抗遭到了失败，而清朝的统治日趋巩固。残酷的现实和可怕的前途不可能不给蒙古贵族以思想上的触动，他们心怀忧虑，但又对改变现状无能为力，感到大势已去、回天无力。这种无奈的心情使贵族出身的文人自然怀恋起以往的岁月，触发了他们的创作意念。他们急切地要写下自己民族的历史，让子孙后代了解并记住蒙古人高贵的血统、源远流长的历史和曾经有过的辉煌业绩。迫于政治的压力，这一创作动机当然不可能直截了当地写出来，不过我们还是可以从书中体会到作者们这方面的用心。如《黄史》的作者在卷首一开始就引用了五世达赖喇嘛在《西藏王臣记》中说过的一句话："凡人不知其来源，则如林中迷路的猴子；不知其宗族，则如玉石雕成的假龙；不读其家史，则如遭到遗弃的婴儿。"《阿萨剌黑齐史》的作者在引用五世达赖喇嘛的这句名言后接着说："为使如今尚不知晓者了解，为使后来人继续修纂而概略写成此书。"罗桑丹津在《黄金史》的后记中提到撰写该书的目的是"让广大的人民世代传阅"。

综合来说，在多种因素构成的这样一种历史背景下，17世纪蒙文史书相继问世，形成了自《元朝秘史》以来的第二个创作高峰。而《源流》是其中最能反映时代特征的一部。

作 者

《源流》作者对自己的名号、生平有所交代。他名叫 Saγang（萨冈），出身成吉思汗黄金家族，有 sečen qong tayiji（彻辰·洪台吉）和 erke sečen qong tayiji（额尔克·彻辰·洪台吉）称号。他出生于 1604（甲辰）年，父亲称 Batu qong tayiji（巴图·洪台吉），祖父称 Öljei ildüči darqan baγatur（鄂勒哲·伊勒都齐·达尔罕·巴图尔），曾祖父就是有名的 Qutuγai sečen qong tayiji（库图克台·彻辰·洪台吉），四世祖称 Nom tarni qoo-a tayiji（诺木·塔尔尼·郭斡·台吉）。他们的家族属达延汗第三子巴尔斯博罗特的长子衮·必里克济农一系，诺木·塔尔尼作为衮·必里克的第四子，分封到的部落是 Besüd（别速）和 Üüšin（乌审），属鄂尔多斯万户的右翼，从库图克台到萨冈，他们的驻牧地一直在 Yeke Šiber（伊克·锡别尔，今译"大石砭"，在内蒙古自治区伊克昭盟乌审旗境内南部）一带。他们这一支虽然不是衮·必里克济农的嫡支，但由于库图克台个人超群的能力和举足轻重的作用，奠定了他们这一支在鄂尔多斯万户诸部中重要地位的基础，几代子孙也都表现不俗，均受重用。他们这一支在诸部中享有很高的声望，是一时的实力派。库图克台指挥过多次重大战役，足迹远达额尔齐斯河、青海地区三河汇流处等地，博硕克图即济农位的仪式是由他来安排和主持的，他与土默特万户首领阿勒坦汗关系密切，很受阿勒坦汗的赏识，阿勒坦汗就是采纳了他的建议才决定迎请西藏高僧索南嘉措的，而他在引进、推广藏传佛教的一系列活动中的作用，更抬高了他在人们心目中的地位。他还是大汗图们·札萨克图汗所设五执政之一，参与蒙古本部六万户的总体协调管理。库图克台的长子鄂勒哲·伊勒都齐曾参加攻打托克马克和瓦剌的战役，表现得勇敢顽强，因此获得巴图尔·彻辰·洪台吉的称号，参与执事，鄂勒哲的长子巴图 13 岁即随博硕克图济农出征汉地，在与宁夏明军作战时活捉一人，因而获得达尔罕·巴图尔的称号，15 岁时随留守部队驻防南边，击退明军，缴获大量武器、马匹，又被授予巴图尔·彻辰·洪台吉之号，参与执事。巴图的长子萨冈出生在这样一个家族里，自幼享受优越的生活，11 岁时就以"六万户中首行佛教之人的后代"而获其曾祖父的"彻辰·洪台吉"的称号，后来在额林臣即济农位时，他又以"从前有德之人的后代"而获得宣读封号的殊遇。在家庭环境的熏陶下，他成熟得较早，17 岁即被选入臣僚之列，参与执事。18 岁时已作为鄂尔多斯万户三代表之一参加与土默特万户代表共议政事的活动。当林丹汗为避后金军追袭经鄂尔多斯地区西遁时，萨冈与额林臣济农一同加入林丹汗的队伍（实际上是被迫的，携部众大约迁至巴丹吉林沙漠深处）。当林丹汗的统治已近尾声时，他主动前去与脱离林丹汗的一支察哈尔人联系，商定了东返之事，然后劝济农共同行动，一同回到了原驻牧地，使部落得以保留，为此济农赐给他达尔罕的称号。这些就是作者本人为我们提供的他和他的家族的基本情况。

关于库图克台，还有来自其他方面的报道。《万历武功录》（卷十四）专门为他写有一篇传记（《切尽黄台吉列传》），记载了他在"俺答封贡"（1570 年）以后至 1587 丁亥年去世（《源流》记为 1586 年）之间的一些活动，称他"善用奇兵"，"雄视一套，投足左右，便有轻重"，即使去世后"胡中事无大小，无不愿以切尽为法"，可见他确实能力不凡。该传记又称他"为人明敏，而娴于文辞，尤博通内典"，记载鄂尔多斯万户与明朝达成贡市之约时，曾由他"亲为表文"。他还多次致信明朝边将以保持联系，该传记还说他"好佛不已"，曾向明朝索请佛经、数珠等物，仅一次就得到佛经三部、数珠十盘。一位明朝和尚（宛冲）还随他"传经译字"，可见他有较高的学识。现存蒙文古籍中有一部《十善法门白史》（*Arban Buyan-tu Nom-un Čayan Teüke*），前言中说该书是由库图克台·彻辰·洪台吉在元代同名著作的基础上参照他本编写而成的。关于这部书最初的作者和内容，学界尚有争议，但对它的最后成书确与库图克台有关这一点，似无异议。看来，库图克台确实是一个能武能文、善读好写的人。他对萨冈的影响也应该是最大的。

关于萨冈，除他本人提供的情况，在其家乡还流传着一些有关他晚年的传说，说他不顺从清朝皇帝，不接受清廷的封官，并痛斥清廷的侵略行径，最后被肢解处死[①]。从《源流》的叙述看，他至少活到了 59 岁，但他没有提及自己 30 岁以后的情况。这恐怕与他的政治观点和思想倾向不无关系。在他 30 岁的 1634 年，林丹汗病死在青海大草滩，溃

---

① ［比］田清波（A. Mostaert）：《传说中的萨囊·彻辰》，载《鄂尔多斯志》，北京，1934 年（米济森格汉译文收入《鄂尔多斯研究文集》第 1 辑，伊盟档案馆 1984 年版）。

散的部众纷纷被后金军收服，1635 年春，林丹汗之子额哲归降后金；1636 年 4 月，清太宗皇太极接受漠南蒙古 16 部 49 封建主所上"博格达彻辰汗"（宽温仁圣皇帝）的尊号，漠南蒙古诸部变成了新建的清王朝的臣民。变为异族的统治对象，是当时的蒙古人所不希望、也不愿承认的事，但事情毕竟已经成为现实，而且是难以改变的现实，因此人们往往把自己的悲愁、失望和不满埋在心底，对这一段历史采取一种沉默的态度。萨冈估计就属于这种情况，不然《源流》中有关部分的反常现象就不好作出解释。书中蒙古史的内容止于 1635 年林丹汗之子额哲归降后金，皇太极嫁女儿给他之处，而全书总内容的截止年代为 1662 年即作者完成史书的那一年。对 1635 年以后至 1662 年的这段时期，作者只简略记写了皇太极称帝、攻明城锦州、四世班禅的使者由清朝返回故地、李自成攻占北京、顺治入关、明朝皇统、五世达赖朝清、康熙即位、四世班禅去世等内容，基本上不涉及蒙古方面的情况。然而事实上漠南蒙古地区在这期间不是无事可写，而是发生了不少在蒙古史上有影响的事情，如清朝打破蒙古原来的行政体制，对归附的蒙古诸部设旗编佐、划定地界，取消蒙古原有的汗、济农、王等称号，对蒙古贵族施行新的封建王公制度，等等。作者所在的鄂尔多斯部 1649 年（清顺治六年）也被分为六旗，额林臣济农被封为多罗郡王，驻左翼中旗（今伊克昭盟伊金霍洛旗前身），萨冈所在家族被划入右翼前旗（今乌审旗前身）。但出人意料的是库图克台的嫡系子孙萨冈未依通例继续留任该旗首领，倒是库图克台的次子锡塔台·楚库克尔的后裔额琳沁被封为该旗扎萨克固山贝子。这期间还发生了几起蒙古人反抗清朝统治的事件，如 1646 年苏尼特左旗扎萨克多罗郡王腾机思叛清，北依外喀尔喀车臣汗部，后被清军镇压；1649 年鄂尔多斯右翼后旗（今杭锦旗前身）大札木素叛清，执杀清廷使者，据险抵抗，但终因势单力薄被迫于次年十一月向清朝投降，同叛的多尔济不降，两年后被擒杀。萨冈对这些事情只字未提，看来他是有意回避：对有些情况不愿承认，而对有些情况则不便提及。这样一来，我们也就无法再从作者笔下了解到他后半生的情况了。

  清初史料中几次出现鄂尔多斯部台吉 Sagan（Saγan）的名字，分别见于 1637 年、1638 年和 1641 年，《清太宗实录》蒙文本作 Saγan（汉文本作"萨甘""萨干"），内国史院满文档案记有两人：amba Sagan（汉译本作"大萨汉"）、ajige Saɣan（汉译本作"小萨汉"）①。几条记载讲的都是该部首领额林臣济农及其属下向清廷贡物之事。具体分析各条，似乎可以确定1637年遣使清廷的Saɣan（萨甘）不是《源流》的作者，因为从该条记载中可以看出1637年派使者赴清廷朝贺的六位首领基本上代表着后来鄂尔多斯六旗的扎萨克系统，如额林臣济农、善达台吉、沙克察台吉本人后来分别成为鄂尔多斯左翼中旗、鄂尔多斯右翼中旗（今鄂托克旗和鄂托克前旗的前身）、鄂尔多斯左翼后旗（今达拉特前身）的首任扎萨克；后来古禄台吉之子色稜成为鄂尔多斯左翼前旗（今准格尔旗前身）首任扎萨克，布达代楚虎儿之子额琳沁成为鄂尔多斯右翼前旗首任扎萨克；剩下的一旗应是鄂尔多斯右翼后旗（今杭锦旗前身），而该旗首任扎萨克小扎木素出自衮·必里克济农第三子卫达尔玛一系，其祖父亦名Saɣan，也有洪台吉之号（见库伦本第73叶背面第3行，清代汉译本作"桑鸿台吉"，因成衮扎布家藏本、殿本而误）。那么，《清太宗实录》中出现的萨甘应是指这位与《源流》作者同名的人。这条记载说明鄂尔多斯部当时是有代表性地由六大分支的首领派出了贡使，也反映出《源流》作者萨冈应有的政治地位在那时就已经被取代。1638年向清廷遣使的大Sagan小Sagan，显然分别是小扎木素的祖父和《源流》的作者，因为前者辈分高，所以称大Sagan，而后者则称小Sagan。1641年出现的Saɣan（萨干），暂时还不好确定其身份。除第一条记载外，其他几条记载中出现的人名比较多，且杂乱，估计六大分支下主要的贵族都随同派出了贡使。遣使清廷的鄂尔多斯贵族中出现《源流》作者之名，不一定就意味

---

① 《清太宗实录》卷三九崇德二年冬十月乙未条："……以万寿圣节赐……鄂尔多斯部落贡使古塞尔图吴巴什、古禄台吉下德勒图、善达台吉下哈尔邦、布达代楚虎儿下恩得贝、鄂尔多斯济农下额美巴图鲁、萨甘台吉下海塞、沙克察台吉下纳彦泰、巴图貂裘、貂帽、鞓带等物……"《清初内国史院满文档案译编》（光明日报出版社1989年版）崇德三年六月十六日条："鄂尔多斯部落额林臣济农等六十四人……来朝贡马、缎等物，遣官迎于五里外演武场，宴之。鄂尔多斯济农贡马八匹、驼二只、骡一匹、珍珠一串、珊瑚数珠一串、妆缎三匹、倭缎两匹……"其他遣使贡物的人有：济农母、古鲁台吉、阿喇纳台吉、布达代楚虎尔、吴奴浑台吉、大萨汉台吉、包鲁克台吉、绰依木察特、小萨汉台吉、多尔济穆、小古鲁台吉、吴巴希台吉、沙克察台吉、达木穆礼台吉、巴代古希、舒格古希、僧色古希、班弟斯哈布台吉。同年七月二十三日，额林臣济农等鄂尔多斯贵族及其贡使受到了清廷的赏赐（见该书上册第318—319、338—339页）。满文原文见中国第一历史档案馆《满文国史院档》第2、3册。《清太宗实录》卷五七，崇德六年八月甲辰条："……鄂尔多斯部落济农额林臣、台吉札木苏、古禄、善达、卓布里、毕劳、寨赛、萨干、萨克巴……古英塔布囊等来朝，贡马、驼、蟒缎、桩缎、素缎等物。"

他亲清，他的这一举动很可能是为形势所迫、是违心的。《源流》中所反映出的萨冈对清朝的态度以及萨冈家乡关于他的传说，应该能证实这一点。传说中的细节可以不一定处处属实，不过，萨冈反清的核心内容当是有所本的。萨冈在家乡有很高的威望，受到人们的尊敬和赞颂，他去世后，家乡的人们一直守护着他的墓地，每年为他举行祭奠。

萨冈能创作出《源流》这样一部蒙古史书，与他的家庭环境有密切关系。他从小有条件学习读写，家中藏书使他眼界开阔，先辈的出身和功绩使他产生自豪感，而家族和他本人的地位又使他能够直接了解当时贵族上层的活动，这些都成为他日后创作的有利因素。

关于作者的名字，还有几点需要说明。过去很长一段时期内，作者的名字被外界认为是 Sanang，这是由于故宫精钞本、殿本以及施密特本书写有误。作者的名字在书中共出现 8 次，殿本系的祖本成衮扎布家藏本中均作 SAQANG。估计故宫精钞本的抄写者看漏了一个齿形符号，因而讹误为 Sanang，这一错误又被殿本、施密特本所沿袭。清代汉译本有三处译为"萨纳囊"（因满译本同处作 Sananang）、五处译为"萨囊"。于是作者的名字就在汉地、欧洲、日本等地被误传很长时间。蒙文诸本中作者的名字始终多作 Saqang、Saγang，间或作 Saqan。1933 年，海涅什（E. Haenisch）根据库伦本首次指出了作者的名字应是 Saγang①。古蒙古文中辅音 γ 的识点常不出现，而使用识点的词中形式也不见得就一定读作 γ，因为 q 的词中形式有时也会被加上识点，这时的识点只起防止与其他读音相混的作用。因此光从字面上看，作者名字的读音既有可能是 Saγang，也有可能是 Saqang。清初史料的有关拼写，可以成为确定《源流》作者名字读音的很好根据，另外，田清波（A. Mostaert）②、扎姆查拉诺（Ц. Ж. Жамчарано）③ 都提到他们在鄂尔多斯实地听到的读音是

---

① ［德］海涅什（E. Haenisch）：*Monggo han sai da sekiyen*，*Die Mandschufassung von Sanang Secen's mongolischer Geschichte*，*nach einem in Pekinger Palast gefungenen Holzdruck in Umschreibung*，Leipzig，1933（《蒙古源流，萨囊·彻辰蒙古史之北京故宫满文刻本之转写》，莱比锡，1933 年），序言。

② ［比］田清波：（A. Mostaert）：*Erdeni-yin Tobci*，*Mongolian Chronicle by Sagang Secen*，Harvard University Press，1956（《宝史纲，萨冈彻辰的蒙古编年史》，哈佛大学出版社 1956 年版），导言。

③ ［苏］扎姆查拉诺（Ц. Ж. Жамчарано）：*Монгольсие Летописи* XVII *века*，Москва-Ленинград，1936（《17 世纪蒙古编年史》，莫斯科—列宁格勒，1936 年）。

Saγang，笔者听到乌审旗人的叫法也是 Saγang。现在学界基本采取了 Saγang 的读法。

  作者还普遍被称为 Sanang Sečen（萨囊·彻辰）或 Saγang Sečen（萨冈·彻辰）。严格地说，这也是不准确的。因为 Saγang 是他的名字，而 Sečen 只是他称号的一部分。作者的名字在书中没有一次是作 Saγang Sečen 的，不是作 Saγang tayiji 就是作 Saγang Sečen qong tayiji。《四库全书总目提要》"《蒙古源流》"条称其作者为"小彻辰萨囊台吉"，这一称呼引自清代汉译本跋文（卷八，第二十一叶背面），蒙文殿本同处作 üčüken oyutu Sečen Saγang tayiji，意为"智慧不大的彻辰·萨囊·台吉"，本是作者的自谦之语，满译本语义大致相同，但汉译本却译为"小彻辰萨囊台吉有远识"。这一误译导致了《四库全书总目提要》的错误，实际上"小"字原本不该出现在称呼内。至于与内国史院满文档案中"小 Sagan 台吉"之称的关系，二者情况不同，不能相提并论，只不过是一种偶然的巧合。

[原载《内蒙古大学学报》（人文·社会科学版）
1998 年第 6 期]

《蒙古源流》的流传及其研究

被誉为蒙古古代三大名著之一的《蒙古源流》，是蒙古族人民宝贵的文化遗产和精神财富，也是蒙古族人民对整个人类文化事业的一大贡献。自该书问世三百多年来，人们对它的传抄、翻译以及研究一直未曾间断，形成了连绵不绝的涓涓细流。

在诸多蒙文史籍中，《蒙古源流》的流传可以说是最富特色。它拥有的版本之多和流传的范围之广，是其他蒙文古籍所不及的；它流传情况的复杂，亦令研究者们颇费脑筋。单就蒙文抄本、木刻本来说，见于著录的就约有三十多种，分别收藏于我国的呼和浩特、北京、沈阳等地以及蒙古和俄罗斯等国的藏书机构中。《蒙古源流》在流传于蒙古人内部的同时，还传到了蒙古以外的地区和国度，在域外又被译成多种其他文字一同流传。由于作者的手稿已佚，而该书在长期辗转传抄的过程中，各版本之间出现了程度不同的差异，因此在使用或整理、研究这部史书时，首先应对其流传过程及各版本之间的关系有一清楚的认识，以避免发生不必要的偏差。自18世纪后半叶以来，国内外学者对《蒙古源流》的流传及版本陆续进行过一些考证和研究，使不少难点逐步得到了解决，为最终厘清各版本之间的关系起到了积极的促进作用。近年来，随着科研环境的改善，如国际学术交流的扩大、有关馆藏古籍的对外开放等，《蒙古源流》的研究又取得了一些新的进展，国内外都有学者在积极进行校勘、转写、译注等方面的工作，一些成果已经发表或正待发表。为适应新形势下研究的需要，本文将就《蒙古源流》的版本流传及其研究情况作一全面的回顾。

自鄂尔多斯蒙古贵族萨冈彻辰洪台吉于1662年写成《蒙古源流》，

这部蒙古人的史书就开始在蒙古草原上，更确切地说主要是在蒙古孛儿只斤氏贵族家族中以抄本的形式流传，在流传的过程中，有些本子先后传到了蒙古草原之外。在书成之后约一百年的 1766 年（清乾隆三十一年），外喀尔喀蒙古王公成衮扎布①将家藏的一种抄本（可称"成衮扎布家藏本"）抄录一份献给了乾隆皇帝。当时，乾隆皇帝对成吉思汗系后裔多称"博尔济吉特"（孛儿只斤）氏，而《元史》却称元朝皇帝为"奇渥温"氏一事感到疑惑不解，于是令喀尔喀蒙古亲王、定边左副将军成衮扎布查明上奏。成衮扎布查阅家藏《蒙古源流》抄本后，禀明原委，解除了乾隆皇帝的疑惑。乾隆皇帝于是令成衮扎布将其所藏《蒙古源流》（称为"清吉斯汗世系记载档案"）抄录一份进呈②。抄录后进呈的本子，一般称作"成衮扎布呈献本"。乾隆皇帝获此抄本后，下令将其依次译成满文和汉文，成衮扎布呈献本也因满、汉文译本的开工而再被抄录。这次重抄的本子，一般称作"故宫精钞本"（也称"内府钞本"）。至 1777 年（清乾隆四十二年），汉文译本告竣③。后来，清廷又对故宫精钞本进行了一些

---

① 成衮扎布（Čenggünjab），达延汗第十一子、外喀尔喀蒙古贵族之祖格呼森札的六世孙，赛音诺颜部人。1750 年（清乾隆十五年）袭札萨克和硕亲王兼盟长，授定边左副将军，1754 年罢定边左副将军职。1756 年和托辉特部青衮咱卜叛清，成衮扎布复职统师平叛，1771 年去世。过去人们曾以为给乾隆皇帝献书的人是外喀尔喀土谢图汗部的成衮扎布，实因蒙古国立图书馆所藏成衮扎布家藏本上后人的一条错误旁注 Tušiyetü qan-u bariysan teüke（土谢图汗所献史书）致讹。森川哲雄于 1994 年更正了这一错误（《关于蒙古国国立中央图书馆所藏〈蒙古源流〉的抄本》，载《历史学地理学年报》第 18 号）。土谢图汗部的成衮扎布，生活年代早于赛音诺颜部的成衮扎布，据《王公表传》（卷 7），他早在献书之事发生的 20 年前（1746 年）就不在人世了（"[乾隆]十一年卒"）。

② 《清高宗实录》乾隆三十一年三月辛未条："又谕曰，元清吉斯汗之后裔俱系博尔济吉特氏，而元史谓元帝为奇渥温氏，彼此不符。因令成衮扎布查奏。今据称蒙古台吉等，素称奇岳特后裔，系博尔济吉特氏，查阅清吉斯汗时记载世系书亦然。看来汉字书为奇渥温尚属有因，盖伊等以汉音译蒙古字，故将奇岳特讹为渥温耳。著将汉字史书内奇渥温改为奇岳特，并传谕成衮扎布，该处既有清吉斯世系记载档案，著录一份进呈，以便史书汉文有应行查对之处，改正画一。"《四库全书总目提要》"《蒙古源流》"条："前者我皇上几余览古，以元代奇渥温得姓所自，必史乘传讹。询之定边左副将军喀尔喀亲王成衮扎布，因以书进御，考证本末，始知奇渥温为却特之误。数百年之承讹袭谬得籍以厘订阐明。"

③ 《清高宗实录》乾隆四十二年五月辛未条："……谕，元史、辽史、明史、通志、通典、音韵述微、蒙古源流、临清纪略各书，仍著于敏中同原配之大臣等阅办。"《四库全书总目提要》"《蒙古源流》"条："钦定蒙古源流，八卷，乾隆四十二年奉敕译进。"

删改①，交武英殿刻板印刷。武英殿刻本一般称"殿版"。据蒙文故宫精钞本译成的满文本、汉文本也随之作了相应的删改，在武英殿分别制成刻本。蒙、满、汉三种文字的故宫精钞本和殿版，每式各两份，分别藏于北京故宫和盛京（沈阳）故宫内。清廷据武英殿汉文刻本再抄出"四库全书本"，分藏于北京故宫文渊阁、承德避暑山庄文津阁、盛京故宫文溯阁等处②。

后来，从清廷的蒙、满、汉三种文本又发展出了一些新的本子。蒙文本方面，约在 18 世纪末 19 世纪初之间，俄国传教士诺沃谢洛夫（В. Новоселов）从北京带回一部抄本③（一般称作"诺沃谢洛夫本"），该本的特征显示它与故宫精钞本相近。1829 年，旅居俄国的荷兰人施密特（I. J. Schmidt）在圣彼得堡出版了据诺沃谢洛夫本印刷而成的铅字本④（一般称作"施密特本"）。1934 年，内蒙古喀喇沁中旗人塔清阿（Tačingγ-a）

---

① 殿版对故宫精钞本较明显的改动有以下几处：将 Jingtai（景泰）改为 Jengtüng（正统）、Teyišün 改为 Tiyan šun（天顺）、Čuwang wang（闯王）改为 Li zi čeng（李自成）、Qong tayiji（皇太极）改为 Tayizung（太宗），将 Edöge tende erten-ü Manju-yin Altan qaγan-u uruγ-tur Nuraqaγči（乌日嘎本作 Nuraqači）baγatur tayisui kemegdekü……（如今却说从前满洲金皇帝的后裔中［降生了］名叫努尔哈赤把阿秃儿太祖的人……）缩简为 Edöge Manju Tayizu kemegdekü……（如今称为满洲太祖的人……），删去了有关皇太极纳林丹汗的哈屯囊囊太后、把自己的女儿固伦公主嫁给林丹汗之子额哲、收养额哲和阿布鼐兄弟二人的内容（52 个字）。

② 文渊阁四库全书已由台湾商务印书馆全部影印出版。四库全书本《蒙古源流》诸本之间并不完全一致，存在程度不同的差异。对此，张尔田的看法是："……然阁本已非满、蒙、汉三文合刊之旧，颇疑进呈初译与副阁所藏，写官缮重或有异同，诸家展转传钞，未必同出一源。"（《蒙古源流笺证》卷1，第1叶上）四库全书本中，文渊阁本的质量当是最好的。

③ 诺沃谢洛夫本第2册卷首有诺沃谢洛夫本人的俄文题注："诺沃谢洛夫藏书。关于蒙古王公世系的短纪。共4册，以1两2钱银子购于北京。"同图书馆所藏另一种抄本（编号 I 42）的封里有蒙文题注，说明此抄本的原本即诺沃谢洛夫于 1808 年归住在北京的布里亚特人瓦西里·诺沃谢洛夫所有，1814 年由诺姆图·乌塔耶夫和巴德玛·莫尔舒诺夫带到彼得堡，后来归施密特所有。柯瓦列夫斯基（А. П. Ковалевский）则说诺沃谢洛夫于 1795 年至 1807 年之间在北京购得一部抄本，诺姆图·乌塔耶夫等二人于 1816 年获得后，应召到施密特处一同进行翻译工作。参见普契柯夫斯基（Л. С. Пучковский）《苏联科学院东方学研究所所藏蒙古、布里亚特及卫拉特的抄本和木刻本》（МОНГОЛЬСКИЕ, БУРЯТ-МОНГОЛЬСКИЕ И ОЙРАТСКИЕ РУКОПИСЫ И КСИЛОГРАФЫ ИНСТИТУТА ВОСТОКОВЕДЕНИЯ）第 1 卷（莫斯科—列宁格勒，1957 年）

④ 《鄂尔多斯萨囊彻辰洪台吉撰写的东蒙古及其王族史》（*Geschichte der Ost-Mongolen und ihres Füdstenhauses, verfasst von Sanang Setsen Chung-taidschi der Ordos*），圣彼得堡。为蒙文原文与德文译文的合刊本（按一页原文、一页译文排印）。蒙文原文部分，有多处施密特等人改动的痕迹，如将 erübesü 改为 maltabasu、Öčigin 改为 üčüken、tauliju 改为 tegüülijü 等。

抄出一部本子①（一般称作"塔清阿本"），经查核，该本当属施密特本的再抄本。1935年，内蒙古奈曼旗人布和贺西格（Bökekešig）在开鲁印出了一个本子②（暂称"布和贺希格本"），这个本子也源自施密特本，是将其稍加改动后印制而成的。满文本方面，日本人江实于1940年将一部抄本的摹写文附在了自己的日文译注本中③。汉文本方面，清代又出了其他一些抄本和刻本，如后人提到的"彭楚克林沁点校本④"、"芎楂书室抄本"⑤、多见于著录的"清刻本"等。还有现在人们常用的《蒙古源流笺证》（又简称"笺证本"），该本初刊于1932年，以文津阁四库全书本等本参校原文，同时作了大量史实等方面的注释，该本反映了沈曾植、张尔田、王国维三人的研究成果⑥，为后人更好地使用《蒙古源流》这部古籍作出了重要贡献，受到了学界的高度评价⑦。接着北京文殿阁书庄又将

---

① 题名 Mongɣol Uɣsaɣatan-u Uɣ Ijaɣur-un Bičig（蒙古溯源史）。据抄本结束处的后记，此抄本是塔清阿于民国二十三年一月十五日（1934年2月28日）在北京喀喇沁中旗王府抄成的。特征与施密特本基本相同。原属善邻协会，后归哈佛燕京学社（参见田清波《蒙古源流》"导言"）。

② 题名 Mongɣol-un Ijaɣur-un Teüke（蒙古起源史）。卷首有布和贺西格的序言，其中提到他于20世纪20年代初任职于北京蒙藏学校时，曾利用业余时间给外国人教蒙文，从一位德国学生那里得知德国驻华使馆有一部蒙古史书，借来才知是蒙德对照的蒙古史书，这次印刷出版的是抄录下来的蒙文部分。

③ 《蒙古源流（译注）》，弘文堂，1940年。据江实介绍，他所依据的满文本是鸳渊一先前从沈阳带回的一部抄本的晒蓝本。

④ 《蒙古源流笺证》提到过此本（卷5，第28叶上），作"彭楚克林沁点校旧钞本"。傅增湘曾利用过此抄本，《藏园群书题记》所收他写于1926年的《校本蒙古源流跋》（卷3，第166页）中说："新春游厂甸，偶见旧钞本，为乾隆时敖汉旗蒙人彭楚克林沁所点校。德宗以赐肃亲王善耆。不知何时流入厂市。因假归，以新刻本对读……"《藏园群书经眼录》（卷4）《蒙古源流》条又说："旧写本。乾隆时彭楚克林沁点校，光绪时德宗以赐肃王善耆者。余以校新刊本…… 有善耆题识。（丙寅春见于厂肆，为丁君文槎收去。）"傅增湘据彭楚克林沁点校本所校之本现藏北京图书馆善本室，目录卡著录"清刻本［傅增湘临彭楚克林沁校并录善耆题识陈垣校并跋张尔田跋］"。彭楚克林沁点校本今尚不明。

⑤ 《蒙古源流笺证》（张尔田序言）提到过此本，作"沈庵宫保所藏芎楂书室钞本"，还说王国维1925年曾借此抄本校个人藏本。傅增湘在《藏园群书题记》（卷3，第166页）也提到他曾在"宝沈菴侍郎"处见过一部"写本"。

⑥ 张尔田：《蒙古源流笺证》序言、卷一开头部分注文。

⑦ 周清澍、额尔德尼巴雅尔《〈蒙古源流〉初探》（《民族史论丛》，1980年）一文评价说："经过他们的旁证疏通之后，许多不明白的地方得到了解析，许多史实得到证实，没有根据的传闻也被辨明，这对研究者使用这部著作时提供了极大的方便。"

文津阁四库全书本重印出版，收入《国学文库》第27编（一般称作"国学文库本"）。

留传于蒙古地区的蒙文本，估计民间现已基本无存，有幸保存下来的已多收藏于公共藏书机构中。根据有关介绍，已知诸本中出自作者家乡鄂尔多斯地区的本子不在少数。诸本中，已知较好或较具特点的本子可以举出以下几种：现藏蒙古国国立图书馆的一个古老抄本——一般称为"乌日嘎本"（或称"库伦本"）的本子①，收集自鄂尔多斯阿剌黑苏勒德陵、现藏内蒙古社会科学院图书馆的古老抄本②（一般称作"阿剌黑苏勒德本"），收集自鄂尔多斯杭锦旗锡拉召、现藏内蒙古社会科学院图书馆的古老抄本③（暂称"锡拉召本"），田清波（A. Mostaert）于20世纪10年代在鄂尔多斯地区见到的两种本子——暂称"杜嘎尔扎布藏本""图门鄂勒哲依藏本"④，收集自鄂尔多斯乌审旗旺楚克拉布坦家、现藏内蒙古社会科学院图书馆的古老抄本⑤（暂称"旺楚克拉布坦藏本"），现藏蒙古国国立图书馆的成衮扎布家藏本⑥，现藏俄罗斯科学院东方学研究所图书馆的诺沃谢洛夫本⑦，故宫精钞本、殿版⑧，以及收集自乌拉特前旗吉日

---

① 不题书名，藏书编号9（517，3）щ101-B，贝叶经卷装，竹尖笔书写，足本。

② 不题书名，藏书编号22.912/7/19（0040），贝叶经卷装，竹尖笔书写，基本为足本，卷尾有1叶多残损。

③ 题名 Eldeb Sudur-un Quriyangyui Erdeni Altan Tobči Oročiba（诸书之汇宝金史），藏书编号22.912/7/23（0040），贝叶经卷装，竹尖笔书写，足本。与乌日嘎本特别接近。

④ 据田清波（《蒙古源流》"导言"）介绍，他的"手稿A"的原本属于乌审旗的台吉杜嘎尔扎布，不题书名，贝叶经卷装，竹尖笔书写，缺跋文诗和书后79节格言诗；"手稿B"的原本属于鄂托克旗的梅林章京图门鄂勒哲依，题名 Ejen Boyda Činggis Qaɣan-u Šar-a Teüke Orošiba（圣主成吉思汗之黄史），贝叶经卷装，毛笔书写，足本。他认为这是较好的两种本子。

⑤ 题名 Ɣadaɣadu Saba Yirtinčü Toɣtaɣsan ba Dotoɣadu Ür-e Amitan Bütügsen kiged Qad-un Uruɣ-i Ügülegsen Erdeni-yin Tobči kemekü Tuɣuji Orošiba（讲述外部器世界定成、内部生灵生成及诸汗世系之宝史纲），藏书编号22.912/7/21-22（0042-43），贝叶经卷装，竹尖笔书写，书后约有10叶残损。

⑥ 题名 Tngri-deče Jayaɣabar Egüdügsen Qad-un Altan Uruɣ Čaɣan Teüke Neretü Tuɣuji（承天肇兴诸汗黄金家族白史），藏书编号9（517，3）Ⅲ.101-Б，贝叶经卷装，竹尖笔书写，缺书后79节格言诗。

⑦ 卷首无题名，第2至第4册封里（第1册封里缺损）书 Mongyol Qad-un Tuɣuji（蒙古诸汗史），藏书编号F188，线装，4册，毛笔书写，缺书后79节格言诗。

⑧ 故宫精钞本不题书名。殿版题名：Enetkeg Töbed Mongyol Qad-un Čaɣan Teüke Neretü Tuɣuji（印度、西藏、蒙古诸汗白史，清代汉译本作：额讷特珂克土伯特蒙古汗等源流）。

嘎朗图寺、现藏内蒙古社会科学院图书馆的古老抄本①（暂称"吉日嘎朗图寺本"，也有人称为"脱卜赤牙本"）等。还有三种抄本，估计也是不错的本子，江实在自己的研究中曾利用过这几种本子。据江实介绍，这三种本子是他1943年至1944年在张家口时见到的，一种来自"乌兰察布地方"，一种来自"绥远地方"，一种为德王府图书室的藏本②。另外，服部四郎曾提到他1940年在长春时获得两种蒙文抄本③。不知这两种本子的情况如何。

　　从蒙文本的流传史和现存诸本的情况分析，这部史书在长期的流传过程中至少形成了两个大的系统。一个系统以乌日嘎本为代表，一个系统以殿版为代表。区分两个系统，主要依据其流传特点的不同，以及由此产生的一些大的增、删处的不同。殿版系统带有较明显的喀尔喀特征和清朝特征。殿版的祖本成衮布家藏本中，已经可以看到后人插添内容的痕迹。插添的内容包括有关成吉思汗的几段文字和有关外喀尔喀蒙古重要首领之一阿巴岱的一段文字④。这一特征为殿版系诸本所承袭。除此之外，自故宫精钞本以下，殿版系诸本又都缺少有关吐蕃大臣迎接唐文成公主赴藏的过程、汉高祖至金末的中国简史、清帝顺治之死和康熙初年史事等三大段内

---

①　题名 Qad-un Ündüsün Erdeni-yin Tobčiy-a kemekü Orošiba（诸汗根源宝史纲），无目录卡及藏书编号。呼和温都尔在其合校本（Erdeni-yin Tobčiy-a——《宝史纲》，民族出版社1987年版）序言中说该本于1963年得自乌拉特前旗吉日嘎朗图寺。

②　江实在其《萨冈彻辰〈宝史纲〉（别名《蒙古源流》1662年）校本之试作》一文（载《冈山大学建校十周年纪念学术纪要》，1960年）中报告说：1943年名叫巴勒丹的蒙古人把从乌兰察布地方和绥远地方寻找到的两部抄本拿给他看，其中的乌兰察布本是足本；1944年他在张家口德王府的图书室见到一部抄本（2册），听人说是德王的父亲手抄的，特征显示它源自古老的抄本，但这些本子战后情况不明。

③　《蒙古语的口语与文语》，载《蒙古学报》第2号，1941年。

④　例如：在成吉思汗出兵西夏的内容前面插入了64个字，讲的是有关西夏国王所养黄狗预知蒙古大军将来进攻的故事（相似的内容见于《黄金史纲》和《黄金史》），插入后造成上下文连接不顺畅。在成吉思汗率大军行至母纳山一句之前插入了119个字，讲的是有关成吉思汗向合撒儿索要大皂雕羽翎的故事（相似的内容亦见于《黄金史纲》和《黄金史》），插接稍显不自然。在成吉思汗的遗言（韵文）中插入两节共54个字（相似的内容见于《黄金史纲》、《黄金史》和《阿萨拉黑齐史》）。在外喀尔喀阿巴岱台吉拜见三世达赖喇嘛的一段内容中，删去有关三世达赖喇嘛送给阿巴岱佛像并赐汗号的35个字，换上情节较详的86个字（相似的内容见于《阿萨拉黑齐史》）。阿巴岱为格哷森札第三子诺诺和的长子，即定边左副将军成衮扎布四世祖图蒙肯之兄，曾于16世纪80年代中期修建额尔德尼召，并前往土默特地区拜见三世达赖喇嘛，获汗号，是将格鲁派藏传佛教引入外喀尔喀地区的重要人物。

容。对照成衮扎布家藏本，可知这些内容是被人为地删除了，既有可能是成衮扎布在抄录其家藏本时删除的，也有可能是在进入清廷后才被删除的，因成衮扎布呈献本现况不明①，对这一问题暂时还难下结论。即便是在同一系统中，各本之间也存在程度不同的差异，抄讹、脱漏、衍增、错简、误植等现象在辗转传抄过程中总是难以避免的，而且往往会有抄写者根据个人的兴趣对原文做一些增补、删除或改写之类的事，这也是蒙文古籍传抄的一个特点。因此对一些情况比较特殊的本子，也应给予充分的注意，如吉日嘎朗图寺本一类本子②（经过后人的不断加工已变得面目全非）。以吉日嘎朗图寺本为例，它比乌日嘎本系、殿版系诸本都要简略得多，不仅有大量的缺文，而且还有不少简写文、改写文以及不少不见于他本的独特补文③。然而从基本特征看，它还是应该属于乌日嘎本系统，因为在前面提到的那几个大的增、删处它基本与乌日嘎本系诸本一致（只是缺少吐蕃大臣迎接唐文成公主入藏的过程）。考虑到其他方面的差异，可以视此类本子为乌日嘎本系统中的一个变体。鉴于两大系统的流传特

---

① 据札姆查拉诺（Ц. Ж. Жамчарано）《17 世纪蒙古编年史》（МОНГОЛЬСКИЕ ЛЕТОПЬСИ XVII века，莫斯科—列宁格勒，1936 年）、普契柯夫斯基《东方学研究所所藏蒙古、布里亚特及卫拉特的抄本和木刻本》介绍，诺沃谢洛夫本卷尾有一段后人的批注：Tngri-yin Tedgügsen-ü γučin nigedüger on-a Qalq-a-yin jasaγ-un čin wang kijaγar-daki toγtaγaγči jegün eteged-ün tusalaγči jangjun Čenggünjab-un γajar-ača deger-e jarliγ-i kičiyenggüilen daγaju bariγuluγsan eke debter（乾隆三十一年喀尔喀札萨克亲王定边左副将军成衮扎布奉命所献之原本）。这条批注内容的可靠性尚需进一步考证。

② 已知另外还有两种类似的本子，一种亦收集自乌拉特前旗吉日嘎朗图寺，现藏内蒙古社会科学院图书馆，藏书编号 22. 912/7/24（0045），不题书名，贝叶经卷装，竹尖笔书写；另一种现藏内蒙古图书馆，藏书编号 K281. 2/5 – 5，题名 Šar Teüke（黄史），副标题 Zambuling Amitan Egüdegsen-eče Edöge-dür Kürtele Baruγlaju Medekü Tobči（南赡部洲众生源起至今日之略史），贝叶经卷装，竹尖笔书写，非足本（内容止于康熙即位）。森川哲雄对这一类的三种本子有详细的校勘（《〈蒙古源流〉——Erdeni-yin Tobčiy-a 之校订》，九州大学，1996 年）。

③ 较长的缺文约有 40 多处，如缺少所谓合不勒汗七子与俺巴孩汗十子结仇的故事、忽必烈与八思巴讲经论法的故事、察哈尔图们汗遣使邀请三世达赖喇嘛之事、1621 年鄂尔多斯博硕克图济农入袭汉地延安等处之事等。简缩的文句约有 7 处，如将库图克台彻辰台吉长子鄂勒哲伊勒都齐杀出敌围的一段文字（共 78 字）缩简为 31 个字等。改写的语句约有 20 多处，如将 Toγtong-a baγatur tayiji-yin köbegün Antung čing tayiji（脱黑统阿把阿秃儿台吉之子安统青台吉）改为 Qasar ejen-ü köbegün Antung čing tayiji（合撒儿大王之子安统青台吉），将 Udmčung kemebesü gerel γaruγsan kemeyü（文成为发光之意）改为 Udmčung kemebesü dalai-ača törögsen lingqu-a kemeyü（文成为海生莲花之意）等。补文约有 30 多处，如在汉朝帝系之前补加了周朝传 36 代、秦朝传 2 代的内容等。

点，可以肯定乌日嘎本系统比殿版系统更为接近于作者的原书。尤其是乌日嘎本优点更多，它不仅内容完整、用字古老①、字迹工整清晰，而且保存得也相当完好，是目前国内外学界公认的最佳本子。不过乌日嘎本也并非十全十美，它也存在讹倒衍脱等问题，只是程度较轻而已。以乌日嘎本做底本，校以不同系其他较好或较有特点的本子，可以整理出一个较为理想的定本。

20 世纪以来，一批依靠新科技制成的复制本先后问世。1905 年和 1906 年，日本人内藤湖南两赴沈阳故宫，先后将宫内所藏蒙文殿版、满文殿版制成晒蓝本带回日本②。1937 年，北京文殿阁书庄将施密特本影印再版。1955 年，德国人海涅什（E. Haenisch）在柏林出版了乌日嘎本的影印本③。1959 年、1967 年，他又在威斯巴登先后出版了蒙文殿版、蒙文故宫精钞本的影印本④。1956 年，美国哈佛大学出版社出版了由柯立夫（F. W. Cleaves）编辑、田清波作序的三种本子的影印本⑤。这三种本子是田清波于 20 世纪 10 年代在鄂尔多斯地区请人或亲自从旧抄本抄得的，其中列为 MA 本的原本即杜嘎尔扎布藏本，列为 MB 本的原本即图门鄂勒哲依藏本，列为 MC 本的原本原属一位杭锦旗人（暂称"杭锦本"）。1962 年，阿剌黑苏勒德本的影印本在呼和浩特出版⑥。

20 世纪 30 年代以来，国内外还出版了一些校勘本和音写本。1933

---

① 乌日嘎本包括正文、跋文（7 节韵文）和书后 79 节格言诗，是现存少有的几个足本之一，文中脱漏之处也相对较少。乌日嘎本中古老词汇的例子可以举出不少，如：teskigül（除掉），nitulju（割切），temkügüljü（捡，拾），könörge（种，源），šilebei（杀），küsüg（愿望），tungqun（重新）等，这些词，殿版系统诸本多作 tebčitügei, oγtalju, tegülgejü, köröngge, alabai, küsel, daqin，都是较新的词。有些词的拼写形式，保留了元代的特点，如 MATO, ARKATO 等。

② 参见鸳渊一《关于北平、奉天故宫所藏〈蒙古源流〉》（《史林》第 19 卷第 4 号，1934 年）、山本守《读〈关于北平、奉天故宫所藏蒙古源流〉》（《史林》第 20 卷第 2 号，1935 年）。

③ 《萨冈彻辰（或萨囊彻辰）所著蒙古史书的乌日嘎抄本》（Eine Urga-Handschrift des mongolischen Geschichtswerk von Secen Sagang（alias Sanang Secen））。

④ 《萨冈彻辰所著蒙古史书〈宝史纲〉的乾隆殿版》（Der Kienlung-druck des mongolischen Geschichtswerks Erdeni Yin Tobci von Sagang secen）。《〈诸汗根源宝史纲〉的北京故宫抄本》（Qad-un Ündüsün-ü Erdeni-yin Tobčiya 'Eine Pekinger Palasthandschrift'）。

⑤ 《宝史纲，萨冈彻辰的蒙古编年史》（Erdeni-yin Tobči, Mongolian Chronicle by Sagang Sečen），4 册。

⑥ 《诸汗根源宝史纲》（Qad-un Ündüsün-ü Erdeni-yin Tobči，仿贝叶经卷装。

年，海涅什在莱比锡出版了满文殿版的音写本①。1961 年，纳散巴勒珠尔（C. Nasunbaljur）在乌兰巴托正式出版了以乌日嘎本为底本、蒙古国国立图书馆所藏其他三种本子为参校本的合校本②。三种参校本中，列为 a 本的即成衮扎布家藏本；列为 e 本的，是扎米扬从内蒙古阿巴哈纳尔地方所获抄本的再抄本③，可称作"扎米扬本再抄本"（也有人称为"扎米扬携来本"），其特征与成衮扎布家藏本有相近之处；列为 i 本的，来源不详。成衮扎布家藏本和扎米扬本再抄本的间接公布，为厘清殿版系统诸本间的关系以及划分两大系统提供了方便和依据。1987 年，呼和温都尔（Kökeöndür）在北京出版了一个合校本，底本即吉日嘎朗图寺本，参校本为乌日嘎本、锡拉召本等五种本子。1990 年，由江实、罗依果（Igor de Rachewiltz）、克鲁格（J. R. Krueger）、乌兰（B. Ulaan）等四人共同完成的校勘音写本④在堪培拉出版。这个校勘音写本以乌日嘎本为底本，校以其他多种本子，正文中改正了较明显的讹误，使用脚注加以说明，对缺漏的文句、段落，加注收补在附录内。1991 年，罗依果、克鲁格二人又根据 1990 年校勘音写本出版了词汇索引本⑤。1996 年，森川哲雄在日本九州大学印行了以吉日嘎朗图寺本为底本的校勘音写本，参校本为特征与其相近的两种本子。另外，据说内藤湖南曾以文溯阁四库全书本、沈阳故宫藏蒙、满、汉三种殿版校汉文清刻本，拟出版汉文校勘本，20 世纪 10 年代初已印出第 1 册，在他访欧时仅装订出几本，送与欧洲学者，后来此校勘本的出版似乎搁置了下来⑥。还有报告说 20 世纪 30 年代中后期，苏联

---

① 《蒙古源流，萨囊彻辰蒙古史之北京故宫满文刻本之转写》（*Monggo han sai da sekiyen, Die Mandschufassung von Sanang Secen's mongolischer Geschichte, nach einem in Pekinger Palast gefungenen Holzdruck in Umschreibung*）。

② 《萨冈彻辰宝史纲》（*Sagang secen Erdeni-yin Tobči*）。

③ 据森川哲雄介绍（《关于蒙古国国立中央图书馆所藏〈蒙古源流〉抄本》），该本卷尾有红笔批注：Daruγ-a Jamiyan Abaγ-a-nar-ača olju iregsen nuuraγ eki-eče qayulan bičigülbei（抄自扎米扬馆长从阿巴哈纳尔地方获得的原本）。

④ 《蒙古源流（宝史纲），萨冈彻辰 1662 年蒙古编年史，据乌日嘎本转写校订》[*Erdeni-yin Tobči* (*Precious Summary*), *Sagang secen, A Mongolian chronicle of 1662. The Urge text transcribed and edited*]。

⑤ 《蒙古源流（宝史纲），萨冈彻辰 1662 年蒙古编年史，乌日嘎本词汇索引》[*Erdeni-yin Tobči* (*Precious Summary*), *Sagang secen, A Mongolian chronicle of 1662. Word Index to the Urga text*]。

⑥ 参见鸳渊一《关于北平、奉天故宫所藏〈蒙古源流〉》，石滨纯太郎《〈蒙古源流〉札记》（《北亚细亚学报》第 1 辑，1942 年）。

学者卡扎克维奇（V. A. Kazakevič）完成了蒙文校勘本的工作，但出版之事因政治原因受到了影响①。

《蒙古源流》自清乾隆年间译出满文本、汉文本后，至 20 世纪 80 年代之间又陆续出了不少其他文种的译注本。1829 年，施密特在出版蒙文铅印本的同时，附上了德文译文，并作了注释。1940 年，江实在东京出版了据满文本完成的日文译注本。1964 年，克鲁格在布鲁明顿出版了据乌日嘎本的部分内容完成的英文译注文②，此后他又在内容方面作了些扩增和改订，于 1967 年出版③。1981 年，崔鹤根在汉城出版了主要依据施密特本完成的朝文译注本④。此外，20 世纪还出了两种汉文译注本。一种是内蒙古喀喇沁旗人汪睿昌 1927 年在北京出版的《译注蒙古源流》（也被称作"蒙文书社本"），所谓"译注"，实际上只是将汉文殿版重刻后，在一些专有译名下注出其原文（包括蒙文、梵文、藏文、满文）。另一种是道润梯步于 1981 年在呼和浩特出版的《新译校注〈蒙古源流〉》，该本是据蒙文殿版译出的。此外，克鲁格还于 1961 年出版了《蒙古源流》中所有韵文的英译文⑤。刘元珠于 1982 年发表了书中汉至金代的中国史部分的汉译注文⑥。1982 年至 1983 年，乌兰分三篇发表了书中达延汗部分的汉译注文⑦。

《蒙古源流》这部草原史书传到清廷以后，影响逐步扩大，引起更多

---

① 参见克鲁格《关于萨冈彻辰书的校订》（On Editing Sagang Sečen），载《中亚杂志》（Central Asiatic Journal）IV-3，1959 年。克鲁格说这一校勘本利用了五种主要版本，正准备出版时，卡扎克维奇被捕，后来死去，稿本下落不明。

② 《萨冈彻辰写于 1662 年的东蒙古史（宝史纲）》[Sagang Sechen, A History of the Eastern Mongols to 1662（Erdeni-yin Tobči），第 1 部分：1—4 章。内容从世界初创至成吉思汗去世]。

③ 《鄂尔多斯蒙古贵族萨冈彻辰：诸汗根源宝史纲，写于 1662 年的东蒙古史》[Sagang Secen, Prince of the Ordos Mongols, The Bejewelled Summary of the Origin of Khans (Qad-unÜndüsün-ü Erdeni-yin Tobči) A History of the Eastern Mongols to 1662]，第 1 部分：1—5 章。内容从卷首至额勒伯克汗之死（1399 年）。

④ 《蒙古诸汗源流之宝纲〈蒙古源流〉》，玄文社。前 3 卷据满文殿版译出，后 5 卷据施密特本译出。采用旁译（"对译"）的形式。

⑤ 《〈蒙古源流〉中的诗段》（Poetical Passages in the Erdeni-yin Tobči），海牙。

⑥ 《〈蒙古源流〉补遗之一》，《内蒙古大学学报》1982 年第 2 期。

⑦ 《满都海哈屯与达延汗——〈蒙古源流〉选译并注释》（《内蒙古大学学报校庆 25 周年纪念集刊》，1982 年）；《从亦思满被诛到兀鲁思字罗遇弑——〈蒙古源流〉选译并注释》（《内蒙古大学学报》1983 年第 2 期）；《"右翼之战"与达延汗统治的最终确立——〈蒙古源流〉选译并注释》（《内蒙古大学学报》1983 年第 4 期）。

人的注意，人们开始对它进行多方面的研究。版本学、文献学方面的研究开始得较早，成果也较多。写于 1789 年（清乾隆五十四年）的《四库全书总目提要》"《蒙古源流》"条，可以说是对该书最早的研究评述。该条提要交代了汉文本的译成时间、蒙文本的由来，点出了作者姓名、参考书名及写作年代等，简要概括地介绍了原书的内容，分析了体例，在肯定该书记述蒙古内部史事独有优势的同时，指出了其缺憾之处：有些内容和年代与史实不符等[1]。在西方，施密特在获得诺沃谢洛夫本后不久，即于 1820 年发表文章，首次向学界介绍了《蒙古源流》一书的存在[2]。待 1829 年他的蒙德合刊本出版，更是引起了学界的轰动，随之出现了一批相关的文章。其中，雷缪萨（A. Rémusat）在 19 世纪 30 年代初发表的评论文章中，根据《四库全书简明目录》指出《蒙古源流》汉译本的存在[3]。1845 年，绍特（W. Schott）发表文章，根据圣彼得堡东方部图书馆藏书目录也介绍了一种汉文抄本的存在[4]。1856 年，瓦西列夫（M. Wassiliev）简单介绍了圣彼得堡大学图书馆所藏汉文刻本的情况[5]。1900 年，夏德（Fr. Hirth）撰文声明自己拥有一部汉文本[6]。此前他曾请各处学友广泛调查该书在欧洲的收藏情况，结果只有法国的沙畹（Ed. Chavannes）在东方语言学校附属图书馆寻查到一部汉文抄本，该本原为德维利亚（G. Devéria）个人藏书，而德维利亚已发表文章谈及此书，他误认为汉文

---

[1] "……自顺帝北奔，后世传汗号至林丹库图克图汗，而为我朝所克，中间传世次序、名号、生卒年岁，厘然具载，铨叙极为详悉。……""至于塞外立国，传授源流，以逮人地诸名、语言音韵，皆其所亲知灼见，自不同历代史官摭拾影响附会之词妄加纂载，以致鲁鱼谬戾，不可复凭。得此以定正舛讹，实为有裨史学……""如以库色勒汗为元明宗弟，在位二十，史无其事，又以明太祖为朱葛，仕元左右省长官，谗杀托克托噶太师，遂举兵返逐顺帝，亦为凿空失实，其它纪年，前后亦往往与史乖迕。盖内地之事，作书者仅据传闻录之，故不能尽归确核……"

[2] 《对畏吾儿语言文字假说的异议》(Einwürfe gegn die Hypothesen über Sprache und Schrift der Uiguren)，载《东方富源》(Les Mines de l'Orient) T. VI.

[3] 《观施密特东蒙古史一书》(Observations sur l'ouvrage de M. Schmidt, intitule Histoire des Mongols orientaux)，载《新亚细亚杂志》(Nouveau Journal Asiatique) 第 8、9 卷。

[4] 《有关蒙古与鞑靼的最古老报道》(Älteste Nachrichten von Mongolen und Tataren)，特刊。

[5] 《圣彼得堡大学图书馆所藏亚洲东方语著作解说》(Notice sur le ouvrages en langues de l'Asie orientale, qui se trouvent dans la bibliothéque de l'université de Saint-Petersbourg)，载《圣彼得堡亚洲论丛》(Mélanges Asiatiques de st. Petersbourg) 第 2 卷。

[6] 《关于萨囊彻辰东蒙古史之汉文本》(Über eine chinesische Bearbeitung der Geschichte der Ost-Mongolen von Ssanang Ssetsen)。

本是原本，蒙文本是译本，因此夏德在文章中根据自己所藏汉文本的序言纠正了德维利亚的错误。1904 年，海涅什以更多的证据进一步论证了蒙文本为原本，汉文本为译本的观点①。内藤湖南于 1905 年和 1906 年在沈阳故宫发现蒙文、满文、汉文三种本子后，即着手进行校勘，弄清了三种文本之间的关系，指出蒙文本为原本，满文本为其译本，汉文本为满译本之译本，但他只是停留在口头上，并未正式撰文发表②。1930 年，陈寅恪首次正式发表文章论证了汉文本是由满文本转译的③。1934 年，鸳渊一两度撰文讨论《蒙古源流》的版本问题，着重介绍了内藤湖南发现并拍制沈阳故宫蒙文、满文殿版的经过以及沈阳、北京故宫所藏诸本的情况④。1935 年，山本守就鸳渊一的文章发表意见，更正了其中的一些不确切的说法，并补充了一些新材料，1938 年至 1939 年，山本守又连续发表《〈蒙古源流〉杂考》三篇⑤，将自己对蒙文、满文、汉文三种文本进行比较研究的新成果公布于众，文中列有施密特本·蒙文故宫精钞本·蒙文殿版的异同表、满文故宫精钞本·满文殿版的异同表、蒙文殿版·满文殿版·汉文殿版的异同表，对厘清诸本之间的关系作出了重要贡献。1936 年，札姆察拉诺在其《17 世纪蒙古编年史》一书中较详细地分析、介绍了乌日嘎本等五种本子，通过比较，得出乌日嘎本为"最好的抄本之一"的结论。1940 年，江实在其日文译注本的第一编"《蒙古源流》诸本的研究"中，对该书的流传和以往的研究情况作了在当时来说最为全面的介绍。1942 年，石滨纯太郎发表《〈蒙古源流〉札记》一文，对江实的研究作了些补充和更正。1943 年，佐口透撰文发表了对《蒙古源流》版本方面的看法，用较大篇幅翻译介绍了札姆察拉诺对乌日嘎本的研究⑥。

---

① 《萨囊彻辰东蒙古史汉文本与蒙文原本之比较》(Die chinesische Redaktion des Sanang Setsen, Geschichte der Ostmongolen, im Vergleiche mit dem mongolischen Urtexte)。

② 参见鸳渊一《关于北平、奉天故宫所藏〈蒙古源流〉》，江实日文译注本第一编，石滨纯太郎：《〈蒙古源流〉札记》。

③ 《吐蕃彝泰赞普名号年代考——〈蒙古源流〉研究之一》，载《国立中央研究院历史语言研究所集刊》第 2 本。

④ 《关于〈蒙古源流〉》(《史学杂志》第 45 卷第 7 号)、《关于北平、奉天故宫所藏〈蒙古源流〉》。

⑤ 《读〈关于北平、奉天故宫所载蒙古源流〉》、《〈蒙古源流〉杂考》第一至三篇 (《满洲史学》2—1、2—3、2—4)。

⑥ 《乌日嘎本〈蒙古源流〉一斑》(《民族学研究》新第一卷第 4 号)。

1959 年，克鲁格以《关于萨冈彻辰书的校订》为题发表文章，在讨论校订出版一个蒙文定本的必要性和具体操作方法之前，回顾了以往的研究情况，提供了一些新信息。1963 年，田村实造发表《关于殿版〈蒙古源流〉》一文①，依据《清实录》《四库全书总目提要》中的有关内容，专门讨论了蒙文、满文、汉文三种殿版之间的关系，并较详细地列出了三种文本各自的流传图，使该方面的研究有了新的进展。1992 年，乔吉发表《蒙古历史文献版本类型与系统》一文②，文中亦论及《蒙古源流》的流传情况及版本系统，附有版本系统图。进入 20 世纪 90 年代，森川哲雄陆续发表几篇有关《蒙古源流》版本方面的文章。先于 1990 年发表《关于与〈蒙古源流〉殿版系诸本相关的问题》一文③，探究了蒙文殿版系统流传中的一些细节。1993 年前后，他写了一篇《关于〈蒙古源流〉诸本》的短文（似未正式发表），简要介绍了他 1992 年至 1993 年在呼和浩特和乌兰巴托实地调查的结果，内容涉及内蒙古社会科学院图书馆、内蒙古图书馆和蒙古国国立图书馆所藏蒙文诸本的情况，指出一些前人著录或介绍与实际收藏情况不相符的地方，将诸本细分为五个系统：1. 乌日嘎本系统；2. 阿剌黑苏勒德本系统；3. 吉日嘎朗图寺本系统；4. 殿版系统；5. 系统不明类。1994 年，他又发表《关于蒙古国国立中央图书馆所藏〈蒙古源流〉的抄本》一文，根据 1992 年的实地调查结果修正了自己以前的一些观点，重新排出了蒙文殿版系统的流传图。1995 年，他的《关于〈蒙古源流〉的抄本及其系统》一文④正式发表，该文是在其 1993 年短文的基础上写成的，作了进一步的补充和扩展，论述更为详赅。通过该文，读者可以对蒙文诸抄本有一个全新、准确的了解。森川哲雄辛勤细致的工作功不可没。

江实日文译注本的第一编是专门介绍、分析《蒙古源流》流传情况及诸本之间关系的，第二编"通过诸本复原的《蒙古源流》之原形"则探讨了原书书名、参考书名、原书卷数、作者姓名和家系、写作年代以及写作地点等问题，江实是第一位较全面关注、研究这些问题的学者，他的

---

① 载《岩井博士古稀纪念论文集》。
② 《内蒙古社会科学》1992 年第 1 期。
③ 载《布目潮沨博士古稀纪念论集·东亚的法制与社会》，汲古书院。
④ 载《亚非语言文化研究》第 50 辑。

成果给后人以很多参考和启发。在此之前，海涅什在满文本音写本的序言中已根据乌日嘎本正确指出了书名、作者名和参考书名[①]。海涅什从青年时代起致力于《蒙古源流》版本的收集、研究和出版，做了很多有益的工作，他的贡献后人不会忘记。田清波为其三种蒙文抄本在哈佛出版所写的长篇导言，是一篇非常精彩的研究文章。田清波有在鄂尔多斯地区几十年的生活经历，精通蒙古语及其鄂尔多斯方言，手头又有多种可利用的本子和参考资料，这些优势使他的研究具有了一种不可替代的独特魅力。例如他对作者家系、生平、居住地等方面的论述，没有满足于介绍作者书中所提供的那些情况，而是利用明代汉籍和其他蒙文古籍的有关记载进行深入的考证，并且依据他本人在作者家乡的所见所闻补充了不少新内容，文章最后对《蒙古源流》所保留古老词语的解说，反映出他在蒙古语文学方面的造诣。1959年，海西希（W. Heissig）在其《蒙古的家族宗教史学》第一卷中也对《蒙古源流》作了较详细的评述[②]，包括作者生平、书名、成书年代、参考书等方面的考证，还将书中个别内容与《黄史》《黄金史纲》列表作了比较。1978年，比拉（Š. Bira）的《蒙古史学史》[③]一书出版，《蒙古源流》被当作17世纪最重要的蒙文史籍加以评述。比拉的研究主要从史学史的角度展开，但同时对作者生平、成书年代、流传情况、内容结构、参考书籍等也作了相应的考证和介绍。此后，1979年出版的留金锁（Liü Jin Süwe）的《13至17世纪的蒙古历史编纂学》[④]一书、1981年发表的崔鹤根的《蒙古史料与〈蒙古源流〉解评》[⑤]一文、1994年出版的《蒙古历史文献》所收包文汉有关《蒙古源流》的评述等，也都对有关情况进行了常规性的评介。1980年，周清澍、额尔德尼巴雅尔合撰的《〈蒙古源流〉初探》一文正式发表[⑥]，该文从历史背景、

---

① 因殿版、施密特本等的原文有误，在很广的范围内引起了书名、作者名和参考书名上的混乱。乌日嘎本有关的几处记载均不误，海涅什20世纪20年代末获此抄本的照片，因此有条件据其作出正确介绍。
② *Die Familien-und Kirchengschichts-schreibung der Mongolenl*，奥托·哈拉索维茨。
③ МОНГОЛЬСКАЯ ИСТОРИОГРАФИЯ，莫斯科。
④ *Arban Γurba—Arban Doloduyar Jaγun-u Mongγol-un Teüke Bičilge*，呼和浩特。
⑤ 载《东亚文化》第18辑，汉城大学东亚文化研究所。
⑥ 两位作者于1962年写出第一稿，以《纪念〈蒙古源流〉成书三百周年》之名印出单行册，新稿《〈蒙古源流〉初探》是周清澍在第一稿的基础上又作了大量的补充、修订后完成的，仍以两人的名义发表。

作者生平、书名、内容、史学价值、文学价值、史料来源、流传及译注等方面展开全面、深入的论述，尤其在历史背景和史学价值的分析论证上功力更深，高出前人一筹，对史料来源（即参考书籍）的探讨也有独到之处。

《蒙古源流》流传时间长、范围广，版本众多，各有特色。在前人不懈的寻访、搜集和考证研究的基础上，人们对其流传及版本学、文献学方面的认识一步步趋向完善。现在存在的一些细节问题和尚需深入探讨的问题，同样有待在今后的调查研究中逐步加以解决。

（原载《蒙古学信息》1997 年第 1、2 期）

《汪国钧本蒙古源流》评介

1918年，内蒙古喀喇沁右旗人汪国钧用汉文翻译了一部蒙古文蒙古史籍，本文称之为《汪国钧本蒙古源流》。

《汪国钧本蒙古源流》自成书以来，虽然也曾经被人零星地提到过，但一直没有受到应有的重视。蒙古文蒙古史籍对研究蒙古史具有特殊的意义，这一点已越来越得到学界的广泛认同。要使蒙古文蒙古史籍更好地为蒙古史研究服务，就必须首先很好地整理、研究蒙古文蒙古史籍，而整理、研究蒙古文蒙古史籍的一个必要前提就是广泛搜集、熟悉各种蒙古文蒙古史籍（包括其各种版本），了解、利用与之有关的一切研究成果。《汪国钧本蒙古源流》究竟是一部什么样的书？它的价值如何？经过多年陆续的调查研究，笔者对这部书的情况有了一定的了解。现就目前所调查了解到的情况，将《汪国钧本蒙古源流》向学界作一简单评介，期望能对研究有所裨益。疏漏、错误之处，还请各位老师、同行不吝赐教。

《汪国钧本蒙古源流》是汪国钧应南满铁道株式会社大连图书馆馆长岛村孝三郎之邀于1918年完成的，书成之后，即以写本的形式入藏该图书馆，日本东洋文库等处藏有其晒蓝本。岛村孝三郎后来在写给他人的信中说：

《书香》第49号《热河文献解说》中所收《内蒙古纪闻》的作者汪国钧是我的熟人，是我在满铁供职时，由跟随大谷光瑞来旅顺的原东京外国语学校的罗姓蒙古语教师说是朋友介绍给我的，是喀喇沁旗的学者。人一看很有稳重的学者风度，故请他［抄写］[1]喀喇沁王

---

[1] 文中［］内的文字为笔者汉译时所补，下同。

府所藏《蒙古源流》的蒙古文,并以合璧形式进行汉译,其间还请他写了内蒙古的风俗以及鲜为人知的史事,即《内蒙古纪闻》。《蒙古源流》的汉蒙〔合璧〕本留藏大连图书馆,其晒蓝本应该藏于东洋文库和京都大学。其后,由于汪国钧与罗氏关系恶化而返回喀喇沁,〔我〕曾经通过赤峰日本领事馆和当时在满铁调查课供职的星武雄两次给〔汪国钧〕送去酬金,以继续《蒙古源流》的汉译。①

后来任满铁大连图书馆馆长的柿沼介也撰文说:

据说大正七年〔1918 年〕左右,当时的大连图书馆馆长岛村孝三郎邀请喀喇沁王府的学者汪国钧来大连,因为该馆已收得喀喇沁王府所藏蒙古文《蒙古源流》手抄本,所以请他来译成汉文,同时请他在闲暇时就他所了解的内蒙古的风俗和鲜为人知的史事做些笔述。②

该书在满铁大连图书馆《南满洲铁道株式会社大连图书馆和汉书分类目录》以及岛田好《本馆所藏稀觏书解题(一)写本部分》均有著录③。笔者在日本东洋文库、京都大学文学部史学科图书室、大阪外国语大学图书馆都曾见到该书的晒蓝本,但京都大学文学部史学科图书室和大阪外国语大学图书馆所藏均有残。④ 遗憾的是,大连图书馆所藏该书的原写本现已下落不明⑤。

从晒蓝本来看,该书为蒙汉合璧式,蒙古文原文在左行,汉文译文在右行。蒙古文用毛笔书写,汉文或用毛笔或用钢笔书写。字迹工整、娴

---

① 《〈内蒙古纪闻〉的成书与异本〈蒙古源流〉的汉译——岛村前馆长的来信》,《书香》第 52 号,1933 年,第 7 页。
② 〔日〕柿沼介:《稿本〈内蒙古纪闻〉》,《书物同好会会报》第 7 号,1940 年,第 1 页。
③ 《南满洲铁道株式会社大连图书馆和汉书分类目录》第 8 编《满洲·蒙古》,1934 年,第 41、58 页;〔日〕岛田好:《本馆所藏稀觏书解题(一)写本部分》,《书香》第 16 卷第 3 号(1944 年),第 17 页,"喀喇沁本蒙古源流"条。
④ 笔者 1986 年曾到东洋文库查该书之晒蓝本,所见为足本 4 册,书脊处所注时间为"1920"年;在京都大学文学部实地所见为 3 册,缺第 1 册;在大阪外国语大学图书馆实地所见亦为 3 册,缺第 4 册。
⑤ 20 世纪 80 年代末,笔者曾托在大连图书馆工作的友人协助查找,但终未找到。

熟。纸张使用的是南满铁道株式会社的专用稿纸①，每半叶（小 16 开）8 行（有细的隔行），蒙古文原文、汉文译文各 4 行。书前不题书名，无序言，无跋。卷尾有识语两行"大正七年六月二十三日蒙古漠南喀喇沁右翼旗 翔斋汪国钧译"，下方钤有"汪翔斋"一椭圆形印。卷首第 1 叶正面上方正中，以及相当于晒蓝本第 3 册第 1 叶正面上方正中各钤有"南满洲铁道株式会社印"一处正方形印记。据岛田好 20 世纪 40 年代的著录，该书原装订为 1 册②，晒蓝本均装订为 4 册，从该书的内容特征等方面来看，它原来并不分卷，只是根据材料来源的不同而分为两大部分。

该书的内容，涉及两个方面的问题，一个是它本身包含什么内容，另一个是它的资料来源以及它与资料来源之间的关系。

关于该书所包含的内容，山本守于 1935 年首先指出是由《蒙古源流》的前一部分内容和《圣成吉思汗传》的后一部分内容配接而成的③，后来，服部四郎进一步证实了山本守的这一说法④。通过校勘，可以肯定基本情况与他们二人的说法相符。更具体的结论是：该书前一部分内容（晒蓝本第 1、第 2 册）基本相当于萨冈彻辰洪台吉《蒙古源流》卷首至成吉思汗生平结束为止的一段内容；该书后一部分内容（晒蓝本第 3、第 4 册）基本相当于北京蒙文书社 1927 年版《圣成吉思汗传》自第 24 叶背面第 5 行至第 68 叶正面最后一行的一段内容，这段内容中包括无名氏《黄金史纲》自窝阔台生平至卷尾的内容以及另外一部分有关成吉思汗的传说故事，《圣成吉思汗传》第 68 叶背面至书末（第 96 叶）的内容（也是成吉思汗的传说故事），为该书所不载，该书在《蒙古源流》和《圣成吉思汗传》这两种不同史书的衔接处插有一段后补的文字，使它们很好地配接成了一部书⑤。

---

① 书口下方印有"南满洲铁道株式会社"几个字。
② 前引［日］岛田好《本馆所藏稀觏书解题（一）写本部分》"喀喇沁本蒙古源流"条。
③ ［日］山本守：《读〈北平奉天故宫所藏蒙古源流〉补正》，《史林》第 20 卷第 8 号，1935 年。
④ ［日］藤冈胜二：《罗马字转写、日本语对译喀喇沁本蒙古源流》，东京文求堂，1940 年，"前言"。
⑤ 这一段插入语的汉译文为："南无苏瓦斯迪、希特达睦、至尊菩提萨降生、鸿德帝王初创、印度西藏发根基、历述世代详细、前卷所载'青吉斯汗'、兹再续述'谔格德依汗'、诸臣宰桑共辅佐、创立国基永固安、'博克达青吉斯汗'宾天之后，其四子图类监国、嗣因'谔格德依'由'和博'归国，宰桑'楚材'遵'博克达'遗诏、请即汗位。"见晒蓝本第 3 册第 1 叶正面至第 2 叶正面。

说该书的前后两部分内容分别与《蒙古源流》和《圣成吉思汗传》的部分内容"基本"相当,是因为即使在相应的部分中,两者之间仍然存在着多处差异,包括用词的不同,句子成分位置的不一致,内容的多寡不一等方面的差异。从该书第1、第2册的情况来看,很容易判断它的内容是来自《蒙古源流》的施密特本,因为施密特本相应部分的独有特征在《汪国钧本蒙古源流》中基本都有反映。关于这一点,可以参看下表:

表1　　汪本《蒙古源流》与《蒙古源流》异同对照表

库伦本	殿本	施密特本	汪国钧本
giris	△	tuwan ding	△
Šinglan	Šinggala	Šinggtala	Šinggetalan
jalatuγai	△	jalaγdaqui	△
erübesü	△	maltabasu	△
balγad	△	yirtinčü	△
tabin doloγan	△	döčin dörben	△
jiren	△	tabin jirγuγan	△
edüge Bede Mongγol-un γajar	△	tegün-eče Mongγol-un γajar-a	tegünče Mongγol-un γajar-a
tügükeyilen	tuqayilan	sejiglen	△
Očigin	Öčigin	Üčiken	△
aliyarsun manggirsun	elersün manggirsun	ataγatan dayisun	△
sögebei	sögögebei	čögegebei	△
öberidbesü	örübedbesü	öri ebedbesü	△
	△	ayimaγ ulus	△
	△	gele	△
	△	olan	△
ayalaqui	ačalaqui	ejeleküi	△
mön on-a	△	-yin Andun čing tayiji	△
maγui-yi ütele kögejü	mön ter-e on-a	-bar Ejen-dür	△
yaγun kim	△	maγui-yi kereg ügei bolγan	maγu-yi kereg ügei bolγan gegejü
Ülei anda	△	kögejü yaγun kim	
tauliju	△	kemekü nökös-tei	kemekü nököd-tei
yaγun kereg	△	eyin kemer-ün	eyin kemebei
	Uli anda	Uli ananda	△
	△	tegüülijü	tegülijü
	△	keregügei	△
subud šigim-tü oyimusun	△	subud-iyar šigidkegsen oyimusun	△

（注：此表中△符号,表示"汪国钧本"、"殿本"与"库伦本"有关内容相同无异处。）

《汪国钧本蒙古源流》评介　　　　　　　　　　　　　　　35

但是施密特本中的不少词句在该书中被作了改动，下表列出的是部分例子：

表2　　　　汪本《蒙古源流》修改施本《蒙古源流》对照表

蒙古源流	汪国钧本
taγ	aγula
aγurbai	orkibai
ongγalaqu	orošiγulqu
usaduγad	ügei bolon
yaγun ele bögesü	yaγun ču bolba
uqan	meden
mölibesü	čabčibasu
γurban čaqas anu	γurbaγula
idegdemüi	darulaγdamui
umdalan	jiγaju
taγuliju	oroγulju
tuqar-un	ter-e
sedüjü	sanaju
maγui jabdun	maγui kiküi-e
šilaγun-a	sayitur
miriyaju	angqaraju
urbaju	ergijü
tus bolju	učiraju
kerügüljü	buliyaldun
öglige öggün	kešig kürtegen
genüger bolqu	ker bolqu
bardamlaqu	barimtalaqu
ese sereleyü	eseügülebeü
narmai	yeke
čeüken (čügüken)	üčüken
qoriγlaju	kilinglejü
dayijin	yaban
küligüljü	küliyejü
maγutan amui	maγujiran amui
kür yeke	qamuγ
qaralmai	qamuγ

而且有些词句被删去了，其中甚至包括较长的一段话和整节的诗文①。相对而言，该书第3、第4册，即与《圣成吉思汗传》相应部分的情况要好得多，基本上不存在缺句现象②，影响大的改动也较少，一般的改动似乎多是出于疏通文义的目的③。

关于该书直接的材料来源，情况比较复杂，目前存在几种不同的说法。岛村孝三郎说当年邀请汪国钧赴南满铁道株式会社大连图书馆的目的，是为了让他把喀喇沁右旗王府所藏的《蒙古源流》译成汉文，完成后的蒙汉合璧书随即留藏大连图书馆，他没有提王府所藏原本此后的去向。山本守说"满铁本"（指《汪国钧本蒙古源流》）是据喀喇沁王府所藏的本子译成的，他1934年夏天曾在喀喇沁旗寻找过那个王府藏本，但是没有找到，旗政府的官员对他说该本已被赠送给了"满铁的星野氏"④。小林高四郎1942年谈道："第二年［1934年］4月，为了实地学习蒙古语，从北平转到热河省的喀喇沁右旗学习，那时由于已听说该旗王府藏有所谓《喀喇沁本蒙古源流》的原本——其晒蓝本已送给日本学术界，所以就想尽可能把它抄写下来……与王府的差役熟识后不久，承蒙掌管仓库钥匙的管家杨子德的好意，得以入库参观。然而不仅未见到期盼的《喀喇沁本蒙古源流》的原本或是抄本，甚至几乎没见到什么蒙古文的书籍，只见到算得上珍贵的满文足译本《金瓶梅》。同年5月底，游赤峰，下榻翁牛特旗旗公署时，在一间面向柳絮纷飞院子的昏暗的房屋内，偶遇一位汪姓的年轻人，交谈中谈及蒙古文古文献时，他说他的父亲——后来确认为汪翔斋——将王府所藏《喀喇沁本蒙古源流》的汉译本和原本一起给了满铁的星野武雄。"⑤

---

① 词汇被删的部分例子：

Bede、engkür-e、idegešin、köbegümerkei、embüle、tel、dayijin、jüngge、šilyamal、iserin、delm-e 等。删去的句子（包括较长的一段话和诗文），共约40处。

② 缺两句。一句为 Tiyanšun qaɣan naiman jil saɣuba.（天顺帝在位八年），一句为 Qaɣan jöbšiyejü qari kümün-i kündüley-e gejü ü［n］jegübe.（［阿台］汗说："就尊重外人的意思吧"，而允许［他们］延了期。）

③ 如 Mönggün čar-a-i nada ese ögbe gejü，Esen tayiši aɣurlaba 一句，《圣成吉思汗传》作 Esen tayiši mönggün čar-a-i nadur yaɣakin ese ögbe kemen aɣurlaba。两句都是说也先太师因未能得到金碗而生气了。《汪国钧本蒙古源流》的句子，词句更清楚、简练。

④ 前引［日］山本守《读〈北平奉天故宫所藏蒙古源流〉补正》，《史林》第20卷第8号，1935年。

⑤ ［日］小林高四郎：《在蒙古寻找古文献》，《读书人》1942年3月号。

岛田好的著录中说"喀喇沁王府原藏有两种本子","该馆于大正七年[1918年]从王府借钞了该本,并聘请王府的学者汪国钧(汉人,号翔斋,原为王府管理章京)将它译成汉文"①。中见立夫1993年撰文说:20世纪10年代前半即辛亥革命之后,喀喇沁王府因财政紧张,将该本卖给了南满铁道株式会社大连图书馆,并注明有传说称卖书与汪国钧有关②。可是,一直未见到大连图书馆方面有关这一王府藏本的登录或报道。不管怎么说,这个本子到目前为止还是不知去向。因此,暂时还无法断定《汪国钧本蒙古源流》与《蒙古源流》和《圣成吉思汗传》之间存在差异的确切原因。这些差异,或许在喀喇沁右旗王府藏本中就已经存在,或许是经过了汪国钧的修改后才出现的。

该书与《蒙古源流》相应部分的内容,已经可以肯定是出自施密特本,而该书与《圣成吉思汗传》之间的关系则不那么简单,它不可能源自出版时间较自己成书时间为晚的《圣成吉思汗传》,而《圣成吉思汗传》又不像是出自该书,它们应该是各自另有所本。以前曾看到一部蒙古文手抄本,注明是"喀喇沁"的"卜彦毕勒格图"(Bayanbiligtü)于"民国四年"即1915年整理成书的。卜彦毕勒格图即汪国钧的蒙古名字③,他在手抄本的序言中说:民国四年秋,原旗协理什哩萨克喇(Širisaγra)④ 找到一部蒙古文史书,以书中所记蒙古人的史事多为汉籍所不载,而词句又多有难懂之处,便交由他来重新整理,以使之易于众人阅读理解,他参阅了《元朝秘史》《蒙古源流》等多种有关的书籍,于当年12月整理出这个本子来。这部手抄本,前有序言,正文前面题有书名 Boγda Činggis Qaγan Sudur(圣成吉思汗史传),正文包含内容各自独立的两个部分,前一部分与无名氏《黄金史纲》基本一致,后一部分为有关成吉思汗的传说故事。根据对比和分析,可以说北京蒙文书社1927年版《圣成吉思汗传》(Boγda Činggis Qaγan-u Čidig)源自卜彦毕勒格图即汪

---

① 前引[日]岛田好《本馆所藏稀觏书解题(一)写本部分》,第17页"喀喇沁本蒙古源流"条。

② [日]中见立夫:《关于清末内蒙古的一部史料——汪国钧著〈内蒙古纪闻〉》,载《庆祝王钟翰先生八十寿辰学术论文集》,辽宁大学出版社1993年版。

③ 参见吴恩和、邢复礼《贡桑诺尔布》,载《内蒙古文史资料》第一辑,内蒙古人民出版社1962年版。

④ 《崇正学堂初创时期教职员花名表》作"希里萨拉",汉名"希光甫",原职"协理",校职"校务总办"。此表载《赤峰市文史资料选辑》汉文版第四辑"喀喇沁专辑"(政协赤峰市委员会,1986年)。

国钧 1915 年的《圣成吉思汗史传》。因为《圣成吉思汗传》不仅在全书内容结构、句子成分位置以及用词等方面与《圣成吉思汗史传》基本一致，而且就连出版者汪睿昌（特睦格图）为其所写的序言也基本上是照录了卜彦毕勒格图的序言，不同的只是将一些人名、时间等作了相应的更改，例如将"今年（指民国四年即 1915 年）秋天原旗协理什哩萨克喇获此书"改为"甲子年（即 1924 年）冬获此书"；将"卜彦毕勒格图"改为"特睦格图"；将落款"中华民国四年十二月喀喇沁之沙比（即指卜彦毕勒格图本人）"改为"中华民国丁卯年（即 1927 年）三月喀喇沁之特睦格图于京城"。书名也由《圣成吉思汗史传》改成了《圣成吉思汗传》。从 1915 年《圣成吉思汗史传》可以获悉的另一点是，汪国钧在进行《汪国钧本蒙古源流》的汉译之前已经整理过类似的蒙古文蒙古史书，当时积累的经验对他后来的工作无疑是有帮助的。

从晒蓝本的情况来看，《汪国钧本蒙古源流》卷首不题书名，但是文中出现了两处书名，一处是在第 4 册第 55 叶背面即相当于无名氏《黄金史纲》结尾的地方，作"Qad-un Ündüsün Quriyangyui Altan Tobči 所有诸汗裔述略金纲宝经"；另一处紧接前一个书名，在第 4 册第 56 叶正面第 1、第 2 行即成吉思汗的传说故事之前，作"Činggis Qayan-i Yabuγsan Čerig-ün Yabudal-un Üiledlel 青吉斯汗之行军记"。就是说，该书与《蒙古源流》相应的部分没有书名，与无名氏《黄金史纲》相应的部分保留了原有的书名①，为有关成吉思汗的传说故事补加了书名②。该书卷首不题书名，大概与它第一部分内容取自《蒙古源流》的施密特本有关，因为施密特本书前只有后起的德文书名"东蒙古及其王族史"，而无蒙古文书名。

该书本来没有总的书名，书中出现的两处书名也都不包含"蒙古源流"的字样，可是后人提到这部书时，几乎都称它为"蒙古源流"，这显然是与该书前一部分的内容有关。岛村孝三郎称它为"《蒙古源流》"或"异本《蒙古源流》"③；藏有该书晒蓝本的日本东洋文库、京都大学文学

---

① 无名氏《黄金史纲》的书名，1858 年贡布耶夫本、北京蒙文书社 1925 年本；1915 年卜彦毕勒格图本、北京蒙文书社 1927 年本，都写在卷尾，均作"Qad-un Ündüsün Quriyangyui Altan Tobči"（诸汗根源简明黄金史纲）。

② 《圣成吉思汗史传》和《圣成吉思汗传》的这一部分内容，都不题书名。这一传说故事亦见于罗桑丹津的《黄金史》。

③ 前引《书香》第 52 号所载《〈内蒙古纪闻〉的成书与异本〈蒙古源流〉的汉译——岛村前馆长的来信》。

部史学科图书室和大阪外国语大学图书馆都登录为"《蒙古源流》"[1]；山本守称它为"《喀喇沁本蒙古源流》"[2]，这一书名后来为服部四郎[3]和南满铁道株式会社大连图书馆[4]所沿用。这里有一点值得注意，就是喀喇沁中旗人塔清阿于1934年制成了《蒙古源流》的一个蒙古文抄本，其汉文书名（写在函套的背面）作"蒙文蒙古源流喀喇沁本"，这个书名与山本守给汪国钧之书所起的书名《喀喇沁本蒙古源流》相当接近，因此服部四郎曾经提出，为了避免与塔清阿的《蒙文蒙古源流喀喇沁本》相混，是否可以考虑将汪国钧之书称为《汪国钧本蒙古源流》[5]。现在看来，这种考虑不无道理，否则真的会引起混乱。就像服部四郎所说，容易在书名上与塔清阿的《蒙文蒙古源流喀喇沁本》相混。实际上，随着研究的深入开展，这方面的担心已逐渐显得不十分重要，因为塔清阿的本子完全是《蒙古源流》施密特本的再抄本，不包含类似《圣成吉思汗传》的内容，所以它和汪国钧之书在内容上有较大区别，再说，塔清阿的本子现在多被称作《塔清阿本蒙古源流》，在名称上也已经与《喀喇沁本蒙古源流》拉开了距离。现在更令人担心的是，自从1940年服部四郎将藤冈胜二根据汪国钧之书完成的遗稿以《罗马字转写、日本语对译喀喇沁本蒙古源流》之名出版以后，一提到《喀喇沁本蒙古源流》，人们总是把它与藤冈胜二的作品联系在一起，而淡忘了它自身的存在[6]。因此，有必要给汪国钧的原书定一个清楚易区分的书名。鉴于该书一直被人称作"蒙古源流"，而

---

[1] 东洋文库将它归入洋书类收藏，书脊处文字为"MENGKU YUANLIU HISTORY OF THE EASTERN MONGOLS, SANANG SETSEN"（东蒙古的蒙古源流史，萨囊彻辰著）。京都大学藏本著录为"《蒙古源流》，喀喇沁王府藏"。大阪外国语大学藏本登录为"《蒙古源流》"。

[2] 前引［日］山本守《读〈北平奉天故宫所藏蒙古源流〉补正》（《史林》第20卷第8号）。

[3] 前引《罗马字转写、日本语对译喀喇沁本蒙古源流》（藤冈胜二著，东京文求堂，1940年）"前言"。

[4] 前引［日］岛田好《本馆所藏稀觏书解题（一）写本部分》第17页"喀喇沁本蒙古源流"条。

[5] 前引《罗马字转写、日本语对译喀喇沁本蒙古源流》，藤冈胜二著，东京文求堂，1940年，"前言"。

[6] 藤冈胜二的转写有多处与原文不符。与《蒙古源流》相应的部分中，约有140多处转写有差异，有7处缺而未转；与《黄金史纲》相应的部分中，约有120多处转写有差异，有6处缺转。仅凭藤冈胜二的转写来研究原文是很不够的。藤冈胜二的日译文也不完整，它不包括卷首至吐蕃史结束为止的一段内容以及《青吉斯汗之行军记》；在蒙古史部分的译文史，也有缺译现象，共有33处空而未译（多是疑难词句）。

它的前半部分内容又确实源自《蒙古源流》，那么称它为"汪国钧本蒙古源流"还是比较顺理成章的。

　　对于作者的其他情况，暂时能够了解到的还很有限。只知道他是内蒙古喀喇沁右旗人，生活于清末至民国年间，蒙古名为卜彦毕勒格图，汉名汪国钧，字翔斋，曾在喀喇沁右旗王府任职多年，官至管旗章京①，并出任过王府所办"三义洋行"的副经理②。1911 年辛亥革命期间，他在北京居住，曾参加有喀喇沁王贡桑诺尔布和其他在京喀喇沁人出席的时局讨论会③。他被称为"学者"，"很有稳重的学者风度"④，1902 年，他曾与人合作为喀喇沁王贡桑诺尔布所办"崇正学堂"编译了《喀喇沁源流四字歌》⑤；1915 年他整理出了《圣成吉思汗史传》；他与《蒙古风俗鉴》的作者罗桑却丹是同乡、朋友，就是由于这位罗桑却丹的介绍，他认识了南满铁道株式会社大连图书馆的馆长岛村孝三郎，进而应后者之邀于 1918 年赴大连进行《汪国钧本蒙古源流》的译制工作⑥，同时又用汉文撰写成了《内蒙古纪闻》一书，具体记写了主要是光绪年间喀喇沁右旗社会多方面的情况⑦。据说他还有一部蒙古文文法书传世⑧。

　　说到《汪国钧本蒙古源流》的价值，首先，它是 17 世纪蒙古文蒙古史书中的一个较早的汉译本。17 世纪的蒙古文蒙古史书，除《蒙古源流》在清朝乾隆年间曾被译成汉文外，其他几种书的汉译本都是在 20 世纪 70

---

①　前引［日］岛田好《本馆所藏稀觐书解题（一）写本部分》第 17 页"喀喇沁本蒙古源流"条；前引吴恩和、邢复礼《贡桑诺尔布》（《内蒙古文史资料》第一辑）。

②　前引吴恩和、邢复礼《贡桑诺尔布》（《内蒙古文史资料》第一辑）。

③　吴恩和《辛亥革命时期的回忆》，载《赤峰市文史资料选辑》汉文版第 4 辑"喀喇沁专辑"。

④　前引《书香》第 52 号所载《〈内蒙古纪闻〉的成书与异本〈蒙古源流〉的汉译——岛村前馆长的来信》。

⑤　见《赤峰市文史资料选辑》汉文版第 4 辑"喀喇沁专辑"所载《喀喇沁源流四字歌》。

⑥　前引《书香》第 52 号所载《〈内蒙古纪闻〉的成书与异本〈蒙古源流〉的汉译——岛村前馆长的来信》。罗桑却丹是喀喇沁左旗人，1907 年至 1911 年、1912 年至 1914 年，曾两度赴日本，先后在东京外国语学校、京都本愿寺佛学校任过教。这一经历，使他有条件得到当时在国内、旗内尚无法看到的一些外国书籍。《汪国钧本蒙古源流》中施密特本《蒙古源流》的内容，是否与罗桑却丹有某种联系，也未可知。

⑦　前引《书香》第 52 号《〈内蒙古纪闻〉的成书与异本〈蒙古源流〉的汉译——岛村前馆长的来信》；《书香》第 49 号（1933 年）《内蒙古纪闻》。关于《内蒙古纪闻》一书的详细研究，见前引中见立夫《关于清末内蒙古的一部史料——汪国钧著〈内蒙古纪闻〉》一文。

⑧　听说这部书的手稿已于最近在喀喇沁旗发现，有人正准备着手进行研究。

年代末以后才陆续出现的。《蒙古源流》的汉译本虽说在二百多年前就已经问世，但它并不是直接从蒙古文原文译出的，而是经由满文译本转译的。《汪国钧本蒙古源流》中的《蒙古源流》部分则不然，它是直接译自蒙古文原文的，因此也就避免了一些沿袭满译本误译的现象[①]。无名氏《黄金史纲》的第一部完整的汉译本是于 1985 年正式出版的[②]，《汪国钧本蒙古源流》中《黄金史纲》部分的内容尽管不全，然而作为对同一种史书进行汉译的第一次尝试，它毕竟早了几十年。

其次，汪国钧汉译文的质量较好，不仅语义明了，文句通顺，而且准确性也不算低。《蒙古源流》清代汉译本的不少误译在汪国钧的译文里得到了纠正。例如"Tan-u gerte Bayaγud-un Maqali kemekü bey-e yabun bülüge"一句，清代汉译本误作"其夫之连襟玛哈赉常往来其家"（卷 3，第 3 叶背面），汪国钧译为"汝家曾有巴雅固特之玛哈里时常往来"（第 2 册第 6 叶背面），是。又如"Tendeče Enggüd-ün Uran Čenggüi kemekü γučin otoγ ulus-i abču dayijin γaruγsan-dur"一句，清代汉译本误作"后出兵收服曩古特之乌兰昌贵三十一鄂托克人众"（卷 3，第 13 叶正面），汪国钧译为"自此恩古特之乌兰昌贵者，带领三十一努图克之众叛去"（第 2 册第 33 叶正面），是。从译文中可以看出汪国钧的汉文功底不浅，也可以看出他对原文的内容比较熟悉，这得益于他在译书的过程中参考了不少有关书籍。他所参阅的书籍，仅文中提到的就有 9 种：《讲义》[③]《金光经》《大藏经》《元朝秘史》《蒙古源流》《辍耕录》《通鉴辑览》《元史译文证补》《西斋偶得》等。另外，他在此前整理《圣成吉思汗史传》时也曾参考过一些有关书籍，其中还包括《蒙古游牧记》《蒙古纪事本末》等。作为清末民初一个蒙旗出身的学者，汪国钧能够做到这样较为广泛地参考利用主要的有关资料，确实是很难得的。这些资料对保证他译文的质量起到了积极的作用。

---

① 例如，《蒙古源流》中的"Boγorji, Muquli qoyar qušiγu-bar dokibasu"一句，满文译本误作"Bogorji, Moholai juwe nofi šašihalar-a-de"（孛斡儿出、木合黎二人掌嘴时），清代汉译本因误，作"博郭尔济、摩和赉二人于是批其颊"（卷 3，第 16 叶正面）。《汪国钧本蒙古源流》译为"博固尔吉、摩和赉二人暗地以嘴指点之"（第 2 册第 42 叶背面），是。

② 朱风、贾敬颜：《汉译蒙古黄金史纲》（以北京蒙文书社 1927 年版《圣成吉思汗传》中无名氏《黄金史纲》部分的内容为底本），内蒙古人民出版社 1985 年版。

③ 具体名称不详。内容与佛教有关。

还应该提到汪国钧在译文中所加的注释。他的注释大致可分为三种。一是对专名的注释。对音译的专名，一般都在圆括弧内解释其词义，如"郭斡玛茹拉（按郭斡释义秀美也，玛茹拉释义母鹿也）"（第 2 册第 2 叶背面）；对其他专名，也多留有空处以解释其含义，如"按三宝者，天有空宝，地有生宝，人有作宝是也。近者又称佛、经、喇嘛为三宝者，与上义不同"（第 1 册第 1 叶正面）。二是引他书之说作注。如"按《秘史》，浩里台默尔根为豁里秃马敦地面貂鼠、青鼠、野物均被禁约，闻布尔罕山广有野物，故全家移来此地，为浩里喇尔姓云"（第 2 册第 5 叶正面）。三是对原文或他书之说的评论。例如在原文所述明永乐帝为元惠宗之子的故事之后评论说："按此段似属荒谬无基，盖当时之蒙古人甚悔大都之失，藉此以证元系大统不失于朱明欤。抑实有其事，为史笔所巧饰，姑意讳而不言欤。未可知也。"（第 3 册第 24 叶背面）又如"《源流》及各书中，将蒙语译成印度语者，又有不译，仍存蒙古语者，繁杂百端，丝麻万绪，无怪后世历史乱人耳目，费人脑筋也"（第 1 册第 37 叶正面）。各种注释中，有些在今天已显得意义不大，而有些仍具有一定的启发意义和参考价值。例如："阿噶拉胡，猎者长官之谓"（第 3 册第 87 叶背面）、"实固锡者，官衔也"（第 4 册第 21 叶正面）、"帝讳巴图蒙和，后以国名，众称曰'达延汗'，又称曰'大元汗'者……"（第 4 册第 4 叶正面）等。

《汪国钧本蒙古源流》也存在不少问题。其中，以当今研究水平的要求衡量，它在古籍整理规则方面存在的问题比较突出，主要表现为蒙古文原文中的删、改现象。不少难词、难句，或是被改或是被删，这不符合古籍整理的规则。删、改的结果，破坏了古籍的原貌，影响了古籍的正常流传和后人的研究，反过来降低了自身的价值。删改的问题，或许在汪国钧所使用的喀喇沁右旗王府藏本中就已经存在，但是由于底本已经佚失，现在还无法确定真相究竟如何。这就牵涉到另一点，即按照古籍整理的一般要求，译者应该撰有一篇序言，至少对译文底本各方面的情况以及自己译注的原则等作一清楚的交代，以利于他人了解、研究。其他问题是译注当中的一些具体问题。译文当中，误译的例子也可举出不少，例如"Üčüken büküi-dür činu, ülü uqan temečeldüjü yabuluγ-a bida"一句，汪国钧译为"小人等一切无知，每向争竞"（第 2 册第 44 叶背面），误。应为"在你小的时候，我们无知，曾与你相互争斗"。又如"Namayi iretele, beyen-iyen kümün-dür buu medegül"一句，汪国钧译为"至吾归来，勿令富人知之"（第3册第61叶正面），误。朱风、贾敬颜《汉译蒙古黄金史纲》译为"归来之前，不要叫人发现自己的身份"，是。注释当中，尤其是对专名词义的解释，相当一部分带有随意性，并不正确。例如"都斡锁豁尔（月明之义也）""哈萨尔（伶俐之义）""那固巴颜（极富之义）"等，均误。

尽管《汪国钧本蒙古源流》还存在令人遗憾的问题，然而它的学术价值却不容忽视。无论是作为17世纪蒙古文蒙古史书中较早的一个汉译本，还是作为《蒙古源流》和无名氏《黄金史纲》研究者们的有益参考，它都显示了自身存在的意义。

最后，向为本文提供资料和给予协助的中见立夫、渡边修、王小川、薄音湖、乔吉、纳古单夫等诸位先生表示衷心的感谢。

[笔者的同名论文首载于《内蒙古大学学报》（哲学社会科学版）1995年第1期，后据新资料做了一些补充和修改，收入《历史与民族——中国边疆的政治、社会和文化》，社会科学文献出版社2004年版]

《元朝秘史》版本流传考

《元朝秘史》是一部重要的蒙古学文献，是古代蒙古史最基本的史料之一。经过长期广泛的、多方面的深入研究，《元朝秘史》已经成为一个国际性的学术领域，形成了专门的学科"《秘史》学"。目前，关乎《元朝秘史》的研究成果可以说是不计其数，涉及历史、语言、文学、宗教、社会学等诸多领域。其中，文献学方面的研究开始得最早，取得的成绩较大，受关注的程度也较高。但一方面，由于《元朝秘史》本身形式的特殊性以及相关记载的复杂性，给文献学方面的研究带来了较大的难度。尽管一些问题随着研究的深入逐渐趋向明朗，但是还没有达到彻底解决的地步，有些问题因资料情况所限可能会长期处于推测的状态。例如对原书作者、成书确切年份等问题的探讨。另一方面，随着客观环境的逐步改善，在研究的某些方面已经有条件在前人的基础上有所前进和完善。例如在《元朝秘史》版本流传的考订方面，就有必要对以往的研究作些修正和补充。因此，相关的研究仍然存在扩展和深入的空间。

那珂通世的《元朝秘史》日文译注本《成吉思汗实录》[1] 序论、陈垣的《元秘史译音用字考》[2]、洪煨莲（William Hung）的《〈蒙古秘史〉源流考》[3]、小林高四郎的《〈元朝秘史〉研究》[4]、柯立夫（F. W. Cleaves）

---

[1] 那珂通世：《成吉思汗实录》，东京，1907年。
[2] 陈垣：《元秘史译音用字考》，初于1934年由"中央研究院"历史语言研究所雕版印行，后收入《励耘五种》，再收入《陈垣学术论文集》，中华书局，1982年。
[3] 洪煨莲：《〈蒙古秘史〉源流考》[William Hung, The Transmission of the Book Known as The Secret History of the Mongols, HJAS（《哈佛亚洲杂志》）14, 1951]。
[4] 小林高四郎：《〈元朝秘史〉研究》，东京，1954年。

的英译本《蒙古秘史》①导论、亦邻真（Y. Irinchin）的《〈元朝秘史〉畏吾体蒙古文复原》②绪论《〈元朝秘史〉及其复原》、甄金（Jinggin）的《蒙古秘史学概论》③、白·特木尔巴根（B. Temür-baγana）的《〈蒙古秘史〉文献版本研究》④、罗依果（Igor de Rachewiltz）的《蒙古秘史，13世纪蒙古的史诗编年史》⑤导论等。这些研究成果都程度不同地涉及了《元朝秘史》版本流传的问题，为相关研究奠定了良好的基础。

一

《元朝秘史》是一部"特殊形式的汉字史籍"⑥。所谓"特殊形式"，指的是这部书的完整形式⑦是由正文、傍译、总译三部分组成的，其中正文是用汉字音写的蒙古语，正文右侧逐词注有汉译即傍译，每隔一段长短不一的内容后附有汉文缩译即总译。全书共分为282个这样称为"节"的段。《元朝秘史》之所以采用这样一种特殊形式，一般认为是出于为汉人编译蒙古语教材的目的。明初，明廷为了培养汉蒙翻译人员，令翰林院编写《华夷译语》，"以华言译其语，凡天文地理、人事物类、服食器用，靡不具载"，"自是使臣往复朔漠，皆能通达其情"。⑧《元朝秘史》的完

---

① 柯立夫：《蒙古秘史》（F. W. Cleaves, *The Secret History of the Mongols*, Harvard University Press, 1982）。
② 亦邻真：《〈元朝秘史〉畏吾体蒙古文复原》（Y. Irinchin, *Mongγol-un Niγuča Tobčiyan*, sergügelte, Öbör Mongγol-un Yeke Surγaγuli-yin Keblel-ün Qoriya, 1987）。
③ 甄金（Jinggin）：《蒙古秘史学概论》，内蒙古教育出版社1996年版。
④ 白·特木尔巴根：《〈蒙古秘史〉文献版本研究》（B. Temürbaγana, *Mongγol-un Niγuča Tobčiyan-u Surbulji Bičig Bar Keblel-ün Sudulul*, Öbör Mongγol-un Surγan Kömüjil-ün Keblel-ün Qoriya, 2004）。
⑤ 罗依果：《蒙古秘史，13世纪蒙古的史诗编年史》（Igor de Rachewiltz, *The Secret History of the Mongols, a Mongolian Epic Chronicle of the Thirteenth Century*, Brill, 2004）。
⑥ 亦邻真：《〈元朝秘史〉畏吾体蒙古文复原》绪论。
⑦ 针对连筠簃丛书仅收总译部分的本子，内藤湖南（《蒙文元朝秘史》，《史学杂志》第13编第3号，1903年）、王国维（《蒙文元朝秘史跋》，《观堂集林》第16卷，中华书局，1959年，第2册，第765页）等人称三部分齐全的本子为"蒙文元朝秘史"。
⑧ 《明太祖实录》卷141，洪武十五年春正月丙戌条，"中央研究院"历史语言研究所，1962年，第5册，第2223—2224页。

成时间亦在明初,形式也与《华夷译语》相近,[1] 其编译目的和性质当与《华夷译语》同。

《元朝秘史》的内容主要可以分为三大部分,即成吉思汗先人的世系谱、成吉思汗的生平史、窝阔台的简史。第一部分（§§1—58）：自成吉思汗二十二世祖孛儿帖·赤那至其父也速该·把阿秃儿以来的世系谱（掺有个别史事的简述）；第二部分（§§59—268）：成吉思汗的生平事迹；第三部分（§§269—281）：窝阔台即位后的简史（未提及他的去世）；跋文（§282）。目前流行的诸版本,分为十二卷本、十五卷本两个系统。这两个系统的本子,总的内容一样,节的划分亦同,只是分卷不同。十二卷是最初的划分,十五卷的划分是在后来的流传过程中出现的。

《元朝秘史》原文所使用的文字,目前学术界比较一致的观点认为是畏吾体蒙古文。畏吾体蒙古文的原文已经散佚,流传下来的只是根据原文用汉文做成的教材,即这部题名为《元朝秘史》的书。把蒙古语原文作为正文,采用汉字音写,是为了便于汉人学习蒙古语的发音。旁边加注汉译,是为了学习者掌握蒙古语的词义,傍译当中还以特定用字表示蒙古语数、格、时制、语态、人称变位等特征,是为了便于学习者正确理解文中的语法现象。总译采用通顺的汉语翻译,是为了方便人们对该段原文的内容有一个总的了解。

《元朝秘史》的原文,本为蒙元时期宫廷用畏吾体蒙古文所修"脱卜赤颜"即"国史"的一部分。脱卜赤颜从蒙古汗国时期开始修纂,中间可能一度辍修,不过还是至少修到了元文宗朝,[2] 脱卜赤颜是皇家秘籍,

---

[1] 《华夷译语》（甲种本）包括词汇集和来文集两部分,来文集部分共 12 份,以每份来文为单位,正文用汉字音写蒙古语原文,其右侧逐词注有汉语傍译,其中 5 件来文每句之后附有全句汉译文。本文利用版本为栗林均编《〈华夷译语〉（甲种本）蒙古语全单词·词尾索引》（日本东北大学东北亚研究中心,2003 年）所收《涵芬楼秘笈》第四集影明洪武刊本。

[2] 《元史》卷 181"虞集传"载："又请以国书脱卜赤颜,增修太祖以来事迹。"同书卷 15"世祖本纪十二"载："司徒撒里蛮等进读祖宗实录,帝曰：'太宗事则然,睿宗少有可易者,定宗固日不暇给,宪宗汝独不能忆之耶？犹当询诸知者。'"同书卷 36"文宗本纪五"载："命朵来续为蒙古脱卜赤颜一书,置之奎章阁。从之。"同书"虞集传"又载："初,文宗在上都,将立其子阿剌忒纳荅剌为皇太子,乃以妥欢帖穆尔太子乳母夫言,明宗在日,素谓太子非其子,黜之江南,驿召翰林学士承旨阿邻帖木儿、奎章阁大学士忽都鲁笃弥实书其事于脱卜赤颜。"

被深藏宫中，外人不得窥见。① 元朝在中原的统治结束之后，脱卜赤颜落入明人手中。其面临的命运，依目前的一般看法是，当时为了在汉人中培养蒙古语的翻译人才（通事、译字生），将元代脱卜赤颜中成吉思汗和窝阔台的事迹部分选作教材进行加工，制成了一部特殊形式的汉籍，即经过汉字音写原文、加注傍译和总译、题写书名，形成了现在的《元朝秘史》。

该书除"元朝秘史"外，还有"元秘史"和"蒙古秘史"两种名称。有情况显示"元秘史"是明初汉字加工本最初的书名。前引《明太祖实录》"洪武十五年春正月丙戌"条提到的书名为"元秘史"，而出现在明洪武年间刻本残叶版心的书名也是"元秘史"。② 目前所见多数十五卷本卷首（包括各卷卷首）均题"元朝秘史"，③ 十五卷本出自《永乐大典》所收抄本，而《永乐大典》本又抄自洪武刻本。因此一般推测该特殊形式的汉籍起初定名为"元秘史"，后来抄入《永乐大典》时改为"元朝秘史"。因目前的通行本四部丛刊三编本是据顾广圻校本影印的，书名乃据其卷首题名题为"元朝秘史"，十五卷本又多题"元朝秘史"，"元朝秘史"遂成为该书的一般用名。顾广圻校本流传较广，影响较大。其卷首题名"元朝秘史"下方以小字所写"忙中豁仑纽察脱察安"几个字，也较早受到人们的注意。据顾广圻的跋文，底本即张祥云藏"影元椠旧钞本"中已有这几个字。但是他误以为这几个字"必是所署撰书人名衔"。④

---

① 《元史》卷181"虞集传"载："承旨塔失海牙曰，脱卜赤颜非可令外人传者。"许有壬《元故右丞相怯烈公神道碑铭并序》（《圭塘小稿》卷10，中国国家图书馆善本部藏清雍正二年抄本，第7叶背面）载："……国史曰脱卜赤颜，至秘也。"孙承泽《元朝典故编年考》（文海出版社，影印清钞本，第487页，第9卷）说："元人有《秘史》……书藏禁中不传。"

② 洪武刻本已佚，残叶中无卷首及分卷卷首之叶，无从获知卷首题名详情。据报道，马玉堂旧藏本卷首识语提到"元刻本，……每卷第一行元秘史三字大书占二行"。见白·特木尔巴根《马玉堂的〈元朝秘史〉十五卷抄本》，载《内蒙古师大学报》1989年第3期。所谓"元刻本"即原刻本之义，当指明洪武刻本。据此可知洪武刻本每卷卷首题名亦作"元秘史"。顾校本无版心，四部丛刊三编本影印顾校本时为其补加版心，内补写"元秘史"书名。当据明洪武刻本版式而为之。

③ 陈垣《元秘史译音用字考》提到的内阁大库原藏永乐二年总译抄本，属十二卷本，但是卷首也题"元朝秘史"。此抄本与《永乐大典》本基本同时，书名已改为"元朝秘史"，但是分卷未改。

④ 目前所见大多数本子中，还有韩泰华旧藏本和孙星衍旧藏本在卷首有这一蒙古语题名，但是韩泰华旧藏本讹"纽察"为"绉察"。另据报道，马玉堂本卷首亦有这一蒙古语题名，识语也误以为"即注书人姓名也"。见白·特木尔巴根《马玉堂的〈元朝秘史〉十五卷抄本》。

那珂通世在 1907 年出版的《成吉思汗实录》的序论中,正确地将"忙中豁仑 纽察 脱察安"解释为蒙古语"蒙古秘史"的音译。① 忙中豁仑纽察脱察安,是蒙古语 Mongqol-un ni'uča to[b]ča'an 的汉字音译,直译即"蒙古的秘密国史"。后来的人据此译为"蒙古秘史"。另一书名"蒙古秘史"由此而来。根据各方面情况分析,明初节选元代"脱卜赤颜"中前两汗的事迹部分制作汉字本时,考虑到新成之书已是汉籍,故正式书名题汉语书名"元秘史",大字题写,然后又返译成蒙古名,因为汉字本的制作者清楚原文来自"脱卜赤颜",遂返译为"忙中豁仑纽察脱察安",并以汉字音写,标注于正式书名下方。

二

蒙元时代的皇家史乘"脱卜赤颜"在元廷退出中原迁回蒙古高原后,以某种传抄本或异本的形式在草原上留存下来。虽然今天已经看不到这类本子的全貌,② 但幸运的是 17 世纪的罗桑丹津《黄金史》中保留了大量的迻录。与《元朝秘史》的量相比较,罗桑丹津《黄金史》大概收录了相当于其三分之二的内容。可以说,罗桑丹津《黄金史》和《元朝秘史》是"脱卜赤颜"的两个主要流传方向,罗桑丹津《黄金史》在内容上相对间接,但是保留了蒙古文的形式,有助于后人了解蒙古文的特征及变化;《元朝秘史》在内容上相对直接,又经过加工,有助于后人确认其读音和语义。将二者结合起来进行比较研究,必不可少。

---

① 钱大昕在 1800 年成书的《补元史艺文志》(《丛书集成初编》,第 12 册,第 19 页)中曾怀疑《秘史》即元代国史"脱必赤颜"。几乎与那珂通世同时,沈曾植也表达了相同的观点,他在完成于 1905 年前后的《元秘史补注》(1945 年正式出版,收入《敬跻堂丛书》)中解读这八个字,认为"即《元朝秘史》蒙文也"。到 1925 年,王国维在《蒙文元朝秘史跋》中也重申了类似观点。

② 通过对海西希 (W. Heissig)《内蒙古鄂伦苏木蒙古文手抄本残件 (16—17 世纪)》[Die mongolischen Handschriften-Reste aus Olon süme Innere Mongolei (16. - 17. Jhdt.),Wiesbaden,1976] 所收两份蒙古文残叶 (第 552 页,OS IV/126 – 127,右侧两幅) 和笔者近年所获两份蒙古文残叶的照片进行分析研究,可以证实"脱卜赤颜"与罗桑丹津《黄金史》之间可能存在某种异本的推测。参见蒙古夫《鄂伦苏木蒙古文献遗存中的两份残叶之解读——〈蒙古秘史〉与罗桑丹津〈黄金史〉的关系》,载《蒙古学问题与争论》第 2 辑,2006 年;乌兰《从新现蒙古文残叶看罗桑丹津〈黄金史〉与〈元朝秘史〉之关系》,载《西域历史语言研究集刊》第四辑,2010 年。

（一）畏吾体蒙古文原文的流传

元代"脱卜赤颜"今已不存，但是其某种传抄本得以在蒙古地区长期流传。1926 年，蒙古人民共和国经籍馆馆长札姆扬（O. Jamyang）在旧喀尔喀车臣汗部桑贝子旗的永谢布台吉达里（Dari）家发现了一部藏式贝叶装手抄本，[①] 书名包含 Altan Tobči（黄金史）之语，跋文中提到 Blowa bsang bstan gjin（罗桑丹津）之名，故通称罗桑丹津《黄金史》。经学者们核查，在这部 17 世纪后半叶的手抄本中保留了《元朝秘史》大约三分之二的内容。札姆扬意识到这部手抄本的重要性，很快亲自抄写一份，于 1927 年寄给了伯希和。[②] 1932 年至 1935 年间，符拉基米尔佐夫借用原抄本，其间为苏联科学院东方学研究所制成一份照片本。[③] 1937 年，蒙古人民共和国经籍馆根据原抄本出版了铅印本，分上、下两册。[④] 1952 年，哈佛燕京学社影印了这个铅印本。[⑤] 1990 年，蒙古国出版了原抄本的影印本，仍采用藏式贝叶装形式。

```
                          ┌ 扎姆扬抄本·伯希和藏本·法国国图藏本（Tobčiyan）
                          │  （1926）     （1927）
脱卜赤颜……罗桑丹津 Altan  │ 乌兰巴托铅印本—哈佛影印本
                          ┤  （1937）     （1952）
Tobči……Dari 藏本·蒙古国图 │ 符拉基米尔佐夫照片本·东研所藏本
藏本                       │  （1932）
                          │ 乌兰巴托影印本
                          └  （1990）
```

图 1　"脱卜赤颜"流传图

---

① 该本遂入藏蒙古人民共和国经籍馆东方图书馆（后发展为蒙古国国家图书馆），藏书号 9（513，7）А-486Б。
② 伯希和去世后，该抄本入藏法国国家图书馆东方手抄本部"Fond mongol"，藏书号 131。
③ 该照片本现藏俄罗斯科学院东方文献研究所图书馆，藏书号 Ф. B90。
④ 罗桑丹津（Blo bsang bstan gjin）：《简述古昔诸汗礼制诸作黄金史》，乌兰巴托，1937 年（Erten-ü Qad-un Ündüsülegsen Törö Yosun-u Jokiyal-i Tobčilan Quriyaγsan Altan Tobči Kemekü Orošibai, I-II, Ulaγanbaγatur, 1937）。
⑤ 《黄金史，罗桑丹津的蒙古简史》，剑桥—麻省，1952 年（Altan Tobči. A Brief History of the Mongols by bLo-bsaṅ bsTan-ǰin, Cambridge, Mass., 1952）。

(二)《元朝秘史》即汉字本的流传

明初完成《元秘史》后，洪武年间已经有刻本问世。至永乐初年修《永乐大典》，又有抄本从刻本抄出，收入《永乐大典》的本子由十二卷改分为十五卷，题名亦改为《元朝秘史》。洪武刻本已基本无存，仅于1933年在故宫内阁大库发现了40多个残叶。① 另据报道，故宫内阁大库还曾发现一种属于十二卷本的抄本。②

1805年，顾广圻在张祥云家见其藏有"影元椠旧钞本"，"通体完善"，就让张古馀借来"覆影"一部，他再进行校勘。③ 新成的本子一般称为"顾校本"或"顾氏监抄本"等。顾校本属十二卷本，其底本"影元椠旧钞本"之"元椠"即原椠之义，当指洪武刻本。由于洪武刻本、张祥云藏本均已失传，而十五卷本诸本都出自《永乐大典》从洪武刻本转抄的本子，所以经过顾广圻校勘的影抄本就成为现存《元朝秘史》的最佳抄本，受到学界的重视。

顾校本后来辗转为清宗室盛昱所得，19世纪80年代中期，文廷式、李文田据盛昱藏本各自转抄一部。④ 文廷式于20世纪初再请人复抄一部送给了日

---

① 陈垣在《元秘史译音用字考》中报道为"四十五页"；张元济在《元朝秘史》四部丛刊三编本的跋文中说借影北平图书馆"明初刊本残叶"，"凡得四十一叶"。洪煨莲在《〈蒙古秘史〉源流考》中径直说"1933年在北京故宫旧内阁大库发现刻本41叶"。经与残叶原件之缩微胶片核对，所发现的残叶实际包括41个整叶和4个半叶，若按整叶计算，当为43叶。

② 陈垣《元秘史译音用字考》说："余近得内阁大库藏抄本秘史总译，黑格乌丝栏，卷末题记，有一部二本，永乐二年八月内抄到字样，为食旧德斋刘氏旧藏。"该本现藏中国国家图书馆古籍馆，藏书号77277，存1册，第1至第6卷，卷末空白叶粘贴一个纸条，上书"一部二本永乐二年八月内抄到"。

③ 见顾广圻写于《元朝秘史》顾校本的跋文，同为《四部丛刊三编》史部《元朝秘史》影印本所收，亦收入顾广圻《思适斋集》卷14。

④ 李文田抄本现藏中国国家图书馆古籍馆，藏书号5331。卷首顾广圻跋文后，栏外有李文田所写文字："此本今藏盛伯羲司成家，即顾千里手校之本也。丙戌夏借钞一部。此后转钞者十数家焉。李文田记之。"此丙戌为公元1886年。据文廷式抄本题记，他于1885年冬借得顾校本，与李文田各重抄一部。洪煨莲（《〈蒙古秘史〉源流考》）根据文廷式抄本题记所显示的底本特征，即无原主之印、题识缺顾广圻之名等，推测当年盛昱借给文廷式的本子并非顾校本之原本，而系另一抄本。据查，文廷式送给内藤湖南的本子，确实卷首处无顾校本所有各种印记，顾广圻的跋文也缺少末尾的落款。但是李文田抄本有顾校本各种印记，顾广圻的跋文也不缺少末尾的落款。具体情形有待进一步考察。

本友人内藤湖南。① 1908 年，叶德辉据文廷式的转抄本②刻板发行，③ 一般称"观古堂本"或"叶德辉本"。日本学者那珂通世从内藤湖南处得到文廷式募人所抄之本的影抄本，④ 不久即开始着手翻译、注释，于 1907 年出版了影响学界的《成吉思汗实录》。盛昱去世后，藏书四散，顾校本后为上海涵芬楼所收。⑤ 商务印书馆于 1936 年将顾校本影印收入《四部丛刊》三编，当时以故宫内阁大库所发现的明刻本的 41 枚残叶替换了抄本中的相应部分。《四部丛刊》三编本因此成为学界最受欢迎和普遍使用的本子。⑥

伯希和提到他曾从中国获得一部《元朝秘史》的"良好的古代抄本"，韩百诗（A. Hambis）介绍说伯希和对《元朝秘史》的还原与翻译

---

① 该本现藏日本京都大学人文科学研究所图书馆。有人以为文廷式将自己的抄本送给了内藤湖南，其实不然。文廷式在写给内藤湖南的书信中说："蒙文《元秘史》，已募人钞写一部，敬以寄上。"文廷式随抄本致内藤湖南函以及抄本上的题记都落款为辛丑年"十二月朔日"，即 1902 年 1 月 20 日。均见内藤湖南《蒙文元朝秘史》。据考证，文廷式于 1901 年末托白岩龙平回国时将再抄本捎送内藤湖南，白岩龙平于 1902 年 2 月 18 日在东京与内藤湖南会面。参见中见立夫《〈元朝秘史〉渡来之际——日本"东洋史学"的开端与欧洲东洋学、清朝"边疆史地学"的交叉》，载《东亚文化交流研究》，第 4 号，2009 年。

② 文廷式抄本曾为叶德辉所收藏，其《观古堂书目》（1927 年观古堂铅印本，第 2 卷，第 17 叶正面）著录"原译《元朝秘史》十卷，续二卷"，"一影抄原刻本，一光绪戊申叶德辉校刻本"。"影抄原刻本"当即文廷式抄本。后归陈垣"励耘书屋"。陈垣《元秘史译音用字考》谓："自观古堂叶氏藏书散出后，余得有文廷式抄本《元秘史》六巨册。卷首有'道义读过'朱文印，道义，廷式号也；又横盖有'叶德辉焕彬甫藏阅书'白文印。"据报道，文廷式抄本于 2009 年末在北京被拍卖，买主不详。

③ 《元朝秘史》，长沙叶氏观古堂，1908 年。

④ 据那珂通世《成吉思汗实录》序论，内藤湖南得到文廷式捎来的本子后，立即雇人影写了一部，送往东京，后来早稻田大学据此本再影抄出一个本子。那珂通世利用的本子现藏日本筑波大学图书馆，其再抄本现藏日本早稻田大学图书馆。

⑤ 傅增湘《钞本元朝秘史跋》（《藏园群书题记》，上海古籍出版社 1989 年版）谓："此书旧藏盛伯义祭酒家，癸丑岁，意园藏籍星散，余偶见之正文斋谭笃生许，因告菊生前辈，为涵芬楼收之，而余为之谐价焉。"此癸丑，合公元 1913 年。但傅增湘写给张元济的信函，此事发生在壬子年即 1912 年。壬子年五月初一日即 1912 年 6 月 15 日傅增湘致信张元济，写道："景元本《元秘史》，正续十五卷，六巨册，一匣。顾千里跋。大字。询子培当知此物。一百五十六元。"文中"正续十五卷"，当为"正续十二卷"之笔误。张元济在信上批答"《元秘史》一种，我欲得之"。不久傅增湘又致信张元济说："《元秘史》一种，老谭还一百卅元。……成交。"见《张元济傅增湘论书尺牍》，商务印书馆 1983 年版，第 15、16、21 页。

⑥ 然而遗憾的是四部丛刊三编本对顾校本原文乃至内阁大库残叶的字词都有所改动，而且均致误。详见乌兰《关于〈元朝秘史〉顾校本的几个问题》，载《元史及民族与边疆研究集刊》第 23 辑，2011 年。

除了利用叶德辉刻本外,"还特别利用了一部明代的手抄本,这部手抄本看来最好,他有这部手抄本"。罗依果说这个本子现藏法国国家图书馆手抄本部(藏书号 Ms. Chinois 11003),其系谱还不好确定,但似乎是顾校本的一个抄本,经过了与《永乐大典》十五卷本或其某一抄本的对勘,6册,版式同叶德辉刻本和《四部丛刊》三编本,但无叶码和版心书名,卷首钤盖的两方印记,暂可推测出自汪士铎和闵国勋的藏书印。①

目前已知诸抄本中,属于十二卷本的,除了顾校本(包括其转抄本等)、永乐二年抄本外,还有喀喇沁王府藏本。② 喀喇沁王府藏本为残本,仅保留大约两卷的内容(卷7、卷8)。

明、清两代见于著录的十二卷本还有几种,但是现在已无法看到。例如,杨士奇《文渊阁书目》、叶盛《菉竹堂书目》都提到《元朝秘史》一部五册、续集一部一册。③ 从划分正集、续集的特征来看,当为十二卷本。清初,黄虞稷《千顷堂书目》、倪灿《补辽金元艺文志》直接记"《元朝秘史》十二卷"。④ 孙承泽《元朝典故编年考》也提到"元人有《秘史》十卷、《续秘史》二卷……偶从故家见之"。⑤ 据万光泰《元秘史略》序文,他利用的原本为"《元秘史》十卷,续二卷"。这些本子,都未交代是刻本还是抄本。顾广圻的跋文中提到他曾在金德舆处见到一个"残元椠本",分卷与十五卷本不同,但是"卒卒未得写录",钱大昕曾"据以著录其《元史艺文志》"。钱大昕《元史艺文志》则著录"《元秘

---

① 参见伯希和《〈元朝秘史〉中的蒙古文原文》[Un passage altéré dans le texte Mongol ancien de l'Histoire secrete des Mongols,TP(《通报》)27,1930];伯希和《〈元朝秘史〉卷1—6转写法译本》(Histoire secrète des Mongols, restitution du texte Mongol et traduction française des chapitres I à VI, Paris, 1949)韩百诗告读者书;罗依果[《蒙古秘史,13世纪的蒙古史诗编年史》导论(1ii, xcii)]。汪士铎,罗依果书中作"王士铎",疑应辨识为"汪士鍾"。汪士鍾为清末著名藏书家之一,字"阆源",著有《艺芸书舍目》等。汪士铎,经历以及藏书特点似有不符。罗依果在2011年7月29日的来信中表示同意笔者的推测,他书中的"王士铎"应依笔者作"汪士鍾",由于他未见到原本,印文仅据一件不很清楚的缩微胶片识读,所以只能说印文"似乎是……"所说"闵国勋",不详。该本,详情待查。
② 现藏北京大学图书馆古籍室,藏书号 NC2700/1425,1。
③ 杨士奇等:《文渊阁书目》卷5,《丛书集成初编》第29册,第67—68页;叶盛:《菉竹堂书目》卷2,《丛书集成初编》第33册,第35页。
④ 黄虞稷:《千顷堂书目》,上海古籍出版社2001年版,第113页;倪灿:《补辽金元艺文志》,《丛书集成初编》第12册,第36页。
⑤ 孙承泽:《元朝典故编年考》,文海出版社,第9卷,1984年,第487页。

史》十卷、《续秘史》二卷",① 没有交代版本。据顾广圻的跋文,当为刻本。钱大昕在他处提到一部首尾残缺的"鲍氏知不足斋刻本",分卷与十五卷本不同。② 鲍廷博处这个首尾残缺的刻本与金德舆处的"残元椠本"特征相合,很可能是同一个本子。③ 鲍廷博藏刻本后来为黄丕烈购得。④ 马玉堂旧藏本的识语中提到"黄荛翁影元钞本",当即黄丕烈购得的鲍廷博藏刻本。⑤ 莫伯骥也著录一部十二卷本的钞本。⑥

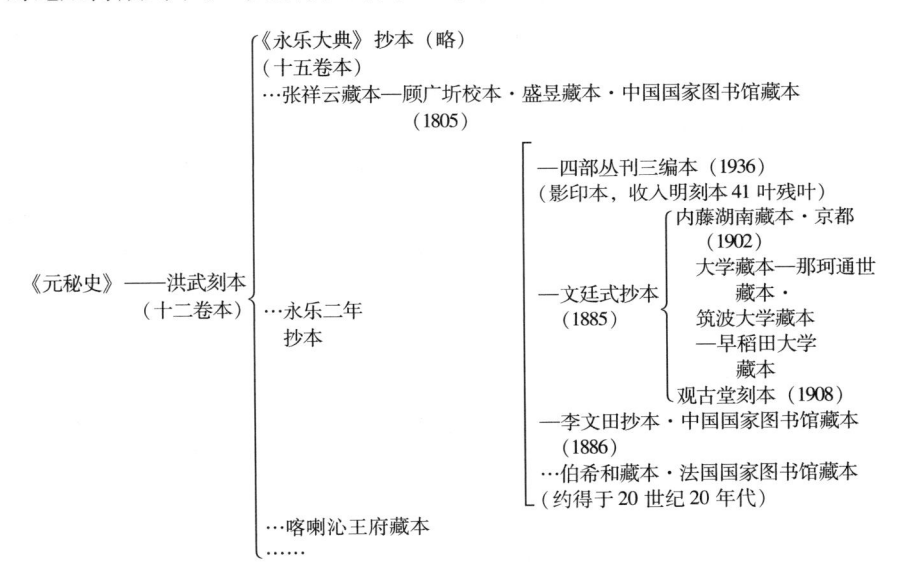

```
                ┌《永乐大典》抄本（略）
                │（十五卷本）
                │…张祥云藏本—顾广圻校本·盛昱藏本·中国国家图书馆藏本
                │        (1805)
                │                  ┌—四部丛刊三编本 (1936)
                │                  │（影印本，收入明刻本41叶残叶）
                │                  │                    ┌内藤湖南藏本·京都
                │                  │                    │   (1902)
                │                  │                    │大学藏本—那珂通世
                │                  │—文廷式抄本         │藏本·
《元秘史》—洪武刻本│                  │   (1885)         ┤筑波大学藏本
        （十二卷本）│…永乐二年         ┤                    │—早稻田大学
                │   抄本           │                    │   藏本
                │                  │                    └观古堂刻本 (1908)
                │                  │—李文田抄本·中国国家图书馆藏本
                │                  │   (1886)
                │                  └…伯希和藏本·法国国家图书馆藏本
                │                    （约得于20世纪20年代）
                │…喀喇沁王府藏本
                └……
```

图 2　十二卷本流传图

---

① 钱大昕:《补元史艺文志》,《丛书集成初编》第 12 册,第 19 页。
② 何元锡《竹汀先生日记抄》(卷1,"所见古书",《丛书集成初编》第 56 册,第 29 页)载:"得汪龙庄札,还《元秘史》四册。云曾借鲍知不足斋刻本,首尾残阙,而分卷与此本不同。"
③ 洪煨莲(《〈蒙古秘史〉源流考》)曾推测鲍廷博藏刻本与金德舆藏本是同一个本子或是相同之本。
④ 黄丕烈《嵇康集》跋文(1806 年)谓:"《嵇康集》十卷,为丛书堂钞本。……余得此于知不足斋。渌饮年老患病,思以去书为买参之资。去冬曾作札往询其旧藏残本《元朝秘史》,今果寄余,并以此集及元刻《契丹国志》,活本《范石湖集》为副。余赠之番饼四十枚。"(《士礼居藏书题跋记》卷五,《续修四库全书》,上海古籍出版社 2002 年版,第 923 册,第 789 页)。
⑤ 识语为马玉堂所写,转引自白·特木尔巴根《马玉堂的〈元朝秘史〉十五卷抄本》。"荛翁"为黄丕烈之号。
⑥ 莫伯骥《五十万卷楼藏书目录初编》(1936 年铅印本,史部二,第 320 叶背面)记"《元秘史》十卷,续二卷,钞本"。

抄入《永乐大典》的十五卷本，原载十二先元字韵中，为第5179—5193卷。① 今已不存。目前可以看到的十五卷本有近十种。

韩泰华旧藏本。该本现藏俄罗斯圣彼得堡大学图书馆。1872年俄国传教士巴拉第（П. И. Кафаров）在北京购得一部《元朝秘史》的十五卷抄本，后于1878年赠送给了波兹得涅耶夫（А. М. Позднеев）。② 伯希和有此抄本的照片，曾于1933年赠送一份给北平图书馆。③ 1962年，苏联学者潘克福（В. Панкратов）将该抄本在莫斯科影印出版。④ 1975年其影印本又被收入《元朝秘史三种》。⑤ 究其来源，据抄本所钤印记和其他一些特征，可知它曾先后为韩文绮、韩泰华祖孙所收藏，鲍廷博、黄丕烈曾利用。⑥ 后辗转归巴拉第。有人推测该本出自钱大昕所收藏的本子。⑦ 学界一般称为"潘克福本""东方文献出版社本"或"苏联本"等。此本抄写质量较差，讹误较多。卷首附钱大昕"跋元秘史"。卷一题名下有"忙中豁仑组察脱察安"八个字，"组"为"纽"之形讹。卷七结尾处有题记"嘉庆乙丑元宵从刻本补写迄，通介叟记"，卷九结尾处有题记"嘉庆乙丑二月十一日从刻本补写，七十八叟识"。卷八开始处叶眉书"刻本第七卷起"、结尾处叶眉书"刻本七卷止"，卷九开始处叶眉书"刻本第八卷起"，卷十三开始处叶

---

① 张穆的跋文说："右《元朝秘史》译文十五卷，道光二十一年从《永乐大典》十二先元字韵中写出。"见《连筠簃丛书》本。《四库全书总目》（浙本之影印本，中华书局，1965年）"《元朝典故编年考》"条说："其第九卷为《元朝秘史》，……考其所印，并载《永乐大典》元字韵中。"另参见洪煨莲《〈蒙古秘史〉源流考》的考证。

② 韩泰华旧藏本在圣彼得堡大学图书馆的藏书号为ХУ 1.1264/Поздн. №152。参见潘克福《〈元朝秘史〉十五卷本前言》。

③ 见陈垣《元秘史译音用字考》。该照片本现藏国家图书馆古籍馆，藏书号5315。

④ 潘克福：《元朝秘史（蒙古秘史）十五卷本》（В. Панкратов, Юань-чао би-ши. Секретная история Монголов, 15цзюаней, Том. I, 东方文献出版社, Москва, 1962）。

⑤ 《元朝秘史三种》，台北中文出版社1975年版。张兴唐作序，收有四部丛刊三编本、观古堂刻本、东方文献出版社本之影印件。

⑥ 抄本第一叶右上角有"玉雨堂印"，右下角有"韩氏藏书"印记，正文最后一叶叶尾左下角有"韩泰华印"、"小亭"两处印记。"玉雨堂"为18世纪末19世纪初杭州藏书家韩文绮之室名章，"小亭"为韩泰华之字。参见潘克福《元朝秘史（蒙古秘史）十五卷本》前言。

⑦ 顾广圻跋文中提道："《元朝秘史》载《永乐大典》中，钱竹汀少詹所有，即从之出，凡首尾十五卷。"洪煨莲（《〈蒙古秘史〉源流考》）认为鲍廷博本的原文"或经由钱本之中介"。"通介叟"、"七十八叟"，均为鲍廷博的别号。"渌饮"为鲍廷博之字，"復翁"为黄丕烈之字。两处题记和卷尾短简，笔迹同正文。与陆心源旧藏本卷尾所附内容相同的短简相比，此本之"前册已载其起说矣"为"前册已载其起讫矣"之讹。

眉书"元朝秘史续集卷一",卷十五结尾处叶眉书"元朝秘史续集卷二终"。卷十三至卷尾,叶眉共有六处题记,分别见于第247、258、263、264、282节。卷尾有一附叶,正面写有几行文字,提到"即请渌饮丈正",文末署"復翁"。各种题记及附文等,笔迹与正文同。

陆心源旧藏本。该本现藏日本静嘉堂文库。原为劳格(字季言)旧藏,清末曾一度归陆心源所有,1907年被陆氏后人出售给了日本人岩崎弥之助,入藏静嘉堂文库。① 学界有称"陆氏本"或"陆心源藏本"的。此本分两册,缺损卷首之叶(相当于第1、2节和第3节的音译正文部分),其他部分保存良好。抄写工整,讹误明显少于韩泰华旧藏本。卷五结尾处有题记"嘉庆甲子十二月十一日从刻本补写",卷六结尾处有题记"嘉庆乙丑正月初三日从刻本补写迄,七十八叟记",卷七结尾处有题记"嘉庆乙丑元宵从刻本补写迄,通介叟记"。卷六结尾处叶眉书"刻本五卷止",卷七开始处叶眉书"刻本六卷起",卷八开始处叶眉书"刻本第七卷起"、结尾处叶眉书"刻本七卷止",卷九开始处叶眉书"刻本第八卷起",卷十三开始处叶眉书"元朝秘史续集卷一",卷十五结尾处叶眉书"元朝秘史续集卷二终"。卷十三至卷尾,叶眉共有六处题记,分别见于第247、258、263、264、282节。卷尾附钱大昕"跋元秘史",最后也有黄丕烈致鲍廷博短简。各种题记及附文等,笔迹与正文同。

丁丙旧藏本。现藏南京图书馆古籍部。之前曾先后为王宗炎、丁丙所收藏。② 字迹工整,保存完好。讹误较少。卷十三至卷尾,叶眉共有八处题记,其中六条与韩泰华旧藏本、陆心源旧藏本的相同,另外两条分别见于第265、272节。

孙星衍旧藏本。现藏中国国家图书馆善本部。该抄本不见其他著

---

① 陆心源《皕宋楼藏书志》(卷23,《宋元明清书目题跋丛刊》,中华书局2006年版,第7册,第257页)谓:"《元秘史》十五卷,影写元刻本,劳季言旧藏。"另参见原山煌《关于〈元朝秘史〉十五卷钞本——陆心源旧藏本考查》,载《东洋史研究》42:1,1980年。

② 南京图书馆丁丙旧藏本之藏书号为GJ/112364。该《元朝秘史》抄本,第一册封叶右上角钤盖"八千卷楼珍藏善本"印记,第一叶正面右上方叶眉钤盖"钱唐丁氏正修堂藏书"印记,第一行题名"元朝秘史卷一"下方钤盖"晚闻居士"印记,抄本内夹有一张字条,墨笔写有207个字,与丁丙《善本书室藏书志》"《元秘史》"条基本相合,仅有几个字不同。《善本书藏书志》(卷7,《续修四库全书》,第927册,第251页)记:"《元秘史》十五卷,旧钞本,萧山王晚闻藏书……此依旧钞影写……有晚闻居士印。"王宗炎《十万卷楼书目》(中国国家图书馆藏1909年抄本)"补遗"记:"元秘史,抄本,二本。"

录。分二册，卷首附钱大昕的"跋元秘史"。卷一题名下有"忙^中豁仑纽察脱察安"八个字。卷四结尾处有题记"嘉庆甲子十一月二十四日从刻本补写迄"。字迹工整，保存完好。正文中有红笔修改之处，似为后人所为。①

韩泰华旧藏本、陆心源旧藏本、丁丙旧藏本和孙星衍旧藏本这4种抄本，较其他本子共同点更多一些，渊源关系当更近。

瞿镛旧藏本。现藏中国国家图书馆善本部。分四册，卷首和卷尾各钤盖一处"铁琴铜剑楼"之印记。卷首附钱大昕"跋元秘史"。②

翁同书旧藏本。现藏中国国家图书馆善本部。该抄本不见其他著录。分四册，卷首有翁同书手抄的阮元的"元秘史提要"，卷尾附钱大昕的"跋元秘史"。③ 字迹工整，保存完好。

马玉堂旧藏本。现藏内蒙古师范大学蒙古学学院信息资料室。④ 他处未见著录。据介绍，该抄本分六册，卷首有七行识语，其后附钱大昕的"跋元秘史"，卷一题名下有"忙^中豁仑纽察脱察安"八个字，每册首叶题名下钤盖"马玉堂"、"筠斋"印记，讹误较少。⑤

可以确认直接从《永乐大典》抄出的本子有张穆抄本，但只抄了总译部分，后来被刻入《连筠簃丛书》，⑥ 而张穆抄本却遗憾地不知下落了。

还有一些十五卷抄本见于著录，但是现在还无法看到。例如：卢址《抱经楼藏书目录》记："《元朝秘史》，十五卷，四本，抄本，不著撰人名氏。"其《四明卢氏藏书目录》著录为："《元朝秘史》，十五卷，钞

---

① 藏书号762（缩微胶片）。卷首分别钤盖"孙星衍印"、"伯渊家藏"、"张柳泉藏书记"、"尔耆珍藏"、"賤经堂"（曹元忠藏书处名）几处印记。

② 藏书号3404（缩微胶片）。卷首题名下方、卷尾分别钤盖"铁琴铜剑楼"印。瞿镛《铁琴铜剑楼藏书目录》（第9卷，《宋元明清书目题跋丛刊》，第10册，第146页）谓："《元秘史》，十五卷，钞本……此出嘉定钱氏藏本。"

③ 藏书号5360（缩微胶片）。卷首正面阮元的"元秘史提要"结束处，有"咸丰七年二月翁同书手写"字样，同面钤盖"祖庚在军中所读书"、"翁伯子"两处印记，同叶背面有识语一处，其中提到"余从广陵藏家购此精钞本"，落款"翁同书"，旁边钤盖"翁同书字祖庚"印记。

④ 马玉堂旧藏本现控制在个人手中，他人无法利用。

⑤ 据白·特木尔巴根《马玉堂的〈元朝秘史〉十五卷抄本》，马玉堂旧藏本卷首识语谓："右据竹汀先生抄本，次序盖从永乐大典。"马玉堂字"筠斋"。

⑥ 张穆跋文曰："右《元朝秘史》译文十五卷，道光二十一年（*1841）八月从《永乐大典》十二先元字韵中抄出。二十七年（*1847）复从仁和韩氏借得影抄原本，校对无讹。"

本，缺首数页，不著撰人名氏。"① 阮元《四库未收书目提要》为一部十五卷本作有提要，这个本子是他在19世纪初任浙江巡抚和学政期间征集到的，本准备进献朝廷，但是最终没有进献，后散失。② 张金吾《爱日精庐藏书志》提到一部十五卷抄本。③ 陈树杓《带经堂书目》、周星诒《传忠堂书目》分别著录一部十五卷抄本，均说明为"张蓉镜钞本"。二人所藏为同一个本子，只是时间有先后。④《嘉业堂藏书志》著录一部十五卷抄本："《元秘史》，十五卷，旧钞本，不著撰人名氏……此钞本尚旧。收藏有'泰峰所藏善本'朱文方印。"⑤ 另据张穆所获信息，程同文曾抄写了一部十五卷本，但是后来文稿遭窃，《元朝秘史》抄本也不知所终。⑥

---

① 卢址：《抱经楼藏书目录》，中国国家图书馆藏抄本，第4卷；《四明卢氏藏书目录》，《中国著名藏书家书目汇刊》明清卷23，第12页，商务印书馆，2005年。

② 收入阮元《揅经室外集》和《四库全书总目》。柯立夫（《蒙古秘史》英译本导论）怀疑这篇提要或许不是出自阮元之手，可能是他让鲍廷博或另一个朋友写的。据阮元之子阮福（《揅经室外集》序言）介绍，阮元"每进一书，必仿四库提要之式，奏进提要一篇。凡所考论，皆从采访之处先查此书原委，继而又属鲍廷博、何元锡诸君子参互审订"，然后"亲加改定，纂写而后奏之"。关于阮元征集的《元朝秘史》十五卷本最终未能进呈朝廷的原因，严杰（《四库未收书目提要》附识）提道："右《提要》五卷，计书一百七十五种，其中《元秘史》十五卷，因词语俚鄙，未经进御。"洪煨莲（《〈蒙古秘史〉源流考》）则认为其真正的原因或许在于阮元适上十五卷本《元朝秘史》已经编入《永乐大典》，而且《四库全书》的编纂者已经做出处置。他还推测阮元所获十五卷抄本应当与钱大昕藏本有直接或间接的关系，因为鲍廷博曾协助阮元访书，又是钱大昕之友。

③ 张金吾《爱日精庐藏书志》（卷11，《宋元明清书目题跋丛刊》，第11册，第363页）记："《元秘史》，十五卷，抄本。"莫友芝《郘亭知见传本书目》（《书目类编》74，成文出版社，1978年，第33618页）也提到阮元和张金吾的本子，谓："《元秘史》，十五卷，张氏爱日精庐有抄本……阮元亦有抄本。"

④ 陈树杓《带经堂书目》（卷2，《中国著名藏书家书目汇刊》，第28册，第313页）记："《元秘史》，十五卷，张蓉镜钞本。"周星诒《传忠堂书目》（《丛书集成续编》，第71册，第304页）记："《元秘史》，十五卷，四册，不著撰人，张蓉镜钞本，蒙古语未删。"陈树杓的祖父陈征芝的"带经堂"藏书，后来有些为周星诒所收，而周星诒的藏书后来有不少为蒋凤藻等人所收。

⑤ 缪荃孙、吴昌绶、董康《嘉业堂藏书志》（吴格整理点校，复旦大学出版社，1997年，第258页）。周子美《嘉业堂钞校本目录·天一阁藏书经见录》（华东师范大学出版社，2000年，第16页）另记："《元朝秘史》，十五卷，忙豁仑纽察脱察安著，旧钞本，六册。郁泰峰旧藏，钱竹汀有跋。"经查，浙江南浔嘉业藏书楼现缺藏（据工作人员说，自1982年重新编目以来即未见此本）；浙江图书馆亦不藏。

⑥ 张穆《㐆斋文集》"元朝秘史译文钞本题词"（《续修四库全书》，第1532册，第3卷，第283页）载："《永乐大典》十二先元字韵中载《元朝秘史》一部，八册，十五卷……闻徐丈星伯云，程春庐京丞曾手录一通，于所著《元史西北地理考》中屡引之。今《地理考》为人窃去，所钞《秘史》亦遂不可踪迹。"

```
                                    ┌─张穆抄本─连筠簃丛书本（总译本）
                                    ├…钱大昕旧藏本…鲍廷博藏本
                                    │ ·韩泰华旧藏本·巴拉第藏本
                                    │                  （1872年购入）
                                    │                   ┌潘克福影印本（1962）
                                    │ ·圣彼得堡大学    │
《元秘史》—洪武刻本—《永乐大典》抄本┤  图书馆藏本     ┤法国远东学院照片本—
 （十二卷本）   （十五卷本）        │                   └中国国家图书馆藏本
                                    ├…王宗炎旧藏本·丁丙旧藏本·南京图书馆藏本
                                    ├…劳季言旧藏本·陆心源旧藏本·静嘉堂文库藏本
                                    ├…孙星衍旧藏本·中国国家图书馆藏本
                                    ├…瞿镛旧藏本·中国国家图书馆藏本
                                    ├…翁同书旧藏本·中国国家图书馆藏本
                                    ├…马玉堂旧藏本·内蒙古师范大学藏本
                                    └…其他本
```

图3　十五卷本流传图

　　以上就目前所知《元朝秘史》诸版本的情况作了重新梳理，对前人的工作有所修正和补充。相信随着学术的不断进步，相关方面的研究还会不断出现新的进展。

（原载《民族研究》2012年第1期）

《元朝秘史》版本流传续考

关于《元朝秘史》的版本流传，笔者曾撰文作过比较系统的梳理和介绍。[①] 在过去的几年中，又陆续了解到一些新情况，觉得可以再进行一次集中补充考证。

一 《元朝秘史》的版本范畴

在进入正题之前，有必要就《元朝秘史》版本范畴作一明确界定。所谓《元朝秘史》的版本，仅指名为"元秘史"或"元朝秘史"的那部"特殊汉籍"的各种版本，即十二卷本系统诸本和十五卷本系统诸本。包括木刻本、手抄本（影抄本）、影印本、合刊本等形式。目前社会上见有"《蒙古秘史》回鹘式蒙古文版本"一类的提法，这是不正确的。因为实际上现在并无这一类本子存世，有的只是后人所做的还原本，而那不属于原书版本，应划入研究成果范围。应当明确：《元朝秘史》的畏吾体蒙古文原文，就是蒙元时期的"国史""脱卜赤颜"，而这种脱卜赤颜的原件目前尚未见到，处于失传状态。还可见将罗桑丹津《黄金史》以及西藏所现内容相近的蒙古文残叶归入《元朝秘史》版本系列的现象，也有人将西藏蒙古文残叶称作"《秘史》的异本"。这些做法同样不妥。应当明确：罗桑丹津《黄金史》所收与《元朝秘史》相关的内容、西藏阿里地区出现的残叶，也都不属于《元朝秘史》的版本范畴。它们的直接源头是蒙元时期的国史"脱卜赤颜"，而它们只能说是脱卜赤颜的部分内容在后期流传的过程当中衍生出来的异本，与《元朝秘史》在版本方面没有

---

① 《〈元朝秘史〉版本流传考》，《民族研究》2012 年第 1 期。《〈元朝秘史〉校勘本》（中华书局 2012 年版）"前言"中的相关部分略有修订和补充。

直接关系。

《元朝秘史》、西藏阿里蒙古文残叶、脱卜赤颜三者的关系,简单地说就是:蒙元时期以畏吾体蒙古文写成的国史脱卜赤颜,后来形成了两个流传方向。一个方向是明初在汉地变成了特殊汉籍《元朝秘史》,另一个方向是元末以后在蒙古草原继续以畏吾体蒙古文的形式流传,但内容逐渐发生了一些变化,变成了一种异本,而脱卜赤颜的真正原文已失传。

目前可知属于这类异本的实物有罗桑丹津《黄金史》所收相关部分、内蒙古达茂旗鄂伦苏木古城遗址出土的蒙古文残叶、西藏阿里地区托林寺出土的蒙古文残叶。罗桑丹津《黄金史》所收相关部分,约相当于《元朝秘史》三分之二的内容。鄂伦苏木古城遗址出土的蒙古文残叶,仅有损毁严重的两幅残叶。西藏阿里蒙古文残叶,目前公布有 24 幅影印件。以往曾有一些学者推测脱卜赤颜和罗桑丹津《黄金史》之间可能存在某种异本形式,现在通过对两地蒙古文残叶的研究可以确认这一点。

2006 年,蒙古夫撰文对海西希《内蒙古鄂伦苏木出土蒙古文残叶（16—17 世纪）》中的两份残叶进行分析,考证它们是《元朝秘史》（当指脱卜赤颜）某一异本中的残叶,认为该异本的制成年代应当在 15 世纪末至 1628 年之前,并通过准确解读,证实罗桑丹津《黄金史》与《元朝秘史》某些文字上的差异不是出自罗桑丹津或他手下的抄写人之手,而是在罗桑丹津《黄金史》成书年代之前就已经出现了,它们存在于《元朝秘史》的畏吾体蒙古文原文即脱卜赤颜的某些在传抄过程中产生的异本中。[①] 这一研究首次以实物证实了脱卜赤颜和罗桑丹津《黄金史》之间确实存在异本。

2009 年秋季,拙文《关于新获两幅蒙古文残叶》发表[②]。文中所探讨的两幅残叶,是同年 5 月笔者从照那斯图先生获赠的,一张照片中拍有贝叶装手抄本的两个半叶,很完整。笔者立即围绕这两份残叶展开考

[①] 详见蒙古夫《鄂伦苏木蒙古文献遗存中的两份残叶之解读——〈蒙古秘史〉与罗桑丹津〈黄金史〉的关系》,《蒙古学问题与争论》第 2 辑,2006 年。

[②] *Önöken Oldaysan Qoyar Mongyol Bičig-ün Tamtuɣ-un Tuqai*, Acta Mongolica (Dedicated to the 80th Birthday of Professor Igor de Rachewiltz) 2009, Vol. 9 (320).

证，最大的收获就是关于脱卜赤颜与罗桑丹津《黄金史》之间可能存在某种异本的推测再次得到了更多实物的证实。不久，笔者又发表了该文的修订补充稿《从新现蒙古文残叶看罗桑丹津〈黄金史〉与〈元朝秘史〉之关系》①。总的来说，残叶内容与罗桑丹津《黄金史》更为相近，但是与《元朝秘史》相对照，残叶又较罗桑丹津《黄金史》更多地保留了一些古词语②。这些特征显示残叶的原本应该早于罗桑丹津《黄金史》。就是说，在罗桑丹津《黄金史》成书之前，蒙古地区曾存在着脱卜赤颜或其直系抄本的某种后期的修改本，类似鄂伦苏木残叶、西藏残叶的原本。罗桑丹津《黄金史》与《元朝秘史》相应部分的内容，就是源自脱卜赤颜的某一后期的修改本，而不是直接选取自脱卜赤颜或其直系抄本。

照那斯图先生赠送的照片中，两份残叶是放在一摞贝叶装书叶上面的，可推测原件应该不止这两份。为此，笔者曾就残叶的总体情况多方联系有关方面，但是一直没有得到确切的信息反馈。2012 年 5 月，有中国人民大学和中央民族大学的两位学者从拉萨带回消息，说在西藏图书馆看到了更多相关残叶的数码照片，其中包括笔者撰文讨论过的那两份。当时中国国家图书馆的研究人员萨仁高娃在那里短期工作，通过参加文物普查获得这些照片。经那两位学者联系，笔者为萨仁高娃提供了自己相关论文的电子版，不久又接受了她的电话咨询。2013 年秋，萨仁高娃的《西藏阿里地区发现蒙古文散叶研究》一书正式出版。萨仁高娃在书中公布了 24 幅残叶的影印件，说亲眼所见实物为 11 叶（22 面），有两面（彭措朗杰提供照片）现况不明。这 24 面的内容约相当于《元朝秘史》的第 90 节至第 120 节。笔者曾讨论过的残叶为第 23 叶正面和第 39 叶正面，是已知全部原件中的最前面一叶和最后面一叶的正面。

---

① 《西域历史语言研究集刊》第四辑，科学出版社 2010 年版。
② 例如，mungtaniju 同《秘史》之"蒙塔你周"（旁译"艰难着"），罗桑丹津《黄金史》却作 mengdejü（慌张）；mung 同《秘史》之"蒙"（旁译"艰难"），罗桑丹津《黄金史》却作 eril（追求、期待）；quburi 同《秘史》之"中忽卜舌里"（旁译"冈"），罗桑丹津《黄金史》却作 *qubar（词义不明，行旁有其他字体注记 dalda"暗处"）。üdür 同《秘史》"兀都舌儿"（旁译"日"），罗桑丹津《黄金史》作 edür，已是该词后来的写法。

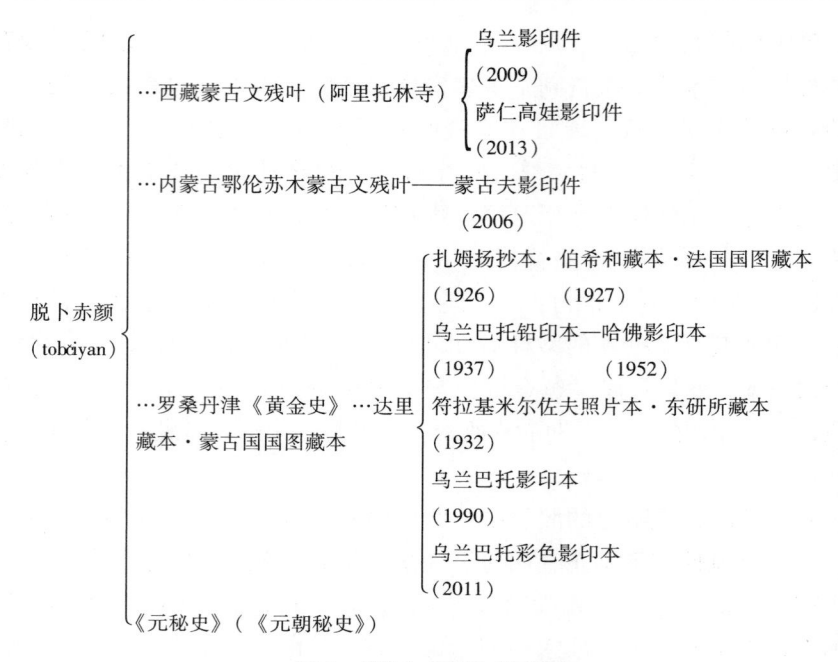

```
                    ┌ …西藏蒙古文残叶（阿里托林寺）┌ 乌兰影印件
                    │                              │（2009）
                    │                              │ 萨仁高娃影印件
                    │                              └（2013）
                    │
                    │ …内蒙古鄂伦苏木蒙古文残叶——蒙古夫影印件
                    │                             （2006）
                    │
                    │                              ┌ 扎姆扬抄本·伯希和藏本·法国国图藏本
                    │                              │（1926）     （1927）
 脱卜赤颜            │                              │ 乌兰巴托铅印本—哈佛影印本
（tobčiyan）        │ …罗桑丹津《黄金史》…达里     │（1937）          （1952）
                    │ 藏本·蒙古国国图藏本          │ 符拉基米尔佐夫照片本·东研所藏本
                    │                              │（1932）
                    │                              │ 乌兰巴托影印本
                    │                              │（1990）
                    │                              │ 乌兰巴托彩色影印本
                    │                              └（2011）
                    │
                    └《元秘史》(《元朝秘史》)
```

图 1　"脱卜赤颜"流传图

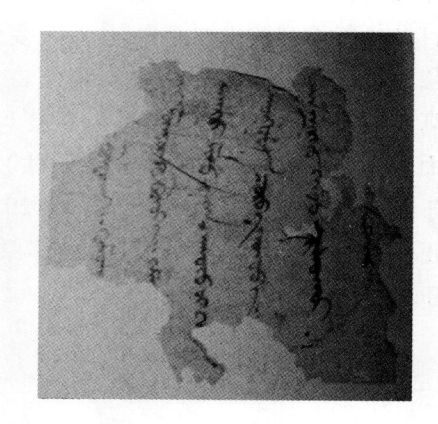

图 2　鄂伦苏木残叶

图3　托林寺残叶之一（照那斯图先生提供的照片）

图4　托林寺残叶之一（萨仁高娃女士提供的照片）

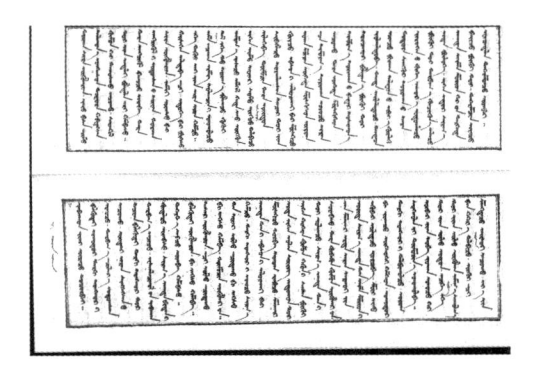

图5　罗桑丹津《黄金史》影印件（相当于《秘史》§90处）

二 《元朝秘史》(《元秘史》)的版本流传

（一）十二卷本系统

关于十二卷本系统诸本及其流传情况，笔者在《〈元朝秘史〉版本流传考》和《〈元朝秘史〉校勘本》"前言"中已有详述，并制出了流传图。根据近年了解到的新情况，可以补充两种版本。

1. 石滨旧藏本

2014 年春季，笔者赴日本大阪大学图书馆查阅资料，承蒙该校堤一昭教授的热情接待，收获不小。当时他出示了一部《元朝秘史》手抄本，说是在整理石滨文库资料的过程中发现的。经过分析版本特征，可以确认是属于十二卷本系统的本子。结合相关情况，可推知抄自内藤湖南藏本。石滨纯太郎与内藤湖南学术交往较密，曾随其出访欧洲，寻访西域出土文献。估计是石滨纯太郎请人将内藤湖南处的本子抄写后留存了下来。

2. 洪钧旧藏本

近日再赴上海图书馆查阅图书资料，发现目录检索项中"元朝秘史"一名下比十年前多出了几种。[1] 经具体调阅，确定有三种抄本属独立抄本（非副本）。[2] 其中一种抄本为十二卷本（索取号：线善 T34511—22），当属李文田抄本之再抄本。抄本格式基本同李文田抄本，包括卷前顾广圻的跋文（完整，不似文廷式抄本缺落款和顾广圻钤印）、正文卷首用红笔所描几枚钤印等。抄本中还有不少眉批和夹页。卷前有简短识语："合众图书馆保存，潘景郑赠，一九五〇年十月"。根据潘景郑在另一抄本中所写识语分析[3]，该十二卷本也应当曾为洪钧所有，而眉批和夹页的内容当为

---

[1] 2007 年 6 月、2017 年 4 月笔者两赴上海图书馆查阅《元朝秘史》版本资料，均受到该馆历史文献部胡坚先生的热情周到的接待，在此表示衷心的感谢。

[2] 此三种抄本原为合众图书馆藏书。合众图书馆创建于 1939 年，1955 年改名上海市历史文献图书馆，1958 年以后成为上海图书馆长乐路书库。估计后来将那里的《元朝秘史》抄本亦制成扫描件，书名补入检索目录。

[3] 上海图书馆所藏一部《元朝秘史》十五卷本抄本中有潘景郑的识语，推测该本曾为洪钧所用。而另一处未署名的识语提到"俄京韩氏本"，并就二者有所对比和讨论。此识语当为洪钧所写，其中"俄京韩氏本"、"不知"等字与此十二卷本的字体一致。

《元朝秘史》版本流传续考 65

洪钧所写。

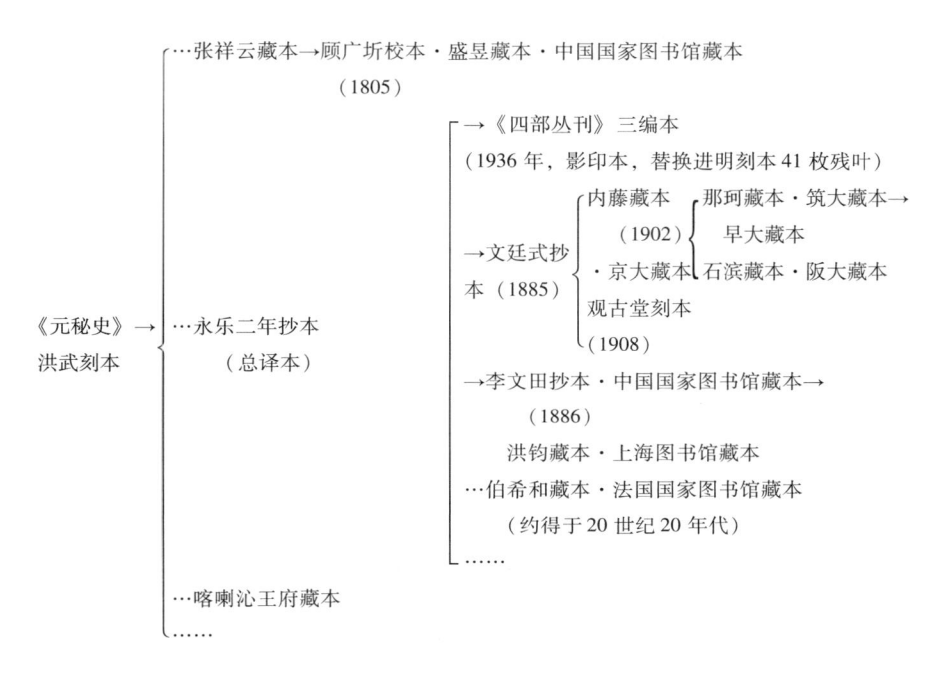

```
                ┌ ···张祥云藏本→顾广圻校本·盛昱藏本·中国国家图书馆藏本
                │        （1805）
                │                  ┌ →《四部丛刊》三编本
                │                  │  （1936年，影印本，替换进明刻本41枚残叶）
                │                  │           ┌ 内藤藏本  ┌ 那珂藏本·筑大藏本→
                │                  │           │ （1902）  │ 早大藏本
                │                  │ →文廷式抄 ┤          │
《元秘史》→    │ ···永乐二年抄本 ┤    本（1885）│·京大藏本 └ 石滨藏本·阪大藏本
 洪武刻本       │     （总译本）   │           │ 观古堂刻本
                │                  │           └ （1908）
                │                  │
                │                  │ →李文田抄本·中国国家图书馆藏本→
                │                  │     （1886）
                │                  │   洪钧藏本·上海图书馆藏本
                │                  └ ···伯希和藏本·法国国家图书馆藏本
                │                       （约得于20世纪20年代）
                │                     ······
                └ ···喀喇沁王府藏本
                  ······
```

图 6　十二卷本流传图

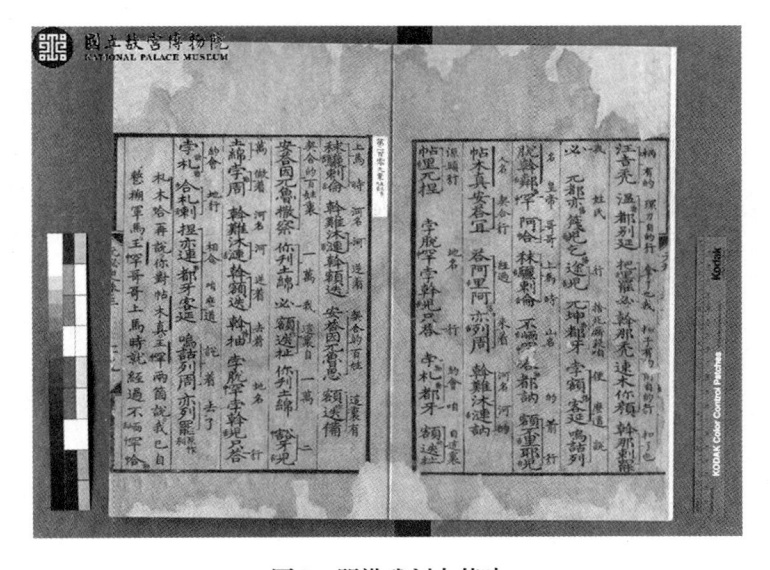

图 7　明洪武刻本某叶

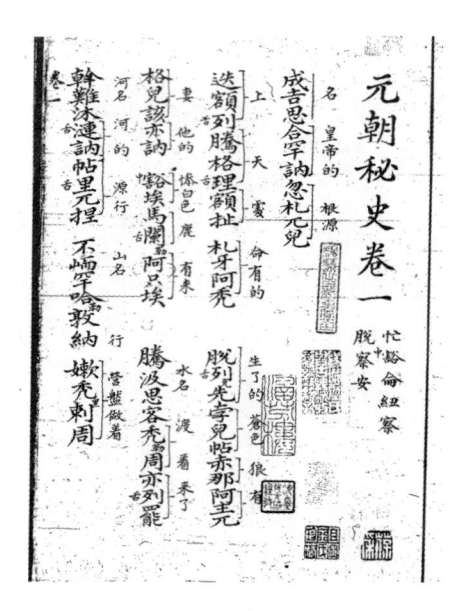

图 8　顾广圻校本首叶

（此图为中国国家图书馆提供的复印件，据原书缩微胶片制成。经核对原件，知栏内共有 9 处钤章，而复印件有 3 处模糊不清。）

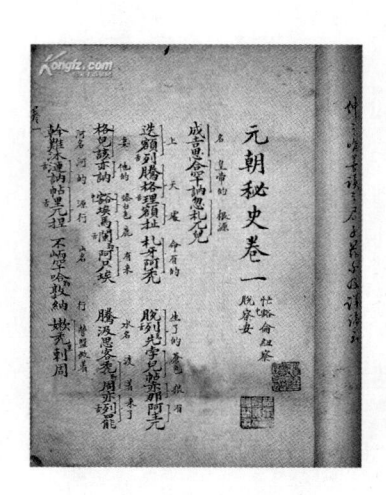

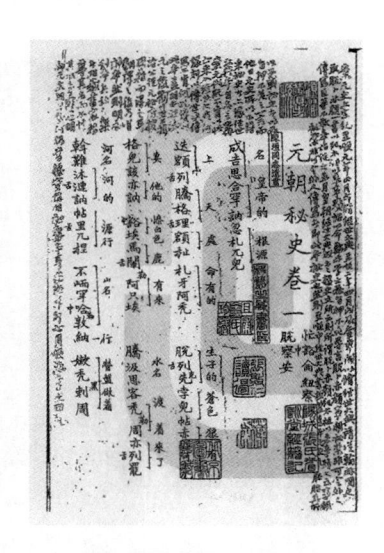

图 9　文廷式抄本首叶　　　　**图 10　李文田抄本正文首叶**

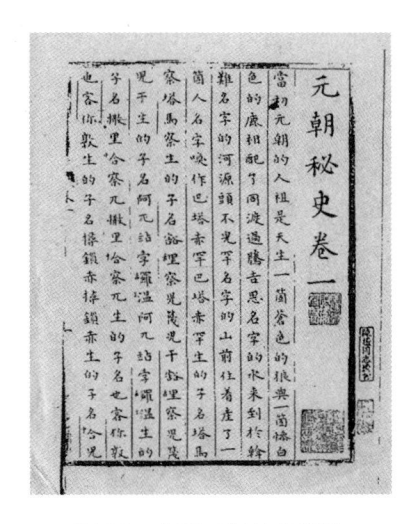

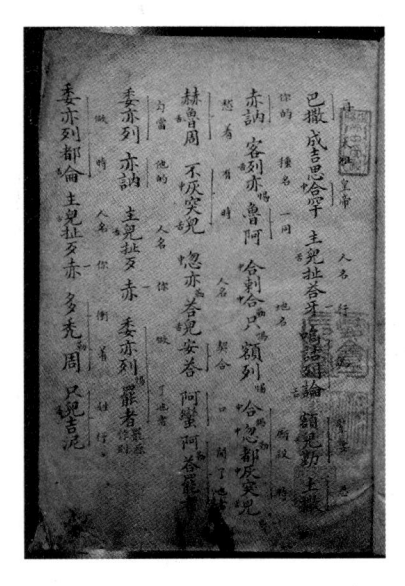

图11 永乐二年抄本首叶　　　　图12 喀喇沁王府旧藏本某叶

（二）十五卷本系统

关于十五卷本，根据新近了解到的情况，可以补充五种本子。

1. 蒋维培旧藏本

最近获得一则《元朝秘史》十五卷抄本的拍卖信息（2007年）[①]，根据所提供的三幅图片和介绍文字，可知该抄本曾为蒋维培"求是斋"旧藏，之前还经徐渭仁收藏。三幅图片中可看到四枚印章：蒋氏求是斋藏书印、徐渭仁、随轩、蒋维培季卿图书记。其中，"徐渭仁""随轩"两枚是徐渭仁的藏书印，"蒋氏求是斋藏书印""蒋维培季卿图书记"两枚是蒋维培的藏书印（蒋维培，字季卿）。

在正文的两幅图片上，可以看到旁线使用了红（人名和一般词语处）、蓝（水名处）、绿（地名处）不同颜色。拍卖信息的文字部分介绍说该本"于人名、地名、水名等右侧划竖线，朱兰绿黄四色并用"。因提供的图片较少，无法看到更全面的情况，但联系陆心源藏本的情况来看，估计应该是人名和一般词语处用红色，水名处用蓝色，地名处用绿色，部

---

① 从网上拍卖信息获知并下载。朝格都那仁先生亦提供了较为清晰的拍品图片，在此致谢。

落或氏族名处用土黄色。

第一幅照片所拍为原书正文卷首之页。第一行书名"元朝秘史"下有"忙中豁仑纽察脱察安"八字，与十五卷本中的孙星衍旧藏本、韩泰华旧藏本同（陆心源旧藏本缺首叶，估计原本也有这八个字）。

第二幅照片所拍为原书正文卷尾之页。栏上有"太宗十二年庚子"七个红字批注，与韩泰华旧藏本、陆心源旧藏本、丁丙旧藏本同。

关于该抄本的情况，第三幅照片提供了非常重要的信息。整页的文字为："元刻本小字十行廿一格。上空三格。大字两行作一行。随字多寡不划一。／译文旁注于右。中舌等字旁注于左。勒惕等字旁注于字脚不占格。／每卷第一行元秘史三字大书占二行。／自第四卷第六页起至第十卷止。合计百二十页据刻本钞。嘉庆九年岁在甲子七月初四日写完。"（句读为笔者所加）

这些文字当为鲍廷博所写。首先对参考利用的"元刻本"（即原刻本，指明洪武年间刻本）的特征作了十分详细的介绍，特别提到刻本中该书的题名为"元秘史"。还具体说明该抄本从第四卷第六页起至第十卷的总共一百二十页，是据刻本所抄。最后交代了该抄本加工完成的日期，其中的"嘉庆九年"合公元1804年。

2. 刘承幹旧藏本

近日赴黑龙江省图书馆查找到了《元朝秘史》刘承幹旧藏本[①]。根据钤印可确定该本即刘承幹嘉业堂所藏之本。此本《嘉业堂藏书志》已有著录："《元秘史》，十五卷，旧钞本，不著撰人名氏……此钞本尚旧。收藏有'泰峰所藏善本'朱文方印。"[②] 周子美《嘉业堂钞校本目录·天一阁藏书经见录》另记："《元朝秘史》，十五卷，忙豁仑纽察脱察安著，旧钞本，六册。郁泰峰旧藏，钱竹汀有跋。"[③]

该本一函六册，十五卷，线装，保存完好。书前录有钱大昕"跋元秘史"，题名行下钤有白文"刘承幹字贞一号翰怡"、朱文"吴兴刘氏嘉业堂藏书印"之印，"泰峰所藏善本"朱文方印钤在正文第一卷卷首题名

---

① 据《东北地区古籍线装书联合目录（一）》（辽海出版社2003年版，第478页）信息赴实地查寻。

② 缪荃孙、吴昌绶、董康：《嘉业堂藏书志》，吴格整理点校，复旦大学出版社1997年版，第258页。

③ 周子美：《嘉业堂钞校本目录·天一阁藏书经见录》，华东师大出版社2000年版，第16页。

行下。可知此本之前曾为郁泰峰所收藏,后入藏嘉业堂。

无栏格,版心处标有卷数、叶码。第一卷题名行下有"忙中豁仑纽察脱察安"八个字。有旁线,分三种颜色。一般词语处,用红色连括线;人名处,一般用红色直线;地名处,一般用黑色直线;部落或氏族名处,一般用蓝色直线。

卷五叶尾写有"嘉庆甲子十二月十一日从刻本补写";卷六叶尾写有"嘉庆乙丑正月初三日从刻本补写迄七十八叟记";卷七叶尾写有"嘉庆乙丑元宵从刻本补写迄通介叟记"。卷七第1叶第3行叶眉处写有"刻本六卷起"五个字。

3. 潘承弼旧藏本·上海图书馆藏本

近日在上海图书馆又查到两种《元朝秘史》之十五卷本抄本。根据分析,其中一种抄本(索取号:线善T34509—10)为潘承弼(号景郑)所赠,原为洪钧所有。书中有两处识语,卷前识语分两部分,第一部分提到"此本与影元钞本均得自吴市贾人,云收诸悬桥巷故家。疑自洪文卿先生故物,盖其编纂《元史译文证补》时所收资料","洪故居即在悬桥巷,离吾家不过数十步耳,因收此以存做前辈遗泽","丙子六月中旬挥汗记",落款为"潘承弼"。第二部分为"谨赠合众图书馆 景郑记"。

丙子当合公元1936年,可知该本是潘承弼1936年从苏州商人处购得,后来赠与合众图书馆的。所说"影元钞本",即指李文田本之再抄本(详见前文)。卷尾识语未写落款,提到"俄京韩氏本"(即韩泰华旧藏本)的一些版本特征,考证其题记中的"通介七十八叟"即指鲍廷博。参照潘承弼的推测,此识语或为洪钧所写。该本还见有一些眉批,也应为洪钧所注。该本卷一书名行下无"忙中豁仑纽察脱察安"八个字,无栏格,但有旁线(卷一1r–18v为红色,之后均为黑色)。每半叶10行,每行30字不等。卷七结尾处有一行题记"嘉庆乙丑元宵从刻本补写讫通介叟记",与韩泰华旧藏本、陆心源旧藏本同。

4. 张蓉镜旧藏本

经湖北省博物馆研究人员罗恰先生的热情邀请,最近赴该馆查阅了一部《元朝秘史》十五卷抄本,确认即张蓉镜旧藏本。[①] 此本已经陈树杓

---

① 在此向罗恰先生表示衷心的感谢。罗恰先生就湖北省博物馆所藏《元朝秘史》抄本已另撰文《张蓉镜抄本〈元朝秘史〉考述》,发表于《民族研究》2017年第5期。

《带经堂书目》、周星诒《传忠堂书目》分别著录①。

抄本中钤有多枚印章，多为张蓉镜之藏书印，如卷首钱大昕跋文首叶钤有"琴川张氏小琅嬛清閟精钞秘帙""虞山张蓉镜芙川信印"两印，卷中另散见"蓉镜收藏""张伯元别字芙川"等十几种印。钱大昕跋文首叶还有"柯逢时印"一处钤章，证实该本后来曾一度为柯逢时所收藏。另据罗恰先生介绍，该馆保管部所藏古籍，大多为20世纪50年代从武汉市文管会移交而来。

该本一函四册，线装，保存完好，无栏格，版心处题有卷数、叶码。第一卷题名下无"忙^中豁仑纽察脱察安"八个字。音译正文及总译专名处，均无旁线。卷首录有钱大昕"跋元秘史"，抄本中未见韩泰华旧藏本、陆心源旧藏本所书各种题记、附文以及黄丕烈致鲍廷博短简等。该本有一些红笔纠错、点句读（仅见于总译部分）之处，主要集中在第一卷至第二卷第7叶正面止，后面诸卷零星有红笔纠错处。特征与瞿镛旧藏本、翁同书旧藏本相近。

5. 陶绍莱旧藏本·上海图书馆藏本

上海图书馆另一种十五卷本抄本（索取号：线善T24770—77），无任何识语，卷前录有钱大昕的"跋元秘史"。正文卷首钤盖两枚印章，一枚刻"永康研斋珍藏"，另一枚刻"陶氏蓬仙"。卷一书名行下有"忙^中豁仑纽察脱察安"八个字（同蒋维培旧藏本、孙星衍旧藏本、韩泰华旧藏本），但无栏格、旁线（同瞿镛旧藏本、张蓉镜旧藏本，翁同书旧藏本有栏无格）。该本每半叶11行，每行31字不等，这一点与已知其他十五卷本均不同，每半叶多出1行，每行多出1字。

据介绍，陶绍莱为现代藏书家（生卒年不详），字蓬仙，号庚庵，江苏镇江人，藏书达20余万卷，藏书楼名"游经楼"（据说建于1923年），在抗日战争期间被日寇炮火焚毁，藏书十不存一。②

---

① 陈树杓《带经堂书目》卷2记："《元秘史》，十五卷，张蓉镜钞本。"周星诒《传忠堂书目》记："《元秘史》，十五卷，四册，不著撰人，张蓉镜钞本，蒙古语未删。"陈树杓的祖父陈征芝的"带经堂"藏书，后来有些为周星诒所收，而周星诒的藏书后来有不少为蒋凤藻等人所收。

② 李玉安、黄正雨编著：《中国藏书家通典》，香港中国国际文化出版社2005年版，第806页。

《元朝秘史》版本流传续考 71

该本卷四、卷八、卷十三首叶第一行下方钤有"抱经楼"之印。① 抱经楼为清代鄞县藏书家卢址的藏书楼。卢址《抱经楼藏书目录》记："《元朝秘史》，十五卷，四本，抄本，不著撰人名氏。"② 上海图书馆现藏该抄本当即卢址抱经楼原藏本。③ 抱经楼1861年曾遭遇劫掠，因商人相助藏书基本上失而复得，但1916年大部分藏书再次散失。估计辗转进入陶绍莱之手。"永康研斋珍藏"，或为陶绍莱藏书印之一。

在已知十五卷本诸本中，通过版本比对、特征分析，可知蒋维培旧藏本、孙星衍旧藏本、刘承幹旧藏本、陆心源旧藏本、韩泰华旧藏本、潘承弼旧藏本几个本子的特征共同点较其他本子更多一些。

因为它们在版式、字体上相近，又都出现次数不同的"嘉庆……从刻本补写迄"的题记；蒋维培旧藏本、孙星衍旧藏本、刘承幹旧藏本、韩泰华旧藏本在首叶题名下方有"忙中豁仑纽察脱察安"八个字（韩本"纽"讹为"组"，陆本因首叶缺损而无法确认，但估计也有此八个字）。旁线颜色方面，蒋维培旧藏本、刘承幹旧藏本、陆心源旧藏本、韩泰华旧藏本的旁线为多色并用，以类分色（人名和一般词语处多用红色；地名处多用蓝色或绿色；部落或氏族名处多用土黄色）。而其他抄本或无旁线或一色（黑）、两色（红、黑）。因此这些本子的渊源关系当更近。

单从题记的落款时间来看，蒋维培旧藏本的"嘉庆九年岁在甲子七月初四日写完"（卷末）最早（1804年夏），孙星衍旧藏本的"嘉庆甲子十一月二十四日从刻本补写迄"（卷四末叶）次之，之后依次为刘承幹旧藏本的"嘉庆甲子十二月十一日从刻本补写迄"（卷五末叶）、陆心源旧藏本的"嘉庆甲子十二月十一日从刻本补写"（卷五末叶）、韩泰华旧藏本的"嘉庆乙丑二月十一日从刻本补写七十八叟识"（卷九末叶）（1805年春）、潘承弼旧藏本的"嘉庆乙丑二月十一日从刻本补写七十八叟识"

---

① 在诸本题记和钤印的识读上，先后得到周清澍师、党宝海先生、马晓林先生、求芝蓉博士等人的热情帮助，解决了不少难题，在此一并表示衷心的感谢。
② 卢址：《抱经楼藏书目录》，中国国家图书馆藏抄本，第4卷。
③ 卢址：《四明卢氏藏书目录》又著录："《元朝秘史》，十五卷，钞本，缺首数页，不著撰人名氏。"《中国著名藏书家书目汇刊》明清卷23，商务印书馆2005年版，第12页）上海图书馆现藏《元朝秘史》该抄本卷首不缺页。《四明卢氏藏书目录》所著录的应该是另一种抄本。

（卷七末叶）。而陆心源旧藏本、韩泰华旧藏本、潘承弼旧藏本卷七末叶又都写有"嘉庆乙丑元宵从刻本补写迄通介叟记"。"通介叟""七十八叟"，均为鲍廷博的别号。说明这几个本子都与鲍廷博有关，他经手的时间顺序应当是蒋维培旧藏本、孙星衍旧藏本、刘承幹旧藏本、陆心源旧藏本、韩泰华旧藏本、潘承弼旧藏本。蒋维培旧藏本在诸本中最早由鲍廷博加工完成，且工作做得更细。

另外，丁丙旧藏本虽无"嘉庆……从刻本补写迄"的题记和首叶题名下方的"忙ᵗ豁仑纽察脱察安"八个字，不过有与孙星衍旧藏本、陆心源旧藏本、韩泰华旧藏本相同的正文中的六处题记（卷十三至卷尾叶眉），说明与前者也有一定的关系。

张蓉镜旧藏本与翁同书旧藏本、瞿镛旧藏本特征相近，均无旁线、无栏格（翁同书旧藏本有栏无格），亦不见鲍廷博等人的题记。

陶绍莱旧藏本的特征基本上与张蓉镜旧藏本、翁同书旧藏本、瞿镛旧藏本相近，也是无旁线、无栏格，不见鲍廷博等人的题记。但亦有不同，除卷一书名行下有"忙ᵗ豁仑纽察脱察安"八个字外，版式也稍有不同（每半叶多一行，每行多一字）。

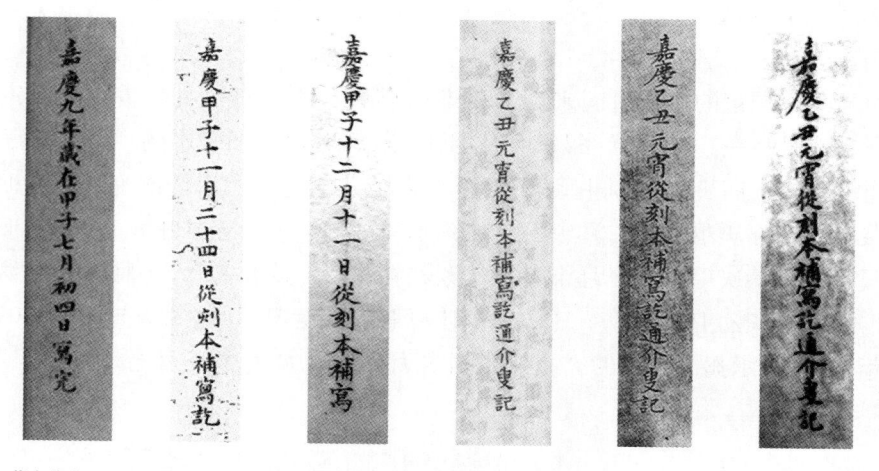

蒋本卷末　孙本第四卷卷末　刘本第五卷卷末　陆本第七卷卷末　韩本第七卷卷末　潘本第七卷卷末

图 13　诸本题记对照图

《元朝秘史》版本流传续考

《元秘史》→洪武刻本→《永乐大典》抄本 {
　（十二卷本）　　（十五卷本）
　张穆抄本→《连筠簃丛书》本
　（1841，总译本）（19世纪上半叶）
　⋯钱大昕旧藏本⋯鲍廷博藏本
　　・韩泰华旧藏本・巴拉第藏本
　　　（1872年购入）
　　・圣彼得堡大学 { 潘克福影印本（1962）
　　　图书馆藏本　　法国支那学院照片本→中国国家图书馆藏本
　　・蒋维培旧藏本・私人藏本
　⋯孙星衍旧藏本・中国国家图书馆藏本
　⋯刘承幹旧藏本・黑龙江省图书馆藏本
　⋯劳季言旧藏本・陆心源旧藏本・静嘉堂文库藏本
　⋯王宗炎旧藏本・丁丙旧藏本・南京图书馆藏本
　⋯潘承弼旧藏本・上海图书馆藏本
　⋯翁同书旧藏本・中国国家图书馆藏本
　⋯瞿镛旧藏本・中国国家图书馆藏本
　⋯张蓉镜旧藏本・湖北省博物馆藏本
　⋯陶绍莱旧藏本・上海图书馆藏本
　⋯马玉堂旧藏本・内蒙古师范大学藏本
　⋯⋯
}

图14　十五卷本流传图

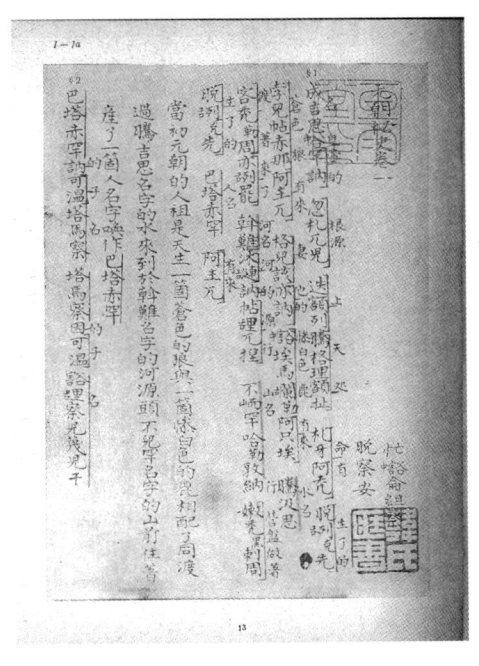

图15　韩泰华旧藏本（潘克福影印本）首叶

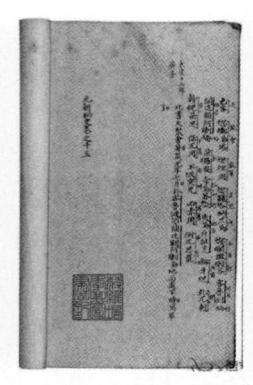

图16 蒋维培旧藏本首叶等

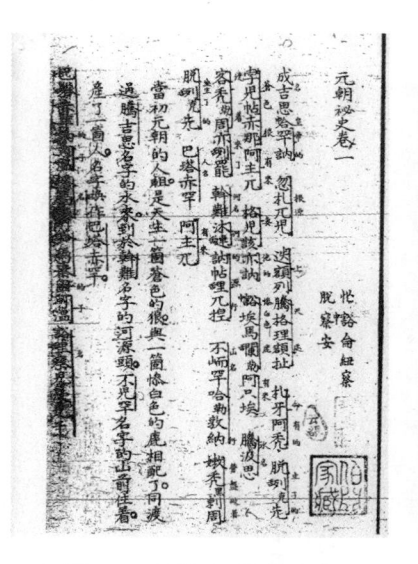

图17 孙星衍旧藏本首叶

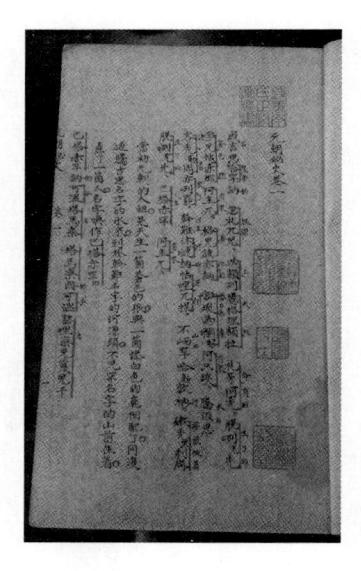

图18 丁丙旧藏本首叶

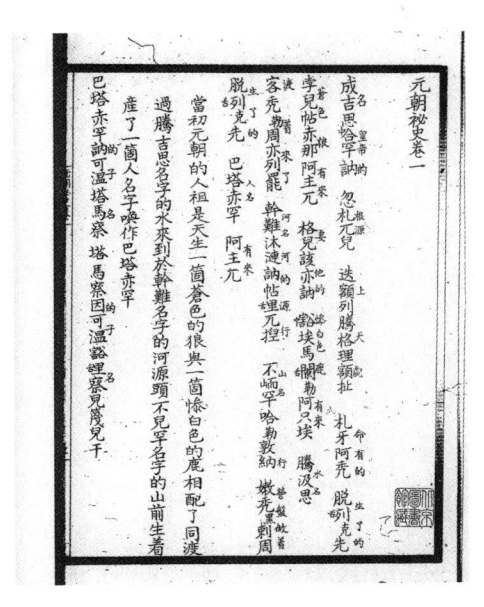

图 19　翁同书旧藏本首叶

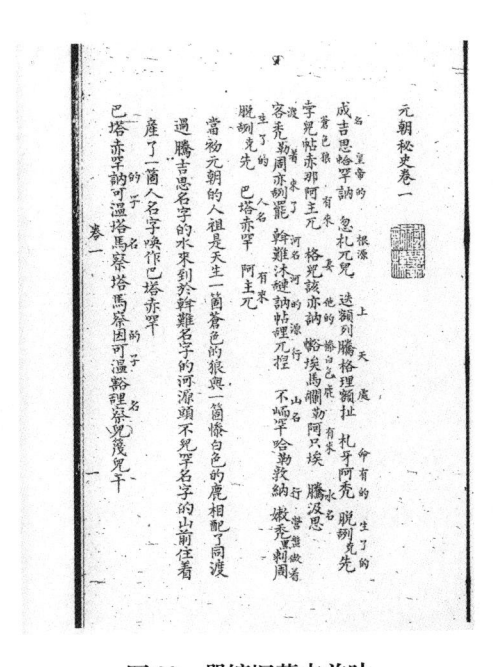

图 20　瞿镛旧藏本首叶

三 关于旁线的问题

以往人们对于《元朝秘史》的旁线似乎缺乏更多的重视，尚未见到专门的讨论。笔者在展开原文校勘时，虽然对这一方面的问题有所意识，对较为重要的一些旁线进行了校改，但由于时间的关系，未能做到系统彻底的校勘。旁线的问题，大致可以分为两大类：

（一）旁线标划规则方面的问题

从明刻本的情况来看，《元朝秘史》原本是划有旁线的，不过后来十五卷本系统的个别抄本中省去了旁线，如翁同书藏本、瞿镛藏本、张蓉镜藏本等。制作《元朝秘史》这一特殊汉籍时，看来明翰林院之人在旁线的设置上是下了一番功夫的。总的来说，旁线是有着一套比较严格的标划规则的，例如一般词语处用连括线└─┘或└┘，专名处通常用直线——，地名和部落名处不使用旁线。一般情况下，一个词汇用一个连括线（有时包括格助词等附加成分），词汇之间留有半字之空。但是也有不少两个或两个以上词汇连在一起的现象。例如第230节中这种现象多见：

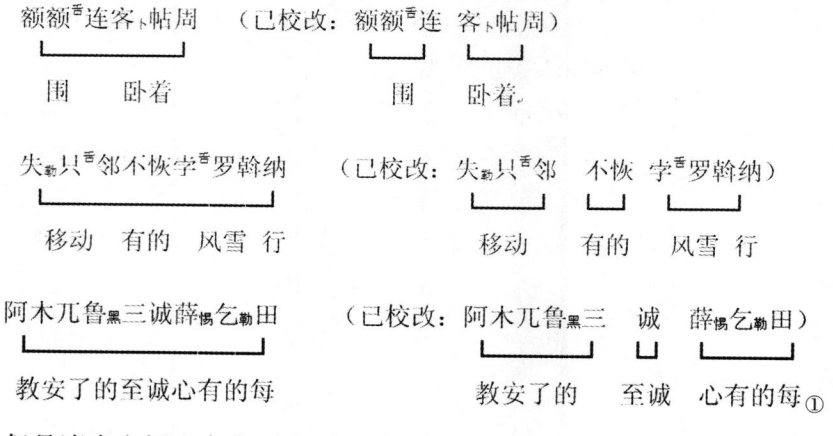

额额᠌连客卜帖周　（已校改：额额᠌连　客卜帖周）
　围　　卧着　　　　　　　围　　卧着

失勒᠌只᠌邻不恢字᠌罗斡纳　（已校改：失勒᠌只᠌邻　不恢　字᠌罗斡纳）
　移动　有的　风雪　行　　　　　移动　有的　风雪　行

阿木兀鲁黑三诚薛杨乞勒田　（已校改：阿木兀鲁黑三　诚　薛杨乞勒田）
　教安了的至诚心有的每　　　　教安了的　至诚　心有的每[①]

但是诸本之间也存在不少不一致之处。例如：

第1节第一个词语"成吉思"处，顾校本及其传抄本文廷式抄本、李文田抄本中划有专名线，但是文廷式抄本的传抄本内藤湖南藏本、石滨

---

① 乌兰：《〈元朝秘史〉校勘本》，第307页。

纯太郎藏本等本中却无，亦属十二卷本的伯希和藏本中也不见。而已知十五卷本诸本此处均未划专名线。

第 1 节中的"孛儿帖赤那""^中豁埃马^舌阑勒"两词处，已知十二卷本诸本均作

"孛儿帖　赤那"、"^中豁埃　马^舌阑勒"，
　苍色　狼　　惨白色　鹿

而已知十五卷本诸本（无旁线者除外）均作

"孛儿帖赤那"、"^中豁埃马^舌阑勒"。
　苍色　狼　　惨白色　鹿

这里旁线使用的特征，可以进一步确认汉籍《元朝秘史》的制作者们是如何看待"孛儿帖赤那""豁埃马阑勒"之语的。在这两处，旁译未作"人名"，且没有使用专名线，总译又直接作"一个苍色的狼""一个惨白色的鹿"。采用连括线，也从一方面证实这两个词语当时是被视为一般词语而非人名。

诸本中还有一些误连现象。例如：
四部丛刊三编本第 180 节：
孛斡里阿^舌儿　必剌周　　（已校改：孛斡里　阿^舌儿必剌周）
　奴婢行　　掳着　　　　　　　　奴婢行　　掳着

也该^中晃塔^中合^舌仑可温　（已校改：也该^中晃塔^中合^舌仑　可温）
　人名　　　的　　　　　　　　　人名　　　的　〔子〕①

（二）旁线颜色方面的问题

以往的研究中，基本上无人谈到《元朝秘史》旁线之颜色的问题。主要原因应该在于诸抄本之原本难得一见。以前出版的个别抄本的影印本都是黑白色的，而藏书机构一般只提供原本的黑白缩微胶片，因此容易给人造成旁线均为黑色的误解，使其特征受到忽视。近些年来，陆续可以看

---

① 乌兰：《〈元朝秘史〉校勘本》，第 203 页。

到一些原本，旁线（包括专名线和连括线）颜色的问题开始进入人们的思考之中。

就目前掌握的情况来看，十二卷本系统中，可以确认明洪武刻本、喀喇沁王府旧藏本是采用黑色旁线。这应该是原书旁线最初的状态。顾校本在一般词语处用了黑色连括线，地名和部落名处未使用旁线，这些与明刻本相同，但在人名处使用了红色专名线。文廷式抄本、李文田抄本，以及出自文廷式抄本的内藤湖南藏本等本子基本上也是这种情况，只是石滨藏本一般词语处用了黑色直线。

已知十五卷本系统诸本中，分成了三种情况。第一种情况是未划旁线。翁同书旧藏本、瞿镛旧藏本、张蓉镜旧藏本属于这种情况。第二种情况是旁线仅使用了红色。如孙星衍旧藏本、丁丙旧藏本。不过，孙星衍旧藏本在人名、地名处用了直线，一般词语处用了连括线，部落名处未使用旁线。而丁丙旧藏本在人名处用了直线，一般词语处用了连括线，地名和部落名处未使用旁线。第三种情况是旁线使用了多色。陆心源旧藏本的旁线为三色：人名、一般词语处，用红色；地名处，用蓝色；部落或氏族名处，用土黄色。蒋维培旧藏本，据拍卖信息介绍旁线使用了"朱蓝绿黄四色"，从提供的两幅图片上可以看到人名和一般词语处使用了红色，水名处使用了蓝色，地名处使用了绿色。联系陆心源藏本的情况来看，黄色估计是指部落或氏族名处使用的土黄色。韩泰华旧藏本的情况，因笔者尚未看到原本，仅凭黑白影印本还无法最终确定。据言，韩泰华旧藏本的旁线也是使用了几种不同的颜色。

旁线呈现不同颜色，不仅有助于判断版本源流，而且反映着抄写、加工者们的创新意识，具有一定的研究成分。对此，需要进一步展开广泛调查和研究分析。

（将载于《庆祝蔡美彪教授九十华诞元史论文集》）

关于《元朝秘史》顾校本的
几个问题

中国国家图书馆善本部藏有《元朝秘史》的四种抄本，其中之一即顾广圻校本（以下简称"顾校本"）。

顾校本[①]最为珍贵，也最为人所熟知。然而围绕顾校本，还有一些问题需要进一步厘清。首先，不妨就这一本子的流传情况作一梳理。据顾广圻的跋文，顾广圻曾见张祥云家藏有"影元椠旧钞本"，就让张古馀借来"覆影"一部，他再进行校勘，于1805年完成。因此这个本子一般称为"顾校本"或"顾氏监抄本"。顾校本的底本属十二卷本[②]，因出自明初刻本，质量应当不错，顾广圻称它"通体完善"。由于明初刻本、"影元椠旧钞本"均已失传，而十五卷本诸本都出自《永乐大典》从明初刻本

---

① 藏书号7394。现在只为读者提供原本的缩微胶片。

② 目前存世的《元朝秘史》抄本，多为十五卷本。十五卷本是从《永乐大典》中的抄本转抄的，而《永乐大典》本又是从明初刻本转抄的。现存十二卷本之抄本，仅见有顾校本（包括其转抄本）、永乐二年抄本、喀喇沁王府藏本。永乐二年抄本仅有总译部分，原藏陈垣"励耘书屋"，现藏中国国家图书馆古籍馆，藏书号77277，为1册，卷1至卷6，卷末所贴条签书"一部二本永乐二年八月内抄到"。喀喇沁王府藏本，为残本，仅保留大约两卷的内容（卷7、卷8），现藏北京大学图书馆古籍室，藏书号NC2700/1425，1。另知伯希和（P. Pelliot）曾拥有一个十二卷本的旧抄本，现藏法国国家图书馆手抄本部（藏书号Ms. Chinois 11003）。笔者尚未接触到原书，仅见卷首之图片，据所钤印记，知该本曾为汪士钟收藏。据罗依果（Igor de Rachewiltz）介绍，为6册，版式同叶德辉刻本和《四部丛刊》三编本，但无叶码和版心书名。参见伯希和《〈元朝秘史〉中的蒙古文原文》（*Un passage altéré dans le texte Mongol ancien de l'Histoire secrète des Mongols*，TP27，1930）；伯希和《〈元朝秘史〉卷1—6转写法译本》（*Histoire secrète des Mongols, restitution du texte Mongol et traduction française des chapitres I à VI*，Paris，1949）韩百诗（L. Hambis）告读者书；罗依果《蒙古秘史：13世纪蒙古史诗编年史》[*The Secret History of the Mongols, A Mongolian Epic Chronicle of the Thirteenth Century*，Brill，2004]导论（1ii，xcii）。

转抄的本子，所以经过顾广圻校勘的影抄本就成为现存《元朝秘史》的最佳抄本，受到学界的重视。

顾校本后来辗转为清宗室盛昱所得，19世纪80年代中期文廷式、李文田据盛昱藏本各自转抄一部①。20世纪初文廷式再请人复抄一部送给了日本友人内藤湖南②。留在文廷式处的转抄本③后由叶德辉据以刻板，于1908年发行④，一般称"观古堂本"或"叶德辉本"。日本学者那珂通世从内藤湖南处得到再抄本的影抄本⑤，不久即开始着手翻译、注释，于1907年出版了影响学界的《成吉思汗实录》⑥。盛昱去世后，藏书四散，顾校本后为上海涵芬楼所收⑦。商务印书馆于1936年将顾校本影印收入《四部丛刊》三编，当时以故宫内阁大库所发现的明刻本的四十一枚残叶替换了抄本中的相应部分。《四部丛刊》三编本因此成为学界最受欢迎和

---

① 李文田抄本现藏中国国家图书馆古籍馆，藏书号5331。卷首顾广圻跋文后，栏外有李文田所写文字："此本今藏盛伯羲司成家，即顾千里手校之本也。丙戌夏借钞一部。此后转钞者十数家焉。李文田记之。"此丙戌为公元1886年。据文廷式抄本题记，他于1885年冬借得顾校本，与李文田各重抄一部。1896年李文田的《元朝秘史注》刻板印行（《渐西村舍汇刻》本），他的注释主要是以《连筠簃丛书》所收十五卷总译本为工作本的，在他去世一年后出版。

② 该本现藏日本京都大学人文科学研究所图书馆。有人以为文廷式将自己的抄本送给了内藤湖南，其实不然。文廷式在写给内藤湖南的书信中说："蒙文《元秘史》，已募人钞写一部，敬以寄上。"文廷式随抄本致内藤湖南函以及抄本上的题记都落款为辛丑年"十二月朔日"，即1902年1月20日。均见《内藤湖南全集》第12卷"目睹书潭·蒙文元朝秘史"，东京，1970年，第150页。据考，文廷式于1901年末托白岩龙平回国时将再抄本捎送内藤湖南，白岩龙平于1902年2月18日在东京与内藤湖南会面。参见中见立夫《〈元朝秘史〉渡来之际——日本"东洋史学"的开端与欧洲东洋学、清朝"边疆史地学"的交叉》，《东亚文化交流研究》第4号，2009年，第3—26页。

③ 原藏陈垣"励耘书屋"，后归其后人所有。2009年末被拍卖，买主不详。

④ 《元朝秘史》，长沙叶氏观古堂，1908年。

⑤ 该本现藏日本筑波大学图书馆。该本亦有再抄本，现藏日本早稻田大学图书馆。

⑥ ［日］那珂通世：《成吉思汗实录》，大日本图书株式会社，1907年。

⑦ 傅增湘：《钞本元朝秘史跋》（《藏园群书题记》，上海古籍出版社1989年版，第166页）谓："此书旧藏盛伯羲祭酒家，癸丑岁，意园藏籍星散，余偶见之正文斋谭笃生许，因告菊生前辈，为涵芬楼收之，而余为之谐价焉。"此癸丑为公元1913年。但据傅增湘写给张元济的信函，此事发生在壬子年即1912年。壬子年五月初一日即1912年6月15日傅增湘致信张元济，写道："景元本《元秘史》，正续十五卷，六巨册，一匣。顾千里跋。大字。询子培当知此物。一百五十六元。"张元济在信上批答"《元秘史》一种，我欲得之"。不久傅增湘又致信张元济说："《元秘史》一种，老谭还一百卅元。……成交。"见《张元济傅增湘论书尺牍》，商务印书馆1983年版，第15、16、21页。

普遍使用的本子。20世纪30年代，因战争的原因顾校本几乎失传。据傅增湘回忆，当年陈垣"治元史地理学，欲得《元朝秘史》旧本为勘正之资"，他遂写信给商务印书馆的张元济，从涵芬楼借到了顾校本，交陈垣使用，在此期间上海遭日本飞机轰炸，涵芬楼毁于战火，顾校本因借往北京而幸免于难①。

　　关于顾校本所见蒙古语书名，顾广圻在跋文中说张祥云家藏"影元椠旧钞本"卷首标题下有"忙豁仑纽察脱察安"几个字②，"必是所署撰书人名衔"。忙ᴴ豁仑纽察脱察安，是蒙古语 Mongqol-un ni'uča tobča'an 的汉字音译，意即"蒙古秘史"，这在今天早已不是什么问题，但是对于19世纪初的汉族文人们来说，要一下子作出正确判断还是有一定难度的。尽管钱大昕在1800年成书的《补元史艺文志》中已怀疑到《秘史》即元代国史"脱必赤颜"③，然而要达到能将"脱必赤颜"与"脱察安"联系在一起、弄清楚"忙ᴴ豁仑"和"纽察"之义的程度，还需要等待学术渐进的过程。顾广圻误解的影响一直延展到了20世纪初，先后为李文田、

---

①　傅增湘：《钞本元朝秘史跋》。据傅增湘写给张元济的信函，陈垣借顾校本之事发生在1931年。傅增湘在1931年三月一日（4月18日）写给张元济的信中说："钞本《元秘史》计已检出。陈援庵急盼一阅也。"张元济四月二十五日（6月10日）回信说："景元钞《元秘史》六册，又照片三叶，亦托敝女带去。"傅增湘五月八日（6月23日）回信提到"《元秘史》已照收"。1932年四月二十九日（6月3日）张元济去信说："前假去《元秘史》等书，如已用毕，乞寄还。"傅增湘五月八日（6月11日）回信告知"写本《元秘史》已索回"，七月一日（8月2日）再告："《元秘史》奉还。交伯恒带上。"两年后，傅增湘于1934年嘉平十日（1月24日）再次为陈垣请借《元秘史》，说陈援庵"拟求再借重校一过"，"乞公概允"。张元济二月二十四日（4月7日）回复："前陈垣翁假阅《元秘史》，现已照出，即日可将印出毛样寄去。"傅增湘不久告知："《元秘史》样本蒙颁下。亦交陈援安校长矣。"见《张元济傅增湘论书尺牍》，第260、262、263、286、314、315页。该"毛样"现藏中国国家图书馆古籍馆，藏书号5321。

②　关于"忙ᴴ豁仑纽察脱察安"八字，最早是由顾广圻报道见于张祥云所藏"影元椠旧钞本"，并为顾校本所保留。目前所见大多数本子中，还有韩泰华旧藏本和孙星衍旧藏本在卷首有这一蒙古语题名（韩泰华旧藏本讹"纽察"为"组察"）。另据报道，马玉堂旧藏本卷首亦有这一蒙古语题名。见白·特木尔巴根《马玉堂的〈元朝秘史〉十五卷抄本》，《内蒙古师大学报》1989年第3期，第73—78页。

③　钱大昕《补元史艺文志》（《丛书集成初编》，册一二，第19页）记："元秘史十卷，续秘史二卷。不着撰人。记太祖初起及太宗灭金事。皆国语旁译。疑即脱必赤颜也。"

叶德辉等人所沿袭①。但也就是在 20 世纪初，情况有了转变。

在 1907 年出版的《成吉思汗实录》的序论中，那珂通世已正确地将"忙中豁仑纽察脱察安"解释为蒙古语"蒙古秘史"的音译，并转写为 Mongholun Niucha Tobchaan。他进一步分析"忙中豁仑"即"蒙古的"之义，"纽察"即《元史语解》中的"尼古察"，"秘密"之义，"脱[卜]察安"即《元史》中的"脱必赤颜"，说三词合为"蒙古之秘密实录"亦即"蒙古秘史"之义。几乎与此同时，中国国内的文人沈曾植也表达了相同的观点，他在《元秘史补注》中说："《元史语解》，'尼古察'秘密也，'尼古察'即'纽察'。"又说："此书蒙文，凡'蒙古'字皆作'忙豁仑'，而'脱察安'三字对音极与'脱必赤颜'近，窃疑'忙豁仑'之言'元'，'纽察'之言'秘'，'脱察安'之言'史'，七（当作'八'）字即《元朝秘史》蒙文也。"② 到 1925 年，王国维也重申了类似观点，他说："此本卷首书题下，有忙豁仑纽察脱察安二行，曩顾千里跋此本，以为撰人姓名，余谓此即《元朝秘史》之蒙古语也。忙豁仑即蒙古，脱察安即《元史》之脱必赤颜。"③ 据张尔田 1930 年在沈曾植稿本上补写的内容，沈曾植早于王国维 20 年更正了顾广圻的错误理解④。王国维的《蒙文元朝秘史跋》作于 1925 年，那么沈曾植的《元秘史补注》应该完成于 1905 年前后。洪煨莲（William Hung）在《〈蒙古秘史〉源流考》一文中认为沈曾植、王国维取那珂通世类似的结论，"为时颇迟"⑤。

---

① 李文田在《元朝秘史注》卷首说："按忙豁仑，即蒙古氏也。纽察其名，或与脱察安同撰此史，或纽察乃脱察安祖父之名。"叶德辉在《元朝秘史》观古堂刻本的序言中说："卷首标题下分注二行，左为忙豁仑纽察五字，右为脱察安三字，犹存撰书人名衔。"另外，马玉堂在所藏抄本的卷首识语中说："元本第一卷有忙豁仑细察脱察安八字，即注书人姓名也。"白·特木尔巴根核对马玉堂藏本原文，知马玉堂识语误抄"纽"为"细"。参见上引白·特木尔巴根《马玉堂的〈元朝秘史〉十五卷抄本》。

② 沈曾植：《元秘史补注》稿本，册一叶二正（藏上海图书馆，后于 1945 年收入《敬跻堂丛书》）。

③ 王国维：《蒙文元朝秘史跋》，《观堂集林》卷一六"史林八"，册三，中华书局 1959 年版，第 765 页。

④ 沈曾植《元秘史补注》稿本，册二叶五三背。"此书原题忙豁仑纽察脱察安，脱察安三字，李氏亦不得其解，亡友王静安考定为脱卜察颜之对音，而岂知先生于二十年前已早发之，前辈通识自不可及。庚午夏，张尔田校记"。

⑤ 洪煨莲：《〈蒙古秘史〉源流考》(The Transmission of the Book Known as The Secret History of the Mongols, Harvard Journal of Asiatic Studies 14, 1951)，第 433—492 页。

他的看法恐怕稍失公允。

关于顾校本与《四部丛刊》三编本的关系，以往普遍认为当年商务印书馆影印顾校本，再以内阁大库所发现的四十一枚残叶替换顾校本相应部分，印成《四部丛刊》三编本。基本情况确实如此，然而经过仔细核对，可知一些细节上的变化。下面仅以替换部分为例，就内阁大库残叶、顾校本和《四部丛刊》三编本进行考察。

1. 《四部丛刊》三编本未将所发现的全部内阁大库残叶进行替换。

1933年赵万里在故宫内阁大库发现了四十多叶《元朝秘史》明初刻本的残叶。陈垣在《元秘史译音用字考》中说是"四十五页"①；张元济在《四部丛刊》三编本的跋文中说借影北平图书馆"明初刊本残叶"，"凡得四十一叶"②。洪煨莲径直说"1933年在北京故宫旧内阁大库发现刻本四十一叶"③。经与残叶原件之缩微胶片核对，所发现的残叶实际包括四十一个整叶和四个半叶，若按整叶计算，当为四十三叶④。《四部丛刊》三编本替换的是四十一个整叶，而对那四个半叶可能是考虑到不易操作就没有替换⑤。

2. 《四部丛刊》三编本对顾校本原文乃至内阁大库残叶都有所改动。

例如：

卷叶行	四部本	大库残叶	顾校本
031402	戈劣兀鲁臣	戈^舌劣兀鲁臣	戈^舌劣兀鲁臣
034610	豁牙^舌里	^中豁牙^舌里	^中豁牙^舌里

---

① 陈垣：《元秘史译音用字考》（初于1934年由中央研究院历史语言研究所雕版印行，后收入《励耘五种》），再收入《陈垣学术论文集》，中华书局1982年版，第109页。

② 《元朝秘史》，《四部丛刊》三编，商务印书馆，跋文，叶一正。

③ 同上引洪煨莲《〈蒙古秘史〉源流考》。

④ 原件现藏台北国立中央图书馆。笔者利用的是北京中国国家图书馆善本室所藏原件之缩微胶片，收藏号：CBM No. 149/96。缩微胶片显示原件已订为一册，四个半叶的上半叶均为空白叶。

⑤ 被替换的诸叶为：卷三叶九至叶一一（§§106—108）、叶一三至叶一六（§§108—110）、叶四六至叶四八（§§124—125）；卷四叶四五至叶四九（§§146—147）；卷七叶二九至叶三六（§§194—195）；卷八叶二一至叶二九（§§201—203）、叶三二至叶四十（§§203—207）。未被替换的诸叶为：卷三叶八背（§106）、叶一二背（§108）；卷八叶二十背（§201）、叶三一背（§203）。

卷叶行			
034802	脱^中忽^舌剌温	脱^中忽^舌剌温	脱^中忽^舌剌温
044505	^中合札^舌剌察 址行	^中合札^舌剌察 地行	^中合札^舌剌察 地行
044506	苔巳安	苔巴安	苔巴安
044909	兀速泥 水	兀速泥 水行	兀速泥 水行
073208	^中合^舌喇兀	^中合^舌喇兀勒	^中合^舌喇兀勒
082309	巳_勒渚纳地面	巴_勒渚纳地面	巴_勒渚纳地面
084009	秃^舌鲁_黑 久速	秃^舌鲁_黑 久远	秃^舌鲁_黑 久远

遗憾的是，以上这些改动都导致了错误。

3. 顾校本相对于大库残叶和《四部丛刊》三编本仍存在一些可取之处。

（1）可校改讹误，如：

卷叶行	四部本（大库残叶）	顾校本
044603	移	杀
072910	箭筒日的行	箭筒自的行
082209	礼^舌儿里_黑	札^舌儿里_黑
082708	（同）	（同）
083806	（同）	（同）
082410	鸣诂列速　客延 └─┘　└─┘ 　说　　么道	鸣诂列速　客延 └─┘　└─┘ 　说　　么道
083809	一儿罕山	不儿罕山

以《四部丛刊》三编本为底本进行校勘时，应据顾校本校改以上四处讹误。

（2）补了大库残叶的缺损部分。大库残叶的个别叶有不同程度的文字缺损，而《四部丛刊》三编本的替换部分不存在这种现象，当依顾校本修补了缺损的文字。如：

卷叶行	大库残叶	四部本、顾校本
031602	[　]	雪泥
031606	[　]遇	相遇

关于《元朝秘史》顾校本的几个问题　　85

	禾 [ ] 名	种名
031608	[ ]	^舌儿
031609	[ ]	木
031610	[ ]	有月明。都相
034605	[ ]	剌速^中孩
034606	^中忽 [ ]	^中忽^舌儿班泥
	[ ]	三个行
044802	^中合 [ ]^舌里颜	^中合罕都^舌里颜
083601	圈了	圈子

4.《四部丛刊》三编本以大库残叶替换顾校本相应部分确有必要。

（1）避免了顾校本的脱字，如：

卷叶行	四部本（大库残叶）	顾校本
030905	^中合_勒墩山	^中合墩山
031002	土蔑_惕	土蔑
031005	小河行	河行
031107	歌多_勒周	歌多周
031110	兀者额_惕	兀者额
031502	扯^舌里兀_惕	扯^舌里兀
031603	斡_勒罢	斡罢
031603	下咱	咱
034705	^中忽^舌里牙_勒都速	^中忽^舌里牙都速
044504	忙走了的	走了的
044803	说了呵	说了
073605	古_卜臣别耶	古臣别耶
082102	太祖皇帝	皇帝
082604	脱_卜撒^中合	脱撒^中合
083405	莎余^舌儿^中合_勒	莎余^舌儿^中合
084009	那_卜失_勒都周	那失_勒都周

（2）避免了顾校本的错字，如：

卷叶行	四部本（大库残叶）	顾校本
031501	忽^舌鲁兀	忽鲁兀
034705	鸣诂列^舌论	鸣诂列论

034705	^中忽鲁^中合纳	^中忽鲁合纳
034710	孛斡^舌儿出	孛斡儿出
034710	汪古^舌儿	汪古儿
034803	脱^中忽^舌剌温	脱^中忽剌温
044501	扯^舌里兀_惕	扯里兀_惕
044503	^中合札^舌剌察	^中合相^舌剌察
044505	^中豁那_黑三	豁那_黑三
	都^舌儿别坤	都儿别坤
044802	牙阿^舌阑	牙阿阑
073505	额^舌列宜	额列宜
073510	多^舌罗_木只阿察	多^舌罗_勒只阿察
082104	^中豁^舌儿	豁^舌儿
082304	你又俊杰	你人俊杰
082909	阿_勒荅秃^中孩	阿_勒荅秃孩
083304	脱^舌列_勒都克先	说^舌列_勒都克先
083606	曲鲁吉耶^舌儿	曲鲁舌耶^舌儿

5. 未被替换之四个半叶中的问题

（1）主要有三处未划专名线：

卷叶行	大库残叶	四部本（顾校本）
030808	<u>脱斡邻_勒^中罕</u>	脱斡邻_勒^中罕
	皇帝	皇帝
030809	<u>帖木真</u>	帖木真
	人名	人名
083107	<u>失吉^中忽秃^中忽</u>	失吉^中忽秃^中忽
	人名	人名

（2）还有一处错字。从大库残叶的情况看，当初刻"前"字时下刀有误，后改笔画，使其易与"箭"字相混。顾校本因此讹抄为"箭"。

030808	额不^舌里耶^舌儿	额不^舌里耶^舌儿
	前行	箭行

以《四部丛刊》三编本为底本进行校勘时，应据内阁大库残叶校改以上四处讹误。

在进行《元朝秘史》版本校勘这一基础工作时，应以目前学界公认的最佳版本《四部丛刊》三编本为底本，选择其他一些有代表性的抄本——不论是十二卷本还是十五卷本（当然包括内阁大库残叶）作为校本。顾校本因《四部丛刊》三编本对其内容有所改动，仍具有参校的价值。

Some Remarks on Gu's Certified Copy of *The Secret History of the Mongols*

Ulaan Borjigijin

Gu's Certified Copy of *The Secret History of the Mongols* held in the rare book section of the Chinese National Library is the best manuscript copy of *The Secret History of the Mongols* among all those preserved and known to us so far, both for its origin from a good facsimile copy of the printed edition made in the early Ming and for the small number of mistakes it contains. This certified copy was completed in 1805 and was divided into 12 chapters. Later it came into the possession of the imperial clansman Shengyu of the late Qing. At the end of the 19th century Li Wentian and Wen Tingshi separately prepared a facsimile text on the basis of the copy in Shengyu's collection. Not long after, Wen asked someone to make a copy of his own copy for the Japanese scholar Naitō Konan. Ye De-hui made a printed edition from the first facsimile copy of Wen and published it in 1908. It was from the copy available to Naitō Konan that Naka Michiyo was able to publish his famous annotated translation of *The Secret History of the Mongols* entitled *The Veritable Records of Cinggis Qan*. Not long after Shengyu's death, Gu's certified copy was acquired by the Commercial Press, Shanghai. The Commercial Press reproduced it photographically and published it in 1936 in the 3rd series of the *Si-bu-cong-kan*. This edition contains 41 leaves of the printed edition of the early Ming discovered in the Imperial Palace of Peking in 1933, which replaced the corresponding original leaves in Gu's certified copy. Hence the new edition is regarded as the best modern edition of *The Secret*

History of the Mongols. As for the relationship between Gu's certified copy, the leaves of the Ming printed edition discovered in the Peking Palace and the edition in the 3rd series of the *Si-bu-cong-kan*, there are still some questions that need to be clarified.

(原载《西域历史语言研究集刊》第五辑,2012 年)

《元朝秘史》文献学研究史简述

《元朝秘史》这部古籍以其所载内容之重要、叙事风格之生动清新以及留存形式之独特等特征，受到多方关注，吸引人们不断地展开探索和研究。对于《元朝秘史》的价值，前人已有比较充分的认识，随着研究的深入，人们的认识也在加深，而且更加实事求是。苏联学者符拉基米尔佐夫（Б. Я. Владимирцов）曾经十分准确地指出："《秘史》叙述着成吉思汗所出生的氏族，自由而奔放地绘出草原生活的图象，为推断12—13世纪蒙古人生活的各个方面提供了极为丰富的资料……如果可以说在中世纪没有一个民族像蒙古人那样吸引史学家们的注意，那么也就应该指出没有一个游牧民族保留下像《秘史》那样形象地详尽地刻画出现实生活的纪念作品。"[1]《元朝秘史》不仅是蒙古人的，也是整个欧亚大陆游牧民族值得骄傲的精神、文化财富。

从学术角度来讲，《元朝秘史》具有多方面的研究价值。

首先它是一部史书。书中的内容包括成吉思汗的先祖谱系和成吉思汗一生的事迹，还有窝阔台在位时期的一些事迹。由于游牧民族生产、生活方式的特殊性，以及当时还处在蒙古民族历史编纂的早期阶段，《元朝秘史》的整体风格呈现出较多的文学色彩，也可以说是文史不分。但是这并不影响它首先是一部史书的性质，书中的内容和书名（无论是"脱卜

---

[1] [苏] 符拉基米尔佐夫：《蒙古社会制度史》，刘荣焌译，中国社会科学出版社1980年版，第15—16页。

赤颜"① 还是"秘史")都有助于理解这一点。书中大部分素材来自世代口耳相传的口头作品和当事人的口述,而在尚无文字的时代口头作品总是借助便于记忆的韵文来维持,因此其文学色彩较浓的现象在所难免。书中也存在一些诸如史事年代错乱、历经几年的事集中于一年记述、人物记载偏离史实和脸谱化等弱点。但是"这些缺陷并不足怪,这无非是各民族早期历史编纂中常见的现象"。参与《元朝秘史》创作的人们"毕竟是一些草原史家。他们没有受过中原封建史官那样严格的训练,没有封建史学的先例可援"②。

《元朝秘史》可以称得上是古代蒙古社会历史的百科全书。在书中可以看到古代蒙古社会人们生产、生活的生动记录,及其社会组织发展和变化的情形。书中还提供了古代蒙古社会结构包括行政、军事建制方面,以及游牧生产中人与人的社会经济关系方面的珍贵资料。书中所反映出的古代蒙古的社会心理、伦理道德观念、宗教信仰等,也成为相关方面历史研究的重要依据。

《元朝秘史》又是一部优秀的蒙古文学经典作品。书中有大量的韵文、俗语,人物记述多采用文学描写,经过了艺术加工。反映出当时的蒙

---

① 《元朝秘史》的原文,本为蒙元时期宫廷用畏吾体蒙古文所修"脱卜赤颜"即"国史"的一部分。脱卜赤颜从蒙古汗国时期开始修纂,中间可能一度辍修,不过至少是修到了元文宗朝。(《元史》卷181《虞集传》载:"又请以国书脱卜赤颜,增修太祖以来事迹。"同书卷15《世祖本纪》十二载:"司徒撒里蛮等进读祖宗实录,帝曰:'太宗事则然,睿宗少有可易者,定宗固日不暇给,宪宗汝独不能忆之耶?犹当询诸知者。'"同书卷36《文宗本纪》五载:"命朵来续为蒙古脱卜赤颜一书,置之奎章阁。从之。"同书《虞集传》又载:"初,文宗在上都,将立其子阿剌忒纳荅剌为皇太子,乃以妥欢帖穆尔太子乳母夫言,明宗在日,素谓太子非其子,黜之江南,驿召翰林学士承旨阿邻帖木儿、奎章阁大学士忽笃弥实书其事于脱卜赤颜。")成吉思汗和窝阔台的历史是其中最前面的部分,属于早期脱卜赤颜。脱卜赤颜是皇家秘籍,被深藏宫中,外人不得窥见。《元史·虞集传》还载:"承旨塔失海牙曰,脱卜赤颜非可令外人传者。"许有壬《元故右丞相怯烈公神道碑铭并序》载:"……国史曰脱卜赤颜,至秘也。"(《圭塘小稿》卷10,中国国家图书馆善本部藏清雍正二年抄本,第7叶背面。)孙承泽《元朝典故编年考》卷9说:"元人有《秘史》……书藏禁中不传。"(文海出版社,影印清钞本,第487页。)元朝在中原的统治结束之后,脱卜赤颜落入明人手中。其面临的命运,依目前的一般看法,当时为了培养蒙古语的翻译人才(通事、译字生),将脱卜赤颜中成吉思汗和窝阔台的事迹部分选作教材进行加工,制成了一部特殊形式的汉籍,即经过汉字音写原文、加注旁译和总译、题写书名,形成了现在的《元朝秘史》。

② 参见亦邻真(Y. Irinchin)《〈元朝秘史〉畏吾体蒙古文复原》(*Mongγol-un Niγuča Tobčiyan*, sergügelte),内蒙古大学出版社1987版,绪论《〈元朝秘史〉及其复原》。

古人作为草原民族的文化传统和文学成就，同时也反映出当时蒙古史家的历史倾向性，"在某种意义上，《秘史》的文学描写是代替评论的"①。

《元朝秘史》所据原文是以畏吾体蒙古文写成的，记写的语言是古蒙古语，因其篇幅和纯蒙古色彩，成为古蒙古语独一无二的典范文献，也是蒙元时代唯一的长篇蒙古语作品。它是真正用蒙古语思维、用蒙古文撰写的。一方面，书中保存了大量的古蒙古语词语，而现在其中有些词语已经消失，有些词语已经转义。另一方面，书中保留了不少古蒙古语特有的语法现象，现在有些也已经消失或发生了变化。这些词语和语法现象被脱卜赤颜使用和记录下来，并通过《元朝秘史》的注音和汉译得以基本准确保全原音原义，这为后人了解、研究古蒙古语提供了不可多得的第一手资料和权威参考。

经过长期广泛的、多方面的深入研究，《元朝秘史》已经成为一个国际性的学术领域，形成了专门的学科"《秘史》学"。到目前为止，《元朝秘史》的研究成果已不计其数，涉及历史、语言、文学、宗教、社会学等诸多领域。其中，文献学方面的研究开始得最早，取得的成绩较大，受关注的程度也较高。本文拟就这方面的情况进行梳理，循其主要发展脉络作一个大致的回顾。

研究一部古籍，首先离不开文献学方面的研究。文献学研究是最基础的研究，对于《元朝秘史》这样一部特殊形式的史籍，情况更是如此。如果没有扎实、到位的文献学研究，其他方面的研究就会缺少质量上必要的保证。冠以《元朝秘史》之名的这部古籍，成书已经六百多年，文献学方面的研究也已经有了不短的历史。回顾这一历史过程，笔者认为可以将其大致划为三个阶段来总结和介绍。

一　早期文献学研究

节选元代脱卜赤颜的某些部分进行加工，制成特殊形式的汉籍，其过程本身就带有研究的性质。因此，"《秘史》的研究，应当从汉字音写本开始算起"②。汉字加工本的音写规则、用字规范十分严密，照顾了蒙古

---

① 参见亦邻真《〈元朝秘史〉畏吾体蒙古文复原》一书的绪论。
② 同上。

语元音和谐律、舌尖颤音、词首清喉擦音、音节末辅音等多种特点，采取不同方式处理，选用音译汉字时兼顾词义。①旁译不只是单纯给出词义，还使用一套标示词法形式的特定用字，使原文的语法意义更加明确。②经过这样加工的汉字本，不仅便于当时的学生学习掌握蒙古语，而且在客观上为后世的研究者们提供了可信度相当高的参考依据。

明代，《元朝秘史》的影响有限，这可能与它作为教材的性质有关。除了一些简单著录外，所能见到的反映只在于个别书籍的引用中，而且多为只言片语。例如：

《大明一统志》记："不峏罕山。斡难河源出于此，昔有苍白狼遇惨白鹿于此山，生子名巴塔赤罕。后为蒙古部，即元氏之祖。迭里温孛答山。近斡难河，即元太祖铁木真生处……阔阔纳浯儿海。元太祖为诸部推戴，称帝于此。"③这些内容后来为岷峨山人《译语》直接利用。④

《万姓统谱》记："按《元朝秘史》云，元朝的人祖是天生苍色人与惨白女相配了，同渡过腾吉思水到斡难河源头不儿罕山前，生一人，名为巴塔赤罕。巴塔赤罕生塔马察。至十二世生孛端察儿，十三世生帖木真，以孛儿只斤为姓，是为元朝太祖。始太祖帖木真丙寅称帝于斡难河。"⑤

《三才图会》记："元按，《元朝秘史》云，元朝的人祖是天生苍色狼与惨白鹿相配了，同渡过腾吉思水到斡难河源头不儿罕山前，生一人，名

---

① 例如，阿不^舌剌^中浑（aburaqun），亦^舌列坤（irekün）；^舌列（re，比较：列 le）；豁^舌儿臣（horčin，比较^中豁^舌儿臣 qorčin）；以小字"勒"、"惕"、"卜"、"黑"、"克"、"尼（你）"等分别表示音节末的辅音 l, t (d), b, q, k (g), n, 等等。

② 音译与山、水、口、目等有关的蒙古语词汇时，一般会选用带有山、水、口、目等偏旁的字。例如，阿虬剌（山），沐^舌涟（河），亦咥周（吃着），兀瞻（见）等。参见陈垣《元秘史译音用字考》（初于 1934 年由中央研究院历史语言研究所雕版印行，后收入《励耘五种》，再收入《陈垣学术论文集》，中华书局 1982 年版）。

③ 《大明一统志》卷 90《鞑靼·山川》（中国国家图书馆善本部藏明万寿堂刻本，第 27 叶背面至第 28 叶正面）。

④ 薄音湖、王雄编辑点校：《明代蒙古汉籍史料汇编》第 1 辑，内蒙古大学出版社 2006 年版，第 218、219 页。

⑤ 凌迪知：《万姓统谱》卷首五"元"，《文津阁四库全书》，商务印书馆 2005 年版，第 317 册，第 266 页。

为巴塔赤罕。巴塔赤罕生塔马察,至十二世生孛端察儿,十三世生帖木真,以孛儿只斤为姓,是为元朝太祖。始太祖帖木真丙寅称帝于斡难河。"①

《万历武功录》记:"按元之先,苍色狼与惨白鹿配,度腾吉思水,至斡滩(难之讹)河源不儿罕山,生巴塔赤罕。巴塔赤罕生塔马察,至十二世曰孛端察儿,始大……也速亥生帖木真,以孛儿只斤为姓。"②

可以看出,所引用的内容主要集中在《元朝秘史》第1节,即有关成吉思汗先祖起源的部分。值得注意的是《万姓统谱》中,《元朝秘史》所述元朝的人祖被从天生"苍色的狼"和"惨白色的鹿"换成了天生"苍色人"和"惨白女"。这已经超出了简单的摘录。

进入清代,《元朝秘史》的流传和研究逐渐有所活跃。除了传抄和一般著录之外,研究成分更重的成果相继问世。

清初,孙承泽抄录《元朝秘史》十二卷本之续集两卷的总译部分,收入《元朝典故编年考》第9卷中,并写有简短的序文,指出全书"盖其本国人所编纪者",可以"补正史之所不载"。他的这番话被认为是"标志着中国乃至全世界批判地科学地评价〔《元朝秘史》〕原文的开端"③。《元朝典故编年考》后来被选入《四库全书》政书类,《四库全书总目》"《元朝典故编年考》提要"论及《元朝秘史》,虽然说其"所记大都琐屑细事,且间涉荒诞。盖亦传闻之辞,辗转失真,未足尽以为据",但还是承认"然究属元代旧文,世所罕睹","与正史颇有异同,存之亦足以资参订"。④

《四库全书》并没有收入《元朝秘史》,只是在未收书目中为其保留了阮元所写的提要。该提要说:"国语旁译,记元太祖太宗两朝事迹,最为详备……如是编所载元初世系,孛端察儿之前,尚有一十一世。太祖本

---

① 王圻:《三才图会》人物卷三《元世祖像》,《续修四库全书》,上海古籍出版社2002年版,第1232册,第499页。王圻的《稗史汇编》卷16《匈奴》(《四库全书存目丛书》,齐鲁书社1995年版,第787页)又一次提到《元朝秘史》,谓:"匈奴之国,其种有五。一种黄毛者,乃山鬼与牸牛所生……一种乃塔巴亦罕(巴塔赤罕之讹)之种。《元朝秘史》云苍色狼与白鹿交所生。二十五世生帖木真,是称大蒙古。"

② 瞿九思:《万历武功录》卷7《俺答列传上》,中华书局1962年版,第640页。

③ 参见柯立夫(F. W. Cleaves)英译本《蒙古秘史》(*The Secret History of the Mongols*,哈佛大学出版社1982年版)一书的导论。

④ 《四库全书总目》上册,中华书局1965年版,第701页。

纪述其先世仅从孛端察儿始。诸如此类，并足补正史之纰漏。虽词语俚鄙，未经修饰，然有资考证，亦读史者所不废也。"①

之后，万光泰利用一部十二卷本的总译部分，于1748年（清乾隆十三年）改编完成了《元秘史略》。在跋文中他首次使用了"节"和"总译"的术语。《元秘史略》的刊行者杨复吉写有一篇简短跋文，提到书中一些内容"若王罕之大有造于元太祖，孛儿帖之见掳于脱脱阿，沉白、忽必来等之战绩，《元史》俱不之载"，并分析其原因为"讳之乎，抑采缀有所未及也"。②

充分注意到《元朝秘史》的巨大学术价值的是钱大昕。他在《跋元秘史》中评论了该书独特的史料价值，说："元太祖创业之主也，而《[元]史》述其事迹最疏舛。惟《秘史》叙次颇得其实……论次太祖太宗两朝事迹者，其必于此书折其衷。"作为论据，文中还对照《元朝秘史》举出了一些《元史》"未详""不书""大误""颠倒复沓"等方面的实例。而在1800年成书的《元史艺文志》中，钱大昕已经怀疑《元朝秘史》即元代国史"脱必赤颜"，③成为清代学者中最先意识到这一重要问题的人。

有必要一提的是清代蒙古族学者博明对《元朝秘史》的关注。博明在《西斋偶得》、《蒙古世系谱》钞本按语中几次提到《元朝秘史》，用以考史。④ 博明的生活年代稍早于钱大昕，他于18世纪中叶曾任翰林院编修，应该有机会接触到《元朝秘史》。他很快注意到了其重要性，并用于自己的学术研究。

---

① 《四库全书总目》下册，第1859页。
② 杨复吉的《元秘史略》跋文。跋文又谓："丁未暮春假知不足斋珍藏写本，阅竟亟录之，以广见闻。"见《史料丛编》，台北广文书局1968年版，第47叶。
③ 钱大昕《补元史艺文志》记："元秘史十卷，续秘史二卷。不著撰人。记太祖初起及太宗灭金事。皆国语旁译。疑即脱必赤颜也。"对于《元朝秘史》，"旁译"为钱大昕首次提出的术语。不久后为阮元接受并使用（阮元《四库未收书目提要》）。
④ 博明《西斋偶得》卷上见有3处：（1）女直系由女真、由朱里真迭改，其本音乃朱里扯特，见《元秘史》蒙古文。(2)《元秘史》称西夏曰唐兀。(3)《元史》称帝姓奇渥温，《秘史》载孛敦察尔自为孛只止歹氏。《蒙古世系谱》钞本按语中见3处：（1）《秘史》则以巴塔赤罕为第一世。(2)《秘史》乃元时金匮石室之藏，永乐中钞入《大典》，诚珍重之。(3)谨依《元朝秘史》，以巴泰察汉为第一世。参见白·特木尔巴根《〈元朝秘史〉（十五卷本）第一卷校异》，《内蒙古师大学报》1987年第3—4期。

钱大昕之后，陆续有顾广圻、阮元、马玉堂、张穆、耿文光、莫伯骥等人撰写跋文、提要、序言等，① 同样就《元朝秘史》的版本、价值等提供信息和看法，为后人留下了不可多得的研究参考资料。

这一时期，人们在传抄《元朝秘史》的过程中虽然做过一些校勘、考证的工作，但是研究总体上还主要停留在著录、撰写序跋和提要等的阶段。

二 初步发展期文献学研究

1848 年，张穆抄自《永乐大典》十五卷本的总译部分被刻入《连筠簃丛书》。这个十五卷总译本的刊行，扩大了《元朝秘史》的流传范围，为更多的人开展研究提供了机会。文献学研究方面，首先出现了一批注释类的成果。1896 年，李文田的《元朝秘史注》出版，引起很大反响，高宝铨接着于 1902 年出版了《元秘史李注补正》，不久沈曾植完成了《元秘史补注》。后来又有陈彬龢的《元朝秘史》选注出版。② 李文田的注释具有开拓性意义，而沈曾植的考证相当精审。

也是在 19 世纪后半叶，世界上第一部外文译注本问世。1866 年，巴拉第（П. И. Кафаров）出版了根据《连筠簃丛书》十五卷总译刻本完成的《元朝秘史》俄文译注本《关于成吉思汗的古代蒙古传说》。③ 正是通

---

① 顾广圻写于《元朝秘史》顾校本的跋文，同为《四部丛刊三编》史部《元朝秘史》影印本所收，亦收入顾广圻《思适斋集》卷14。阮元的题跋见《四库未收书目提要》，收入《揅经室外集》和《四库全书总目》。马玉堂在藏本的卷首写有识语，参见白·特木尔巴根《马玉堂的〈元朝秘史〉十五卷抄本》，载《内蒙古师大学报》1989 年第 3 期。张穆的跋文，参见《连筠簃丛书》本。耿文光的题跋，参见《万卷精华楼藏书记》（北京图书馆出版社 1997 年版）。莫伯骥的题跋，收入《五十万卷楼藏书目录初编》（有 1936 年铅印本，又为商务印书馆 2005 年版《中国著名藏书家书目汇刊》第 31 册 "近代卷" 所收）。

② 李文田：《元朝秘史注》，《渐西村舍汇刻》，1896 年。李文田的注释主要是以《连筠簃丛书》所收十五卷总译本为工作本的，在他去世一年后出版。高宝铨：《元秘史李注补正》，1902 年。沈曾植：《元秘史补注》（稿本藏上海图书馆），约完成于 1905 年前后，后于 1945 年收入《敬跻堂丛书》。陈彬龢选注：《元朝秘史》，上海商务印书馆 1929 年版。

③ 巴拉第：《关于成吉思汗的古代蒙古传说》（*Старинное монгольское сказание о Чингихане*. Предисловие, Труды членов Российкой духовной миссии в Пекине, Том IV, 1866）。有人考证当时巴拉第是从何秋涛手中得到《连筠簃丛书》本的。见陈开科《巴拉第与晚清中俄关系》（上海书店出版社 2008 年版，第 16 页），所引资料出自《巴拉第及其对祖国东方学的贡献，纪念其逝世一百周年文集》[*П. И. Кафаров и его вклад в отечественное востоковедение（К столетию со дня смерти）*，Материалы конференции]，第 1 集，莫斯科，1979 年。

过他的译注本，欧洲人得以接触和认识到《元朝秘史》，并引发了欧洲学者对这一重要文献的不懈研究。巴拉第的译文和考证，都是在一个较高的起点上开始的，他利用了不少汉文资料，提到孙承泽、万光泰的相关著作，也提到了钱大昕的评论。在多达660条的注释中，他使用了《元史》《资治通鉴》《亲征录》《蒙鞑备录》《辍耕录》《蒙古源流》等汉文文献，还利用了波斯文史书《史集》的俄译本。据统计，他所参考利用的文献有"约50多种汉、西语著述，涉及正史、别史、杂史等各种史学体裁"①。在1872年购得韩泰华旧藏本后，巴拉第曾用俄文字母对其音译正文进行注音，并逐词俄译其旁译，但是没有正式出版。② 1878年，波兹德涅耶夫（А. М. Позднеев）从巴拉第手中获赠韩泰华旧藏本，③ 不久他在圣彼得堡出版了一个不完整的俄文转写译注本，包括第1—104节的内容。④

在世界的另一端，日本学者那珂通世于1907年出版了《元朝秘史》的日文译注本，题名《成吉思汗实录》⑤。这是世界上第一部《元朝秘

---

① 参见陈开科《巴拉第与晚清中俄关系》，第109页。
② 潘克福（В. Панкратов）：《元朝秘史（蒙古秘史）十五卷本》（*Юань-чао би-ши. Секретная история Монголов*, 15 *цзюаней*, Том. I，莫斯科，东方文献出版社1962年版）之《〈元朝秘史〉十五卷本前言》。据潘克福介绍，巴拉第的这个"俄文注音旁译本"后来藏于苏联科学院亚洲民族研究所列宁格勒分所东方学书库（今俄罗斯科学院东方文献研究所图书馆），藏书号 pazp I. on3，ед. kxp. 2。罗依果（Igor de Rachewiltz）《蒙古秘史，13世纪蒙古史诗编年史》（*The Secret History of the Mongols, a Mongolian Epic Chronicle of the Thirteenth Century*，莱顿—波士顿，2004年）一书的导论（1xx，lxxi），巴拉第的这个"俄文注音旁译本"后来到了波兹德涅耶夫手里，在波兹德涅耶夫1920年去世后又进入列宁格勒/圣彼得堡东方学研究所书库。伯希和（P. Pelliot）曾拥有一部打印件，后归巴黎法国国家图书馆东方手抄本部（藏书号 Fond Mongol 159）。
③ 参见潘克福《〈元朝秘史〉十五卷本》一书的前言。潘克福说："1878年，值 А. М. 波兹德涅耶夫来北京，巴拉第主教以此《元朝秘史》抄本赠之。波兹德涅耶夫遂携来彼得堡，交彼得堡大学图书馆。"
④ 波兹德涅耶夫：《〈元朝秘史〉转写还原本》（*Транскрипция палеографическаго текста Юань-чао-ми-ши*）。据报道为平版印刷，未标出版年月，伯希和认为是1880年出版的。罗依果认为是波兹德涅耶夫以自己的名义出版了巴拉第俄文注音旁译本中的一部分。符拉基米尔佐夫1924年送给伯希和一份复本，现藏巴黎法国国家图书馆东方手抄本部（藏书号 Fond Mongol 160）。参见罗依果《蒙古秘史，13世纪蒙古史诗编年史》一书的导论（1xx，ci）。蒙古国家图书馆也藏有一个复本（藏书号 M49°MOH，П471）。2005年，乌兰巴托影印出版了蒙古国家图书馆的藏本（书名同波兹德涅耶夫版，有苏米亚巴特 Б. Сумьябаатар 的序言）。
⑤ ［日］那珂通世：《成吉思汗实录》，大日本图书株式会社1907年版。

史》的全译本，是以十二卷本为底本，依音译正文而译，① 译文总体质量颇佳，注释内容丰富，考证功力较深。那珂通世还首次从蒙古语的角度确认了顾校本卷首"忙中豁仑纽察脱察安"为"蒙古秘史"的音译，从而消除了学界一个时期内流传的误解。② 那珂通世的译注本被公认为《元朝秘史》研究的巨作、日本蒙古学的奠基石。

进入20世纪，《元朝秘史》的研究"发生了一个巨大的转折：研究工作不再单纯依靠总译及其俄译文，而是直接利用蒙古语原文及其译本。《秘史》的研究蓬勃发展，很快变成了一个国际性的学术领域"③。

20世纪20年代，王国维在生命的最后两三年里潜心蒙古史料的研究，其中《元朝秘史》的研究占有重要位置。他不仅对《元朝秘史》本身进行校勘，还以其内容校注其他史料，并撰写了《元朝秘史之主因亦儿坚考》等文章。他的《元朝秘史》研究在一定程度上受到了那珂通世《成吉思汗实录》的影响。④

20世纪30年代，陈垣就《元朝秘史》展开了文献学方面的研究，他

---

① 那珂通世所用底本的祖本为顾广圻监抄本（1805年，又称顾校本），后辗转入盛昱之手。文廷式于1885年冬借得顾校本，与李文田各重抄一部。文廷式1902年又请人从自己的抄本再抄写一份，送给了内藤湖南。该本现藏日本京都大学人文科学研究所图书馆。内藤湖南得到文廷式捎来的本子后，立即雇人影写一部，送给了那珂通世。该本现藏日本筑波大学图书馆。关于《元朝秘史》的版本流传，笔者已另撰文。

② 顾校本卷首题名"元朝秘史"下方以小字写有"忙中豁仑纽察脱察安"几个字，顾广圻误以为这几个字"必是所署撰书人名衔"。后来，李文田在《元朝秘史注》卷首说："按忙豁仑，即蒙古氏也。纽察其名，或与脱察安同撰此史，或纽察乃脱察安祖父之名。"叶德辉在《元朝秘史》观古堂刻本的序言中说："卷首标题下分注二行，左为忙豁仑纽察五字，右为脱察安三字，犹存撰书人名衔。"马玉堂本卷首亦有这一蒙古语题名，识语也误以为"即注书人姓名也"。那珂通世在《成吉思汗实录》的序论中，正确地将"忙中豁仑 纽察 脱察安"解释为蒙古语"蒙古秘史"的音译，说"忙中豁仑纽察脱察安"是蒙古语 Mongqol-un ni'uča to [b] ča'an 的汉字音译，直译即"蒙古的秘密国史"。

③ 参见亦邻真《〈元朝秘史〉畏吾体蒙古文复原》一书的绪论。

④ 王国维在写于1925年的《蒙文元朝秘史跋》中，也谈到"忙中豁仑纽察脱察安"的问题，说："余谓此即《元朝秘史》之蒙古语也。"他于1925年和1926年间先后在两本叶德辉刻本上写下校勘文字（这两个本子现藏中国国家图书馆善本部），其中多处提到或引用了那珂通世《成吉思汗实录》的内容。参见乌兰（B. Ulaan）《王国维对〈元朝秘史〉的校勘》（*Wang Guowei's Collation of The Secret History of the Mongols*），载《古代蒙古人，其语言、文化和历史——罗依果先生八十寿辰纪念论文集》（*The Early Mongols. Language, Culture and History, studies in honor of Igor de Rachewiltz on the occasion of his 80th birthday*），印第安纳大学出版社2009年版。

在校勘原文上花费了不少时间和精力，先后两次托人从上海代借顾校本，① 又致力于《元朝秘史》译音用字和版本的分析、考证，发表了影响学界的力作《元朝秘史译音用字考》，相关的研究成果近期得以整理公布。②

20世纪40年代，集中出现了一批《元朝秘史》的译注本。底本都选择了带有音译正文的本子，依据音译正文进行翻译。这些译注本包括：海涅士（E. Haenisch）的德文译注本《蒙古秘史，1240年写于客鲁涟河阔迭额岛的一件蒙古文稿》③、柯津（С. А. Козин）的俄文译注本《秘密故事，1240年蒙古编年史，原名蒙古秘史·元朝秘史》④、小林高四郎的日文译注本《蒙古秘史》⑤、伯希和（P. Pelliot）的法文译注本《〈元朝秘史〉卷1—6转写法译本》⑥、帖木儿（A. Temur）的土耳其文译注本《蒙

---

① 据傅增湘写给张元济的信函，陈垣借顾校本之事发生在1931年。傅增湘在1931年三月一日（4月18日）写给张元济的信中说："钞本《元秘史》计已检出。陈援庵急盼一阅也。"张元济四月二十五日（6月10日）回信说："景元钞《元秘史》六册，又照片三叶，亦托敝友带去。"傅增湘五月八日（6月23日）回信提到"《元秘史》已照收"。1932年四月二十九日（6月3日）张元济去信说："前假去《元秘史》等书，如已用毕，乞寄还。"傅增湘五月八日（6月11日）回信告知"写本《元秘史》已索回"，七月一日（8月2日）再告："《元秘史》奉还。交伯恒带上。"两年后，傅增湘于1934年嘉平十日（1月24日）再次为陈垣请借《元秘史》，说陈援庵"拟求再借重校一过"，"乞公概允"。张元济二月二十四日（4月7日）回复："前陈垣翁假阅《元秘史》，现已照出，即日可将印出毛样寄去。"傅增湘不久告知："《元秘史》样本蒙颁下。亦交陈援安校长矣。"见《张元济傅增湘论书尺牍》，商务印书馆1983年版。

② 2009年由安徽大学出版社出版的《陈垣全集》，收入了其后人整理完成的陈垣遗稿《元秘史音译类纂》（第11、12册）、《元秘史校记》（第12册）。前者为《元朝秘史》音译正文词汇的分类排列，后者为《元朝秘史》的校勘记。校勘记发现并纠正了原文中的不少讹误。底本应该用的是叶德辉刻本，校记中提到的校本有"大库抄本"（即永乐二年总译抄本）、"俄本"（即韩泰华旧藏本之照片本）、"大典本"（当指连筠簃丛书本）、"顾校"（即顾校本）、"椠本"（即洪武刻本残叶）等。

③ 海涅士：《蒙古秘史，1240年写于客鲁涟河阔迭额岛的一件蒙古文稿》（Die Geheime Geschichte der Mongolen: Aus einer mongolischen Niederschrift des Jahres 1240 von der Insel Kode'e im Kerulen-Fluß erstmälig übersetzt und erläutert），莱比锡，1941年。

④ 柯津：《秘密故事，1240年蒙古编年史，原名蒙古秘史·元朝秘史》（Сокровенное сказание. Монгольская хроника 1240г. под названием Mongγol-un niγuča tobčiyan. Юань Чао Би Ши.），莫斯科—列宁格勒，1941年。

⑤ 小林高四郎：《蒙古秘史》，东京，1941年。

⑥ 伯希和：《〈元朝秘史〉卷1—6转写法译本》（Histoire secrète des Mongols, restitution du texte Mongol et traduction française des chapitres I à VI），巴黎，1949年。

古秘史（1240）》①。

到 20 世纪 70 年代，又相继出了不同文种的不少译（注）本。如：谢再善的两种汉译本《蒙古秘史》②、普哈（P. Poucha）的捷克文译本《作为史料和古典文学名著的〈蒙古秘史〉》③、孙维贵（Sun Wei-kwei）的总译英译本《蒙古朝秘史》④、姚从吾和札奇斯钦的汉文《汉字蒙音〈蒙古秘史〉新译并注释》、李盖提（L. Ligeti）匈牙利文译注本《蒙古秘史》、岩村忍的日译本《元朝秘史，成吉思汗实录》⑤、鲍国义的英文译注本《〈蒙古秘史〉研究》⑥、卡鲁津斯基（S. Kałuzyński）的波兰文译注本《蒙古秘史》⑦、村上正二的日文译注本《蒙古秘史，成吉思汗故事》⑧、罗依果的英文译注《蒙古秘史》⑨、道润梯步的汉文本《新译简注〈蒙古秘史〉》⑩、札奇斯钦的汉文本《蒙古秘史新译并注释》⑪、马嘎维亚（C. Maf‐ауия）的哈萨克文译本《蒙古秘史》⑫ 等。

从海涅士开始，不少人的译注本都附有原文转写。1942 年，白鸟库

---

① 帖木儿：《蒙古秘史（1240）》第 1 卷［Moğolların gizli tarihi（Yazılışı 1240），I. Tercüme］，安卡拉，1948 年。
② 谢再善：《蒙古秘史》，《开明文史丛刊》，北京，1951 年（据叶德辉本）；《蒙古秘史》，中华书局 1956 年版（据达木丁苏隆现代蒙古语编译本）。
③ 普哈：《作为史料和古典文学名著的〈蒙古秘史〉》（Tajná Kronika Mongolů, Statní nakladatelství krásné líteratury, hudby a umění），布拉格，1955 年。
④ 孙维贵：《蒙古朝秘史（元朝秘史）》［The Secret History of the Mongol Dynasty（Yüan-chao-pi-shih）］，阿利加尔穆斯林大学，1957 年。专名的转写存在一些问题，漏译了第 278 节。
⑤ 岩村忍：《元朝秘史，成吉思汗实录》，东京，1963 年。
⑥ 鲍国义：《〈蒙古秘史〉研究》（Studies on The Secret History of the Mongols），第 9 卷，《乌拉尔—阿尔泰研究》（UAS）58，布鲁明顿—海牙，1965 年。
⑦ 卡鲁津斯基：《蒙古秘史，13 世纪蒙古编年史》（Tajna historia Mongołow, Anonimova kronika mongolska z XIII w.），华沙，1970 年。2005 年再版。
⑧ 村上正二：《蒙古秘史，成吉思汗故事》，3 册，东京，1970—1976 年。
⑨ 罗依果：《蒙古秘史》（The Secret History of the Mongols），载《远东历史研究》（Papers on Far Eastern History），堪培拉，1971—1985 年。
⑩ 道润梯步：《新译简注〈蒙古秘史〉》，内蒙古人民出版社 1979 年版。
⑪ 札奇斯钦：《〈蒙古秘史〉新译并注释》，台北联经出版事业公司 1979 年版。
⑫ 马嘎维亚：《蒙古秘史》（Монголын купия шежіресі），乌列盖，1979 年。据达木丁苏隆现代蒙古语编译本 1957 年第 2 版。1998 年、2002 年先后在阿拉木图、乌兰巴托出版了两版。

吉出版了专门的音写本《音译蒙文元朝秘史》,[①] 弥补了日本方面那珂通世译注本未附原文转写的不足,也较海涅士、柯津二人的转写更得蒙古语的要领。伯希和的拉丁音写,开创了一个新的译写模式,后来李盖提的音写本[②]和罗依果的音写索引本[③]基本遵循了伯希和的拉丁音写模式,具体规则上有所改进,也为目前学术界所总体接受。

在这一时期,蒙古人进入到研究中来,所做的工作主要是用蒙古文重新翻译或转写《元朝秘史》。最早的蒙古文转写翻译本出现于 1917 年,是由呼伦贝尔人成德公（Čengde güng）根据叶德辉刻本完成的。[④] 1939 年,呼伦贝尔人都嘎尔扎布（Q. Duγarjab）与服部四郎合作出版了《元朝秘史》第一卷的蒙古文还原文。[⑤] 20 世纪 40 年代初,克西格巴图（Kešigbatu）、布和贺西格（Bökekešig）、金永昌（Altanwčir）等人也分别出版了蒙古文编译本。[⑥] 1947 年,达木丁苏隆（C. Damdinsürüng）出版了现代蒙古语编译本。[⑦] 成德公的蒙古文转写翻译本没能及时得到出版,其他几种在内蒙古发行的译本水平和影响也有限。这些蒙古文译本中,达木丁苏隆今译本的文字最好,在蒙古人民共和国和内蒙古地区曾广为流传,

---

① 白鸟库吉：《音译蒙文元朝秘史》,《东洋文库丛刊》第 8,东京,1942 年。以叶氏观古堂刻本为底本,在音译正文的行右逐词标记转写文字,还对原文进行了一些加工,多有改正、补充之处。

② 李盖提：《蒙古秘史》（*A mongolok titkos története*）,布达佩斯,1964 年。

③ 罗依果：《蒙古秘史索引》（*Index to the Secret History of the Mongols*）,布鲁明顿,1972 年。

④ 题名 Yuan Ulus-un Niγuča Teüike。书稿藏俄罗斯科学院东方文献研究所图书馆,藏书号 G79。该书稿包括正文之蒙古文转写和总译之译文,据译者自序,"译写"花费一年多时间,完成于 1917 年,抄写者为策伯克苏隆（Cebegsürün）,底本为扎姆察拉诺（Ц. Жамцарано）得自汉地的一个十二卷本。译本中有叶德辉的序文,可知底本为叶德辉刻本。蒙古国家图书馆藏有总译译文的一份抄本,藏书号 Ю141, 9（517, 3 + 51）。1997 年,成德公之女寒达苏隆（Ц. Хандсүрэн）在乌兰巴托出版了东方文献研究所图书馆藏本的影印本,题名《成德公与〈蒙古秘史〉》（*Цэнд Гүн ба Монголын Нууц Товчоо*）

⑤ 服部四郎、都嘎尔扎布编：《蒙文元朝秘史》,卷一,东京,1939 年。

⑥ 克西格巴图：《蒙文元朝秘史》上卷（*Mongγol Utq-a-yin Yuan Ulus-un Niγuča Tobčiyan*, degedü bölög）,蒙文研究会（Mongγol-un Utq-a Soyol-i Naribčilan Niγtalaqu Qoyiy-a）,张家口,1940 年。为第 1 至 5 卷的编译文,他次年又出版了全本的《元朝秘史》（*Kešigbatu-yin Orčiγuluγsan Yuan Ulus-un Niγuča Tobčiya*）,蒙文研究会,厚和浩特,1941 年。布和贺西格：《蒙古秘史》（*Mongγol-un Niγuča Tuγuji*）,蒙文学会（Mongγol Utq-a-yin Surγal-un Qural）,开鲁,1941 年；金永昌：《蒙古秘史》（*Altanwčir-un Orčiγuluγsan Mongγol-un Niγuča Tobčiya*）,张家口,1941 年。

⑦ 达木丁苏隆：《蒙古秘史》（*Mongγol-un Niγuča Tobčiyan*）,内蒙古日报社 1948 年、内蒙古人民出版社 1956 年曾先后翻印。

为在蒙古人中间普及《元朝秘史》作出了贡献。

对于《元朝秘史》解题性的研究，在20世纪50年代曾出现一次小的高潮。1951年，洪煨莲（William Hung）发表《〈蒙古秘史〉源流考》①一文，补充利用了大量相关的资料，就《元朝秘史》诸版本及其相互关系、与元代脱卜赤颜的关系以及版本流传等问题进行了梳理、考证。1954年，小林高四郎出版了《〈元朝秘史〉研究》②一书，就《元朝秘史》的研究史、《元朝秘史》的成书时间、作者、书名以及与"脱卜赤颜"等文献的关系等方面展开了讨论。1955年，植村清二发表《〈元朝秘史〉小记》③一文，就《元朝秘史》成书时间和作者的问题作了进一步的考证和推测。他们的研究成果推动了相关领域的研究，也受到了学界广泛的关注。

尽管这一阶段的研究进展较快，一些研究成果的学术水平也已达到了相当的高度，然而一个不容忽视的事实也确实存在，即研究的某些方面显得后劲不足，研究的整体水平进展不够明显。

三 成熟发展期文献学研究

20世纪80年代以来，《元朝秘史》的研究呈现出新的特点。从总体上说，研究者的学术素质进一步提高，研究更加遵循学术规范，研究在某些方面不断深入，反映出学界的成熟发展。

1980年，额尔登泰（Eldengtei）及其合作者们的《〈蒙古秘史〉词汇选释》《〈蒙古秘史〉校勘本》相继出版，④《元朝秘史》的研究随之更加活跃起来。《〈蒙古秘史〉校勘本》为研究者们更加准确地利用蒙古语原文提供了很大的便利；而《〈蒙古秘史〉词汇选释》为研究者们解读疑难词语提供了进一步的参考。其后的研究多从这两部书中汲取营养，带动总

---

① 洪煨莲：《〈蒙古秘史〉源流考》（The Transmission of the Book Known as The Secret History of the Mongols），载《哈佛亚洲杂志》（HJAS）14，1951年。
② 小林高四郎：《〈元朝秘史〉研究》，东京，1954年。
③ 植村清二：《〈元朝秘史〉小记》，载《东方学》第10卷，1955年。
④ 额尔登泰、乌云达赉（Oyundalai）、阿萨拉图（Asaraltu）：《〈蒙古秘史〉词汇选释》，内蒙古人民出版社1980年版；额尔登泰、乌云达赉：《〈蒙古秘史〉校勘本》，内蒙古人民出版社1980年版。

体水平有了显著提高。

从真正学术意义上讲，由于《元朝秘史》所据原文即元代脱卜赤颜已不可得，学界需要一部畏吾体蒙古文的还原本。小泽重男于1984年至1989年间陆续出版的6册《〈元朝秘史〉全释》中，除原文拉丁转写、日文译注等内容外，还附有畏吾体蒙古文的还原。1987年，亦邻真的《〈元朝秘史〉畏吾体蒙古文复原》出版，将《元朝秘史》的研究提高到了一个新的水平。

原文音写方面，巴雅尔于1981年出版了题名为《蒙古秘史》的书，在重新抄写的音译正文（带旁译）右侧附有转写，但使用的是国际音标。苏米亚巴特（Б. Сумьяабаатар）于1990年出版了题名为《元朝秘史，蒙古秘史转写》的书，在重新排印的音译正文（带旁译）左侧附有拉丁转写。① 栗林均、确精扎布（Coijingjab）于2001年出版了《〈元朝秘史〉蒙古语全单词·词尾索引》，② 收有《元朝秘史》之《四部丛刊》三编本的影印件（在偶数页）、拉丁转写（在奇数页）、单词和词尾索引。这是目前最方便使用的版本。2005年，苏米亚巴特等人出版了老蒙古文的转写本《〈蒙古秘史〉首部蒙古文转写本》。③ 另外，斯垂特（J. C. Street）于1997年完成了拉丁转写，但是未正式出版。④

译文方面，陆续出版了不少新的译注本。现就掌握的信息，按出版年份的顺序介绍主要成果如下：

1973年，奥尔苏费耶娃（M. Olsufieva）的意大利文译注本。⑤

1982年，柯立夫的英译本。⑥ 其译文更具学术性，可信度高，这得益

---

① 苏米亚巴特（Б. Сумьяабаатар）：《元朝秘史，蒙古秘史转写》（元朝秘史，*Mongγol-un Niγuča Tobčiyan*，Үсгийн галиг），乌兰巴托，1990年。以白鸟库吉《音译蒙文元朝秘史》中的原文为底本。

② 栗林均、确精扎布：《〈元朝秘史〉蒙古语全单词·词尾索引》，日本东北大学东北亚研究中心，2001年。

③ 苏米亚巴特、崔起镐（Чой Гихо）：《〈蒙古秘史〉首部蒙古文转写本》（*Монголын нууц товчооны Монгол Үсгийн анхны галиг*），乌兰巴托，2005年。

④ 斯垂特：《蒙古秘史，原文转写》（*The Secret History of the Mongols*，*text in transcription*，draft of 24 March 1997，diskette）。据罗依果（《蒙古秘史，13世纪蒙古史诗编年史》导论，ciii）透露，人们可从转写者获得载有转写文的光盘。

⑤ 奥尔苏费耶娃：《蒙古秘史》（*Storia segreta dei mongli*），米兰，1973年，依据柯津俄译本。

⑥ 柯立夫的译稿完成于1956年，由于一些客观原因延迟到1982年才得以出版。参见罗依果《蒙古秘史，13世纪蒙古史诗编年史》一书的导论（cv-cvi）。

于译者在古蒙古文文献和蒙古史语文学方面的造诣。

1984 年，卡恩（P. Kahn）的英译本。①

从 1984 年起的五年间，小泽重男的《〈元朝秘史〉全释》陆续出齐，②引起学界很大震动，被誉为"浩大的工程，可以说是《秘史》研究史中的一座碑石"。③

1985 年，阿尔瓦列思（José Manuel Álvarez Flóres）的西班牙文译本。④

1989 年，陶伯（M. Taube）的德译本。⑤ 其译文质量尚佳，较具可读性。

1990 年，鄂嫩（U. Onon）首次出版了自己的英译本，1993 年和 2001 年分别出版了修订本。⑥

1991 年，费多托夫（A. Fedotov）的保加利亚文译本。⑦

1992 年，瓦里别克（T. Wali bek）等人的哈萨克文译本。⑧

1994 年，柳元秀（Yu Won-su）的韩文译注本，2004 年又出版了修订本。⑨

1994 年，埃文、鲍伯（M. -D. Even，R. Pop）的法文译注本。⑩

---

① 卡恩：《蒙古秘史，成吉思汗的起源》（*The Secret History of the Mongols. The Origin of Chinghis Khan. A Adaptation of the Yuan Ch'ao Pi Shih*），旧金山，1984 年。主要依据柯立夫的译文改编，但是缺少一些节的内容。

② 小泽重男：《元朝秘史全释》，6 册，东京，1984—1989 年。

③ 参见亦邻真《〈元朝秘史〉畏吾体蒙古文复原》一书的绪论。

④ 阿尔瓦列思：《蒙古秘史》（*El Libro Secreto de Mongoles*），巴塞罗纳，1985 年。依据柯立夫的英译本。

⑤ 陶伯：《蒙古秘史，成吉思汗的起源、生活和兴起》（*Geheime Geschichte der Mongolen. Herkunft，Leben und Aufstieg Cinggis Qans*），莱比锡—魏玛，1989 年。

⑥ 鄂嫩：《成吉思汗的历史和生平（蒙古秘史）》［*The History and the Life of Chinggis Khan (The Secret History of the Mongols)*］，莱顿，1990 年；《成吉思汗，蒙古的黄金史》（*Chinggis Khan. The Golden History of the Mongols*，revised by S. Bradbury），伦敦，1993 年；《蒙古秘史，成吉思汗的生平和时代》（*The Secret History of the Mongols，the Life and Times of Chinggis Khan*），萨里，2001 年。

⑦ 费多托夫：《蒙古秘史》（*Тайната История на Монголите*），索非亚，1991 年。

⑧ 瓦里别克等：《蒙古秘史》（*Moŋyoldïŋ qupiya šejiresi*），民族出版社 1992 年版。

⑨ 柳元秀：《蒙古秘史》（*Monggol Pisa*），首尔，1994 年；《蒙古秘史，元朝秘史》（*Monggol Pisa*，元朝秘史），首尔，2004 年。

⑩ 埃文、鲍伯：《蒙古秘史，13 世纪蒙古编年史》（*Histoire secrète des Mongols. Chronique mongole du XIIIe siècle*），巴黎，1994 年。

1997 年，崔起镐（Cui Gi-ho）等人的韩文译注本（第 1 卷）。[①]

2000 年，拉米列思（L. Ramírez Bellerín）的西班牙文总译译本。[②]

2001 年，余大钧的汉文译注本。[③]

2004 年，罗依果的英文译注本。[④]

2004 年，特木尔楚伦（G. Tumurchulun）分别在哈瓦那和乌兰巴托出版了西班牙文译本[⑤]。

2005 年，阿尔达扎布（Ardajab）的汉文译注本。[⑥]

2006 年，道尔基高陶布（N. Dorjgotov）等人的英译本[⑦]。

2006 年，朴元吉（Pak Won-gil）等人的韩文全译本。[⑧]

此外，还应该特别提到田清波（A. Mostaert）在《元朝秘史》译注方面所作出的重要贡献。他的法文版《关于〈蒙古秘史〉的若干片段》一书，虽然不是对整个原书的译注，但却选择了不少疑难词汇和旁译缺失词汇进行了译注。他学识渊博，尤其精通蒙元史语文学，具备该领域研究的丰富经验，因此他的译注处于一个很高的起点，为学界所重视。[⑨]

[①] 崔起镐、南相根（Nam Sang-gin）、朴元吉（Pak Won-gil）：《蒙古秘史》（Monggol Pisa）（一），首尔，1997 年。对第 1—103 节的原文进行了译注。

[②] 拉米列思：《蒙古秘史，元朝秘史》（Historia secreta de los Mongoles, Yuan chao bi shi, Mongγol-un niγuča tobčiyan），马德里，2000 年。

[③] 余大钧：《蒙古秘史》，河北人民出版社 2001 年版。

[④] 罗依果：《蒙古秘史，13 世纪蒙古史诗编年史》（The Secret History of the Mongols, a Mongolian Epic Chronicle of the Thirteenth Century），莱顿—波士顿，2004 年。

[⑤] 特木尔楚伦：《成吉思汗，蒙古秘史》（Gengis Khan. Historia Secreta de los Mongoles），哈瓦那、乌兰巴托，2004 年。

[⑥] 阿尔达扎布：《新译集注〈蒙古秘史〉》，内蒙古大学出版社 2005 年版。

[⑦] 道尔基高陶布、额仁道：《蒙古秘史》（The Secret History of the Mongols），乌兰巴托，2006 年。

[⑧] 朴元吉、金沂宣（Kim Gi-son）、崔亨源（Cui Hiong-won）：《蒙古秘史综合研究》（Comprehensive Study of the Secret History of the Mongols），首尔，2006 年。全译本。

[⑨] 田清波：《关于〈蒙古秘史〉的若干片段》（Sur quelques passages de L'Histoire secrète des Mongols），哈佛燕京学社，1953 年。自 1949 年至 1952 年，田清波连续发表了几篇关于《元朝秘史》的文章，进行词汇解释并讨论相关的问题。1953 年，哈佛燕京学社将其系列论文汇总成册出版。全书包括对《元朝秘史》63 处原文（涉及 148 个节）所做的词解、研究，脚注达 254 个之多。2010 年，"田清波蒙古学中心"在乌兰巴托出版了该书的基里尔蒙古文译本（Антоон Мостаэрт, Монголын Нууц Товчооны Зарим Кэсгийн Тухай）。

在蒙古文、蒙古语转译或还原方面，也出现了一批成果。按出版年份排序，依次有：

1984 年，都嘎尔扎布（Duɣarjab）的《〈蒙古秘史〉校勘本》。[①]

1985 年，满仓（Mansang）的现代蒙古语还原本。[②]

1986 年，阿尔达扎布的现代蒙古语还原本。[③]

1987 年，道尔瓦（K. Dorba）的托忒文现代蒙古语还原本。[④]

1990 年，嘎丹巴（Š. Gaadamba）的老蒙古文还原本。[⑤]

1990 年，纳木济洛夫（Č.-R. Namžilov）的布里亚特蒙古文转译本。[⑥]

1990 年，达尔瓦耶夫、齐米托夫（П. А. Дарваев，Г. Г. Чимитов）的卡尔梅克语等语言的译本。[⑦]

1993 年，策仁索德诺姆（D. Cerensodnam）的现代蒙古语译注本。[⑧]

2002 年，双福（Šongqor）的畏吾体蒙古文还原本。[⑨]

2003 年，毕捷克、恩克达赉（К. Д. Бижек，Б. Энхдалай）的图瓦语译本。[⑩]

[①] 花赛·都嘎尔扎布：《〈蒙古秘史〉校勘本》（Mongɣol-un Niɣuča Tobčiyan-u Qarɣuɣulun Kinaysan Debter），内蒙古文化出版社 1984 年版。实为现代蒙古语译本，以额尔登泰等人的《〈蒙古秘史〉校勘本》为底本。2009 年，他又出版了第 2 版。

[②] 满仓：《新译注蒙古秘史》（Šine-ber orčiɣulju tailburilaɣsan Mongɣol-un Niɣuča Tobčiyan），内蒙古人民出版社 1985 年版。

[③] 阿尔达扎布：《〈蒙古秘史〉还原注释》（Mongɣol-un Niɣuča Tobčiyan—seiregülül tailburi），内蒙古教育出版社 1986 年版。以额尔登泰等人的《〈蒙古秘史〉校勘本》为底本。

[④] 道尔瓦：《蒙古秘史，成吉思汗传》（Mongɣol-in nuuca tobziyan –Činggis xāni šaštar），乌鲁木齐，1987 年。

[⑤] 嘎丹巴：《蒙古秘史》（Mongɣol-un Niɣuča Tobčiyan），乌兰巴托，1990 年。原文还原部分，按《元朝秘史》分行形式逐行还原；注释部分（包含 691 条注释），使用基里尔蒙古文。

[⑥] 纳木济洛夫：《蒙古秘史》（Монголой нюса товшо），乌兰乌德，1990 年。

[⑦] 达尔瓦耶夫、齐米托夫：《蒙古秘史，1240 年蒙古编年史》（Сокровенное Сказание Монголов. Анонимная монгольская хроника 1240 года，Монголуннигуча тобчиян，юань чао би ши），埃里斯塔，1990 年。先列拉丁转写，另有卡尔梅克语译文、俄译文、布里亚特蒙古语译文。

[⑧] 策仁索德诺姆：《〈蒙古秘史〉译注》（Mongɣol-un Niɣuča Tobčiyan-u Orčiɣulɣ-a Tailburi），民族出版社 1993 年版。译文后附 707 条注释。作者为蒙古国学者，2000 年在乌兰巴托出版了基里尔蒙古文版《蒙古秘史》（Монголын нууц товчоо）。

[⑨] 双福：《〈蒙古秘史〉还原及研究》（Mongɣol-un Niɣuča Tobčiyan-u Sergügelte），内蒙古人民出版社 2002 年版。

[⑩] 毕捷克、恩克达赉：《蒙古秘史》（Моолдун Чажыт төөгүзү），新西伯利亚，2003 年。依据达木丁苏隆现代蒙古语编译本。

2006 年，乔玛（Ш. Чоймаа）的现代蒙古语译注本。①

2006 年，普尔布道尔基（Д. Пуревдорж）的现代蒙古语译注本②。

在文献学解题方面，专著有 1996 年出版的甄金（Jinggin）《〈蒙古秘史〉学概论》③，2004 年出版的白·特木尔巴根（B. Temürbaγana）《〈蒙古秘史〉文献版本研究》④。而柯立夫的英译本《蒙古秘史》导论、亦邻真的《〈元朝秘史〉畏吾体蒙古文复原》绪论《〈元朝秘史〉及其复原》、罗依果的《蒙古秘史，13 世纪蒙古的史诗编年史》导论等，也都专门谈到了围绕《元朝秘史》文献学诸方面的问题。在前人基础上的这些研究，某些方面取得了更深的进展，使一些相关问题逐步得以清晰。

经过多少代学者们的不懈努力，《元朝秘史》文献学方面的研究已经取得了很大的进展，涌现出不少优秀的成果，而额尔登泰等人的《〈蒙古秘史〉校勘本》、亦邻真的《〈蒙古秘史〉畏吾体蒙古文还原》、栗林均等人的《〈元朝秘史〉蒙古语全单词·词尾索引》、小泽重男的《〈元朝秘史〉全释》、罗依果的《蒙古秘史，13 世纪的蒙古史诗编年史》、阿尔达扎布的《新译集注〈蒙古秘史〉》等，代表了原文校勘、原文还原、拉丁转写、译注、文献学解题等方面研究的最新水平。

学问是无止境的。相信围绕《元朝秘史》文献学方面的研究还会继续深入，不断出现新的成果，促进研究的全面发展。

（原载《薪火相传——史金波先生 70 寿辰西夏学国际学术研讨会论文集》，中国社会科学出版社 2012 年版）

---

① 乔玛：《蒙古秘史》（*Монголын нууц товчоо*），乌兰巴托，2006 年。

② 普尔布道尔基：《〈蒙古秘史〉新译注》（*Монголын нууц товчооны шинэ орчуулга тайлбар*），乌兰巴托，2006 年。

③ 甄金：《蒙古秘史学概论》，内蒙古教育出版社 1996 年版。

④ 白·特木尔巴根：《〈蒙古秘史〉文献版本研究》（*Mongγol-un Niγuča Tobčiyan-u Surbulji Bičig Bar Keblel-ün Sudulul*），内蒙古教育出版社 2004 年版。

《〈蒙古源流〉研究》导论

《蒙古源流》（以下简称《源流》）是蒙古人重要的史书之一，问世于结束蒙古文化"黑暗时期"的17世纪。书中有关明代蒙古的大量记述，是研究明代蒙古史的重要史料。书中有关蒙古汗系祖源以及蒙元时期蒙古史的记述，反映了17世纪蒙古人历史观方面的变化。这部史书，在蒙古人中广为传播，各地传抄不绝。

《源流》究竟是怎样一部书？它是在什么样的历史背景下产生的？它所记载的内容主要有些什么？价值究竟如何？版本流传和后人研究的情况又怎样？这些都是值得关注的问题。

历史背景

《源流》成书于17世纪后半叶。17世纪在蒙古历史和蒙古史学发展史上都是一个非常重要的特殊时期。自16世纪末起，曾经因答言（达延）汗的崛起而重振的蒙古政局再度走向衰落，至17世纪30年代，大汗的直属部落及漠南蒙古诸部都落入清王朝统治之下。汗统断绝，外喀尔喀、卫拉特诸部亦处于被兼并的危境之中。从17世纪初起，《俺答汗传》、《黄金史纲》、罗桑丹津《黄金史》、《黄史》、《源流》、《阿萨剌黑齐史》等蒙古人自己创作的史书相继问世，形成了自13世纪《元朝秘史》成书以来蒙古史学发展史上的第二个高峰。这批蒙古史书集中出现于17世纪，且多产生在蒙古漠南鄂尔多斯、土默特地区，不是一种偶然现象，而是由多方面因素促成的必然结果。

社会的稳定——史书创作的政治条件 1368年，元王朝被朱元璋建立的明王朝所取代。元朝最高统治者北归蒙古草原后，一方面，在元明鼎革之际，蒙明战争尚未见分晓的时候，蒙古汗室又卷入了异系、异姓权臣们争夺汗权的内乱漩涡中。先是阿里不哥后裔与忽必烈后裔争权，也速迭儿乘脱古思帖木儿汗被明军打败之机，弑君篡位。后来是蒙古本部与别部瓦剌异姓贵族为争夺全蒙古的统治权进行了长期的斗争，瓦剌首领也先还一度登上大汗的宝座，杀元裔几尽。也先死后，孛来、毛里孩等强部首领崛起，满都鲁即位之后，权臣秉政，阿罗出、孛罗忽、乩加思兰、亦思马因钩心斗角，互相诛杀，蒙古草原扰无宁日。到15世纪80年代，答言汗即位，开始逐步统一蒙古。他打败了瓦剌，消除了来自别部的威胁，诛杀了权臣亦思马因，把政权真正掌握在大汗手中，征服右翼诸部，扫平了割据势力，又将诸子分封于各部之中，将蒙古本部各部收归自己及子嗣的统治之下，使蒙古社会出现了相对稳定发展的状态。这种局面一直持续到17世纪前半叶林丹汗败亡前后。另一方面，蒙古与明朝间的战争自明初以来长年不断。先是蒙古为反攻中原，明朝为肃清"残元"而展开了激烈的争战。经过多年的较量，蒙古的主力受到重创，元气大伤，明朝也付出了巨大的代价。双方无力大战，形成蒙、明对峙的局面。明朝的边防逐渐收缩，至15世纪中叶"土木之变"后，明朝的防线基本上稳定在西起嘉峪关，东到山海关的长城一线，九边之外的河套、丰州、开平、大宁及其以北地区成为蒙古稳定的驻牧区。明初以来出现的蒙明势力范围的拉锯状态基本结束，地域界限趋于稳定。蒙明之间在边境上的摩擦虽然经常发生，但总体上说来，蒙古深入明境的时候多，明军深入蒙古的时候少。来自明朝方面的攻击日渐减少乃至消除，也成为蒙古地区由动荡转为安定的原因之一。也就是说，自16世纪初以来，蒙古社会的政治形势出现了好的转机，内忧外患大幅度减少，人民生活趋于安定，社会开始走上正常发展的道路。

  稳定的社会环境，为史书的创作准备了必要的条件。在以往的百余年间，蒙古社会外扰内乱不断，统治者尚不能时时安享太平，人民更是饱尝战争之苦。人的基本生存、生活的物质条件都缺乏保障，还非常艰难，史书等精神产品的创作就更无从谈起了。动荡、混乱的社会环境不仅影响了新的文化产品的产生，而且还使珍贵的历史文化遗产遭受到空前惨重的损失。据明朝方面的报道，仅在明初，蒙古就在战争中损失了不少图籍①。我们现在看不到在蒙古地区保存下来的 16 世纪中叶以前的任何一部明代蒙古文化作品，就足以证明这一点。尽管蒙古人的文化传统在明初以来的约二百年间没有完全丢弃，蒙古文字仍然一直在传习使用，但毕竟缺乏一个安定的局面，无法大量出现书面作品。有学者把元末至 16 世纪后半叶的时期称为蒙古历史上的"黑暗时期"，说这一时期蒙古人的文化倒退了②。答言汗恢复大汗的权威，预示着这一黑暗时期的结束，蒙古的文化复兴开始见到了曙光。

阿儿秃斯（鄂尔多斯）、土蛮（土默特）两部原为异姓封建主满都来、火筛控制的强部，后被答言汗收服，在答言汗重新组建蒙古本部时，仍被编入右翼，成为右翼三万户的两个万户。这两部的新统治者的系统都出自答言汗的第三子巴儿思孛罗。巴儿思孛罗是答言汗统一各部后所封的第一任吉囊（受封时间约在 1510 年），他的直辖部即为阿儿秃斯万户。他的吉囊之号和阿儿秃斯万户的首领之位由其长子衮·必里克一系继承；他的次子俺答一系为土蛮万户的首领。巴儿思孛罗与衮·必里克、俺答父子三人都是精明强干、足智多谋的政治家，他们凭借属部较好的实力基础和封地较好的自然条件，在很短的时间内将阿儿秃斯和土蛮部发展成为蒙古诸部中势力最强的两大部落，政治声望一时超过了大汗的直辖部——左翼的察罕儿（察哈尔）万户。尤其是俺答汗在衮·必里克吉囊中年去世之后雄长诸部，成为右翼实际上的领袖。在俺答汗控制时期，蒙古右翼部

---

① 《明太祖实录》洪武三年五月辛丑条："……左副将军李文忠师趋应昌……明日克之，获元主嫡孙买的里八剌并妃宫人暨诸王省院达官士卒等，并获宋之玉玺金宝一十五、宣和殿玉图书一、玉册二……"洪武二十一年四月丙辰条："黎明至捕鱼儿海南饮马，侦知房主营在海东北八十余里。［蓝］玉以［王］弼为前锋，直薄其营……忽大军至……房主脱古思帖木儿与其太子天保奴、知院捏怯来、丞相失烈门等数十骑遁去……获其次子地保奴……得宝玺图书牌面一百四十九、宣敕照会三千三百九十道……"洪武二十五年八月庚申条："总兵官都指挥使周兴遣人送所俘胡兵至京。先是兴率师至……安达纳哈出之地，见车马迹，遂追至兀者河，得空车百余辆，将还，适永平卫百户汪广报言哨遇胡兵……胡兵弃辎重溃去。兴乃遣燕山左护卫指挥谢礼率轻骑疾追之，至彻彻儿山，又大败之，生擒五百余人，获马驼牛羊及银印图书、银字鍮牌等物，悉送京师。"

② 符拉基米尔佐夫（Б. Я. Владимирцов）《蒙古书面语与喀尔喀方言比较语法》："蒙古书面语发展的第二阶段一直延续到 16 世纪的末叶，其中经历了蒙古史上的黑暗时期（从 14 世纪末起，即从元朝灭亡直至 16 世纪后半叶）。这时，蒙古人在文化方面倒退了……"（汉译本第 23 页）比拉（Ш. Бира）《蒙古史学史》（莫斯科，1978 年）："至今尚未发现一部成书于蒙古'黑暗时代'——14 世纪末至 16 世纪末的完整史著……"（汉译本，第 138 页）

落政治上很大的一件事就是处理与明朝的关系。为了获得生产、生活所需的农业、手工业产品以及统治者所需的奢侈品，阿儿秃斯、土蛮等部在重建初期也曾频频侵掠明边，虽然有所收获，但自身损失也不小。16世纪40年代初，俺答汗开始向明廷提出通贡互市的请求，期望通过和平的途径与明朝进行正常的物资交流。然而，由于双方统治集团积怨太深，明廷一再拒绝了俺答汗的请求，而俺答汗则更为猛烈地侵掠明边，以示报复，其中包括轰动一时的1550年"庚戌之变"。在俺答汗的军队兵围都城的不利情况下，明廷被迫同意开放马市以换取蒙古退兵。但仅过一年多，马市就因来自明廷方面的阻力而停市，招致蒙古右翼部落又恢复侵扰边境20年，直到16世纪70年代初明廷改变了政策，双方才达成和议，"俺答封贡"终于告成。通贡互市开始后，蒙古右翼部落与明朝之间的经济交流纳入了和平的轨道，经济关系开始实行正常化，这不仅使明朝边境地区的百姓不再遭受性命、财产的损失，而且使蒙古右翼地区的民众免受征战之苦，得以在一个相对安定和平的社会环境中进行正常的生产、生活。

总之，自16世纪以来，蒙古地区尤其是阿儿秃斯、土蛮地区较为安定稳固的社会环境，为17世纪蒙文史书的问世准备了萌发的土壤。

经济的恢复和发展为史书的创作提供了物质基础 明初以来，蒙古社会战乱频仍，几无宁日。战乱本身牵扯、耗费了大量的人力、物力，影响了人们正常的生产、生活；战乱的结果又是人口和牲畜大量减少，牧场荒废，使生产力的发展严重受阻；加之对外经济联系基本上被切断，蒙古的社会经济陷入了极其艰难的境地。人们不是为战事所累，就是为生计奔波，不可能有多少闲心从事创作，而且物质条件也满足不了创作的需求。不说别的，光是作为主要书写材料的纸张就非常缺乏，这一点会直接影响大部头作品的创作。纸张缺乏的问题即使在经济开始复苏的年代也常常困扰蒙古地区①。只有在经济全面发展，对外交换实现正常化以后，创作较

---

① 因为游牧经济的限制，明代蒙古人自己仍不生产纸张，来源主要仰仗同中原交换，战争频繁和经济不发达时，这种交换受到影响，纸张的供应也受到限制，纸张一般只用来书写表章文件。不得已时，羊皮、白桦树皮、木板等也用来写字。蒙古缺乏纸张的情况，在外界也有些反映。例如，《明孝宗实录》弘治十七年三月壬午条记载说答言汗的使臣以"番地纸难得"为由，不肯返回重写公文；《李朝实录》世宗二十四年五月戊辰条记载说蒙古皇帝的使臣所示蒙古字敕书"纸则黄色薄纸"。俺答汗与明朝实现通贡互市之后，明廷"每给以纸笔之具"（《北房风俗·尊师》），蒙古还可以用牲畜、畜产品、木材等从汉地换得纸张。

正规的书面作品才获得了物质条件方面的保障。

15 世纪中叶以后，蒙古的经济开始逐渐复苏，牧地、牲畜和人口都有所增加。到答言汗时期，由统一带来的相对稳定的社会环境，由分封子嗣等形成的诸部划地而牧，都有利于生产的发展，蒙古的经济状况有了较明显的改善。诸部之中，发展最快的还应当数阿儿秃斯部和土蛮部。阿儿秃斯部所占据的河套地区、土蛮部所占据的丰州川地区，都是水草丰美、气候适宜的得天独厚的好地方，这两部凭借所据地区优越的地理条件，大力发展畜牧业，牲畜头数大量增加，俺答汗的土蛮部牲畜数量一度达到了"马四十万、橐驼牛羊百万"①。从历次与明朝通贡互市的情况、为三世达赖喇嘛等西藏高僧进献礼品的情况来看，土蛮部和阿儿秃斯部的牲畜数字都相当可观。畜牧业是蒙古的传统经济形式，也是其主要的生产部门。尽管畜牧业生产有了较大的发展，部落的实力因此有所增强，然而单一的畜牧业经济毕竟不能满足社会多方面的需求。为了弥补单一畜牧业经济的不足，土蛮部、阿儿秃斯部又因地制宜开发农业。16 世纪中叶开始，俺答汗组织汉地移民（包括战俘和自愿来投者）在丰州川开展农业生产，种植粮食、蔬菜以及经济作物，将这里发展成了一块繁荣的半农半牧地区。阿儿秃斯地区也有人从事耕作②。手工业也取得了较大发展。牧民日常生活中所需用具多由牧民自制，与畜牧业生产有关的工具也由牧民自家制作完成，专业手工业生产者担负铁加工、精巧木制品加工、金银珠宝加工等专项手工产品的生产任务，生产技艺已达到相当高的水平，蒙古人生产的铁制品、木制品还曾受到中原汉人的称赞。随着中原一批批汉族工匠的涌入和西藏一些工匠的到来，土蛮地区、阿儿秃斯地区的建筑业有了较快的发展。最具代表意义的建筑成果是土蛮地区的库库河屯城（今呼和浩特的前身），另外土蛮地区的大召、席力图召（均在库库河屯城内）、美岱召，阿儿秃斯地区的王爱召、准格尔召等藏传佛教寺院，也都堪称建筑艺

---

① 《武功录》卷 7 《俺答列传上》。
② 《北虏风俗·耕猎》："今观诸夷耕种，与我塞下不甚相远。其耕具有牛，有犁；其种子有麦，有谷，有豆，有黍。此等传来已久，非始于近日。惟瓜瓠茄芥葱韭之类，则自款贡以来，种种俱备。"《读史方舆纪要》（卷 44）："嘉靖初，中国叛人逃出边者，……有众十余万。南至边墙，北至青山，东至威宁海，西至黄河岸，南北四百里，东西千余里，一望平川，无山陂溪涧之险，耕种市廛，花柳蔬圃，与中国无异。"《秦边纪略》卷 6 《河套》："河套地饶，耕稼如中国。"

术的精品。

在土蛮地区和阿儿秃斯地区经济发展的过程中，与明朝建立正常的经济贸易关系，对经济的全面发展起到了积极的促进作用。通贡互市是蒙古与明朝之间经济贸易往来的主要形式，自16世纪70年代初俺答汗与明廷达成协议后，土蛮部、阿儿秃斯部等蒙古右翼诸部成为与明朝互市的主要对象，诸部用马匹等畜牧业产品从汉地交换到生产和生活所需农业、手工业产品以及统治上层渴求的奢侈品，满足了自身社会的需求，同时又刺激了畜牧业的进一步发展，使整个经济形势进入良性循环。

经济的不断发展，带来了社会文化生活的活跃。16世纪末《甘珠尔》《丹珠尔》等巨帙藏文佛教著作蒙译工程的开工，说明经过一段时期经济的增长，蒙古地区已具备了创作大部头文化作品的客观物质条件，随后于17世纪出现蒙文史书创作高峰的现象，也就不足为奇了。

藏传佛教的普及对史书的编纂有巨大影响　元亡以后，藏传佛教在蒙古宫廷内还有一些断断续续的活动，但影响很小，作用也有限。16世纪10年代，被答言汗击败的原应绍卜（永谢布）部首领亦不剌携残众西遁青海湖地区，在包括藏族在内的地区重图发展，不久又有卜儿孩一支"逃据海西"①，与亦不剌联营。至16世纪30年代，右翼阿儿秃斯部、土蛮部开始经略青海湖地区，衮·必里克吉囊和俺答汗曾两次率军攻入该地区，给亦不剌等人以沉重的打击。衮·必里克吉囊去世以后，俺答汗又多次出兵青海湖，把这一地区纳入自己的势力范围。在经略青海湖地区的过程中，蒙古右翼部落首次接触到藏族部落。俺答汗之子丙兔所部留驻青海湖地区，衮·必里克吉囊之孙宾兔所部驻牧松山地区（今甘肃省永登县、天祝藏族自治县一带），打通了右翼蒙古部落通往藏区的道路，为藏传佛教传入蒙古地区创造了契机。16世纪60年代中期，衮·必里克吉囊之孙切尽·黄台吉（《源流》清译本作"库图克台彻辰鸿台吉"）率阿儿秃斯军深入青海藏区，将当地三位高僧带回阿儿秃斯。切尽·黄台吉从此皈依佛教，成为蒙古本部地区与藏传佛教建立联系的积极推行者。16世纪70年代初，俺答汗会见藏族僧人阿升喇嘛，并听其传教，也开始信奉佛教。1578年，俺答汗、切尽·黄台吉与藏传佛教格鲁派高僧锁南坚错（即三

---

① 《明实录》嘉靖六年冬十月癸巳、十年闰四月癸亥、十年六月戊寅、十一年正月丁卯、十二年二月癸卯条。

世达赖喇嘛）在仰华寺会见之后，藏传佛教像一股疾风，迅速传入蒙古右翼部落，渗透到社会各个领域，并进一步传入其他蒙古部落，给整个蒙古社会带来了全面的影响。

作为一种宗教，藏传佛教首先在蒙古人的精神生活方面产生了巨大的影响，佛教的思想已深入人心，成为人们行为的依据和准则。反映在文化事业方面，蒙译藏文佛经典籍，学习佛学理论和佛教传播史的活动成为时尚，一批新型的文化人——以佛教思想武装头脑，蒙、藏兼通，具有一定本民族历史、文化知识的人随之产生，而佛学理论和佛教传播史带来的新思想和新知识又刺激了蒙古史书的创作。从前由于战乱未能记载成书的历史，因时局的稳定和经济的发展已获得落实于文字的条件，思想上的新变化又使人急于重新解释某些历史现象。17世纪产生的《源流》等史书，大多是按照一种新的创作模式——印、藏、蒙一统相承的叙述方式完成的，主要特点是宣传所谓印、藏、蒙一统的思想，将佛教在三地的弘传史与三地的王统史结合起来叙述，反映了藏传佛教文化的启迪与影响。

政治局势的变化成为史书创作的重要促发因素 集中产生了一批蒙文蒙古史书的17世纪，在蒙古历史上是一个特殊时期。自16世纪初动荡的蒙古政局因答言汗的统一而稳定下来后，蒙古社会经历了一段较为平稳的发展时期，但是到了16世纪末叶，蒙古已开始感受到来自新兴女真（后称满洲）的威胁。经过三四十年的摩擦、冲突，至17世纪30年代，漠南蒙古诸部已先后被满洲统治者所制服，大汗林丹汗遁死青海大草滩，传续了四百多年的蒙古汗统从此不复存在。满洲贵族建立清王朝后，继续向外扩张，蒙古外喀尔喀和卫拉特诸部亦面临险境，命运凶多吉少。蒙古人一次次的反抗遭到了失败，而清朝的统治日趋巩固。残酷的现实和可怕的前途不可能不给蒙古贵族以思想上的触动，他们心怀忧虑，但又对改变现状无能为力，感到大势已去、回天无力。这种无奈的心情使贵族出身的文人自然怀恋起以往的岁月，触发了他们的创作意念。他们急切地要写下自己民族的历史，让子孙后代了解并记住蒙古人高贵的血统、源远流长的历史和曾经有过的辉煌业绩。迫于政治的压力，这一创作动机当然不可能直截了当地写出来，不过我们还是可以从书中体会到作者们这方面的用心。如《黄史》的作者在卷首一开始就引用了五世达赖喇嘛在《西藏王臣记》中说过的一句话："凡人不知其来源，则如林中迷路的猴子；不知其宗族，则如玉石雕成的假龙；不读其家史，则如遭到遗弃的婴儿。"《阿萨剌黑齐史》的作者在引用五世达赖喇嘛的这句名言后接着说："为使如今尚不知晓者了解，为使后来人继续修纂而概略写成此书。"罗桑丹津在《黄金史》的后记中提到撰写该书的目的是"让广大的人民世代传阅"。满洲的统治往往成为蒙古人撰写自身历史的催化剂，17世纪蒙古文史书的纷纷问世也正可以说明这一点。

综合起来说，就是在多种因素构成的这样一种历史背景下，17世纪蒙古文史书相继问世，形成了自《元朝秘史》以来的第二个创作高峰。而《源流》是其中最能反映时代特征的一部。

作　者

《源流》作者对自己的名号、生平有所交代。他名叫"萨冈"（Saγang），出身成吉思汗黄金家族，有"扯臣·皇台吉"（sečen qong tayiji）和"额儿客·扯臣·皇台吉"（erke sečen qong tayiji）称号。他出生于1604（甲辰）年，父亲称"巴图·皇台吉"（Batu qong tayiji），祖父称"完者·允都赤·打儿汉·把都儿"（Öljei ildüči darqan baγatur），曾祖父就是有名的"忽图黑台·切尽·黄台吉"（Qutuγai sečen qong tayiji），四世祖称"那木·塔儿尼·花台吉"（Nom tarni qoo-a tayiji）。他们的家族属答言汗第三子巴儿思孛罗的长子衮·必里克吉囊一系，那木·塔儿尼作为衮·必里克的第四子，分封到的部落是别速和偶甚（乌审），属阿儿秃斯万户的右翼，从切尽·黄台吉到萨冈，他们的驻牧地一直在名叫"也克·失别儿"（Yeke Šiber）的地方（伊克·锡别尔，今译"大石砭"，在内蒙古自治区伊克昭盟乌审旗境内南部）一带。他们这一支虽然不是衮·必里克吉囊的嫡支，但由于切尽·黄台吉个人超群的能力和举足轻重的作用，奠定了他们这一支在阿儿秃斯万户诸部中重要地位的基础，几代子孙也都表现不俗，均受重用。他们这一支在诸部中享有很高的声望，是一时的实力派。如切尽·黄台吉指挥过多次重大战役，足迹远达额尔齐斯河、青海地区三河汇流处等地，卜失兔即吉囊位的仪式是由他来安排和主持的，他与土蛮万户首领俺答汗关系密切，很受俺答汗的赏识，俺答汗就是采纳了他的建议才决定迎请西藏高僧锁南坚错的，而他在引进、推广藏传佛教的一系列活动中的作用，更抬高了他在人们心目中的地位。他还是大汗土蛮汗所设五执政之一，参与蒙古本部六万户的总体协调管理。他的长子完者·允都赤曾参加攻打托克马克和瓦剌的战役，表现得勇敢顽强，因此获得"把都儿·扯臣·皇台吉"的称号，参与执事。他的长子巴图十三岁即随卜失兔吉囊出征汉地，在与宁夏明军作战时活捉一人，因而获得"打儿汉·把都儿"的称号，十五岁时随留守部队驻防南边，击退明军，缴获大量武器、马匹，又被授予"把都儿·扯臣·皇台吉"之号，参与执事。他的长子萨冈出生在这样一个家族里，自幼享受优厚的生活，十一岁时就以"六万户中首行佛教之人的后代"而获其曾祖父的"扯臣·皇台吉"的称号，后来在尔邻勤即吉囊位时，他又以"从前有德之人的后代"而获得宣读封号的殊遇。在家庭环境的熏陶下，他成熟得较早，十七岁即被选入臣僚之列，参与执事。十八岁时已作为阿儿秃斯万户三代表之一参加与土蛮万户代表共议政事的活动。当林丹汗为避后金军追袭经阿儿秃斯地区西遁时，萨冈与尔邻勤吉囊一同加入林丹汗的队伍（实际上是被迫的，携部众大约迁至巴丹吉林沙漠深处）。当林丹汗的统治已近尾声时，他主动前去与脱离林丹汗的一支察哈尔人联系，商定了东返之事，然后劝吉囊共同行动，一同回到了原驻牧地，使部落得以保留，为此吉囊赐给他"打儿汉"的称号。这些就是作者本人为我们提供的他和他的家族的基本情况。

关于切尽·黄台吉，还有来自其他方面的报道。《万历武功录》（卷十四）专门为他写有一篇传记（《切尽黄台吉列传》），记载了他在"俺答封贡"（1570年）以后至1587（丁亥）年去世（《源流》记为1586年）之间的一些活动，称他"善用奇兵"，"雄视一套，投足左右，便有轻重"，即使去世后"胡中事无大小，无不愿以切尽为法"，可见他确实能力不凡。该传记又称他"为人明敏，而娴于文辞，尤博通内典"，记载阿儿秃斯万户与明朝达成贡市之约时，曾由他"亲为表文"。他还多次致信明朝边将以保持联系，该传记还说他"好佛不已"，曾向明朝索请佛经、数珠等物，仅一次就得到佛经三部、数珠十盘。一位明朝和尚（宛冲）还随他"传经译字"，可见他有较高的学识。现存蒙文古籍中有一部《十善法门白史》（*Arban Buyan-tu Nom-un Cayan Teüke*），前言中说该书是由切尽·黄台吉在元代同名著作的基础上参照他本编写而成的。关于这部书最初的作者和内容，学界尚有争议，但对它的最后成书确与切尽·黄台吉有关这一点，似无异议。看来，切尽·黄台吉确实是一个能武能文、善读好写的人。他对萨冈的影响也应该是最大的。

关于萨冈，除他本人提供的情况，在其家乡还流传着一些有关他晚年的传说，说他不顺从清朝皇帝，不接受清廷的封官，并痛斥清廷的侵略行径，最后被肢解处死[①]。从《源流》的叙述看，他至少活到五十九岁以上，但他没有提及自己三十岁以后的情况。这恐怕与他的政治观点和思想倾向不无关系。在他三十岁的 1634 年，林丹汗病死在青海大草滩，溃散的部众纷纷被后金军收服，1635 年春，林丹汗之子额哲归降后金；1636 年 4 月，清太宗皇太极接受漠南蒙古十六部四十九封建主所上"博格达彻辰汗"（宽温仁圣皇帝）的尊号，漠南蒙古诸部变成了新建的清王朝的臣民。变为异族的统治对象，是当时的蒙古人所不希望、也不愿承认的事，但事情毕竟已经成为现实，而且是难以改变的现实，因此人们往往把自己的悲愁、失望和不满埋在心底，对这一段历史采取一种沉默的态度。萨冈估计就属于这种情况，不然《源流》中有关部分的反常现象就不好作出解释。书中蒙古史的内容止于 1635 年林丹汗之子额哲归降后金、皇太极嫁女儿给他之处，而全书总内容的截止年代为 1662 年即作者完成史书的那一年。对 1635 年以后至 1662 年的这段时期，作者只简略记写了皇太极称帝、清军攻明城锦州、四世班禅的使者由清朝返回故地、李自成攻占北京、顺治入关、明朝皇统、五世达赖朝清、康熙即位、四世班禅去世等内容，基本不涉及蒙古方面的情况。然而事实上漠南蒙古地区在这期间不是无事可写，而是发生了不少在蒙古史上有影响的事情，如清朝打破蒙古原来的行政体制，对归附的蒙古诸部设旗编佐、划定地界，取消蒙古原有的汗、吉囊（济农）、王等称号，对蒙古贵族施行新的封建王公制度，等等。作者所在的阿儿秃斯部 1649 年（清顺治六年）也被分为六旗，额林臣济农（尔邻勤吉囊）被封为多罗郡王，驻左翼中旗（今伊克昭盟伊金霍洛旗前身），萨冈所在家族被划入右翼前旗（今乌审旗前身）。但出人意料的是切尽·黄台吉的嫡系子孙萨冈未依通例继续留任该旗首领，倒是切尽·黄台吉的次子石答答·扯臣·朝库儿的后裔额琳沁被封为该旗扎萨克固山贝子。这期间还发生了几起蒙古人反抗清朝统治的事件，如 1646 年苏尼特左旗扎萨克多罗郡王腾机思叛清，北依外喀尔喀车臣汗部，后被清军镇压；1649 年鄂尔多斯右翼后旗（今杭锦旗前身）大札木素叛

---

① 见田清波（A. Mostaert）《传说中的萨囊·彻辰》，载《鄂尔多斯志》，北京，1934 年（米济森格汉译文收入《鄂尔多斯研究文集》第 1 辑，伊盟档案馆，1984 年）。

清，执杀清廷使者，据险抵抗，但终因势单力薄被迫于次年十一月向清朝投降，同叛的多尔济不降，两年后被擒杀。萨冈对这些事情只字未提，看来他是有意回避：对有些情况不愿承认，而对有些情况则不便提及。这样一来，我们也就无法再从作者笔下了解到他后半生的情况了。

另外，清初史料中几次出现鄂尔多斯部台吉 Sagan（Saγan）的名字，分别见于 1637 年、1638 年和 1641 年，《清太宗实录》蒙文本作 Saγan（汉文本作"萨甘""萨干"）①，内国史院满文档案记有两人：amba Sagan（汉译本作"大萨汉"）、ajige Sagan（汉译本作"小萨汉"）②。几条记载讲的都是该部首领额林臣济农及其属下向清廷贡物之事。具体分析各条，似乎可以确定 1637 年遣使清廷的 Saγan（萨甘）不是《源流》的作者，因为从该条记载中可以看出 1637 年派使者赴清廷朝贺的六位首领基本上代表着后来鄂尔多斯六旗的扎萨克系统，如额林臣济农、善达台吉、沙克察台吉本人后来分别成为鄂尔多斯左翼中旗、鄂尔多斯右翼中旗（今鄂托克旗、鄂托克前旗的前身）、鄂尔多斯左翼后旗（今达拉特旗前身）的首任扎萨克；后来古禄台吉之子色棱成为鄂尔多斯左翼前旗（今准格尔旗前身）首任扎萨克，布达代楚虎儿之子额琳沁成为鄂尔多斯右翼前旗首任扎萨克；剩下的一旗应是鄂尔多斯右翼后旗（今杭锦旗前身），而该旗首任扎萨克小扎木素出自衮·必里克吉囊第三子斡亦答儿麻（卫达尔玛）一系，其祖父亦名 Saγang，也有皇台吉之号（见库伦本第 73 叶背面第 3 行，清代汉译本作"桑鸿台吉"，因成衮扎布家藏本、殿本而误）。

---

① 《清太宗实录》卷 39，崇德二年冬十月乙未条："……以万寿圣节赐……鄂尔多斯部落贡使古塞尔图吴巴什、古禄台吉下德勒图、善达台吉下哈尔邦、布达代楚虎儿下恩得贝、鄂尔多斯济农下额美巴图鲁、萨甘台吉下海塞、沙克察台吉下纳彦泰、巴图貂裘、貂帽、靴带等物……"《清初内国史院满文档案译编》（光明日报出版社，1989 年）崇德三年六月十六日条："鄂尔多斯部落额林臣济农等六十四人……来朝贡马、缎等物，遣官迎于五里外演武场，宴之。鄂尔多斯济农贡马八匹、驼二只、骡一匹、珍珠一串、珊瑚数珠一串、妆缎三匹、倭缎两匹……"其他遣使贡物的人有：济农母、古鲁台吉、阿喇纳台吉、布达代楚虎尔、吴奴浑台吉、大萨汉台吉、包鲁克台吉、绰依木察特、小萨汉台吉、多尔济穆、小古鲁台吉、吴巴希台吉、沙克察台吉、达木穆礼台吉、巴代古希、舒格古希、僧色古希、班弟斯哈布台吉。同年七月二十三日，额林臣济农等鄂尔多斯贵族及其贡使受到了清廷的赏赐（见该书上册第 318—319、338—339 页）。满文原文见中国第一历史档案馆《满文国史院档》第 2、3 册。《清太宗实录》卷 57，崇德六年八月甲辰条："……鄂尔多斯部落济农额林臣、台吉札木苏、古禄、善达、卓布里、毕劳、寨赛、萨干、萨克巴……古英塔布囊等来朝，贡马、驼、蟒缎、桩缎、素缎等物。"

② 中国第一历史档案馆藏《满文内国史院档》第 2、3 册。

那么,《清太宗实录》中出现的萨甘应是指这位与《源流》作者同名的人。这条记载说明鄂尔多斯部当时是有代表性地由六大分支的首领派出了贡使,也反映出《源流》作者萨冈应有的政治地位在那时就已经被取代。1638 年向清廷遣使的大 Sagan 和小 Sagan,显然分别是小札木素的祖父和《源流》的作者,因为前者辈分高,所以称大 Sagan,而后者则称小 Sagan。1641 年出现的 Saγan(萨干),暂时还不好确定其身份。除第一条记载外,其他几条记载中出现的人名比较多,且杂乱,估计六大分支下主要的贵族都随同派出了贡使。遣使清廷的鄂尔多斯贵族中出现《源流》作者之名,不一定就意味他亲清,他的这一举动很可能是为形势所迫、是违心的。《源流》中所反映出的萨冈对清朝的态度以及萨冈家乡关于他的传说,应该能证实这一点。传说中的细节可以不一定处处属实,不过,萨冈反清的核心内容当是有所本的。萨冈在家乡有很高的威望,受到人们的尊敬和赞颂,他去世后,家乡的人们一直守护着他的墓地,每年为他举行祭奠。①

萨冈能创作出《源流》这样一部蒙古史书,与他的家庭环境有密切关系。他从小有条件学习读写,家中藏书使他眼界开阔,先辈的出身和功绩使他产生自豪感,而家族和他本人的地位又使他能够直接了解当时贵族上层的活动,这些都成为他日后创作的有利因素。

关于作者的名字,还有几点需要说明。过去很长一段时期内,作者的名字被外界认为是 Sanang,这是由于故宫精钞本、殿本以及施密特本书写有误。作者的名字在书中共出现八次,殿本系的祖本成衮扎布家藏本中均作 SAQANG。估计故宫精钞本的抄写者看漏了一个齿形符号,因而讹误为 Sanang,这一错误又被殿本、施密特本所沿袭。清代汉译本有三处译为"萨纳囊"(因满译本同处作 Sananang)、五处译为"萨囊"。于是作者的名字就在汉地、欧洲、日本等地被误传很长时间。蒙文诸本中作者的名字始终多作 Saqang、Saγang,间或作 Saqan。1933 年,海涅什(E. Haenisch)根据库伦本首次指出了作者的名字应是 Saγang②。古蒙古文中辅音

---

① 见田清波《传说中的萨囊·彻辰》。

② E. Haenisch, *Monggo han sai da sekiyen*, *Die Mandschufassung von Sanang Secen's mongolischer Geschichte, nach einem in Pekinger Palast gefungenen Holzdruck in Umschreibung*, Leipzig, 1933.(海涅什:《蒙古源流,萨囊·彻辰蒙古史之北京故宫满文刻本之转写》,莱比锡,1933 年,序言)。

γ 的识点常不出现，而使用识点的词中形式也不见得就一定读作 γ，因为 q 的词中形式有时也会被加上识点，这时的识点只起防止与其他读音相混的作用。因此光从字面上看，作者名字的读音既有可能是 Saɣang，也有可能是 Saqang。清初史料的有关拼写，可以成为确定《源流》作者名字读音的很好根据，另外，田清波（A. Mostaert）[①]、扎姆查拉诺（Ц. Ж. Жамчарано）[②] 都提到他们在鄂尔多斯实地听到的读音是 Saɣang，笔者听到乌审旗人的叫法也是 Saɣang。现在学界基本采取了 Saɣang 的读法。

作者还普遍被称为 Sanang Sečen（萨囊彻辰）或 Saɣang Sečen（萨冈彻辰）。严格地说，这也是不准确的。因为 Saɣang 是他的名字，而 Sečen 只是他称号的一部分。作者的称呼在书中没有一次是作 Saɣang Sečen 的，不是作 Saɣang tayiji 就是作 Saɣang sečen qong tayiji。

《四库全书总目提要》"《蒙古源流》"条称其作者为"小彻辰萨囊台吉"，这一称呼引自清代汉译本跋文（卷 8，第 21 叶背面），蒙文殿本（D 本）同处作 üčüken oyutu Sečen Saɣang tayiji，意为"智慧不大的彻辰萨囊台吉"，本是作者的自谦之语，满译本语义大致相同，但汉译本却译为"小彻辰萨囊台吉有远识"。这一误译导致了《四库全书总目提要》的错误，实际上"小"字原本不该出现在称呼内。至于与内国史院满文档案中"小 Sagan 台吉"之称的关系，二者情况不同，不能相提并论，只不过是一种偶然的巧合。

书 名

萨冈的蒙古史书，现在一般被称作《蒙古源流》或 Erdeni-yin Tobči（宝史纲）。《蒙古源流》是清代汉译本的简略书名，Erdeni-yin Tobči 是蒙文原书名的简称。作者在跋文中正式提出的书名是 Qad-un Ündüsün-ü Erdeni-yin Tobči（诸汗源流宝史纲）。但是这一书名在清代汉译本中没有被

[①] A. Mostaert, *Erdeni-yin Tobči, Mongolian Chronicle by Sagang Secen*, Harvard University Press, 1956（田清波：《宝史纲，萨冈彻辰的蒙古编年史》，哈佛大学出版社 1956 年版），导言。

[②] Ц. Ж. Жамчарано, *Монгольсие Летописи XVII века*, Москва-Ленинград, 1936.（扎姆查拉诺：《17 世纪蒙古编年史》，莫斯科—列宁格勒，1936 年。）

当作专名正确反映出来,而是变成了一句普通叙述文。造成这种结果的原因大概有两个,一是殿本系的祖本成衮扎布家藏本该处的原文脱漏了一个宾格助词,二是满译本的译者缺乏对蒙古语 tobčiy-a(库伦本写作 tobči)一词特殊用途的了解。库伦本等多数本子该处的原文作:……enekü Qad-un Ündüsün-ü Erdeni-yin Tobči(或作 Tobčiy-a)kemekü-yi, tegünčilen……edeger doloγan sudur-i neyilegülen üjejü ene metü tegüskebei(将名为《诸汗源流宝史纲》的这部〔史书〕,参照……这七种史书……写毕)。成衮扎布家藏本以及殿本系其他诸本脱漏书名后面的宾格助词 –yi, 由此引起误会,满译本的译者遂将 kemekü("称为……的",也有"讲述"之义)按"讲述"之义译为"编写"(banjibume araha)。tobčiy-a(tobčiyan)有"概略""纲要""汇总"等词义,在古代就是史书的意思,如《元朝秘史》的蒙古语原名为 Mongqol-un Ni'uča Tobčiyan(忙豁仑·纽察·脱〔卜〕察安);又如元代文献中多次提到记载国家史事的"脱卜赤颜",汉译"国史"。tobčiyan(tobčiy-a)后来也有作 tobči 的,17 世纪蒙文史书中,除 Erdeni-yin Tobči(或 tobčiy-a)以外,还有作者佚名的史书 Altan Tobči(黄金史纲)和罗桑丹津的 Altan Tobči(黄金史)。满译本的译者不了解这一点,将原本用在书名中的 tobčiy-a 译成了动词"汇总"(šošome)。满译本的两处误译改变了蒙文本的原义,反映到清代汉译本中就成了"乃将汗等源流约略序述",根本看不出是书的原名了。

蒙文殿本卷首题名为"Enedkeg Töbed Mongγol Qad-un Čaγan Teüke Neretü Tuγuji"(印度、西藏、蒙古诸汗白史之书),满译本译为"Enetkek Tubet Monggo Han Sei Da Sekiyen-i bithe"(印度、西藏、蒙古诸汗源流书),清代汉译本因译为"额讷特珂克土伯特蒙古汗等源流"。蒙文殿本的题名是在成衮扎布家藏本所题书名的基础上稍加修改而成的,成衮扎布家藏本的题名是"Tngri-deče Jayaγabar Egüdügsen Qad-un Altan Uruγ Čaγan Teüke Neretü Tuγuji bülei"(承天肇兴诸汗黄金家族白史之书)。

蒙文殿本每叶版心上方都写有简略书名"Mongγol Qad-un Eki Ündüsün"(蒙古诸汗根源),这一简略书名不是成衮扎布家藏本原有的,也不见于故宫精钞本,当是制作殿本时新起的。满文殿本同处作"Monggo Han Sei Da Sekiyen"(蒙古诸汗根源)、汉文殿本同处因作"蒙古源流",由于是乾隆皇帝敕译的,又冠上"钦定"二字。这就是通常人们所使用的"蒙古源流"一名的由来。

《源流》的蒙文版本很多，不少本子都有抄写者题写的各不相同的书名，除衮扎布家藏本、殿本题有书名外，还有杭锦旗锡拉召本题名为 Eldeb Sudur-un Quriyangγui Erdeni Altan Tobči Orošiba（诸书之汇宝金史纲），哈佛合刊本之 MB 本题名为 Ejin Boγda Činggis Qaγan-u Šara Teüke Orošiba（圣主成吉思汗之黄史），旺楚克拉布丹家藏本题名为 Γadaγadu Saba Yirtinčü Toγtaγsan ba Dotoγadu Ür-e Amitan Bütügsen kiged Qad-un Uruγ-i Ügülegsen Erdeni-yin Tobči Kemekü Tuγuji Orošiba（讲述外部器世界定成、内部生灵生成及诸汗世系之宝史纲），等等。

内容结构

《源流》篇幅很大。按内容特征可划分为七大部分：

一、宇宙生成、人类起源

二、印度王统史

三、西藏王统史

四、蒙古汗统史

1. 从孛儿帖赤那到也速该把都儿的历史
2. 成吉思汗的一生
3. 窝阔台汗至元惠宗妥懽帖睦尔的汗统史
4. 元惠宗退回蒙古草原至林丹汗败亡的汗统史
5. 答言汗诸子的分封
6. 巴儿速孛罗一系的历史〔自 1532 年衮·必里克即吉囊位至 1634 年额林臣（尔邻勤）重即济农位止。侧重于阿儿秃斯万户和土蛮万户〕

五、满洲皇统史（努尔哈赤至康熙即位）

六、跋文

七、79 节格言诗（与正文内容无直接关系，不少版本未附，本书未收入）

另外，书中插有汉至金末的汉地皇统简史和明朝的皇统简史。

作者对全书内容结构的总体设计，遵循的是 17 世纪蒙文史书所通用的印、藏、蒙一统相承的叙述模式，只是卷首比《黄金史纲》等大多数 17 世纪蒙文史书多出有关宇宙生成、人类起源的内容，这段内容又比《黄史》的更为详细。书中第一、第二、第三部分，是在佛教创世说和印、藏、蒙一统论的思想指导下写就的，这些内容与蒙古史本无关系，但被作者视为蒙古汗统史必不可少的前史部分，这部分内容约占全书篇幅的四分之一。第四部分蒙古汗统史是全书的中心内容，而元惠宗退回蒙古草原以后至清初的历史，即明代蒙古史，是全书的重点，约占整个篇幅的二分之一，蒙古史部分的三分之二。重点部分中，作者对自己所属的巴儿速孛罗一系（主要是阿儿秃斯万户和土蛮万户）的历史又着墨最多，叙述也更详细。

成书年代

萨冈在跋文中写清了自己的创作时间。可是由于这段话采用的是韵文的形式，文中使用的又是藏历和汉历的名词术语，读起来很费解。原文作：

Urγumal törögsen jil yisün ulaγan kilingtü kemekü-yin tabin yisüdüger urγuγsan oγtarγu-yin jil naiman čaγan-u egüsgegči-yin qoyaduγar udirabalguni sarayin arban nigen modun graγ ilaγuγsan odon edür ekilen učaraju burwasad sarayin nigen šini γadasun graγ bus odon edür-e tegüsgebei.

年份部分的内容，田清波（哈佛合刊本导言）译为："出生之年即九红愤怒年（1604 年）的第 59 年即八白创始年（1662 年）的……写毕。"施密特（《东蒙古史》pp. 298，299）把整节韵文作了改动，缩改为 Urγumal törögsen-i šim bars jil tabin yisün nasun-dur-iyan tegüsgebei，译为："完成于我五十九岁的壬寅年（1662 年）。"壬寅年（šim bars jil），萨冈的原文中并未直接写出来，是施密特（或许包括他的布里亚特蒙古人助手）按照萨冈这段韵文的内容和正文中所提到的萨冈的生年（甲辰，1604 年）推算出来的。将萨冈对成书年份的表述推定为 1662 年，符合蒙古语语法的规则，与他五十九岁的年龄也相合，而且书中叙事止于 1662 年，也有助于证实这一年份是正确的。

但是，满译本译为 uyuci gurung ni aliha jilihangga sere susai uyuci aniyai jagūnci gurung ni……banjibume arafi šanggaha（于第九宫所值名为愤怒的第五十九年的，第八宫的……写毕），清译本据此直接译为："乙丑九宫值年八宫……告成。"乙丑为 1685 年，1685 年为时轮历第 11 胜生周的第 59 年（每个胜生周的第 59 年为愤怒王年，蒙古语称为 kilingtü）。这一年份是在满译者错误理解原文的基础上得出来的，虽然凑巧与时轮历第11胜生周的第59年相合，也与汉历"九紫"相合，① 但还是不可取。满译者把"九紫愤怒年"与"第五十九年"理解为同一年，本身不符合蒙古语语法的规则，而且还漏译了很关键的 törögsen jil（出生之年）两个单词，使萨冈出生之年的第59年变成了胜生周的第59年，偏离了原文本义。yisün ulaγan kilingtü kemekü，这里用来指"九紫愤怒母年"，愤怒母年是时轮历每个胜生周的第38年，蒙古语称为 kilingtei 或 kilingtü eke②，有时也简称为 kilingtü，如《水晶数珠》将林丹汗的即位之年1604年称为 kilingtü jil，1604年为第10胜生周的第38年，按汉历也是"九紫"③。九紫愤怒母年修饰前面的 urγumal törögsen jil（出生之年），合起来意为"称为九紫愤怒母年的出生之年"，明确是指萨冈的出生之年即1604年。再加 - yin tabin yisüdüger urγuγsan oγtarγu-yin jil naiman čaγan-u egüsgegči，指其出生之年的第59年即……年，其中的 egüsgegči，书后所附79节格言诗与之相应之处作 buyan egüsgegči，即胜生周第36年"致善"的蒙古语说法（一般作 buyan üiledügči④）；urγuγsan oγtarγu-yin jil 中的 urγuγsan oγtarγu-yin，无实际意义，是为了适应蒙文韵文押头韵的要求而加上的，书后所附79节格言诗相应之处即无此语，而是换上了另一个不表示实际意义的词 tübegsen，以适应那一节韵文头韵的要求。⑤"第五十九年"与"八白致善年"指同一年，萨冈五十九岁之年是1662年，时轮历第11胜生周的第36年即致善年也是1662年，证明萨冈要表达的成书之年确实是1662年（壬寅）。不过，应该指出的是，萨冈所用一些历法术语不是很规范，容易使人误解，如将自己的出生之年（1604年，愤怒母年）作 kilingtü，容易与1685年（愤怒王年）相混，又如误将自己五十九岁之年（1662

---

① Everding, Karl-Heinz, *Die 60er-Zyklen, Eine Konkordanztrfel*, Zentral-Asiatische Studien, 16.（埃弗丁·卡尔·海因茨：《六十年周期索引表》，《中亚研究》第16辑）黄明信、陈久金《藏历的原理与实践》（北京，1987年）所收《时轮派六十年周期表》。《大清康熙二十四年时宪历》。

② *Merged Γarqu-yin Oron*（《智慧之鉴》），民族出版社1988年版。Everding, Karl-Heinz 前引表。黄明信、陈久金前引表。

③ 据黄明信、申晓婷《〈蒙古源流〉成书年代诸说评议》，《民族研究》1987年第6期。

④ 石滨裕美子、福田洋一：《新订翻译名义大集》，东洋文库1989年版。

⑤ 书后所附79节格言诗的年代作：Törögsen jil kilingtü-yin tabin yisün-e, /tübegsen jil buyan egüsgegči-yin（以下为月、日）/tüšid-eče……/tügemel……

年）作八白，其实应是"五黄"①。

多年以来，学界多采纳1662年之说。1987年，黄明信、申晓婷对1662年说提出质疑，支持1685年说。② 他们的主要论点是：1604年是kilingtei（愤怒母年），不能称 kilingtü 即愤怒王年，1685年才是愤怒王年，因此"第五十九年"不能视为作者生年的第59年（1662年），只能理解为胜生周的第59年，即第11胜生周的第59年1685年。关于 kilingtü、kilingtei 的关系，前面已经说过，kilingtü 一般表示愤怒王年，但也可以用作 kilingtü eke（= kilingtei，愤怒母年）的简称，不只萨冈一个人这样用。关于第59年到底是指哪一年的第59年，他们对蒙文原文的理解与满译者一样有偏差，因此还是缺乏说服力。

关于写作的日期，萨冈说："于……第二月翼宿月的十一日木曜井宿日开始动笔，适于箕宿月的初一日木曜鬼宿日写毕。"按时宪历计算（若按时轮历计算，相合之处更少），1662年二月（翼宿月）十一日的确是木曜井宿日③，井宿的蒙古语说法一般是 eki ilaγuγsan odun④，作者简称为 ilaγuγsan odun，引起了误解，满译本、清代汉译本误译为"鬼宿"。原因就是鬼宿的蒙古语说法是 adaγ ilaγuγsan odun，与井宿的称呼相近，简称之后二者容易相混。可是1662年六月（箕宿月）初一日不是木曜鬼宿日，作者这里的历法术语用得也有误，与被修饰的主要词语"六月初一"不相符。按历书，这一天应是土曜胃宿日⑤。蒙古语应作 qobduγ emegen graγ（或 široi graγ）brani odun edür⑥。按时宪历换算公历，1662年的时宪历二月十一日是公历3月30日，六月一日是公历7月15日；按时轮历换算公历，1662年的藏历二月十一日是公历3月29日，六月一日是公历7月16日。⑦ 田清波（哈佛合刊本导言）是采用时宪历换算公历的。

归纳起来说，《源流》的正文写于1662年3月末至7月中旬之间。

---

① 黄明信、申晓婷前引文已据《大清康熙元年时宪历》予以纠正。
② 黄明信、申晓婷前引文。
③ 《大清康熙元年时宪历》。
④ 石滨裕美子、福田洋一前引书。
⑤ 《大清康熙元年时宪历》。
⑥ 石滨裕美子、福田洋一前引书。
⑦ 《大清康熙元年时宪历》。郑鹤声：《近世中西史日对照表》，中华书局1981年版。Dieter Schuh, *Untersuchunger zur Geschichte der Tibetischen Kalenderrechnung*, Wiesbaden, 1973.（舒迪特《西藏历法史研究》，威斯巴登，1973年）黄明信、申晓婷前引文。

史源文献

萨冈在书的开头部分介绍说:"我参照从前的许多书籍,在此概述外部器世界定成……古昔印度、西藏、蒙古三国自古以来的发展。"《源流》全书共有十四处提到其他书名,跋文中正式作为史源文献列出的是七种。

跋文中提到的七种文献依次为:

1. Utq-a-tu Ciqula Kereglegči kemekü Sudur(本义必用经);2. Γayiqamšiγ-a Üjegdeküi Sečeg-ün Čomorliγ Neretü Šastir(妙见花蕾史);3. Činar Šiltaγan Ündüsün-i Uqaγuluγči Ulaγan Debter(宣示因果本原之红册);4. Šarba Qutuγ-tu-yin Jokiyaγsan Qad-un Ündüsün-ü Tuγuji(沙儿巴·忽笃土所撰诸汗源流史);5. Erdem-ten-ü Setkil-i Geyigülküi Sečeglig kemekü Kitad-un Šastir(名为照亮诸贤心扉之花坛的汉书);6. Erkin Degedü Čakrawar-t Qaγan-u Bayilγaγsan Nom-un Čaγan Teüke(尊贵的转轮汗王敕撰法门白史);7. Erten-ü Mongγol-un Qad-un Ündüsün-ü Yeke Šir-a Tuγuji(古昔蒙古诸汗源流之大黄史)。

清代汉译本中只反映出其中的五种,作:《珍异奇葩之卷》、《讲解精妙意旨红册》、沙尔巴胡图克图编纂《发明贤哲心意之蓬花汉史》、杂噶拉斡尔第汗所编之《经卷源委》、《古昔蒙古汗等源流大黄册》,分别相当于第2、第3、第5、第6、第7种。第1种《本义必用经》被清代汉译本漏译了;第4种《沙儿巴·忽笃土所撰诸汗源流史》,因成衮扎布家藏本以至殿本系诸本均缺其中的 Qad-un Ündüsün-ü Tuγuji(诸汗源流史)几个单词,造成第5种上移,与第4种的残存部分并为一种。

正文中提到的其他书名是:

1. Degedü Altan Gerel Neretü Sudur(金光明经);2. Saskiy-a Bandida anu Bančan Šakja širi Čoγtu Čaγ-un Kürdün-lüge neyilegülün jokiyaγsan Šajin-u Toγan-u Sudur(萨思迦·扮底达参照班禅释迦室利《吉祥时轮经》所撰《佛法数史》);3. Boγda Girti Doojau-a Burqan Kkir Ügei Neretü Ökin-e Wiwanggirid Üjügülügsen Uduriγulsan-u Sudur-luγ-a neyilegülün jokiyaγsan qaγučin Sudur(圣诘底·多翰札参照《佛示无垢女子预言之导引经》所撰旧经);4. Akš-a Bada-yin jokiyaγsan Γayiqamšiγ-a Üjegdeküi Sečeg-ün Čomorliγ kemekü Tuγuji(阿克沙·巴达所撰《妙见花蕾书》);5. Sangga Širi Bada-

yin jokiyaγsan Ulaγan Debter（桑哥·室利·巴达所撰《红册》）；6. Bilig-ün Quyaγ Kemekü baγši-yin nomlaγsan Burqan-u Üres Boluγsan Maγtaγal-un Tayilbur kemekü Sudur（智铠大师所撰《殊胜赞广释》）；7. Saskiy-a Bandi-da-yin nomlaγsan Sayin Üge-tü Erdeni-yin Sang kemekü Šastir（萨思迦·扮底达所撰《善说宝藏》）。其中的《妙见花蕾书》《红册》可能分别相当于跋文中提到的第 2、第 3 种文献。

这些书在清代汉译本中分别被译为：1.《金光明经》；2. 萨嘉班迪达班辰沙克嘉锡哩所纂《时轮法数史》；3. 圣吉里迪多咱之《宣示引导无垢女子旧史》；4. 阿克沙巴达所编之《灵验花史》；5. 僧格锡哩巴达所编之《丹书》；6.《解释赞诵佛菩萨之史》；7. 帕克巴巴喇密特所造《法语宝藏素布锡达》。汉译本有误译和漏译之处，如第 2 种误将不同的两个人混为一人，将参考文献和著作本身混为一书；第 3 种误将参考文献和著作本身混为一书；第 6 种因满译本而缺译作者之名；第 7 种译错作者的名字。

这些文献中，已知或现存的大概有六种。

1.《本义必用经》。现存多种版本。跋文中提到是由 Manjuširi güüši širegetü čorju-a（曼殊室利·国师·石里额图·绰儿只瓦）译编的。此人又简称国师·绰儿只（又译固什·绰尔济），据《阿萨剌黑齐史》《呼和浩特席力图召简史》等蒙文史书，他 16 世纪 70 年代末被三世达赖喇嘛派往蒙古，后常驻土蛮地区，其间曾去过外罕哈，主持修建额尔德尼召，曾参与蒙译《甘珠尔》《米拉列巴传》等活动，还是绰黑图台吉藏文摩崖的作者。他见于记载的活动止于 1618 年，可推知《本义必用经》的编译时间约在 16 世纪 80 年代后期至 17 世纪 20 年代之间。《本义必用经》讲述的是宇宙生成史、人类起源史、佛教传播史。编译者多次提到书中宇宙起源论部分的内容取材于《阿毗达磨俱舍论》，而佛教传播史部分是以印度、西藏、蒙古三段式的模式叙述，看来受到《彰所知论》或《白史》一类著作的影响。另外，比拉在《蒙古史学史》（汉译本第 168 页）中提到有一部藏文书不仅书名而且内容结构都与《本义必用经》十分相近，这部书的藏文书名为 Ner mkho mthon ba don yod（本义必用），作者是 Blo bčan bzan po'i dpal（《蒙古史学史》汉译本译为：罗卜桑占波巴勒），完成于 1383（癸亥）年。两者之间可能有某种联系。

2.《法门白史》。亦有多种版本传世。全名是 Arban Buyan-tu Nom-un

Čaγan Teüke（十善法门白史）。一般简称为《白史》。有几种抄本在卷首提到此书原为忽必烈薛禅汗所撰，后由忽图黑台·切尽·黄台吉得自肃州，对照畏吾儿人必兰纳识理的旧本修撰而成。原为忽必烈汗所撰的说法，与萨冈提到的"转轮汗王所撰"相一致，转轮汗王一般专指忽必烈。所谓忽必烈所撰原书和必兰纳识理的旧本，目前尚未见到任何报道。必兰纳识理确有其人，约生活于 13 世纪末至 14 世纪 30 年代，《元史》为他立有传记（卷 202《释老传》），说他"贯通三藏暨诸国语"，曾用汉文、西番文翻译了不少佛经。但未提到什么《白史》旧本。现存《白史》的内容主要是宣讲所谓"政教二道"（törö šašin qoyar yosun），书的开头部分即明确称该书为"均平无误施行〔政教〕二道之书"（qoyar yosun-i tegšide endegürel ügei yabuγulqui-yin tobčiy-a），书中讲述政教二道由古印度众恭王首创，扩展至赡部洲十六国均施行此道，印度的释迦牟尼、吐蕃的松赞干布、蒙古的成吉思汗、忽必烈汗大力推行此道，人民安居乐业。书中所采用的印度、西藏、蒙古三段式的叙述方式，与八思巴的《彰所知论》相近，是这一方式在蒙古人著作中的最早反映，由此逐步发展为印、藏、蒙一统相承的思想和蒙古史书创作的固定模式。《白史》给萨冈最大影响的当是有关政教二道的思想和印、藏、蒙三段式的写法。《白史》还列举了一些专名（包括僧界和俗界的），对一些与佛教教义、教职有关的名词作了简单解释。《白史》中提到的某些官职带有明代的特征（如"总督""总兵"等）。

3.《古昔蒙古诸汗源流之大黄史》。一般简称《大黄史》或《黄史》。也有几种版本传世。作者佚名。约成书于 17 世纪中叶。内容大致包括：宇宙生成，人类起源，众恭王至释迦牟尼的印度简史，吐蕃王统的由来及简略系谱（颈座王的故事，下至金座王的五代君王的名称），蒙古王统的由来（金座王的幼子孛儿帖赤那逃至不儿罕合勒敦山被蒙古人奉为首领）及历史（孛儿帖赤那至林丹汗）。有些版本后面有后人续加的其他内容。《大黄史》对 17 世纪蒙文蒙古史书所关注的重大历史事件基本都有所涉及，但与《源流》相比，显得过分概括、简略。《源流》基本上沿袭了《大黄史》的创作模式和内容结构，并无大的突破，有些词句或者段落甚至是直接从《大黄史》中照原样移录过来的。可以说《源流》是在《大黄史》的框架基础上，补充其他资料、增加了更多的具体内容而写成的。因此，《大黄史》是《源流》最主要的史源。

4.《金光明经》。原为梵文佛教著作，约成书于 3—4 世纪间。后被译成藏文、蒙文。蒙文译本有多种版本，其中 14 世纪摄思喇卜相哥的译本大概是最早的；蒙文《甘珠尔》卷 14 收有根据俺答汗的命令于 1579 年完成的译文；另外还有咱雅班迪达的托忒蒙古文译本等。此书又名《王书》（梵文 Rājasastra，藏文 Rgyal-po'i bstan-bcos，蒙文 Qaγan-u Šastir），被认为是佛陀本人专门留给君王们的遗训，主要告诫他们要始终不渝地执掌法规，依照法规治理国家，就可以得到神的庇护，国家才能平安，人民才能幸福，否则将受到神的惩罚，等等。

5.《殊胜赞广释》。当指 Šes-rab go-cha（智铠）的藏文著作《殊胜天神礼赞注》（Lha-las phul-du byun-ba'i bstod-pa'i grel-pa）。《红史》提到过这本书。[1] 书中讲到吐蕃王统的由来：印度释迦族系的一个后人因避战乱，逃往吐蕃地区，成为吐蕃之王。萨冈是在讲述吐蕃王统的起源时引用了该书的说法。

6.《善说宝藏》。又译《萨迦格言》。萨思迦·扮底达·公哥·监藏（Sa-skya pan-di-ta kun-dgaḥ rgyal-mtshan，又译萨迦班迪达贡噶坚赞）作于 13 世纪的格言诗集，共分 9 章，457 节。有几种蒙文译本，最早的由锁那木·迦剌（Sonom kara）完成于 13 世纪。该书主要宣传佛教信仰，论说只有佛法才能究竟了义，解脱生死轮回之苦等。

其他几种书，情况不太清楚。《妙见花蕾史》，内容估计与佛教史有关。《宣示因果本原之红册》，乍一看该书名，容易让人联想到 14 世纪搽里八·公哥·朵儿只（Tshal-pa kun-dgaḥ rdo-rje，又译蔡巴·贡噶多吉）的藏文历史名著《红史》（Deb-ther dmar-po，直译"红册"），但萨冈提到的《红册》另有作者，而且书的全名提示它的内容主要与佛教教义和历史有关。两书不是一回事。《诸汗源流史》，目前尚未见到同名的史书，就是对这部书的作者沙儿巴·忽笃土的身世，一时也难下定论。八思巴有一位名叫沙罗巴的弟子，西域人，生活在 1259 年至 1314 年之间，曾专门承担八思巴讲经的翻译工作，并将八思巴的《彰所知论》译成汉文，此外还有其他一些译著存世。[2] 林丹汗时期也有一位沙儿巴，《源流》（库伦

---

[1] 蔡巴·贡噶多吉：《红史》，东嘎·洛桑赤列校注，陈庆英、周润年译注，西藏人民出版社 1988 年版，第 29 页。

[2] 释念常：《佛祖历代通载》卷 36，甲寅年下（《大藏经》传记部）；《补续高僧传》卷 1，《大明高僧传》卷 1（均见《续藏经》本第壹辑第貳编乙七套）。《萨迦世系史》（阿旺·贡噶索南著，陈庆英、高禾福、周润年译注，西藏人民出版社 1989 年版，第 383 页）。

本第 68 叶正面第 20 行）记为 Šarba qutuɣ-tu，因名前冠有 Saskiy-a 之名，当属藏传佛教萨迦派僧人，林丹汗曾于 1617 年同他会面，并接受他做的灌顶。周清澍、额尔德尼巴雅尔倾向于此人是元代的沙罗巴，田清波（哈佛合刊本导言）则认为是与林丹汗有过交往的沙儿巴·虎督度。周清澍、额尔德尼巴雅尔的分析有一定道理，比较令人信服。他们认为应将跋文中提到的第 4、第 5 种文献联系起来考虑，即两种书都是沙儿巴·忽笃土所作，而第 5 种文献的书名可意译为《汉文写的彰所知论》。① 既然《彰所知论》的汉译者是八思巴的弟子沙罗巴，那么《诸汗源流史》的作者也自然是元代人了。确实，《彰所知论》的藏文原名 Šes-bya rab-gsal 直译为"光耀所知"，与第 5 种文献的书名《照亮诸贤心扉之花坛的汉书》有相合之处；从《诸汗源流史》在七种文献中所排的顺序看，它的成书年代至少应该早于 16 世纪后半叶的《法门白史》，说明作者不会是林丹汗时代（17 世纪初至 30 年代）的人。这部书的内容可能与忽必烈以前的汗统史有关，《源流》中不见于《大黄史》的内容，有些大概就是据它补充的。关于《佛法数史》，《萨迦世系史》所列萨班的著作中有一部《佛宝之算法》②，不知萨冈指的是否是这部书。至于萨班参照的《吉祥时轮经》，确有其书，它又称《时轮经》《时轮经本续》等，相传是释迦牟尼应香跋拉法王月贤等人之请而讲述的，由月贤笔录成书，有多种藏文译本。这里所说的作者班禅释迦室利，生活于 1127 年至 1225 年，是怯失迷儿人，到过西藏，曾为萨班授具足戒，传授过法称释量论等，所谓他的《吉祥时轮经》，或许是藏译本中的一种。诘底·多斡札的《旧经》及其史源文献《佛示无垢女子预言之导引经》，均不详。

　　萨冈写书依据的书面资料，应当不止这些，他手头还应有不少有关蒙古史的资料，如家谱书，不然他不可能在书中那么详尽地列出答言汗诸子世系，特别是其第三子巴儿速孛罗一支的世系。

　　就目前所知，在《源流》成书之前，已有 13 世纪的《元朝秘史》和 17 世纪的《黄金史纲》《俺答汗传》等蒙文史书问世。萨冈没有提到这些书，《源流》中也似乎看不出直接参考过这些书的痕迹（只是个别抄本中有后人从《黄金史纲》一类作品补入的内容）。直到 17 世纪时，《元朝

---

① 周清澍、额尔德尼巴雅尔：《〈蒙古源流〉初探》，载《民族史论丛》，1980 年。
② 前引陈庆英等译注《萨迦世系史》第 71 页。

秘史》蒙古文原本即脱卜赤颜的某种异本还能偶尔在蒙古地区看到，罗桑丹津的《黄金史》就收录了其中约三分之二的内容，《阿萨剌黑齐史》也收录了一些，然而《黄金史纲》《黄史》和《源流》的蒙古汗国史部分却与《元朝秘史》有一定距离，不仅量都比后者少，而且内容本身也大多有些变样，因后世的进一步流传而染上了新的时代色彩。这三种书的有关部分之间也详略不同、语句有异，看来材料来源不同，不过它们这部分内容的材料肯定都间接源自《元朝秘史》。对妥懽帖睦尔至林丹汗的蒙古汗统史，《黄金史纲》、罗桑丹津《黄金史》、《黄史》、《源流》等四种书的记载大同小异，不过还是《黄金史纲》和罗桑丹津《黄金史》互相更为接近，《黄史》和《源流》互相更为接近；双方之间有些地方明显不同，例如明初几代大汗的名号、答言汗的纪年等处就所记各异。《源流》所记俺答汗的内容与《俺答汗传》中的相应部分也有不同，看来材料不是来自土默特方面，而是出自鄂尔多斯方面。

史学价值

　　《源流》作为一部史书，其史学价值无疑是最为人看重的。这部书的内容虽然时间跨度很大，从开天辟地讲到作者自己的生活年代，但由于元末以前的历史已有年代更接近、内容更准确的史书作了记载，《源流》的这部分内容又大都经过了几道手（有些素材间接源自早期史书，有些间接或直接源自后世的民间传说），所以史实方面的参考、使用价值不大。元末至清初的蒙古历史约占《源流》全书篇幅的一半，可见作者是作为重点部分来撰写的。事实上它也是全书内容最为丰富、叙述最为详细的一个部分，因此史学价值也最高。《源流》以明代蒙古史为叙述重点，离不开作者主观愿望的支配，更与作者所处的时代以及家庭环境、个人身份等客观条件有着直接联系。萨冈力图对元末至清初的蒙古史作一完整的归纳、叙述，并突出自己所属的阿儿秃斯万户的历史。他能够产生并实现这一愿望，一是因为他恰好生活在明代蒙古这一历史阶段的末期，目睹了蒙古汗统的终结，有条件从时代上对刚刚过去的这一历史阶段作完整的总结；二是他本身是黄金家族后裔，祖辈几代都在部落内担任要职，知晓高层的情况，在文化氛围较浓的家庭内又能很便利地听到有关的历史掌故，读到有关的贵族系谱等，使他的头脑里积累了大量有关这部分内容的素材。

过去相当长的一段时期内，明代蒙古史的研究一直很薄弱，主要原因就是缺少记载蒙古内部情况的史料。人们的研究只能依靠明代汉籍中的一些零散、主要反映明朝与蒙古关系的记载，因而研究往往不是难以深入，就是得出的结论难免片面。自《源流》被介绍到学界后，明代蒙古史的研究有了新的生机，出现了和田清、符拉基米尔佐夫等人的传世之作。《源流》的史学价值就在于它提供了有关明代蒙古史，尤其是蒙古内部情况的宝贵资料，可补汉籍和其他文种史籍的缺欠，并与之互证。《四库全书总目提要》"《蒙古源流》"条的作者首先认识到了该书的价值，说："至于塞外立国传授源流，以逮人地诸名、语言音韵，皆其所亲知灼见，自不同历代史官摭拾影响附会之词，妄加纂载，以至鲁鱼谬戾，不可复凭，得此以定正舛讹，实为有裨史学。"

具体地说，《源流》的史学价值主要反映在以下几个方面。

提供了元末至清初蒙古大汗的完整系谱。明初蒙古汗室远遁草原，屡遇内讧，汗位更迭频繁，局外的明朝方面未能获知详情，以致所记蒙古汗系不够完整，缺少三代大汗的名号。这三代大汗的名号——招力图、昂客、额勒别克，在《源流》中有反映，不过还不够准确，经与波斯文史料和罗桑丹津《黄金史》对照，知其误将其中的招力图和昂客两人合为一人，作昂客·招力图。尽管不够准确，但毕竟提供了这些名号，也就为研究提供了参考依据，有助于得出正确结论，补汉籍之缺。

详细记载了答言汗统一蒙古本部的过程。答言汗是蒙古史上一个非常重要的人物，他结束蒙古地区自元末以来持续百余年内乱的局面，再度统一诸部，重振大汗权威，分封子嗣、划定牧地，采取有效措施加强集权，巩固稳定。他一生的业绩，对当时和后世的蒙古社会都产生了非同小可的影响，他又是明末及有清一代内、外蒙古大部分王公贵族的共同始祖，因此，他的名字在蒙古地区家喻户晓，业绩广为流传。然而，明代汉籍对答言汗的记载仍与对以往多数大汗一样，只偏重他与明朝关系方面的活动，对他在蒙古内部的活动记载得很少，还有些混乱说法，根据汉籍，我们甚至弄不清他的本名和家系。① 答言汗即位之初，在满都海哈屯的协助下进攻瓦剌，大获全胜。《源流》和其他17世纪蒙文史书大都提到这件事，

---

① 参见拙文《关于达延汗史实方面几个有争论的问题》，《内蒙古社会科学》1983年第3期。

但明代汉籍只字未提。《源流》记载了答言汗讨伐应绍卜部首领亦思马因的原因和过程，但明代汉籍只简单记为"虏酋亦思马因为迤北小王子败走"，"亦思马因已死"。① 《源流》详细记载了答言汗与以应绍卜部首领亦不剌为首的右翼诸部开战，亦不剌等败逃，残众大部被收服的过程，但明代汉籍中只能看到亦不剌等人被答言汗击败，引众从河套西移的简单报道。② 对于答言汗的事迹，其他17世纪蒙文史书的记载都不如《源流》详细、清楚。

《源流》提供了答言汗诸子名号及其属部之名。有关答言汗诸子及其属部的记载，对研究这些部落的发展史具有重要意义。《源流》具体列出了答言汗十一个儿子的名号和他们所受封的部落。明代汉籍这方面的情况比较差，仅有个别私人著述如《武备志》（卷206）、《四夷考》提到答言汗有十一个儿子，还不记具体名号，另有一些私人著述中零散出现答言汗几个儿子的名号和封地③，只有源自蒙文材料的《北虏世系》收有答言汗这十一个儿子的名号（基本与《源流》一致），但不记属部之名，只记驻牧地（为明人所加）。其他17世纪蒙文史书的有关记载也远不如《源流》完整、详尽，《黄史》《阿萨剌黑齐史》都只记答言汗十一子及其后裔世系，不记属部之名，《黄金史纲》和罗桑丹津《黄金史》只记答言汗长子一系的世系。因此，《源流》的记载就显得非常珍贵，缺之不可。

萨冈在《源流》中真实、生动地描述了阿儿秃斯万户的历史。阿儿秃斯万户是答言汗六万户中一个举足轻重的万户，由吉囊直接统辖，地位仅次于大汗的直辖部察罕儿万户，该万户自然环境优越，适宜畜牧业生

---

① 《明宪宗实录》成化十九年五月壬寅、二十二年七月壬申条。
② 《明武宗实录》正德六年冬十月癸巳条："虏酋亦卜剌、阿尔秃厮等为小王子所败。"杨一清《为整理边务以备虏患事》（《明经世文编》卷117）："被小王子人马仇杀，残败。"《明武宗实录》正德九年七月庚午条："虏酋阿尔秃斯、亦卜剌等自正德五年以来避小王子，引众至凉州、永昌、山丹、甘州及高台、镇夷、肃州联络住牧。"正德八年五月庚午条："西入乌思藏屯据。"
③ 郑晓《皇明北虏考》："正德间，小王子三子，长阿尔伦，次阿著……〔阿尔伦〕二子，长亦赤……称亦克罕。亦克罕大营五……西有应绍卜、阿尔秃斯、满官嗔三部。应绍卜部营十……故属亦不剌……惟哈剌嗔一营仅全。阿尔秃厮部营七，故亦属亦不剌，今从吉囊……满官嗔部营八，故属火筛，今从俺答……吉囊、俺答皆出入河套，二酋皆阿著子也……南有哈剌嗔，哈连（'速'之讹）二部。哈剌嗔部营一，酋把答罕奈，……哈连部营一，酋失剌台吉……居宣府、大同塞外。"魏焕《皇明九边考》相关部分大致与上引文相同，但不提世系，只记名号和封地。

产，地理位置独特，处于与明朝、藏区的交界处，在几代精明强干的部落首领的努力下，万户的生产迅速增长，与汉、藏地区关系的改善促进了经济和文化的交流和发展。阿儿秃斯万户的情况，明代汉籍中的记载也不算少，《明实录》中所记多与明、蒙双方的接触（战事、互市等）有关，明人笔记中虽然多了一些涉及其内部情况的内容，但还是有些局限性。《源流》这部分内容，主要提供了阿儿秃斯万户衮·必里克吉囊诸子（九人）世系（至作者自己的年代）及其属部的名称；着重介绍了忽图黑台的业绩[①]；提供了自巴儿速孛罗至尔邻勤共六代吉囊的传续情况，其中着重介绍了卜失兔吉囊的业绩[②]；介绍了忽图黑台长子一系（下限为作者本人）的主要业绩。《源流》提到的一些事，明代汉籍无载，明代汉籍提到的一些事，《源流》又无载，即使双方都提到的事，各自的记载也详略不一，说法也不尽相同，因此《源流》和明代汉籍的有关记载，二者可以互相印证、补充。其他 17 世纪蒙文史书中，只有《俺答汗传》对阿儿秃斯万户的历史有一些间接的记载。

　　萨冈还记录了格鲁派藏传佛教在蒙古地区传播的历史。作者从格鲁派藏传佛教首先传入漠南蒙古右翼部落的原因谈起，主要详述了俺答汗与三世达赖喇嘛锁南坚错的历史性会见，三世达赖喇嘛赴漠南蒙古地区弘法的过程；四世达赖喇嘛的产生，四世达赖喇嘛的代表迈达哩·虎督度赴蒙古地区主持佛教事务，蒙古贵族大兴佛事的情形，等等。《源流》的有关内容在同类记载中是最丰富、详尽的，是研究格鲁派藏传佛教在蒙古地区弘传史的最重要史料之一，可与有关的藏籍如《三世达赖喇嘛传》、《四世达赖喇嘛传》、蒙文传记《俺答汗传》等互为补正。19 世纪的著名蒙古佛教史著作《胜教宝灯》（全名《蒙古佛教史——显明佛教之明灯》）有

　　[①]《源流》说，忽图黑台二十三岁征瓦剌，二十七岁征青海藏区，三十三岁率二弟和长子征托克马克，三十四岁再征托克马克、征瓦剌，三十六岁扶卜失兔即吉囊位，三十七岁拜见俺答汗，劝其迎请西藏高僧锁南坚错，三十八岁往迎锁南坚错，三十九岁在仰华寺大会上发表演讲，四十岁前往探望病中的俺答汗，四十一岁取汉地宁夏、榆林等城赏赐，四十六岁迎三世达赖嘛到自己的驻地，四十七岁去世。

　　[②] 据《源流》，卜失兔吉囊1585年二十一岁迎三世达赖喇嘛到自己的驻地，1592年二十八岁征汉地，与宁夏总兵战，1594年三十岁再征汉地，与榆林总兵战，三十二岁征藏区，四十三岁大修佛事，四十九岁时所修佛像完工，请迈达哩活佛开光，五十七岁征汉地，进至延安城下，五十九岁时金字《甘珠尔》缮写完毕，六十岁去世。

关部分的一些内容即参考了《源流》。①

《源流》反映了明代蒙古社会组织、部落变迁、经济状况、阶级关系、思想意识、封建主之间的关系等方面的情况。这些方面的情况不是由作者逐项归类记述的，而是通过具体事例、专有名称、具体人物的言论等反映出来的。符拉基米尔佐夫就是在认真发现和分析有关信息的基础上写出明代蒙古社会制度史的，他的研究是开创性的，后来的研究者无不采取这种研究方法。例如《源流》中反映出：经过常年战争的冲击，原来的部落几乎都发生了变化，有的在兼并其他部落的过程中发展壮大起来，有的则被兼并为其他部落的属部，有的还分属不同的部落，如阿儿秃斯万户和土蛮万户中各有一个 Ügüšin（偶甚、兀甚）部。较大的部落不仅属众成分复杂，而且首领也不一定都出自本部落之人，如西边部落出身的亦思马因、亦不剌等人就当上了形成于东方的应绍卜部的首领。约至明中期，至少到满都鲁汗的时候，蒙古本部基本已形成若干兀鲁思（万户）的格局，大汗仍为全蒙古的最高统治者，诸兀鲁思又分为左、右两翼，大汗坐镇左翼，吉囊分镇右翼，各直接统辖其中一个兀鲁思，兀鲁思下又包含若干鄂托克。大汗和吉囊以外，其他成吉思汗—忽必烈系黄金家族成员多称台吉——太子，成吉思汗诸弟的后裔多称王，异姓部落封建主多称太师、丞相、阿哈剌忽、太尉、太傅、少师等，这些人构成蒙古社会的统治阶级，哈剌抽（庶民）是被统治阶级。明前期，大汗权力衰微，异姓封建主恃强争夺对大汗的控制权，争相拥立大汗做自己的傀儡，结果导致好几代大汗在争夺中被杀，有的异姓封建主干脆自己坐上了大汗之位。明中期以后大汗的权威虽然逐渐有些恢复，但一些势力强盛的兀鲁思的异姓封建主仍对大汗构成威胁。这种情况到答言汗即位后有了彻底改变，答言汗以武力统一蒙古本部，尽夺异姓封建主对部落的统治权，分封自己的子嗣以取代他们，此后的蒙古社会相对稳定。封建上层之间既有争夺，又有勾结，政治联姻相当普遍。处于不同阶层和地位的人，思想观念也不同，黄金家族成员认为他们的统治天经地义，"上天有太阳、月亮二物，下土有大汗、吉囊二主"，任何异姓的篡权行为必将为成吉思汗的在天之灵所不容，得

---

① 例如《胜教宝灯》说真金皇太子曾护送八思巴返回藏区；俺答汗与忽图黑台·切尽·黄台吉商议后决定迎请西藏高僧锁南坚错（见陈庆英、乌力吉汉文译注本《蒙古佛教史》，天津古籍出版社1990年版，第51、67页），材料显然来自《源流》。

到应有的报应。多数异姓封建主却不以为然，只要有条件，他们从不放弃对最高权力的争夺，"有什么必要在我们头上另立封主？还是自己给自己作主的好！"这句话代表了他们的普遍心理。17世纪蒙文史书中，《源流》是记载明代蒙古情况最丰富的一部，只要认真钻研，相信不同方面的研究者都会有所收获。

此外，《源流》蒙元时期蒙古史部分的个别记载也值得注意，它们还有一定史料价值。例如，书中明确提到成吉思汗遗体的埋葬地与供祭奉的八白帐不在一处。《元史》《史集》只记成吉思汗的葬地，《源流》的这条记载与《黄金史纲》的记载互为印证，填补了早期史书的缺欠，为后人这方面的研究提供了史料依据。一些藏文史籍如《青史》《西藏王臣记》等记载说阔端曾派大将多达那波（rDo rta nag po）带领一支蒙古军攻打藏区，蒙文史书方面，《黄金史纲》等不记此事，《黄史》只提到阔端曾派使臣前往藏区，但未提使臣之名，《源流》不仅提到了使臣的名号"朵儿答·答儿罕"（Doorda darqan），而且提到了他的氏名"畏马忽"（Uyimaγud）。《源流》这条记载的材料来源尚难确定，不过总归为后人多提供了一个可资参考、印证的依据。Uyimaγud 部，不见于《秘史》，《史集》（I-1. p. 117）作 aūīmāqūt，世祖、成宗时知枢密院事朵儿答哈出于此部。《源流》的记载证明确有此部，反之亦可证明朵儿答·答儿罕乃出身名门。阔端时蒙古收服吐蕃之事，不见于《元史》等汉文史料，在藏文史料译出之前，只有清译《源流》中可见有关记载，因此史学界长期不知西藏归入中国版图的确切时间，一般定在后来元世祖攻大理之时。为此周清澍特意写了《库腾汗——蒙藏关系的最早沟通者》（《内蒙古大学学报》1963年第1期）一文，以表彰《源流》的史料价值。《源流》还提到真金皇太子曾率军护送八思巴返回藏区，《黄金史纲》《黄史》等17世纪蒙文史书均不记此事。元代汉文文献和藏文史籍中并无明确记载，只是《汉藏史集》和《萨迦世系史》提到八思巴回到藏区后，曾召集七万僧人举行大法会，当时是由真金皇太子担任施主，为僧人发放布施（每人黄金一钱）。已有学者依据《源流》的记载和藏文史籍中的说法认定真金确曾到过藏区。[①]

[①] 陈庆英：《元代帝师八思巴》，中国藏学出版社1992年版，第176—178页。

特点和缺陷

　　17 世纪蒙古史书在内容详略、史料来源等方面有些差别，但总的来说共同点还比较明显。它们都采用编年史的体裁，记载从远古到作者生活时代的蒙古通史，以蒙古汗统史为主线，伴以佛教传播史，对早期蒙文史书既有继承，也有发展，已形成另一种风格的新模式，对后世的蒙文历史著作产生直接影响，起到了承前启后的作用。

　　《源流》被公认为 17 世纪蒙文史书的代表作，总结它的特点不仅有益于对它本身的研究，而且对整个 17 世纪蒙文史书的研究以及蒙古史学发展史的研究也都具有积极意义。《源流》的主要特点可以归纳为以下几个方面。

　　第一，具有编年史的特征。内容基本按年代顺序叙述，这一点与几个世纪前的《元朝秘史》无大差别。自成吉思汗二十八岁以后发生的事件，大多标出年份。

　　第二，具有草原史书的风格。主要表现为史实、传说不分，文学色彩浓厚。这一点也与《元朝秘史》无大差别。不过，两书作者的时代意识已明显拉开了距离，如《元朝秘史》一些带有萨满教色彩的传说在《源流》里已得不到反映，倒是佛教色彩的传说故事随处可见。《源流》记录了大量的传说，有些是荒诞不经的神话，但也有不少可从中窥见史实的影子，如哈撒儿、别里古台二人对成吉思汗不满，口出怨言的故事中，他们说成吉思汗"恃哈撒儿之射、别里古台之力，才制伏了外族，绥服了强暴"，这段话在《元史·别里古台传》中可找到早期记载："帝（成吉思汗）尝曰：'有别里古台之力，哈撒儿之射，此朕所以取天下也。'"又如所谓汪古部兀阑镇国叛离的故事，实际反映的应是汪古部首领不颜昔班之妻阿里黑携子孛要合，与不颜昔班的从兄弟镇国一同逃往金朝境内的史事，① 尽管细节在流传过程中已大大改样，但仍然暗示了史实的存在。又如成吉思汗考验博尔术，暂不封赐他的故事，与《史集》的一段记载② 有

---

　　① 见《元文类》卷 23《驸马高唐忠献王碑》、《元史》卷 118《阿剌兀思剔吉忽里传》。

　　② 拉施特（Rashid-al-Din）《史集》说："当他（指成吉思汗）成为君主时，所有的异密他都赐给了诏敕，却没有赐给孛斡儿臣和孛罗忽勒。〔他们〕跪了下来，〔心想：〕这是怎么回事，他怎么不赐给我们诏敕？成吉思汗对此降旨道：'你们地位之高，已不需要我赐给你们诏敕！'……"（汉译本第 1 卷第 1 分册，第 277 页）

相近之处，说明这一传说不是凭空编造出来的。《源流》还收有一则很有趣的传说，说成吉思汗在布置围猎任务时，交代手下人不要伤害、捕猎苍狼和白鹿。这一传说也见于《黄金史纲》，反映了古老的图腾观念在当时人们头脑中的遗存。

第三，佛教影响贯穿全书。在结构上，开篇即讲佛教创世说，续说印、藏、蒙一脉相承的王统史及佛教弘传史，遵循的是17世纪以来新的创作模式；窝阔台至元惠宗的蒙元诸汗史，基本上是诸汗名号、生年、即位年、卒年及其所奉喇嘛之名，类似表格式的排列，仅元世祖、元惠宗部分有一些实际内容，还多与佛教有关；明代蒙古史部分，给格鲁派藏传佛教在蒙古地区的传播史拨出相当大的篇幅。在内容上，时时可感觉到佛教思想意识的存在，带有佛教色彩的传说、反映佛教思想影响的言语比比皆是。张尔田在《蒙古源流笺证》序言中说："其书……以喇嘛佛教为纲，以各汗传统之世系为纬。"可见《源流》佛教影响之重给人留下多么深的印象。

第四，成吉思汗—忽必烈系黄金家族正统观念强烈。自忽必烈以后，汗统须在这一系当中延续已成定制。但元亡以后，阿里不哥、窝阔台系后王纷纷觊觎并登上汗位，甚至异姓封建主也加入到汗位的争夺中来。视自己为汗统"正宗"即元室系统的忽必烈后裔对此自然不满，也不会善罢甘休，经过反复较量，汗统终于又回到并牢牢掌握在忽必烈系后裔手中。汗位几度被篡夺，对忽必烈系后裔来说是一种耻辱，他们不愿意承认这一事实，于是不惜篡改历史。在成书年代早于《源流》的《黄金史纲》中，作者避而不谈必里秃汗（元昭宗）以后各代大汗的家系，《黄史》则将明代蒙古各代大汗一律说成出自忽必烈系，《源流》照搬了《黄史》的说法，反映出萨冈身为忽必烈后裔的立场，也反映出这种成吉思汗—忽必烈系黄金家族正统思想的根深蒂固。《源流》否认汗位曾被异姓篡夺的事实，同时谴责了异姓封建主的篡权行为，通过哈儿忽出黑·皇台吉之口明确指出"上天有太阳、月亮二物，下土有大汗、吉囊二主"，元室正统才有资格当大汗、吉囊，而瓦剌也先等异姓封建主只能做"太师、丞相"，汗权决不能交给异姓封建主。萨冈还极力维护黄金家族的地位和利益，举例说明危害黄金家族成员必遭恶报：瓦剌脱欢太师企图篡夺汗位，遭成吉思汗在天之灵的惩罚而死（事实上很可能是被黄金家族的人暗杀的），火鲁剌思人沙不丹欲害太松汗（脱脱不花）时，他的女儿（太松汗的弃妻）劝他不要对孛儿只斤氏后裔下手，否则将遭不测；莫兰汗即位之前曾一度在一个火鲁剌思人家中受奴役，结果那一带发生灾荒，巫师卜算出是对孛儿只斤氏后裔不恭遭到的报应；应绍卜首领亦不剌、阿儿秃斯首领满都来等人密谋杀害答言汗次子兀鲁思孛罗，另一阿儿秃斯人出来劝止，说如果加害成吉思汗后裔，将失去上天的护佑。

第五，史书编撰技能趋向成熟，趋向规范化。《黄金史纲》、罗桑丹津《黄金史》、《黄史》、《阿萨剌黑齐史》等17世纪蒙文史书都存在对资料处理不细，直接抄辑的现象，尤其是罗桑丹津《黄金史》最为明显。相比之下，《源流》显示出它的完整性，它的内容都是经过对所用材料（包括书面的和口头的）进行统一处理后组编成的，对材料中的不同说法作了选择，对人物和事件的年代作了推算，因此文中基本看不到前后矛盾之处。从《元朝秘史》到大多数17世纪蒙文史书，作者们并不明确应该全面、清楚地交代引用和依据的文献资料，写出书名、作者名、成书年代、史源文献。有些不提作者名，有些不提成书年代，有些则除书名外什么也不提，而且绝大多数不交代史源文献。《源流》在这方面有很大改进，不仅明确交代了书名、作者名、成书年代，还详细列出了史源文献。这不能不说是蒙文史书编撰史上的一个进步。

任何一部著作都不可能做到完美无缺，何况出自17世纪蒙古草原贵族史家之手的《源流》，对其缺点，是不难想见的。

由于时代的局限，一方面，作者在思想观念上受到束缚，因此《源流》与其他17世纪蒙文史书一样，仍旧没有脱离草原史书文史不分的传统，史实与传说继续混存，一些很重要的历史人物和事件被简单的传说代替①，藏传佛教的思想烙印使得全书宗教色彩过浓，荒诞的神话充斥史书的各篇章。过分注重与佛教有关的题材，便妨碍了其他重大史实（政治、经济内容）的报道。归根结底，这是作者藏传佛教格鲁派世界观所决定的。因为在作者看来，那些荒诞不经的故事（如人变蛇、鹰，天降甘露

---

① 如15世纪初至30年代活跃于蒙古政治舞台的著名人物阿鲁台太师，在《源流》里显得那么无关紧要，他的出现主要与两则俗词源学的故事有关：少年时期，瓦剌巴图剌丞相（马哈木）曾令他背筐拾牛粪，给他改名为阿鲁台（理解为"背筐者"）；后来他当上太师，出兵瓦剌，俘获了巴图剌之子，把他扣在锅下，给他改名为脱欢（误解为"锅"），以雪前耻。又如著名的瓦剌首领脱欢太师，《源流》对他的记载也过于简略，总共用了两则故事，一则是讲他被阿鲁台太师俘虏后带回家去役使，后被母亲索回；另一则是讲他企图自立为汗，被八白室内所供奉的成吉思汗的神箭射杀。

只进一个人的嘴,等等)是确有其事的,作为史料,这些故事远比一般的世俗史实重要和离奇,必须优先写入史书。所以,《源流》的史学价值不能不受影响。另一方面,客观条件也未能给作者提供完全准确无误的材料或更多可供参考的材料,加上作者世界观一叶障目,《源流》沿袭了前人的不少误记或误传。① 对材料中的不同说法进行筛选处理,就史书编撰本身来说固然是一种进步,然而对保存原始材料没有什么益处,尤其是一旦选偏,就会造成无可挽回的损失。

版本流传及研究

《源流》被誉为蒙古古代三大名著之一,是蒙古族人民宝贵的文化遗产和精神财富。问世三百多年来,一直受到重视,传抄、翻译以及研究一直未曾间断,形成了一股连绵不绝的长流。

在诸多蒙文史籍中,《源流》的流传可以说是最富特色。它拥有的版本之多和流传的范围之广,是其他蒙文古籍所不及的;它流传情况的复杂,亦令研究者们颇费脑筋。仅蒙文抄本、木刻本见于著录的就有三十多种,分别收藏于中国的呼和浩特、北京、沈阳等地以及蒙古和俄罗斯等国。这些本子的来源情况反映出《源流》不仅在蒙古人内部流传,还传到了蒙古以外的地区和国度。由于作者的手稿已佚,该书在长期辗转传抄的过程中,各版本之间又出现了程度不同的差异,因此在使用或整理、研究这部史书时,首先应对它的流传过程和版本关系有清楚的认识,以免发生不必要的偏差。自18世纪后半叶以来,国内外的学者对《源流》的流传及版本陆续进行过一些考证和研究,使不少难点逐步得到了解决,为最终厘清各版本之间的关系起到了积极的促进作用。近些年来,随着科研环境的改善、国际间学术交流的扩大、有关馆藏古籍的对外开放等,对《源流》的研究又取得了一些新的进展。国内外都有学者在积极进行校勘、转写、译注等方面的工作,一些成果已经或正待发表。

---

① 如《黄史》说阔端曾即汗位;忽必烈于丙申(1296)年去世,享年八十二岁;脱欢原名巴黑木;马儿苦儿吉思在汗位一年等等,显然有误,但《源流》还是照样搬来。事实上阔端不曾即汗位,忽必烈于1294(甲午)年去世,享年八十岁,巴黑木是马哈木的音讹,是脱欢的父亲的名字,马儿苦儿吉思在位十三年左右。

在《源流》写成约一百年后的1766年（清乾隆三十一年），外喀尔喀蒙古王公成衮扎布①将家藏的一种抄本（可称"成衮扎布家藏本"②）抄录一份献给了乾隆皇帝。当时，乾隆皇帝对成吉思汗系后裔多称"博尔济吉特"（孛儿只斤）氏，而《元史》却称元朝皇帝为"奇渥温"氏一事感到疑惑不解，于是令外喀尔喀蒙古亲王、定边左副将军成衮扎布查明上奏。成衮扎布查阅家藏《源流》抄本后，禀明原委，解除了乾隆皇帝的疑惑。乾隆皇帝于是令成衮扎布将其所藏《源流》（乾隆皇帝把它叫作"清吉斯汗世系记载档案"）抄录一份进呈③。抄录后进呈的本子，一般称作"成衮扎布呈献本"④。乾隆皇帝获此抄本后，下令将其依次译成

---

① 成衮扎布（Čenggünjab），答言汗第十一子、外喀尔喀蒙古贵族之祖格呼森札的六世孙，赛音诺颜部人。1750年（清乾隆十五年）袭札萨克和硕亲王兼盟长，授定边左副将军，1754年罢定边左副将军职。1756年和托辉特部青衮咱卜叛清，成衮扎布复职统师平叛，1771年去世。过去人们曾以为给乾隆皇帝献书的人是外喀尔喀土谢图汗部的成衮扎布，实因蒙古国国立图书馆所藏成衮扎布家藏本上后人的一条错误题注"Tüšiyetü qan-u bariγsan teüke"（土谢图汗所献史书）致讹。森川哲雄于1994年更正了这一错误（《关于蒙古国国立中央图书馆所藏〈蒙古 源流〉的抄本》，载《历史学地理学年报》第18号）。土谢图汗部的成衮扎布，生活年代早于赛音诺颜部的成衮扎布，据《王公表传》（卷7），他早在献书之事发生的20年前（1746年）就不在人世了（"［乾隆］十一年卒"）。

② 现藏蒙古国国立图书馆，题名 Tngri-deče Jayaγabar Egüdügsen Qad-un Altan Uruγ Čaγan Teüke Neretü Tuγuji（承天肇兴诸汗黄金家族白史）。藏书编号 9（517，3）ш101-Б。贝叶经卷装，竹尖笔书写。

③ 《清高宗实录》乾隆三十一年三月辛未条："又谕曰，元清吉斯汗之后裔俱系博尔济吉特氏，而元史谓元帝为奇渥温氏．彼此不符。因令成衮扎布查奏。今据称蒙古台吉等，素称奇岳特后裔，系博尔济吉特氏，查阅清吉斯汗时记载世系书亦然。看来汉字书为奇渥温尚属有因，盖伊等以汉音译蒙古字，故将奇岳特讹为奇渥温耳。着将汉字史书内奇渥温改书奇岳特，并传谕成衮扎布，该处既有清吉斯世系记载档案，著录一份进呈，以便史书汉文有应行查对之处，改正画一。"《四库全书总目提要》"《蒙古源流》"条："前者我皇上几余览古，以元代奇渥温得姓所自，必史乘传讹。询之定边左副将军喀尔喀亲王成衮扎布，因以此书进御，考证本末，始知奇渥温为却特之误。数百年之承讹袭谬得籍以厘订阐明。"

④ 此本现况不明。据扎姆查拉诺《17世纪蒙古编年史》、Л. С. Пучковский，*Монголвские бурят-монго льские и ойратские рукописы и ксилографы*，Института Востокове Дения，томI，М-Л，1957（普契柯夫斯基《东方学研究所所藏蒙古、布里亚特及卫拉特的抄本和木刻本》第1卷，莫斯科—列宁格勒，1957年）介绍，诺沃谢洛夫本卷尾有一段后人的批注：Tngri-yin Tedkügsen-ü γučin nigedüger on-a Qalq-a-yin jasaγ-un čin wang kijaγar-daki toγtaγaγči jegün eteged-ün tusalaγči jangjun Čenggünjab-un γajar-ača deger-e jarliγ-i kičiyenggüilen daγaju bariyuluγsan eke debter（乾隆三十一年喀尔喀扎萨克亲王定边左副将军成衮扎布奉诏敬献之原本），但这条批注的内容，可靠性令人怀疑。

满文和汉文,成衮扎布呈献本也因满、汉文译本的开工而再被抄录。这次重抄的本子,一般称作"故宫精钞本"(也称"内府钞本")①。至1777年(清乾隆四十二年),汉文译本告竣②。后来,清廷又对故宫精钞本进行了一些删改③,交武英殿刻板印刷。武英殿刻本一般称"殿版"④。据蒙文故宫精钞本译成的满文本、汉文本也随之作了相应的删改,在武英殿分别制成刻本。满译本、汉译本为扩大《源流》的传播范围和影响,发挥了重要作用。满译本可能由于时间仓促的缘故,误译较多。⑤ 汉译本是从满译本转译的,所以注定会沿袭满译本的错误,同时又增加了一些自身的误译。⑥ 这些误译已影响到人们对《源流》的正确认识和使用。对汉译本翻译方面的问题,学者们早有评论,张尔田在《蒙古源流笺证》序言中说:"承学之士病其音译歧亘,罕或津逮……此书叙述繁复,又经重

---

① 因成衮扎布呈献本存世情况不明,尚不好说故宫精钞本与它有何差别,但与蒙古国国立图书馆所藏成衮扎布家藏本〔藏书号9(517,3)ш101-Б,纳散巴勒珠尔1961年合校本之 a 本〕比较,故宫精钞本少吐蕃名臣迎接唐文成公主赴藏的过程、汉高祖至金末的中土皇统简史、清帝顺治之死和康熙初年史事等三大段内容。这些内容有可能是故宫精钞本的制作者删去的,也有可能是在成衮扎布呈献本中就已经删去。故宫精钞本不题书名,分为8卷,4册,线装。

② 《清高宗实录》乾隆四十二年五月辛未条:"……谕,元史、辽史、明史、通志、通典、音韵述微、蒙古源流、临清纪略各书,仍著于敏中同原阅之大臣等阅办。"《四库全书总目提要》"《蒙古源流》"条:"钦定蒙古源流,八卷,乾隆四十二年奉敕译进。"

③ 殿版对故宫精钞本较明显的改动有以下几处:将 Jingtai(景泰)改为 Jengtüng(正统)、Teyišün 改为 Tiyan šun(天顺)、Čuwang wang(闯王)改为 Li zičeng(李自成)、Qong tayiji(皇太极)改为 Tayizung(太宗),将 Edöge tende erten-ü Manju-yin Altan qaɣan-u uruɣ-tur Nuraqaɣči(库伦本作 Nuraqači)baɣatur tayisui kemegdekü……(如今却说从前满洲金皇帝的后裔中〔降生了〕名叫努尔哈赤把阿秃儿太祖的人……)缩简为 Edöge Manju Tayizu kemegdekü……(如今称为满洲太祖的人……),删去了有关皇太极纳林丹汗的哈屯囊囊太后、把自己的女儿固伦公主嫁给林丹汗之子额哲、收养额哲、阿布鼐兄弟二人的内容(52个蒙古语单词)。

④ 殿版题名 Enedkeg Töbed Mongɣol Qad-un Čaɣan Teüke Neretü Tuɣuji(印度、西藏、蒙古诸汗白史)。8卷,4册,线装。

⑤ 例如,将 oɣorčaɣ ulus(草寇之人)误译为 Ogorcak sere urse(名为斡郭尔察克的人们);将 Baɣayud-un Maɣali kemekü bey-e(姓伯牙吾名叫马阿里的人)误译成 ini eyigen-i keli Mahalai(其父之连襟玛哈赉);将 daɣaši qatun(侧室哈屯)误译为 da hatun(原配哈屯);将 Oroču šigüši(斡罗思少师)误译为 dahafi šusu(投降供纳廪给),等等。

⑥ 例如,将 Saskiy-a bandida(萨思迦·扮底达,即萨班,为八思巴的叔父)误译为"帕克巴巴剌密特"(即八思巴),将 möngke ɣajar(不坏法域,指西藏)误译为"蒙古地方",将 šim bars(壬寅)误译为"戊寅",等等。

译，非熟于满蒙音纽者不能读，非深于史学善用钩稽之术者不能通……"札奇斯钦在《蒙古与西藏历史关系之研究》（台北，1979 年）一书中提出"《蒙古源流》一书应该重译"。他从《源流》中摘出的多处引文都是他根据蒙文本重新汉译的，理由是清代汉译本与蒙文原文有出入。周清澍、额尔德尼巴雅尔在《〈蒙古源流〉初探》一文中说清代汉译本的错误"给读者造成很大的麻烦"，"为了科学研究的精确性起见"，有必要"出版新的汉译本"。清代汉译本的问题的确很多，重新汉译势在必行。但清代汉译本也并非一无是处，它的有些译文很恰当、流畅，也很在行（比如佛教用语），可以成为新的汉译本的参考。蒙、满、汉三种文字的故宫精钞本和殿版，每式各两份，分别藏于北京故宫和盛京（沈阳）故宫内。清廷据武英殿汉文刻本再抄出"四库全书本"，分藏于北京故宫文渊阁、承德避暑山庄文津阁、盛京故宫文溯阁等处。①

　　后来，从清廷的蒙、满、汉三种文本又发展出了一些新的本子。蒙文本方面，约在 18 世纪末、19 世纪初之间，俄国传教士诺沃谢洛夫（В. Новоселов）从北京带回一部抄本②（一般称作"诺沃谢洛夫本"），该本的特征显示它与故宫精钞本相近。1829 年，旅居俄国的荷兰人施密特（I. J. Schmidt）在圣彼得堡出版了据诺沃谢洛夫本印刷而成的铅字本③

---

①　四库全书本《蒙古源流》诸本之间并不完全一致，存在程度不同的差异。对此，张尔田的看法是："……然阁本已非满、蒙、汉三文合刊之旧，颇疑进呈初译与副阁所藏，写官重缮或有异同，诸家展转传钞，未必同出一源。"（《蒙古源流笺证》卷1，第1叶正面）四库全书本中，当以文渊阁本为质量最好。

②　诺沃谢洛夫本现藏俄罗斯科学院东方学研究所图书馆，该本卷首无题名，第2至第4册封里（第4册封里缺损）书 Mongγol Qad-un Tuγuji（蒙古诸汗史）。藏书编号 F188。线装，四册，毛笔书写。诺沃谢洛夫本第二册卷首有诺沃谢洛夫本人的俄文题注"诺沃谢洛夫藏书。关于蒙古王公世系的短纪。共四册，以1两2钱银子购于北京"。同图书馆所藏另一种抄本（编号 I 42）的封里有蒙文题注，说明该抄本的底本于1808年归住在北京的布里亚特人瓦西里·诺沃谢洛夫所有，1814年由诺姆图·乌塔耶夫和巴德玛·莫尔舒诺夫带到彼得堡，后来归施密特所有。柯瓦列夫斯基（А. П. Ковалевский）则说诺沃谢洛夫于1795年至1807年之间在北京购得一部抄本，诺姆图·乌塔耶夫等二人于1816年获得此抄本后，应邀到施密特处一同进行翻译工作（参见普契柯夫斯基《东方学研究所所藏蒙古、布里亚特及卫拉特的抄本和木刻本》）。

③　I. J. Schmidt, *Geschichte der Ost-Mongolen und ihres Füdstenhauses, verfasst von Sanang Setsen Chung-taidschi der Ordos*, SPb, 1829. （施密特：《鄂尔多斯萨囊彻辰洪台吉撰写的东蒙古及其王族史》，圣彼得堡，1829年。）为蒙文原文与德文译文的合刊本。蒙文原文部分，有多处施密特等人改动的痕迹，如将 erübesü 改为 maltabasu，将 Öcigin 改为 ücüken，将 tauliju 改为 tegüülijü，等等。

（一般称作"施密特本"）。1937年北京文殿阁书庄影印了该本。1934年，内蒙古喀喇沁中旗人塔清阿（Tačingɣ-a）抄成一部本子①（一般称作"塔清阿本"），经查核，该本当属施密特本的再抄本。1935年，内蒙古奈曼旗人布和贺西格（Bökekešig）在开鲁印出了一个本子②（暂称"布和贺希格本"），这个本子也源自施密特本，是将施密特本稍加改动后印成的。另外，内蒙古喀喇沁右旗人汪国钧于1918年完成了一部蒙汉合璧的蒙古史书，据查核，蒙文原文是由《源流》和《黄金史纲》的内容拼接而成的，卷首至成吉思汗去世为止的部分录自施密特本《源流》，但有些改动。1940年藤冈胜二出版了据汪国钧本完成的日译本，题名为《喀喇沁本蒙古源流》③。满译本方面，日本人江实于1940年将一部满文抄本的摹写文附在自己的日文译注本中④。汉译本方面，清代又出了其他一些抄本和刻本，如后人提到的"彭楚克林沁点校本"⑤、"芎楂书室抄本"⑥、多见于著录的"清

---

① 塔清阿本题名 Mongɣol Uɣsaɣatan-u Uɣ Ijaɣur-un Bičig（蒙古溯源史）。据后记，此抄本是塔清阿于"民国二十三年一月十五日"（1934年2月28日）在北京喀喇沁中旗王府抄成的。抄本特征与施密特本基本相同。原属善邻协会，后归哈佛燕京学社（参见田清波哈佛合刊本导言）。

② 布和贺西格本题名 Mongɣol-un Ijaɣur-un Teüke（蒙古起源史）。卷首有布和贺西格的序言，其中提到他于20世纪20年代初任职于北京蒙藏学校时，曾利用业余时间给外国人教蒙文，从一位德国学生口中得知德国驻华使馆有一部蒙古史书，借来才知是蒙德对照的蒙古史书，遂将蒙文部分抄录下来，此次印刷出版。

③ 关于汪国钧的本子和藤冈胜二的日译本，参见拙文《〈汪国钧本蒙古源流〉评介》，载《内蒙古大学学报》1995年第1期。

④ 《蒙古源流（译注）》，弘文堂，1940年。据江实介绍，他所依据的满文本是鸳渊一从沈阳带回的一部抄本的晒蓝本。

⑤ 《蒙古源流笺证》提到过此本（卷5，第28叶正面），作"彭楚克林沁点校旧钞本"。傅增湘也曾利用过此抄本，《藏园群书题记》（卷3第166页）有傅氏写于1926年的《校本蒙古源流跋》，说："……新春游厂甸，偶见旧钞本，为乾隆时敖汉旗蒙人彭楚克林沁所点校，德宗以赐肃亲王善耆。不知何时流入厂市。因假归，以新刻本对读。……"《藏园群书经眼录》（卷4）《蒙古源流》条又说："旧写本，乾隆时彭楚克林沁点校，光绪时德宗以赐肃王善耆者。余以校新刊本。…… 有善耆题识。（丙寅春见于厂肆，为丁君文楼收去）。……"傅增湘据彭楚克林沁点校本所校之本现藏北京图书馆善本室，目录卡著录"清刻本［傅增湘临彭楚克林沁校并录善耆题识陈垣校并跋张尔田跋］"。《中国古籍善本书目》（上册第215页）亦有著录。彭楚克林沁点校本今况不明。

⑥ 《蒙古源流笺证》（张尔田序言）提到过此本，作"沈庵宫保所藏芎楂书室钞本"，还说王国维1925年曾借此抄本校个人藏本。傅增湘在《藏园群书题记》（卷3，第166页）也提到他曾在"宝沈菴侍郎"处见过一部"写本"。

刻本"等。还有现在人们常用的《蒙古源流笺证》（又简称"笺证本"），该本初刊于1932年，嘉兴姚家埭沈氏家刻，1934年修版重斠，1962年新华书局重印。该本以文津阁四库全书本等本参校原文，同时作了大量史实等方面的注释，该本反映了沈曾植、张尔田、王国维三人的研究成果，为后人更好地使用《蒙古源流》这部古籍作出了重要贡献，受到了学界的高度评价①。但他们的研究也存在一些问题，主要原因在于他们不懂蒙文，无法据原文进行查对，结果不是对清代汉译本的误译无所察觉，就是依误译进行注释，只能凭主观推测来作注，因此难免出现差错。另外，从现在的角度看，他们所利用的汉籍，史料出处还可以追溯得更早些，种类也还可以挖掘得更丰富些。在笺证本出版后不久，北京文殿阁书庄将文津阁四库全书本重印出版，收入《国学文库》第27编（一般称作"国学文库本"）。

　　流传于蒙古地区的蒙文本，估计民间现已所剩无几，有幸保存下来的已多收藏于公众藏书机构中。根据有关介绍，已知诸本中出自作者家乡鄂尔多斯地区的本子不在少数。诸本中，已知较好或较具特征的本子可以举出以下几种：现藏蒙古国国立图书馆的一个古老抄本——一般称为"库伦本"的本子②，收集自鄂尔多斯阿刺黑苏勒德陵、现藏于内蒙古社会科学院图书馆的古老抄本③，一般称作"阿刺黑苏勒德本"，收集自鄂尔多斯杭锦旗锡拉召、现藏于内蒙古社会科学院图书馆的古老抄本④，人称"锡拉召本"，田清波20世纪10年代在鄂尔多斯地区见到的两种本子（"杜嘎尔扎布藏本""图门鄂勒哲依藏本"）⑤，收集自鄂尔多斯乌审旗旺

---

　　① 周清澍、额尔德尼巴雅尔：《〈蒙古源流〉初探》说："经过他们的旁证疏通之后，许多不明白的地方得到了解析，许多史实得到证实，没有根据的传闻也被辨明，这对研究者使用这部著作提供了极大的方便。"
　　② 抄本无题名，藏书编号9（517，3）щ101-B，贝叶经卷装，竹尖笔书写，足本。
　　③ 抄本无题名，藏书编号22.912/7/19（0040），贝叶经卷装，竹尖笔书写，基本为足本，卷尾有1叶多残损。
　　④ 抄本题名 Eldeb Sudur-un Quriyangγui Erdeni Altan Tobči Orošiba（诸书之汇宝金史），藏书编号22.912/7/23（0040），贝叶经卷装，竹尖笔书写，足本。与库伦本特别接近。
　　⑤ 据田清波（哈佛合刊本导言）介绍，他的"手稿A"的原本属于乌审旗的台吉杜嘎尔扎布，不题书名，贝叶经卷装，竹尖笔书写，似抄成于18世纪；"手稿B"的原本属于鄂托克旗的梅林章京图门鄂勒哲依，题名 Ejen Boγda Činggis Qaγan-u Šar-a Teüke Orošiba（圣主成吉思汗之黄史），贝叶经卷装，毛笔书写，足本。他认为这是较好的两种本子。

楚克拉布坦家、现藏内蒙古社会科学院图书馆的古老抄本①（"旺楚克拉布坦家藏本"），现藏蒙古国国立图书馆的成衮扎布家藏本，现藏俄罗斯科学院东方学研究所图书馆的诺沃谢洛夫本，故宫精钞本、殿版，以及收集自内蒙古自治区乌拉特前旗吉尔嘎朗图寺、现藏内蒙古社会科学院图书馆的古老抄本②（"吉尔嘎朗图寺本"，也有人称为"脱卜赤牙本"）等。还有江实在自己的研究中曾利用过的几种本子，据他介绍，这三种本子是他1943年至1944年在张家口时见到的，一种来自"乌兰察布地方"，一种来自"绥远地方"，一种为德王府图书室的藏本③。服部四郎曾提到他1940年在长春时得到两种蒙文抄本④。

从蒙文本的流传史和现存诸本的情况分析，这部书在长期的流传过程中至少形成了两个大的系统。一个系统以库伦本为代表，另一个系统以殿版为代表。属殿版系统的本子有：祖本成衮扎布家藏本、成衮扎布呈献本、故宫精钞本、殿版、诺沃谢洛夫本、施密特本、塔清阿本、布和贺西格本，还有情况比较特殊的扎米杨本再抄本⑤等。其余的大致属于库伦本系统。区分两个系统，主要依据其流传特点的不同，以及由此产生的一些大的增、删处的不同。殿版系统带有较明显的喀尔喀特征和

---

① 抄本题名 Ɣadaɣadu Saba Yirtinčü Toɣtaɣsan ba Dotoɣadu Ür-e Amitan Bütügsen kiged Qad-un Uruɣ-i Ügülegsen Erdeni-yin Tobči kemekü Tuɣuji Orošiba（讲述外部器世界定成、内部生灵生成及诸汗世系之宝史纲），藏书编号22.912/7/21-22（0042-43），贝叶经卷装，竹尖笔书写，书后约有10叶残损。

② 题名 Qad-un Ündüsün Erdeni-yin Tobčiy-a kemekü Orošiba（诸汗根源宝史纲），无目录卡及藏书编号。呼和温都尔在其合校本（Erdeni-yin Tobčiy-a——宝史纲，民族出版社1987年版）序言中说该本于1963年得自乌拉特前旗吉尔嘎朗图寺。

③ 江实在其《萨冈彻辰〈宝史纲〉（别名〈蒙古源流〉1662年）校本之试作》（载《冈山大学建校十周年纪念学术纪要》，1960年）一文中报告说：1943年名叫巴勒丹的蒙古人把从乌兰察布地方和绥远地方寻找到的两部抄本拿给他看；1944年他在张家口德王府的图书室见到一部抄本（两册），听人说是德王的父亲亲手抄的，特征显示它源自古老的抄本，但这些本子战后情况不明。

④ 服部四郎：《蒙古语的口语与文语》，载《蒙古学报》第2号，1941年。

⑤ 扎米杨本再抄本现藏蒙古国国立图书馆，藏书编号9（517，3）щ. 101-A。有后人题写的书名：Erdeni-yin Tobči。毛笔书写，线装，足本，是纳散巴勒珠尔合校本之 e 本的原本。据森川哲雄《关于蒙古国国立中央图书馆所藏〈蒙古源流〉的抄本》一文介绍，该本卷尾有红笔批注：Daruɣ-a Jamiyan Abaɣanar-ača olju iregsen nuuraɣ eki-eče qaɣulan bičigülbei（抄自扎米杨馆长从阿巴哈纳尔获得的原本）。由于这个本子与成衮扎布家藏本特征相近（但多出书后79节格言诗），所以也列入殿版系统。

清朝特征。殿版的祖本成衮扎布家藏本中，已经可以看到后人插添内容的痕迹。插添的内容包括有关成吉思汗的几段文字和有关外罕哈蒙古重要首领之一阿巴岱的一段文字①。这一特征为殿版系诸本所承袭，但库伦本系诸本大都没有这些内容。除此之外，自故宫精钞本以下，殿版系诸本又都缺少有关吐蕃大臣迎接唐文成公主赴藏的过程、汉初至金末的中原皇统简史、清帝顺治之死和康熙初年史事等三大段内容，并且缺少书后所附 79 节格言诗。库伦本系诸本大都保存这三大段内容，但一些本子不附书后 79 节格言诗。即使同一系统中，各本之间也存在程度不同的差异，抄讹、脱漏、衍增、错简、误植等现象普遍存在，但不尽相同。辗转传抄过程中总是难免出现各种各样的问题，而且抄写者往往会根据个人的兴趣对原文做一些增补、删除或改写之类的事，这也是蒙文古籍传抄中的常见现象。因此，对一些情况比较特殊的本子也应给予充分的注意，如吉尔嘎朗图寺本一类本子②，经过后人的层层加工，面目改变很大。以吉尔嘎朗图寺本为例，它比库伦本系、殿版系诸本都要简略得多，不仅有大量的缺文，而且还有不少简写文、改写文以及不少不见于

---

① 例如：在成吉思汗出兵西夏的内容前面插入了 64 个单词，讲的是有关西夏国王所养黄狗预知蒙古大军将来进攻的故事（相似的内容见于《黄金史纲》和罗桑丹津《黄金史》），插入后造成上下文连接不通顺。在成吉思汗率大军行至母纳山一句之前插入了 119 个单词，讲的是有关成吉思汗向哈撒儿索要大皂雕翎的故事（相似的内容亦见于《黄金史纲》和罗桑丹津《黄金史》），插接稍显不自然。在成吉思汗的遗言（韵文）中插入两节共 54 个单词（相似的内容见于《黄金史纲》、罗桑丹津《黄金史》和《阿萨剌黑齐史》）。在外罕哈阿巴岱台吉拜见三世达赖喇嘛的一段内容中，删去有关三世达赖喇嘛送给阿巴岱佛像并赐汗号的 35 个单词，换上情节较详的 86 个单词（相似的内容见于《阿萨剌黑齐史》）。阿巴岱为格列散扎第三子诺诺和的长子，即定边左副将军成衮扎布四世祖图蒙肯之兄，曾于 1585 年修建额尔德尼召，1586 年前往土蛮地区拜见三世达赖喇嘛，获汗号，是将格鲁派藏传佛教引入外罕哈地区的重要人物。

② 已知另外还有两种类似的本子，一种也收集自乌拉特前旗吉尔嘎朗图寺，现藏内蒙古社会科学院图书馆，藏书编号 22. 912/7/24（0045），不题书名，贝叶经卷装，竹尖笔书写；另一种现藏内蒙古图书馆，藏书编号 K281. 2/5 - 5，题名 Šar Teüke（黄史），副标题 Zambuling Amitan Egüdegsen-eče Edöge-dür kürtele Baruγlaju Medekü Tobči（南赡部洲众生源起至今日之略史），贝叶经卷装，竹尖笔书写，非足本。森川哲雄对这一类的三种本子有详细的校勘（《〈蒙古源流〉——Erdeni-yin Tobčiy-a 之校订》，九州大学，1996 年）。

他本的独特补文①。然而从基本特征看，它还是应该属于库伦本系统，因为在前面提到的那几个大的增、删处它与库伦本系诸本基本一致（只是缺少吐蕃大臣迎接唐文成公主入藏的过程）。考虑到其他方面的差异，可以视此类本子为库伦本系统中的一个变种。鉴于两大系统的流传特点，可以肯定库伦本系统比殿版系统更为接近于作者的原书。尤其是库伦本优点更多，它不仅内容完整、用字古老、字迹工整清晰，而且保存得也相当完好，是目前国内外学界公认的最佳本子。② 不过库伦本也不能说十全十美，它也存在讹倒衍脱等问题，只是程度较轻而已。以库伦本做底本，校以其他较好或特征较强的本子，可以整理出一部较为理想的定本。

20 世纪以来，一批依靠新印刷术出版的本子先后问世。1905 年和 1906 年，日本人内藤湖南两赴沈阳故宫，先后将宫内所藏蒙文殿版、满文殿版制成晒蓝本带回日本。③ 1937 年，北京文殿阁书庄影印再版了施密特本。1955 年，德国人海涅什在柏林出版了库伦本的影印本。④ 1959 年、

---

① 吉尔嘎朗图寺本较长的缺文约有 40 多处，如缺少所谓合不勒汗七子与俺巴孩汗十子结仇的故事、忽必烈与八思巴讲经论法的故事、察罕儿土蛮汗遣使邀请三世达赖喇嘛之事、1621 年阿儿秃斯卜失兔吉囊入袭汉地延安等处之事等。简缩的文句约有 7 处，如将忽图黑台长子完者·允都赤杀出敌围的一段文字（库伦本第 71 叶背面第 24 行至第 72 叶正面第 4 行，共 78 个单词）缩简为 31 个单词等。改写的语句约有 20 多处，如将 Toɣtongɣ-a baɣatur tayiji-yin köbegün Andung čing tayiji（脱黑统阿把都儿台吉之子安敦青台吉）改为 Qasar ejen-ü köbegün Andung čing tayiji（哈撒儿大王之子安敦青台吉），将 Udmčung kemebesü gerel ɣaruɣsan kemeyü（"文成"义为发光）改为 Udmčung kemebesü dalai-ača törögsen lingqu-a kemeyü（"文成"义为海生莲花之意）等。补文约有 30 多处，如在汉朝帝系之前补加了周朝传 36 代、秦朝传 2 代的内容等。

② 库伦本包括正文、跋文（7 节韵文）和书后 79 节格言诗，是现存少有的几个足本之一，文中脱漏之处也相对较少。库伦本中古老词汇的例子可以举出不少，如：teskigül（除掉），nitulju（割、切），temkügüljü（捡、拾），könörge（种、源），šilebei（杀），küsüg（愿望），tungqun（重新）等，这些词，殿版系统诸本多作 tebčitügei, oɣtalju, tegülgejü, köröngge, alabai, küsel, dakin, 都是较新的词。有些词的拼写形式保留了元代的特点，如 MATO, ARKATO 等。

③ 参见鸳渊一《关于北平、奉天故宫所藏〈蒙古源流〉》（《史林》第 19 卷第 4 号, 1934 年）、山本守《读〈关于北平、奉天故宫所藏蒙古源流〉》（《史林》第 20 卷第 2 号, 1935 年）。

④ E. Haenisch, *Eine Urga-Handschrift des mongolischen Geschichtswerk von Secen Sagang (alias Sanang Secen)*, Berlin, 1955. [海涅什《萨冈彻辰（或萨囊彻辰）所著蒙古史书的库伦抄本》, 柏林, 1955 年。]

1966年，他又在威斯巴登先后出版了蒙文殿版、蒙文故宫精钞本的影印本。① 1956年，美国哈佛大学出版社出版了由柯立夫（F. W. Cleaves）编辑、田清波作序的三种本子的影印本。② 这三个本子是田清波于20世纪10年代在鄂尔多斯地区请人或亲自从旧抄本抄得的，其中手抄稿A本抄自杜嘎尔扎布藏本，手抄稿B本抄自图门鄂勒哲依藏本，手抄稿C本抄自一位杭锦旗人的藏本（"杭锦本"）。1962年，阿剌黑苏勒德本的影印本在呼和浩特出版。③

20世纪30年代以来，国内外还出版了一些校勘本和音写本。1933年，海涅什在莱比锡出版了满文殿版的罗马字音写本④。1961年，纳散巴勒珠尔（C. Nasunbaljur）在乌兰巴托正式出版了以库伦本为底本、蒙古国国立图书馆所藏其他三种本子为参校本的合校本⑤。三种参校本中，列为a本的即成衮扎布家藏本；列为e本的即扎米扬本再抄本；列为i本的，来源不详。成衮扎布家藏本和扎米扬本再抄本的间接公布，为弄清殿版系统的起源及其诸本间的关系，乃至划分两大系统提供了方便和依据。1987年，呼和温都尔（Kökeöndür）在北京出版了一个合校本，底本即吉尔嘎朗图寺本，参校本为库伦本、锡拉召本等五种本子。⑥ 1990年，由江实、罗依果（Igor de Rachewiltz）、克鲁格（J. R. Krueger）、乌兰

---

① E. Haenisch, *Der Kienlung-druck des mongolischen Geschichtswerks Erdeni Yin Tobci von Sagang secen*, Wiesbaden, 1959.（海涅什《萨冈彻辰所著蒙古史书〈宝史纲〉的乾隆殿版》，威斯巴登，1959年）；*Qad-un Ündüsün-ü Erdeni-yin Tobčiya ' Eine Pekinger Palasthandschrift'*, Wiesbaden, 1966.（《〈诸汗根源宝史纲〉的北京故宫抄本》，威斯巴登，1966年）。

② A. Mostaert, F. W. Cleaves, *Erdeni-yin Tobči, Mongolian Chronicle by Sagang Sečen*, Harvard University Press, 1956.（田清波、柯立夫《〈宝史纲〉萨冈彻辰蒙古编年史》，哈佛大学出版社，1956年。）

③ Mergenbayatur, *Qad-un Ündüsün-ü Erdeni-yin Tobči*, Kökeqota, 1962.（莫尔根巴特尔《诸汗根源宝史纲》，呼和浩特，1962年。）仿贝叶经卷装。

④ 《蒙古源流，萨囊彻辰蒙古史之北京故宫满文刻本之转写》（*Monggo han sai da sekiyen, Die Mandschufassung von Sanang Secen's mongolischer Geschichte, nach einem in Pekinger Palast gefungenen Holzdruck in Umschreibung*）。

⑤ Č. Nasunbaljur, *Sagang secen Erdeni-yin Tobči*, Ulanbator, 1961.（纳散巴勒珠尔《萨冈彻辰〈宝史纲〉》，乌兰巴托，1961年。）

⑥ Kökeöndür, *Erdeni-yin Tobčiy-a*, Begejing, 1987.（胡和温都尔校注《蒙古源流》，北京，1987年。）

(B. Ulaan) 等四人共同完成的校勘音写本①在澳大利亚国立大学出版。这个校勘音写本以库伦本为底本，校以其他多种本子，改正了底本较明显的讹误之处，使用脚注加以说明，将缺漏的文句、段落加注收补在附录内。1991年，罗依果、克鲁格二人又根据1990年校勘音写本出版了词汇索引本②。1996年，森川哲雄在日本九州大学印行了以吉尔嘎朗图寺本为底本的校勘音写本，参校本为特征与其相近的两种本子。另外，据说内藤湖南曾以文溯阁四库全书本、沈阳故宫所藏蒙、满、汉三种殿版参校汉文清刻本，拟出版汉文校勘本，20世纪10年代初已印出第一册，在他访欧时仅装订出几本，送与欧洲学者，后来此校勘本的出版似乎搁置了下来③。还有报告说20世纪30年代中后期，苏联学者卡扎克维奇（V. A. Kazakevič）完成了蒙文校勘本的工作，但出版因政治原因受到了影响④。

《源流》自清乾隆年间译出满文本、汉文本后，至20世纪80年代，其间又陆续出了不少其他文种的译注本。施密特的德文译注只比清代汉译本晚五十多年，为《源流》在西方的传播开辟了道路，西方的不少学者就是通过施密特的译本认识《源流》这部书的，不少人在自己的研究中利用了施密特的成果，如霍渥斯、伯希和等。在肯定施密特德文译注的功劳的同时，也指出其不足，由于时代所限，他不可能参考更多的资料和研究成果，因此译文中有不少误译，有些注释也已显得过时⑤，注释的比例

---

① M. Gō, I. de Rachewiltz, J. R. Krueger, B. Ulaan, *Erdeni-yin Tobči* (*Precious Summary*), *Sagang secen*, *A Mongolian chronicle of* 1662, The Australian National University, 1990.［江实、罗依果、克鲁格、乌兰：《〈蒙古源流（宝史纲）〉，萨冈彻辰1662年蒙古编年史》，澳大利亚国立大学，1990年。］

② I. de Rachewiltz, J. R. Krueger, *Erdeni-yin Tobči* (*Precious Summary*), *Sagang secen*, *A Mongolian chronicle of* 1662, Word Index to the Urga text, The Australian National University, 1991.［罗依果、克鲁格：《〈蒙古源流（宝史纲）〉，萨冈彻辰1662年蒙古编年史，库伦本词汇索引》，澳大利亚国立大学，1991年。］

③ 参见鸳渊一《关于北平、奉天故宫所藏〈蒙古源流〉》、石滨纯太郎《〈蒙古源流〉札记》（载《北亚细亚学报》第1辑，1942年）。

④ 参见J. R. Krueger, *On Editing Sagang Secen*, Central Asiatic Journal, 4-3, 1959.（克鲁格：《关于萨冈彻辰书的校订》，载《中亚杂志》4-3，1959年。）克鲁格说这一校勘本利用了五种主要版本，正准备出版时，卡扎克维奇被捕，后来死去，稿本下落不明。

⑤ 例如：他相信《源流》所谓蒙古汗统源出西藏的说法（第4章注1）；以腾吉思海子为青海湖（第4章注3）；以所谓成吉思汗葬地"阿勒台山之阴、肯特山之阳"的阿勒台山为六盘山，从而认为成吉思汗去世后遗体就近埋葬在了鄂尔多斯的黄河母纳山一带（第4章注64）等。

也有失平衡，占全书一半内容的明代蒙古史部分的注释才占全部注释的四分之一左右。1985年，施密特的译注文在苏黎世再版。① 1940年，江实在东京出版了据满文本完成的日文译注本。江实的译文是从满文精钞本转译的，不可避免地沿袭了满译本的错误，不过，对满译本的一些明显误译，江实依据蒙文原文（施密特本）另作了翻译，收在注释中。江实的译文还是比较精细的，但注释的量比较小，而且多属语言训诂之类。1964年，克鲁格在布鲁明顿出版了据库伦本前面一部分内容完成的英文译注文②，此后他作了些扩增和改订，于1967年出版。③ 克鲁格的译文还比较准确，但仍有一些误译④，注释的量太少，只有十几个简短的校勘类注释，没有史实的考订。1981年，崔鹤根在汉城出版了朝鲜文译注本⑤。这是第一部朝鲜文本《源流》。崔鹤根的译文，前三卷据满文本译出，后五卷据施密特本译出，底本选择稍显不当。他采取的是"对译"即旁译的方式，原文为拉丁音写，译名多依清代汉译本，沿袭了一些误译，转写也欠准确⑥，注释基本不涉及史实考订，多为年代的换算，不同译文的对照，词汇解释

---

① Herausgegeben und mit einem Nachwort von Walther Heissig, *SAƔANG SEČEN*, *Geschichte der Mongolen und ihres Fürstenhauses*, Zürich, 1985.（海西希编辑并撰写跋文，《萨冈彻辰的东蒙古及其王族史》，苏黎世，1985年。）未收施密特书中的蒙文原文部分，跋文主要介绍了施密特的研究生涯以及他与《源流》的关系。

② J. R. Krueger, *Sagang Sechen*, *A History of the Eastern Mongols to 1662* (*Erdeni-yin Tobči*), Part I: Chapter 1 to 4, Bloomington, 1964. [克鲁格《萨冈彻辰写于1662年的东蒙古史（宝史纲）》，第1部分：第1—4章，布鲁明顿，1964年。] 内容从世界初创至成吉思汗去世（1227年）止。

③ J. R. Krueger, *Sagang Secen*, *Prince of the Ordos Mongols*, *The Bejewelled Summary of the Origin of Khans* (*Qad-un Ündüsün-ü Erdeni-yin Tobči*) *A History of the Eastern Mongols to 1662*, Part I: Chapter 1 to 5, Bloomington, 1967. （克鲁格《鄂尔多斯蒙古贵族萨冈彻辰：诸汗根源宝史纲，写于1662年的东蒙古史》，第1部分：第1—5章，布鲁明顿，1967年。）内容从卷首至额勒伯克汗之死（1399年）止。

④ 例如：将Batasqan（巴塔思罕）误译为Bedes-qan（Prince Bedes—别迭王子）；将daɣaši qatun误译为专名Lady Dagasi（达哈失夫人）；将［Uqaɣatu］qaɣan uridu jegüdün-e üjegsen tere nükeber oroju……（[乌哈笃]皇帝钻进先前梦中所见到的那个地洞）误译为The king, believing the speech displayed in his former dream（汗相信从前梦中所出现的话语）等。

⑤ 崔鹤根：《蒙古诸汗源流之宝纲〈蒙古源流〉》，玄文社，汉城，1981年。

⑥ 例如：将Kentei qan（肯特山）误译为"哈岱汗（山）"；将dörben Oyirad-i toyin-dur-iyan oroɣulun（收服四瓦剌）误译为"将四瓦剌没入僧籍"；将bečin（申）误写为bacin，将yeldeng误写为jaldang等。

等。此外，20 世纪还出了两种新的汉文译注本。一种是内蒙古喀喇沁旗人汪睿昌 1927 年在北京出版的《译注蒙古源流》①（也被称作"蒙文书社本"），所谓"译注"，实际上只是将汉文殿版重刻后，在一些专有译名下注出其原文（包括蒙、梵、藏、满文几种文字），可能他没有直接看到蒙文本，所以许多注文与蒙文本原文不相合。另一种是道润梯步于 1981 年在呼和浩特出版的《新译校注〈蒙古源流〉》②。道润梯步的译文是据蒙文殿版译出的，纠正了不少清代汉译本的误译，但还是有些误译③，注释中大量引录《蒙古源流笺证》的注文，表示自己独立见解的注释相对少一些，所采用的文体也值得商榷。此外，克鲁格还于 1961 年出版了《源流》所有韵文的英译文④。刘元珠于 1982 年发表了书中汉初至金末的中国皇统史部分的汉译注文⑤。1982 年至 1983 年，乌兰分三篇发表了书中达延（答言）汗部分的汉译注文⑥。

　　《源流》这部草原史书传到清廷以后，影响逐步扩大，引起更多人的注意，人们开始对它进行多方面的研究。版本学、文献学方面的研究开始得较早，成果也较多。写于 1789 年（清乾隆五十四年）的《四库全书总目提要》的《蒙古源流》条，可以说是对该书最早的研究评述。该条提要交代了汉译本的译成时间、蒙文本的由来，据原文点出了作者姓名、参考文献及写作年代等，简明扼要地介绍了原书的内容，分析了体例，在肯定该书记述蒙古内部史事独有优势的同时，指出了它的主要毛病是有些内

---

① 汪睿昌：《译注蒙古源流》，北京蒙文书社 1927 年版。
② 道润梯步：《新译校注〈蒙古源流〉》，内蒙古人民出版社 1981 年版。
③ 例如：将 ülü idegešin（不习惯）误译为"不信"；将 daγaši qatun（侧室夫人）误译为"达哈氏夫人"；将 Qaliγučin（部名）误译为普通名词"猎獭者"；将 Lingdan qutuγ-tu qaγan-u baγ-tur jergeber oron（一同投入林丹忽秃合罕的队伍）误译为"与灵丹胡图克图合罕同为巴图尔"等。
④ J. R. Krueger, *Poetical Passages in the Erdeni-yin Tobči*, Hague, 1961. （克鲁格：《〈蒙古源流〉中的诗段》，海牙，1961 年。）
⑤ 刘元珠：《〈蒙古源流〉补遗之一》，载《内蒙古大学学报》1982 年第 2 期。
⑥ 乌兰：《满都海哈屯与达延汗——〈蒙古源流〉选译并注释》，《内蒙古大学学报校庆 25 周年纪念集刊》（1982 年）；《从亦思满被诛到兀鲁思孛罗遇弑——〈蒙古源流〉选译并注释》，《内蒙古大学学报》1983 年第 2 期；《右翼之战与达延汗统治的最终确立——〈蒙古源流〉选译并注释》，《内蒙古大学学报》1983 年第 4 期。

容和年代与史实不符①。在西方,施密特获得诺沃谢洛夫本后不久,即于 1820 年发表文章,首次向学界介绍了《源流》一书的存在②。待 1829 年他的蒙德合刊本出版,更是引起了学界的轰动,随之出现了一批相关的文章。其中,雷缪萨(A. Rémusat)在 19 世纪 30 年代初发表的评论文章中,根据《四库全书简明目录》指出《源流》汉译本的存在③。1846 年,绍特(W. Schott)发表文章,根据圣彼得堡东方部图书馆藏书目录也介绍了一种汉文抄本。④ 1856 年,瓦西列夫(M. Wassiliev)简单介绍了圣彼得堡大学图书馆所藏汉文刻本的情况。⑤ 1900 年,夏德(Fr. Hirth)撰文声明自己拥有一部汉文本。⑥ 此前他曾请各处学友广泛调查该书在欧洲的收藏情况,结果只有法国的沙畹(Ed. Chavannes)在东方语言学校附属图书馆寻查到一部汉文抄本,该本原为德维利亚(G. Devéria)个人藏书,而德维利亚本人已发表文章谈及此书,不过他误以为汉文本是原本,蒙文本是译本,因此夏德在文章中根据自己所藏汉文本的序言纠正了德维利亚

---

① "……自顺帝北奔,后世传汗号至林丹库图克图汗,而为我朝所克,中间传世次序、名号、生卒年岁,厘然具载,铨叙极为详悉……""至于塞外立国,传授源流,以逮人地诸名、语言音韵,皆其所亲知灼见,自不同历代史官摭拾影响附会之词妄加纂载,以致鲁鱼谬戾,不可复凭。得此以定正舛讹,实为有裨史学……""如以库色勒汗为元明宗弟,在位二十日,史无其事,又以明太祖为朱葛,仕元至左省长官,谗杀托克托噶太师,遂举兵迫逐顺帝,亦为凿空失实,其他纪年,前后亦往往与史乖迕。盖内地之事,作者仅据传闻录之,故不能尽归确核……"

② I. J. Schmidt, *Einwürfe gegen die Hypothesen über Sprache und Schrift der Uiguren*, Les Mines de l'Orient, T. VI. 1820. (施密特:《对畏吾儿语言文字假说的异议》,载《东方富源》第 6 集,1820 年。)

③ A. Rémusat, *Observations sur l'ouvragede M. Schmidt, intitule Histoire des Mongols orientaux*, Nouveau Journal Asiatique, Tome. 8、9. (雷缪萨:《观施密特〈东蒙古史〉一书》,载《新亚细亚杂志》第 8、9 卷。)

④ W. Schott, *Älteste Nachrichten von Mongolen und Tataren*, Abh. d. Berl. Ak. 184b. S. 2 des Sonderab-drucks. (绍特:《有关蒙古与鞑靼的最古老的报道》,柏林科学院,1846 年特刊。)

⑤ M. Wassilev, *Notice sur le ouvrages en langues de l'Asie orientale, qui se trouvent dans la bibliothéque de l'universitè de Saint-Petersbourg*, Mélanges Asiatiques de st. Petersbourg, Ⅱ, 1856. (瓦西列夫:《圣彼得堡大学图书馆所藏亚洲东方语著作解说》,载《圣彼得堡亚洲论丛》,第 2 卷,1856 年。)

⑥ Fr. Hirth, *Über eine chinesische Bearbeitung der Geschichte der Ost-Mongolen von Ssanang Ssetsen*, Sitzungsberichte d. philosophisch-philologischen und der historischen Classe der k. b. Akademie der Wissenschaften zu München, 1900. (夏德:《关于萨囊彻辰〈东蒙古史〉之汉文本》,载慕尼黑科学院《哲学语文学历史学会议报告》,1900 年。)

的错误。1904 年，海涅什以更多的证据进一步论证了蒙文本为原本，汉文本为译本的观点。① 内藤湖南于 1905 年和 1906 年在沈阳故宫发现蒙、满、汉三种本子后，即着手进行校勘，弄清了三种文本之间的关系，指出蒙文本为原本，满文本为译本，汉文本为满译本的译本，但他只是停留在口头上，并未正式撰文发表这一观点。② 1930 年，陈寅恪首次正式发表文章论证了汉文本是由满文本转译的问题。③ 1934 年，鸳渊一两度撰文讨论《蒙古源流》的版本问题，着重介绍了内藤湖南发现沈阳故宫诸本并将蒙、满文殿版制成晒蓝本的经过，以及沈阳、北京故宫所藏诸本的情况。④ 1935 年，山本守就鸳渊一的文章发表意见，更正了其中的一些不确切的说法，并补充了一些新材料，1938 年至 1939 年，山本守又连续发表《〈蒙古源流〉杂考》第一至第三篇⑤，将自己对蒙、满、汉三种文本进行比较研究的新成果公布于众，文中列有施密特本·蒙文故宫精钞本·蒙文殿版的异同表、满文故宫精钞本·满文殿版的异同表、蒙文殿版·满文殿版·汉文殿版的异同表，对厘清诸本之间的关系作出了重要贡献。1936 年，札姆察拉诺在其《17 世纪蒙古编年史》一书中较详细地分析、介绍了库伦本等五种本子，通过比较，得出库伦本为"最好的抄本之一"的结论。1940 年，江实在其日文译注本的第一编"《蒙古源流》诸本之研究"中，对该书的流传和以往的研究情况作了就当时来说最为全面的介绍。1942 年，石滨纯太郎发表《〈蒙古源流〉札记》一文，对江实的研究作了些补充和更正。1943 年，佐口透亦撰文发表了对《蒙古源流》版本方面的看法，用较大篇幅翻译介绍了札姆察拉诺对库伦本的研究。⑥

---

① E. Haenisch, *Die chinesische Redaktion des Sanang Setsen*, *Geschichte der Ostmongolen*, im Vergleiche mit dem mongolischen Urtexte, Mitteilungen des Seminars für Orientalische Sprachen 7, Berlin, 1904.（海涅什：《萨囊彻辰〈东蒙古史〉汉文本与蒙文原本之比较》，《东方语言研究室通报》第 7 期，柏林、1904 年。）

② 参见鸳渊一《关于北平、奉天故宫所藏〈蒙古源流〉》、江实日文译注本第一编、石滨纯太郎《〈蒙古源流〉札记》。

③ 陈寅恪：《吐蕃彝泰赞普名号年代考——〈蒙古源流〉研究之一》，载《国立中央研究院历史语言研究所集刊》第 2 本。

④ 鸳渊一：《关于〈蒙古源流〉》（载《史学杂志》第 45 卷第 7 号）；《关于北平、奉天故宫所藏〈蒙古源流〉》。

⑤ 山本守：《读〈关于北平、奉天故宫所载蒙古源流〉》；《〈蒙古源流〉杂考》第一至第三篇（载《满洲史学》2—1、2—3、2—4）。

⑥ 佐口透：《库伦本〈蒙古源流〉一斑》（载《民族学研究》新第一卷第 4 号）。

1959 年，克鲁格以《关于萨冈彻辰书的校订》为题发表文章，在讨论校订出版一个蒙文定本的必要性和具体操作方法之前，回顾了以往的研究情况，提供了一些新信息。1963 年，田村实造发表《关于殿版〈蒙古源流〉》①一文，依据《清实录》《四库全书总目提要》中的有关内容，专门讨论了蒙、满、汉三种殿版之间的关系，并较详细地列出了三种文本各自的流传图，使这方面的研究有了更新的进展。1992 年，乔吉发表《蒙古历史文献版本类型与系统》②一文，文中亦论及《源流》的流传情况及版本系统，附有版本系统图。进入 20 世纪 90 年代以来，森川哲雄陆续发表几篇有关《源流》版本方面的文章。1990 年发表《关于与〈蒙古源流〉殿版系诸本相关的问题》一文③，探究了蒙文殿版一系流传中的一些细节。1993 年前后，他写了一篇《关于〈蒙古源流〉诸本》的短文（似未正式发表），简要介绍了他 1992 年至 1993 年在呼和浩特和乌兰巴托实地调查的结果，内容涉及内蒙古社会科学院图书馆、内蒙古图书馆和蒙古国国立图书馆所藏蒙文诸本的情况，指出前人著录或介绍中与实际收藏情况不相符的一些地方，将诸本细分为五个系统：1. 库伦本系统；2. 阿剌黑苏勒德本系统；3. 吉尔嘎朗图寺本系统；4. 殿版系统；5. 系统不明类。1994 年，他又发表《关于蒙古国国立中央图书馆所藏〈蒙古源流〉的抄本》一文，根据 1992 年的实地调查结果修正了自己以前的一些观点，重新排出了蒙文殿版系统的流传图。1995 年，他的《关于〈蒙古源流〉的抄本及其系统》一文④正式发表，该文是在其 1993 年短文的基础上写成的，作了进一步的补充和扩展，论述更为详赅。通过该文，读者可以对蒙文诸抄本有一个全新、准确的了解。森川哲雄辛勤细致的工作功不可没。

江实的译注本的第一编专门介绍、分析了《源流》的流传情况及其诸本之间的关系，第二编"通过诸本复原的《蒙古源流》之原形"则探讨了原书书名、参考书名、原书卷数、作者姓名和家系、写作年代以及写

---

① 田村实造：《关于殿版〈蒙古源流〉》，载《岩井博士古稀纪念论文集》，1963 年。
② 乔吉：《蒙古历史文献版本类型及系统》，《内蒙古社会科学》1992 年第 1 期。
③ 森川哲雄：《关于与〈蒙古源流〉殿版系诸本相关的问题》，载《布目潮沨博士古稀纪念论集·东亚的法制与社会》，汲古书院，1990 年。
④ 森川哲雄：《关于〈蒙古源流〉的抄本及其系统》，载《亚非语言文化研究》第 50 辑，1995 年。

作地点等问题,是第一位较全面关注、研究这些问题的学者,他的研究下了功夫,成果给后人以很多参考和启发。在此之前,海涅什在满文本音写本的序言中已根据库伦本正确指出了书名、作者名和参考文献名[①]。海涅什从青年时代起致力于《源流》各版本的收集、研究和出版,做了很多有益的工作,他的贡献后人不会忘记。田清波为其三种蒙文抄本在哈佛出版所写的长篇导言,是一篇非常精彩的研究论文。田清波有在鄂尔多斯地区几十年的生活经历,精通蒙古语及其鄂尔多斯方言,手头又有多种可利用的本子和参考资料,这些优势使他的研究具有了一种不可替代的独特魅力。例如他对作者家系、生平、居住地等方面的论述,没有仅满足于介绍作者书中所提供的那些情况,而是利用明代汉籍和其他蒙文史书的有关记载进行深入的考证,并且依据他本人在作者家乡的所见所闻补充了不少新内容,而文章最后对《源流》所保留古老词语的解说,反映出他在蒙古语文学方面的造诣。1959 年,海西希(W. Heissig)在其《蒙古的家族宗教史学》第一卷中也对《源流》作了较详细的介绍[②],包括作者生平、书名、成书年代、参考文献等方面,还谈到了书中出现的一些部落名,并将书中个别内容与《黄史》《黄金史纲》列表作了比较。1978 年,蒙古学者比拉的《蒙古史学史》一书出版,《源流》作为 17 世纪最重要的蒙文史书得到了评述。比拉的研究主要从史学史的角度展开,但同时也对作者生平、成书年代、流传情况、内容结构、参考文献等方面作了相应的考证和介绍。此后,1979 年出版的留金锁的《13 至 17 世纪的蒙古历史编纂学》[③] 一书、1981 年发表的崔鹤根的《蒙古史料与〈蒙古源流〉解评》[④] 一文、1994 年出版的《蒙古历史文献概述》所收包文汉有关《蒙古源流》的评述等,也都对有关情况进行了常规性的评介。1980 年,周

---

① 因殿版、施密特本等本的原文有误,在很广的范围内引起了书名、作者名和参考文献名上的混乱(参见前文有关问题的论述)。库伦本有关的几处记载均不误,海涅什 20 世纪 20 年代末拍照了这部抄本,因此有条件做出正确的介绍。

② W. Heissig, *Die Familien-und Kirchengeschichts-schreibung der Mongolenl*, I, Wiesbaden, 1959.(海西希:《蒙古的家族宗教史学》第 I 卷,威斯巴登,1959 年。)

③ Liü Jin Süwe, *Arban Γurba — Arban Doloduγar Jaγun-u Mongγol Teüke Bičilge*, Kökeqota, 1979.(留金锁:《13 至 17 世纪的蒙古历史编纂学》,内蒙古人民出版社 1979 年版。)

④ 崔鹤根:《蒙古史料与〈蒙古源流〉解评》,载《东亚文化》第 18 辑,汉城大学东亚文化研究所。

清澍、额尔德尼巴雅尔合撰的《〈蒙古源流〉初探》一文正式发表[①]。该文从历史背景、作者生平、书名、内容、史学价值、文学价值、史料来源、流传及译注等方面展开全面、深入的论述,尤其在历史背景和史学价值的分析论证上功力更深,高出前人一筹,对史料来源(即参考文献)的探讨也有独到之处。

《源流》流传时间长、范围广,版本众多,各有特色。是在前人不懈的寻访、搜集和考证研究的基础上,人们对其版本学、文献学方面的认识才一步步趋向完善。仍旧存在的一些细节问题和尚需深入探讨的问题,同样有待在今后的调查研究中逐步加以解决。

(原载《〈蒙古源流〉研究》,辽宁民族出版社2000年版)

[①] 两位作者于1962年写出第一稿,以《纪念〈蒙古源流〉成书三百周年》之名印出单行本,在有关会议上散发。新稿《〈蒙古源流〉初探》是周清澍在第一稿的基础上又做了补充、修订后完成的,仍以两人的名义发表。

《〈元朝秘史〉校勘本》前言

《元朝秘史》是一部重要的蒙古学文献，是古代蒙古史最基本的史料之一。经过长期广泛的、多方面的深入研究，《元朝秘史》已经成为一个国际性的学术领域，形成了专门的学科"《秘史》学"。目前，关乎《元朝秘史》的研究成果可以说是不计其数，涉及历史、语言、文学、宗教、社会学等诸多领域。其中，文献学方面的研究开始得最早，取得的成绩较大，受关注的程度也较高。即使如此，《元朝秘史》文献学方面的研究仍然存在继续扩展和深入的空间。一方面，《元朝秘史》本身形式的特殊性以及相关记载的复杂性，给文献学方面的研究带来了较大的难度。尽管一些问题随着研究的深入逐渐趋向明朗，但是还没有达到彻底解决的地步，有些问题因资料所限可能会长期处于推测的状态。例如对原书作者、成书确切年份等问题的探讨。另一方面，随着研究环境的逐步改善，以往无法开展或无法较为充分开展的研究可以提到议事日程上了。例如对原文的全面校勘等工作。

作为此次校勘本的前言，旨在于前人研究成果[①]的基础上，就《元朝

[①] 文献解题方面的研究主要有：那珂通世的《元朝秘史》日文译注本《成吉思汗实录》（东京，1907年）序论、陈垣的《元秘史译音用字考》（初于1934年由中央研究院历史语言研究所雕版印行，后收入《励耘五种》，再收入《陈垣学术论文集》，中华书局，1982年）、洪煨莲（William Hung）的《〈蒙古秘史〉源流考》[The Transmission of the Book Known as The Secret History of the Mongols, HJAS（《哈佛亚洲杂志》）14，1951]、小林高四郎的《〈元朝秘史〉研究》（东京，1954年）、柯立夫（F. W. Cleaves）的英译本《蒙古秘史》（The Secret History of the Mongols, Harvard University Press, 1982）导论、亦邻真（Y. Irinchin）的《〈元朝秘史〉畏吾体蒙古文复原》（Mongɣol-un Niɣuča Tobčiyan, sergügelte, Öbör Mongɣol-un Yeke Surɣaɣuli-yin Keblel-ün Qoriya, 1987）绪论《〈元朝秘史〉及其复原》、甄金（Jinggin）《蒙古秘史学概论》（内蒙古教育出版社，1996年）、白·特木尔巴根（B. Temürbaɣana）《〈蒙古秘史〉文献版本研究》（Mongɣol-un Niɣuča Tobčiyan-u Surbulǰi Bičig Bar Keblel-ün Sudulul, Öbör Mongɣol-un Surɣan Kömüǰil-ün Keblel-ün Qoriya, 2004）、罗依果（Igor de Rachewiltz）的《蒙古秘史，13世纪蒙古史诗编年史》（The Secret History of the Mongols, a Mongolian Epic Chronicle of the Thirteenth Century, Brill, 2004）导论等。

秘史》文献学研究方面的情况作一番大致的梳理，尽量使相关问题呈现出比较清晰的轮廓和脉络，有助于读者更好地了解、利用《元朝秘史》。

一 《元朝秘史》的形式以及内容、结构

《元朝秘史》是一部"特殊形式的汉字史籍"①。所谓"特殊形式"，指的是这部书的完整形式②是由正文、傍译、总译三部分组成的，其中正文是用汉字音写的蒙古语，正文右侧逐词注有汉译即傍译，每隔一段长短不一的内容后附有汉文缩译即总译。每一个这样的单元称为"节"，全书共分为二百八十二个节。

节、总译的叫法，是清乾隆十三年（1748年）万光泰提出的。③

《元朝秘史》之所以采用这样一种特殊形式，一般认为是出于为汉人编译蒙古语教材的目的。明初，明廷为了培养汉蒙翻译人员，令翰林院编写《华夷译语》，"以华言译其语，凡天文地理、人事物类、服食器用，靡不具载"，"自是使臣往复朔漠，皆能通达其情"。④《元朝秘史》的完成时间亦在明初，形式也与《华夷译语》相近，⑤其编译目的和性质当与《华夷译语》同。

《元朝秘史》原文所使用的文字，目前学术界比较一致的观点认为是畏吾体蒙古文。畏吾体蒙古文的原文已经散佚，流传下来的只是根据原文用汉文做成的教材，即这部题名为《元朝秘史》的书。把蒙古语原文作为正文，采用汉字音写，是为了便于汉人学习蒙古语的发音。旁边加注汉译，是为了便于学习者掌握蒙古语的词义，傍译当中还以特定用字表示蒙

---

① 见亦邻真《〈元朝秘史〉畏吾体蒙古文复原》绪论。

② 针对《连筠簃丛书》仅收总译部分的本子，内藤湖南（《蒙文元朝秘史》，载《史学杂志》第13编第3号，1903年）、王国维（《蒙文元朝秘史跋》，收入《观堂集林》第16卷，中华书局，1959年，第2册，第765页）等人称三部分齐全的本子为"蒙文元朝秘史"。

③ 万光泰《元秘史略》（《史料丛编》，广文书局，1968年，第1叶）序文谓："《元秘史》，十卷，续二卷，不著撰人名氏。……文用蒙古语一行，译语一行，每节次后又用总译一段连贯其语。每行当别有蒙古字，今不存矣。"

④ 《明太祖实录》卷141，洪武十五年春正月丙戌条，"中央研究院"历史语言研究所，1962年，第5册，第2223—2224页。

⑤ 《华夷译语》（甲种本）包括词汇集和来文集两部分，来文集部分共12份，以每份来文为单位，正文用汉字音写蒙古语原文，其右侧逐词注有汉语傍译，其中5件来文每句之后附有全句汉译文。本文利用版本为栗林均编《〈华夷译语〉（甲种本）蒙古语全单词·词尾索引》（日本东北大学东北亚研究中心，2003年）所收《涵芬楼秘笈》第四集影明洪武刊本。

古语数、格、时制、语态、人称变位等特征，是为了便于学习者正确理解文中的语法现象。总译采用通顺的汉语翻译，是为了方便人们对该段原文的内容有一个总的了解。

《元朝秘史》的内容主要可以分为三大部分，即成吉思汗先人的世系谱、成吉思汗的生平史、窝阔台的简史。结合节的划分，具体情况如下：

第一部分（§§1—58）：自成吉思汗二十二世祖孛儿帖·赤那至其父也速该·把阿秃儿的世系谱（掺有个别史事的简述）。

第二部分（§§59—268）：成吉思汗的生平事迹。

第三部分（§§269—281）：窝阔台即位后的简史（未提及他的去世）。

跋文（§282）。

目前流行的诸版本，分为十二卷本、十五卷本两个系统。这两个系统的本子，总的内容一样，节的划分亦同，只是分卷不同。十二卷是最初的划分，十五卷的划分是在后来的流传过程中出现的。

现存十二卷本总共608叶，平均每卷50叶左右。[①]

十二卷本具体分卷情况：

正集

第一卷：§§1—68　　　（49叶）

第二卷：§§69—103　　（51叶）

第三卷：§§104—126　　（51叶）

第四卷：§§127—147　　（51叶）

第五卷：§§148—169　　（51叶）

第六卷：§§170—185　　（54叶）

第七卷：§§186—197　　（50叶）

第八卷：§§198—208　　（49叶）

第九卷：§§209—229　　（49叶）

第十卷：§§230—246　　（45叶）

续集

第一卷：§§247—264　　（52叶）

第二卷：§§265—282　　（56叶）

现存十五卷本的版式不尽相同，叶数因此亦有不同，但是分卷原则一致。

[①] 从明洪武年间刻本到其他所见抄本，十二卷本的版式基本相同，皆因采用了影抄的形式。

十五卷本具体分卷情况：

第一卷：§§1—68

第二卷：§§69—96

第三卷：§§97—118

第四卷：§§119—140

第五卷：§§141—153

第六卷：§§154—169

第七卷：§§170—185

第八卷：§§186—197

第九卷：§§198—207

第十卷：§§208—224

第十一卷：§§225—238

第十二卷：§§239—246

第十三卷：§§247—264

第十四卷：§§265—276

第十五卷：§§277—282

二 《元朝秘史》的成书年代

关于《元朝秘史》成书年代的探讨，包含两个层面的问题。一个涉及现存汉籍《元朝秘史》的完成时间，另一个涉及这一汉籍所据畏吾体蒙古文原文的完成时间。

（一）《元朝秘史》所据原文的写作年代

现存《元朝秘史》卷尾第282节是跋文，总译谓："此书，大聚会着，鼠儿年七月，于客鲁涟河阔迭额阿剌勒地面处下时，写毕了。"

这里给出的"鼠儿年七月"，应该视为《元朝秘史》所据畏吾体蒙古文原文写作完成的时间。但是，这一"鼠儿年"到底应该推算为哪一年呢？学术界至今仍然存在着几种不同的看法，主要可以分为以下六种。

1. 1228戊子年说

这一说法的基本观点是，"鼠儿年"指1228戊子年，在这一年先写成了《元朝秘史》前面的大部分内容，卷末的一少部分内容是后来续写的，而本为前一部分内容所作的跋文后来被移到了新的卷尾。丁谦首先提出该书于戊子年写毕，书成后又附入太宗朝内容的说法。① 植村清二、李盖提（L. Ligeti）、德福（G. Doerfer）、罗依果、拉赤涅夫斯基（P. Ratchnevsky）、村上正二、亦邻真、甄金、姚大力等人支持这种看法，其中植村清二首先指出补入续写内容后将尾跋后移的问题。② 还有其他一些学者后来改变了自己先前的看法，转而支持丁谦等人的观点，如小林高四郎、柯立夫、克劳森（G. Clauson）、蒙库耶夫（Н. Ц. Мункуев）、小泽重男、嘎丹巴（Щ. Гаадамба）、鄂嫩（U. Onon）等人。③ 对于《元朝秘

---

① 丁谦《元秘史地理考证》（卷15，第4叶上）说："是此卷所记太宗事实，必成书后始附入之。"其附录《元秘史作者人名考》（第2叶上）说："又案《秘史》末条，明言大聚会着，鼠儿年写毕。鼠儿年戊子也。元太祖殁于丁亥，次年大会诸王公，议立新君，书即成于是年。"《浙江图书馆丛书》第2集，1905年。

② 植村清二《〈元朝秘史〉小记》（载《东方学》第10卷，1955年）说："《秘史》的现在这个样子，未必是原本的形式，跋文本来是在别的地方的，……是在正集末尾的，也许是后来在某个时机（或者像小林博士所说的是在整理补缀未曾整理的片段记述时），将其移到续集的末尾了。"李盖提《蒙古秘史》（*A mongolok titkos története*, Budapest, 1962, pp. 210 – 213），德福《〈蒙古秘史〉成书年代》[*Zur Datierung der Geheimen Geschichte der Mongolen*, ZDMG（《德国东方协会杂志》）113, 1963]；罗依果《论〈蒙古秘史〉的成书年代》（*Some Remarks on the Dating of the Secret History of the Mongols*, Monumenta Serica（《华裔学志》）24, 1965）、《蒙古秘史，13世纪蒙古史诗编年史》导论（xxxiii）；拉赤涅夫斯基《失吉忽秃忽，12—13世纪蒙古的一位亲信》[*Šigi-qutuqu, ein mongolischer Gefolgsmann im 12. - 13. Jahrhundert*, CAJ（《中亚杂志》）10, 1965]；村上正二《蒙古秘史，成吉思汗故事》第3册（东京，1976年，第378页）；亦邻真《〈元朝秘史〉畏吾体蒙古文复原》绪论，第83页。甄金《蒙古秘史学概论》，第73—75页。姚大力《"成吉思汗"还是"成吉思合罕"——兼论〈元朝秘史〉的成书年代问题》，《蒙元史暨民族史论集，纪念翁独健先生诞辰一百周年》，社会科学文献出版社，2006年。

③ 小林高四郎《〈元朝秘史〉研究》第6章《〈元朝秘史〉成书年代》，东京，1954年，第203、204页。据罗依果《蒙古秘史，13世纪蒙古史诗编年史》导论（1xxxv），柯立夫在1962年时认为"鼠儿年"是1240年，到1966年他致函罗依果表示赞同其关于1228年的说法。柯立夫在其1982年出版的《蒙古秘史》英译本中的"鼠儿年"之后注1228年。克劳森《三份蒙古文注解》（*Three Mongolian Notes*, Collectanea Mongolica. Festschrift für Prof. Dr. Rintchen（《蒙古学丛书》），Wiesbaden, 1966）。蒙库耶夫《巴拉第和〈蒙古秘史〉几个问题的考察》（П. И. Кафаров и некоторуе проблему изучения "Тайной истории монголов"），载霍赫洛夫（А. Н. Кхокхлов）编《巴拉第及其对祖国东方学的贡献，纪念其逝世一百周年文集》[П. И. Кафаров и его вклад в отечественное востоковедение（к100 - летиYy со дня смерти）], Материалы конференции, Москва, 1979）；嘎丹巴《蒙古秘史》（*Mongγol-un Niγuča Tobčiyan*, Улаанбаатар, 1990, pp. 415 – 416）；小泽重男《元朝秘史》日译本，东京，1994年，第105—121页；鄂嫩《蒙古秘史，成吉思汗的生平和时代》（*The Secret History of the Mongols, the Life and Times of Chinggis Khan*, Curzon Press, Richmond, Surrey, 2001, p. 173）。

史》后一部分内容的完成时间，学者之间意见不尽相同。对于前后两个部分的划分，有按卷划分的，也有按节划分的。李盖提、罗依果、村上正二、亦邻真等人按节划分，以第 1～268 节为主要部分，以第 269～281 节为续写的部分。

这一观点反映出相关方面的研究已经有了阶段性的深入，结论似乎更为接近实情。将 1228 戊子年视为该书主要部分的完成时间，存在一定的合理性。因为符合跋文中所说时间、地点、事件内容之条件要素的，只有 1228 戊子年。《元朝秘史》第 269 节记载："成吉思既崩，鼠儿年，右手大王察阿歹、巴秃，左手大王斡赤斤，同在内拖雷等诸王驸马，并万户千户等，于客鲁连河阔迭兀阿剌勒地行大聚会着，依成吉思遗命立斡歌歹做皇帝。"第 269 节的记载与跋文的内容实相呼应。[①] 罗桑丹津（Blo bsang bstan gjin）《黄金史》[②] 间接收录的《元朝秘史》的内容，也止于第 268 节，这有助于说明《元朝秘史》第 1～268 节原本就是自成一书的，书后有跋文。还有十二卷本的"正集""续集"的安排，看来也不是随意划分的，"正集"基本上就是第一、第二部分的内容，"续集"基本上是第三部分的内容。由于后来续加内容制成新书，原有跋文就被后移至新成之书的末尾，成了现在的第 282 节。那么，以第 268 节为划分前后两部分的界线，也应该是合理的。只是，从现存《元朝秘史》包含个别 1240 年以后

---

① 《圣武亲征录》（王国维《蒙古史料四种》，正中书局，1962 年，第 201 页）、《元史》（中华书局，1976 年，第 2 卷，第 29 页）、《史集》（拉施特主编，余大钧、周建奇汉译本，商务印书馆，1985 年，第 2 卷，第 30 页）记窝阔台于 1229 年（己丑、牛儿年）在大忽里台上被推戴为大汗。但是志费尼《世界征服者史》（何高济汉译本，内蒙古人民出版社，1980 年，上册，第 214—217 页）、《蒙古源流》[海涅士编《萨冈彻辰〈诸汗源流宝史〉，萨冈彻辰蒙古历史著作的库伦手抄本》，Saγang Sečen, Qad-un Ündüsün-ü Erdeni-yin Tobči. Eine Urga-Handschrift des mongolischen Geschichtswerks von Sečen Sagang（alias Sanang Sečen）, Berlin, 1955. 42v] 同《元朝秘史》一样，亦记窝阔台于戊子年（1228）即位。对《圣武亲征录》《元史》《史集》所记成吉思汗去世后第一次大忽里台召开的时间，还有必要进一步审视。《圣武亲征录》载："戊子……秋，太宗皇帝自虎八会于先太祖之太宫。"《金史》（中华书局，1975 年）卷 15 "完颜奴申传"载："正大五年（1228）九月，改侍讲学士以御史大夫，奉使大元。至龙驹河，朝见太宗皇帝。"或许说明窝阔台 1228 年在大聚会之后就留在了成吉思汗的大斡耳朵所在地。小林高四郎、植村清二、亦邻真、罗依果等人倾向认可《元朝秘史》的相关记载。

② 罗桑丹津：《简述古昔诸汗礼制诸作黄金史》，影印本，乌兰巴托，1990 年（Erten-ü Qad-un Ündüsülegsen Törö Yosun-u Jokiyal-i Tobčilan Quriyaysan Altan Tobči Kemekü Orošibai, Ulaγanbaγatur, 1990）。

的史事以及所反映出的畏吾体蒙古文的成熟程度来分析，其所据原文不会是一次完成的，形成初稿后应该经历了不止一次的修改和重新抄写。

2. 1240 庚子年说

持这一说法的学者比较多，且多数为研究早期的学者。例如巴拉第（П. И. Кафаров）、李文田、那珂通世、伯希和（P. Pelliot）、柯津（С. А. Козин）、海涅士（E. Haenisch）、小林高四郎、达木丁苏隆（C. Damdinsürüng）、田清波（A. Mostaert）、巴雅尔（Bayar）等人。① 这一观点的主要依据是：窝阔台于 1241 年去世，而该书没有提到他的去世，他在位期间的鼠年只有 1240 庚子年。

3. 1252 壬子年说

持这一说法的学者有格鲁塞（R. Grousset）、余大钧等人。② 格鲁塞认为该书突出了拖雷，有暗示汗位将由窝阔台系转到拖雷系的描写（§255），这只是在蒙哥登上汗位后才有可能。余大钧认为根据中外史料分析，1251 辛亥年夏六月至 1252 壬子年春季召开了推戴蒙哥为大汗的大忽里台，并议决惩办、处置窝阔台、察合台两系宗王及其党羽，其后不久该书写成。因此书中存在不少美化蒙哥之父拖雷、贬低窝阔台和察合台等人的描写情节。近来，美国学者阿特伍德（C. P. Atwood）撰文支持此说，

---

① 参见巴拉第《关于成吉思汗的古代蒙古传说》（Старинное монгольское сказание о Чингихане. Предисловие, Труды членов Российкой духовной миссии в Пекине, Том IV, 1866, p. 258）；李文田《元朝秘史注》（《渐西村舍汇刻》，1896 年，卷 15，第 10 叶上）；那珂通世《成吉思汗实录》第 671 页；伯希和《〈蒙古秘史〉原文中的两处脱文》[*Deux lacunes dans le texte Mongol actuel de l'Histoire secrète des Mongols*, JA（《亚洲杂志》）232, 1940–1941, pp. 1–2]；柯津《秘密故事，1240 年蒙古编年史，原名蒙古秘史·元朝秘史》（*Сокровенное сказание. Монгольская хроника 1240 г. под названием Mongyol-un niγuča tobčiyan*. Юань Чао Би Ши. 1941, pp. 17–18, 199）；海涅士《蒙古秘史，1240 年写于客鲁涟河阔迭额岛的一件蒙古文稿》，莱比锡，1941 年（*Die Geheime Geschichte der Mongolen: Aus einer mongolischen Niederschrift des Jahres* 1240 *von der Insel Kode'e im Kerulen-Fluβ erstmälig übersetzt und erläutert*, Leipzig, 1941, p. 148）；小林高四郎《蒙古秘史》日文译注本（东京，1941 年，第 312 页）；达木丁苏隆《蒙古秘史》（*Mongyol-un Niγuča Tobčiyan*, Ulaγanbaγatur, 1947, p. 280）；巴雅尔《蒙古秘史》（*Mongyol-un Niγuča Tobčiyan*, I-III, Öbör Mongγol-un Arad-un Keblel-ün Qoriya, 1980, I, pp. 17, 89）；据罗依果《蒙古秘史，13 世纪蒙古史诗编年史》（xxx, lxxxiv），田清波倾向于 1240 年说。另外，韩泰华旧藏本、陆心源旧藏本、丁丙旧藏本在第 15 卷最后一节总译第 1 行叶眉都写有"太宗十二年庚子"的字样。当出自鲍廷博的眉批。

② 参见格鲁塞《蒙古帝国》（*L'Empire Mongol*, E. De Boccard, 1941, pp. 230, 303）；余大钧《〈蒙古秘史〉成书年代考》，《中国史研究》1982 年第 1 期。

主要从分析原文内容结构入手,认为1252年最为合适。① 陈得芝也根据程钜夫《信都常忠懿王神道碑》的一段记载,认为确有1252年夏在客鲁涟河大会诸王之事,可知推蒙哥即位的大聚会从1251年夏断断续续延至1252年夏,因此他赞成《元朝秘史》成书于1252年的看法。②

4. 1264甲子年说

持这一说法的学者主要有洪煨莲、韦利（A. Waley）、列亚德（G. Ledyard）。③ 洪煨莲认为第247节出现的"宣德府"一名能够证明该书写于1264年,因为宣德府在1262年才由"宣德州"改名而来。

5. 1276丙子年说

持这一说法的学者主要是姚从吾和札奇斯钦（Jagchid Sechen）。④ 他们根据第247节出现的另一地名"东昌",认为该书应当写于1276年,因为这一年东昌之地才定名。

6. 1324甲子年说

持这一说法的学者是冈田英弘。⑤ 他认为跋文中提到的"大聚会"是指为推举泰定帝也孙帖木儿即位而于1323年召开的大忽里台,次年《元朝秘史》写成。

然而,史书中并未见到有关1240年或1252年、1264年、1324年召开过大忽里台（也客·忽邻勒塔 yeke qurilta,即"大聚会"）的记载。其他论据也存在各自的问题。⑥ 因此,以上这些年份的推定还都难以令人彻底信服。

---

① 阿特伍德:《〈蒙古秘史〉成书时间再考》[*The Date of the Secret History of the Mongols Reconsidered*, JSYS（《宋元研究杂志》)37,2007]。
② 陈得芝:《成吉思汗墓葬所在与蒙古早期历史地理》,《中华文史论丛》2010年第1期。
③ 洪煨莲:《〈蒙古秘史〉源流考》;韦利:《〈元朝秘史〉札记》[*Notes on the Yüan-ch'ao pi-shih*, BSOAS（东方与非洲学学校通报）23,1960];列亚德:《蒙古征高丽与〈蒙古秘史〉的成书时间》[*The Mongol Campaigns in Korea and the Dating of The Secret History of the Mongols*, CAJ（《中亚杂志》)9,1964]。
④ 姚从吾、札奇斯钦:《汉字蒙音〈蒙古秘史〉新译并注释》(1960—1962年)。
⑤ 冈田英弘:《〈元朝秘史〉的成立》,载《东洋学报》66,1985年。
⑥ 据亦邻真（《〈元朝秘史〉畏吾体蒙古文复原》绪论）分析,与《元朝秘史》相应之处,《圣武亲征录》、《元史》"太祖本纪"亦作"宣德府",因此还不能轻易判定《元朝秘史》的记载有误。而《元朝秘史》此处的"东昌"是一个讹文,有罗桑丹津《黄金史》、《圣武亲征录》、《金史》、《元史》、《史集》的"东京"(Dongjing)为证。

（二） 特殊形式汉籍《元朝秘史》的成书年代

《元朝秘史》的原文，本为蒙元时期宫廷用畏吾体蒙古文所修"脱卜赤颜"即"国史"的一部分。脱卜赤颜从蒙古汗国时期开始修纂，中间可能一度辍修，不过还是至少修到了元文宗朝，① 成吉思汗和窝阔台的历史是其中最前面的部分，属于早期脱卜赤颜。脱卜赤颜是皇家秘籍，被深藏宫中，外人不得窥见。②

元朝在中原的统治结束之后，脱卜赤颜落入明人手中。其面临的命运，依目前的一般看法是，当时为了在汉人中培养蒙古语的翻译人才（通事、译字生），将元代脱卜赤颜中成吉思汗和窝阔台的事迹部分选作教材进行加工，制成了一部特殊形式的汉籍，即经过汉字音写原文、加注傍译和总译、题写书名，形成了现在的《元朝秘史》。

关于这项工程完成的时间，《明太祖实录》"洪武十五年春正月丙戌"条有相关记载：

> 命翰林院侍讲火原洁等编类《华夷译语》。上以前元素无文字，发号施令，但借高昌之书，制为蒙古字，以通天下之言。至是，乃命火原洁与编修马沙亦黑等，以华言译其语，凡天文、地理、人事、物类、服食、器用，靡不俱载。复取《元秘史》参考，纽切其字，以谐其声音。

据此，《元朝秘史》至少应该完成于1382年（洪武十五年）之前，也就是在明初的1368年至1382年之间。

然而，从《华夷译语》和现存《元朝秘史》的实际情况来看，前者

---

① 《元史》卷181"虞集传"载："又请以国书脱卜赤颜，增修太祖以来事迹。"同书卷15"世祖本纪十二"载："司徒撒里蛮等进读祖宗实录，帝曰：'太宗事则然，睿宗少有可易者，定宗固日不暇给，宪宗汝独不能忆之耶？犹当询诸知者。'"同书卷36"文宗本纪五"载："命朵来续为蒙古脱卜赤颜一书，置之奎章阁。从之。"同书"虞集传"又载："初，文宗在上都，将立其子阿剌忒纳荅剌为皇太子，乃以妥欢帖穆尔太子乳母夫言，明宗在日，素谓太子非其子，黜之江南，驿召翰林学士承旨阿邻帖木儿、奎章阁大学士忽都鲁笃弥实书其事于脱卜赤颜。"

② 《元史》卷181"虞集传"载："承旨塔失海牙曰，脱卜赤颜非可令外人传者。"许有壬《元故右丞相怯烈公神道碑铭并序》（《圭塘小稿》卷10，中国国家图书馆善本部藏清雍正二年抄本，第7叶下）载："……国史曰脱卜赤颜，至秘也。"孙承泽《元朝典故编年考》（文海出版社，影印清钞本，第487页，第9卷）说："元人有《秘史》……书藏禁中不传。"

在音译用字等方面不如后者成熟、讲究，后者当中可偶见一些前者的用字特例，因此有人分析《元朝秘史》的翻译完成是在《华夷译语》编成之后。① 《华夷译语》现存最早刻本是 1389 年（洪武二十二年）刊行的（据序言），现存《元朝秘史》刻本残叶显示它与《华夷译语》刻本的某些特征相近，刻成的时间当与《华夷译语》刻本同时或稍晚。②

尽管可能出现多种不同的推测，③ 但是总的来说，将《元朝秘史》的完成限定在明初的洪武年间（1368—1398 年）是没有问题的。

三 《元朝秘史》的书名

目前，该书除"元朝秘史"外，还有"元秘史""蒙古秘史"两种名称。为何会出现三种不同的书名，还需要具体考察分析。

（一）"元秘史"和"元朝秘史"的得名

有情况显示"元秘史"是明初汉字加工本最初的书名。前引《明太祖实录》洪武十五年春正月丙戌条提到的书名为"元秘史"，而出现在明洪武年间刻本残叶版心的书名也是"元秘史"。④

---

① 陈垣《元秘史译音用字考》说："今以译音用字及伯之改罢，儿之加舌，丁之改勒诸节观之，则元秘史之译，尚在华夷译语后。"

② 陈垣《元秘史译音用字考》说："……内阁大库故纸堆中发见华夷译语与元朝秘史残页……洪武椠本也。华夷译语洪武二十二年刊本……有刻匠姓名，盖华夷译语之元始椠本也。而新发见之元朝秘史，板式与华夷译语无异，其刻匠二十七人中，尚有姓名与华夷译语相同者周文名、赵丙二人，其板刻之先后，相距不能过远。"

③ 例如，洪煨莲（《〈蒙古秘史〉源流考》）推测《元朝秘史》的翻译始于洪武初年，在编写《华夷译语》之前，或许已经存在一种行间附有汉文转写的畏吾儿字抄本和一种仅有总译的抄本，到《华夷译语》编成后，又出现了删畏吾儿字原文、改进傍译用字的本子。小林高四郎（《〈元朝秘史〉研究》第 7 章《〈元朝秘史〉汉字音译的年代》）推测《明太祖实录》洪武十五年春正月丙戌条所提"元秘史"不一定是指明初汉译的《元秘史》，可能是指元代的脱卜赤颜即秘史，因为"秘史"之名已见于元代文献。

④ 洪武刻本已佚，残叶中无卷首及分卷卷首之叶，无从获知卷首题名详情。据报道，马玉堂旧藏本卷首识语提到"元刻本，……每卷第一行元秘史三字大书占二行"。见白·特木尔巴根《马玉堂的〈元朝秘史〉十五卷抄本》，载《内蒙古师大学报》1989 年第 3 期。所谓"元刻本"即原刻本之义，当指明洪武刻本。据此可知洪武刻本每卷卷首题名亦作"元秘史"。顾校本无版心和栏格，《四部丛刊三编》本影印顾校本时为其补加版心和栏格，版心内补写"元秘史"书名。当据明洪武刻本版式而为。

《〈元朝秘史〉校勘本》前言 167

目前所见多数十五卷本卷首（包括各卷卷首）均题"元朝秘史"，①十五卷本出自《永乐大典》所收抄本，而《永乐大典》本又抄自洪武刻本。

因此一般推测该特殊形式的汉籍起初定名为"元秘史"，后来抄入《永乐大典》时改为"元朝秘史"。

因目前的通行本《四部丛刊三编》本是据顾广圻校本影印的，书名乃据其卷首题名题为"元朝秘史"，十五卷本又多题"元朝秘史"，"元朝秘史"遂成为该书的一般用名。

（二）"蒙古秘史"的得名

顾广圻校本流传较广，影响较大。其卷首题名"元朝秘史"下方以小字所写"忙中豁仑纽察脱察安"几个字，也较早受到人们的注意。据顾广圻的跋文，底本即张祥云藏"影元椠旧钞本"中已有这几个字。但是他误以为这几个字"必是所署撰书人名衔"。②那珂通世在1907年出版的《成吉思汗实录》的序论中，正确地将"忙中豁仑 纽察 脱察安"解释为蒙古语"蒙古秘史"的音译。③忙中豁仑纽察脱察安，是蒙古语Mongqol-un ni'uča to [b] ča'an 的汉字音译，直译即"蒙古的秘密国史"。后来的人据此译为"蒙古秘史"。另一书名"蒙古秘史"由此而来。

那么，"忙中豁仑纽察脱察安"几个字为何以小字书写，而且附于卷首汉语书名之下呢？它与汉语书名"元秘史"（或"元朝秘史"）是何种关系呢？目前学术界存在不同看法，主要有以下四种：

1. "忙中豁仑纽察脱察安"是该书原文的书名，制作汉字本时被译为

---

① 陈垣《元秘史译音用字考》提到的内阁大库原藏永乐二年总译抄本，属十二卷本，但是卷首也题"元朝秘史"。此抄本与《永乐大典》本基本同时，书名已改为"元朝秘史"，但是分卷未改。

② 目前所见大多数本子中，还有韩泰华旧藏本和孙星衍旧藏本在卷首有这一蒙古语题名，但是韩泰华旧藏本讹"纽察"为"组察"。另据报道，马玉堂本卷首亦有这一蒙古语题名，识语也误以为"即注书人姓名也"。见白·特木尔巴根《马玉堂的〈元朝秘史〉十五卷抄本》。

③ 钱大昕在1800年成书的《补元史艺文志》（《丛书集成初编》第12册，第19页）中曾怀疑到《秘史》即元代国史"脱必赤颜"。几乎与那珂通世同时，沈曾植也表达了相同的观点，他在完成于1905年前后的《元秘史补注》（1945年正式出版，收入《敬跻堂丛书》）中解读这八个字，认为"即《元朝秘史》蒙文也"。到1925年，王国维在《蒙文元朝秘史跋》中也重申了类似观点。

"元朝秘史"（或"元秘史"）。①

2. 该书原文本无书名，明初制作汉字本时题蒙古语书名，汉字音写为"忙中豁仑纽察脱察安"，又汉译为正式书名"元朝秘史"。②

3. "元朝秘史"是明人加上去的，又被返译成蒙古名，用汉字音写为"忙中豁仑纽察脱察安"。③

4. 明初制作汉字本时题"元秘史"，并用汉字音写其对应名为"忙中豁仑纽察脱察安"。④

根据各方面情况分析，明初节选元代"脱卜赤颜"中前两汗的事迹部分制作汉字本时，考虑到新成之书已是汉籍，故正式书名题汉语书名"元秘史"，大字题写，然后又返译成蒙古名，因为汉字本的制作者清楚原文来自"脱卜赤颜"，遂返译为"忙中豁仑纽察脱察安"，并以汉字音写，小字标注于正式书名下方。

（三）《元朝秘史》所据原文的名称

《元朝秘史》所据畏吾体蒙古文的原文即元代的"脱卜赤颜"已经失传，无从核查各汗事迹部分的具体名称。不过，元代文献在提到"脱卜赤颜"时，往往单独说"脱卜赤颜"，偶尔说"蒙古脱卜赤颜"。17世纪罗桑丹津间接收入脱卜赤颜中成吉思汗事迹（约相当于《元朝秘史》三分之二的内容）的史籍，书名的核心部分为 Altan Tobči（黄金国史、黄金史）。再联想14世纪初伊利汗国拉施都丁之《史集》的情况，其中提到汗廷金匮中的《阿勒坛迭卜帖儿》（altan debter），即"黄金史册""金册"。从这些相关情况分析，"脱卜赤颜"可能没有什么更具体、固定的名称，如果有，很可能是称为"阿勒坛脱卜赤颜"（Altan Tobčiyan），即"黄金国史"。Altan Tobčiyan 可以理解为"黄金家族的史书"，即皇家史乘。⑤

---

① 例如，那珂通世《成吉思汗实录》第1卷第1页；甄金《蒙古秘史学概论》，第12页，等。

② 例如，余大钧《蒙古秘史》（汉译本），河北人民出版社2001年版，序言第2页。

③ 例如，海涅士《蒙古秘史》德文译注本"序言"；洪煨莲《〈蒙古秘史〉源流考》；亦邻真《〈元朝秘史〉畏吾体蒙古文复原》绪论。

④ 例如，罗依果《蒙古秘史，13世纪蒙古史诗编年史》导论（xlv）。

⑤ 亦邻真《〈元朝秘史〉畏吾体蒙古文复原》绪论说："当时的蒙古汗廷已经把黄金同皇家联系起来，黄金家族、黄金生命、黄金门槛、黄金缆绳等等都是皇家御用的专词。明代蒙古史书不止一部称《黄金史》，大概就是沿袭了古老的传统。"

十二卷本中的一个现象引起了学者们的注意，即卷首第一行题名"元朝秘史"，次行单独出现"成吉思合罕讷 忽札兀儿"（傍译"名 皇帝的 根源"）几个字，下文另起行。于是人们推测第二行这几个字与书名有关。那珂通世的《成吉思汗实录》第1卷将"成吉思合罕讷 忽札兀儿"译为"成吉思合罕之根源"，单占一行，用句号隔开。后来石滨纯太郎提出"成吉思汗源流"（成吉思合罕讷 忽札兀儿）是今本《元朝秘史》正集的书名、"蒙古秘史"是加入续集后的全书的名称。① 小林高四郎赞同石滨纯太郎关于"成吉思汗源流"为《元朝秘史》正集书名的推测。② 洪煨莲认为"成吉思合罕的根源"是全书原来的名称。③ 亦邻真认为"成吉思合罕讷 忽札兀儿"只相当于《元朝秘史》第1—68节的文字，即成吉思汗的传说始祖以来的22代家谱，不牵涉更多的内容。④ 罗依果认为"*成吉思罕讷 忽札兀儿"是最初的名称，既指成吉思汗祖先世系的部分，也用作全书的名称，后来经过修订（主要在忽必烈朝）成"成吉思合罕讷 忽札兀儿"。⑤ 这些观点的一致处，在于都以"成吉思合罕讷 忽札兀儿"为畏吾体蒙古文原文的名称，不同点在于将其囊括的范围有所区别。但是也有不同的看法，不以"成吉思合罕讷 忽札兀儿"为书名，而认为是卷首第一句话的主语，只不过出于元代行文体例而被断行。⑥

四 《元朝秘史》的作者

原书跋文中没有给出作者的姓名，正文里也看不到有关作者的直接信息。长期以来，人们就作者人选所展开的种种猜测一直不断。

1805年，顾广圻在顾校本的跋文中说卷首标题下的"忙豁仑纽察脱察安"几个字"必是所署撰书人名衔"。顾广圻这一误解的影响其后在中

---

① 石滨纯太郎：《〈元朝秘史〉考》，载《龙谷史坛》3—15，1935年。
② 小林高四郎：《〈元朝秘史〉研究》，第156页。
③ 洪煨莲：《〈蒙古秘史〉源流考》。
④ 亦邻真（《〈元朝秘史〉畏吾体蒙古文复原》绪论）将"成吉思合罕讷 忽札兀儿"汉译为"成吉思汗的家世"，即"成吉思合罕的家族世系"。如果以"成吉思合罕讷 忽札兀儿"为独立的单位，那么从蒙古语 huja'ur 的词义理解，以及从《元朝秘史》的内容结构分析，将其限定为《元朝秘史》第1—68节的题目还是比较合适的。
⑤ 罗依果：《蒙古秘史，13世纪蒙古史诗编年史》导论（xli-xliii）。
⑥ 方龄贵：《关于〈元朝秘史〉书名问题之再探讨》，载《蒙古史研究》第8辑，2005年。

国学者中持续了近一个世纪，先后为李文田、叶德辉等人所沿袭。① 20 世纪初，那珂通世、沈曾植分别指出这几个字是"蒙古秘史"的音译，顾广圻误解的影响才告一段落。

目前学术界已经出现的猜测，主要可以分为五类。

1. 塔塔统阿说

金井保三认为现存《元朝秘史》的底本是由曾在乃蛮部任文臣的畏吾人塔塔统阿等人用蒙古语记写的。②

2. 失吉忽秃忽说

首先提出这一推测的是海涅士，他认为作者应该是宫廷中少数有教养的、识字的蒙古人之一，或许就是成吉思汗的养弟、国家的最高断事官失吉忽秃忽。普哈（P. Poucha）、拉赤涅夫斯基也推测是失吉忽秃忽。罗依果先前认为《元朝秘史》可能是合作写成的，后来倾向于作者是失吉忽秃忽的说法。③

3. 镇海说

植村清二认为作者应该是占据相当高位的人物，而镇海做过必阇赤、札哩赤，掌管诏敕和其他重要文书，尽管不敢确定他就是撰写者，但是他是更符合条件的人。巴雅尔认为镇海是撰写《元朝秘史》工作的领导，参与者还有怯烈哥、薛彻兀儿等人。④

4. 蒙力克说

乔玛（Ш. Чоймаа）注意到《元朝秘史》时常出现以第一人称叙述的现象，认为作者当中应该有与成吉思汗家族关系非常亲密的人，而蒙力克具备这方面的条件，无疑是参与讲述史事的耆老中的为首之人。⑤

---

① 李文田在《元朝秘史注》卷首说："按忙豁仑，即蒙古氏也。纽察其名，或与脱察安同撰此史，或纽察乃脱察安祖父之名。"叶德辉在《元朝秘史》观古堂刻本的序言中说："卷首标题下分注二行，左为忙豁仑纽察五字，右为脱察安三字，犹存撰书人名衔。"

② 金井保三：《〈元朝秘史〉汉译年代补考》，载《东洋学报》第 1 卷第 3 号，1911 年。

③ 海涅士《蒙古秘史》德文译注本序言（xiv）；普哈《作为史料和古典文学名著的〈蒙古秘史〉》（Die Geheime Geschichte der Mongolen, als geschichtsquelle und literaturdenkmal, Prag, 1956）；拉赤涅夫斯基《失吉忽秃忽，12—13 世纪蒙古的一位亲信》；罗依果《〈蒙古秘史〉成书年代述评》，《蒙古秘史，13 世纪蒙古史诗编年史》导论（xxxix）。

④ 植村清二《〈元朝秘史〉小记》；巴雅尔《蒙古秘史》上册，代前言《关于〈蒙古秘史〉的作者和译者》。

⑤ 乔玛《关于考证〈蒙古秘史〉作者的问题》（Монголын Нууц Товчооны Зохиогчийг Тодруулах Асуудал, Mongolhak. Mongolian Studies 2, 1994）。

5. 集体创作说

早在 1866 年，巴拉第在其《元朝秘史》俄译本中就提出该书不可能出自一人之手，大概是事件的亲历者或者是距成吉思汗时代不远的人们，将各自生动的故事合在一起，由某个有学问的蒙古人执笔整理而成。[①] 小林高四郎在分析了前人的一些推测后，说把作者限定为一个人是不妥当的，他还是认为巴拉第的见解最为稳妥。[②] 潘克福（В. Панкратов）说《元朝秘史》可能是据某人之口述写成的，但是也有可能是由几个人共同撰写的。[③]

这些说法还都只能停留在推测阶段而已，在缺少直接证据的情况下，很难就实际的作者形成定论。亦邻真说："企图找出《秘史》的作者是徒劳无功的，因为没有任何线索。《秘史》不是一次修成的，所以不可能只有一个作者。当时畏吾人当必阇赤的很多，执笔人未必非是蒙古人不可。《秘史》是由一批耆老们回忆和口述，必阇赤们记录、整理加工的产物。当时的蒙古人，文化还没有发展到由一个人独自撰史的水平。"[④]

五 《元朝秘史》的价值

正如符拉基米尔佐夫（Б. Я. Владимирцов）所指出的那样："《秘史》叙述着成吉思汗所出生的氏族，自由而奔放地绘出草原生活的图象，为推断 12—13 世纪蒙古人生活的各个方面提供了极为丰富的资料……如果可以说在中世纪没有一个民族像蒙古人那样吸引史学家们的注意，那么也就应该指出没有一个游牧民族保留下像《秘史》那样形象地详尽地刻画出现实生活的纪念作品。"[⑤]《元朝秘史》不仅是蒙古人，也是整个欧亚大陆游牧民族值得骄傲的精神、文化财富。

从学术角度来讲，《元朝秘史》具有多方面的研究价值。

[①] 巴拉第：《关于成吉思汗的古代蒙古传说》，第 15—16 页。
[②] 小林高四郎：《〈元朝秘史〉研究》，第 170 页。
[③] 潘克福：《元朝秘史（蒙古秘史）十五卷本》（*Юань-чао би-ши. Секретная история Монголов*, 15цзюаней, Том. I, 东方文献出版社，Москва, 1962）《〈元朝秘史〉十五卷本前言》。
[④] 亦邻真：《〈元朝秘史〉畏吾体蒙古文复原》绪论。
[⑤] 符拉基米尔佐夫：《蒙古社会制度史》，刘荣焌译，中国社会科学出版社 1980 年版，第 15—16 页。

首先它是一部史书。书中的内容包括成吉思汗的先祖谱系和成吉思汗一生的事迹，还有窝阔台在位时期的一些事迹。由于游牧民族生产、生活方式的特殊性，以及当时还处在蒙古民族历史编纂的早期阶段，《元朝秘史》的整体风格呈现出较多的文学色彩，也可以说是文史不分。但是这并不影响它首先是一部史书的性质，书中的内容和书名（无论是"脱卜赤颜"还是"秘史"）都有助于理解这一点。书中大部分素材来自世代口耳相传的口头作品和当事人的口述，而在尚无文字的时代口头作品总是借助便于记忆的韵文来维持，因此其文学色彩较浓的现象在所难免。书中也存在一些诸如史事年代错乱、历经几年的事集中于一年记述、人物记载偏离史实和脸谱化等弱点。但是"这些缺陷并不足怪，这无非是各民族早期历史编纂中常见的现象"，参与《元朝秘史》创作的人们"毕竟是一些草原史家。他们没有受过中原封建史官那样严格的训练，没有封建史学的先例可援"。[①]

《元朝秘史》称得上是古代蒙古社会历史的百科全书。书中可以看到古代蒙古社会人们生产、生活的生动记录，及其社会组织发展和变化的情形。书中还提供了古代蒙古社会结构包括行政、军事建制方面，以及游牧生产中人与人的社会经济关系方面的珍贵资料。书中所反映出的古代蒙古的社会心理、伦理道德观念、宗教信仰等，也成为相关方面历史研究的重要依据。

《元朝秘史》又是一部优秀的蒙古文学经典作品。书中有大量的韵文、俗语，人物记述多采用文学描写，经过了艺术加工。反映出当时的蒙古人作为草原民族的文化传统和文学成就，同时也反映出当时蒙古史家的历史倾向性，"在某种意义上，《秘史》的文学描写是代替评论的"[②]。

《元朝秘史》所据原文是以畏吾体蒙古文写成的，记写的语言是古蒙古语，因其篇幅和纯蒙古色彩，成为古蒙古语独一无二的典范文献，也是蒙元时代唯一的长篇蒙古语作品。它是真正用蒙古语思维、用蒙古文撰写的。一方面，书中保存了大量的古蒙古语词语，而其中有些词语现在已经消失，有些词语已经转义。另一方面，书中保留了不少古蒙古语特有的语法现象，有些现在也已经消失或发生了变化。这些词语和语法现象被脱卜

---

① 亦邻真：《〈元朝秘史〉畏吾体蒙古文复原》绪论。
② 同上。

赤颜使用和记录下来，并通过《元朝秘史》的注音和汉译得以基本准确保全原音原义，为后人了解、研究古蒙古语提供了不可多得的第一手资料和权威参考。

六 《元朝秘史》的版本流传

蒙元时代的皇家史乘"脱卜赤颜"在元廷退出中原迁回蒙古高原后，以某种传抄本或异本的形式在草原上留存下来。虽然今天已经看不到这类本子的全貌，① 但幸运的是17世纪的罗桑丹津《黄金史》中保留了大量的移录。与《元朝秘史》的量相比较，罗桑丹津《黄金史》大概收录了相当于其三分之二的内容。可以说，罗桑丹津《黄金史》和《元朝秘史》是"脱卜赤颜"的两个主要流传方向，罗桑丹津《黄金史》在内容上相对间接，但是保留了蒙古文的形式，有助于后人了解蒙古文的特征及变化；《元朝秘史》在内容上相对直接，又经过加工，有助于后人确认其读音和语义。将两者结合起来进行比较研究，必不可少。

（一）畏吾体蒙古文原文的流传

元代"脱卜赤颜"今已不存，但是其某种传抄本得以在蒙古地区长期流传。1926年，蒙古人民共和国经籍馆馆长札姆扬（O. Жамьян）在旧喀尔喀车臣汗部桑贝子旗的永谢布台吉达里（Dari）家发现了一部藏式贝叶装手抄本，② 书名包含 Altan Tobči（黄金史）之语，跋文中提到 Blowa bsang bstan gjin（罗桑丹津）之名，故通称罗桑丹津《黄金史》。经学者们核查，在这部17世纪后半叶的手抄本中保留了《元朝秘史》大约三分

---

① 通过对海西希（W. Heissig）《内蒙古鄂伦苏木蒙古文手抄本残件（16—17世纪）》[*Die mongolischen Handschriften-Reste aus Olon süme Innere Mongolei*（16. –17. Jhdt.），Wiesbaden，1976]所收两份蒙古文残叶（第552页，OS IV/126 - 127，右侧两幅）和笔者近年所获两份蒙古文残叶的照片进行分析研究，可以证实"脱卜赤颜"与罗桑丹津《黄金史》之间可能存在某种异本的推测。参见蒙古夫《鄂伦苏木蒙古文献遗存中的两份残叶之解读——〈蒙古秘史〉与罗桑丹津〈黄金史〉的关系》，载《蒙古学问题与争论》第2辑，2006年；乌兰《从新现蒙古文残叶看罗桑丹津〈黄金史〉与〈元朝秘史〉之关系》，载《西域历史语言研究集刊》第四辑，2010年。

② 该本遂入藏蒙古人民共和国经籍馆东方图书馆（后发展为蒙古国国家图书馆），藏书号9（513，7）A -486 Б。

之二的内容。札姆扬意识到这部手抄本的重要性，很快亲自抄写一份，于 1927 年寄给了伯希和。① 1932 年至 1935 年，符拉基米尔佐夫借用原抄本，其间为苏联科学院东方学研究所制成一份照片本。② 1937 年，蒙古人民共和国经籍馆根据原抄本出版了铅印本，分上、下两册。③ 1952 年，哈佛燕京学社影印了这个铅印本。④ 1990 年，蒙古国出版了原抄本的影印本，仍采用藏式贝叶装形式。

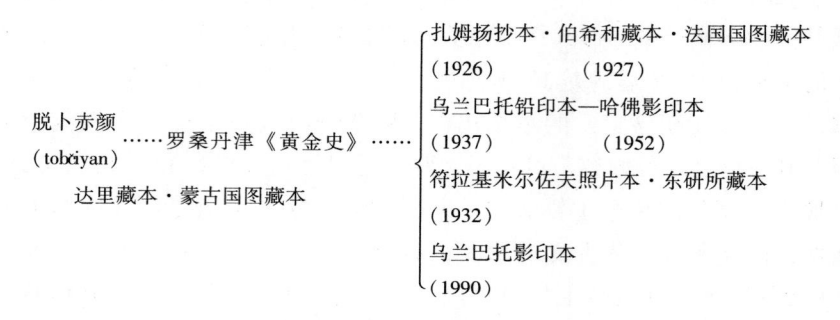

```
                              ┌ 扎姆扬抄本·伯希和藏本·法国国图藏本
                              │ （1926）      （1927）
脱卜赤颜  ……罗桑丹津《黄金史》……┤ 乌兰巴托铅印本—哈佛影印本
（tobčiyan）                   │ （1937）      （1952）
达里藏本·蒙古国图藏本           │ 符拉基米尔佐夫照片本·东研所藏本
                              │ （1932）
                              │ 乌兰巴托影印本
                              └ （1990）
```

图 1　"脱卜赤颜"流传图

（二）《元朝秘史》即汉字本的流传

明初完成《元秘史》后，洪武年间已经有刻本问世。至永乐初年修《永乐大典》，又有抄本从刻本抄出，收入《永乐大典》的本子由十二卷改分为十五卷，题名亦改为《元朝秘史》。洪武刻本已基本无存，仅于 1933 年在故宫内阁大库发现了 40 多枚残叶。⑤ 另据报道，故宫内阁大库

---

① 伯希和去世后，该抄本入藏法国国家图书馆东方手抄本部"Fond mongol"，藏书号 131。
② 该照片本现藏俄罗斯科学院东方文献研究所图书馆，藏书号 Ф. B90。
③ 罗桑丹津《简述古昔诸汗礼制诸作黄金史》，乌兰巴托，1937 年（Erten-ü Qad-un Ündüsülegsen Törö Yosun-u Jokiyal-i Tobčilan Quriyaγsan Altan Tobči Kemekü Orošibai, I-II, Ulaγanbaγatur, 1937）。
④ 《黄金史，罗桑丹津的蒙古简史》，剑桥—麻省，1952 年（Altan Tobči. A Brief History of the Mongols by bLo-bsaṅ bsTan-'jin, Cambridge, Mass., 1952）。
⑤ 陈垣在《元秘史译音用字考》中报道为"四十五页"；张元济在《元朝秘史》《四部丛刊三编》本的跋文中说借影北平图书馆"明初刊本残叶"，"仅得四十一叶"。洪煨莲在《〈蒙古秘史〉源流考》中径直说"1933 年在北京故宫旧内阁大库发现刻本 41 叶"。经与残叶原件之缩微胶片核对，所发现的残叶实际包括 41 个整叶和 4 个半叶，若按整叶计算，当为 43 叶。

还曾发现一种属于十二卷本的抄本。①

1805年，顾广圻在张祥云家见其藏有"影元椠旧钞本"，"通体完善"，就让张古馀借来"覆影"一部，他再进行校勘。② 新成的本子一般称为"顾校本"或"顾氏监抄本"等。顾校本属十二卷本，其底本"影元椠旧钞本"之"元椠"即原椠之义，当指洪武刻本。由于洪武刻本、张祥云藏本均已失传，而十五卷本诸本都出自《永乐大典》从洪武刻本转抄的本子，所以经过顾广圻校勘的影抄本就成为现存《元朝秘史》的最佳抄本，受到学界的重视。

顾校本后来辗转为清宗室盛昱所得，19世纪80年代中期，文廷式、李文田据盛昱藏本各自转抄一部。③ 文廷式于20世纪初再请人复抄一部送给了日本友人内藤湖南。④ 1908年，叶德辉据文廷式的转抄本⑤刻板发行，⑥

---

① 陈垣《元秘史译音用字考》说："余近得内阁大库藏抄本秘史总译，黑格乌丝栏，卷末题记，有一部二本，永乐二年八月内抄到字样，为食旧德斋刘氏旧藏。"该本现藏中国国家图书馆古籍馆，藏书号77277，存1册，第1至6卷，卷末空白叶粘贴一个纸条，上书"一部二本永乐二年八月内抄到"。

② 见顾广圻写为《元朝秘史》顾校本的跋文，同为《四部丛刊三编》史部《元朝秘史》影印本所收，亦收入顾广圻《思适斋集》卷14。

③ 李文田抄本现藏中国国家图书馆古籍馆，藏书号5331。卷首顾广圻跋文后，栏外有李文田所写文字："此本今藏盛伯羲司成家，即顾千里手校之本也。丙戌夏借钞一部。此后转钞者十数家焉。李文田记之。"此丙戌为公元1886年。据文廷式抄本题记，他于1885年冬借得顾校本，与李文田各重抄一部。洪煨莲（《〈蒙古秘史〉源流考》）根据文廷式抄本题记所显示的底本特征，即无原主之印、题记缺顾广圻之名等，推测当年盛昱借给文廷式的本子并非顾校本之原本，而系另一抄本。据查，文廷式送给内藤湖南的本子，确实卷首等处无顾校本所有各种印记，顾广圻的跋文也缺少末尾的落款。但是李文田抄本有顾校本各种印记，顾广圻的跋文也不缺少末尾的落款。具体情形有待进一步考察。

④ 该本现藏日本京都大学人文科学研究所图书馆。有人以为文廷式将自己的抄本送给了内藤湖南，其实不然。文廷式在写给内藤湖南的书信中说："蒙文《元秘史》，已募人钞写一部，敬以寄上。"文廷式随抄本致内藤湖南函以及抄本上的题记都落款为辛丑年"十二月朔日"，即1902年1月20日。均见内藤湖南《蒙文元朝秘史》。据考证，文廷式于1901年末托白岩龙平回国时将再抄本捎送内藤湖南，白岩龙平于1902年2月18日在东京与内藤湖南会面。参见中见立夫《〈元朝秘史〉渡来之际——日本"东洋史学"的开端与欧洲东洋学、清朝"边疆史地学"的交叉》，载《东亚文化交流研究》，第4号，2009年。

⑤ 文廷式抄本曾为叶德辉所收藏，其《观古堂书目》（1927年观古堂铅印本，第2卷，第17叶上）著录"原译《元朝秘史》十卷，续二卷"，"一影抄原刻本，一光绪戊申德辉校刻本"。"影抄原刻本"当即文廷式抄本。后归陈垣"励耘书屋"。陈垣《元秘史译音用字考》谓："自观古堂叶氏藏书散出后，余得有文廷式抄本《元秘史》六巨册。卷首有'道羲读过'朱文印，道羲，廷式号也；又横盖有'叶德辉焕彬甫藏阅书'白文印。"2009年末在北京被拍卖，买主不详。

⑥ 《元朝秘史》，长沙叶氏观古堂，1908年。

一般称"观古堂本"或"叶德辉本"。日本学者那珂通世从内藤湖南处得到文廷式募人所抄之本的影抄本，① 不久即开始着手翻译、注释，于 1907 年出版了影响学界的《成吉思汗实录》。盛昱去世后，藏书四散，顾校本后为上海涵芬楼所收。② 商务印书馆于 1936 年将顾校本影印收入《四部丛刊三编》，当时以故宫内阁大库所发现的明刻本的 41 枚残叶替换了抄本中的相应部分。《四部丛刊三编》本因此成为学界最受欢迎和普遍使用的本子。③

伯希和提到他曾从中国获得一部《元朝秘史》的"良好的古代抄本"，韩百诗（A. Hambis）介绍说伯希和对《元朝秘史》的还原与翻译除了利用叶德辉刻本外，"还特别利用了一部明代的手抄本，这部手抄本看来最好，他有这部手抄本"。罗依果说这个本子现藏法国国家图书馆手抄本部（藏书号 Ms. Chinois 11003），其系谱还不好确定，但似乎是顾校本的一个抄本，经过了与《永乐大典》十五卷本或其某一抄本的对勘，6 册，版式同叶德辉刻本和《四部丛刊三编》本，但无叶码和版心书名，卷首钤盖的两方印记，暂可推测出自汪士铎和闵国勋的藏书印。④

---

① 据那珂通世（《成吉思汗实录》序论），内藤湖南得到文廷式捎来的本子后，立即雇人影写了一部，送往东京，后来早稻田大学据此本再影抄出一个本子。那珂通世利用的本子现藏日本筑波大学图书馆，其再抄本现藏日本早稻田大学图书馆。

② 傅增湘《钞本元朝秘史跋》（《藏园群书题记》，上海古籍出版社，1989 年）谓："此书旧藏盛伯羲祭酒家，癸丑岁，意园藏籍星散，余偶见之正文斋谭笃生许，因告菊生前辈，为涵芬楼收之，而余为之谐价焉。"此癸丑，合公元 1913 年。但据傅增湘写给张元济的信函，此事发生在壬子年即 1912 年。壬子年五月初一日即 1912 年 6 月 15 日傅增湘致信张元济，写道："景元本《元秘史》，正续十五卷，六巨册，一匣。顾千里跋。大字。询子培当知此物。一百五十六元。"文中"正续十五卷"，当为"正续十二卷"之笔误。张元济在信上批答"《元秘史》一种，我欲得之"。不久傅增湘又致信张元济说："《元秘史》一种，老谭还一百卅元。……成交。"见《张元济傅增湘论书尺牍》，商务印书馆 1983 年版，第 15、16、21 页。

③ 然而遗憾的是《四部丛刊三编》本对顾校本原文乃至内阁大库残叶的字词都有所改动，而且均致误。笔者已另撰文讨论这方面的问题。

④ 参见伯希和《〈元朝秘史〉中的蒙古文原文》[*Un passage altéré dans le texte Mongol ancien de l'Histoire secrete des Mongols*, TP（《通报》）27，1930]；伯希和《〈元朝秘史〉卷 1—6 转写法译本》（*Histoire secrète des Mongols, restitution du texte Mongol et traduction française des chapitres I à VI*, Paris，1949）韩百诗告读者书；罗依果[《蒙古秘史，13 世纪蒙古史诗编年史》导论（1ii，xcii]。汪士鐸，罗依果书中作"王士鐸"，疑应识别为"汪士鍾"。汪士钟为清末著名藏书家之一，字"阆源"，著有《艺芸书舍书目》等。汪士铎，经历以及藏书特点似有不符。罗依果在 2011 年 7 月 29 日的来信中表示同意笔者的推测，他书中的"王士鐸"应依笔者作"汪士鍾"，由于他未见到原本，印文仅据一件不很清楚的缩微胶片识读，所以只能说印文"似乎是……"闵国勋，不详。该本，详情待查。

目前已知诸抄本中，属于十二卷本的，除了顾校本（包括其转抄本等）、永乐二年抄本外，还有喀喇沁王府藏本。① 喀喇沁王府藏本为残本，仅保留大约两卷的内容（卷7、卷8）。另外，孙承泽的《元朝典故编年考》第九卷抄录了《元朝秘史》十二卷本之续集两卷的总译部分。

明、清两代见于著录的十二卷本还有几种，但是现在已无法看到。例如，杨士奇《文渊阁书目》、叶盛《菉竹堂书目》都提到《元朝秘史》一部五册、续集一部一册。② 从划分正集、续集的特征来看，当为十二卷本。清初，黄虞稷《千顷堂书目》、倪灿《补辽金元艺文志》直接记"《元朝秘史》十二卷"。③ 孙承泽《元朝典故编年考》也提到"元人有《秘史》十卷、《续秘史》二卷，偶从故家见之"。④ 据万光泰《元秘史略》序文，他利用的原本为"《元秘史》十卷，续二卷"。这些本子，都未交代是刻本还是抄本。顾广圻的跋文中提到他曾在金德舆处见到一个"残元椠本"，分卷与十五卷本不同，但是"卒卒未得写录"，钱大昕曾"据以著录其《元史艺文志》"。钱大昕《元史艺文志》则著录"《元秘史》十卷、《续秘史》二卷"，⑤ 没有交代版本。据顾广圻的跋文，当为刻本。钱大昕在他处提到一部首尾残缺的"鲍氏知不足斋刻本"，分卷与十五卷本不同。⑥ 鲍廷博处这个首尾残缺的刻本与金德舆处的"残元椠本"特征相合，很可能是同一个本子。⑦ 鲍廷博藏刻本后来为黄丕烈购得。⑧ 马玉堂旧藏本的识语中提到"黄荛翁影元钞本"，当即黄丕烈购得

---

① 现藏北京大学图书馆古籍室，藏书号 NC2700/1425，1。
② 杨士奇等：《文渊阁书目》卷5，《丛书集成初编》第29册，第67—68页；叶盛：《菉竹堂书目》卷2，《丛书集成初编》，第33册，第35页。
③ 黄虞稷：《千顷堂书目》，上海古籍出版社，2001年，第113页；倪灿：《补辽金元艺文志》，《丛书集成初编》第12册，第36页。
④ 孙承泽：《元朝典故编年考》，文海出版社，第9卷，第487页。
⑤ 钱大昕：《补元史艺文志》，《丛书集成初编》，第12册，第19页。
⑥ 何元锡《竹汀先生日记抄》（卷1，"所见古书"，《丛书集成初编》，第56册，第29页）载："得汪龙庄札，还《元秘史》四册。云曾借鲍氏知不足斋刻本，首尾残阙，而分卷与此本不同。"
⑦ 洪煨莲（《〈蒙古秘史〉源流考》）曾推测鲍廷博藏刻本与金德舆藏本是同一个本子或是相同之本（were one and the same）。
⑧ 黄丕烈《嵇康集》跋文（1806年）谓："《嵇康集》十卷，为丛书堂钞本。……余得此于知不足斋。渌饮年老患病，思以去书为买参之资。去冬曾作札往询其旧藏残本《元朝秘史》，今果寄余，并以此集及宋刻《契丹国志》，活本《范石湖集》为副。余赠之番饼四十枚。"（《士礼居藏书题跋记》卷五，《续修四库全书》，上海古籍出版社2002年版，第923册，第789页）。

的鲍廷博藏刻本。① 莫伯骥也著录一部十二卷本的钞本。②

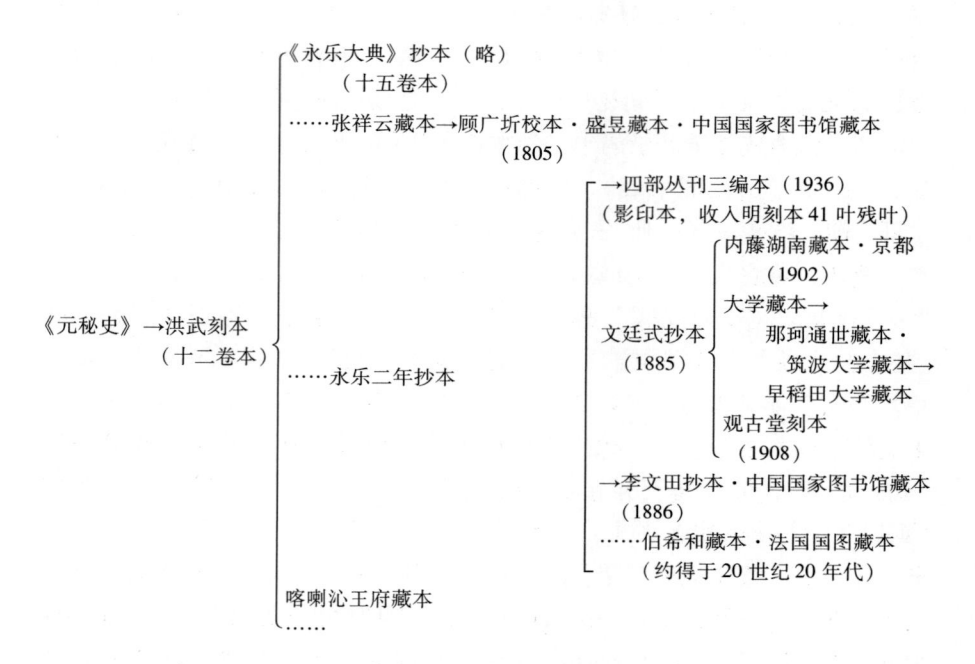

```
                    ┌《永乐大典》抄本（略）
                    │    （十五卷本）
                    │……张祥云藏本→顾广圻校本·盛昱藏本·中国国家图书馆藏本
                    │              （1805）
                    │                ┌→四部丛刊三编本（1936）
                    │                │ （影印本，收入明刻本41叶残叶）
                    │                │         ┌内藤湖南藏本·京都
                    │                │         │  （1902）
                    │                │         │大学藏本→
《元秘史》→洪武刻本│                │文廷式抄本│  那珂通世藏本·
 （十二卷本）       │……永乐二年抄本│（1885） │  筑波大学藏本→
                    │                │         │  早稻田大学藏本
                    │                │         │观古堂刻本
                    │                │         └  （1908）
                    │                │→李文田抄本·中国国家图书馆藏本
                    │                │        （1886）
                    │                └……伯希和藏本·法国国图藏本
                    │                  （约得于20世纪20年代）
                    │喀喇沁王府藏本
                    └……
```

图2　十二卷本流传图

抄入《永乐大典》的十五卷本，原载十二先元字韵中，为第5179—5193卷。③ 今已不存。目前可以看到的十五卷本有近十种。

韩泰华旧藏本。该本现藏俄罗斯圣彼得堡大学图书馆。1872年俄国传教士巴拉第在北京购得一部《元朝秘史》的十五卷抄本，后于1878年赠送给了波兹德涅耶夫（А. М. Позднеев）。④ 伯希和有此抄本的照片，曾

---

① 识语为马玉堂所写，转引自白·特木尔巴根《马玉堂的〈元朝秘史〉十五卷抄本》。"荛翁"为黄丕烈之号。

② 莫伯骥《五十万卷楼藏书目录初编》（1936年铅印本，史部二，第320叶下）记"《元秘史》十卷，续二卷，钞本"。

③ 张穆的跋文说："右《元朝秘史》译文十五卷，道光二十一年从《永乐大典》十二先元字韵中写出。"见《连筠簃丛书》本。《四库全书总目》（浙本之影印本，中华书局，1965年）"《元朝典故编年考》"条说："其第九卷为《元朝秘史》……考其所印，并载《永乐大典》元字韵中。"另参见洪煨莲《〈蒙古秘史〉源流考》的考证。

④ 韩泰华旧藏本在圣彼得堡大学图书馆的藏书号为ХУ 1.1264/Поздн. №152。参见潘克福《〈元朝秘史〉十五卷本前言》。

于 1933 年赠送一份给北平图书馆。① 1962 年，苏联学者潘克福将该抄本在莫斯科影印出版。1975 年其影印本又被收入《元朝秘史三种》。② 究其来源，据抄本所钤印记和其他一些特征，可知它曾先后为韩文绮、韩泰华祖孙所收藏，鲍廷博、黄丕烈曾利用。③ 后辗转归巴拉第。有人推测该本出自钱大昕所收藏的本子。④ 学界一般称为"潘克福本""东方文献出版社本"或"苏联本"等。此本抄写质量较差，讹误较多。卷首附钱大昕"跋元秘史"。卷一题名下有"忙中豁仑组察脱察安"八个字，"组"为"纽"之形讹。卷七结尾处有题记"嘉庆乙丑元宵从刻本补写迄，通介叟记"，卷九结尾处有题记"嘉庆乙丑二月十一日从刻本补写，七十八叟识"。卷八开始处叶眉书"刻本第七卷起"、结尾处叶眉书"刻本七卷止"，卷九开始处叶眉书"刻本第八卷起"，卷十三开始处叶眉书"元朝秘史续集卷一"，卷十五结尾处叶眉书"元朝秘史续集卷二终"。卷十三至卷尾，叶眉共有六处题记，分别见于第 247、第 258、第 263、第 264、第 282 节。卷尾有一附叶，正面写有几行文字，提到"即请渌饮丈正"，文末署"復翁"。各种题记及附文等，笔迹与正文同。

　　陆心源旧藏本。该本现藏日本静嘉堂文库。原为劳格（字季言）旧藏，清末曾一度归陆心源所有，1907 年被陆氏后人出售给了日本人岩崎弥之助，入藏静嘉堂文库。⑤ 学界有称"陆氏本"或"陆心源藏本"的。此本分两册，缺损卷首之叶（相当于第 1、第 2 节和第 3 节的音译正文部分），其他部分保存良好。抄写工整，讹误明显少于韩泰华旧藏本。卷五

---

① 参见陈垣《元秘史译音用字考》。该照片本现藏国家图书馆古籍馆，藏书号 5315。
② 《元朝秘史三种》，台北中文出版社，1975 年。张兴唐作序，收有《四部丛刊三编》本、观古堂刻本、东方文献出版社本之影印件。
③ 抄本第一叶右上角有"玉雨堂印"，右下角有"韩氏藏书"印记，正文最后一叶叶尾左下角有"韩泰华印"、"小亭"两处印记。据考证，"玉雨堂"为 18 世纪末 19 世纪初杭州藏书家韩文绮之室名章，"小亭"为韩泰华之字。
④ 顾广圻跋文中提道："《元朝秘史》载《永乐大典》中，钱竹汀少詹所有，即从之出，凡首尾十五卷。"洪煨莲（《〈蒙古秘史〉源流考》）认为鲍廷博本的原文"或经由钱本之中介"。"通介叟"、"七十八叟"，均为鲍廷博的别号。"渌饮"为鲍廷博之字，"復翁"为黄丕烈之字。两处题记和卷尾短简，笔迹同正文。与陆心源旧藏本卷尾所附内容相同的短简相比，此本之"前册已载其起说矣"为"前册已载其起讫矣"之讹。
⑤ 陆心源《皕宋楼藏书志》（卷 23，《宋元明清书目题跋丛刊》，中华书局，2006 年，第 7 册，第 257 页）谓："《元秘史》十五卷，影写元刻本，劳季言旧藏。"另参见原山煌《关于〈元朝秘史〉十五卷钞本——陆心源旧藏本考查》，载《东洋史研究》42：1，1980 年。

结尾处有题记"嘉庆甲子十二月十一日从刻本补写",卷六结尾处有题记"嘉庆乙丑正月初三日从刻本补写迄,七十八叟记",卷七结尾处有题记"嘉庆乙丑元宵从刻本补写迄,通介叟记"。卷六结尾处叶眉书"刻本五卷止",卷七开始处叶眉书"刻本六卷起",卷八开始处叶眉书"刻本第七卷起"、结尾处叶眉书"刻本七卷止",卷九开始处叶眉书"刻本第八卷起",卷十三开始处叶眉书"元朝秘史续集卷一",卷十五结尾处叶眉书"元朝秘史续集卷二终"。卷十三至卷尾,叶眉共有六处题记,分别见于第247、第258、第263、第264、第282节。卷尾附钱大昕"跋元秘史",最后也有黄丕烈致鲍廷博短简。各种题记及附文等,笔迹与正文同。

丁丙旧藏本。现藏南京图书馆古籍部。之前曾先后为王宗炎、丁丙所收藏。[①] 字迹工整,保存完好。讹误较少。卷十三至卷尾,叶眉共有八处题记,其中六条与韩泰华旧藏本、陆心源旧藏本的相同,另外两条分别见于第265、第272节。

孙星衍旧藏本。现藏中国国家图书馆善本部。该抄本不见其他著录。分二册,卷首附钱大昕的"跋元秘史"。卷一题名下有"忙中豁仑纽察脱察安"八个字。卷四结尾处有题记"嘉庆甲子十一月二十四日从刻本补写迄"。字迹工整,保存完好。正文中有红笔修改之处,似为后人所为。[②]

韩泰华旧藏本、陆心源旧藏本、丁丙旧藏本和孙星衍旧藏本这四种抄本,较其他本子共同点更多一些,渊源关系当更近。

瞿镛旧藏本。现藏中国国家图书馆善本部。分四册,卷首和卷尾各钤盖一处"铁琴铜剑楼"之印记。卷首附钱大昕"跋元秘史"。[③]

---

① 南京图书馆丁丙旧藏本之藏书号为GJ/112364。该《元朝秘史》抄本,第一册封叶右上角钤盖"八千卷楼珍藏善本"印记,第一叶正面右上方叶眉钤盖"钱唐丁氏正修堂藏书"印记,第一行题名"元朝秘史卷一"下方钤盖"晚闻居士"印记,抄本内夹有一张字条,墨笔写有207个字,与丁丙《善本书室藏书志》"《元秘史》"条基本相合,仅有几个字不同。《善本书室藏书志》(卷7,《续修四库全书》,第927册,第251页)记:"《元秘史》十五卷,旧钞本,萧山王晚闻藏书……此依旧钞影写……有晚闻居士印。"王宗炎《十万卷楼书目》(中国国家图书馆藏1909年抄本)"补遗"记:"元秘史,抄本,二本。"

② 藏书号762(缩微胶片)。卷首分别钤盖"孙星衍印"、"伯渊家藏"、"张柳泉藏书记"、"尔耆珍藏"、"賸经堂"(曹元忠藏书处名)几处印记。

③ 藏书号3404(缩微胶片)。卷首题名下方、卷尾分别钤盖"铁琴铜剑楼"印。瞿镛《铁琴铜剑楼藏书目录》(第9卷,《宋元明清书目题跋丛刊》,第10册,第146页)谓:"《元秘史》,十五卷,钞本……此出嘉定钱氏藏本。"

翁同书旧藏本。现藏中国国家图书馆善本部。该抄本不见其他著录。分四册,卷首有翁同书手抄的阮元的"元秘史提要",卷尾附钱大昕的"跋元秘史"。① 字迹工整,保存完好。

马玉堂旧藏本。现藏内蒙古师范大学蒙古学学院信息资料室。② 他处未见著录。据介绍,该抄本分六册,卷首有七行识语,其后附钱大昕的"跋元秘史"。卷一题名下有"忙中豁仑纽察脱察安"八个字。每册首叶题名下钤盖"马玉堂""笏斋"印记。讹误较少。③

可以确认直接从《永乐大典》抄出的本子有张穆抄本,但只抄了总译部分,后来被刻入《连筠簃丛书》,④ 而张穆抄本却遗憾地不知下落了。

还有一些十五卷抄本见于著录,但是现在还无法看到。例如:卢址《抱经楼藏书目录》记:"《元朝秘史》,十五卷,四本,抄本,不著撰人名氏。"其《四明卢氏藏书目录》著录为:"《元朝秘史》,十五卷,钞本,缺首数页,不著撰人名氏。"⑤ 阮元《四库未收书目提要》为一部十五卷本写有提要,这个本子是他在19世纪初任浙江巡抚和学政期间征集到的,本准备进献朝廷,但是最终没有进献,后散失。⑥ 张金吾《爱日精

---

① 藏书号5360(缩微胶片)。卷首正面阮元的"元秘史提要"结束处,有"咸丰七年二月翁同书手写"字样,同面钤盖"祖庚在军中所读书"、"翁伯子"两处印记,同叶背面有识语一处,其中提到"余从广陵藏书家购此精钞本",落款"翁同书",旁边钤盖"翁同书字祖庚"印记。

② 马玉堂旧藏本现控制在个人手中,他人无法利用。

③ 据白·特木尔巴根《马玉堂的〈元朝秘史〉十五卷抄本》,马玉堂旧藏本卷首识语谓:"右据竹汀先生抄本,次序盖从永乐大典"。马玉堂字"笏斋"。

④ 张穆跋文曰:"右《元朝秘史》译文十五卷,道光二十一年(1841)八月从《永乐大典》十二先元字韵中抄出。二十七年(1847)复从仁和韩氏借得影抄原本,校对无讹。"

⑤ 卢址《抱经楼藏书目录》,中国国家图书馆藏抄本,第4卷;《四明卢氏藏书目录》,《中国著名藏书家书目汇刊》明清卷23,商务印书馆2005年版,第12页。

⑥ 收入阮元《揅经室外集》和《四库全书总目》。柯立夫(《蒙古秘史》英译本导论)怀疑这篇提要或许不是出自阮元之手,可能是他让鲍廷博或另一个朋友写的。据阮元之子阮福(《揅经室外集》序言)介绍,阮元"每进一书,必仿四库提要之式,奏进提要一篇。凡所考论,皆从采访之处先查此书原委,继而又属鲍廷博、何元锡诸君子参互审订",然后"亲加改定,纂写而后奏之"。关于阮元征集的《元朝秘史》十五卷本最终未能进呈朝廷的原因,严杰(《四库未收书目提要》附识)提到:"右《提要》五卷,计书一百七十五种,其中《元秘史》十五卷,因词语俚鄙,未经进御。"洪煨莲(《〈蒙古秘史〉源流考》)则认为其真正的原因或许在于阮元适见十五卷本《元朝秘史》已经编入《永乐大典》,而且《四库全书》的编纂者已经做出处置。他还推测阮元所获十五卷抄应当与钱大昕藏本有直接或间接的关系,因为鲍廷博曾协助阮元访书,又是钱大昕之友。

庐藏书志》提到一部十五卷抄本。① 陈树杓《带经堂书目》、周星诒《传忠堂书目》分别著录一部十五卷抄本，均说明为"张蓉镜钞本"。二人所藏为同一个本子，只是时间有先后。②《嘉业堂藏书志》著录一部十五卷抄本："《元秘史》，十五卷，旧钞本，不著撰人名氏……此钞本尚旧。收藏有'泰峰所藏善本'朱文方印。"③ 另据张穆所获信息，程同文曾抄写了一部十五卷本，但是后来文稿遭窃，《元朝秘史》抄本也不知所终。④

```
                              ┌ 张穆抄本→连筠簃丛书本（总译本）
                              │ ……钱大昕旧藏本……鲍廷博藏本·
                              │   韩泰华旧藏本·巴拉第藏本（1872年购入）·
                              │                ┌ 潘克福影印本（1962）
                              │   圣彼得堡大学  │ 法国远东学院照片本→
《元秘史》→洪武刻本→《永乐大典》抄本 ⟨ 图书馆藏本 ⎨   中国国家图书馆藏本
 （十二卷本）   （十五卷本）    │ ……王宗炎旧藏本·丁丙旧藏本·南京图书馆藏本
                              │ ……劳季言旧藏本·陆心源旧藏本·静嘉堂文库藏本
                              │ ……孙星衍旧藏本·中国国家图书馆藏本
                              │ ……瞿镛旧藏本·中国国家图书馆藏本
                              │ ……翁同书旧藏本·中国国家图书馆藏本
                              │ ……马玉堂旧藏本·内蒙古师范大学藏本
                              └ 其他本
```

图3 十五卷本流传图

---

① 张金吾《爱日精庐藏书志》（卷11，《宋元明清书目题跋丛刊》，第11册，第363页）记："《元秘史》，十五卷，抄本。"莫友芝《邵亭知见传本书目》（《书目类编》74，成文出版社1978年版，第33618页）也提到阮元和张金吾的本子，谓："《元秘史》，十五卷，张氏爱日精庐有抄本……阮元亦有抄本。"

② 陈树杓《带经堂书目》（卷2，《中国著名藏书家书目汇刊》，第28册，第313页）记："《元秘史》，十五卷，张蓉镜钞本。"周星诒《传忠堂书目》（《丛书集成续编》，第71册，第304页）记："《元秘史》，十五卷，四册，不著撰人，张蓉镜钞本，蒙古语未删。"陈树杓的祖父陈征芝的"带经堂"藏书，后来有些为周星诒所收，而周星诒的藏书后来有不少为蒋凤藻等人所收。

③ 缪荃孙、吴昌绶、董康《嘉业堂藏书志》（吴格整理点校，复旦大学出版社1997年版，第258页）。周子美《嘉业堂钞校本目录·天一阁藏书经见录》（华东师大出版社2000年版，第16页）另记："《元朝秘史》，十五卷，忙豁仑纽察脱察安著，旧钞本，六册。郁泰峰旧藏，钱竹汀有跋。"经查，浙江南浔嘉业藏书楼现缺藏（2010年据工作人员说，自1982年重新编以来即未见此本）；浙江图书馆亦不藏。

④ 张穆《㐆斋文集》"元朝秘史译文钞本题词"（《续修四库全书》，第1532册，第3卷，第283页）载："《永乐大典》十二先元字韵中载《元朝秘史》一部，八册，十五卷，……闻徐丈星伯云，程春庐京丞曾手录一通，于所著《元史西北地理考》中屡引之。今《地理考》为人窃去，所钞《秘史》亦遂不可踪迹。"

七 《元朝秘史》的文献学研究

（一）早期文献学研究

节选元代"脱卜赤颜"的某些部分进行加工，制成特殊形式的汉籍，其过程本身就带有研究的性质。因此，"《秘史》的研究，应当从汉字音写本开始算起"①。汉字加工本的音写规则、用字规范十分严密，照顾了蒙古语元音和谐律、舌尖颤音、词首清喉擦音、音节末辅音等多种特点，采取不同方式处理，选用音译汉字时兼顾词义。②傍译不只是单纯给出词义，还使用一套标示词法形式的特定用字，使原文的语法意义更加明确。③经过这样加工的汉字本，不仅便于当时的学生学习掌握蒙古语，而且在客观上为后世的研究者们提供了可信度相当高的参考依据。

明代，《元朝秘史》的影响有限，这可能与它作为教材的性质有关。所能见到的反映只是在于个别书籍的引用中，而且多为只言片语。例如，《大明一统志》记："不峏罕山。斡难河源出于此，昔有苍白狼遇惨白鹿于此山，生子名巴塔赤罕。后为蒙古部，即元氏之祖。迭里温孛答山。近斡难河，即元太祖铁木真生处……阔阔纳浯儿海。元太祖为诸部推戴，称帝于此。"④这些内容后来为岷峨山人《译语》直接利用。⑤《万姓统谱》记："按《元朝秘史》云，元朝的人祖是天生苍色人与惨白女相配了，同渡过腾吉思水到斡难河源头不儿罕山前，生一人，名为巴塔赤罕。巴塔赤罕生塔马察。至十二世生孛端察儿，十三世生帖木真，以孛儿只斤为姓，

---

① 亦邻真：《〈元朝秘史〉畏吾体蒙古文复原》绪论。
② 例如，阿不^舌剌^中渾（aburaqun），亦^舌列坤（irekün）；^舌列（re，比较：列 le）；豁^舌兒臣（horčn，比较：^中豁^舌兒臣 qorčin）；以小字"勒""惕""卜""黑""克""尼（你）"等分别表示音节末的辅音 l, t (d), b, q, k (g), n 等。
③ 音译与山、水、口、目等有关系的蒙古语词汇时，一般会选用带有山、水、口、目等偏旁的字。例如，阿虮剌（山），沐^舌漣（河），亦哇周（喫着），兀瞻（見）等。参见陈垣《元秘史译音用字考》。
④ 《大明一统志》第 90 卷"鞑靼·山川"（中国国家图书馆善本部藏明万寿堂刻本，第 27 叶下至 28 叶上）。
⑤ 薄音湖、王雄编辑点校：《明代蒙古汉籍史料汇编》第 1 辑，内蒙古大学出版社 2006 年版，第 218、219 页。

是为元朝太祖。始太祖帖木真丙寅称帝于斡难河。"① 《三才图会》记："元按,《元朝秘史》云,元朝的人祖是天生苍色狼与惨白鹿相配了,同渡过腾吉思水到斡难河源头不儿罕山前,生一人,名为巴塔赤罕。巴塔赤罕生塔马察,至十二世生孛端察儿,十三世生帖木真,以孛儿只斤为姓,是为元朝太祖。始太祖帖木真丙寅称帝于斡难河。"② 《万历武功录》记："按元之先,苍色狼与惨白鹿配,渡腾吉思水,至斡滩(难之讹)河源不儿罕山,生巴塔赤罕。巴塔赤罕生塔马察,至十二世曰孛端察儿,始大……也速亥生帖木真,以孛儿只斤为姓。"③ 可以看出,所引用的内容主要集中在《元朝秘史》第1节。

进入清代,《元朝秘史》的流传和研究逐渐有所活跃。除了传抄和一般著录之外,研究成分更重的成果相继问世。清初,孙承泽抄录《元朝秘史》十二卷本之续集两卷的总译部分,收入《元朝典故编年考》第九卷中,并写有简短的序文,指出全书"盖其本国人所编纪者",可以"补正史之所不载"。他的这番话被认为是"标志着中国乃至全世界批判地科学地评价[《元朝秘史》]原文的开端"④。《元朝典故编年考》后来被选入《四库全书》政书类,《四库全书总目》"《元朝典故编年考》提要"论及《元朝秘史》,虽然说其"所记大都琐屑细事,且间涉荒诞。盖亦传闻之辞,辗转失真,未足尽以为据",但还是承认"然究属元代旧文,世所罕睹","与正史颇有异同,存之亦足以资参订"⑤。《四库全书》并没有收入《元朝秘史》,只是在未收书目中为其保留了阮元所写的提要。该提要说:"国语旁译,记元太祖太宗两朝事迹,最为详备……如是编所载元初世系,孛端察儿之前,尚有一十一世。太祖本纪述其先世仅从孛端察儿始。诸如此类,并足补正史之纰漏。虽词语俚鄙。未经修饰,然有资考

---

① 凌迪知:《万姓统谱》卷首五"元",《文津阁四库全书》,商务印书馆2005年版,第317册,第266页。

② 王圻:《三才图会》人物卷三"元世祖像",《续修四库全书》,第1232册,第499页。王圻的《稗史汇编》第16卷"匈奴"(《四库全书存目丛书》,齐鲁书社1995年版,第787页)又一次提到《元朝秘史》,谓:"匈奴之国,其种有五。一种黄毛者,乃山鬼与牸牛所生。……一种乃塔巴亦罕(巴塔赤罕之讹)之种。《元朝秘史》云苍色狼与白鹿交所生。二十五世生帖木真,是称大蒙古。"

③ 瞿九思:《万历武功录》第7卷"俺答列传上",中华书局1962年版,第640页。

④ 柯立夫:《蒙古秘史》英译本导论。

⑤ 《四库全书总目》,中华书局1965年版,上册,第701页。

证，亦读史者所不废也。"①

之后，万光泰利用一部十二卷本的总译部分，于1748年（清乾隆十三年）改编完成了《元秘史略》。在跋文中他首次使用了"节"和"总译"的术语。《元秘史略》的刊行者杨复吉写有一篇简短跋文，提到书中一些内容"若王罕之大有造于元太祖，李儿帖之见掳于脱脱阿，沉白、忽必来等之战绩，《元史》俱不之载"，并分析其原因为"讳之乎，抑采缀有所未及也"。②

充分注意到《元朝秘史》的巨大学术价值的是钱大昕。他在《跋元秘史》中评论了该书独特的史料价值，说："元太祖创业之主也，而《[元]史》述其事迹最疏舛。惟《秘史》叙次颇得其实……论次太祖太宗两朝事迹者，其必于此书折其衷。"作为论据，文中还对照《元朝秘史》举出了一些《元史》"未详""不书""大误""颠倒复沓"等方面的实例。而在1800年成书的《补元史艺文志》中，钱大昕已经怀疑到《元朝秘史》即元代国史"脱必赤颜"，③ 成为清代学者中最先意识到这一重要问题的人。

有必要一提的是清代蒙古族学者博明对《元朝秘史》的关注。博明在《西斋偶得》、《蒙古世系谱》钞本按语中几次提到《元朝秘史》，用以考史。④ 博明的生活年代稍早于钱大昕，18世纪中叶曾任翰林院编修，应该有机会接触到《元朝秘史》。他很快注意到了其重要性，并用于自己的学术研究。

钱大昕之后，陆续有顾广圻、阮元、马玉堂、张穆、耿文光、莫伯骥

---

① 《四库全书总目》，下册，第1859页。

② 杨复吉的《元秘史略》跋文。跋文又谓："丁未暮春假知不足斋珍藏写本，阅竟呕录之，以广见闻。"《史料丛编》，广文书局，1968年，第47叶。

③ 钱大昕《补元史艺文志》记："元秘史十卷，续秘史二卷。不著撰人。记太祖初起及太宗灭金事。皆国语旁译。疑即脱必赤颜也。"对于《元朝秘史》，"旁译"为钱大昕首次提出的术语。不久后为阮元接受并使用（阮元《四库未收书目提要》）。

④ 博明《西斋偶得》卷上见有三处：1. 女直系由女真、由朱里真迭改，其本音乃朱里扯特，见《元秘史》蒙古文。2.《元秘史》称西夏曰唐兀。3.《元史》称帝姓奇渥温，《秘史》载孛敦察尔自为孛只止歹氏。《蒙古世系谱》钞本按语中见有三处：1.《秘史》则以巴塔赤罕为第一世。2.《秘史》乃元时金匮石室之藏，永乐中钞入《大典》，诚珍重之。3. 谨依《元朝秘史》，以巴泰察汉为第一世。参见白·特木尔巴根《〈元朝秘史〉（十五卷本）第一卷校异》，载《内蒙古师大学报》1987年第3—4期。

等人撰写跋文、提要、序言等，同样就《元朝秘史》的版本、价值等提供信息和看法，为后人留下了不可多得的研究参考资料。

这一时期，人们在传抄《元朝秘史》的过程中虽然做过一些校勘、考证的工作，但是研究总体上还主要停留在著录、撰写序跋和提要等的阶段。

（二）初步发展期文献学研究

1848年，张穆抄自《永乐大典》十五卷本的总译部分刻入《连筠簃丛书》。这个十五卷总译本的刊行，扩大了《元朝秘史》的流传范围，为更多的人开展研究提供了机会。文献学研究方面，首先出现了一批注释类的成果。1896年，李文田的《元朝秘史注》出版，引起很大反响，高宝铨接着于1902年出版了《元秘史李注补正》，不久沈曾植完成了《元秘史补注》。后来又有陈彬龢的《元朝秘史》选注出版。① 李文田的注释具有开拓性意义，而沈曾植的考证相当精审。

也是在19世纪后半叶，巴拉第于1866年出版了根据连筠簃丛书十五卷总译刻本完成的《元朝秘史》俄译本《关于成吉思汗的古代蒙古传说》。② 正是通过他的俄文译注本，欧洲人得以接触和认识到《元朝秘史》，并引发了欧洲学者对这一重要文献的不懈研究。巴拉第的译文和考证，都是在一个较高的起点上开始的，他利用了不少汉文资料，提到孙承泽、万光泰的相关著作，也提到了钱大昕的评论。在多达660条的注释中，他使用了《元史》《资治通鉴》《圣武亲征录》《蒙鞑备录》《南村辍耕录》《蒙古源流》等汉文文献，还利用了波斯文史书《史集》的俄译本。据统计，他所参考利用的文献有"约50多种汉、西语著述，涉及正史、别史、杂史等各种史学体裁"。③ 在1872年购得韩泰华旧藏本后，巴拉第曾用俄文字母对其音译正文进行注音，并逐词俄译其旁译，但是没有

---

① 李文田的注释主要是以《连筠簃丛书》所收十五卷总译本为工作本的，在他去世一年后出版。高宝铨《元秘史李注补正》，1902年。沈曾植《元秘史补注》（稿本藏上海图书馆），后于1945年收入《敬跻堂丛书》。陈彬龢选注《元朝秘史》，上海商务印书馆1929年版。

② 有人考证当时巴拉第是从何秋涛手中得到连筠簃丛书本的。见陈开科《巴拉第与晚清中俄关系》（上海书店出版社2008年版，第16页），其所引利用资料为《巴拉第及其对祖国东方学的贡献，纪念其逝世一百周年文集》第1集，第38页。

③ 参见陈开科《巴拉第与晚清中俄关系》，第109页。

正式出版。①1878年，波兹德涅耶夫从巴拉第手中获赠韩泰华旧藏本，②不久他在圣彼得堡出版了一个不完整的俄文转写译注本，包括第1—104节的内容。③

在世界的另一端，日本学者那珂通世于1907年出版了《元朝秘史》的日文译注本，题名《成吉思汗实录》。这是世界上第一部《元朝秘史》的全译本，译文总体质量颇佳，注释内容丰富，考证功力较深。那珂通世还首次从蒙古语的角度确认了顾校本卷首"忙中豁仑纽察脱察安"为"蒙古秘史"的音译，从而消除了学界一个时期内流传的误解。那珂通世的译注本被公认为《元朝秘史》研究的巨作、日本蒙古学的奠基石。

进入20世纪，《元朝秘史》的研究"发生了一个巨大的转折：研究工作不再单纯依靠总译及其俄译文，而是直接利用蒙古语原文及其译本。《秘史》的研究蓬勃发展，很快变成了一个国际性的学术领域"④。

20世纪20年代，王国维在生命的最后两三年里潜心蒙古史料的研究，其中《元朝秘史》的研究占有重要位置。他不仅对《元朝秘史》本身进行校勘，还以其内容校注其他史料，并撰写了《元朝秘史之主因亦儿坚考》等文章。他的《元朝秘史》研究在一定程度上受到了那珂通世

---

① 潘克福：《〈元朝秘史〉十五卷本前言》。据潘克福介绍，巴拉第的这个"俄文注音旁译本"后来藏于苏联科学院亚洲民族研究所列宁格勒分所东方学书库（今俄罗斯科学院东方文献研究所图书馆），藏书号 pazp I. on3, ед. kxp. 2。据罗依果（《蒙古秘史，13世纪蒙古史诗编年史》"序言"，1xx, lxxi），巴拉第的这个"俄文注音旁译本"后来到了波兹德涅耶夫手里，在波兹德涅耶夫1920年去世后又进入列宁格勒/圣彼得堡东方学研究所书库。伯希和曾拥有一部打印件，后归巴黎法国国家图书馆东方手抄本部（藏书号 Fond Mongol 159）。

② 潘克福：《〈元朝秘史〉十五卷本前言》。潘克福说："1878年，值 A. M. 波兹德涅耶夫来北京，巴拉第主教以此《元朝秘史》抄本赠之。波兹德涅耶夫遂携来彼得堡，交彼得堡大学图书馆。"

③ 《〈元朝秘史〉转写还原本》（Транскрипция палеографическаго текста Юань-чао-ми-ши）。据报道为平版印刷，未标出版年月，伯希和认为是1880年出版的。罗依果认为是波兹德涅耶夫以自己的名义出版了巴拉第俄文注音旁译本中的一部分。符拉基米尔佐夫1924年送给伯希和一份复本，现藏巴黎法国国家图书馆东方手抄本部（藏书号 Fond Mongol 160）。参见罗依果《蒙古秘史，13世纪蒙古史诗编年史》导论（1xx, ci）。蒙古国家图书馆也藏有一个复本（藏书号 M49°MOH, П471）。2005年，乌兰巴托影印出版了蒙古国家图书馆的藏本（书名同波兹德涅耶夫版，有苏米亚巴特 Б. Сумьяабаатар 的序言）。

④ 亦邻真：《〈元朝秘史〉畏吾体蒙古文复原》绪论。

《成吉思汗实录》的影响。①

20世纪30年代,陈垣就《元朝秘史》展开了文献学方面的研究,他在校勘原文上花费了不少时间和精力,先后两次托人从上海代借顾校本,②又致力于《元朝秘史》译音用字和版本的分析、考证,发表了影响学界的力作《元朝秘史译音用字考》,相关的研究成果近期得以整理公布。③

20世纪40年代,集中出现了一批《元朝秘史》的译注本。底本都选择了带有音译正文的本子,依据音译正文进行翻译。这些译注本包括:海涅士的德文译注本《蒙古秘史,1240年写于客鲁涟河阔迭额岛的一件蒙古文稿》、柯津的俄文译注本《秘密故事,1240年蒙古编年史,原名蒙古秘史·元朝秘史》、小林高四郎的日文译注本《蒙古秘史》、伯希和的法文译注本《〈元朝秘史〉卷1—6转写法译本》、帖木儿的土耳其文译注本

---

① 王国维在写于1925年的《蒙文元朝秘史跋》中,也谈到"忙中豁仑纽察脱察安"的问题,说:"余谓此即元朝秘史之蒙古语也。"他于1925年和1926年间先后在两本叶德辉刻本上写下校勘文字(这两个本子现藏中国国家图书馆善本部),其中多处提到或引用了那珂通世《成吉思汗实录》的内容。参见乌兰(B. Ulaan)《王国维对〈元朝秘史〉的校勘》(*Wang Guowei's Collation of The Secret History of the Mongols*, The Early Mongols. Language, Culture and History, studies in honor of Igor de Rachewiltz on the occasion of his 80th birthday, Indiana University, 2009)。

② 据傅增湘写给张元济的信函,陈垣借顾校本之事发生在1931年。傅增湘在1931年三月一日(4月18日)写给张元济的信中说:"钞本《元秘史》计已检出。陈援庵急盼一阅也。"张元济四月二十五日(6月10日)回信说:"景元钞《元秘史》六册,又照片三叶,亦托敝友带去。"傅增湘五月八日(6月23日)回信提到"《元秘史》已照收"。1932年四月二十九日(6月3日)张元济去信说:"前假去《元秘史》等书,如已用毕,乞寄还。"傅增湘五月八日(6月11日)回信告知"写本《元秘史》已索回",七月一日(8月2日)再告:"《元秘史》奉还。交伯恒带上。"两年后,傅增湘于1934年嘉平十日(1月24日)再次为陈垣请借《元秘史》,说陈援庵"拟求再借重校一过","乞公概允"。张元济二月二十四日(4月7日)回复:"前陈垣翁假阅《元秘史》,现已照出,即日可将印出毛样寄去。"傅增湘不久告知:"《元秘史》样本蒙颁下。亦交陈援安校长矣。"见《张元济傅增湘论书尺牍》,商务印书馆1983年版。

③ 2009年由安徽大学出版社出版的《陈垣全集》,收入了其后人整理完成的陈垣遗稿《元秘史音译类纂》(第11、12册)、《元秘史校记》(第12册)。前者为《元朝秘史》音译正文词汇的分类排列,后者为《元朝秘史》的校勘记。校勘记发现并纠正了原文中的不少讹误。底本应该用的是叶德辉刻本,校记中提到的校本有"大库抄本"(即永乐二年总译抄本)、"俄本"(即韩泰华旧藏本之照片本)、"大典本"(当指连筠簃丛书本)、"顾校"(即顾校本)、"桼本"(即洪武刻本残叶)等。

《蒙古秘史（1240）》[①]。

到 20 世纪 70 年代，又相继出了不同文种的不少译（注）本。如：谢再善的两种汉译本《蒙古秘史》[②]、普哈的捷克文译本《作为史料和古典文学名著的〈蒙古秘史〉》[③]、孙维贵（Sun Wei-kwei）的总译英译本《蒙古朝秘史》[④]、姚从吾和札奇斯钦的汉文《汉字蒙音〈蒙古秘史〉新译并注释》、李盖提的匈牙利文译注本《蒙古秘史》、岩村忍的日译本《元朝秘史，成吉思汗实录》[⑤]、鲍国义的英文译注本《〈蒙古秘史〉研究》[⑥]、卡鲁津斯基（S. Kałuzyński）的波兰文译注本《蒙古秘史》[⑦]、村上正二的日文译注本《蒙古秘史，成吉思汗故事》[⑧]、罗依果的英文译注本《蒙古秘史》[⑨]、道润梯步的汉文本《新译简注〈蒙古秘史〉》[⑩]、札奇斯钦的汉文本《蒙古秘史新译并注释》[⑪]、马嘎维亚（C. Maf-ауия）的哈萨克文译本《蒙古秘史》[⑫] 等。

从海涅士开始，不少人的译注本都附有原文转写。1942 年，白鸟库吉

[①] 帖木儿：《蒙古秘史（1240）》第 1 卷，载《土耳其历史学会会刊》第 2 期第 13 集，安卡拉，1948 年（A. Temur, Moğolların gizli tarihi（Yazılışı 1240）, I. Tercüme, Ankara, 1948）。

[②] 谢再善：《蒙古秘史》，《开明文史丛刊》，北京，1951 年（据叶德辉本）；《蒙古秘史》，中华书局，1956 年（据达木丁苏隆现代蒙古语本）。

[③] 普哈：《作为史料和古典文学名著的〈蒙古秘史〉》，布拉格，1955 年（Tajná Kronika Mongolů, Statní nakladatelství krásné literatury, hudby a umění, Praha, 1955）。

[④] 孙维贵：《蒙古朝秘史（元朝秘史）》，阿利加尔穆斯林大学，1957 年（Sun Wei-kwei, The Secret History of the Mongol Dynasty（Yüan-chao-pi-shih）, Aligarh, 1957）。专名的转写存在一些问题，漏译了第 278 节。

[⑤] 岩村忍：《元朝秘史，成吉思汗实录》，东京，1963 年。

[⑥] 鲍国义：《〈蒙古秘史〉研究》，第 9 卷，UAS（《乌拉尔—阿尔泰丛书》）58，布鲁明顿—海牙，1965 年（Kuo-yi Pao, Studies on The Secret History of the Mongols, Bloomington-Hague, 1965）。

[⑦] 卡鲁津斯基：《蒙古秘史》，华沙，1970 年（S. Kałuzyński, tr., Tajna historia Mongołow, Anonimova kronika mongolska z XIII w., Варшав, 1970）。2005 年再版。

[⑧] 村上正二：《蒙古秘史，成吉思汗故事》，3 册，东京，1970—1976 年。

[⑨] 罗依果：《蒙古秘史》，载《远东历史研究》，堪培拉，1971—1985 年（tr., The Secret History of the Mongols, Papers on Far Eastern History, 1971—1985）。

[⑩] 道润梯步：《新译简注〈蒙古秘史〉》，内蒙古人民出版社，1979 年。

[⑪] 札奇斯钦：《〈蒙古秘史〉新译并注释》，台北，1979 年。

[⑫] 马嘎维亚：《蒙古秘史》，乌列盖，1979 年（Монголын купия шежіресі, өлгий, 1979）。据达木丁苏隆现代蒙古语编译本 1957 年第 2 版。1998 年、2002 年先后在阿拉木图、乌兰巴托出版了两版。

出版了专门的音写本《音译蒙文元朝秘史》,[①] 弥补了日本方面那珂通世译注本未附原文转写的不足,也较海涅士、柯津二人的转写更得蒙古语的要领。伯希和的拉丁音写,开创了一个新的译写模式,后来李盖提的音写本[②]和罗依果的音写索引本[③]基本遵循了伯希和的拉丁音写模式,具体规则上有所改进,也为目前学术界所总体接受。

在这一时期,蒙古人进入到研究中来,所做的工作主要是用蒙古文重新翻译或转写《元朝秘史》。最早的蒙古文转写翻译本出现于1917年,是由呼伦贝尔人成德公(Čengde güng)根据叶德辉刻本完成的。[④] 1939年,呼伦贝尔人都嘎尔扎布(Q. Duγarjab)与服部四郎合作出版了《元朝秘史》第一卷的蒙古文还原文。[⑤] 20世纪40年代初,克西格巴图(Kešigbatu)、布和贺西格(Bökekešig)、金永昌(Altanwčir)等人也分别出版了蒙古文编译本。[⑥] 1947年,达木丁苏隆出版了现代蒙古语编

[①] 白鸟库吉:《音译蒙文元朝秘史》,《东洋文库丛刊》第八,东京,1942年。以叶氏观古堂刻本为底本,在音译正文的行右逐词标记转写文字,还对原文进行了一些加工,多有改正、补充之处。

[②] 李盖提:《蒙古秘史》,布达佩斯,1964年(ed., *A mongolok titkos története*, Budapest, 1964)。

[③] 罗依果:《蒙古秘史索引》,布鲁明顿,1972年(*Index to the Secret History of the Mongols*, Bloomington, 1972)。

[④] 题名 Yuan Ulus-un Niγuča Teüke。书稿藏俄罗斯科学院东方文献研究所图书馆,藏书号G79。该书稿包括正文之蒙古文转写和总译之译文,据译者自序,"译写"花费一年多时间,完成于1917年,抄写者为策伯克苏隆(Cebegsürün),底本为扎姆察拉诺(Ц. Жамцарано)得自汉地的一个十二卷本。译本中有叶德辉的序文,可知底本为叶德辉刻本。蒙古国家图书馆藏有其总译译文的一份抄本,藏书号 Ю141, 9 (517, 3 + 51)。1997年,成德公之女罕达苏伦(Ц. Хандсүрэн)在乌兰巴托出版了东方文献研究所图书馆藏本的影印本,题名《成德公与〈蒙古秘史〉》(*Цэнд Гүн ба Монголын Нууц Товчоо*)。

[⑤] 服部四郎、都嘎尔扎布编:《蒙文元朝秘史》,卷一,东京,1939年。

[⑥] 克西格巴图:《蒙文元朝秘史》上卷,蒙文研究会,张家口,1940年(Kešigbatu, *Mongγol Utq-a-yin Yuan Ulus-un Niγuča Tobčiyan*, degedü bölög, Mongγol-un Utq-a Soyol-i Naribčilan Niγtalaqu Qoriy-a, Ǧγulaltu Qaγalγ-a, 1940),为第一至第五卷的编译文,他次年又在厚和浩特出版了全本的《元朝秘史》蒙古文编译本(*Kešigbatu-yin Orčiyuluγsan Yuan Ulus-un Niγuča Tobčiya*, Mongγol-un Utq-a Soyol-i Naribčilan Niγtalaqu Qoriy-a, Kökeqota, 1941)。布和贺西格:《蒙古秘史》,蒙文学会,开鲁,1941年(Bökekešig, *Mongγol-un Niγuča Tuγuji*, Mongγol Utq-a-yin Surγal-un Qural, Kai Lu, 1941);金永昌:《蒙古秘史》,张家口,1941年(*Altanwčir-un Orčiyuluγsan Mongγol-un Niγuča Tobčiya*, Ǧγulaltu Qaγalγ-a, 1941)。

译本。① 成德公的蒙古文转写翻译本没能及时得到出版，其他几种在内蒙古发行的译本水平和影响也有限。这些蒙古文译本中，达木丁苏隆今译本的文字最好，在蒙古人民共和国和我国内蒙古地区曾广为流传，为在蒙古人中间普及《元朝秘史》作出了贡献。

对于《元朝秘史》解题性的研究，在20世纪50年代曾出现一次小的高潮。1951年，洪煨莲发表《〈蒙古秘史〉源流考》一文，补充利用了大量相关的资料，就《元朝秘史》诸版本及其相互关系、与元代"脱卜赤颜"的关系以及版本流传等问题进行了梳理、考证。1954年，小林高四郎出版了《〈元朝秘史〉研究》一书，就《元朝秘史》的研究史、《元朝秘史》的成书时间、作者、书名以及与"脱卜赤颜"等文献的关系等方面展开了讨论。1955年，植村清二发表《〈元朝秘史〉小记》一文，就《元朝秘史》成书时间和作者的问题作了进一步的考证和推测。他们的研究成果推动了相关领域的研究，也受到了学界广泛的关注。

尽管这一阶段的研究进展较快，一些研究成果的学术水平也已达到了相当的高度，然而一个不容忽视的事实也确实存在，即研究的某些方面显得后劲不足，研究的整体水平进展不够明显。

（三）成熟发展期文献学研究

20世纪80年代以来，《元朝秘史》的研究呈现出新的特点。从总体上说，研究者的学术素质进一步提高，研究更加遵循学术规范，研究在某些方面不断深入，反映出学界的成熟发展。

1980年，额尔登泰（Eldengtei）及其合作者们的《〈蒙古秘史〉词汇选释》《〈蒙古秘史〉校勘本》相继出版，②《元朝秘史》的研究随之更加活跃起来。《〈蒙古秘史〉校勘本》为研究者们更加准确地利用蒙古语原文提供了很大的便利；而《〈蒙古秘史〉词汇选释》为研究者们解读疑难词语提供了进一步的参考。其后的研究多从这两部书中汲取营养，总体水平有了显著提高。

---

① 达木丁苏隆《蒙古秘史》现代蒙古语编译本，内蒙古日报社1948年、内蒙古人民出版社1956年曾先后翻印。

② 额尔登泰（Eldengtei）、乌云达赉（Oyundalai）、阿萨拉图（Asaraltu）：《〈蒙古秘史〉词汇选释》，内蒙古人民出版社1980年版；额尔登泰、乌云达赉：《〈蒙古秘史〉校勘本》，内蒙古人民出版社1980年版。

从真正学术意义上讲，由于《元朝秘史》所据原文即元代"脱卜赤颜"已不可得，学界需要一部畏吾体蒙古文的还原本。小泽重男于1984年至1989年陆续出版的6册《〈元朝秘史〉全释》中，除原文拉丁转写、日文译注等内容外，还附有畏吾体蒙古文的还原。1987年，亦邻真的《〈元朝秘史〉畏吾体蒙古文复原》出版，将《元朝秘史》的研究提高到一个新的水平。

　　原文音写方面，巴雅尔于1981年出版了题名为《蒙古秘史》的书，在重新抄写的音译正文（带旁译）右侧附有转写，但使用的是国际音标。苏米亚巴特（Б. Сумьяабаатар）于1990年出版了题名为《元朝秘史，蒙古秘史转写》的书，在重新排印的音译正文（带旁译）左侧附有拉丁转写。① 栗林均、确精扎布（Čoijingjab）于2001年出版了《〈元朝秘史〉蒙古语全单词·词尾索引》，② 收有《元朝秘史》之《四部丛刊》三编本的影印件（在偶数页）、拉丁转写（在奇数页）、单词和词尾索引。这成为目前使用最方便的版本。2005年，苏米亚巴特等人出版了老蒙古文的转写本《〈蒙古秘史〉首部蒙古文转写本》③。另外，斯垂特（J. C. Street）于1997年完成了拉丁转写，但是未正式出版。④

　　译文方面，陆续出版了不少新的译注本。按出版年份排序，依次有：

　　1973年，奥尔苏费耶娃（M. Olsufieva）的意大利文译注本⑤。

　　1982年，柯立夫的英译本⑥。其译文更具学术性，可信度高，这得益于译者在古蒙古文文献和蒙古史语文学方面的造诣。

---

① 苏米亚巴特：《元朝秘史，蒙古秘史转写》，乌兰巴托，1990年（元朝秘史，*Mongγol-un Niγuča Tobčiyan*，Усгийн галиг，Улаанбаатар，1990）。以白鸟库吉《音译蒙文元朝秘史》中的原文为底本。

② 栗林均、确精扎布：《〈元朝秘史〉蒙古语全单词·词尾索引》，日本东北大学东北亚研究中心，2001年。

③ 苏米亚巴特、崔起镐：（Чой Гихо）《〈蒙古秘史〉首部蒙古文转写本》，乌兰巴托，2005年（Монголын нууц товчооны Монгол Усгийн анхны галиг，Улаанбаатар，2005）。

④ 斯垂特：《蒙古秘史，原文转写》（*The Secret History of the Mongols*, *text in transcription*, draft of 24 March 1997, diskette）。据罗依果（《蒙古秘史，13世纪蒙古史诗编年史》导论，ciii）透露，转写者可提供载有转写文的光盘。

⑤ 奥尔苏费耶娃：《蒙古秘史》（*Storia segreta dei mongli*, Milano, 1973），依据柯津俄译本。

⑥ 柯立夫的译稿完成于1956年，由于一些客观原因延迟到1982年才得以出版。参见罗依果《蒙古秘史，13世纪蒙古史诗编年史》导论（cv-cvi）。

1984 年，卡恩（P. Kahn）的英译本①。

从 1984 年起的 5 年间，小泽重男的《〈元朝秘史〉全释》陆续出齐，②引起学界很大震动，被誉为"浩大的工程，可以说是《秘史》研究史中的一座碑石"。③

1985 年，阿尔瓦列思（José Manuel Álvarez Flóres）的西班牙文译本④。

1989 年，陶伯（M. Taube）的德译本⑤。其译文质量尚佳，较具可读性。

1990 年，鄂嫩（U. Onon）首次出版了自己的英译本，1993 年和 2001 年分别出版了修订本。⑥

1991 年，费多托夫（A. Fedotov）的保加利亚文译本。⑦

1992 年，瓦里别克（T. Wali bek）等人的哈萨克文译本⑧。

1994 年，柳元秀（Yu Won-su）的韩文译注本，2004 年又出版了修订本。⑨

1994 年，埃文、鲍伯（M.-D. Even，R. Pop）的法文译注本。⑩

---

① 卡恩：《蒙古秘史，成吉思汗的起源》，旧金山，1984 年（The Secret History of the Mongols. The Origin of Chinghis Khan. An Adaptation of the Yuan Ch'ao Pi Shih，Based primarily on the English Translation by F. W. Cleaves，San Francisco，1984）。主要依据柯立夫的译文改编，但是缺少一些节的内容。

② 小泽重男：《元朝秘史全释》，6 册，东京，1984 年至 1989 年。

③ 亦邻真：《〈元朝秘史〉畏吾体蒙古文复原》绪论。

④ 阿尔瓦列思：《蒙古秘史》，巴塞罗纳，1985 年（El Libro Secreto de Mongoles，Барселон，1985）。依据柯立夫的英译本。

⑤ 陶伯：《蒙古秘史，成吉思汗的起源、生活和兴起》，莱比锡—魏玛，1989 年（Geheime Geschichte der Mongolen. Herkunft，Leben und Aufstieg Cinggis Qans，Leipzig-Weimar，1989）。

⑥ 鄂嫩：《成吉思汗的历史和生平（蒙古秘史）》，莱顿，1990 年［The History and the Life of Chinggis Khan（The Secret History of the Mongols）Leiden，1990］；《成吉思汗，蒙古的黄金史》，伦敦，1993 年（Chinggis Khan. The Golden History of the Mongols，revised by S. Bradbury，London，1993）；《蒙古秘史，成吉思汗的生平和时代》，萨里，2001 年（The Secret History of the Mongols, the Life and Times of Chinggis Khan，Curzon Press，Richmond，Surrey，2001）。

⑦ 费多托夫：《蒙古秘史》，索非亚，1991 年（Тайната История на Монголите，София，1991）。

⑧ 瓦里别克等：《蒙古秘史》，北京，1992 年（T. Wali bek，J. Mirkamal，T. Abdišit，Moŋyoldiŋ qupiya šejiresi，Beijing，1992）。

⑨ 柳元秀：《蒙古秘史》，首尔，1994 年（Monggol Pisa，Seoul，1994）；《蒙古秘史，元朝秘史》，首尔，2004 年（Monggol Pisa，元朝秘史，Seoul，2004）。

⑩ 埃文、鲍伯：《蒙古秘史，13 世纪蒙古编年史》，巴黎，1994 年（Histoire secrète des Mongols. Chronique mongole du XIII e siècle，Paris，1994）。

1997年,崔起镐(Cui Giho)等人的韩文译注本(第1卷)。①

2000年,拉米列思(L. Ramírez Bellerín)的西班牙文总译译本。②

2001年,余大钧的汉文译注本。③

2004年,罗依果的英文译注本。④

2004年,特木尔楚伦(G. Tumurchulun)分别在哈瓦那和乌兰巴托出版了西班牙文译本。⑤

2005年,阿尔达扎布(Ardajab)的汉文译注本。⑥

2006年,道尔基高陶布(N. Dorjgotov)等人的英译本。⑦

2006年,朴元吉等人的韩文全译本。⑧

此外,还应该特别提到田清波(A. Mostaert)在《元朝秘史》译注方面所作出的重要贡献。他的法文版的《关于〈蒙古秘史〉的若干片段》一书,虽然不是对整个原书的译注,但却选择了不少疑难词汇和傍译缺失词汇进行了译注。他学识渊博,尤其精通蒙元史语文学,具备该领域研究的丰富经验,因此他的译注处于一个很高的起点,为学界所重视。⑨

---

① 崔起镐、南相根、朴元吉:《蒙古秘史》(一),首尔,1997年(Cui Gi-ho, Nam Sang-gin, Pak Won-gil, *Monggol Pisa*, Seoul, 1997)。对第1—103节的原文进行了译注。

② 拉米列思:《蒙古秘史,元朝秘史》,马德里,2000年(*Historia secreta de los Mongoles, Yuan chao bi shi, Mongγol-un niγuča tobčiyan*, Madrid, 2000)。

③ 余大钧:《蒙古秘史》,河北人民出版社,2001年。

④ 罗依果:《蒙古秘史,13世纪蒙古史诗编年史》,莱顿—波士顿,2004年(*The Secret History of the Mongols, a Mongolian Epic Chronicle of the Thirteenth Century*, Leiden-Boston, Brill, 2004)。

⑤ 特木尔楚伦:《成吉思汗,蒙古秘史》(G. Tumurchulun, *Gengis Khan. Historia Secreta de los Mongoles*, 2004)。

⑥ 阿尔达扎布:《新译集注〈蒙古秘史〉》,内蒙古大学出版社2005年版。

⑦ 道尔基高陶布、额仁道:《蒙古秘史》,乌兰巴托,2006年(N. Dorjgotov, Z. Erendo, *The Secret History of the Mongols*, Ulanbator, 2006)。

⑧ 朴元吉、金沂宣、崔亨源:《蒙古秘史综合研究》,首尔,2006年(Pak Won-gil, Kim Gi-son, Cui Hiong-won, *Comprehensive Study of the Secret History of the Mongols*, Seoul, 2006),全译本。

⑨ 田清波:《关于〈蒙古秘史〉的若干片段》,哈佛燕京学社,1953年(*Sur quelques passages de L'Histoire secrète des Mongols*, Harvard-Yenching Institute, 1953)。自1949年至1952年,田清波连续发表了几篇关于《元朝秘史》的文章,进行词汇解释并讨论相关的问题。1953年,哈佛燕京学社将其系列论文汇总成册出版。全书包括对《元朝秘史》63处原文(涉及148个节)所做的词解、研究,脚注达254个之多。2010年,"田清波蒙古学中心"在乌兰巴托出版了该书的基里尔蒙古文译本(Антоон Мостаэрт, *Монголын Нууц Товчооны Зарим Кэсгийн Тухай*)。

蒙古文、蒙古语转译或还原方面，也出现了一批成果。按出版年份排序，依次有：

1984 年，都嘎尔扎布（Q. Duɣarjab）的《〈蒙古秘史〉校勘本》①。

1985 年，满仓（Mansang）的现代蒙古语还原本②。

1986 年，阿尔达扎布（Ardajab）的现代蒙古语还原本③。

1987 年，道尔瓦（K. Dorba）的托忒文现代蒙古语还原本④。

1990 年，嘎丹巴（Š. Gaadamba）的老蒙古文还原本⑤。

1990 年，纳木济洛夫（Ч. -P. Намжилов）的布里亚特蒙古文转译本⑥。

1990 年，达尔瓦耶夫、齐米托夫（П. А. Дарваев，Г. Г. Чимитов）的卡尔梅克语等语言的译本⑦。

1993 年，策仁索德诺姆（D. Cerensodnam）的现代蒙古语译注本⑧。

2002 年，双福（Šongqor）的畏吾体蒙古文还原本⑨。

---

① 花赛·都嘎尔扎布：《〈蒙古秘史〉校勘本》，内蒙古文化出版社 1984 年版（*Mongɣol-un Niɣuča Tobčiyan-u Qarɣuɣulun Kinaɣsan Debter*，Qailar，1984）。实为现代蒙古语译本，以额尔登泰等人的《〈蒙古秘史〉校勘本》为底本。2009 年，他又出版了第 2 版。

② 满仓：《新译注蒙古秘史》，内蒙古人民出版社 1985 年版（*Šine-ber orčiɣulju tailburilaɣsan Mongɣol-un Niɣuča Tobčiyan*，Kökeqota，1985）。

③ 阿尔达扎布：《〈蒙古秘史〉还原注释》，内蒙古教育出版社 1986 年版（*Mongɣol-un Niɣuča Tobčiyan—seiregülül tailburi*，Kökeqota，1986）。以额尔登泰等人的《〈蒙古秘史〉校勘本》为底本。

④ 道尔瓦：《蒙古秘史，成吉思汗传》，乌鲁木齐，1987 年（*Mongɣol-in nuuca tobziyan—Činggis xāni šaštar*，Urumchi，1987）。

⑤ 嘎丹巴：《蒙古秘史》，乌兰巴托，1990 年（*Mongɣol-un Niɣuča Tobčiyan*，Улаанбаатар，1990）。原文还原部分，按《元朝秘史》分行形式逐行还原；注释部分（包含 691 条注释），使用基里尔蒙古文。

⑥ 纳木济洛夫：《蒙古秘史》，乌兰乌德，1990 年（*Монголой нюса товшо*，Улан-Удэ，1990）。

⑦ 达尔瓦耶夫、齐米托夫：《蒙古秘史，1240 年蒙古编年史》，埃里斯塔，1990 年（*Сокровенное Сказание Монголов. Анонимная монгольская хроника 1240года*，*Монголун нигуча тобчиян，юань чао би ши*，Элиста，1990）。先列拉丁转写，另有卡尔梅克语译文、俄译文、布里亚特蒙古语译文。

⑧ 策仁索德诺姆：《〈蒙古秘史〉译注》，民族出版社 1993 年版（*Mongɣol-un Niɣuča Tobčiyan-u Orčiɣulɣ-a Tailburi*，Begejing，1993）。译文后附 707 条注释。作者为蒙古国学者，2000 年在乌兰巴托出版了基里尔蒙古文版《蒙古秘史》（*Монголын нууц товчоо*）。

⑨ 双福：《〈蒙古秘史〉还原及研究》，内蒙古人民出版社 2002 年版（*Mongɣol-un Niɣuča Tobčiyan-u Sergügelte*，Kökeqota，2002）。

2003 年，毕捷克、恩克达赉（К. Д. Бижек，Б. Энхдалай）的图瓦语译本①。

2006 年，乔玛（Ш. Чоймаа）的现代蒙古语译注本②。

2006 年，普尔布道尔基（Д. Пүрэвдорж）的现代蒙古语译注本③。

在文献学解题方面，专著有 1996 年出版的甄金《〈蒙古秘史〉学概论》，2004 年出版的白·特木尔巴根《〈蒙古秘史〉文献版本研究》。而柯立夫的英译本《蒙古秘史》导论、亦邻真的《〈元朝秘史〉畏吾体蒙古文复原》绪论《〈元朝秘史〉及其复原》、罗依果的《蒙古秘史，13 世纪蒙古史诗编年史》导论等，也都专门谈到了围绕《元朝秘史》文献学诸方面的问题。在前人基础上的这些研究，某些方面取得了更深的进展，使一些相关问题逐步得以清晰。

经过多少代学者们的不懈努力，《元朝秘史》文献学方面的研究已经取得了很大的进展，涌现出不少优秀的成果，而额尔登泰等人的《〈蒙古秘史〉校勘本》、亦邻真的《〈蒙古秘史〉畏吾体蒙古文还原》、栗林均等人的《〈元朝秘史〉蒙古语全单词·词尾索引》、小泽重男的《〈元朝秘史〉全释》、罗依果的《蒙古秘史，13 世纪的蒙古史诗编年史》、阿尔达扎布的《新译集注〈蒙古秘史〉》等，代表了原文校勘、原文还原、拉丁转写、译注、文献学解题等方面研究的最新水平。

学问是无止境的，总需要不断进步和完善。当前在《元朝秘史》文献学研究的主要方面，显然缺少一部完整的校勘本和定本。研究一部古籍，首先离不开文献学方面的研究，而版本校勘又是文献学研究的重要环节。按照民族古籍整理的惯例，版本校勘是第一步的工作，是转写、翻译、注释的基础。额尔登泰等人《〈蒙古秘史〉校勘本》的序言说："我们认为在进行《秘史》的转写（蒙文或拉丁文）、翻译、注释工作之前，首先应该出版一部对汉字标音进行过校勘而错讹较少的《蒙古秘史》。"然而，他们有意义的工作受到客观条件的限制，校勘做得不够彻底，未能

---

① 毕捷克、恩克达赉：《蒙古秘史》，新西伯利亚，2003 年（*Моолдун Чажыт төөгүзү*，Новосибирск，2003）。依据达木丁苏隆现代蒙古语编译本。

② 乔玛：《蒙古秘史》，乌兰巴托，2006 年（*Монголын нууц товчоо*，Улаанбаатар，2006）。

③ 普尔布道尔基：《〈蒙古秘史〉新译注》，乌兰巴托，2006 年（*Монголын нууц товчооны шинэ орчуулга тайлбар*，Улаанбаатар，2006）。

保持原有版式，利用的版本也有限。① 随着时代的发展、科研工作环境的改善，今天人们已经能够利用到更多的版本，出版技术也更先进，为展开全面校勘提供了必要的条件。此次的成果旨在为学界提供一部相对完整可信的、方便利用的校勘本，以利学术。

（原载《〈元朝秘史〉校勘本》，中华书局2012年版）

---

① 该校勘本只对《元朝秘史》音译正文部分进行了校勘；涉及的版本仅有三种，即以《四部丛刊三编》本为底本，以叶德辉刻本、潘克福影印本为校本；校勘本重新抄写了原文，将校勘文字插入原文内，破坏了原有版式，不利于查找核对，还产生了一些不必要的抄写错误。

第二部分

《元朝秘史》"兀真"考释

《元朝秘史》中多次出现"兀真"一词，如"诃额仑·兀真"（§§55、70、130等）、"孛ᵀ儿帖·兀真"（§§110、118、245）、"忽札兀ᵀ儿·兀真"（§177）等。对"兀真"一词，旁译多未给出专门译文，只是与前面的人名一起译为"妇人名""母名""人名"等；总译中也多无反映。但第130节"诃额仑·兀真"处，旁译为"妇名 夫人"；第110节"孛ᵀ儿帖·兀真"处，总译作"孛儿帖夫人"；第245节"孛ᵀ儿帖·兀真"处，旁译作"夫人名"，总译作"孛儿帖兀真夫人"；第111节"ᵗ合屯兀真"处，总译作"孛儿帖夫人"。可以看出，明初汉译者将此"兀真"视为"夫人"。后世的学者也多认为此"兀真"即来自汉语的"夫人"，[①] 但却未作进一步的分析、考证。

兀真，罗桑丹津《黄金史》相应之处作 AOICIN[②]；《史集》作 fūjīn，

---

① 参见小林高四郎《蒙古秘史》（生活社，1940年）第18页；达木丁苏隆《蒙古秘史》（1947年新蒙文本之老蒙文转写本，内蒙古人民出版社1956年版）第44页；村上正二《蒙古秘史》（平凡社，1976年）第1册第70页；朱风、贾敬颜《汉译蒙古黄金史纲》（内蒙古人民出版社1985年版）第14页；亦邻真《〈元朝秘史〉畏吾体蒙古文复原》（内蒙古大学出版社1987年版）第34页；崔起镐等《〈蒙古秘史〉译注（1）》（汉城，1997年）；余大钧《蒙古秘史》（河北人民出版社2001年版）第49页，等等。但也有不同看法，如有人将"兀真"与《武备志·译语》里的"藕琴"联系起来（宝力高校注《诸汗源流黄金史纲》，蒙古文，内蒙古教育出版社1989年版，第279页）。藕琴，近代汉语读音为 əu（影母） khiəm（溪母），音写的蒙古语对音应该是 ökin（"女儿"之义），这从汉语音韵学和《武备志·译语》所提供的"藕琴"的汉义——"女儿"中都可以得到证明。而且，《元朝秘史》中"女儿"一词另有音译，作"斡勤"（ökin），也证明"兀真"不是"女儿"之义。因此，"兀真"与"藕琴"无涉。

② 参见罗桑丹津《黄金史》，影印本，乌兰巴托，1990年，第10叶背面、第22叶背面等。关于本文所用畏吾体蒙古文拉丁写形符号，参见亦邻真上引《〈元朝秘史〉畏吾体蒙古文复原》之导言"《元朝秘史》及其复原"。

但有些版本也偶作 būjīn[1]。《元史》（卷 106）作"旭真"（*hüjin）。夫人，近代汉语读音为 fužin（《蒙古字韵》作 huụ žin)[2]。"夫"fu，属非母字。非母在某些方言（如山西等北方方言）中有时也表示 h（x）音[3]。"人"字在近代汉语里属日母字。日母的读音不十分确定，在不同的方言中有几种不同的读音，一般认为读作 ž（或转写为 ʒ，zh，ƶ 等），此外还有 *dʒ、n 等读音[4]。古蒙古语以 *j[dʒ] 读汉语的日母字，"人"（žin）就被读成了 jin。关于这一点，《元史》的"旭真"[5]、《史集》的 fūjīn、būjīn 本身就可以作为证据。17 世纪蒙古文史籍中有 SIKAĆIN 一词，有人认为即汉语"舍人"的音译[6]，这一看法有一定道理。那么 SIKAĆIN 应该转写为 šigejin（ši'ejin）。因此可以说，《史集》的 fūjīn、《元史》的"旭真"（*hüjin)，读音均源自汉语的"夫人"。

那么，《元朝秘史》的"兀真"与"夫人"在读音上又有什么联系呢？从畏吾体蒙古文书写形式的某些特点来看，"兀真"很有可能是明初汉语音译者的误读所致。畏吾体蒙古文书写符号 A（āleph），除了可以用来作字冠（titim）、表示元音 a、e 和辅音 n 外，还可以用来记写词首清喉擦音 h（在现代蒙古语中已完全转化为零声母）。由于一形多音的特点，具体到一个词，尤其是不十分熟悉的词的实际读音，有时难免出现误读。《元朝秘史》里已经出现了一些类似的误读的例子。例如：成吉思汗母亲的名字，《元史》（卷 1、卷 106）、《圣武亲征录》作"月伦"（*iuɛ liuən；《蒙古字韵》作 'uė̇-lėun)[7]；《史集》作 āūālūn[8]；罗桑丹津《黄金

---

[1] 拉诗特主编：《史集》，余大钧、周建奇译，商务印书馆 1983 年版，第 1 卷第 2 分册，第 58、65 页等。《史集》还提到"'旭真'是汉语'妻子'（khātūn）的意思，由于他们住在该国的附近，故使用了他们的语言"。见第 1 卷第 2 分册第 65 页。

[2] 照那斯图、杨耐思：《蒙古字韵校本》，民族出版社 1987 年版，第 66、85 页。

[3] 参见高本汉《中国音韵学研究》，商务印书馆 1995 年版，第 407 页；亦邻真上引《〈元朝秘史〉畏吾体蒙古文复原》，第 34 页。

[4] 参见高本汉上引书，第 335 页。

[5] 旭真，近代汉语拟音约为 hǐwok tşiən（参见李珍华、周长楫《汉字古今音表》，中华书局 1999 年版，第 29、163 页)，《蒙古字韵》作 hėu dʒin（《蒙古字韵校本》，第 72、82 页）。对译蒙古语的 hüjin。

[6] 赛熙雅乐《重析十六世纪以来蒙古卫拉特文献中的几个名词》（为"全国第二届卫拉特史学术讨论会"提交的论文，1989 年）第 9 页。

[7] 《蒙古字韵校本》，第 139、88 页。

[8] 《史集》，第 1 卷第 2 分册，第 65 页。

史》作 AOIKALAN①；而《元朝秘史》作"诃额仑"（﹡Hö'elün，§55等）。很明显，词首 A 在这里是用作字冠，不是读清喉擦音 h，AOIKALAN 当读作 Ö'elen～Ö'elün。《元朝秘史》的音译有误，"诃额仑"当作"月伦"。又如成吉思汗曾祖父合不勒罕的一个族兄弟的名字，《元史》（卷1）作"咸补海"（﹡ḥiam pu hai，《蒙古字韵》作ḥiam bu haj）②；《史集》作 Hambaqāī③；罗桑丹津《黄金史》作 AAMAQAI④（《蒙古源流》作 AAMBAQAI)⑤；而《元朝秘史》却作"俺巴孩"（﹡Ambaqai，§47等）。说明词首 A 应当读清喉擦音 h 处，《元朝秘史》汉语音译者又误按字冠处理，于是只能读作 a（第二个 A 的读音）。由此可以推知，罗桑丹津《黄金史》所保留的《元朝秘史》畏吾体蒙古文原文的 AOIČIN，实应读作带词首清喉擦音的 hüjin（旭真），而不是"兀真"（üjin）。

《蒙古源流》在提到成吉思汗大哈屯孛儿帖（即《元朝秘史》的"孛儿帖兀真"）时，多作 Börte IOSIN⑥。其中 IOSIN，满译本作 fujin，清代汉译本作"福晋"。但施密特作 Dschuschin⑦，汪国钧作"珠新"⑧，藤冈胜二随之作 jüsin 和"珠新"⑨。实际上这个 IOSIN 为 WOSIN 之讹。WOSIN 的写形，曾见于元代畏吾体蒙古文文献。如 1335 年《张应瑞先茔碑》（第 14 行）、1362 年《西宁王忻都神道碑》（第 17、第 25 行等）中的 WOSIN、TAI WOSIN，汉译文为"夫人""太夫人"⑩。

后世的人写作 IOSIN，或读作 jüsin，在两个环节上出了差错。一是将词首的 W 讹写为 I。畏吾体蒙古文中，W（bēth）与 I（yod）书写形式相近，有时容易相混。畏吾体蒙古文中的 W，记写辅音 φ、w、f、v，多用

---

① 乌兰巴托影印本，第 10 叶背面。
② 《蒙古字韵校本》第 126、65、76 页。
③ 《史集》，第 1 卷第 2 分册，第 24 页。
④ 乌兰巴托影印本，第 11 叶背面。
⑤ 库伦本（E. 海涅什：《萨冈彻辰〈诸汗源流宝史纲〉，萨冈彻辰蒙古历史著作的库伦手抄本》，柏林，1955 年），第 32 叶背面第 17 行等。
⑥ 同上书，第 28 叶正面第 25 行等。
⑦ 施密特（I. J. Schmidt）：《萨囊彻辰〈东蒙古史〉》，新版，苏黎世，1985 年，96 页。
⑧ 汪国钧：《﹡汪国钧本蒙古源流》，日本东洋文库藏手抄本之晒蓝本，第 2 册，第﹡24 页。
⑨ 藤冈胜二：《罗马字转写·日本语对译喀喇沁本蒙古源流》，文求堂，1940 年，第 11 页。
⑩ 参见道布《回鹘式蒙古文文献汇编》，民族出版社 1983 年版，第 249、263、393、405、395、407 页。

于音写汉语等其他语言中的相应读音。如汉语的"奉直大夫"，畏吾体蒙古文作 WONKCITAIWO（fungji daifu）。① "夫"写作 WO 是毫无问题的。而畏吾体蒙古文中的 I，除了表示元音 i、半元音 y 之外，某些情况下还可以表示词首的 j([dʒ])。如 IARLIQ（jarliq，"圣旨"之义）等。读作 jüšin 的人，显然是采用了 I 的词首 j 的读法。

另一个是对第二音节-SIN 的读法有误。畏吾体蒙古文中，书写符号 S（šin）可以表示 s（心母）、š（sh，禅母）、ts（清母）、dz（精母）、ž（日母）等多种读音。元代畏吾体蒙古文文献中 S 读作 ž 的实例并不少见。如《张应瑞先茔碑》"瑞"作 ŠOI（žui）（第 2 行等），1338 年《竹温台神道碑》"人匠"作 Š-IN SANK（ž-in dzeng）（第 1 行等），"舍人"作 ŠAŠIN（šežin）（第 14 行），1346 年《兴元阁碑》"有壬"作 IIO SIM（yiu žim）（第 20 行），《西宁王忻都神道碑》"汝州"作 SOO ČIO（žuu jiu）（第 36 行）等。以 S 表示 ž 的传统用法，在 17 世纪蒙古文史籍中仍有遗存。例如《蒙古源流》中的 SIM BARS 即 žim bars（壬寅），等等。② 那么，此处的 -SIN 读作 žin 也是符合规则的，SIN（žin）即汉语"人"的音译。WOSIN 即 fužin——夫人。

17 世纪蒙古文史籍《黄史》《蒙古源流》中，有两个词写作 BOČIN TAIIBOČIN③。《蒙古源流》满译本抄本作 fu-žin tai-fu-žin（江实误读成 fu-in tai-fu-in）④，殿版改为 tai-fujin，清代汉译本作"太夫人"⑤。BOČIN TAII-BOČIN 应读作 bujin tayibujin，即"夫人、太夫人"。《黄史》《蒙古源流》说成吉思汗因孛斡儿出功绩卓著而赐与其妻这一称号。Bujin 即"夫人"的音转。古蒙古语无唇齿音（轻唇音）[f]，而只有双唇擦音 [ɸ]，[ɸ] 即双唇音（重唇音）p([p'])的弱化音，而清音 [P']的浊音为 [b]。ɸ 在蒙古语中往往转为 b，如 17 世纪蒙古文史籍中出现的 biiji（又作 beyiji、bigiji 等），即明代汉籍返译的"比妓""璧只"等，实际上是汉语

---

① 参见亦邻真《〈元朝秘史〉及其复原》，载《亦邻真蒙古学文集》，第 741 页。
② 亦邻真上引《〈元朝秘史〉及其复原》第 740 页。道布上引书，第 247、292、295、335、398 页。
③ 沙斯季娜：《17 世纪蒙古编年史〈黄史〉》，莫斯科—列宁格勒，1957 年，第 31 页；《蒙古源流》库伦本第 38 叶背面第 27 行。
④ 江实日文译注：《蒙古源流》所附满文抄本，第 3 卷，第 76 页；译文第 57 页。
⑤ 《蒙古源流笺证》第三卷，第 26 叶背面。

"妃子"（fui-dzi）的蒙古语音转（ɸiiji→biiji）。① 又如 17 世纪蒙古文史籍中所见蒙古部落名 Yüngšiyebü，明代汉籍译为"应绍卜""永邵卜"等，清代汉籍作"永谢布"，实际上是汉语"云需府"（iuən-siu-fu，《蒙古字韵》作 'uin-sėu-hu̯u）的蒙古语音转。② 另外，《史集》一些版本中的 būjīn（见前文）也可以作为参考。同样，夫［fu］在蒙古语中经［ɸu］转为［bu］是很自然的事。

有些学者没有搞清楚这些变化之间的关系，在 bujin 一词的识读解义上出了一些差错。施密特读作 Butschin③；汪国钧音译为"布察"，解释为"带子之义"④；沙斯季娜认为 bujin tayibujin 之 bujin 是抄写者删除的笔误，因此只音译后一词为 Даибучин（daibuçin），并解释说这一汉语尊称是赐给"大夫"（daibu）之妻的。⑤ 17 世纪蒙古文史籍中 Č、J 字形时常相混，J 可以表示 j、č 之音，同时 Č 也可以表示 č、j 之音。施密特等人由于不明白 BOČIN 一词的真正词义，所以将它误读为＊bučin。而汪国钧、沙斯季娜的释义，也显然不能令人满意。

归纳起来说，《元朝秘史》中的"兀真"一词是对蒙古语原文 AOl-ČIN（hüjin，其书写形式由罗桑丹津《黄金史》所保留）的不正确音译，应当如《元史》作"旭真"。旭真（hüjin）源于汉语"夫人"，是"夫人"蒙古化读音的返译。元代畏吾体蒙古文文献中出现的 WOSIN（fužin）是汉语"夫人"的标准音译，《史集》的 fūjīn 受到了这种读音的影响，而 17 世纪蒙古文史籍中的 IOSIN 是继承了元代 fužin 的写法，只是词首 W 被讹写为 I。虽然这一写法已渐渐为后人所生疏，但至少 18 世纪中期还有人，如参与《蒙古源流》满译的人尚知道它的所指。17 世纪蒙古文史籍中的 BOČIN（bujin）是汉语"夫人"的音变形式，更符合蒙古人的发音习惯。

（原载《蒙古史研究》第七辑，2003 年）

---

① 参见拙著《〈蒙古源流〉研究》，辽宁民族出版社 2000 年版，第 292 页。注 14。
② 参见亦邻真《蒙古人的姓氏》（蒙古文），载《亦邻真蒙古学文集》，第 60 页。
③ 施密特上引书，第 121 页。
④ 汪国钧上引书，第 2 册，第 75 页。
⑤ 沙斯季娜上引书，第 181 页。

关于《元朝秘史》中的
"马阿里黑·伯牙兀歹"

《元朝秘史》（以下简称《秘史》）两见"马阿里黑·伯牙兀歹"（Ma'aliq Baya'udai）的说法，一处在第15节，一处在第18节。第15节中的原句为"必 马阿里黑·伯牙兀歹"（bi Ma'aliq Baya'udai），傍译为"我 姓氏"，总译作"我是马阿里黑·伯牙兀歹人氏"。第18节中的原句为"格舌儿 朵脱舌剌中合黑察 马阿里黑·伯牙兀歹 古温 备由"[ger dotora qaqča Ma'aliq Baya'udai kü'ün bü(i)yü]，"马阿里黑·伯牙兀歹"处无傍译，总译作"家内独有马阿里黑·伯牙兀歹家人"。很明显，《秘史》明初的汉译者是将"马阿里黑"看作氏族之名。但"马阿里黑"究竟是否为氏族名称？它与"伯牙兀歹"的关系如何？对此，研究者们的理解不尽相同。有的学者认为马阿里黑是人名，如李文田[1]、那珂通世[2]、陈彬龢[3]、村上正二[4]、道润梯步[5]、小泽重男[6]、乔吉（Čoyiji）[7]、乌尔恭格·鄂嫩

---

[1] 李文田《元朝秘史注》，渐西村舍汇刻，卷一，七叶上。李文田参照《蒙古源流》清代汉译本做注，以马阿里黑为《蒙古源流》清代汉译本所称多博墨尔根（即《秘史》之朵奔篾儿干）之连襟玛哈赉。其实，《蒙古源流》蒙古文原文该处作 Bayaγud-un Maγali kemekü bey-e（姓伯牙兀惕的名叫马阿里黑的人），清代汉译本因满译本而误作"其父之连襟玛哈赉"。《蒙古源流》以 Maγali 为人名，是对《秘史》原文的误解，参见后文。
[2] 那珂通世：《成吉思汗实录》，东京，大日本图书株式会社1907年版，第8页。
[3] 陈彬龢选注：《元朝秘史》，学生国学丛书，商务印书馆1929年版，第6页。
[4] 村上正二：《蒙古秘史——成吉思汗故事》，第1册，东京，平凡社，1970年，第24、27页。
[5] 道润梯步：《新译简注〈蒙古秘史〉》，内蒙古人民出版社1980年版，第10页。
[6] 小泽重男：《〈元朝秘史〉全释》上卷，东京，风间书房1984年版，第95页。
[7] 乔吉：《黄金史》（蒙古文版），内蒙古人民出版社1984年版，第28页。

（Urgunge Onon）①、余大钧②等人；有的学者认为是氏族或部落之名，如小林高四郎③、柯津（С. А. Козин）④、海涅什（H. Haenisch）⑤、谢再善⑥、札奇斯钦（Jiγačid Sečen）⑦、柯立夫（F. W. Cleaves）⑧、额尔登泰（Eldengtei）和阿尔达扎布（Ardajab）⑨、亦邻真（Y. Irinčin）⑩、罗依果（Igor de Rachewiltz）⑪等人。如果将马阿里黑视为人名，那么"马阿里黑·伯牙兀歹"一语就只能理解为伯牙兀惕氏族或部落名叫马阿里黑的男人。但是这种结构与《秘史》通常表示何氏族或部落的何人的习惯不相符合。《秘史》一般是以某氏族或部落名+属格助词+人名的形式，或是以氏族或部落名+姓氏后缀"歹/台"（-dai/-dei, -tai/-tei）+人名的形式来表示何氏族或部落的何人之意。作为前一种形式的实例，可以举出的有：篾ᶻ儿乞敦 也客·赤列都（Merkid-ün Yeke Čiledü，§54）、速勒都孙锁ᶻ儿ᶜ罕·失ᶻ剌（Suldus-un Sorqan Šira，§82）、巴阿ᶻ里讷ᶜ豁ᶻ儿赤·兀孙（Ba'arin-u Qorči Usun，§120）、亦乞列孙 不图（Ikires-ün Butu，§120）、客ᶻ列亦敦 札ᶜ合敢不（Kereyid-ün Jaqa Gambu，§150）等等。后一种形式的实例包括：别速台 古温 巴剌ᶜ合赤（Besütei kü'ün Balaqači，§53）、翁吉ᶻ剌歹 德薛禅（Onggiradai Dei Sečen，§61）、ᶜ晃ᶜ豁

---

① 乌尔恭格·鄂嫩（Urgunge Onon）：《〈蒙古秘史〉——成吉思汗的一生及其时代》（*The Secret History of the Mongols——the Life and Times of Cinggis Khan*），Curzon，2001年，第42页。

② 余大钧译注：《蒙古秘史》，河北人民出版社2001年版，第14、16页。

③ 小林高四郎：《蒙古秘史》，东京，生活社，1940年，第5页。

④ 柯津（С. А. Козин）：《蒙古秘史》（*Сокровенное сказание монголов*），莫斯科，2002年（再版），第8页。

⑤ 海涅什（Erich Haenisch）：《蒙古秘史》（*Die Geheime Geschichte fer Mongolen*），莱比锡，1948年，第2、3页。

⑥ 谢再善：《蒙古秘史》，开明书店，1951年，第3页。

⑦ 札奇斯钦：《〈蒙古秘史〉——新译并注释》，台北联经出版事业公司1979年版，第16页。

⑧ 柯立夫（F. W. Cleaves）：《蒙古秘史》（*The Secret History of the Mongols*），麻省—剑桥，1982年，第3页。

⑨ 额尔登泰、阿尔达扎布：《〈蒙古秘史〉还原注释》（蒙古文版），内蒙古教育出版社1986年版，第30页。

⑩ 亦邻真：《〈元朝秘史〉畏吾体蒙古文复原》（蒙古文版），内蒙古大学出版社1987年版，第11页。

⑪ 罗依果（Igor de Rachewiltz）：《蒙古秘史》（*The Secret History of the Mongols*），第1卷，莱顿—波士顿，2004年，第3、259页。

塔歹 察󠄁舌剌中合 额不格（Qongqotadai Čaraqa ebüge，§68）、泰亦赤兀歹 忽图（Tayiči'udai Qutu，§124）、札只舌剌歹 札木中合（Jajiradai Jamuqa，§141）、兀良中合歹者勒蔑·中豁阿（Uriyangqadai Jelme Qo'a，§170）、孙勒都歹 塔中孩·把阿秃儿（Suldudai Taqai Ba'atur，§186）、巴阿舌里歹 纳牙那颜（Ba'aridai Naya['a] noyan，§197），等等。

  按照这两种形式，如果要表示伯牙兀惕氏族或部落之马阿里黑之意，只能成为 *伯牙兀敦 马阿里黑（Baya'ud-un Ma'aliq）或 *伯牙兀歹 马阿里黑（Baya'udai Ma'aliq）。而"马阿里黑·伯牙兀歹"的形式与这两种表达方式均不相同，比较《秘史》的其他相关用法以及《史集》的解说，似乎可以推定它是属于表示某氏族或部落之某人的一种用法。首先，"伯牙兀歹"即为伯牙兀惕氏族或部落的男人（姓伯牙兀惕的男人）之意。与《秘史》的"兀舌良中合歹 古温"（Uriyangqadai kü'ün，§12）、"中合答吉歹 古温"（Qadagidai kü'ün，§131）、"撒舌儿塔黑台 古温"（Sartaqtai kü'ün，§263）等说法的用法相当。《史集》在谈到塔塔儿某部落时解释说："有这样一种习俗：凡出身于这个部落的人，如果他是男人，他就被称为秃秃黑里台（tūtūqlītāī），如果是女性，则称为秃秃黑里真（tūtūqlījīn）。阿勒赤—塔塔儿［部落］的，［称为］阿勒赤台（aljītāī）和阿勒真（aljīn）；奎因—塔塔儿部落的，［称为］奎台（kūītāī）和奎真（kūījīn）。"① 其实，所有操蒙古语的部落都是如此。男性姓氏后缀为-dai/-dei、-tai/-tei，由氏族或部落名复数词尾-d/-t 后接生格词尾-ai/-ei 而成，《秘史》明初汉译文多用"歹""台"字表示。女性姓氏后缀为-jin，由氏族或部落名复数词尾-d/-t 后接生格词尾-in 而成，《秘史》明初汉译文用"真""臣"字表示。② 这种表示所属姓氏的结构，也常常用作具体人名，如"别勒古讷台"（Belgünütei，§42）、"不古讷台"（Bügünütei，§42）、"沼兀舌列歹"（Je'üredei，§43）、"朵中豁剌歹"（Doqoladai，§46），等等。有时又作为某人的代称使用，如"孛舌儿只吉歹·蔑舌儿干"（Borjigidai Mergen，§3）、"忙中豁勒真·中豁阿"（Mongqoljin Qo'a，

---

  ① 拉施特主编：《史集》，余大钧、周建奇译，第 1 卷第 1 分册，商务印书馆 1983 年版，第 167—168 页。
  ② 参看亦邻真《成吉思汗与蒙古民族共同体的形成》，《内蒙古大学学报》1962 年第 2 期（另载《亦邻真蒙古学文集》，内蒙古人民出版社 2001 年版，第 390—391 页）；《蒙古姓氏》（蒙古文），《内蒙古大学学报》1977 年第 2 期（另载《亦邻真蒙古学文集》，第 58 页）。

§3）、"札ᵗʰ儿赤兀歹 额不坚"（Jarči'udai ebügen，§97）、"巴ᵗʰ儿ᶻʰ忽歹·篾ᵗʰ儿干"（Barqudai Mergen，§8）、"巴ᵗʰ儿ᶻʰ忽真·ᶻʰ豁阿"（Barqujin Qo'a，§8），等等。其次，《秘史》在表示某氏族或部落及其分支时，多采取连写形式，一般先写分支之名，后写主干之名。如：汪ᶻʰ豁只ᵉ客ᵗʰ列亦敦（Ongqojid Kereyid-ün，傍译：姓　种名行，§187）、兀都亦惕 篾ᵗʰ儿乞敦（Uduyid Merkid-ün，傍译：姓氏　种名的，§197；比较第199节"篾ᵗʰ儿乞敦 兀都亦ᵉ"的用法）、兀洼思 篾ᵗʰ儿乞敦（Uwas Merkid-ün，傍译：姓氏　种名的）、ᶻʰ合阿ᵉ 篾ᵗʰ儿乞敦（Qa'ad Merkid-ün，傍译：姓　种名的，§197）、察阿安 塔塔ᵗʰ儿、阿ₗₑ赤塔塔ᵗʰ儿、（Ča'an Tatar, Alči Tatar, 傍译：种，§153）等。傍译中的"姓氏""姓"一般指"斡孛黑"（oboq，氏族）；"种""种名"一般指"亦ᵗʰ儿干"（irgen，部落）。照此惯例，"马阿里黑·伯牙兀歹"的标准傍译似应作"姓[氏] 种[名]"，即伯牙兀惕部落之马阿里黑氏族的男子。亦邻真释为"伯牙兀惕胞族（yasun）之马阿里黑氏族（oboq）的男子"。①拥有共同父系祖先的人群称为"斡孛黑"（oboq，氏族），从一个斡孛黑衍生出的诸多斡孛黑（各有其名）称为"牙孙"（yasun，胞族），从一个牙孙中又衍生出诸多牙孙，组成一个"亦ᵗʰ儿坚"（irgen，部落）。② 另一方面，随着阶级的分化，氏族组织逐渐由血缘亲族的聚落变为以地缘关系为主的社会组织，通过战争获取俘虏等手段来扩大氏族的结果，使得氏族组织内部血缘关系呈多元化趋势。原为社会组织的氏族变成了人们出身来源的证明，人们均以自己祖先所属氏族组织之名作为自己的姓氏。不少氏族名称本身又成为胞族或部落的名称。如篾儿乞惕姓氏又可称为牙孙（篾ᵗʰ儿乞歹 额列 牙速秃 古温），还可称为亦儿坚（篾ᵗʰ儿乞惕 亦儿坚，§110）；泰亦赤兀惕姓氏（§47）也可称牙孙（泰亦赤兀台 牙速秃 古兀泥，§148）。故伯牙兀惕也可同时称斡孛黑、牙孙或亦儿坚。这是因为说话的角度不同，也反映了氏族发展变化的过程。从这一点来说，"伯牙兀惕部落之马阿里黑氏族的男子"与"伯牙兀惕胞族之马阿里黑氏族的男子"的解释之间并不矛盾。

---

① 亦邻真：《〈元朝秘史〉畏吾体蒙古文复原》，第11页。
② 亦邻真：《蒙古姓氏》（蒙古文），《内蒙古大学学报》1977年第2期（另载《亦邻真蒙古学文集》，第57页）。

与"马阿里黑·伯牙兀歹"相类似的表述何氏族或部落之人的例子，《秘史》中还有两例。第 44 节有"阿当ᴴ合 兀ᴸ良ᴴ合歹古温"（Adangqa Uriyangqadai kü'ün）一语；第 38 节有"札儿赤兀惕阿当ᴴ合 兀ᴸ良ᴴ合真"（Jarči'ud Adangqan Uriyangqajin）一语。根据上文的分析，"阿当合 兀良合歹 古温"当指兀良罕部落之阿当罕氏族的男子；"阿当罕 兀良合真"当指兀良罕部落之阿当罕氏族的女子。然而《秘史》此处的傍译却有些反常，将阿当合（罕）译为"种名"，将兀良合歹译为"姓氏"，将兀良合真译为"姓"。恐有误。按常规，阿当合（罕）应译为"姓氏"或"姓"，兀良合歹（真）应译为"种名"或"种"。至于札儿赤兀惕，仍依惯例似应理解为兀良罕部落阿当罕胞族的札儿赤兀惕氏族，即札儿赤兀惕为兀良罕部落分支阿当罕中的一个姓氏。关于这一点，伯希和即以札儿赤儿惕为氏族名，以阿当罕兀良合真为部落名，① 亦邻真推测阿当罕兀良罕为整个兀良罕部落的一个分支，而札儿赤兀惕为其中的一个姓氏（oboq），② 余大钧③、罗依果④亦持相同看法。不同的看法，或将札儿赤兀惕理解为人名⑤；或将兀良合真理解为人名⑥；或将阿当罕理解为人名⑦；或将札儿赤兀惕理解为部落主干名⑧。因缺乏有力根据，恐怕站不住脚。《史集》记述部落及其分支时，一般也是先记分支之名，后记部落主干之名，如：兀都亦惕—蔑儿乞惕（ūdūūt mrkīt）、兀洼思—蔑儿乞惕（aūūaz mrkīt）、阿勒赤—塔塔儿（ālči-tātār）、察罕—塔塔儿（čgān-tātār）、者台—巴牙兀惕［j(a)d(a)ī-bāyāūt］、孛儿只斤—乞牙惕［b(u)rj(i)qīn-qīāt］,

---

① 伯希和（Paul Pelliot）：《蒙古秘史：蒙古文原文转写和法文译文，卷 1 至卷 6》（*Historire secrète des Mongols: Restitution du texte Mongol et traduction française des chapitres I à VI*），巴黎，1949 年，第 126 页。
② 亦邻真：《〈元朝秘史〉畏吾体蒙古文复原》，第 23 页。
③ 余大钧译注：《蒙古秘史》，第 26 页。
④ 罗依果：《蒙古秘史》，第 1 卷，第 277 页。
⑤ 那珂通世：《成吉思汗实录》，第 17 页。
⑥ 小林高四郎：《蒙古秘史》，第 11 页；小泽重男：《〈元朝秘史〉全释》上卷，第 180 页；札奇斯钦：《〈蒙古秘史〉——新译并注释》，第 29 页。
⑦ 村上正二：《蒙古秘史——成吉思汗故事》，第 1 册，第 41 页；道润梯步：《新译简注〈蒙古秘史〉》，第 15 页。
⑧ 柯立夫：《蒙古秘史》，第 38 页；乌尔恭格·鄂嫩：《〈蒙古秘史〉——成吉思汗的一生及其时代》，第 47 页；札奇斯钦：《〈蒙古秘史〉——新译并注释》，第 29 页。

等等。① 其中孛儿只斤—乞牙惕的用法，可以联系 17 世纪蒙古文史籍中的 Kiyod yasutai Borjigin omoɣtai 或 Kiyod yasutu Borjigin（d）oboɣtu 的说法②来理解。两种说法虽然形式不一，但表达的语义相同。

《秘史》的有关内容，在流传过程中出现了差异。与《秘史》第 15 节"马阿里黑·伯牙兀歹"相应之处，罗桑丹津《黄金史》（5b）作 Maɣaliɣ Bayaɣudai-yin kümün，多出了 -yin kümün（"的人"之义），语义变得不通。-yin kümün，当为辗转传抄过程中的衍文，或许因抄写者的粗心所致，或许源于抄写者的误解。间接收有《秘史》部分内容的《蒙古源流》，在相当于《秘史》第 18 节的"马阿里黑·伯牙兀歹"处作 Bayaɣud-un Maɣali kemekü bey-e，③ 即"伯牙兀惕氏族名叫马阿里黑的人"，已经明确将《秘史》中的氏族名 Ma'aliq（Maɣali）视为了人名。而与《秘史》第 38 节"札儿赤兀惕 阿当罕 兀良合真"、第 44 节"阿当合 兀良合歹 古温"相应之处，罗桑丹津《黄金史》分别作 angqan-u nengdegsen Jarčiɣud Uriyangqadai-yin kümün（8a），nengdegsen Uriyangqadai kümün（8b）。nengdegsen 当为 Adangqan 之讹④；Uriyangqadai-yin kümün 的说法，若按古代惯例也属语义不通。显然后世的抄写者已不十分明白《秘史》原文的所指。以上不同的误解，或许证明了至少明代中后期的蒙古人对早先的这种姓氏表达方法已不很熟悉。不过另一方面，我们仍然可以看到这一表达方法在明代蒙古人中的遗存。《蒙古源流》中的 Mangɣudai Qošiɣuči，Qongqodai Dayan Baɣši，Tangɣudai Güiši，Tangɣudai Güyeng Tabunang 等⑤，可为例证。现在，这种古老的习俗在内蒙古的蒙古人中间又有恢复的趋势。

在考察《秘史》有关"马阿里黑·伯牙兀歹"之说时，有两个现象

---

① 《史集》第 1 卷第 2 分册，第 148、206、163 页；第 1 卷第 1 分册，第 288、167、250 页。

② 罗桑丹津：《黄金史》（Erten-ü Qad-un Ündüsülegsen Törö Yasun-u Jokiyal-i Tobčilan Quriyaɣsan Altan Tobči Kemekü Orošibai，Ulaɣanbaɣatur，1990）173a、175b；《蒙古源流》（库伦本，E. Haenisch，Qad-un Ündüsün-ü Erdeni-yin Tobči. Eine Urga-Handschrift des mongolischen Geschichtswerks ron Sečen Sagang（alias Sanang Sečen），Berlin，1955）26v12、28v04。

③ 《蒙古源流》库伦本，25r23。

④ 乔吉（《黄金史》第 40 页）认为这个 nengdegsen 具有"非常大的"之义，nengdegsen Uriyangqai 就是指"庞大的兀良罕"，《秘史》的 Adangqan 为 nengdegsen 之抄误。似乎颠倒了二者的关系。

⑤ 《蒙古源流》库伦本，65r26、74r29、91r18、91r14。

引人注意。《秘史》第 12 节至第 16 节说：朵奔篾儿干打猎时向一个兀良罕人要了鹿肉，回家途中遇上伯牙兀惕部落之马阿里黑氏族的一个男人，用鹿肉换了他的儿子，带回家来使唤。而《史集》类似的故事却说：塔马察的幼子有一个后裔名叫秃伦—撒合勒（tūlūn-sakal），一次他杀死了一头马鹿，伯牙兀惕部名叫巴牙里黑（bāyālïq）的人，用自己的儿子跟他换了些马鹿肉。由于秃伦—撒合勒是阿阑—豁阿丈夫（即朵奔篾儿干）的亲族，他又把这个孩子送给了她。① 另外，《秘史》第 18 节说：朵奔篾儿干的两个儿子怀疑父亲去世后母亲所生三个儿子的真正父亲是家中使唤着的伯牙兀惕部落马阿里黑氏族的男人。联系上文，这里的伯牙兀惕部落马阿里黑氏族的男人当为第 15 节所述伯牙兀惕部落马阿里黑氏族的男人的儿子。《秘史》《史集》两种版本的故事之间出现了矛盾。照《史集》所说，送子给人的伯牙兀惕男人名叫巴牙里黑（bāyālïq ＊ ~ Ma'aliq）；照《秘史》所说，父子二人均称伯牙兀惕部落马阿里黑氏族的男人。

可能是怀疑《秘史》所载父子二人均称伯牙兀惕部落马阿里黑氏族之人的说法有矛盾，或者是考虑到那个儿子尚未达到生子的年龄，有些学者将《秘史》第 18 节的"马阿里黑·伯牙兀歹"（即那个儿子）译成了"马阿里黑·伯牙兀歹的儿子"②，有的学者则推测当时父子俩一起进入了朵奔篾儿干和阿阑—豁阿的家，被朵奔篾儿干的两个儿子怀疑的人是那个父亲③。这里，《秘史》的说法确实有些让人费脑筋，但细究的话似乎也不是完全说不通：青年朵奔篾儿干领回来的伯牙兀惕部落马阿里黑氏族的少年，到朵奔篾儿干中年去世时应该已经长成了青年，因此他有可能受到朵奔篾儿干两个儿子的怀疑。伯希和认为父子二人拥有同样的称呼，是由于《秘史》的撰写者以氏族名称马阿里黑·伯牙兀惕相称的结果。④ 如前所述，按照古代蒙古人的习惯，同一部落或姓氏的男性都可以直接以部落姓氏名＋姓氏后缀-dai/-dei, -tai/-tei 的形式相称，即使是父子也不例外。另一个现象就是关于《秘史》之马阿里黑（Ma'aliq）与《史集》之巴牙里黑（bāyālïq）的异同问题。二者读音相近，基本上可以视为同一名称

---

① 《史集》第 1 卷第 1 分册，第 7 页。
② 那珂通世：《成吉思汗实录》，第 9 页；小林高四郎：《蒙古秘史》，第 5 页。
③ 罗依果：《蒙古秘史》，第 1 卷，第 261 页。
④ 伯希和（Paul Pelliot、Louis Hambis）：《成吉思汗征战史——圣武亲征录译注》（*Histoire des Campagnes de Gengis Khan——cheng-wou-ts'in-tcheng lou*），卷 1，莱顿，1951 年，第 86—87 页。

的不同形式，然而对于这二者究竟是姓氏名称还是人名的问题，要下定论还比较困难。伯希和说："在最古老的传说中作为部落名称出现的是 Bāyālïq-Baya'ut，而且 bāyālïq 是受到 Baya'ut 一名中词素 Baï 或是 Bayan（'富有'与'富人'之义）的影响而产生的名称，Bāyālïq 与 Baya'ut 的组合使人联想到古代回鹘文献中的 uluγ bai bayaγutlar（大富人）的说法。"① 伯希和的这一看法比较合理，可以为人接受。很有可能 *Bāyālïq-Baya'ut 后来有了另一变形 Ma'aliq-Baya'ut。在蒙古语的历史中，辅音 m 与 b 互换的情况并不少见。如 oboγ（姓氏）又作 omoγ②，伊斯兰教名 Mahamud 被蒙古人发成 Baqamu 的音③，*bečin（猴、申）在口语中常发音为 mečin，nilbusun（眼泪）在口语中常发音为 nilmusun，等等。另外可以参考《史集》中"灭乞里"的拼写：b(a)krīn ~ m(a)krīn ④。因此，Bayaliq 音变为 Ma'aliq 并不奇怪。在《史集》版的伯牙兀惕氏族产生传说中，Bāyālïq 又以人名——该氏之祖的形式出现，容易使人联想到蒙古古代氏族产生传说的某种特征。《秘史》《史集》中常能见到从人名产生氏族名的现象，如氏族名合塔斤（Qatagin）源自人名不忽·合塔吉（Buqu Qatagi）、氏族撒勒只兀惕（Salji'ud）之名源自人名不忽秃·撒勒只（Buqutu Salji），等等。基于同一史实的传说在口头流传的过程中常常发生异变，发展为不同的系统。《秘史》（即《脱卜赤颜》）中记载的成吉思汗先祖的传说，在编译《圣武亲征录》时基本被删除，因此根据《圣武亲征录》写成的《金册》，以及根据《金册》写成的《史集》中自然也就没有这部分内容，只是有些相关的内容散见于他处，还不一定属于同一系统。⑤《秘史》《史集》所载两种版本的相关故事，尽管细节有所不同，但我们仍旧可以从中确切了解到的是：朵奔篾儿干的家中曾经使唤着出身伯牙兀惕部落的男人。通过进一步分析，大致可以说：这个伯牙兀惕部落的男人

---

① 伯希和：《成吉思汗征战史——圣武亲征录译注》，第 87 页。
② 《蒙古源流》库伦本 26v、28v；罗桑丹津《黄金史》173a、175b。
③ 沙斯季娜（Н. П. Шастина）：《黄史——17 世纪蒙古编年史》（ШАРА ТУДЖИ, Монгольская летопись XVII века），莫斯科—列宁格勒，1957 年，第 62 页；《蒙古源流》库伦本（52v）作 Baγmu、殿本作 Baqamu。
④ 《史集》（汉译本）第 1 卷第 1 分册，第 149 页。
⑤ 关于《秘史》与《圣武亲征录》、《金册》以及《史集》之间的关系，参见亦邻真的考证《〈元朝秘史〉畏吾体蒙古文复原》，导论；《莫那察山与〈金册〉》，载《丰碑——献给海希西教授 80 寿辰》（蒙古文版），内蒙古文化出版社 1993 年版，第 1—9 页。

所属氏族为巴牙里黑～马阿里黑（Bāyālïq～Ma'aliq），因为被视作该氏族始祖，所以又以氏族之名相称。

　　本文简短结论：《秘史》中的"马阿里黑·伯牙兀歹"一语意为伯牙兀惕部落马阿里黑氏族的男人，"马阿里黑"未被当作人名看待。《史集》中的"巴牙里黑"一语是《秘史》"马阿里黑"的早期形式，之所以被用作人名，当与其人被视为该氏族始祖有关。

（原载《蒙古史研究》第 8 辑，2005 年）

关于《元朝秘史》旁译缺失的词汇

《元朝秘史》（以下简称《秘史》）作为一部特殊形式的汉字古籍，其研究的难度以及相应的要求都是非常高的。经过国内外研究者们一百多年的努力，《秘史》的研究已经成为一门独立的学科，研究成果层出不穷，涉及多个领域，水平也在不断提高。然而，从古籍整理的原则和惯例、《秘史》研究的实际需求出发来考虑，一部完整的校勘本仍然是令人期待的。

1980年，额尔登泰、乌云达赉的《秘史》校勘本出版，汉字音译原文部分的大多数讹误得到了校正，获得了学界的好评。遗憾的是，校勘未涉及旁译和总译部分；重新抄写的原文一方面改动了原有版式，不利于核对查找，另一方面又增添了一些新的讹误。实际上，前人较早就已尝试对《秘史》的校勘。例如，王国维曾于1925年八月至1926年十月进行了相当细致的校勘，他手校的两个本子现藏中国国家图书馆善本部。[1] 据统计，王国维的校改总数约260多处，改叶德辉本（以下简称"叶本"）约99处、改顾广圻监抄本（以下简称"顾本"）约165处；校补总数约70多处。校勘范围涉及音译正文、旁译和总译三个部分。[2] 其校改的内容大多可以成立，为后人的进一步工作提供了借鉴和经验，但是仍留有不少未解的问题。又如白鸟库吉的《音译蒙文元朝秘史》，也为一些缺译词汇补了旁译。

---

[1] 底本均为叶德辉观古堂刻本，缩微胶片编号分别为02192、02193。据王国维的说明，第一个本子初校于1925年八月至九月间，第二个本子初校于1925年十月间；1926年十月又对两个本子做了补校。

[2] 音译正文部分约校改84处、校补8处；旁译部分约校改144处、校补54处；总译部分约校改36处、校补11处。

在《秘史》的校勘过程中，原文中旁译缺失词汇的处理成为比较棘手的问题。根据缺译词汇的特征进行分类，可分为"全部缺译词汇"和"部分缺译词汇"两种类型。据《四部丛刊》三编本，全部缺译的词汇约有77处（除去重复出现的，实为70个词汇）①，部分缺译的词汇大概为27处。对于这些旁译缺失的词汇，前人的研究已有不同程度的涉及。各种文字的译本中有相应译文，或附有注文；《〈蒙古秘史〉词汇选释》就其中的不少词汇作了考证；也有个别的专文讨论过这方面的问题，例如罗依果（Igor de Rachewiltz）1992年向"第六届国际蒙古学家大会"提交了题为《关于〈蒙古秘史〉的一些疑难词汇》的论文，指出《秘史》里有32个词汇缺少旁译，并详细考证了其中的4个词。D. 东格尔叶其勒（D. Dungeryaichil）1993年发表了《〈蒙古秘史〉旁译勘误》②一文，校改了旁译中的145处讹误，校补了11处缺译的词汇。D. 策凌索特纳姆（D. Čeringsodnam）1994年发表了《〈蒙古秘史〉旁译缺失词汇考》③一文，在文章所附"《秘史》旁译缺失词汇表"中列出了40个全部缺译的词汇，正文中考证了2个词汇。

因篇幅的关系，本文仅讨论《秘史》之《四部丛刊》三编本中的全部缺译词汇。全部缺译的词汇，根据其具体情况又可大致分为3类：由于疏忽而遗漏旁译的词汇、因处理专名的不同态度而未附旁译的词汇、④ 因不明词义而放弃旁译的词汇。针对这些词汇，在版本校勘中宜视其不同情况分别采取不同的处理方法。

一、由于疏忽而遗漏旁译的词汇，约有17处。依次为：

塔（§20，01:12:06），ta。总译作"您"。白鸟库吉（白鸟，Ⅰ.12b）补"您"。

斡旋（§58，01:40:02），ösön。宾动词组为"斡雪勒斡旋"，总译与

---

① 另外，旁译作"么"的疑问语气词"兀"（ū/ü），有多处未附旁译（约20处）；旁译作"也"的小词"古"（gü），也有缺译现象。这类情况未计算在内。

② D. 东格尔叶其勒（D. Dungeryaichil）：《〈蒙古秘史〉旁译勘误》，载《蒙古文化国际学术研讨会论文集》，台北，1993年。

③ D. 策凌索特纳姆（D. Cerengsodnam）：《〈蒙古秘史〉旁译缺失词汇考》（"МОНГОЛЫН НУУЦ ТОВЧООНЫ" ХЯТАД ХАДМАЛ ОРЦУУЛГАД ОРХИГДСОНУГ ХЭЛЛЭГИЙН УЧИР），载《蒙古学》（Mongolian Studies），汉城，1994年。

④ 在《秘史》第1—44节中，不少重复出现时的专名未附旁译，其他部分也偶有类似情况，这一现象不符合《秘史》处理专名旁译的一般惯例。这类情况未计算在内。

"乞撒_勒乞散 牙荅罢（仇报 不能了）"合译为"不曾报得仇"。"斡雪_勒斡旋"，他处（§§102、105、214、254）旁译作"仇报"。

额客（§75，02：06：10），eke。总译亦无反映。该词他处多见，旁译作"母"。白鸟库吉（白鸟，Ⅱ.6b）补"母"。

比_勒只兀儿（§77，02：09：03），bilji'ur。总译作"雀儿"。叶本亦同。陆心源本、潘克福本不缺，旁译作"雀名"。第160节有"鸭勒都兀^舌儿"一词，旁译作"告天雀儿"。王国维补"云雀"；白鸟库吉（白鸟，Ⅱ.9a）补"雀儿"。

^中豁剌因（§124，03：47：03），qola-yin。总译作"远"。"^中豁剌"，第199、第278节旁译作"远"。"因"为蒙古语属格附加成分-yin的音译汉字。王国维补"箭名"；白鸟库吉（白鸟，Ⅲ.47a）补"箭名的"。东格尔补"远的"。qola，意为"远"，本身不是箭名，此处与下一个词"^中豁斡察_黑"（旁译"箭名"）合为词组，指一种射程较远的箭。下文紧接着出现的词组是"斡亦^舌剌因 斡多^舌剌"，旁译作"箭名 箭名"，其中前一个词 oyira-yin 意为"近的"，本身也不是什么箭名，而是与后一个词合指一种射程较近的箭。王国维、白鸟库吉的补译是受了明初汉译者此处译例的影响。

斡帖^舌儿连（§133，04：13：01），öterlen。总译亦无反映。该词另有3次出现，第99、第101节旁译作"疾快"，第281节作"快"。王国维、白鸟库吉（白鸟，Ⅳ.13a）均补"作急"，东格尔补"疾快"。

帖堆（§134，04：16：02），tedüi。总译亦无直接反映。叶本亦同。陆心源本、潘克福本不缺，旁译作"那些"。该词他处多见，旁译作"那般""那些""便"等。王国维补"便"；白鸟库吉（白鸟，Ⅳ.16a）、东格尔补"那些"。

斡仑（§145，04：40：01），olon。总译作"得"。该词形式，第183节两见，旁译作"得"。王国维、白鸟库吉（白鸟，Ⅳ.40a）均补"得"。

客亦思坚（§148，05：01：05），keyisgen。总译亦无直接反映。该词第87节作"客亦思干"，旁译作"刮"。王国维补"刮"；白鸟库吉（白鸟，Ⅴ.1a）补"飏"。

牙兀（§166，05：41：07），ya'u。总译作"甚么"。陆心源本、潘克福本不缺，旁译作"甚"。该词他处多见，旁译作"甚么""甚"等。白鸟库吉（白鸟，Ⅴ.41b）补"如何"。

必（§177，06∶30∶07），bi。总译作"我"。陆心源本、潘克福本不缺，旁译作"我"。该词他处多见，旁译作"我"。白鸟库吉（白鸟，Ⅵ.30b）补"我"。

唉（§178，04∶33∶07），ai。总译作"叹息"。该词又音译为"唉亦"（aiyi），第190、第194节三见，旁译作"叹声"；第189节一见，亦缺旁译，王国维补"叹声"。

可温（§180，06∶38∶08），kö'ün。总译作"子"。陆心源本、潘克福本不缺，旁译作"子"。该词他处多见，旁译作"子"。白鸟库吉（白鸟，Ⅵ.38b）补"子"。

啜额客₍㫼₎（§189，07∶11∶01），čö'eked。总译作"些"。该词单数形式"啜额刊"（čö'eken），第190、第193节两见，旁译作"少"。王国维补"少"；白鸟库吉（白鸟，Ⅶ.11a）补"少的每"。

你兀₍㫼₎浑（§190，07∶13∶08），ni'udqun。总译中无直接反映。该词词干为"你兀"（ni'u-），《秘史》依照它在文中的不同变化形式，译作"藏""藏着""藏了""要藏""隐讳"等。王国维补"默"；白鸟库吉（白鸟，Ⅶ.13b）补"隐匿您"。

浑只兀（§196，07∶43∶04），hünji'ü。总译亦无直接反映。该词又见于第272节，第247、第251节音译为"昏只兀"，旁译均作"烂木"。白鸟库吉（白鸟，Ⅶ.43a）补"烂木"。

以上这些缺少旁译的词汇，能够比较容易地看出是由于疏忽而产生的。在校勘时，可以根据本校或他校进行填补。

二、因处理专名的不同态度而未附旁译的词汇，出现得不是很多，有10处，除去重复的，实为8个词。《秘史》的旁译，对于专名的一般处理惯例是旁注"人名""名""种名""部落名""官名""地名""山名""水名"等。只是在第1—44节中，不少重复出现的专名未附旁译，这不是《秘史》的普遍现象。未附旁译的专名，依次为：

荅驿儿（§3，01∶02∶08），dayir。总译作"荅亦儿马"，直接以音译作为马名。他处亦见相同读音的词。第202节的"荅亦ᠷ儿"，旁译"人名"；第245节有"荅亦ᠷ儿 额秃格泥"，旁译"大他（'地'之讹）行"。据此可知dayir有"大"之义。《词汇选释》（p.279）据布里亚特方言释为"老""大"。作为人名，《秘史》中又有"歹亦儿"（§105等）的形式。白鸟库吉（白鸟，Ⅰ.2b）补"马名"。大多数译者采取了音译。

孛^舌骡（§3，01：02：08），boro。总译作"孛^舌罗马"，直接以音译作为马名。他处亦见相同读音的词，多旁译为"青"。指铁青马的毛色。白鸟库吉（白鸟，Ⅰ.2b）补"马名"。

荅儿吉（§90，02：28：01），dargi。共出现3次，总译中亦均无直接反映。联系上下文分别作"斡^中豁都儿（秃尾）荅儿吉（　）^中豁^舌里（干草黄马［行］）"，总译作"干草黄马"。该节后文一处作"荅儿吉（　）斡^中豁都儿（秃尾）晃^中豁^舌儿（黄马）"，总译缺；一处作"荅儿吉（　）^中晃^中豁^舌里（黄马行）"，总译"干草黄马"。白鸟库吉（白鸟，Ⅱ.27b）补"秃"。dargi，柯立夫（Cleaves，p.29）、罗依果（Igor，I. p.384）倾向为田清波（A. Mostaert）《鄂尔多斯词典》所收 t'argi 一词，其意为"短的"；《词汇选释》（p.278）认为是布里亚特方言的 дархи "毛色的强调词"。

兀真（§111，03：18：05），üjin。总译作"夫人"。该词他处亦多见，旁译为"夫人名""妇人名"或"名"等。

札兀^中忽^舌里（§134，04：15：04），ja'ud quri。总译作"札兀忽里"。读音相近的专名见于第179节，作"察兀^中忽^舌里"，旁译为"官名"。据第281节的"札^中忽^惕（金人每）""札^中忽敦（金人的）"等，"察兀^中忽^舌里"宜作"札兀^中忽^舌里"。白鸟库吉（白鸟，Ⅳ.15a）补"官名"。罗桑丹津《黄金史》（LAT，38a）作 čaγ-un törü，当为 ja'ud quri 之形讹。那珂通世（那珂，p.132）、小泽重男（小泽，下，p.68）、罗依果（Igor，p.492）等人认为 ja'ud 与蒙古语的"百"有关，然而从"察兀^惕"的音译汉字来分析，其畏吾体蒙古文原文应当是 ČAQOD 而不是 IAQOD。既然写作 ČAQOD，这个词就很有可能是外来的，就像汉语的"中书""柱国"被写作 ČONKSO（jungšu）、ČOIKOI（jügüi）一样，而不能把它简单理解为蒙古语"百"的复数形式（IAQOD，ja'ud）。

王^中罕（§134，04：15：06），Ong qan。总译作"王"。该专名多见于他处，旁译为"人名""名"等。白鸟库吉（白鸟，Ⅳ.15b）补"称号"。

必^勒只兀^舌儿（§220，09：28：01），bilji'ur。总译亦无反映。联系上下文的"纳牙阿 必^勒只兀^舌儿"，bilji'ur 当为该人称呼中的一部分。该人的称呼，一般作"纳牙阿 把阿秃^舌儿"或"纳牙阿"，"纳牙阿"是他的本名，"把阿秃儿"是他的美称，而 bilji'ur 似乎是他的小名或绰号（"雀儿"之义，见前文）。

主因（§266，12：08：08），Juyin。总译中无反映。他处旁译为"种名""种姓"或"种"等（§§53、247、248、266）。白鸟库吉（白鸟，Ⅻ.8b）补"种名"。

对这类旁译缺失的专名，校勘时大多可以依照《秘史》的惯例来处理。

三、因不明词义而放弃旁译的词汇，还可以进一步分为两种情况，一种是其词义在总译中有所反映的词汇，另一种则是总译中亦无反映的词汇。

1. 词义在总译中有所反映的词汇依次为：

^中合兀鲁^中合_揚（§75，02：06：07），qa'uluqad。相应处总译亦缺。罗桑丹津《黄金史》（LAT，16b）无载。但是《秘史》另见 3 处相同发音的词，两处旁译作"道路"（§§56，183），一处作"路渠"（§57），语义与此处上下文不合。人们的译文也各有不同，伯希和（Pelliot, p. 134）据柯瓦列夫斯基《蒙俄法词典》γa'ulkilaqu 的释义译为"饿嚎、快要饿死之样"，村上正二（村上，Ⅱ，p. 144）作"饥泣的"，余大钧（余，p. 75）作"挨饿的"；小泽重男（小泽，中，p. 54）作"淘气的"，说是取达斡尔语动词 gaula- ~ gaula-（小孩子向家长要东西）之义。罗依果（Igor, pp. 19, 358）综合上面两种意见译为"饥饿的、叨叨的"。乔玛（Choimaa2, p. 37）译为"瘦弱的"。东格尔据道润梯步的译文补"颠沛"二字。札奇斯钦（札奇，p. 79）说此处的"^中合兀鲁^中合"与第 36 节的"哈兀鲁牙"（他转写为 kha'uluya）属于同一词根，后者有"尽掳"之义，因此这里的 qa'uluqad 意为"善掳掠的"，于是译为"强悍的"。阿尔达扎布（阿尔达，p. 129）也译为"强悍的"。然而，按照《秘史》音译汉字的用字规则，"^中合"表示的是 qa，"哈"表示的是 ha（后来变成了零声母 a），二者不可混淆。

^中豁亦^舌剌兀_揚（§75，02：06：08），qoyira'ud。总译作"长进"。罗桑丹津《黄金史》（LAT，16b）作 qutuγ-tan（有福的）。该词不见于他处，陆心源本、潘克福本作"^中豁亦剌兀_揚"（qoyila'ud），亦不见于他处。总译更像是根据上下文语义所作的一种大致的翻译。对于该词，那珂通世（那珂，p. 5）没有翻译，简单注释说："此词未能译出"；柯立夫

(Cleaves, p. 21) 也没有翻译, 直接用了音译 qoyira'ud。其他研究者们作了各种推测,《词汇选释》(p. 182) 认为与布里亚特方言的 хойрог "官僚式的" 一词有关。阿尔达扎布 (阿尔达, p. 129) 据译为 "有规范的"。小泽重男 (小泽, 中, p. 54) 采信了陆心源本、潘克福本 qoyila'ud 的读音, 译为 "规矩正的", 但在注释中说内蒙古的郭尔罗斯后旗 (今黑龙江省肇源县) 方言有 xoiloG 之语, 意指 "孩子的活泼好动", 与《秘史》此词相当。策凌索特纳姆 (Čering, p. 309) 也采信了 qoyila'ud 的读音, 并认同布和贺希格 (Böke, p. 31) qa'ulitu (懂规矩的) 的转译。罗依果 (Igor, p. 182) 也选择了 qoyila'ud 的读音, 译为 "长成美男子", 然而在注释中说或者可以译为 "充满活力", 因该词词义不明, 姑且这样翻译。嘎丹巴 (Ghadamba, p. 267) 读作 хойлагуд (хойлохууд), 认为应解为 "尊敬的", 与 "坐在后面 (хойгуур ~ хоймроор)" 的词义有关。乔玛 (Choimaa2, p. 37) 换用了罗桑丹津《黄金史》同处的词 хутагтан (qutuγ-tan)。从《秘史》的叙事风格来推测, 这个词的词义应该与上一句韵文中对仗的 "札撒_黑坛 (法度有的)" (jasaqtan) 一词相近。

绰^舌儿^中罕 (§115, 03: 24: 08), čorqan。词组为 "绰^舌儿^中罕 格^舌儿", 总译作 "达达房子"。罗桑丹津《黄金史》(LAT, 29a) 同。海涅什 (E. Haenisch, p. 29) 译为 "达达 (蒙古) 房屋"。小林高四郎 (小林, p. 70)、柯立夫 (Cleaves, p. 48)、罗依果 (Igor, pp. 43, 434) 等人译为 "锁", 即视 čorqan 为 čo'orqa(n) ~ čuγurγa(n) 的不同形式, 柯立夫、罗依果二人更以第 124 节的 "搠斡^舌儿^中合台 帖^舌儿格 (锁有的车子)" (čo'orqatai terge) 为例, 确认 čorqan ger 即 "上锁的毡帐"。伯希和 (Pelliot, p. 152) 认为与 jurγan 一词有关, 译为 "公众聚会之屋"。然而, jurγan 一词不见于 13—14 世纪的蒙古文文献,《俺答汗传》、《蒙古源流》、罗桑丹津《黄金史》、《阿萨喇黑齐史》等 17 世纪蒙文史书中也无载。清代六部之 "部", 满语作 jurgan, 蒙古语作 jirum (意为 "义、义理", 为满语 jurgan 的译语, 因为 jurgan 即有 "义、义理" 之义) 或 yabudal-un yamun, 现代蒙古语中有 jurγan 一词, 内蒙古大学《蒙汉词典》(p. 1365) 解释其词义为 "<史>(六部的) 部; 司", 这个词当在清代从满语借入。《词汇选释》(p. 318) 认为 čorqan 即突厥语的 jyprah, 意为 "遮盖物、覆掩物、被窝"。东格尔补 "人名", 误。阿尔达扎布 (阿尔达, p. 201) 先引《词汇选释》有关 čorqan 即突厥语 jyprah 的内容, 后面

又将 čorqan 比对为《龙沙纪略》所载"出尔罕"（兵车之会）一语，推断 čorqan 是"古代蒙古进行定期交易的固定房子"。然而从该书所述具体情形来看，"出尔罕"疑即蒙古语的 či'ulγan ~ čūlγan（集会、会聚）。明初的汉译者或许是出于同样的考虑，把用物品遮盖的房屋理解为毡帐或穹庐，即"达达房子"——蒙古包。

拖亦阑（§117，03∶28∶08），toyilan。总译同处有"做了筵席"之语，似与上一个词"^中忽^舌林阑"（旁译"做筵席"）合译。罗桑丹津《黄金史》（LAT, 30a）作 dayilan（款待），当为 toyilan 的形讹。白鸟库吉（白鸟，Ⅲ，p. 28b）将"^中忽^舌林阑"的旁译"做筵席"之"席"字下移到该词旁边。大多数译者都译为"宴会""盛宴"等。toyilan 是动词的中顿形式，动词 toyila-由名词 toyi＋动词构词后缀-la-构成。突厥语 toyi 意为"结婚宴席、豪奢宴会"，《回回馆杂字》（饮食门）收有 tūy 一词，音译"陀亦"，解为"筵宴"，或为波斯语中的突厥语借词。《续增华夷译语》中"筵宴"译为"忽林脱亦八"（qurim toyiba）。名词 qurim 和 toyi，是同义词，一为蒙古语、一为突厥语；toyiba 当作 toyilaba，是动词过去时形式。《御制三合清文鉴》（礼部筵宴类）"筵席"一词，蒙古语作 toi，不少现代蒙古语的词典中也收有这个词，词义解释为"婚宴"或"宴席"。罗桑丹津《黄金史》（LAT, 107b）另见 yeke toi 的说法，toi 旁有后人的小字注文 qurim。《秘史》此处的 toyilan 与上文的 qurimlan（^中忽^舌林阑，做宴席）同为动词，属同义词或近义词叠用，这是蒙古语中常见的现象。《秘史》（§170）另见"脱宜"（toyi）一词，旁译"阵势"。用作这一词义的例子，亦见于16、17世纪的蒙古文文献，如《白史》《蒙古源流》有 toi-bar-iyan bolγa-、罗桑丹津《黄金史》（132b）有 toyin-dur-iyan oroγul-之语，均为"收服"之义。伯希和认为 toi 源于鄂尔浑碑文所见动词 tod-（集聚），后来意指仿效游牧民圆阵而造的王者之阵营以及采用这种形式举行的酒宴。①

亦_克秃捏周（§133，04∶13∶01），igtünejü。总译作"到来"。罗桑丹津《黄金史》（LAT, 37b）作 irejü（来）。该词不见于他处或其他文献。王国维补"来"，白鸟库吉（白鸟，Ⅳ. 13a）补"赴着"，东格尔补"前来"；一些人根据总译译为"前来"等。《词汇选释》（p. 110）把它

---

① P. Pelliot, *Širolγa ~ Širalγa*, Tung Pao, Vol. 37, 1944, pp. 102－113.

与蒙古语新巴尔虎方言的 igtüne-（因被责备而慌忙失措貌）一词联系起来，说《秘史》此处的内容为"升级、前进"之意。小泽重男（小泽，下，p.61）译为"奋力"，解释说 igtüne-（yigtüne-）与 jigtü-（拽、努力、尽全力）属同一词干，-ne、-ni 是构成"再归反照动词"的后缀，写法上 yigtüne- 与 jigtüne- 同形，当初音译时被误读为 yigtüne-。罗依果（Igor, pp.57, 490）认为该词借自突厥语的 igtüle-（支援、供应、参与），因译为"前去支援"。或许有些道理。

阿荅^舌儿荅阿速、阿荅^舌儿^中合泥（§164, 05：37：08），adarda-'asu adarqan-i。罗桑丹津《黄金史》（LAT, 58a）作 adardabasu aduryan-dur。是同一个句子里的两个词，总译无直接反映，只翻译了前文与该句格式相同的一句话，作"若有人离间呵，休要听信"。那句话里相应的两个词分别为"雪都^舌儿帖额速（被挑唆呵）""雪都^舌儿坚突^舌儿（挑唆行）"。《秘史》叙述方式的重要特点之一是用重复的语言来表达同一种意思，这应该是口传文学传统的遗存。本节中的 südütü moqai-a södürte-'esü södürgen-dür bu oroy-a 与 Ara'atu moqai-a adarda-'asu adarqan-i inu bu abulčay-a 这两句话，表达的是同一种意思，其中的动词形 adarda-'asu 与 södürte-'esü、名词形 adarqan 与 södürgen，应该是对仗的同义词或近义词。这两个词在第177节重述时又作"阿荅^舌儿塔阿速""阿荅^舌儿^中罕突^舌儿"，旁译作"被（　）呵""（　）里"，只给出了表示语法意义的用词，而未译出词的实质意义，总译也仅翻译了上文语义相同的一句话。大多数研究者译为"离间""挑唆""中伤"等。《词汇选释》（p.95）认为与突厥语的 адарка、адаркан（"恶意非难、诽谤"等）有关系。小泽重男（小泽，下，p.299）则认为词干 adar- 是突厥语、蒙古语共有同源词，意为"拧弯"，也可以理解为"中伤"。王国维为 adarqan-i 补旁译为"间谍"；白鸟库吉（白鸟，V.37b）补"被离间呵 离间行"。

额^勒别孙（§174, 06：16：07），elbesün。总译中与下文的"札剌麻乞周"合译为"祈祷着"。王国维补"祈祷"；白鸟库吉（白鸟，VI.16b）补"祷祈"。村上正二（村上，II, p.144）说这个词即现今词典中的 elbi ~ ilbi ~ jilbi，只不过缀接了词尾 -sün，意为"魔法、诈骗"。《词汇选释》（p.101）进一步解释该词的前半部分 elbe 来自突厥语 älbi"超人的魔力"，-sün 是蒙古语名词构词后缀，现代书面语写作 yilwi 或 ilbi。是。道润梯步（道润，p.148）、小泽重男（小泽，续上，p.76）、罗依果

(Igor, pp. 94, 629) 等人也持这种看法。嘎丹巴（Ghadamba, p. 101）却认为该词应断作 йилбис-ун（*yilbis-ün），即"很多 ilbi 的"之意。这种情况的可能性不大，因为罗桑丹津《黄金史》（LAT, 64b）写作 ILBO-SON（ilbusun ~ nilbusun），估计在《秘史》畏吾体蒙古文原文中就是连写的形式，则该词由 elbe（elbi ~ ilbi）+ -sün 构成的可能性更大。而且，第 189 节还有"额_勒别速额^舌儿"（elbesü-'er）的形式，词尾-sü(/-su) 与 -sün(/-sun) 功能相同，可以互换；-'er(/-'ar) 是工具格附加成分，如果是 yilbis-ün 的形式，那么属格附加成分-ün 的后面是不会再接工具格附加成分的。"额_勒别速额^舌儿"也缺少旁译，总译作"祷神"。

札剌麻（§174, 06: 16: 07），jalama。在总译中"额_勒别孙 札剌麻 乞周"一起译为"祈祷着"。罗桑丹津《黄金史》（LAT, 64b）作 jalm-a。该词亦见于辞书，《御制三合清文鉴》（礼部祭祀器用类）"柳枝上纸条"一词，蒙古语作 jalama，《蒙古语词典》（p. 2892）作 jalm-a，解释词义为"①萨满巫师祭祀神灵时挂在树上的彩色布条、彩绸、纸条等；②系在萨满巫师鼓槌上的缨结；③系在旗幡上的飘带"。《词根词典》（pp. 2336, 2195）jalm-a 解为"幡旗、飘带、（柳枝上的）纸条、布条、敖包"，说它与 čalm-a 为同源词，词根 čal-，突厥语"（用套索）套捕"之义，jalm-a 突厥语又作 jalam-a。《词汇选释》（p. 291）引《突厥方言辞典》的解释，说是一种祈福禳灾的迷信仪式，在两棵桦树之间拴一条绳子，绳上悬挂二十张布片，在正中央的布片上画着家畜图形；萨满木槌上系着的绦子或布片。可以说 elbesün jalam-a kijü 就是举行那种挂彩条的祭祀仪式。以往的译文大致不离此意。

阿备 巴备（§174, 06: 16: 08），abui babui。在总译中与下文"客延 额^舌邻 札_勒巴^舌里梅"一起译为"要子嗣"。李盖提（Ligeti, p. 161）认为 abui babui 与克烈人的聂思托里教有关，是对叙利亚语祈祷词原话的一种扭曲。亦邻真（Irinčin, p. 149）也推测 abui babui 是祷告时念诵的一种咒语，或许与也里可温（聂思托里派）教义有关。小泽重男（小泽，续上，p. 76）说 abui babui 是一种祈祷语，本身没有什么意义，就像蒙古人哄婴儿睡觉时发出的声音 büübei büübei 一样。罗依果（Igor, p. 629）赞同李盖提的看法，并补充说他推测 abui babui 是 aba baba 的讹传，aba 在叙利亚语中意为"父亲"，而 baba 为突厥语的"父亲"。罗桑丹津《黄金史》（LAT, 64b）作 ebür ba-bui，嘎丹巴（Ghadamba, p. 101）据此读

作 эбэй абай（эбий бүүбэй），认为是一种表示怜慈的语气词。

兀^舌儿邦（§183，06：46：02），urbang。总译作"土"。罗桑丹津《黄金史》无载。王国维补"土"。不少人也译为"土"。据辞书和《词汇选释》（p. 122），orbung 有"丛生植物、植物根部的土堆、翻倒的树根"等词义。

亦古_勒古周（§185，06：50：07），igülgüjü。总译作"行"。罗桑丹津《黄金史》无载。该词不见于他处，前人亦有多种不同说法。伯希和（Pelliot, p. 63）视为 ne'ülgejü 的讹写。ne'ülgejü 是 ne'üjü（《秘史》旁译"起着"）的使动态形式，有"使迁移""令出军"之义。罗依果（Igor, pp. 106，666）支持伯希和的看法。道润梯步（道润，p. 167）译为"更骑"，以 igül-比对现代蒙古语的 yegüle-（"倒、腾出、移注"之义），说这里的意思是"把马、驼等放入其群内，另拿别的马、驼骑着走"。鄂嫩（Onon, p. 160）、余大钧（余，p. 277）也采用这种译法。小泽重男（小泽，续上，p. 194）译为"移动"，不过也是把 igüle-与 yegüle-联系起来：*igüle- > *yügüle- > yegüle-；但同时又推测"亦"为"赤"的讹写，"赤古_勒古周" *čigülgü-即 čiɢuлɢu-（"集聚"之义）的柔性形式。阿勒坦奥齐尔（Altan, p. 116）改换为 güyülge-（使奔跑）；嘎丹巴（Ghadamba, p. 110）认为原文应作 гүйгүлжү（*gü-iü-gül-jü），因方言发音产生音节换位，变成 йүгүлгүжү（*yü-gül-gü-jü）；策凌索特纳姆（Čering, p. 404）也改换为 güyülge-，认为用作 dabkiɣul-（使奔驰、使疾驶）之义。

脱^舌儿鲁_黑（§189，07：10：04），torluq。总译作"柔弱"。罗桑丹津《黄金史》无载。下文还有几次出现，两次仍作"脱^舌儿鲁_黑"（§189，07：10：08，§190，07：13：07），一次作"秃^舌儿鲁_黑"（§194，07：29：09，turluq），均无旁译，总译亦无。从那珂通世（那珂，p. 264）起，不少人依总译进行了翻译。王国维补"懦"。村上正二（村上，Ⅱ, p. 233）认为这是突厥语、蒙古语都使用的形容词，表示马匹等的瘦弱、老人的体弱等，但词源是突厥语的 tōrlāq（怠惰的、没有经验的、马匹等未经过很好调练的）。小泽重男（小泽，续上，p. 243）译为"木偶"，说是取自《蒙解词典》торлог 的第二种词义"打人的木棍"。嘎丹巴（Ghadamba, p. 115）说 торлуг 是蒙古语，意为"细软的柳枝"，书中是把柔弱、不自立、低能的塔阳罕比作这样的细软木条。策凌索特纳姆（Čering, pp. 155，409）改换为 doroi（柔弱的），认为 torluq 与现代蒙古语的 doroi、doroiliγ 为同源词。罗依果（Igor, pp. 111, 681）认为这个词还是与突厥语的 turlaq "瘦弱的、衰弱的"、奥斯曼土耳其语的 torlak "怠惰的、没经验的" 等词有关，而留存在蒙古语里的 torluγ（torlog, t'orlok），通常与树有关，表示 "嫩枝、软枝条" 等语义。总之，这个词看来在明初汉译时已不太为人所知，估计在蒙古语里的使用率不高。它的突厥语词义 "衰弱的、懒散的" 用在这里很合适。有人把 torluq 归类为中古蒙古语中的感叹词，不妥。①

脱^舌鲁^勒米石（§189，07：10：05），torulmiš。总译相应处作 "久后"。罗桑丹津《黄金史》无载。那珂通世（那珂，p. 264）、小林高四郎（小林，p. 171）依总译而译。布和贺西格（Böke, p. 166）改写为 törülki baγurai（天生柔弱的）；策凌索特纳姆（Čering, p. 155）、乔玛（Choimaa2, p. 130）作 törülki（天生的）。道润梯步（道润，p. 174）译为 "性喜侮"，解释说意指 "爱小瞧人"。余大钧（余，p. 287）译为 "有小瞧人的毛病"。柯立夫（Cleaves, p. 117）未译此词，直接用了原文转写，在注子中说它是个突厥词，又说鲍培（N. Poppe）在 1954 年 8 月 19 日的来信中指出：törülmiš 应该视为带有词尾 -miš 的动名词，而 törül- 是由动词 törü-（出生）+ -l- 构成的动词。《词汇选释》（p. 270）说 -miš 是突厥语的过去时形动词词尾，törü- 即动词 "出生"。伯希和（Pelliot, p. 65）指出这个词的正确形式应该是 torulmïšï，亦邻真（Irinčin, p. 168）还原为 TOROLMIS（*torulmiš），说其突厥语作 torulmiš，等于蒙古语的 doroitaγsan（*衰落了的）。小泽重男（小泽，续上，p. 243）也认为该词可以析分为 törül-miš，但是将 törü- 作 "统治、支配" 解，整词就是 "统治下的" 之义。罗依果（Igor, pp. 111, 682）赞同伯希和、亦邻真的拼写，但是与大多数研究者不同，他不认为 torulmiš 是下文 olan doromjin ma'ui ulus minu 的修饰语，而认为是上文 torluq töregsen kö'ün minu 的谓语，译为 "我生来懦弱的儿子，长得［越发］软弱无能"。但是根据蒙古语的表达习惯，torulmiš 在这里似乎还是应该用作下文 "我众多卑劣百姓" 的定语。

额兀^舌列周（§190，07：16：07），e'üreju。总译作 "空了"。罗桑丹津《黄金史》无载。那珂通世（那珂，p. 271）、小林高四郎（小林，

---

① 嘎日迪：《中古蒙古语研究》，辽宁民族出版社 2006 年版，第 250 页。

p. 175）、柯立夫（Cleaves，p. 119）、鄂嫩（Onon，p. 168）等人的译文与总译基本相同。白鸟库吉（白鸟，Ⅶ.16b）补"空着"。布和贺西格（Böke，p. 169）改写为 yegülejü（腾出空、推倒）。达木丁苏隆（Damdin，p. 224）、札奇斯钦（札奇，p. 256）、罗依果（Igor，p. 113）都译为"驮"，是将 e'üre-视为 e'ür-（"背、负"之义）。《词汇选释》（p. 98）认为相当于《蒙解词典》үүрэх 的第二类词义"碎、瓦解"等。小泽重男（小泽，续上，p. 262）即译为"摧毁"。策凌索特纳姆（Čering，p. 158）改写为 ögirejü（腐烂、风化）。

忽塔_黑剌_勒都周（§196，07：43：03），qutaqlalduju。总译作"相压"。罗桑丹津《黄金史》无载。大多数研究者都给出了与总译基本相同的译文。白鸟库吉（白鸟，Ⅶ.43a）补"堆积着"。《词汇选释》（p. 122）引《御制满蒙语词典》：qutaγlaqu 积蓄、堆积、垛起；qutaγalaltal-a alaqu 杀尸成堆、全部消灭。布和贺西格（Böke，p. 182）改写为 qudarγalaju（退缩）。策凌索特纳姆（Čering，pp. 170，425）改写为 qudqulaldun（搅、弄混），认为 qutaqlaldu-与 qudqulaldu 为同源词，有"上下混杂、相压"之义。乔玛（Choimaa2，p. 141）作 хутгалдаж（搅、弄混）。

兀里格（§208，08：46：02），ülige。在总译中与下文"扯额只"（胸怀）一起译作"性行"。罗桑丹津《黄金史》（LAT，65b）作 aburi üile（性情举止）。白鸟库吉（白鸟，Ⅷ.46a）补"嫌"。阿勒坦奥齐尔（Altan，p. 154）、嘎丹巴（Ghadamba，p. 143）改换为 elige（肝）。《词汇选释》（p. 131）说原卓索图盟吐默特右旗口语中 ülig čēji 意为"胸腔"；内蒙古扎鲁特口语把"聪颖过人的人"叫作 ülig čēji-tei；蒙古杜尔伯特口语中 ülige čegeji-tei kümün 指"聪敏的人"。其后内蒙古出版的两部词典也收进了具有相近词义的 ülige 一词和词组 ülige čegeji。《词根词典》（p. 487）解释为：品性。吐默特称"胸腔"为 ülige čegeji；杜尔伯特所说 ülige čege-ji-tei kümün 是"聪敏的人"之义。《蒙古语词典》（p. 665）：ülige čegeji，聪敏。乔玛（Choimaa2，p. 160）解释为"聪明伶俐的"。

抹只_舌儿_中合_中浑（§209，09：02：07），mojirqaq-un。总译作"性拗"。罗桑丹津《黄金史》（LAT，66b）作 mojiraγad，当为 mojirqaqun 之形讹。这是一个带有属格附加成分的形式，mojirqaq 还可以进一步析分为 moji-+-rqaq（形容词构词后缀）。词干 moji-，又作 muji-，"固执、任性、倔强"之义，见《蒙解词典》（p. 348）、《词汇选释》（p. 228）、《词根词

典》（p.1404）等。王国维补"性拗"，又在叶眉批语："别都兀，卷三作抹赤别都温，抹赤即抹只儿之略，译文所谓性拗也，以其执拗遂得抹赤别都温之浑名。"① 白鸟库吉（白鸟，Ⅸ.2b）补"拗的"。村上正二（村上，Ⅲ，p.6）也把此处的 Bedü'ün 与第120节的抹赤别都温视为同一人，将"抹赤"转写为 möči，视为 möče 的异写，说 möče bedü'ün 或指"手脚大、样子不好的人"。道润梯步（道润，p.236）说"抹赤"是"抹只^舌儿^中合^中浑"的词根，"赤""只"二音用法相同，抹赤别都温即"倔拗成性的别都温"之意。罗依果（Igor，p.794）对此有不同意见，他说："moči(<*mo[n] 树、木)'木匠'与*moji'固执'之间没有词义上的关系，因此将 Moči Bedü'ün 译为'别都温倔人'是缺乏根据的。" Moči、moji 在畏吾体蒙古文中写形相同，都作 MOČI，识读不同就会产生不同的标音。

孛速（§210，09:04:01），bosu。总译作"歹"。罗桑丹津《黄金史》（LAT，66b）作 bulq-a（反叛）。白鸟库吉（白鸟，Ⅸ.3b）补"别"。村上正二（村上，Ⅲ，p.7）、札奇斯钦（札奇，p.320）、小泽重男（小泽，续中，p.70）、鄂嫩（Onon，p.202）、罗依果（Igor，pp.143，795）等人都认为应读作 busu，即"其他的、别的"之义。柯立夫（Cleaves，p.152）推测是下文将出现的 öšitü（有仇的）一词的同义词。

年都兀惕（§231，10:04:01），nendü'üd。在总译中似与下文"^中忽秃^黑"（qutuq）一起译作"福神"，因为在第207节"年都^中忽秃^黑"旁译为"福神"，而 nendü 是 nendü'üd 的单数形式。然而"福神"在第105节又单独用作"^中忽秃^黑"的旁译，qutuq 的形容词形式 qutuqtai、qutuqtu 多旁译为"福有的"或"庆有的"（§§111，200，204，211）。罗桑丹津《黄金史》（LAT，75b）作 ertegid，当为 nendü'üd 之形讹。那么 nendü 的词义究竟是什么呢？由于没有其他实证，人们的推测也各有不同。那珂通世（那珂，p.385）、小林高四郎（小林，p.238）、村上正二（村上，Ⅲ，p.64）、札奇斯钦（札奇，p.348）、道润梯步（道润，p.260）、柯立夫（Cleaves，p.169）、余大钧（余，p.384）、罗依果（Igor，pp.160，784）等人的译文依总译，似乎将 nendü 对应"神"一词。白鸟库吉（白鸟，

---

① 王国维校勘 B 本，卷九叶二下。

X.4a）将下一个词"中忽秃黑"之旁译"福神"中的"福"字上移到该词旁，下补一个"每"字。小泽重男（小泽，续下，p.19）认为 nendü 源自 mendü（平和、安宁、平安），mendü 的词首辅音 m 受到后面-nd-的同化而产生了 mendü > nendü 的变化；或者可以反过来说 mendü 是因 nendü 的异化而出现的形式。鄂嫩（Onon，p.218）译为"强壮的"，嘎丹巴（Ghadamba，p.164）解释为"更加"，乔玛（Choimaa2，p.180）解释为"更加尊贵的"，是将它与蒙古语的 neng、nengte（更、愈、越发）一词联系起来看的。

出勒兀勒札兀舌刺（§254，11：22：07），čul ulja'ur-a。总译作"带来的"。罗桑丹津《黄金史》无载。白鸟库吉（白鸟，XI.22b）补"种名 其间"。人们后来趋向于这样断句，只是对词义的解释有所不同。伯希和（Pelliot，p.103）转写为 čül ül ja'ura，但是在注释里又推测或许是 čul ulja'ura、čöl olja'ura。他还主张 olja'ura 可以视作 oldaburi 的变体，两个词合起来的意思是"从沙漠中拾到的东西"。罗依果（Igor，pp.183，926）认为应该读作 čöl olja'ur，译为"私生子"。小泽重男（小泽，续下，p.271）译为"纯粹的得来的孩子"，说不赞同将 čul 解释为"荒漠"，因为《秘史》中荒漠的原文音译用字是"啜勒"或"川勒"（čöl），而不是"出勒"（čul，纯粹的）；ulja'ur 的词根 ulja-后来向 olja-（《秘史》音译为"斡勒札"、旁译"财"）发展，ulja-缀接名词构词后缀-'ur < -Gur 即成 ulja'ur。乔玛（Choimaa2，pp.201，204）读作 чул олзуур，解释为"有血缘的"。前一个词，亦邻真（Irinčin，p.250）似乎倾向读作 čöl。对于"出勒"一词，虽然两种解释都可以说得通，但从逻辑上讲，ČOL 读作 čöl（旷野、荒漠）更符合这里的语境，况且词首的 ČO 可以表示 čö 之音，例如 ČOLA 有读作 čöle（čilüge）的实例①，那么 ČOL 读作 čöl 是没有问题的。类似的现象还存在于词首的 IO 中，即可以读 jo 也可以读 jö，例如 jöbšiyejü② 等。

马中孩周（§260，11：45：05），maqaiju。上下文"巴牙思抽 马中孩周 阿梅"在总译中译作"欢喜"。罗桑丹津《黄金史》（LAT，117a）作 erüjü（掘、挖）。那珂通世（那珂，p.515）、柯立夫（Cleaves，p.201）

---

① 《入菩提行经注》，第 156 叶背面第 7 行，见道布《回鹘式蒙古文文献汇编》（蒙古文），民族出版社 1983 年版，第 160 页。

② 《阿鲁浑致法王书信》，第 13 行，见道布《回鹘式蒙古文文献汇编》第 34 页。

没有翻译这个词；札奇斯钦（札奇，p. 403）说该词"不知何解"。布和贺西格（Böke，p. 268）改写为 maγšiju（跃跃欲试）。达木丁苏隆（Damdin，p. 317）改写为 baqaduju（倾慕、喜好、欢喜）。《词汇选释》（p. 223）给出了额济纳方言的 maqai-（奋斗、努力）之例，又说其书面语为 maqas-。道润梯步（道润，p. 336）读作 baqaiju，解释为"热气腾腾"，嘎丹巴（Ghadamba，p. 194）也读作 baqaiju，但解释为 baqarqaju（欣赏、喜爱）。乔玛（Choimaa2，p. 211）解释为 baqaduju、baqarqaju。罗依果（Igor，pp. 192，953）译为"自足"，解释说 maqai-可能是一个传讹的词，其原形应作 maγasayi-"欢笑、自足"，音节-sa-因版本受损或被后人删除，讹变为没有词义的 maqai-。关于以上提到的一些解释词汇，可参考内蒙古大学《蒙汉词典》（p. 804）maqasa-（奋勉、力求上进）；maγasai-（面带笑容、表现一本正经）；maγadai-（心满意足、洋洋得意）。联系整个主句 ba olan ere aqta činu bayasču maqaiju amui，谓语 bayasču maqaiju amui 应该是指人和马喜悦、兴奋的状态。

木⁺忽里 木思⁺忽里（§268，12：12：05），muquli musquli。罗桑丹津《黄金史》（LAT，125a）同。上下文"木⁺忽里 木思⁺忽里宜 兀该孛⁺勒罕"在总译中译作"灭"；另一处作"木⁺忽里 木思⁺忽里 兀该"（§268，12：12：06），总译作"尽绝"。那珂通世（那珂，p. 576）、小林高四郎（小林，p. 293）将其处理为专名；达木丁苏隆（Damdin，p. 317）作 moquli muskili ügei bolγaju（嘎丹巴亦同，p. 202），注"不留种嗣"（乔玛亦同，2，p. 211）。柯立夫（Cleaves，p. 209）没有翻译，但推测说它们肯定是用来描述西夏人被灭方式的。一些人译作"彻底""无遗""干净"等。小泽重男（小泽，续下，p. 271）认为 muquli 即现代蒙古语的 moquɢuli（终结、结局）；而 musquli 词义不明，或许与 musgi-～muski-（拧、扭、绞）有关。罗依果（Igor，pp. 200，978）赞同达木丁苏隆的做法。将 muquli 与现代蒙古语的 moquγuli 挂钩，大致不错。

在校勘时，为了尊重和保持原文的原貌，对这一类词义不确定的词汇一般不宜补加旁译，可在校勘记中注明总译的相应译文。

2. 总译亦缺的词汇依次为：

孛刊（§100，02：44：06），böken。罗桑丹津《黄金史》无载。亦不见于他处。白鸟库吉（白鸟，Ⅱ.44b）改原文为"你刊"，补旁译为"一个"，显然不妥。达木丁苏隆（Damdin，p. 74）改为 bökügeg-tei（带小圆棚的）。小泽重男（小泽，中，p. 209）说 bökügeg-tei 与《秘史》上下文语义相合，书面语的 boküge(n) 在口语中即成 bökōn ~ bökē(n)。村上正二（村上，Ⅰ，p. 162）、道润梯步（道润，p. 57）译为"坚固"；《词汇选释》（p. 158）：böken ~ бүкөн 驼背的、拱起的（《突方》Ⅳ1877），böken ~ бакан 撑篷车毡子的杆子（《突方》Ⅳ1437）。乔玛（Choimaa2，p. 49）解释为 bököger（弯曲的）。嘎丹巴（Ghadamba，p. 286）认为 бэкэн ~ бөгэн 的词根是 бөг-，是突厥语、蒙古语同源词，可以衍生出 бөгтүр（驼背的、弯曲的）、бөгүгэ ~ бөгөө（小圆棚）、бөгтийх（弯腰）等蒙古语词汇，这里是指车篷的毡罩向外突出弯曲的状态。策凌索特纳姆（Čering, pp. 69, 321）改写为 bitegüü（封闭的、闭合的），认为 böken 与现代蒙古语的 bögle-（堵、塞）同源，而 böken 在突厥语里是"有塞子的、有盖子的"之义，这里是指车没有窗户。罗依果（Igor, pp. 31, 401）译为"粗制的"，说根据卡尔梅克方言的 bökü "驼背的、棘手的"而译，他认为虽然也可以将这个词与 bökügeg 相联系，但是紧接着的下文 qara'utai tergen 已经表达了"篷车"的意思，所以应当另解。

^中合阿台（§101，02：47：02），qa'atai。潘克福本、陆心源本旁译作"名"，与上下文不合，恐误。罗桑丹津《黄金史》无载。那珂通世（那珂，p. 81）、小林高四郎（小林，p. 52）、村上正二（村上，Ⅲ，p. 164）、札奇斯钦（札奇，p. 107）等人译为"有门的"。王国维补"门有的"，白鸟库吉（白鸟，Ⅱ. 47a）改原文为"^中合阿（_勒）（^中合）台"，然后补旁译为"门有的"。达木丁苏隆（Damdin，p. 75）改作 qaγalt-tai（有闸门的），策凌索特纳姆（Čering，p. 70）、乔玛（Choimaa2，p. 50）亦同。《词汇选释》（p. 163）也视 qa'atai 为 hālttai，认为即布里亚特方言的 хаагаатай，意为"关闭的、被遮盖的"。道润梯步（道润，p. 58）、小泽重男（小泽，中，p. 216）、鄂嫩（Onon，p. 80）、罗依果（Igor，p. 32）、阿尔达扎布（阿尔达，p. 171）等人译为"闭"，小泽重男（小泽，中，p. 220）进一步解释说 qa'atai 可以析分为 qa'a-tai，qa'ā 是动词 qa'ā-（关闭）的实词形式，罗依果（Igor，p. 404）认为是由动词 qa'a-（关闭）+名词构词词缀-'a(/-'e)+形容词构词词缀-tai(/-tei) 而成。嘎丹巴（Ghadamba，p. 338）认为是 хаалгатай（有门的），хara-是动词词干，而形容词构词词缀-тай 不会直接加在动词词干上，因此应该是 хara+名词构词词缀 л+形容词构词词缀 тай。从逻辑方面分析，"关闭着的"符

合上下文的语境，说"取下关闭着的车门"比较顺，而说"取下有门的车的门"就比较啰唆、别扭。

ᠬ合儿察因（§103，02：50：10），qarča-yin。罗桑丹津《黄金史》（LAT，24b）作 qariyači（燕子）。那珂通世（那珂，p. 83）、札奇斯钦（札奇，p. 109）、道润梯步（道润，p. 59）、余大钧（余，p. 112）等人译为"蚁"或"蝼蚁"。王国维补"蚁"，白鸟库吉（白鸟，Ⅱ.50b）补"蚁的"。伯希和（Pelliot, p. 145）译为"栗鼠"。柯立夫（Cleaves, p. 37）、罗依果（Igor, p. 33）译为"蝗虫"。《词汇选释》（p. 172）、亦邻真（Irinčin, p. 69）、嘎丹巴（Ghadamba, p. 41）、鄂嫩（Onon, p. 82）、阿尔达扎布（阿尔达，p. 174）、乔玛（Choimaa2, p. 50）等人视为 qariyačai（燕子）。小泽重男（小泽，中，p. 232）译为"蟋蟀"。蚁，《华夷译语》等明代译语均作"石罗罕真"（široγaljin），现代蒙古语作 širγolji；"蝗虫"，《华夷译语》作"丑儿格"（*če'ürge），现代蒙古语作 čarčaqai；"蟋蟀"，《卢龙塞略·译语》作"小儿札阿纳"（*šorja'ana），现代蒙古语作 güreljegene，都与 qarča 不搭界。而"燕"，《至元译语》作"喝里叶车"（qariyača）、《华夷译语》作"哈里牙察"（qariyača）；《武备志·译语》《登坛必究·译语》《卢龙塞略·译语》作"哈儿察"（qarča），现代蒙古语作 qariyačai。

斡那ᠯ儿（§105，03：04：02），önör。罗桑丹津《黄金史》（LAT, 26a）作 ömeg。那珂通世（那珂，p. 87）、小林高四郎（小林，p. 60）、札奇斯钦（札奇，p. 116）等人译为"扣子"或"箭扣"。王国维、白鸟库吉（白鸟，Ⅲ.4a）均补"扣子"。成德公（Čende, p. 173）还原为 önir（繁茂的、众多的），但解释为 uγsaγ-a（部族）。达木丁苏隆（Damdin, p. 85）作 önir türül。村上正二（村上，I, p. 177）、小泽重男（小泽，中，p. 252）译为"族"。柯立夫（Cleaves, p. 39）译为"家族来源"；鄂嫩（Onon, p. 85）、罗依果（Igor, p. 35）译为"家族"。《词汇选释》（p. 124）举了辞书和文献中的例子：öner sadun（亲属）、önör kümün（家族、亲人）、önör türül（亲族、亲人）。亦邻真（Irinčin, p. 72）说 önör nigeten 即"同一宗族的人们"之义。

ᠬ合塔ᠯ儿（§111，03：18：04），qatar。罗桑丹津《黄金史》（LAT，28b）作 qatar。那珂通世（那珂，p. 98）、村上正二（村上，I, p. 199）、道润梯步（道润，p. 72）、余大钧（余，p. 384）、小泽重男

（小泽，中，p. 297）等人译为"外貌""相貌"等。王国维、白鸟库吉（白鸟，Ⅲ.18a）均补"外貌"。达木丁苏隆（Damdin，p. 94）改为 qariɣu ügei（无能的）。伯希和（Pelliot，p. 150）译为"贪婪的"。《词汇选释》（p. 173）列出：qatar ~ катäр 危险的、不幸、灾祸（《突方》Ⅱ282）。鄂嫩（Onon，p. 85）译为"不幸的"。嘎丹巴（Ghadamba，p. 51）推测这个词与表马急驰、众人舞步之义的 хатар（﹡qatariqu，xætrăx）有关，所以感觉它应该具有"谦虚的、没出息的"之义。阿尔达扎布（阿尔达，p. 193）作"丑陋的"。罗依果（Igor，pp. 41，425）译为"残忍的"，说该词无疑即突厥语的 qadïr ~ qadar，意为"严酷的、残忍的、粗暴的"，明朝的编译者们不知其意，因此将 qadar 错误地音译为 qatar。联系上下文，此处的 qatar 与下文的 qunar、qokir 都没有旁译，三个词都用作人名Cilger 的修饰语，且处在韵文中押头韵的位置，整首韵文表达的是 Cilger 对抢夺帖木真夫人孛儿帖之行径的自我批判和悔恨的心情，自然应该用的是贬低自己的话语，为了押头韵可能选了一些不太常用的词汇，包括外来词汇。

　　^中忽纳^舌儿（§111，03：18：10），qunar。罗桑丹津《黄金史》（LAT，28b）作 QOIAR，可以读作 qoyar 或 quyar。那珂通世（那珂，p. 98）、村上正二（村上，Ⅰ，p. 200）、札奇斯钦（札奇，p. 125）、余大钧（余，p. 116）等人译为"服装""衣衫"等，王国维、白鸟库吉（白鸟，Ⅲ.18b）补"服装"。东格尔据札奇斯钦补"衣装"。小泽重男（小泽，中，pp. 297，302）译为"容貌"，解释说蒙古语现代诸方言中都有 qubčas qunar 一词组，意为"衣服类"，这里 qunar 单独出现，是用来指包括服装在内的外貌。嘎丹巴（Ghadamba，p. 300）认为该词与 qungqa（雅观）、qungši（情意、姿态）等词拥有共同的词根 qung-（外观）。成德公（Čende，p. 185）作 ünürtei（有味儿的），达木丁苏隆（Damdin，p. 95）改为 qubaqai（光秃的、干枯的）。罗依果（Igor，pp. 41，425）译为"偷盗的"，他相信该词是突厥语，词根为 qun-，具有"偷、夺"等义，而且也与上下文的语义相合：赤勒格儿谴责自己绑架了孛儿帖夫人，就像一个强盗一样。鄂嫩（Onon，p. 92）译为"双倍地"，是采信了罗桑丹津《黄金史》的写法，将其识读为 qoyar（二）。乔玛（Choimaa1，p. 62）在注文中说他认为罗桑丹津《黄金史》的 QOIAR 才是《秘史》原文正确的写法，古代突厥语有 qujar 一词，是骂下人和牲畜的用语（见《喀什噶里

词典》），这个词在中期蒙古语的西部方言中一定存在过。

　　^中豁乞^舌儿（§111，03：19：02），qokir。罗桑丹津《黄金史》（LAT，28b）同。那珂通世（那珂，p.99）、小林高四郎（小林，p.67）、柯立夫（Cleaves，p.46）未译。白鸟库吉（白鸟，Ⅲ，p.19a）补作"污秽"，村上正二（村上，Ⅰ，p.200）译为"垃圾"，札奇斯钦（札奇，p.125）译为"污秽不堪"，道润梯步（道润，p.73）译为"龌龊"，余大钧（余，p.127）译为"肮脏"。东格尔据道润梯步的译文补"龌龊"。《词汇选释》（p.177）：①虚夸人（四体合璧文鉴V.25）；qokiramui 伤残（蒙文三合便览）。②хохир 干粪（蒙俄词典544，A）。阿尔达扎布（阿尔达，p.193）译为"草芥"。小泽重男（小泽，中，p.297）译为"冥顽"。鄂嫩（Onon，p.92）译为"残废的"。罗依果（Igor，pp.41，425）译为"自夸的"，认为与 qokir 的其他词义相比，"自夸的"更符合上下文的语义。

　　^中合^舌剌秃（§111，03：19：04），qaratu。罗桑丹津《黄金史》（28b）作 *qorγatu（*qoraγtu?）。大多数译者都理解为"黑、黑暗"。王国维补"黑"，白鸟库吉（白鸟，Ⅲ，p.19a）将下一个词"^中合^舌郎^中忽"的旁译"黑暗"中的"黑"字上移到该词旁边。亦邻真（Irinčin，p.79）说罗桑丹津《黄金史》的写法更符合押头韵的要求，而嘎丹巴（Ghadamba，p.52）直接用了 qorγutu。应该说，这个词也是为了满足押头韵的要求而凑补上去的，与下一个词 qarangqu（黑暗）合起来表示同一个意思。

　　汪剌只_撋^中浑（§124，03：46：09），onglajidqun。罗桑丹津《黄金史》（LAT，33b）作 öngeljidkün。两种书写形式都不见于他处或词典。不少译者译为"刺""刺穿"。王国维补"刺"，白鸟库吉（白鸟，Ⅲ，p.46b）补"刺杀您每"。柯立夫（Cleaves，p.46）、罗依果（Igor，pp.41，425）译为"劈开"，并且都认为这个词（词根 onglaji-）与第208节的 ongjaldaju-（被断绝着）有关。东格尔补"刺穿或刺杀"。《词汇选释》（p.130）认为 ongla- 与突厥语的 уңра（变为空洞的、空的）有关，此处意为"掏空"。小泽重男（小泽，中，p.375）似乎认可这种比对，假设 üngre-→üngreji-→ungraji-（变空、使空）。达木丁苏隆（Damdin，p.111）、嘎丹巴（Ghadamba，p.317）、乔玛（Choimaal，p.71）均作 оγtul-（огтлогтун，割断）。策凌索特纳姆（Čering，pp.94，352）改换为 onggilaγtun，说 onglaji- 与具有 uqu-（挖、掏）、sendile-（挖空、掏空）之义的 onggila-（本义

为"凿孔")是同源词。第 208 节的 ongjaldaju-，词根当为 ongjal-，亦不见于他处，小泽重男（小泽，续中，p. 155）认为是由《布里亚特·俄语词典》中 унжа "刃具、斧子的侧面"派生的动词。那么，如果说 onglajidqun 的词根 onglaji-与 ongjal-有关的话，它们之间就有音节换位的情况发生。

拙^舌儿乞篾思（§139，04：26：01），jörkimes。罗桑丹津《黄金史》（LAT，40a）作 jorgimaγ。总译中，与上文"阿兀^舌儿壇 雪_勒速壇 斡抹[黑]壇"（气有的 胆有的 勇有的，a'urtan sölsüten omoqtan）合译为"但有去处，皆攻破，无人能敌"。因此不少人译为"无人能敌"。白鸟库吉（白鸟，Ⅳ.26a）补作"无人能敌每"。达木丁苏隆（Damdin，p. 126）改为 čingγ-a jirüke-tei（意志坚强的），道润梯步（道润，p. 106）译为"无畏"，嘎丹巴（Ghadamba，p. 71）作 jirükemsüg（胆大的），策凌索特纳姆（Čering，p. 105）改译为 jorimaγ（任性的、肆意的），阿尔达扎布（阿尔达，p. 249）作"有雄心的"，乔玛（Choimaa2，p. 81）作 зүрхтэн（无畏）。鄂嫩（Onon，p. 114）译为"无勇气的"，逻辑上不符合上下文的语义。伯希和、韩百诗（P-H，p. 200）、柯立夫（Cleaves，p. 67）、村上正二（村上，I，p. 310）等人认为语尾的 -mes 是突厥语的否定词尾，小泽重男（小泽，下，p. 104）则认为应读作 jor kimes。罗依果（Igor，pp. 61，510）译为"顽强的"，说 yorgimaγ 源自动词 yorgi-（任性、自夸），这个词义与上下文相合，而且还有 jürüge[n]（～jirüge[n]，mo. jirüke[n]）"心、勇气"的关系链，可以进一步说明《秘史》的原文是作 jorgimaγ，现代用法为 jorimaγ～jorimoγ（任性的、故意的）。这一看法有一定道理，从上下文的语境分析，这个词应当与"气有的、胆有的、勇有的"为同义词或近义词，而如果是一个带有否定词尾的词的话，前面的部分 jörki 就应该是个反义词，但是从这些人的部落得名为"主儿勤"（Jürkin～Yürkin）来看，又是不可能的。估计《秘史》的畏吾体蒙古文原文作 *IORKIMAQ，明初汉译者利用的本子中讹写为 IORKIMAS（jörkimes），而罗桑丹津利用的本子保留了原文的形式。*IORKIMAQ 应该读作 jurkimaq（jurki + maq）。

丁（§177，06：21：06），ding～deng。罗桑丹津《黄金史》无载。不少人译为"平的"。《词汇选释》（p. 282）认为与突厥语的 tin-（安心、平静）有关，ding sa'uqui 是"安心生活"之义。小泽重男（小泽，续上，

p. 116)、鄂嫩（Onon，p. 150）、阿尔达扎布（阿尔达，p. 321）亦持此见。田清波（Mostaert，p. 97）则认为应该读作 deng，是"水平、等高"之义。罗依果（Igor，pp. 96，637）译为"等级"，说这个词借自汉语"等"（级别、等级），而"等"字在前古典期蒙古语文献中确实写作 ding。达木丁苏隆（Damdin，p. 197）改为 sandailaju（垂足坐）。嘎丹巴（Ghadamba，p. 349）认为 дэн 与 дэнж（台地）等词拥有同一词根，有"高的"之义。策凌索特纳姆（Čering，p. 394）认为 ding 或许与现代蒙古语的 deng ~ dengdegüü（太、过于）有关，这里表示"长久居坐"之义。乔玛（Choimaa2，p. 115）作 зэргээр（平等、同样）。

莎亦鲁_黑（§178，06：33：07），soyiluq。潘克福本作"莎赤鲁_黑"。罗桑丹津《黄金史》无载。因总译该处有"叹息着说"一句，那珂通世（那珂，p. 232）、小林高四郎（小林，p. 155）、村上正二（村上，I，p. 164）译为"令人窒息的"。白鸟库吉（白鸟，Ⅳ.33b）补"发喘"。《词汇选释》（p. 240）说它源自突厥语的 caɪlыɣ-（苦命的人、不幸的人），小泽重男（小泽，续上，p. 138）据此译为"可怜的"。道润梯步（道润，p. 155）译为"愤"，说 soil 即现代蒙古语的 solic（发疯），发音有换位现象，在这里是"糊涂了"之意。余大钧（余，p. 263）即译为"糊涂"。罗依果（Igor，pp. 100，643）译为"有罪的"，说现代土耳其语的 sailyɣ"不幸的、可怜的"，其词义是由古代突厥语的 suyluɣ ~ tsuyluɣ "有罪的"引申而来的，而 tsuyluɣ 由 tsui-（汉语"罪"）+ 后缀-luɣ 构成。达木丁苏隆（Damdin，p. 339）改为表示惊讶、责备口气的感叹词 qalaɣ，策凌索特纳姆（Čering，p. 143）亦同。乔玛（Choimaa2，p. 118）解释为因吃惊、惋惜而发出的声音，包含对自己的责备、悔恨之义。

邦列你周（§205，08：35：03），benglenijü。罗桑丹津《黄金史》无载。大多数人译为"艰难""困苦"。白鸟库吉（白鸟，Ⅷ.35a）将音译原文改为"（蒙塔）你周"，补旁译作"艰难着"。动词 mungtaniju 及其名词形 mung 都见于《秘史》，mungtaniju 旁译"艰难着"（§§90，92，93），mung 旁译"艰难"（§90）。村上正二（村上，Ⅱ，p. 405）、柯立夫（Cleaves，p. 145）、《词汇选释》（p. 143）、亦邻真（Irinčin，p. 195）、小泽重男（小泽，续中，p. 129）、罗依果（Igor，p. 778）都认为此处的 benglenijü 即 mungtaniju。符拉基米尔佐夫指出突厥词汇 buń（悲哀、苦恼、困窘）见于鄂尔浑碑铭；在共同蒙古语时期，如果第一

音节是以 *ń 或 *n 结尾，词首的 *b 就已被同化为 m, *buń-ła > mung-da- ~ mung-ła-。①

^中合荅仑 荅温（§244，10：29：08~09），qadalun da'un。罗桑丹津《黄金史》（LAT, 95a）作 qadaɣun。Qadalun 另见于第 78 节，旁译作"根寻着"，第 260 节还有 qadalju 的形式，旁译作"分析着"。那珂通世（那珂，p. 413）、小林高四郎（小林，p. 250）据译为"寻找"。成德公（Čende, p. 525）、村上正二（村上，Ⅲ，p. 127）、道润梯步（道润，p. 276）、小泽重男（小泽，续下，p. 161）、鄂嫩（Onon, p. 227）等人认为 qadalun 是 qadaran 之讹，村上正二、小泽重男把 qadaran 与 qadur-（用獠牙豁、伤害）联系起来看。策凌索特纳姆（Čering, pp. 224, 462）作 qadarun daɣu，解释说即"撩、冲的声音"。罗依果（Igor, p. 875）采信了罗桑丹津《黄金史》的 qadaɣun，认为这是原来正确的写法，后来发生了抄讹，qadaɣun 与下文的 qarbisun 合起来就是"外面的胞衣"之义；又说 ta'un 意为"追赶、冲"，qadaɣun ta'un 就是"冲出"，这里指"出生"。

不亦（§254，11：26：09），buyi。罗桑丹津《黄金史》无载。《词汇选释》（p. 158）给出了两种词义：突厥语的 boi "身体"和蒙古书面语的 bui "护理、照料"，并说解释为"照料"在此处比较合适。小泽重男（小泽，续下，p. 306）也持这种意见，但是解释说从词组 buyi arilɢa- 的表现形式来看，buyi 大概原来是指"污物"，由"清理污物"后来引申为"照料、照顾"之义。小林高四郎（小林，p. 272）、鄂嫩（Onon, p. 245）、罗依果（Igor, p. 186）等人译为"身体"。达木丁苏隆（Damdin, p. 340）改换为 bokir（肮脏），亦邻真（Irinčin, p. 250）推测其意或为"污垢"，策凌索特纳姆（Čering, p. 476）认为是"肮脏、污迹斑驳"之义，阿尔达扎布（阿尔达，p. 471）译为"便溺"。《蒙解词典》（p. 88）бой，释为"看护、照料"，列出一个俗语：бой нь арилаагүй, борвь нь тэнийгээгүй хүүхэд。《蒙汉词典》（p. 466）boi，释为"①奶味、乳臭，②保育、管照"，将 boi ni ariluɣadui keüked 译为"乳臭未干的小孩儿"。

别^舌鲁迭（§272，12：24：07），berüde。罗桑丹津《黄金史》无载。白鸟库吉（白鸟，XII. 24b）补作"妇人名"。不少人当作专名看待，

---

① 《蒙古书面语与喀尔喀方言比较语法》，陈伟、陈鹏译，青海人民出版社 1988 年版，第 335 页。

认为是拖雷之妻的名字，罗依果（Igor，p. 1000）更明确说是唆鲁禾帖尼的别名。《词汇选释》（p. 149）视为突厥语的 пäрдä "情绪、情调、性格"。小泽重男（小泽，续下，p. 306）、亦邻真（Irinčin，p. 271）、鄂嫩（Onon，p. 266）倾向于这种看法。伯希和（Pelliot，p. 113）读作 baruda，嘎丹巴（Ghadamba，p. 206）、乔玛（Choimaa2，p. 223）亦同，只是嘎丹巴将 baru 理解为 бapax（结束），baruda 即"直到［生命］结束"；乔玛认为 baru 即突厥语的 бapy，意为"全、全部"，加词缀-da 表示"对于所有人"之义。策凌索特纳姆（Čering，p. 486）似乎以 berüde 为 beriyečüül（媳妇们）。

苔兀昔（§274，12：27：02），da'uši。罗桑丹津《黄金史》无载。白鸟库吉（白鸟，Ⅻ，p. 27a）将下一个词"乞赤都惕"的旁译"驼名"之"驼"字上移到该词旁。《词汇选释》（p. 208）认为是突厥语的 тäвä "骆驼"，这里本应读作 te'ü，但却误读为 da'u，"昔"是复数后缀-s。柯津（Kozin，p. 314）、卡鲁金斯基（Kaluzynski，p. 180）、嘎丹巴（Ghadamba，p. 206）、乔玛（Choimaa2，p. 224）译为"孔雀"（*ta'us ~ toγus）。这与上下文所述内容的特征不相符，此处前后讲的都是家畜类，依次说了马、骆驼、骡子，一般不会插进不相干的内容。亦邻真（Irinčin，p. 272）断句为 da'uši kijid üd。小泽重男（小泽，续下，p. 481）推测 da'uši 与现代蒙古语的 тууш（笔直的）相当，这里意为"身高的"，做 kičidud 的修饰语。罗依果（Igor，p. 1008）认为 *taγuši 的形式较 da'uši 要好，它源自汉语"驼子"，*taγuši kičidud 即"驼背的骆驼"，当指阿拉伯骆驼也就是单峰驼。

别帖^舌儿（§276，12：32：04），beter。罗桑丹津《黄金史》无载。布和贺西格（böke，p. 285）未译。达木丁苏隆（Damdin，p. 367）改译为 bujar（龌龊的）。《词汇选释》（p. 149）：①突厥语 бäтäр，较坏、差些、不幸，②科尔沁、喀喇沁口语 beter，忧闷、悲哀。小泽重男（小泽，续下，pp. 493，495）译为"易怒的"，说"别帖^舌儿"可能是"刊帖^舌儿"（kenter）的讹写，因音节末辅音-g 与-r 的交替变成 kenteg（乖僻、脾气），与此处的文脉也相合。罗依果（Igor，pp. 207，1015）译为"不幸的"，认为 beter 源于波斯语的 badtar "更坏的、更恶毒的"，在现代土耳其语中保留为 beter。

对这一类缺译的词汇，在校勘时只能采取维持原样的态度。

以上，对《秘史》旁译全缺的词汇进行了分类列举，介绍了前人的一些主要研究成果，也发表了自己的一些看法。这些词汇的考证对于《秘史》文献学的研究具有十分关键的意义，如果得不到很好的解决，势必影响整个研究的质量。然而这方面工作的难度较大，不是所有问题能够一时彻底解决的，不少词汇的识读、解义还可能长时期存疑，有待今后更广泛、深入的研究。

主要参考引用文献

那珂通世：《成吉思汗实录》，东京，1907 年。简称"那珂"。

《元朝秘史》王国维手校本，校于 1925—1926 年，藏中国国家图书馆善本部。

E. Heanisch, *Die geheime Geschichte der Mongolen*, Zweite verb. Auflage, Leipzig, 1948. 简称"Heanisch"。

E. Heanisch, *Wörterbuch zu Manghol-un Niuca Tobca'an*, Leipzig, 1939.

小林高四郎：《蒙古秘史》，东京，1940 年。简称"小林"。

С. А. Козин, *Сокровенное сказание Монголов*, М-Л, 1941. 简称"Козин"。

Bökekešig, *Mongɣol-un Niɣuča Tuɣuji*, Lubei, 1941. 简称"Böke"。

Altanwčir, *Mongɣol-un Niɣuča Tobčiyan*, Čiɣulultu Qaɣalɣa, 1942. 简称"Altan"。

白鸟库吉：《音译蒙文元朝秘史》（《东洋文库丛刊》第八），东京，1943 年。简称"白鸟"。

P. Pelliot, *L'Histoire Secrète des Mongols, Restitution du texte Mongol et traduction française des chapitre I à VI*, Paris, 1949. 简称"Pelliot"。

P. Pelliot, L. Hambis, *Histoire des Campagnes de Gengis Khan, Cheng-wou Ts'in-tcheng Lou*, Leiden, 1951. 简称"P-H"。

A. Mostaert, *Sur quelques Passages de l'Histoire secrete des Mongols*, Cambridge (Massachussettes), 1953. 简称"Mostaert"。

Ch. Damdinsüreng, *Mongɣol-un Niɣuča Tobčiyan*, Huhhot, 1957. 简称"Damdin"。

L. Ligeti, *A mongolok titkos története*, Budapest, 1962. 简称"Ligeti"。

S. Kaluzynski, *Tajna Historia Mongolow, Anonimowa kronika Mongolska z XIII w*, Warszawa, 1970. 简称"Kaluzynski"。

村上正二：《蒙古秘史，成吉思汗物语》，东京，1972 年。简称"村上"。

《元朝秘史三种》，台北，1975 年。

道润梯步：《新译简注〈蒙古秘史〉》，呼和浩特，1979 年。简称"道润"。

札奇斯钦：《蒙古秘史新译并注释》，台北，1979 年。简称"札奇"。

额尔登泰、乌云达赉：《〈蒙古秘史〉校勘本》，呼和浩特，1980 年。

额尔登泰、乌云达赉、阿萨拉图：《〈蒙古秘史〉词汇选释》，呼和浩特，1980 年。简称"《词汇选释》"。

Bayar, *Mongγol-un Niγuča Tobčiyan*, Huhhot, 1981.

F. W. Cleaves, *The Secret History of the Mongols*, Vol. I (Translation), Harvard University Press, 1982. 简称"Cleaves"。

Y. Irinčin, *Mongγol-un Niγuča Tobčiyan-u Sergügelte*, Huhhot, 1987. 简称"Irinčin"。

小泽重男：《元朝秘史全释》，6 册，东京，1984—1989 年。简称"小泽"。

Altan Tobči: Ulaanbaatar, 1990. 简称"LAT"。

Sh. Ghadamba, *Mongγol-un Niγuča Tobčiyan*, Ulaanbaatar, 1990. 简称"Ghadamba"。

D. Čeringsodnam, *Mongγol-un Niγuča Tobčiyan-u Orčiγulγa Tailburi*, Begejing, 1993. 简称"Čering"。

Ц. Хандсүрэн, *Цэнд гүн ба Монголын Нууц Товчоо*, Улаанбаатар, 1997.

Urgunge Onon, *The Secret History of the Mongols the Life and Times of Chinggis Khan*, Curzon, 2001. 简称"Onon"。

栗林均、确精扎布：《〈元朝秘史〉蒙古语全单词·词尾索引》，仙台，2001 年。

余大钧：《蒙古秘史》，石家庄，2001 年。简称"余"。

Ш. Чоймаа, *Монголын Нууц Товчоо, Лувсанданзаны Алтан Товч, эхийн харьцуулсан судалгаа*, Улаанбаатар, 2002. 简称"Чоймаа1"。

Igor de Rachewiltz, *The Secret History of the Mongols*, Brill, Leiden·Boston, 2004. 简称"Igor"。

阿尔达扎布：《新译集注〈蒙古秘史〉》，呼和浩特，2005 年。简称

"阿尔达"。

Ш. Чоймаа, *Монголын Нууц Товчоо*, Улаанбаатар, 2006. 简称"Чоймаа2"。

D. Tumurtogoo, *Mongolian Monuments in Uighur-Mongolian Script（XIII-XVI Centuries）*, Taipei, 2006.

W. Radloff, *Versuch eines Wörterbuches der Türk-Dialekte*, 4vols, Sec. ed., Hague, 1960.

G. Clauson, *An Etymological Dictionary of Pre-Thirteenth-Century Turkish*, London, 1972.

Монгол хэлний товч тайлбар толь, Улаанбаатар, 1966. 简称"《蒙解词典》"。

Sečenčoγtu, *Mongγol Üges-ün Ijaγur-un Toli*, Huhhot, 1988. 简称"《词根词典》"。

Mongγol Kelen-ü Toli（汉语译名《蒙古语词典》）, Huhhot, 1997.

罗依果（Igor de Rachewiltz）：《关于〈蒙古秘史〉的一些疑难词汇》（Some Puzzling Words in The Secret History of the Mongols），"第六届国际蒙古学家大会"提交论文，乌兰巴托，1992 年。

D. 东格尔叶其勒（D. Dungeryaichil）：《〈蒙古秘史〉旁译勘误》，载于《蒙古文化国际学术研讨会论文集》，台北，1993 年。

D. 策凌索特纳姆（D. Čeringsodnam）：《〈蒙古秘史〉旁译缺失词汇考》（"МОНГОЛЫН НУУЦ ТОВЧООНЫ" ХЯТАД ХАДМАЛ ОРЧУУЛГАД ОРХИГДСОНҮГ ХЭЛЛЭГИЙН УЧИР），载《蒙古学》（Mongolian Studies），汉城，1994 年。

(原载《中国多文字时代的历史文献研究》，社会科学文献出版社 2010 年版)

从新现蒙古文残叶看罗桑丹津《黄金史》与《元朝秘史》之关系

代序言

今天参加纪念亦邻真先生的会议，心情很不平静。

对于老师的辞世，我的意识里一直感觉不是十分真切。总是觉得老师还在，只要自己回到内蒙古大学，就能在熟悉的路上、办公室里与老师相遇，老师坐在家里沙发上和自己谈话的样子时常出现在脑海里。但是，终归还是太长时间没有实际见到老师了，意识中又会出现一种提示：老师走了。每当日子临近2月10日，这样的提示就会清晰起来，让自己越发地想念老师。

一晃，老师已经离开十年了。今天能有这样一个会议，使大家聚在一起追忆、纪念亦邻真先生，我从心底里感激会议的主办方和所有到会的人。

回首往事，我特别怀念在老师身边学习、工作的那些日子。老师的为人、治学，为我树立了一生学习的榜样，老师的言传身教，成为我一生受用不尽的宝贵精神财富。我为自己能有幸长期跟随老师学习和工作而感到骄傲和自豪。

老师希望他的学生们踏实做学问。这本是学术界代代相传的一般要求，然而做起来却不是一件容易的事。作为老师的学生，我觉得自己首先不能辜负老师的希望，应该以身作则，继续以老师为榜样踏实做学问，同时还要教导学生也沿着老师的治学之路前行，为蒙古学研究事业的未来发展作出真正有意义的贡献。

老师生前曾与周清澍老师和我约定，一同开展《元朝秘史》的整理、译注工作，然而未及具体实施，老师已离去。承蒙师兄郝时远所长安排，我现在正做着《元朝秘史》研究的课题。今天，向会议提交一篇与《元朝秘史》有关的论文，以作为对老师的纪念吧。

(2009年12月20日)

　　《元朝秘史》（以下简称《秘史》）是明初成书的一部特殊形式的汉字史籍，其正文是以汉字音写的蒙古语，分为282节（版本有十二卷本、十五卷本之分），逐词配有旁译，每节之后附有汉文总译（缩译）。但是它所依据的蒙古语原文已佚。20世纪20年代（1926年）在蒙古人民共和国发现了一部藏式贝叶装手抄本，书名包含 Altan Tobči（黄金史）之语，跋文中提到 bLowa bsang bstan gjin（罗桑丹津）之名①，故通称罗桑丹津《黄金史》。经学者们核查，在这部17世纪后半叶的手抄本中保留了《秘史》大约三分之二的内容。尽管所收内容与《秘史》相比已有相当多的修改和讹抄，个别节的迻录不全，然而这一手抄本的学术价值却不容低估。一方面，在《秘史》蒙古文原本尚不可得的情况下，罗桑丹津《黄金史》成为《秘史》蒙古文原文复原的主要依托；另一方面，罗桑丹津《黄金史》为探讨《秘史》原书名以及原有形式、成书年代等问题提供了推论依据。手抄本的 Altan Tobči 之名，使人联想到成吉思汗的"黄金家族"（altan uruq）和蒙元时期的"国史"——脱卜赤颜，而手抄本仅收相当于《秘史》第1—268节即蒙古先祖起源至成吉思汗去世为止的部分，使人推测这一部分内容很可能原本自成一书，是脱卜赤颜中最早的部分，完成于成吉思汗去世后的第一个"鼠儿年"即1228戊子年。②

　　既然罗桑丹津《黄金史》对于《秘史》的研究具有如此重要的作用，那么它与《秘史》的关系究竟如何？是与汉字史籍《秘史》有什么关系，还是与脱卜赤颜中最早的部分存在渊源关系？学界在刚接触到罗桑丹津

---

① *Erten-ü Qad-un Ündüsülegsen Törö Yosun-u Jokiyal-i Toḷilan Quriyaysan Altan Tobči Kemekü Orošibai*, *Ularanbayatur*, 1990, *f.* 177r.

② 参见亦邻真（Y. Irinčin）《〈元朝秘史〉畏吾体蒙古文复原》（*Mongγol-un Niγuča Tobčiyan-u Sergügelte*）导论"《元朝秘史》及其复原"，内蒙古大学出版社1987年版。

《黄金史》的阶段,由于对其文本的研究以及与《秘史》的比较研究还不够深入,曾经有人提出它的相关内容源自汉文祖本。[①] 但是随着研究的深入,这一观点受到质疑并逐渐被摒弃,人们通过比较研究认识到它所利用的原文应该是畏吾体蒙古文的。[②] 如果说罗桑丹津《黄金史》所利用的《秘史》的部分原文是以畏吾体蒙古文写成的,那么深一步的问题就是罗桑丹津所利用的畏吾体蒙古文的原文与脱卜赤颜之间会是什么关系?是否像有的学者所说,是罗桑丹津手中曾有一部用畏吾体蒙古文写成的《秘史》的完整本子,他将其中的大部分内容基本上照原样抄进了自己的《黄金史》中。[③] 或者是如另一些学者所说,17世纪的蒙古高原流传着畏吾体蒙古文《秘史》的某种传抄本[④],成了罗桑丹津《黄金史》的主要史源文献。关于这一问题,由于脱卜赤颜已佚,所以目前只能通过罗桑丹津《黄金史》与《秘史》的异同来分析并得出结论。总的来说,在罗桑丹津《黄金史》与《秘史》相应的部分,尽管存在不少细部的差异,但是总体格局上仍然能看出是出自同一种文献。从元末明初的政治形势和蒙古地区文献传抄流布的一般状况分析,《秘史》汉译时依据的是明初汉地所存的脱卜赤颜的某种本子,而罗桑丹津《黄金史》参考利用的应该是脱卜赤颜流传到蒙古草原的某种本子,而更有可能的是在流传过程中产生的某种异本。

罗桑丹津《黄金史》与《秘史》相应的那部分内容,经与《秘史》比勘,可核检出不少细部的差异。对于这些差异,以往似乎有一种倾向,

---

① 札姆察拉诺(C. Ž. Žamcarano):《17世纪蒙古编年史》(*Mongol'skie letopisi XVII veka*),莫斯科—列宁格勒,1936年,第83、91页。柯津(S. A. Kozin):《蒙古秘史》俄译本(*Sokrovennoe skazanie. Mongol'skaya khronika 1240 g. pod nazvaniem Mongγol-un Niγuča tobčiyan*),1941年,莫斯科—列宁格勒,第17—29页。小林高四郎:《元朝秘史研究》,1954年,东京,第125页。

② 罗依果(Igor de Rachewiltz):《〈蒙古秘史〉成书年代述评》(*Some Remarks on the Dating of The Secret History of the Mongols*),《华裔学志》,第24卷,第185—206页。札奇斯钦:《蒙古黄金史译注》,1979年,台北,第129—130页。

③ 参见达木丁苏隆(C. Damdinsürüng)现代蒙古语版《蒙古秘史》(*Mongγol-un Niγuča Tobčiyan*)"导言",内蒙古人民出版社1957年版,第16页。留金锁(liü Jin Süwe),《十三—十七世纪蒙古历史编纂学》(*Arban Γurba—Arban Doloduγar Jaγun-u Mongγol-un Teüke Bičilge*),内蒙古人民出版社1979年版,第222页。

④ 亦邻真(Y. Irinčin):《〈元朝秘史〉畏吾体蒙古文复原》导论"《元朝秘史》及其复原",内蒙古大学出版社1987年版。

即认为是罗桑丹津或他手下的抄写人①有意改动和疏忽造成的。② 然而也有一些看法留有一定余地，例如有学者认为罗桑丹津手中的《秘史》文字变化较大，在无法判断它与现存《秘史》之间存在直接关系的情况下，还是从更早就已分离的本子中寻求二者的来源为好。③ 还有学者指出人们并不确切知道罗桑丹津是怎样接触到他所利用的这一史源文献的，其《黄金史》所保留的《秘史》的内容很可能来自一个中介本（intermediate version）。④ 这样的推测确实有其合理性，因为我们既缺乏罗桑丹津《黄金史》直接迻录自《秘史》畏吾体蒙古文原本（脱卜赤颜）方面的信息，也没有证据可以证明罗桑丹津《黄金史》中那些与《秘史》的不同之处就是由罗桑丹津或他手下的抄写人造成的。⑤ 罗桑丹津《黄金史》与《秘史》之间的差异，一方面使人感觉二者尽管源自同一文献，但版本直接来源不同；另一方面使人感觉这些差异如果不都是出自罗桑丹津或他手下的抄写人，那么在脱卜赤颜与罗桑丹津《黄金史》之间就可能存在着某种异本。但是说脱卜赤颜与罗桑丹津《黄金史》之间可能存在某种异本，在缺乏证据的条件下也只能是一种推测而已。

2006 年，内蒙古的青年学者蒙古夫发表文章，就海西希收入《内蒙古鄂伦苏木蒙古文手抄本残件（16—17 世纪）》一书中的两份未解读

---

① 罗桑丹津《黄金史》的跋文中提到：Γaiqamšiγ-tu qubilγan boγdas qad-un ijaγur ündüsün-i edüi tedüi teüken-eče ayaγ-qa tegimlig šašin-a Dhar-a bLowa bsang bstan gjin kemegdekü güüši-ber aγui yeke ulus jalγan üjetügei kemen kičiyen bičigülügsen.（法名为达喇·罗桑丹津的固什为了使大众继承了解神圣诸汗的根源史，让［人］审慎地从若干史书中做了抄写。）

② 李盖提（L. Ligeti）：《蒙古秘史》（*A mongolok titkos története*），1962 年，第 196—200 页，转引自罗依果《〈蒙古秘史〉——13 世纪蒙古史诗编年史》，上册，"导论"，lvii-lviii。乔吉（Čoiji）：《〈黄金史〉校注》（*Altan Tobči*），内蒙古人民出版社，1983 年。乔玛（Ш. Чоймаа）：《〈蒙古秘史〉与罗桑丹津〈黄金史〉文本的对勘研究》（*Монголын Нууц Товчоо, Лувсанданзаны Алтан Товч, эхийн харьцуулсан судалгаа*），乌兰巴托，2002 年。

③ 吉田顺一：《关于罗桑丹津〈黄金史〉所引用的〈蒙古秘史〉》，《东洋学报》，55—1，1972 年。

④ 罗依果：《〈蒙古秘史〉——13 世纪蒙古史诗编年史》（*The Secret History of the Mongols, a Mongolian Epic Chronicle of the Thirteenth Century*），莱顿—波士顿，2004 年，上册，"导论"，lvii-lix。

⑤ 亦邻真师在交谈中曾表达过这样的意见：罗桑丹津《黄金史》与《秘史》的不同之处，是否都为罗桑丹津所为，还缺乏直接证据，有些或许是其前人所为；或许还有另一种可能，即我们现在看到的罗桑丹津《黄金史》不一定是其原本，后来的传抄者或许会对原文有所改动，并增加新的讹误。

残叶①作了解读，考证它们是《秘史》某一异本中的残叶，认为该异本的制成年代应当在 15 世纪末至 1628 年之前，其主要依据有三：海西希根据残叶字体所作的判断、哥本哈根皇家图书馆对残叶的化学成分分析、作者本人从鄂伦苏木地区历史变迁角度所作的分析（该地区 1628 年遭遇战事，居民外迁，文化生活中断）。② 鄂伦苏木的这两份残叶，毁损十分严重，总共保留了藏式贝叶装手抄本不到 12 行、约 38 个书写单位，给辨认识读带来一定的困难。然而它们的存在和蒙古夫的解读，意义却非同一般，两方面的因素使脱卜赤颜与罗桑丹津《黄金史》之间可能存在某种异本的推测首次得到了实物的证实。尤其是残叶与罗桑丹津《黄金史》相同、与《秘史》（相当于第 80 节中的片段）相异的 4 处例子③，证实这些差异不是出自什么罗桑丹津或他手下的抄写人之手，而是在早于罗桑丹津《黄金史》的年代就已经出现了，它们存在于《秘史》的畏吾体蒙古文原文即脱卜赤颜的某些在传抄过程中产生的异本中。

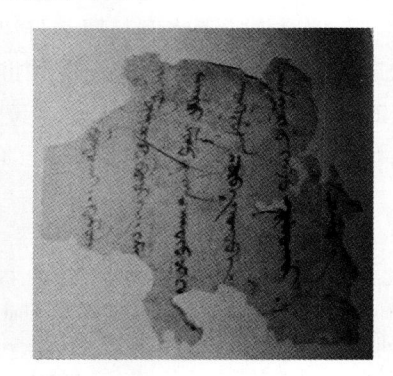

图 1　内蒙古鄂伦苏木出土残叶

---

① 海西希（W. Heissig）：《内蒙古鄂伦苏木蒙古文手抄本残件（16—17 世纪）》（*Die mongolischen Handschriften-Reste aus Olon süme Innere Mongolei*（16. - 17. *Jhdt.*）），威斯巴登，1976 年，第 552 页，OS IV/126 - 127，右侧两幅。

② 蒙古夫：《鄂伦苏木蒙古文献遗存中的两份残叶之解读——〈蒙古秘史〉与罗桑丹津〈黄金史〉的关系》，载《蒙古学问题与争论》第 2 辑，2006 年。

③ 三种文本的比较：

	《秘史》	残叶	罗桑丹津《黄金史》
1.	——	[ ]oturγan setki[ ]	doturaban setkirün
2.	tngri	tengri minu	tengri minu
3.	kemejü qariju	ke[ ] setkijü	kemen setkijü
4.	γarču ayisuqui-dur	γarsu kemejü ayisuqui[ ]	γarsu kemen ayisuqui-dur

2009 年 5 月，照那斯图先生发来两份蒙古文残叶的照片，嘱笔者考证、研究。先生说该照片是 1999 年 3 月由北京大学考古系晁华山老师转来的，说是得自西藏，请他释读。由于他工作繁忙，当时未能抽时间具体研究，不想一直拖了下来，希望笔者能继续完成这项任务。[①] 笔者于 2009 年 6 月初得以与晁华山老师电话联系，获知在十多年前北京大学考古系的学生去西藏阿里地区托林寺实习，其间得到了这两张残叶的照片，带回学校交给系里，后来晁华山老师将其转给了照那斯图先生。晁老师还说由于当年的学生们早已毕业离校，更多的详情恐难追询。笔者在另行设法查询相关背景情况的同时，就这两份残叶本身作了初步的考证。考证的结果，最大的收获就是关于脱卜赤颜与罗桑丹津《黄金史》之间可能存在某种异本的推测再次得到了实物的证实。

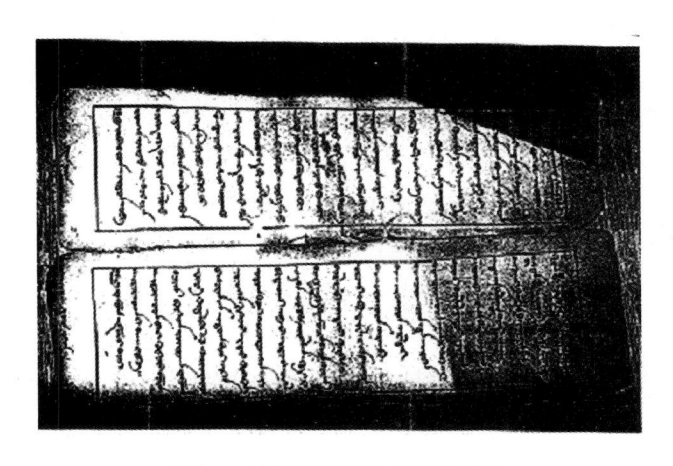

图 2　西藏阿里托林寺所现残叶

从照片外观上看，残叶保存状况良好。为藏式贝叶装手抄本中的完整两叶，每半叶 23 行，每行 4、5 字不等，当以竹尖笔书写，笔迹工整（远比鄂伦苏木那两份残叶的工整），字体与《俺答汗传》、《黄史》某抄本、《蒙古源流》库伦本、《阿撒剌黑齐史》、罗桑丹津《黄金史》等抄本的

---

① 转给我这两份残叶的照片后不久，照那斯图先生因病做了手术，但仍关心我的研究工作，我在本文写成后曾向先生汇报，先生言语间显得比较满意。今春先生病情加重又一次住院治疗，我前去探望，看着先生瘦弱的病体，心情特别沉重，默默祈祷先生能再度战胜病魔早日康复。然而不久即传来先生不幸辞世的噩耗，想到先生生前对自己的信任和厚爱，不禁悲从心来。值此论文正式发表之际，衷心祝愿照那斯图先生的在天之灵安宁，并再次表示诚挚的谢意。

字体稍有不同，但基本属于一种类型，显示为 17 世纪前后的写本。①

从照片内容来看，两份残叶文句不相衔接，而每叶第 1 行行首均有表示该叶起始的符号（birra），说明二者不是同一残叶的正、反两面。经过通读，知残叶 A 的内容与《秘史》第 90 节的部分内容基本相合，而残叶 B 的内容与《秘史》第 119 节和第 120 节的部分内容基本相合。

为了弄清残叶与《秘史》、罗桑丹津《黄金史》之间的关系以及残叶自身的价值，有必要就三者进行文本比对。

《秘史》§90　（…… nigen　gürümele　kö'ün　kü'ün ……　mön）　ö'esün
LAT　　　（…… nigen　keüked　kümün ……）　　　　　　　　ö̈ber-iyen
残叶 A　　　　　　　　　　　　　　　　　　　　　　　　　♣ ö̈ber-iyen

qurdun qubi-yi　　　unaba. Ger-tür-iyen　　ba　　ülü　　odun
　　　　quba-yuɣan　unuju　ger-tür-iyen　　——　ülü　　odun
qurdun quba-yuɣan　unuju　ger-tür-iyen　　——　ečige eke-tür-iyen　ülü　odun

　　　　　　　　　　　　　　　nambuqa　sa'uluqa-ban　ke'er-e　buquju　talbiba.
ečige eke-tür-iyen ülü ügülen　namaɣ-a　sayulaɣ-a-ban　ke'er-e　——　　talbiju
　　　　　　　　　　　　　　　namiɣa　　sayulaɣaban　　ke'er-e　——　　talbiju

Nökör　či　bürün　maši　mungtaniju　ayisu　aju'u.　Ere-yin　mung
nökör　či　——　　——　mengdejü　　ayisui　ajuɣu.　Ere-yin　eril　ele
nökör　či　——　　——　mungtaniju　ayisui　ajuɣu či. Ere-yin　mung　——

——　　　nigen büi j-e.　Bi　čimadur　　nököčesü.　——　　Ečige
bögesü　nigen büi j-e.　Bi　čimadur　　nököčesü.　——　　Ečige
bögesü　nigen büyü j-e. Bi　čimaluɣ-a　nököčesü.　kemejü　ečige

minu　Naqu bayan　　　minu　Naqu bayan　　　minu　Naqu bayan

---

① 字体基本属于所谓的"喇嘛多角体"。参见 D. 卡拉《蒙古人的文字与书籍》，范丽君译，内蒙古人民出版社 2004 年版。

从新现蒙古文残叶看罗桑丹津《黄金史》与《元朝秘史》之关系 249

ke'egdeyü.	Bi qaqča	kö'ün	inu	bi	Bo'orču	neretü	büi ke'e'ed	širqa
ke'egdemü.	Bi ɣaɣča	köbegün	inu	——	Bo'orču	neretü	bi kemeged	širɣ-a
ke'egdemü.	Bi ɣaɣča	köbegün	inu	——	Bo'orču	neretü	büi kemeged	širɣ-a

a[q]tatan-u	mör-iy(a)[e]r	inu	möčgijü	qurban	qonoju üdeši
aɣtan-tan-i	mör-iyer	——	mösgijü	ɣurban	qonoju üdeši
aɣtan-i	mör-iyer	——	mösgijü	ɣurban	qonoɣad üdeši

naran	quburi	tašin	naran	ɣubar tašin	naran ɣuburi	tašiy-a

büküi-dür nigen	——	küriyen	irgen-tür	kürbe. Širqa aqtatan	—— naiman
büküi-dür nigen	yeke	küriy-e	irgen-tür	kürbesü širɣ-a aɣta	anu ——
büküi-dür nigen	yeke	küriy-e	—— -tür	kürbesü širɣ-a aɣtad	——

mori[d]	tere	yeke	küriyen-ü	kija'ar-a	ebesülen	bayiju büküi-yi	üjebe.
——	tere	——	küriy-e-ü	kijaɣar-a	ebesün	idejü bayiqui-yi	üjeged
——	tere	——	küriyen-ü	kijaɣar-a	ebesün	idejü bayiqui-yi	üjeged

Temüjin	ügülerün	nökör	či ende	bayi.	Bi	širqa aqtatan
Tömüjin	ügülerün	nökör	či ende	ba(r)[i].	——	Širɣ-a aɣta
Ejin boɣda	ügülerün	nökör	či ende	bai.	——	Širɣ-a aɣta

——	tede	büi.	man-u tede büi.	——	tede büi.

	Hüldejü	qarsuqai	ke'ebe.	……
Bi	oroju	üldejü	ɣarɣasuqai	kemebesü
Bi	oroɣad	üldejü	ɣarɣasu	kemebesü

《秘史》§119	(……)	ja'ura	mör-tür	Tayiči'ud-i	da'ariba. Tayiči'ud
LAT	(……)	ja'ura	mör-tür	Tayičiɣud-i	daɣariba. Tayičiɣud
残叶 B	♣	Jamuq-a	mör-tür	Tayičiɣud-i	daɣariba. Tayičiɣud

ber	kökijü		ber	kögejü		ber	kögejü		

mön	söni	bö'ed	jöričen	Jamuqa	jüg	ködelbe	kü.	Tayiči'ud-un
mön	söni	——	jöričin	Jamuq-a	jüg	ködelbe	kü.	Tayiči'ud-un
mön	söni	bö'ed	jöričen	Jamuqa	jüg	ködelbei	kü.	Tayiči'ud ——

Besüd-ün	nuntuq-tur		Besüd-ün	nutuγ-tur		Besüd-ün	nutuγ-tur

nigen	üčüken	Kököčü	neretü	kö'ün-i	nuntuq-tur	qočoraqsan-i
nigen	üčüken	Kökečü	neretü	köbegün-i	nutuγ-tur	qočoruγsan-i
nigen	üčüken	Kökečü	neretü	köbegün-i	nutuγ-tur	qočoruγsan-i

——	bidan-u'ai	——	bidan-uγai	inu	bidan-uγai

abu'ad	irejü	Hö'elün	eke-de	ögbe.	Hö'elün	eke	——	tejiyebe.
abču	irejü	Ögelen	eke-de	ögbe.	Ögelen	eke	ger-tür-iyen	tejiyebe.
abču	irejü	Ögelen	eke-de	ögbesü	Ögelen	eke	ger-tür-iyen	aba.

《秘史》§120　　—— Tere söni dülijü üdür geyi'esü üje'esü
LAT　　　　　　—— Tere söni dülijü edür geyibesü üjebesü
残叶 B　　　Temüjin tere söni dülijü üdür geyibesü üjebesü

Jalayir-un	Qači'un	toqora'un	Qaraqai	toqora'un	Qaraldai	toqora'un	ede
Jalayir-un	Qačuγun	toqoraγun	Qarqai	——	——	toqoraγun	ede
Jayilar-un	Qačiγun	toqoruγud	Qarqai	toqoruγud	Qaraldai	toqoruγud	ede

qurban	toqora'un	aqanar	de'üner	söni	dülildüjü	ayisun	aju'u.	Basa
γurban	toqoraγun	aq-a nar	degüü ner	söni	dülildüjü	ayisun	ajuγu.	Basa
γurban	toqoruγud	aqanar	degüner	söni	dülildüjü	ayisun	ajuγu.	Basa

| Tarqud-un | Qada'an | daldurqan | aqanar | de'üner | tabun | Tarqud |
| Tarqud-un | Qadaγan | daldurγan | aq-a nar | degüü ner | tabun | Tarqud |

Tarqud-un   Qadaγan   dalγan-tur   aqanar   degüner   tabun   Tarqud(-un)

ayisun kü   ayisun ——   ayisun ——

aju'u.   Basa   Mönggetü   kiyan-u   kö'ün   Önggür-ten   Čangši'ud ……
aju'u.   Basa   Mengge-tü   kiy-a-nu   köbegün   Öggüi-ten   Čangšiγud ……
aju'u.   Basa   Menggi-tü   kiyan-u   ——   Öggir-ten   Čangšiγud

通过比对，基本整理出三者之间的异同（统计数以书写单位计算，包括书写的不同、缺文的不同）：

残叶与《秘史》相合、与罗桑丹津《黄金史》相异之处为 18 处；与罗桑丹津《黄金史》相合、与《秘史》相异之处为 56 处；与《秘史》、罗桑丹津《黄金史》均相异之处为 20 处。因此总的来说，残叶内容与罗桑丹津《黄金史》更为相近。

然而，要进一步确认残叶与罗桑丹津《黄金史》之间的关系，并不十分容易。首先，需要判断残叶原本的具体制成年代，但是由于目前我们手中仅有残叶的照片，还无法利用自然科学的手段对其进行鉴定，而残叶的出土或收藏背景又不得而知，因此考证起来缺乏参考依据。鄂伦苏木的那两份蒙古文残叶，经纸张成分的化学分析和史实考证，已被认定为 15 世纪末至 17 世纪 30 年代之前的文物，那么其原本的制成年代就肯定早于 17 世纪后半叶成书的罗桑丹津《黄金史》。而我们所得到的这两份残叶的照片，仅根据字体很难判断它们在年代上与罗桑丹津《黄金史》孰先孰后。不过有一个现象值得注意，即残叶较罗桑丹津《黄金史》更多地保留了《秘史》中的古词语。例如：

mungtaniju（《秘史》作"蒙塔你周"，旁译"艰难着"），罗桑丹津《黄金史》作 mengdejü（慌张）。作为"艰难"之义使用的 mungtani-一词，后来逐渐失掉了原有的词义，在现代蒙古语里表示的是"显得愚钝""瞎忙活"之义。将其改为 mengdejü，或许是罗桑丹津所为，或许是他所直接利用的抄本中已经作了改动。说明 mungtani-一词在遭到改动时其固有词义已经发生变化，不为人们所熟知。

mung（《秘史》作"蒙"，旁译"艰难"），罗桑丹津《黄金史》作 eril（追求、期待）。mung 是 mungtani-的词根，被改动的原因同上。

quburi（《秘史》作"^中忽不^舌里"，旁译"冈"），罗桑丹津《黄金

史》作 *qubar，词义不明，旁边有其他字体注写的单词 dalda（遮蔽的，暗处）。quburi 在《秘史》中共出现 4 次，3 次旁译作"冈"，1 次作"低山"。13—14 世纪的其他蒙古文文献中未见该词，估计在早期就是一个不太常用的词汇，到 17 世纪就更不为人们所熟知了。有学者认为现代蒙古语中的 γurbi（细沟、洼处微高地）与 quburi 有关，是其音变形式。①

üdür（《秘史》作"兀都舌儿"，旁译"日"），罗桑丹津《黄金史》作 edür，已是该词后来的写法。

残叶中还有一个词的写法比较古老，作 degüner，而罗桑丹津《黄金史》的 degüü ner 已同现代写法。

这些特征显示残叶的原本应该早于罗桑丹津《黄金史》。

其次，解决了残叶与罗桑丹津《黄金史》孰先孰后的问题之后，还需要进一步理清二者之间是否存在继承关系的问题。残叶的其他一些特征提示它不是罗桑丹津《黄金史》直接利用的数据源。一方面，残叶中不见的词语，却出现在罗桑丹津《黄金史》中。例如，罗桑丹津《黄金史》较残叶多出的内容有：

残叶 A：l. 4 ülü ügülen，l. 13 tan，l. 16 irgen，l. 17 anu，l. 22 manu，

残叶 B：l. 5 - un，l. 23 köbegün；

另一方面，残叶中存在的词语，罗桑丹津《黄金史》中却不见。例如，罗桑丹津《黄金史》较残叶缺少的内容有：

残叶 A：l. 7 či，l. 9 kemejü，

残叶 B：l. 4 böged，l. 8 inu，l. 11 Temüjin，l. 15 Toquruγud（Toqura'un 之讹）Qaraldai；

再有，罗桑丹津《黄金史》与残叶之间一些词语的书写不尽相同。例如：

残叶 A：l. 7 bögesü mün，l. 8 büyü j-e，čimaluγ-a，l. 12 büi，l. 14 qonuγad，
LAT　　　ele bögesü，　　büi j-e，　čimadur，　　　bi，　　　qonuju，

---

① 额尔登泰、乌云达赉、阿萨拉图：《〈蒙古秘史〉词汇选释》，内蒙古人民出版社 1980 年版，第 184 页；小泽重男：《〈蒙古秘史〉全释》，第 1 册，风间书房，1984 年，第 226 页；斯钦朝克图（Sečenčoγtu）：《蒙古语词根词典》（*Mongγol Üges-ün Ijaγur-un Toli*），内蒙古人民出版社 1987 年版，第 1293、332 页；罗依果：《〈蒙古秘史〉——13 世纪蒙古史诗编年史》上册，第 307 页。

残叶 A：l. 15 tašiy-a， l. 20 ejen boγda， l. 22 oroγad， l. 23 γarγasu，
LAT tašin， Temüjin， oroju， γarγasuγai，

残叶 B：l. 1 Jamuq-a， l. 10 ögbesü， l. 11 aba， l. 13 Jailarun， l. 14 Toquraγun，
LAT jaγura， ögbe， tejiyebe， Jalair-un， Toquruγud，

残叶 B：Dalqan-dur， l. 23 Öggir（＊Önggir，《秘史》作"翁古儿"Önggür）
LAT Daldurqan， Öggüi

这些例词当中，除了个别抄讹和一些根据上下文可以作出的修改外，不少书写间的异同是很难在无所本的情况下产生的。鉴于以上现象和对其所作的分析，可以确认该残叶的原本不是罗桑丹津《黄金史》所直接利用的数据源。

本文通过对两份新获蒙古文残叶进行内容识读，以及将其与《秘史》、罗桑丹津《黄金史》进行文本比勘，厘清了它们与《秘史》和罗桑丹津《黄金史》的关系，即残叶原本在制成年代上晚于《秘史》的畏吾体蒙古文原本（脱卜赤颜）、早于罗桑丹津《黄金史》；残叶在内容上虽然更接近于罗桑丹津《黄金史》，但却不是后者所直接利用的数据源。本文的考证同时证实：在罗桑丹津《黄金史》成书之前，蒙古地区曾存在着《秘史》的畏吾体蒙古文原本（脱卜赤颜）或其直系抄本的某种后期的修改本，类似该残叶和鄂伦苏木残叶的原本。罗桑丹津《黄金史》与《秘史》相应部分的内容，就是源自脱卜赤颜的某一后期的修改本，而不是直接选取自《秘史》的畏吾体蒙古文原本（脱卜赤颜）或其直系抄本。此次从西藏传出了《秘史》畏吾体蒙古文版本方面的信息，不仅扩大了相关搜索的范围，而且可以引发对蒙、藏地区文化交流方面进一步的思考。[①] 我

[①] 2009 年末收到周清澍师的来信，信中谈到对两处残叶的意见：江上波夫在鄂伦苏木考古发掘报告中提到城址中几乎每个山头都有小佛塔，有的塔底已被老鼠掏空，伸手进去，就摸出些佛经残叶。1981 年在乌鲁木齐召开的中国蒙古史学会的会议上，他曾为此事专门向海西希核实过。可见蒙古文书残叶出自佛塔，当在俺答信佛建塔之后的嘉靖、隆庆之后，不能早至 15 世纪，最早也不到 16 世纪中叶。西藏发现的残叶，既非宗教内容，也不是受藏传佛学影响的蒙古史，应属俺答与西藏建立联系后由蒙古传过去的。周清澍师的意见值得重视。参与鄂伦苏木出土蒙古文残叶解读工作的服部四郎曾说过："鄂伦苏木出土的文书，考虑是 16 世纪末至 17 世纪初的东西。"（见服部四郎《关于鄂伦苏木出土的蒙古文文书》，载《东方学报》11—2，1940 年。）

们期待能够从西藏得到更多的收获，包括更为详细的信息、照片所摄原件实物乃至更多实物。①

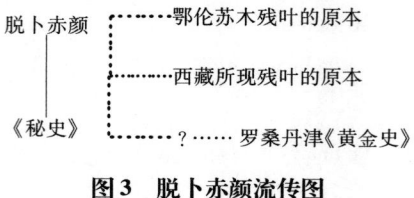

```
脱卜赤颜 ┌┄┄┄ 鄂伦苏木残叶的原本
        ├┄┄┄ 西藏所现残叶的原本
《秘史》  └┄ ? ┄┄ 罗桑丹津《黄金史》
```

图 3　脱卜赤颜流传图

（原载《西域历史语言研究集刊》第四辑，科学出版社 2010 年版）

---

① 一方面，西藏所获残叶的照片是将不同的两叶并排拍为一幅，说明起码还应该有拍有其背面的另一幅照片。另一方面，从照片中残叶保存的良好状况来分析，现存实物也许不止这两叶。

Wang Guowei's Collation of the Secret History of the Mongols

There are two copies of The Secret History of the Mongols (henceforth abbreviated SHM) collated by Wang Guowei, which are kept in the Rare Books' Collection of the Chinese National Library. The original of these two copies are the block-printed edition of Guan Gu Tang (i. e. Ye Dehui's edition, abbreviated here Ye's edition). The call numbers of their microfilms are 02192 and 02193 respectively.

According to the words of Wang Guowei written in the two copies, they were collated between September 1925 and November 1926. The first one (abbreviated here Copy A) was first collated in September and October 1925,[1] and the second one (abbreviated Copy B) was first collated in November of the same year.[2]

---

[1] Wang Guowei wrote a note at the vacant leaf after Ye Dehui's preface and Ruan Yuan's synopsis in Copy A ending with the words "Guan Weng (* the scholarly title of Wang Guowei) noted in the eighth month of Year *Yichou* (* the year of the azure cattle) ". There is an additional note above the column of the leaf ending with the words "the first day of the ninth month noted again". Here, the year of the azure cattle is 1925, and the first day of the ninth month corresponds to October 18th of that year in the solar calendar. He also wrote a note reading "Guan Weng collated according to the edition of Yang of Lingshi in the ninth month of the Year *Yichou*", and "checked with the Mongolian (* the Chinese phonetic transcriptions), added several words" following the original text of Copy A.

[2] Wang Guowei wrote a long note at the vacancy of the end of Copy B. It ended with "on the fifth day of the tenth month of the Year *Yichou*, Wang Guowei of Haining (noted) ". This fifth day of the tenth month corresponds to November 11th of that year in the solar calendar.

The two copies were collated again in November 1926.① Wang Guowei collated the two copies first with the edition of the Lian-yun-yi Series (i. e. Zhang Mu's edition with the Chinese summarized translation only), and later with the interlinear phonetic transcription of the text, when he "added some words and sentences". One year later, he was able to borrow Gu Guangqi's certified text (abbreviated Gu's text) kept in the Han-fen-lou Library in Shanghai,② so he collated the two copies once again with Gu's text, and "corrected several words".③

When collating, Wang Guowei mainly corrected the faulty letterings of Ye's edition following Gu's text④ except for a few ones in the edition of the Lian-yun-yi Series.⑤ He also corrected mistakes and filled up lacunae according to context (including the Chinese transcription which Wang Guowei called "the Mongolian").⑥ He wrote his corrections and additions outside the columns or by the side of the faulty letterings, and the omissions inside the columns.⑦

According to compendia's statistics, the total number of Wang Guowei's corrections is more than 260, of these, about 147 corrections in Copy A and about 117 (except for the repeated corrections of the same case) in Copy B, in which there were about 99 mistakes from Ye's edition and about 165 mistakes

---

① Wang Guowei wrote "[I] borrowed Gu Jianpin's manuscript kept in the Han-fen-lou and checked once in the tenth month of Year *Bingyin* (* the year of the red tiger)" at the end of the note next to the original text of Copy A. He wrote "[I] borrowed [Gu Jianpin's manuscript] from the Han-fen-lou and checked it once in the tenth month of Year *Bingyin*, when corrected several words. Guowei has made this annotation sitting by the oil lamp on the twenty second day". Year *Bingyin* here is 1926, and the twenty second day of the tenth month corresponds to November 26th of that year in the solar calendar.

② There is a note written by Fu Zengxiang in 1932 (* Year *Renshen*, the year of the black monkey) at the beginning of Gu's text. In this note, Fu Zengxiang mentioned that he "had bargained over the price" when the Han-fen-lou bought the text. He borrowed it latter from the Han-fen-lou and passed to Chen Yuan for his collation. Then the Han-fen-lou burned in the fire of air bombing soon after.

③ Cf. no. 1 and no. 3.

④ There are about 59 places corrected in Copy A, and about 40 places corrected in Copy B.

⑤ There are about 3 places corrected in Copy A.

⑥ There are about 88 places corrected in Copy A, and about 77 places corrected in Copy B.

⑦ Wang Guowei mentioned "the corrections which Guan Weng (the title Wang Guowei used for himself) made according to the facsimile copy (i. e. Gu's text), were written with red brush-pen alongside the lines." In the note followed the original text of Copy B.

from Gu's text that had been corrected. The total number of Wang Guowei's additional corrections is more than 70, of these, 19 are in Copy A and about 54 in Copy B (except for the repeated additional corrections). The scope of his collation extends to the whole book, including the three parts, i. e. the Chinese phonetic transcription, the interlinear translation and the summarized translation. ① He corrected about 84 instances, filled up about 8 lacunae in the Chinese phonetic transcription, and corrected about 36 cases, filled up about 11 lacks in the summarized translation. The rest are mainly corrections and additions to the interlinear translation.

In regards to Wang Guowei's corrections and additions, we may give some examples② as follows:

Ⅰ. Examples for misprints:

1. in the Chinese phonetic transcription

qašuiqun→qamuqun	(§21, 01:13:06),③
üčiyü→üčigen	(§35, 01:21:08),
solura→bolura	(§74, 02:06:03),
de'üdanr→de'üner	(§101, 02:47:01),
nobukin→noyakin	(§166, 05:40:02),
ke'elyebei→ke'eldübei	(§170, 06:05:10),
yegei qongtaqar→jegei qongtaqar	(§180, 06:38:07)
qarbuten→qarbuyu	(§195, 07:38:04),
yuruqan→turuqan	(§202, 08:25:09),
uduber→udurar	(§259, 11:42:10),
sojiqas→solangqas	(§274, 12:28:01),
lüiyü'er→söyü'er	(§277, 12:34:02),

---

① Eldengtei and Oyundalai's critical edition of SHM (*Meng-gu-mi-shi jiao-kan-ben*, Huhhot, 1980) only collated the part of Chinese phonetic transcription.

② Examples provided in the present paper are mainly selected from Wang Guowei's corrections or additions to Gu's text.

③ The pagination follows that of *Gencho-hishi-mongorugo-zen-tango-gobi-sakuin* (*Word-and Suffixe-Index to The Secret History of the Mongols*) edited by Hitoshi Kuribayashi and Choijinjab, Tohoku University, Japan, 2001.

2. in the interlinear translation

jiang mu zhe→jiang lai（come）*zhe*　　　　　　（§16, 01:10:01），
sui→chu（squab-click）　　　　　　　　　　　　（§25, 01:16:03），
ban duo du pi you de→ban yun（cyetic）
　du pi you de　　　　　　　　　　　　　　　　（§38, 01:22:08），
da you de→huo（fire）*you de*　　　　　　　　（§62, 01:43:02），
duan zhe→qi zhe（ride on）　　　　　　　　　　（§90, 02:28:01），
die→song（send-off）　　　　　　　　　　　　　（§94, 02:37:03），
wen san zhe→kui san zhe
　（sauve qui peut）　　　　　　　　　　　　　　（§110, 03:16:05），
zhe→xing（understand）　　　　　　　　　　　　（§118, 03:30:10），
jiao le→sha le（killed）　　　　　　　　　　　　（§128, 04:03:04），
yong→gan（liver）　　　　　　　　　　　　　　（§139, 04:25:07），
gu you de→hua（talk, words）*you de*　　　　　（§166, 05:40:06），
ru zhe→fan zhe（rebelled）　　　　　　　　　　（§177, 06:30:03），
yu zhe→kan zhe（chop）　　　　　　　　　　　　（§229, 09:47:10），
dao nian→yi nian（will, reminder）　　　　　　（§242, 10:24:03），
gao yan→gao li（Korea）　　　　　　　　　　　（§274, 12:28:01），
qu zhe→diu zhe（discard）　　　　　　　　　　（§278, 12:38:03），

3. in the summarized translation

lie che ke che er chi hu er hu shan liang jian
　→*dao che ke che er chi hu er hu shan liang jian*
　　（go to bosom of Mountain Čegčer
　　and Mountain Čiqurqu）　　　　　　　　　　（§94, 02:37:08），
su wei shu ri→su wei shu mu
　（number of the nightguards）　　　　　　　　（§229, 09:49:08），
fang dao→jing dao（banner）　　　　　　　　　（§232, 10:06:04），

Ⅱ. Examples forinversions

1. in the Chinese phonetic transcription

töre'ünbil→töre'ülbi　　　　（§§17, 01:10:05; 20, 01:12:07），
obotan boqluba→oboqtan boluba　　　　　　　（§42, 01:25:02），
jurbu→jubur　　　　　　　　　　　　　　　　（§115, 03:25:02），

2. in the interlinear translation

zan xun→xun zan (§83, 02:20:07)

Ⅲ. Examples for unnecessary additions

1. in the Chinese phonetic transcription

büyü → (§243, 10:25:10)

2. in the interlinear translation

mo lei shan de→lei shan de (of one's waist)　(§57, 01:39:05)

Ⅳ. Examples for omissions

1. in the Chinese phonetic transcription

töresen→töregsen	(§8, 01:05:07),
hunta'u→hunta'u bolba	(§111, 03:18:05),
üri→ne'üri	(§118, 03:30:05),
bošoqa-dur činu→bošoqa-dur činu aju	(§203, 08:28:06)

2. in the interlinear translation

ceng→bu ceng (for *ese*)	(§34, 01:21:03),
me→me dao (for *ke'en*)	(§83, 02:21:02),
you de→zhou (axle) *you de*	(§124, 03:46:03),
mei→ri mei (days)	(§136, 04:19:06),
zi de hang→she (tongue) *zi de hang*	(§169, 05:49:02),
ling zhe→zhong (clan) *ling zhe*	(§176, 06:19:10),
jiao zi de hang→kou (mouth) *jiao zi de hang*	
	(§214, 09:16:07),
you de→shui you de (with water)	(§270, 12:16:01),
jiao a→jiao ben (gallop) *a*	(§279, 12:49:05),

3. in the summarized translation

ba a tu→ba a tu er (*ba'atur*)	(§46, 01:29:01),
wo qin ba er he→wo qin ba	
er he hei (*Ökin barqaq*)	(§49, 01:31:02),
su bie tai→su bie e tai (*Sübe'etei*)	(§195, 07:40:07),

V. Examples for incorrect separations

1. in the Chinese phonetic transcription

Qorä̈usun ebügen→Qorä̈ Usun ebügen　(§120, 03:36:02),

šigiqutu qugüčü→*šigiqutuqu güčü* (§202, 08:25:04),
badaiqišiliq→*badai qišiliq* (§219, 09:25:07).

With some corrections and additions, Wang Guowei said that they were according to "the Mongolian" (i.e. the Chinese phonetic transcription) in particular. For examples, he wrote "*Jungšoi* is namely *Jungso* in Volume Three of the Mongolian" under the column of Vol. 8. f. 25v. l. 2. He also wrote "It is written as *Čangši'ud* in Volume Three of the Mongolian" (* it was misprinted as *Biši'ud* in the Chinese phonetic transcription) under the column of Vol. 9. f. 10v. l. 2. He added a personal name *Taqai* before *Sükegei* in Vol. 5. f. 12v. l. 3, and at same time wrote "added according to the Mongolian" above the column.

Analyzing all the corrections and additions of Wang Guowei, we can know that many other corrections and additions still referred to the Chinese phonetic transcription even if he had not said whether they were corrected according to "the Mongolian". For examples, there is a sentence reading "the seven sons stood up by the door" in Vol. 10. f. 42v. l. 2 (§245, in the summarized translation). Wang Guowei changed "seven" to "six". It ought to be changed according to the Chinese phonetic transcription, because it appeared as *jirqo'an* (*liu ge* i. e. six, in the interlinear translation) there. The personal name *Alä* added between *Jürčedei* and *Tolun* in Vol. 11. f. 19v. l. 4 (§253, in the summarized translation) also ought to be added according to the Chinese phonetic transcription.

Carefully reading and checking the Chinese phonetic transcription is a precondition for collating and studying the SHM. One can not completely comprehend the textual implications of the SHM only referring to its summarized translation, its interlinear translation or the Latin renderings of its Chinese phonetic transcription. This has get to be commonly recognized by SHM scholars. Nevertheless, at Wang Guowei's time the study of the SHM had not yet developed so much, there were few Chinese scholars who knew the Mongolian language. Wang Guowei dared to check the Chinese transcription of the SHM even without knowing Mongolian language. This reflects his attitude toward studies, and shows that his collation is comparatively believable.

It should be pointed out that Wang Guowei had already gradually discovered quitea few problems during the process of collation and study of the SHM. Except for not essential problems such as the misprints of Ye's edition and the miswritings of Gu's text, he grasped some of the translation skills of the Ming's translators through the comparison of the Chinese phonetic transcription with the interlinear translation, and could discovered deep-seated problems in the grammar of the Mongolian original. I think that most of Wang Guowei's corrections and additions, as well as his notes for them, are still a very important reference for us when collating the SHM. His contribution to the SHM's collation deserves to be paid high regard.

Wang Guowei's many corrections concerning the Mongolian grammar are connected with verbs. Examples of this are as follows:

1. forimperative suffixes

zan xun→xun zan （for　eriye）　　　　　（§83, 02:20:07），

xia shao→xia zan （for　ba'uya）　　　　（§142, 04:33:07），

hui qu→hui qu nin （for　qaridqun）　　（§148, 05:03:08），

gong ru→gong ru wo （for　oroldusu）　　（§164, 05:37:10），

si sha→si sha wo （for　qadquldusu）　　（§171, 06:07:09），

xu jing→xu jing zan （for　oqjadqaya）　（§193, 07:23:09），

According to the principles set by the Ming's translators for their interlinear translating, the Chinese words wo (I), zan (we) and nin (you) located immediately after verbs were used as symbol words for the imperative of verbs (corresponding to the Mongolian suffixes). The word wo was for the first person singular, zan was for its plural form, and nin was for the second person. ①

In like manner, the word transcribed as širkulen (interlinear translation: zuan ru [wo], §111, 03:18:07) had been changed to širkusu. The imperative suffix for the first person singular in ancient Mongolian was -su/-sü; it was phonetically transcribed with the Chinese character su. The word lian (expressing the Mongolian sound len) is a miswriting for su due to the resemblance of

---

① From the editions available, we can get the knowledge that this principle had not been put thoroughly into practice. Many of the imperative suffixes have no correspondence in the interlinear translation. What Wang Guowei added is only a little part of them.

their corresponding characters.

2. for verb determining suffixes

The words transcribed as *neyisü irebe* (interlinear translation: *xiang he lai le*, §120, 03:34:09) have been changed to *širkulen*. The coordinating verb determining suffix *-n* (associative) was spelled tighter with *-le-* as one syllable *-len*, and transcribed with one Chinese character: *lian*. The word *su* is a miswriting for *lian* due to the resemblance of their corresponding characters.

The interlinear translations *yu le de you lai* (for *ögtegsen bü'esü*, §6, 01:04:05) and *nu ke* (for *a'urla'asu*, §195, 07:38:02), had been changed to *yu le de you a* and *nu a* respectively. The subordinating verb determining suffix *-'asu/-'esü* (*-basu/besü*) (conditional) was transcribed with the Chinese characters *a su/e su*, *ba su/bie su*, and interlinearly translated with the Chinese word *a*. The words *lai* in the first case and *ke* in the second one are both miswritings for *a*.

3. for verb tense-bound suffixes

The Chinese transcription *qarbuten* (interlinear translation: *she you*, §195, 07:38:09) was changed to *qarbuyu*. The suffix *-yu/-yü* used to express the present and future tense of Mongolian verbs, was transcribed with the help of the Chinese character *you*. The word *tian* (expressing the Mongolian sound *ten*) is a miswriting for *you* due to the resemblance of their corresponding characters.

The interlinear translation *xing le you wei* (for *yabuju'ui*, §142, 04:34:08) was changed to *xing le you lai*. The suffix *-ju'ui/-jü'üi* used to express the past tense of Mongolian verbs, was interlinearly translated with the Chinese characters *you lai*. The words *you wei* were not used for this function.

4. for passive voice suffixes

The interlinear translation *bi wei zhang le* (for *aqalaqdaba*, §277, 12:45:10) was changed to *bei wei zhang le*. The suffix *-qda/-gde* used to express the passive voice of Mongolian verbs, was interlinearly translated with the Chinese character *bei*. The word *bi* is a miswriting for *bei* due to the resemblance of their corresponding characters.

5. for verbal negative suffixes

The interlinear translation *qi lai hang* (for *bosu'ai -üdü'üi-e*, §245, 10:

35:02) was changed to *qi wei hang*. The negative suffix *-üdü'üi-e* was interlinearly translated with the Chinese characters *wei* (not yet). The word *lai* is a miswriting for *wei* due to the resemblance of their corresponding characters.

Some of the corrections concern the case of Mongolian nouns. The following examples can be given:

1. for suffixes of the instrumental case

The interlinear translation *shan ming* (for *arai-iyar*, § 198, 08:02:03) was changed to *shan ming yi zhe*. One of the suffixes of the instrumental case *-i-yar/-iyer* was usually transcribed with the Chinese characters *yi ya er/yi ye er*, and the other *-bar/-ber* (*-'ar/-'er*), with *ba er/bie er* (*a er/e er*). There were several Chinese words used for interlinear translation of the instrumental case suffixes such as *jiao*, *yong*, *li*, *hang* and *yi zhe*, etc. The word *yi zhe* appears in the interlinear translations with a slightly changed meaning, and here means along or down. In case of this example of § 198, we can find another similar one in § 257 (11:36:09), reading *ara-iyar* with interlinear translation *di ming* (place name) *yi zhe* (along). The normal form of both *arai-iyar* and *ara-iyar* should be *arai-'ar*. Here the Chinese transcription of the Ming's translators was close to its spoken pronunciation. *Arai* is the Mountain Arai, and *Arai-'ar* means along the Mountain Arai.

2. for suffixes of the dative-locative case

The interlinear translation *zi sun hao* (for *uruq-a*, § 206, 08:39:10) was changed to *zi sun hang*. One of the suffixes of the dative-locative case *-a/-e* was spelled together with the precedent sound as one syllable, and transcribed in a non-consistent way with different Chinese characters. Its interlinear translation was usually *hang*. The word *hao* is a miswriting for *hang*.

All the above corrections and additions made by Wang Guowei are based on his comprehension of the relationship of the Mongolian grammar and the workingprinciples set by the Ming's translators.

There are many lacunae in the interlinear translations (about more than 90). Except for omissions occurred during the process of rewriting, many of them appear to be words left without translation by the Ming's translators. Wang Guowei attempted to fill up about 24 of the lacunae. For examples:

yun que（lark, for *bilji'ur*）	（§77, 02:09:03）
men you de（with a door, for *qa'atai*）	（§101, 02:47:02）
yi（ant, for *qarca*）	（§103, 02:50:10）
kou zi（button, for *önör*）	（§105, 03:04:02）
wai mao（appearance, for *qatar*）	（§111, 03:18:04）
fu zhuang（clothes, for *qunar*）	（§111, 03:18:10）
ci（stab, for *onglajidqun*）	（§124, 03:46:09）
jian ming（name of arrow, for *qola*）	（§124, 03:47:03）
zuo ji（hurry up, for *öterlen*）	（§133, 04:13:01）
lai（come, for *igtünejü*）	（§133, 04:13:01）
de（gain, get, for olon）	（§145, 04:40:01）
gua（blow, for *keyisgen*）	（§148, 05:01:05）
qi dao（invocation, for *elbesün jalama*）	（§174, 06:16:07）
tu（earth, for *urbang*）	（§183, 06:46:02）
qi dao yi（by invocation, for *elbesü'er*）	（§189, 07:10:03）
nuo（coward, for *torluq*）	（§189, 07:10:04）
mo（silent, for *ni'udqun*）	（§190, 07:13:08）
xing niu［contrary, for *mojir*（*qaqun*）］	（§209, 09:02:07）

Among the above examples there are somethat referred to those in Naka Michiyo's annotated translation of the SHM in Japanese "The Veritable Records of Chinggis Qan", such as *yun que*（lark）, *yi*（ant）, *kou zi*（button）, *fu zhuang*（clothes）, *tu*（earth）, etc. We may say that some of them are obviously wrong, for examples *yi*（ant）, *kou zi*（button）, *fu zhuang*（clothes）, etc.

Besides the faulty additions presented above, there are some other mistakes in Wang Guowei's collation. For examples:

1. in the Chinese phonetic transcription

qamtudqalduju→qatudqalduju	（§104, 03:02:02）,
qoš→qoq	（§169, 05:49:10）,
yeren tabun→yesü tabun	（§202, 08:27:01）,
nu'ud→kö'üd	（§267, 12:09:09）

It is indisputable that Wang Guowei would have not made these mistakes if he had known the Mongolian language.

Moreover, Ye's edition used the Chinese character *li* (in or within) with a little character *she* (tongue) on the left shoulder of it to express the Mongol sound *-ri* in the word *qorri* in § 266 (12:08:05), where Gu's text had used another Chinese character *li* (reason). Wang Guowei corrected the word according to Gu's text. In fact, the *li* in Gu's text was a miswriting for *mai* (cover in) due to the resemblance of their corresponding characters.

2. in the interlinear translation

The phrase *mo lei shan de* (up till one's waist) was changed to *lei shan de* (of one's waist) (§ 57, 01:39:05). The original Chinese transcription is *qabirqa-ta*. *-Ta/-te* is one of the suffixes of the dative-locative case, usually expressed by the Chinese character *hang* (in, at, on, ...) in the interlinear translations. The Chinese word *mo* (overflow, go above) is an appropriate one for the suffix here, and should not be deleted. Here the meaning of the sentence is "they danced until there was a ditch up to their waist".

3. in the summarized translation

The sentence *guan shan ma nei. jiao shou shi tuo kun suo zhe* (* the meaning is not clear) was changed to *guan shan ma nei. jiao shou shi tuo xi suo zhe* (§ 234, 10:10:05). Its Chinese transcription is *Aqtas-ača asaraju hö'öšin ač iju yabutuqai*. Word *hö'öšin* appeared originally mistaken as *hö'ögia*, and its interlinear translation is *wang suo* (net). Both *kun suo* (enlacing cord) and *xi suo* (thin string) are all mistakes for *wang suo*. Thus, the summarized translation should be *guan shan ma nei jiao shou shi. tuo wang suo zhe* (Let [some of the night-guards] manage some of the geldings and load [hunting] nets on to them!).

As a matter of fact, collating a complex historical document such as the SHM demands high knowledge of the ancient Mongolian language and scripts, as well as the ancient Chinese phonology. It is not an easy work for any scholar. Mistakes in the studies are always hard to avoid. I think that the mistakes in Wang Guowei's collation do not affect his achievements in the studies of the SHM.

These years, there appears a new upsurge in the study of the SHM. Several annotated translations in many languages have been published. Nevertheless, a complete and good critical edition of the original text is also required. We hope that the textual collation of the SHM may make greater progress following in the footsteps of Wang Guowei, Eldengtei and Oyundalai.

Finally, I wish to give my thanks to Ariel Laurencio for his help with my English rendering of this article.

Bibliography

Yuan-chao-mi-shi, Si-bu-cong-kan third edition, Shanghai, 1936.

Yuan-chao-mi-shi san-zhong, Taibei, 1975.

Eldengtei, Oyundalai, Meng-gu-mi-shi jiao-kan-ben, Huhhot, 1980.

Kuribayashi Hitoshi & Choijinjab, Gencho-hishi-mongorugo-zen-tango-gobi sakuin (Word-and Suffix-Index to The Secret History of the Mongols), Sendai, 2001.

Y. Irinchin-ü sergügelte, Mongɣol-un Niɣuča Tobčiyan, Huhhot, 1987.

Щаравын Чоймаа, Монголын нууц товчоон Лувсанданзаны Алтан товч эхийн харьцуулсан судалгаа, Ulaanbaatar, 2002.

F. W. Cleaves, The Secret History of the Mongols, Harvard University Press, 1982.

Ozawa Shigeo, Gencho-hishi-zenshaku, Ⅰ-Ⅵ, Tokyo, 1984-1994.

Igor de Rachewiltz, The Secret History of the Mongols, A Mongolian Epic Chronicle of the Thirteenth Century, Brill Leiden · Boston, 2004.

Ardajab, Xin-yi-ji-zhu Meng-gu-mi-shi, Huhhot, 2005.

Щаравын Чоймаа, Монголын нууц товчоо, Монголын нууц товчооны эхийг щинээр хөрвүүлж буулгаж тайлбар хийсэн, Ulaanbaatar, 2006.

（原载 The Early Mongols Language, Culture and History——Studies in Honor of Igor de Rachawiltz, on the Occasion of His 80th Birthday）[《古代蒙古人的语言、文化与历史——纪念罗依果先生80寿辰》, Indiana University（美国印第安纳大学出版社）, 2009年]

王国维的《元朝秘史》校勘与其蒙元史研究之关系

王国维先生的研究生涯，曾被大致划分为三个阶段，即1898年至1907年为第一阶段，其时他"方治东西文字，继又治泰西哲学"；1908年至1913年为第二阶段，"治元明以来通俗文学"；1913年至1923年为第三阶段，"始尽弃前学，专治经史"，"又旁治古文字声韵之学"。[1]王国维专治经史的研究一直持续至他1927年6月初去世，其间他的学问"由古文字而古史而西北民族史地"。[2]

综合已知相关信息，王国维有关西北史地和蒙元史的研究是在他进入清华研究院以后真正开始的。1925年正月，王国维接受清华研究院的聘请，不久即开始从事这些方面的研究。从1925年春季到1927年5月（去世前的一个月），他做了大量基本史料的校注、专项问题的考证等工作，整理出《蒙古史料四种校注》，写出了《西辽都城虎思斡耳朵考》《蒙古札记》等多篇专文。他的工作从搜集、抄录相关史料开始，于1925年春天先抄出了杜环《经行记》等古行记七种，[3]然后进行校注，至当年7月，已经基本完成了《长春真人西游记注》《耶律文正年谱》的初稿；约于9月份和11月份先后写出了《西辽都城虎思斡耳朵考》《鞑靼考》。同年11月末，写成《蒙文元朝秘史跋》。进入1926年后，大约从年初开始做《圣武亲征录》等早期蒙古史史籍的校注工作，半年后全部完稿，8月

---

[1] 见《观堂集林》所收罗振玉1923年2月的序言，《观堂集林》，中华书局1959年版，第一册。

[2] 见王国维之弟王国华1936年为《王国维遗书》所写序言，《王国维遗书》第一册序三，上海书店出版社1983年版。

[3] 赵万里：《王静安先生年谱》，台湾商务印书馆1978年版，第48页。

印刷成书。① 1927 年年初至 5 月，写成《南宋人所传蒙古史料考》《元朝秘史之主因亦儿坚考》《黑车子室韦考》《萌古考》《金界壕考》《蒙古札记》等。这些成果中，《蒙古史料四种校注》在其生前于 1926 年 8 月出版，收入了其有关王延德《使高昌记》等四种行记和《圣武亲征录》等四种蒙古早期史料的研究，另外《鞑靼考》一文也于 1926 年 6 月登载在《清华学报》第三卷第一期上，其他的文章基本上都在他去世后被收进了增补版的《观堂集林》中。

但是，王国维在这一期间所做的工作远不止于此。在他去世后，其生前"校识之书丹黄犹新，中道而废"，其中包括《尚书》《礼记》《元朝秘史》《蒙古源流》等。② 对《元朝秘史》《蒙古源流》等书的校注，应该是王国维到清华研究院工作以后展开的。

中国国家图书馆善本部藏有王国维手校的两个《元朝秘史》（以下一般简称《秘史》）的本子，当为其校注《秘史》的实物见证。③ 王国维的这两个校本，由于未及全部完成或正式出版，因此一直没有得到学界足够的关注。从这两个校本的实际情况分析，王国维的《秘史》研究及其蒙元史的研究都与他的《秘史》校勘有着直接的关系。本文试图通过这两个校本对王国维的《秘史》研究及与其蒙元史研究的关系进行一番梳理分析，以了解和学习王国维做学问的方法、彰显其不朽的学术贡献。

---

① 王国维在 1926 年 5 月 17 日写给罗振玉的信中说："近来写定《西游记注》，已成上卷，其下卷较少，并《蒙鞑备录》、《黑鞑事略》笺证，一月之中或能写成，即与《亲征录校注》同付排印，此一年内成绩也。"又在 1926 年 7 月 22 日写给蒋汝藻的信中说："弟半年中在鼛鼓声中成《皇元圣武亲征录校注》一卷、《长春真人西游记注》二卷、《蒙鞑备录》、《黑鞑事略》各一卷，又有《鞑靼考》、《辽金史蒙古考》两短篇，共六种，合印一小丛书，于月内可以印成。"见《王国维全集·书信》，吴泽主编，刘寅生、袁英光编，中华书局 1984 年版，第 428、433 页。

② 《王国维遗书》第一册，序三。

③ 其缩微胶片编号分别为 02192、02193。另外，王国维在一册李文田《元朝秘史注》上写有大量眉批（该本现藏中国国家图书馆善本部，其缩微胶片索引号为 02194），总落款时间为"乙丑十月十一日"，即 1925 年 11 月 26 日。也与王国维的《秘史》研究有密切关系。王国维在卷尾空白叶写道："李侍郎所著书，若《西游录注》、若《双溪醉隐集注》，并多謇说，实不能满人意想。此注亦然，然其侃地理亦有億中者，当分别观之。……"

一　王国维《元朝秘史》校勘与其蒙元史研究之关系

　　王国维手校的两个本子，底本均为叶德辉观古堂刻本。据王国维在底本中所作的说明，两个本子校于1925年八月（阳历9月）至1926年十月（阳历11月）之间，第一个本子（以下简称A本）初校于1925年八月至九月（阳历9月至10月），① 第二个本子（以下简称B本）初校于1925年十月（阳历11月）；② 1926年十月（阳历11月）又对两个本子作了补校。③

　　王国维的《秘史》校本中，除原文校勘的字句外，还有多处长短不一的批注文字，内容涉及版本源流、词语解释、史实考订等方面。经与其正式发表的文章相对照，知多数批注后来经过修订补充，或独立成文发表或被吸收进相关的研究成果。如《蒙文元朝秘史跋》《元朝秘史之主因亦儿坚考》系独立成文，而"塔纳""烧饭""扫花""安答""兀孙额不干""赵官"等条合为《蒙古札记》一文，均收入了《观堂集林》。

　　《蒙文元朝秘史跋》，是由原写于A本中的六处文字组合修改而成的。第一处文字写在卷首阮元序言后面的空白叶："卷首'忙豁仑纽察脱察安'二行即本书之标题，意盖谓'蒙古秘史'也。《元史·虞集传》：有旨修《经世大典》，集请以国书《脱卜赤颜》增修太祖以来事迹，承旨塔失海牙曰：'《脱卜赤颜》非可令外人传者'，遂已。案：《脱卜赤颜》即脱察安，即谓是书。既称国书《脱卜赤颜》，则文宗时尚无汉译，既不传

---

　　① 王国维在A本叶德辉序、阮元提要后的空白叶写有一处补记，署"乙丑八月观翁识"；该半叶上栏外亦有一处补记，署"九月朔日又记"。此乙丑即公元1925年，九月朔日（乙亥）合阳历10月18日。在原书正文后补记"乙丑九月灵石杨氏本校，观翁""是月又以蒙文对校，增若干字句"。

　　② 王国维在B本的书后空白处写有大段补记，文末署"乙丑十月望日海宁王国维"。此十月望日合阳历11月30日。

　　③ 王国维在A本的原书正文后另补记"丙寅十月借涵芬楼所藏顾润蘋抄校原本比勘一过"；在B本的原书正文后补记"丙寅十月借涵芬楼所藏顾润蘋景钞手校原本比勘一过"、在书后补记中说"丙寅十月从涵芬楼借校一过，改正若干字，廿二日灯下国维记"。此丙寅即公元1926年，十月二十二日合阳历11月26日。

诸外人，则元时亦决无椠本，然《日知录》谓洪武十五年正月丙戌命编类《华夷译语》，复取《元秘史》参考，此时似已有译本，则此书或修《元史》时所译欤。而译文缜密周匝，似非修史时仓促所为，殆元宫中已有此秘藏译本而明初传之欤。乙丑八月观翁识。"

第二处文字紧接其下："又案《虞集传》：文宗以妥懽帖木儿太子乳母夫言，明宗在日，谓太子非其子，黜之江南，驿召翰林学士承旨阿邻帖木儿、奎章阁大学士忽都鲁笃弥实书其事于《脱卜赤颜》云云，是脱卜察为所记不止太祖、太宗两朝事，此本亦非完本也。国维又记。"

第三处文字写于该空白叶的上眉："《元史·文宗纪》至顺三年五月，'撒迪请备录皇上登极以来固让大兄①、往复奏答，其余训敕、辞命及燕铁木儿等宣力效忠之迹，命朵来续为《蒙古脱卜赤颜》一书，置之奎章阁，从之。'是文宗时别有《续脱卜赤颜》。《虞集传》妥懽帖木儿事当书于此书。至原书迄于何帝，则不可考矣。九月朔日又记。"

第四处文字紧接其后："又《察罕传》：'诏译《帝范》。又命译《脱卜赤颜》名曰《圣武开天纪》，及《纪年纂要》、《太宗平金始末》等书，俱付史馆'云。案：此书成于鼠儿年七月即太宗十二年庚子，时蒙古尚未有文字，则原书当是回鹘文或回回文，察罕所译当是由回文译成蒙文，自是始有国书《脱卜赤颜》，否则《虞集传》之语不可解矣。"

第五处文字又紧接其后："又案：《文渊阁书目》有《元圣武开天记》一部一册阙，又卷上有《元朝秘史》二部，则《圣武开天记》非此书也。"

第六处文字书于卷尾空白叶："此跋乃顾千里作，以授徒庐州及从臾（*怂恿）张古馀景钞此书二事知之。千里于嘉庆九年馆庐州府知府张祥云所，十年馆扬州张古馀所，此跋乃嘉庆十年作也。观翁记。顷检《思适斋集》，卷十四中正载此跋。"

第一处文字落款提到"乙丑八月"，第三处文字落款提到"九月朔日"，乙丑即1925年，九月朔日合阳历10月18日，可知第一处文字写于其《秘史》校勘之初。王国维的这几处文字，首先纠正了顾广圻以卷首

---

① 大兄，点校本作"大凡"，语句不通。查百衲本，"兄"字上面"口"字较小，左右两竖与下面"儿"相连，故误读为凡，然"口"字下面是一横，不是一点，故王国维读"兄"正确，"大兄"即明宗。此注为周清澍师所补，在此向恩师表示衷心的感谢。

忙豁仑纽察脱察安八字"必是所署撰书人名衔"的误解①，还明确了脱察安即元代国史《脱卜赤颜》②、《脱卜赤颜》至少续修到文宗朝、原文当以回鹘文写成、《圣武开天记》与《秘史》不是同一书、叶德辉本原有跋文乃顾广圻所作③等问题。

这六处文字后来被打乱顺序重新编排，再经修改删补合为一文，写在B本卷尾的空白叶中，题"蒙文元朝秘史跋"。与正式发表的该文相比对，知后来仅于正文中补、删各一个字，同时删去落款中的"海宁王国维"三字。④ 较之写于A本的六处文字，B本的专文加强了对书名忙豁仑纽察脱察安八字的考证，进一步分析词义，分别将忙豁仑与蒙古、脱察安与《元史》之《脱必赤颜》和《元史语解》之"托卜齐延"联系起来⑤；

——————

① 据顾广圻的跋文，在底本即张祥云藏"影元椠旧钞本"中已有这几个字。王国维在李文田《元朝秘史注》上所作的眉批中，针对其注文"元和顾广圻跋云，必是撰书人所署名衔，是也。"的说法，纠正道："此非撰书人姓名，乃蒙古脱卜赤颜二语，即《秘史》之蒙古名也"。那珂通世在1907年出版的《成吉思汗实录》的序论中，正确地将这几个字解释为蒙古语"蒙古秘史"的音译。目前所见大多数本子中，还有韩泰华旧藏本和孙星衍旧藏本在卷首有这一蒙古语题名，但是韩泰华旧藏本讹"纽察"为"组察"。另据报道，马玉堂本卷首亦有这一蒙古语题名，识语也误以为"即注书人姓名也"（参见白·特木尔巴根《马玉堂的〈元朝秘史〉十五卷抄本》，载《内蒙古师大学报》1989年第3期）。几乎与那珂通世同时，沈曾植也表达了相同的观点，他在完成于1905年前后的《元秘史补注》（1945年正式出版，收入《敬跻堂丛书》）中解读这八个字，认为"即《元朝秘史》蒙文也"。

② 钱大昕在1800年成书的《补元史艺文志》（《丛书集成初编》第12册，第19页）中曾怀疑《秘史》即元代国史"脱必赤颜"。

③ 叶德辉刻本未收原主之印、所收最后一个跋文亦无署名，末尾用小字注"此跋旧无撰人"，叶德辉本人的序言因此说："此本乃从元人旧钞本影写，……卷首标题下分注二行，左为忙豁仑纽察五字，右为脱察安三字，犹存撰书人名衔"。因为叶本所据底本文廷式抄本即无原主之印、跋文落款缺顾广圻之名，所以叶德辉才产生了这样的误会。王国维在未看到顾校本的情况下，凭着自己的学识和积累，立即就准确判断出"此跋乃顾千里作"，不能不令人佩服。接B本最后一个跋文末尾，王国维在空白叶写有一段文字，第一句是"嘉庆乙丑七月元和顾广圻书于郡署之六一堂"，这是顾广圻跋文的落款，当为王国维据顾校本所补。可知他于1926年十月从上海涵芬楼借来顾校本之后立即着手对校，据原跋做了补充，并以小字注明"此款即在云字下双行写"，"云"指顾广圻跋文正文中的最后一个字（"……兹不及评论云"）。

④ 六处文字基本上依次按第一、六、四、五、三、二处重新编排，略有调整。原作"而续集一蒙文内……"处，后改作"而续集卷一蒙文内……"；原作"自在洪武元年后"处，后改作"自在洪武元年以后"。

⑤ 王国维在此处没有具体解释"纽察"之义，但是在《南宋人所传蒙古史料考》中提到《秘史》时，作"纽察脱卜赤颜（秘史）"。见《观堂集林》第3册，第737页。可知他已清楚"纽察"即秘密之义。

讨论了《元史》的编修与《秘史》的关系；还进一步讨论了《脱必赤颜》与《秘史》的关系，推测元代或有两种《脱必赤颜》，一种后被译为《圣武开天记》亦即《圣武亲征录》，另一种后成《元朝秘史》[①]。这篇专文的落款时间为"乙丑十月望日"，即阳历 1925 年 11 月 30 日，说明王国维在首次校勘《秘史》接近尾声时已对此前的校勘、注释心得有所补充修改，并就《秘史》的研究写出了文献学方面提纲挈领性的专文。

《元朝秘史之主因亦儿坚考》，源自 B 本的一处眉批（续集卷一叶二上，§245），原有 82 个字，主要考证"主因"与"乣"的对音关系。后来扩展成较长篇幅的专文。

《蒙古札记》共收七项小内容，其中"塔纳""烧饭""扫花""安答""兀孙额不干""赵官"等六项都源自 B 本中的几处眉批，可以看出是经过修改删补而成的。核查统计的结果大致如下：

表 1　　　　　　　　　眉批与短文变化对照表

项名	总字数	增补字数	删减字数	修改字数
塔纳	1271	784	100	10 余
烧饭	643	438	18	20
扫花	241	125	37	7
安答	222	104	46	2
赵官	150	59	6	2

"兀孙额不干"一项，校本眉批原为 154 字，正式发表时为 233 字，文字改动较大，内容由原来主要考证"兀孙"即《元史》之"许兀慎"，改为主要论证"豁儿赤"与兀孙非一人。

另有一些眉批的内容，被分别吸收进其他相关的研究中。在后来正式出版或发表的成果中，王国维曾大量引用《秘史》，引用的内容大多源出他写于校本的眉批或直接的校字。初步统计结果如下：

[①] 相近的内容亦见于王国维《圣武亲征录校注》序，该序写于"丙寅二月清明日"，当在 1926 年 4 月初。

表2　　　　　　　　　　　文章引用《秘史》情况统计表

	《秘史》	《元朝秘史》	《元秘史》	《秘史》蒙文	总次数
《古行记四种校录》	1				1
《蒙鞑备录笺证》	3	4		1	8
《黑鞑事略笺证》	6	4	1	3	14
《圣武亲征录校注》	266	1		42	310
《长春真人西游记校注》	3	4	1	1	9
《西辽都城虎思斡耳朵考》		1		1	2
《鞑靼考》	3	2	1	4	10
《萌古考》	4	4		3	11
《金界壕考》	2			1	3
《南宋人所传蒙古史料考》	1				

其中《圣武亲征录校注》引用最多，这是因为王国维将《秘史》视为《圣武亲征录》之源。他在《圣武亲征录校注》的序言中说："顾是书有今本之误、有明钞本之误、有原本之误，三者非一一理董犹未易遽读也。幸而此书之祖祢之《秘史》，与其兄弟之拉施特书、其子姓之《元史》、及当时文献尚可参验，因复取以比勘，存其异同，并略疏其事实为校注一卷。"

从整个引用的情况来看，按目的和用途可以大致分为一般引证、词解、考史三类。一般引证类，指利用《秘史》的记载对人名、部落名、地名等专名的不同音译形式进行比对，多见于《圣武亲征录校注》中。

词解类，指利用《秘史》的记载对蒙古语等非汉语词汇的词义、读音进行考订。例如，《黑鞑事略》提到"捺杀因，鞑语好也"，王国维根据《秘史》（卷三）的"奈（好生）勺卜（是）"，考订捺杀因即"甚好"之义。《黑鞑事略》还说："其分而合，听姑诡之声以为号"，王国维考订"姑诡"为《秘史》（卷三）的"可兀儿格（鼓）"。[①] 又如，《圣武亲征录》谓："甲戌，上驻营于中都北壬甸"，王国维考壬甸为"王甸"，

[①] 《黑鞑事略笺证》叶一六正面至背面、叶二一背面，《王国维遗书》第13册。

理由是《秘史》同处作"失刺客额儿",即黄甸之义,"黄"始讹为"王",又讹为"壬"。①

考史类,指利用《秘史》的记载考证史实。例如,《蒙鞑备录》"近者入聘于我宋副使速不罕者"一句下,王国维注释说:"《元朝秘史》续集卷一,在后成吉思差使臣主不罕等通好于宋,被金家阻当了,以此成吉思狗儿年再征金国,此速不罕即主不罕,其再使宋,当在辛巳。"② 又如,《圣武亲征录》记:"西域赋调命牙鲁瓦赤主之",王国维注:"《秘史》有姓忽鲁木石名牙剌洼赤的回回,自兀笼杰赤来见太祖。"③ 又如,《长春真人西游记》谓:"车帐千百,日以醍醐渾酪为供,汉、夏公主皆送寒具等食。"王国维考证汉公主即《金史》"宣宗纪"所载卫绍王之女;夏公主即《秘史》所载合申(西夏)国王不儿罕之女察合。④ 又如,《鞑靼考》引《金史》"完颜襄传"有关九峰山之战时"军至龙驹河,为阻鞯所围"的记载,再证以《秘史》有关帖木真和王罕合力与金军夹击塔塔儿部的记载,认为"二书纪事并相符合","而塔塔儿一语,为鞑靼之对音",因此确认"唐宋间之鞑靼,在辽为阻卜,在金为阻鞯也"。⑤ 相近的内容,此前王国维已有论及。⑥

非常引人注意的一个现象是,王国维在引用《秘史》时多处提到"《秘史》蒙文"或"蒙文《秘史》",这是他用来表示《秘史》汉字音译蒙古语正文的术语。⑦ 王国维对《秘史》的校勘,涉及汉字音译正文、旁译、总译三个部分,他在校勘的实践中已经掌握了一些蒙古语的基本知识和《秘史》汉字音译蒙古语的规则,因此能够做到结合三部分内容来读

---

① 《圣武亲征录校注》叶六六背面,《王国维遗书》第13册。
② 《蒙鞑备录笺证》叶二正面,《王国维遗书》第13册。
③ 《圣武亲征录校注》叶八十正面,《王国维遗书》第13册。
④ 《长春真人西游记校注》叶二一背面,《王国维遗书》第13册。
⑤ 《观堂集林》第3册,第638页。
⑥ 见于王国维写在李文田《元朝秘史注》上的一处眉批(叶二五正面),作:"《金史》'完颜襄传'阻鞯'奔斡里札河,遣完颜安国追襲之,众散走,会大雨,冻死者十八九,降其部长,遂勒勋九峰石壁'。斡里札河即此浯勒插河,与此所记为一事,然则《辽史》之阻卜、《金史》之阻鞯即塔塔儿也。"
⑦ 针对《连筠簃丛书》仅收总译部分的本子,内藤湖南(《蒙文元朝秘史》,载《史学杂志》第13编第3号,1903年)、王国维(《蒙文元朝秘史跋》)等人称汉字音译正文、旁译、总译三部分齐全的本子为"蒙文元朝秘史"。

《秘史》，从中发现问题，并用于校注他书或撰写研究文章。比较多见的是根据《秘史》音译正文补充总译的漏译。例如，《圣武亲征录》记"朵鲁班、塔塔儿、哈答斤、散只兀诸部会于揵河"处，王国维注文谓："据《秘史》蒙文（四），此七部外尚有乃蛮、篾儿乞、斡亦剌、泰亦赤兀四部，共十一部。"① 又如，在《西辽都城虎思斡耳朵考》一文"碎叶水者，今之吹河"处，王国维提道："而《元朝秘史》（五）云，王罕又走去回回地面垂河，行入合剌乞塔种古儿皇帝处。"然后作注说："同卷六太祖遗王罕书，蒙文内亦有此语，但译文略去'垂河'字样。"② 又如，《鞑靼考》所附"鞑靼年表"承安元年项下引有《秘史》卷四金王京丞相追袭塔塔儿部的相关记载，在"时塔塔儿在忽速秃失秃延地面"一句下面，王国维作注说："蒙文尚有纳速秃失秃延一地。"③ 他还试图根据《秘史》音译正文重新翻译或疏通语句，以纠正总译的不确。例如，《圣武亲征录》有一句话作："上与札阿绀孛迎敌之，其众败走。是时有土满土伯夷、董哀诸部，乃克烈败散之众，亦来降。"王国维先引《秘史》音译正文，然后指出："土绵秃别干即此土满土伯夷，斡栾董合亦惕即此董哀。土绵之言万也，斡栾之言多也。二部中，小部甚多，又皆客列亦惕之分部，故又总结之曰溃散了的客列亦惕。此录用一'乃'字，甚协。而《秘史》译文乃云'又客列亦种及那秃别干董合等姓溃散的百姓亦来降'，区客列亦种与二部而二之非也。"④ 又如，《圣武亲征录》"阔阔出黑儿思安生折该晃脱合儿"处，王国维根据《秘史》音译正文的三处相关记载，理清了所涉人物之间的关系，考证此折该晃脱合儿即《秘史》的"者该

---

① 《圣武亲征录校注》叶二八正面，《王国维遗书》第13册。在《鞑靼考》所附"鞑靼年表"的"泰和元年"项下，正文"蒙古汗帖木真与克烈汗汪罕逆战于阔亦田，大败之"后，王国维引述了《秘史》的内容并作注说："《秘史》（四），其后鸡儿年（案泰和元年岁在辛酉），合塔斤等十一部落（蒙文中有合塔斤、撒只兀惕、朵儿边、塔塔儿、亦乞列思、翁吉剌、豁罗剌思、乃蛮、篾儿乞惕、斡亦剌惕、泰亦赤兀惕，共十一部）于阿勒灰不剌阿地面聚会，……"王国维甚至对李文田没有就此作注表示了不解，他在李校本同处的叶眉写道："此十一部落，蒙文中具列其名，乃不采入注中，真所谓拾璞羽而失鲲鹏矣。"实际上，李文田的注释主要是以《连筠簃丛书》所收十五卷总译本为工作本的，在他抄写顾校本之前已基本完成，因此对音译正文利用得很有限。

② 《观堂集林》第3册，第631页。

③ 同上书，第678页。

④ 《圣武亲征录校注》叶一七背面，《王国维遗书》第13册。

晃塔豁儿""也该晃脱合儿",总结说:"《秘史》蒙文旁注与译文句读鹘突殊甚,因为疏通之。"①

就《秘史》校勘及其蒙元史研究来观察王国维做学问的特点,可以看出他是从最基础的史料搜集、整理开始的,而且注重第一手史料的搜集和利用。在 1925 年秋季刚开始校勘《秘史》时,他选择了叶德辉刻本,即当时所能得到的带有汉字音译正文的本子,而没有用仅有总译的《连筠簃丛书》本。这也说明他重视民族文字史料在民族史研究中的作用。② 待 1926 年十月从上海涵芬楼借到顾校本即叶德辉刻本的祖本后,立即又用它来对校叶德辉本,避免了叶德辉本不必要的失误,从根本上保证了校勘的质量。在具体的校勘和研究中,他尽可能多地利用其他相关史料,相互印证、辨别正误。除了《元史》《辽史》《金史》《蒙鞑备录》《黑鞑事略》《圣武亲征录》《秋涧先生大全集》《湛然集》等大量汉文史籍外,他还利用了拉施都丁《史集》、《马可波罗游记》、《多桑蒙古史》等外国史书。

同时,他还十分注重了解和吸收他人的研究成果。陈得芝将王国维后来把主要精力转向蒙元史研究的原因总结为两点,一为"晚清学术潮流的延伸",二为"受国外元史学长足进步的激励"。③ 在这一阶段的研究中,对他影响最大的国内学者应该是沈曾植。从后人整理的资料来看,自 1916 年春天王国维初次拜访沈曾植之后,就经常登门请教。④ 他曾在沈曾植家中看到其手校的说郛本《圣武亲征录》,受到启发,后来他开始作蒙古早期史料的整理、研究,遂从 1925 年冬季起陆续借来三种《圣武亲征录》的抄本,进行合校,至 1926 年 4 月基本完成。⑤ 在他的研究成果中,

---

① 《圣武亲征录校注》叶四四背面至四五正面,《王国维遗书》第 13 册。

② 在 1922 年 12 月 12 日写给马衡的信中,王国维曾询问:"现在大学是否有满、蒙、藏文讲座?"并表示:"此在我国所不可不设者。其次则东方古国文字学并关紧要。"他重视民族文字史料的观念早已树立。

③ 陈得芝:《重温王国维的西北民族史研究》,载《清华元史》第一辑,商务印书馆 2011 年版。

④ 许全胜:《沈曾植年谱长编》,博士学位论文,华东师范大学,2004 年。

⑤ 王国维在《圣武亲征录校注》序中说:"余前在海上于嘉兴沈先生座上见其所校说郛本《亲征录》,为明弘治旧钞……先生晚岁不甚谈元史事,然于说郛本犹郑重手校……乃益梦想说郛本,旋知其本藏江安傅君沅叔所,乙丑季冬乃从沅叔借录,沅叔并言尚有万历抄说郛本在武进陶氏。丙寅正月赴天津复从陶氏假之……由江南图书馆有汪鱼亭家钞本,亦移书影钞得之,合三本互校。"见《王国维遗书》第 13 册。在 1926 年 4 月 16 日写给罗振玉的信中说:"近一月中将《元圣武亲征录校注》写定,共一百十页,因原书不分卷,故仍为一卷。此卷经此一校,庶几可读矣。(后又从江南图书馆影钞汪鱼亭家钞本,亦佳。)"见《王国维全集·书信》,第 428 页。

也不时引述沈曾植的见解。这一时期对他影响较大的国外学者多为日本学者。王国维早年专习日文，曾几赴日本，与日本的不少中国史学者保持着十分密切的关系，关注他们的研究，互通学术信息，交流学术心得。其中那珂通世的影响更多一些，在《圣武亲征录校注》、《秘史》校勘本中，那珂通世的观点和译注文屡屡出现。在1925年秋冬之际两次校过《秘史》之后，王国维于1926年3月致信日本友人神田喜一郎，请他代购那珂通世的《秘史》译注本《成吉思汗实录》，同年7月中旬得到该书。①10月又借到顾校本，于是他再对A、B两个本子作了一次补校。②

令人印象深刻的，还有王国维精益求精、不断求索的科学精神。两年中三校《秘史》，本身就是很有说服力的例证。在精心校勘的同时，孜孜不倦寻求更佳版本和更重要的学术参考，达到了一种良性渐进，每校之间都有新的发现、新的收获。他在校勘阶段写下的一处处校记，后来有不少修改扩充为专文，有的能看出经过了反复的补充修改。有的成果从开始着手研究到最终定稿，历时几个月甚至一年多。王国维在《萌古考》一文中说："乃就书传所记蒙古上世事实，汇而考之，署曰《萌古考》。一年以来，颇有增益，既别成《南宋人所传蒙古史料考》，又就前考稍有补正，因并写为此篇，以俟异日论定矣。"③ 他1925年6月下旬就说："近作《长春真人西游记注》，大略可以脱稿，唯尚有书须查，定稿尚待数月也。"到8月下旬，说："今年夏间为《长春真人西游记》作注，又作《耶律文正年谱》，均未定稿。"到9月中旬又说："夏间无事，作《长春真人西游记注》并《耶律文正年谱》，虽具大略，然尚未能定稿也。"过了八个月左右，到1926年5月中旬才说："近来写定《西游记注》，已成上卷，其下卷较少。"④ 足见其严谨之学风。即使对于已经出版印行的成果，王国维也仍然抱着审视的态度，准备随时增补修改。他在1926年9月中旬写给神田喜一郎的一封信中说："弟所撰《亲征录校注》甚为草

---

① 致神田喜一郎的前一封信说道："那珂博士《成吉思汗实录》一书，不知何处出版（*版）？现在书肆想尚有新印本出售，拟请代购二部。"后一封信写于1926年7月28日，说道："《成吉思汗实录》亦早于半月前递到矣，敬谢敬谢。"见《王国维全集·书信》，第426、433页。
② 王国维根据顾校本所做的校勘、所引述的那珂通世的观点和译注文，多数写于B本。
③ 《观堂集林》第3册，第687页。
④ 见《王国维全集·书信》，第414、419、421、428页。

率,但志在介绍一《说郛》本耳……此书印刷垂成,已发见当增订之处不止三四,至《蒙鞑备录》及《黑鞑事略》二种,则当增订之处尤多。"① 到 1927 年年初,他在另一封信中说:"《蒙鞑备录》与《黑鞑事略》两笺,近来增补甚多,《辽金史蒙古考》亦须改作,亦深悔当时出板(＊版)之早。"② 说明他已经就前期出版的成果作了相应的增补修改。《秘史》校勘过程中的一些问题,王国维已经有所认识,但是未及进一步深入研究、落实成文。例如,他曾推测"乞颜者,奇渥温或却特之对音也",但是未及深究,只是说:"俟再考之。"③

二 王国维《元朝秘史》校勘评析

上文已经说到,王国维手校的两个本子校于 1925 年八月(阳历 9月)至 1926 年十月(阳历 11 月)之间,第一个本子 A 本初校于 1925 年八月至九月(阳历 9 月至 10 月),第二个本子 B 本初校于 1925 年十月(阳历 11 月);1926 年十月(阳历 11 月)又对两个本子作了补校。校勘时,王国维先是以《连云簃丛书》本为校本改过一遍,不久又依据叶德辉刻本(以下一般简称叶本)中的汉字音译正文再校一过,"增若干字句",一年后因借得涵芬楼所藏顾校本④,于是又据该本重新校勘一遍,"改正若干字"。⑤

王国维的校勘,包括对校、本校、他校和理校。对校主要是以叶本的祖本顾校本校改叶本的刻误,⑥还有个别对《连筠簃丛书》本(即张穆十五卷总译本)的校改;⑦本校主要是根据叶本和顾校本的前后文(包括汉字音译正文,即王国维所称"蒙文")校改讹误、校补缺译;⑧他校的实

---

① 见《王国维全集·书信》,第 442 页。
② 见《王国维全集·书信》,第 450 页。
③ 见 A 本卷三叶三四正面叶眉。
④ 顾本卷首有傅增湘 1932 年(壬申)毛笔手写识语,其中提到当年涵芬楼收购该本时他曾"为之谐价",后来又从涵芬楼借来,供陈垣校勘用,不久上海遭日机轰炸,涵芬楼被毁,他因而感叹:"此书以余假阅,故竟逃浩劫,不可非谓厚幸也。"
⑤ 参见注 7、注 9。
⑥ 据统计,A 本内约改 59 处、B 本内约改 40 处。
⑦ 据统计,A 本内改 3 处。
⑧ 据统计,A 本内约改 88 处、B 本内约改 77 处。

例不多，主要依据《圣武亲征录》做了校改。① 理校即根据常识所作校改。② 校勘时主要采取了两种标注方式，一种为栏外改正（有时附简单校记），另一种为栏内字旁改正。③

据统计④，王国维的校改总数约 260 多处，其中 A 本约改 147 处、B 本约改 117 处（除去重复校改之处），改叶本约 99 处、改顾校本约 165 处（包括据叶本改顾校本的 4 处）。校补总数约 70 多处，其中 A 本约补 19 处、B 本约补 54 处（除去重复校补之处）。校勘范围涉及全书，包括音译正文、旁译和总译三部分。⑤ 音译正文部分约校改 84 处、校补 8 处；旁译部分约校改 144 处、校补 54 处；总译部分约校改 36 处、校补 11 处。

若按讹、倒、衍、脱、错断来分类，王国维的校例可以举出如下一些⑥：

一、讹
1. 正文部分

原文	王国维校改内容	所在位置
ᵗ合水ᵗ浑	ᵗ合木ᵗ浑	§21，01：13：06⑦
兀出于	兀出干	§35，01：21：08
秦亦赤兀ₓ	泰亦赤兀ₓ	§47，01：29：05
塔儿ᵗ忽白乞ᵗ鄰ₓ秃ₓ	塔儿ᵗ忽台乞ᵗ鄰ₓ秃ₓ	§72，02：03：04

---

① 例如：卷六叶三八背面（§180）音译正文"也该ᵗ晃塔ᵗ合儿"，叶眉记"也该晃塔合当依卷四作者该晃答豁儿，亲征录作折该晃脱合儿，知也乃者之误"。
② 如卷一叶一六正面第三行（§25）音译正文"孛罗［黑］臣 ᵗ合儿赤ᵗ孩"，旁译作"雖 黄鹰"，话不通，王国维改"雖"为"雛"，是。卷二叶四背面第四十三行（§73）音译正文"秃黑剌周"，旁译作"莫头拿着"，话不通，王国维改"莫"为"英"，是。卷二叶三七正面第三行（§94）音译正文"额兀思坚 阿亦速ₓ仑"，旁译作"迭 来的［时］"，话不通，王国维改"迭"为"送"，是。等等。
③ 王国维在 B 本原书正文后的补记中说："观翁照景钞本校正者以朱笔注于行间，其景钞本亦误者，粗读一过共得一百四十九处，则于书根记之。"
④ 目前国家图书馆仅提供这两种本子的缩微胶片。一些校改之处后来又做记号撤销，有些因看不太清楚不好断定，只能做大致的统计。
⑤ 额尔登泰、乌云达赉的《〈蒙古秘史〉校勘本》（内蒙古人民出版社 1980 年版）仅校音译正文部分。
⑥ 本文所举例子，基本上选自王国维对顾校本的校改、校补内容。
⑦ 01：13：06，表示卷一叶一三背面第一行，以下类推。

索鲁^舌剌	孛鲁^舌剌	§74，02:06:03
俦兀	擣兀	§85，02:22:10
迭兀担儿	迭兀捏儿	§101，02:47:01
札撒间	札撒周	§132，04:11:01
撒兀^舌数	撒兀^舌邹	§142，04:33:08
那不勤	那牙勤	§166，05:40:02
才温	牙温	§169，05:48:05
客额_勒耶罢	客额_勒都罢	§170，06:05:10
^中合^舌儿镤田	^中合^舌儿镤由	§195，07:38:04
乘沐^舌浏壮	乘沐^舌浏捏	§198，08:03:08）
元年	兀年	§200，08:14:10
外格^中灰	升格^中灰	§201，08:19:03
余^舌鲁^中罕	秃^舌鲁^中罕	§202，08:25:09
巴徹	巴撒	§219，09:24:09
^中忽必米	^中忽必来	§235，10:10:10
敏千	敏干	§242，10:23:08
兀瞻	兀瞻	§244，10:30:09
只也	只池	§257，11:40:05
兀都^舌别^舌儿	兀都^舌剌^舌儿	§259，11:42:10
撒赤_惕	撒亦_惕	§265，12:06:01
莎即^中合思	莎郎^中合思	§274，12:28:01
雷余额^舌儿	雪余额^舌儿	§277，12:34:02）

2. 旁译部分

原文	王国维校改内容	所在位置
将木着	将来着	§16，01:10:01
生了	坐了	§24，01:15:10
雎	雏	§25，01:16:03
半朵肚皮有的	半孕肚皮有的	§38，01:22:08
每的	母的	§43，01:25:08
大有的	火有的	§62，01:43:02
一箇	一同	§64，01:44:10
莫头	英头	§73，02:04:09

弓着	引着	§79，02：13：06
断着	骑着	§90，02：28：01
迭	送	§94，02：37：03
盡	畫	§98，02：42：05
温散着	溃散着	§110，03：16：05
着	省	§118，03：30：10
吉了的	告了的	§121，03：39：04
聪美	腮美	§123，03：43：04
教了	殺了	§128，04：03：04
凡	兄	§131，04；09：08
用	肝	§139，04：25：07
的人	百人	§150，05：10：01
沼	沿	§151，05：11：04
诂有的	话有的	§166，05：40：06
且	宜	§167，05：44：03
入着	反着	§177，06：30：03
教人着	教入着	§196，07：42：03
两	雨	§214，09：12：01
练推	练椎	§214，09：14：01
教衆	教聚	§218，09：22：03
千每的	十每的	§224，09：30：10
营着	管着	§225，09：36：06
欲着	砍着	§229，09：47：10
道念	遗念	§242，10：24：03
自卑	鼻	§242，10：24：06
聞着	開着	§272，12：21：10
高嚴	高麗	§274，12：28：01
去者	丢者	§278，12：38：03
官	宮	§278，12：40：05
也	地	§280，12：53：07

3. 总译部分

原文	王国维校改内容	所在位置
休将也行	休将他行（据顾校本改叶本）	§72，02:04:01
列扯克彻儿赤^中忽儿^中忽山两间	到扯克彻儿赤^中忽儿^中忽山两间	§94，02:37:08
忽礼兀^舌儿	忽札兀^舌儿	§177，06:32:08
宿卫数日	宿卫数目	§229，09:49:08
放纛	旌纛	§232，10:06:04
巴死	已死（据顾校本改叶本）	§240，10:20:03

二、倒

1. 正文部分

原文	王国维校改内容	所在位置
脱^舌列温毕_勒	脱^舌列温_勒毕	§17，01:10:05
脱^舌列温毕_勒	脱^舌列温_勒毕	§20，01:12:07
斡孛壇 孛_黑鲁罢	斡孛_黑壇 孛鲁罢	§42，01:25:02
主^舌儿不	主不^舌儿	§115，03:25:02

2. 旁译部分

原文	王国维校改内容	所在位置
咱寻	寻咱	§83，02:20:07

三、衍

1. 音译正文部分

原文	王国维校改内容	所在位置
備由	——	§243，10:25:10

2. 旁译部分

原文	王国维校改内容	所在位置
没肋扇的	肋扇的	§57，01:39:05

四、脱

1. 正文部分

原文	王国维校改内容	所在位置
脱^舌列先	脱^舌列［克］先	§8，01:05:07
浑讨兀	浑讨兀［孛_勒罢］	§111，03:18:05

兀舌里	[捏] 兀舌里	§118，03:30:05
额耶秃都周	额耶秃 [勒] 都周	§121，03:38:10
赤讷	赤讷 [阿周]	§203，08:28:06

2. 旁译部分

原文	王国维校改内容	所在位置
曾	[不] 曾	§34，01:21:03
么	么 [道]	§83，02:21:02
教马	教 [上] 马	§104，03:02:10
有的	[轴] 有的	§124，03:46:03
着	[宿] 着	§128，04:03:03
每	[日] 每	§136，04:19:06
的	[说] 的	§145，04:42:06
自的行	[舌] 自的行	§169，05:49:02
领着	[种] 领着	§176，06:19:10
了也者	[去] 了也者	§177，06:26:03
教自的行	[口] 教自的行	§214，09:16:07
第次	第 [二] 次	§227，09:42:02
有的	[水] 有的	§270，12:16:01
教呵	教 [奔] 呵	§279，12:49:05

3. 总译部分

原文	王国维校改内容	所在位置
把阿秃	把阿秃 [儿]	§46，01:29:01
斡勤巴儿合	斡勤巴儿合 [黑]	§49，01:31:02
管自的事物	管自 [己] 的事物	§192，07:22:04
速别台	速别 [额] 台	§195，07:40:07
小拽射五百步	小拽 [弓] 射五百步	§195，07:41:06

卷四叶一六背面第三行（§134）总译"脱斡舌邻王的名分"处，下栏外记："据蒙文，王的名分下当有'脱斡邻罕之称王罕自此始也'。"是。其音译正文作"王罕捏舌列 王京丞相温 捏舌列亦都 [克] 薛额儿 田迭彻 孛 [勒] 罢"（旁译作"名分 人名的 名了的上头 自那里做了"）。

五、错断

1. 正文部分

原文	王国维校改内容	所在位置
ᵗ豁ˢ儿赤 兀孙 额不干	ᵗ豁ˢ儿赤 兀孙额不干	§120，03∶36∶02
失吉ᵗ忽秃 ᵗ忽古出	失吉ᵗ忽秃ᵗ忽 古出	§202，08∶25∶04
巴歹乞失里黑	巴歹 乞失里黑	§219，09∶25∶07

有些实例，王国维特别注明是根据"蒙文"所校改、校补的。例如：卷八叶二五背面第二行下栏外记有"冢率即卷三蒙文之种索"、卷九叶十背面第二行下栏外记有"卷三蒙文作敝失兀惕"（正文原讹"敝失兀惕"）；卷五叶一二背面第三行补"塔海"一名，成"使勇士［塔海］速克该去迎"，叶眉记"据蒙文补"。

从整个校改、校补的情况看，不少没有注明是否根据"蒙文"的地方实际上也都参照了音译正文。如卷十叶四二背面第二行（§245，总译部分）原有"七子便塞着门"一句，王国维在"七"字旁改"六"，当据音译正文所改，因为音译正文该处作"只ˢ儿ᵗ豁安"（旁译"六个"）；卷十一叶一九背面第四行（§253，总译部分）补"阿勒赤"一名，成"主儿扯歹［阿勒赤］脱仑三人"，以及卷十一叶四八背面第二行（§260，总译部分）补"晃塔合儿"一名，成"晃ᵗ孩［晃塔合儿］搠儿马ᵗ罕等三人"，也应该是据音译正文所补。

细读、核对音译正文，是校勘、研究《秘史》必不可少的前提，仅凭总译或旁译或他人为音译正文所作的拉丁转写，是不能充分领会《秘史》的内涵的，这一点已成为《秘史》研究者们的共识。然而在王国维的时代，国内《秘史》研究尚不够发达，通蒙古语的汉族学者极少见。在这种情况下，王国维能够做到细读、核对音译正文，不仅反映出他精益求精、知难而进的治学态度，也说明他校勘的质量相对可靠。

从不少校改、校补文字和校记中可以看出，王国维已在校勘、研读《秘史》的过程中逐步发现了不少问题，除了叶本、顾校本中的刻误和抄误等表层性的问题外，他还通过汉字音译正文与旁译的对照，掌握了明初《秘史》汉译者的一些翻译手法，从而发现了原文中的一些语法方面的深层次的问题。他的不少校勘内容，即使是在今天也仍然对《秘史》的校勘工作具有参考、借鉴意义，他在这方面的贡献应当受到重视。

语法方面校改的实例多与动词有关。例如：

1. 动词祈使式

音译正文	旁译	王国维校改内容	所在位置
额里^舌耶	咱寻	寻咱	§83，02:20:07
保兀牙	下哨	下咱	§142，04:33:07
^中合^舌里_杨^中浑	回去	回去您	§148，05:03:08
斡^舌罗_勒都速	共入	共入我	§164，05:37:10
^中合_杨^中忽_勒都速	厮杀	厮杀我	§171，06:07:09
斡^黑札_杨^中合牙	虚惊	虚惊咱	§193，07:23:09

校补"我""咱""您"等字，确有必要。按照明初《秘史》汉译者的旁译规则，动词后面的"我""咱""您"分别用作动词祈使式第一人称单数、第一人称复数、第二人称复数的标志词，以对应蒙古语中的动词祈使式附加成分。①

又如，卷三叶一八背面第二行（§111）音译正文原作"石^舌儿窟连"（旁译"钻入[我]"），改"石^舌儿窟速"。是。

古蒙古语动词祈使式第一人称单数附加成分为-su/-sü，汉字音译时以"速"表示。"连"字因形近而讹。

2. 副动词

卷三叶三四背面第四行（§120）音译正文原作"捏亦速 亦^舌列罢"（旁译"相合"），改"捏亦连 亦^舌列罢"。是。-n 为蒙古语单纯连接副动词附加成分之一，与前面的音节-le 连读为-len，汉字音译时主要以"连"字表示。"速"字因形近而讹。

卷一叶四正面第五行（§6）音译正文"斡_克帖_克先 字额速"的旁译原作"与了的 有来"，改"与了的 有呵"。卷七叶三八正面第二行（§195）音译正文"阿兀^舌儿剌阿速"的旁译原作"怒可"，改"怒呵"。是。-'asu/-'esü（-basu/besü）为古蒙古语制约连接副动词附加成分之一（用于假定式），汉字音译时以"阿速/额速、巴速/别速"表示，旁译作"呵"。"可"字因形近而讹。

3. 动词时态附加成分

卷七叶三八背面第四行（§195）音译正文原作"^中合^舌儿镤田"（旁

---

① 从现有版本看，这一规则在实际中贯彻得并不彻底，不少动词祈使式的旁译未加标志词。王国维补加的也只是一小部分。

译"射有"），改"^中合^舌儿镤由"。是。-yu/-yü 为蒙古语动词现在、将来时附加成分之一，汉字音译时以"由"表示。"田"字因形近而讹。

卷四叶三四背面第三行（§142）音译正文"迓步主为"的旁译原作"行了有为"，改"行了有来"。是。-ju'ui/-jü'üi 为古蒙古语动词过去时附加成分之一，汉字音译时以"主为"表示，旁译作"有来"。

4. 动词语态附加成分

卷十二叶四五背面第五行（§277）音译正文"阿^中合剌_黑答罢"的旁译原作"彼为长了"，改"被为长了"。是。-qda/-gde 为蒙古语动词被动态附加成分之一，汉字音译时以"_黑答/_克迭"表示，旁译作"被"。"彼"字因形近而讹。

5. 形动词否定形式

卷十叶三五正面第二行（§245）音译正文"孛速埃兀都兀耶"的旁译原作"起来行"，改"起未行"。是。"兀都兀耶"（-üdü'üi-e）是带有方位格助词-e（旁译"行"）的形式。-üdü'üi 为古蒙古语形动词否定式附加成分之一，汉字音译时以"兀都为"表示，旁译作"未"。"来"字因形近而讹。

王国维以上的改动、补充，都是符合明初汉译者旁译相关处理规则的。

还有个别校改实例与名词的格有关。例如：

1. 凭借格

卷八叶二正面第三行（§198）音译正文"阿^舌来亦牙^舌儿"的旁译原作"山名"，补改"山名依着"。是。-iyar/-iyer 为蒙古语名词凭借格助词之一，汉字音译时以"亦牙儿/亦耶儿"表示，该格另一助词为-bar/-ber（-'ar/-'er），汉字音译时以"巴儿/别儿（阿儿/额儿）"表示。凭借格助词旁译用词较多，有"教""用""里""行""依着"等。"依着"用于多种情况，其中"理依着""道理依着""体例依着""圣旨依着""言语依着"等例子中的"依着"，表示"遵照"之义；而"川依着""扫道依着""路依着""站依着""踪迹依着""背后依着""野狐岭依着""居庸关依着"等例子中的"依着"，表示"沿着""顺着"等义。至于"阿^舌来亦牙^舌儿"之例，卷十一叶三六背面第四行（§257）音译正文又见"阿^舌剌亦牙^舌儿"的写法，旁译作"地名依着"。阿^舌剌亦牙^舌儿、阿^舌来亦牙^舌儿，蒙文原文均应为 Arai-'ar，汉字音译正文靠近口语发音。

王国维的《元朝秘史》校勘与其蒙元史研究之关系　　287

Arai 即"阿来岭"。"依着"的一般用例和第 257 节的旁译，证明第 198 节旁译"山名"之后原缺"依着"一词，王国维的补充符合明初汉译者的相关处理规则。

2. 方位格

卷八叶三九背面第五行（§206）音译正文"兀^舌鲁^中合"的旁译原作"子孙好"，改"子孙行"。是。"兀^舌鲁^中合"，拉丁转写当作 uruq-a，-a/-e 为古蒙古语名词方位格助词之一，多与前面的辅音合为一个音节，《秘史》汉字音译用字不定，旁译多作"行"。"好"字因形近而讹。

以上王国维所作校改，基于对蒙古语名词格的语法关系以及明初汉译者的处理规则的领会。他在卷一叶四正面第五行下栏外记"依文义有来当作有呵"，这"文义"实际上包括了其中的语法关系。

《秘史》的不少词汇缺少旁译，据初步统计约有七十多处，除流传过程中形成的脱漏外，相当大的一部分看来是因原译者未译而形成的。王国维尝试着对其中的二十多处缺译作了补充。

音译正文	旁译	王国维校补旁译	所在位置
必_勒只兀儿	——	云雀（据那珂译文）	§77，02:09:03
^中合阿台	——	门有的	§101，02:47:02
^中合儿察	——	蚁（据那珂译文）	§103，02:50:10
斡那^舌儿	——	扣子（据那珂译文）	§105，03:04:02
^中合塔^舌儿	——	外貌（据那珂译文）	§111，03:18:04
^中忽纳^舌儿	——	服装（据那珂译文）	§111，03:18:10
^中合^舌剌秃	——	黑（据那珂译文）	§111，03:19:04
汪剌只_惕^中浑	——	刺	§124，03:46:09
^中豁剌因	——	箭名	§124，03:47:03
斡帖^舌儿连	——	作急	§133，04:13:01
亦_克秃捏周	——	来	§133，04:13:01
帖堆	——	便	§134，04:16:02

斡仑 —— 得		§145，04:40:01
客亦思坚 —— 刮		§148，05:01:05
阿答舌儿中合泥 —— 间谍（那珂译"离间"）		§164，05:37:08
额勒别孙札剌麻 —— 祈祷		§174，06:16:07
兀舌儿邦 —— 土		§183，06:46:02
额勒别速额舌儿 —— 祈祷 依		§189，07:10:03
唉亦 脱舌儿鲁黑 —— 叹声 懦（据那珂译文）		§189，07:10:04
啜额客惕 —— 少		§189，07:11:01
你兀惕中浑 —— 默		§190，07:13:08
抹只舌儿中合中浑 —— 性拗		§209，09:02:07

其中，前后文或总译可以提供词义参考的词例约有十个，如"作急""便""得""刮""间谍""祈祷""叹声""少""默""性拗"等。还有八处补文参考了那珂通世的《成吉思汗实录》。

王国维的大部分校勘内容都是十分正确、到位的，但是也有一些误改、误补的现象。例如上文所列补文"蚁""扣子""来"等，显然是错误的。其他误改、误补的例子还有：

卷三叶二正面第二行（§104）"中含秃惕中合勒都周（相收合着）"；卷三叶六正面第一行（§105）"中含中合兀勒孙（蓬蒿）"；卷三叶十一背面第一行（§108）"中含秃惕周（相合着）"，均于下栏外记"中含当作合"。误。"中含"用以音译蒙古语的 qam 音节，符合以上三个例词的词义。

卷五叶四九背面第五行（§169）"中豁室（房子）"，下栏外记"室疑当作黑"。原文无误。

卷十叶四五正面第二行（§246）"至第三日将晚"，下栏外记"晚当作晓"。误。因原文作"雪泥（夜）"。

卷三叶三背面第一行（§104）"在中豁舌儿中豁纳黑主不儿地面里住。有我这里起二万军马做右手"，改"有"为"著"。误。因音译正文作"备者（有也者）"，所以总译当作"……地面里住有。我这里……"

卷九叶一八正面第一行（§214）"缺了汤饮"，改"饮"为"饭"。

误。因原文作"暑涟（汤）"。

卷十叶十正面第五行（§234）"官骟马内。教收拾驮緺索者"，改"緺"为"细"。误。因原文作"阿_黑骟撒察（骟马每行）阿撒^舌剌周（收拾着）诃斡甲（申之讹）（綱索）阿赤周（驮着）迭步禿^中孩（行者）"，所以总译当作"官骟马内教收拾、驮綱索者"。

卷一叶八背面第三行（§13）"斡_克速（与可）客额周（说着）"，改"可"为"呵"。误。

卷一叶三九正面第五行（§57）"哈必儿哈塔（没肋扇的）"，下栏外记"肋扇蒙文为哈必儿哈儿，此处旁注作没肋扇，没字涉下文没膝字而衍"。误。哈（当作"^中合"）必儿哈（当作"^中合"）塔（qabirqa-ta）为带有方位格助词的形式，《秘史》总译缺译，若直译则为"直到肋扇"即"没肋扇"之义，不存在衍文。实际上接下来的"额不都_克帖"，旁译作"没膝的"，直译也是"直到膝盖"，也不存在衍文。

卷四叶三四正面第四行（§142）"客备（護每有）"，下栏外记"護疑话之讹"。误。"客"当为"客［惕］"（ked），是"虔"（ken，谁）的复数形式，因此"護"当为"誰"的形讹。多数十五卷本此处不误，作"谁"。《秘史》另有三处"客惕"，旁译均作"谁每"（§§170、195）。

卷八叶二七正面第一行（§202）音译正文"也连 塔奔"，旁译作"九十五"。下栏外记"也连当作也速"，误。

卷十二叶九背面第四行（§267）音译正文"讷兀^揚（儿）"下栏外记"讷疑当作可"。误。因为"讷兀^揚"（nu'ud）为小男孩儿（复数形式）之义，与"儿子们"之义的"可兀^揚"（kö'üd）不同。

叶本卷十二叶八正面第五行（§266）"^中豁儿^舌里（衣襟）"，据顾校本改"^舌里"为"理"。实际上顾校本"理"为"埋"之形讹，"^中豁^舌儿埋"即"衣襟"之义。

卷七叶四一背面第一行（§195）"连穿透"，"连"字旁补"甲"字。误。因原文作"客_勒乞帖列（直连了）兀_勒客帖列（直穿了）^中合^舌儿不由（射有）"，意为将多人一并射穿。

卷九叶十四正面第一行（§214）"那阔额（那个手）^中合^舌里牙^舌里颜（教自的行）"，在"教"字前补"手"字。误。因原文旁译将"手"字错植在了前一个词上，实际上应作"那个 手教自的行"。

实事求是地说，这些例子的原文在词汇和语法上难度较大，容易使人出现失误。还应该看到，目前所见的几种十五卷本全本，尽管存在该系统共同的问题或各自的缺陷，但是仍然能够在相当程度上据以校补顾校本的讹倒衍脱。王国维在没有条件利用到十五卷本全本的情况下，看出并校正了十二卷本中那么多的讹误，还补充了一些缺漏，且多与十五卷本全本的正确之处相合，实属不易。实事求是地说，校勘《秘史》这样一部在古蒙古语言文字、汉语音韵学等方面均要求非常高的史籍，对任何学者都是一种考验，尽善尽美很难达到，出现错误在所难免。

以上，就王国维《秘史》校勘与其蒙元史研究之关系进行了梳理、分析，还对其《秘史》校勘的具体内容展开了分析和评论，得出的结论是：他的《秘史》校勘与其蒙元史研究之间存在着直接的关系，是其从事蒙古早期史料研究和蒙元史研究的一项基础性工作，为其相关研究奠定了坚实的基础；他的《秘史》校勘方法得当、质量上乘，反映出他渊博的学识和严谨的学风。能够在短短两年的时间里做出如此大量的工作、取得令人惊异的丰硕成果，证实他早已具备了高水平从事这方面研究的学术素质。正如陈得芝先生指出的那样，"如果假以时日，先生的蒙元史论著一定更加丰富，更加完善，特别是他计划要做的《元史》补正或考异如果完成，则后人从事蒙元史研究就将能站在更高、更坚实的基础上，迅速提高蒙元史学的水平"[①]。

今年正值王国维先生去世八十五周年，谨以此文纪念这位伟大的学者。

(原载《清华元史》第二辑，商务印书馆2013年版)

[①] 陈得芝：《重温王国维的西北民族史研究》。

额尔登泰先生与《蒙古秘史》研究

——纪念额尔登泰先生诞辰一百周年

在额尔登泰先生诞辰一百周年之际，内蒙古社会科学院蒙古学研究中心召开"纪念额尔登泰先生诞辰一百周年学术研讨会"，感到十分必要和具有多方面意义。在此向研讨会表示衷心的祝贺。能够有幸受到会议的邀请，特向会议组织者表示诚挚的谢意。

提到额尔登泰先生，估计人们会首先联想到他的《蒙古秘史》研究。作为一位学者，额尔登泰先生倾注毕生精力研究的主要对象是《蒙古秘史》，而他与合作者们多年潜心研究所获得的丰硕成果，对《秘史》学界产生了重大影响，为近三十年来国际《秘史》学乃至蒙古学的发展起到了非常大的促进作用。

我自开始学习蒙古史专业，就享受到先生及其合作者们研究成果的实惠，对先生们始终怀有深深的敬意。近些年来我也在做《蒙古秘史》方面的研究，对一些相关的情况有所了解，然而先生学识之高、造诣之深，其学术成就的评价本不是我一个后学所能胜任的。无奈受先生之子阿尔达扎布先生之请，仅就自己在学习、研究《蒙古秘史》的过程中对额尔登泰先生及其合作者们研究成果的粗浅体会，作一简单介绍。

《蒙古秘史》是蒙古人最值得骄傲的精神、文化财富，自然成为蒙古学研究中的重要组成部分。自1866年鲍乃迪（Arch. Palladiĭ Kafarov）的总译俄译本在圣彼得堡出版，学术意义上的研究已开展了近一个半世纪。当我们回顾百余年来《蒙古秘史》的研究史时，可以看到一条比较清晰的脉络：进入20世纪，研究工作蓬勃发展，蒙古语原文方面的研究取得了长足的进展，自1907年那珂通世的日文译注本问世到1979年札奇斯钦的汉文译注本出版之间，先后有不少译（注）本、音写本出版，其中较具代表性的成果除那珂通世的译注本外，还可以举出海涅什（E. Haenisch）的德译本及音写本、柯津（S. A. Kozin）的俄译本附音写本、伯希和（P. Pelliot）的音写本附前 6 卷的法译文、李盖提（L. Ligeti）的匈译本及音写本、村上正二的日译本；罗依果（Igor de Rachewiltz）的音写本（附词汇索引）等。文献解题方面的研究也不甘落后，那珂通世日文译注本的序论、陈垣的《元秘史译音用字考》、洪业（William Hung）的《〈蒙古秘史〉源流考》、小林高四郎的《〈元朝秘史〉研究》等，深入探讨了围绕《蒙古秘史》一书的文献学方面的问题。《蒙古秘史》的研究很快变成了一个国际性的学术领域，形成了专门的学科"《秘史》学"。尽管这一阶段的研究进展较快，一些研究成果的学术水平也已达到了相当的高度，然而一个不容忽视的事实也确实存在，即研究的某些方面显得后劲不足，研究的整体水平进展不够明显。1980 年，额尔登泰先生及其合作者们的《〈蒙古秘史〉词汇选释》《〈蒙古秘史〉校勘本》相继出版，《秘史》的研究似乎被注入了一股新鲜血液，顿时更加活跃起来。《〈蒙古秘史〉校勘本》为研究者们更加准确地利用蒙古语原文提供了很大的便利；而《〈蒙古秘史〉词汇选释》为研究者们解读疑难词语提供了进一步的参考。其后的研究多从这两部书中汲取营养，带动总体水平有了显著提高。1987 年出版的亦邻真的《〈元朝秘史〉畏吾体蒙古文还原》、1984 年至 1989 年出版的小泽重男的 6 卷本《〈元朝秘史〉全释》（日文译注本）、2004 年出版的罗依果的 2 卷本《〈蒙古秘史〉——13 世纪的蒙古史诗编年史》（英文译注本）、2005 年出版的阿尔达扎布的《新译集注〈蒙古秘史〉》等等，代表了新研究成果的高水平。我曾亲耳听到在日本留学时的导师小泽重男先生说："如果没有额尔登泰等几位先生们的原文校勘和词汇解释、没有亦邻真先生的畏吾体蒙古文还原，我的《〈元朝秘史〉全释》的工作是不会十分顺利的。"

先生们的成果之所以能够如此受到学界的关注、能够发挥如此重要的作用，究其原因我认为首先一点是他们的研究抓住了《蒙古秘史》研究中的两大关键问题，即原文校勘和疑难词汇的解读释义问题；再有一点就是得益于他们的研究方法得当。

研究一部古籍，首先离不开文献学方面的研究，而版本校勘又是文献学研究方面的重要环节。按照古籍整理的惯例，版本校勘是第一步的工作，是翻译、释文解义的基础。在先生们的校勘本出版之前，国内外尚无一部《蒙古秘史》的校勘本，人们研究时所依据的"原文"，或为每节后的总译，或为某一版本的内容，或为经过拉丁转写的汉字音译正文。这就使得以往的研究不免有些先天不足、基础不牢的感觉。额尔登泰先生对此有清醒的认识，早在写于1972年2月9日的《关于整理、翻译和出版〈蒙古秘史〉的几点意见》①一文中，他就指出"现行三种版本的任何一种，[即使]最好的版本（以顾广圻本为最好）也难免有不少错讹和脱落"，并总结以往国外相关研究的主要不足之一为"他们在进行汉字拼音蒙文《蒙古秘史》的拉丁拼音以前，并没有根据《蒙古秘史》的三种版本，对于蒙文原文和汉文旁译以及汉文总译，进行过合校工作"。这些看法后来收进了《〈蒙古秘史〉校勘本》的序言，该序言说："现存的不论是哪一种版本《秘史》，都有相当严重的错讹"，"对于这样错讹严重的《秘史》本，国内外从来还没有进行过彻底的校勘。这些错讹，就不可避免地妨碍对《秘史》原文全面、正确的理解，以致不可能更有效地利用这一珍贵的典籍"，"我们认为在进行《秘史》的转写（蒙文或拉丁文）、翻译、注释工作之前，首先应该出版一部对汉字标音进行过校勘而错讹较少的《蒙古秘史》。这就是整理出版本书的理由和目的"。

在具体的校勘实践中，先生们根据版本源流正确地选择四部丛刊三编本（顾广圻监抄本之影印本）为底本，以叶德辉本（顾广圻本之转抄刻印本）、钱大昕本（潘克福本）为参校本。遵循以本校、对校为主，以他校、理校为辅的校勘原则。这都是符合古籍整理规范的。《〈蒙古秘史〉校勘本》只就四部丛刊三编本的汉字音译正文部分作了校勘，统计出其中存在1200多字的错误，又将存在的问题归纳为"错字、脱落、颠倒、衍文、错缀、错断"等6类。问题的发现和归类都相当准确。

《蒙古秘史》的篇幅不算特别大，但是里面的疑难词汇却不少。旁译尽管对解读词语具有主要的参考作用，然而旁译中存在的问题同时也正是《蒙古秘史》研究中的一大症结。旁译中的问题主要有两类，一是旁译缺失，二是旁译存疑。旁译缺失的现象中，除疏忽等原因外，不少是明初翻译当时已不知其义而造成的。旁译存疑的情况，主要是指根据上下文其译

---

① 未发表，由额尔登泰先生之子阿尔达扎布先生提供。文中注明：一九七二年二月九日，额尔登泰遗作、纳古单夫整理。

文语义不通、不合的现象，形成的原因也多出于明初译者的一知半解。属这两类情况的词汇也就成了疑难词汇，能否准确地对其解读释义关系着整个研究的成败。《〈蒙古秘史〉词汇选释》的序言中说："在进入《蒙古秘史》这个文化宝库的大门时，有许多困难，它们就像嵯峨峥嵘的高山峻岭和吓唬行人的虎豹鹰隼一样在拦路。这些困难就是纵横于书中的古语法和数以千计的难解词。解决了这些难题之后，我们才能有效地、准确地探讨书中所涉及的社会、经济、政治、军事、文化等等方面的重大问题。"据该序言，额尔登泰先生等人自1962年开始研究《蒙古秘史》之初，即首先着手解决难解词的问题。额尔登泰先生在《关于整理、翻译和出版〈蒙古秘史〉的几点意见》中说，据初步统计，旁译中约有200来个词汇的原译是错误的或者是不十分确切的；还有不少古语或死语词被从略不译。经过先生们十多年的努力，到《〈蒙古秘史〉词汇选释》一书出版时，我们看到所收词条达到了1018个。

　　解决疑难词汇问题的关键性作用，以往的研究者也未必完全没有意识到，在一些译文、注释和专文中，也能见到相关的解读释义的尝试，但是效果多有不能令人满意之处。其中除了研究水平的提高存在循序渐进的过程等客观原因外，主要在于研究观念和方法上存在差距。额尔登泰等几位先生从蒙古族形成、发展的历史出发，认识到蒙古语的词汇当中多源因素的存在。《〈蒙古秘史〉词汇选释》的序言中说："蒙古民族在世界历史上曾是掀起风暴而造成巨大影响的英雄民族，《蒙古秘史》又正是这个时代的史实的记录，它承受了在它以前的许多民族的文化遗产，又接触了和它同时代的许多部族和氏族，吸收和保存了他们的语言，当然也不可避免地影响了许多其他民族，使当时的蒙古语言保存在他们的语言中，一直延续到今天。"因此确定蒙古语诸方言、蒙古语族其他语言以及历史上与蒙古人有过较多接触的其他民族的语言为参考、利用对象，展开文献查寻和田野调查。额尔登泰先生在《关于整理、翻译和出版〈蒙古秘史〉的几点意见》中说："《蒙古秘史》的蒙文原文词汇中，包括有大量的古词语。这些词失去了在现代蒙语中的积极意义，而其绝大部分在蒙古语族的其他民族（如达斡尔族、土族、东乡族等）语言中，或者在蒙古语某些方言中，仍然起着语言词汇的现实积极作用。""这些古语词不难从蒙古语各方言中和蒙古语族语言中找到解答。"在写于1980年12月25日的《关于

〈蒙古秘史〉校勘本》》①一文中，他进一步解释说："把已经不是普遍使用的语汇（计有400余），作为难解语。利用各种中外字典和中外文献，并结合调查访问，也从各兄弟民族语言中探索，以期得到解决。结果证明：《蒙古秘史》中有许多难解的语汇，并不是完全无法解决。"日本蒙古史学家吉田顺一教授十分赞同这一思路，在2000年的一次讲演中他特别评论道："额尔登泰等学者在1980年出版的《〈蒙古秘史〉词汇选释》和1986年出版的《〈蒙古秘史〉还原注释》的成功之处，肯定在于他们充分注意到蒙古语各地方言，并以此来探索《蒙古秘史》词汇的各种涵义。"②值得着重提到的是，额尔登泰先生敏锐地认识到突厥语词汇在解决《蒙古秘史》难解词当中将发挥的重要作用，他的遗作当中有一部《〈蒙古秘史〉中的突厥语词汇》③，据说收入了约200个词汇及词义解释。《〈蒙古秘史〉词汇选释》的序言中也提道："就兄弟民族的语言来说，可以从汉语、满语、鄂温克语以及与蒙古民族有历史因缘的突厥族语言的研究中所得到的材料，来解决《蒙古秘史》注释工作中的疑难问题。"而该书"第一部分"即研究部分的第三项专设为"《蒙古秘史》中的突厥语词"，从构成词组成分、构成重叠成分、构成对偶成分、构成韵文成分、构成副词成分、专门名词、人名地名、有关突厥语借词的一些问题等8个方面讨论了突厥语词汇在《蒙古秘史》中所起的作用。实际上，选释的1018个词汇中被确认与突厥语有关的就有不少。选择的这一突破方向无疑是正确的。

在翻阅大量工具书和文献资料的同时，额尔登泰等先生在内蒙古自治区内外展开了广泛的语言调查。在《关于整理、翻译和出版〈蒙古秘史〉的几点意见》中，额尔登泰先生曾提道："参考有关蒙语古语词文献资料的同时，结合调查结果，已经解决了外国人百年来都没有解决的二百余条古语词，并蒐集到深入补充、说明或纠正外国人历来错误主张的古语词汇的有利材料二百余条。"他与乌云达赉先生合写的《海涅什〈蒙古秘史词典〉正误》一文，共纠正了该词典约180个词条的错误解释。据他的

---

① 未发表，由额尔登泰先生之子阿尔达扎布先生提供。文中注明：1980.12.25，额尔登泰遗稿、纳古单夫整理。
② 吉田顺一：《展望21世纪的蒙古学研究——2000年1月3日在中央民族大学的讲演》，《蒙古学信息》2000年第3期。
③ 承蒙额尔登泰先生之子阿尔达扎布先生邀请，在其家中得以一见原稿。

《关于〈蒙古秘史〉校勘本》一文，先生们实地调查的足迹除遍及内蒙古自治区的鄂尔多斯、锡林郭勒、科尔沁、呼伦贝尔等地区外，还远达青海等省；调查过的蒙古语方言包括鄂尔多斯、察哈尔、科尔沁、巴尔虎、布里亚特等，其他语言包括达斡尔语、满语、藏语等。文中还提到将计划去新疆实地调查土尔扈特方言和维吾尔语。

正是有了正确的方向和方法，加上先生们的辛勤工作，使得《〈蒙古秘史〉词汇选释》的学术水平陡然上了一个很高的台阶，不少悬而未决的疑难问题得到了颇具信服力的解决，因此一经出版立即受到了国内外学界的欢迎。

我们今天纪念额尔登泰先生，一方面缅怀先生及其合作者们为研究《蒙古秘史》所付出的努力和获得的成就，以及他们为《秘史》学乃至蒙古学所作出的重要贡献。另一方面希望他们知难而进、精益求精的科学研究工作的精神，能够激励后辈学者为不断攀登更加险峻的学术高峰而奋斗。

2008 年 12 月 11 日

（原载《额尔登泰蒙古学文集》，内蒙古教育出版社 2015 年版）

第三部分

满都海哈屯与达延汗

——《蒙古源流》选译并注释

满都海哈屯和达延汗是明代蒙古的两个重要历史人物。后人对于他俩生平事迹的了解，基本得自蒙文记载，即17世纪的《黄金史》《大黄金史》《黄史》《蒙古源流》《阿萨拉格其史》等史书。在明代的有关汉籍中，不见满都海哈屯其人。据蒙古史籍的描述，满都海哈屯是蒙古封建主当中能顾全大局、识大体的妇女。她在丈夫满都兀仑（满都鲁）大汗去世后，毅然主动与比自己年幼二十五岁的成吉思汗嫡嗣达延汗（把秃猛可）成婚，维护了汗统，经历各种困难，终于使达延汗征服右翼各部，实现了成吉思汗后裔对全蒙古的统治。关于达延汗的事迹，明代汉籍只有零星记载，同蒙文史书也有抵牾之处。达延汗的时代当时被认为是蒙古汗统中兴的时期，对以后蒙古族历史的发展有很大影响。将有关蒙汉史料钩稽在一起，加以疏通考订，阐明当时历史的本来面目，对于今后进一步的深入研究或许有所补益。为此，本文节选了《蒙古源流》中这一段记载，试着作了汉译和注释。由于作者才开始这方面的工作，文中一定有不少缺欠和谬误，殷切期望得到师长和专家们的批评指教。

本文分蒙文原文音写、原文校勘记、汉译文、译文注释四个部分。

蒙文原文以库伦本［海涅士影印本。Erich Haenisch, Eine Urga-handschrift des mongolischen Geschichtswerks von Secen Sagang（alias Sanang Secen），柏林，1955年］为底本，校以其他五种本子：

1. 阿勒黑苏勒德本（Qad-un Ündüsün-ü Erdeni-yin Tobči，内蒙古人民出版社，1962年），校记中缩写作A本。

2. 故宫殿本（Enetkeg Töbed Mongγol Qad-un Čaγan Teüke Neretü Tuḥuji，北京图书馆晒蓝本），校记中缩写作 G 本。

3. 施密特本（Isaac Jacob Schmidt，Geschichte der Ost-Mongolen und ihres Fürstenhauses verfasstvon SSanang SSetsen Chungtaidschi der Ordus，1829 年，文殿阁书庄 1937 年影印本），校记中缩写作 S 本。

4. 土谢图汗家藏本（Tengri-deče Jayaḥaḥar Eḥüdügsen Qad-un Altan Uruγ-un Čaγan Teüke Neretü Tuḥuji，据蒙古人民共和国策·纳顺巴勒珠尔合校 Erdeni-yin Tobči 中的 a 本。内蒙古人民出版社翻印本，1980 年），校记中缩写作 a 本。N. p，指纳顺巴勒珠尔合校本的页码。

5. 札木扬抄本（无书名。据策·纳顺巴勒珠尔合校 Erdeni-yin Tobči 中的 e 本），校记中缩写作 e 本。N. p，指纳校本页码。

参照的几种 17 世纪蒙文史书：

1.《黄金史》（Qad-un Ündüsün Quriyangγui Altan Tobči，内蒙古图书馆藏本），校记中缩写作 AT。

2. 罗桑丹津《大黄金史》（Erten-ü Qad-un Ündüsülegsen Törö Yosun-u Joqiyal-i Tobčilan Quriyaγsan Altan Tobči keḥekü Orošibai，乌兰巴托，1937 年。田清波、柯立夫影印本：Altan Tobči——A Brief History of the Mongols by bLo-bzaṅ bsTan-'jin，哈佛大学出版社，1952 年），校记中缩写作 LAT。

3.《黄史》（沙斯季娜校刊译注本 Шара Туджи——Монголъская летопись XVII века，莫斯科—列宁格勒，1957 年），校记中缩写作 ST。

4. 善巴《阿萨拉黑其史》（Asaraγči Neretü-yin Teüke，丕尔烈校注本，乌兰巴托，1960 年），校记中缩写作 ANT。

译文注释中一些参考书用了简称，这些书是：

1. 清译本：《钦定蒙古源流》（沈曾植、张尔田《蒙古源流笺证》本）。有时也简称《笺证》。

2. 施译本：I. J. Schmidt，Geschichte der Ost-Mongolen und ihres Fürstenhauses verfasst von SSanang SSetsen Chungtaidschi Ordus.（施密特：《鄂尔多斯萨囊彻辰洪台吉撰写的东蒙古及其王室历史》）。

3. 道译本：道润梯步译注《新译校注〈蒙古源流〉》（内蒙古人民出版社，1981 年）。

4.《秘史》：《元朝秘史》（《四部丛刊》三编本）。

5. 《亲征录》：《圣武亲征录》（王静安先生遗书本）。

6. 《辍耕录》：《南村辍耕录》（中华书局，1959 年）。

7. 《善巴书》：Asaraγči Neretü-yin Teüke（《阿萨拉黑其史》，乌兰巴托，1960 年）。

8. 《表传》：《钦定外藩蒙古回部王公表传》。

9. 《要略》：《皇朝藩部要略》（浙江书局校勘本，光绪十年）。

10. 《世系谱》：《蒙古世系谱》（张尔田跋本，1939 年）。

11. 《通谱》：《八旗满洲氏族通谱》。

12. 《游牧记》：《蒙古游牧记》（清同治六年祁氏刊本）。

13. 《制度史》：符拉基米尔佐夫《蒙古社会制度史》（刘荣焌译，中国社会科学出版社，1980 年）。

14. 《蒙古篇》：和田清《东亚史研究·蒙古篇》（东洋文库，1959 年）。

15. 朱贾《黄金史》：朱风、贾敬颜译注《汉译蒙古黄金史纲》（油印本）。

原文音写

Tendeče Qorčin-u Ünebolod① Ong, Manduqai② Sečen Qatun-i abuya kehegsen-dür, Manduqai Sečen Qatun eyin ügülerün③: "Ejen-ü üre oγohata tasuraγsan böhesü, ene ong mön Ejen-ü töröl büküi ber jöb bülühe. Emög-ün ejen-ü aγul ači Batu Möngke kehekü keüken, ende Temür Qadaγ-un γar-tur büi kehen sonosdamui. Tehünče čökekü-yin urida bi ülü odumui." kehegsen-dür, Alaγčud Sangγai Örlüg maši jöbšiyen, ese ögčü küliyen ajuhu. Tedüi Manduqai Sečen Qatun Qoorlad-un Sadai-ača eyin asaγbai: "Urida Qorčin-u Ünebolod Ong üge duradču bülühe. Edöhe ene keüken kürčü irebei. Ede qoyar-un ken-dür inu odsuγai?" kehehesü, Sadai ügülerün: "Öčüken keü ken-i küliyetele,

---

① Ünebolod, 原作 Ünebalad, 据 G 本（v, f50）、S 本（p. 178）、a 本（N. p. 347）改。下同。LAT 作 Ünebalad；ANT（p. 59）作 Ünebolod。AT 作 Noyan Bolad, ST 作 Noyabolod。

② Manduqai, 原作 Manduqui, 据 G 本（v, f50）、S 本（p. 178）、a 本（N. p. 347）及 AT, LAT, ST, ANT 等改。下同。

③ ügülerün, 原作 ügülejü, 据 G 本（v, f50）、S 本（p. 178）、a 本（N. p. 347）改。

Ünebolod-tür odbasu ba bürin-e①sayin bülühe. " kehebe. Basa Sangγai Örlüg-ün gergei Jiγan Aγ-a-ača mön uridučilan asaγbasu, Jiγan Aγ-a eyin kehen ügülerün: "Qasar-un üre-dür odbasu, qara mör② uduridun, qamuγ ulus-ačahan qaγačaju, qatun nere-hen aldamui-je. Qahan-u üre-i saqihasu, qan tengri-de ibehegden, qamuγ ulus-iyan ejelejü, qatun nere-hen aldaršimui-je." kehehesü, Sečen Qatun Jiγan Aγ-a-yin üge-yi jöbšiyen, Sadai-dur ayimasču: "Qahan-u üre-yi üčüken kehen, Qasar-un üre-yi yeke kehen, qatun beye-yi minu belbesün kehen, qahaši eyin ügülemü či!" kehehed, toloγai uruhu inu qalahun čai asqa-had.

Darui-dur mön tere ging bars jil-e, Batu Möngke-yi dolohan nasutai-yi γar-ača inu kötelün irejü ger-ün noyan Menggen Irahu kehekü-her sačuli sačuhulun, Eši Qatun-a öher-iyen eyin öčirün: "Qara čaγan ülü taniγdaqui γajar-a berilem bülühe. Qahan-u üre Borjigin-u uruγ nereyidbei kehen, Qasar-un üre Ünebolod abuya kehekü-dür, Qatun eke-yühen ordo-yin oyira irebei bi. Alaγ morin ülü③ taniγdaqu-yin tedüi-e berilem bülühe. Aγul ači üre-yi činu④ öčüken kehen, abaγ-a Qasar-un üre türiküi čaγ-tur, ayuqu ami-han ohorču ende irebei bi. Erčin yeke ehüde-yi činu könggen kehen, erkim yeke bošoγ-a-yi činu boγoni kehen, etehed Ünebolod Ong-i yeke kehen odbasu, Eši Qatun eke minu bohol beri-yü-hen imai üje. Ünen setkil-iyer ejen eke-dehen ayiladqaγsan üge-dür-iyen kürčü, öčüken üre-yi činu Batu Möngke-yi saqin küliyejü gergei bolbasu, öröšiyejü⑤ dotohadu engger-tür minu dolohan nihun, γadahadu engger-tür minu γaγča ökin jayaha! Ügeher minu bolbasu dolohan Bolod⑥ kehen nereyidün γolomta-yi činu šitahasu." kehen öčihed qariju odoγsan-u qoyina, Ünebolod Ong ülemji maši jöbšiyen uhilahad, ügülegsen üge-hen usadqaju ohorbai.

---

① ba bürin-e，据 A 本（f. 63）补。G 本（v, f51）、S 本（p. 178）、a 本（N. p. 348）作 ba bürin。

② mör，原作 müri，据 G 本（v, f51）、S 本（p. 178）、a 本（N. p. 349）改。

③ ülü，据 e 本（N. p. 350），AT，LAT 补。

④ činu，据 A 本（f. 64）、G 本（v, f52）、S 本（p. 180）、a 本（N. p. 350）补。

⑤ öröšiyejü，原作 örišiyejü，据 G 本（v, f53）、S 本（p. 180）、a 本（N. p. 351）改。

⑥ Bolod，原作 Bolad，据 G 本（v, f53）、S 本（p. 180）、a 本（N. p. 351）改。下同。

满都海哈屯与达延汗

Tere čaγ-tur ebin① abaγ-a bergen inu Manduqai Sečen Qatun uu morin jiltai, γučin γurban nasun dehere-hen, Batu Möngke ge bečin jiltei, dolohan nasun dehere inu gergei bolon šitüldüjü, mön tere ging bars jil-e, dayan ulus-i ejelekü boltuγai kehen Dayan Qahan kehen nereyidün, Eši Qatun-u emüne qan oron-a sahulγahad, uqahatu Manduqai Sečen Qatun unjihuluγsan üsü-hen dehegši ebkijü ulus-un ejen Dayan Qahan-i ükeg-tür tehejü, uduridun morilaju, Dörben Oyirad-tur ayalan, Tes Bor-tu kehekü i dehere dobtolju, yeke olja talahan abubai.

Tendeče Manduqai Sečen Qatun-ača Törö Bolod, Ulus Bolod qoyar teügs, tehün-ü qoyina Töröltü Günji, Barsu Bolod qoyar tegüs, tehün-ü qoyina Arsubolod γaγčahar, tehün-ü qoyina Alčubolod, Wčir Bolod qoyar-i olon büküi-e, Dörben Oyirad dobtolqui-dur, morilaju dutahan atala, Manduqai Sečen Qatun morin-ača šiljigsen-dür, Qonggirad-un Eselei Taibu, Qačin-u Jiqui Darqan, Balγačin-u Bayan Böke, Asud-un Batu Bolod dörbehüle böglen, Bayahud-un Sayiqan-u sayin qongγor morin-a unuhulun abču γarun^an büküi-e, darui-dur tere qoyar keüked-i② tegüs esenle hed, tehün-ü qoyina Arbolod γaγčahar-i esenlegsen-dür, Eši Qatun-u③ ehel jarliγ-iyar eke Manduqai-yin ünen setkil-iyer bolbai keheldühed, yeke bayar-un qurim kijühüi.

Tende basa Jalayir-un Qutuγ Šihüši-yin ökin Sümir Qatun-ača Gerebolod Taiji, Geresanja Taiji qoyar, Oyirad Bahatud-un Baγarγun otoγ-un Alaγ Čingseng-ün köbehün Manggilai Aqalaqu-yin ökin Küši④ Qatun-ača Ubasanja Čing Taiji, Geretü Taiji qoyar-luha arban nigen qad saljuhui.

译 文

却说科尔沁（1）的兀捏孛罗王（2）提出要向满都海切尽哈屯

---

① ebin，原作 eb-yin，据 A 本（f. 64）改。
② keüked，原作 keüken，据 A 本（f. 64）、G 本（v, f54）、S 本（p. 182）、a 本（N. p. 353）改。
③ -u，据 A 本（f. 64）、G 本（v, f54）、S 本（p. 182）、a 本（N. p. 354）补。
④ Küši，原作 Küšei，据 G 本（vi, f1）、S 本（p. 182）及 AT, LAT 改。

(3) 求婚。满都海切尽哈屯说道:"如果主上的后裔确实绝尽了,这位王爷也是主上的亲族,[改嫁给他]也算合乎情理。所说万众之主(4)的嫡孙(5)、一个名叫把秃猛可(6)的孩子,还在这边帖木儿哈达(7)家里。除非他使人断念绝望(8),我是不能嫁给[兀捏孛罗]的。"阿剌出(9)的桑该斡尔鲁非常赞许,没有给[回话],在那里等候(10)。于是,满都海切尽哈屯问郭尔剌(11)的萨岱(12):"在先,科尔沁的兀捏孛罗王提过[求婚]。现在,这个孩子已经来了。我该嫁给他们俩的哪一个?"萨岱说:"与其守候一个小孩子,不如嫁给兀捏孛罗,这样对我们大家都有好处。"[满都海切尽哈屯]又依前话问桑该斡尔鲁的妻子济罕阿噶(13)。济罕阿噶回答说:

"如果嫁给哈撒儿的后裔,
就会招来黑道[厄运],
离开你所有的国土人众,
失去你的哈屯册封!

如果守着大汗的子孙,
就会被皇天祐护,
主宰你所有的国土人众,
让你哈屯的声名远扬!"

切尽哈屯非常赞许济罕阿噶的话,怒斥萨岱说:
"你以为大汗子孙幼冲卑小,
你以为哈撒儿后裔强大[可恃],
你以为哈屯我寡居[无靠]?!
竟敢说出这样的话!"

说罢,就把滚烫的热茶浇在他的头上。

就在那庚寅年(14),[满都海切尽哈屯]把七岁的把秃猛可牵着手领到[家]来,请内廷总管蒙根亦剌忽作洒马奶子仪式,她自己向也失哈屯(15)作了如下祈奏:

"我在分不清黑白的地方嫁来做媳(16)。
[现在]欺侮大汗后裔孛儿只斤的子孙幼小,
哈撒儿的后裔兀捏孛罗王要娶我,
我来到母后你的斡耳朵跟前。

还在分不清花马的时候我嫁来作媳，
当叔王哈撒儿的后裔嫌你嫡孙幼小，
肆意专横跋扈（17）的时候，
我不顾生命危险来到这里。

如果我把你坚强硕大的门户看轻了，
把你高贵宏大的门限看低了，
只因异系的兀捏孛罗王爷强大，便去改嫁，
请母后也失合屯，看着你的奴婢媳妇！

如果我做到向母后你启奏的真诚的这番话，
守着你年幼的后裔把秃猛可，做他的妻子，
请你在我内襟中赐给我七个男孩子，
　　外襟中赐给一个女孩子，
倘若我祈奏的话果真实现，就起名叫七个孛罗（18），来延续你的香烟。"（19）

祈奏之后，她回到家中。兀捏孛罗王［听了］，赞许异常，［感动得］哭了起来，把原来提说的［求婚之事］全放弃了。

当时，作为伯母（20）的满都海切尽哈屯生于戊午年（21），已经三十三岁，而把秃猛可甲申（22）年生，才七岁；她做了他的妻子（23），同居相依。就在那庚寅当年，号称达延汗（24），意思是让他做天下之主。［达延汗］在也失哈屯［神主］之前即了汗位，聪慧过人的满都海切尽哈屯，把垂下的头发梳上来，做成发髻，把国主达延汗放在座箱（25）里，领着他出征，去讨伐四瓦剌（26），在帖思·博尔图（27）地方发起进攻，取得了大量的掳获。

后来，满都海切尽哈屯生下脱罗孛罗、兀鲁思罗孛（28）一对儿子，之后又孪生脱罗土公主、巴尔速孛罗（29）；再后生下阿尔速孛罗（30）一个。又后来，正是妊怀阿勒楚孛罗、瓦齐尔孛罗（31）的时候，四瓦剌人［突然］前来袭击（32），满都海切尽哈屯骑上马逃走，从马上跌落下来。弘吉剌（33）的额色垒太傅（34）、哈臣（35）的济会答儿罕（36）、巴勒哈臣（37）的伯颜孛可、阿速（38）的把秃孛罗四个人掩护着她，让她骑上叭要人赛罕（39）的草黄骏马，才脱险而出，就在这时生下了那两个男孩子。以后，又生下阿儿孛罗（40）一人。［大家］都说，这都靠也失哈屯的慈恩旨意（41）、母后满都海的真诚。于是摆起了大喜庆的宴会。

又有札刺亦儿（42）的忽秃少师的女儿速米儿哈屯（43）生了格列孛罗（44）、格列三札（45）两个儿子；瓦刺·巴噶图特［部］巴噶儿衮鄂托克（46）的阿刺丞相（47）的儿子忙吉来阿哈刺忽的女儿古失哈屯（48）生了兀巴三札青台吉（49）、格列图台吉（50）两人，［这样］一共分出十一个汗。

注　释

　　（1）科尔沁：Qorčin，清译本同。部落名。即汉籍中的"火儿慎"（《登坛必究》卷二十三）、"好儿趁"（《万历武功录》《山中闻见录》）、"科尔亲"（《通谱》）、"科尔沁"（《清实录》《表传》《游牧记》等）。

　　qočrin，意为"持箭筒的人""箭筒士"。《秘史》旁译作"带弓箭的人"。《元史》谓"佩弓矢，国语曰火儿赤"（卷八〇），又曰"火儿赤，佩櫜鞬侍左右者"（卷一一九）。这是元代怯薛执事之一。这一官名成为科尔沁部名的来源。伯希和、韩百诗说："过了很久以后，为了纪念这个职务才变成一个部名"（法文译注《圣武亲征录》第75页）。

　　《表传》云："科尔沁始祖曰哈布图哈萨尔，元太祖弟……十四传至奎蒙克塔斯哈喇……明洪熙间科尔沁为卫拉特所破，避居嫩江，以同族有阿噜科尔沁，号嫩科尔沁以自别。"（卷十七）张尔田看出了其中的混乱，指出："以世代数之，其徙牧东方当与博迪卜幕察哈尔（按即明嘉靖初年）相先后，张石州据《明史》阿鲁台败走兀良哈、驻牧辽塞，而疑正在其时者，不足信也。"（《笺证》卷五叶二十八下）和田清也指出张穆把奎蒙克塔斯哈喇当作明初的人是个误会，考证他就是汉籍中的"魁猛克"或"魁猛磕"（《武备志》卷二〇四、《明世宗实录》），是嘉靖三十四年（1555）前后的人，在小王子打来孙东迁时逐渐活跃起来（《蒙古篇》第651、652页）。

　　《表传》"阿噜科尔沁部总传"提到哈萨尔（哈撒儿）十三世孙图美尼雅哈齐（即奎蒙克塔斯哈喇之父），此人在《黄史》中作 Tumbui

Jayaγači，其父为哈撒儿十二世孙 Bolonai Noyan（第 102 页），即汉籍中的齐王孛罗乃。孛罗乃为明成化（1465—1487）时人，其孙就绝不会出现在明洪熙（1425）时。既然奎蒙克塔斯哈喇为嘉靖时人，是否科尔沁部"徙牧东方"像张尔田所说"当与博迪卜幕察哈尔相先后"呢？也不能这样看，这为时太晚。科尔沁部徙牧嫩江流域还应该看作是在明洪熙年间，只是当时的首领不会是奎蒙克塔斯哈喇。从上引《表传》的记述可看出在奎蒙克塔斯哈喇之前就已有了科尔沁这一部名，并有蒙古史籍为佐证。但蒙文史书中成吉思汗时代就已出现了Qorčin这一部名，冠于哈撒儿之子脱黑唐阿·把阿秃儿台吉的名前（《黄金史》《大黄金史》《源流》）。这是以后来的情况凭想象上推，这脱黑唐阿其人也是想象出来的，不足为据。《元史》只有一处提到"火儿赤纳庆州"（卷一一八），即"科尔沁的庆州"，可惜没有其他材料可以说明。科尔沁部的形成大概是在明初。

和田清说科尔沁部首领原为成吉思汗幼弟斡赤斤系，哈撒儿的子孙后来东迁取代了斡赤斤的子孙（《蒙古篇》第 243 页）。值得注意的是，和田清作为论据的《源流》所说的阿台汗为"科尔沁部斡赤斤主人的后代"（Qorčin Očigin Ejen-ü üre. f. 52）一句，不见于《黄金史》《大黄金史》和《善巴书》，而作为《源流》材料来源之一的《黄史》却说阿台汗是"主上的后代"（Ejen-ü üre. p. 62），即成吉思汗的后代（Ejen 一词单用时专指成吉思汗，这在 17 世纪蒙文史书中是一致的）。因此，说阿台汗是科尔沁部斡赤斤的后代是难以置信的。

（2）兀捏孛罗王：Ünebolod Ong，清译本作"乌讷博罗特王"。此人名字中的"兀捏"部分，读音不大好确定。除《大黄金史》《善巴书》也作 AOIAA 外，《黄金史》作 NOIAN（noyan），《黄史》作 NOIN（noya，nün）。因古蒙古文中 N 的书写形式常不加识点，而 I 在 O 后可表示 ö、ü 二音，又可以记写 Y。所以此处不易确定 AOIAA 当读作 üne-，还是 noyan-。成化年间泰宁卫一首领的名字可以给我们一些启示。这个人的名字在《明实录》中 W 以"兀南（或喃）帖木儿"和"兀研帖木儿"两种形式出现。"兀南""兀研"二音，其蒙文原文的书写形式当是 AOIAA，这首先可以帮助我们确定词首是不带 n 音的 u 或 ü（兀）。另外，此泰宁卫首领的名字以"兀南帖木儿"多见，又可以帮助我们确定第二音节是读 -ne或-ne［n］（捏、南），而不是-ŋian, nian 或-yan（研），那么联系词首来读就是"兀捏"（üne-）。《世系谱》（卷三）、施译本（第 175 页）、道译本（第283页）也都读作 üne-。

据《源流》前文（f. 60），兀捏孛罗是兀鲁兀的把秃儿·失兀失台（Uruḥud-un Baḥatur Šiḥüšitei。清译本作"鄂罗郭特巴图尔锡古苏特"）的儿子，此处又称他是科尔沁人，看来兀鲁兀是科尔沁的一个属部。

沈曾植云："……或疑《明史》之孛罗乃即此乌讷博罗特。知者以乌讷博罗特为哈萨尔裔，而孛罗乃入贡于明，自称齐王。据《元史·宗室世系表》，齐王乃哈萨尔嫡裔封号也。博罗特、孛罗乃对音又略近。"（《笺证》卷五叶二十六上）据蒙文史书的记载，孛罗乃与兀捏孛罗不是一人。《黄金史》《大黄金史》称孛罗乃（Bolonai，《黄金史》讹为 Boloqai）为失兀失台之子、兀捏孛罗王之兄（《大黄金史》下册第145—146、177页）；《黄史》（第101—102页）也说孛罗乃（Bolonai）与 Noya Bolod（《源流》之 Ünebolod）同为 Šiḥüšitei Baḥatur 之子（《黄史》此段当有抄误，"失兀失台的儿子是那牙孛罗、孛罗乃那颜"误为语句不通的"那牙孛罗的失兀失台的儿子是孛罗乃那颜"），可见《明史》中的孛罗乃是兀捏孛罗之兄。

（3）满都海切尽哈屯：Manduqai Sečen Qatun，清译本作"满都海彻辰福晋"（卷五叶二十九上）。其他书中作"满都海哈屯"，或称"满都海赛因哈屯"（Manduqai Sayin Qatun）（《善巴书》第58页），"赛因哈屯"（Sayin Qatun.《黄金史》《大黄金史》）。据《源流》前文（f. 60），她是已故蒙古大汗满都兀仑（Manduḥulun，汉籍作满都鲁）汗的小哈屯，娘家是汪古（Enggüd ~ Önggüd）部人，父亲是绰罗拜帖木儿丞相（Čoroγbai Temür Čingseng）。满都海哈屯是蒙古历史上著名的女封建主之一。17世纪蒙古史书中对她的生平事迹都有记述，用称赞的笔调描述她明了大义，维护了汗系正统，辅佐达延汗完成了统一蒙古各部的大业。但汉籍中无半点记载。

（4）万众之主：原文 emüg-ün ejen。清译本（卷五叶二十九上），施译本（第179页）此处的译文没有反映出 emüg 一词，但施译本前文（第137页）将 emüg-ün ejen qaḥan 译为"共主合罕"（allherrschender chaghan）；道译本译作"共主"（第293页）；田清波释为"世界之主"（《Erdeni-yin Tobči 导论》）；克鲁格译作"军队之主"［the lord of hosts. Poetical Passages in the Erdeni-yin Tobči（《〈蒙古源流〉中的诗段》）第122页］。塞瑞斯将 emüg 同他收集的 Julaγ Text Üüšin 中出现的 ömüg ~ ömög 视为同一词，引

田清波《鄂尔多斯词典》ömüg—rerfort（生力军）、柯瓦列夫斯基《蒙俄法辞典》ömüg——armée（军队）的词条，译作"军队"［army. Kumiss Ceremonies and Horse Races（马奶酒祭仪式与赛马）第 90 页］。ömög 有"师团"之意，与此处 emög 是同音词。

（5）嫡孙：原文 aγul ači，清译本作"侄"（卷五叶二十九上），误。aγul ači，本意为"曾孙"（《蒙俄法辞典》I，p. 32），这里用作"亲生后裔"之意（参见田清波《Erdeni-yin Tobči 导论》）。

（6）把秃猛可：Batu Möngke，清译本作"巴图蒙克"（卷五叶二十九上）。其他 17 世纪蒙文史书也均作 Batu Möngke。据前文（f. 61）他是伯颜猛可·孛罗忽济农（Bayan Möngke Bolqu Jinong）的儿子，生于甲申年（天顺八年，1464）。这个生年取自《黄史》（第 70 页）。按《阿勒坛汗传》，把秃猛可七岁即位，于红牛年（丁丑，正德十二年，1517）去世，享年四十四岁的记述，他的生年当是甲午年（成化十年，1474）。《黄金史》《大黄金史》《善巴书》也不载他的生年，按其把秃猛可年七岁即位于"猪年"的记载和前后文的年代，此猪年当为己亥年（成化十五年，1479），由此年前推七年（六实年），则他的生年当为公元 1473 年（癸巳，成化九年）。这与《阿勒坛汗传》的 1474 年只相差一年。《源流》后文说他七岁即位之年是在庚寅（成化六年，1470），而 1470 年时他的上代大汗满都兀仑尚在位，在九年后，到成化十五年（1479）才去世。这一年却与《黄金史》等所记把秃猛可的即位之年 1479 年相符。可以说《黄金史》等书的 1479 年即位之说是可靠的，那么他的生年就是 1473 年，而不是如《源流》所说的 1464 年甲申。

把秃猛可据后文就是称达延汗（Dayan Qaḥan）者，《阿勒坛汗传》《黄金史》等书均同。只是关于他的纪年与《源流》颇不相同。《源流》谓把秃猛可生于 1464 年，于 1470 年即位，于 1543 年去世。而《阿勒坛汗传》说他生于 1474 年，于 1480 年即位，于 1517 年去世；《黄金史》《大黄金史》说他生于 1473 年，于 1479 年即位，于 1516 年去世。与汉籍相对照，《阿勒坛汗传》等的纪年是比较正确的。汉籍中的"把秃猛可"在名字及他在满都鲁汗之后称汗两点上与蒙文史书中的 Batu Möngke 相当，但所记卒年不同，也不载把秃猛可曾称达延汗。《明实录》说把秃猛可死于成化二十三年（1487），《皇明北虏考》《四夷考》《万历武功录》等说他死于弘治初（1488），又都说称"大元大可汗"（达延汗）者乃是此把秃猛可之弟、继其后于弘治初为小王子（大汗）的伯颜猛可。

　　这里的矛盾一直是明代蒙古史研究中一个棘手的问题。和田清对此曾提出两个达延汗——巴图蒙克、伯颜蒙克的看法，后来又更正为一个达延汗，以为就是巴图蒙克一人。冈田英弘也以巴图猛克为达延汗，而萩原淳平、佐藤长则以伯颜蒙克为达延汗。所述各有得失。看来此处蒙文史书的记述是较为可信的，把秃猛可即达延汗。

　　（7）帖木儿哈答：Temür Qadaγ，清译本作"特穆尔哈达克"（卷五叶二十九上）。据前文，他是唐剌合儿（Tanglaqar，清译本作"唐拉噶尔"）部人。把秃猛可四岁时，母亲失乞儿太后（Šikir Taiqu，清译本作"锡吉尔福晋"）被亦思满太师（IsmanTaiši，清译本作"伊斯满太师"）娶走，把他交给巴勒合臣的巴该（Balγačin-u Baγai，清译本作"巴勒噶沁之巴该"）抚养。巴该抚养不精心，于是帖木儿哈答将其夺回家中照料。他的妻子赛海（Saiqai）又用偏方治好了把秃猛可的痦症。《黄金史》《大黄金史》说帖木儿哈答兄弟七人前去从巴该处夺回了把秃猛可。

　　（8）断念绝望：原文čökekü，《蒙俄法辞典》释为"放逐""流浪""丧失全部希望"等，并收有此处 teḥün-eče čökekü-yin urida bi ülü odomui 作为例句，释为"直到对他丧失最后希望之前我不前行"（je ne mén irai pas jusqu'a ce que je nai perdu le dernier espoir. Ⅲ, p. 2229）。施译本即作"丧失希望"（第179页）。清译本因满译文之误而误译为"既有伊在"（卷五叶二十九上）。

　　（9）阿剌出：Alaγčud，清译本作"阿勒噶察特"（卷五叶二十九上），因满文讹写 Algacad 而讹。此为部落名。《史集》记载，昂可剌河与谦河（叶尼塞河）汇合，流向滨海地区，其中一地名阿剌黑臣（alāqčin），据说他们的马都是花斑色〔ala〕（赫塔古罗夫俄译本第一卷，上册，第102页）。这就是《通典》（卷二百）和《新唐书》（卷二一七下）中的"驳马"。《通典》注云："突厥谓驳马为曷剌，亦名曷剌国。"《新唐书》说驳马叫遏罗支。分别源于突厥浯的 ala 和 alač，乃"斑驳的""白底黑花的"意思，ala 是突厥语的正写，alač 则是音变。突厥语的 ala 在蒙古语中转为 alaγ，加上语尾-čin，就变成《史集》中的部落名 alāqčin（Alaγčin）。其再生复数形式 Alaγčihud（阿剌黑赤兀惕），最早出现在《秘史》（第124、170节），旁译作"花色的"，分别形容牤驦和绵羊（见周清澍《读〈唐驳马简介〉的几点补充意见》，载《元史及北方民族史研究集刊》第三期)。

《源流》这里的 Alaγčud (《黄金史》作 Alaγčiḥud,《大黄金史》作 Alaγčuḥud) 也许同那遥远的驳马部有某种关系,可能辗转继承了这个部名。《恒河之流》《金轮千辐》把它列为察哈尔八鄂托克之一,《满文老档》同,也称为 cahar-i Alakcot (太宗,七,天聪元年八月十八日条、十二月一日条)。

(10) 没有给〔回话〕,在那里等候:原文 ese ögčü küliyen ajuḥu,清译本作"遂止不语"(卷五叶二十九上)。满译本作 buhekū ilinjahabi——未与而止(5—81),大概清译本的"语"是"与"的音讹。

(11) 郭尔剌:Qoorlad,清译本作"郭尔罗斯"(卷五叶二十九下)。又作"郭尔剌思"(卷六叶一下,Qoorlas,63v)。-d、-s 均为复数词尾,此部名多以后一形式出现。这是一个有长远历史的部族,《秘史》中作"豁罗剌思"(§§120,141 等)、"豁鲁剌思"(§182);《史集》作 Qūrūlās (第一卷,上册,第75页);《亲征录》《元史》作"火鲁剌""火鲁剌思";《辍耕录》作"郭儿剌思"。明代汉籍中不见,清代称为"郭尔罗斯"(《清实录》《表传》等)。

蒙文史书中此部名明代第一次出现是在太松汗(Taisung Qaḥan,即脱脱不花)时期,即景泰年间。该部的察不坛(Čabtan)杀死了前来避难的太松汗(《黄金史》《大黄金史》《黄史》《源流》及《善巴书》),以后这一部名就经常出现。这个郭尔剌思部的察不坛,汉籍中作"兀良哈之沙不丹"(《明英宗实录》《皇明北虏考》《殊域周咨录》《四夷考》等),和田清、朱风、贾敬颜据此认为郭尔罗斯部即兀良哈的属部(《蒙古篇》第341页;朱贾《黄金史》第64页)。按该部当时的住地,据《源流》是在克鲁伦河上游、肯特山一带,距兀良哈三卫的住地尚远。《黄史》及《善巴书》把此部列为外喀尔喀七部之一。若依和田清等人之说,这个兀良哈也应该是汉籍中所说的"黄毛达子"、"北有兀良哈"的兀良哈,它的住地正在这一带。但《通谱》说它"世居察哈尔地方"(卷六十七)。清代,以其部首领与科尔沁部首领为同族而将它划属哲里木盟,分为"前""后"两旗。今尚有吉林省前郭尔罗斯蒙古族自治县。

(12) 郭尔剌的萨岱:《黄金史》《大黄金史》说:"赛因哈屯后来问阿剌出的萨岱朵豁朗说:'这王的话对吗?'萨岱朵豁朗回答说:'对'。〔哈屯〕又依前语问郭尔剌的蔑图斡尔鲁的妻子札罕阿噶,札罕阿噶说,

'如果嫁给哈撒儿的后裔，将招来黑道〔厄运〕，离开你所有的国土人众，失去你的哈屯册封！如果嫁给大汗的后裔，就会得到皇天的祐护，主宰你所有的国土人众，让你哈屯的声名远扬！如果嫁给察哈土Caγatu人，就会前途无量，统领着察哈尔万户，显耀无比的声名！'赛因哈屯赞许札罕阿噶的这番话，以萨岱朵豁朗的话不对而把热茶从他头上浇下。"这里的"郭尔剌的蔑图斡尔鲁"（Qorlad-un Metü Örlüg）相当于《源流》的"郭尔剌的萨岱"。《源流》与《黄金史》《大黄金史》所记的桑该斡尔鲁（蔑图斡尔鲁）、萨岱（萨岱朵豁朗）两人所属的部名正好错倒。朱风、贾敬颜因此认为阿剌出（作阿勒噶齐古特）是郭尔罗斯的一部落（朱贾《黄金史》第86页）。如注（9）所说，据《恒河之流》《金轮千辐》及《满文老档》，阿剌出（《恒河之流》作Alčud）为察哈尔八鄂托克之一，而《黄史》《善巴书》则记郭尔罗斯（Qorlas）为外喀尔喀七鄂托克之一，二者并无直接关系。至于出现的两人所属部名互倒的情况，很可能是因为抄误。

（13）阿噶：aγa，清译本作"阿海"（卷五叶二十九上），不确。这是蒙古贵族妇女的一种尊称，元代的竹温台神道碑中称桑哥剌吉公主为aγa；《登坛必究·译语》《武备志·译语》音译作"阿噶"，释为"娘子"。符拉基米尔佐夫说鄂托克—和硕、兀鲁思—土绵的首领（Sayid）的妻子一般被称为阿噶，意即夫人，又说伏尔加河畔的卫拉特人以及其他一些卫拉特部落中的人们也知道这一词（《制度史》第218页）。

（14）庚寅年：ging bars jil，即前文所说满都兀仑汗卒年，为成化六年，公元1470年。对照《黄金史》等蒙文史书和汉籍，此年当为己亥，成化十五年，公元1479年。

（15）也失哈屯：Eši Qatun，清译本作"母老福晋"（卷五叶二十九下。译自满语sagda ujin eme——老夫人母亲）。这是对元世祖忽必烈生母唆鲁和帖尼的尊称。这在《大黄金史》中有记述：成吉思汗请求萨迦的曼殊识利喇嘛给他的孙辈中生一个菩萨的化身。于是曼殊识利班迪达将一个金匣交人拿去带给成吉思汗。"鸡儿年正月十五日举行盛大的祝宴，〔把那匣子〕给拖雷额毡的名叫也失哈屯的媳妇打开来一看，只见里面有三只金蚊，那蚊子钻入也失哈屯（Eši Qatun）的鼻子里，进到也失哈屯的御胎中。十个月后在和林城中生下了转轮圣王的化身薛禅皇帝、阿里不哥一对孪生子。"（下册第76—77页）

《宝贝念珠》称忽必烈的皇后察必（作 Camui）为也失哈屯（Eši Qatun，第 46 页），这可能是作者参考他书时搞错了人或是传误。

似乎后人没有注意到《大黄金史》的这段内容，有的把也失哈屯当成所谓蒙古孛儿只斤氏族始祖母阿阑豁阿（见符拉基米尔佐夫《制度史》第 228 页）。沙斯季娜《黄史》、鲍登《黄金史》沿袭这一说法。有人以为是成吉思汗的大夫人孛儿帖（朱贾《黄金史》第 88 页；道译本第 294 页；留金锁校注蒙文《黄金史》第 105 页），这都是没有根据的。

称唆鲁和帖尼为也失哈屯（始初母后），以及满都海切尽哈屯向也失哈屯奏请赐福，并在也失哈屯位前扶把秃猛可即位的记述，反映出在明代，蒙古皇族将元朝的开国主忽必烈汗的生母唆鲁和帖尼作为崇拜和祭祀的女祖先，这说明当时成吉思汗的后裔是把拖雷—忽必烈系视为成吉思汗嫡裔，把元朝皇统视为正统。

eši，本义为"根柄""起始""源"。施密特"原始（母亲）——Urmutter"的译文（第 181 页）、沙斯季娜"根源（母亲）——?"的解释（《黄史》第 188 页注 80）是正确的。朱风、贾敬颜以《喀喇沁本蒙古源流》中的讹文 ekei 来校《黄金史》诸本的 eši，认为 eši 为 ekei 之误，而 ekei 即 eke-i（母亲的），那么 eke-i qatun 便成了"母亲的哈屯"（朱贾《黄金史》第 88 页）。其实，ekei 是因与 eši 形近而致误。道润梯步将 eši 释作"天干的干"，将 Eši Qatun 释作"天后"（道译本第 296 页），也不能成立。eši 一词用作天干的"干"，是清代才有的。

（16）在分不清黑白的地方嫁来做媳：原文 qara čaɣan ülü taniɣdaqui ɣajar-a berilem bülüḫe。此句，《黄金史》《大黄金史》《善巴书》作"在分不清黑马颜色的地方做了媳妇"（qara morin-u jisün ülü taniɣdaqu ɣajar-a berilem bile）。与《源流》后文 下一节韵文的第一行"还在辨不清花马的时候我嫁来做媳"（Alaɣ morin ülü taniɣdaqu-yin tedüi-e berilem bülüḫe）相对照，此句似应指马毛色的斑驳黑白不辨。

清译本译作"埋没于善恶不分之处"（卷五叶二十九下。满译文 fuhali sain ehe-be ilgarakū bade gedabufi，全部被隐压于善恶不分之地）；施译本第 181 页作"我迷惑于黑白不辨之地—— Ich irre bewusstlosan einem Orte, wo weder schwarz noch weiss zu unterscheiden ist"；道译本作"驽（马）自不辨黑白之地云"（第 294 页）。道译本的语义不明；清译本、施译本所据原文 berilem 一词作 balaram（意为"模糊不清""泯灭"），因此分别译作"埋没""迷惑"。鲍登将 BARILAM 读作 berilem，译为"成为儿媳——act as a daughter in law"（英文译注《黄金史》第 184 页，第 103 节），是。

（17）专横跋扈：原文 türiküi，《蒙俄法辞典》释作"推""碰撞"等（Ⅲ，p. 1939），引申为"侵犯""冒犯""跋扈"之意。清译本据满译文"出生"（banjira. 5–83）译作"资养"（卷五叶二十九下），是因为满译文所依据的蒙文殿本将 türiküi 误为 töröküi（出生）（S 本同）的缘故。施密特本的译文"起念头"（Gedanken. 第 181 页）也误，《大黄金史》作 türibe（下册第 162 页）；《黄金史》作 töröbe（生育），鲍登肯定了《大黄金史》türibe 的写法，译作"压制"（oppressed.《黄金史》第 183 页，第 103 节）。

（18）孛罗：Bolod，清译本作"博罗特"（卷五叶三十上），意为"钢"。《源流》库伦本、阿勒黑·苏勒德本及《大黄金史》均作 Bolad，Bolad 是 Bolod 的较早的形式（参见赛瑞斯《达延汗后裔世系表笺注》）。

（19）这第四节韵文，清译本没有译为满都海哈屯的祈奏词，而且还有几处误译。译文作"母后嘉其坚心不移，等候幼子巴图蒙克婚配，爱而怜之，俾其左生七男，右生一女，循此以生，名为七博罗特，庶使生齿繁衍"（卷五叶二十九下至叶三十上）。其中"左生七男""右生一女"的"左""右"，原文为 dotoḫadu engger（内襟）、γadaḫadu engger（外襟），"庶使生齿繁衍"原文为 γolomta-yi činu šitaḫasu（直译"为你奉烧炉灶"，意译"延续你的香烟"）。

（20）伯母：原文 ebin abaγ-a bergen。古蒙古语 ebin，是伯父的意思。按前文所述世系，满都海哈屯为把秃猛可的叔曾祖母，故道译本作"叔曾祖母"（第 295 页）。但 ebin abaγ-a bergen 之语只能当伯母讲。

清译本的"较前和好有加矣"（卷五叶三十上），满译文 Tereci umesi hūwaliyasun-i yabuha（从此十分和好而行。5—83）、施译本的"通过叔侄间友好的关系"（durch dieses freundschaftliche Verhältniss zwischen Oheim und Nichte. 第 181 面）的译文，主要是由于错误地理解了 eb-yin（ebin）一词，把其中的 eb 当成了"和好"。

（21）戊午年：当为正统三年，公元 1438 年。施密特本作戊辰年（uu luu jil. 第 180 页），其他诸本均同库伦本。

（22）甲申年：当为天顺八年，公元 1464 年。施密特本作丙戌（bing

noqai. 第 180 页），其他诸本均同库伦本。

（23）施密特本谓满都海哈屯与把秃猛可结婚时的年龄分别为二十三岁和五岁（第 180 页），与《源流》其他诸本及其他 17 世纪蒙文史书所说的三十三岁、七岁不符。与施密特本底本（得自北京的一个抄本）同一来源的蒙文殿本也作三十三岁、七岁，看来施密特可能在这里对满都海哈屯与把秃猛可的生年、成婚年龄作了改动。

（24）达延汗：Dayan Qaḥan，清译本同（卷五叶三十上）。dayan 为汉语"大元"的音译（《阿勒坛汗传》《大黄金史》作 dayun，与"大元"Daiön—Dayun 之音更近），当时汉语音译作"歹颜"（《北虏世系》《四夷考》"岁颜"之"岁"为"歹"之讹、《武备志·四夷》）、"答言"（《登坛必究》）等。

Dayan（Dayun）即"大元"，可以从汉籍中得到证明。达延汗相当于汉籍中弘治初年即位的小王子，他在弘治元年（1488）向明朝"奉番书求贡"，书中"自称大元大可汗"（《明孝宗实录》），这个"大元"必定是按照所奉番书中的 Dayun（Dayan）而译的。较后嘉靖年间的明人也说弘治年间迤北小王子来文"犹踵袭残元旧号"（《明经世文编》卷二二四，翁万达《北虏求贡疏》）。

成吉思汗之孙忽必烈建立的王朝，号称"大元"。元亡之后，蒙古统治者虽然退居漠北，但仍以大元王朝正统自居。元惠宗妥懽帖睦尔二传至脱古思帖木儿（蒙文史书作 Usqal）改元"天元"；瓦剌太师也先夺取全蒙古的统治权之后，称"大元田盛（即天圣）大可汗"，建元"添元"（即天元）。把秃猛可即蒙古大汗之位后又称"大元大可汗"，都反映出这一点。

《源流》中"号称达延汗，意思是让他做天下之主"（dayan ulus-i ejelekü bolturyai keḥen Dayan Qaḥan keḥen nereyidün）的说法出自《黄史》（第 72 页）。《黄金史》《大黄金史》《善巴书》中皆无此说。这显然是后人的一种俗词源学的解释，正好蒙古语中有读音相近的 dayan（普、一切）一词，也就很自然地把两者联系在一起。江实（日译注本《蒙古源流》卷五第 116 页注 25）、沙斯季娜（《黄史》第 188 页，注 83）、道润梯步（道译本第 297 页）都沿袭了这种说法。道润梯步更进一步发挥："达延汗，即全体之汗，亦即天下共主之意，并非'大元'二字之音译"，这不是从史料分析出发的。

（25）座箱：原文 ükeg，清译本作"皮箱"（卷五叶三十下），《蒙俄法辞典》释为"牛皮货箱"（caisse faite de peau de boeuf. p. 560）。指驮在马（或骆驼、牛）背上的座箱。达延汗的前三代大汗马儿古儿吉思也曾被载在座箱内出征，并由此又被称为"乌珂克图汗"（Ükegtü Qaḥan）（《源流》前文 f. 59）。

（26）四瓦剌：Dörben Oyirad，清译本作"四卫喇特"（卷五叶三十下）。Oyirad 之名出现在蒙古帝国以前，《元史》作"外剌""猥剌""斡亦剌""歪剌歹"等；《辍耕录》作"外剌歹"；《秘史》作"斡亦剌惕"；《史集》作 Ūīrāt；明代称"瓦剌"、清代称"卫拉特"。

Oyirad 的词义，一般有两种解释，一种解作"森林之民"：hoi-haran（pl. harad）→oi-arad→oirad），如班扎罗夫等；一种解作"亲近者"（oyir-a→pl. oyirad），如帕拉斯、雷缪萨等。兰斯铁推测或者是由 Oγuz（乌护），或者是由 Uiγur（回纥）转化来的词语，伯希和颇赞成此说（《卡尔梅克史评注》第4—5页）。Oyïrat 的民族成分，一般认为是蒙古系："Oyirad……他们虽然也是蒙古人，但他们以其拉施特所听到过的那种方言特点而与其他蒙古人不同"（伯希和《卡尔梅克史评注》第4—5页）。

成吉思汗时，斡亦剌人居住在蒙古草原西北部，色楞格河支流德勒格尔河至叶尼塞河上游锡什锡德河一带，于 1207 年归降了前来征伐的术赤军，后其首领忽都合别乞被封为千户，据拉施特说，他的属下包括四个千户（《史集》）。至明初，北元诸汗累遭明军打击，势力渐衰，瓦剌乘时而起，已发展为四万户，形成四大部，史称"四万户瓦剌"（Dörben Tümen Oyirad），或"四瓦剌"（Dörben Oyirad），或直接简称为"四〔部〕"（Dörben）（《黄金史》《黄史》《源流》等）。

所谓四瓦剌，各个时期包括的成员都不相同。据《源流》，早期的四瓦剌是指 Öḥeled（厄鲁特）、Qoyid（辉特）、Baḥatud（巴噶图特）、Keregüd（克呼古特）。帕拉斯《蒙古史料汇编》中所收集的 Oyirad 的四个部落为 Ölöt（厄鲁特）、Khoït（辉特）、Tümet（土默特）与 Bargha—Burat（巴尔虎—布里雅特）（第一卷第6页，转引自伯希和《卡尔梅克史评注》），嘎班沙拉布的《四卫拉特史》中将 Oyirad 分为九个集团四个组：1. 厄鲁特；2. 辉特、巴噶图特；3. 巴尔忽、布里雅特；4. 杜尔伯特、准噶尔、和硕特、土尔扈特（参见冈田英弘《四卫拉特的起源》）。Keregüd，施密特（施译本卷五，第57页，注6）、伯希和（《卡尔梅克史评注》第6页）认为即吉尔吉斯；Tümet, Bargha (Barɣa), Burat 即《秘史》中的"秃马惕""巴儿忽惕""不里牙惕"（第240、239节）。这四个部落 都属"林木中百姓"，住地邻近斡亦剌。秃马惕部在成吉思汗时代就已归属了斡亦剌（《秘史》第240、241节所述秃马惕反抗蒙古被镇压，成吉思汗将其女首领孛脱灰塔儿浑赐给了斡亦剌的忽都合别乞，即意味着将她的部众划归斡亦剌部），其他三部看来在元末明初瓦剌兴盛之时也在其控制之下。所以它们也被记在四部之内。这只是一时的情况，当瓦剌于脱 欢太师（宣德年间）南迁后，Oyirad 的四部又有了新的变化。到15世纪中期以后至17世纪中叶逐渐形成了新的四卫拉特，就是后来人们一般所指的杜尔伯特、准噶尔、和硕特、土尔扈特四部（《要略》《表传》）。嘎班沙拉布《四卫拉特史》所列前三组属于早期四卫拉特的情况，第四组属于晚期四卫拉特。早期的厄鲁特、辉特、巴噶图特因势力逐渐衰弱，虽留其名，但已不入四部之列。

《源流》前文（f. 24）说成吉思汗十一世祖朵奔蔑儿干之兄都蛙锁豁儿的四个儿子——Tonoi、Doɣšin、Emnig、Erke 四人组成了斡亦剌的 Öḫeled、Baḫatud、Qoyid、Keregüd 四氏。这一说法采自《秘史》（第11节）都蛙锁豁儿的四个儿子成为"朵儿边"氏的故事。但四子名字不同，更无组成斡亦剌部之说。很可能，瓦剌人统治蒙古时，把自己攀附为成吉思汗的传说先人的后代。《源流》的史料来源之一《黄史》中就已经有了"四卫拉特是都蛙锁豁儿的后代"的说法（第122页），看来萨冈是据此说对"朵儿边"（四）一名作了随意的发挥。

《源流》所说的瓦剌四部中的 Öḫeled，即清代汉籍中四卫拉特的总称"厄鲁特"或"额鲁特"的本来的蒙古语形式。关于这个部名由早期为瓦剌四部之一的名称转为四卫拉特总称的变化，伯希和说："厄鲁特人一定成为卫拉特人的'左翼'或 jägün ghar 中占统治地位的部落，因此，在他们享有这种优越地位时，他们时而被称作厄鲁特，时而被称作准噶尔，最后甚至以厄鲁特、准噶尔来表示卫拉特全体，而其原始意义一定是较局部的。"（《卡尔梅克史评注》第6—7页）厄鲁特（Öḫeled）与卫拉特（Oyirad）是读音不同的两个名词，早期的所指也不同，后因厄鲁特一时凌驾于诸部之上，而被用来统称四卫拉特全体，有人便把它与卫拉特一名混为一谈。

Baḫatud，汉籍多作"巴噶图特"，实应读为"巴阿图特"。此部统治者与辉特同祖（帕拉斯《蒙古史料汇编》载一个传说称"据辉特人所说，所谓 Baḥatud 是因为他们勇敢的缘故，中国人送给他们这种尊称"）。Baḥatud 为 baḥatur（勇士）的复数形式，出自忽都哈别乞一系。《源流》后文（f. 62）提到著名的瓦剌阿剌丞相（汉籍的阿剌知院）即此部人。后文（f. 72）还提到甲戌年（万历二年，1574）库图克台·彻辰鸿台吉曾一度在札剌蛮山（Jalama qan）一带收复此部。而据嘎班沙拉布《四卫拉特史》，Baḥatud 的一大部分后来加入了青海的卫拉特和土尔扈特。

Qoyid，汉籍之"辉特"，据《黄史》为忽都合别乞直系（第 101、122 页），《源流》后文（f. 72）提到甲戌年（万历二年，1574）库图克台·彻辰鸿台吉曾一度在 Bars Köl（清译本作"巴里坤"，卷六叶二十五下）、Qarɣai（哈儿该）山阳一带收服了八千辉特（Naiman Mingḥan Qoyid）。嘎班沙拉布《四卫拉特史》言辉特后来加入了准噶尔。《表传》则言辉特初隶杜尔伯特，后土尔扈特徙俄罗斯境，辉特遂成为四卫拉特之一。

《源流》瓦剌四部的最后一部，清译本作"克呼古特""奇喇古特"（卷五叶六上，卷三叶二下），这是根据殿本原文 Keregüd（a 本同）音译的，但库伦本（f. 24，f. 51）、A 本（f. 24，f. 54）作 Kerenügüd，S 本（第 59、142 页）作 Keregüd。Kerenügüd 一名不见于他处，情况不详。《黄史》（第 110、117 页）、《善巴书》（第 73 页）有 Kerügüd、Keregüd（又作 Kerüd）的部名，与《源流》殿本的 Keregüd 读音相近，但它被记为喀尔喀的一个小部，似乎与此瓦剌的一部无关。《阿勒坦汗传》中也见有 Keryud（又作 Ker Γud）的部名（f. l2），是卫拉特的一个属部，住牧地在札剌蛮山和阿尔泰山一带。Keryud 与《源流》S 本的 Kergüd 只是第二音节辅音的刚、柔不同，实际读音无多大差别，很可能是同一部名的不同拼写形式。施密特据 Keregüd 把它视为吉儿吉思（施译本卷四，第 57 页注 6），伯希和也持此说（《卡尔梅克史评注》第 6 页）。吉儿吉思，音 Kirgiz（< Qirqiz = qirq + iz），意为"四十"，而 Kergüd 是由在 Kirg 这一突厥词单数原形上缀加了蒙古语复数词尾 -(ü)d 构成的。这就是说，吉利吉思的一支加入了瓦剌部内。《世系谱》的作者、张尔田（《笺证》卷五叶九上）、和田清（《蒙古篇》第 327 页），以及马曼丽、胡斯振（《四卫拉特联盟初探》，载《民族研究》1982 年第 2 期）都把克呼古特视作"客列亦惕"（Kereid ~ Kereyid）。虽然据说后来的四卫拉特之一土尔扈特部是王罕（《秘史》客列亦惕汪罕）的后裔，但 Keregüd 与 Kereid 读音有

差距，恐怕不能看作同一个词。

（27）帖思·博儿图：Tes Bor-tu，地名。清译本作"塔斯博尔图"（卷五叶三十下）。《黄金史》《大黄金史》《黄史》《善巴书》也都有此地名。《世系谱》作"忒思布尔都"（卷四）。沈曾植说"塔斯者特斯河也"（《笺证》卷五叶三十下）。《游牧记》"杜尔伯特部"内记有"特斯河""博尔河"两河流，均注入阿尔泰山之东的乌布萨泊（今乌布苏诺尔湖），特斯河在湖东，博尔河在湖北（卷十三）。此帖思·博儿图或许是特斯河与博尔河之间的一个地方。

（28）脱罗孛罗、兀鲁思孛罗：Törö Bolod，Ulus Bolod，清译本作"图鲁博罗特""乌鲁斯博罗特"（卷五叶三十下）。《黄金史》《大黄金史》《黄史》与《源流》同，唯《善巴书》（第60页）作 Törö Baiqu, Ulus Baiqu。《黄金史》《大黄金史》后文又称兀鲁思孛罗为"兀鲁思伯忽阿巴海"（Ulus Baiqu Abaqai）。Törö Baiqu 的读音与《北虏世系》的"铁力摆户"相当；Ulus Bolod（Baiqu），即《北虏世系》的"五路士台吉"。törö，意为"政""礼"，ulus 意为"国"。

（29）脱罗图公主、巴儿速孛罗：Töröltü Günji, Barsu Bolod，清译本作"图噜勒图公主""伯尔色博罗特"（卷五叶三十下。后文又作"巴尔斯博罗特"）。其他蒙文史书所记是两个儿子，《黄金史》《大黄金史》作 Arsu Bolod, Barsu Bolod；《黄史》《善巴书》记作 Bars（《善巴书》Barsa）Bolod, Arsa Bolod。

töröltü 意为"有亲缘的"；barsu ~ bars 意为"虎"。《源流》的 Töröltü Günji 之名不见于其他几种17世纪的蒙文史书，在列述满都海哈屯与达延汗所生的七子一女时，《黄金史》《大黄金史》没有记那一个女儿的名字，《黄史》《善巴书》与此女相当的人名分别是 Gegen Abai, Gen Abaqai。

Barsu Bolod，《北虏世系》作"赛那剌"，即其别名 Sayin Alaγ 的连读。

（30）阿儿速孛罗：Arsubolod，清译本作"阿尔苏博罗特"（卷五叶三十下至三十一上）。此子相当于其他蒙文史书中第二胎孪生子之一 Arsubolod。《北虏世系》作"我折黄台吉"。

（31）阿勒出孛罗、瓦齐尔孛罗：Alču Bolod, Wčir Bolod，清译本作"阿勒楚博罗特""斡齐尔博罗特"（卷五叶三十一上）。这两人在其他蒙文史书中为第三胎，Wčir Bolod 在前，Alču Bolod 在后。这个排列顺序与

《北虏世系》达延汗第五子"阿赤赖台吉"（阿赤赖即 Wčir 之对音）、第六子"纳力不剌台吉（纳力不剌即 Alču Bolod 的不规则对音，"纳力"为 Alču 的前一音节 al 的带 n 音的读法）的顺序相符。

Wčir，梵语，意为"金刚"；alču，《蒙古语简明词典》（乌兰巴托，1966 年）解作"马儿针儿"（髀骨玩具）。沈曾植以为阿勒楚音同阿罗出，即蒙古语之"晚生"（《笺证》卷五叶三十一上）。按，蒙古语"晚生"（即"最年幼"之意）读音为 oroču（《秘史》作"斡罗出"。第 203 节），与 alču 并不相同。

（32）四瓦剌人［突然］前来袭击：原文 Dörben Oyirad dobtolqui-dur。对此句有两种相反的翻译。清译本译作"兴兵往征四卫拉特时"（卷五叶三十一上，满译文 Duyin Oyirad-be dailara-de——进攻四瓦剌时，5—87）；施译本作"四瓦剌前来袭击"（mit diesen letztern machten die vier Oirad einen Überfall. 第 183 页）；道译本作"卫拉特四部来袭"（第 295 页）。

是"往征四卫拉特"，还是"卫拉特四部来袭"？从原句语法结构上来看，应该解作后者。《黄金史》《大黄金史》与此处相当的 Oyirad dobtolba，按其正常的语法结构来分析，也同样是表示四瓦剌袭来之意。虽然蒙古语有所谓"不定格"，不用宾格助词-yi 或-i，但此处不属这种情况。Oyirad 是主语，而非宾语。此处施译本、道译本的译文是正确的。鲍登《黄金史》（第 185 页第 105 节）、朱贾《黄金史》（第 89 页）相反都以 Oyirad 为宾语，译为"进攻四卫拉特"。

这次瓦剌的进攻显然是对满都海哈屯前次征伐瓦剌的一次报复。

（33）弘吉剌：Qonggirad，清译本作"洪奇喇特"（卷五叶三十一上）。部族名，这是一个历史久远的部族，最早见于《辽史》，按契丹读法 Onggirat 译作"王纪剌"；《金史》按 Qonggirat 的读法译作"广吉剌"或"光吉剌"，与此相应，元代也有"翁吉剌惕"（《秘史》）、"瓮吉剌"、"雍吉剌"、"雍吉烈"、"甕吉里"、"甕吉剌"（《元史》）、"瓮吉剌歹"（《辍耕录》）和"弘吉剌"、"弘吉列"、"弘吉烈"、"晃吉剌"、"弘吉列带"、"弘吉烈带"（《元史》）等两类译法。前者无词首 Q-，后者有。拉施特《史集》作 Qunqirāt；保留不少《秘史》原文的《大黄金史》和《黄金史》《黄史》《善巴书》皆作 Qonggirad。

此部的驻地原在呼伦湖、贝尔湖至额尔古纳河一带，与成吉思汗所属的蒙古孛儿只斤部世结婚姻。后在成吉思汗分封诸王、功臣时，成为漠南东部五投下之一，住地南移至今昭乌达盟，以应昌（在今克什克腾旗鲁王城遗址）为中心。明代汉籍中不见此部名，《九边考》《皇明北虏考》载有"土古剌"，为满官嗔（Mongγoljin）六营之一。张尔田认为土吉剌为"王吉剌"之讹，即弘吉剌（《笺证》卷六叶五上）。《明史·地理志》东胜卫所属五个千户所内有"瓮吉剌千户所"（卷四十一），和田清认为这里的弘吉剌人是明初因为动乱由西拉木伦河迁来的（《蒙古篇》第10页）。不无可能，当正统年间东胜卫废后，此瓮吉剌千户所人众就被收入蒙古满官嗔部内，成为其中的一营。明朝后期，弘吉剌部的住地是在漠南草原东部，《金轮千辐》《水晶念珠》把此部列为内喀尔喀五部之一。

（34）额色垒太傅：Eselei Taibu，即曾护送伯颜猛可孛勒忽济农由瓦剌回到蒙古本部的四大臣之一，《黄金史》《大黄金史》作 Asalai Taibu。但上引二书此处不记此人。

"太傅"（taibu），汉语借词，清译本作"太保"（卷五叶三十一上）。符拉基米尔佐夫认为由汉语"太傅"一词转来，同时又说可以假定是混淆三个汉语称号"大夫""太傅""太保"而产生的词语。（《制度史》第216页）沙斯季娜认为源自汉语"大夫"（《黄史》第187页注75）；冈田英弘则直接译作"大夫"（《达延汗的先世》，载《史学杂志》75—8，1966年）。元代碑铭中"大夫""太傅"作 TAIWO（WO 可音变为 BO），"太保"作 TAIBAO；《五体清文鉴》中的"大夫"作 DAIFANK，"太傅"作 TAIBO，"太保"作 TAIBOO。汉语的"夫"（甫无切）、"傅"（方遇切），中古读音均为 ɸu，因双唇辅音 ɸ 到了蒙古语中要变为 p，而 p、b 书写形式相同，都作 B，p 又转为 b，所以 ɸu 由 pu 变成了 bu。看来 taibu 源自汉语"太博"。而"太保"则不同，"保"读音为 bau（补抱切），蒙古语中作 bau 或 boo，不作 bu，译作"太保"不妥。

（35）哈臣：Qačin，部落名。清译本误作人名"彻辰"（卷五叶三十一上），是因满译文而误，殿本原文（S 本、a 本同）即作 Sečen（V，f. 54），为 Qačin 的形近之讹。此部名本自元代的"哈赤"（Qači）。《元史》卷一百"兵志·马政"："牧人曰哈赤"。此处多一辅音 -n，是复数形式。《源流》中此部名只见于此一处，其他蒙文史书中亦不见。《山中闻见录》中有"哈慎"一部名，与敖目、朵颜等名排在一起，或即此 Qačin。

（36）济会答儿罕：Jiqui Darqan，济会当即汉语"指挥"的蒙古语对音。清译本的"齐古尔"（卷五叶三十一下）是因所据满译文 Jigur（G

本、S 本，a 本作 Jiγur) 而误。

答儿罕：清译本作"达尔罕"（卷五叶三十一上）。是一种封号，源自古突厥语，见于古突厥文碑铭。旧、新《唐书·突厥传》作"达干"；《辽史》作"达剌干"；《秘史》作"答儿罕"（第51节），《元史》、《辍耕录》（卷一）作"答剌罕"；明代汉籍《三云筹俎考》作"打儿汉"（卷二），清代多作"达尔罕"。关于此称的意义，《秘史》旁译作"自在"；《辍耕录》也曾有较详细的解说，要之，不外"得自由"之意，即指因立有功劳而被免除对领主的人身依附关系和封建赋役的人。《三云筹俎考》"打儿汉"条的解说是"凡部夷因本管台吉阵前失马，扶救得生或将台吉阵中救出者，加升此名。如因救台吉自身阵亡，所遗亲子或孙酬升此名。亦有各色匠役手艺精能，选作奇异器具，升为此名"。

(37) 巴勒合臣：Balyačin，清译本作"巴勒噶沁"（卷五叶二十七上）。部名，词义为"管城的人""城守"。《秘史》旁译作"管城的"（第279节）。《元史》卷九十九："司阍者曰八剌哈赤。"《黄金史》《大黄金史》中也有此部名，汉籍中不见。和田清把此部视为"巴尔虎"（《蒙古篇》第678页），误。

(38) 阿速：Asud，部名，清译本作"阿萨特"（卷五叶三十一上），音不确。此部名来源于中亚的民族阿思人。其祖先是伊朗语系的游牧民族，古代住在里海东岸到顿河流域。后来因受外族压迫，由北高加索移居到打耳班和伏尔加河一带，信仰希腊东正教。《元史·西北地附录》称此族为阿兰、阿思。《辍耕录》和《元史》多处译作"阿速"，又译作"阿宿"（卷二五、卷九九）、"阿速带"（卷十二），《秘史》作"阿速惕"（第262、270、274节）。1221年，速不台等率军从高加索逾太和岭北上，大败阿速等部联军，1239年，蒙哥率军拔阿速蔑怯思城，大批阿速人当因此被迁东来。至元九年（1272）组成阿速拔都军，武宗时成立左右阿速卫侍卫亲军，成为元朝中央的重要军事力量。明代的阿速，当即元阿速部军的残余。也有一些阿速人留在汉地，明初燕王麾下的胡兵中就见有阿速人（《明太宗实录》洪武二十年夏四月癸未条："曩者所起阿速部长云有千余符头，宜选能骑射者二三百人或百人差官送军"），而在蒙古草原阿速人逐渐形成了一个部落。《源流》提到明永乐时期北方蒙古部的一个首领阿鲁台（Aruγtai）就是这阿速部人。和田清用考证阿鲁台本人根据地的办法推测当时阿速部的住地"可能在现今呼伦贝尔地方"（《蒙古篇》

第 242 页）。明正德年间，此部作为应绍卜（Yüngšiyebü）属部之一曾一度进入河套地区住牧。明嘉靖年间，它的驻地是在大同边外（《九边考》《皇明北虏考》），大约在今锡林郭勒盟苏尼特左、右两旗一带。按，《九边考》《皇明北虏考》中所作"哈连"，和田清认为即《万历武功录》中的"哈速"，亦即《皇明北虏考》他处的"阿速"之讹，考证《皇明北虏考》所说"哈连部""大酋失喇台吉"与《源流》中阿速、永谢布二部之主兀巴三札青台吉之子"失喇"（Šira）实为一人，肯定"哈连"即"哈速""阿速"。（《蒙古篇》第 970 页）但《大黄金史》《黄史》与《北虏世系》均记"阿术"（那出）、"失喇"为达延汗第七子阿勒（儿）孛罗（那力不赖）之子，封地为 Čaγan Tatar；《恒河之流》《金轮千辐》《水晶念珠》记为 Asud、Sarqud、Dari Mingḥan。

（39）叭要的赛罕：Bayaḥud-un Saiqan，清译本作"巴雅古特"（卷五叶三十一上），漏译人名 Saiqan。叭要是一个较古老的氏族名。《秘史》作"巴牙兀惕"（第 213、120 节），《史集》作 Bāyāūt，《辍耕录》作"伯要歹"，《元史》作"伯牙吾""伯牙兀""伯岳兀""伯要""伯遥带""拜要"等。歹、带，为后加-ai 作姓氏称呼的男性词尾。钦察人中也有一个同名的部落。元代皇后中不止有一个伯牙吾氏。明代汉籍中作"摆腰"（《明神宗实录》卷五百四十八；《殊域周咨录》卷二十二、《万历武功录》卷八）、"伯腰"（《明世宗实录》嘉靖三十年五月庚戌条）、"叭要"（《边政考》《九边考》《皇明北虏考》）、"拔要"（《殊域周咨录》）等；清代作"把岳忒"（《清太祖实录》卷五、《通谱》卷六十八）、"摆曰"（《山中闻见录》）等。据汉籍记载，此部在明代先属满官嗔（Mongγoljin），后属俺答（Altan）汗（《九边考》《皇明北虏考》）。《源流》说它属于 Tümed（土默特）万户（f. 82），是因满官嗔后来归属了俺答。据《北虏世系》《万历武功录》等书，此部为俺答汗次子"不彦台吉"（又名"摆腰台吉"，即《阿勒坦汗传》中阿勒坛汗之子 Bayaḥud Taiji。f. 29）所有，驻地在大同、阳和（今阳高）边外。

叭要的赛罕（Bayaḥud-un Saiqan），《大黄金史》作 Baraḥud otoγ-un Sayin Saiqan（下册第 164 页），《黄金史》作 Baraḥun otoγ-un Sayin Saiqan。朱贾《黄金史》中以 Baraḥun 为 Baraḥud 之误，译作"巴尔虎"（第 89 页）。其实，《黄金史》的 Baraḥun 与《大黄金史》的 Baraḥud 均系与 Bayaḥud 形近致讹。

（40）阿儿孛罗：Arbolod，清译本误作"阿尔苏博罗特"（卷五叶三十一下），与前文提到的达延汗第四子 Arsubolod 之名相混。满译本误作 Irsubolod（5-87）。此子相当于《黄金史》《大黄金史》《善巴书》中的第四胎 Al Buḥura、《黄史》中的 Al Bolod。《北虏世系》作"那力不赖台吉"。"那力不赖"即 Al Bolod 的异读（A1 读作带 n-音的 NAL）。al，意为"赤红"。ar，指"条纹"。

（41）慈恩旨意：原文 eḥel jarliγ，清译本作"命"（卷五叶三十一上）。满译文作"命令"（hese.5-87）；施译本作"意志"（willen.第183页）；道译本作"恩旨"（第295页）。札姆察拉诺将 Altan Dedter 中的 egel jarliγ 译为"美好的愿望"（英文转译 good will），塞瑞斯认为这是对 egel jarliγ "一般的命令"（ordinary command）的意译（《马奶酒祭仪式与赛马》第36页）。其实，eḥel（恩慈）和 egel（通常）是两个词。

（42）札剌亦儿：Jalair，清译本作"札赉尔"（卷六叶一上）。部落名。在辽代就已出现，《辽史》作"札剌"，《秘史》作"札剌亦儿"（第120、137节），《史集》作 Jalāir，《亲征录》作"札剌儿"，《辍耕录》作"札剌儿歹"，《元史》作"押剌伊而"（卷一）、"札剌亦儿"（卷三）、"札剌儿"（卷一、卷一一九、卷一二一）、"札剌尔"（卷七七）、"札剌而"（卷十九）、"札剌伊儿"（卷十三）、"札剌"（卷一二三、卷一七三）、"扎剌台"（卷一二三、卷一三一、卷一九五）、"扎剌儿台"（卷一一九、卷一三三）。

成吉思汗分封诸王、功臣时，作为木华黎本部族的札剌亦儿部成为五诸侯之一，驻于漠南蒙古东部，今开原、长春一带。明代汉籍中不见此部之名，据《黄史》（第110页）、《善巴书》（第72、73页），此部属于外喀尔喀部。达延汗之子格列三札，被封为该部之主。清代，在嫩科尔沁中设"扎赉特"旗（扎赉特——Jalaid 为 Jalair 的复数形式），以其首领与科尔沁部首领为同族而将其划属哲里木盟（《表传》《游牧记》）。

（43）速米儿哈屯：Sümir Qatun，清译本作"苏密尔福晋"（卷六叶一上）。对于作为格列孛罗、格列三札二人生母的此人，几种蒙文史书所记不同。《黄金史》《大黄金史》作"兀良罕的忽秃图少师的孙女萨木儿太后"（Uriyangqan-u Qutuγ-tu Šiḥüši-yin ači ökin Samur Taiqu），《黄史》（第73页）、《善巴书》（第61页）记为"兀鲁兀的斡罗出少师的女儿济米思根哈屯"（Uruḥud-un Oroču Šiḥüši-yin ökin Jimisgen Qatun）。在这三种不同的说法中，看来《源流》的是"札剌亦儿的忽秃少师的女儿速米儿哈屯"的说法比较合适。因为《黄史》和《善巴书》中都讲到格列孛罗、格列三札兄弟二人曾先后被原外喀尔喀·札剌亦儿的失格臣们（šig[e]činer）请为该部之主的故事。达延汗之所以派去这两个儿子，可能与他们生母的娘家是札剌亦儿人有关系。另外，后来成为外喀尔喀王公之祖的格列三札又称格列三札·札剌亦儿·洪台吉（Geresanja Jalair Qong Taiji），显然是号从母舅。

《黄金史》《大黄金史》的兀良罕的忽秃图少师，已明说他是伯颜猛可孛勒忽济农的岳父；《黄史》《善巴书》的兀鲁兀的斡罗出少师也是《黄史》和《源流》（f. 58）指为伯颜猛可岳父的人。但《源流》此处的札剌亦儿的忽秃少师与其前文所述伯颜猛可的岳父兀鲁兀的斡罗出少师不是同一个人。

（44）格列孛罗：Gerebolod，清译本作"格哷博罗特"（卷六叶一上）。《黄金史》作 Gire Bolod；《大黄金史》作 Ger Bolod；《黄史》《善巴书》同《源流》。按 gere，古蒙古语"光"之义。此子相当于《北虏世系》中的第八子"称台吉"。

（45）格列三札：Geresanja，清译本作"格哷森札"（卷六叶一上）。《黄金史》《大黄金史》作 Giresanja；《黄史》《善巴书》同《源流》。《北虏世系》记为第十一子"格列山只台吉"。

（46）鄂托克：otoγ，清译本同（卷六叶一上）。对这一名词的来源、性质，前人曾有不少论述。符拉基米尔佐夫说："鄂托克这一蒙古语来源于更古的形式（otag 斡塔黑），此词属于中亚细亚语群，是从粟特（Согд）文化语演化出来的；在公元后一千年间流行于中亚细亚的伊朗语系之一的粟特语中，我们知道有 ōtāk一词，它有'国家'、'疆域'的意义。后来这个词以各种形式出现在突厥语、蒙古语、通古斯语的各种方言中，表示它与场所、地等的关系。""在现代的若干蒙古语方言中，otog（鄂托克）一语意味着'屯营地'（布里雅特波罕部）、'棚子'（布里雅特阿剌儿部）、'居住和游牧在一个地区的同一家系的阿寅勒集团'（卫拉特拜特部）；在伏尔加河畔的卫拉特里，'与异族分开而由一个氏族来游牧的土地称为鄂托克'……"（《制度史》第 207、208 页）田山茂说鄂托克起源于 15 世纪，作为蒙古人的社会集团，它代替了成吉思汗所设置的千户，成为清代编设的"旗"的前身。鄂托克是社会经济的地域集团，把它视为军制单位时又称为"和硕"（参见《关于鄂托克及旗的起源》，载《史学杂志》60—12，第 82 页）。

今内蒙古自治区伊克昭盟的"鄂托克旗"就是由此词得名的。

（47）阿剌丞相：Alaγ Čingseng，清译本作"阿拉克丞相"（卷六叶一下），即瓦剌右翼的阿剌丞相（Oyirad baraḫun γar-un Alaγ Čingseng）。汉籍称"阿剌知院"（《明英宗实录》景泰五年十月甲午条、《四夷考》《名山藏》）、"平章哈剌"（《皇明北虏考》）、"哈剌"（《殊域周咨录》《四夷广记》）。哈剌（Halaγ）、阿剌（Alaγ）意为"花斑色"，halaγ 为 alaγ 的带有词首 h-音的读音。蒙汉双方的记述，都说他因没有从也先处获得更高的官爵而对也先构怨，攻袭也先。也先不备，仓皇出逃，途中被怀有杀父之仇的永谢布人巴忽（Baqu，《黄金史》作 Boqun）执杀。

（48）古失哈屯：Küši Qatun，清译本作"古实福晋"（卷六叶一上）。《黄金史》《大黄金史》同《源流》作 Küši Qatun；《黄史》《善巴书》作 Küšei Qatun。《黄金史》《大黄金史》不提她的祖父和父亲；《黄史》《善巴书》只提到她的父亲，但与《源流》不同，作"瓦剌的客里额·豁只格儿"（Oyirad-un Keriye Qojigir）。

（49）兀巴三札：Ubasanja，清译本作"鄂卜锡衮"（卷六叶一上）。是因殿本讹写作 Ubšiγun（S 本、a 本同。满译文 Ubšigun）而误。沈曾植据后文看出矛盾之处，说："后文乌巴纖察青吉即此人。"（《笺证》卷六叶一上）

其他几种蒙文史书中不见此名，从《大黄金史》（下册，第 164 页）所记古失合屯所生 儿子为 Geretü、Čing Taiji 两人，和《黄金史》《黄史》《善巴书》作 Karudi、Čing 两人来看，青台吉（Čing Taiji）与（Čing）当为《源流》中的"兀巴三札青台吉"（Ubasanja ČingTaijii）。《北虏世系》作"五八山只台吉"。

（50）格列图台吉：Geretü Taiji，清译本作"格哷图台吉"（卷六叶一上）。相当于《大黄金史》中的 Geretü，《黄金史》《黄史》《善巴书》中的 Karudi（为 Geretü 之讹）。《北虏世系》作"克列兔台吉"，可见 Karudi（大鹏，源于梵语）是讹写。

（本文在写作过程中，得到了亦邻真、周清澍两位老师的热情指导，在此谨表谢意。）

（原载《内蒙古大学纪念校庆二十五周年学术论文集》，1982 年）

从亦思满被诛到兀鲁思孛罗遇弑

——《蒙古源流》选译并注释

15世纪后半叶,在蒙古高原经历了长期战乱频仍、动荡不安的岁月之后,渴望平息战乱、开始和平生活的愿望和要求,在人民中便更加普遍和强烈了。由于时代的局限,人们还只能把自己美好的希望寄托于天命英主的出现。当时登上汗位的达延汗,能够削弱异族异系封建主的势力,重振汗权,统一四分五裂的蒙古,也正是因为顺应了这种时代的要求。他的成功,一方面使所谓蒙古正统的成吉思汗黄金家族在封建统治阶级内部的争斗中获得了胜利,恢复了大汗对全蒙古的统治;另一方面也由于统一的实现、集权的加强而在客观上减少了频繁的战乱,使社会秩序得到了一时相对的稳定,对社会的进一步发展起到了一定的积极作用。在达延汗统一的进程中,首先碰到的是亦思满这股强大的势力。亦思满太师是当时的一个大封建主,他的部落永谢布,是右翼三万户之一,被称为"庞大的永谢布"(tüng yeke Yüngšiyebü)。亦思满不仅实力雄厚,而且达延汗与他还有杀父夺母之仇,因此自然就成了达延汗的头号敌人。达延汗派出骁将奇兵,一举消灭了亦思满。达延汗的统一事业并不是一帆风顺的,在得到不少中、小封建主支持的同时,他的行动也引起了一些大封建主的不满和激烈的反抗。对于在长期战乱中积蓄、扩大了力量,以至于可以左右大汗行动的那些大封建主们来说,让他们俯首帖耳地接受他人的统治,是无法容忍的事情。达延汗把他第八子格列孛罗封往外哈勒哈部时,受到阻挠,就说明该部原来的异系封建主是不服气的。而第一任右翼吉囊兀鲁思孛罗的被弑,则是这方面最突出的事例。原右翼永谢布部首领亦不剌(亦巴来)、鄂尔多斯部首领满都来,在达延汗次子兀鲁思孛罗作为右翼吉囊来到他们的部落的时候，他们毫不留情地弑杀了这位领主。用他们自己的话说，"有什么必要在我们头上另立封主？还是自己给自己做主的好！"这句话道出了他们起兵弑主的直接原因，不仅如此，而且典型地反映了当时大封建主的本质特性。达延汗时所发生的这些事件，对研究当时蒙古社会的状况，是有意义的。因此本文摘选了《蒙古源流》中自达延汗诛杀亦思满太师到兀鲁思孛罗吉囊被弑之间的一段内容，作了汉译和注释，以期为研究者们提供一些史料阅读上的方便。

译　文

却说，得知永谢布（1）的亦思满太师（2）落草为寇（3），[达延汗]便派郭尔剌思的脱火赤小石（4）率领奇兵（5）攻杀了亦思满太师（6），[脱火赤小石]请失乞儿太后（7）上马启程。[她却]为亦思满太师伤心落泪，不肯上马。脱火赤小石非常气愤，说道：

"难道你结发之夫善良的吉囊（8）不好吗？难道你[亲生的]儿子达延汗不好吗？难道你的邦国察哈尔万户（9）不好吗？难道仇人（10）亦思满太师反倒那么好吗？！"

说着抽出刀来，[太后]吓得[赶紧]上了马。为此，大家都讥笑失乞儿太后。脱火赤小石把亦思满太师的[妻妾]忽鲁台兀牙罕（11）纳为己妇。带回失乞儿太后，让她见了大汗。

不久，从右翼万户（12）中有鄂尔多斯（13）·哈儿噶坛（14）人伯出忽儿答儿罕、永谢布·不里牙（15）人只儿火台蔑儿干、土默（16）·毛明安（17）人朵豁兰阿哈剌忽这三位大臣带领三十个侍从前来。（18）[他们启奏]说：

"我们的天命之主登上汗位，

削平了骄横不臣的仇敌；

守嗣复嫁的满都海切尽哈屯

祈愿应验，生下七位孛罗。

为了扶立一位吉囊，在圣主八白室（19）中点燃伟大的明灯、清馥的香火和征敛六大兀鲁思（20）的贡赋，[我们]前来迎请陛下的一位皇子。"

大汗、哈屯和众人[一致]赞同，立兀鲁思孛罗为右翼三[万户]

的吉囊，派郭尔剌人巴巴海斡尔鲁随行（21）。

阿巴海（22）到达［右翼］之后，为了在圣主［神位］之前即吉囊位，准备第二天就叩拜圣主。这时永谢布人亦巴来太师（23）、鄂尔多斯人满都来阿哈剌忽（24）两个人［密］议说："有什么必要在我们头上另立封主？还是自己给自己做主的好！（25）现在就把这个阿巴海干掉！"于是挑唆失保嗔（26）的一个名叫般术木儿的人说："明天，人们聚集起来准备叩拜圣主的时候，你就说阿巴海骑的马'是我的'，去跟他争抢，一争吵起来我们就进攻。"（27）三个人［这样］勾结（28）定了。第二天，在［阿巴海］骑马前来的时候，般术木儿按照前约上前说："这马是我的！"说着拽住了阿巴海的马缰绳。阿巴海说："放开！以后再争辩（29）！"［般术木儿］拽住不放。阿巴海一怒之下拔出腰间的佩刀砍了他的头。亦巴来、满都来两个人愤愤地说："刚一来就做出了这种事，今后要把我们灭绝掉呀！杀了这阿巴海，乘此时机进攻吧！"鄂尔多斯·哈儿噶坛人伯出忽儿答儿罕说："所有的人一致同意，才派人去陈请，说：'庶民百姓怎么能没有领主（30）？乞请大汗委派一个皇子。'现在却要干犯大汗，上天能宠爱（31）［我们］吗？"虽然（32）这样劝告，亦巴来、满都来两个人并不理会，穿着全身铠甲领头冲杀过来。弘吉剌人把秃儿古里孙从自己的红沙骏马上跳下来，［把马］送给［阿巴海］说："群情叵测，［快］逃出去吧！"说话间，［亦巴来、满都来等］已经急不可耐地冲了过来，［阿巴海］躲进（34）白室。厮杀之间，鄂尔多斯人土默伯颜马剌射穿了亦巴来的胸膛。阿巴海正在击倒一个人的时候，被［对方］后援兵射杀了（36）。

却说巴儿速孛罗赛因阿剌（37）被也失格公主姑母（38）带在身边，就住在满官嗔（39）·彻兀（40）人火筛塔布囊（41）家中。那巴儿速孛罗要在他哥哥作吉囊的时候前去朝拜圣主。火筛塔布囊说："这个年月是什么靠得住的年月？给这孩子骑上黄毛骏马，鄂尔多斯人帖木儿，你随他（42）前去！"这样嘱咐着送走了［他们］（43）。

到发生凶变的时候，赛因阿剌骑着黄毛骏马，［与］帖木儿二人逃了出来。于是也失格公主、火筛塔布囊两人商议（44）："我们总不能把这孩子养在怀里，送回他父亲那里去吧。"正在寻找心地善良的人护送，鄂尔多斯·口兀（45）人帖木儿、兀慎（46）人巴速忽里火儿赤、达剌（47）人楚亦秃儿根、兀剌（48）人脱亦马、孛合思（49）人昂古儿、升豁儿（50）人阿合台、满官嗔人必里土，这七个人（51）表示愿意护送。于是让一个妇人为赛因阿剌的孛坛哈屯（52）做随身侍从，带走三岁的衮必里（53），把（54）阿勒坛（55）寄放在满官嗔的失你该斡尔鲁（56）、也别该阿噶（57）家里，便启程去父亲大汗处。

［途中］，用完了糗粮，［只好］采野韭、草根（58）充饥，［继续］赶路。帖木儿杀了一匹野骡，充作行粮。终于护送到了。为此，达延汗赐给帖木儿太师名号，又封那七位伴从为大答儿罕。

注　释

（1）永谢布：Yüngšiyebü，清译本同（卷五叶二十六下）。明代蒙古本部六万户之一。汉籍作"应绍卜"（《九边考》《皇明北虏考》等）、"永邵卜"（《万历武功录》《山中闻见录》）、"雍谢布"（《清太祖实录》）等。关于此部的来源，亦邻真认为即元代"云需府"（云需总管府），元亡之后逐渐变成了部落名称，近代又译为汉姓"云"和"荣"［见《蒙古姓氏》，载《内蒙古大学学报》（蒙文版）1977 年第 2 期］。

据《皇明北虏考》等，正德年间此部属亦不剌，曾进入河套住牧，后亦不剌奔西海，部众遂散。据《源流》后文，其众一半被达延汗收服。后来达延汗第十子兀巴三札在其父分封诸子时始封为此部首领（叶 68 下），不久，因其二子纳出（Naču，阿济）、失剌（Šira，实喇）互相残杀，失剌丧命，纳出被抄掠，所部遂转手封给达延汗第三子巴儿速孛罗第六子不迪达剌（Bodidara. 叶 69 上）。但《大黄金史》（下卷第 189 页）和《黄史》（第 83 页）却说失剌、纳出二人为达延汗第七子纳儿不剌（Narbuḥura，即《源流》之纳儿孛罗 Narbolod）之子，《北虏世系》所载亦同（纳儿孛罗作"那力不赖"）。而且《大黄金史》说兀巴三札的封部为哈剌塔塔儿（Qara Tatar）；《恒河之流》《水晶念珠》说是塔塔儿（Tatar）；《北虏世系》说他在"蓟镇边外极北住牧"。而《源流》说纳力孛罗的封部为察哈尔·浩赤（Čaqar Qahučid，察哈尔之浩齐特），《北虏世系》记他"在宣府、张家口以东至独石边外住牧"，二子"营名哈不慎"。均与永谢布无关。永谢布在《北虏世系》中，是巴儿速孛罗第六子我托汗卜只剌［Otqan Bodi(da)ra］，即本书之不迪达剌的封部，与《源流》所说该部转封后的情况一致。问题就是永谢布在达延汗分封诸子时首先成了哪一个儿子的部属？这还有待于进一步研究。此部与土默（土默特）部关系密切，在阿勒坛汗盛时实受其控制。到明末清初林丹汗西侵时此部残破，估计此时部众多流入土默部内，这也许就是今天土默特云姓的由来。

（2）亦思满太师：Isman Taiši，清译本作"伊斯满太师"（卷五叶二十六下）。他的名字，《黄金史》作"亦思马勒"（Ismal）、《大黄金史》作"思马勒"（Smal）、《善巴书》作"撒木勒"（Samul）。Smal、Samul，均为 Ismal 的讹写。此名是突厥语，原型为 Ismail。此人即汉籍中活跃于成化年间的"亦思马因太师"。《明宪宗实录》称他为乩加思兰族弟，又言"其父毛那海曾为太师"（成化十五年五月庚午条）。既然他是乩加思兰的族弟，那么他也当是畏兀人。这与两《黄金史》《善巴书》所说他是畏兀人（Uiḥud）人相符。至于《源流》说他是永谢布人，是因为他在蒙古大汗（小王子）手下做太师，本身又为永谢布首领，所以又被称为永谢布人。

（3）落草为寇：原文 oḥorčaɣlan yabumui。oḥorčaɣlan 是《秘史》"斡斡儿察黑"（oḥorčaɣ）——"劫贼"（第 156 节）、"劫"（第 200 节）的动词形，指落草为寇。殿本原文作 oɣarčilan yabumui，满译本作 salifi——"专擅"（6—1），清译本因作"专擅事权"（卷六叶一下）；施译本作 Verscohwörung——"谋叛"（第 183 页）；道译本作"肆行寇掠"（第 301 页）。

（4）脱火赤小石：Toɣoči Šiḥüši，Toɣoči，据阿勒黑苏勒德本（叶 64）、殿本（卷六叶一）、施密特本（第 182 页）、土谢图汗家藏本（纳校本第 203 页）补。后文第三次出现处原作 Toɣoši，仍据阿勒黑苏勒德等本改。Šiḥüši，汉语"少师"的音译，明代汉籍中有反译为"小石"之处，如"阿罗出小石"（《明宪宗实录》成化六年五月乙酉条）即 Oroču Šiḥüši 的音译。今从《实录》例作小石。此人，清译本作"托郭齐实古锡"（卷六叶一下）。两《黄金史》中亦见。

（5）奇兵：原文 deḥerme čerig。满译本作 tabcilara cooha——"放抢之军"（6—1），清译本漏译 tabcilara（放抢）一词，只作"兵"（卷六叶一下）。施译本也漏译 deḥerme（匪），作"众军"（第 183 页）；道译本作"（率）兵奇袭"（第 301 页）。deḥerme，《秘史》作"迭额儿蔑"，旁译"劫贼"（第 90 节）。现代蒙古语中此词仍为"强盗""劫贼"之意，

deḥerme čerig 一般是指土匪军，此处指强悍精锐的奇袭部队。

（6）亦思满太师之死，两《黄金史》较本书记述得详细：达延汗后来出兵征讨畏兀人亦思满太师，派出以郭尔剌人脱火赤小石、浩赤（Qahučid）人也先土也勒（Esen Tüḥel）等大臣为首的部队。亦思满的管家、妇人阿剌（Alaγ）听到他们军队的喧杂声，告诉亦思满说："大地震动了，怎么回事啊！"于是解下粉嘴枣骝骏马让亦思满骑上。亦思满前去探听情况，正与脱火赤小石相遇，脱火赤认出是亦思满，就把他射死了。据汉籍，亦思马因死在成化二十二年（1486）之内（《明宪宗实录》成化二十二年七月壬申条）。

（7）失乞儿太后：Šikir Taiqu，达延汗生母。据《源流》前文，她是兀鲁（Uruḥud）人斡罗出小石（Oroču Šiḥüši）的女儿，许与伯颜猛可孛勒忽吉囊为妻。当达延汗四岁时，父亲孛勒忽为亦思满太师逐出，死在他乡，母亲失乞儿为亦思满所纳。

（8）吉囊：jinong，封号。明代汉籍作"吉囊""吉能"，以前者专称衮必里蔑儿干吉囊，后者称其子那颜达剌吉囊（Noyan Dara Jinong，清译本作"诺颜达喇济农"）。施密特（施译本第406页，卷六注17）、和田清（《蒙古篇》第430页）、符拉基米尔佐夫（《制度史》第268页）、冈田英弘（《达延汗的先世》）认为吉囊源自汉语"亲王"。这在读音上是有可能的。"亲王"，按照元代的音写是作 SINONK（tsinong）。因为元代蒙古文中精、清、心、邪、审母都是用 S 来标写的，在不同的具体词中念法有区别。北元的蒙古人忘掉了这种音写法，重新把"亲王"音写为 ČINONK。而蒙古语中Č同时可读作č、j 两个音，于是被讹读作 jinong。元代，亲王是皇帝的兄弟、嫡亲子侄。伯希和、韩百诗认为当时亲王是"用作'宗王'的同义语"（《译注亲征录》第363页）。明代，吉囊的称号始见于脱脱不花（太松）时，职位相当于仅次于大汗的副王，执掌右翼之权，一般由大汗的儿子或兄弟出任。《源流》（叶56下）描述说："上天有日月二物，下土有大汗、吉囊二主"（Deḥere kökeregči-de naran saran qoyar, door-a körösütü-de qaḥan jinong qoyar）。可见其地位之高。

关于吉囊的汉语词源，还有其他一些说法。伯希和（《明史中的火者与写亦虎先》，载《通报》卷38，1948年）、田清波（《Erdeni-yin Tobči 导论》）、塞瑞斯（《达延汗后裔世系表笺注》）等人认为源自汉语"郡王"。这是不对的。因为"郡"的古读音为 gun（群母），与"王"（ong）

一起转入蒙古语应写作 KOINONK（günong），而不是 jinong。伯希和拘于"吉"必为 k（见母），拟为"郡"（群母）（上引文第 106 页）。其实，"见、溪、群"与"精、清、从"已走向合并。如"台吉""比吉""比姬"等，吉、姬（gi）已读作 ji。沙斯季娜认为来源于汉朝的"政王"（《黄史》第 186 页注 69），时代太远，且读音不尽相同。萩原淳平在看作来源于"亲王"的同时，又提出借自"晋王"的看法（《明代蒙古史研究》第 131 页）。这也有可能。"晋"字属"精"母，元代蒙文也标写为 SIN，元以后作 jin。这样，吉囊一词又同元世祖嫡孙、真金太子长子、历世镇守蒙古高原本土的甘麻剌（Kamala）一系联系起来了。元代，皇帝坐镇都城大都，晋王镇守蒙古本土，守成吉思汗四大斡耳朵；明代，大汗掌管全权，吉囊掌管右翼，守八白室。两者有某种相像处。

（9）察哈尔万户：Čaqar Tümen，清译本作"察哈尔土默特"（卷六叶一下），"土默特"因满译本 Tumed（6-1）而误。察哈尔，部落名，为明代蒙古本部六万户之一，属左翼。汉籍作"察罕儿"（《明世宗实录》嘉靖二十五年十月癸巳条，《九边考》《皇明北虏考》《殊域周咨录》等）、"擦罕儿"（《明神宗实录》万历二十九年八月己丑条）、"擦汗儿"（《武备志》卷二〇五）、"插汉儿"、"插汉"（《山中闻见录》）、"察哈尔"（《清实录》《表传》《通谱》《游牧记》等）。此部是达延汗及其后历代蒙古大汗（小王子）的直属部，驻牧在宣府、大同边外（《九边考》《皇明北虏考》《殊域周咨录》《四夷考》《译语》等），即今内蒙古自治区锡林郭勒盟一带。

在蒙文史书中，察哈尔之名出现在也先时期（正统、景泰年间）。当时伯颜猛可的生母、也先太师的女儿薛彻比姬（Sečeg Biiji）恐怕儿子被也先伤害，将察哈尔·忽剌巴（Čaqar Qulabad）妇人斡堆（Odoi）的女儿换放在儿子的摇车内，蒙骗过了也先派来查视的人。这事在《源流》及两《黄金史》中都有记述。从这件事中可以看出察哈尔原属达延汗之祖哈儿忽出（Qaryučuɣ），后属其父伯颜猛可孛勒忽吉囊。因此达延汗又继承了父亲的部属，自统一六万户开始，察哈尔成为大汗的直属部。

《源流》所记属于察哈尔万户的部落有八个：Qulabad（忽剌巴、呼拉巴特）、Kešigten（克什克腾）、Auqan（敖汉）、Naiman（奈曼）、Qahučid（浩赤、浩齐特）、Čaɣan Tatar（察罕塔塔儿、察罕塔塔尔）、Jaqud（札忽、扎固特）、Kemčihüd（谦州、克木楚特）。有属部八个，与

《恒河之流》《金轮千辐》的"八鄂托克察哈尔"（naiman otoɣ Čaqar）之说及汉籍中"八大营""八部"（《明熹宗实录》天启元年四月甲戌条、《经辽书牍》卷七、《三朝辽事实录》《山中闻见录》）之说相符。但这大概是晚些时候的情况，嘉靖时期的明人著述中记察哈尔"为营者五"（《九边考》《皇明北虏考》）。所记各部之名不一定都准确，如后两营"东营曰召阿儿""西营曰把郎阿儿"的召阿儿、把郎阿儿，实际就是蒙古语左翼 jeḥün ɣar、右翼 baraḥun ɣar 的对音，似乎并非这两营的本名（参见和田清《蒙古篇》第 527 页）。《恒河之流》（第 171 页）所记察哈尔八部为：1. Alčud（阿勒出），2. Kešigten（克什克腾），3. Uuqan Naiman（敖汉、奈曼），4. Tatar（塔塔儿），5. Üjümüčin（乌珠穆沁），6. Qaḥučid（浩赤、浩齐特），7. Kemegčid（Kemčiḥüd 之讹。谦州、克木楚特），8. Qalq-a（哈勒哈、喀尔喀）。《金轮千辐》所记察哈尔八部为：1. Auqan（敖汉），2. Naiman（奈曼），3. Sönid（苏尼特）4. Üjümüčin（乌珠穆沁），5. Joyid（召亦），6. Burud（不鲁），7. Alaɣ（阿剌），8. Alaɣčud（阿剌出）。

关于此部在嘉靖年间的东徙及后来林丹汗时（清天聪初年）的西迁等，详见和田清的考证（《蒙古篇》第 533—556 页）。

（10）仇人：ös kigsen。ös，原作 usun，据殿本（卷六叶一下）、施密特本（第 182 页）、土谢图汗家藏本（纳校本第 203 页）改。清译本作"结仇之"（卷六叶一下）。克鲁格译作 poured water on——"浇水"，并注解说："除了库伦本，其他本子都写作'难道你曾用水泼亦思满太师不是一件好事吗？'（Was it a good thing for you to have poured water on Isman Taiši?）参照她曾将一壶热茶浇向他的事情"（《蒙古源流中的诗段》第 129 页）。克鲁格不仅选择了一个讹文来翻译，而且注解也不正确。除了库伦本、阿勒黑苏勒德本作 usun kigsen（倒水）以外，其他殿本、施密特本、土谢图汗家藏本均作 ös kigsen（结仇）。显然 usun 为 ös 之讹。克鲁格说失乞儿太后曾将一壶热茶浇向他（当是指亦思满太师）的事，在几种蒙文史书中均不见。相似的只是满都海哈屯因不满萨岱劝她嫁给科尔沁的兀捏孛罗王，而把热茶浇在他头上。

（11）忽鲁台兀牙罕：Qulutai Uyaɣan，清译本作"郭罗泰"（卷六叶一下）。此人，满译本视为亦思满太师之妻，将 uyaɣan 当作"妻"：Isman Taiši-i sargan Golotai（亦思满太师之妻忽鲁台，6—2），清译本因之。《世系谱》也作"伊斯满太师……妻郭罗代"（卷四叶十九下），施密特将 uyaγan 一词改为……neretü ökin（……名的女儿），结果译为 Die Tochter des Issama Taischi, Namens Chulutai——亦思满太师名为忽鲁台的女儿（第 182、185 页）。道润梯步将 uyaγan 的另一种写法 AOIOQON（殿本）读作 noyoqun，推测"大概那颜的妻子称为那由浑"（《蒙古族古典文学选读》之四《蒙古源流》第 46 页注 9）。无论 uyaγan 还是 noyuqun 都没有直接的证明能当"妻"或"女儿"讲，所以这里暂作专名处理。

（12）右翼万户：baraḥun tümen。与"左翼万户"（jeḥün tümen）相对，是主要以地域关系划分的军事行政组织形式的名称。成吉思汗时代就有左右万户（《秘史》第 205、206 节）。明中期蒙古本部（鞑靼）的左翼万户、右翼万户各包括三个万户，因此又分别称为"左翼三万户"（jeḥün γurban tümen）、"右翼三万户"（baraḥun γurban tümen），或直接简称"左三"（jeḥün γurban）、"右三"（baraḥun γurban）。这六个万户，传说是元顺帝妥欢懽帖睦尔由中原逃回蒙古草原时带出来的。明中期的左翼三万户为察哈尔（Čaqar）、哈勒哈（Qalq-a）、兀良罕（Uriyangqan），右翼三万户为鄂尔多斯（Ordos）、永谢布（Yüngšiyebü）、土默（Tümed）。

这种左、右两翼的划分，是沿袭了蒙古草原上旧日的习惯。早在匈奴时就看到这样的划分：国家最高统治机构单于庭下设置左、右两个贤王庭（《史记·匈奴传》）。划分左、右两翼的习惯，在瓦剌人那里也可看到，如也先麾下的两个丞相——阿剌丞相（Alaγ Čingseng）、帖木儿丞相（Temür Čingseng），据《源流》就分别是瓦剌右翼和左翼的人。明末清初闻名于世的"准噶尔"部之名，就是 jeḥün γar（左翼）的音译。

另外，明代蒙古本部不仅将全部六个万户分作左、右两翼，就是万户内部也有两翼的划分。如察哈尔万户分作"东营""西营"（《九边考》），土默万户分为"东哨""西哨"（《三云筹俎考》卷二、《万历武功录》卷九、《武备志》卷二〇六），鄂尔多斯万户分为左翼、右翼（《源流》），哈勒哈万户的两翼，根据地理情况分为"内"（dotara）、"外"（aru）两翼（《源流》）。永谢布、兀良罕两万户虽无这方面记载，可能内部也有左右划分（参见森川哲雄《关于中期蒙古的土绵》）。在清代，有些旗（qošiḥun）也有左、右之分，如土默特左右旗、巴林左右旗等。在今天的内蒙古自治区，仍能看到这种现象。

（13）鄂尔多斯：Ordos，清译本同。部名，是蒙古本部右翼三万户之一，为镇守右翼万户的最高首领——吉囊（济农）的直辖部。汉籍作"阿尔秃斯"、"阿尔秃厮"（《九边考》《皇明北虏考》《殊域周咨录》）、"袄儿都司"（《四夷考》《万历武功录》）、"鄂尔多斯"（《清实录》《表传》等）。

　　Ordos 为 ordo（元代作"斡耳朵"）——"宫帐"的复数形式，因成吉思汗灵堂八白室（Naiman Čaγan Ger）得名。在明代中期（正德年间）此部进入河套之后，Ordos（鄂尔多斯）又逐渐成了一个地域名称，代替了原来的"河套"之名。村上正二参照伯希和的观点说原在克鲁伦河畔的大斡耳朵和祭奉的成吉思汗的遗物，在有权势的部落首领们中间传移，它能定置在鄂尔多斯之地，大概是从满都仑汗开始的（日文译注《秘史》第三册第 285—286 页）。但从汉籍所载来看，成化年间（1465—1487）满都仑虽然经常出没于河套之地，但毕竟不在那里常驻。河套有蒙古人的正式住牧，始于弘治（1488—1505）、正德（1506—1521）年间（《九边考·榆林镇》），这已是在满都仑之后。因此，说成吉思汗灵堂自满都仑汗开始固定于河套之地，并不妥当。当时的河套仍然是明朝和蒙古双方争战的前沿，明军还不时出现。满都仑不会轻易地将祖宗的圣物安置在这块不安全的开阔地上。仍据汉籍，达延汗（小王子）部下亦不剌为鄂尔多斯（阿尔秃厮）部首领，正德以后率所部入套住牧（《明武宗实录》正德四年十二月壬寅条，《九边考·榆林镇》），这才应是包括有成吉思汗灵堂及护卫者在内的部落鄂尔多斯进入河套的确实记录。《源流》后文讲到亦不剌等右翼首领曾遣人至达延汗处乞请派往一位皇子，"在主上八白室中点燃伟大的明灯、清馥的香火"。与《阿勒坦汗传》和汉籍对照，此事发生在正德五年（1510），即亦不剌率部入套的次年。这可以成为上说的一个证明。两《黄金史》提到达延汗曾一度移营至 Čaγan Ger-tei（有白室的）地方，哨探发现汉军在活动。这个 Čaγan Ger-tei 地方，就是指八白室（Naiman Čaγan Ger）。可见这时八白室已在河套之内。说八白室迁入河套在达延汗时期比较妥当。

　　《源流》中出现的鄂尔多斯的分部很多，有 Qaryatan（哈儿噶坛，哈尔噶坦）、Köbehüd（口兀、库伯古特）、Üḫüšin（兀慎、乌审）、Dalad（达剌、达拉特）、rad（兀剌、乌喇特）、Boqas（孛合思）、Šingqor（升豁儿、星呼尔）、Dörben Qoriy-a（朵儿边火剌、四营）、Kegüd（克古、扣克特）、Šibaḫučin（失保嗔、锡包沁）、Tangγud（唐兀、唐古特）、Qanglin（杭邻、杭锦）、Merkid（蔑儿乞、墨尔格特）、Baγanas（巴合纳思、巴罕）、Besüd（别速、巴苏特）、Betegin（别帖斤、伯特金）、Qalihučin（哈流臣、哈里郭沁）、Qahučid（浩赤、浩齐特）、Keriyes（客里额思、克里野思）、Čaγad（察合）、Minghad（明阿、明阿特）、Qoničin（火你臣）、Qoyahučin（火牙兀臣）、Uiγurčin（畏兀嗔、卫郭尔沁）、Amaqai（阿马海、阿玛该）。这些部又分为左右两翼。明确列入右翼的有：克古、失保嗔、唐兀、达剌、杭邻、蔑儿乞、巴合纳思、别速、别帖斤、哈流臣、畏兀嗔、阿马海；列入左翼的有：浩赤、客里额思、察合、明阿、火你臣、火牙兀臣；其他：哈儿噶坛、口兀、朵儿边火剌、哈乞里思、孛合思、升豁儿。《源流》没有具体说明鄂尔多斯所属鄂托克的数字，其他蒙文史书中，两《黄金史》记为八鄂托克，《恒河之流》作"十二土蛮"（arban qoyar tümen），"土蛮"当指鄂托克。森川哲雄所引《白史》（扎木杨本）、《大宴礼》（Yeke Qurim-un Yosun）都说是"十二鄂托克"。

（14）哈儿噶坛：Qarγatan，清译本作"哈尔噶坦"（卷六叶一）。在森川哲雄所引波坦宁《中国边疆的唐古特西藏》第四章"鄂尔多斯蒙古人"中，哈儿噶坛（Хархатани Гархатани）列于乌审（兀慎）旗内（《鄂尔多斯十二鄂托克考》）。

（15）不里牙：Buriyad，原误 Büriyed，据殿本（卷六叶一）、施密特本（第182页）、土谢图汗家藏本（纳校本第204页）改。清译本作"布哩雅特"（卷六叶一下）。部落名，见于《秘史》，作"不里牙惕"（第239节），住地在贝加尔湖以西南端周围，属"林木中百姓"，成吉思汗时归降前去征伐的术赤大军。明代，汉籍不载此名。据本书，此不里牙之名先在太松汗时见于瓦剌之内（叶五十五），嘎班沙拉布《四卫拉特史》、巴图尔图门《四卫拉特史》都记四卫拉特中有 Barγ-a—Burad（巴儿忽—不里牙）一部。可能因住地与瓦剌接近而在明初瓦剌强盛时归属了它。后在达延汗时又见于永谢布万户之内，这里的不里牙应该是不里牙部族的一支，而不里牙的大部，看来一直居住在贝加尔湖一带，成为今俄罗斯布里亚特自治共和国的主体民族。

村上正二将《元史》卷一一四"月鲁帖木儿传"中的"卜领勤·多礼别台"构拟为 Buryankin Dörbedei，以卜领勤（Buryankin）为不里牙，而将当时的不里牙惕视为朵儿边族的一支（日文译注《秘史》第三册第94页）。但在读音上卜领勤（Bu-ling-kin，据《蒙古字韵》）不等于不里牙（惕），族源上不里牙也与朵儿边无关。护雅夫引别尔嘎塔耶夫的推测：Buriyat 因 y-g 交替的现象由 Buriyat 变为 Buriɣat，其单数形 Buriɣan 又因 b→g→q 的交替，变成了 Quriqan，即三姓"骨利干"（《游牧社会史探究》第 45 册，见村上正二日文译注《秘史》第三册第 94 页）。这些都是十分缺乏说服力的，到头来，骨利干、不里牙相互通转，还是不能成立。唐代骨利干当即辽金时的"豁里"，Qoriyan 变成 Qori，再变成 Qorilar（豁里剌儿，豁里的复数）是可能的。

（16）土默：Tümed，清译本作"图们"（卷六叶一下），因殿本原文作 tümen 而误。部落名，为蒙古本部右翼三万户之一，清代汉籍多作"土默特"（《清实录》《表传》《通谱》《游牧记》等）。在探讨土默部的来源时，有人根据读音相近而把它当作成吉思汗时代贝加尔湖以西的"秃马"的后人，如荣祥（《呼和浩特沿革纪要稿》），也有人当作成吉思汗时代贝加尔湖以西的"秃巴思"，如村上正二（日文译注《秘史》第三册第 97 页）。但是正如伯希和早已指出的，"十三世纪的秃马惕人恐怕不能同现代的土默特人相混"（《卡尔梅克史评注》第 6 页）；而秃巴思的后人是今天俄罗斯图瓦自治共和国的主体民族图瓦人。

土默部，在明嘉靖、隆庆、万历年间，因首领阿勒坦汗（俺答）的业绩而声名大振。它的统治中心丰州滩上的库库和屯（意为"青色的城"，明廷赐名"归化"，即今呼和浩特市）一带迅速发展成为牧业、农业、手工业、商业并举的繁荣地区，其兴旺程度在当时整个蒙古草原首屈一指。明末，阿勒坦汗后裔的一支东迁到了今辽宁省西部建平、朝阳一带，俗称为"东土默特"，以别于西部故地的"归化城土默特"，清初编为土默特右翼旗。建制今不存，其地划属辽宁省。关于这一分支东迁的情况，和田清作过详尽的考证。他认为该部迁往东方，并不像《游牧记》所说是在阿勒坦汗之孙噶尔图（赶兔、安兔）时，而是在其曾孙鄂木布楚琥儿（温布）之时，在天聪二年（1628）的土默特赵城之战以后，天聪六年（1632）清太宗皇太极远征察哈尔林丹汗时（《蒙古篇》第 599—604 页；第 895、897 页）。

（17）毛明安：Maḥu Mingḥan，清译本作"茂明安"（卷六叶二上）。部名，也见于两《黄金史》。明代汉籍中几乎不见，《北虏世系》载俺答哈（阿勒坦汗）之孙扯力克的长子五十万打力台吉别称"毛明暗台吉"（在大同、新平边外住牧），当是以部名称之。清代，有"毛明安"（《清太宗实录》卷二十七、卷二十八)、"茂明安"(《表传》卷四十、《平定罗刹方略》卷四)等名。据《表传》,清代所称"茂明安"的部祖为元太祖成吉思汗弟哈撒儿的后裔,为"阿噜"蒙古诸部之一。天聪七年(1633)降后金。后清廷为军事需要,将此部调往大同、归化等地,雍正十三年(1735)"撤还所部一旗驻牧彻特塞哩,隶乌兰察布盟"(《表传》卷四十)。今为内蒙古自治区乌兰察布盟达尔罕茂明安旗的一部分。但《源流》及两《黄金史》所说的毛明安,据《源流》(叶八十二)为右翼万户中土默之一部,住地似在河套(鄂尔多斯),又据《北虏世系》,此部可能后来封与阿勒坛汗之孙扯力克的长子。不知此土默·毛明安与阿噜蒙古的茂明安有何种联系。和田清将阿噜蒙古茂明安、乌喇特等部的出现与兀良罕万户的被灭联系起来(《蒙古篇》第 482 页)。

(18) 前来:irejü,据阿勒黑苏勒德本(叶 64)、殿本(卷六叶二)、施密特本(第 184 页)、土谢图汗家藏本(纳校本第 204 页)补。

(19) 八白室:Naiman Čaγan Ger,是由八座白色的大毡帐组成的成吉思汗灵堂。公元 1227 年,蒙古对西夏的最后征战尚未结束,成吉思汗病逝于六盘山,随后遗体被护送回他的故乡不峏罕·哈勒敦山安葬,并将他生前住过的斡耳朵及遗物永久保留(《源流》、两《黄金史》、《黄史》、《善巴书》)。元亡之后,蒙古地区陷入混乱之中,争夺汗权的斗争十分激烈,八白室成了汗位继承人合法性的标志、历代大汗争夺的对象。蒙文史书中,八白室在明代的第一次出现,是在阿台汗时,他于 1426 年丙午(宣德元年)在圣主神主之前,即八白室之前即汗位。其次是在脱欢(宣德年间)之时。非蒙古正统的瓦剌太师脱欢在成吉思汗斡耳朵之内杀了蒙古大汗阿台,也想在成吉思汗神主前即汗位。达延汗统一六万户后,在八白室前重新正式即汗位。明天顺年间起,蒙古人在河套的活动逐渐频繁起来,至正德以后,以八白室得名的鄂尔多斯(阿尔秃厮)部以及永谢布(应绍不)、满官嗔三大部始入套住牧,估计八白室从此就固定于河套之地。

(20) 六大兀鲁思:jirγoγan yeke ulus,清译本作"六大处"(卷六叶二上),因满译文 ninggun amba ba——"六大地方"(6—3)而误。指蒙古本部察哈尔、哈勒哈、兀良罕、鄂尔多斯、永谢布、土默六大部。六大兀鲁思与六万户(jirγoγan tümen)同义,都是蒙古本部的统称。

关于兀鲁思(ulus)与土绵(tümen)的关系,符拉基米尔佐夫说:

"一般地说，大部落集团称为兀鲁思，也可以使用另一名词 tümen（土绵），即'万户'来表示。"（《制度史》第 208 页）森川哲雄不同意符拉基米尔佐夫的观点，他认为兀鲁思与土绵之间不能画等号，两者在蒙文史书中的用法不同。兀鲁思一般用在像 Mongɣol ulus、Kitad ulus、Tübed ulus（蒙古国、汉国、吐蕃国）这种场合，相反，土绵用在 döčin tümen Mongɣol（四十万蒙古）、jirɣoɣan tümen（六万户）中，是构成 Yeke Mongɣol Ulus（大蒙古国）大集团的单位，"六万户"与"六国"的关系，是"六万户蒙古国"的略称（《关于中期蒙古的土绵》）。森川的解释过于简单化了。兀鲁思本来就有国家、人众等不同含义，元代大蒙古国（兀鲁思）中包括了察合台兀鲁思、钦察兀鲁思。这与近代蒙古语中 ulus 表示国家实体是不同的。所以，符拉基米尔佐夫的观点是否定不掉的。

（21）派……随行：daɣaḥulun ilegebei，原作 daɣaḥulju，据阿勒黑苏勒德本（叶 65）、殿本（卷六叶二）、施密特本（第 184 页）、土谢图汗家藏本（纳校本第 205 页）改。

右翼万户来人至达延汗处乞请派驻吉囊一事，两《黄金史》所述原因、情节与《源流》有所不同：亦巴来之弟曾盗走兀良罕人伯颜脱脱（Bayan Toɣto）的黑鬃黄毛儿马，没有定罪。因此伯颜脱脱赶着马群前来告状。途中，亦巴来的弟弟追赶上来，交战中伯颜脱脱被杀。为惩办亦巴来之弟的罪行，右翼三万户中满官嗔人完译（Öljei）的儿子汪火儿怀（Ongyorqoi）、鄂尔多斯·哈流臣人兀哈赤沙比二人前来达延汗处乞请"治理国政"，达延汗不曾亲去，派次子兀鲁思伯忽阿巴海（兀鲁思孛罗）前往，令郭尔剌人巴巴海斡尔鲁随同。

（22）阿巴海：Abaɣai，清译本同。这里指兀鲁思孛罗。《源流》后文（叶 65 上）称他为兀鲁思孛罗阿巴海（乌鲁斯博罗特阿巴海），两《黄金史》称他为兀鲁思伯忽阿巴海（Ulus Baiqu Abaɣai）。abaɣai，男性的尊称。如成吉思汗系后代称哈撒儿为阿巴海（《黄金史》），著名的土默万户首领阿勒坛汗（俺答）也有此尊称，汉籍称他为"俺答阿不孩"（《明世宗实录》《九边考》《殊域周咨录》《万历武功录》等）。施密特说这一词是个别号，通常用于王的次子，他处作"叔父"解（施译本第 408 页注 29）。

沈曾植将阿巴海解为叔父，把阿巴海与他的随从巴巴岱（实为巴巴海 Babaqai）当作一人，以为即前文所说失乞儿太后与亦思满所生的巴布岱，因与达延汗同母，所以称为叔父巴巴岱，又因其父亦思满被郭尔剌人脱火赤所杀，他与母亲同被掳去，所以又称郭尔剌人巴巴岱（卷六叶二上）。沈曾植的误解主要是因为清译本此处的译文有误，将"阿巴海到达"（Abaɣai kürčü）误为"称为阿巴海"，并将巴巴海（Babaqai，满译文 Babagai）误为"巴巴岱"，致使沈曾植产生错觉，把他与前文的"巴布岱"（Babudai）联系起来。

（23）永谢布人亦巴来太师：Yüngšiyebü-yin Ibarai Taiši，清译本作"伊巴哩台吉"（卷六叶二下），因满译本 Ibari Taiji——亦巴里台吉（6—4）而误。他的名字，两《黄金史》也作亦巴来（Ibarai）；汉籍作"亦不剌因"（《明孝宗实录》弘治八年六月甲寅条）、"倚巴"（《明孝宗实录》弘治十四年闰七月己卯条）、"亦孛来"（《明武宗实录》正德四年十二月壬寅条），一般多作"亦不剌"（《明实录》《九边考》《皇明北虏考》《殊域周咨录》《四夷考》《北虏始末志》等）。这些译名，都是伊斯兰教名 Ibrahim 的不同音译。《源流》说他是永谢布人，两《黄金史》说他是畏兀（Uiḥud）人，汉籍说他是野乜克力人（《明孝宗实录》弘治八年六月甲寅条"北虏野乜克力之地，其酋长……曰亦不剌因王"）。被蒙文史书记为畏兀人的伯格儿先（乩加思兰）、亦思满（亦思马因），据《平番始末》为野乜克力人，那么，被蒙文史书记为畏兀人的亦不剌也与野乜克力人之说不矛盾。可以想见，当时蒙古人是把野乜克力视为畏兀人的。而本书称他为永谢布人，是因为他在永谢布作首领的缘故。参见注 2。

（24）鄂尔多斯人满都来阿哈剌忽：Ordos-un Mandulai Aqalaqu，清译本作"鄂尔多斯之满都赉阿都勒呼"（卷六叶三上），"阿都勒呼"因殿本原文 Adulqu 而误。此人，两《黄金史》记为"鄂尔多斯人流石阿哈剌忽"（Ordos-un Leḥüši Aqalaqu）。沈曾植、和田清都认为此满都来阿哈剌忽即汉籍中的"阿尔秃斯"。沈曾植认为明人"不审其名，以部称之"（卷六叶三上），和田清说"可能是用地名给满部赉起的绰号"（《蒙古篇》第 451 页），是。

（25）有什么必要在我们头上另立封主？还是自己给自己做主的好：原文 Bida deḥere-ḥen noyan abqui kereg manu yaḥun? Öḥer-ün teriḥü-ḥen öḥesüḥen medejü yabuqu büi-je，清译本作"我等之上何用管主？我等行事，自作主宰可也！"（卷六叶三上）符拉基米尔佐夫讲到元亡以后蒙古内部的封建战争时，引这句话说明当时赛特们（sayid）即封建主们意识到自己的力量，有取代大领主地位之心（《制度史》第234页）。自元亡以后，蒙古地区的封建割据状态日趋严重，大汗的权力衰弱，几乎独立的大大小小封建主实际掌握着各自的部众，他们一些人或在明初的战乱中保全了实力，或在战争中扩大了力量，因此势力发展很快，以致能够左右大汗的行动。

（26）失保嗔：Šibaḥučin，清译本作"锡巴郭沁"（卷六叶三上）。部名。两《黄金史》《黄史》《善巴书》不载。《九边考》《皇明北房考》应绍不部内有"失保嗔"一营，即此部。道译本作普通名词"司鹰者"（第304页），误。šibaḥučin，意为"饲鹰者"，元代曾有这样的专职。《元史》"昔宝赤"，释作"主鹰隼之事者""鹰人"（卷九九、卷一〇一）。明代前期还设有"失宝赤千户所"，隶东胜卫（《明史·地理志》卷四十一），和田清推测后来河套失保嗔部的部名就是由失宝赤千户所来的（《蒙古篇》第9页）。

（27）进攻：原文 qaluy-a，为动词 qaluqu 的祈使式。《蒙俄法辞典》qaluqu 释为 attaquer qn, provoquer——"进攻、挑衅"（Ⅱ，第794页）。据译。满译本作 gelebume gisure-ki——"威吓着说"（6—5），清译本因作"以言吓之"（卷六叶三上），误。施译本作 Schutze——"保卫"（第185页），亦误。道译本作"犯"（第304页），是。

（28）勾结：barildun，原误 baraldun，据施密特本（第184页）、土谢图汗家藏本（纳校本第205页）改。

（29）此句，清译本误作"阿巴海虽从容分辩，不允"（卷六叶三上），但满译本的译文是正确的：Abahai elkei gisureki secibe ojorakū ofi——"阿巴海虽然说'以后再说！'但不从"（6—5），只漏译 talbi（放开）一词。

（30）庶民百姓怎么能没有领主：原文 Qaraču irgen ejen ügei yekin yabumui，清译本作"众庶无主，难以行事"（卷六叶三下）。符拉基米尔佐夫在讲到明代蒙古社会时曾引用这句话，说明在当时的蒙古的封建制度下，一切平民都有自己的领主（ejen-noyan）（《制度史》第248页）。

（31）宠爱：原文 taḥalaqu，满译本作 bulegusembiu——能照鉴吗（6—6），清译本因作"鉴察"（卷六叶三下），不确。施译本作 Missfallen——"（不）满"（第187页），道译本作"佑"（第304页）。按 taḥala 一词，《秘史》（第77、85、143等节）、《登坛必究·译语》、《卢龙塞略·

译语》、《武备志·译语》均释为"爱"。

（32）虽然：ber，据阿勒黑苏勒德本（叶65）、殿本（卷六叶三）、施密特本（第184页）、土谢图汗家藏本（纳校本第206页）补。

（33）[亦巴来、满都来等]已经急不可耐地冲了过来：原文 tesgel ügei kürčü ireküi-dür anu. tesgel，原误 tengsel，据阿勒黑苏勒德本（叶65）、殿本（卷六叶三）、施密特本（第186页）、土谢图汗家藏本（纳校本第206页）改。满译本作 sujame muterakū išinafi——"支持不住而前来"（6—7），清译本作"殆不能拒"（卷六叶三下），虽然译文不尽相同，但都把这句话理解为阿巴海的动作。施译本作 als die Feinde schon unaufhaltsam eindrangen——"敌人已不可阻挡地侵来"（第187页），视作亦巴来、满都来等人的动作，这是正确的。只是施密特将 tesgel ügei 一词译为"不可阻挡地"，与原意"急不可耐"稍有不符。

（34）躲入：原文有几种不同的写法，库伦本作 qoraḥalan，阿勒黑苏勒德本作 qoranlan（为 qoraɤlan 之讹），殿本作 qoroḥalan，施密特本作 qoroḥulan，土谢图汗家藏本作 qorolan。词典中未见有相近的词。满译本作 somime——"藏躲"，清译本因作"藏匿"（卷六叶三下），施译本作 Flucht nach——"逃入"（第187页）；道译本作"避于"（第304页）。《源流》后文（叶66上）重复提到这件事时此词是作 qorɤudaḥuluɤsan（库伦本作 qorɤada-，其他诸本均作 qorɤuda-），同两《黄金史》与此处相当的 qoraɤudaḥuluḥad、qoraɤudaḥuluḥan 相同，均为 qorɤuda-的变形。《蒙俄法辞典》qorɤudaqu 释为 se cacher "藏匿"（Ⅱ，第968页）。由此可知 qoraḥala-或 qoroḥala-或 qorɤuda-意同。朱贾《黄金史》作"围困"（第96页），误。

（35）土默伯颜马剌：Tümed Bayanmalad，清译本作"图默特巴雅里衮"（卷六叶三下），因为殿本原文是 Tümed Bayaliɤun。施密特本 Bayaliɤun 一词前衍 Darqan 一词（第186页）；道译本"巴雅里衮"前漏译 Tümed 一词（第305页）。

（36）这句话，清译本作"阿巴海正在令人擒缚之际，脊背被射而殒"（卷六叶三下），其中有两处误译，一处出于满译本，一处是本身的误译。满译本作 Abahai niyalma-be jafafi maktame tatame bisire-de, wisai amargi-ci gabtabume jocibuha——阿巴海抓住[一]人撂倒时，从背后被射杀"（6—7）。第一处，蒙文原文中无"擒缚"之意，满译者为行文方便加了"抓住"（jafafi）一词，结果清译本取了这个译者增进的词，却漏掉了原来有的"撂倒"（deledču orqin）一词。第二处，满译本将 gejige 译作"背后"（wisai amargi），清译本因作"脊背"，均误。gejige，按《秘史》意为"后援"（第 170 节），村上正二参考《元秘史词典》和《蒙俄法辞典》认为 gejige 是由"脑后"转义为"垂于背后的辫发"，而 čerig-ün gejige，意为"殿军"（日文译注《秘史》第二册第 136 页）。gejige 用作"后援""殿后"之意，在《源流》其他地方也有出现，作 gejige-yin čerig（叶 71）、gejige darun oroγsan irgen（叶 87 上），分别意为"后援部队"、"殿后冲入的人们"。前者 gejige-yin čerig，各译本都译为"殿军"（清译本卷六叶二十四下、施译本第 215 页、道译本第 358 页），应该说此词的这种用义并不陌生，而且此处又作 gejige-yin kümüs（后援的人），意义很明显，似不应出现误译。可除了清译本外，施译本（第 187 页）、道译本（第 305 页）也都误作"背后"。

两《黄金史》所载兀鲁思孛罗阿巴海被杀经过如下：与阿巴海同往右翼的随从曾经欠畏兀人一匹马的债，为了那笔债，双方争吵、厮打起来。阿巴海见对方打了自己的随从，便砍了那人。畏兀人亦巴来太师、鄂尔多斯人流石阿哈剌忽二人怒不可遏，率兵前来，厮杀当中，把秃儿古里孙把自己的红沙骏马让给阿巴海骑上，正要送他冲出去，众家臣说："我们愿为你而战死"，没有让他逃走，把他藏在八白室中。结果亦巴来等人战败众家臣，把阿巴海夺去杀了。

（37）巴儿速孛罗赛因阿剌：Barsubolod Sayin Alaγ，清译本作"巴尔斯博罗特赛因阿拉克"（卷六叶三下）。赛因阿剌（Sayin Alaγ）是巴儿速孛罗的别名，《阿勒坦汗传》中也有这一别名（叶 5 上）；两《黄金史》中不见。汉籍音译作"谡阿郎"（《明世宗实录》嘉靖二十年七月丁酉条、《万历武功录·俺答列传上》卷七）、"赛那剌"（《北虏世系》《四夷考》《名山藏》）、"赛那郎"（《隆万两朝平攘录》）、"赛那浪"（《登坛必究·胡名》）、"洒阿（汗）"（《宣化县志》）等。

《源流》后文（叶 69 上）说巴儿速孛罗"于壬申年作吉囊，时年二十九岁。在位二十年，于辛卯年去世，享年四十八岁"。壬申年为正德七年（1512）；辛卯年为嘉靖十年（1531）。据《阿勒坦汗传》和汉籍，右翼之战发生在正德五年（1510），《源流》又说其后达延汗重新宣布汗号，同时降旨立不迪为汗位继承人，封巴儿速孛罗为右翼的吉囊。所以，说他在正德七年（1512）为吉囊是可信的。但他的卒年有问题。据《阿勒坛汗传》，他在丁丑年（1517）其父达延汗去世后曾即汗位，不久于兔儿年（taulai jil）去世（叶5下）。这个兔儿年，比《源流》的1531年早十二年。两《黄金史》也说巴儿速孛罗曾在达延汗之后即汗位，不久将汗权交还不迪，其后就不再出现。从汉籍中也可看出巴儿速孛罗并未活到嘉靖十年（1531）。《皇明北虏考》说："正德间小王子三子，长阿尔伦，次阿著，次满官嗔……阿尔伦二子，长卜赤、次乜明，皆幼。阿著称小王子，未几死，众立卜赤，称亦克罕。"阿著即巴儿速孛罗，卜赤即不迪。《四夷考》将类似的内容记在正德十二年（1517）与嘉靖元年（1522）之间；《万历武功录》记在正德十六年（1521）；《武备志·北虏》记在正德十五年（1520）与嘉靖元年（1522）之间；与《阿勒坛汗传》的正德十四年（1519）相近。可以肯定《源流》巴儿速孛罗卒年有误，当以《阿勒坛汗传》的1519年为准。《源流》所说的辛卯（1531）很可能又是由添加天干时的误差而产生的，本应为1519年己卯的兔儿年，在添加天干时被误为十二年后的1531年辛卯。他的终年，按《阿勒坛汗传》，当为三十岁，非四十八岁。

蒙文史书《阿勒坛汗传》、两《黄金史》及《善巴书》，还有汉籍，如《皇明北虏考》《四夷考》《万历武功录》等都载巴儿速孛罗（阿著）曾在达延汗之后、不迪汗之前即汗位一事，两《黄金史》视为不合法的即位。唯《源流》不载，只记他曾即吉囊位。关于这一点，和田清认为，出身右翼的《源流》作者出于维护自己祖先的名誉，有意回避了他曾非法即汗位的事实。

（38）也失格公主姑母：Ešige Günji qaqai egeči，清译本作"额锡格公主噶海"（卷六叶三下）。günji，借自汉语"公主"，明代汉籍中又见有返译为"滚吉"的，如《万历武功录》卷十四"切尽黄台吉妹滚吉阿不害"。qaqai egeči，意为"姑姑"，《华夷译语》《卢龙塞略·译语》："姑曰阿孩额格赤"；《五体清文鉴·亲戚类》abaγ-a egeči, basa qaqai egeči keḥemüi"姑姑，又称 qaqai egeči"（I，第1216页）；《蒙俄法辞典》作 qaγai egeči，释为 la tante——"姑姑"（II，第732页）。道译本作"姑姊"（第308页），不确。朱贾《黄金史》将 qaqai egeči 之 qaqai 当作人名"额锡格公主，名噶海"（第97页注2），因《源流》清译本而误。

也失格公主，据《源流》前文，是满都仑汗与满都海哈屯的次女，嫁与满官嗔·彻兀人火筛为妻。

两《黄金史》与此处相当的地方作"朵豁朗公主姑姑"（Doγolang Günji egeči）；其前文及《善巴书》又作"满官嗔火筛塔布囊的〔妻子〕朵豁朗公主姑姑"（Mongγoljin-u Qošoi Tabunong-un Doγolang Günji egeči）。据此可知朵豁朗公主与也失格公主为同一人，朵豁朗（瘸）当是也失格公主的绰号。

（39）满官嗔：Mongγoljin，清译本作"蒙郭勒津"（卷五叶二十七下），部族名，明代汉籍作"满官嗔"（《九边考》《皇明北虏考》《四夷考》等）、"满冠正"（《全边略记》卷三）、"猛古振"（《明神宗实录》万历四十四年正月壬午条）、"莽观镇"（《译语》）；清代作"蒙古尔济"（《通谱》）、"蒙古真"。

蒙文史书中此部名的最早出现是在瓦剌的脱欢太师（Toγon Taiši）之时（《源流》《大黄金史》）；汉籍中则最早见于弘治年间，蒙文史书、汉籍都说火筛（Qošai ~ Qošoi）为满官嗔部人，如《阿勒坛汗传》（叶5上）、两《黄金史》等蒙文史书；《九边考》等汉籍说："满官嗔部下为营者八，旧属火筛。"据此书，在弘治十三年（1500），火筛率所部始入河套住牧，其部后为俺答（阿勒坛汗）所属。所以蒙文史书又称此部为土默·满官嗔（Tümed Mongγoljin），如《黄金史》、《阿勒坛汗传》（叶47下）、《善巴书》（第77页），或称满官嗔·土默（Mongγoljin Tümed），如《源流》后文（叶79下）。此部后来大部东迁，《表传》中所说率部东迁的阿勒坛汗之孙噶尔图（东土默特右翼旗之祖鄂木布楚琥尔之父）的部落中可能多为满官嗔人，《通谱》对"蒙古尔济氏"就解释说："世居科尔沁土默特地方"（卷六十八），可为一证。迄今辽宁省阜新蒙古族自治县的蒙古人仍被称为 Mongγoljin，而其前身东土默特左翼旗部众基本系喀喇沁（Qaračin）出身，本来不会称满官嗔。可能因左、右翼两旗同为东土默特，外人视为同一整体，故左翼旗亦随右翼旗而得满官嗔之名。

（40）彻兀：Čehüd，清译本作"察库特"，（卷五叶二十七下）。当即《元史》之"彻兀台""彻兀台氏"（卷二八、卷一三二）。其他蒙文史书及明代汉籍不载。

（41）火筛塔布囊：Qošoi Tabunong，清译本此处作"科赛塔布囊"（卷五叶二十六下），后文两处作"郭锡塔布囊"（卷六叶四四）、"浩锡塔布囊"（卷六叶六六）、"和实塔布囊"（卷六叶十八上）。即汉籍中的"火筛"，小王子部下脱罗干之子（《明孝宗实录》弘治十二年五月乙丑条）。

塔布囊（tabunong），明代汉籍作"倘不能""他不能""他卜能""拓不能""傥不浪""倘不浪""他不浪"等（《夷俗记》《万历武功录》《三云筹俎考》《武备志》《卢龙塞略》《山中闻见录》等）。tabunong 即 tabun ong（五王）的连写形式，《黄金史》P1 版中见有分写的 tabun ong。有时也写作 tabunang。这个塔布囊（五王）之名，朱风、贾敬颜认为由五部探马赤而来（朱贾《黄金史》第 74 页注 2），即弘吉剌、兀鲁、忙兀、札剌儿和亦乞烈思五部，此五部元成宗以后相继封王，可能因此有五王之称，而这五部的弘吉剌、亦乞烈思两部与成吉思汗家族世为姻亲，因此到了明代就以"五王"转用来称呼大汗或显贵们的女婿，代替了元代驸马的蒙古语称呼"古列干"。从此，古列干只保留了一般词义"女婿"。《夷俗记·匹配》："其酋长之婿名倘不浪。"《三云筹俎考·夷语解说》："倘不浪，是王子家女婿，即仪宾。"《卢龙塞略·译语·伦类门》："女婿曰古列根，官家婿曰他不浪。"《武备志·译语》："女婿——苦力干，官家女婿——他不浪。"

（42）随他：derge-de inu。inu，据阿勒黑苏勒德本（叶 65）、殿本（卷六叶四）、施密特本（第 186 页）、土谢图汗家藏本（纳校本第 207 页）补。

（43）此句，清译本误作："郭锡塔布囊以此时难以遽信，令其乘上好黄马，往依鄂尔多斯之特穆尔处"（卷六叶四上），但满译本基本不误，作 Gooši Tabunang ere erin ai akdaci ojoro erin, ere jui-de sayin qonggoro morin-be yalubufi, Ordus-i Temur-i jakade baime gene seme tacibufi unggihe——"火筛塔布囊说：'这个年月是什么靠得住的年月？！给这孩子骑上黄毛骏马，让鄂尔多斯的帖木儿随从前去'，而遣走了［他们］"。

（44）商议：keleldüjü，原误 kilinglejü，据阿勒黑苏勒德本（叶 65）、殿本（卷六叶四）、施密特本（第 186 页）、土谢图汗家藏本（纳校本第 207 页）改。

（45）口兀：Köbeḫüd，清译本作"库伯古特"（卷六叶四下）。部名。也见于两《黄金史》。汉籍不载。

（46）兀慎：Üḫüšin，清译本作"乌格新"（卷六叶四上），因殿本原文作 Ügešin 而误。部名，《黄史》作 Üüšin，两《黄金史》、《善巴书》不载。此部之名可以溯源到成吉思汗以前。成吉思汗麾下"四杰"（dörben külüg）之一的博尔忽即此部人。拉施特作 hūšin，ūšin（《史集》第一卷第一分册第 78、122、171 页）；《元史·博尔忽传》作"许兀慎"（卷一一九）。明代，汉籍作"偶甚"、"兀甚"（《九边考》《皇明北虏考》）、"兀慎"（《北虏世系》《万历武功录·俺答列传下》卷八；《三云筹俎考·封贡考》"歹慎部"为"兀慎部"之讹）。清代作"乌新"（《通谱》卷六十八）、"乌审"（《清史稿》等），即今内蒙古自治区伊克昭盟乌审旗旗名的来源。

明代，此部族分为两支，分属鄂尔多斯万户和土默万户，这在蒙汉双方的记载上都是一致的。本书中兀慎又见于鄂尔多斯名下（叶 64 上），又见于土默名下（叶 68 下，叶 82 下）；《九边考》等书，阿尔秃斯（鄂尔多斯）部内有"偶甚"一营，满官嗔（后入于俺答——阿勒坛的土默之内）部内有"兀甚"一营。鄂尔多斯万户内的兀慎（偶甚）部是达延汗之孙衮必里吉囊第四子那木塔儿尼（Nom Tarni. 诺木塔尔尼）——清乌审旗王公之祖的封部（《源流》后文叶 69 下；《要略》《表传》）；而土默万户内的兀慎（兀甚）为阿勒坛汗之弟剌不台吉（Labuγ Taiji. 拉布克台吉。即《北虏世系》《万历武功录》之兀慎打儿汗剌不台吉）的封部（《源流》后文叶 68 下）。

（47）达剌：Dalad，清译本作"达拉特"（卷六叶四上）。部名，即《九边考》《皇明北虏考》中的"打郎"，清代以后称"达拉特"，为今内蒙古自治区伊克昭盟达拉特旗的前身。《源流》与《九边考》把它记为鄂尔多斯的属部；两《黄金史》先说它隶属于满官嗔，后又把它列在鄂尔多斯之内。此部为衮必里吉囊第三子斡亦答儿麻（Oyidarma. 卫达尔玛）的封部（《源流》叶 69 下）。

Dalad，为 dalan（七十）的复数形。和田清认为达拉特的正确缀音应该是 darqad，汉字写作"达拉特""达喇特""达尔哈特"等（《蒙古篇》第 743 页），误。Darqad 是 darqan（答儿罕）的复数形式，是专门护守成吉思汗灵园的那一部分人的称呼，与 Dalad 无关。

（48）兀剌：Urad，清译本作"乌喇特"（卷六叶四上）。部名。两《黄金史》、《黄史》、《善巴书》不载。亦不见于明代汉籍。清初归降满族统治者的蒙古十六部中有"吴喇忒"一部（《清太宗实录》天聪十年，卷二十七），《通谱》亦作"昊喇忒"（卷六十九）；《表传》作"乌喇特"（卷四十一），今作乌拉特，内蒙古自治区巴彦淖尔盟的三个旗以此命名。

《表传》"乌喇特部总传"（卷四十一）说："元太祖弟哈巴图哈萨尔十五世孙布尔海游牧呼伦贝尔，号所部曰乌喇特……［康熙］二十九年，噶勒丹袭喀尔喀，昆都伦博硕克图衮布踰乌勒札河，奉命选兵驻归化城……所部三旗，驻牧哈达玛尔，隶乌兰察布盟。"它本来也是"阿噜"蒙古之一（《表传》卷十七"科尔沁部总传"）。关于此部的来源，和田清的观点是：乌喇特与茂明安、四子部落三部是在北边兀良哈万户（非三卫）被灭掉之后出现在其地的（《蒙古篇》第482页）。这是指呼伦贝尔地方乌喇特的情况。但《源流》此处所说兀剌为鄂尔多斯属部之一，后文（叶69下）又说它被封与衮必里吉囊次子伯桑忽儿朗台吉（Baisangqur Lang Taiji，拜桑固尔台吉），出现的时间也在《表传》所说乌喇特由呼伦贝尔地方西调之前。不知鄂尔多斯的兀剌与阿噜蒙古之乌喇特关系如何。

　　（49）孛合思：Boqas，清译本作"布喀斯"（卷六叶四上）。部名。两《黄金史》、《黄史》、《善巴书》不载。汉籍作"卜哈思"（《明成祖实录》永乐十五年四月己卯条）、"哱合斯"（《九边考》《皇明北虏考》等），也说此部隶鄂尔多斯（阿尔秃斯），与《源流》同。

　　《源流》前文（叶30下）记成吉思汗时有Boqas（清译本作"布噶斯"）一鄂托克，是蔑儿乞（Merkid）部答亦儿兀孙（Dayir Usun）之女忽兰豁阿（Qulan Qoḥ-a）的随嫁部之一。张尔田认为此布噶斯即《秘史》三种蔑儿乞之一的"兀洼思"（卷三叶14下）。

　　（50）升豁儿：Šingqor，清译本作"星和尔"（卷六叶四上）。部名，《大黄金史》作Šiongqor。此言"海东青"。汉籍中不见。沈曾植以"星"为"畏"之讹（卷六叶四上），即以为畏兀儿，误。

　　（51）自愿护送巴尔速孛罗的七个人，两《黄金史》记为：

1. 鄂尔多斯·口兀人帖木儿太师，相当于《源流》七人中的第一人；
2. 孛儿不人也勒只格斡尔鲁（Borbuɣ-yin Eljige Örlög）；
3. 达剌人阿剌赤（Dalad-yin Alaγči）；
4. 5. 升豁儿人脱脱伯忽、脱不土赤延（Šingqor-un Toγto Baiqu, Tobuɣ Tüčiyen）；
6. 巴勒合臣人也先斡尔鲁（Balɣačin-u Esen Örlög）；
7. 郭尔剌人脱不忽（Qoorlad-un Tobuqu。《大黄金史》Qoriɣud为Qorlad之讹）。

只有一人与《源流》所记相符。

（52）Botan，清译本作"博坦"（卷六叶四下）。两《黄金史》、《黄史》、《善巴书》不载。《阿勒坦汗传》记阿勒坦汗的生母为"孛团哈屯"（Boton Qatun，叶 4 上），孛团（Boton）与孛坛（Botan）是同名异写。《源流》诸本均作 Botan，唯施密特本作 Botas——孛塔思（第 188 页），与 Botan 形近致讹。

（53）衮必里：Gün Bilig，清译本作"衮必里克"（卷六叶四下）。巴儿速孛罗的长子，曾作右翼的吉囊，称衮必里蔑儿干吉囊（Gün Bilig Mergen Jinong）。即汉籍中的"吉囊"，这是以其官号相称，而以为其名。蒙文史书中，他又被称为"库蔑里"（Kümeli）、"蔑儿干合剌吉囊"（Mergen Qara Jinong）（两《黄金史》），"库蔑里蔑儿干合剌吉囊"（Kümeli Mergen Qara Jinong）。称他为"库蔑里"（野葱），是因为在他被从右翼送回达延汗处的途中曾以野葱充饥的缘故（两《黄金史》）。

《源流》后文（叶 69 上、下）说衮必里生于丙寅年，于壬辰年为吉囊，时年二十七岁，在位十九年，于庚戌年去世，享年四十五岁。丙寅年为正德元年（1506），壬辰为嘉靖十一年（1532），庚戌为嘉靖二十九年（1550）。其生年 1506 年可以肯定，因为《阿勒坦汗传》也记为丙寅，即 1506 年。《源流》所记他做吉囊的壬辰年（1532），因其父巴儿速孛罗的卒年有误（参见注 37）也随之而误。据《阿勒坦汗传》，其父卒于 1519 年。汉籍中吉囊之名第一次出现在嘉靖六年（1527）。衮必里即吉囊位当在这两个年份之间。他的卒年 1550 年庚戌，也与其他蒙文史书和汉籍不符。按《阿勒坦汗传》，衮必里死在壬寅年（叶 8 下），即嘉靖二十一年，公元 1542 年。此年与《四夷考》《万历武功录》所载吉囊的卒年嘉靖二十一年（1542）相合，当是正确的记载。

（54）把……：-i，原误-u，据阿勒黑苏勒德本（叶 65）、殿本（卷六叶五）、施密特本（第 188 页）、土谢图汗家藏本（纳校本第 208 页）改。

（55）阿勒坛：Altan，清译本作"阿勒坦"（卷六叶四下）。巴尔速孛罗（赛那剌）的次子。即汉籍中的"俺答"，他是蒙古本部右翼土默万户的首领，不迪汗赐与他汗号（《阿勒坦汗传》作 Sutu Qaḥan——速图汗；《源流》作 Šideü Qan——司徒罕）。不迪是应阿勒坛之请才授与此号的，说明当时阿勒坛的势力之盛。成书于 16 世纪末 17 世纪初的《阿勒坛汗传》详细记载了他的一生。据此书，阿勒坛生于丁卯年十二月三十日，卒于辛巳年十二月十九日酉时。丁卯年为正德二年（1507），辛巳年为万历九年（1581）。《源流》也说他生在1507年丁卯，《万历武功录·俺答列传下》说他死在万历九年（1587）十二月十九日。这两个年份是可以肯定的。而《源流》说他死于1582年癸未，是为了适应迷信的说教，有意地延长了一年。

阿勒坛汗是蒙古历史上著名的人物，他为促进蒙古地区与中原间的经济联系，发展本地区的生产，作出了很大的努力。对他一生的事迹，蒙汉双方都有不少记载。蒙文史书中最详细、准确的是《阿勒坛汗传》，其次是《源流》；汉籍中当首推《万历武功录》的"俺答列传"。在《阿勒坛汗传》中，他的主要活动有：1524年甲申与其兄衮必里吉囊一同征伐兀良罕，其后又有五次对兀良罕的征伐（1531年辛卯二征、1533年癸巳三征、1538年戊戌四征、1541年辛丑五征、1544年甲辰六征）。曾四征畏兀（1532年壬辰一征、1534年甲午二征、1542年壬寅三征、1558年戊午四征），两征瓦剌（1558年戊午一征、1568年戊辰二征）。1570年庚午与明廷讲和，1571年辛未受明廷所赐"顺义王"之号。1572年壬申修建库库和屯。1574年甲戌遣使赍书西藏黄教首领锁南嘉措，1575年丁丑亲至青海察不赤牙勒寺（Čabčiyal Süme，察卜恰勒庙，即仰华寺）迎接，于1578年戊寅拜见，上达赖喇嘛（Dalai Lama）之号。其后进军哈密城，讲和。并遣使瓦剌。

（56）失你该斡尔鲁：Šinigei Örlög，清译本作"锡尼凯乌尔鲁克"（卷六叶四下）。《阿勒坛汗传》作"升该斡尔鲁"（Šinggei Örlög）（叶4下）。

（57）也别该阿噶：Ebegei Aγ-a，清译本作"额伯格衣阿哈"（卷六叶四下）。《阿勒坛汗传》作"也别该兀由安"（Ebegei Uyuḥan），并称她为满官嗔人（叶4下）。

（58）草根：原文 jaryaγsun，还有其他几种写法：jaryaγusun（阿勒黑苏勒德本叶65下），jiryaḥusun（殿本叶5上；施密特本第188页；土谢图汗家藏本，纳校本第208页）。满译本将 manggir jiryaḥusun 合译为 ungge"细野葱"（6—9），清译本因作"野葱"（卷六叶四下）；施译本作 Zwiebeln und wurzeln——"洋葱和［草］根"（第189页）；道译本作"山韭野葱"（第308页）。manggir 意为野韭，《秘史》作"忙吉儿"，旁译"薤"(第74、75节),《华夷译语·花木门》《卢龙塞略·译语》同。但 jarγaγsun 或 jaraγusun、jirγaḥusun 的词义不甚明确,均不见于辞典。《秘史》中有"札兀合孙"(jaḥuγasun)一词,旁译"山丹根"(第74节),或许与此词是一个东西。

[原载《内蒙古大学学报》(社会科学版) 1983 年第 2 期]

"右翼之战"与达延汗统治的最终确立

——《蒙古源流》选译并注释

公元1510年（明正德五年），在鄂尔多斯草原上爆发了一场蒙古统治阶级内部的大规模战争，这就是后来人们所说的"右翼之战"。这场战争的胜利，使得达延汗的汗权最终得以确立。在此之前，虽然达延汗已大大削弱了瓦剌的力量，并且消灭了实力雄厚的劲敌亦思满太师，但许多部落的统治权仍握在异族异系大大小小的封建主手里，特别是六万户中与大汗所驻左翼三万户相对的右翼三万户，占据着优越的地理环境，人多势众，而且亦思满太师的遗部永谢布一万户在其族人亦不剌的统领下势力重振。因此，不安定的因素依然存在，威胁着汗权的巩固。果然，就在达延汗刚刚开始采取措施，向各万户分封自己的子嗣，以夺取部落统治权的时候，他的行动遭到了来自原来的部落领主们的激烈反抗。他的第二个儿子、派往右翼三万户的吉囊（副王）兀鲁思孛罗初到右翼，尚未正式就职，就死在右翼首领们的刀下。这一事件使达延汗更加意识到问题的严重性，为了清除异己、巩固汗权，同时也是为了替子报仇、杀一儆百，他决定亲率大军征讨右翼。兀鲁思孛罗的死，就像一根导火索一样，迅速引燃了一场封建战争的爆发。战争的结果，右翼万户惨败，其两大万户鄂尔多斯、永谢布的首领满都来、亦不剌二人携残部逃往甘肃、青海一带，余部为达延汗收服。达延汗又封他第三子巴尔思孛罗为右翼吉囊，彻底控制了右翼。"右翼之战"是达延汗一生中所经历过的最大一次战役，对于达延汗统一事业的完成起到了决定性的作用。"右翼之战"胜利之后，达延汗趾高气扬地在设于右翼地区的成吉思汗灵堂——八白室前重新宣布汗号，正式即大汗位，就足以说明这场战争的重要。

这场战争，在明代蒙、汉文史籍中都有不同程度的反映。蒙文史籍比较详细地记载了它的起因、过程和结果；汉文史籍记载了它的结果。由于现存明代蒙文史籍多为明末至清初时人所作，时间距离当时当事已近一个世纪或更长，记述不免带有口传的痕迹，一些细节上，几种蒙文史籍间互有异同，而对战争结局的记载，蒙文史籍又与汉籍不同。为了澄清事实，给研究提供方便，本文摘选、译注了《蒙古源流》中有关的一段内容，供研究这段历史的同行参考。

译　文

〔达延汗〕立即出兵征讨右翼万户，（1）从翁衮〔山〕（2）的峡谷（3）中穿入，沿着秃儿根〔河〕（4）扎营。达剌人把秃儿纽列该赶着一大群骟牛，吹着嵌有角饰的号角（5）冲来。左翼三〔万户〕（6）误把牛蹄〔声〕当成了铠甲声，以为来了旗手、号角手的队伍，纷纷惊散奔逃。达延汗骑的号称有角的甘草黄马，跳下河的时候仆倒在地。大汗的盔顶插到了泥里，直不起身来。别速（7）人脱欢喊道："栗毛儿马陷进泥里了！"札忽人（8）赛音彻吉彻、察罕（9）两人回身下马、一同把〔达延汗〕扶上乘骑，继续行进（10）。到了夜间，找不到峡谷的出口，就从山的低坡处翻越了过去。因为有很多马鞍遗落在那里，所以〔从此〕就把那地方称为"阳合儿察（11）岭"。

于是，把秃儿纽列该唱道：

"本来无事，左翼万户（12）却来侵犯（13），

是非曲直自有苍天明断，

秃儿根哈屯〔河〕（14）已经赏给〔他们〕筋斗，

伟大的金光（15）已经让〔他们〕四下溃散。"

达延汗回军驻下之后，亦巴来、满都来两人又率领三万〔户〕兵前来〔追袭〕。当时火筛塔布囊从军中密遣两个人给达延汗报告消息（16）。他们〔得讯后〕慌乱地移营。〔亦巴来、满都来〕尾追不止，在噶海额列孙〔地方〕追上了克什克腾（17）、谦州（18）两个鄂托克，攻杀一番便回师而去（19）。那火筛（20）派遣的两个人向大汗禀奏说："陛下发兵又返回的时候，我们的把秃儿纽列该曾经如此这般（21）唱过。"大汗

气愤已极，叩拜苍天上帝，说：

"亦巴来、满都来两人突然悖逆作乱（22），
兀鲁思孛罗阿巴海无辜地把性命送断，
把秃儿纽列该口出狂言，放肆地讥嘲（23），
天父上帝洞察作证，请作明断！"

就这样向天帝申告，洒马奶子祭奠，行叩拜大礼，随后率领左翼三万户和叔王科尔沁（24）部出征。

右翼三万户听到大汗出征，便在答兰帖里温（25）地方迎战。开战的时候，达延汗降旨说："鄂尔多斯是保存圣主八白室的命大缘深的人众，同样，兀良罕（26）也是护守圣主金柜（27）的命大缘深的人众，让科尔沁叔王〔同他们〕对阵（28）！十二鄂托克哈勒哈（29）与十二土默（30）对阵！八鄂托克察哈尔与庞大的永谢布对阵！"交战中，科尔沁人兀儿图忽海那颜的儿子卜儿海把秃儿台吉、兀良罕人把秃儿巴牙海、札忽人赛因彻吉彻、五鄂托克哈勒哈人把孙塔布囊、克什克腾人把秃儿兀鲁木五个人（31）率先冲锋陷阵。当哈勒哈追击土默、察哈尔追击永谢布的时候，鄂尔多斯·哈儿噶坛人伯出忽儿答儿罕、奎惕（32）人答儿麻答儿罕、哈流臣（33）人兀塔赤昆迭连、土默·杭邻（34）人阿勒楚来阿哈剌忽、弘吉剌人把秃儿古里孙、永谢布·不里牙人索秃卜儿康忽、哈剌嗔（35）人忙豁罗火硕赤七个人聚合在一起，呼叫着姓名赶上前来领头冲阵，从兀良罕中间掠过，追赶劈杀。这时，巴儿速孛罗赛因阿剌率领着四十（36）勇士冲上前来，从土默中间冲过去、再由鄂尔多斯的后面包抄过来砍杀。鄂尔多斯的蒙哥兀纛赤认出赛因阿剌，说道："圣主大汗的黑色大纛归到汗的后裔手中了（38）！"于是带着大纛前来归降。赛因阿剌命令他手持大纛站在原地。追击兀良罕的（39）鄂尔多斯军从远处看见大纛，便误认〔为是自己的阵地〕，赶上前来，结果大部分都战死了（40）。

右翼三万户的一半逃跑了，一半归降了。达延汗一直追到青海，把三万户全部收服，在纳臣柴达木（41）地方杀死了鄂尔多斯的满都来阿哈剌忽（42）。从此就称〔那里〕为"阿哈剌忽柴达木"。永谢布的亦巴来太师只身一人浑浑噩噩地（43）奔走着，进入察罕马剌孩（44）〔人〕的哈密城，被人杀了（45）。

达延汗全部收服了右翼三〔万户〕，收聚平抚六万户（46）大国，在

圣主的八白室前重新（47）宣布了大汗的称号。〔降旨〕道："我的（48）十一个儿子当中，令长子脱罗孛罗的儿子（49）不迪（50）继承我的汗位！功勋卓著的巴儿速孛罗曾经亲自（51）陷阵，为我夺回了右翼三〔万户〕的政权（52）。"就令〔他〕在右翼（53）万户之上做吉囊。曾经护送孛勒忽吉囊归来的那四个人，曾经援救过满都海哈屯的那四个人，曾经为赛因阿剌效力的那七个人，曾经抢回达延汗、精心照料的唐剌合儿（54）人帖木儿哈答，曾经在〔亦巴来等〕要杀阿巴海的时候出来劝阻的哈儿噶坛人伯出忽儿答儿罕，曾经将红沙骏马（55）让给阿巴海的弘吉剌人把秃儿古里孙，曾经送给阿巴海腰刀，让〔他〕躲进圣主〔八白室〕里的内廷总管斡脱太师（56），曾经射穿亦巴来胸膛的土默伯颜马剌答儿罕，曾经在答兰帖里温的战阵中率先冲杀的（57）左翼万户那五个人，以及所有曾经效力的人，〔大汗〕都颁赐大答儿罕（58）名号，以及丹书敕令、金印和显爵。把满都海（59）切尽哈屯的独生女儿脱罗土公主下嫁给札鲁人把孙答儿罕塔布囊。

后来，兀良罕人格根丞相、秃台哈剌忽剌（60）两人为首的兀良罕万户反叛作乱。达延汗率领察哈尔、哈勒哈两个〔万户〕出征，并派去使臣通告皇子巴儿速孛罗吉囊（61）。〔吉囊〕率领右翼三万户兵马赶来。〔两军〕会合后，在勺儿合勒山梁上（62）与兀良罕万户交锋。左翼万户中有哈勒哈·札鲁人把孙答儿罕塔布囊、察哈尔·札忽人赛因彻吉彻的儿子昂客贝昆迭连哈思哈两人，右翼万户中有鄂尔多斯·哈儿噶坛人伯出忽儿答儿罕、土默·杭邻人阿勒楚来阿哈剌忽两人，〔达延汗〕命令这四个人率领决死军（63）出战，击破兀良罕的勺儿合勒大阵，收服了它的余众，把他们并入〔其他〕五个万户之内，削去了它的万户名称（64）。

达延汗收集治理着六万户人众，为大蒙古国带来了平安幸福。〔他〕在位七十四年，于癸卯年宾天，享年八十岁（65）。

注　释

（1）右翼万户：baraɣun tümen，据阿勒黑苏勒德本（叶六十五）、殿本（卷六叶五）、施密特本（第188页）、土谢图汗家藏本（纳校本第208页）补。

（2）翁衮：Ongɣon，清译本作"翁观"（卷六叶五下）。山名。又作

"翁衮山"，即今呼和浩特城北大青山上的蜈蚣坝，历史上又叫"翁衮坝""白道岭""神山"（《归绥县志》）。沈曾植虽然把它视为"归化城北之大青山"，却又把它与《元史》的官山当作一个山（《笺证》卷六叶五下）。据《元一统志》，官山在废丰州东北一百五十里，为大黑河的发源地，和田清考证是在平地泉西面马盖图附近（《蒙古篇》第312页），即在今卓资县境内，显然与位于废丰州（今呼和浩特东郊白塔）西北四五十里的翁衮山不是一回事。

（3）峡谷：sübe，原误sübeḥe，据施密特本（第188页）、土谢图汗家藏本（纳校本第208页）及后文（叶六十四）改。

（4）秃儿根：Türgen，河流名。即流经今呼和浩特市城南的大黑河，蒙古名为"伊克土尔根"（Yeke Türgen）（《大清一统志》卷三百四十八）。发源于今乌兰察布盟卓资县北、察哈尔右翼中旗南山，西南流，至呼和浩特西南托克托县境内汇入黄河。

清译本因满译本之误（ekšeme——急）而误为"急欲（出谷驻营）"（卷六叶五下）。克鲁格以此河为黄河（Huang Ho）（《蒙古源流中的诗段》第134页），误。

（5）吹起嵌有角饰的号角：原文eber qalja-ḥar büriye tatan。清译本作"吹海螺"（卷六叶五下）。两《黄金史》作qaljin büriye（büriɡe）。岷峨山人《译语》说："小王子常以精兵数千或数万自随，有旗纛，无金鼓，惟吹唎唎为号，其声呜呜，然不中音律。或曰，近亦有喇叭，以木为质，角为饰，不知然否。"此处所指的大概就是这种"木为质、角为饰"的喇叭。道润梯步认为是"以角制的号角"（eber-iyer kigsen büriye）（《蒙古族古典文学选读》之四《蒙古源流》第51页注2）。

（6）左翼三［万户］：jeḥün ɣurban，原作jeḥün tümen ɣurban。tümen，据阿勒黑苏勒德本（叶六十五）、殿本（卷六叶五）、施密特本（第188页）、土谢图汗家藏本（纳校本第208页）删。

（7）别速：Besüd，原误Busud，据阿勒黑苏勒德本（叶六十五）、殿本（卷六叶五）、施密特本（第188页）改。清译本因满译本之误（Basud）而误为"巴苏特"（卷六叶六上），施译本也误为Bassud——巴苏特（第189页）。部名，即《秘史》中的"别速惕"（第47、119等节）。两《黄金史》中也见有此部名，明代汉籍不载。《源流》后文（叶69下）把它列为鄂尔多斯右翼之一部。

（8）札忽：Jaqud，清译本作"札固特"（卷六叶六上）。部名。两《黄金史》《黄史》《善巴书》中均不见。汉籍中也无载。此名当来自《元朝秘史》的札忽惕，即汉人。据《源流》后文（叶66上），它是察哈尔万户属部之一。

（9）赛因彻吉彻、察罕：Sayin Čegiče，Čaγan，清译本作"察罕、彻格济"（卷六叶六上），因殿本原文作 Čaγan，Čegiče。与此二人相当的，两《黄金史》只记有一人。《黄金史》作"别速人察罕毛赤来"（Besüd-ün Čaγan Maḥu Čirai），《大黄金史》作"别速人毛赤来"（Besüd-ün Maḥu Čirai）。赛因彻吉彻（Sayin Čegiče），《大黄金史》前文提到一个同名的人，但作科尔沁（Qočin）人。

（10）两《黄金史》中有与这一段内容相近的记载，但被说成达延汗征讨右翼万户之前对满官嗔的一次征战：达延汗出兵征讨满官嗔，迷失了道路，宿营在秃儿根河的渡口。满官嗔闻讯出兵来迎，双方交战于秃儿根河。满官嗔·达刺人把秃儿纽列该（Baḥatur Neḥüregei）从左侧，又从右侧吹着螺号进攻，惊散了达延汗的军队。溃散之中，达延汗的乘骑巴林白脐草黄马陷入秃儿根河泥淖，汗的盔顶插入泥中，身子不能直起。别速人脱欢（Toγon）招呼同部人察罕毛赤来（Čaγan Maḥu Čirai。《黄金史》作 Maḥu Čirai）下马，两人一同拔出汗的盔顶，送他出围。

（11）阳合儿察：Yangγarčaγ，清译本作"英噶尔察衮"（卷六叶六上〉。意为"光鞍""裸鞍"。《元朝秘史》作"影吉儿察黑"，旁译"单鞍"（第172节）。《卢龙塞略·译语·戒具类》："光鞍桥曰影吉儿叉。"

（12）左翼万户：jehün tümen，清译本作"左翼土默特"（卷六叶六上），因殿本原文作 jehün tümed 而误。

（13）侵犯：原文 jehülün，清译本作"梦"（卷六叶六上），本自满译本 tolgišara——"做梦"（6—11）。施译本作 hergezogen——"来到这里"（第189页）；克鲁格译作 raving——"胡言"，但又解释说 jehüle 一词是由"'东'加上普通动词词尾-le-"（east ＋the common verbalizing suffix-le-）构成。意为"向东走"（to go east ward）（《蒙古源流中的诗段》第133、134页）。道译本作"侵入"（第309页）。《蒙俄法辞典》jehülekü 释为"向外倾倒"（verser dehors）、"做梦"（rever）、"胡言"（dire des absurdites）等（Ⅲ，第2322页）。此处是侵犯的意思。

（14）秃儿根哈屯：Türgen Qatun，清译本作"图尔根哈屯"（卷六叶六上）。河名，即前文所见的秃儿根河。此处 qatun 用作水流的尊称，没有"娘子"的意思。道润梯步说"称河为哈屯，与称山为罕是一个道理"（《蒙古族古典文学选读》之四《蒙古源流》第 52 页注 1）。施译本作 Gomahlinnen und Familie "夫人及家属"（第 189 页），误。

（15）光：原文 gere，清译本作"屋"（卷六叶六上），因满译本 boo——"屋"（6—12）而误。施译本作 Spiegel——"镜"（第 189 页），克鲁格译作 house——"房屋"，又作 beam——"光"（《蒙古源流中的诗段》第 133、134 页），道译本作"屋"（第 309 页）。gere（光）与 ger（屋、帐）不是一个词。

（16）两《黄金史》《黄史》及《善巴书》不载此事。两《黄金史》所记火筛在达延汗征讨右翼时的情况是：当右翼得知达延汗已出兵来征，火筛（作 Tümed-ün Sayin Qošai）与亦巴来太师、流石阿哈剌忽等人在一起商量对策。为此其妻找人把寄养在家中的巴儿速孛罗送回达延汗处。达延汗收服右翼之后，火筛才来归降。

（17）克什克腾：Kešigten，清译本作"克锡克腾"（卷六叶六上）。部名，源于成吉思汗时创立的扈卫军"客失克田"（《元朝秘史》旁译"扈卫每"，见第 191、224 等节；《元史》等作"怯薛丹"）。《源流》后文（叶 68 下）言此部为察哈尔属部之一。明代汉籍中作"克失旦"（《九边考》《皇明北虏考》）、"黑石炭"（《万历武功录》卷十三）、"克石炭"（《辽夷略》）等，称为亦克罕（即大汗）属部（《九边考》《万历武功录》）。与《源流》符。清代文献中作"察哈尔克西克腾"（《清太宗实录》卷十二）、"克什克腾"（《表传》卷三十二、《游牧记》卷三）。这是今内蒙古自治区昭乌达盟克什克腾旗旗名的来源。

《表传》说："元太祖十六世孙鄂齐尔罗特再传至沙喇特达，称墨尔根诺颜，号所部曰克什克腾。"（卷三十二）。《源流》后文（叶 68 下）说达延汗第六子（两《黄金史》、《北虏世系》作第五子，当是）斡赤尔孛罗被封为克什克腾部之主。此斡赤尔孛罗即《表传》之"元世祖十六世孙鄂齐尔罗特"（"罗特"前遗一"博"字，《蒙古游牧记》作"鄂齐博罗特"）。

《万历武功录》中却说不迪汗（孛只）第五子名为"黑石炭"（卷十三），而《辽夷略》则进一步说不迪汗（孛只）第五子克石炭为克石炭一枝。关于这一点，和田清认为克什克腾部在达延汗分封诸子时被封赐与斡赤尔孛罗,后来可能是由于不迪汗第五子的势力强盛,暂时控制了克什克腾部(《蒙古篇》第568页)。

(18)谦州:Kemčiḥüd,清译本作"克木齐古特"(卷六叶六上)。部名,还见于《源流》前文(叶59下)、后文(叶83下)。《黄金史》同《源流》,作 Kemčiḥüd;《大黄金史》作 Kemčiḥüd,又作 Kemčüḥüd。此部名源于元代"谦谦州"。明代汉籍中不见。沈曾植认为即《通谱》之"克穆齐特氏""克穆楚特氏"(《笺证》卷五叶二十三下),是。据《源流》后文(叶83下)此部隶察哈尔万户。

(19)他们[得讯后]慌乱地移营。[亦巴来、满都来]尾追不止。在噶海额列孙地方追上了克什克腾、谦州两个鄂托克,攻杀一番后便回师而去:原文 dürbejü nehügsen sehül-eče anu, Kešigten, Kemčiḥüd qoyar otoγ-yi Γaqai Elesün-e güičejü dobtoluḥad qarijuḥui。由于原文中无主语,因而造成理解上的混乱。满译本说火筛塔布囊从军中密遣二人给达延汗报告亦巴来、满都来出兵追击的消息后译:"因此而泄密,溃散之后,将克什克腾、谦州两鄂托克追至噶海额列孙地方,攻掠而回"——……jakade, fir-gembufi samšiha amala, Kešikten, Kemcikut juwe otok-be Gahai Elesu bade išibume amcame farganafi amaši marihabi (6—12)。似乎达延汗追击了亦巴来等人的两个属部。清译本作"……(致信于达延汗云)分散之后追赶克锡克腾、克木齐古特二鄂托克,直至噶海额勒苏地方而回"(卷六叶六上)。似乎是火筛遣人致信达延汗,告知他追赶克什克腾等二鄂托克。日译本明确译为"[达延汗]追赶克什克腾、谦州二鄂托克……"(Ⅵ第121页)。

把达延汗当作追击克什克腾、谦州两鄂托克的人是不对的,因为据《源流》后文(叶68下、叶83下)及两《黄金史》,克什克腾、谦州二部是达延汗察哈尔万户的属部,所以不可能是达延汗追击这两部。从前后的文意来分析,也可以看出,达延汗得到火筛遣人送来的口信后,仓皇移营。在他移营的尾后,先前集兵前来的亦巴来、满都来二人追击了达延汗属下的两个部落。此处施译本(第191页)、道译本的译文是正确的。

(20)火筛:Qošai,原作 Qoša,据前文改。

(21)如此这般:teyin,原误 ten,据阿勒黑苏勒德本(叶六十六)、殿本(卷六叶六)、施密特本(第190页)、土谢图汗家藏本(纳校本第210页)改。

（22）汗叩拜苍天上帝，说："亦巴来、满都来两人突然悖逆作乱"：原文Qaḥan……eyin jarliγ bolju, tengri ejen-dür mörgürün: genete qara setkin dayijibai, Ibarai Mandulai qoyar. 满译本（6—13）、清译本（卷六叶六下）、施译本（第191页）及克鲁格（《蒙古源流中的诗段》第135页）都把"叩拜苍天上帝"（tengri ejen-dür mörgürün）理解为达延汗的动作，把他祈祷的话视为从"突然悖逆作乱"（genete qara setkin dayijibai）开始（原文为押头韵将语序颠倒，把主语"亦巴来、满都来二人"放在句尾），这是正确的。道润梯步把"叩拜苍天上帝"理解为达延汗祈祷词中的开头部分，译作"合罕……降旨曰：'本往拜（天）帝、主（陵）也，伊巴哩、满都赉二人突起恶念而为敌矣'"（第313页），与原文之意不符。

（23）讥嘲：sonjiḥuluḥad，原误sočiḥuluḥad，据阿勒黑苏勒德本（叶六十六）、殿本（卷六叶七）、施密特本（第190页）、土谢图汗家藏本（纳校本第210页）改。

（24）叔王科尔沁：原文abaγ-a Qorčin，清译本作"巴噶科尔沁"（卷六叶下）。abaγ-a，普通名词"叔父"。因科尔沁部之祖为成吉思汗之弟哈撒儿，所以拖雷系蒙古汗族以"叔王科尔沁"（abaγ-a Qorčin）来称呼科尔沁部。此处，施译本的"叔王科尔沁——das der verbrüderten Chortschin"（第191页）是正确的。满译本的Abaga（6—14）、清译本的"巴噶"（前当遗一"阿"字，应为"阿巴噶"）和道译本的"阿巴噶"（第313页）都是等于将abaγ-a译成了专名，不确当。

（25）答兰帖里温：Dalan Teriḥün，清译本作"达兰特哩衮"（卷六叶六下）。地名。《阿勒坦汗传》（叶5上）、两《黄金史》、《善巴书》也都说达延汗与右翼在这个地方交战。《大清一统志》（卷三百二十九）、《蒙古游牧记》（卷六）伊克昭盟右翼中旗（鄂托克旗）东北四十二里有"大蓝土禄"（《蒙古游牧记》"达兰土鲁池"），今其地为鄂托克旗苗圃公社达拉图鲁大队。"答兰帖里温"也许就是指的这个湖泊一带。

《阿勒坛汗传》将答兰帖里温之役记在兀鲁思亭罗阿巴海被杀的庚午年（čaγan morin jil），即正德五年（1510），与《明武宗实录》正德九年七月庚午条所说"阿尔秃厮、亦不剌等自正德五年以来避小王子，引众至甘凉、永昌、山丹、甘肃等处住牧"，《明史·鞑靼传》将亦不剌与小王子仇杀，亦不剌窜西海系于正德五年（1510），在时间上相符。沈曾植（《笺证》卷六叶七下）、和田清（《蒙古篇》第452页）都曾以汉籍记载确定《源流》达延汗征右翼事在正德五年（1510）。

（26）兀良罕：Uriyangqan，清译本作"乌梁海"（卷六叶六下）。一古老部族的名称。箭内亘、和田清把《辽史》的"嗢娘改"（"太祖本纪"）、"斡朗改"（"穆宗本纪""天祚帝本纪""百官志"等）、《高昌纪行》的"卧梁劾特"同兀良哈联系起来（箭内亘《兀良哈三卫名称考》，载《蒙古史研究》1930年，《蒙古篇》第110页）。元代，作"兀良合"（《元朝秘史》第9、12、120节等）、"兀良罕"（《元史》等）。明代汉籍多作"兀良哈"，清代汉籍多作"乌梁海"。

元代，贝加尔湖地区住有属林木中百姓的兀良罕人（《史集》第一卷第一分册第156、121页），在斡难河上游、不峏罕哈勒敦山（今肯特山中）下的平原上也有兀良罕人（《元朝秘史》第9、12节）。后来大概在成吉思汗分封诸王、功臣时，斡难河上游地区的兀良罕人作为功臣折里麦的部众，南下至"朵颜温都儿"（朵颜山）、"搠木连"（绰尔河）地区（参见《蒙古篇》第316页）。明初，在朵颜山地区设朵颜卫，基本成员即折里麦后裔的部众，与泰宁卫、福余卫一同被明人统称为"兀良哈三卫"。在明代还有一支活动于蒙古地区西北和北部的兀良罕人，即明人所说的"异种黄毛"、"黄毛达子兀良罕"（《万历武功录》卷七）、"北有兀良哈"、"西北一部落亦曰兀良哈"（岷峨山人《译语》）等，《九边考》《皇明北房考》《殊域周咨录》《四夷考》《北房始末志》《名山藏》等明代汉籍对这一部分兀良哈人也都有记载。蒙文史书中称兀良罕为六万户中左翼万户之一。汉籍对这部分兀良罕人有生动的描述："黄鬓鬘，发如植竿，其睛亦正黄，轻锐骁健，莫与伦比"，"好畜马驼"（《译语》）；"凶悍不能别死生"（《登坛必究》卷二十三、《万历武功录》卷七）；还有一部分兀良罕人因在13世纪成为成吉思汗大斡耳朵及其遗物的守护者（《史集》第一卷第一分册第159页），后来在明代成为八白室的守护部落鄂尔多斯部的主要成分（参见《蒙古篇》第502页）。

《源流》此处所指的兀良罕是居住在漠北的黄毛兀良罕。

（27）金柜：altan kömörge，清译本作"金谷仓库"（卷六叶六下），因满译本 aišin calu namun——"金仓库"（6—14）而误。施译本作 Nachlass——"贵重遗产"（第191页）；道译本作"金柩"（第309页）。

kömörge，即《华夷译语》中的"古篾儿格"，释为"柜"（器用门）。拉施特说成吉思汗去世后有兀良罕（Ūrīānkqt）一个千户担任灵园禁地的守卫（《史集》第一卷第一分册）。《源流》所说兀良罕人守卫的当是指成吉思汗遗留下的大斡耳朵和其他遗物，不是什么"仓库"。因此，清译本的译文是错误的。当从《华夷译语》译为"柜"。参见珠荣嘎《如何理解达延汗西征的命令》一文。

（28）对阵：原文 tuslatuɣai，动词 tusla-的祈使式。下文紧接着出现的 tuslan、tuslaldu 也都是 tusla-的变形。清译本将这三个词分别译为"御之""同为辅助""相会"（卷六叶六下）。满译本分别为 tosokini——防御、tosome——防御、tosome acaki——防御而遇（6—14）。虽然殿本原文作 tusalatuɣai，tusalan，tusalaldu——"援助"，但满译者还是根据前后文意作了改译。清译本的"相会"大概是只取了满译本 tosome acaki 中 acaki——"相会"一词之意，而"同为辅助"之意却不是满译本所有的。珠荣嘎曾指出清译本的这一错误（《如何理解达延汗西征的命令》）。

（29）哈勒哈：Qalq-a，清译本作"喀尔喀"（卷六叶六下）。部名，为蒙古本部左翼三万户之一。明代汉籍作"罕哈"（《九边考》《皇明北虏考》等），清代称为"喀尔喀"（《清实录》《表传》等）。

一般人们以"哈拉哈"河（Qalq-a，《元朝秘史》作"合勒合"）之名为此部名的来源（《蒙古篇》第 134—135 页）。该万户内分为"内五部哈勒哈"（dotora-yin tabun otoɣ Qalq-a）和"外七部哈勒哈"（aru-yin doloɣan otoɣ Qalq-a）（见《源流》叶 68 下，叶 65 上）。

据达尔玛《金轮千辐》（*Altan Kürdün Minghan Kegesütü Biäg*）和拉西彭楚克《水晶念珠》（*Bolor Erike*），内哈勒哈五部（otoɣ）为：Jarud（札鲁，即《源流》的 Jaruhud）、Baḥarin（巴林）、Bayaḥud（叭要）、Qonggirad（弘吉剌）、Öjiyed（《水晶念珠》Öjired 为 Öjiyed 的形近之讹。兀者）。这两部书都是内哈勒哈人的著作，说法大概不会错。

外哈勒哈人善巴写的《善巴书》和由外哈勒哈人续修的《黄史》，所记外哈勒哈各部：Uneḥed（《善巴书》；《黄史》作 Üüšin）、Jalayir（札剌亦儿）、Besüd（别速）、Eljigen（燕只斤）、Kerüd（《善巴书》；《黄史》作 Kireḥüd。乞鲁）、Qorlas（郭尔剌思）、Qoroɣo（火罗火）、Küriy-e（苦里额）、Čoquḥur（炒忽儿）、Kökeyid（阔可亦）、Qatagin（哈塔斤）、Tangḥud（唐兀）、Sartaḥul（撒儿塔兀勒）、Uriyangqan（兀良罕）十四部，分属格列三札的七个儿子，即七鄂托克（《善巴书》第 73 页；《黄史》第 110 页）。参见森川哲雄《关于喀尔喀土绵及其形成》。

据《源流》后文（叶68下），达延汗第五子纳勒出孛罗始封为内哈勒哈之主，第八子格列孛罗始封为外哈勒哈之主。和田清认为，达延汗将内哈勒哈封给纳勒出孛罗时，未必就是五部落，因为《皇明北虏考》中明确记着"罕哈部营三"，又说其变成五部落的时间应照田中克己所推测的那样，是在纳勒出孛罗之子虎喇哈赤之时，其子五人，各为一营，而形成五部落（《蒙古篇》第647页）。外哈勒哈的领主，据《表传》等，是格列三札（格呼森札札赉尔珲台吉）的后裔，这是因为格列孛罗封到外哈勒哈后不久，就被外哈勒哈人送了回去，于是他的弟弟格列三札继受其封。这件事在《黄史》和《善巴书》中都有记载（《黄史》第107—108页，《善巴书》第72页）。

《清太祖实录》中有"喀尔喀五部落"的字样（卷六等），具体的只提到"喀尔喀把岳忒部落"（卷五等）、"喀尔喀札鲁特部落"（卷七等）、"喀尔喀巴林部落"（卷十等）三部，与《金轮千辐》《水晶念珠》中的札鲁、巴林、叭要相符。今内蒙古自治区哲里木盟有札鲁特一旗，昭乌达盟有巴林左、右翼两旗。名称都来自内哈勒哈部落。

（30）十二土默：Arban Qoyar Tümed，清译本作"十二土默特"（卷六叶六下）。部名，为蒙古本部右翼三万户之一土默（Tümed）万户的总称（《阿勒坦汗传》叶16上、《黄史》第98页）。亦见于《黄金史》《大黄金史》和《善巴书》。此部著名首领就是阿勒坦汗（俺答汗）。汉籍中也见有阿勒坦汗所部分为十二部之说，如《明神宗实录》万历四十年八月壬戌条"三枝十二部落"、十月庚辰条"三枝十二部"、十月壬午条"虏王所制者山（西）大（同）二镇十二部而已"，《武备志》卷二〇六"共六大部落一十二哨"、卷二百二十五"三枝十二部"。这都是指的阿勒坦汗以后的情况。

对于十二土默形成的时间，和田清（《蒙古篇》第710页）、森川哲雄（《关于中期蒙古的土绵》）认为是在阿勒坦汗之时，这是正确的。蒙文史书都把十二土默与阿勒坦汗联系起来。但《源流》此处出现十二土默之名，却为时更早。因为火筛所部满官嗔归于阿勒坦是在达延汗征右翼以后。《阿勒坦汗传》在记达延汗庚午年（1510）征右翼万户之前，虽然提到火筛于同年率部来投（叶5上），但当时阿勒坦才四岁，尚未受封。《源流》中常见用后来的称谓追述前事的现象，此处也是一例。

关于多栾土默（七土默）与十二土默的关系，和田清认为后者是前者发展了的形式（《蒙古篇》第 710 页），但森川哲雄对这一看法持否定态度（前引文）。多栾土默，原为哈赤斤后裔朵豁朗台吉所部，后来成为火筛领有的满官嗔内诸部之一。达延汗时曾将此部封给第四子阿儿速孛罗，不久亦受阿勒坛汗土默部控制。满官嗔部遗存的六部就成了阿勒坛手下的六大部，分为十二枝，由此直接称为十二部（参见《蒙古篇》第 704—711 页）。多栾土默只是其中的一部，十二土默可能只是取了多栾土默的基本部名"土默"（Tümed），而它的实际部众却并不是直接从多栾土默一部发展来的。

（31）这五员大将，两《黄金史》、《善巴书》不载第五人"克什克腾人把秃儿斡鲁木"（Kešigten-ü Baḥatur Olom），而代之以《源流》所记第一人卜儿孩（Burqai）的父亲兀儿塔忽海王（Urtaquqai Ong）。

（32）奎惕：Küid，清译本作"奎图特"（卷六叶七上），因殿本原文 Küidüd 而译，Küidüd 为 Küid 的再衍复数形式。部名，他处不见，不详。按《黄史》（第 110 页）、《善巴书》（第 73 页），外哈勒哈内有 Kökeyid 一部名，与此 Küid 音稍近。

（33）哈流臣：Qaliḥučin，清译本作"哈里古沁"（卷五叶二十六上）。部名。词义为"捕獭者"。据《源流》后文（叶 65 上、叶 69 上），它是右翼万户中的一个部落。道译本作普通名词 "捕獭者"（第 287 页），非是。

（34）土默·杭邻：Tümed Qanglin，清译本作"土默特杭锦"（卷六叶七上）。"杭锦"来自殿本原文 Qanggin。Qanglin，即《元朝秘史》的"康邻"（第 262、270、274 节）、《辍耕录》《元史》的"康里""康礼"。原是西域一部族，住地邻近钦察。敦煌藏文书卷 P1283 号《北域君主王统记》中有"牧羊部落合剌·康里"。金末，曾有一部分康里人（三万户）降金（《金史》卷一百二十一），成吉思汗时，康里部曾为克烈王罕的同盟者（《元史》卷一百三十）。在蒙古大军西征时，该部族被成吉思汗手下大将速不台征服，大部被杀，一部分作为俘虏补充进蒙古军队，后在元武宗时（至大三年，1310）组成康礼卫（《元史》卷九九"兵志二·宿卫"）。参见亦邻真《额济纳、阿拉善、杭锦——内蒙古旗名的语源》，载《内蒙古地名》蒙文版第二期。

这一部族在元代就以"康里"——Qangli（《元史》等）、"康邻"——Qanglin（《元朝秘史》）、"杭斤"—— Qanggin（《元史·速不台传》卷一百二十一）几种形式出现。《源流》不同抄本中，较早期的写作 Qanglin（如库伦本、阿勒黑苏勒德本），较晚期的写作 Qanggin（殿本、土谢图汗家藏本）。关于这一问题，亦邻真认为"康邻"（Qanglin）是"康里"（Qangli）的蒙古语形式。附加词尾-n 音是当时蒙古语的习惯，如将"河西"（Qaši）读作"合申"（Qašin）；而康邻又写作"杭斤"（Qanggin）的原因是同它们的词根都是 qang（意为"车"）有关系。Qanglin < Qangli < Qangliγ，-liγ 相当于蒙古语的-tu ~ -tü（形容词词尾），因此 Qanglin 即蒙古语的 tergetü（有车的人）之意；Qanggin 是 qang 的复数形，相当于蒙古语的 terged（众车）。因为《元史·速不台传》的史料来源是忽必烈时期王珲所作《大元光禄大夫平章政事兀良氏先庙碑》，可知"康礼"又作"杭斤"至少是从忽必烈时就开始的（见上引文）。

《源流》此处所说土默·杭邻，即元代康礼卫遗人。清代以后就只见 Qanggin（杭锦）之名，Qanglin（康邻）已消失不用。今伊克昭盟杭锦旗的旗名即由此而来。和田清说："现今河套西北隅附近锡喇布里多泊东岸有地名叫杭锦，住牧在这里的右翼后旗就叫做'杭锦旗'。"（《蒙古篇》第 743 页）这地名一定是因部名而得的，而不会是由地名得部名。

（35）哈剌嗔：Qaračin，清译本作"喀喇沁"（卷六叶七上）。部名。明代汉籍作"哈剌嗔"（《皇明北虏考》《殊域周咨录》《四夷考》等）、"哈喇真"（《九边考》）、"哈喇慎"（《武备志》《口北三厅志》）等，清代称"喀喇沁"（《清实录》《表传》等）。此部名源于元代的"哈剌赤"（做黑马乳之人）（参看《蒙古篇》第 682 页）。《句容郡王世绩碑》（载《国朝文类》卷二十六）言钦察人班都察举族归降元宪宗蒙哥，在世祖忽必烈时"其种人以强勇见信，用掌刍牧之事，奉马湩以供玉食。马湩尚黑者，国人谓黑为哈剌，故别号其人曰哈剌赤"。Qaračin（哈剌赤）加上复数词尾-n，即为 Qaračin（哈剌嗔）。

此部名在明代蒙文史书中的第一次出现是在也先之时，将伯颜猛可由瓦剌送回蒙古本部的四大臣之一的孛来就是哈剌嗔人。此名出现在汉籍中比蒙文史书要早：在瓦剌脱欢攻灭阿鲁台之时，"是时脱欢强……急击杀阿鲁台，悉取其部落，欲自立为可汗，众不可。乃行求元后脱脱不花为主，以阿鲁台众归之，居漠北，哈剌嗔等部俱服属焉"（《四夷考》《明史·瓦剌传》）。和田清考证此部当时与阿鲁台的阿速部驻地邻近，大概在今乌珠穆沁一带，后又占据了也先部下阿剌知院的驻地——今多伦、经棚一带（《蒙古篇》第368页）。以后此部又见于永谢布（应绍卜）部下，于正德年间进入河套（《九边考》《皇明北虏考》）。永谢布，是由元代的云需府人形成的，其驻地最初当在今河北省沽源县北，与驻牧在现今乌珠穆沁地方的哈剌嗔为近邻。可能在永谢布强大时，哈剌嗔人就归属了它，并随之进入河套。与汉籍相同，《源流》也称哈剌嗔为永谢布万户的属部（"永谢布之七鄂托克哈剌嗔"。《大黄金史》《黄史》称永谢布、阿速、哈剌嗔合为一个万户）。《九边考》《皇明北虏考》又说宣府、大同边外驻牧有哈剌嗔（哈剌真）一部，部酋名把答罕奈，其他一些汉籍，如《万历武功录》《北虏世系》等说阿勒坛汗之弟老把都儿（昆都力哈）一部居宣府边外张家口之地。所说把答罕奈、老把都儿（昆都力哈）即《源流》中封为永谢布七鄂托克哈剌嗔之主的巴儿速孛罗第四子伯思合勒昆迭连（Bayisqal Kündelen Qaḥan）、《阿勒坛汗传》中的"哈剌嗔的昆都连汗"（Qaračin-u Kündelen Qaḥan）。（叶15下）《九边考》《皇明北虏考》将此部分记两处，有时间先后的因素，说它为河套内部落是指正德初年永谢布与鄂尔多斯、满官嗔一同进入河套时的情况，说它为宣府边外部落是后来伯思哈勒以后的情况。和田认为原在河套的哈剌嗔于伯思哈勒时（嘉靖十年前后）由河套迁往宣府边外（《蒙古篇》第683页）。

此部首领的族系几经更换。最初为钦察人，后为成吉思汗嫡裔达延汗第三子巴儿速孛罗的后代，至明末清初时巴儿速孛罗的后裔又被元臣折里麦的后代兀良罕（明代朵颜卫首领）取而代之（《表传》《蒙古游牧记》）。对此，和田清有详尽的考证（《蒙古篇》第574—588页）。

其他地方也见有哈剌嗔之名。沈曾植说："《西域图志》准噶尔前后十二鄂托克，中有……喀喇沁鄂托克。"（《笺证》卷五叶二十一上）

（36）四十：döčin，《世系谱》作"四千"。张尔田说："四十人，当从《世系谱》作四千"（《笺证》卷六叶七下）。此说不当，因为《世系谱》的内容显然是作者从《黄金史》《黄史》和《源流》等蒙文史书中选取、编排出来的。而此处这条内容仅见于《源流》，那么《世系谱》此条内容的来源就只能是《源流》，不能说《源流》的记述当从《世系谱》。

（37）蒙哥兀：Mönggühü，原作 Möngkekekü，据殿本（卷六叶八）、施密特本（第129页）、土谢图汗家藏本（纳校本第212页）改。阿勒黑苏勒德本（叶六十六）作 Möngkehü。

（38）圣主大汗的黑色大纛归到汗的后裔手中了：原文 Qaḥan ejen-ü

qara sülde qan üre-dür irebei. 清译本作"赖君汗威福，汗之后裔前来"（卷六叶七下），因满译本而误。sülde，"旌纛""护身纛"之义。《源流》前文（叶29上）提到成吉思汗即位时曾在故乡迭里温·孛勒塔黑（Delihün Boldaγ）地方竖立"四斿黑纛"（dörben költü qara sülde）。

（39）追击兀良罕：Uriyangqan-i köhegsen，-i 原误-u，据殿本（卷六叶八）、施密特本（第192页）改。

（40）两《黄金史》与此处相当的记述稍有不同：孛儿不人伯颜斡儿篾格儿藏起达延汗的旌纛，诈竖兀良罕的旗帜，右翼万户以为是大汗的旌纛，于是截杀起来。兀良罕［佯］遁，当土默军队追上来时，才亮出大汗的黑色大纛横切而入，杀败了土默军。右翼万户的士兵误以为大汗的黑纛是己方的，冲过来，结果大部被杀。

（41）纳臣柴达木：Način-u Čaidam，清译本作"阿津柴达木"（卷六叶七下）。AAČIN，施译本（第193页）作 Adschin——"阿津"；道译本同清译本（第315页）。今从 e 本，作"纳臣"。

张尔田将此地比对为伊克昭盟左翼后旗（达拉特旗）境内滔赉昆兑河发源地"敖柴达木"（《笺证》卷六叶七下）。但据《源流》前后文来看，此地当在青海。又《源流》前文（叶36下）提到成吉思汗攻打吐蕃（Töbed）时，吐蕃王遣使三百人前来纳贡，在"纳津柴达木"（Način-u Čaidam，清译本作"柴达木"，殿本原文有脱文）之地拜见了成吉思汗。此地也当在青海。张尔田又说："卷八云林沁额叶齐回至萨囊彻辰洪台吉国之达木地方，即指此。"（同上）其实，《源流》彼处（叶91下）原文中并无"柴达木地方"，而是作 Yeke Šibertü γajar——"也克失别儿土地方"，在乌审旗境内，是《源流》作者的家乡。与"纳臣柴达木""敖柴达木"均无关。

（42）满都来阿哈剌忽之死，两《黄金史》记在此次战役后的一次右翼万户的内讧中。但据《明武宗实录》正德九年（1514）七月庚午条，至少在这一年满都来（阿尔秃厮）还在凉州、肃州一带活动，此后不见记载。

（43）浑浑噩噩地：mongγanin，清译本作"迷路"（卷六叶八上）。施译本作 Verzweifelung——"绝望""悲观"（第193页）；道译本作"困惫"（第315页）。mongγaniqu《蒙俄法辞典》释为"迷路""迷惑"（s'égarer）（Ⅲ，第2030页）。施密特本将 mongγani-与 mongtani-视为同义词（《蒙德俄辞典》第217页。转引自《〈蒙古秘史〉词汇选释》第

229—230 页）。但二者实际上不是一回事。

（44）察罕马剌孩：Čaɣan Malaɣai，清译本作"白帽"（卷六叶八上）。Čaɣan Malaɣai 意为"白帽"，用来称回回人。

（45）亦巴来之死，两《黄金史》记在此次战役后的一次右翼万户的内讧中。但据汉籍，他至少活到了嘉靖十一、十二年（1532、1533）。《实录》中亦不剌之名的最后一次出现是在嘉靖九年（1530）十一月丙辰条；在《明史·鞑靼传》中是在嘉靖十二年（1533）。沈曾植以《武备志》的记载，认为嘉靖十一年（1532）以数万骑西袭卜儿孩、大破之的"北虏"是吉囊（衮必里），推测"亦不剌之走死即在此时也"（《笺证》卷六叶八下）。《明史·鞑靼传》则说："［嘉靖］十二年春，吉囊拥众屯套内，将犯延绥，边臣有备，乃突以五万骑渡河西，袭亦不剌、卜儿孩两部，大破之。"此后不再见亦不剌之名。

（46）六万户：jirɣoḥan tümen，清译本作"六万人众"（卷五叶二十六上）。"六万户"是明时期鞑靼蒙古的统称。《源流》前文（叶 50 上）和《黄史》（第 57 页）都说元顺帝妥懽帖睦尔逃出大都北奔时只带出了原四十万户蒙古人中的六万，六万户由此得名。两《黄金史》、《善巴书》说妥懽帖睦尔北奔时带出了四十万户蒙古人中的十万户（arban tümen）。但这十万户中可看出包括瓦剌的四万户，所以蒙古本部仍是六万。其实，这只不过是一种传说，是后人根据明中期蒙古六大部（万户）的划分来追溯前事的故事。这个传说后来流传很广。《清太祖实录》天命五年庚申春正月丙申条载清太祖努尔哈赤给蒙古大汗林丹汗的书信中也说："我闻明洪武时，取尔大都。尔蒙古以四十万众，败亡殆尽。逃窜得脱者，仅六万人。"

（47）重新：tungqun，清译本因满译本而漏译（卷六叶八上）。此即《元朝秘史》中的"统浑"，旁译"作新"（第 278 节）。施译本的 huldigen——"宣誓效忠"（第 193 页）、道译本的"宣告"（第 315 页），都因将 tungqun 与 tongqaɣ（la）——（宣告、宣布）相混而致误。

（48）我的：minu，据阿勒黑苏勒德本（叶六十六）、札木扬抄本（纳校本第 213 页）补。

（49）长子脱罗孛罗的儿子：angq-a inu Törö Bolod-un köbeḥün，清译本因殿本原文而脱"长子脱罗孛罗的"（angq-a inu Törö Bolod-un）（卷六叶八上）。此时立脱罗孛罗之子不迪为汗位继承人，说明脱罗孛罗已不在世。但《源流》后文（叶66）说脱罗孛罗死在癸未年（嘉靖二年，1523），与达延汗正德五年（1510）右翼之战后不久分封诸子、功臣的时间不符，同时也与脱罗孛罗死在父亲达延汗之前的说法矛盾。按两《黄金史》和《阿勒坦汗传》，达延汗卒于1516—1517年间。而且两《黄金史》以及《皇明北虏考》《四夷考》等汉籍都说达延汗长子脱罗孛罗死时儿子不迪尚幼，因而才有其叔巴尔速孛罗暂时称汗之事。若从《源流》不迪的生年甲子（弘治十七年，1504）年算至1523年，其时不迪就已经是二十岁的人了，不能说年幼。疑《源流》脱罗孛罗卒年癸未（1523）当为辛未（1511）之误，1511年是右翼之战的第二年，其年不迪八岁，可谓年幼，可能达延汗重新称汗号，分封诸子功臣是在1511年脱罗孛罗死后不久，因长子已亡，所以立长孙为汗储。

（50）不迪：Bodi，清译本作"博迪"（卷六叶八上）。名字取自梵语bodhi（菩提）。此即汉籍中的"卜赤"（《皇明北虏考》《殊域周咨录》《四夷考》《万历武功录》等）、"保只"（《明世宗实录》嘉靖二十六年夏四月己酉条）、"不地"（《北虏世系》）、"孛只"（《登坛必究》卷二十五、《万历武功录》卷十三）等。塞瑞斯认为-ji（只）、-či（赤）是-di（迪、地）的音变形式（《达延汗后裔世系表笺注》表二注）。《源流》后文称他为"不迪阿剌汗"（Bodi Alaγ Qaḥan）。

《源流》后文说他生于甲子年（弘治十七年，1504），于甲辰年（嘉靖二十三年，1544）即位，在位四年，丁未年（嘉靖二十六年，1547）去世，享年四十四岁（叶66下、叶67上）。生年和卒年，看来没有什么问题。材料得自嘉靖二十二、二十三年（1543、1544）前后的岷峨山人《译语》载："自谓其长曰可汗，亦曰寒，即小王子也。云姓白氏，其名莫详，今年四十余矣。"可知不迪生在16世纪初（参见《蒙古篇》第466页）。他的卒年，两《黄金史》记为"羊儿年七月十日"。据前后文，此羊儿年为嘉靖二十六年丁未（1547），与《源流》所记相同。汉籍中不迪卒年不详，和田清据《明世宗实录》嘉靖二十六年夏四月己酉条有"保只王子"一名，认为不迪的统治至少延续至嘉靖二十六年（1547）年初（《蒙古篇》第532页）。《源流》不迪的即位年却是错误的：将达延汗的统治年代延长了二十四年，因而不迪的即位大大推后了。从《明世宗实录》嘉靖十五年十二月丁未条"套虏吉囊屡犯边境，且有并吞小王子之心"来看，当时的小王子已不是达延汗，而是不迪。《阿勒坦汗传》记达延汗与不迪之间暂时即位为汗的巴儿速孛罗死在己卯年（正德十四年，1519），而将《源流》达延汗纪年被延长的二十四年补上去，则为庚辰（正德十六年，1520），即巴儿速孛罗去世的次年。因此，不迪的即位认定在1520年比较妥当。

（51）亲自：bey-e-ḥer，-ḥer原误-dür，据阿勒黑苏勒德本（叶六十六）、殿本（卷六叶九）、施密特本（第192页）、土谢图汗家藏本（纳校本第213页）改。

（52）为我夺回了右翼三［万户］的政权：原文baraḥun γurban-u törö-yi ačbu öggügsen，清译本作"带右翼之三万人投来"（卷六叶八上至下），本自满译本 jebele ilan-be gayifi dahame došika-be dahame——"携右翼三［万户］人来"（6—18），与原文之意不符。当时巴儿速孛罗尚未封往右翼作吉囊。

（53）右翼：baraḥun，清译本因满译本（6—18）脱此语（卷六叶八下）。

（54）唐剌合儿：Tanglaqar，清译本作"唐拉噶尔"（卷五叶二十八下），部族名。汉籍中见到的"当剌儿罕"一部名（《九边考》《皇明北虏考》等），或即此唐剌合儿（参见《蒙古篇》第496页）。《黄金史》与此处相当的部名作Tulangeri，《大黄金史》作Tülegči。朱贾《黄金史》以Tulangeri为dolan ger-i（当作"七间房"之意？）的连写形式（第85页）。Tulangeri、Tülegči当即此Tanglaqar的讹写。据两《黄金史》，此部为唐兀（Tanghud）种。明代汉籍把"当剌儿罕"记为应绍不（永谢布）内一营。

（55）红沙骏马：sayin buḥurul morin. sayin，据阿勒黑苏勒德本（叶六十六）、殿本（卷六叶九）、施密特本（第194页）、土谢图汗家藏本（纳校本第214页）补。

（56）内廷总管斡脱太师：原文ger-ün noyad Ortaḥud Taiši，清译本作"格伦诺延鄂尔多郭特太师"（卷六叶八下）。ger-ün noyan（noyan为殿本的写法，当为noyad，因为是指斡脱太师和土默伯颜马剌二人）意为"家臣""内廷总管"。张尔田以为"鄂多郭特太师"一名有误，改为"鄂尔多斯特木儿太师"（《笺证》卷六叶八下），非是。

（57）曾经在答兰帖里温的战阵中率先冲杀的：原文Dalan Teriḥün-ü bayiri-dur uduridču oroγsan，清译本误译为"领头目七十人入队"（卷六叶八下至叶九上），因满译本 nadanju dada-be faidan-de yarume došika——

"引七十头领入阵的"（6—19）而误。Dalan Teriḫun，意为"七十个头"或"七十个首领"，是地名。即前文达延汗与右翼交战的地方。

（58）答儿罕：darqan，原作darγ-a，据阿勒黑苏勒德本（叶六十六）改。

（59）Manduqai：原误Mandulai，据阿勒黑苏勒德本（叶六十六）、殿本（卷六叶十）、施密特本（第194页）、土谢图汗家藏本（纳校本第214页）改。

（60）兀良罕人格根丞相、秃台哈剌忽剌：Uriyangqan-u Gegen Čingseng, Tuγtai Qara Qulad，清译本作"乌梁海格根丞相、托噶台哈喇呼拉特"（卷六叶九上）。两《黄金史》《阿勒坦汗传》《善巴书》等不记达延汗时兀良罕人反叛一事，因而无此二人之名。《阿勒坦汗传》记衮必里吉囊与阿勒坦汗曾多次征伐兀良罕，当时兀良罕的首领名为脱罗亦那颜（Töröi Noyan）、格列巴剌丞相（Gerebalad Čingseng）。

（61）派去使臣通告皇子巴儿速孛罗吉囊：原文Barsubolod jinong köbehün-deḫen kele ilegegsen，清译本作"致信于巴尔斯博罗特济农之子"（卷六叶九下），因满译本Barsbolod Jinong-ni jui-de mejige išibufi——"给巴儿速孛罗吉囊的儿子捎去口信"（6—20）而误。

（62）在勺儿合勒山梁上：原文Joryal-un jon deḫere，Joryal，原作Joryul，据后文（叶六十六）、阿勒黑苏勒德本（叶六十七）改。清译本作"攻入"（卷六叶九下），满译本作afadume došifi——"一齐攻击"（6—20），因殿本原文Joryal-un作oroḫulun（使进入）而误。从后文又作Joryal-un yeke bayiri（勺儿合勒之大阵）来看，oroḫulun为Joryal-un之误无疑。《阿勒坦汗传》讲到衮必里吉囊与阿勒坦汗二征兀良罕时，提到他们在Joryal之上打败了对方（叶6上），与《源流》的Joryal当为一地。《源流》此处称它为jon——"山脊"（由"脊背"引申而来，可见是一山名），参照两《黄金史》所提到满都仑汗从前曾住过的"亦速山梁"（Yisüd-ün jon，鲍登《黄金史》误作the people——"人们"。朱贾《黄金史》作"伊苏特山梁"，是）。据《阿勒坦汗传》提供的情况，此Joryal山大致在不儿合土山（Burqatu Qan），即肯特山一带。《元朝秘史》中有山名"勺儿合勒崑"（第177节），《亲征录》作"卓儿完忽奴山"，王国维认为即土剌河之南，位于土谢图汗右旗的卓尔郭尔山（《校注亲征录》第52页）。此勺儿合勒山梁与《元朝秘史》之勺儿合勒崑或为同一山。

施译本（第195页）、道译本（第321页）未译。

（63）决死军：ireḥül čerig，清译本作"头队之兵"（卷六叶十上），因满译文作 sucungga meyen-i cooha——"前头部队"（6—21）。施译本作 die Spitze des Vordertreffens——"急先锋"（第195页），道译本作"前部"（第321页）。

ireḥül，《源流》前文（叶55上）和两《黄金史》《黄史》中也曾出现。有译作"出"的（清译本卷五叶十四上，朱贾《黄金史》第56、99页）；有译作"决战"的（施译本第155页Zweikampfe、鲍登《黄金史》第160、189页duelling）；有译作"来应征者"的（沙斯季娜《黄史》第159页явившийся по призыву）；也有译作"冲头阵"的（道译本第255页）。《蒙俄法辞典》ireḥül～ireül 有几种解释，其中有"挑战"、"决斗"（cartel）、"号召"、"征兵"（appel）。

（64）收服兀良罕，削其万户之名一事，在《阿勒坛汗传》和岷峨山人《译语》中也有记载，但时间、人物与《源流》有异。《译语》说："……闻小王子集把都儿台吉、纳林台吉、成台吉、血刺台吉部下着黄皮袄为号，莽晦、俺探、己宁诸酋首兵，抢西北兀良哈，杀伤殆尽，乃以结亲给其余，至则悉分各部，啖以酒肉，醉饱后皆掩杀之，此其一事也。"这里所说的小王子是不迪汗，俺探即俺答——阿勒坛汗。己宁即吉囊——衮必里吉囊，时间在嘉靖十七年（1538）。这一年兀良罕出兵劫掠不迪汗的部众。不迪汗闻讯率领左翼万户及右翼篯儿干吉囊（衮必里吉囊）、阿勒坛汗部出兵杭爱山，大败兀良罕，将其部众析分各处。《译语》与《阿勒坛汗传》所记是同一件事，可知兀良罕万户被取消一事是在不迪汗在位时，而不像《源流》所说是在达延汗时。另外，《源流》所记达延汗剿灭兀良罕的情节与《阿勒坛汗传》中阿勒坛汗等辛卯年（嘉靖十年，1531）二征兀良罕和戊戌年（嘉靖十七年，1538）四征兀良罕的情节相符，《源流》大概是将这两次战役合为一次记在达延汗身上了。

（65）据考证，达延汗的在位年限宜为三十七年（1479—1516），享年宜为四十三岁（1473—1516）。详见拙文《关于达延汗史实方面几个有争论的问题》（载《内蒙古社会科学》1983年第3期）。

[原载《内蒙古大学学报》（社会科学版）1983年第4期]

第四部分

蒙古征服乞儿吉思史实的
几个问题[*]

  乞儿吉思是一个有着悠久历史的古老民族。关于它的记载，最早见于汉代的一些史籍，那时是写作"鬲昆"①或"隔昆"②，以后直至隋唐，它又被写作"契骨"③"纥骨"④"坚昆""结骨""居勿""纥扢斯""黠戛斯"⑤等，辽时称"辖戛斯"⑥，归附于唐朝和辽朝。在鄂尔浑河的突厥文碑铭中写作 Qïrqïz。"其语言则畏兀儿同"⑦，即和回鹘人一样，同属于阿尔泰语系的突厥语族。以上译名都是突厥语 qïrqïz 的不同译写。它的原意为"四十"，qïrq 意为"四十"，-ïz 是表示复数的词尾。这一名词本身说明乞儿吉思这个民族是由众多的部落组成的。而据《元史》记载的传说是："初以汉地女四十人与乌斯之男结婚，取此义以名。"⑧ 这些部落在元代时，分布在相当于今天安加拉河到叶尼塞河之间广大的土地上，

---

 * 本研究为国家社会科学基金重大项目"中国古代民族志文献整理与研究"（项目批准号：12&ZD136）、"波斯文《五族谱》整理与研究"（项目批准号：10&ZD116）阶段性研究成果。本文最初登载于《内蒙古大学学报》1979 年第 2 期，此次作了一些修订。
 ① 《史记》卷一一〇《匈奴列传》，中华书局 1959 年版，第 2893 页。
 ② 《汉书》卷九四《匈奴传》，中华书局 1962 年版，第 3753 页。
 ③ 《周书》卷五〇《突厥传》，中华书局 1971 年版，第 908 页。
 ④ 《隋书》卷八四《北狄·铁勒传》，中华书局 1973 年版，第 1899 页。
 ⑤ 《新唐书》卷二一五《突厥传》上；卷二一七《黠戛斯传》，中华书局 1975 年版，第 6041、6146 页。
 ⑥ 《辽史》卷七〇《属国表》，中华书局 1974 年版，第 1130 页。
 ⑦ 元代读作 kïrqïz，是由于 13 世纪蒙古语没有 z 音，元音 i 是中性的。见伯希和《卡尔梅克史评注》，耿昇译，中华书局 1994 年版，第 38 页，注 31。
 ⑧ 《元史》卷六三《地理志·吉利吉思……等处》，中华书局 1976 年版，第 1574 页。

"庐帐而居，随水草畜牧，颇知田作，遇雪则跨木马逐猎"①，过着亦牧、亦农、亦猎的生活。

在成吉思汗建国后，乞儿吉思等林木中百姓很快就被蒙古所征服。有关记载不多，但各书之间存在不少分歧。为此蒙古史研究者已作了不少考证和论述。特别是近年来，这方面的研究有了更进一步的深入。如《元代的吉利吉思及其邻近诸部》《元朝对唐努乌梁海及其周围地区的统治》等文对当时林木中百姓的地理位置、术赤出征的情况以及元朝对这一地区的统治情况等都有了很详细的论证。这里，只就林木中百姓之一种——乞儿吉思部归降成吉思汗一事中的个别枝节问题提点看法。

一　乞儿吉思和其他林木中百姓归附的过程

1207年，乞儿吉思各部被术赤率领的蒙古军所征服。关于蒙古征服乞儿吉思的史实，《元朝秘史》（以下简称《秘史》）第239节记载如下："兔儿年，成吉思汗命拙赤领右手军，去征林木中百姓，令不合引路，斡亦剌种的忽都合别乞，比万斡亦剌种先来归附，就引拙赤去征万斡亦剌。入至失黑失惕地面，斡亦剌［惕、不里牙惕、巴儿浑、兀儿速惕、合不合纳思、康合思、］秃巴思诸种都投降了。至万乞儿吉思种处，其官人也迪亦纳勒［、阿勒迪额儿、斡列别克的斤］等也归附了。将白海青、白骟马、黑貂鼠来拜见拙赤。"②

这段话里记录了乞儿吉思以及在它之前被术赤降服的各个部落的名字。根据人们的考证，这些部落就地理位置来说，可以分为两部分。不里牙惕、巴儿浑等部在东，属于贝加尔湖地区居民；斡亦剌惕、兀儿速惕、合不合纳思、秃巴思、乞儿吉思等部在西，属于库苏古尔湖以西叶尼塞河流域居民。

从上引记载看，东边数部是如何降服的，不甚清楚，但西边各部招降的过程似乎可以勾勒出来。《秘史》说："斡亦剌种的忽都合别乞……先

---

① 《元史》卷六三《地理志·吉利吉思……等处》，中华书局1976年版，第1574页。
② 乌兰：《〈元朝秘史〉校勘本》，中华书局2012年版，第314—315页。引自该节总译，方括弧内的文字据正文所补。

来归附，就引拙赤去征万斡亦剌。入至失黑失惕地面。"可见，斡亦剌各部大部分居住在失黑失惕（希什希德河）地面，最靠近草原的一部即忽都合别乞为首领的一部是在这一地区的南面。希什希德河是从南流入叶尼塞河南源华克穆河的一条支流。华克穆、乌鲁克穆、克穆克穆河地区居住着秃巴思人。华克穆河的北边、叶尼塞河的正源贝克穆河地区是合不合纳思人的居地。贝克穆河西北有一条从东流入叶尼塞河的支流，名叫乌斯河。兀儿速惕人就居住在这里。

至于乞儿吉思所占的地理位置，《元史·地理志》乞儿吉思条记为："其境长一千四百里，广半之，谦河经其中，西北流。又西南有水曰阿浦，东北有水曰玉须。皆巨浸也，会于谦，而注于昂可剌河，北入于海。"① 谦河即今叶尼塞河，阿浦即今阿巴坎河。玉须，不见于他书，从上面记载的情况看来，它是从东北方向流入叶尼塞河的一条较大的支流，可能距离安加拉河较近。因此，可以肯定乞儿吉思的地域大致是从阿巴坎河到安加拉河流域之间广大的土地。

另外，《周书·突厥传》对乞儿吉思的居地也提到一句："其一国于阿浦水、剑水之间，号为契骨。"② 阿浦水、剑水即《元史》中的阿浦、谦河，契骨即乞儿吉思。这句话说明乞儿吉思人很久以来就居住在阿巴坎河至叶尼塞河一带。

《元史·地理志》乌斯条下说："乌斯亦因水为名，在吉利吉思东，谦河之北。"③ 乌斯，《秘史》作兀儿速惕。这里的谦河指华克穆河与贝克穆河合流后至乌斯河汇合口的这一段叶尼塞河。乌斯河汇入叶尼塞河后，叶尼塞河继续西北流，又有阿巴坎河从西来汇。这块地方正是《周书》提到的乞儿吉思的居地，也正在兀儿速惕的西北方，与兀儿速惕在"乞儿吉思"东的记载相符。

以上的记载说明，乞儿吉思人始终是以阿巴坎河至叶尼塞河流域为其活动中心。

又《太平寰宇记》黠戛斯条记载这一地区"有莫痕鱼，口在颔下而

---

① 《元史》卷六三《地理志·吉利吉思……等处》，第1574页。
② 《周书》卷五〇《突厥传》，第908页。
③ 《元史》卷六三《地理志·吉利吉思……等处》，第1574页。

无骨。"① 据苏联人列文等考证，这种莫痕鱼"是指鲟鱼，常见于叶尼塞河，但只到大石滩为止，因此可判断黠戛斯（即结骨）居地在大石滩以北，上流为都波境"②。黠戛斯、结骨即乞儿吉思，都波即秃巴思。这就说明，以大石滩为界，秃巴思居叶尼塞河上游，乞儿吉思居下游。秃巴思和合不合纳思都在萨彦岭以南的唐努乌梁海（即今俄罗斯图瓦共和国）境内，乌斯河就在萨彦岭北麓。因此可以说，过了乌斯就到了乞儿吉思境。

各部落的位置既已确定，我们可以对照《秘史》第 239 节的记载明确一下术赤到达乞儿吉思的路线。术赤奉命出征，可能是由色楞格河及其支流德勒格尔河溯源而上，首先与林木中百姓当中离蒙古草原最近的斡亦剌的一支相遇，其首领忽都合别乞不战而降，遂引术赤的蒙古军北行，越过德勒格尔汗山，到达希什希德河流域，降服了这里的斡亦剌其他部落。然后，术赤或者是派出使者招降，或者是派出一支军队，由此地东北行，降服了贝加尔湖地区的不里牙惕等部。而他亲自率领着大军沿希什希德河进入华克穆、乌鲁克穆、克穆克穆河流域，降服了这一地区的秃巴思部。接着又降服了位于叶尼塞河正源贝克穆河流域的合不合纳思部和位于叶尼塞河另一条支流乌斯河流域的兀儿速惕部。最后，于兀儿速惕沿河向西北进军，到达乞儿吉思的中心地区。这时，术赤派两个使者到乞儿吉思的首领们那里去进行招降。那些首领们迫于蒙古军的威势，也就只好献上白海青等当地名产表示了对成吉思汗的臣服。

从《史集》描述后来征服乞儿吉思的文字中，也可隐约看出这条路线。它先说术赤等"从冰上通过冻封的薛灵哥等河，侵占了乞儿吉思人［地区］。在［这次］进征和回师时，他也拿下了这些部落"③。又说："当术赤赶到时，谦谦州河已封上了冰。他从冰上通过，使他们顺服后返回。"④ 这虽然是指另一次事件，但总的说明，由色楞格河源流而上，至

---

① 《太平寰宇记》，中华书局 2008 年版，第 3822 页。
② 列文等编：《西伯利亚各族》，苏联科学院，1956 年，第 42 页（周清澍师提供资料）。
③ 拉施特：《史集》，余大钧、周建奇汉译本，商务印书馆 1983 年版，第 1 卷第 1 分册，第 202 页。
④ 刘正寅：《〈史集·部族志·乞儿吉思部〉研究》，《中国边疆史地研究》2013 年第 1 期。《史集》汉译本第 1 卷第 1 分册 247 页作："术赤赶到时，谦谦州河已封上了冰。他从冰上过去，讨平了乞儿吉思人而归。"

希什希德河斡亦剌境，即可顺叶尼塞河而下，最后招降乞儿吉思。

另一个证据是：元世祖至元二十八年（1291）九月，"立乞里吉思至外剌等六驿"①。这六驿的次序大概是从乞儿吉思经帖烈困秃（帖良兀惕）、兀儿速（兀儿速惕）、憨哈那思（合不合纳思）至外剌（斡亦剌）。② 由这条驿道逆行，正好是术赤此次先后招降林木中百姓的路线。

在上引一段文字之后，《秘史》又载："自失必儿［、客失的音、巴亦惕、秃合思、田列克、脱额列思、塔思、巴只吉惕］等种以南林木中百姓，拙赤都收捕了。"也就说明这几部或在乞儿吉思周围，或在其北，由于蒙古声威到达乞儿吉思，其余各部也闻风来降了。

二　史籍中几个人名的异同

《秘史》在讲到乞儿吉思投降一事时说："其官人也迪亦纳勒、阿勒迪额儿、斡列别克的斤也归附了。"《圣武亲征录》（以下简称《亲征录》）、《史集》以及《元史》对也迪亦纳勒等名的记载与《秘史》有所不同。

《元史》只简单地提到乞儿吉思的"野牒亦纳里部、阿里替也儿部，皆遣使来献名鹰"③。

《亲征录》记为："丁卯（1207）……先遣按弹、不兀剌二人使乞力吉思部。其长斡罗思·亦难及阿里替也儿、野牒亦纳里部亦遣亦力哥·帖木儿、阿忒黑拉二人偕我使来。献白海青为好也。"④

《史集》记为："就在兔年，成吉思汗派遣阿勒坛、不剌两使者到乞儿吉思异密与首领处去。他们先到了名叫……当地异密名叫……的地区。接着［又到了］名叫也迪—兀仑、当地异密名叫斡罗思—亦纳勒的地区。两［地］异密十分敬重那两个使臣，他们派了两个使者，一个名叫亦力克—帖木儿，另一个名叫阿惕乞剌黑，带着一头白鹰偕同成吉

---

① 《元史》卷十六《世祖纪十三》，第 350 页。
② 《经世大典·站赤》，《永乐大典》卷 19419《站赤四》，中华书局 1960 年版，第 173 册，3 上/下。
③ 《元史》卷一《太祖纪》，第 14 页。
④ 《圣武亲征录》，《王国维遗书》第十三册，上海古籍书店 1983 年版，57 下—58 下。

思汗使臣回去,归顺了成吉思汗。"① 在另一处还有一段内容相近的记载。②

《亲征录》和《元史》中的野牒亦纳里、阿里替也儿即《秘史》中的也迪亦纳勒、阿勒迪额儿是不成问题的。它们都可还原为 Yedi-ïnal 和 Altïyer（或 Alïtïyer，Alïktïyer）。但也迪亦纳勒、阿勒迪额儿在《秘史》中记为人名,在《元史》中称为"部",《亲征录》也称为"部",并与"其长斡罗思·亦难"相对,似乎是两个部落名。

根据《史集》的记载,乞儿吉思人的"君主的尊号均为亦纳勒,尽管每个君主另有[自己的]名字"③。又据阿布尔哈齐说,乞儿吉思人称其君主为亦纳勒,相当于蒙古人和塔吉克人所说的帕迪沙（即"王""汗"之意）。④ 这都说明亦纳勒是乞儿吉思语中首领的头衔。⑤ 其次,"的斤"（digin 或 tigin）也是突厥首领的头衔,即唐代史料中常见的"特勤"。因此,也迪亦纳勒和斡列别克的斤无疑是指的人名。那么与他们列在一起的阿勒迪额儿也不会例外。再者,野牒亦纳里部、阿里替也儿部也只能理解为以他们二人为首领的部,由于《亲征录》行文有语病,所以才容易引起误会。

从上引文看,《秘史》和《元史》只提到来降首领的名字,《亲征录》和《史集》却记载了他们派出的使者——亦力哥·帖木儿（Iligtemür; Alïk Tïmūr）、阿忒黑拉（Atqïraq; Anqïrāq ~ Atqīrāq）之名,而《史集》的另一处还多出一名使者 Ūrūt Ūtūjū⑥。蒙古史的前辈对这几种史籍的疏通做了许多有益的工作,但对这几个人名的解析是难以令人信服的。

---

① 《史集》第 1 卷第 2 分册,第 209—210 页。
② 此段,刘正寅新译作:"在讨来年即兔儿年,相当于 603 年诸月,成吉思汗派遣了名叫按弹和名叫不兀剌[的两人]为使,到这两个君主处,召[他们]归顺。他们派遣了自己的三个异密,名叫兀鲁惕兀秃术（Ūrūt Ūtūjū）、额里克帖木儿（Alïk Tïmūr）和安乞剌黑（Anqīrāq）,还带着一只白色的海青,随同他们来觐见,表示归顺。"（《〈史集·部族志·乞儿吉思部〉研究》）,另参见《史集》第 1 卷第 1 分册,第 246 页。
③ 同上。
④ 阿布尔—哈齐—把阿秃儿：《突厥世系》,罗贤佑译,中华书局 2005 年版,第 40 页。
⑤ ïnal ~ inel 是由 ina-（信赖）这一动词派生的名词,在乞儿吉思等突厥族间用作族长的称号。
⑥ 《史集》第 1 卷第 1 分册,第 246 页。

屠寄和伯希和把《亲征录》中的阿忒黑拉说成是阿勒迪额儿的不同译音，只是《亲征录》将阿里忒剌倒误成阿忒里剌了。① 屠寄所引阿忒里剌一词，根据的是汪鱼亭、何秋涛本《亲征录》，而说郭本《亲征录》则记为阿忒黑拉。② 阿忒黑拉在《史集》俄译本中作 Аткирак，即 Atqïraq，阿勒迪额儿应还原为 Al-dier，两者在读音上差别很大。再者，阿勒迪额儿只能同《亲征录》的阿里替也儿相当。《亲征录》明说阿忒黑拉是阿里替也儿等所派出的使者，这二人怎么能混为一谈呢？

屠寄和王国维将《亲征录》中的亦力哥·帖木儿、《史集》中的 Alīk Tīmūr 与《秘史》中的斡列别克的斤看成是一回事。③ 亦力哥·帖木儿和 Alīk Tīmūr 无疑是 Ilig-temür 不同的译音，读音与斡列别克的斤（Örebek-digin）毫不相干。同样，这二人在《秘史》《亲征录》和《史集》中分别说明是部落首领和使者的名字，因而不能将不同记载中各自独有的人名强拉在一起。

除了王国维等人的这种解释外，高宝铨把也迪亦纳勒看成是两个人的名字。④ 因为《秘史》原文的旁译是将也迪与亦纳勒断开，分别注为人名的。但是，这一节的总译却是将也迪亦纳勒合为一个人名的。另外，《史集》等书已解释过，亦纳勒是乞儿吉思人首领的尊号，所以亦纳勒不能单独构成人名。可以说《秘史》此处的旁译是搞错了。高宝铨不仅将也迪亦纳勒看作是两个人，而且进一步指出"亦纳勒当即亦纳勒赤"⑤。亦纳勒赤是什么人呢？《秘史》在上引文后接着记道："拙赤……将着海青、骟马、貂鼠等物回来拜见成吉思。成吉思以斡亦剌种的忽秃阿别乞先来归附，将扯扯亦坚名的女子与了他的子亦纳勒赤。"这就产生了一个疑问，斡亦剌部的亦纳勒赤怎么会跑到乞儿吉思部当起首领来了？况且，正像前面已经谈到过的，也迪亦纳勒是一个人的名字，亦纳勒只是一个尊号或头

---

① 屠寄：《蒙兀儿史记》卷三，中国书店1984年版，第29页；伯希和：《卡尔梅克史评注》，第39页，注33。
② 《校正元亲征录》，何秋涛，1849年刻本，57下；《圣武亲征录》，《王国维遗书》第十三册，58上。
③ 《圣武亲征录》，《王国维遗书》第十三册，58上；《蒙兀儿史记》卷三，中国书店1984年版，第29页。
④ 高宝铨：《元秘史李注补正》卷十二，4上，《元朝秘史外四种》，上海古籍出版社2008年版。
⑤ 同上。

衔。所以，这个娶了成吉思汗女儿的斡亦剌人亦纳勒赤与乞儿吉思的也迪亦纳勒毫无关系。①

屠寄认为，《史集》中的也迪—兀仑即《秘史》中的也迪亦纳勒。他没有见过《史集》原本。因为原文是说，有一地名叫也迪—兀仑，该处君主名斡罗思—亦纳勒。② 明说也迪—兀仑是地名，所以无法比对。柯劭忞认为《亲征录》中的斡罗思·亦难即《秘史》中的也迪亦纳勒。③ 那珂通世认为也迪亦纳勒即也迪部首领的意思，这个首领的名字叫作斡罗思。④ 他们的看法就是根据《史集》的这个记载。这种解释还是说得通的。

三 《秘史》遗漏的重要史实——乞儿吉思人起义

《亲征录》在丁卯年（1207）下记载了上引《秘史》和《元史》类似史实之后，又载戊寅年（1218）下记载："先，吐麻部叛，上遣征兵乞儿吉思部，不从，亦叛去，遂命大太子往讨之。以不花为前锋，追乞儿吉思，至亦马河而还。大太子领兵涉谦河水，顺下招降之。因克乌斯、憾哈纳思、帖良兀、克失的迷、火因亦儿干诸部。"⑤

《史集》在《成吉思汗纪》虎年（1218）下没有这段记载，却在《部族志》乞儿吉思部一节提到兔年（1207）降附后又说："十二年后，在巴儿思年，当住在巴儿忽真脱窟木和巴牙鲁克的一个部落秃马惕作乱时，由于他们邻近乞儿吉思，为了平定他们，便向乞儿吉思人征军；他们不给，也作起乱来。成吉思汗派遣自己的儿子术赤率军前往他们那里。他们的前锋名叫不花先行，他击溃了乞儿吉思人，由第八条河返回。当术赤

---

① 伯希和说察合台语中 ïnalčïq 释为郡王（大致如同 ïnal），可以作为一种人名，也可以说是一种爵号（见《蒙古侵略时代之土耳其斯坦评注》，《西域南海史地考证译丛》第一卷，冯承钧译，商务印书馆1995年影印本，第三编，第45页）。亦纳勒赤 Inalči 即 ïnalčïq，从词源上说有关系，但不等于是同一个人。

② 刘正寅：《〈史集·部族志·乞儿吉思部〉研究》；《史集》第1卷第1分册，第246页；第2分册，第209—210页。

③ 柯劭忞：《新元史考证》卷三，国立北京大学研究院文史部，2上。

④ 那珂通世：《成吉思汗实录》卷十，大日本图书株式会社1907年版，第399—400页。

⑤ 《圣武亲征录》，《王国维遗书》第十三册，74上。

赶到时，谦谦州河已封上了冰。他从冰上通过，使他们顺服后返回。"①在兀剌速惕、帖良古惕、客思的迷一节又说："当乞儿吉思人已经称降，而〔后又〕举叛时，成吉思汗派遣自己的儿子术赤汗到上述这些部落去。他〔术赤〕从冰上通过冻封的薛灵哥等河，侵占了乞儿吉思人地区。在〔这次〕出征和回师时，他也拿下了这些部落。"②

王国维在《亲征录》上引文之后注云："《秘史》大太子征克儿克思及招降林木中百姓事系于兔儿年，远在辛未（1211）伐金之前，则此兔儿年乃丁卯（1207），非己卯（1219）也。此《录》系于己卯之前一年，疑撰人欲系此事于己卯，而未及厘正也。"③他这是偏信《秘史》的纪年，就把这段乞儿吉思人起义的史实一定要搁在前面所引的招降乞儿吉思的兔儿年（丁卯，1207）中去。只要全面分析各种史料，王国维的结论是不能成立的。

一是丁卯年下《亲征录》有和《秘史》兔儿年同样招降乞儿吉思的记载，而《亲征录》和《史集》两种相距万里同时写成的汉、波斯文史料，都有戊寅年（虎年，1218）这段记录，只能证明它们所依据的蒙古宫廷史书《金册》有这段记载，而在《秘史》和《元史》中遗漏了。二是《史集》紧接着在兔年（1207）招降乞儿吉思以后说："过了十二年，虎年"，乞儿吉思又起而作乱。所以《亲征录》根据蒙文本译出时，同样是明确在十二年后又发生这件事，并非把同年内的事分在两处。三是《亲征录》和《史集》都一致肯定乞儿吉思起事是因"吐麻部叛"，遣使向他们征兵而激起。而《亲征录》明言在丁丑年（1217）"吐麻部主带都剌莎合儿既附而叛，上命博罗浑那颜、都鲁伯二将讨平之，博罗浑那颜卒于彼"④。这个年代有《元史》⑤和《史集》的记载为证，是可信的。因

---

① 刘正寅：《〈史集·部族志·乞儿吉思部〉研究》。《史集》汉译本第1卷第2分册第246—247页作："过了十二年，虎年……秃马惕作乱时，由于这个部落邻近乞儿吉思人，〔蒙古人〕为了讨平他们，便向乞儿吉思人要军队，他们不给，也作起乱来。成吉思汗派遣自己的儿子术赤率领军队前去。乞儿吉思人的首领为忽儿伦；〔蒙古人的异密〕不花打先锋；他击溃了乞儿吉思人之后由第八条河返回。术赤赶到时，谦谦州河已封上了冰。他从冰上通过，讨平了乞儿吉思人而归。"
② 《史集》第1卷第1分册，第202页。
③ 《圣武亲征录》，《王国维遗书》第十三册，74下—75上。
④ 《圣武亲征录》，《王国维遗书》第十三册，72下。
⑤ 《元史》卷一《太祖纪》载："十二年丁丑……秃满部民叛，命钵鲁完、朵鲁伯讨平之。"第20页。

有 1217 年吐麻部之叛，才引起向乞儿吉思征兵和 1218 年"亦叛"的事，绝不可能由于 1217 年之因造成 1207 年的结果，因为那是不合逻辑的。

王国维同样不相信《亲征录》丁丑年讨吐麻部之事，他在这段中联系上文成吉思汗"遣速不台征篾儿乞事"说："《秘史》系于牛儿年，然在灭乃蛮之后，获札木合之前，则所遣牛年乃乙丑（1205），非丁丑（1217）也。至速不台杀篾儿乞亡虏忽都等及平吐麻部，《秘史》虽不著年岁，然皆系于伐金之前，疑此《录》误也。"① 然而《史集》说得很清楚："牛年，成吉思汗得知：以前归顺过他的秃马惕部首领带都剌—莎合儿，当他到乞台去时又起来作乱了；这个部落组成了独立的军队，善战，好作乱——于是他派八邻部人纳牙那颜及都儿班那颜去征讨他们。纳牙那颜推托有病……就派孛罗忽勒那颜代替他去……他擒获了秃马惕部，消灭了［他们］，［自己也］战死了。"② 这里的"乞台"即指金朝，"秃马惕"即"吐麻"。正是因为成吉思汗对金用兵，秃马惕人才乘虚起事的，而并非王国维所说的在"伐金之前"。

《秘史》将此事记于第 239 节兔儿年招降乞儿吉思等部之后的第 240、241 节。现将原文摘引如下：

> 再命孛罗忽勒征豁里秃马惕种，其官人歹都忽勒莎豁儿已死，其妻孛脱灰塔儿浑管着百姓。孛罗忽勒到时，令三人于大军前行，至日晚，入深林径路间，不觉他哨望的人自后至，将路截了，杀了孛罗忽勒。太祖闻之大怒，别命朵儿伯朵黑申再去征……行至山顶，下视秃马惕的地面百姓，如天窗上看下面一般，大军直进，彼中不想卒到，就筵席间掳了。③

> 在先豁儿赤官人、忽都合别乞二人被秃马惕拿住在孛脱灰塔儿浑处，其二人被拿的缘故，因太祖许豁儿赤娶三十个妻。豁儿赤知秃马惕女子生的美，要娶三十个，致那百姓反了，将他拿住。太祖得知，因忽都合别乞知林木中百姓动静，所以使将他去，也被他拿了。④

---

① 《圣武亲征录》，《王国维遗书》第十三册，72 下。
② 《史集》第 1 卷第 2 分册，第 245 页。
③ 《秘史》第 240 节，乌兰《〈元朝秘史〉校勘本》，第 316 页。
④ 《秘史》第 241 节，乌兰《〈元朝秘史〉校勘本》，第 317 页。

这段记载，较其他史籍都要生动而具体，充分反映了蒙古贵族对归附的弱小部族无情的欺压。记载是采取倒叙的手法，根本没按时间顺序。细加整理，可以分为如下几件大事：

一、歹都忽勒莎豁儿（《亲征录》作带都剌莎合儿，《史集》作 tāītūla-sūqār）归附蒙古。

二、歹都忽勒莎豁儿死，其妻孛脱灰塔儿浑主事。

三、太祖许豁儿赤娶三十个妻。① 豁儿赤往秃马惕部挑选美女，"致那百姓反了，将他拿住"。

四、派斡亦剌部忽都合别乞去探动静，又被拿住。

五、再命孛罗忽勒（即《元史》《太祖纪》的钵鲁完、本传的博尔忽、《亲征录》的博罗浑）往征，被杀。

六、别命朵儿伯朵黑申（即《元史》的朵鲁伯、《亲征录》的都鲁伯、《史集》的 dūrbān-nūyān）再出征，征服了秃马惕。

以上事件，绝非一年之内所能发生。因此，《秘史》所记的史实不仅有倒叙的现象，而且在一年之下，实际上把若干年内有关的事件集中在一起叙述，并不意味着都发生在这一年。如伐金、灭西夏的记载也存在这种情况。歹都忽勒莎豁儿降蒙古事，《秘史》未载，一开始就说他已死，其妻主事。应据《亲征录》和《史集》补充。他的归附必定是在林木中百姓各部来降的1207年。《史集》说秃马惕乘成吉思汗伐金之机叛乱，则三、四等事项一定发生在1211年伐金之后，1217年以前。1217年只能说是朵儿伯朵黑申最后平定秃马惕的年代。为了平定秃马惕，蒙古向其邻部乞儿吉思征兵并引起变乱，故1218年去征伐乞儿吉思。可见，以上两事并非《亲征录》纪年错误，而是《秘史》的记载有缺漏。它本应在兔儿年下记秃马惕归降之事，但它把这事遗漏了，却把兔儿年后秃马惕部发生的事统统记在这年之下。在征秃马惕之后，又引起乞儿吉思的反抗，而《秘史》同样漏记了这件事。王国维不从《亲征录》等书的年代明确的记载去理解《秘史》的史实，而《秘史》并没有肯定何事发生在何年，他反过来偏要用兔儿年囊括以上所有事件，这就只能使问题越来越不清楚。

---

① 此话在《秘史》第207节就已提到过："成吉思再对豁儿赤说：'我年小时你曾说先兆的言语，与我辛苦作伴，那时你曾说我先兆的言语若应呵，与我三十个妻，如今已应了，这投降的百姓内好妇人女子从你拣三十个。'"乌兰《〈元朝秘史〉校勘本》，第265页。

值得注意的是,《秘史》第 239 节关于乞儿吉思归降的记载是前后重复的。原文说:"斡亦剌〔惕、不里牙惕、巴儿浑、兀儿速惕、合不合纳思、康合思、秃巴思〕诸种都投降了。至万乞儿吉思种处,其官人也迪亦纳勒〔、阿勒迪额儿、斡列别克的斤〕等也归附了。将白海青、白骟马、黑貂鼠来拜见拙赤。自失必儿等种以南林木中百姓,拙赤都收捕了。遂领着乞儿吉思万户、千户并林木中百姓的官人,将着海青、骟马、貂鼠等物回来拜见成吉思。"伯希和怀疑前一段是指兔儿年(1207)的事,后一段是指 1218 年术赤再次征服的事。① 这很有可能。因为《元史》《亲征录》《史集》都说是成吉思汗派遣按弹、不兀剌二人使乞儿吉思,于是各部遣使来降,而在 1218 年,由于乞儿吉思又叛,《亲征录》和《史集》才提到术赤领兵征服他们。所以,《秘史》在这里也可能把相差十二年的两件事混记在一起了。

《亲征录》提到术赤出征乞儿吉思,"领兵涉谦河水,顺下招降之,因克乌思、憾哈纳思、帖良兀、克失的迷、火因亦儿干诸部"。不能根据这一记载断定这几部的投降一定就在最后征服乞儿吉思人之后。因为《秘史》上文已经说清,早在兔儿年(1207)就招降了这几部。既然能肯定乞儿吉思兔儿年"既降"和虎儿年"又叛"的事实,同样也可以肯定以上几部可能两次被征服的事实。

《秘史》第 207 节的记载容易给人一个错觉:既然成吉思汗在 1206 年就把也儿的石河流域的一部分林木中百姓帖良兀惕、脱斡列思等部封给了豁儿赤,那么这一带的某些部落应在术赤进兵之前就已被成吉思汗所征服。把年代向前推移,就很容易和 1204 年灭乃蛮的战事联系起来。但是上述各部的位置在乃蛮故地以北的也儿的石河正流及其以东地区,而术赤是从斡亦剌部的希什希德河而下,涉谦河水,顺下——即从叶尼塞河、阿巴坎河往西招降诸部的,灭乃蛮时还不可能同以上诸部接触。如前所述,《秘史》有将同类事件集中在一起叙述的特点,并不考虑年代的准确。《秘史》列出 1206 年成吉思汗封九十五千户的名单,然后又分别谈话,其中有个别史实不可能发生在这一年,而是口传者为了叙事方便集中在一起的。因此,也不能肯定成吉思汗将帖良兀惕等部封给豁儿赤一定是在 1207 年以前。否则,同一书还谈到让豁儿赤在降附的部落中选三十个美女为妻,那么也就要因此推论秃马惕在此之前已经降附了,这就更难找出证据了。

---

① 伯希和:《卡尔梅克史评注》,第 42 页,注 44。

关于达延汗史实方面几个
有争论的问题

达延汗是蒙古历史上一个很著名的人物。《蒙古源流》等17世纪蒙文史书和明代汉籍中都有关于他的记载，而主要的材料来源是前者。蒙文史书把他描述成一个扭转乾坤、重振汗权的一代英主。达延汗生活在明成化至正德年间。在他即位以前，蒙古地区封建割据状态日趋严重，大汗的权力逐渐衰落，大大小小的封建主"变成了几乎是独立的王公"①，大汗实际上变成了某些大封建主手中的傀儡。因此，争夺汗权和借扶立大汗来扩大自己势力的封建战争不断发生，使蒙古地区陷于连年不息的战乱之中，生产停滞、民不聊生。在这样的情况下，达延汗登上汗位，经过多年的努力，逐一剪除了自己的劲敌，重新恢复了大汗在全蒙古的统治。客观上使分裂混乱中的蒙古地区一时得到了相对的统一，有利于生产的发展和人民生活的安定。为巩固大汗的统治，达延汗又采取有力措施，在六万户内分封了自己的子嗣，夺了异族异系封建主的权力，加强了集权统治，减少了频繁的内战。

然而，这样一个著名的历史人物，由于史书记载的不统一，关于他的身世还存在一些模糊不清的问题。归纳起来主要有三方面。一是关于达延汗的年代，二是关于他的本名，三是关于他的事迹。对于这些问题，前人作了许多研究，特别是几位日本学者作过比较专门详细的论述，如原田淑人②、

---

① 符拉基米尔佐夫：《蒙古社会制度史》，刘荣焌译，中国社会科学出版社1980年版，第233页。

② 《明代的蒙古》第八章《歹颜汗的统一蒙古》，《东亚同文会报告》第111期，1909年。见冈田英弘《达延汗的年代》（上、下），《东洋学报》48—3、4，1965年。

和田清①、萩原淳平②、佐藤长③、冈田英弘④等。其中以萩原与和田的论述最为详尽，他们资料收集得十分丰富，做到了广征博引。这些前辈学者的研究为这几方面问题的最终解决，做了很好的奠基和铺路的工作。可是，他们所得出的结论相互间很不一致，有些论点还值得进一步商榷。本文拟以《源流》为主，结合前人的主要观点，提出一些自己的看法。

一　达延汗的年代

《源流》等17世纪蒙文史书的有关说法基本上可以分为三种：

1. 《源流》说达延汗生于甲申年，于庚寅年七岁即位，于癸卯年八十岁去世。甲申、庚寅、癸卯分别为公元1464年（天顺八年）、1470年（成化六年）、1543年（嘉靖二十二年）。《黄史》同。

2. 两《黄金史》只记达延汗的即位之年为猪儿年，又说他年七岁即位，年四十四岁去世。此猪儿年，按其上下文当为1479年己亥（成化十五年）。这样可推出其生年为1473年（成化九年）、卒年为1516年（正德十一年）。《阿萨拉黑齐史》同。

3. 《阿勒坛汗传》只记达延汗年七岁即位，于丁丑年四十四岁去世。丁丑年为公元1517年（正德十二年），据此可推出其生年为1474年（成化十年）、即位年为1480年（成化十六年）。

汉籍中的有关说法主要有：

1. 关于达延汗——小王子的即位。在《实录》中，满都仑去世后小王子的第一次出现是在成化十七年（1481）五月己亥条："虏中逸归者传报，虏酋亦思马因等窃议与小王子连兵，欲寇大同等边……"其后成化二十三年三月癸卯条："巡抚辽东都御史刘潺等奏，卜兰罕卫与泰宁卫夷人传报小王子已死。"弘治元年（1488）五月乙酉条："先是，北虏小王子率部潜住大同近边，营亘三十余里，势将入寇。至是，奉番书求贡，书

---

① 《论达延汗》，《史学杂志》27—3，1916年。《东亚史研究·蒙古篇》之六《论达延汗》，1958年。

② 《达延汗的研究》（《明代满蒙史研究》），1963年；《明代蒙古史研究》第三章《达延汗的生平与事业》，1979年。

③ 《达延汗的史实与传说》，《史林》48—4，1965年。

④ 《达延汗的年代》（上、下），《东洋学报》48—3、4，1965年。

辞悖慢，自称大元大可汗。"

郑晓《皇明北虏考》："未几，满都鲁衰弱，不知所终。而把秃猛可王、太师亦思马因、知院脱罗干屡遣人贡马。弘治初，把秃猛可死，阿夛立其弟伯颜猛可为王。"叶向高《四夷考》："是时满都鲁（原舛满鲁都）已衰弱，不知所终。其入寇者复称小王子，或称把秃猛可王，即故小王子后也……[成化]二十三年，小王子死，弟伯颜猛可代为小王子。弘治元年夏，小王子奉书求贡，词稍慢，自称大元大可汗。"

《明史·鞑靼传》："亦思马因死，入寇者复称小王子，又有伯颜猛可王。弘治元年夏，小王子奉书求贡，自称大元大可汗。"

2. 关于达延汗——小王子的去世。《实录》不载。其他有关汉籍也不记其去世的确切时间。张雨《边政考》说："有曰小王子者，继为渠魁。其子三，长曰阿尔伦台吉，次曰阿着卜孩，次满官嗔不孩。阿尔伦为太师亦不剌所弑，遗二子，曰卜赤、曰乜明，俱幼。小王子死，阿着立。阿着之子二，长曰吉囊，次曰俺答阿卜孩。阿着死，众立阿尔伦之子卜赤，称亦克罕。"虽然提到小王子之死，但时间不明。《皇明北虏考》将类似的话记在正德末年，《四夷考》记在正德十二年（1517），《万历武功录》记在正德十二年（1517）至十六年（1521）之间。

这样，蒙文史书之间、汉籍之间、蒙文史书与汉籍之间，已是矛盾重重。目前就日本学者的研究来看，《源流》的1470年即位1543年去世之说已被否定，其他几种蒙文史书的有关纪年也未得到承认。他们得出的结果主要是依据汉籍。由于分析理解的不同和看问题的角度不同，对资料的取舍也不同。就达延汗的即位年，原田、萩原、佐藤肯定《实录》成化二十三年（1487）三月癸卯条"小王子已死"的传报，认为弘治元年（1488）五月乙酉条中称大元大可汗的小王子才是达延汗，得出他于弘治元年（1488）或成化二十三年（1487）即位的结论。相反，和田却否定《实录》成化二十三年（1487）"小王子已死"的传报，认为不过是传误，弘治元年（1488）称大元大可汗的仍是此小王子，因此据成化十七年（1487）五月己亥条得出达延汗即位于成化十七年（1487）的结论。

蒙文史书中，从达延汗即位年来看，两《黄金史》所记的猪儿年——1479年己亥、成化十五年，正是《实录》和两《黄金史》所记达延汗上代大汗满都仑的卒年，说达延汗在此年即位可以说是没有什么不合情理的。《源流》所记的庚寅年，是一个有问题的年份，因为在这一年，上代大汗满都仑还在世，甚至尚未正式称汗，根本谈不到达延汗的即位。和田、冈田已经指出这个庚寅当是壬寅之误，即十二年后的成化十八年、公元1482年①。这是正确的，但应进一步看到，由于《源流》在满都仑汗死后插进了实际上不存在的达延汗之父孛勒忽的三年，致使达延汗的即位相应推后了三年。而两《黄金史》虽说"伯颜猛可孛勒忽吉囊于猪儿年即大位"，但同时又记达延汗也于此年即位，这样岂不出现了父子同时即位的矛盾？看得出这两种书并未将孛勒忽的在位实际排入汗序。而据《实录》，孛勒忽早在满都仑去世前三年的成化十二年（1476）死去（同年十月戊戌条）。所以，孛勒忽曾于满都仑之后即汗位之说应予以否定。《源流》原将孛勒忽的三年记为满都仑与达延汗之间的戊子（成化四年，1468）至庚寅（成化六年，1470），如果改正它推算天干的讹误，推后十二年便是自庚子（成化十六年，1480）至壬寅（成化十八年，1482），再将孛勒忽的三年补上来，达延汗是即位于1480年庚子，即满都仑去世的次年。这与《源流》把下代大汗的即位放在上代大汗去世之次年的惯例是符合的，而两《黄金史》所记的1479年己亥，也是与这两种书将下代大汗的即位记在上代大汗去世当年的惯例相符合的。因此，《源流》与两《黄金史》对达延汗即位之年的记载本应一致，1480年与1479年的差别，只是由于纪年特点上的不同。

再看汉籍，《实录》在成化十五年（1479）七月称满都仑死去之后，没有提到下代小王子的即位，至两年后的十七年（1487）五月才首次提到满都仑之后的第一个小王子。据蒙文史书，这位小王子就是把秃猛可达延汗，《皇明北虏考》《四夷考》也称这一期间的小王子名为把秃猛可。那么，至少在成化十七年（1487）达延汗就已经即位了。但是这一年并不是他即位的时间，因为《实录》同年五月己亥条中并无小王子初立的意思。联系蒙文史书，达延汗应当是在满都仑去世后的1479年至1480年之间即位，1481年明朝文献的记载只能看作是初次报道了达延汗即位后采取的军事行动。

至于《实录》成化二十三年（1487）三月癸卯条"小王子已死"的传报是否确实，以及弘治元年（1488）五月乙酉条所载小王子向明廷奉书称大元大可汗一事是否表示达延汗初立，问题比较复杂。如果像原田、

---

① 这个问题最早是由和田看出的，他认为提前十二年的原因是作者在原有的地支纪年上添加天干时发生的误差。

萩原、佐藤等人那样，肯定前一条的传报，并把弘治元年（1488）来书称汗当作达延汗的初立，结果就与蒙文史书满都仑下代大汗为达延汗的记载相矛盾，中间多出了一代小王子。萩原、佐藤依汉籍把这个小王子视为成化间的把秃猛可，认为与达延汗无关。可这毕竟是只从汉籍出发，完全没有考虑到蒙文史书中达延汗即把秃猛可的记载。《皇明北虏考》等汉籍也说在满都仑之后直接即汗位的是名叫把秃猛可的人，这个名字与蒙文史书中达延汗的本名一致，汗统顺序也一致，可以肯定是同一人。冈田却另有一番见解，他认为蒙文史书与汉籍都记满都仑至不迪之间有四代大汗。他首先承认孛勒忽确曾即汗位，把他与《实录》成化十七年（1481）至二十三年（1487）间的小王子、《皇明北虏考》等书中的把秃猛可，在即位顺序和年代上比对为一人，以成化二十三年（1487）为孛勒忽的卒年、达延汗的即位之年。孛勒忽曾为大汗一事是不存在的，不能算为一代，孛勒忽与把秃猛可又是两个完全不同的人，作这种比对是不通的。再说孛勒忽此时已成了亡灵，根本无法作比对。和田将《实录》成化二十三年（1487）"小王子已死"的传报视作误传的看法，尽管还缺少其他旁证，但总归是建立在蒙文史书与汉籍一定程度相合的基础之上，即：都说继满都仑之后为汗的是名叫把秃猛可的人，而蒙文史书称此人为达延汗。因此，还是和田的观点比较合理。《实录》成化二十三年（1487）"小王子已死"的传报既被否定，弘治元年（1488）的小王子奉书称汗一事就可以理解为达延汗于1479年至1480年间即位之后，至获悉明朝新帝孝宗的即立，想趁此机会与明朝建立封贡关系而采取的行动。弘治元年（1488）当年，巡抚大同都御史许进就说过："今小王子以皇上嗣统，感恩向化，遣使入贡。"① 大元大可汗（达延汗）这一汗号在汉籍中反映得很晚，当时并不是他初立和首称汗号的时间。

　　两《黄金史》等蒙文史书所载达延汗的即位年是可信的，那么按蒙文史书达延汗年七岁即位的一致说法，可知他的生年为1473年癸巳、成化九年。那时他的父亲孛勒忽二十二岁②。《源流》记达延汗的生年为1464年甲申，那么他父亲当时就只有十三虚岁。这几乎是不可能的。但如前所述，如果纠正《源流》纪年上的讹误，达延汗生年当为1474年甲

---

① 《明实录》弘治元年六月癸卯条。
② 《源流》记孛勒忽生于壬午年，即1452年（景泰三年）。

年（成化十年），当时他的父亲二十三岁。按《阿勒坦汗传》推算，达延汗的生年也是1474年。这与两《黄金史》又只差一年。《源流》说达延汗四岁时其父孛勒忽被满都仑汗遣亦思满太师逐杀，其母失乞儿太后为亦思满所纳。按《实录》，孛勒忽死在成化十二年，即1476年。由此年上推四年，达延汗就是生在1473年，与两《黄金史》所载相合。因此达延汗的生年也采用两《黄金史》的说法为宜。

剩下的是达延汗的卒年。明确记载其卒年的蒙文史书有《源流》《黄史》和《阿勒坦汗传》。《源流》作癸卯，即1543年（嘉靖二十二年）；《黄史》作兔儿年，据其所说享年八十岁来算，也是癸卯；《阿勒坦汗传》作丁丑，即1517年（正德十二年）。两《黄金史》、《阿萨拉黑齐史》虽不载其卒年，但据所载其即位年和即位年龄，以及享年四十四岁来算，他的卒年为1516年丙子（正德十一年）。

汉籍中不载达延汗卒年，但从所载达延汗下代大汗巴儿速孛罗（即阿著）、再下代不迪汗（即卜赤）的活动，以及达延汗之孙衮必里、阿勒坦势力的崛起[①]等情况来看，《源流》的1543年是大大推后了，因此受到普遍否定。和田根据《实录》中表现出来的小王子寇边兵力、规模上减弱的变化，参照衮必里、阿勒坦活动的情况，把达延与不迪（也包括巴儿速孛罗的短暂在位）的汗位交替，大致确定在嘉靖十一、十二年（1532—1533）前后。萩原以为这种方法在汉文资料有限的情况下，也不是不妥当，只是对资料的取舍选择还不充分。对此他又根据《实录》正德十六年（1521）七月丁巳条"虏小王子二千余骑，由庄浪马场沟入边"、嘉靖二年（1523）正月丁卯条"虏酋小王子万余骑，入沙河堡"，指出这时小王子的势力就已经缩小。并又以《国榷》同《实录》进行对照，以《国榷》中明显表现出来的达延汗长子阿尔伦（脱罗孛罗）[②]与卜赤的时间界限[③]为根据，将达延汗的去世定在正德十四、十五年

[①] 《明实录》中吉囊（衮必里）之名首次出现在嘉靖十二年二月癸卯条、俺答（阿勒坦）之名在嘉靖十三年六月戊戌条。据嘉靖十五年十二月丁未条"吉囊屡犯边境，且有并吞小王子之心"来看，当时的小王子已不可能是达延汗。

[②] 汉籍所记阿尔伦有混淆之处，在世系上他与蒙文史书中达延汗长子脱罗孛罗相当，在被亦不剌所杀一事上与蒙文史书中达延汗次子兀鲁思孛罗相当。此处阿尔伦相当于脱罗孛罗。

[③] 《国榷》正德十三年七月丙午条："阿尔伦寇靖边营"，正德十六年十一月己未条："卜赤犯大同中路。"《明实录》相当的条分别作"虏寇靖边营""虏犯大同中路"。

（1519、1520）之间。佐藤基本采用了萩原之说。冈田却提出了异议。他认为从当时寇边的情况变化来判断达延汗的卒年，疑点很多，并指出萩原利用《国榷》检查《实录》，把它的内容视为决定性依据是不妥的，实际上《国榷》并不是《实录》的一个异本，也不具有《实录》以上的史料价值，它是基本以《实录》为蓝本，附加上野史之类的记载编纂成的。这个意见是正确的。这里《实录》两作"虏"处，《国榷》分别作"阿尔伦"和"卜赤"，可能是谈迁参照《皇明北虏考》等前一时期著述中有关小王子死、阿着立，未几死、卜赤立的时间而改动的。以当时小王子寇边兵力的变化来判断汗位的交替，也确实是一种缺乏把握的方法。但由于《实录》所载有限，其他汉籍所记时间又不十分明确，给后人造成了研究上的困难。采取这种方法实有不得已处，似不必过分苛求，况且他们得出的结论与两《黄金史》等蒙文史书又相差不远。反过来看，冈田的方法却是弊病更大的。他把达延汗的即位年定在成化二十三年（1487），又据《大黄金史》达延汗在位三十七年和《恒河之流》在位三十八年之说，从成化二十三年（1487）算起，得出达延汗死在嘉靖三年（1524），并以《源流》中下代大汗不迪的卒年1547年丁未和两《黄金史》中不迪在位二十四年作为旁证（嘉靖三年至嘉靖二十六年，即1524—1547，凡二十四年）。但是，因为论证的基点（孛勒忽即把秃猛可）不可靠，冈田所得出的结论只能看作是一种巧合。

经以上分析，两《黄金史》所载达延汗的卒年是比较可取的。至于《源流》为何将他的卒年误记为癸卯，据佐藤的推测，原因也在于补加天干时的误算，本应是己卯（正德十四年，1519）的兔儿年被误算为癸卯，推后了二十四年。但应注意到这一错误源于其参考书之一的《黄史》，《黄史》即说达延汗生于木猴年（甲申，1464），兔儿年去世，享年八十岁。那么这个兔儿年就只能是1543年癸卯。改正后的兔儿年——1519年己卯，也有错误，可能是根据达延汗下代大汗巴儿速孛罗的卒年[1]得出的，因《源流》隐去了他曾即汗位的事实，也就把他的在位年代算在达延汗身上了。

综上所述，两《黄金史》关于达延汗的纪年是较为可信的，即：

---

[1] 《源流》记为1531年辛卯、嘉靖十年，误。《阿勒坦汗传》作1519年己卯、正德十四年，是。

1473年出生，1479年七岁即位，1516年去世，享年四十四岁。

二　达延汗的本名

17世纪的蒙文史书一致说孛勒忽的儿子把秃猛可是后来称达延汗的人。汉籍中的情况就比较复杂。有关的记载有：

1.《实录》中未出现小王子大元大可汗的名字，但弘治元年（1488）九月乙丑条有一段话："迤北伯颜猛可王遣使臣桶哈等来贡，其使自一等至四等者凡十九人。阿儿脱歹王及脱脱孛罗进王……所遣使臣自二等至四等者凡三十五人。初，自称大元大可汗，奏乞大臣报使，以通和好。"

2.《皇明北虏考》："[成化]二十三年……未几满都鲁衰弱，不知所终。而把秃猛可王、太师亦思马因、知院脱罗干屡遣人贡马。弘治初，把秃猛可死，阿歹立其弟伯颜猛可为王。"《殊域周咨录》同。

《四夷考》："至成化末，迄无宁岁。而是时满都鲁已衰弱，不知所终。其入寇者，复称小王子，或称把秃猛可王，即故小王子后也……小王子死，弟伯颜猛可代为小王子。弘治元年夏，小王子奉书求贡，词稍慢，自称大元大可汗。"《武备志·北虏》《名山藏·王享记四》基本同。

《万历武功录》："[成化]十八年……其冬，满都鲁死，亦思马因（原舛马亦思因）立把秃猛可为可汗，亦曰小王子……[弘治元年]其冬，虏可汗把秃猛可死，弟伯颜猛可嗣。"

3.《明史·鞑靼传》："亦思马因死，入寇者复称小王子。又有伯颜猛可王。弘治元年夏，小王子奉书求贡，自称大元大可汗。朝廷方务优容，许之。自是，与伯颜猛可王等屡入贡。"

《实录》那段话中"初，自称大元大可汗"的人，当是指伯颜猛可王。有这一条记载，再加上成化二十三年（1487）三月"小王子已死"和弘治元年（1488）五月小王子奉书求贡、称大元大可汗的记载，大概由此引出了《皇明北虏考》等书中把秃猛可死，弟伯颜猛可继立，称大元大可汗的说法。而《明史》又是从另一不同角度去理解《实录》的，没有承认"小王子已死"的传报，因而把伯颜猛可王视为另一人。原田、萩原、佐藤等人肯定《皇明北虏考》等书的说法，和田肯定《明史》的说法。就《实录》本身来分析，小王子之名除见于其使臣向明廷入贡之时以外，也出现在进行军事行动等情况下；伯颜猛可王之名只见于其使臣朝贡并接受赏赐时。值得注意的是，这两个名字在向明廷入贡的时间上总是相距很近，大约在一至三个月之间。而且"小王子"的字样一般出现在记载北方使臣到达边关大同时的报告中，"伯颜猛可王"的字样一般出现在入朝贡物之后，朝廷赐宴、赐职时。根据这一特点，萩原认为这不过是对小王子一次朝贡行动的不同阶段的分述，只是兵部边臣以小王子之名上报，礼部廷臣则以伯颜猛可王相称，实际小王子与伯颜猛可王是同一人。《实录》确是把伯颜猛可王与小王子当作同一人的，这一点，弘治四年（1491）二月乙丑条"迤北伯颜猛可王并瓦剌太师火儿忽刀遣使臣努力等来贡"和同年三月辛巳条"迤北小王子并瓦剌太师火儿古倒温等及其贡使捏列忽等奏乞别赐"的内容最能说明问题。两条记载中各有三人出现，其中后两人火儿忽刀与火儿古倒温、努力与捏列忽显然是同名异译，剩下就只有伯颜猛可王与小王子相对，应当视为同一人。

这样一来，就与蒙文史书把秃猛可即达延汗的记载发生了矛盾。蒙文史书中虽然有名为伯颜猛可的人，但他是作为达延汗的父亲出现的。萩原、佐藤抓住《源流》汉译本的一句误译文"岁次戊子博勒呼济农年二十九岁时生巴延蒙克"，用来作为汉籍伯颜猛可为把秃猛可之弟一说的蒙文史书方面的证明。但是，正如江实所指出的那样，上引《源流》那句话只见于满译本和汉译本①，蒙文原文的意思完全不同，是作"伯颜猛可孛勒忽吉囊自戊子年二十九岁起……"② 伯颜猛可即孛勒忽，根本不存在孛勒忽生伯颜猛可之意。因此《源流》汉译本那句话不能作为证据引用。

可是，《实录》中为什么会出现伯颜猛可这个已经死了的人的名字呢？其他汉籍所说伯颜猛可为把秃猛可之弟的根据又是什么呢？这还是个谜。霍渥斯认为明廷所谓伯颜猛可代把秃猛可为小王子，可能是因为弄混了"把秃"之名和汗号"达延"③。"把秃"与"达延"无论从读音或字形上都不容易相混，只从文字角度来作推测恐怕不行。但是如果像原田、萩原、佐藤那样完全相信汉籍的说法，就会出现一系列的麻烦。首先是一个达延汗还是两个达延汗的问题④。照蒙文史书，是把秃猛可，照汉籍，

---

① 日文译注《蒙古源流》，东京弘文堂，1940年，卷五注44。
② Bayan Möngke Bolqu Jinong qorin Yisün-iyen uu quluḥuna jil-eče……
③ 《蒙古史》(*History of the Mongols*)，伦敦，1876年，第1卷，第371页。
④ 和田曾有过这种倾向（《内蒙古诸部落的起源》），后又更正为一个（《东亚史研究·蒙古篇》）。

为伯颜猛可。到底是哪一个？还是达延汗的汗号下包括了这两个人①？谈到的几位日本学者都主张达延汗只有一人，只是原田、荻原、佐藤认为即伯颜猛可；和田、冈田则认为是把秃猛可。两种结论各自依据的汉籍与蒙文史书的所载相互抵牾，一时又缺少排斥另一方的有力旁证或相互调和的可能性，在这种情况下，随便否定哪一种结论都不大容易。从蒙文史书与明代汉籍的特点来看，17世纪蒙文史书在记载年代和事件上，由于多年口头流传的结果，不免有混乱现象，但在汗系王统的记载上还是相当可信的，在达延汗前后，上至第五代大汗阿台、下至第六代大汗林丹，汗系是没有错误的。达延汗又有其特殊情况，他在明末及有清一代蒙古人的心目中可算是自元世祖忽必烈以来蒙古历史上最著名的帝王，他的子孙对他的记忆当是清楚的，史书中虽然年代上有些出入，但对人名本身的记载是一致的。达延汗的卒年1516年至16世纪末17世纪初的《阿勒坦汗传》，只不过三四代人的时间，当不会出现什么误记，难以想象会把曾祖辈的人与他人搞混。明代汉籍，尤其是《实录》在记载年代上比较准确，对蒙古与明朝的关系，一般是边境的军事冲突、双方的封贡互市等方面记载得较多一些，而对蒙古内部的一些情况，如汗王世系、内部战争、各部落的详情等的记载，则由于客观条件的限制而显得差些，材料来源大部分是间接的传报。在达延汗其人的问题上，《实录》有它不易否定的一面——是当时当事的记载，但也有将小王子与伯颜猛可王分记的较为特殊的现象。因此总要给人留下疑点。

假如说伯颜猛可是达延汗，就得肯定汉籍中的把秃猛可之弟的说法，但对照蒙文史书，就出现了父子同名的问题。佐藤推测：父亲伯颜猛可成年后称孛勒忽太子，待生下次子时就把小名伯颜猛可给了他。但是并未有过这样的先例。另外，虽然蒙古人中重名的很多，但还未见到父子完全同名的例子。还有达延汗十一子的问题。蒙文史书一致说达延汗生有十一个儿子，一些汉籍，如《四夷考》《北虏风俗》《武备志·四夷》等书也明说达延汗有十一子。《源流》还记有其中十个儿子的生年②。照这些生年

---

① 和田曾认为《源流》或是将把秃猛可、伯颜猛可两达延汗的事迹统记在了把秃猛可一人身上（《内蒙古诸部落的起源》）。

② 按库伦本：脱罗孛罗、兀鲁思孛罗壬寅年（1482）生；巴儿速孛罗甲辰年（1484）生；阿儿速孛罗丁未年（1487）生；纳勒出孛罗、斡赤儿孛罗庚戌年（1490）生；格列孛罗、格列三札壬寅年（1482）生；兀巴三札、格列土辛亥年生（辛亥原作乙亥，据殿本当为辛亥、1491）。殿本缺阿儿速孛罗的生年丁未、纳勒出孛罗和格列三札之名，清译本因缺。

来看，就会出现达延汗与这十一个儿子有父子和伯侄的不同关系。四个儿子是把秃猛可所生，即生于所谓把秃猛可卒年 1487 年之前的脱罗孛罗、兀鲁思孛罗、格列孛罗、格列三札①，其他的为伯颜猛可所生。佐藤推测把秃猛可死后，他的大哈屯满都海再嫁其弟伯颜猛可，把秃猛可的几个孩子也一同进入伯颜猛可的斡耳朵。即达延汗的十一子实际是由两个人的儿子构成的。萩原的推测则更干脆，认为实际上满都海哈屯并未嫁把秃猛可，她虽有此望，无奈把秃猛可控制在亦思满太师手中，与她作对，于是她就起兵击杀了他们，而与伯颜猛可成婚，蒙文史书为掩饰满都海的过错，仍说她与把秃猛可成婚。这种推测缺乏根据。

以上所述，说明这两种先根据汉籍承认伯颜猛可作为把秃猛可之弟的存在，再参照蒙文史书所作的推测，都不能令人满意，仍不能说已经解决了达延汗本名上蒙文、汉文两种史书记载的矛盾。在这种情况下，与其接受这些矛盾很多的推测，不如依从蒙文史书的说法：达延汗即把秃猛可。

三　达延汗的事迹

《源流》对达延汗事迹的记载有：1. 征四瓦剌；2. 消灭亦思满；3. 收服右翼；4. 分封诸子；5. 讨平兀良罕之乱。两《黄金史》则为：1. 征伐瓦剌；2. 征伐满官嗔；3. 消灭亦思满；4. 消灭别格儿先；5. 平服右翼；6. 分封诸子。《黄史》、《阿萨拉黑齐史》分别与《源流》、两《黄金史》接近。《阿勒坛汗传》只记征服右翼一件事。汉籍中反映出来的活动也不少，对蒙文史书的所载也有一些间接反映。

按《源流》所述的顺序，首先来看征伐瓦剌一事。《源流》将这件事记在达延汗即位之初，据前文的确定，即 1479 年己亥、成化十五年。两《黄金史》虽将此事放在达延汗即位之前叙述，但从其所记年分为牛儿年来看，这事是发生在达延汗即位后第三年的 1481 年辛丑。汉籍中看不到这方面的记载，《实录》中，自达延汗第一次出现至弘治四年（1491），达延汗与瓦剌的关系是和好的，弘治六年（1493），小王子被瓦剌杀散，住牧贺兰山后，弘治九年（1496），小王子遣使请入贡，不久又说瓦剌内

---

① 《阿勒坛汗传》中可推算出巴儿速孛罗的生年为 1490 年庚戌。因此这里不列入巴儿速孛罗和阿儿速孛罗。

讧，准备回兵进袭。

和田根据《源流》汉译本满都海哈屯妊怀斡赤儿孛罗等二子时的"迨后兴兵往征四卫拉特"的译文，又据后文此二子的生年1490年庚戌（弘治三年），认为达延汗征伐瓦剌是在弘治初年。但他所引那句汉译文有误，蒙文原文为"四瓦剌来攻"①，并不是什么往征四瓦剌。萩原从另一角度对和田的看法提出了异议。他根据《实录》中达延汗与瓦剌双方在弘治三年（1490）前后曾一同向明廷进贡的记载，认为当时不会存在小王子进攻瓦剌的事。但他又完全否认达延汗一生曾攻击过瓦剌。他认为和田作为达延汗、瓦剌双方时有冲突例证引用的弘治六年（1493）六月戊子条"况今北房部落被瓦剌杀散，住牧宁夏贺兰山后"和弘治九年（1496）五月己未条"北房遣使请入贡，引例欲偕三千人入京。大同守臣以闻。以廷臣议，止许纳其一千人。未几房复言瓦剌兄弟相攻，欲回兵袭之，至秋乃来贡"的内容不当，而将两条记载中的"北房部落"和"北房"分别视为被吐鲁番战败的哈密残兵和火筛。可是，他作为第一个证据引用的弘治七年（1494）六月丙寅条中所说"况此虏心性叵测，今转徙日久，不立酋长，未有统摄"中的"此虏"，与弘治六年（1493）六月戊子条的"北房部落"并无关系。而据弘治七年（1494）十二月己卯条"近闻小王子人马潜住贺兰山后，节入甘、凉、永昌、庄浪等处抢掠。去岁六、七月间，抢去头畜十万之上"，可知小王子所部至少在弘治六年（1493）六月就已在贺兰山后住牧，与同年六月戊子条的内容正相吻合。因此"北房部落"当如和田所述，为小王子所部。这次战争，可与《源流》所记1490年庚戌瓦剌来袭达延汗、满都海哈屯一事相比较，这里可能《源流》的时间稍有误。萩原作为另一个例证的是《实录》弘治十一年（1498）二月己巳条"迤北小王子久不贡，至是遣使臣人等六千人至边求入贡，许入关者二千人，入京者五百人"，认为弘治九年（1496）至弘治十一年（1498），在时间上与"久不贡"不符；两次朝贡许入关者的人数不同，反映出遣使人的地位不同，以此否定弘治九年（1496）五月己未条中入贡的"北房"为小王子。可是弘治十三年（1500）十二月癸未条提到小王子"自弘治九年朝贡回，以赏薄生怨，频来侵掠"，这次入贡时间距弘治十一年（1498）二月只差两年，说"久不贡"似不妥。据

---

① Dörben Oyirad dobtolqui-dur.

弘治九年（1496）五月己未条"至秋乃来贡"，后来弘治十三年（1500）十二月条提到的弘治九年（1496）那次入贡可能是在那年秋天。萩原又说弘治九年（1496）五月条中许入贡的北方使臣人数较弘治十一年（1498）二月条中的人数要少，因此"北虏"当比"小王子"低一级。这种看法也值得商榷。因为《实录》中所载明廷正式限令北方贡使的入关人数为一千一百人、入京人数为五百人①。因此弘治九年（1496）五月条所载入关者一千人的数字正是明廷对小王子入关贡使的限定额数，而弘治十一年（1498）二月条的二千人则是在常例之外。据弘治十七年（1504）三月壬午条的内容，许二千人入关，是因为有"虏拥众在边"等特殊情况，才破例的。所以，和田所引的例证还是可以用的。另外，据《实录》成化二十二年（1486）八月辛巳条，可看出至少在成化二十年（1484），瓦剌与小王子的关系就有不和的迹象。

总之，完全否认达延汗曾与瓦剌作战是不妥的。达延汗与瓦剌的关系，正如《皇明北虏考》所说："成化间，北虏大抵瓦剌为强，小王子次之。二种反复相残，并阴结朵颜，伺我塞下。即贡马，二种亦相继往来，恐中国左右。"至于蒙文史书所记达延汗即位之初攻打瓦剌一事，看来明方未有所闻。

第二件，消灭亦思满。蒙文史书中这件事的具体时间不详。《实录》载亦思满死于成化二十二年（1486），同年七月壬申条说："哈密都督罕慎遣人来报，虏酋克舍并亦思马因已死。"未说明其死因。《实录》中反映出亦思满与达延汗有冲突的是成化十九年（1483）五月壬寅条："虏酋亦思马因为迤北小王子败走，所遗幼稚，朵颜三卫携往海西易军器。"和田把这条记载与蒙文史书达延汗逐杀亦思满联系起来看。萩原因为将伯颜猛可视为达延汗，认为他即位在弘治元年（1488）前后，故以当时达延汗尚未即位而否定达延汗曾杀亦思满。对照《源流》和《实录》，大概是成化十九年（1483）亦思满被达延汗战败之后，元气大衰，逃往西边，以求得瓦剌的支援，到成化二十二年（1486）与瓦剌联合，准备侵扰明边，但不久被达延汗手下部将脱火赤少师率奇兵袭杀。

第三件，收服右翼。蒙文史书都说亦不剌、满都来（汉籍作阿尔秃厮）杀死了达延汗派在右翼的吉囊——次子兀鲁思字罗，因此达延汗率

---

① 见《明实录》弘治元年六月癸卯条、三年二月癸巳条。

兵攻打右翼，逐走亦不剌、满都来，收服了右翼。《阿勒坦汗传》将此事记在庚午年，即 1510 年（正德五年）。《实录》中可见到正德四年（1509）十二月亦不剌入套住牧，正德六年（1511）六月在陕西庄浪一带住牧。徙牧的原因，据同年冬十月庚午条，是"为小王子所败"，据正德九年（1514）七月庚午条，事在正德五年（1510）①。人物、事件、时间均与蒙文史书所载相合，因此对于这件事，人们都没有什么异议。

第四件，分封诸子。《源流》讲到达延汗收服右翼之后，重新在八白室前宣布汗号，同时立长子脱罗孛罗之子不迪为汗位继承人，封三子巴儿速孛罗为右翼吉囊，又大封功臣。后文又讲到除早逝的三个儿子外的八个儿子的封部，这也当是达延汗生前的所为。两《黄金史》简单提到达延汗封巴儿速孛罗为吉囊和赐封右翼之战的功臣。汉籍无载。分封诸子，也是达延汗的重要行动。

第五件，讨平兀良罕之乱。《源流》提到达延汗时兀良罕首领反叛作乱，达延汗率军前去攻打，将其全部收服，部众分入其他五个万户，削去了其万户之名。两《黄金史》、《阿勒坦汗传》等书不提此事，汉籍中也无反映。按《阿勒坦汗传》，阿勒坦等人于辛卯年（嘉靖十年，1531）第二次征伐兀良罕和戊戌年（嘉靖十七年，1538）第四次征伐兀良罕，详情与《源流》所载达延汗征兀良罕的情况相合，看来《源流》是将这两次由阿勒坦、衮必里、不迪汗等人组织的征战，合为一次记在了达延汗身上。在这一期间，汉籍也有这方面的记载，岷峨山人《译语》说："小王子集把都儿、纳林台吉、成台吉、血剌台吉、莽晦、俺探、己宁诸酋兵，掠西北兀良哈，杀伤殆尽。乃以结亲给其余，至则悉以分诸部，啖以酒肉。醉饱后，皆掩杀之。"其中的小王子、俺探、己宁与《阿勒坦汗传》所载不迪汗、阿勒坦、衮必里吉囊相当，所述情节也基本相合。说明征伐兀良罕确是在不迪汗之时。

以上是《源流》所记达延汗一生的几件大事。此外，两《黄金史》还记有达延汗征满官嗔、消灭别格儿先两件事。征满官嗔，记在达延汗袭杀亦思满之前。但细检其记述，其中有些疑问。战斗的情节与《源流》中达延汗征右翼时第一仗的情节相合，都是说达延汗的部队在秃儿根河岸

---

① "虏酋阿尔秃厮、亦不剌等自正德五年以来避小王子，引众至凉州、永昌、山丹、甘肃及高台、镇夷、肃州联络住牧。"

为右翼达剌人纽列该赶着牛群、吹着号角惊散，达延汗本人连人带马陷入河岸泥淖中，后由别速人脱欢等救出。达剌这一部落，据《九边考》等汉籍（作打郎）和《源流》，是鄂尔多斯万户内一部，两《黄金史》却记为满官嗔内一部。看来，两《黄金史》可能是将达延汗征右翼的第一仗混为征满官嗔了。总之，达延汗征满官嗔一事，可信的成分很少，不好算作达延汗的事迹。

其次是击杀别格儿先（汉籍作乩加思兰）。此事被记在消灭亦思满、征伐右翼之前。可是据《实录》等汉籍，别格儿先早在成化十五年（1479）就被满都仑汗遣亦思满杀死了[1]，与达延汗无关。因此，消灭别格儿先也不是达延汗的事迹。

总的来说，《源流》中除征讨兀良罕一事不实外，其他四件事：征伐瓦剌、消灭亦思满、收服右翼、分封诸子，这些就是达延汗一生的主要活动。除此而外，据汉籍，达延汗与瓦剌、三卫的关系时合时离，反复无常。在向明廷时断时续入贡的同时，经常犯边。

在达延汗一生的事业中，在当时来说最关键、对后世来说影响最大的，是收服右翼和分封诸子。这两件大事的完成，巩固了大汗的统治，各封建领地都掌握在大汗直系手中，由此减少了内部战乱，客观上为保证蒙古地区一时的相对安定，对生产的恢复起到了一定的促进作用。达延汗一生的业绩，给当时和后世的蒙古社会以不小的影响，不仅使当时的蒙古地区重新有了一时的统一安定，而且为稍后的鄂尔多斯、丰州滩地区，以及其他一些地区的经济繁荣打下了政治上的基础。达延汗又是明末及有清一代内、外蒙古大部分王公贵族的共同始祖。因此，他的名字和事迹在蒙古地区广为流传，17世纪以后的蒙文史书都有关于他的赞歌式的记载。

(本文是作者硕士学位论文《〈蒙古源流〉中的达延汗——〈蒙古源流〉选译并注释》导言的一部分)
[原载《内蒙古社会科学》（文史哲）1983年第3期]

---

[1] 《明实录》成化十五年五月庚午条。

Dayan 与"大元"

——关于达延汗的汗号

达延汗是 15 世纪前后一位著名的蒙古大汗。重新统一蒙古、结束封建内乱的功绩，使他在蒙古史上占有重要的地位。关于这位大汗，中外学者研究颇多。但对于他更多的事迹和一些重要史实，由于史料的缺乏和记载的相互矛盾，还存在一些空白和疑点，有待于进一步考证，加以补充和澄清。就以他的汗号"达延"的词义来说，也还不能说问题已经完全解决。本文试就"达延汗"即"大元汗"的观点作一些进一步的论证。

Dayan[①] 是这一汗号在蒙文史书中最普遍的写法。清乾隆年间译成的《蒙古源流》汉译本首次将此译为"达延"[②]。于是不仅蒙古人，而且汉族，以及国外的蒙古学者大都采用了 Dayan（达延）的书写形式。"大元"之号则见于《明孝宗实录》[③]。

虽然《明孝宗实录》中提到的弘治元年（1488）向明朝"奉番书求贡……自称大元大可汗"的蒙古汗，汉籍记载与蒙文史书有某些出入，但从其在位年代和本名等因素来看，可以肯定，他就是蒙文史书中的

---

① Dayan 见于《黄金史纲》、罗氏《黄金史》《黄史》《蒙古源流》《阿萨拉黑齐史》《宝贝数珠》等书。

② 《蒙古源流笺证》（以下略作《笺证》）卷五叶三十上。

③ 《明孝宗实录》弘治元年五月乙酉条："先是，北房小王子率部落潜住大同近边，营亘三十余里，势将入寇。至是，奉番书求贡，书辞悖慢，自称大元大可汗。"

"达延汗"。因此，多数研究者认为"达延"就是"大元"①。问题到此似乎是解决了，但由于 Dayan 与"大元"在读音上有些差距，个别蒙文史书中对 Dayan 又别有一番解释，于是又有一些研究者采用了蒙文史书中"全、一切"的诠释②。为此，有必要作进一步的辨析。

Dayan 来自"大元"，可以从史实和语音学两个方面来加以证明，而某些蒙文史书的说法是一种俗词源学的解释。

《明实录》所载"大元大可汗"是当时的记录，因而史料价值很高。退出中原后的元王室后裔虽然偏居北方蒙古草原，但"始终坚持认为自己是元王朝的合法继承者"，"在相当长的一段时间里，依然保持着元王朝的许多重要标志"③。关于这许多重要标志，胡钟达先生在《明与北元——蒙古关系之探讨》一文中，列举了大量翔实的史料，作了透彻深入的

---

① 原田淑人《明代的蒙古》第 8 章《歹颜汗之统一蒙古》(《东亚同文会报告》第 111 号，1909 年，第 27 页)："达延国即指大元国，占据达延国即指再兴元室。弘治元年五月小王子向明朝求贡，自称大元大可汗一事，就是此间传来的消息。"

沈曾植、张尔田（《笺证》卷五叶三十上）："……达延，正文径当依明史作大元。尔田案，史称达延汗为小王子，其自通曰大元大可汗。"

和田清《东亚史研究·蒙古篇》(东洋文库 1959 年版，第 441 页)："因为并没有一个达延国，所以施密特德译本就译成'全民'，指蒙古大众即大元国，所称达延汗就是大元可汗。"

H. 塞瑞斯《达延汗后裔世系表笺注》(余大钧译《蒙古史研究参考资料》总第 41、42 期，1981 年，以下略作《世系表笺注》。第 14—15 页)："巴图蒙克……自称'达延汗'（大元〔大〕可汗，或大元之大汗）。"

佐藤长《关于达延汗的史实与传说》(《史林》第 48 卷第 4 号，第 56 页)："……因此大元（大）可汗即达延汗。"

《明代名人传》(哥伦比亚大学出版社 1976 年版，第 17 页)："他的汗号达延汗，是一个借词，是汉语'大元'的音译。"

札奇斯钦《蒙古黄金史译注》（台北联经出版事业股份有限公司 1979 年版，第 262 页注 15）："可知 Dayan—'达延'是 Dayan—'大元'的讹转。达延可汗就是大元可汗。"

朱风、贾敬颜《汉译蒙古黄金史纲》(内蒙古人民出版社 1985 年版，第 81 页注 3)："dayan，P1 版 dayun，近真，即'大元'的译音。"

崔鹤根《蒙古诸汗源流之宝纲》(玄文社 1981 年版，第 156 页注 362)："dayan 是'dai yu-wan'（大元）的蒙古式发音。"

② 沙斯季娜俄译注本《黄史》（莫斯科—列宁格勒，1957 年，第 188 页注 83）："尊号'达延汗'即'一切之汗'，全蒙古人的汗，'全民的汗'。"

道润梯步《新译校注蒙古源流》(内蒙古人民出版社 1981 年版，第 297 页注 5)："案'达延'即全体之意，与《秘史》之'塔阳'是同一词，仅标音所用之汉字不同而已。'达延汗'即全体之汗，亦即天下共主之意，并非'大元'二字之音译。"

③ 胡钟达：《明与北元——蒙古关系之探讨》，《内蒙古社会科学》1984 年第 5 期。

论述。这里仅就与解释"达延"词义有较直接关系的特征作一些分析。妥懽帖睦尔以后,很明显的一个事实是有好几代大汗在位有年号,死后有庙号;年号及汗号中多见有"元"或"大元"的字样。如妥懽帖睦尔庙号为"惠宗";其子爱猷识理达腊即位,改元"宣光",死后庙号为"昭宗";其子脱古思帖木儿即位后改元"天元";瓦剌也先一时控制蒙古各部,自立为汗,称"大元田盛(天圣)大可汗",建年号"添元"(天元);巴图蒙克重振黄金家族汗权,再度统一蒙古各部,称"大元大可汗"。蒙古最后一代大汗林丹汗的多种称号之一为"人中最威武者、大元林丹库图克图彻辰汗"[1]。突出"元"或"大元",是元王室后裔们当时一贯的心理状态。妥懽帖睦尔以后,明朝不断对蒙古用兵,以图最后消灭元王朝,而蒙古内部为争夺汗权而发生的内讧愈演愈烈。大汗受到来自两个方面的攻击,实力和权威急剧衰弱,以至于大汗本人落到自身性命难保的境地。在这种情况下,蒙古大汗力图恢复大元一统的抱负虽有淡漠的趋向,但它一直或隐或现、或弱或强地存在于元王室后裔们的头脑中,"一旦条件许可,总要'问天上求讨大元皇帝一统天下来'"[2]。坚持使用"元"或"大元"的称号,正是这种传统思想的反映。

下面需要解决的问题是如何解释 Dayan 与"大元"在读音上的差距,以及如何认识蒙文史书中对 Dayan 一词的说明。Dayan 是蒙文史书中最为常见的写法,但因此认定它是最正确的形式是不妥当的,应当对其他写法也进行分析。蒙文史书中另一个较常见的写法是 Dayun[3]。正如 H. 塞瑞斯[4]、札奇斯钦[5],以及朱风、贾敬颜[6]等学者所指出的那样,Dayun 较之 Dayan 更接近于原型"大元"的读音。"大元"的元代蒙古语读音为 daiön[7]。这里我们需要进一步从读音上解释 dai ön 与 Dayun 的关系,从字

---

[1] 见 L. 李盖提《蒙古甘珠尔刻本目录》第 1 卷、第 5 目录:kümün-ü erketü Lindan qutuγ-tu Dai Yuwan sečen qaγan。

[2] 胡钟达上引文。

[3] Dayun 见于《阿勒坦汗传》《黄金史纲》、罗氏《黄金史》《恒河之流》《金轮千辐》等书。

[4] 《世系表笺注》(第 12 页):"dayun 的读法见于《黄金史》,从理论上讲,这是一个较好的形式,因为它更接近于原型。"

[5] 参见《汉译蒙古黄金史纲》第 262 页注 15。

[6] 参见《汉译蒙古黄金史纲》第 81 页注 3。

[7] 《世系表笺注》(第 12 页):"Dayun 或 Dayan 是'大元',即中国的蒙古王朝之名称的转讹,'大元'译成蒙古语为 Daiön。"

形上解释 DAI AWIN① 与 DAIWN 的关系。这个问题看起来似乎简单，但若不弄个清楚，问题就不能得到彻底解决②。

　　DAIWN 是 DAI AWIN 连读、连写后变化来的形式。在元代以后的蒙文著作中，我们注意到汉语的官称等专有名词在译为蒙古语时，习惯上往往以一个名词为一个单位，不管是几个汉字，只译以一个蒙古字的现象，也就是连写。例如，"太师"译为 tayiši，"丞相"译为 čingseng，"指挥"译为 jiqui，"太夫人"译为 tayibujin，等等。按照这样的惯例，DAI AWIN 连写成一个字是完全可能的。DAI AWIN 连写，则按照蒙古语的发音和书写习惯终将变成 DAIWN。同时受蒙古语元音和谐规律的制约，dai ön 又自然变成 Dayon 或 Dayun。

　　类似的例子还有被《蒙古源流》汉译为"达裕"③ 的一个词，它的蒙古语原文作 Tayu（DAIW）④，正像许多人所翻译的那样，它的原义是汉语官称"太尉"⑤。"太尉"的元代读音为 tai ü⑥，DAI AW 连写则最终变成 DAIW（Tayu）。

　　Dayun 再转变为 Dayan，是受蒙古语元音顺同化现象影响的结果。第二音节的元音-u- 受第一音节元音-a-的影响，同化为与之相同的元音。Dayan 后来渐渐更为蒙古人所接受，只是这样一来，久而久之人们就更不清楚它的原义了。"大元"在蒙古语中经历了从 dai ön 到 Dayun 再到 Dayan 的变化过程，面目已经改变不小，当 Dayan 后来传到明朝一边的时

---

　　① DAI AWIN 的写法见于《竹温台神道碑》（道布《回鹘式蒙古文文献汇编》民族出版社 1983 年版，第 275 页）、《西宁王忻都神道碑》（上引书第 360 页）等。《蒙古字韵》"大"作 day；"元"作 uen（罗常培、蔡美彪《八思巴字与元代汉语》，科学出版社 1959 年版，第 110、117 页）。

　　② 近来有一种说法就是从字形和读音上来否定"达延"即"大元"的："达延汗……据文献记载是写作 Dayan Qaḥan、Dayun Qaḥan 等的，绝没有'大元可汗'之义。蒙古文文献中的'大元'，是写作 Dai Yuwan、Dayiyuwan 的，而不是写作 Dayan、Dayun 等。"（乔吉《黄金史》注本，内蒙古人民出版社 1983 年版，第 616 页注 1）案 Dai Yuwan、Dayiyuwan 是清代写法。完成于崇德五年，于顺治元年奉上的《元史》蒙文译本中"大元"已作 Dai Yuwan，这是较早的记载。

　　③ 《笺证》卷五叶四上。

　　④ Tayu 见于《黄史》、罗氏《黄金史》《蒙古源流》（田清波 B 本等）、《阿萨拉黑齐史》《金轮千辐》《水晶数珠》等书。

　　⑤ 《蒙古世系谱》卷三十十上；冈田英弘《达延汗的先世》（《史学杂志》95—3，1966 年第 9 页）；乔吉《黄金史》注本第 558 页注 3；朱风、贾敬颜《汉译蒙古黄金史纲》第 51 页注 2；呼和温都尔《水晶数珠》注本（内蒙古人民出版社 1985 年版）第 842 页注 3。

　　⑥ 《蒙古字韵》"太"作 tay；"尉"作 ḥü（《八思巴字与元代汉语》110 页）。

候，明人对它的实际含义也不甚了了或有意避忌，没有把它同"大元"联系起来，而是直接音译作"答言"①、"达言"②等，甚至译以鄙视的字眼"歹颜"③。

蒙古语中另有读作 dayan 的一个词，意为"全、普；一切、所有"等。自从《黄史》④ 根据这个词义对达延汗汗号作了俗词源学解释后，清代的《蒙古源流》⑤ 及《金轮千辐》⑥ 等蒙文史书沿袭了这一说法。这种俗词源学的解释还一直影响到现在的一些学者。

在阅读蒙文史书时，有一种现象值得注意，这就是虽然大约在 17 世纪 30 年代已出现了像《黄史》作者那样不再明白 Dayan Qaḥan 即"大元汗"的蒙古人，但在与其相近年代或后来的蒙文史书的作者当中，还是有一些人清楚这个关系的。例如约成书于 17 世纪初的《阿勒坦汗传》中有 Dayun yeke ulus⑦——"大元国"的说法；清代成书的《恒河之流》中，达延汗汗号作 Dayun Qaḥan，下面接着说 Dai Yuwan temür maγai jiltei——"生于大元铁蛇年"⑧；《水晶数珠》则干脆用"大元"的清代蒙古文写法 Dai Yuwan⑨ 来记达延汗的汗号。另外，《蒙古源流》的清代汉译者们将 dayan ulus——"全体人众、全国"译成了专名"达延国"⑩；喀

---

① 王鸣鹤《登坛必究·北虏各支宗派》："……三代卜儿户吉囊生，四代答言罕生"。
② 转引自朱风、贾敬颜《汉译蒙古黄金史纲》第 81 页注 3。
③ 叶向高《四夷考·北虏》："……曰吉囊，曰俺答，二酋亦元裔，于小王子为从父行。其大父曰歹颜哈，有十一子"。
萧大亨《北虏世系》："小王子之子曰歹颜罕者，生子十一人"（〈夷俗记·贡市〉）；"歹颜哈十一子"（〈世系表〉）。
茅元仪《武备志·镇戍山西·职方考》："弘治间有小王子，因瓦剌西徙与土鲁番相仇杀，势渐强。其子歹颜罕亦称小王子。"
④ 沙斯季娜本第 72 页：dayan bögöde-yi ejelekü boltuγai keḥejü, Batu Möngke Dayan Qaḥan keḥen nereyidčü……——愿其君临一切，称他为巴图蒙克达延汗。
⑤ 库伦本叶 68 下：Dayan ulus-i ejelekü boltuγai keḥejü, Dayan Qaḥan keḥen nereyidün……——愿其君临全体人众，称他为达延汗。
⑥ 海西希本（哥哥哈根，1958 年）卷 3 叶 21 上：dayan bögöde-yin ejen boltuγai gejü Batumöngke-yi Sayin Dayun Qaḥan keḥen čola ergüjü……——愿其成为一切的君主，上巴图蒙克以赛因达延汗之号。
⑦ 手抄本（内蒙古社会科学院图书馆藏本）叶 16 下（第 125 节）。
⑧ 普契柯夫斯基本（莫斯科，1960 年）叶 13 上。
⑨ 呼和温都尔本第 842 页。
⑩ 《笺证》卷五叶三十上。

喇沁本《蒙古源流》的汉译者汪国钧以为"达延"是地名①，这从另一个角度说明 Dayan 的确曾是一个专名。

《水晶鉴》中有一段不见于其他蒙文史书的话，读来很有意思：Toyoḥan Temür Qaḥan Dayang-u qaḥan bolju saḥuγsan anu γučin jurγan jil bolbai ②——妥懽帖睦尔做 Dayang 汗三十六年。Dayang 是 Dayan 的一种方言读法。妥懽帖睦尔是元朝在中原时的一位皇帝，从这个意义上讲，Dayang 似指"大元"；但从其未采用"大元"的清代蒙文写法 Dai Yuwan 而采用了 Dayang（Dayan）的写法来看，也不能不使人考虑到是作者受了《黄史》等书俗词源学解释的影响，视 dayan 为"普、一切"，进而又把它加在达延汗前十几代的皇帝元惠宗妥懽帖睦尔头上。从蒙文史书的记述和至今的民间说法的普遍情况来看，Dayun～Dayan（大元）已与 dayan（普、一切）相混，并且渐渐被后者所掩盖。

"达延"（Dayan、大元）最初是作为汗号出现的，后来这个荣耀的词渐渐泛滥起来，不仅被用于汗号，而且还更多地用于贵族们的名字或称号中。H. 塞瑞斯曾举出三个人的例子③，这类的例子还能举出更多。例如蒙古的倒数第二代大汗，通常被称作"布彦彻辰汗"，但有几种蒙文史书称他为 Buyan Dayun Sečen Qaḥan④（布彦达延彻辰汗）；和硕特顾实汗长子称"鄂齐尔汗·达延"⑤，或称"达彦汗"⑥；此外至少还可以举出五人，他们分别是：鄂尔多斯的"爱达必斯达延诺颜"⑦（Ayidabis Dayan noyan）、"阿齐图达延诺颜"⑧（Ačitu Dayan noyan）、"鸿郭岱达延巴克实"⑨（Qongqodai Dayan baγši）；科尔沁的 Dayun üijeng noyan⑩（达延卫

---

① 手写本（东洋文库藏本）之晒蓝本卷四第 6 页。
② 留金锁本（民族出版社 1984 年版）第 444 页。
③ 《世系表笺注》第 15 页。作为例子举出的三人当中有土默特部著名的达云恰（Dayun kiya）或达颜诺颜（Dayan noyan）。
④ 见于《黄史》（沙斯季娜本第 74 页）、《阿萨拉黑齐史》（丕尔烈本，乌兰巴托，1960 年，第 63 页）、《青年宴》（中国国家图书馆藏影印件叶 16 上）。
⑤ 《卫藏通志》卷十三"经略（上）"。
⑥ 《钦定外藩蒙古回部王公表传》卷八十一"青海厄鲁特部总传"。
⑦ 《笺证》卷六叶十九下。
⑧ 《笺证》卷六叶二十七上。
⑨ 《笺证》卷六叶三十下。
⑩ 罗氏《黄金史》（影印本，乌兰巴托，1990 年）叶 171 下。

征诺颜）；喀尔喀的 Sarja Dayun Sečen qong tayiji[①]（萨尔札达延彻辰洪台吉）。

"达延汗"即"大元汗"。这一观点，从历史事实和语音学的角度都可以得到明确的证明。

［原载《内蒙古大学学报》（社会科学版）1990 年第 1 期］

[①] 《黄史》第 90 页；《阿萨拉黑齐史》第 81、85 页。

17 世纪蒙古文史书中的
若干地名考

　　蒙古文史书作为研究蒙古史的重要史料来源之一，已越来越受到学界的重视，不少悬而未决的问题，因蒙古文史书提供的材料而得以解决。然而，在利用蒙古文史书时，常常使人感到由记载方法的简单带来的一些不便。有关历史地理方面的记载就存在这样的问题。现存蒙古文史书基本上采取编年体形式，即按年代顺序记载蒙古汗统史，对其中涉及的地名不作地理方位上的介绍，只是在叙述历史事件时点到而已。这样就给研究者的利用带来了一定的困难。尤其是一些不见诸其他文种史料的地名，考证起来就更不容易，而这些地名往往对相关问题的研究具有很关键的意义。前人对 17 世纪蒙古文史书所记载的某些地名进行过一些研究，取得了不小的成绩，但仍有一些考证有失得当，有些甚至是以讹传讹、错上加错，造成不良影响；还有大量的地名等待着人们的研究。因此有必要加强对蒙古文史书所载地名的考证、研究工作。本文的目的在于抛砖引玉，以促进这方面的研究有一个更大的发展。

　　自 13 世纪蒙古文史书《元朝秘史》（以下简称《秘史》）问世以后，约经过 3 个世纪，于 17 世纪集中出现了一批蒙古文史书，如《阿勒坦汗传》（*Altan Qaγan-u Tuγuji*）、《黄金史纲》（*Quriyangγui Altan Tobči*）、罗桑丹津《黄金史》（*Tobčilan Quriyaγsan Altan Tobči*，以下简称罗氏《黄金史》）、《黄史》（*Šira Tuγuji*）、《蒙古源流》（*Erdeni-yin Tobči*，以下简称《源流》）、《阿萨剌黑齐史》（*Asaraγči Neretü-yin Teüke*）等。这些蒙古文史书或多或少对《秘史》有一定的继承性，也因时代的不同而具有与其不同的一些特征。反映在历史地理的记载方面，在形式上继承《秘史》遇事记地传统的同时，在内容上还出现了一些时代特征明显的新现象，例如因藏传佛教的影响而篡改、编造地名的情况,还有因历史事件涉及面扩大而收入新的其他语种地名的情况等。在研究 17 世纪蒙古文史书中的地名时,首先应该对其特征有一个清楚的认识和准确的把握,在此基础上以史实为依据进一步展开考证,才有可能避免出现不应有的偏差和失误,取得较好的成效。

下面试就 17 世纪蒙古文史书中的一些地名进行考证。

1. 腾吉思海,Tenggis dalai。见于《黄金史纲》、罗氏《黄金史》、《黄史》。《源流》作 Tenggis neretü dalai(直译:名为腾吉思的海)。诸书说蒙古汗系的始祖孛儿帖·赤那本是吐蕃王(谓吐蕃王的先世出自印度王室)的后裔,因吐蕃内讧北渡腾吉思海子,逃到不儿罕·合勒敦山下,娶豁埃·马阑勒为妻(《黄史》《源流》说孛儿帖·赤那与妻子豁埃·马阑勒一同渡过腾吉思海子逃到不儿罕·合勒敦山下),被蒙古人尊为首领。这就是所谓印—藏—蒙一统论神话传说的梗概。对照《秘史》《史集》等早期蒙古史史书的有关记载,可以看出这一神话传说是从两方面选取有关的素材拼凑、加工而成的。仿照藏文史籍中篡改吐蕃王统,将其攀挂到印度王统的先例①,选取止贡赞普家族的历史,结合《秘史》有关蒙古汗统起源的记载,捏合出了蒙古汗系始祖来自吐蕃王统的故事。

腾吉思一名出自《秘史》,总译作"当初元朝的人祖,是天生一个苍色的狼(孛儿帖·赤那),与一个惨白色的鹿(豁埃·马阑勒)相配了,同渡过腾吉思名字的水来,到于斡难名字的河源头、不儿罕名字的山前住"②。就是说汉译者是将"腾吉思"当作专有名称处理的。然而《秘史》该处原文作"腾汲思 客秃勒周 亦列罢",直译当为"渡过腾吉思而来"。因腾吉思一词本身有"大湖""海"之义,又常用作湖名,所以《秘史》的记载实际上可以有两种理解:一是按普通名词理解,即"渡过一个海子而来",一是按专有名词理解,即"渡过腾吉思海而来"。村上

---

① 在《红史》等 16 世纪以前的藏文史籍中,在西藏王统起源的问题上已经可以看到后期史书对早期史书的篡改。早期的说法是天神自天降世成为吐蕃之王(《敦煌吐蕃文书》等),而后期的说法(后来成了普遍的说法)是印度某代国王的一个儿子遭难后翻过雪山来到吐蕃,被误认为天降之神而奉为吐蕃第一代王。这显然是佛教传入吐蕃后人们根据需要编造出来的。编造印—藏—蒙一统的故事,目的是想把蒙古汗统通过西藏王统攀挂到释迦牟尼所属的印度王统,以便使佛教更名正言顺地在蒙古地区广泛传播。

② 《元朝秘史》(四部丛刊三编本),第 1 节。

正二、小泽重男、柯立夫、道润梯步、亦邻真等人认为只是一个普通名词，指某个大湖或海子①；札奇斯钦理解为专名，认为是指 Köke tenggis（里海）②。17 世纪蒙古文史书改 tenggis 或 Tenggis 为 Tenggis dalai（腾吉思海）或 Tenggis neretü dalai（名为腾吉思的海），显而易见是把 tenggis 当成了专名。因此沙斯季娜、鲍登、朱风、贾敬颜等人也都把 Tenggis 译为专名③。相比之下，村上正二等人的观点比较合理。但是，这个大湖或海子究竟具体是指哪一个？在这个问题上，又出现了几种不同的说法。李文田、张尔田、札奇斯钦认为是里海④；施密特认为是青海湖⑤；亦邻真推测是呼伦湖⑥。诸说之中，以呼伦湖之说最可信。据蒙古人的自述（《秘史》《史集》），他们的始祖孛儿帖·赤那和豁埃·马阑勒夫妇是从额儿古涅·昆之地即额尔古纳河岸的山岭森林中走出来，迁徙到蒙古草原上的，而且汉文史籍（《旧唐书·北狄传》）也证实蒙古人（作"蒙兀"）唐代居住在额尔古纳河流域。从额尔古纳河到鄂嫩河源头不儿罕·合勒敦山一带的草原，从东向西迁徙，沿途所能经过的、可以称为海子（tenggis）的大湖，只有呼伦湖。里海等说未从史实上加以慎重考虑，因而站不住脚。尤其是青海湖之说，盲从 17 世纪蒙古文史书中所收 16 世纪时杜撰的无稽之谈，在西藏和蒙古地区之间寻找这一湖泊，方向全被误导。

2. 脱黑马黑，Toγmaγ ~ Toγmuγ。见于《黄史》《源流》。《黄金史

---

① ［日］村上正二：《译注蒙古秘史》（东京，1970 年），册 1，第 5 页；［日］小泽重男：《元朝秘史全释》（东京，1984 年—1989 年），册 1，第 21—22 页；［美］柯立夫（F. W. Cleaves）：《蒙古秘史》（*The Secret History of the Mongols*. 哈佛，1982 年），第 1 页；道润梯步：《新译校注〈蒙古源流〉》（内蒙古人民出版社 1981 年版），第 91 页；亦邻真：（畏吾体蒙古文复原）《元朝秘史》（内蒙古大学出版社 1987 年版），第 3—4 页。

② 札奇斯钦：《蒙古黄金史译注》（台北，1979 年），第 17 页。

③ ［苏］沙斯季娜（Н. П. Шастина）：《黄史——17 世纪蒙古编年史》（*ШАРА ТУДЖИ*, *Монгольская летопись XVII века*. 莫斯科—列宁格勒，1957 年），第 127 页；［英］鲍登（C. R. Bawden）：《蒙古编年史——黄金史纲》（*The Mongol Chronicle Altan Tobči*. 威斯巴登，1955 年），第 113 页；朱风、贾敬颜：《汉译蒙古黄金史纲》（内蒙古人民出版社 1985 年版），第 3 页。

④ 李文田：《元朝秘史注》（1896 年刻本），册 1，第 3 页上；张尔田：《蒙古源流笺证》（以下简称《笺证》），卷 3，第 1 页下。

⑤ ［荷］施密特（I. J. Schmidt）：《鄂尔多斯萨囊彻辰洪台吉的东蒙古及其王族史》（*Geschichte der Ost-mongolen und ihres Fürstenhauses verfasst von Ssanang Ssetsen Chungtaidschi der Ordus*. 圣彼得堡，1829 年），第 37 页。

⑥ 前引亦邻真书，第 4 页。

纲》作 Tongmuγ、罗氏《黄金史》作 Tomuγ。当即古碎叶城所在地的 Tokmak①，今属吉尔吉斯斯坦，汉译"托克马克"。托克马克曾为西辽属地，1218年，成吉思汗派大将哲别灭西辽，包括托克马克在内的大片地区进入蒙古的统治范围之内。后来该地区成为察合台汗国领土的一部分。《黄史》《源流》说成吉思汗西征时，灭了该地的 Menggülig soltan（《源流》清代汉译本卷3作"莽克里克苏勒德"）。据《秘史》（第257节，作"罕蔑力克"）、《元史·太祖纪》（作"灭里可汗"）、《亲征录》（作"蔑里可汗"）和《史集》（作"汗—灭里"），此人是花剌子模的马鲁总督，1222年被蒙古军擒杀。《黄史》《源流》误把他当成了西辽属地托克马克的首领。《黄史》《源流》又说该地是术赤的封地，亦误。《黄史》等17世纪蒙古文史书说15世纪中叶阿黑巴儿只·济农之子哈尔古楚克台吉为避岳父也先的迫害，向西逃往托克马克之地，后为当地人所杀。《源流》还说鄂尔多斯万户的库图克台·彻辰·鸿台吉（即明代汉籍中的"切尽黄台吉"）于1572年（壬申）、1573年（癸酉）两征托克马克的 Aqasar qaγan（清代汉译本卷6作"阿克萨尔汗"），头一年进攻该地，抢掳了百姓和牲畜，遭反击，蒙古军损失了两员战将，第二年蒙古军再攻，活捉了阿克萨尔汗的三个儿子，后来放人班师。此阿克萨尔汗即霍渥斯《蒙古史》中提到的哈萨克首领 Ak Nazar Khan。据霍渥斯，Ak Nazar Khan 是哈萨克 Kasim Khan 之子，曾经声名远扬，为改变父亲去世后一段时期内哈萨克的混乱状态、恢复哈萨克的繁荣作出过不少努力，1580年被塔什干的统治者 Baba Sultan 杀死②。

3. 母纳山，Muna qan。见于《黄金史纲》、罗氏《黄金史》、《黄史》、《源流》、《阿萨剌黑齐史》。《源流》清代汉译本（卷4）译为"穆纳地方"，不确。qan 与 aγula（山）同义。诸书均说成吉思汗征西夏时路过该地，见环境优美，曾大加赞赏；后来成吉思汗病逝于西夏境内，灵柩被送回蒙古本土，灵车行至母纳山，车轮陷入泥淖中，经随臣口诵挽词乞请，灵车才重新启动，顺利到达了目的地。此山，蒙古语今名为 Muni

---

① 见张广达《碎叶城今地考》，《北京大学学报》1979年第5期；冯承钧原编，陆峻岭增订《西域地名》，中华书局1980年版，第96页。

② ［英］霍渥斯（H. H. Howorth）：《蒙古史》（History of the Mongols. 伦敦，1876年），卷2，第632—634页。

aγula（穆尼乌拉），汉译名"乌拉山"，在今内蒙古自治区巴彦淖尔盟乌拉特前旗境内。南临黄河，山口处为蒙古高原西部入塞要冲。《周书·突厥传》作"木赖山"，说在沃野镇（今内蒙古自治区巴彦淖尔盟五原县东北乌加河北）以北；两《唐书·郭子仪传》亦作"木赖山"，说天宝八年（749）唐朝曾在此地设横塞军和安北都护府；《通典·突厥传》《元和郡县志·丰州·西受降城》作"牛头牟那山"；《辽史·地理志》作"牟那山"；《元史·文宗纪三》作"木纳火失温"；《明宣宗实录》《明史·鞑靼传》作"母纳山"；《清太宗实录》作"黄河木纳汉山"、《清圣祖实录》（康熙二十六年四月庚戌条）作"穆内和朔"；《蒙古游牧记》（以下简称《游牧记》，卷5）作"木纳山"，谓在乌喇忒部三旗之西①。火失温、和朔，均为 qošiγun（山口）的音译。

据《秘史》（第264、265节），成吉思汗征西夏时是从蒙古高原土拉河、黑林的旧营出发，经阿拉善（作"阿剌筛"，总译作"贺兰山"）进军的，未曾走母纳山之路。

据《明实录》《清太宗实录》的有关记载，明代东蒙古强臣阿鲁台于15世纪30年代被瓦剌首领脱欢打败，曾一度逃至该地住牧②；1632年（后金天聪六年）后金军追击蒙古大汗林丹汗，皇太极于五月率军进至归化城（今内蒙古自治区首府呼和浩特），后金军乘胜迅速收降了"西至黄河木纳汉山，东至宣府，自归化城南及明国边境所在居民逃匿者"③。

4. 米撒里，Misari。见于《源流》。书中所载成吉思汗与西夏国王失都儿忽汗④斗法的神话故事中出现 Misari neretü bolad ildü（米撒里钢刀）之名。清代汉译本（卷4）作"密萨里刚刀"。古代阿拉伯人称今埃及为 Misr；1289年阿鲁浑汗致美王菲力普书中作 Mišir⑤，汉译名有"米昔儿""米西儿""密昔儿""勿斯里"等。因此，克鲁格译为"埃及（即大马

---

① 详见朱风、贾敬颜《汉译蒙古黄金史纲》，第25页注2。
② 《明宣宗实录》宣德九年十月乙卯条。
③ 《清太宗实录》天聪六年五月甲子条。
④ 失都儿忽汗即西夏末主李睍。据《秘史》（第267节），他的西夏语称号是"亦鲁忽不儿罕"，成吉思汗改其名为"失都儿忽"（Šiduryu，"驯服"之义）。
⑤ 见道布《回鹘式蒙古文文献汇编》（*Uiyurjin Mongyol Üsüg-ün Durasqalud*. 民族出版社1983年版），第33页。

士革)"①。《元史·顺帝纪六》提到1353年(至正十三年)九月西边札你别之地贡献"米西儿刀"等宝物之事。伯希和认为米西儿刀当为大马士革制造的叙利亚剑,《源流》提到的 Misari bolot (埃及钢) 实际上也是大马士革钢②。黄时鉴同意伯希和的看法,同时指出蒙元时期大马士革处于埃及玛木路克王朝统治之下,不过当时埃及的兵器已经十分精良,颇具名声,似不必将米西儿刀单一地认作叙利亚的产品,钦察汗国札你别汗进献元廷的米西儿刀等礼品得自埃及③。《源流》中出现 Misari 一名,说明当年传入蒙古地区的西来之刀,确实很有名气,以至于过了很久蒙古人还记得这种刀。但有些人没有弄明白 Misari 是一个地名,而误以为一个普通的词,如小林高四郎认为它源自藏语的 mi gsal(意为"隐藏起来的")④;江实认为源自藏语 migsal ba(意为"不可得的")⑤。

另外,今伊拉克北部的摩苏尔,古称 Mawṣil,汉译名"勿斯离",《元史·地理志·西北地附录》作"毛夕里"。《速勒合儿尼传》提到呼罗珊地区的 Mišir 城⑥,当即此 Mawṣil。

5. 合喇·沐涟, Qara müren;合屯·豁勒, Qatun ɣool。合喇·沐涟,见于《黄史》《源流》;合屯·豁勒,见于《黄史》、《阿勒坦汗传》(第275节)、《黄金史纲》,罗氏《黄金史》作 Qatun-u ɣool,《阿勒坦汗传》又有几处(第145、306、308节)作 Qatun müren,《源流》作 Qatun eke。合喇·沐涟(意为"黑江")是古代蒙古人对黄河的称呼,其名在《元史》等元代文献和《史集》中多有出现。合屯·豁勒(意为"王后河")等名 (Qatun-u ɣool 意为"王后之河"、Qatun müren 意为"王后江"、Qatun eke 意为"母后 [河]"),是明代以来蒙古人对黄河的称呼。《黄史》等17世纪蒙古文史书说因为西夏失都儿忽汗的王后古儿别勒真合屯不

---

① [美]克鲁格(J. R. Krueger):《鄂尔多斯蒙古贵族萨冈彻辰之诸汗源流宝史纲,写于1662年的东蒙古史 I》(*Sagang Secen*, *Prince of the Ordos Mongols*, *The Bejewelled Summary of the Origin of Khans* < *Qad-un Ündüsün-ü Erdeni-yin Tobči* > *A History of the Eastern Mongols to 1662*,I.布鲁明顿,1967年),第68页。

② [法]伯希和(P. Pelliot):《马可波罗行记注》(*Notes on Marco Polo*. 巴黎,1963年),II,第640页。

③ 黄时鉴:《元代札你别献物考》,载《文史》第35辑(1992年)。

④ [日]小林高四郎:《(日文译注)蒙古黄金史》(东京,1941年),第54页。

⑤ [日]江实:《(日文译注)蒙古源流》(东京,1940年),第63页。

⑥ 道布:《回鹘式蒙古文文献汇编》,第421、429页。

愿顺从成吉思汗而投河自尽,合喇·沐涟遂被称为合屯·豁勒。但这一说法显然是在对合屯·豁勒一名的俗词源学理解的基础上编造出来的。至于蒙古人改变对黄河称谓的真正原因,尚不得而知。实际上,所谓的古儿别勒真合屯(《源流》清代汉译本卷 3 作"古尔伯勒津哈屯")不见于蒙元时期的记载。倒是《史集》记载说客列亦惕部首领王罕之弟札阿绀孛"还有一个女儿,嫁给了唐兀惕国王。这个女儿非常美丽,[容貌]净洁。成吉思汗占领唐兀惕[国]时,杀死了国王,竭力搜寻这个女人,但没有找到"①。看来 14 世纪初就已经有了一些这方面的风传。17 世纪蒙古文史书所载古儿别勒真合屯的故事,可能直接或间接源于这一风传。其实成吉思汗在蒙古军攻下西夏都城之前就已经去世了。对于这一故事的真实性,18 世纪已有人提出疑问,如蒙古文人喇什朋楚克在其《水晶数珠》一书中指出这一故事所说内容不是史实,而是与成吉思汗有仇的斡亦剌惕、泰亦赤兀惕部的后人们在元亡以后有意编造出来的。但不管怎么说,这个传说后来在蒙古,尤其是在原西夏属地的鄂尔多斯地区流传较广,鄂尔多斯蒙古人直到现在仍把原在准噶尔旗宝日套海苏木境内、于 20 世纪 50 年代迁入成吉思汗陵新建筑内的一座灵帐称为"古儿别勒真·豁阿灵帐"②。

6. 铁木儿·兀勒忽,Temür ulqu。见于《黄金史纲》、罗氏《黄金史》、《黄史》、《源流》、《阿萨剌黑齐史》。诸书均说此地是西夏末主失都儿忽汗(李睍)的王后古儿别勒真合屯的埋葬地。《源流》清代汉译本(卷 4)译为"铁芦冈"。ulqu,意为"小山包",《秘史》(第 77 节)作"忽勒浑",旁译"小独山",源于突厥语 алгун——小山③。如前所述,古儿别勒真合屯是一个虚构的、传说中的人物,根本谈不上有什么实际存在的葬地,说铁木儿·兀勒忽是其葬地,不过是为了增加故事的真实性而借用该地之名而已。今内蒙古自治区首府呼和浩特南郊的青冢,即俗称的"昭君墓",蒙古语称为 Temür ulqu,《大清一统志》卷

---

① 拉施特主编(Rashīd al-Dīn):《史集》,余大钧、周建奇译(商务印书馆 1983 年版),卷 1,册 2,第 146 页。
② 胡日查(N. Qurča):《也失合屯霍洛及其沿革》(*Eši Qatun Qoroy-a kiged Tegün-ü Egüsül Ularilta*),《蒙古研究》(*Mongγol-un Sudulul*)1990 年第 4 期。
③ [俄]拉德洛夫(В. В. Радлов):《突厥语方言大辞典》(*Опы словаря тюркских наречий*. 莫斯科,1963 年),册 1,第 396 页。

124《归化城·六厅·陵墓》载："青冢，在归化城南二十里，蒙古名特木儿乌尔虎。"

7. 失里木只，Šilimji。见于《源流》。清代汉译本（卷4）作"塞勒木济""锡里木济"。《源流》说忽必烈汗钦佩西藏萨迦派高僧八思巴的学识，尊他为国师，并奉献大量珍贵礼品，还有失里木只城的百姓和土地；又说1566年（丙寅，明嘉靖四十五年）鄂尔多斯万户的库图克台·彻辰·鸿台吉出兵藏区，在失里木只的三河汇流处扎营，遣使向当地高僧劝降，不战而胜。从记载的情况分析，鄂尔多斯蒙古军当时似乎并未远达西藏腹地，这里所说的藏区三河之地，很可能是指位于今甘肃省永靖县（在兰州市西南）的黄河、大夏河、洮河三河的汇流地区。山口瑞凤认为此 Šilimji 可能是藏文史书中出现的 gser moljongs 的蒙古语读法，而过去称为 gser moljongs 的地方是在黄河、大夏河、洮河三河汇流处以南的临洮方面[①]。忽必烈进军云南之前曾在临洮驻军，其间八思巴曾于1253年应忽必烈之召前去与他会面。所谓 Šilimji 城或许是指临洮。

8. 上都·开平·库儿都城，Šangdu keyibüng kürdü balγasun。见于《黄史》《源流》（清代汉译本作"上都克依绷库尔图城"），《黄金史纲》、罗氏《黄金史》称为 Keyibüng Šangdu（开平·上都）。开平府城为忽必烈于1256年在滦水（今闪电河）之北龙岗（在今内蒙古自治区锡林郭勒盟正蓝旗政府所在地敦达浩特东北约20公里处）所建藩府驻所，1263年升为上都，此地为忽必烈即汗位的地方。1272年忽必烈汗定都大都城后，上都升为夏都。库儿都城即桓州治所，在开平西南（今敦达浩特西北约5公里处），初为金朝所设，曾为西北路招讨使司驻地。《口北三厅志》卷3引《一统志》说："桓州驿，土人呼为库尔图巴尔哈孙城。"因三个地名实在同一区域，而且开平与上都又同为一地，所以出现了后来蒙古人三名连用或两名连用称其地的现象。开平之名还见于清初满文史料，《清初内国史院满文档案译编》记后金天聪八年（1634）皇太极的大军进至上都地区，闰八月十二日"以米三百石运至克蚌地方"；又记崇德三年

[①] ［日］山口瑞凤：《17世纪初西藏的反抗与青海蒙古人》，载《东洋学报》74—3·4（1993年）。

(1638) 三月皇太极西巡至上都地区,"二十三日,驻跸克宜蚌地方"①。克蚌、克宜蚌,满文原文作 Keyibung②,即开平的蒙古语读音。

9. 札剌蛮山,Jalaman qan。见于《阿勒坦汗传》(第 87、92 节)、《黄史》、《源流》。《源流》清代汉译本一处(卷 5 第 10 页上)误译为人名"济勒满汗",一处(卷 6 页 25 下)又作"济拉玛汗山"。这座山的名字在唐代已见于记载,《元和郡县图志》作"时罗漫山",说在伊吾(今新疆哈密)"北百二十里","一名白山","匈奴谓之天山,过之皆下马拜"③。《太平寰宇记》④、《旧唐书·地理志三》作"析罗漫山";《大明一统志》作"拆('析'之讹)罗漫山"⑤;清代译为"雅尔玛罕山"⑥;今地图作"雅勒玛山"。

《黄史》《源流》说 14 世纪初蒙古的阿台汗、阿寨台吉、阿鲁台太师三人出兵征讨瓦剌,在此山之地打败了瓦剌;《源流》又说鄂尔多斯万户的库图克台·彻辰·鸿台吉率兵于 1574 年(甲戌,明万历二年)在此山之阴收服了瓦剌的巴阿图特部(Baγatud);《阿勒坦汗传》说 1558 年(戊午,明嘉靖三十七年)过后不久,土默特万户的阿勒坦汗出征瓦剌,进军至此山之地,先遣使赴吐鲁番"白帽沙汗"(指察合台后裔、东察合台汗国满速儿汗的长子沙汗,死于 1566 年)处,获西域名马和宝石,然后向北攻袭瓦剌的厄鲁特(Ögeled)、巴阿图特部,又遣使赴瓦剌之辉特部(Qoyid)的首领只格干阿噶等人处,只格干阿噶献女结好。看来此山一带是明初以来西蒙古瓦剌活动的重要区域之一。

10. 都亦连,Düirin。见于《源流》。清代汉译本(卷 5)据殿版 Turman 译为"吐鲁番",误。《源流》说 1452 年(壬申,明景泰三年)蒙古大汗太松(Tayisung,清代汉译本作"岱总",即脱脱不花)携二弟阿黑巴儿只、满都鲁(清代汉译本作"阿噶巴尔济""满都古勒")率兵出征

---

① 中国第一历史档案馆:《清初内国史院满文档案译编》(光明日报出版社 1986 年版),上册,第 103、289 页。

② 中国第一历史档案馆藏:《满文内国史院档》,全宗号 02,卷号 006,册号 2;卷号 012,册号 3。

③ 《元和郡县图志》卷 40《陇右道下·伊州·伊吾县》。

④ 《太平寰宇记》卷 153《陇右道·伊州·伊吾县》。

⑤ 《大明一统志》卷 89《哈密卫·山川》。

⑥ 谭其骧主编:《中国历史地图集》,地图出版社 1987 年版,第 8 册,图 52—53。

瓦剌，瓦剌迎战于该地，因阿黑巴儿只中了瓦剌也先太师所派使臣的离间计而倒向瓦剌一边，太松汗战败，越过肯特山，逃往克鲁伦河方向，被察不丹所杀。此地即《秘史》（第28节）的"都亦连"（Düyiren），当是贝加尔湖地区豁哩等部南下漠北中部必经之路上的一座小山（在今蒙古国境内）。张尔田盲从《源流》清代汉译本的误译，认为即吐鲁番、哈剌火州①，当然不对。明代汉籍对脱脱不花与也先的这场战争也有一些记载，考汉籍所记也先、脱脱不花那一段时间内的活动范围，可知他们这场决战不可能发生在吐鲁番。脱脱不花的常驻地在克鲁伦河下游的呼伦贝尔地方一带，也先的常驻地在杭爱山南的推河、塔楚河（在今蒙古国境内）之间的晃忽儿淮地面。② 当时一位从土拉河方面逃回的明朝人报告说："又听得也先怪恨脱脱不花王，要人马去征杀了……有脱脱不花王整点人马，要与也先厮杀"，又说："有赛罕王得知，收什人马，报与也先，一同前去谎忽儿孩地面躲避。"③ 由此看来，当时是脱脱不花由东向西进攻也先，也先退避到杭爱山南麓的老营，后来脱脱不花兵败，又东越肯特山，沿克鲁伦河退逃，准备回到呼伦贝尔老营，不料中途被杀。因此，双方交战的地方与远在西南方向的吐鲁番无涉。

11. 控该·札卜罕地方，Künggei Jabqan。见于《黄金史纲》、罗氏《黄金史》、《黄史》、《源流》、《阿萨剌黑齐史》。《黄史》和《源流》说太松汗（脱脱不花）的小夫人撒木儿公主在丈夫死（1452）后，携年幼的儿子马儿古儿吉思率军出征瓦剌，在该地发起进攻，缴获大量战利品，班师回营后，立儿子为汗。《黄金史纲》、罗氏《黄金史》、《阿萨剌黑齐史》说科尔沁部的乌讷博罗特王为报毛里海王袭杀摩伦汗之仇，出兵攻打毛里海王，毛里海王战败，诸子、诸弟七人被杀，毛里海王只身逃往该地，以树枝搭帐篷，以湿羊皮当干粮，最后困渴而死。《源流》还说阿勒坦汗四十七岁时（1552年壬子，明嘉靖三十一年）出兵瓦剌，在该地收服了辉特部。马儿古儿吉思征瓦剌一事，明代汉籍也有记载，《明实录》景泰六年（1455）冬十月条说该年夏季马儿古儿吉思即位，十月与孛来等人率四万余骑进攻瓦剌的阿剌知院，当时阿剌知院"屯坎坎地面，亦

---

① 《笺证》，卷5，第14页上。
② 《明实录》正统五年八月乙亥条等。
③ 《少保于公奏议》，卷2。

聚众三万待之"。此"坎坎地面"当即 Künggei Jabqan 之地。控该·札卜罕当指今蒙古国空归河、札卜罕河两河之间的地区。两河在乌里雅苏台以西，合流后西北注入吉尔吉斯湖。《蒙古游牧记》（以下简称《游牧记》）Künggei 河作"空归河"、Jabqan 河作"札卜罕河"或"札布噶河"①。Künggei 河之名与乌里雅苏台以东的 Kügei 山无关。

12. 库该山，Kügei qan。见于《阿勒坦汗传》（第89节）、《黄史》、《源流》。《源流》清代汉译本（卷5）作"库克汗山"。《黄史》《源流》说瓦剌首领也先太师在内讧中被杀，尸体被挂在该山山坡的一棵树上；《阿勒坦汗传》提到阿勒坦汗在1558年过后不久出兵瓦剌，越过此山进攻厄鲁特、巴阿图特部，大有俘获。此 Kügei qan 当即《游牧记》的"库克岭""枯库岭""库库岭"，为杭爱山山脉中的一山，塔米尔河源出其北麓，推河源出其南麓②。据明代汉籍，15世纪中叶也先的常驻地是在推河、塔出河之间的晃忽儿淮地面③。也先遭部下偷袭，仓皇出逃，逃至一户人家乞食，偏巧碰上仇家，这家的儿子为报杀父之仇杀死了也先，将其尸体挂在树上。看来也先当时是溯推河向北而逃，至河源地库该山被杀，因此尸体才会被挂在这座山山坡的树上。

13. 纳臣·柴达木，Način čayidam。见于《源流》。清代汉译本（卷6）作"阿津柴达木"。《源流》说16世纪初（1510）达延汗征讨右翼三万户的叛臣亦巴来太师、满都来·阿哈剌忽（即明代汉籍中的"亦卜剌""阿尔秃厮"），双方展开激战，右翼三万户战败，一半归降，一半逃走，达延汗一直追到青海，将右翼三万户尽行收服，在该地袭杀了鄂尔多斯万户的首领满都来·阿哈剌忽。其实，据明代汉籍满都来·阿哈剌忽当时并未被杀，他先是逃到庄、凉一带（今甘肃省永登县、武威市一带），后来一直在甘肃一带活动，偶入青海地区，最后一次见于记载是在1524年④。张尔田将此地比对为伊克昭盟左翼后旗（今内蒙古自治区伊克昭盟达拉特旗）境内滔赉昆兑河发源地"敖柴达木"⑤。但据《源流》前后文内容来看，此地当在青海。《源流》前文提到成吉思

---

① 《蒙古游牧记》，卷10、8。
② 《游牧记》，卷10、8、7。
③ 《明实录》正统五年八月乙亥条等。
④ 《明实录》正德六年冬十月癸巳、嘉靖三年十一月己巳条。
⑤ 《笺证》，卷6，第7页下。

汗攻打吐蕃时，当地首领遣使三百人前来纳贡，在Način čayidam（清代汉译本卷3因殿本译为"柴达木"）之地拜见了成吉思汗。也似指此地在青海。张尔田又说："卷八云林沁额叶齐回至萨囊彻辰洪台吉国之达木地方，即指此。"误。其实，《源流》彼处的原文中并无"达木地方"之语，而是作Yeke šibertü γajar（也客·失别儿图地方），满译本不知为何译为Dam之地，清代汉译本因误。也客·失别儿地方在今内蒙古自治区伊克昭盟乌审旗境内，《靖边志稿·边外总图》作"大石碑"、《（绥乘）·贻将军创办两盟垦地图》作"依克西薄尔"、《内蒙古自治区地图册》（1985年版）作"大石砭"。"大"为Yeke的意译，"石碑""石砭"为šiber的音译。此地是《源流》作者萨冈·彻辰·洪台吉的家乡，与纳臣·柴达木无关。

14. 失喇·塔剌，Šira tala。见于《阿勒坦汗传》、《黄史》、《源流》《黄金史纲》、罗氏《黄金史》、《阿萨剌黑齐史》。《源流》清代汉译本（卷5）译为"沙喇塔拉"。17世纪蒙古文史书中有Šira tala之名的地方，不止一处。《黄史》、《源流》、《黄金史纲》、罗氏《黄金史》、《阿萨剌黑齐史》提到一个Šira tala，前面冠有Šangdu之名，说明该地在上都一带。张尔田认为是应昌府所在地的"答儿海子"① 即达里诺尔，误。朱风、贾敬颜认为是金莲川②，是。Šira tala，意为"黄色平野"，今上都城遗址一带的草滩仍称Šira tala，因长满Šira čečeg（黄色花）而得名。Šira čečeg即古人所说的金莲花③，Šira tala即金莲川。金莲川是金代以后的名称，原称"曷里浒东川"，金世宗大定八年（1168年）改名为金莲川④。曾为金朝皇帝的避暑地，建有景明宫。元代又称为"滦野"⑤。成吉思汗征金期间曾在该地避暑⑥。1251年，忽必烈受命出镇漠南汉地，驻帐于金莲川，广招贤士，建"金莲川幕府"。1256年，在金莲川之地筑开平城，后升为上都。

---

① 《笺证》，卷5，叶2上。
② 朱风、贾敬颜：《汉译蒙古黄金史纲》，第43页。
③ 周伯琦：《扈从诗前序》（《近光集》卷1）谓其地"多异花，五色，有名金莲者，绝似荷花而黄"。
④ 《金史》卷6《世宗纪上》、卷24《地理志上》。
⑤ 王恽：《中堂事记》，《秋涧集》卷80。
⑥ 《元史·太祖纪》。

《阿勒坦汗传》（第 71 节）提到 1551 年（白猪年，明嘉靖三十年辛亥）之前土默特万户首领阿勒坦汗与鄂尔多斯万户那颜答喇·济农、哈喇嗔部昆都伦汗三人率右翼三万户军出征汉地，入汉地 Šira tala sübe（失喇·塔剌沟），进而围困明皇城，明朝皇帝遣使求和，蒙古获得大量贡赋后撤兵。此役即 1550 年的"庚戌之变"。据明代汉籍所载，当时阿勒坦汗兵至古北口，佯攻，而别遣精骑从间道西黄榆沟等处拆墙而入，明古北口守兵亦大溃，蒙古军掠密云、怀柔，围顺义，抵通州，畿甸大震①。珠荣嘎推测 Šira tala 沟即密云、怀柔迤北的"黄榆沟"②，当是。

《阿勒坦汗传》（第 195 节）提到西藏格鲁派高僧索南嘉措（即后来的三世达赖喇嘛）在前往蒙古地方的途中，曾派使臣先行，至阿勒坦汗处问安，当时其使臣在 Šira tala 之地与阿勒坦汗相遇，时间约在 1578 年（黄虎年，明万历六年戊寅）春季。据《万历武功录·俺答列传下》，当时阿勒坦汗赴青海与索南嘉措会见，走的是……昌宁、宁远、永昌、大马营、扁都口……一线，当途经大马营与扁都口之间的大草滩。此 Šira tala 即大草滩的蒙古语名称。该地还因蒙古末代大汗林丹汗病死于此而闻名。1632 年（明崇祯五年、后金天聪六年），林丹汗为避后金的进攻，携众西遁，1634 年病死于大草滩。林丹汗病死之地，《内国史院满文档案》作 Šira tala③。17 世纪蒙古文史书不记林丹汗去世之地，18 世纪 20 年代成书的蒙古文史书《恒河之流》记为 Šira tala。其地在今甘肃省天祝藏族自治县境内。

15. 勺儿合勒山梁，Joryal-un jon。见于《源流》；《阿勒坦汗传》（第 39 节）作 Joryal。《源流》说达延汗时左翼三万户之一的兀良罕万户反叛，达延汗率左翼另外两个万户察哈尔、哈勒哈，其第三子巴尔斯·博罗特·济农率右翼三万户北征兀良罕，两军会合，在该地与兀良罕交锋，击破兀良罕人的勺儿合勒山大阵，收服其众，并入其他五个万户内，削去了兀良罕万户。《阿勒坦汗传》说 1531 年（辛卯，明嘉靖十年）巴尔斯·博罗特长子蔑儿干·济农（即衮·必里克·蔑儿

---

① 《明实录》嘉靖二十九年八月丁丑条。
② 珠荣嘎：《（译注）阿勒坦汗传》（内蒙古人民出版社 1990 年版），第 50 页。
③ 中国第一历史档案馆藏：《内国史院满文档案》，全宗号 02，卷号 6，册号 3，天聪八年十月二十七日条。《内国史院满文档案译编》译为"西喇之野地"（上册，第 118 页），不确。

干·济农，明代汉籍所称"吉囊"）、次子阿勒坦汗率军出征兀良罕，在此地平定了该万户。收服兀良罕，削其万户之称一事，《阿勒坦汗传》（第49—52节）以及明代汉籍也有记载。岷峨山人《译语》说："闻小王子集把都儿台吉、纳林台吉、成台吉、血刺台吉部下着黄皮袄为号，莽晦、俺探、己宁诸酋首兵，抢西北兀良哈。杀伤殆尽，乃以结亲给其余至，则悉分各部。"这里所说的小王子是达延汗之孙博迪汗，俺探即阿勒坦汗，己宁即衮·必里克·济农，时间记在嘉靖二十年（1541）前后。《阿勒坦汗传》记博迪汗等人灭兀良罕万户是在1538年（戊戌，明嘉靖十七年），说这一年因兀良罕出兵劫掠博迪汗的部众，博迪汗闻讯率领左翼万户及右翼衮·必里克·济农、阿勒坦汗的部众出兵杭爱山，大败兀良罕，将其部众析分各处。这里《源流》所记这一事件的时间有误。

《源流》清代汉译本（卷6）因殿本讹文 oroγulun（"使进入"之义）而误译为"攻入"。Joryal-un jon，即《秘史》（第177节）的"勺峏合勒崑"。《秘史》该节说成吉思汗谴责王罕背信弃义的行为时，提到他们二人从前曾在勺峏合勒崑盟誓永不听信他人离间之词；而第164节首次讲到他们二人那次盟誓时，地点是作土剌河的黑林。则勺峏合勒崑与土剌河黑林当在一地或相距很近。黑林在今蒙古国首都乌兰巴托东偏南。《亲征录》同处作"卓儿完忽奴山"，王国维认为是土拉河之南、位于土谢图汗右旗的"卓尔郭尔山"①，是。据《阿勒坦汗传》，此山在不儿罕·合勒敦山（作 Burqatu qan，在今乌兰巴托东北）附近，结合《秘史》所载，当是指不儿罕·合勒敦山南脉。《中国历史地图集》将卓儿完忽奴山标在乌兰巴托西南，似不确②。

16. 阔额不儿，Kögebür。见于《源流》。清代汉译本（卷7）因满译本未译而缺译。《源流》说三世达赖喇嘛于1585年（乙酉，明万历十三年）前往蒙古地方，先到达鄂尔多斯地区，在博硕克图·济农住地外，指定了修建三世佛寺的地点，在阔额不儿地方给博硕克图·济农、库图克台·彻辰·鸿台吉和彻辰·岱青三人施了灌顶礼。田清波也提到这个地

---

① 王国维：《（校注）圣武亲征录》，载《王国维遗书》（上海古籍书店1983年版）第13册。

② 谭其骧主编：《中国历史地图集》，第7册，图11—12。

名，记为 K'owor，说在伊克昭盟达拉特旗境内，紧临博硕克图·济农建庙的地方①。《阿勒坦汗传》（第 303、304 节）说博硕克图·济农将三世达赖喇嘛请到 Olan bulaγas（"多泉"之义）地方，奉献了大量礼物，接受了灌顶。珠荣嘎认为 Olan bulaγas 在今成吉思汗陵（八白室）所在地伊金霍洛旗的伊金霍洛苏木，因为当地有多眼泉水②。其实，当时鄂尔多斯济农一支的住地是在今达拉特旗一带，到清代顺治年间济农所部被编设为郡王旗（后来成为今伊金霍洛旗的一部分），才迁到现在的伊金霍洛苏木。伊克昭（王爱召）所在地，北枕黄河，西靠豪庆河，南对河滩草原，南北还各有两眼水泉，人称"龙眼"③。因此，Olan bulaγas 之地当在今达拉特旗伊克昭遗址一带。Kögebür，意为"湿地""沼泽"，与水多有关。《源流》和《阿勒坦汗传》将三世达剌喇嘛给博硕克图·济农等人施灌顶礼的地方分别记为 Kögebür、Olan bulaγas，说明这两个地名实指同一地理范围。

17. 三太师城，Γurban tayiši kemekü qota。见于《源流》。清代汉译本（卷 8）因 kemekü 下衍 noyad 一词而误译为"三太师诺颜由后掩袭其城"。《源流》说后金首领皇太极攻取三太师城，缴获无算，蒙古内哈勒哈五部的首领速黑·宰赛那颜（据《金轮千辐》为五部之弘吉剌部首领）心中不平，说："你凭什么破我领赏之城?!"为此被皇太极捉去，后来由属下进献 1 万头牲畜才被放回。宰赛被皇太极俘获一事，清初史料中也有记载。据《清太祖实录》，1619 年（天命四年）七月努尔哈赤率军攻占明铁岭城，杀三守臣喻成名、史凤鸣、李克泰。当夜蒙古哈勒哈部落贝勒介赛（老满文原档作 Jaisai beile，即宰赛）等三十余大小首领率兵一万驰至城外潜伏田间，次日宰赛兵射杀出城牧马的后金士兵，努尔哈赤下令进攻蒙古兵，直追至辽河，大败蒙古兵，擒获宰赛及其二子等多人④。明人谷

---

① ［比］田清波（A. Mostaert）：《〈蒙古源流〉导言》（*Introduction of Erdeni-yin Tobči*），载［美］柯立夫（F. W. Cleaves）：《宝史纲——萨冈彻辰蒙古编年史》（*Erdeni-yin Tobči—Mongolian Chronicle by Sagang Secen*. 哈佛，1956 年）。

② 珠荣嘎：《（译注）阿勒坦汗传》，第 148 页。

③ 宝斯尔、杨勇、托娅：《鄂尔多斯历史与文化》，中央民族学院出版社 1989 年版，第 76 页。

④ 《清太祖实录》卷 6，天命四年秋七月丙午条。

应泰记载此事说:"既而宰赛以争掠铁岭,为建州所获。"① 据此可知宰赛是因与努尔哈赤争明城铁岭而被俘,则《源流》所说"三太师城"与铁岭相当。《十七世纪蒙古文文书档案》收有 17 世纪上半叶(当在 20 年代)蒙古嫩科尔沁部首领写给皇太极的一封信,信中提到 Γurban tayiši 之地,即三太师城,信中说嫩科尔沁与察哈尔交恶,边境示警,希望后金能从距离该地仅一天一夜路程的三太师城发兵攻取察哈尔边地,请皇太极将此意转告努尔哈赤②。明铁岭城 1619 年被努尔哈赤率军攻占后,成为当时后金与蒙古部落交界处的一座重镇。因此嫩科尔沁部首领才有可能请求后金发三太师城即铁岭城之兵救援。

(原载《中国边疆史地研究》1998 年第 4 期)

---

① 《明史纪事本末》(中华书局 1977 年版),补遗,卷 2,《熊王功罪》。
② 中国第一历史档案馆:《十七世纪蒙古文文书档案》(*Arban Doloduyar Jayun-u Emün-e Qayas-tu Qolbuydaqu Mongyol Üsüg-ün Bičig Debter*. 内蒙古少年儿童出版社 1997 年版),第 6 页。

关于蒙古人的姓氏

关于蒙古人的姓氏，国内近二十年来出了不少研究成果，[①] 反映出蒙古人姓氏研究的重要性和人们的重视程度。蒙古人的姓氏在长期的发展过程中，经历了复杂的变化，形成了独自的特点。蒙古姓氏的产生、演变，与历史上蒙古人的社会制度、政治体制、行政建置、生活习俗等都有着密不可分的关系。蒙古姓氏的研究，不仅对于弄清楚某一具体姓氏的来龙去脉具有意义，而且可以促进相关领域的研究。

一 关于蒙古姓氏的产生和发展

现代蒙古人称姓氏为 oboγ，同时 oboγ 也具有氏族之义，这与 oboγ 的发展演变有关。在古代蒙古的原始社会时期，oboq（→oboγ，《元朝秘史》作"斡孛黑"）是一种社会组织的名称，它是指拥有同一祖先的人群，就是所谓的"氏族"。由于人口的增殖等原因，斡孛黑开始分化，从一个原初的斡孛黑中分离出来诸多新的人群，这些新的人群又构成新的社会组织，即同姓氏族，也称斡孛黑。如"别勒古讷惕""忙忽惕"等，就是由于家族中人口增加、诸子成人后分离出去各自组成的新的斡孛黑。诸多斡孛黑从原初的斡孛黑中不断分衍出去后，原初的斡孛黑就成为 yasun（《元朝秘史》作"牙孙"），相当于胞族，诸多牙孙又组成一个 irgen（《元朝秘史》作"亦儿坚"），也就是部落。[②] 例如，孛儿只斤为乞牙惕

[①] 据不完全统计，自 1980 年以来国内发表的专题论文有 40 来篇（其中蒙古文的居多），专著有五六部。而 1950 年至 1980 年的 30 年间，专文仅为数篇，未见有专著出版。

[②] 参见亦邻真（Y. Irinchin，署名 Aradnakarba）《蒙古人的姓氏》（*Mongγol Oboγ*），载《内蒙古大学学报》（蒙文版）1977 年第 2 期（又载《亦邻真蒙古学文集》，第 57—61 页）。

牙孙中的一个斡孛黑,而乞牙惕为蒙古亦儿坚中的一个牙孙;札儿赤兀惕为阿当罕牙孙中的一个斡孛黑,而阿当罕为兀良罕亦儿坚中的一个牙孙。①

随着原始社会的解体,斡孛黑这一氏族组织的血缘性质逐渐消失,渐渐地由血缘亲族的聚落转变为以地缘关系为主的社会组织,通过战争获取俘虏等手段来扩大氏族的结果,使得氏族组织内部的血缘关系呈多元化趋势。为了证明自己的出身来源,人们就以自己祖先所属氏族、部落之名作为自己的姓氏,斡孛黑也就由社会组织之称变成了一种人们出身来源的标志。② 这时蒙古的氏族组织虽然依然存在,但氏族本身已经不过是个外壳,保持着氏族贵族的氏族名称,可是里面的人口已经不完全是同祖同宗的血缘亲属,而是包括主人和奴仆、贵族和依附人口。就是说,来自不同血统氏族的人们混处于同一个氏族组织中。例如,成吉思汗十一世祖朵奔篾儿干的家中使唤着一个奴仆,他的出身来源被记忆为伯牙兀惕部落的马阿里黑氏族;成吉思汗家的门户奴隶者勒篾、木华黎二人分别出自兀良罕部落的札儿赤兀惕氏族和札剌亦儿部落;蒙古部落泰亦赤兀惕氏族的贵族脱朵格的依附人口中有锁儿罕失剌一家,他们姓速勒都思。异姓的名称常被记忆和提及,当与族外婚的习俗和世袭门户奴隶等现象的存在有关。

蒙古汗国建立后,成吉思汗制定了千户制。千户制的实施,使氏族部落制度彻底走到了尽头。所有的氏族和部落都被分编进各个千户当中,斡孛黑完全成了人们出身来源的标志。如札剌亦儿部被编为若干千户,分别隶属于察合台、窝阔台、拖雷、哈撒儿等成吉思汗黄金家族成员。

在部落间的战争中,蒙古部落(Mongγol irgen)陆续吸收了一些其他部落或氏族的人,如一部分札剌亦儿人曾被成吉思汗的七世祖海都掳为奴隶,等等。在成吉思汗统一蒙古高原的过程中,更是先后收服了札只剌等

---

① 关于札儿赤兀惕、阿当罕、兀良罕三者的关系,详见拙文《关于〈元朝秘史〉中的"马阿里黑·伯牙兀歹"》(载于《蒙古史研究》第8辑,2005年)。

② 《元朝秘史》"斡孛黑"傍译作"姓"或"姓氏"、《续增华夷译语》"通用门"载:姓——兀卜黑秃(ubuq~oboq-tu)。在成吉思汗时代,以及上至其多少代祖先生活的年代,氏族组织已不是纯血缘亲族的聚落,但依照老的传统仍称斡孛黑。有学者分析:主要是在辽代时蒙古人原始的氏族制度已经瓦解了,血缘关系被地缘关系逐步代替(亦邻真:《中国北方民族与蒙古族族源》,收入《亦邻真蒙古学文集》)。

蒙古语族诸部落和克烈等非蒙古语族诸部落，这些氏族和部落与蒙古部落共同融合成为蒙古族。在蒙古汗国进一步的对外军事行动中，汉、女真、西夏、哈剌鲁、钦察、阿速、斡罗思、花剌子模等民族和国家的一些人口也被吸收进蒙古族之中。所有融进蒙古部、蒙古族的氏族、部落或民族，它们当中的不少姓氏名称、族称也随之逐渐变成了蒙古的姓氏。这是一个蒙古姓氏集中形成的时期。

蒙元时期，蒙古地区的千户因其性质（指封授给宗王、贵戚和功臣的封地和封民）又可以称为 aimaq（"爱马"，有时译为"投下"或"部"），即蒙古诸王、那颜等封建主所属的军民集团。同一爱马的人对外都以领主爱马的名称自称。诸王的 ulus（兀鲁思，类似封国）内，有千户长、百户长等异姓首领逐级管理，爱马的名称多来自千户长原属部落之名。

明代蒙古的爱马（更多情况下汉译为"部落"），仍然是指封建主所属的社会集团。与元代不同，大汗在明代前、中期基本无力掌控全蒙古各部，所能有效控制的只是元惠宗从汉地退回草原时带出来的人众及其后人，这些人逐渐形成了新的部落。大约到了明代中期，蒙古高原上形成了若干大的部落集团，出现了 otoγ（鄂托克）一词。从部落民（封民）的角度而言，一个部落可称为爱马，从游牧地（封地）角度而言，它又可以称为鄂托克，鄂托克通常也用来指由几个爱马组成的大的游牧集团。鄂托克之上是兀鲁思，亦称 tümen（土蛮），即万户。这时大汗所领的察罕儿部落已经发展成一个较大的部落集团，但是异姓封建主仍然左右着政治局势。16 世纪初，答言汗统一蒙古本部，重整行政建置，设立左、右翼各三万户，将绝大多数万户、爱马的领主换成了自己的子嗣。尽管领主的血统、姓氏改变了，但是爱马、万户的原有名称一般不变。处于领主地位的成吉思汗黄金家族（主要包括成吉思汗及其诸弟的后裔）继续以孛儿只斤为姓（个别的以乞牙惕为姓），而部落民的原有姓氏也得以保留。

明代也是蒙古姓氏发生较大变化的一个时代。由于战争和自身增殖等原因，爱马的规模、数量和内涵都发生了变化。有的增添了新的部落成分，发展为兀鲁思；有的分化为若干分支，分别散入其他爱马或兀鲁思；有的则消失得无影无踪。除了传统的爱马之外，还出现了一些新的爱马。在元末明初的政治大动荡后，经过了一段时期，一批新的部落（姓氏）

陆续产生；答言汗统一蒙古、分封子嗣后，后代繁衍组成新的部落，又集中产生了一批新的姓氏。新形成的部落之名，以反映社会劳动分工、封建关系的居多，也有相当一部分的名称源自它们的原居住地。例如，Urad（兀喇惕）、Balγačin（巴剌哈嗔）、Qaliγučin（哈流嗔）、Qoničiγud（豁你赤兀惕）、Kešigten（克失旦）等部落是因职业而得名；Yüngšiyebü（应绍不）、Ordos（袄儿秃斯）、Jaqa-Mingγan（札哈—明安）等部名源自行政建置之名；Qalq-a（罕哈）、Isüd（亦速惕）等部名取自地名。其部落成员就以这些新的部落名称作为自己的姓氏。

清代，清政府对蒙古诸部施行盟旗制度。大多数旗的名称来自蒙古原有的部落之名，如察哈尔、土默特、鄂尔多斯、喀尔喀、科尔沁等旗名原为蒙古的万户之名；克什克腾、扎鲁特、喀喇沁等旗名原为蒙古的爱马或鄂托克之名。同时，这些名称仍作为姓氏之名，与其他的姓氏一起继续在蒙古人的社会生活中发挥着自身的作用。明末清初，随着蒙古人的归降，满洲八旗和蒙古八旗中也带进了不少蒙古姓氏。清代蒙古人的姓氏是现代蒙古人大部分姓氏的直接来源。

蒙古人姓氏的使用，在进入清代以后因政治形势的改变而受到了一些冲击。除蒙古八旗外，大多数蒙古人在社会交往中逐渐由使用姓氏改为使用旗分之名来介绍自己。如一个哲里木盟科尔沁左翼前旗出身的蒙古人，在介绍自己时很可能首先说："我是宾图（该旗之名的俗称）的××"，而不一定提自己的姓氏。日常生活中姓氏的使用范围逐渐缩小、使用量减少，使得一些人对自己姓氏的记忆渐渐模糊起来。不过，姓博尔济锦、奇渥温等贵族姓氏的人们还是很好地保持了对自己姓氏的记忆，其原因在于这与他们的政治地位、经济利益等因素有着密切的关系。在某些地区，清末以后还出现了蒙古人使用汉姓的情况。[①] 20世纪40年代末期以后，内蒙古的蒙古人当中已经很少有人使用传统的蒙古姓氏，而改用汉姓的人逐渐增加。随着老一辈人的相继离世，不少后人已经永远丧失了恢复传统老姓的机会。尽管存在一定困难，内蒙古的蒙古人正在努力挖掘、抢救祖上

---

① 对于这一现象，曾于20世纪初（1906年）至20年代中期在鄂尔多斯地区传教的比利时神甫田清波（A. Mostaert）就已经注意到了，他在《关于鄂尔多斯蒙古民俗的资料》["Matériaux Ethnographiques relatifs aux Mongols Ordos"，载《中亚杂志》*Central Asiatic Journal*，1956年第2期] 一文中介绍了相关情况。

传下来的姓氏，争取使已经失传的姓氏得以恢复，使改用的汉姓能够找回其蒙古姓氏的原形。

二　关于蒙古人姓氏的表述方法

古代蒙古人表述姓氏的方法主要有两种，一是在古代氏族、胞族、部落的名称之后续接姓氏后缀；二是在古代氏族、胞族、部落的名称之后续接属格助词。在第一种方法中，所谓的姓氏后缀是指男性姓氏后缀-dai/-dei和女性姓氏后缀-jin。它们分别是由氏族或部落名称复数词尾-d缀加生格词尾-ai/-ei和-in而成。人名跟在续接了姓氏后缀的氏族或部落名称之后，如"翁吉剌歹 德薛禅""札只剌歹 札木合""巴阿里歹 纳牙阿那颜""忙豁勒真 豁阿"，等等。如果要表示某人所属的氏族及其部落，就先说氏族之名，然后说带有姓氏后缀的部落之名，最后说人名。如"阿当罕 兀良合歹××""兀都亦惕 篾儿乞歹 脱古思"等。如果要表示某人的氏族及其胞族、部落的话，就要在人名之前依次说出氏族名、胞族名和带有姓氏后缀的部落名。如"札儿赤兀惕 阿当罕 兀良合真××"等。这种方法似乎不如第二种方法用得广泛，或许是一种更为古老的形式。

第二种方法比较简单明了，也较为常见。如"亦乞列孙 不图""客列亦敦 札合敢不""乃马讷 不亦鲁黑罕""篾儿乞敦 脱黑脱阿"等。17世纪蒙文史书中已不见第一种用法，有的只是第二种用法，而且还出现了对《元朝秘史》中第一种用法产生误解的现象，如将"马阿里黑 伯牙兀歹"误解为"姓伯牙兀惕名叫马阿里黑的人"。[①] 因此可以推测，第一种用法已逐渐被淘汰了。不过，这种用法还留有一些痕迹，对人们的取名、称呼产生着微妙的影响，《蒙古源流》中提到的Mangγudai qošiγuči、Qongqodai dayan baγšč、Tangγudai güiši、Tangγudai güyeng tabunang等名可为例证。第二种方法使用的时间比较长，基本上一直沿用到今天。现在，第一种方法这一古老的习俗在内蒙古的蒙古人中间又有恢复的趋势。

---

① 详见拙文《关于〈元朝秘史〉中的"马阿里黑·伯牙兀歹"》。

三 关于蒙古人使用汉姓的问题

近代以来，在内蒙古的蒙古人中出现了使用汉译蒙古姓的现象，尤其是在与汉人接触较早、较多的农区、半农半牧区，这种情况更是多见。直接的原因可视为汉文化的影响、与汉人交往的需要等，间接的原因当为清末清政府开垦蒙地的政策。如在放垦时间较早、放垦面积较广的喀喇沁、科尔沁、归化城土默特、鄂尔多斯等地区，很多乌梁海（兀良罕）、博尔济锦（孛儿只斤）、永谢布（应绍不）、奇渥温（乞牙惕）姓的蒙古人开始使用了"吴""包""云（荣）""奇"等汉姓。到了伪满洲国时期，在官方组织的户口调查活动中，其辖境内的蒙古人大多被强制填报了汉姓。[①] 中华人民共和国成立后，使用汉姓的人数呈不断上升的趋势。

在汉译蒙古姓当中，最常见的是音译汉姓，通常是直接将蒙古姓的第一音节音译为汉姓，如 Borjigin 被译为"包"、Uriyangqai 被译为"吴""乌"等、Bayaγud 被译为"白"，等等。意译的汉译蒙古姓也不少，如 Qaγučid 译为"陈"、Mingγad 译为"千"、Qadačin 译为"石"、Kökenüd 译为"蓝"，等等。有时在直译之后往往要用谐音字替换掉直译用字，如 Uγunus 直译为"羊"，那么就替换为谐音字"杨"，同样，Alaγčud 由"花"而转为"华"、Γalčid 由"火"转为"霍"、Jiγačid 由"鱼"转为"于"，等等。由于当时的具体情况各不相同，散处各地的同姓之人在汉译蒙古姓时常常会出现差异，主要表现为同一个蒙古姓可能拥有两个以上的汉译名，而一个汉译姓又可以兼顾几个不同的蒙古姓。如 Uriyangqai 有"吴、乌、武"等汉译姓；而汉译姓"白"同时对应 Bayaγud、Auqan、Baγarin 等蒙古姓。此外，还有一些不应忽视的情况，譬如有些人已不清楚自己的姓氏，于是以祖父或父亲的名字作为姓氏名，冠汉姓时多采用音译的方法；还有的人不知道自己的姓氏应该怎样汉译，往往临时对付一

[①] 达里玛（Eki Naiman Darma）在《奈曼旗蒙古人姓氏考》[Naiman-daki Mongγol Oboγ-un Tuqai，载于《内蒙古社会科学》（蒙文版）1999 年第 4 期] 一文中提到：奈曼旗蒙古人使用汉姓始于 1937 年日本人登记户口时。当时为了村屯合并实行保甲制度，日本人逐户登记户口，并强迫蒙古人改用汉姓。通拉克等人编写的《蒙郭勒津姓氏及村名考》（内蒙古文化出版社 1992 年版）一书、德山的《蒙郭勒津海勒图惕氏述略》（呼和浩特，1998 年）一书也都提到了类似的情况。

个，随意性很大。

四　蒙古人姓氏研究中应注意的问题

在蒙古人姓氏的研究方面，前人做了很多细致的调查、搜集工作，不少研究成果颇具价值，对后人的研究也有启发。然而，以往的研究中也存在一些值得注意的问题。

1. 姓氏名称的还原应讲求科学性

姓氏名称的还原是指将汉文记写的蒙古姓氏名称还原为蒙古语原名。汉籍中记载着大量古代蒙古姓氏（氏族或部落）的名称，不少蒙古姓氏名称借此得以流传。将这些名称还原为蒙古语，需要一定的学科知识，除了蒙古史的知识之外，对蒙古史语文学知识的要求也很高，否则难免出错。例如，"汪古惕"当还原为 Önggüd，而非 Ongγud；"许兀慎"当还原为 Hügüšin (Ügüšin ~ Üüšin)，而非 Šiüšin；"巴只吉惕"当还原为 Bajigid，而非 Bajijid；"兀鲁"当还原为 Uruγud，而非 Ülü；"绰罗斯"当还原为 Čoros，而非 Čolos，[1] 等等。

2. 姓氏的历史溯源切忌简单化

在追溯一个现代蒙古姓氏的来源时，人们往往习惯把它与古代的某个姓氏进行比对。比对的一般依据是二者的发音。但是这种比对稍有不慎就容易出错，因为仅凭发音相近并不能说明全部问题。例如，Urad（兀喇惕，乌拉特）与 Uru'ud（兀鲁兀惕，吴鲁式）二者读音有些相近，因此有人将它们视为同一部落。[2] 实际上二者发音不同、词义不同，两个部落的起源也不同。[3] 又如，Qayilatud 与《蒙古源流》所载部落名称 Qaliγučin 虽有一些相似，但却不能因此就说 Qayilatud 一姓就是从 Qaliγučin 来的；[4] Tümed 虽与《元朝秘史》所载"秃马惕"（Tumad）读音相近，但是否与

---

[1] 见鲍玺《蒙古姓氏》，内蒙古文化出版社 1999 年版，第 226—229 页。
[2] 乌瑞阳海·赵·阿拉坦格日勒编《蒙古姓氏录》（内蒙古科技出版社 1996 年版）第 168 页。
[3] 详见拙著《〈蒙古源流〉研究》（辽宁民族出版社 2000 年版）中的相关考证（第 320—321 页）。
[4] 德山的《蒙郭勒津海勒图惕氏述略》（第 2 页）认为海勒图惕（Qayilatud）源自《蒙古源流》所载鄂尔多斯万户的 Qaliγučin（清代汉译本作"哈里古沁"）部落。此说缺乏令人信服的史料依据。

其有渊源关系，还很难说。① 还有 Mongɤoljin 一姓，其来源应该只能追溯到 15 世纪中叶前后开始出现的同名部落（汉籍多作"满官嗔"），而与成吉思汗的十二世祖母 Mongɤoljin Qo-a（《元朝秘史》作"忙豁勒真 豁阿"）无关。Mongɤoljin Qo-a 称呼中的 Mongɤoljin，是一个带有女性姓氏后缀-jin 的形式，这个形式表明拥有这一称呼的人是来自蒙古部（Mongɤol irgen）的女性，而不是说当时就已经有了 Mongɤoljin 部落。形成于明代中期的 Mongɤoljin 部落是在明朝卜剌罕卫兀者人的基础上逐渐发展变化而成的，这里的 Mongɤoljin 表示"类蒙古"之义。②

3. 对蒙古姓氏变迁的特点应有清楚的认识

在成吉思汗的年代，蒙古的氏族就早已不是由血缘关系维系的血亲聚落，一个斡孛黑中存在着不同祖源斡孛黑的人。蒙古汗国时期千户制的建立，更是打破了氏族的界限。经历了元末明初的政治大动荡，蒙古部落的格局进一步被打乱，留存下来的部落多数都经过了重整，有的因吸收了其他部落的人口而扩大了；有的因为部落人口的损失而缩小了；还有一些散落的部落聚合在一起组成了新的部落。部落内部也相应发生了变化，有的分支之名一跃成为部落之名，有的部落之名则降为了分支之名。部落的成分本身就已经十分复杂，然而冒用他人部落之名的现象还时有发生，使部落的内涵更加名不副实。因此，在追溯一个蒙古姓氏的沿革时，应该以辩证的、发展的眼光看问题，要考虑到以上这些因素，不能轻率地把它与古代某个发音相近的氏族或部落名称简单画等号，也不能生硬地认为它与古代同名氏族或部落在内涵上是一成不变的，现在拥有相同姓氏的人就一定是早先那个氏族或部落的后人。在长期的发展演变过程中，只有所谓的成吉思汗黄金家族相对保持了内涵的延续性，作为氏族贵族或部落首领，他们的政治地位和权威成了维持这一延续性的保证。

对蒙古姓氏，今后还需要进一步展开更为系统、科学的研究。一方面，应将各个时代、各种文种文献资料中记录的蒙古姓氏作一系统、全

---

① 乌瑞阳海·赵·阿拉坦格日勒（《蒙古姓氏录》第 209 页）认为秃马惕是土默特的古代译名。

② 关于满官嗔的起源和变迁，详见宝音德力根的《满官嗔—土默特部的变迁》（载《蒙古史研究》第 5 辑，1998 年）。

面的搜集；另一方面，应尽早在民间展开蒙古姓氏的抢救性调查和搜集，在此基础上运用审音勘同、史实考订等方法，尽量厘清不同记载中各姓氏名称之间的关系，对各姓氏的产生、演变给出科学的结论。

（原载《蒙元史暨民族史研究文集》，
社会科学文献出版社2006年版）

《八旗满洲氏族通谱》蒙古姓氏考

《八旗满洲氏族通谱》[①]（以下简称《通谱》）成书于1744年（清乾隆九年），是清廷官修的一部旗人谱书。该书共收录姓氏1100多个，多数为满洲姓氏，还有相当的他族姓氏，其中包括列为蒙古姓氏的230多个，归入"附载满洲旗分内之蒙古姓氏"（卷66—71）中。书中为各姓氏的重要人物撰写了简要传记，交代其原居地、归附时间、氏族繁衍、成员勋绩等方面的情况，为研究明末清初蒙古部落史、蒙满关系史等提供了丰富的资料，值得重视和研究利用。该书以汉文写成，有满译本，对构拟、还原蒙古语名称的发音具有价值。然而满译名的拼写存在一些问题，影响了后人的正确利用。本文拣选出一些蒙古姓氏名称，就其在蒙古语中的发音以及这些姓氏到明末为止的大致发展脉络作了考释，目的是避免以讹传讹，便于学者研究和利用。《通谱》中列为蒙古姓氏的，可分为几种类型，有的名称来自古老的部落、姓氏；有的是后来新出现的部落、姓氏；还有的是明末卷入蒙古的他族姓氏。多数姓氏之名亦见于八旗外的其他蒙古人中。

一 源自古老部落、姓氏的姓氏名称

这里所说的古老部落或姓氏，主要是指成吉思汗在统一蒙古高原的过程中先后收服的蒙古语族诸部落和非蒙古语族诸部落，这些氏族和部落与蒙古部共同融合成为蒙古族。

[①] 《八旗满洲氏族通谱》，弘昼、鄂尔泰等编纂，辽沈书社影印本，1989年。

《通谱》所列蒙古姓氏中属于这一类的，暂时可以确认的有：

博尔济吉特，满译本作 Borjigit①，音译准确，蒙古语名称即 Borjigid。《史集》作 b(u)rj(i)qīn②，《元史》见其带有男性姓氏后缀的形式"孛儿只吉台"③，《元朝秘史》④（以下简称《秘史》）作"孛儿只斤"（Borjigin）（§42），是成吉思汗黄金家族的姓氏。Borjigid 是 Borjigin 的复数形式，清代汉译名多如《通谱》作"博尔济吉特"。

郭尔罗特、郭尔罗斯，满译本作 Gorlot、Gorlos，蒙古语名称为 Γorlod、Γorlos。该部名蒙元时期多作 Qor(o)las ~ Qor(u)las，《史集》作 qūrūlās⑤，《圣武亲征录》（以下简称《亲征录》）作"火鲁剌""火罗剌思"⑥，《南村辍耕录》（以下简称《辍耕录》）作"郭儿剌思"⑦，《元史》作"火儿剌""火鲁剌""火鲁剌思"⑧ 等，《秘史》作"中豁舌鲁剌思"（§182 等）、"中豁舌罗剌思"（§§120，141 等）。明代汉籍不载其名，据蒙文史书，明代中后期嫩科尔沁诸部中有 Γorlos 一支，首领为魁猛可长子博迪达喇的第三子乌巴什；答言汗幼子格列山只后裔所属外罕哈七部之一为 Kir(e)güd-Γorlos，为其第三子诺诺和的属领。⑨ 明末，乌巴什之孙布木巴、固穆兄弟二人分别率众归降后金，入清后以部设郭尔罗斯二旗，隶哲里木盟。清代汉译名多作"郭尔罗斯"。

---

① 中国国家图书馆善本部藏本，题名 Jakūn Gūsai Manjusai Mukūn Hala be Uheri Ejehe Bithe，第 66 卷，第 4 叶正面。本文所引该书其他蒙古姓氏名称的满文写法均出自第 66—71 卷，以下不再一一注出。

② 《史集》，拉施特主编，余大钧、周建奇译，商务印书馆 1983 年版，第 1 卷第 1 分册，第 250 页等。

③ 《元史》，中华书局 1976 年版，第 35 卷，第 789 页。

④ 《元朝秘史》，四部丛刊三编本，上海商务印书馆 1936 年版；《〈元朝秘史〉蒙古語単語・語尾索引》，栗林均、确精扎布，仙台，2001 年。

⑤ 《史集》第 1 卷第 1 分册，第 128 页等。

⑥ 《圣武亲征录》，《蒙古史料四种》，台北正中书局 1975 年版，第 23、75 页。本文所引该书其他姓氏名均出此书，以下不再一一注出。

⑦ 陶宗仪：《南村辍耕录》，中华书局 1980 年版。第 1 卷，"氏族"，第 12 页。本文所引该书其他姓氏名均出此卷，以下不再一一注出。

⑧ 《元史》，第 3 卷，第 1 页；第 1 卷，第 11、8 页。

⑨ Dharm-a, *Altan Kürdün Mingγan Kegesütü Bičig*, *Čoiji tulγan qaričaγulju tailburilaba*, Öbör Mongγol-un Arad-un Keblel-ün Qoriy-a, 1987, p. 286; Rašipungsuγ, *Bolor Erike*, *Kökeöndür qarγuγulun tulγaba*, Öbör Mongγol-un Arad-un Keblel-ün Qoriy-a, 1985, p. 919.

和尔，满译本作 Hor，疑即蒙古部落名称 Qori。该部主要生活在贝加尔湖地区，蒙元时期常与 Tumad 部落之名一同出现，《史集》作 qūrī[①]，《元史》作"火里秃麻"[②]，《秘史》作"^中豁^舌里秃马惕"(§8 等)。

塔他尔，满译本作 Tatar，同蒙古语名称。《史集》作 tātār [③]。即《元史》[④]、《亲征录》的"塔塔儿"，《辍耕录》作"塔塔歹"[⑤]，《秘史》作"塔塔^舌儿"(§53 等)。明代汉籍有"叉汉塔塔儿"[⑥] 一名，《蒙古源流》(以下简称《源流》)、《金轮千辐》说Čaγan Tatar 是答言汗第三子巴儿思孛罗第五子那林台吉的属领，属察哈尔万户。[⑦]

公吉喇特，满译本作 Gunggirat，蒙古语名称当为 Qonggirad，即《史集》的 q(u)nq(i)rāt[⑧]，《亲征录》作"弘吉剌"，《辍耕录》作"瓮吉剌歹"，《元史》作"弘吉剌""晃吉剌""雍吉剌""甕吉剌"等[⑨]，《秘史》作"翁吉剌惕（Onggirad）"(§64 等)。这个部落之名最早见于《辽史》，作"王纪剌"[⑩]；《金史》作"广吉剌"[⑪]。看来这个部落的名称早期有两种读法，后来 Qonggirad 使用更为广泛，罗桑丹津《黄金史》与《秘史》相应处均作 Qonggirad[⑫]。其他 17、18 世纪蒙文文献也都作 Qonggirad。明初，明廷曾以东胜方面来降的蒙古人众设五个千户所，瓮吉剌为其中之一，[⑬] 五千户所不久即不存，瓮吉剌人散入蒙古，形成部落。据

---

① 《史集》第 1 卷第 1 分册，第 127 页等。
② 《元史》第 100 卷，第 2553 页等。
③ 《史集》第 1 卷第 1 分册，第 164 页等。
④ 《元史》第 1 卷，第 3 页等。
⑤ 此为带有男性姓氏后缀的形式。《辍耕录》所载蒙古姓氏多以带有男性姓氏后缀"歹"(-dai/-dei) 的形式出现，下文类似情况不再一一注出。
⑥ 《明史》，中华书局 1974 年版，第 238 卷"李成梁传"，等。
⑦ E. Haenisch (ed.), Saγang Sečen, Qad-un Ündüsün-ü Erdeni-yin Tobči. Eine Urga-Handschrift des mongolischen Geschichtswerks von Sečen Sagang (alias Sanang Sečen), Berlin, 1955, 68v; Altan Kürdün Mingγan Kegesütü Bičig, p. 215.
⑧ 《史集》第 1 卷第 1 分册，第 261 页等。
⑨ 《元史》第 1 卷第 7 页、第 28 卷第 626 页、第 26 卷第 583 页等；第 132 卷第 3206 页等。
⑩ 《辽史》，中华书局 1974 年版，第 30 卷，第 355 页。
⑪ 《金史》，中华书局 1975 年版，第 10 卷，第 238 页等。
⑫ Blo bsang bstan gjin, Erten-ü Qad-un Ündüsülegsen Törö Yosun-u Jokiyal-i Tobčilan Quriyaγsan Altan Tobči kemekü Orošiba. Š. Bira orošil bičigsen, Ulaγanbaγatur, 1990, 14v, etc..
⑬ 《明太祖实录》，台北中研院史语所，1962 年，第 60 卷，洪武四年春正月癸卯条。

《源流》，俺答汗所辖土蛮万户中有弘吉剌一支，由其长子辛爱之子青把秃儿统领①。另据《金轮千辐》《水晶数珠》，罕哈万户的内罕哈五部之一为 Qonggirad，② 明末其大部分人众归降后金，后被编入满洲八旗。清代以来多译为"洪吉喇特"。

乌新，满译本作 Üsin，蒙古语名称当为 Üüšin 或 Ü'üšin，早期发音尚保留词首清喉擦音 h。《史集》作 hūšīn～aūšīn，另见其带有男性姓氏后缀的形式 hūšīdāi 和带有女性姓氏后缀的形式 aūšījīn③，《辍耕录》作"忽神"，《元史》作"许兀慎"④。成吉思汗"四杰"之一的博尔忽出自该部。明代汉籍有"偶甚""兀甚""兀慎"等译名⑤，据《源流》和汉籍，阿儿秃厮万户、土蛮万户各有一部称 Üüšin，阿儿秃厮所属偶甚是答言汗第三子巴儿思孛罗长子衮必里克吉囊第四子那木塔儿尼的属领；土蛮万户内的兀甚是巴儿思孛罗第三子剌不台吉的属领。⑥ 那木塔儿尼的属众入清后以部设乌审旗，隶伊克昭盟。清代以来多译为"乌审"。

把岳忒，满译本作 Bayot，蒙古语名称为 Baya'ud，《史集》作 bāyāūt⑦，《辍耕录》作"伯要歹"，《元史》作"伯牙吾""伯岳吾""伯要"等⑧，《秘史》作"巴牙兀惕"（§213）。后期又见口语读音的书写形式 Bayod，如《金轮千辐》《水晶数珠》等⑨。据《史集》《元史》，蒙古色楞格河流域、西域玉里伯里山地区、康里人中都有称 Baya'ud 的人众。⑩ 明代中后期，蒙古部落中又见此名，答言汗统一诸部后，土蛮万户内有一支 Baya'ud 人，为俺答汗次子不彦台吉属领；另有一支为内罕哈五部之一 Baya'ud 的人众，其首领为答言汗第五子纳力不剌之子虎喇

---

① *Erdeni-yin Tobči*，65r.
② *Altan Kürdün Mingγan Kegesütü Bičig*，p. 224 页；*Bolor Erike*，p. 895.
③ 《史集》第 1 卷第 1 分册，第 280、129、281 页等。
④ 《元史》第 119 卷，第 2949 页等。
⑤ 郑晓：《皇明北房考》，《明代蒙古汉籍史料汇编》第一辑，薄音湖、王雄编辑点校，内蒙古大学出版社 2006 年版，第 211 页；瞿九思：《万历武功录》（以下简称《武功录》），《明代蒙古汉籍史料汇编》第四辑，薄音湖编辑点校，内蒙古大学出版社 2007 年版，第 37 页。
⑥ *Erdeni-yin Tobči*，84v，82v；《武功录》，第 37 页。
⑦ 《史集》第 1 卷第 1 分册，第 287 页等。
⑧ 《元史》第 38 卷（第 817 页）、第 20 卷（第 429 页）、第 16 卷（第 337 页）等。
⑨ *Altan Kürdün Mingγan Kegesütü Bičig*，p. 216；*Bolor Erike*，p. 897.
⑩ 《史集》第 1 卷第 1 分册，第 287 页等；《元史》第 134 卷（第 3256 页）等。

哈赤第四子 Sonin daičing（歹青）①。明代汉籍中有"叭要""摆腰""拔要""摆要"等译名②。明末，歹青之孙恩格德尔率众降清，被编入满洲八旗。

翁科特，满译本作 Unghot，蒙古语名称当为 Önggüd，即《史集》的 aūnkūt③，《亲征录》作"王孤"，《辍耕录》作"雍古歹"，《元史》作"汪古""雍古""旺古"等④，《秘史》作"汪古惕"（§202等）。明代汉籍不见此名，17世纪蒙文史书作 Enggüd，据罗桑丹津《黄金史》，答言汗的夫人满都海哈屯之父即姓 Enggüd。⑤

兀鲁特，满译本作 Urut，蒙古语名称早期作 Uru'ud，即《史集》的 aūrūt⑥，《亲征录》作"兀鲁吾"、《辍耕录》作"兀鲁兀"，《元史》作"兀鲁兀""兀鲁吾""兀鲁"⑦，《秘史》作"兀㖿鲁兀惕"（§46等）。明代汉籍作"兀鲁""五路"等⑧。后期又见口语读音的书写形式 Urud，如罗桑丹津《黄金史》等⑨。清代以来多译为"乌噜特"。元代，为东部五投下之一。明代中后期，蒙古本部有两部分 Uru'ud 人，一部分是土蛮万户的属部，归俺答汗长子辛爱的次子那木儿台吉统领；另一部分是察哈尔万户的属部，归答言汗第十子格列孛罗之子龙台吉统领。⑩ 明末，龙台吉之子明安率众降清，设兀鲁特蒙古一旗，后改隶满洲正黄旗。

布尔哈齐，满译本作 Bulhaci，蒙古语名称当为 Bulqači ~ Bulγači，疑即《史集》的 būlǧājīn⑪，"捕貂人"之义。貂鼠，《秘史》（§9等）作"不㖿鼠

---

① *Erdeni-yin Tobči*, 82v; *Altan Kürdün Mingγan Kegesütü Bičig*, p. 216; *Bolor Erike*, p. 897;《北房世系》，收入萧大亨《北房风俗》，广文书局《史料四编》本，1972年，第51页。

② 《北房世系》，第51页；《皇明北房考》，第211页；严从简《殊域周咨录》，《明代蒙古汉籍史料汇编》第一辑，第495页；方孔炤《全边略记》，《明代蒙古汉籍史料汇编》第三辑，王雄编辑点校，内蒙古大学出版社2006年版，第125页。

③ 《史集》第1卷第1分册，第229页等。

④ 《元史》第118卷（第2923页）、第14卷（第295页）、第155卷（第3649页）等。

⑤ *Erdeni-yin Tobči*, 30r, etc.; *Blo bsang bstan gjin*, *Altan Tobči*, 154v, etc..

⑥ 《史集》第1卷第1分册，第301页等。

⑦ 《元史》第30卷（第678页）、第7卷（第127页）、第99卷（第2526页）等。

⑧ 《皇明北房考》，第211页；《北房世系》，第44页；等。

⑨ *Blo bsang bstan gjin*, *Altan Tobči*, 175r, etc..

⑩ 《北房世系》，第45页；*Altan Kürdün Mingγan Kegesütü Bičig*, p. 227; *Bolor Erike*, p. 898.

⑪ 《史集》第1卷第1分册，第77页等。

卢中罕"（buluqan），《华夷译语》作"不鲁罕"①；《俺答汗传》一处作 bulaγ-a，另一处作 bulγan②；现代蒙古书面语作 bulaγ-a。bulaγ-a ~ bulγ-a 缀接名词构词后缀či、čin，即成 Bul(a)γači ~ Bul(a)γačin。该部名他处未见。

乌亮海、乌朗哈特，满译本作 Uriyanghai、Uranghon（为 Uranghat 的形讹）。蒙古语名称为 Uriyangqai ~ Uriyangqan ~ Uriyangqad，《史集》作 aūrīānkq(a)t③，《元史》作"兀良罕""兀良合"④，《秘史》作"兀舌良中孩"（§9）、"兀舌良中罕"（§120）。《辽史》已见该部落名，作"斡朗改""嗢娘改"⑤。据蒙文、汉文史籍，元代以后，元朵颜温都儿兀良哈千户所的遗人成为明朝朵颜卫的主要成分⑥，明人又称之为"五两案"⑦；留居森林的兀良哈人形成蒙古本部左翼三万户之一的兀良哈万户，明人称其为"黄毛达子"等⑧。朵颜卫的兀良哈人入清后成为内蒙古喀喇沁三旗和土默特左翼旗的主要组成部分，而兀良哈万户在不地汗时期（16世纪上半叶）被不地、俺答、衮必里克等人击败，余众被其他五个万户瓜分，答言汗幼子格列山只后裔所属外罕哈七部中留有 Uriyangqan 一部，为其第七子 Samu 的属领。⑨ 清代以来多译为"乌梁海"。

---

① 《华夷译语》，《涵芬楼秘笈》第4集明洪武刊本影印本，收入栗林均编《〈華夷譯語〉（甲種本）蒙古語单語・語尾索引》，日本東北大學東北亞研究中心，2003年，第1卷第5叶背面。

② 《アルタン＝ハーン伝記訳註》，吉田順一等，風間書房，東京，1998年，第121、57节。

③ 《史集》第1卷第1分册，第255页等。

④ 《元史》第122卷（第3008页）、第15卷（第316页）等。

⑤ 《辽史》第6卷（第78页）、第36卷（第433页）等；第1卷（第4页）、第116卷（第1535页）。

⑥ 《〈華夷譯語〉（甲種本）蒙古語單詞・詞尾索引》，第3卷第5叶正面至第7叶正面，"脱儿豁察儿书"。

⑦ 参见王鸣鹤《登坛必究・译语》，郭造卿《卢龙塞略・译语》，收入《〈蒙古译语〉〈女真译语〉汇编》，贾敬颜、朱风合辑，天津古籍出版社1990年版，第133页、第172页。

⑧ Erdeni-yin Tobči, 30r, etc.; Blo bsang bstan gjin, Altan Tobči, 88v, etc.; 《明世宗实录》，嘉靖七年八月癸丑条；《皇明北房考》，第211页；岷峨山人《译语》载："北曰兀良哈，甚骁勇，负瀚海而居，房中呼为黄毛。"见《明代蒙古汉籍史料汇编》第一辑第225页；《武功录》载："而故地和林，则黄毛诸达房居之。"见《明代蒙古汉籍史料汇编》第四辑第36页。

⑨ 《俺答汗传》记载了不地汗、衮必里克吉囊、俺答等人先后4次征讨这部分兀良罕人，终于将其灭掉之事，见《アルタン＝ハーン伝記訳註》；Н. П. Шастина, ШАРА ТУДЖИ, монгольская летопись XVIIвека, Москва-Ленинград, p. 110; Byamba-yin Asaraγči Neretü-yin Teüke, Ц. Шагдарсүрэн, И Сөн Гю хэвлэлд бэлтгэсэн, Улаабаатар, 2002, p. 70; Altan Kürdün Mingyan Kegesütü Bičig, p. 238; Bolor Erike, p. 906.

札拉尔，满译本作 Jalar，蒙古语名称作 Jalair ~ Jalar。《史集》作 j(a)lāīr①，《亲征录》作"札剌儿"，《元史》作"札剌儿""札剌亦儿""押剌伊而"②，《辍耕录》作"札剌儿歹"，《秘史》作"札剌亦^舌儿"（§120 等）。早先居住地在今蒙古国哈剌和林一带，包括 10 个分部，曾为辽朝属部，隶阻卜札剌部节度使司。③ 成吉思汗时期该部与弘吉剌等部封往蒙古东部，成为五投下之一。不见于明代汉籍，据《黄史》、《源流》、罗桑丹津《黄金史》、《阿撒剌黑齐史》、《金轮千辐》、《水晶数珠》等 17、18 世纪蒙文史书，答言汗时期 Jalair 为罕哈万户属部之一，答言汗的一位夫人出身该部，所生之子格列山只后被封为该部领主，因称 Jalair qong taiji，④ 所部发展为外罕哈七部，即今蒙古国的主要先民。另有相当一部分札剌亦儿人，明末属哈撒儿的后裔阿敏，⑤ 入清后被编为"扎赉特"（Jalaid，Jalair 的复数形式）旗，隶哲里木盟。《通谱》下文有"札赖"一名，满译本作 Jalai，疑即蒙古语名称 Jalaid。

黄古台，满译本作 Hūwanggutai，疑即蒙古语名称 Qongqotan（Qongqotai 为其单数形式）。《史集》作 qūnkq(u)tān⑥，《辍耕录》作"晃忽摊""晃兀摊"，《元史》作"黄忽答"⑦，《秘史》作"^中晃^中豁坛"（§47 等）。明代汉籍作"荒花旦"，列为亦卜剌太师统治时期（16 世纪初）应绍卜部落十个分部之一。⑧

奈曼，满译本作 Naiman，蒙古语名称同。《史集》作 nāīmān⑨，《亲征录》作"乃蛮"，《辍耕录》作"乃蛮歹"，《元史》作"乃蛮""乃满"⑩，《秘史》同《亲征录》。辽代已见其名，作"粘八葛"。⑪ 明代，据

---

① 《史集》第 1 卷第 1 分册，第 148 页等。

② 《元史》第 1 卷（第 4 页）、第 3 卷（第 47 页）、第 1 卷（第 2 页）等。

③ 《辽史》第 46 卷，第 757 页。

④ ШАРА ТУДЖИ, pp. 107–109; *Erdeni-yin Tobči*, 62v, 68v; *Blo bsang bstan gjin*, *Altan Tobči*, 161r; *Asarayči Neretü-yin Teüke*, p. 69; *Altan Kürdün Mingyan Kegesütü Bičig*, p. 227; *Bolor Erike*, p. 899, etc. .

⑤ *Altan Kürdün Mingyan Kegesütü Bičig*, pp. 293—294; *Bolor Erike*, p. 923.

⑥ 《史集》第 1 卷第 1 分册，第 128 页等。

⑦ 《元史》第 3 卷，第 1 页。

⑧ 《皇明北虏考》，第 211 页；《殊域周咨录》，第 495 页等。

⑨ 《史集》第 1 卷第 1 分册，第 222 页等。

⑩ 《元史》第 6 卷（第 118 页）、第 63 卷（第 1574 页）等。

⑪ 《辽史》第 26 卷，第 309 页。

蒙文史书，答言汗的直辖部察哈尔万户内有称 Naiman 的人众，后来成为其长子铁力孛罗之次子乜明后裔的属部，① 乜明次子卑麻之次子额参一系入清后成为奈曼旗的首领。明代以后出现的奈曼，与蒙元时期的乃蛮名称相同，但是部落内部的人员成分不一定与乃蛮有直接的渊源关系。

洽特，满译本作 Hiyat，蒙古语名称为 Kiyad，即蒙古古老部落名称 Qiyan～Kiyan 的复数形式。《史集》作 qīān（kīān）或 qīāt②；《辍耕录》作"乞要歹"；《元史》的"奇渥温"即 Qiyan～Kiyan 的音译，另见带有男性姓氏后缀的形式"乞牙带"（作为人名），③《秘史》作"乞颜"（§67）、"乞牙惕"（§63）。后期也有写作 Kiyod 的现象。④

谟尔启特、墨尔启，满译本作 Morhit，Mergi，蒙古语名称当为 Merkid，即《史集》的 m(a)rkīt⑤，《亲征录》作"蔑里乞"，《辍耕录》作"灭里吉""灭里吉歹""末里乞歹"，《元史》作"蔑里乞""蔑里吉"⑥，《秘史》作"篾儿乞惕"（§102 等）。辽代汉籍作"梅里急""密儿纪"⑦。不见于明代汉籍，《源流》记衮必里克吉囊第三子斡亦答儿麻的属部之一为 Merkid⑧；田清波《鄂尔多斯蒙古部名考》（以下简称《部名考》）收有 merget 一种⑨。

萨尔珠特，满译本作 Saljot，蒙古语名称当作 Salji'ud，即《史集》的 sāljīūt⑩，《亲征录》作"散只兀"，《辍耕录》作"散术兀歹""撒术歹"，《元史》作"散只兀""珊竹"⑪，《秘史》作"撒勒只兀惕"（§42

---

① *Erdeni-yin Tobči*, 57r; *Altan Kürdün Mingγan Kegesütü Bičig*, pp. 207, 209; *Bolor Erike*, pp. 858, 860.
② 《史集》第 1 卷第 1 分册，第 250、251 页等。
③ 《元史》第 1 卷（第 1 页）、第 205 卷（第 4573 页）。
④ *Qad-un Ündüsün Quriyangγui Altan Tobči*. Ш. Чоймаа, Улаанбаатар, p. 36, etc.; *Erdeni-yin Tobči*, 26v, 28r; *Asaraγči Neretü-yin Teüke*, p. 13; *Γombujab, Γangγ-a-yin Urusqal, Čoiji tulγan qaričaγulju tailburilaba*, Öbör Mongγol-un Arad-un Keblel-ün Qoriy-a, 1980, p. 40.
⑤ 《史集》第 1 卷第 1 分册，第 186 页等。
⑥ 《元史》第 1 卷（第 6 页）、第 134 卷（第 3250 页）。
⑦ 《辽史》第 30 卷，第 355 页。
⑧ *Erdeni-yin Tobči*, 69v.
⑨ 田清波（A. Mostaert）：《鄂尔多斯蒙古部名考》，米吉森格译，载《鄂尔多斯研究文集》第一辑，内蒙古自治区伊克昭盟档案馆，1984 年。本文以下不再一一注出。
⑩ 《史集》第 1 卷第 1 分册，第 292 页等。
⑪ 《元史》第 1 卷（第 8 页）等、第 77 卷（第 1924 页）等。

等)。部名已见于金代,作"山之昆"。① 明代汉籍和蒙文史书中未见。

克哩特,满译本作 Kerit,疑即蒙古语名称的 Kereid,即《史集》k(a)rāīt②,《亲征录》《元史》作"克烈",《秘史》作"客ᵗ列亦惕"(§171 等)。明代,该部名较少出现,据《黄金史纲》、罗桑丹津《黄金史》,哈撒儿后裔的科尔沁部落中有这一姓氏的人,而据《金轮千辐》,Kereid 为科尔沁右翼六部之一。又据《四卫拉特史》《金轮千辐》,四卫拉特之一土尔扈特部的首领一系为 Kereid 部王罕的后裔。③

克穆齐特、克穆楚特,满译本作 Kemcit、Kemcut,蒙古语名称当作 Kemji'üd。《史集》"谦谦州"作 k(a)mk(a)mjīūt④,亦指生活在那里的人们。该部名源于"谦州"。不见于明代汉籍,17、18 世纪蒙文史书中多有出现,据《源流》,该部隶属察哈尔万户。⑤

塔尔瑚努特,满译本作 Tarhūnut,蒙古语名称当为 Taryunud,或与《史集》所记部落名称 t(a)rġūt ~ tarqūt⑥、《秘史》(§§120,213)所记"塔ᵗ儿ᵗ忽惕"(Tarqud)有关。《史集》将该部列为"现今称为蒙古的突厥诸部落"之一,说成吉思汗的祖母 sūnīkul 旭真就出自这个部落。Taryunud 或许为 t(a)rġūt ~ tarqūt 的另一种复数形式,词干均为 t(a)r-ġū ~ tarqū("膘"之义)。

白苏,满译本作 Besu,蒙古语名称当作 Besüd。1786 年成书的《皇朝通志》改为"伯苏"⑦。《史集》作 bīsūt⑧,《辍耕录》作"别速歹",《元史》作"别速"⑨,《秘史》作"别速惕"(§47 等)。明代汉籍无载,据《源流》、罗桑丹津《黄金史》等,阿儿秃厮万户内有 Besüd 一支,为

---

① 《金史》第 93 卷,第 2073 页。
② 《史集》第 1 卷第 1 分册,第 206 页等。
③ Qad-un Ündüsün Quriyangyui Altan Tobči, pp. 99, 102; Blo bsang bstan gjin, Altan Tobči, 165v, 168v; Bayatur ubaši tümen, Dörben Oirad-un Teüke, Oirad-un Teüken Surbulji Bičig, Badai, Altanorgil, Erdeni emkidgen tailburilaba, Öbör Mongyol-un Soyol-un Keblel-ün Qoriy-a, 1985, p. 188; Altan Kürdün Mingyan Kegesütü Bičig, p. 844.
④ 《史集》第 1 卷第 1 分册,第 122 页等。
⑤ Erdeni-yin Tobči, 84v.
⑥ 《史集》第 1 卷第 1 分册,第 127 页等。
⑦ 《皇朝通志》,嵇璜、曹仁虎等纂修,国家图书馆善本部藏清内府抄本,"氏族略六·蒙古八旗姓"。
⑧ 《史集》第 1 卷第 1 分册,第 130 页等。
⑨ 《元史》第 3 卷(第 53 页)、第 20 卷(第 427 页)等。

衮必里克吉囊第四子那木塔儿尼的属领,① 田清波《部名表》收有 Beset 一种。另据《黄史》《源流》《阿撒剌黑齐史》等,外罕哈七部之一为 Besüd-Eljigen,是答言汗幼子格列山只次子 Noyantai 的属领。②

蒙古,满译本作 Monggo,蒙古语名称为 Mongqol ~ Mongɣol。《史集》作 m(u)gūl③,《辍耕录》《元史》等作"蒙古",《秘史》作"忙ᴴ豁勒"（§108 等）。该名可追溯至唐代,《旧唐书》"蒙兀室韦"之"蒙兀"一般被视为其最早的记载,至元代之前又有多种不同的译名,元代以后多音译为"蒙古"。

阿鲁络特,满译本作 Arulot,蒙古语名称为 Arulad ~ Arlad。《史集》作 aralāt④,《辍耕录》作"阿剌剌""阿儿剌歹",《元史》作"阿儿剌""阿而剌"等⑤,《秘史》作"阿ᴳ鲁剌惕"（§§47, 120 等）。成吉思汗的第一位安答博儿术出自该部。明代汉籍中未见此名,《黄金史纲》、罗桑丹津《黄金史》记答言汗麾下一位战将 Molun 出自 Arlad 部。⑥ 田清波《部名考》收有 arlat 一种。

苏尼特,满译本作 Sunit,蒙古语名称为 Sönid。即《史集》的 sūnīt⑦,《元史》作"雪泥"⑧。《秘史》作"雪你惕"（§47 等）,记为成吉思汗六世祖海都第三子抄真斡儿帖该第四子雪你惕及其后裔的部落,而《史集》将其列为"现今称为蒙古的突厥诸部落"之一。不见于明代汉籍, 17 世纪蒙文史书除《源流》外,《黄金史纲》、罗桑丹津《黄金史》亦有载。据《钦定外藩蒙古回部王公表传》（以下简称《表传》）、《恒河之流》、《金轮千辐》等,该部后来成为答言汗嫡长孙不地汗次子后裔所辖部落,⑨ 清代锡林郭勒盟苏尼特左、右翼二旗即以该部编设。

---

① *Erdeni-yin Tobči*, 62v, 68v; *Blo bsang bstan gjin*, *Altan Tobči*, 161r.
② ШАРА ТУДЖИ, p. 110; *Erdeni-yin Tobči*, 69v; *Asaraɣči Neretü-yin Teüke*, p. 69.
③ 《史集》第 1 卷第 1 分册,第 96 页等。
④ 《史集》第 1 卷第 1 分册,第 128 页等。
⑤ 《元史》第 3 卷（第 53 页）、第 20 卷（第 427 页）。
⑥ *Qad-un Ündüsün Quriyangɣui Altan Tobči*, p. 94; *Blo bsang bstan gjin*, *Altan Tobči*, 162r.
⑦ 《史集》第 1 卷第 1 分册,第 127 页等。
⑧ 《元史》第 77 卷,第 1924 页等。
⑨ *Blo bsang bstan gjin*, *Altan Tobči*, 175r; *Erdeni-yin Tobči*, 51v;《表传》第 36 卷,第 271 页; *Ɣangɣ-a-yin Urusqal*, p. 107; *Altan Kürdün Mingyan Kegesütü Bičig*, p. 204.

巴尔古，满译本作 Bargu，蒙古语名称为 Barɣu。即《史集》的 b(a)rġūt①，《辍耕录》作"八鲁忽歹"，《元史》作"八儿胡""八剌忽"②，《秘史》作"巴ᡍ儿ᡎ浑"（§239）。因生活在贝加尔湖之东巴儿忽真脱窟木一带而得名。与秃满、不里牙惕等森林部落住地邻近，在元末明初瓦剌兴盛之时受其控制，因此与不里牙惕一起被记为四瓦剌联盟（早期）中的一支。③ 明代汉籍音译为"叭儿厫""把儿户""把儿勿""八儿谷"等④。俺答汗时期，巴儿思孛罗第六子卜只剌次子也辛迭儿的儿子领应绍卜万户内 Barɣu 一支，称 Barɣu daičing，被俺答汗任命为第一批使者派往拉萨迎请格鲁派高僧琐南坚错。⑤ 大部分的 Barɣu 人仍基本生活在原住地，归外罕哈车臣汗部管辖，其中一部分人入清后先后迁往呼伦贝尔地区，成为索伦八旗和新巴尔虎八旗的组成部分。清代以后多译为"巴尔虎"。

阿喇克绰忒，满译本作 Alakcot，蒙古语名称当为 Alaɣči'ud ~ Alaɣčuud，得名与《史集》所记 alāqčān 有关。《史集》说昂可剌河与谦河汇合流向滨海地区，其地有一处地名叫 alāq čīn，据说那里的马都是花斑色的（alā）。⑥ 所说的花斑色的马，就是《通典》和《新唐书》中的"驳马"。⑦ 蒙古语 alaɣ，源于突厥语 alā，接形容词构词后缀 čin，再接名词复数附加成分 ud，成 alaɣči'ud，口语发音 alaɣčuud。明代汉籍无载，据《黄金史纲》《源流》等蒙文史书，脱脱不花汗、满都鲁汗、答言汗时，近侍中都有该部之人，《金轮千辐》将其列为察哈尔山阴四鄂托克之一，《恒河之流》则说它是答言汗长子铁力孛罗次子乜明的属领之一。⑧

巴林，满译本作 Barin，蒙古语名称为 Ba'arin ~ Barin。《史集》作

---

① 《史集》第1卷第1分册，第127页等。
② 《元史》第135卷（第3285页）、第1卷（第2页）等。
③ Dörben Oirad-un Teüke, p. 182; Altan Kürdün Mingyan Kegesütü Bičig, p. 344.
④ 《皇明北房考》，第211页等；《译语》，第225页；《北房世系》，第68、69页。
⑤ 《北房世系》，第69页；Erdeni-yin Tobči, 74v.
⑥ 《史集》第1卷第1分册，第165页。
⑦ 杜佑：《通典》，明刻本，第200卷，第8叶背面等；《新唐书》，中华书局点校本，1975年，第217卷下，第6146页。
⑧ Qad-un Ündüsün Quriyangɣui Altan Tobči, pp. 74, 91, 98; Erdeni-yin Tobči, 55v, 61v; Altan Kürdün Mingyan Kegesütü Bičig, p. 342; Ɣangɣ-a-yin Urusqal, p. 112.

bārīn①,《亲征录》作"霸邻,"《辍耕录》作"八怜",《元史》作"八邻"②,《秘史》作"巴阿舌邻",说是成吉思汗十世祖孛端察儿庶妻所生之子巴阿里歹的后人的部落（§§41、216等）。成吉思汗时期，该部首领豁儿赤受封万户，领林木中百姓，驻牧地在叶尼塞河与额尔齐斯河之间。明代后期，蒙古本部内罕哈五部之一称巴林，首领为答言汗第五子纳力不剌之子虎喇哈赤次子速巴亥（Subuqai）一系,③ 入清后以部设巴林旗，隶昭乌达盟。

二 明代以后作为蒙古内部的部落新出现的姓氏

明代也是蒙古姓氏发生较大变化的一个时代。早在蒙古汗国时期的对外军事行动中，蒙古地区已陆续吸收了汉、女真、西夏、哈剌鲁、钦察、阿速、斡罗思、花剌子模等民族和国家的一些人口。到元末明初，政局动荡，进入蒙古地区的这些氏族、部落或民族的人口最终与蒙古人融为一体，他们自身的不少姓氏名称、族称也随之变成了蒙古人当中的姓氏。原有的蒙古部落也因战乱和自然繁衍产生新的分化、聚散和重组，一批新的部落（姓氏）陆续产生。

《通谱》所列蒙古姓氏中属于这一类的，暂时可以确认的有：

萨尔图，满译本作 Sartu。蒙古语名称当为 Sarta'ul，即《秘史》的"撒舌儿塔兀勒"，旁译"回回"（§254等）。《辍耕录》将"回回"列为"色目三十一种"之一。明代，据《黄金史纲》、罗桑丹津《黄金史》、《黄史》、《源流》、《阿撒剌黑齐史》等17世纪蒙文史书，15世纪中叶也先汗的部众内已见 Sarta'ul 人;④《黄史》《阿撒剌黑齐史》《金轮千辐》《水晶数珠》又记答言汗幼子格列山只后裔所属外罕哈七部之一

---

① 《史集》第1卷第1分册，第129页等。
② 《元史》第127卷，第3099页等。
③ *Altan Kürdün Mingyan Kegesütü Bičig*, p. 223, etc.; *Bolor Erike*, p. 877, etc..
④ *Qad-un Ündüsün Quriyangyui Altan Tobči*, p. 87; *Blo bsang bstan gjin, Altan Tobči*, 175r; ШАРА ТУДЖИ, p. 67; *Erdeni-yin Tobči*, 58v; *Asarayči Neretü-yin Teüke*, p. 53.

为 Tangɣud-Sarta'ul，为其第六子 Deldeng 的属领。①

蒙古尔济，满译本作 Monggolji，蒙古语名称当为 Mongɣoljin。明代汉籍中有多种译名，如"满官嗔""满冠正""莽观镇"等。② 17 世纪蒙文史书中有 Mongɣoljin Tümed 或 Tümed Mongɣoljin 连用的现象，③ 实因俺答汗的 Tümed 部源自火筛的 Mongɣoljin 部。Mongɣoljin 之名后来只保留在清初所设土默特左翼旗（隶卓索图盟，今辽宁省阜新蒙古族自治县的前身）的俗称上，然而该旗扎萨克一支的先人源自明代朵颜卫的兀良哈人，不应有 Mongɣoljin 之称，但是由于该旗首领单巴家族长期与俺答汗曾孙温布家族关系密切，清初单巴与温布一起归降皇太极，后来温布所部被编为土默特右翼旗，而单巴所部被编为土默特左翼旗，于是有了 Tümed 之称，进而又有了 Mongɣoljin 之称。实际上该旗首领家族既不是 Tümed 也不是 Mongɣoljin，而是 Uriyangqai ~ Uriyangqad（乌梁海），这也就是为什么阜新蒙古族自治县的蒙古人多冠汉姓"吴"或"武""乌"的原因。

实宝禅，满译本作 Šiboocan，蒙古语名称当为 Šiba'učin。元代音译为"昔宝赤""昔博赤"④ 等，为怯薛诸执事之一，《辍耕录》解释其职掌为"鹰房之执役者"，《元史》释为"主鹰隼之事者""鹰人"⑤。明初，明廷在北边设立"失宝赤千户所"⑥，但不久就名存实亡，其众已不在明朝的控制之中。估计失宝赤千户所的人众融入蒙古，形成部落。《源流》提到阿儿秃厮万户右翼部落中有 Šiba'učin 一部，首领为衮必里克吉囊的次子伯桑豁儿，⑦ 田清波《部名表》列有 Šiwū'tš'in 一种，当源自伯桑豁儿的属领。《恒河之流》《金轮千辐》《水晶数珠》说答言汗嫡长孙不地汗第五子 Güngtü 统领 Šiba'učin 部，属察哈尔万户。⑧

威古特，满译本作 Wenggut，为 Weigut 的形讹。1821 年成书的《满

---

① ШАРА ТУДЖИ，110；*Asaraɣči Neretü-yin Teüke*，p. 70；*Altan Kürdün Mingɣan Kegesütü Bičig*，p. 238；*Bolor Erike*，p. 905.

② 《皇明北房考》，第 211 页等；《全边略记》，第 125 页；《译语》，第 225 页。

③ *Erdeni-yin Tobči*，79v，69v.

④ 《元史》第 15 卷，第 313 页等；第 17 卷，第 368 页。

⑤ 《元史》第 99 卷，第 2524 页等；第 101 卷，第 2599 页。

⑥ 《明太祖实录》第 60 卷，洪武四年春正月癸卯条。

⑦ *Erdeni-yin Tobči*，69v.

⑧ *Ɣangɣ-a-yin Urusqal*，112；*Altan Kürdün Mingɣan Kegesütü Bičig*，p. 206；*Bolor Erike*，p. 858.

汉同音合璧》卷三"八旗蒙古姓氏部落"中，威古特即作 Weigut①。蒙古语名称为 Uiqud ~ Uiɣud，即 Uiqur（畏吾儿）的复数形式，《秘史》作"委兀惕"（§152 等）。《亲征录》《辍耕录》《元史》作"畏吾儿"。据17 世纪蒙文史书和明代汉籍，明代蒙古人所称 Uiɣud 一般是指住地在哈密北山一带的野乜克力人，因它与畏吾儿人居住地邻近而致混淆。② 明代汉籍记俺答汗所领满官嗔六营之一为"畏吾儿"③；《源流》记衮必里克吉囊第九子阿木答喇统领阿尔秃厮万户右翼的 Uiɣurjin 四鄂托克。④ Uiɣurjin 为"类畏吾儿人"之义，明代汉籍中有"委兀慎""威兀慎""委兀儿趁"等译名⑤。阿尔秃厮万户内的 Uiɣurjin 人与出自哈密北山野乜克力人的 Uiɣud 有渊源关系。

乌济吉特、乌齐喜特，满译本作 Ujigit、Ujihit，蒙古语名称当为 Üjiyed。明代汉籍音译为"我着"，释为"福余卫"。⑥ 福余卫属众源于兀者野人，《续增华夷译语》释"野人"为"兀赤也惕"即 Üjiyed⑦。《黄金史纲》、罗桑丹津《黄金史》提到 ölge-yin jirɣoɣan mingɣan Üjiyed "山阳之六千我着"⑧。《俺答汗传》提到 Üjiyed ulus "我着兀鲁思"，同时称他们为 ölge tümen "山阳万户"，又说 Üjiyed 之首领 Engke 举族携 Ögelen qatun（月伦夫人）的宫帐来归附，其众被俺答汗赐予弟弟昆都仑汗⑨。《黄史》说 Üjiyed 是成吉思汗幼弟斡赤斤的属众⑩，而《卢龙塞略》等汉籍说朵颜卫首领"影克"成了昆都仑汗的属夷⑪。这说明山阳我着或山阳万户不单指福余卫，而是泛指整个兀良哈三卫。月伦夫人的宫帐能在我着

---

① 《满汉同音合璧》，国家图书馆善本部藏清道光元年抄本，第 3 卷，第 5 叶正面。
② 参见和田清《明代蒙古史论集》，原名《东亚史研究·蒙古篇》，潘世宪译，商务印书馆 1984 年版，第 349—357 页。
③ 《皇明北虏考》，第 211 页；《殊域周咨录》，第 495 页。
④ Erdeni-yin Tobči, 69 v.
⑤ 《武功录》，第 37 页；《武备志》，《明代蒙古汉籍史料汇编》第二辑，第 533 页；《北虏世系》，第 43 页。
⑥ 《登坛必究》，第 133 页；《卢龙塞略》，第 172 页。
⑦ 《续增华夷译语》，贾敬颜、朱风合辑《〈蒙古译语〉〈女真译语〉汇编》，天津古籍出版社 1990 年版，第 82 页。
⑧ Qad-un Ündüsün Quriyangɣui Altan Tobči, p. 67；Blo bsang bstan gjin, Altan Tobči, 130 v.
⑨ 《アルタン＝ハーン伝記訳註》，第 68、69 节。
⑩ ШАРА ТУДЖИ, p. 95.
⑪ 《卢龙塞略》第 15 卷"贡酋考"，《明代蒙古汉籍史料汇编》第二辑，第 365 页。

人处，也证明这些人的首领家族是斡赤斤后裔。当初月伦与幼子斡赤斤同封一处，她去世后宫帐仍留斡赤斤后人领地。《元史》记载泰定三年（1326）秋七月"辽王脱脱请复太母月也伦宫守兵及女直屯户"①，也证明月伦的宫帐的确是在斡赤斤后人处。这与《黄史》Üjiyed 为斡赤斤之属众的记载以及兀良哈三卫首领为元辽王后裔的记载相合。兀良哈三卫因地处大兴安岭南麓而被称为"山阳我着"或"山阳万户"。18 世纪蒙文史书《金轮千辐》《水晶数珠》记内罕哈五部之一为 Üjiyed，首领是答言汗第五子 Nalčubolod（纳力不剌）之子 Quraqači（虎喇哈赤）第五子 Šooqan batur（炒花），② 这一部分我着人是虎喇哈赤在南下辽河流域的过程中兼并来的三卫人，后来发展为五部中最强的一支，因此明人当时称整个内罕哈五部为"炒花五大营"③。1626 年，林丹汗攻内罕哈五部，我着受到重创，部众多被收服，炒花之子卫征巴拜归降后金，后被编入满洲八旗。《金轮千辐》说 Üjiyed 一部"入了内地"④。

宝济，满译本作 Booji，疑蒙古语名称为 Buuči，即"炮手"之义。元代设有炮手军，多用于攻城作战，有各种炮手万户府、炮手千户府，也有炮手民户。这一部落名称也应该是由职务之名发展而来的。

察哈尔，满译本作 Cahar，蒙古语名称为 Čaqar。明代汉籍有"察罕儿""察汉儿""擦汗儿""插汉儿"等译名⑤。伯希和认为该部落名源自波斯语 čākar，意为"王公的卫兵、仆人"。⑥ 这个部落，估计就是由元惠宗妥欢贴睦尔北遁时所携皇室侍卫等人众发展形成的。据 17 世纪蒙文史书和明代汉籍分析，该部曾一时归属答言汗的祖父哈儿忽出黑，经其父孛罗忽吉囊再传给他，从此成为大汗的直辖部，到明末，最后一代蒙古大汗林丹汗遭到后金进攻，率部西奔青海，病死在大草滩，遗众归降后金，清廷后设察哈尔八旗。

---

① 《元史》第 30 卷，第 671 页。
② *Altan Kürdün Mingyan Kegesütü Bičig*, p. 225; *Bolor Erike*, p. 897.
③ 王在晋：《三朝辽事实录》，《清史资料》第三辑，台北台联国风出版社 1970 年版，第 7 卷，第 692 页。
④ *Altan Kürdün Mingyan Kegesütü Bičig*, p. 225.
⑤ 《皇明北虏考》，第 210 页等；《殊域周咨录》，第 495 页等；《武备志》，第 531 页；《全边略记》，第 126、32 页；等等。
⑥ 伯希和：《卡尔梅克史评注》，耿昇译，中华书局 1994 年版，第 70 页。

达喇明安，满译本作 Daraminggan，蒙古语名称为 Darai ~ Dari mingγan，《恒河之流》记答言汗第七子 El bu'ura（那力不赖）的属领之一为 Dari mingγan，《金轮千辐》记为那力不赖第四子 Molun taiji 的属领；① 明代汉籍作"打剌明安""打喇名安"等②。

吴喇忒，满译本作 Urat，蒙古语名称为 Urad。不见于《亲征录》《史集》《元史》《秘史》等早期文献，明代汉籍和多数 17 世纪蒙文史书亦无载，《源流》记蒙古右翼阿尔秃厮万户衮必里克吉囊次子伯桑豁儿的属部之一为 Urad③。而《清太宗实录》记天聪十年（1636）归降后金的蒙古十六部中有"吴喇忒"一名，④ 据《表传》，这一部分 Urad 人属"阿噜蒙古"，原游牧于呼伦贝尔地区，首领为成吉思汗长弟哈撒儿十五世孙布尔海的后裔。这些人后被清廷迁往归化城一带，所部三旗，隶乌兰察布盟。⑤

扎哈苏亲，满译本作 Jahasucin，蒙古语名称为 Jiγasučin，意为"渔夫"。元代设有"只哈赤八剌哈孙总管府"，只哈赤音 jiqači ~ jiγači，亦为"渔夫"之义，接名词构词后缀či 时词尾 su 脱落，其复数形式为 Jiqačid ~ Jiγačid，原内蒙古卓索图盟、昭乌达盟有不少姓 Jiγačid 的人，一般冠汉姓"于"，取"鱼"的谐音。

札鲁特，满译本作 Jarut，蒙古语名称为 Jarud ~ Jaru'ud。不见于明代汉籍和《俺答汗传》《黄金史纲》《黄史》《阿撒剌黑齐史》等 17 世纪蒙文史书，《源流》仅一见，作 Jaru'ud，说答言汗的独生女 Töröltü 公主下嫁给了札鲁特人 Ba'asun darqan tabunang。⑥《金轮千辐》《水晶数珠》记内罕哈五部之一为 Jarud，是虎喇哈赤长子 Ubaši üijeng 及其后裔的属部，该部有几支人"内附"，⑦ 即进入了八旗；该部大多数的余众入清后以部设扎噜特旗，隶昭乌达盟。

达鲁特，满译本作 Dalut，疑即蒙古语名称 Dalad。Dalad 为蒙古语

---

① *Γangγ-a-yin Urusqal*, p. 130; *Altan Kürdün Mingγan Kegesütü Bičig*, p. 226.
② 《全边略记》，第 92 页；《北虏世系》，第 76 页；《登坛必究》，第 270 页。
③ *Erdeni-yin Tobči*, 69v.
④ 《清太宗实录》，中华书局 2008 年版，第 27 卷，第 922 页。
⑤ 《表传》第 41 卷，第 304 页等。
⑥ *Erdeni-yin Tobči*, 66v.
⑦ *Altan Kürdün Mingγan Kegesütü Bičig*, p. 218; *Bolor Erike*, p. 869.

"七十"dala 的复数形式，用作部落名称。该部名始见于明代，《皇明北虏考》等作"打郎"①，据《黄金史纲》、《源流》、罗桑丹津《黄金史》，这部分人先后属满官嗔、阿儿秃厮部，最后成为衮必里克吉囊第三子斡亦答儿麻的属领。② 清代以来多译为"达拉特"。

阿苏特，满译本作 Asut，蒙古语名称同。中亚古老民族"阿思"（As）之名的复数形式。《辍耕录》作"阿速"，列为色目三十一种之一，《秘史》作"阿速惕"（§262 等）。1221 年蒙古大将速不台等率军从高加索逾太和岭北上，大败阿速等部联军，1239 年蒙哥率军攻下阿速的蔑怯思城，大批阿速人被迫东迁，元代组成阿速拔都军、阿速卫侍卫亲军。明代出现的蒙古阿速部，应当是在元代一部分阿速军的基础上形成的。此部在明代前中期非常活跃，曾是应绍卜万户的三大组成部分之一，答言汗统一诸部后，巴儿思孛罗第六子卜只剌的第三子合落赤领有一部分 Asud 人。③

启普樵，满译本作 Kibciyoo，蒙古语名称当为 Kibča'ud，即"钦察"（Qibčaq ~ Kibčaγ）的复数形式。《史集》作 q(i)bjāq④，《辍耕录》作"钦察"，列为色目三十一种之一。《秘史》作"乞卜察兀惕"（§262）。本是西域一部族，住地在今乌拉尔河至黑海以北的地区。蒙元时期，蒙古西征军击破钦察，一部分钦察人被携往东方，后立钦察卫。明代汉籍和蒙文史书中未见。明代蒙古人中的 Kibča'ud 部落，应当是元钦察卫的遗众。

杭津，满译本作 Hangjin，蒙古语名称当为 Qanggin。《满汉同音合璧》"蒙古姓氏部落"部分，杭津作 Hanggin⑤，是。蒙元时期该部名有几种形式，Qangli、Qanglin、Qanggin。《史集》作 q(a)nqlī⑥，《辍耕录》作"康里"，《元史》作"康里""康礼""杭里""杭斤"⑦，《秘史》作"^中康邻"（§262 等）。本是西域一部族，住地邻近钦察，蒙古大军西征时，速

---

① 《皇明北虏考》，第 211 页；《殊域周咨录》，第 495 页。
② *Qad-un Ündüsün Quriyangyui Altan Tobči*，p. 94；*Erdeni-yin Tobči*，64r，69v；*Blo bsang bstan gjin*，*Altan Tobči*，161v.
③ *Erdeni-yin Tobči*，67v；*Altan Kürdün Mingyan Kegesütü Bičig*，p. 216；*Bolor Erike*，p. 866.
④ 《史集》第 1 卷第 1 分册，第 137 页等。
⑤ 《满汉同音合璧》第 3 册，第 3 卷，第 17 叶背面。
⑥ 《史集》第 1 卷第 1 分册，第 136 页等。
⑦ 《元史》第 13 卷（第 266 页）等、第 99 卷（第 2528 页）、第 131 卷（第 3190 页）、第 121 卷（第 2976 页）等。

不台率军征服该部，不少人被杀，一部分人作为俘虏补充进蒙古军队，元代组成康礼卫。该部名不见于明代汉籍和其他 17 世纪蒙文史书，仅《源流》的早期版本作 Qanglin，较晚期的版本作 Qanggin①。此部名的词干是 qang-，突厥语"车"之义，接形容词构词后缀 liγ 成 qangliγ，由此衍生出 qangli、qanglin 的形式，意即"有车的人"。而 Qanggin 是 qang 的复数形式，相当于蒙古语的 terged，为"众车"之意。明代以后蒙古出现的 Qanglin ～ Qanggin 部落，当是元代康礼卫的遗众。据《源流》，该部落曾隶属土蛮部，后来成为阿儿秃斯的属部，首领为衮必里克吉囊第三子斡亦答儿麻。② 清代以其部众设鄂尔多斯右翼后旗（俗称杭锦旗）。

唐古特，满译本作 Tanggūt，蒙古语名称为 Tangγud。即《史集》的 t(a)nkqūt③，《辍耕录》《元史》作"唐兀"，《秘史》作"唐兀惕"（§249 等），指党项或西夏人，《亲征录》即作"西夏"。蒙古灭西夏，其地及属众进入新政权，元代还设有唐兀卫亲军都指挥使司。明代中后期，阿儿秃斯万户内有一支 Tangγud 人，是衮必里克吉囊次子伯桑豁儿的属部之一；④ 外罕哈七部内也有一支 Tangγud 人，是格列山只第六子 Deldeng 的属部之一。⑤

科尔亲，满译本作 Korcin，蒙古语名称为 Qorčin。作为部落名称，不见于蒙元时期的文献，但是蒙元时期怯薛执事有 qorči 一种，《元史》音译"火而赤""火儿赤"，语释"佩櫜鞬侍左右者""佩弓矢……国语曰火儿赤"⑥；《秘史》音译"中豁舌儿臣"，旁译"带弓箭的"（§192 等）。部落名称 Qorčin 源于此，是成吉思汗长弟哈撒儿后裔的属领。明代汉籍有"好儿趁""火儿慎"等译名⑦。清代以后多译为"科尔沁"，内蒙古哲里木盟十旗中包含科尔沁左翼、右翼各三旗。

---

① *Erdeni-yin Tobči*，65r；E. Haenisch，*Der Kienlung-druck des mongolischen Geschichtswerkes Erdeni Yin Tobci von Sagang Secen*，Wiesbaden，1959，p. 171，etc.。

② *Erdeni-yin Tobči*，69v。

③ 《史集》第 1 卷第 1 分册，第 234 页等。

④ *Erdeni-yin Tobči*，69v；ШАРА ТУДЖИ，p. 110；*Asaraγči Neretü-yin Teüke*，p. 70；*Altan Kürdün Mingγan Kegesütü Bičig*，p. 238；*Bolor Erike*，p. 905。

⑤ ШАРА ТУДЖИ，p. 110；*Asaraγči Neretü-yin Teüke*，p. 70；*Altan Kürdün Mingγan Kegesütü Bičig*，p. 238。

⑥ 《元史》第 129 卷（第 3147 页）、第 119 卷（第 2952 页）、第 80 卷（第 2006 页）。

⑦ 《武功录》，第 190 页等；《登坛必究》，第 269 页。

土默特，满译本作 Tumet，蒙古语名称为 Tümed，即 tümen "万" 的复数形式。答言汗第三子巴儿思孛罗次子俺答汗的属部，为蒙古本部右翼三万户之一，拥有很多分支。① 部名 Tümed，与《史集》所记 tūmāt②、《亲征录》之"吐麻"、《元史》之"秃满"、《秘史》之"秃马惕"（§240 等）发音有差别，但是 tumad 很容易被读成 tümed，在罗桑丹津《黄金史》与《秘史》相应的部分，Tumad 已经被写成了 Tümed③，《源流》等 17、18 世纪蒙文史书也是如此。Tumad 讹为 Tümed 的另一个原因，估计是后来的蒙古人已不熟悉 Tumad 部，而熟悉的相近部名只有当时蒙古右翼的 Tümed（土蛮、土默特）部，于是后者取代了前者。

　　《通谱》为每个蒙古姓氏记下了它们归降清朝之前的驻牧地，被作为地名记载的这些名称中，有不少实为部落、姓氏名称，如"兀鲁特""札鲁特""科尔沁""察哈尔"等，其中未见于正式姓氏名录的有以下几种：

　　克西克腾、克什克腾，满译本作 Kesikten，蒙古语名称为 Kešigten。源于成吉思汗时期创立的扈卫军 kešigten，《元史》音译"怯薛丹"④，《秘史》音译"客失克田"，旁译"扈卫每"（§187 等）。明代逐渐形成部落，汉籍中有"克失旦""克失探""克石炭""黑石炭"等译名⑤。据《源流》《金轮千辐》以及《表传》等，该部为察哈尔属部之一，首领家族为答言汗第五子阿赤赖孛罗的后裔。⑥

　　阿霸垓，满译本作 Abagai，蒙古语名称当为 Abaγ-a，"叔叔"之义，因其首领家族为成吉思汗异母弟别里古台后裔而得名。元代别里古台后裔封"广宁王"，到 15 世纪中叶此封号仍见使用，汉籍记载蒙古大酋毛里孩所称"黄苓王"⑦，即广宁王之变音；《黄金史纲》说毛里孩是别里古台后裔，而《恒河之流》《金轮千辐》将他列为别里古

---

① *Erdeni-yin Tobči*, 68v；*Altan Kürdün Mingγan Kegesütü Bičig*, p. 212；*Bolor Erike*, p. 863.
② 《史集》第 1 卷第 1 分册, 第 200 页等。
③ *Blo bsang bstan gjin*, *Altan Tobči*, 5v.
④ 《元史》第 8 卷, 第 155 页等。
⑤ 《皇明北虏考》, 第 210 页；《登坛必究》, 第 269 页；《辽夷略》, 第 471 页；《武功录》, 第 301 页。
⑥ *Erdeni-yin Tobči*, 83v；*Altan Kürdün Mingγan Kegesütü Bičig*, p. 226；《表传》, 第 33 卷, 第 252 页。
⑦ 《明宪宗实录》, 成化三年三月己丑条；叶向高：《四夷考》, 《明代蒙古汉籍史料汇编》第二辑, 第 508 页等。

台第十三代孙，说他的后人做了 Abaγ-a 的首领。① 清代以后多译为"阿巴嘎"。

喀拉沁，满译本作 Karacin，蒙古语名称为 Qaračin。得名源自蒙元时期的"哈剌赤"，qara 意为"黑"，qarači ~ qaračin 本专指为忽必烈制作色清味美之黑马乳以进的班都察一族，后来太仆寺所属各牧场都有按千户、百户组织的哈剌赤户。② 明代汉籍有"哈剌慎""哈喇慎""阿剌慎"等译名③。该部曾先后属阿速、应绍卜，后为答言汗所收，成为其第三子巴儿思孛罗之第四子伯思哈勒（昆都力哈）的属领。④ 伯思哈勒的驻牧地在今内蒙古正蓝旗一带，后逐渐向东扩张到朵颜卫地区，两部首领家族来往密切，相互联姻，共同行动，以致明代汉籍中经常混用两部之名。哈剌慎部在 1628 年被西进的林丹汗的大军击破，部众溃散，后来大部分归降了后金。而朵颜卫首领速不的也于同年率众归降后金，1635 年以他和族人所部设喀喇沁三旗，实际上他们是成吉思汗大将折里麦的后人，姓兀良哈。

喀尔喀，满译本作 Kalka，蒙古语名称为 Qalq-a，因哈勒哈河得名。明代汉籍音译为"罕哈"⑤。为蒙古本部左翼三万户之一，驻牧地原在哈勒哈河流域，答言汗第五子纳力不剌家族驻河东，逐渐发展为内罕哈五部；答言汗幼子格列山只家族驻河西，逐渐发展为外罕哈七部。据《金轮千辐》《水晶数珠》，内罕哈五部分别为 Jarud、Ba'arin、Qonggirad、Bayod 和 Üjiyed。⑥ 据《黄史》《阿撒剌黑齐史》等，外罕哈七部分别为 Üneged-Jalair、Besüd-Eljigen、Kir(e)güd（Kerüd）-Γorlos、Γoruqu-Küriye-Čoγuqur、Kökeyid-Qatagin、Tangγud-Sarta'ul 和 Uriyangqan，⑦ 是今蒙古国的前身。

阿禄科尔沁，满译本作 Aru Korcin，蒙古语名称为 Aru Qorčin。清代

---

① *Qad-un Ündüsün Quriyangγui Altan Tobči*，p. 86；*Γangγ-a-yin Urusqal*，163；*Altan Kürdün Mingγan Kegesütü Bičig*，p. 311.
② 《元史》第 128 卷（第 3132 页）等、第 100 卷（第 2554 页）等。
③ 《皇明北房考》，第 211 页；《北房世系》，第 62 页；《译语》，第 225 页。
④ *Erdeni-yin Tobči*，68v.
⑤ 《皇明北房考》，第 211 页；《殊域周咨录》，第 495 页等。
⑥ *Altan Kürdün Mingγan Kegesütü Bičig*，pp. 216，228；*Bolor Erike*，pp. 869，899.
⑦ ШАРА ТУДЖИ，p. 110；*Asaraγči Neretü-yin Teüke*，p. 70.

以来一般音译为"阿噜科尔沁"。与科尔沁同宗。打来孙汗时期（16世纪中叶），科尔沁部首领魁猛可一支由大兴安岭地区南下嫩江流域，为了区别又称"嫩科尔沁"，留居原地的科尔沁人遂称"阿噜科尔沁"，首领为魁猛可之弟巴衮诺颜一系。①

敖汉，满译本作 Auhan，蒙古语名称为 Auqan。明代汉籍无载。据《表传》《金轮千辐》《水晶数珠》等书，该部为察哈尔属部之一，首领家族为答言汗长子铁力孛罗次子乜明一系，乜明之子卑麻的嫡长孙岱青一系入清后以部设敖汉旗，隶昭乌达盟。②

鄂尔多斯，满译本作 Ordos，蒙古语名称同。Ordos 为 ordo"宫帐"的复数形式，因成吉思汗的灵帐八白帐而得名。明代，以守护管理八白帐的人众为主逐渐形成部落，称 Ordos。明代汉籍音译为"阿儿秃厮""袄儿都司""阿儿都司"等③。为蒙古本部右翼三万户之一，答言汗统一蒙古本部后，其第三子巴儿思孛罗的长子一系最终成为该部的首领。④ 清代以后多译为"鄂尔多斯"。

在《通谱》的满洲姓氏名录中也偶见一些蒙古姓氏，如"蒙古尔济"（﹡Mongγoljin）、"赛音萨尔图"（﹡Sayin Sartaγul）、"喀尔沁"（﹡Qaračin）、"翁果特"（﹡Önggüd）等，其中还有两种或为蒙古部落名称，一个是"巴尔拉"（卷59），满译本作 Barla，疑为蒙古部落名称 Barulas。即《史集》的 barūlās⑤，《辍耕录》的"八鲁剌忽"（忽为思之形讹），《亲征录》《元史》的"八鲁剌思"⑥，《秘史》的"把ᵗ鲁剌思"（§46）、"巴ᵗ鲁剌思"（§120）。另一个是"扎穆秦"（卷61），满译本作 Jamucin，疑为蒙古语名称 Jamčin ~ Jamučin，即"站户"之义。《元史》一般音译为"站赤"⑦，《秘史》作"札木臣"，旁译"站户"（§279 等）。

---

① Altan Kürdün Mingγan Kegesütü Bičig，p. 296，etc；Bolor Erike，p. 925，etc.．《表传》第30卷，第237页等。

② 《表传》第26卷，第205页等；Altan Kürdün Mingγan Kegesütü Bičig，p. 207，etc.；Bolor Erike，p. 858，etc.．

③ 《皇明北房考》，第211页；《北房世系》，第35页；《武功录》，第112页。

④ Qad-un Ündüsün Quriyangγui Altan Tobči，p. 101；Erdeni-yin Tobči，68v；《表传》第26卷，第205页等；《皇明北房考》，第211页；《北房世系》，第35页；《武功录》，第112页，等。

⑤ 《史集》第1卷第1分册，第310页等。

⑥ 《元史》第16卷，第340页等。

⑦ 《元史》第13卷，第271页等。偶有一例作"站木赤"，为人名，见第65卷，第1622页。

三　明末卷入蒙古的他族姓氏

《通谱》卷66至卷71所收录的230多个蒙古姓氏中，还有一些应该是非蒙古姓氏。参照他卷内容，可确认为满洲姓氏的有：舒鲁、鄂卓、完颜、巴雅喇、博尔济、叶何、纳喇、克尔德、瑚岳络、乌尔汉、钟吉、巴理、鲁布理、兀札喇、赫舍理。可确认原为汉人姓氏的有：刘佳、海佳、李佳、玛佳、张佳、肇佳、白佳、珠佳、瑚佳、韩佳、牛佳、黄佳、常佳、陶佳、曹佳、吴佳、侯佳。这一现象说明：在明代后期由于蒙古与女真、明朝之间局部冲突不断，各种形式的交往频繁，相互之间人员的流动性较大，不少曾因不同情况进入蒙古地区的异族姓氏之人，到明末清初又随着蒙古部落的相继降清而归入清朝，因此被视为蒙古姓氏。不过随着时间的推移，人们的认识又有所改变。《皇朝通志》晚于《通谱》四十多年成书，其"氏族略"的"蒙古八旗姓"部分依据《通谱》的"附载满洲旗分内之蒙古姓氏"编成，届时已将刘佳、李佳、玛佳、张佳、白佳、珠佳、瑚佳、黄佳、陶佳、完颜、博尔济、纳喇、赫舍理等姓氏名称删除。①

除以上名称之外，《通谱》还有相当一部分蒙古姓氏名称暂不可考，其中个别的名称尚可推知其义，但不知具体详情。如：沙喇图鲁腾（Seraturuten），蒙古语名称当为 Šira teri'üten，"黄头人众"之意；泰锡纳喇（Taisinara），蒙古语名称当为 Taišinar，"太师人众"之意；托罗特（Tolote），蒙古语名称当为 Dolod，即 doloɣan "七"的复数形式；塔布努特（Tabunut），蒙古语名称当为 Tabunu'ud，数词 tabu "五"的一种复数形式。而更多的一些名称，是既不知其意也无从获知其详情。这种现象也从一个侧面反映出蒙古部落、姓氏发展的迅速和多样化。

（原载《民族研究》2011年第1期）

---

① 《皇朝通志》，"氏族略六·蒙古八旗姓"。

关于月伦太后与朵颜山关系问题

——应当合理挖掘利用历史文化资源

近些年来，随着国内经济发展需求的不断高涨，不少地方都在发展旅游业方面下了很大功夫，将其视为经济的一个重要增长点。而在发展旅游业方面，挖掘当地历史文化资源又成为一项主要的任务和手段。这样的措施和做法，在某种意义上确实为发展经济起到了一定的促进作用。一些好的范例，也确实收到了经济、文化双赢的效果。然而不容否认的是，在以往的实施过程中还存在良莠不齐的现象，急功近利，不尊重史实，甚至歪曲、杜撰历史的实例并不少见。这种状况令人担忧。近三四年来，内蒙古自治区传出兴安盟扎赉特旗博格达乌拉即成吉思汗之母月伦太后祭祀地的说法，当地还据此在博格达乌拉搞出了所谓恢复月伦太后祭祀等一些相应的活动。这一现象首先引起了一些扎赉特旗籍有识之士和当地本乡老者们的注意，他们很快提出了质疑。出于史学工作者的良知和责任，本文针对扎赉特旗博格达乌拉与成吉思汗之母月伦太后祭祀地是否存在关系这一问题展开了讨论，力图通过相关史料的梳理和科学分析，给出接近史实的合理结论，以正本清源、消除不良影响。[①]

内蒙古自治区兴安盟扎赉特旗境内的博格达乌拉（又称"大神山"）

[①] 应扎赉特旗籍学者乌兰杰先生之邀，笔者曾和先生合作写成《"朵因温都儿"小考》一文，登载于《内蒙古大学艺术学院学报》2011年第3期，就扎赉特旗博格达山与成吉思汗之母月伦太后祭祀地的问题发表了基本看法。后承蒙业师周清澍先生进一步赐教，笔者又找到了一些新的资料，于是修改补充为该文。在此向周清澍师表示衷心的感谢。

即史籍所载"朵颜山"①（又作"朵因温都儿"②、"多延温都儿"③、"朵云山"④ 等），基本已成定说。《蒙古游牧记》明确将"朵云山"记于扎赉特旗境内，谓："［扎赉特］旗北百二十里有朵云山……八十里有绰尔河。"《内蒙古历史地理》也说："朵因温都儿就是今天兴安盟扎赉特旗西北大神山。"⑤ 业师亦邻真先生少年时期曾在扎赉特旗生活，也曾说过史书里的朵颜山就是现在扎赉特旗的博格达乌拉。扎赉特旗古老的长调民歌《金色圣山》中还出现"朵颜岭"之名。⑥

关于博格达乌拉，较长时期以来只是流传着有关山神的传说，并曾举行过由贵族首领主持的祭祀活动，此外并未听说还曾存在过其他什么祭祀活动。然而近来却突然冒出了一种新的说法，将该山与成吉思汗的生母月伦太后联系起来，认为那里曾经是月伦太后的祭祀地。此说所谓的主要根据之一是历史文献中仅见的"额客多延温都儿"的说法，认为这里的"额客"是指月伦太后，而"多延"是蒙古语 doyin 的汉语音译，意为"烧饭"（祭奠先人的一种仪式），"额客多延温都儿"即月伦太后祭奠山之义。⑦

"额客多延温都儿"之语，见于明初的《脱儿豁察儿书》。研究历史问题，不能仅凭简单的语音比对。科学的审音勘同应当以历史语文学常识

---

① 方孔炤《全边略记》卷六："［洪武二十四年］三月，……故元辽王阿札失里寇边，屯朵颜山。命傅友德、郭英总兵讨之。"《明代蒙古汉籍史料汇编》第三辑，内蒙古大学出版社2006年版，第210页。

② 《元史》卷八八《百官四》，中华书局1976年版，第2237页。

③ 《华夷译语》（甲种本）《脱儿豁察儿书》，栗林均编《〈华夷译语〉（甲种本）蒙古语全单词·词尾索引》（据《涵芬楼秘笈》第四集所收明洪武刊本影印本），仙台，2003年，第97页。"朵因""多延"为山名，"温都儿"蒙古语本义为"高"，亦用作"山""岭"等义。"朵因温都儿"即朵颜山或朵颜岭。

④ 张穆：《蒙古游牧记》卷一，台北文海出版社，影印清同治四年祁氏重刊本，1965年，第45页。

⑤ 周清澍主编：《内蒙古历史地理》，内蒙古大学出版社1993年版，第127页。

⑥ 乌兰杰编：《扎赉特民歌》（蒙古文），民族出版社2006年版，第45页。"金色的博格达山梁上，一只夜莺在歌唱。白发苍苍的母亲哟，今日有缘再相逢。朵颜岭呵好风光，尽快跨越赶路忙。七十高龄的母亲哟，恨不能飞到你身旁！"其中"朵颜岭"一名，原文作 Doyan öndür dabayan。

⑦ 高爱军：《关于诃额仑夫人祭祀宫室》，《内蒙古民族大学学报》（社科蒙古文版）2011年第2期。另外，《扎赉特历史文化研究》（乌力吉等主编，内蒙古人民出版社2011年版）所收几篇文章中也见有类似说法。

和相关历史背景知识为依托。从审音勘同的角度来讲，首先，"多延"与现代蒙古语中的 doying（烧给先人的供物）无涉。多延、朵颜，其蒙古文书写形式明代文献中作 Doyan①，与 doying 有差距。亦邻真先生曾说，Doyan 之名恐怕不是蒙古语，在蒙古人来此地之前应已有之。而蒙古语"烧饭"在《元朝秘史》中作"土烈食连"（tülešilen）②，tülešilen 是副动词形式，其词干为名词 tüleši（被烧之物、柴薪等义）。现存蒙元时期的文献中，未见 doying 之语。有学者考证 doying 一词源自藏语，但未给出藏语原词。③ 经请教陈庆英先生，其藏语原词应该与 mdos 有关。据《藏汉大辞典》，mdos 有"供施代替品"之义，是"用彩线绕成或用糌粑捏成的日用品、牲畜、房屋等摹拟物"④。《西藏的神灵和鬼怪》专门讲到 mdos（汉译本音译为"垛"），说在神灵祭奉仪式后会烧掉 mdos。⑤ 该词进入蒙古语，按照某种惯例缀接词尾-ing，即成 doying。⑥ 我们可以看到蒙古语词汇构成的一种特殊现象，即以两个同义词构成具有复合意义的词组，其中一个词往往是外来语。例如，on jil（年），ulus gürün（国家），engke taibung（和平）等，jil 来自突厥北部方言 zil（年），gürün 来自满语 gurun（国），taibung 源自汉语"太平"。同样，蒙古语固有词 tüleši 与源自藏语的近义词 doying 也组成了新的词组 tüleši doying（烧给死人的供物）。那么这个藏语借词进入蒙古语的时间不会太早，大致应该在 16 世纪后半叶藏传佛教大规模传入蒙古地区以后，显然晚于 Doyan 的得名和蒙古人从先住民那里继承此名的时间。因此，朵颜、多延等名与后来蒙古语中的藏语借词 doying 无关，所以也和祭祀之事拉不上什么关系。

---

① 中国国家图书馆藏《高昌馆课》所收来文之译文中，"朵颜卫"作 Doyan ui。见道布整理《回鹘式蒙古文文献汇编》，民族出版社 1983 年版，第 514、564、568 页。日本东洋文库藏《鞑靼馆来文》之译文中，"朵颜卫"亦作 Doyan ui。

② 乌兰：《〈元朝秘史〉校勘本》，中华书局 2012 年版，第 161、177 节，卷五叶三十一背面第三行、卷六叶二十九正面第五行。

③ 斯钦朝克图：《蒙古语词根词典》，内蒙古人民出版社 1988 年版，第 2125 页。

④ 张怡荪主编：《藏汉大辞典》，民族出版社 1985 年版，第 1387 页。

⑤ 勒内·德·内贝斯基·沃杰科维茨著，谢继胜译：《西藏的神灵和鬼怪》，西藏人民出版社 1993 年版，第 443、450 页。

⑥ 参照蒙古语 baling（用米、面做成的供品）一词的构成：梵语 bali（施食、祭食）缀接词尾-ing。此例承蒙乌云毕力格教授提示。在此，向陈庆英先生、乌云毕力格教授一并表示衷心的感谢。

其次，这里的"额客"（eke，蒙古语"母亲"之义）并不是山名中的一部分，即不用作专名，只是用来表达对该山的一种尊敬和出于押头韵的需要。① 《脱儿豁察儿书》中多次出现该山之名，除这一处为押头韵在山名前加了"额客"之语外，其他均直接作"朵颜""多延"等。因此，不能简单把这个"额客"与月伦太后画等号。类似的例子还可以举出一些。例如，《元朝秘史》第 75 节有这样一段话："额客余延 帖只额耶 客额勒都周，额客斡难讷 额儿吉 迭额舌列 撒兀周，额勒古兀儿 钩吉 札撒勒都周，额舌廉迭克 詹迭克 只中合速 额勒古周 钩吉列周……（eke-yü'en teji'eye ke'eldüjü, eke Onan-u ergi de'ere sa'uju, elgü'ür geügi jasalduju, eremdeg jemdeg jiqasu elgüjü geügilejü）。"② 可以明显看出这是一段四句韵文，头韵押在"额（e）"音上，大意是说月伦太后的几个孩子：商议着奉养母亲，坐在母亲河斡难岸边，相互调整着钓钩，钓上那受伤有残的鱼儿。第二句开头的"额客斡难"（母亲斡难河）一语，其中的"额客"显然是为了押头韵的要求而出现的，同时也起到表示尊敬的作用，与第一句中代指月伦太后的"额客"作用不同。《元朝秘史》第 238 节还有这样一段话："额兀连 阿舌里勒周，额客纳舌阑 兀者克先 篾图；沫勒孙 阿舌邻勒周，沫舌涟兀孙 斡鲁黑三 篾图（e'ülen arilju, eke naran üjegsen metü；mölsün arilju, mören usun oluqsan metü）"，总译作"如云净见日，冰清见水一般"。③ "日"的前面，原文有"额客"一词，总译并未翻译，说明译者清楚该词在这里的作用。额客一词用在这里仍然是为了押头韵和表达对太阳的尊敬。而且 eke 之语也不一定就专指成吉思汗的母亲。《蒙古源流》称黄河为"哈屯·额客"（Qatun eke）④，直译"夫人母亲"，但是黄河的蒙古语名称在明代以后多作 Qatun γol（夫人河），所以 Qatun eke 的 eke 实际上仍然只是起表示尊敬的作用。另外，同样是 eke，总不能说这

---

① 《脱儿豁察儿书》该处原文是一段四句韵文，头韵押在"额（e）"音上。"额朵额惕突儿……/额客多延温都儿……/额只耶 额薛……/赫兀敦 失保兀惕……（edö'ed-tür……/eke Doyan öndür……/ejiye ese ……/he'üd-ün šiba'ud……）。"

② 乌兰：《〈元朝秘史〉校勘本》，第 75 节，卷二叶六背面第四行至叶七正面第二行。

③ 乌兰：《〈元朝秘史〉校勘本》，第 238 节，卷十叶十二正面第四行至第五行。

④ 《蒙古源流》，库伦本，第 40 叶背面，海涅什影印本《萨冈彻辰〈诸汗源流宝贝史纲〉，萨冈彻辰蒙古历史著作的库伦手抄本》[E. Heanisch, Sayang Sečen, Qad-un Ündüsün-ü Erdeni-yin Tobči. Eine Urga-Handschrift des mongolischen Geschichtswerks von Sečen Sanang（alias Sanang Sečen）]，柏林，1955 年。

个"额客"与月伦太后有什么关系吧。类似的例子实际上并不少见,例如扎赉特旗古老的长调民歌中有一首宴歌《额客绰林郭勒》①,歌名直译即"母亲绰尔河",但"额客"明显是对绰尔河尊敬的表示。从以上的分析可以明确:文献中专名前出现的"额客"之语,几乎都是出于押头韵和表示尊敬的需要,不具体指某个人。那么,扎赉特旗博格达乌拉的古称就不存在所谓"额客朵颜山"之名,因此这一被误解的名称也就不可能成为证实该山与月伦太后存在关系的例证。

从史实的角度分析,也完全得不出月伦太后祭祀与扎赉特旗博格达乌拉之间存在关系的结论。

关于月伦太后后半生的一些情况,《元朝秘史》《史集》《元史》等早期史书均有记载。据《元朝秘史》,在成吉思汗分封家族成员和功臣时,月伦太后与幼子斡赤斤一起分到了一万户百姓,这应当是遵循了蒙古人幼子守灶的古老习俗。② 据《史集》,月伦太后具体分到的百姓是三千户。③ 斡赤斤和母亲的封地最初在大兴安岭以西,后来居有今海拉尔河、贝尔湖、哈拉哈河流域等地。而哈拉哈河流域是斡赤斤及其后继者的驻帐之地,那里安置有月伦太后的宫帐"失剌斡耳朵"。后来斡赤斤的领地进一步扩大,发展到大兴安岭以东今嫩江流域和松花江流域,涵括今呼伦贝尔草原大部以及兴安盟等广大地区。④ 斡赤斤及其后王的领地,跨岭北行省和辽阳行省,他们的驻帐地哈拉哈河流域在岭北行省境内。《元史·洪万传》载:"[至元]二十四年,乃颜叛,率兵征之。六月,至撒里秃鲁之地……是月,至乃颜之地,奉旨留蒙古、女直、汉军镇哈剌河(今哈拉哈河),复选精骑扈驾,至失剌斡耳朵。"⑤ 说明月伦太后的失剌斡耳朵至少在1287年时仍然是保留在哈拉哈河流域,这时离月伦太后去世大概已经过了半个世纪的时间。《元史·泰定帝本纪》记载泰定帝三年(1326)秋

---

① 乌兰杰编:《扎赉特民歌》,第7页。
② 乌兰:《〈元朝秘史〉校勘本》,第242节,卷十叶二十五正面第一行,总译说:"母亲并斡惕赤斤处,共与了一万百姓。"
③ 拉施特主编:《史集》,余大钧、周建奇译,商务印书馆1983年版,第一卷第二分册,第380页载:"成吉思汗将跟随他母亲一起来的那些豁罗剌思部及斡勒忽讷部异密及三千军队分给了她。"
④ 周清澍主编:《内蒙古历史地理》,第126页。
⑤ 《元史》卷一五四《洪万传》,第3633页。

七月甲辰"辽王脱脱请复太母月也伦宫守兵及女直屯户，不允"。① 所谓"太母月也伦宫"，即指月伦太后的失剌斡耳朵。通过这件事情可以看出，当时的失剌斡耳朵已经没有多少守兵，参与守护的人当中有"女直屯户"。蒙元时期的文献中，未见月伦太后失剌斡耳朵被迁移的记载。按照常规，如果不是出现大的政治变动或遭遇大的天灾人祸，部落统治者的主帐一般是不会迁徙的。那么根据上引史料，可以认为直至元朝中后期月伦太后的失剌斡耳朵依旧是在故地哈拉哈河流域，仍归斡赤斤后人辽王管理。

朵颜山的最早记载，因设置朵颜温都儿兀良哈千户所而见于《元史》。至元二十九年（1292），钦察亲军都指挥使土土哈奉元世祖诏征讨叛王海都。当时阿尔泰山及其以北叶尼塞河流域诸部皆被海都胁迫依附，土土哈先是"掠地金山（今阿尔泰山），虏海都之户三千"，又奉诏进取乞里吉思。至元三十年（1293）春，从结冰的谦河上溯江而北，"尽收其五部之众"。② 所谓"五部"，指至元七年（1270）委任的益兰州断事官所辖乞里吉思、兀速、憨哈纳思、昂可剌、谦州等五部。③ 这时，忽必烈已平定乃颜之叛，就将土土哈所收的乞里吉思、兀速、憨哈纳思三部人迁往乃颜的故地，也就是原斡赤斤的封地，在阿巴剌忽地面建肇州城，任命刘哈剌八都鲁为宣慰使。④ 肇州宣慰使司境内已由朝廷直辖，实际是为了防范乃颜等东部诸王余党再起作乱。

至元三十一年（1294）春，世祖逝世，成宗继位。为皇后中宫置中御府，后改名中政院，迁往乃颜故地的乞里吉思等三部人成为皇后中宫的属民，由海西辽东哈思罕等处鹰房诸色人匠怯怜口万户府管辖。其中肇州宣慰使司辖境有"肇州等处女直"和"朵因温都儿兀良哈"两千户所。据明初《脱儿豁察儿书》称："吾兀良罕林木百姓，自国主成吉思汗之世以降，至今未离多延温都儿、搠河之地。"⑤ "多延"即"朵因"的异译，

---

① 《元史》卷三十《泰定帝二》，第671页。
② 虞集：《句容郡王世绩碑》，载《国朝文类》卷二六，页11A，四部丛刊；《元史》卷一二八《土土哈传》，第3134页。
③ 《元史》卷一六七《刘好礼传》，第3925页；周清澍：《元朝对唐努乌梁海及其周围地区的统治》，《元蒙史札》，内蒙古大学出版社2001年版，第306页。
④ 《元史》卷一六九《刘哈剌八都鲁传》，第3975页。
⑤ 《元史》卷八八《百官四》及注［一八］，第2237、2242页；《〈华夷译语〉（甲种本）蒙古语全单词·词尾索引》，第97页。

搠河即今绰尔河，大神山正在它的北面，更可证明大神山即朵颜温都儿。乞里吉思等三部在《史集》中明确纳入林木中百姓，与脱儿豁察儿的自称相合。在没有文字记载的情况下，将忽必烈记忆为成吉思汗并不足怪。肇州城所在地阿八剌忽产鱼，适于以捕鱼为生的女直人，故形成女直千户所。而适于狩猎和游牧的林木中百姓，实际是被迁居到肇州管辖下的朵颜温都儿和绰尔河之间地区。

朵颜温都儿（大神山）在大兴安岭以东，金边墙以南，原来不是蒙古人活动地区，不在斡赤斤封地内。蒙古灭金，斡赤斤后嗣才拓展至这里。世祖时乃颜之乱平定后此地已收归国有，建宣慰司治理，肯定与月伦太后祭祀地无关。刘哈剌八都鲁出任宣慰使的肇州宣慰使司和成宗即位后改设的咸平宣慰使司，皆因至元三十年（1293）降服了胁从叛王海都的林木中百姓乞里吉思诸部，将他们迁往叛王乃颜故地，一则扩充了朝廷、皇后的私属人口，二则可起镇抚东部诸王的作用。①

既然蒙元时期月伦太后的失剌斡耳朵与朵颜山地区没有什么关系，那么它是否在以后的某时曾南迁至该地呢？现有史料中得不到这方面的证实。1368年，元廷退居漠北。北元蒙古大将纳哈出（成吉思汗功臣木华黎的后裔）拥兵二十余万，据守辽东，朵颜山地区亦在其控制范围之内。明洪武二十年（1387），明将冯胜等率大军出征辽东，纳哈出因天灾兵困不能抵御，遂投降明朝。辽阳行省北部地区的丧失，对北元政权是一次沉重的打击，使驻帐于今克鲁伦河下游的汗廷直接面临明军的威胁。1388年，明军抵达捕鱼儿海子（今贝尔湖）一带，击破可汗脱古思帖木儿的汗帐。辽王阿札失里（斡赤斤后裔）、宁王塔宾帖木儿（忽必烈子阔阔出后裔）等先后归附明朝。1389年，明朝"于兀良哈之地"设置朵颜卫、福余卫、泰宁卫，以羁縻当地的蒙古人口。辽王阿札失里为泰宁卫指挥使、宁王塔宾帖木儿为指挥同知；海撒男答溪为福余卫指挥同知；脱鲁忽察儿为朵颜卫指挥同知。② 永乐年间，以朵颜卫为首重建三卫。因为首的

---

① 以上三个自然段为周清澍师所改写。
② 《明太祖实录》卷一九六，洪武二十二年（1389）五月辛卯条载："置泰宁、朵颜、福余三卫指挥使司于兀良哈之地以居降胡。"同月癸巳条载："遣使赍敕往谕故元辽王阿札失里等曰……今特于泰宁等处，立泰宁、福余、朵颜三卫，以阿札失里等为泰宁卫指挥使，塔宾帖木儿为指挥同知；海撒男答溪为福余卫指挥同知；脱鲁忽察儿为朵颜卫指挥同知，各领所部，以安畜牧。""中研院"史语所校印本，1962年，第2946—2947页。

朵颜卫以兀良哈人为主而设，所以习惯上三卫又统称为"兀良哈三卫"。①初隶大宁都司，后来改隶奴儿干都司。不过三卫实际上一直附属于北元政权，只是名义上接受明朝的官号以获得贡赏之利而已。

北元初期，蒙古高原上战事不断，明朝的军队多次深入蒙古腹地作战，成吉思汗的"四大斡耳朵"（后来发展为"八白帐"）亦受到冲击，不得已离开故地，在草原上迁徙流动，大约在15世纪70年代开始随大汗所部向南进入今鄂尔多斯地区活动。月伦太后失剌斡耳朵的情况估计也不例外，在明军征讨和蒙古自身内讧的冲击下，应该是迁离了原驻帐地。随着三卫驻地的不断南迁（约开始于15世纪20年代），月伦太后的宫帐应该随部南下。斡赤斤后裔所领泰宁卫至少在15世纪40年代已经驻帐于明蓟镇边外的老哈河一带。《俺答汗传》提到乌济叶特（Üjiyed）的首领恩克（Engke）举族携月伦哈屯的宫帐（Ögelen qatun-u ordo ger）来投俺答汗，被赐与俺答汗弟昆都仑汗之事，时在1543年前后。② Üjiyed，明代汉籍作"我着"，记为福余卫族名。③ "我着"即"兀者"，为野人女真之名 Üjiyed 的汉译，《续增华夷译语》即释"野人"为"兀赤也惕"（Üčiyed）。④ 说明福余卫的民众主要来自女真系的野人女真。Engke，此人相当于汉籍所记朵颜卫首领"影克"。与汉籍常以兀良哈之名代指朵颜等三卫不同，17世纪蒙文史书有时以 Üjiyed 之名泛称朵颜等三卫，所以《俺答汗传》将朵颜卫首领影克记为乌济叶特人，并不足为奇。据《黄史》，斡赤斤的属民中也有一支 Üjiyed 人⑤。《元史·泰定帝本纪》所载1326年"辽王脱脱

---

① 朵颜温都儿的兀良哈人与元辽王及其他首领归降明朝，明置朵颜等卫都指挥使司，任命脱鲁忽察儿为朵颜卫指挥同知。清代的《外藩蒙古回部王公表传》称喀喇沁的首领（明代朵颜卫的后人）为成吉思汗功臣折里麦的后裔，如前文所引，脱鲁忽察儿自认为是"兀良罕林木百姓"，他们从欠河流域来，有史料根据，而且能确定在至元三十年。有人所谓"从肯特山一带者勒篾的部民中迁一部分人到了朵颜山地区"，纯系随意想象之词，不足为据。也许是后来的哈喇沁部主，为了显示其族姓的尊贵，拉扯另一支兀良哈人中的功臣折里麦为自己的祖宗；或者是明朝诸部不断分合的战乱中，草原兀良哈折里麦的后人篡夺了领主的位置。（此注为周清澍师所写。）

② 吉田顺一等：《〈俺答汗传〉译注》，东京风间书房1998年版，第71节，第573—574页。

③ 《登坛必究·译语》作"福余卫我着"；《卢龙塞略·译语》作"福余卫曰我着"，贾敬颜、朱风合辑《蒙古译语·女真译语汇编》，天津古籍出版社1990年版，第133、172页。

④ 《续增华夷译语》，贾敬颜、朱风合辑：《蒙古译语·女真译语汇编》，第82页。

⑤ 沙斯季娜译注：《黄史》（Н. Р. Шастина, Шара Туджи, монгольская летопиись XVII века），莫斯科—列宁格勒，1957年，第95页。

请复太母月也伦宫守兵及女直屯户"中的女直屯户,实际上可能就是一些原为女真系的"兀者"人,后来成了斡赤斤后裔的属民,专职奉守月伦太后的宫帐。① 而朵颜卫的前身朵因温都儿兀良哈千户所的职守不同,隶元朝中政院所属海西辽东哈思罕等处鹰房诸色人匠怯怜口万户府。② 月伦太后的宫帐,自16世纪中叶以后不再见于记载。有人以今日成吉思汗陵所属"也失哈屯宫帐"为月伦太后宫帐,说月伦太后宫帐于16世纪上半叶迁入成吉思汗八白帐。③ 但这一说法是有问题的,因为据17世纪蒙文史书罗桑丹津《黄金史》和《也失哈屯祭词》,也失哈屯之称都是指拖雷的夫人唆鲁和帖尼。④ 而也失哈屯宫帐于1956年移入新建的所谓成吉思汗陵(前身为成吉思汗八白帐)东殿中,与拖雷宫帐合并。⑤ 因此,所谓月伦太后宫帐后入成吉思汗八白帐之说并不确切,成吉思汗八白帐中不包括月伦太后宫帐。

通过以上对相关史料的系统梳理和科学分析,可以肯定地说:月伦太后祭祀与今内蒙古自治区兴安盟扎赉特旗博格达乌拉之间不存在任何关系。所谓扎赉特旗博格达乌拉即月伦太后祭祀地的说法是一种不符合历史事实的编造、臆说,经不起科学研究和时间的考验。

对于这类失误,有关方面应当加以充分关注,采取适当的措施予以纠正,并尽量防止此类事情再度发生,切实为地方经济和文化事业的健康、有序发展创造良好的环境。在发展地方旅游业时,应注重可持续发展,包

---

① 《金帐小祭词》说成吉思汗"远征山阳地方,收服 Üčügüd Ongγud,交给母亲月伦夫人统治"。见《新校勘〈成吉思汗金书〉》(蒙古文),伊尔德尼博录特等校勘,内蒙古文化出版社2000年版,第394页。其中的 Üčügüd 当为 Üčiyed ~ Üjiyed(兀者)的口语变音(Üčügüd ~ Üčiged ~ Üčiyed),"山阳地方"即指明代蒙古人对兀良哈三卫的称呼"山阳万户"。这段内容实际上反映的是斡赤斤及其后王领地的扩张、女真系兀者人成为月伦太后属民的史实,只不过随着时间的流逝人们的记忆中产生了一些错位。

② 《元史》卷八八《百官四》:"中政院,秩正二品……掌中宫财赋营造供给,并番卫之士,汤沐之邑。"第2230、2237页。

③ 《成吉思汗八白帐》编辑整理小组:《成吉思汗八白帐》(蒙古文),内蒙古文化出版社1998年版,"编者序"第8页。

④ *Erten-ü Qad-un Ündüsülegsen Törö Yosun-u Jokiyal-i Tobčilan Quriyaγsan Altan Tobči Kemekü Orošibai*, Ulaγanbaγatur, 1990, p. 114a. 赛音吉日嘎拉编著,赵文工译:《蒙古族祭祀》,内蒙古大学出版社2008年版,第63—66页。

⑤ 参见 N. 胡日查《也失哈屯霍洛及其起源变迁》,《蒙古学研究》(蒙文版)1990年第4期。

括合理挖掘利用历史文化资源，使其更好地为地方经济和文化事业服务。作为专业的史学工作者，我们对此也应当引以为戒，在扎实做好自己本职工作的基础上，本着高度负责的态度，将自己严谨可信的科研成果与地方发展经济文化的事业结合起来，为之作出真正有价值的贡献。

Historical Cultural Resources Should Be Explored and Used Rationally
——in the case of Circumstances of Mount Doyan

  In the process of economic development, exploring the local historical cultural resources for developing tourist industry became common practice. This really plays a certain positive role in improving of the local economics. Yet pursuit of short-term successes and quick profits, and thus distorting and even fabricating history appears frequent. It has produced a harmful influence on both economy and the academia. This paper discusses questions concerning the history of Mount Boghda, or Mount Doyan located in the Jalaid Banner of Inner Mongolia Autonomous Region, and points out that the mountain has no relations with Queen Ogelun, mother of Cinggis Khan.

（原载《西域历史语言研究集刊》第七辑，
科学出版社 2014 年版）

关于成吉思汗祖源的一些思考[*]

成吉思汗先祖的起源与整个蒙古民族的起源有着密切的联系，而蒙古族族源的问题又与亚洲北方诸民族的历史紧密相连。蒙古族族源的研究已经有了一定的历史，曾形成过匈奴说、突厥说、东胡说等几种不同的说法。通过对历史文献的不断深入解读以及借鉴蒙古高原诸族历史研究的成果，针对蒙古族族源可以获得一种总体把握，即：蒙古地区见于文字记载的历史至少可以追溯到中国的战国时期，从匈奴以来大大小小的民族和部落出没在蒙古高原这个广阔的地带，兴衰频繁。"十三世纪以后，在蒙古地区形成了具有语言、地域和文化的共同性，以及在经济生活中有许多共同特点的蒙古族。蒙古族继承了我国北方各民族长期的分化和溶合的历史，把各式各样的部落和民族溶成一个民族。"[①] 蒙古人的直接源头可追溯至东胡—鲜卑—室韦一系，而历史上出现于蒙古高原的诸部落和民族都为蒙古民族的最终形成作出了贡献。

一 成吉思汗先祖起源与整个蒙古民族起源之间的关系

成吉思汗的先祖起源与整个蒙古民族的起源之间有着密切的关系，成吉思汗家族所认同的先祖部落蒙古部是蒙古族的核心部落。在几百年的历史进程中蒙古部不断发展壮大，至13世纪初成吉思汗统一当时蒙古高原

---

[*] 本研究为国家社会科学基金重大项目"波斯文《五族谱》整理与研究"（项目批准号：10&ZD116）、"中国古代民族志文献整理与研究"（项目批准号：12&ZD136）阶段性研究成果。

[①] 亦邻真：《中国北方民族与蒙古族族源》，首次发表于《内蒙古大学学报》1979年第3—4期，后收入《亦邻真蒙古学文集》，内蒙古人民出版社2001年版，第544页。

上的诸部落，建立大蒙古国，以蒙古部为核心的蒙古族初步形成。

（一）蒙古部兴起前的蒙古高原诸部族简述

匈奴：匈奴的活动地域原在蒙古高原南部（漠南），后来又占有北部（漠北）。匈奴与蒙古之间的关系，根据史料记载可以归纳为：匈奴除了南进和西迁外，一部分人留在蒙古高原，同化在其他的民族和部落中，主要是并入了鲜卑人当中，这些人的后裔在13世纪以后成了蒙古族的成员。二者之间是一种间接的继承关系。

东胡：与匈奴同时见于史乘的有"东胡"。东胡人就是后来的鲜卑人和乌桓（丸）人。[①] 东胡及其后裔的居地，大体上就是内蒙古的东部地区。从昭乌达松漠到额尔古纳河流域，是以东胡人和他们的后裔——鲜卑人以及后来的契丹人、室韦—达怛人为主体的，语言相同或相近，地域相连，风俗习惯也相似的各个部落的居住地，有学者将这一地区称作"东胡及其后裔历史民族区"[②]。

鲜卑、室韦：鲜卑属东胡系，是一个复杂的民族学集团。[③] 其中曾于4世纪后半叶建立北魏王朝的拓跋鲜卑，因同样起源于呼伦贝尔高原而与蒙古人的渊源关系更为直接。鲜卑各方言属于东胡后裔诸语言，这些语言与蒙古语有着共同的祖源。留居故地的鲜卑后称"室韦"。在拓跋鲜卑迁进内蒙古西部和内地以后，北魏时期在东胡故地居住的主要有契丹人和室韦人。[④] 契丹人居住在西拉木伦河和老哈河流域。室韦人居住在呼伦贝尔高原，散布于大兴安岭东西、额尔古纳河与黑龙江沿岸，由不同的部落分支组成。主要的部落成分又被称为"达怛（鞑靼）"[⑤]，由于室韦、达怛

[①]《史记》卷一一〇《匈奴传·索隐》载："东胡，乌丸之先，后为鲜卑。"中华书局1975年版，第2885页。《三国志》卷三十《乌丸鲜卑东夷传》载："乌丸、鲜卑，即古所谓东胡也。"中华书局1959年版，第832页。

[②] 亦邻真：《中国北方民族与蒙古族族源》，《亦邻真蒙古学文集》，第556页。

[③] 慕容鲜卑（西晋时分出吐谷浑部）、段氏鲜卑是地道的东胡后裔；宇文鲜卑是阴山匈奴人的后裔；拓跋鲜卑源出东胡，最初活动在呼伦贝尔高原，经过长期的辗转迁徙，来到内蒙古土默川平原（258年进入盛乐），后来统一黄河流域，建立了北魏王朝（民族学构成逐步复杂化）。

[④]《隋书》卷八四《室韦传》载："其南者为契丹，在北者号室韦。"中华书局1973年版，第1882页。

[⑤] 鞑靼、达怛等，均为Tatar的音译，Tatar是原蒙古人诸分支之一，活动在呼伦湖以西的草原上。因势力强盛而被突厥人用作所有室韦部落的泛称。

二名经常互换使用,因此有学者称之为"室韦—达怛",又视其为"原蒙古人",① 而呼伦贝尔高原就是原蒙古人的故乡。

其他:蒙古高原自汉代以后还曾出现不少属于阿尔泰语系突厥语族的民族,包括坚昆(后译黠戛斯、乞儿吉思、吉尔吉思、柯尔克孜等)、丁零(敕勒、铁勒);北魏时期(386—534)柔然汗国内的大多数臣民;公元 6 世纪中叶(552)推翻柔然汗庭建立突厥汗国的青突厥人;公元 8 世纪中叶(745)推翻突厥汗庭建立回鹘汗国的回鹘人等。他们的活动区域主要分布在漠北以及漠南的中西部。到突厥和回鹘统治时期(552—840),其贵族首领都力图加强对内蒙古东部地区契丹人和室韦—达怛人的统治,在其地驻有官员并少量移民。突厥、回鹘势力进入内蒙古东部地区,为那里的人们打开了通向大漠南北的门户,而室韦—达怛人以及后来的蒙古人进入蒙古高原,吸收土著的突厥铁勒人口,使其民族学面貌发生了变化。

这些民族和部落的发展史,都客观上直接或间接为后来蒙古族的形成准备了条件,铺平了道路。

(二) 蒙古部的起源

结合唐代以来汉文史籍、突厥文碑铭文献、蒙元时期蒙古文文献以及波斯文文献的记载,可以相当清晰地勾勒出古代蒙古人发展的轨迹。

到 8 世纪,室韦—达怛人已经发展到了大约三十个部落,因此又被称为"三十姓鞑靼"。② 当时这些部落主要分布在洮儿河流域以北直至石勒喀河流域广阔的区域内。关于蒙古人最早最直接的记载即《旧唐书》所述"蒙兀室韦"的内容,其书谓:"大室韦部落,其部落傍望建河居。其河源出突厥东北界俱轮泊,屈曲东流,经西室韦界,又东经大室韦界,又东经蒙兀室韦之北。"③ 而《新唐书》说俱轮泊"四面皆室韦"。④ 望建河即额尔古纳河,俱轮泊即今呼伦湖,蒙兀室韦即室韦诸部之一,亦即三十

---

① 亦邻真:《中国北方民族与蒙古族族源》,《亦邻真蒙古学文集》,第 567 页。
② 《阙特勤碑》,东面第 4 行,耿世民《古代突厥文碑铭研究》,中央民族大学出版社 2005 年版,第 121 页。《通典》《旧唐书》等汉文史料所记室韦诸部落的名称共约二十个。
③ 《旧唐书》卷一九九《北狄传·室韦》,中华书局 1975 年版,第 5358 页。
④ 《新唐书》卷四三下《地理志·羁縻州》载:"俱伦泊,泊之四面皆室韦。"

姓鞑靼之一，属原蒙古人，还活动在呼伦贝尔高原额尔古纳河东岸一带。这就是蒙古族的雏形。

9世纪前后，漠南阴山南北出现了室韦—达怛人，漠北也迁进了不少室韦—达怛部落。辽金时代，蒙古高原诸部已经是以原蒙古人为主，被契丹人和女真人泛称为"阻卜""阻鞑"。当时蒙古高原较大的出自原蒙古人的部落有札剌亦儿、塔塔儿、篾儿乞、八儿忽、外剌等。蒙兀室韦人大约在9世纪中叶回鹘汗国崩溃以后进入外蒙古高原。逐步发展为蒙古部。

蒙古部逐步从一个小部落发展成为整个蒙古民族的核心部落。

（三）成吉思汗家族的起源

关于成吉思汗家族的起源，有早期蒙古人自己留下的说法。

现存蒙古人自己撰写的最早的史书《元朝秘史》，原文为畏吾体蒙古文，本为蒙元宫廷秘籍脱卜赤颜最初的部分，始完成于13世纪前半期。书中开篇即讲成吉思汗先祖的由来，谓：Činggis qahan-(n)u huja'ur de'ere tenggeri-eče jaya'atu töregsen Börte čino aju'u. Gergei inu Qo'ai maral aji'ai. Tenggis ketüljü irebe. Onan müren-(n)ü teri'ün-e Burqan qaldun-(n)a nuntuqlaju ……①可汉译为"成吉思合罕的根源，是应上天之命而出生的孛儿帖赤那。其妻是豁埃马阑勒。[他们]渡过大湖而来。在斡难河源头不儿罕山扎下营盘……"② 接着记述了从孛儿帖赤那至成吉思汗共二十三代的世系。③

从这段文字里可以获取的信息主要包括以下两个方面：一是蒙古汗国创建者成吉思汗的先祖可上数二十二代，最早追溯到孛儿帖赤那。二是孛儿帖赤那与妻子豁埃马阑勒曾从其他地方迁徙到漠北斡难河（今作鄂嫩河）源头不儿罕山（今肯特山）之地居住，途中渡过了一个大的湖泊。

14世纪初完成于蒙古伊利汗国的波斯文史书《史集》，记载了关于包括孛儿帖赤那与妻子豁埃马阑勒在内的蒙古人冲出额尔古纳河流域的山

---

① 据《元朝秘史》第1节音译正文转写，乌兰：《〈元朝秘史〉校勘本》，中华书局2012年版。

② 明初汉译本总译为："当初元朝的人祖，是天生一个苍色的狼，与一个惨白色的鹿相配了。同渡过腾吉思名字的水来，到于斡难名字的河源头，不儿罕名字的山前住着……"

③ 《元朝秘史》，第1—60节，乌兰：《〈元朝秘史〉校勘本》。

地,奔向草原的传说故事,讲道:"古代被称为蒙古的那个部落,与另一些突厥部落陷入敌对,终于引起战争。据值得信赖的贵人们所言,另一些部落战胜了蒙古人,对他们进行了大屠杀,使他们只剩下两男两女。这两家人害怕敌人,逃到了一处险地,那里四周唯有群山和森林……在这些山中间,是水草丰美的原野。那个地方名叫额儿古涅—昆……当这些人在这些山里和森林里生息繁衍,地域显得日益狭窄艰难时,他们就互相商量,有什么好办法和能够解决困难的建议,可使他们走出这个陡峭的峡谷和狭窄的出道。他们在那里找到了一处经常在那里熔铁的铁矿。他们全体聚集在一起,在森林中准备了许多木柴和煤炭,宰杀了七十头牛马,从它们身上剥下整张的皮,做成了铁匠的风箱,在那山坡脚下堆起木柴和煤,安置在这样的位置,使这七十个大风箱一起煽起,直到山腰熔化。从那里获得了无数的铁,通道也被开辟出来了。他们全体一起迁徙,从那个狭窄之地走出到宽广的原野上。"① 又说:"所有的蒙古部落都是从[某时]逃到额儿古涅—昆来的那两个人的氏族产生的,那两人的后代中有一个名叫孛儿帖—赤那的受尊敬的异密,他是若干个部落的首领……名叫豁埃—马阑勒的长妻为他生了一个在诸子中最有出息、后来登临帝位的儿子,这个儿子名叫巴塔赤合罕。"② 还记述了从孛儿帖赤那至成吉思汗共十九代的世系。③

《史集》的相关信息无疑来自蒙古人方面,与《元朝秘史》相比,补充了孛儿帖赤那和妻子豁埃马阑勒迁徙至草原之前的内容,即古代蒙古部落的先人曾在额儿古涅—昆一带生活,后因人口繁衍,遂离开山林迁往草原,其中包括孛儿帖赤那与妻子豁埃马阑勒。

《史集》的记载至关重要,因为它点明了孛儿帖赤那和妻子豁埃马阑勒原来的居住地为额儿古涅—昆。一方面,额儿古涅—昆即指额尔古纳河流域的山林地带,这就与《旧唐书》《新唐书》有关蒙兀室韦的记载相互衔接起来。另一方面,由于从额尔古纳河东岸到外蒙古高原的肯特山一带,迁徙的方向只能是由东而西,所以孛儿帖赤那和妻子途中路过的大湖

---

① 此段汉译文据《史集》波斯文原文重译,由北京大学波斯文读书班提供。参见拉施特主编《史集》,余大钧、周建奇译,商务印书馆1983年版,第1卷第1分册,第251—252页。

② 《史集》第1卷第2分册,第6页。

③ 同上书,第6—80页。

无疑就是呼伦湖。①

从唐代"蒙兀室韦"居住地额尔古纳河流域来到外蒙古高原三河源头之地的成吉思汗的先人们，在那里继续生息繁衍，后以蒙古部（Mongqol irgen）为人所知。在长年部落间的战争中，蒙古部陆续吸收了一些其他部落或氏族的人（如一部分札剌亦儿人曾被成吉思汗的七世祖海都掳为奴隶等），不断壮大，至成吉思汗曾祖父合不勒汗时终于成为整个部落的首领家族。在成吉思汗统一蒙古高原的过程中，先后收服了札只剌等蒙古语族诸部落和克烈等非蒙古语族诸部落，这些氏族和部落与蒙古部逐步融合成蒙古族。蒙古汗国的建立标志着蒙古民族共同体开始形成。在蒙古汗国进一步的对外军事行动中，汉、女真、契丹、西夏、哈剌鲁、钦察、阿速、斡罗思、花剌子模等民族和国家的一些人口也进入到蒙古地区，元亡以后蒙古高原复杂的民族成分逐渐融化在蒙古族中，蒙古民族的形成过程大体完成。②

那么，关于成吉思汗先祖起源与整个蒙古民族起源之间的联系可以概括为：成吉思汗家族是由蒙兀室韦发展而来的蒙古部中的一支，至成吉思汗曾祖父合不勒汗时成为该部的首领家族。蒙古部又是成吉思汗时期初步形成的蒙古族的核心部落，而成吉思汗家族（黄金家族）随之上升为古代全体蒙古人的统治家族。

二　隐含成吉思汗祖源信息的一条重要记载

对于《元朝秘史》中的记载，尤其是对于那些含有较多传说成分的记载应当如何看待？这是很重要的问题，应当对《元朝秘史》的性质有一个比较准确到位的判断。从《元朝秘史》的基本内容来看，该书首先还是一部史书，因为记载的主要是成吉思汗先人的世系谱、成吉思汗的生平史以及窝阔台的简史。从书名来看，也可以确知古代蒙古人是把该书视为史书的。明初成书的《元朝秘史》，其内容主要取自蒙元时期"脱卜赤

---

① 除明初的汉译者将原文 tenggis 译为专名外，17 世纪的蒙文史书《蒙古源流》更作 Tenggis neretü dalai（名为腾吉思的海）。前辈学者中也有不少人视为专名，或比对为里海，或比对为青海湖等。均不妥。详见拙著《〈蒙古源流〉研究》，辽宁民族出版社 2000 年版，第 171 页。

② 参见亦邻真《中国北方民族与蒙古族族源》，《亦邻真蒙古学文集》，第 580 页。

颜"（tobčiyan）的最初部分。脱卜赤颜，元代汉译作"国史"。国史脱卜赤颜之称、《元朝秘史》之"史"字，都表明该书被认为是写史的。

那么，从作为史料的角度来讲，拨开其中的神话传说以及有意隐晦或篡改的成分，抽取出反映史实的主要内容，再结合其他文种史料的相关记载加以比较、分析，可以得出相对接近于历史原貌的结论。

具体到成吉思汗家族的起源问题，综合汉文、蒙古文、波斯文三方的记载进行比较研究，可以看出来自蒙古方面的说法与汉文史籍的记载相合，说明早期史书就成吉思汗家族起源所述内容基本真实、可信，总体方面不存在什么问题。①

然而，同其他多数文献一样，《元朝秘史》中也存在不少不能直接用作信史的内容。文献中出现这类现象，大多与民族的社会发展程度、历史观的形成及变化、修史意识及技巧的成熟等诸多方面有着密切的关系。就目前来说，民族文字历史文献的情况尤其如此。在文字产生之前，人们只能靠口耳相传来记忆和传承自己的历史，形成传说历史（历史的传说阶段）。其中神话和长篇史诗较为常见。进入阶级社会，又产生了长篇叙事诗。长篇史诗、长篇叙事诗，逐步接近于历史题材的文学作品。不同民族都先后经历过这一阶段。有关部落、民族起源的记载多来自古老的口头传说，同时多带有图腾的印记。而为了维护统治家族及其阶级的利益，人们往往不惜篡改历史，这就使得后人难以直接了解到历史真相。对于这种情况，只能在细致辨析史料的基础上，通过科学的研究去伪存真。

通过比较《元朝秘史》和《史集》有关成吉思汗家族系谱的记载，可以发现一个有趣的现象。一方面，两书都把孛儿帖赤那记为成吉思汗家族的始祖，说他偕妻子迁来斡难（鄂嫩）河源头之地驻营生活；另一方面，《元朝秘史》说孛儿帖赤那是"应天命而生的"，《史集》却说他是出自额尔古纳河流域的蒙古乞牙惕氏的首领。应天命而生的说法，只能是一种托词，并不能说明他的真实来源。而按照《史集》孛儿帖赤那来自

---

① 《元朝秘史》《史集》有关成吉思汗家族系谱的记载略有不同，世代多寡不一（《史集》所载成吉思汗先祖世系为十八代，《红史》《汉藏史集》《青史》等藏文史籍所载为十九代）。但是综合起来看，从成吉思汗上至孛儿帖赤那其间的时间跨度估计应该在三百年左右。从成吉思汗出生的1162年上溯三百年，约当9世纪中叶。这基本与蒙兀室韦人大约在9世纪中叶回鹘汗国崩溃以后迁入外蒙古高原的推测相吻合。

额尔古纳河流域的说法，《元朝秘史》的一处记载就不能不使人产生怀疑。该书在讲述到孛儿帖赤那的九世孙孛儿只吉歹篾儿干时，提到他的妻子称"忙豁勒真豁阿"（Mongqoljin qo'a）。① 问题就出在这里。因为，如果说孛儿帖赤那来自额尔古纳河流域，那他就是出自蒙兀室韦的人，应该有蒙兀或蒙古之姓，而他九世孙媳的称呼中见有 Mongqoljin 一词，事情就变得微妙起来了。Mongqoljin 一词，由姓氏名 Mongqol（蒙古）缀加女性姓氏词尾 jin（名词复数词尾 d + 生格附加成分 in = din ~ jin）构成，表明拥有这一称呼的女性出自蒙古部落，即她的父姓是蒙古。亦邻真师曾敏锐地指出："假如这个忙豁勒真豁阿实有其人，那么，依照族外婚惯例，孛儿只吉歹篾儿干决不可能与本族人通婚，也就是说，成吉思汗十四代祖还不属于名为蒙古的氏族或部落。"② 按照古代蒙古人族外婚的习俗，同一姓氏或氏族的男女是不能通婚的。既然女方姓蒙古，男方的孛儿只吉歹篾儿干就不可能保有蒙古之姓，他的男性祖先孛儿帖赤那自然也就无姓蒙古之理。再者，古代蒙古社会中常见通婚氏族存在的现象，即两个氏族长期保持互相嫁娶关系的状况。照此推想，蒙古和孛儿帖赤那所属的氏族很可能就是一对通婚氏族，豁埃马阑勒与忙豁勒真豁阿一样，都出自蒙古部落。

至此，可以说有关成吉思汗家族起源的记载是存在一些问题的。问题在于被记为蒙古部贵族家族始祖的孛儿帖赤那很可能本来并不姓蒙古。

那么孛儿帖赤那原本应该姓什么呢？从其名称来分析，他应该是个图腾式的传说人物。孛儿帖赤那（Börte čino），意为"苍灰色的狼"，14 世纪末期《元朝秘史》的汉译者③没有将其视为人名，而是直接译成了"苍色的狼"。约 15 世纪前半叶的汉族文学作品中还见有说蒙古人为"惨白鹿青狼苗裔"的文字。④ 这些现象反映了蒙古人古老的图腾观念在当时的一定影响。到了 17 世纪后半叶的《蒙古源流》，在叙述成吉思汗出兵西夏途中的一次围猎时讲到，事先成吉思汗预知将会有一只惨白色的母鹿

---

① 《元朝秘史》第 3 节，乌兰《〈元朝秘史〉校勘本》。
② 亦邻真：《成吉思汗与蒙古民族共同体的形成》，《亦邻真蒙古学文集》，第 391 页。
③ 《元朝秘史》的汉译者应当不是汉人，估计很可能就是"1382 年奉命编写《华夷译语》的翰林侍讲火源洁和编修马沙亦黑等人"。参见亦邻真《〈元朝秘史〉及其复原》，《亦邻真蒙古学文集》，第 714 页。
④ 参见方龄贵《关于〈元朝秘史〉书名问题之再探讨》，载《蒙古史研究》第 8 辑，2006 年。

（豁埃马阑勒）和一匹苍灰色的狼（孛儿帖赤那）进到猎围中，于是命令手下的人到时将它们放出，不得杀害。① 这又说明古老的图腾观念在 17 世纪蒙古人头脑中仍有遗存。

图腾，被界定为原始社会的人认为跟本氏族有血缘关系的某种动物或自然物，一般用作本氏族的标志。它直接与氏族起源的认识相关。在蒙古人进入蒙古高原之前，铁勒（高车）人、突厥人都是以狼为部族始祖的。② 蒙兀室韦人进入外蒙古高原，不少突厥铁勒人融入其中，相互通婚的现象可以想见。照此分析，孛儿帖赤那应该只是突厥系氏族的标志，反映出对草原游牧民狼祖图腾观念的承袭。而豁埃马阑勒则是蒙兀室韦氏族的标志，反映出其森林狩猎时代鹿祖图腾的观念。

除了以上提到的忙豁勒真豁阿、孛儿帖赤那（苍灰色的狼）等线索，还有一些迹象似乎显示成吉思汗家族的出身与众不同。《元朝秘史》所记孛儿只吉歹篾儿干（Borjigidai mergen）之名，实由姓氏名和美称组成，Borjigidai 去掉男性姓氏词尾 dai（名词复数词尾 d + 生格附加成分 ai），留姓氏名称 Borjigin；mergen 常用作善射之人的美称，这个全称实际意味"孛儿只斤氏的神箭手"。关于孛儿只斤一名，《史集》解释为"在突厥语中，[意谓] 蓝眼睛的人"③，又说乞牙惕姓氏当中分为两支，一为"一般的乞牙惕"，一为"乞牙惕—孛儿只斤"。④ 明确将孛儿只斤区别于一般的乞牙惕，说明它有特殊之处。

起码拥有突厥语氏族名称、具备蓝色眼睛非蒙古生理特征的描述，本身就很说明问题。这些现象应当都和其先祖的突厥出身有着直接的关系。孛儿帖赤那（苍灰色的狼）和豁埃马阑勒（惨白色的母鹿）组成一个家庭、繁衍出众多部落、形成伟大民族的这一美丽传说，原来隐藏着的原始信息之一很可能就是该氏族的父系祖先出自突厥某一分支，母系祖先出自原蒙古人室韦—达怛的一支蒙兀室韦。

至于传说为何把孛儿帖赤那归入从额尔古纳河流域走向草原之一员，观察历史上的先例，不外乎攀附心理的作用。当时的蒙古高原，突厥的势

---

① 乌兰：《〈蒙古源流〉研究》，第 223 页。
② 《魏书》卷一百三《高车传》，中华书局 1974 年版，第 2307 页；《周书》卷五十《突厥传》，中华书局 1971 年版，第 907—908 页。
③ 《史集》第 1 卷第 1 分册，第 254 页。
④ 同上书，第 130 页。

力早已陷入颓势，原蒙古人诸部落的势力增长强劲，蒙古部的势力也逐渐强大，发展出许多分支，自成吉思汗的十世祖孛端察儿以降，其家族在整个蒙古部落中的地位不断上升，到其曾祖合不勒汗时更是坐上了全蒙古部的汗位。随着家族政治、经济地位的提升，其后人改编祖源传说的举动就显得自然了，于是孛儿帖赤那就由突厥系被转到了蒙古系，冒了蒙古之名。《史集》缺载孛儿只吉歹篾儿干这一代，当然更不可能提到他的妻子忙豁勒真豁阿之名。尽管由于时间的流逝人们凭口传记忆下来的先祖世系之间会出现一些差异，然而《元朝秘史》所记的这一代似乎后来被有意地删除了，因为除《史集》外，孛儿只吉歹篾儿干夫妇之名亦不见于《红史》《汉藏史集》《青史》等藏文史籍所载成吉思汗先祖世系。原因有可能就在于其携带的被认为对成吉思汗黄金家族"不利"的信息。

　　在蒙古人的历史当中，类似的例子也并不是没有。例如，16世纪后半叶左右蒙古山阳万户兀良罕人也曾冒用成吉思汗后裔部落之名。蒙古山阳万户兀良罕部（亦即明朝朵颜卫）首领自称为成吉思汗功臣之一者勒篾的后裔，[①] 自15世纪20年代开始从嫩江流域逐步南迁至明蓟辽边外西拉木伦河、老哈河一带，到16世纪后半叶开始与东迁后与之相邻的哈剌慎（喀喇沁）部关系密切起来。哈剌慎（喀喇沁）部首领家族为成吉思汗后裔，属答言汗—巴儿速孛罗—伯思哈勒（老把都）一系，驻牧地原在明宣府边外旧开平一带，后来逐步扩张到朵颜卫兀良罕人地区，基本上控制了该部。两部的首领家族之间相互通婚，共同行动，兀良罕人逐渐冒用了哈剌慎（喀喇沁）之名。[②]

三　后期蒙文史书对成吉思汗祖源的篡改

　　17世纪蒙文史书也大多记载了成吉思汗祖源传说，但与《元朝秘史》

[①]《华夷译语》（甲种本）《脱儿豁察儿书》，栗林均编《〈华夷译语〉（甲种本）蒙古语全单词·词尾索引》（据《涵芬楼秘笈》第四集所收明洪武刊本影印本），仙台，2003年，第97页。周清澍师认为朵颜卫兀良罕人源自叶尼塞河流域的林木中百姓，于13世纪末被元廷迁往嫩江流域，后裔记忆出现误差，"将忽必烈记忆为成吉思汗"时期。详见拙文《关于月伦太后与朵颜山关系问题——应当合理挖掘利用历史文化资源》，《西域历史语言研究集刊》，第七辑，2014年。

[②] 参见乌兰《〈蒙古源流〉研究》，第215、329页。

《史集》的说法已经出现了较大距离。早期史书有关成吉思汗祖源的传说,不仅记载了成吉思汗家族一支的起源,而且关系到整个蒙兀室韦的发展走向,以及它进入蒙古高原后与突厥系部落互动的情形。这一传说神奇而生动,既具人类早期文明的特征,又不失鲜活的历史真实感。写入蒙元宫廷秘籍脱卜赤颜并在成吉思汗黄金家族中传留的这个祖源传说,对当时的蒙古人来说是至高无上的。然而到了17世纪的蒙文史书,情况发生了变化。虽然成吉思汗的始祖仍然被记为孛儿帖赤那和豁埃马阑勒夫妇,仍然是从其他地方迁到蒙古高原的,但是他们的出身和来处却与几个世纪前的《元朝秘史》和《史集》的说法有了出入。孛儿帖赤那在这里成了落难的吐蕃王子,携妻北上逃至蒙古地方定居下来。

故事的具体细节,诸书中叙述最系统完整的是《蒙古源流》,谓:"古时吐蕃[诸]王,从颈座王共主下传七代时,名叫隆南的大臣弑杀海穴后侧金座王,篡夺了王位,王的三个儿子孛喇出、失宝出、孛儿帖赤那逃往异地。其中幼子孛儿帖赤那去了公布地方。他同那些人过不惯,于是携带妻子豁埃马阑勒渡过腾吉思海,向东行,来到拜合勒江流域不儿罕合勒敦山下,与巴塔人众相遇。他们向他询问来由,孛儿帖赤那就从古时候印度的众恭王以及吐蕃的共主[颈座王]开始从头至尾讲述了一遍。那些巴塔人认为讲得有理,就说:'这是个有根脚人家的子嗣,我们没有首领,可以奉他为那颜。'[就这样]奉戴他作了那颜,一切遵照他的旨令行事。"①

从这段文字中可以明显看出对《元朝秘史》等早期史书相关内容的篡改。把孛儿帖赤那改为吐蕃王子,意在将成吉思汗家族的祖先上挂至吐蕃王统,并进一步追溯到古印度的王族,因为17世纪蒙文史书又都说吐蕃王统起源于释迦牟尼所属的古印度王族。于是,《元朝秘史》中的成吉思汗苍狼白鹿祖源传说被新编造的印藏蒙王统同源的故事所取代。

16世纪下半叶藏传佛教的再次传入,使蒙古人的精神世界发生了巨大的变化,佛教的思想成为人们行为的依据和准则,佛教产生和弘传之地成为人们向往的地方,而佛祖释迦牟尼及其家族王统更为人们所敬仰和羡慕,以能够出身同一血统而感到自豪。蒙古右翼部落首领为实现自己的政治目的引进藏传佛教,印藏蒙王统同源的故事应运而生,很快得到了蒙古

---

① 乌兰:《〈蒙古源流〉研究》,第142页。

社会的认可和接受，蒙古人的历史观也就从此发生了根本性的改变。

自17世纪蒙文史书中出现印藏蒙王统同源的传说故事后，18世纪、19世纪的蒙文史书纷纷效仿，《元朝秘史》《史集》等早期史书有关蒙古汗统起源的记载已几乎得不到重视，或者说已经干脆不为那时的人所知了。印藏蒙王统同源的传说故事为藏传佛教在蒙古地区的传播发挥了重要的舆论作用，反过来，藏传佛教的普及又为印藏蒙王统同源的传说故事迅速扎根于蒙古地区、深入蒙古人心提供了保证。

通过史料辨析，成吉思汗祖源乃至蒙古族源传说故事的实质更加透明，发展脉络更加清晰，有利于人们准确了解和掌握其所要传达的历史信息以及所反映出的不同时期历史观的变化。

（已提交北京大学"波斯语文献与蒙元时代研究"国际学术研讨会论文集）

成吉思汗去世及埋葬地问题再研究[*]

关于成吉思汗的去世情况及其埋葬地，史书中有比较明确的记载，见于蒙元时期不同文种的文献，包括《元朝秘史》、《圣武亲征录》、《史集》、《世界征服者史》、普兰诺·加宾尼《出使蒙古记》，以及《黑鞑事略》、《元史》等。这些文献中的相关内容是早期的记载，具有史料价值。但是近年来就成吉思汗的去世情况及其埋葬地却出现了一些不同宣传，其所谓的依据多出自《蒙古源流》等17世纪蒙古文史书。从史料辨析的角度讲，17世纪蒙古文史书的相关说法距离事件发生已经过去了四百多年，记述难免有疏漏或走样之处，而且书中的历史观也已呈现出了很大的变化，特征之一就是对早期的相关记载进行了篡改。与早期史书的记载相比，后期史书中的记述大多只能是二手的资料，仅具某种程度的参考价值，而经篡改的内容则更谈不上是什么史料，自然不具备作为史料的利用价值。

一 关于成吉思汗的去世原因

据早期主要史书记载，成吉思汗是在征讨西夏期间因病去世的。

《世界征服者史》记载："成吉思汗从西方诸国返回他的东方老营后，他就讨伐唐兀以遂他的宿愿。他把该地敌人的劣行肃清，把他们全部征服，这时，他得了由不良气候而引起的不治之症。他召诸子察合台、窝阔台、兀鲁黑那颜、阔列坚、术赤台、斡儿长去见他，对他们说：'我的病势沉重，医治乏术，因此，实在说，你们需有人保卫国威和帝位，支持这

---

[*] 本研究为国家社会科学基金重大项目"中国古代民族志文献整理与研究"（项目批准号：12&ZD136）、"波斯文《五族谱》整理与研究"（项目批准号：10&ZD116）阶段性研究成果。

根基坚实的宝座……我的意见是：窝阔台继我登位……'……窝阔台的弟兄们遵照他的圣训，立下文书。成吉思汗的病情愈来愈厉害，因为不能把他从所在之地挪走，他便在 624 年刺马赞月 4 日（1227 年 8 月 18 日）与世长辞。"①

《史集》记载："相当于伊斯兰教历 622 年的塔乞忽亦勒即鸡年［公元 1225 年］秋天，成吉思汗发兵征讨又名唐兀惕的合申地区……成吉思汗来到唐兀惕地区"，"唐兀惕国王失都儿忽、唐兀惕语称作李王者，从他的京都所在的大城（此城唐兀惕语称作阿里孩、蒙古语称作额儿吉牙）里，带着五十万人出来，与蒙古军作战"。"成吉思汗迎上去作战……失都儿忽逃回了城里。成吉思汗说，这次他遭受这样［大］的失败，往后再也没有什么力量了，于是就不再注意他了。成吉思汗从这座城市旁走过，占领了若干其他城市和地区，到乞台方面去了。相当于伊斯兰教历 623 年的那孩亦勒即狗年［公元 1226 年］初春，他来到翁浑—答兰—忽都黑地方，在那里突然想到了自身，沉思良久；因为他曾得一梦，启示了他的死期将莅临"。"成吉思汗……说道：'……我的死日已近，快要到地府去了……'接着他立窝阔台合罕为继位者……就这样，他结束了这次密谈上讲的话，与他们俩分别，让他们回去统治国家和兀鲁思，自己带着军队向南家思出发了……"②"当他来到女真、南家思和唐兀惕地面交接处的六盘山地方时……其后唐兀惕国王失都儿忽……派遣使者［到他那里］请求和谈并订立盟誓"，"成吉思汗的病却一天天坏下去"③。"成吉思汗自知病危，大渐已近。遂对异密们遗告说：'我死后，你们不要为我发丧、举哀，好叫敌人不知我已死去。当唐兀惕国王和居民在指定时间从城里出来时，你们可将他们一下子全部消灭掉！'猪儿年秋第二月十五日（伊斯兰教历 624 年 9 月）［1227 年 9 月］，他为他那著名的兀鲁黑留下汗位、领地和国家，离开了［这个］易朽的世界"④。在"成吉思汗史编年纪要"的"猪年"项内又记载说："鸡年（始自伊斯兰教历 622 年 2 月）

---

① ［伊朗］志费尼：《世界征服者史》上册，何高济译，内蒙古人民出版社 1980 年版，第 212—213 页。
② ［波斯］拉施特主编：《史集》，第一卷第二分册，余大钧、周建奇译，商务印书馆 1983 年版，第 317—319 页。
③ 同上书，第 320 页。
④ 同上书，第 321 页。

[公元1225年]这年春天成吉思汗在自己的斡耳朵里……秋天他出征唐兀惕国。""狗年（始自伊斯兰教历623年2月）[公元1226年]这一年春天，成吉思汗在翁浑—答兰—忽都黑地方突然料理起自己的私事来，他召来了当时在那里的儿子窝阔台和拖雷。他同他们坐在一起，对他们立下了遗嘱，并将窝阔台合罕立做汗位继承者，然后让他们回到各自的领地、兀鲁思和家里去。自己则向南家思进发。他来到南家思、唐兀惕、女真边界上的一个地方"①，"成吉思汗[这时]已病了。猪年（始自伊斯兰教历624年）[公元1227年]……他在这年由于疾病缠身，在唐兀惕地区去世了"②。

《元朝秘史》对成吉思汗的去世记载相对简单，在第268节中说："[成吉思合罕]掳掠唐兀惕百姓，将亦鲁忽不儿罕唤作'失都儿忽'，将他杀死，将唐兀惕百姓之父母连带子孙灭绝，降旨：'吃饭时必说[唐兀惕]彻底死绝吧！'因唐兀惕百姓不践所言，成吉思合罕再征唐兀惕百姓，将唐兀惕百姓灭绝后回来，成吉思合罕于猪儿年升天。"③ 之前提到成吉思汗在出征西夏后不久就在一次围猎行动中坠马受伤，引起发烧等病症，但是他带病继续前行，夺取了西夏大将阿沙敢不坚守的边境重地贺兰山，并一路进军。④

《圣武亲征录》行文简洁，记载说："乙酉春，上归国。自出师，凡七年。是夏避暑。秋复总兵征西夏。丙戌春，至西夏。一岁间尽克其城。时上年六十五。丁亥，灭其国以还。太祖圣武皇帝升遐之后……"文中未提成吉思汗生病之事。但与《元朝秘史》相近的是，二书都说成吉思汗出征西夏灭其国而还，然后去世。

而《元史》则说："二十一年[丙戌]（*1226）春正月，帝以西夏纳仇人亦腊喝翔昆及不遣质子，自将伐之。"⑤ "二十二年丁亥（*1227）

---

① 《史集》第一卷第二分册，第352页。
② 同上书，第353页。
③ 乌兰：《〈元朝秘史〉校勘本》，中华书局2012年版，第268节，第378—379页。据音译正文新译。原书总译作："成吉思既掳了唐兀惕百姓，杀其主不儿罕，灭其父母子孙，教但凡进饮食时，须要提说唐兀惕尽绝了。初因唐兀惕不践言，所以两次征进，至是回来。至猪儿年成吉思崩。"
④ 乌兰：《〈元朝秘史〉校勘本》，第265节，第373—376页。
⑤ 《元史》卷一《太祖本纪》，中华书局标点本1976年版，第23页。

春，帝留兵攻夏王城，自率师渡河攻积石州"。"闰月，避暑六盘山"。
"六月……夏主李睍降。帝次清水县西江。秋七月壬午，不豫。己丑，崩于
萨里川哈老徒之行宫"。①《南村辍耕录》也说成吉思汗"崩于萨里川"②。
似乎是说成吉思汗回到故土后才病逝。萨里川，又作"萨里河"③，《元朝
秘史》作"撒阿ᇂ里 客额ᇂ儿"（Sa'ari Ke'er，总译作"撒阿ᇂ里 客额ᇂ儿
地面"）④。其地当在克鲁伦河上游之西。哈老徒（*Qala'utu），意为"有
雁之地"，那珂通世认为即《内府舆图》之"噶老台泊"⑤。《马可波罗行
记》中成吉思汗去世之地的一种写法作 Calatuy，冯承钧认为"此名与
《元史》哈老徒之对音相近"⑥。伯希和也持有相同的看法，他还认为成吉
思汗死于甘肃清水县的西河，灵柩随即运回蒙古地区的撒里怯儿之哈老徒
行宫，只是这里省略了一些事实，错误在于《元史》的原始资料《实
录》，因为早于《元史》三年成书的《辍耕录》已经出现了这种说法。⑦

记载中出现这种情况，估计与成吉思汗事前要求秘不发丧的遗嘱有
关。《史集》记载说："成吉思汗自知病危，大渐已近。遂对异密们遗告
说：'我死后，你们不要为我发丧、举哀，好叫敌人不知我已死去。当唐
兀惕国王和居民在指定时间从城里出来时，你们可将他们一下子全部消灭
掉！'"⑧《世界征服者史》则说迟至1228年春天成吉思汗的"诸子及族
人就派驿使向全世界传播成吉思汗崩驾的消息"⑨。就是说，成吉思汗的

---

① 《元史》卷一《太祖本纪》，第24—25页。
② （元）陶宗仪：《南村辍耕录》，中华书局1980年版，第9页。
③ 王国维：《圣武亲征录校注》，叶三背面，叶二十四正面，《王国维遗书》第13册，上海古籍书店1983年版。
④ 乌兰：《〈元朝秘史〉校勘本》，第161节等，第168页等。
⑤ ［日］那珂通世：《成吉思汗实录》，大日本图书株式会社1907年版，第578、671—672页。那珂通世认为成吉思汗第二斡耳朵即忽阑哈敦所领斡耳朵哈老徒之行宫设于该湖岸边。对于前人考证的所谓成吉思汗四大斡耳朵之地曲雕阿兰、萨里川、土兀剌、乃满，宇野伸浩认为成吉思汗四大斡耳朵不是分处各地，而是聚集在一起共同游牧（『モンゴル帝国のオルド』，『東方学』76，1988年）；马晓林主张这些地名实际上不过是成吉思汗诸斡耳朵曾经到过的地方而已（《元朝火室斡耳朵与烧饭祭祀新探》，《文史》2016年第二辑）。
⑥ ［意］马可·波罗：《马可波罗行记》，冯承钧译，上海书店出版社1999年版，第145页。
⑦ ［法］伯希和：《马可波罗行记注》，黄振华译，"成吉思汗条"，《蒙古史研究参考资料》第23辑（总第48辑），1982年第38页。
⑧ 《史集》第一卷第二分册，第352页。
⑨ 《世界征服者史》上册，第214页。

遗体被送回故地的斡耳朵并下葬后，他去世的消息才得以向世人公布。这使人产生成吉思汗在故土去世的错觉。那珂通世即针对《元史·太祖纪》的说法，分析成吉思汗不可能秋七月壬午（七月五日）在六盘山地区不豫，七天后于己丑（七月十二日）崩于萨里川哈老徒之行宫，指出所说崩于萨里川哈老徒之行宫是指成吉思汗遗体经秘不发丧被送回老营后才公布其死讯，《元史》所据《太祖实录》等旧史一边依当时的讣告说成吉思汗在蒙古去世，一边又使用了其去世的真实日期。① 《元朝秘史》《圣武亲征录》《元史》此处的记载，中间都有不少省略，以致衔接不畅、语焉不详。

  实际上，结合《世界征服者史》《史集》以及《元朝秘史》《圣武亲征录》《元史》等早期史书的记载，可以确认成吉思汗在西夏都城开城之前已经向南进入了金朝境内的六盘山地区，并在那里因病去世了。

  原本十分清楚的史实，却在史学理论、方法和手段都取得空前进展的今天受到了不应有的冲击。网页和一些通俗读物中，不厌其烦地谈论着所谓成吉思汗死于非命，被西夏皇妃所害的事情。这不仅给广大读者造成了辨别真伪的困惑，也严重挑衅着蒙古史学界的底线。因此，有必要就这方面的问题重新郑重地进行梳理和辨析。

  所谓成吉思汗被西夏皇妃所害这一说法的依据，不外乎《蒙古源流》等17世纪蒙古文史书。就目前所见，《黄史》中首先出现了所谓成吉思汗死于西夏皇妃之手的故事。故事梗概是说成吉思汗亲征西夏，杀夏主失都儿忽，纳其妃古儿别勒真，古儿别勒真身藏暗器，就寝时加害成吉思汗，成吉思汗遂病重去世。② 《蒙古源流》中类似的故事，文字较《黄史》更丰富一些，说：

    就这样杀死了失都儿忽皇帝，[主上] 纳了他的古儿别勒只③·豁阿皇后，收服了人称"米纳黑"的唐兀国。[众臣] 商议说："就在那阿勒塔哈纳山山阳、哈剌木连河岸边驻夏吧。"却说，众人都惊

---

① [日] 那珂通世：《成吉思汗实录》，第580页。
② П. П. Шастина, ШАРА ТУДЖИ монгольская летопись XII века, москв-ленинград, p. 34–35.
③ 《黄史》作 Gürbeljin（古儿别勒真），《蒙古源流》作 Gürbelji（古儿别勒只），二者为同一词语（"蜥蜴"之意），仅尾音有区别。

叹古儿别勒只·豁阿皇后的美貌,古儿别勒只·豁阿皇后却说:"我的容颜从前比这更美丽,现在蒙上你们军队的征尘,[容颜]已经减色。如果在水里洗浴一下,就可以恢复从前那样的光彩。"[主上]说:"那么,你就按自己的讲究去洗浴吧。"古儿别勒只·豁阿说:"我要到河边去入浴。"[她]去到河边,[看见]父亲[喂养]使唤的一只称作'家鸟'的小鸟在空中盘旋着飞来,就[把它]捉住了。然后说:"有你们这么多人陪从,我感到害羞。你们大家待在这里,我要一个人去洗。"说完去到[河边],写下"我将要落入这条哈剌木连河而死。不要顺流去找我的遗骨,要逆流去寻找"[的字条],系在那只鸟的脖子上,放[它]飞回去。洗浴之后回来[一看],她的容貌果然是更加艳丽。夜里入寝之后,[她]加害主上的御体,主上因此身上感到不适,古儿别勒只·豁阿皇后乘机起身离去,跳进哈剌木连河身亡。"她的父亲得讯后,"按照女儿的话前来寻找她的遗骨,[可是]没有找到,只找到她的一只珍珠镶边的袜子。由于每人在[那只袜子]上埋上一锹土,就形成了名叫'铁木儿·兀勒忽'的小山包。却说,主上的病情加重","丁亥年七月十二日,[主上]在朵儿篾该城驾崩,享年六十六岁"。①

毋庸置疑,这里根本不存在什么真实性,不过是个虚构的传说故事而已。首先,故事内容与早期史书所载史实严重不符。故事中出现的西夏皇妃古儿别勒只并非真有其人,仅仅是个后人虚构的人物。② 根据史实,成吉思汗在西夏都城中兴府(今宁夏银川市)被攻破之前已经因病去世,因此根本没有机会杀西夏国主、纳西夏皇妃。其次,相关细节也经不起推敲。根据史实,成吉思汗去世的地方是在西夏南境外的六盘山地区,而非西夏境内的灵州(治今宁夏吴忠市金鸡堡,蒙古语名称为 Dörmegei 朵儿篾该),且西夏国主和皇妃也不住在灵州。六盘山地区远离黄河,因此不可能发生所谓西夏皇妃投黄河而死的事情。另外,被说成是埋有古儿别勒

---

① 乌兰:《〈蒙古源流〉研究》,辽宁民族出版社 2000 年版,第 226—227、229 页。
② 其原型可能是《史集》提到的克烈部汪罕之弟札阿绀孛的一个女儿。《史集》说札阿绀孛有三个女儿嫁到了成吉思汗家族,但是"还有一个女儿,嫁给了唐兀惕国王。这个女儿非常美丽,[容貌]净洁。成吉思汗占领唐兀惕[国]时,杀死了国王,竭力搜寻这个女人,但没有找到"(第一卷第二分册,第 146 页)。看来至少至 14 世纪初就已经有了这方面的风传。

只袜子的小山包"铁木儿·兀勒忽"（Temür Ulqu），其蒙古语意为"铁山包"，实为今内蒙古自治区呼和浩特市南郊"昭君墓"的蒙古语名称。① 故事所述本身即存在矛盾，因为如果从宁夏吴忠市逆黄河而上，是根本无法到达位于其下游的今呼和浩特市一带的。此处借用青冢之名，无非是为了给编造的故事增添一些真实性而已。这种经不起推敲和验证的虚构故事怎么可以当作史料来谈论历史呢？回答显然是否定的。

那么，《蒙古源流》等17世纪蒙古文史书中为何会出现这种子虚乌有内容的故事呢？其根本原因就在于17世纪的蒙古人在历史观方面已经发生了巨大的变化，这一变化很具体地反映在了这一时期的历史创作中。在素材的选择方面，可以看出《蒙古源流》等已经与《元朝秘史》有了很大的距离。史书素材的选择至关重要，不仅代表编纂者的修史水平，更反映着编纂者的历史观。16世纪下半叶藏传佛教的再次传入，使蒙古人的精神世界发生了巨大的变化，佛教的思想成为人们行为的依据和准则，佛教产生和弘传之地成为人们向往的地方，而佛祖释迦牟尼及其家族王统更为人们所敬仰和羡慕，人们以能够出身同一血统而感到自豪。蒙古右翼部落首领为实现自己的政治目的引进藏传佛教，印藏蒙王统同源的故事应运而生，很快得到了蒙古社会的认可和接受，蒙古人的历史观也就从此发生了根本性的改变。人们带着这种变化了的历史观去返观、回顾历史时，不免往往与从前的史实发生认识上的冲突或矛盾，于是在新的历史著作中早期的史实让步了，或被避而不谈或被篡改，以适合新的历史观的需求。17世纪蒙古文史书在思想意识方面最突出的特征，除了强烈的成吉思汗—忽必烈系黄金家族正统观念之外，就是贯穿全书的浓厚的佛教氛围，一改《元朝秘史》萨满教色彩浓厚的特点。可以说，在藏传佛教及其史学的冲击和影响下，17世纪的蒙古史学在历史观方面基本上抛弃了《元朝秘史》所代表的13世纪蒙古人的传统历史观。以《蒙古源流》为例，在结构上开篇即谈佛教创世说，接着按照顺序讲述印度—吐蕃—蒙古一脉相承的王统史和佛教弘传史，使传统的成吉思汗先祖起源之苍狼白鹿传说故事之上依次多出了吐蕃王统史、古印度王统史、佛教创世说。在总体内容上，也时时可以感觉到佛教思想意识的存在，带有佛教色彩的传说、反映佛教思

---

① 《大清一统志》卷124（第3叶背面）《归化城六厅·陵墓》记："青冢，在归化城南二十里，蒙古名特木尔乌尔虎。"

想影响的言语比比皆是。说明在佛教思想的影响下，当时的蒙古人对历史的关注点发生了偏离。就蒙古汗国历史部分的内容来说，最突出的变化在于对成吉思汗先祖起源传说的篡改以及对成吉思汗去世原因的篡改，其背后的推手就是业已变化了的历史观。在成吉思汗去世之真正原因有明确记载的情况下，却出现有损其名声的恶意篡改，而且还被其后人接受并收进自己的史书中，其中一定是有原因的。

可以看出，所谓成吉思汗死于西夏皇妃之手的这个故事带有很明显的倾向性，即对西夏国怀有同情之意，对成吉思汗持有批评的态度。那么这样的故事会出自何人之手？又如何会出现在蒙古人的史书中呢？一般来说，蒙古人是不会编造出这种诬蔑自己伟大首领的故事的。清代的蒙古人罗密曾怀疑印藏蒙王统同源说"是西僧所附会"[1]，而古儿别勒只皇妃的故事也很可能出自西夏后人之口。我们现在要提的问题是，身为成吉思汗后裔的萨冈台吉为何也会把这种故事收到自己的《蒙古源流》一书中呢？这岂不是对自己祖先的大不敬吗？按照常理，即使他不知道这个故事的真伪，也会不自觉地从自己的政治立场出发去排斥这类有损自己祖先形象的说法。那么是什么驱使他将这个故事写进书中的呢？应当说是他那被藏传佛教洗脑以后变化了的历史观在作怪。在对待成吉思汗去世原因的问题上，面对是维护成吉思汗黄金家族的尊严还是采信对自己祖先名声不利的说法，他的天平最终偏向了后者，因为那个故事与藏传佛教有关，维护的是藏传佛教及其弘传国度的利益。说明藏传佛教的影响在他的脑子里已经根深蒂固，维护藏传佛教的利益成为他写史特别要遵循的原则，一切内容要为之让路，即便是危及祖先的名誉也在所不惜。与《黄史》和《蒙古源流》相比，现存 17 世纪其他一些蒙古文史书的情况稍有不同。《黄金史纲》、罗桑丹津《黄金史》也都收有古儿别勒只皇妃的故事，但不同的是说成吉思汗纳夏主失都儿忽皇妃古儿别勒只，古儿别勒只请求去黄河边洗浴，就在那里投河而死，后来成吉思汗病重去世。[2] 可以看出两书在内容取舍上是有所保留的，删除了原有故事中皇妃古儿别勒只加害成吉思汗

---

[1] 《蒙古世系谱》，1939 年张尔田跋本，第 1 页。

[2] *Qad-un Ündüsün Quriyangyui Altan Tobči*, Улаанбаатар, 2011, p. 260 (31a). Blo bsang bstan gjin, *Erten-ü Qad-un Ündüsülegsen Törö Yosun-u Jokiyal-i Tobčilan Quriyaysan Altan Tobči Kemekü Orošibai*, Улаанбаатар, 2011, p. 707 (124b).

的内容。《黄金史纲》和罗桑丹津《黄金史》与《黄史》和《蒙古源流》一样，都说失都儿忽被杀之前曾提醒成吉思汗纳古儿别勒只妃之后要仔细搜查其全身，《黄史》《黄金史纲》和罗桑丹津《黄金史》更是说要从她的指甲到全身都要仔细搜查。这实际上是一种伏笔，暗示古儿别勒只妃会加害成吉思汗。伏笔的存在证明《黄金史纲》和罗桑丹津《黄金史》删除了古儿别勒只妃加害成吉思汗的内容。说明两书的作者受藏传佛教影响的程度尚不及萨冈台吉等人那样深。

二 关于成吉思汗的埋葬地

关于成吉思汗的埋葬地，由于至今尚未能够确认其具体的地点，因此也被列为蒙古史上的一个"谜"。但是对其所处大致范围，史书中却是有着比较明确的记载的。

南宋人徐霆在《黑鞑事略》中作注说："霆见忒没真（即铁木真）之墓，在泸沟河之侧，山水环绕。相传云，忒没真生于此，故死葬于此。"[①]

《元史》"太祖本纪"记成吉思汗"葬起辇谷"。[②]《南村辍耕录》也说成吉思汗"葬起辇谷"。[③]

14世纪初的《史集》记载："于是，异密们运着灵柩回去了。他们在抵达斡耳朵之前，将一路上遇到的人畜全部杀死。附近地区的宗王、后妃、异密们全都聚来为他举哀。蒙古有一座名叫不儿罕·合勒敦的大山。从这座山的一个坡面流出许多河流。这些河流的沿岸有无数树木和森林……成吉思汗将那里选作自己的坟葬地，他降旨道：'我和我的兀鲁黑的坟葬地就在这里！'成吉思汗的驻夏和驻冬牧地就在那一带……这块伟大的禁地由兀良合惕部的异密们担任守护。"又说成吉思汗有一次在不儿罕·合勒敦山一带打猎，"有个地方长着一棵孤树。他在树下下了马，在那里心情喜悦。他遂说道：'这个地方做我的墓地倒挺合适！在这里做上个记号吧！'举哀时，当时听他说过这话的人，重复了他所说的话。诸王

[①] 王国维：《黑鞑事略笺证》，叶二十九背面，《王国维遗书》第13册。
[②] 《元史》卷一《太祖本纪》，第25页。
[③] （元）陶宗仪：《南村辍耕录》，第9页。

和异密们遂按照他的命令选定了那个地方"①。

泸沟河，即今蒙古国境内的克鲁伦河，辽、金、元时期又作"胪朐河""龙驹河""闾居河""陆局河""怯绿连河""翕陆连河"等。② 陈得芝先生认为徐霆当年"所行路线当与1247年张德辉奉忽必烈召前往蒙古所作《边堠纪行》的路线以及明金幼孜《后北征录》所记成祖进军路线略同，应经过克鲁伦河上游，不过他所谓'见'者，只是遥望其地山川形势，并非近距离看到成吉思汗墓，说成墓'在泸沟河之侧'只是记了大致方位，难以理解为墓地就在克鲁伦河旁近处"③。

起辇谷，据亦邻真先生考证，即《元朝秘史》中的地名"古ᠽ连勒古"④（罗桑丹津《黄金史》作 Kürelgü⑤），《圣武亲征录》作"曲邻居"⑥，《史集》作 KWRLWW（kūrlūū）⑦。据《元朝秘史》，该地在不儿罕·合勒敦山之阳，为桑沽儿河的发源地。即今蒙古国肯特省曾克尔（桑沽儿的今音）满达勒一带。该地对成吉思汗的一生具有重要意义。铁木真少年时摆脱泰赤乌人的拘押，与母亲和弟弟妹妹们团聚后，即迁往该地生活，境况逐渐好转；铁木真与发妻孛儿帖在这里成婚；铁木真脱离札木合后，百姓稍聚，在这里被蒙古部乞颜氏贵族推举为汗，⑧ 逐步走上统一蒙古高原的道路。

不儿罕·合勒敦，为今蒙古国肯特山脉的主峰，因克鲁伦河、鄂嫩河、土拉河发源于这一带，故有"三河之源"之称，又是成吉思汗家族的发祥地。

根据蒙古史早期史书的这些记载，成吉思汗去世后是被葬在了他故乡的某个地方。从大的范围来说，是在外蒙古高原，从小的具体方位来说，是在今蒙古国肯特省不儿罕·合勒敦山南部一带。这一点应该是没有任何疑义的。

但是，由于成吉思汗具体的埋葬地一直没有找到，内蒙古境内又有名

---

① 《史集》第一卷第二分册，第321—323页。
② 参见王国维《长春真人西游记校注》，叶十六正面，《王国维遗书》第13册。
③ 陈得芝：《成吉思汗墓葬所在与蒙古早期历史地理》，《中华文史论丛》2010年第1期。
④ 亦邻真：《起辇谷和古连勒古》，《内蒙古社会科学》1989年第3期。
⑤ *Erten-ü Qad-un Ündüsülegsen Törö Yosun-u Jokiyal-i Tobčilan Quriyaγsan Altan Tobči Kemekü Orošibai*，p. 602（20b）、p. 614（32b）等。
⑥ 王国维：《圣武亲征录校注》，叶五背面，《王国维遗书》第13册。
⑦ 《史集》第一卷第二分册，第111页。
⑧ 乌兰：《〈元朝秘史〉校勘本》，第89节（54页）、第94节（第59页）、122—123节（第103—104页）。

为"成吉思汗陵"（Činggis-ün Ongɣun）的建置存在，因此以"成吉思汗陵"为成吉思汗埋葬地的误解曾经相当普遍。① 现在汉语所说的"成吉思汗陵"，实际上是指八白帐（Naiman Čaɣan Ger），起源与成吉思汗四大斡耳朵有关，并不是什么真正的陵墓。② 近来有学者经过实地调查，指出鄂尔多斯蒙古人常常称八白帐为 Činggis Qaɣan-u Ongɣun Šitügen，原义为"成吉思汗之翁衮祭拜物"。③ 蒙古语名词 ongɣun，既有"神祇""圣灵"之义④，也有"陵墓"之义。šitügen 一词，意为"神祇""偶像""崇拜物"。作为"神祇""偶像"，ongɣun、šitügen 二词词义有重合之处，合用表示翁衮祭拜物、奉祀之神。结合史实以及 Činggis Qaɣan-u Ongɣun Šitügen 的叫法，可知 Činggis-ün Ongɣun 实为 Činggis Qaɣan-u Ongɣun Šitügen 的略称，这里的 ongɣun 一词不当"陵墓"讲。就是说，现在使用的汉语名称"成吉思汗陵"是个误译。Činggis Qaɣan-u Ongɣun Šitügen 这一称呼，更有助于说明那里原本就是供奉、祭奠成吉思汗神灵偶像的地方。

《史集》第二卷《铁穆耳合罕纪》记载成宗即位后派长兄甘麻刺出镇漠北，包括成吉思汗诸大斡耳朵和不儿罕·合勒敦山成吉思汗"大禁地"等都归他统领，甘麻刺"制成了他们［已故祖先们］的像；那里经常都在焚香［致祭］"⑤。陈得芝先生认为："说他绘制祖先画像焚香致祭事，

---

① 清代就已经出现了误解，例如《理藩院则例》（卷六"授官"）将成吉思汗的八白室（"成吉思汗陵"的前身）写作"园寝"，记："青吉斯汗园寝专设札萨克一员。伊克昭境内，向有青吉斯汗园寝，其鄂尔多斯七旗，向设有看守园寝、承办祭祀之达尔哈特五百户。"杨选第、金峰校注：《理藩院则例》，内蒙古文化出版社 1998 年版，第 114 页。

② 内蒙古社会科学院图书馆所藏 1909 年（清宣统元年）伊克昭盟郡王旗地图中，今天所说 Činggis Qaɣan-u Ongɣun（"成吉思汗陵"）之地标为 Činggis Qan-u Ordon（成吉思汗之斡耳朵，成吉思汗之宫帐，即八白室）。参见 N. Qurčabilig, *Minu Qošiɣun-u Jiruɣ-tu ki Ejen Šitügen-dü Qolbuɣdaqu Teüken Γajar Jiruɣ-un Tuqai*, Baraɣun Qoyitu-yin Ündüsüten-ü Yeke Surɣaɣuli-yin Erdem Šinjilegen-ü Setgül, 2015. 1。

③ 乌云格日勒：《信仰的薪火相传——成吉思汗祭奠的人类学研究》，北京大学出版社 2013 年版，第 42、43 页。

④ 《华夷译语》"人物门"词条之一"神"作"汪昆（ongqun）"（［日］栗林均：『華夷訳語（甲種本）モンゴル語全単語・語尾索引』，東北アジア研究センター叢書第 10 号，日本東北大學，2003 年，第 39 页）。《五体清文鉴》"神类"词条之一 ongɣud 作"神祇"（民族出版社 1957 年版，第 2653 页），为其复数形式。

⑤ ［波斯］拉施特主编：《史集》第二卷，余大钧、周建奇译，商务印书馆 1985 年版，第 377 页。

当即《元史·祭祀志》所载供奉和祭祀'祖宗御容'的'影堂'（后改称'神御殿'）制度……晋王甘麻剌也奉祭'祖宗御容'，可能是因为他驻守成吉思汗大斡耳朵以及'大禁地'之故。"① 普兰诺·加宾尼曾提到蒙古人为他们的第一代皇帝成吉思汗做了一个偶像，将其放在一辆车子里，车子则停放在一座帐幕前面的敬礼偶像的地方，人们朝南向成吉思汗的偶像鞠躬致祭。② 另外，赛音吉日嘎拉根据清乾隆三十三年（1768）、四十三年（1778）伊克昭盟呈理藩院的两份公文中分别出现的"迎请成吉思汗肖像裹银柜""今年要制作存放成吉思汗肖像的银柜"之语，认为八白帐中始终供奉和祭祀的是成吉思汗的肖像。③世代守护八白帐的达尔扈特人也说自己一直是为圣主（成吉思汗）"守灵司祭"的。④

近些年来，人们对于所谓"成吉思汗陵"并非成吉思汗陵墓的认识已经有所普及，但是围绕成吉思汗埋葬地的问题却又出现了一种"新说"。这一说法的核心内容是：成吉思汗的埋葬地在今内蒙古自治区鄂尔多斯市鄂托克旗境内。其主要根据是：成吉思汗最后一次征西夏时，曾在今鄂托克旗地区驻军一年之久，其间因在阿尔巴斯山围猎时坠马受伤，住进附近阿尔寨石窟的一间洞窟内养伤，并以那里为总指挥部，策划军事大计；去世后其尸体先被停放在阿尔寨石窟的一处地下石窟内，而他的安葬地起辇谷就是今鄂托克旗西北部位于黄河岸边的千里山中的"千里沟"。⑤ 这种说法已不是误解，而是一种严重的捕风捉影、有意编造。

关于成吉思汗最后一次征西夏时的行动路线，早期史书有一定的记载。综合《元朝秘史》《圣武亲征录》《史集》《元史》等书的记载，可以大致勾勒出蒙古军此次出征西夏的过程。尽管诸书在细节上还存在一些差异，但可以肯定的一点是，成吉思汗所率蒙古军在整个战役过程中始终没有进入黄河河套套内地区即今天的内蒙古自治区鄂尔多斯地区。⑥

---

① 陈得芝：《成吉思汗墓葬所在与蒙古早期历史地理》。
② 道森编，吕浦译，周良霄注：《出使蒙古记》，中国社会科学出版社1983年版，第10页。
③ 赛音吉日嘎拉编著：《蒙古族祭祀》，赵文工译，内蒙古大学出版社2008年版，第6—7页。
④ 乌云格日勒：《信仰的薪火相传——成吉思汗祭奠的人类学研究》，第98页。
⑤ 例如潘照东主编《草原敦煌——阿尔寨石窟探秘》，内蒙古新经济研究会、鄂尔多斯市鄂尔多斯学研究会2002年版，第41、67、71、73页等。
⑥ 伯希和早已指出"成吉思汗1226年进军西夏并未通过黄河河套"。见伯希和《马可波罗行纪注》"成吉思汗条"，《蒙古史研究参考资料》第23辑（总第48辑），第51页。

《元史》载："二十一年［丙戌］春正月，帝以西夏纳仇人亦腊喝翔昆及不遣质子，自将伐之。二月，取黑水等城。夏，避暑于浑垂山。取甘、肃等州。秋，取西凉府搠罗、河罗等县，遂踰沙陀，至黄河九渡，取应里等县……冬十一月庚申，帝攻灵州，夏遣嵬名令公来援。丙寅，帝渡河击夏师，败之。丁丑，五星聚见于西南。驻跸盐州川。二十二年丁亥春，帝留兵攻夏王城，自率师渡河攻积石州。"①

《史集》说："相当于伊斯兰教历 622 年的塔乞忽亦勒即鸡年［公元 1225 年］秋天，成吉思汗发兵征讨又名唐兀惕的合申地区……成吉思汗来到唐兀惕地区，首先占领了甘州、肃州、河州和斡罗孩等城，又围攻了答儿沙孩［灵州］，放火烧城。当［该城］起火时，唐兀惕国王失都儿忽、唐兀惕语称作李王者，从他的京都所在的大城（此城唐兀惕语称作阿里孩、蒙古语称作额儿吉牙）里，带着五十万人出来，与蒙古军作战。成吉思汗迎上去作战。在哈剌—沐涟［黄河］地方有许多湖，湖面全部冰封住了。成吉思汗站在冰上，下令发箭射［敌人的］脚，不让他们从冰上过来，敌人应弦而倒……失都儿忽逃回了城里。成吉思汗说，这次他遭受这样［大］的失败，往后再也没有什么力量了，于是就不再注意他了。成吉思汗从这座城市旁走过，占领了若干其他城市和地区，到乞台方面去了。"②

《元朝秘史》载："狗儿年秋。去征唐兀［。］以夫人也遂从行。冬间于阿儿不哈地面围猎。成吉思骑一疋红沙马为野马所惊。成吉思堕马跌伤。就于搠斡儿合惕地面下营。"其间成吉思汗遣使西夏国主，谴责其在自己出征西域时背盟不肯出兵相助。西夏大将阿沙敢不对成吉思汗的使臣态度傲慢，口出大话，邀蒙古军来战。成吉思汗闻报大怒，决意继续进军西夏。后来兵至贺兰山外，击败阿沙敢不所率西夏守军，③ 成吉思汗遂于"雪山住夏"④，"成吉思自雪山起程。过兀剌孩城。却来攻打灵州城"⑤。未记以下行程。

诸书中提到的时间、地点，可归结为成吉思汗此次出征西夏大致是在 1225 年秋季至 1227 年夏季之间，而经行的地区似乎包括西、东两线。西

---

① 《元史》卷一《太祖本纪》，第 23—24 页。
② 《史集》第一卷第二分册，第 317—318 页。
③ 乌兰：《〈元朝秘史〉校勘本》，第 265 节（第 375—376 页）。
④ 乌兰：《〈元朝秘史〉校勘本》，第 266 节（第 377 页）。
⑤ 乌兰：《〈元朝秘史〉校勘本》，第 267 节（第 378 页）。

线，即《元史》和《史集》所记黑水城、甘州、肃州、西凉府、应里等地；东线，即《元朝秘史》所说贺兰山、雪山、兀剌孩等地。所记地点多与《元史》一致的《史集》，之外还提到了东线的兀剌孩，唯有此地与《元朝秘史》相合。西线基本在河套以西，东线基本在河套以北。三种史书最后都提到灵州（今宁夏回族自治区吴忠市一带），成吉思汗所率蒙古军在这里与西夏守军大战，消灭了西夏的主力。

诸书提到的时间、地点，不禁使人怀疑在两年的时间内成吉思汗一人率军东西大范围迂回作战的可能性有多少。或许像一些人的推测那样，蒙古军当时是兵分两路，东路军由成吉思汗亲自统率，西路军由大将速不台统率。[①] 具体情形有可能是：1225年秋，蒙古大军出动。成吉思汗自秃剌河黑林斡耳朵启程，冬季行至阿儿不合之地，在围猎当中因马惊而摔伤，遂于搠斡儿合惕之地驻下养伤。其间遣使西夏国主，谴责其在自己出征西域时背盟不肯出兵相助。西夏大将阿沙敢不对成吉思汗的使臣态度傲慢，口出大话，邀蒙古军来战。成吉思汗闻报大怒，决意继续进军西夏，兵至贺兰山，击败阿沙敢不所率西夏守军。1226年二月，速不台的西路军攻取了西夏西北重镇黑水城（今内蒙古自治区阿拉善盟额济纳旗哈拉浩特遗址）。之后西路军一路向南经略，至1226年夏，已经尽取贺兰山以西整个河西走廊一带，并攻下周边撒里畏吾等部以及金朝西南一些地区。至秋季，西路军已拿下西夏西凉府（今甘肃武威），东进至黄河九渡，控制了应里（今宁夏回族自治区中卫市），由此沿黄河北上，直趋西夏都城中兴府（今宁夏回族自治区银川市）。至此已经基本控制了黄河以西西夏国土。成吉思汗的东路军1226年夏季在察速秃山（今内蒙古自治区巴彦淖尔市乌拉特前旗东北境查石太雪山）[②] 度夏。盛夏过后自那里出发，向西攻克了斡罗孩城[③]。至此控制了黄河以北西夏国土。估计由此溯黄河南

[①] 余大钧：《一代天骄成吉思汗》，内蒙古人民出版社2002年版，第315—319页。乌云毕力格等：《蒙古史纲要》，内蒙古人民出版社2006年版，第26—27页。石坚军、张晓非：《蒙古经略西夏诸役新考》，《西北民族论丛》第10辑，2014年。

[②] 乌兰：《〈元朝秘史〉校勘本》，第266节（第377页）。《元史》作"浑垂山"（卷一《太祖本纪》，第24页）。参见余大钧《一代天骄成吉思汗》，第317页。

[③] 《元朝秘史》第267节作"兀舌剌中孩城"（乌兰：《〈元朝秘史〉校勘本》第378页）。据周清澍主编《内蒙古历史地理》（内蒙古大学出版社1993年版，第95页），该城大概位于今内蒙古自治区巴彦淖尔市乌拉特后旗狼山山口附近。

下，进军中兴府。分别扫平了西夏西部和北部大片领土的两路军，在黄河西岸西夏都城外会合。因攻城不利，冬季成吉思汗率东路军南下进攻灵州，西夏大将嵬名令公奉命率十万大军增援，成吉思汗东渡黄河，击败嵬名令公，攻克灵州，约十日后已率军东进至盐州川（今陕西定边县一带）休整。1227年春，成吉思汗留一部分军队围攻中兴府，自己率军西进，攻破金朝西南境积石州、临洮、德顺州等地。闰五月，成吉思汗来到六盘山（今宁夏回族自治区固原西南）避暑。六月，南进至秦州清水县（今甘肃省清水县，属广义六盘山地区）。遣使至中兴府诏降。中兴府内已几乎断粮，西夏末帝李睍遂遣使乞降，请求宽限一个月献城，获得允准。七月，成吉思汗病逝于清水县西江驻地。

对照上引"新说"的说法，首先可以从史实考订方面明确指出：早期史书所载此次蒙古军征战经行的地点，没有一处位于黄河河套内。即便是位于黄河东岸的灵州，成吉思汗也是从黄河的西岸渡河而攻的，并非从河套套内进攻的，且一战而过，取城后旋即离开，转向东南进入了金朝境内。这说明成吉思汗在这次征西夏的战事中始终没有进入河套套内，也就根本谈不上所谓成吉思汗曾在河套内的今内蒙古自治区鄂尔多斯市鄂托克旗一带久住，将那里作为征夏指挥部之事了。不仅如此，之前的成吉思汗四次亲征西夏，也从未进入河套套内地区。① 成吉思汗八白室以及鄂尔多斯部定驻于河套地区，大致始于16世纪初。在此之前，"显然不存在成吉思汗之陵位于鄂尔多斯地区的问题。但是当那些鄂尔多斯人（成吉思汗的斡耳朵及其遗物的守护者）定居于现在所谓鄂尔多斯地方以后，他们就把自己的旧传统连同古老的遗物（虽则大概没有一件真正是成吉思汗时代的）一起带将过来。仔细检查一下那些现存的遗物，一定是很有趣的。它们肯定不能解决成吉思汗死于何地的问题，也不能解决成吉思汗之陵究竟在哪里的问题"②。

其次，从审音勘同的角度来说，"新说"也存在明显讹误。第一，将鄂托克旗境内的阿尔寨石窟所在地阿尔巴斯与《元朝秘史》所记"阿儿不合"③ 混为了一谈。阿儿不合（Arbuqa）与阿尔巴斯（Arbas）的读音

---

① 详见石坚军、张晓非《蒙古经略西夏诸役新考》等。
② 伯希和：《马可波罗行记注》"成吉思汗条"，《蒙古史研究参考资料》第23辑（总第48辑），第56页。
③ 乌兰：《〈元朝秘史〉校勘本》，第265节（第375页）。

明显不同。从成吉思汗此次行军路线和时间方面来说，阿儿不合之地当在今蒙古国南部一带。① 第二，对于《元朝秘史》所记地名"搠斡儿合惕（čo'orqad）"②，不能以现代蒙古语čo'oruqai（孔、洞孔）的复数形式简单解释为"多窟汇聚之处"，从而用作即阿尔寨石窟的证据。因为《元朝秘史》另见一个词语作"搠斡儿合台（čo'orqatai）帖儿格（terge）"③，旁译"锁有的 车"（有锁之车）。搠斡儿合惕、搠斡儿合台，词根均为"搠斡儿合（čo'orqa）"，当即名词"锁"。那么"搠斡儿合惕"若当"锁"之复数形式来讲的话，是否就与阿尔寨石窟无关了呢？问题的关键在于不能撇开史实空谈对音。第三，以"起辇谷"之音比对"千里沟"，太过随意，完全没有考虑到元代汉语音韵与现代汉语发音之间的变化。起，近代汉语读 khi（溪母）；千，近代汉语读 tshiεn（清母），④ 二者不可比对。起辇谷，读音可还原为 * kirelgü ~ kürelgü，即《元朝秘史》的"古ᵘ连勒古"（罗桑丹津《黄金史》的 Kürelgü），地点在蒙古国肯特省曾克尔满达勒一带。第四，以《蒙古源流》所说成吉思汗八白室所在地"大谔特克"比对鄂托克旗之名，只能说是太缺乏蒙古史语文学和蒙古史的常识。"谔特克"之蒙古语原词为 öteg，意为"地"，"大谔特克"即"大地"之义，⑤而"鄂托克"的蒙古语原词为 otoγ，为明代蒙古行政建制的一种名称，二者之间无论在读音或词义方面都毫无关系。

另外从常理分析，阿尔寨石窟也根本不可能是成吉思汗生前较长时间住过的地方。按照古代蒙古人的生活习俗，他们生前一辈子都住在蒙古包里。例如，《黑鞑事略》记载蒙古人"其居穹庐（即毡帐），无城壁栋宇，迁就水草无常"。直到现在，一些纯牧区的蒙古人仍然主要居住在蒙古包里。更何况生病之人又怎么会住进阴暗潮湿的洞窟内养病？再有，关于古代蒙古人的葬俗，从早期史书的记载来看，应该是有较为固定的家族墓地的。例如，《元朝秘史》记载了一次祭祀活动，祭祀由俺巴孩汗的两位遗

---

① 石坚军：《元代漠北野马川小考》（"国际视野下的钓鱼城历史文化研讨会"参会论文，2015 年 7 月）将《元朝秘史》第 265 节所记成吉思汗围猎众多野马之地阿儿不合面与元明汉文文献中多见的"野马川"联系起来考虑。野马川位于漠北南部。

② 乌兰：《〈元朝秘史〉校勘本》，第 265 节（第 373—374 页）。

③ 乌兰：《〈元朝秘史〉校勘本》，第 124 节（第 105 页）。

④ 李珍华等：《汉字古今音表》，中华书局 1999 年版，第 65、210 页。

⑤ 亦邻真：《起辇谷和古连勒古》。

媵主持,成吉思汗的母亲诃额伦(月伦)因迟到而未能分到余胙。① 说明成吉思汗的父亲也速该家族与泰赤乌部的俺巴孩汗家族是拥有共同墓地并共同举行祭祀活动的。一般,统治者和贵族们都会被埋葬在固定的墓地区域内。例如,普兰诺·加宾尼曾说:"在他们(指蒙古人)的国家里,有两个墓地。一个是埋葬皇帝们、首领们和一切贵族的地方,不管这些人死在什么地方,如果能合适地办到的话,都把他们运到那里去埋葬。"②《马可波罗行记》也说:"君等并应知一切大汗及彼等第一君主之一切后裔,皆应葬于一名阿勒台(Altai)之山中。无论君主死于何地,皆须运葬于其中,虽地远在百日程外,亦须运其遗骸葬于此山。"③ 南宋遗民郑思肖说:"房主及房主妇死,剖大木刳其中空,仅容马革裹尸纳于中,复合其木,僭用金束之于外,皆归于鞑靼旧地,深葬平土,人皆莫知其处。"④ 元末明初人叶子奇说蒙古人的皇帝死后被"用梡木二片,凿空其中,类人形小大合为棺,置遗体其中。加髹漆毕,则以黄金为圈,三圈定,送至其直北园寝之地深埋之,则用万马蹴平,俟草青方解严,无复考志遗迹"。⑤ 据《元史》《史集》等书记载,蒙元时期诸汗和皇帝多数是北葬漠北故乡,就连悲惨去世于应昌城的惠宗妥懽帖睦尔也是被"奉梓宫北葬"的。⑥ 从这个角度来说,成吉思汗去世后遗体也肯定是被送回他的故乡下葬的。

　　完成于1662年的《蒙古源流》以及《黄史》、《黄金史纲》、罗桑丹津《黄金史》等17世纪蒙古文史书,比《元朝秘史》晚了四个多世纪,书中早期蒙古历史的内容已经发生了相当大的变化,不少史实显得含混不清甚至相互矛盾,显示出岁月对人们记忆的磨蚀;很多史实被富有佛教色彩的神话故事所取代,反映出思想环境对人们历史观的影响。因此,关于蒙元时期蒙古的历史,其相关内容与《元朝秘史》等早期史书的史料价值无法相比,不能直接作为信史来对待,其中的一些内容只有在与早期史

---

① 乌兰:《〈元朝秘史〉校勘本》,第70节(第41—42页)。
② 道森编:《出使蒙古记》,第14页。
③ 冯承钧译:《马可波罗行记》,第146页。
④ (元)郑思肖:《大义略叙》,陈福康校点《郑思肖集》,上海古籍出版社1991年版,第183页。
⑤ (明)叶子奇:《草木子》,中华书局1959年版,卷三下,第60页。
⑥ 《元史》卷四十七《顺帝本纪十》,第986页。

书结合起来进行科学的考证之后才可以慎重使用。

例如,关于成吉思汗的埋葬地,17世纪蒙古文史书中也保留有早期史书一些史实的信息。《蒙古源流》说:"[众臣]辇舆载着主上的遗体起程,全体属众挥泪随行。""一直护送到称为罕·也客·哈札儿的地方。""由于请不出主上的金体,绝望之中,只好修建了永久的陵墓,在那里建起了普天供奉的'八白帐'。据说,主上的金体安葬在按台山山阴、肯特山山阳的'也客·斡帖克'地方"①。而《黄金史纲》和罗桑丹津《黄金史》说成吉思汗的灵车被"送至'罕·也客·哈札儿'之地。在那里建造了永久的大陵,成为众臣们的支柱、全体百姓的奉祀之神(šitügen),成就了永世坚固的'八白帐'"。又说成吉思汗的真身"有人说是葬于不儿罕·合勒敦山,也有人说是葬于按台山之阴、肯特山之阳的'也客·斡脱克'地方。"② 所谓埋葬成吉思汗的也客·斡帖克地方,实际上不是一个具体地名。也客(yeke), "大"之意;斡脱克、斡帖克(ötög, öteg)即 "大地" ötögen ~ ötegen (etügen)的音变,yeke ötög (öteg) 指广阔的大地。亦邻真先生指出:"这已是一个大而无当的千里空间,等于说葬在漠北高原。"③ 即埋葬在漠北高原广阔的大地下。其定语"按台山之阴、肯特山之阳",也暗示了这一点。这里,17世纪蒙古文史书与早期史书一致,也肯定成吉思汗的遗体是被送回外蒙古高原安葬的,更具体的地点在其故乡不儿罕·合勒敦山一带。只有这样经过辨析的内容,才可以用作早期史书记载的一种佐证。

关于成吉思汗去世的直接原因以及成吉思汗的埋葬地,早期史书的记载应当是可以信用的史料,相对更为接近于史实。后期蒙古文史书记述的相关内容,多因历史观等发生变化而使其远离了史实。历史研究,讲求实事求是的科学态度,又离不开科学的研究方法。在对待成吉思汗去世的原因及其埋葬地的问题上,同样如此。

(原载《民族研究》2017年第6期)

---

① 乌兰:《〈蒙古源流〉研究》,第229、231页。
② *Qad-un Ündüsün Quriyangyui Altan Tobči*, p. 263 (35a); Blo bsang bstan gjin, *Erten-ü Qad-un Ündüsülegsen Törö Yosun-u Jokiyal-i Tobčilan Quriyaγsan Altan Tobči Kemekü Orošibai*, p. 710 (127b).
③ 亦邻真:《起辇谷和古连勒古》。

蒙古国西部新发现汉文崖壁诗所涉史事考

2011 年夏，蒙古国立大学语言文化学院 T. 巴特图力嘎（T. Battulga）教授送给笔者两幅照片，请协助研究。由于前几年仍忙于研究元代文献，故一直未能顾及。近来就这两幅照片的内容和所涉历史人物及其史事进行了考证，感到对于研究乾隆年间的清准战争具有独特的价值。

就内容来说，其中一幅照片所摄为写在崖壁上的汉藏合璧祝文，另一幅所摄为汉文崖壁诗。据 T. 巴特图力嘎教授所说，这两幅照片是 2008 年从他人手中得到的，据送他照片的人（蒙古国某电视台工作人员）介绍，在去西部采访途中，于乌布苏省（Увс аймаг）乌列盖县（Өлгий сум）境内的某山之中拍到了这些照片。写有墨笔字的崖壁位于一个有泉水的山峡中，高直而险峻，壁面朝东，字写在人手刚刚可以够得着的地方。崖壁所在山区附近，无人居住。这两幅照片上的字迹，都出自同一崖壁，但

图 1　汉藏合璧祝文

是不知二者的位置、距离如何。

　　汉文部分的识读：赐我福安

　　藏文部分的识读：oṃ　āḥ　hūṃ。为三字总持的藏语原文。

在 hūṃ 一字的左侧，似乎有一行小字，但因照片质量问题，尚无法辨认。

这处祝文，尚不好判定为何人所写，汉字部分的笔体似乎较摩崖诗的更为工整、苍劲。

图 2　汉文诗

汉文诗识读（从右至左。文字转折以‖表示）：

按剑登高饮玉‖泉神峰不亚五‖台山随征二次‖瞻仙顶动感留‖诗为有缘‖巴航阿

天浆漫饮两三般但觉精神加倍添‖佛地仙山遗圣脉瑞草奇花实可观‖野鸟归巢无次序鸿雁高飞有后前‖征夫至此瞻神露岁在乾隆十九‖年白露前二日理藩院八品笔帖式‖加三级记录一次‖诰封文林郎署理行营嘎来‖达巴航阿行军弟（*第）二次至此题‖并书余幼而失学平仄不知‖望识者政之①

诗文的左下方还写有一行梵文，不知何人所写，可识读为：

Om | bhaiṣajye | bhaiṣajye | mahābhaiṣajyebhaiṣajye | ?? | samudgate | svāhā。属药师如来大咒，语义大致为"药、药、大药、药、?、圆满

---

① 原文的识读，经周清澍师审阅并修改，在此表示衷心的感谢。

成就"。①

在本文的写作过程中，笔者曾向蒙古国立大学哲学社会学院的 A. 敖云扎尔嘎拉（A. Oyunjargal）教授进一步咨询相关信息。不久她捎来了几页复印件，上面载有与那两幅照片有关的内容，并解释说这是她所见到的目前唯一的相关报道。该资料复印自一本名为《阿拉坦呼希故乡》（АЛТАН ХӨХИЙ НУТАГ）的书，书中载有照片的手录文字内容和蒙古语译文，但是就这些汉文文字的来历没有作过多交代，只是在前面写有一个小标题"Рашаант уулын рашааны агуй дахь хятад бичиг"。② 其中的 Рашаант уул（Rašiyantu aγula），可以理解为"有甘泉的山"，也可以视为专名"阿尔善图山"。рашааны агуй（rašiyan-u aγui）意为"甘泉洞"。据书中的介绍，该书作者 Б. 撒达克（Б. Сандаг）生前曾长期在科布多省明阿特县阿拉坦布拉格公社工作，关心明阿特的历史，写有一些东西，子女将其遗稿收集成册于 2008 年出版。科布多省是乌布苏省的南邻之省，阿拉坦呼希山横跨两省，北部在乌布苏省乌列盖县境内，位于县政府所在地乌列盖（东边紧邻科布多至乌兰固木的公路）的西南部。书中所说的 Рашаант уул 应该是阿拉坦呼希山中的某座山，而 рашааны агуй 又似乎意指泉水和崖壁上的文字都与山洞有关。由于蒙方学者一直未传来更为具体、确切的信息，所以暂时还无法判断这处诗文是写在山崖上还是在山洞的石壁上。不过从诗文的内容以及照片反映的情况来看，还是写在山崖上的可能性要大一些。或许崖壁的附近有山洞，山洞里有泉水流出。

诗文有两首，分两次写成。第一首后面仅有署名"巴航阿"，第二首后面有较为详细的落款。落款部分再次出现作者之名"巴航阿"，并有身份介绍"理藩院八品笔帖式、加三级记录一次、诰封文林郎、署理行营嘎来达"，还提到书写的日期"白露前二日"。

第一首诗中的第三句为"随征二次瞻仙顶"，第二首诗提到"第二次""行军""至此"，说明两首诗同是在巴航阿第二次到达该地时写成的。结合第一首诗中"岁在乾隆十九年"的句子，此"白露前二日"的

---

① 此处梵文的解读，承蒙荒川慎太郎先生提供，在此表示衷心的感谢。
② Б. Сандаг，АЛТАН ХӨХИЙ НУТАГ，Түүхэн тэмдэглэл，Улаабаатар，2008，pp. 183 - 186. 书中汉文录文有些识读方面的问题。一是漏录了"赐我福安"中的"福安"二字，二是有些误读，例如"天浆"误作"天泉"、"两叁般"误作"爲叁粮"、"無次序"误作"按次序"、"文林郎"误作"文林即"、"行軍"误作"健軍"、"失学"误作"矢学"、"平仄"误作"平江"。

具体日期应该是 1754 年 9 月 6 日（星期五），因为乾隆十九年（1754）的白露为阴历七月二十二日、阳历 9 月 8 日（星期日），其前两日即为 9 月 6 日。从两首诗的内容和所反映出的作者的心情来看，第一首诗写在刚到达该地后不久，第二首诗写于饮过"玉泉"之后。

巴航阿是满语 Bahangga 的音译，语义为"得"。理藩院八品笔帖式，据《大清会典》等，清代笔帖式有七品、八品、九品之分，通过吏部考试并经皇帝钦定的监生、生员一般授为八品笔帖式。①

加三级记录一次，"加级"和"记（纪）录"是清朝奖励官员之"议叙"制度的具体措施。凡官员立有功绩或经考核成绩优良者，即可交部议叙，给予记录或加级之奖励。记录以次计算，共三等，自"纪录一次"至"纪录三次"，其上为"加一级"，每一级相当于记录四次。又从"加一级纪录一次"至"加三级"，共为十二等。凡官员升职者，可随带原先之记录，被议以罚俸处分时，可用记录抵消。② 那么，"加三级记录一次"说明巴航阿的业绩很好。

诰封文林郎，诰封，按照清代加阶请封之制，凡恩诏加级者，以新加之级给封，用皇帝的诰命授予称为诰封，一般用于对五品及其以上官员的封赠。③ 而文林郎为官阶名，清代一般授予正七品文官，④ 不过八品以下官员也可以请七品之封。⑤ 因此自称为"理藩院八品笔帖式"的巴航阿，是可以享有七品文林郎之待遇的。只是此处的"诰封"似宜作"敕封"。

嘎来达（又作噶赖大、噶喇大等），满语官职 galai da（翼长）的汉语音译，清初所设，各职司不同，品级有差，火器营、健锐营之 galai da 为正三品，另有正四品、正六品、正八品的。署理行营嘎来达，说明巴航阿在履行翻译和处理文移等笔帖式的职掌外，还代理行使一定的军务管理职责。

这两首诗反映的史事大致为：1754 年 9 月 6 日，清朝理藩院八品笔

---

① 《钦定大清会典》卷 5《吏部·文选清吏司·铨政》，武英殿聚珍版重刊本；朱金甫等：《清代典章制度辞典》，中国人民大学出版社 2011 年版，第 583 页。
② 《钦定大清会典》卷 5《吏部·文选清吏司·铨政》、卷 6《吏部·考功清吏司·功过》；朱金甫等：《清代典章制度辞典》，第 191、202、287 页。
③ 贺旭志：《中国历代职官辞典》，吉林文史出版社 1991 年版，第 106 页。
④ 朱金甫等：《清代典章制度辞典》，第 122 页。
⑤ 《钦定大清会典事例》卷 143《吏部·封赠》，商务印书馆 1908 年版。

帖式巴航阿参加军事行动，第二次来到今蒙古国乌布苏省乌列盖县境内阿拉坦呼希山之某山中的名泉处，登峰眺望，畅饮清泉，诗兴顿生，挥毫崖上。

那么，这个巴航阿为什么会在那个时间出现在那个地点呢？

首先，乾隆十九年即 1754 年是一个比较引人注目的年份，在其下一年的 1755 年（乾隆二十年）爆发了清朝"平定"准噶尔的战争，蒙古卫拉特准噶尔部最后一位首领达瓦齐被俘送清廷，准噶尔政权基本结束。

此前的 1745 年（乾隆十年），准噶尔部首领噶尔丹策零去世。随之，部落贵族内部展开了血腥的汗位争夺，汗位几度易手，几年间不少人携部众纷纷投向清朝。而在清朝一方，乾隆皇帝认为彻底制服准噶尔的时机已到①，于 1755 年年初下令清军分两路出征准噶尔，北路由乌里雅苏台军营发兵，西路由巴里坤军营发兵。

其次，今蒙古国乌布苏省乌列盖县一带，在当时来说也是相当特殊而重要的地区。17 世纪末喀尔喀归附清朝，清朝即以喀尔喀之地与准噶尔形成对峙。雍正末期清朝与准噶尔议和，涉及划界问题，经过几番磋商，至乾隆初（四年，1739）双方终于达成协议。协议主要规定：准噶尔一方牧地不越过阿尔泰山，喀尔喀一方牧地不越过札布堪河，阿尔泰山北侧的准噶尔属乌梁海维持现状。对于阿尔泰山东麓清朝一侧的卡伦，在不筑城、不驻兵、定期巡查的前提下继续维持现状。② 今蒙古国乌布苏省乌列盖县所在地，当时在喀尔喀一侧，恰好位于清科布多至乌兰固木的台站道上，属乌里雅苏台将军管辖范围。巴航阿应该是理藩院外派的公职人员（定期更换），此行或许是一次小型的军事活动，也可能是一次例行的公务活动。

分析诗文及其落款本身，可以获得的认识大致如此。查阅清代相关文献资料，目前仅在《平定准噶尔方略》和《钦定八旗通志》中找到了一些信息。

《平定准噶尔方略》乾隆二十一年夏六月癸未条载："驻扎乌里雅苏

---

① 《清高宗实录》卷 464，乾隆十九年五月壬午条载："朕意机不可失，明岁拟欲两路进兵，直抵伊犁。即将车凌等分驻游牧，众建以分其势。此从前数十年未了之局，朕再三思维，有不得不办之势。"

② 渋谷浩一：『1734—40 年の清とジューン＝ガルの講和交渉について——キャフタ条約締結後のユーラシアの国際関係——』，『東洋史研究』第七十卷，第三号，2011 年。

台办事大臣舒明等。疏奏安插达什达瓦部众事宜。舒明等奏言。内阁侍读学士富森。带领达什达瓦属人七千五百余人。于六月二十八九等日至阿拉克绰尔。令臣等指定安插地方〔。〕查和通鄂博布拉罕察罕托辉等处。系扎哈沁旧游牧。地甚宽展。水草充足。令达什达瓦部众在彼游牧。甚属妥协。随遣主事巴杭阿。往迎富森等。一同带至和通鄂博布拉罕察罕托辉地方。指定疆界安插。奏入。"

同书乾隆二十三年三月壬寅条载："命主事巴杭阿。协同佐领职衔郎中三宝。照看达什达瓦游牧〔。〕"①

《钦定八旗通志》"舒明传"乾隆二十一年七月条载："〔舒明〕七月奏，内阁侍读学士富森，带达什达瓦属七千五百余人，于六月至阿拉克绰尔，知会臣等指定安插地方。查和通鄂博、布拉罕察罕托辉等处，系扎哈沁旧游牧，地宽、水草充足。已遣主事巴杭阿，迎富森等至彼定界安插。"②

此处《平定准噶尔方略》和《钦定八旗通志》所载，内容为同一件事，即为来投的达什达瓦属众安置游牧地。《平定准噶尔方略》乾隆二十三年三月壬寅条所载，也与管理达什达瓦属众有关。文中出现的"主事巴杭阿"，根据事件发生的时间和地点，很有可能就是摩崖诗的作者巴航阿。

"巴杭阿"与"巴航阿"仅一字之差，但是并不影响其满语原名 Bahangga 的读音。至于头衔"主事"，也不存在什么问题，因为按照清朝的官制，笔帖式任职期满（一般为三年）后，考核优良者即可升任主事（正六品）等职。③ 估计到1756年巴航阿已经由笔帖式升任了主事。假如摩崖诗的作者与史书所记这位协助安置达什达瓦属众的主事为同一人，那么其汉名就应当按照本人的写法作"巴航阿"。这是一个满语人名，但是由于缺乏进一步的史料证据，还不好判断他出身如何，是满人还是蒙古人。

以下，对达什达瓦属众归顺清朝并得到安置的过程作一梳理回顾，以便于清楚认识当时该地区的政治形势以及巴航阿（巴杭阿）在其中的

---

① 傅恒等：《平定准噶尔方略》正编卷29，卷52。
② 《钦定八旗通志》，清刊本，卷185，第21页上。原文无标点。
③ 朱金甫等：《清代典章制度辞典》，第583、187页。

活动。

　　达什达瓦属众的投清事件，发生在 1755 年（乾隆二十年）五月。清军在年初分两路出征准噶尔后，所到之处准噶尔部众纷纷迎降，准噶尔首领达瓦齐退据格登山（新疆维吾尔自治区伊犁哈萨克自治州昭苏县境内），再率少数随从进入天山以南，六月被当地首领执获送交清军。准噶尔部台吉达什达瓦属众也在同年五月归降部众之列。①

　　达什达瓦为巴图尔珲台吉弟墨尔岱青曾孙小策凌端多布之子，此前因部落争夺汗权发生内讧，约于 1750 年被噶尔丹策零汗之子喇嘛达尔札汗所杀。达什达瓦的一部分属众已于同年九月由宰桑萨喇勒率领归顺清朝。② 达什达瓦属部原游牧于伊犁附近的裕勒都斯地区。③ 第一批归顺清朝的萨喇勒所领达什达瓦属众，被安置于察哈尔。新归顺的达什达瓦属众几经迁转，大部分最后被安置于热河地区。上引《平定准噶尔方略》和《钦定八旗通志》所载内容，涉及新归顺的达什达瓦属众在喀尔喀境内得到安置之事。

　　新归顺的达什达瓦属众，一时暂为定边左副将军阿睦尔撒纳收编。其后，清廷相继得到来自达什达瓦属众方面的汇报，先是达什达瓦之妻于七月报告说阿睦尔撒纳"欲娶其女"，谓若"协力相助，即可收服四卫喇特"。④ 八月定边右副将军萨喇勒又奏："阿睦尔撒纳欲将达什达瓦属户请给伊姊子沙津巴图管辖。"⑤ 乾隆皇帝下旨："俟办理阿睦尔撒纳后，将伊所占达什达瓦属下及各部落人等分别给还本部，或编次归公。"他当时是想将这些人于次年迁至博克达地区耕种，等到秋收后再移往科卜多布延图一带。⑥ 此时清廷已获知达什达瓦之子图鲁巴图为达瓦齐汗所杀，遂任命萨喇勒之兄布林为总管，统管新来降的达什达瓦属众。⑦

---

　　① 《清高宗实录》卷 489，乾隆二十年五月己丑。
　　② 《清高宗实录》卷 373，乾隆十五年九月壬戌。
　　③ 傅恒等：《钦定皇舆西域图志》卷 12，《疆域五·天山北路二》，清排印本，第 10 册，第 27 叶背面。载："裕勒都斯……旧为准噶尔克里野特鄂拓克游牧之所。其东境为库本诺雅特部。系达什达瓦之昂吉。"《清高宗实录》卷 577，乾隆二十三年十二月戊寅条载："查珠勒都斯等处，系达什达瓦旧游牧。"
　　④ 《清高宗实录》卷 493，乾隆二十年七月辛丑。
　　⑤ 《清高宗实录》卷 494，乾隆二十年八月庚戌。
　　⑥ 《平定准噶尔方略》正编卷 16。
　　⑦ 《清高宗实录》卷 495，乾隆二十年八月乙丑。

同年八月，阿睦尔撒纳在受命进京的途中脱走，举起了反旗。九月领兵攻伊犁，清军损失班第、鄂容安两员大将，导致局势再度不稳。达什达瓦之妻遂率部众东行，于十一月到达巴里坤。① 他们本想迁往札布堪一带居住，但是清廷令他们暂在巴里坤住冬，次年再作安排。② 1756年（乾隆二十一年）初，乾隆皇帝谕令达什达瓦属众"移驻阿尔台地方"，同时接受整编，原部落官员改授管旗章京、佐领等职。③

其间，清廷曾从达什达瓦属众中抽调兵丁参与征剿阿睦尔撒纳，人数至少达千人。④ 1756年三月，乾隆皇帝再下谕旨，令达什达瓦属众"俟彻兵后再令迁移"。⑤ 四月，达什达瓦之妻病故。清廷派明瑞率同侍读学士富森"驰驿前往"，"经理丧事"，另命舒明等人将达什达瓦属众"编为三旗。移住阿尔台地方"。⑥ 但是据《清高宗实录》乾隆二十一年六月丁巳条记载，富森也身负"迁移达什达瓦属人"的任务，不过他"任意迟延"，"起程一月余始抵巴里坤"。⑦

富森带达什达瓦属众一行人自巴里坤出发北上，于六月底到达阿拉克淖尔，向乌里雅苏台办事大臣舒明报告，希望"指定安插地方"。舒明上奏推荐"和通鄂博、布拉罕察罕托辉等处"⑧，并言已派"主事巴杭阿""往迎富森等"，"带至和通鄂博、布拉罕察罕托辉地方，指定疆界安插"。达什达瓦属众在这些地方仅仅度过了很短暂的时间。⑨

前引《平定准噶尔方略》、《钦定八旗通志》"舒明传"此处地名有误，其"阿拉克绰尔"，《平定准噶尔方略》满文本同处作 Alak noor⑩，则"绰"为"淖"之形讹。此阿拉克淖尔，当为喀尔喀札萨克图汗部右

---

① 《清高宗实录》卷500，乾隆二十年十一月癸酉、乾隆二十年十一月丁亥。
② 《清高宗实录》卷500，乾隆二十年十一月丁亥。
③ 《清高宗实录》卷504，乾隆二十一年正月己卯。
④ 《清高宗实录》卷502，乾隆二十年十二月甲辰。
⑤ 《清高宗实录》卷509，乾隆二十一年三月戊子。
⑥ 《清高宗实录》卷510，乾隆二十一年四月庚子。
⑦ 《清高宗实录》卷515。另参见《清高宗实录》卷517，乾隆二十一年七月癸巳。
⑧ 王力、王希隆：《厄鲁特达什达瓦部归附安置始末——兼论其对清朝巩固新疆统治的作用》（《西部蒙古论坛》2010年第2期）一文此处断句有误，误断为"和通鄂博布拉罕、察罕托辉等处"。《平定准噶尔方略》满文本同处作 Hotong obo, Bulagan cagan tohoi。
⑨ 《清高宗实录》卷526，乾隆二十一年十一月丁未。
⑩ Jun gar i ba be nechihiyeme toktobuha bodogon i bichihe i jingkini banjibun, 东洋文库藏清刻本，第29册，第58页上。

翼后末旗境内的"阿拉克泊"（在今蒙古国戈壁阿尔泰省境内），位于巴里坤北上喀尔喀的通道上。《钦定西域同文志》卷五《天山北路水名》汉文即作"阿拉克淖尔"，蒙古文作 Alaγ naγur，满文作 Alak noor。①

和通鄂博，《平定准噶尔方略》满文本同处作 Hotong obo②，《钦定西域同文志》作 Hotong obu③，《钦定皇舆西域图志》作"和通额博"，标在拜塔克山东北，"布拉干郭勒"与"乌英齐"之间。④《嘉庆重修大清一统志》《乌里雅苏台统部》记札哈沁部西南界"由哈布塔克山起，至和托昂鄂博止"。⑤ 和托昂鄂博，即 Hotong obo 之另译。

布拉罕察罕托辉，他处又作"察罕托辉"⑥，则"布拉罕"（蒙古语 bulaγa ~ bulaγan，"貂"之意）当指布拉干郭勒。布拉干郭勒，见于《钦定西域同文志》卷五，其蒙古文作 Bulaγan γool，满文作 Bulagan gol。⑦ 托辉，蒙古语 toqoi 之音译，"肘"或"河湾"之意。布拉罕察罕托辉当在布拉罕河（布拉干郭勒）的某河湾处，恰好和通鄂博处于布拉罕河由西北转向西南的大河湾之东，据此可以推测布拉罕之察罕托辉在和通鄂博之西，两地相距不远。

七月，乾隆皇帝针对舒明的奏言下谕，令将"所有达什达瓦人众，著即在额克阿喇勒地方游牧"。而此前暂居其地的杜尔伯特人，当时已经迁往原游牧地额尔齐斯河流域。⑧ 额克阿喇勒，《清高宗实录》中多次出现其名，提到其处是"可以渔猎耕种地方"⑨，而蒙古语 aral 为"岛"之意，提示那里当为一处环水之地，有土地可耕种。

《嘉庆重修大清一统志》"乌里雅苏台统部"记杜尔伯特部南界"由

---

① 《钦定西域同文志》卷5，《天山北路水名》。
② Jun gar i ba be nechihiyeme toktobuha bodogon i bichihe i jingkini banjibun，第29册，第58页上。
③ 《钦定西域同文志》卷1《天山北路地名》。
④ 《钦定皇舆西域图志》卷1《天山北路图一》。
⑤ 《嘉庆重修大清一统志》史部卷30，《四部丛刊续编》，上海商务印书馆1935年版，第8页上。
⑥ 《清高宗实录》卷526，乾隆二十一年十一月丁未条载："定边左副将军成衮扎布奏：据二等台吉诺尔布呈称……俟厄鲁特达什达瓦人等迁移后，请往察罕托辉等处居住。"
⑦ 《钦定西域同文志》卷5《天山北路水名》。
⑧ 《清高宗实录》卷517，乾隆二十一年七月壬辰。
⑨ 《清高宗实录》卷541，乾隆二十二年六月丙戌。

塔塔呼特喀里起，至哈喇淖尔、绰诺哈咮呼、额克阿喇勒淖尔北岸"①。《蒙古游牧记》作"额克阿拉尔"，借准噶尔首领噶尔丹策零之语，说其地在准噶尔与喀尔喀的游牧分界线上，为乌兰固木下一地。② 哈喇淖尔，在科布多以东，是札萨克图汗部与科布多地区的界湖，今译"哈腊湖"。

杜尔伯特部南界、哈喇淖尔一带，可称岛的地方只有哈喇乌苏湖③的中心岛，此湖位于科布多与哈喇淖尔之间，北部有小河东连哈喇淖尔，哈喇淖尔又东通札布堪河，而札布堪河一线即喀尔喀诸部所应遵守的界线，不得越界游牧。渋谷浩一将额克阿喇勒标为哈喇乌苏湖的中心岛④，当是。额克阿喇勒，蒙古语可还原为 Eke aral（母亲岛），《平定准噶尔方略》满文本即作 Eke aral。⑤

九月，乾隆皇帝根据达什达瓦属众的请求，令其"在鄂尔坤地方游牧"，并令"传谕富森，留彼照看"。⑥ 十一月，达什达瓦属众抵达鄂尔坤地方。⑦ 鄂尔坤地方，当即杭爱山东麓鄂尔坤城一带，地在喀尔喀土谢图汗部西境。

1757 年（乾隆二十二年）五月，达什达瓦弟伯格里之寡妻因生活艰难，"恳请移入内地"。乾隆皇帝"准其携带属人赴察哈尔正黄旗居住"。⑧ 至 1758 年（乾隆二十三年）三月，富森去世，清廷派三宝接替其职，"经理""达什达瓦游牧"。⑨ 于是，就出现了前文所引"命主事巴杭

---

① 《嘉庆重修大清一统志》史部卷 30，第 7 页下。

② 张穆：《蒙古游牧记》卷 13《额鲁特蒙古乌兰固木杜尔伯特部赛音济雅哈图盟游牧所在》，《亚洲民族考古丛刊》第六辑，南天书局 1982 年版，第 295 页。齐召南：《西北诸水编》（《小方壶斋舆地丛钞》四秩，十三）作"额克阿拉尔池"，谓在"奇勒稽思鄂模""西南"。称"淖尔"或"池"，可能水大时湖岛连成一片，康熙年间《内外蒙古图》（东洋文库收藏）该处即绘为一个大湖，标名"伊克阿拉克泊"。

③ 哈喇乌苏湖，今译"哈尔乌苏湖"，《蒙古游牧记》（卷 10，第 222 页）称其东北部湖区为"伊克阿拉克池"、西南部湖区为"爱拉克诺尔"。

④ 渋谷浩一：『1734—40 年の清とジューン＝ガルの講和交渉について——キャフタ条約締結後のユーラシアの国際関係——』。

⑤ Jun gar i ba be nechihiyeme toktobuha bodogon i bichihe i jingkini banjibun，第 23 册，第 43 页上等。

⑥ 《清高宗实录》卷 520，乾隆二十一年九月戊寅。

⑦ 《清高宗实录》卷 527，乾隆二十一年十一月丙辰。

⑧ 《清高宗实录》卷 538，乾隆二十二年五月辛卯。

⑨ 《清高宗实录》卷 558，乾隆二十三年三月丁酉。

阿协同佐领职衔郎中三宝，照看达什达瓦游牧"的情况。

1758年十一月，布林请求将达什达瓦属众"内向迁移"，清廷准其所请，命三宝带领"至热河居住"。① 1759年（乾隆二十四年）五月，达什达瓦属众分两批到达热河。②

以上就是达什达瓦属众归顺清朝、安置迁移的基本过程。大致从1755年秋季至1758年十一月，经历了三年的时间。从伊犁地区迁出至落脚热河，辗转经过了巴里坤、阿拉克泊、和通鄂博和布拉罕察罕托辉地方、额克阿喇勒地方、鄂尔坤地方等处。在这一过程当中，清朝理藩院职员巴航阿先于1756年六月受命至阿拉克泊迎接达什达瓦属众，将他们送到和通鄂博和布拉罕察罕托辉地方安置，后来又于1758年春季到鄂尔坤地方照管其生产生活。此外，巴航阿还应当做了不少工作，但是史书中没有留下更多关于他的记载，因此他很难引起研究者们的注意。而他自己在履职途中写于偏远西北乌列盖山中的摩崖诗，却使他进入了人们的视线。作为历史当事人的作品，这处摩崖诗也使那一时期那一地区的历史鲜活了起来。

（原载《清史研究》2015年第3期）

---

① 《清高宗实录》卷575，乾隆二十三年十一月庚子。
② 《清高宗实录》卷587，乾隆二十四年五月丙申、乾隆二十四年五月己酉。

释"庆元儒学洋山砂岸复业公据"中的八思巴文

在浙江宁波天一阁博物馆明州碑林中存有元碑17座，其中之一刻有庆元路达鲁花赤总管府于延祐二年（1315）五月颁给本路儒学的公据。这一石刻的正文系汉文，文末附有宣示公据持有者的一句八思巴字蒙古语和八思巴字译写汉语的年款，文字的内容和形式都很独特，为八思巴字蒙古语和八思巴字汉语分别增添了一份新资料。

章国庆收录的《明州碑林集录》（上海古籍出版社2008年版）收有此碑。据载，碑高210厘米、宽102厘米，圭首。碑有额，篆书12字，竖行2字，共6行，为"庆元/儒学/洋山/砂岸/复业/公据"。碑文分三截，第一截、第二截为正文，包括公据全文、一句八思巴字蒙古语和八思巴字译写汉语的年款；第三截为当事人所撰附记。

正文部分，开头提行书"皇帝圣旨里"，这是蒙古语 qaγan-u jarliγ-i-yar（蒙古文的转写形式）的直译，显示本路府所出公据是遵照皇帝旨意。接下来，详细叙述了洋山砂岸被人非法侵占、发生归属争议和归主几经变动的过程，最后由路府认定所有权归庆元路儒学，并颁给本公据。正文抄刻的当为公据原文。

正文后的附记由庆元路儒学前学正杜世学撰写。

最后给出了立石时间：延祐三年（1316）三月一日，以及立石者的名单，多为儒学界人士。末尾署人名张振行（后有脱文），张振行似为刊石者。

碑文第二截有一行大字，为"右给据付庆元路儒学收执准此"，左书八思巴字一行，译写的是蒙古语，其内容是宣示公据为洋山砂岸所有权所颁。转写如下：

按原音节转写：da-la-yin qʻu-ma-qʻi qaʻ-ja-dun tʻula
对应的蒙古文：dalai-yin qumaqi　　qajad-un tula
　　　　　　　海　的　　沙滩　　　地方 的 为了

其中的 dalai-yin qumaqi qajad-un 直译为"海之沙滩等地的"，是汉文原文"洋山砂岸"的对译，这里虽不见"洋山"的"山"和"砂岸"的"岸"，但以蒙古语 qajar（地方）一词的复数形式 qajad（众多地方）来对应，以意译表达原意，翻译技巧高明，非常符合蒙古语的表达习惯。据公据和附记中的文字，"洋山砂岸"实非一地，包括"山七百余亩，地四十九亩三十八步，海滨涨涂不可亩计"（附记语）的山、平地和海滨沙滩等处，蒙古语的内容与之相合。全句蒙古语的意思，直译是"为了海之沙滩等地"，意译是"为洋山砂岸所颁［公据］"。

dalai、qumaqi、qajar（qajad）都是常用名词。在语法结构上，dalai-yin 是"海"的领格形式（-yin 是用于以元音结尾名词后的该格附加成分）。这个词以领格形式限定后面的 qumaqi（沙），合为"海滩"之意，这一词组又修饰 qajad（众多地方）对应"洋山砂岸"，而 -un 也是领格附加成分，用于某些辅音结尾名词后，与目的后置词 tula 配合使用，表示"为了某某"之意。

正文最后、看似汉字九叠篆的，是八思巴字篆体年款，译写的是汉语"延祐二年五月　日"。其中表示月份的"五"是楷体，其余则为篆体。这些八思巴字都是相应汉字的译音，转写如下：

yin(*yėn)　ŋiw　ži　nin(*nėn)　uʼ　ue　ži
延　　　　祐　　二　年　　　　五　月　日

不过，这里有书写方面的错误："延"和"年"的韵腹作 -i-，均为 ė 之误。关于这一点，《蒙古字韵》、八思巴字《百家姓》和八思巴字汉语其他文献能够给予一致证明。就是说在这两个字里，篆体 i 都为 ė 之误（可参阅照那斯图《八思巴字篆体字母研究》，《中国语文》1980 年第 1 期）。写有两种字体的八思巴字原文见图 1。

在大字"右给据付庆元路儒学收执准此"右上部有一汉字印，此印当为所钤出本公据的官署印，即庆元路达鲁花赤总管府印。印文应是八思巴字译写汉语的篆体。类似文件的石刻，往往在此处或仿刻原件印文，或用"印"字代原印文。这都是立石人所为。至于在本公据八思巴字汉语年款右侧的"洋山砂岸印"5 个汉字，也是立石人所加文字，表示原件这里有此印文,这很可能是洋山砂岸这一地方基层官署获此文件后加以保存时加盖了自己的印章,以示主人资格,这大概是一种特例。

元代的这种公据,是相关官府对某件事进行认定后给出的证件,具有法律效力。公据的承旨者刻于石碑,得以保存下来的已有若干,其中附有八思巴字的也有几件,兹举两例如下。

(1)为范士贵所颁。范士贵为北宋范仲淹之后。元江淮等处行尚书省曾颁给范仲淹"范文正公(即范仲淹)义庄义学蠲免科役省据"。据此平江路备份出给范士贵"使臣人等毋行于庙学安下、非礼骚扰"的公据。八思巴字蒙古语书:fam ši guė-yin t'ula,直译是"为了范士贵",意译是"为范士贵所颁[公据]"。书体为罕见的草体;年款为八思巴字译写的汉语,其中年份"至元二十七年"(1290)和"月""日"二字以篆体书写,而月份"十二"、日期"初一"则以楷体书写。详见照那斯图《八思巴字及其三种字体》(载祁庆富主编《民族文化遗产》第一辑,民族出版社2004年版)。

(2)付给京兆路府学成德堂公据。遵照皇帝圣旨和皇子安西王令旨,王相府曾出给京兆路府学成德堂公据,公据中亦有八思巴字蒙古语一行:šiŋ dhiy taŋ-yin t'ula,直译是"为了成德堂",意译是"为成德堂所颁[公据]"。与同类文件不同的是,年款用了汉字,其中年份"至元十三年"和"月""日"用双勾体书写,月份"三"和日期"十三"用普通楷体书写(图2)。

颁发公据的目的是为了保护特定对象(个人或单位)的权益,而这些法律证件的获得者为使自己的利益能够得到长期保护,通常会把公据文字刻在石碑上,让外界了解,不失为一种有效的方法。尤其石刻中的八思巴字蒙古语和八思巴字汉语篆体年款,因为是国语、国书,在汉人聚居地区更令人好奇,易于引起社会广泛关注,在社会上长期发挥作用。在石刻中使用这种方式,是利用国书的特殊地位来强调证件的有效性和权威性。如上例,目前所见时间最早、附有八思巴字的公据的年代为至元十三年(1276),这是全国推行八思巴字后的第七年,此时年款还是以汉字双勾体书写,然而在此后的石刻中这类文书的年款均改为八思巴字篆体,这不仅反映了国书的崇高地位,而且说明国书在社会生活中发挥着重要作用。

附记:本文在写作中使用了章国庆先生提供的资料,包括石刻公据全文、立石人的附记和碑拓照片，在此致谢。

图1　洋山砂岸复业公据
　　　八思巴字部分

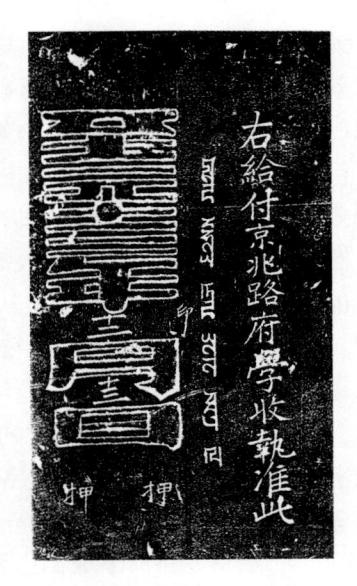

图2　成德堂公据八思巴字
　　　部分和汉字年款

（原载《文物》2008年第8期。第一作者为照那斯图，笔者为第二作者）

第五部分

印藏蒙一统传说故事的由来

关于蒙古汗统的起源，13世纪的《元朝秘史》和14世纪初的《史集》均有记载。《元朝秘史》第一节载："当初元朝的人祖，是天生一个苍色的狼（正文作：孛儿帖赤那），与一个惨白色的鹿（正文作：豁埃马阑勒）相配了。同渡过腾吉思名字的水来，到于斡难名字的河源头，不儿罕名字的山前住着……"《史集》说古代称为蒙古的部落被另一些部落打败，遭到屠杀，仅剩下两男两女两家人，他们逃到群山和森林环绕、人迹罕至的额儿古涅—昆，在那里生息繁衍，逐渐发展出很多分支，后来那些人熔铁化山，走出山林，全体迁徙到草原上。① 又说，所有的蒙古部落都是从逃到额儿古涅—昆的那两个人的氏族产生的，那两个人的后代中有一个名叫孛儿帖—赤那的异密，其长妻名叫豁埃—马阑勒。② 两书都说成吉思汗家族就出自孛儿帖赤那系。《元朝秘史》和《史集》以上记载的某些方面，可在汉籍中得到印证。《旧唐书·北狄传》说"蒙兀室韦""傍望建河居"。③ 蒙兀室韦即蒙古部落，望建河即额尔古纳河，《史集》的"额儿古涅—昆"意为额尔古纳河流域的山地。④ 就是说，蒙古人的先民原来生活在大兴安岭额尔古纳河流域的山林里，后来走出这片山林，迁徙到蒙古高原，其中孛儿帖赤那一支来到鄂嫩河源头的草原上生息繁衍，而孛儿帖赤那成为成吉思汗家族的始祖。出自草原方面的说法与汉文史籍的

---

① 拉施特主编：《史集》第一卷第一分册第四编，余大钧、周建奇译，商务印书馆1983年版，第251—252页。
② 《史集》第一卷第二分册第一编，第6页。
③ 《旧唐书·北狄传》载："大室韦部落，其部落傍望建河居。其河源出突厥东北界俱轮泊，屈曲东流，经西室韦界，又东经大室韦界，又东经蒙兀室韦之北。"
④ 亦邻真：《中国北方民族与蒙古族族源》，《内蒙古大学学报》1979年第3、4期。

记载相合，说明所述内容基本真实、可信。就蒙古汗统的起源问题，我们从以上记载所能获得的认识是：蒙古人原为室韦—达怛的一部分，原来居住在大兴安岭额尔古纳河流域，后来迁到蒙古草原，其中孛儿帖赤那的后代发展出了蒙古汗统一系。

然而，在17世纪的一些蒙古文史书中，有关蒙古汗统起源的内容却与几个世纪前的《元朝秘史》和《史集》的记载有了出入。在这些17世纪蒙古文史书中，成吉思汗家族的祖先被上挂到吐蕃王统，并进一步追溯到古印度的王族。诸书中叙述最系统、最详细的是《蒙古源流》。《蒙古源流》说古印度"跋蹉国能现王生了一个儿子，〔这个儿子〕天生卷发、牙如白螺、手指脚趾像鹅〔掌〕一样〔有蹼〕相连、眼睛像鸟眼一样〔眨眼时〕下眼皮上合，妙相俱足。〔能现王〕令占卜者们来占相。〔占卜者们〕说：'这孩子剋父，应当杀掉。'父王于是令大臣杀死这个〔儿子〕。大臣遵令去杀，无奈什么刀剑也伤害不了他，于是〔把他〕装入铜匣丢进了恒河。却说毗舍离城附近有一位老农正在河边种地，看见〔河中〕有一只箱子闪闪发光，捞上来打开一看，〔里面〕原来是一个俊秀的男孩儿。老人无儿无女，心想：'养养看吧。'于是背着国王放在树底下养起来，立刻有各种飞鸟给他衔来鲜果，各种动物给他叼来净肉，哺养了他。待长大成人后，孩子问：'我是什么人的儿子？我是谁？'老人就把事情的经过都讲给他听，那孩子惊呆了一般，〔只身〕前往东方雪山之地。却说来到高墙神山，从游戏神山的山顶沿九级福阶而下，来到雅隆〔地方〕具势平川的四户塔旁，遇见天安教士、地灵教士等人。他们问到：'你是什么地方的人？叫什么名字？'〔那孩子〕不吱声，用右手食指向天上一指。〔那些人〕说：'哎，你肯定是天子，相貌与凡人不同。'〔那孩子〕说：'我是天子，我的祖先是古时众恭王的黄金后裔。'随后给众人讲述了事情的原由。众人议论说：'这就是从前那个不曾被水淹死，后来又得到各种鸟兽相助长大的〔孩子〕，所以一定是天子。'〔他们〕用木头做成座椅让他坐上，架在肩上登上尚布雪山，众人一致尊他为首领。这样，〔他〕于从前那个戊子年一千八百二十一年后的戊申年即了王位，以'颈座王共主'闻名于世。〔他〕战胜四方各部，成为八十八万吐蕃国之主。"① 又说："古时吐蕃［诸］王，从颈座王共主下传七代时，名叫隆南的大臣弑杀海穴后侧金座王，篡夺了王位，王的三个儿子孛喇出、失宝出、孛儿帖·赤那逃往异地。其中幼子孛儿帖·赤那去了公布地方。他同那些人过不惯，于是携带妻子豁埃·马阑勒渡过腾吉思海，向东行，来到拜合勒江流域不儿罕·合勒敦山下，与巴塔人众相遇。他们向他询问来由，孛儿帖·赤那就从古时候印度的众恭王以及吐蕃的共主［颈座王］开始从头至尾讲述了一遍。那些巴塔人认为讲得有理，就说：'这是个有根脚人家的子嗣，我们没有首领，可以奉他为那颜。'［就这样］奉戴他做了那颜，一切遵照他的旨令行事。"②

这种印藏蒙一统的传说故事显然是对《元朝秘史》《史集》等早期史书有关记载的篡改，而篡改的目的无非是为藏传佛教在蒙古地区的传播制造"合理"借口，鸣锣开道。那么，这种印藏蒙一统的传说故事是怎样产生的呢？

20 世纪 30 年代初，陈寅恪发表《〈彰所知论〉与〈蒙古源流〉》，认为《蒙古源流》中蒙藏同源的故事是受了八思巴《彰所知论》的影响而产生的。他说："……《蒙古源流》于《秘史》所追加之史层上，更增建天竺、吐蕃二重新建筑……推究其所以致此叠累式之原因，则不得不溯源于《彰所知论》。"③ 一个时期内，似乎无人反对这种说法。20 世纪 80 年代，苏鲁格撰文提出了不同意见，他检核了《彰所知论》的藏文原文后，指出陈寅恪对汉译文的误解，进而说明《彰所知论》既未追溯蒙古之族源，也未说"印、藏、蒙同源"。④ 在这个问题上，一方面确如苏鲁格所说，《彰所知论》中找不到直接把蒙古汗统与西藏王统连接起来的文字，但是另一方面我们也应该把握陈寅恪在文章中阐述的主要观点，他是说《蒙古源流》的"基本观念及编制体裁""取之于《彰所知论》"，也就是

---

① 《蒙古源流》［E. Haenisch, *Eine Urga-Handschrift des mongolischen Geschichtswerk von Secen Sagang (alias Sanang Secen)*, Berlin, 1955］卷 1。据蒙文原文重译。"能现王"，同书又作"邬陀衍那王"。邬陀衍那王，又译"优填王"，据传为古印度诸国之一跋蹉国的国王，其国在恒河和雅木拿河的汇流处，都城为俱赏弥，据说此王笃信佛教。

② 《蒙古源流》卷 3。据蒙文原文重译。

③ 陈寅恪：《〈彰所知论〉与〈蒙古源流〉（蒙古源流研究之三）》，载《"国立中央研究院"历史语言研究所集刊》第二本，1931 年。

④ 苏鲁格译注：《蒙古政教史》，序，民族出版社 1989 年版。

说《彰所知论》先讲述印度王统、西藏王统，然后接叙蒙古汗统的写法，实际上是使"蒙兀儿史遂为由西藏而上续印度之通史"，《蒙古源流》就是"依此观念，以此方法，采集材料，而成书者"。《彰所知论》的写法或许给了后人以某种启发。顺着这条思路，后来就有人根据需要进一步添枝加叶，编造出了印藏蒙一统的故事。16 世纪后半叶，蒙古右翼土蛮万户的首领俺答汗和阿儿秃斯万户的忽图黑台·切尽·黄台吉，从与西藏高僧接触发展到在二万户内强制推行佛教。这一行动需要舆论支撑，于是印藏蒙一统的故事应运而生，取代了蒙古人自古以来的祖承传说。从当时的情况来分析，印藏蒙一统故事的出笼，很可能与既精通藏文史籍、典故，又熟知蒙古祖承传说的人有关。进一步说，印藏蒙一统论的制造者很有可能是 16 世纪后半叶格鲁派藏传佛教僧侣和蒙古右翼万户的高层统治者，而在其中起重要作用的很有可能就是阿儿秃斯万户的实力派人物切尽·黄台吉。① 切尽·黄台吉出自答言汗第三子巴儿思孛罗·赛那剌吉囊一系，是巴儿思孛罗长子衮·必里克吉囊第四子那木·塔儿尼·花台吉的长子，虽然不属阿儿秃斯万户吉囊的嫡支，但他凭着与土蛮万户首领俺答汗的亲密关系和个人超群的能力，在万户中起着举足轻重的作用，他还是大汗土蛮汗所设五执政之一，参与蒙古本部六万户的总体协调管理，俺答汗决定迎请格鲁派藏传佛教高僧锁南坚错就是因为采纳了他的建议，他在俺答汗与锁南坚错会见的仰华寺大会上代表蒙古一方发表演讲，赢得赞誉。《万历武功录·切尽黄台吉列传》称他"为人明敏，而娴于文辞，尤博通内典"，阿儿秃斯万户与明朝达成贡市之约时，是他"亲为表文"，明朝和尚宛冲还随他"传经译字"。现存蒙古文《十善法门白史》，据该书序言是由切尽·黄台吉在元代同名著作的基础上编纂而成的，这部书就是以印度、吐蕃、蒙古三段式的方法记载三地政教史的，显然是受了《彰所知论》的影响。这些都说明切尽·黄台吉有动机也有能力编造印藏蒙一统的说法，一方面他是将藏传佛教引进蒙古地区的积极推行者，另一方面他的学识使他具备了具体实施的条件。

把蒙古王统与西藏王统挂起钩来，本不是一件容易的事，必须找到一个合适的结合点，但这对于熟通蒙古文史书和藏文史籍的人来说事情似乎

---

① 当年作博士学位论文与导师亦邻真教授讨论有关问题时，笔者曾提到印藏蒙一统论的始作俑者或许就是切尽·黄台吉，亦邻真师表示赞同，说："有可能。"

并不难办。因为在16世纪以前的藏文史籍中，在西藏王统起源的问题上已经可以看到后期史书对早期史书的篡改。早期的说法是天神自天降世成为吐蕃之王，如《敦煌吐蕃文书》所收"赞普世系表"说第一代吐蕃王代·聂墀赞普是"天神自天空降世"，"来作雅砻大地之主，降临雅砻地方"，"天神之子作人间之王"。① 而后期的说法（后来成了普遍的说法）是印度某代国王的一个儿子遭难后翻过雪山来到吐蕃，被误认为天神而奉为吐蕃第一代王。如1322年成书的《布顿佛教史》说："至于说到西藏藏王的传统：有一部分人说……西藏诸魔同十二夜叉小王共同造作灾害的时候，白萨罗王名'能现'生有一子，睫毛盖着眼睛，手指间有蹼（薄膜）联着。该王十分惊恐，将小孩装入大铜盒中，抛入恒河中，被一农夫拾得，将他养了起来，直到他年事渐长，听旁人讲他是拾来的，便心生悲苦，逃到大雪山里。渐次越过'拉日'山口，来到了'赞唐阁西'地方，被当时的本教徒们看见，说他是由天索和天梯下来的。因此，说他是一位神人，问他是谁，他回答说是'赞普'。问他从哪里来？他以手指天，彼此不通语言。于是将他安置在木座上，四人用肩抬着，向众人说，这是我们的救主。尊称为'涅赤赞普'（意为肩舆王），这即是藏地最初的王。"② 14世纪中叶成书的《红史》说："《霞鲁教法史》中说，印度国王白沙拉恰切的儿子为聂赤赞普。"③ 成书稍晚于《红史》的《青史》说："……西藏的王朝世袭：往昔虽传说有十二位零散的小王等，但毕竟是一些小王，而且彼等的传承和他们对于佛教作有何种事业的史语，也是没有的。所以显见西藏的诸智者都是从栗赤赞波（肩舆王）起而撰述西藏王朝世系……至于栗赤赞波虽与大释迦、惹遮巴释迦、毗耶离释迦三种族姓中，任何一种都有所不同。然而在《文殊根本序》中，从松赞王至朗达玛以上，都有极明显的记载（预言），其示（藏王）阶段中《文殊根本序》中说：是'毗耶离种中所出'。以此正应说是'毗耶离'种姓。"④ 以上三种书的记述尽管详略不一，但都将吐蕃王统上连到古印度王统，其中《布顿佛教史》的内容比较丰满，也最具故事特性，易于被人们接受和流

---

① 王尧、陈践译注：《敦煌本吐蕃历史文书》，民族出版社1992年版，"赞普世系表"，第173—174页。
② 布顿大师著，郭和卿译：《佛教史大宝藏论》，民族出版社1986年版，第167—168页。
③ 蔡巴·贡噶多吉著，陈庆英、周润年译：《红史》，西藏人民出版社1986年版，第30页。
④ 廓诺·迅鲁伯著，郭和卿译：《青史》，西藏人民出版社1985年版，第24页。

传。早期藏文文献中所谓天神降世成为吐蕃之主的说法是吐蕃原始宗教本教的观点，而佛教传入吐蕃后在与本教势力的抗衡中几兴几衰，尤其是经历了9世纪朗达玛的灭法后，佛教势力为了更加名正言顺地在吐蕃传播其教法而不惜篡改历史，编造出吐蕃王统与印度王统同源的谎话来收买吐蕃人心。

在把吐蕃王统上连到古印度王统时，我们看到编造者们找到了一个很好的衔接点。法显的《佛国记》在讲到毗舍离时，记述了这样一段传说故事："……城西北三里，有塔，名放弓仗。以名此者，恒水上流有一国王，王小夫人生一肉胎，大夫人妒之，言：'汝生不祥之征。'即盛以木函，掷恒水中。下流有国王游观，见水上木函，开看，见一小儿，端正殊特，王即取养之。遂使长大，甚勇健，所往征伐，无不摧伏。次伐父王本国，王大愁忧。小夫人问王：'何故愁忧？'王曰：'彼国王有千子，勇健无比，欲来伐吾国，是以愁耳。'小夫人言：'王勿愁忧！但于城东作高楼，贼来时，置我楼上，则我能却之。'王如其言。至贼到时，小夫人于楼上语贼言：'汝是我子，何故作反逆事？'贼曰：'汝是何人，云是我母？'小夫人曰：'汝等若不信者，尽仰向张口。'小夫人即以两手搆两乳，乳各作五百道，堕千子口中。贼知是我母，即放弓仗。"① 可以看出，《布顿佛教史》所述印藏王统同源的故事，巧妙地抓住印度放弓仗塔之类传说故事中印度某异相王子被丢弃恒河后获救的内容和吐蕃本土天神降世成为人主的传说，以其为蓝本进行加工改造，衔接、糅合出印度某王子落难获救后翻过雪山来到吐蕃，被吐蕃人误认为天神而奉为吐蕃王的故事。

有了这样的先例，熟通藏文史籍和典故的人是很容易仿造出类似的故事来的。只要如法先选取藏文史籍中止贡赞普被弑，诸子出逃异地的内容，再选取蒙古文史书中孛儿帖赤那携妻迁往斡难河源头的内容，然后稍加改编，就可以将上下两部分内容连接成一个完整的故事。在17世纪蒙古文史书中直接出现了印藏蒙一统的故事，这比16世纪后半叶的《十善法门白史》中简单的三段式的写法又进了一步。《黄金史纲》中的内容较为简略，只说止贡赞普的三个儿子内部失和，幼子孛儿帖赤那北渡腾吉思海，至札惕地方娶豁埃马阑勒为妻，定居下来，成为蒙古一姓。到《黄史》时，内容已增至：止贡赞普为大臣隆南所杀，王位被篡，幼子孛儿

---

① 章巽：《法显传校注》，上海古籍出版社1985年版，第93—94页。

帖赤那逃至公布地方，因过不惯，偕妻子豁埃马阑勒东渡腾吉思海至不儿罕合勒敦山，遇见巴塔人众，讲述来由，巴塔人众经商议尊奉他为那颜。《蒙古源流》的有关内容主要迻录《黄史》，但又进一步增加了些细节。印藏蒙一统的传说故事就这样出笼并逐步得到了完善。

自 17 世纪蒙古文史书中出现印藏蒙一统的传说故事后，18、19 世纪的蒙古文史书纷纷效仿，《元朝秘史》《史集》等早期史书有关蒙古汗统起源的记载已几乎得不到重视，或者说已经干脆不为后人所知了。印藏蒙一统的传说故事为藏传佛教在蒙古地区的传播起了重要的舆论作用，反过来，藏传佛教的普及又为印藏蒙一统的传说故事迅速扎根于蒙古地区、深入蒙古人心提供了保证。

另外，值得一提的是，满族努尔哈赤家族的祖承传说也似乎一定程度上受到了印藏蒙一统传说故事的影响。《满文老档》之《天聪九年档》五月六日项下记载皇太极率兵北征虎儿哈部时，被招服的该部首领之一穆克西科曾奏言："吾之父祖世代生活于布库里山下布勒霍里湖。吾之地方未有档册，古时生活情形全赖世代传说流传至今。彼布勒霍里湖有天女三人——恩库伦、哲库伦、佛库伦前来沐浴，时有一鹊衔来朱果一，为三女中最小者佛库伦得之，含于口中吞下，遂有身孕，生布库里雍顺。其同族即满洲是也。布勒霍里湖周百里，距黑龙江一百二十里。"① 到内国史院修《太祖实录》时，有关努尔哈赤家族祖承传说的部分是这样说的：天帝为制止 Jušen（诸申）内战，派遣一个天神化作喜鹊衔着一颗红果，飞到 Bukūri（布库里）山麓的 Bulhūri（布儿湖里）湖畔，放在正在湖中沐浴的三天女之一 Fekulen（佛古伦）的衣服上，她穿衣时看见此果吃了下去，遂有孕生子 Bukūri Yongšon（布库里英雄），儿子长大后，母亲告诉他说你是天命之子，姓天降 Aisin Gioro（爱新觉罗），你应去诸申生活。儿子遵母命乘舟来到诸申国，折柳制椅而坐，三姓诸申人来见，闻其系天女所生，遂搭手为舆接回住地，奉为首领，布库里英雄从此住在诸申人的 Omohoi（鳌莫惠）平原的 Odoli（鳌朵里）城中，后代子孙中有一子名叫 Fanca（范嚓），又过了几代，自金国的始祖至太祖 Aguda（阿骨打）时国中无史书，第十一代时国运衰败，留居故地的金国人无主无政、不知世系地过了许多代，金朝皇帝姓完颜，努尔哈赤姓爱新觉罗，姓氏虽有区别，

---

① 关嘉录、佟永功、关照宏汉译：《天聪九年档》，天津古籍出版社 1987 年版，第 55 页。

但国家原居地相同。① 到顺治年间重修《太祖武皇帝实录》时,这部分内容又变成:满洲原起于长白山之东北布库里山下的布儿湖里泊,古时有三仙女沐于此泊,神鹊衔朱果置小仙女佛古伦衣上,佛古伦食之有孕,生一子,名布库里英雄,儿子长大后,母亲告诉他说天生汝,实令当为夷国主,可往彼处,顺水可至。儿子乘舟顺流而下,至其地折柳制椅而坐,适时长白山东南鳌莫惠地方鳌朵里城内有三姓,夷酋争长,闻一奇异男子至,罢战往观,其子称我乃天女佛古伦所生,姓爱新觉罗,天降我定汝等之乱。众人听后插手为舆拥捧而回,奉为首领,定国号满洲。布库里的后代子孙中有一个人名叫范嗏,范嗏之孙为孟特穆。② 乾隆年间所修《满洲实录》所载与《太祖武皇帝实录》基本相同。③ 随着史书的不断重修,史书的内容也在发生变化。早先是说虎儿哈部的祖先为天女所生,子孙世代生活在黑龙江以北布库里山下的布儿湖里湖,后来增改为努尔哈赤的先祖是天女所生的爱新觉罗氏布库里英雄,他应天命所生,由出生地布库里山下的布儿湖里湖前往鳌莫惠平原的鳌朵里城去统治三姓诸申人,被诸申人认作首领,插手为舆迎回城中;再后来进一步增改为努尔哈赤的先祖即天女所生的爱新觉罗氏布库里英雄原降生于长白山东北布库里山下的布儿湖里湖畔,因应天命作三姓夷国之主,遂前往长白山东南鳌莫惠地面的鳌朵里城,被城中众人认作首领,插手为舆迎回城中。经过两次增改,我们可以看到三点大的变化。一是将虎儿哈部首领的先祖完颜氏布库里英雄换成了建州首领爱新觉罗努尔哈赤的先祖;二是将布库里山、布儿湖里湖从黑龙江以北移到了长白山的东北;④ 三是说布库里英雄从原住地布儿湖里湖迁移到了三姓诸申人的住地鳌朵里城,被当地人插手为舆迎回城中奉为首领。这增改后的三大变化,反映出努尔哈赤家族的政治目的,那就是要名

---

① 中国第一历史档案馆所藏《满文内国史院档》001 号箱 2 号册。满文原文音写、汉译文参见松村润《清朝开国神话再考》,载《庆祝王钟翰教授八十五暨韦庆远教授七十华诞学术论文合集》,黄山书社 1999 年版,第 199—200 页。
② 《大清历朝实录》本,121 帙,日本东京大藏出版株式会社印。
③ 今西春秋满和对译《满洲实录》,日满文化协会刊本,1938 年。
④ 据乾隆年间根据康熙《皇舆全览图》编制的《盛京吉林黑龙江等处标注战迹舆图》卷 14《黑龙江将军境内·山川》所载"薄科里山,城南七十五里;薄和力池,城南六十里",证实布库里山、布儿湖里湖都位于黑龙江北岸 120—130 里的地方,即今俄罗斯阿穆尔州境内的布拉戈维申斯克(海兰泡)一带。参见王钟翰《满族先世的发祥地问题》,载《清史续考》,台北华世出版社 1993 年版。

正言顺地打着金朝皇帝后裔的旗号来号令整个女真部落。为了这个目的，他们不惜篡改历史，编造祖承传说，把自己的家族与所谓的天神后裔金朝皇室连在一起。① 在编造的过程中，为了使故事更"合理""可信"、衔接得更自然，先换了布库里英雄的姓氏，使他与努尔哈赤家族成了同姓，再让他从原来的居住地来到努尔哈赤家族的祖居地长白山以东一带。用的是移花接木的手法。其中所谓布库里英雄迁徙而来，被三姓女真人奉为首领的具体细节，与印藏蒙一统传说故事中涅赤赞普成为吐蕃第一代王的内容十分相似，应该是受到了后者的影响。这一现象与17世纪末以来蒙古与女真（后金）各方面的往来增多有关。

（原载《蒙古史研究》第六辑，2000年）

---

① 关于金朝皇室的起源，《金史》与《天聪九年档》穆克西科的说法有些矛盾，对照有关记载，或许可以这样解释：位于黑龙江中游北岸的布库里山、布儿湖里湖是生女真完颜部的祖居地，该部约在五代时南迁，由他部加入完颜部的函普成为首领，仍称完颜氏（说明女真—满洲皇室祖承传说的系谱中有断线之处），居仆幹水（牡丹江），其曾孙献祖绥可时迁至按出虎水（阿什河），太祖阿骨打从这里发展起来。而属明代野人女真的虎儿哈部，仍有相当一部分人居住在黑龙江流域，也有一部分人居住在牡丹江一带，他们自称是布库里英雄的后人，说明虎儿哈部与生女真完颜部关系很近，也许是同源，也许是近支。所以穆克西科才把自己与布库里英雄以至金朝皇室完颜氏联系起来。

关于成吉思汗"手握凝血"出生说

成吉思汗是一位旷世伟人,他的业绩震撼当时、影响后世。史家不同文种的记载突出了他显赫、传奇的一生,就连他的出生也被赋予了神秘的色彩。早期的史书记载成吉思汗出生时右手掌心握有凝血,17世纪以后的蒙古文史书则说他出生时妙相俱全,生为金刚手的转世。合理地分析、解释这些说法的产生和变化的原因,对于蒙古人历史观的研究应当有所帮助。

关于成吉思汗的出生,最权威的记载当属《元朝秘史》,该书第59节专门记载了成吉思汗出生时的情况。该节总译原文如下:

> 与塔塔儿厮杀时,也速该把阿秃儿将他帖木真兀格、豁里不花等掳来。那时,也速该把阿秃儿的妻诃额仑正怀孕,于斡难河边迭里温孛勒答黑山下生了太祖。太祖生时右手握着髀石般一块血生了。因掳得帖木真兀格来时生,故就名帖木真。①

这段文字里提到了成吉思汗出生的地点、起名的缘由,还讲到了一个奇异现象,就是"太祖生时右手握着髀石般一块血生了"。这句话的蒙古文原文应为 Töreküi-dür bara'un qar-tur-iyan ši'a-yin tedüi nödün hadqun töreju'üi②,准确的翻译当作"出生时右手攥着羊拐(或髀石)般大小的

---

① 《元朝秘史》,《四部丛刊》三编本,第59节。
② 原文音译汉字为:脱列恢秃儿 巴剌温合儿秃里颜 失阿因帖堆 那敦 (合)[哈]惕浑 脱列主为。

血块"。这样一种描述，到《圣武亲征录》中成为"时我太祖圣武皇帝始生，右手握凝血"[1];《史集》说成吉思汗出生时"他的右手掌心里握着一小块干肝块似的凝血"[2]；而到《元史·太祖纪》则变成了成吉思汗出生时"手握凝血如赤石"[3]。

史书中专门记载这种特异的现象，是否说明认为它有什么特别的寓意呢？对此，《元朝秘史》《圣武亲征录》都没有进一步提及；《史集》视为"幸福的预兆"，《元史》说是"志武功也"[4]。

以往的研究对这一说法没有过多的涉及，《元朝秘史》的多数译注本也没有给出什么注文。伯希和在《马可波罗行记注》中认为"手握凝血"而生的说法是一种传说，见于佛经《阿育王的故事》，大概是古老的佛教传承在亚洲的游牧民中间形成了一种民间故事而广泛地流传[5]。

然而，伯希和的看法有值得推敲之处。首先，《阿育王的故事》（见《杂阿含经》第 25 卷）相关内容与《元朝秘史》等书的记载不甚一致。《杂阿含经》第 25 卷说的是印度古代某时"拘睒弥国有王，名摩因陀罗西那，其王生子，手似血涂，身似甲胄，有大勇力"。接着说摩因陀罗西那王因生了"血手胄身"的儿子，心生恐惧，于是询问相师，得到的回答是这个孩子"当王阎浮提"[6]。可以看出，"手似血涂"与"手握凝血"二者之间有些区别；而预示将成为王者的解释又仅存在于印度佛经中。而且，如果说这种佛教传承在亚洲的游牧民中广泛存在，那么在他们中间应该有所反映。从公元 1 世纪印度佛经中的故事，到 13 世纪蒙古史书的记载，二者之间应该存在必要的中间环节。就目前的调查了解所知，自匈奴以降的蒙古高原诸族，以及中亚的游牧民族当中几乎找不到这方面的实例。在各方面给予蒙古人较多直接影响的突厥语族民族当中，也基本听不到这类内容，只有柯尔克孜人的史诗《玛纳斯》的个别版本中有相近的

---

[1] 《圣武亲征录》，《王国维遗书》第八册，上海书店出版社 1983 年版，第 268 页。
[2] 拉施特主编：《史集》，周建奇、余大钧译，商务印书馆 1983 年版，第 1 卷第 1 分册，第 95 页。
[3] 《元史·太祖纪》，中华书局 1976 年版，第 1 册，第 3 页。
[4] 《史集》第 1 卷第 1 分册，第 95 页；《元史·太祖纪》，第 1 册，第 3 页。
[5] P. Pelliot, *Notes on Marco Polo*, Paris, 1959, p. 288. （伯希和：《马可波罗行记注》，巴黎，1959 年，第 288 页。）
[6] 大正新修《大藏经》第 2 卷，阿含部下，第 177 页。

说法。据说在新疆居素甫·玛玛依的唱本中，玛纳斯是一手握血块、一手握油脂降生的。① 而《玛纳斯》的大多数版本是说玛纳斯出生时为一个鼓鼓的皮囊，长辈用金戒指割破皮囊后，里面现出了婴孩玛纳斯，这个婴孩当时的情况，多数版本描绘为"手掌直直地伸开，在右手心上，写着玛纳斯的字样，这是白色的大印"。②

在卫拉特蒙古人的史诗《江格尔》中，英雄江格尔也是作为怪胎——一个圆鼓隆咚的肉囊出生的，肉囊被长辈用宝石划破后，婴儿江格尔才露出来。③ 同样，在藏族史诗《格萨尔》中，英雄格萨尔被母亲生为像羊肚子一样圆的一个肉蛋，长辈用箭划开肉蛋，里面才露出了婴儿格萨尔。④ 藏族、柯尔克孜族、蒙古族三大史诗中的主要英雄人物都是肉囊出生，三者之间应该有着某种内在的联系，《玛纳斯》多数版本的肉囊说当为正源。肉囊出生说是古老的神话传说中的一种母题，广泛存在于亚洲大陆诸多民族的先祖传说中。再如《红史》等藏文史书中的具体历史人物，其身世也具有了这一神秘色彩：上丁二王之一的布带巩夹出生时，先是生为一个血肉团，几天后才从里面长出了一个婴儿。⑤ 而在其他突厥人的英雄传说中，也能见到类似的说法，例如哈萨克文的《先祖阔尔库特》就讲述说：一位仙女与牧人媾合生下一个肉囊，弃之荒野，肉囊破裂从里面出来一个独眼婴儿，后来成长为刀枪不入的巨人。⑥ 郎樱在《玛纳斯论》一书中说："在古老的北方民族英雄传说中，强有力的英雄往往出自肉囊或巨卵之中。"她还举了汉地周族祖先后稷、高丽祖先朱蒙等生于肉蛋或肉囊的例子，并认为"英雄出自肉卵的母题，具有原始简单类比的原始思维特点。在初民的心目中，卵是生命的象征"。⑦《玛纳斯》大多数版本中的肉囊出生说与这一母题相吻合，而其个别版本中的手握凝血出生说应

---

① 电话请教郎樱研究员所获信息。
② 《玛纳斯》，新疆维吾尔自治区"玛纳斯"工作组搜集，1961 年，第 1 册，第 17 页。
③ 《江格尔》汉文全译本第一册，黑勒、丁师浩译，新疆人民出版社 1993 年版，第 46—48 页。
④ 《格萨尔王传》，王沂暖、华甲合译贵德分章本，甘肃人民出版社 1981 年版，第 9 页。
⑤ 蔡巴·贡噶多吉：《红史》，陈庆英、周润年译，西藏人民出版社 1986 年版，第 30 页；萨迦·索南坚赞：《王统世系明鉴》，陈庆英、仁庆扎西译注，辽宁人民出版社 1985 年版，第 45 页。
⑥ 转引自郎樱《玛纳斯论》，内蒙古大学出版社 1999 年版，第 406 页。
⑦ 郎樱：《玛纳斯论》，第 406 页。

该属于另一种母题，有着其他的来源，但是这一来源尚不易确定，由于《玛纳斯》所讲述的内容主要是柯尔克孜人及其首领玛纳斯如何与卡尔梅克人斗争，其中还多次提到成吉思汗，所以相关内容的年代不会很早，手握凝血出生说或许是受蒙古的影响也未可知。那么由此看来，蒙古汗国时期有关成吉思汗"手握凝血"而生的记载，与古老的佛教故事中摩因陀罗西那王之子"手似血塗"而生的说法之间似乎还缺乏源与流关系的明证。

夏嘉思认为史书所载成吉思汗出生时的特异现象是意味着他将成为世界未来的统治者，成吉思汗又作为未来典型事件中的英雄，使他的传记转而成为英雄史诗，通过这一血块，成吉思汗变成了英雄，他的天生英雄本质得以显示。[1] 鲁思认为英雄史诗中所描绘的血块是预示英雄或领导者的象征，比如成吉思汗出生的例子。[2] 从史书的相关记载来看，成吉思汗手握血块出生之说被赋予世界统治者或英雄的象征意义是有一个过程的。

《元朝秘史》虽然没有对成吉思汗手握凝血而生的现象作出解释，但其第78节的内容似乎认为这种现象预示着杀戮、流血。帖木真、哈撒儿二人因不满异母兄弟别克帖儿的骄横而射杀了他，母亲诃额仑得知后怒斥了他们的行为，话语中一开始就提到帖木真"初生时手里握着黑血块生来"[3]，紧接着将他俩比作"吃胞衣的狗""冲崖子的猛兽""活吞物的蟒蛇""影儿上冲的海青"等。联系《元史》"志武功也"的说法，也可以证实这种特异现象早期是与用兵、征伐等方面联系起来的。令人感兴趣的是，蒙古史诗《江格尔》中提到江格尔的手下大将乌兰洪格尔的儿子贺顺出生时，"一手紧紧握着一块拳头般大的青石，另一手紧紧握着一个鲜红的血块，伸着一只腿，弯着一只腿"[4]。贺顺的出生被寄予莫大的希望，当时江格尔的所有战将都败给了宿敌玛拉哈布哈汗，乌兰洪格尔被俘，国

---

[1] K. Sagaster, *The Birth of Cinggis Khan——the Development of a Motif from the Secret History of the Mongols until Injannasi's Koke Sudur*, Монголын Нууц Товчоо-ны 750 Жилийн Ойд Зориулсан Олон Улсын Бага Хурал Ⅰ, Ulaanbaatar, 1990, p. 157.

[2] Ruth I. Meserve, *The Uses of Blood in Traditional Inner Asian Societies*, Religion, Customary Law, and Nomadic Technology, Toronto, 2000, p. 37.

[3] 原文汉字音译作：合儿都里颜 合剌 那敦 哈惕浑 脱列里吉（qar-tur-iyan qara nödün hadqun töreligi）。

[4] 《江格尔》汉文全译本第四册，黑勒、丁师浩译，新疆人民出版社1999年版，第2154—2155页。

家到了无将可遣、危在旦夕的境地。贺顺应运提前一个月降生,长得飞快,第五天襁褓已用到5张羯羊皮,力大无比,第七天就挣开襁褓、踢开摇篮,全副武装出发,打败玛拉哈布哈汗,救出父亲等人。江格尔称赞他膂力过人,生来就是妖魔的镇主。① 对于《玛纳斯》中一手攥血块、一手攥油脂的说法,有人认为是预示着玛纳斯将使敌人血流成河、人民丰衣足食。②《江格尔》中的一手握血块的铺垫,也应该是对襁褓英雄贺顺将杀开血路、战败敌人的一种预示。

在14世纪初写于伊利汗廷的《史集》中,成吉思汗手握凝血出生的特异现象已经与主宰世界的寓意有了某种联系。该书在讲述成吉思汗手握凝血降生之后,接着说:"他的额上有着征服世界、掌握世界的明显标志,他的面容透露出幸运与威武的光辉。"③虽然还没有把手握凝血降生直接说成是世界主宰的预示,但是毕竟提到了成吉思汗的出生标志着他将征服世界、掌握世界。再到后来,蒙古人中间就有人直接把手握凝血而生的现象视为将为王者的象征。《突厥世系》是17世纪中叶以察合台文写成的蒙古史书,书中说成吉思汗"出生时双手紧握,接生妇将其双手打开,发现他的手心有凝结的血块。人们将这种情况告诉了他的父亲也速该,在场的人无一能解释这意味着什么。最后有一人说:'这孩子将成为一个强有力的国王。他将征服整个大地,将把灾害与悲痛带给许多部落和国家。这块凝血就意味着这个。'此人的预言后来确实应验了"④。《突厥世系》的作者阿布尔·哈齐是成吉思汗长子术赤的直系后裔、17世纪中叶的希瓦汗国之汗,他在书中说他写作时依据了《史集》和其他17部有关成吉思汗的史书。⑤ 成吉思汗出生时"手心有凝结的血块",这一情节无疑来自《史集》,而"这孩子将成为一个强有力的国王""他将征服整个大地"的解释应该也是受了《史集》的影响,只是作了进一步的发挥。而"将把灾害与悲痛带给许多部落和国家"的解释,似乎又说明手握凝血出生说的最初寓意还在一定程度上发挥着作用。

从预示流血杀戮、志武功到未来世界统治者的象征,手握凝血出生的

---

① 《江格尔》汉文全译本第四册,第2154、2176页等。
② 郎樱:《玛纳斯论》,第406页。
③ 《史集》,第1卷第1分册,第95页。
④ 阿布尔—哈奇—把阿秃儿汗:《突厥世系》,罗贤佑译,中华书局2005年版,第69页。
⑤ 《突厥世系》,第33页。

说法愈来愈具有了神秘的政治色彩，最终与成吉思汗应天命而生、征服世界的舆论不谋而合，成为其有力的补充。这种观点发展到后来，应用范围有所扩展，因为想成为统治者的人大都清楚舆论的特殊作用。如果谁拥有了将为君王的象征，谁就可能更为顺利地真正当上君王。基于这样的认识，手握凝血出生的现象便成了争抢的对象，一些历史上颇有影响的人物在后人的口中或笔下也具有了与成吉思汗同样的出生经历。例如，18世纪中叶成书的佚名《四卫拉特史》说辉特部首领阿睦尔撒纳出生时"一手握着黑色石块，一手握着黑色凝血"；① 19世纪中叶出于哈撒儿后裔之手的《水晶鉴》把握凝血而生的现象从成吉思汗的身上搬到了哈撒儿的身上，说哈撒儿出生时"手心里握着一个血块"。② 佚名《四卫拉特史》的说法与《江格尔》对贺顺出生特征的描述如出一辙，不过其用意除了希望阿睦尔撒纳成为拯救部落的英雄外，更想把他奉为振兴蒙古、恢复统治的天命之主。《水晶鉴》的说法，情况有所不同，成吉思汗的长弟哈撒儿一生辅佐兄长，战功卓著，然而所受待遇不是很公平，尽管哈撒儿的后裔在后来的岁月中一直鼎力扶助蒙古汗室，但是难免有些人会产生其他的想法，既有为自己的先祖鸣不平的感觉，也有抬高先祖的意味。

在16世纪以后的蒙文史书中，成吉思汗"手握凝血"而生的说法已不太多见。除收入《元朝秘史》相关内容的罗桑丹津《黄金史》《阿萨拉黑齐史》，以及噶勒丹《宝贝数珠》外，《白史》《俺答汗传》《小黄金史》《黄史》《蒙古源流》《恒河之流》《金轮千辐》《水晶数珠》《水晶鉴》等其他蒙文史书中均无载。倒是关于成吉思汗的出生，不少16世纪以后的蒙文史书中出现了另外一些说法。例如，《白史》说成吉思汗生为"金刚手的化身"；③ 伊西巴勒登《宝贝数珠》也以成吉思汗为"金刚手的化身"；④《小黄金史》说成吉思汗的出生是受命降服12个苦害众生的

---

① Dörben Oyirad-un Teüke, Oyirad Teüken Surbulji Bičig, 1985, p. 269.（佚名《四卫拉特史》，收入《卫拉特历史文献》，巴岱、金峰、额尔德尼整理注释，内蒙古文化出版社1985年版，第269页。）

② Bolor Toli, 1984, p. 391.（《水晶鉴》，留金锁校注，民族出版社1984年版，第391页。）

③ Arban Buyantu Nom-un Čayan Teüke, 1981, p. 75.（《十善法门白史》，留金锁整理注释，内蒙古人民出版社1981年版，第75页。）

④ 耶喜巴勒登：《蒙古政教史》（Bolor Erike），苏鲁格译注，民族出版社1989年版，第14页。

暴君;① 《蒙古源流》说他出生时"妙相俱足";② 《水晶鉴》则说当时"天空中出现彩虹横挂等吉兆"。③ 自16世纪下半叶藏传佛教大规模传入蒙古地区以后,蒙古人的思想发生了非常大的变化,历史观也有了明显的改变,对从前的历史现象作出了不少不同于以往的解释。16世纪以后的蒙文史书中所出现的对早期记载中成吉思汗"手握凝血"出生现象的演绎,显然是受了藏传佛教的影响,是有意将"手握凝血"与"金刚手"作了巧妙的转换,其目的是为了硬把成吉思汗与佛教挂起钩来,从而为顺利地在蒙古地区传布佛教铺平道路。

On the Version of Chinggis Khan "Clutching in His Right Hand a Clot of Blood" at the Time of His Birth

[Abstract] In the early historical records that Chinggis Khan was born clutching in his right hand a clot of blood the size of a knucklebone. Its implied meaning was changed and given some new deduces afterwards. According to the analysis of the early records and the later deduces, we can know that the initial implied meaning was to forebode bloodshed, massacre or war, and changed to be the presage of the world conqueror later. It was given the implication of the reincarnation of Vajrapānih under the influences of the Buddhist ideology. This version and its evolution reflect changes of the history conception of the ancient Mongols.

[Key words] Chinggis Khan   born with clutching in hand a clot of blood   the history conception of the ancient Mongols

[原载《中央民族大学学报》(社科,汉) 2007年第6期。
注释部分有调整]

---

① 《汉译蒙古黄金史纲》,朱风、贾敬颜译,内蒙古人民出版社1985年版,第14~15页。
② 乌兰:《〈蒙古源流〉研究》,辽宁民族出版社2000年版,第145页。
③ Bolor Toli, p.391. (《水晶鉴》,第391页。)

古代蒙古人历史编纂之特点

——从《元朝秘史》到《蒙古源流》的变化*

一 蒙古文历史文献概述

蒙古人自古就有记忆和传留自身历史的传统。自 13 世纪初正式使用文字以来，从前经口耳相传的族系起源、祖先系谱和先人史事被记载下来，并不断得以流传和续写，形成了一批蒙古历史文献。流传至今的蒙古历史文献种类较多，数量也相当可观。这使蒙古人成为蒙古高原历史上诸游牧民族中史学遗产最为丰富、史学成就最为辉煌的民族。

据史书记载，在成吉思汗时期，蒙古人从 13 世纪初开始正式使用一种借自畏吾儿人的文字来记写蒙古语。[①] 后人一般称为"畏吾体蒙古文"。畏吾体蒙古文很快就在蒙古人的政治、经济、文化生活等方面发挥了重要的作用。

在 1227 年成吉思汗去世后不久，蒙古汗廷就组织相关人员用畏吾体蒙古文撰写了他的历史。这应当是蒙古人的第一部史书，成为"脱卜赤

---

* 本研究为国家社会科学基金重大项目"中国古代民族志文献整理与研究"（项目批准号：12&ZD136）阶段性研究成果。

① 《元史》卷 124《塔塔统阿传》记载成吉思汗 1204 年命塔塔统阿"教太子诸王以畏兀字书国言"，中华书局 1976 年版，第 3048 页。

颜"（国史）① 的最初部分。蒙元时期，有为每朝大汗撰写其历史脱卜赤颜的惯例，且断断续续得以维持。然而这些史书大多已经失传，现在仅能看到一部早期脱卜赤颜的明初汉译本《元朝秘史》，还有收在17世纪罗桑丹津《黄金史》中经传抄改编之脱卜赤颜成吉思汗史的内容，以及近年在西藏阿里地区发现的脱卜赤颜成吉思汗史辗转传抄本之十几幅残叶。

现存蒙古历史文献中，有一批产生于17世纪前后的史书。从16世纪初答言汗统一诸部以来，蒙古地区的政治形势开始出现好转，社会相对稳定，经济逐步恢复和发展，为修史提供了必要的条件，而藏传佛教的大规模传入也从精神上刺激了史书的创作，并带来了藏族修史特点的影响。这一时期的史书多为蒙古汗统史，也有个别高层统治者的个人传记。17世纪蒙古史书在内容详略、史料来源等方面有些差别，但总的来说共同点还是比较明显的。它们都采用编年史的体裁，记载远古到作者生活时代的蒙古通史，以蒙古汗统为主线，辅以佛教传播史，对早期蒙古史书脱卜赤颜既有继承也有发展，已形成风格不同的新模式，对后世的蒙文历史著作产生直接影响，起到了承前启后的作用。以《蒙古源流》为集大成者。

18世纪以后，蒙古历史文献的撰写形式呈现多样化，既有蒙古汗统史，也有个人传记、部族史等，还出现了类似史评类、纪事本末类的史书，显示出文化交流的作用。明末清初至清末，曾产生了大量与蒙古事务有关的档案，其中一些被保存下来，如今中国中央和地方的一些档案馆以及蒙古国、俄罗斯等国家相关机构都有收藏。这些档案是研究蒙古人历史的第一手资料，具有非常重要的价值。

《元朝秘史》和《蒙古源流》分别代表着古代蒙古人最初的历史创作和后期历史观发生重大变化时期的历史叙述，因此本文将主要以二者为例展开比较研究。

---

① 许有壬《元故右丞相怯烈公神道碑铭并序》（《圭塘小稿》卷10，中国国家图书馆善本部藏清雍正二年抄本，第7叶背面）载："……国史曰脱卜赤颜，至秘也。"《元史》卷181《虞集传》（第4179页）载："又请以国书脱卜赤颜增修太祖以来事迹。"同书卷15《世祖本纪十二》（第308—309页）载："司徒撒里蛮等进读祖宗实录，帝曰：'太宗事则然，睿宗少有可易者，定宗固日不暇给，宪宗汝独不能忆之耶？犹当询诸知者。'"同书卷36《文宗本纪五》（第803页）载："命朵来续为蒙古脱卜赤颜一书，置之奎章阁，从之。"同书《虞集传》（第4180页）又载："初，文宗在上都，将立其子阿剌忒纳答剌为皇太子，乃以妥欢帖穆尔太子乳母夫言，明宗在日，素谓太子非其子，黜之江南，驿召翰林学士承旨阿邻帖木儿、奎章阁大学士忽都鲁笃弥实书其事于脱卜赤颜。"

二 蒙元时期蒙古人历史编纂的特点——以《元朝秘史》为例

作为蒙古人最早的史书,《元朝秘史》显示出更多口传历史的痕迹。在拥有文字之前,人类一般都经过了口传历史的阶段。而口传历史的内容大都包括祖源传说以及先祖系谱事迹。《元朝秘史》开篇即讲成吉思汗家族的起源,接着交代自始祖孛儿帖赤那以来 22 代先祖的系谱,并穿插一些事迹。这一部分经过代代的口传,已经形成一种成熟的传说故事。

从《元朝秘史》的基本内容来看,该书首先还是一部史书,记载的是成吉思汗先人的世系谱、成吉思汗的生平史以及窝阔台的简史,然而从其整体风格来看,呈现出较多的文学色彩,也可以说是文史不分。主要表现为故事性强、文学描述成分较多。许多人物和事件,多少经过了艺术处理,使得整个故事更为完整和合理。具体叙述也大多经过了文学加工,文学性的语言多见,还大量使用了韵文,而韵文本身也是口传历史的一种特征,在尚无文字的时代口头作品总是借助便于记忆的韵文来存在。

与叙述方式的文学性相对而言,《元朝秘史》的叙事也有其质朴的一面,写实性较强,生动逼真,不少场景的描述让人有一种身临其境的感觉。

由于当时还处在蒙古人历史编纂的早期阶段,其编纂的体例章法尚显不足,还不知设立目录、划分卷和章节[①];尽管写有跋文,但是内容仅交代了成书的年份和地点,没有明确涉及书名、作者姓名乃至写作宗旨等。

作为一种史书,《元朝秘史》具有所谓编年史的特征。其叙事基本上按照时间顺序进行,[②] 但是由于书中大部分素材来自世代口耳相传的口头作品和当事人的口述,为了保证叙事的集中和完整性,时常出现将历经几年的事集中于一年记述,导致史事年代错乱的现象。

《元朝秘史》写的是蒙古游牧民的历史,一部分素材来源于蒙古人中间流传的口头故事,另外还有参与创作者的亲历口述和少量的文字资料

---

① 明初汉译本划分为 282 节,其外又有 12 卷和 15 卷之分,但是从罗桑丹津《黄金史》及西藏阿里残叶分析,最初的原文即蒙元时期的"脱卜赤颜"是不分卷和章节的。

② 采用十二属相动物纪年法,自 1201 年(鸡儿年)开始标记明确年份。乌兰:《〈元朝秘史〉校勘本》,中华书局 2012 年版,第 141 节,第 131 页。

（圣旨、圣训等），因此其内容必定带有蒙古游牧民生产生活方式以及社会道德、思想意识的烙印。从人物的语言、形象到反映出来的社会生活，处处洋溢着草原的气息和韵味，而在思想意识方面，萨满教的作用明显可见。遵从长生天的旨意及代天行道之首领的命令，就是人们行为的最高准则。

总之，《元朝秘史》是蒙古人最初的历史作品，是蒙古人首次用自己的语言、从自己的视角和观念撰写的自身的历史，直接反映了当时蒙古人对自身历史以及历史作品的认识，尚未受到过多外来因素的影响，蒙古成分含量高，代表了早期草原蒙古史家的撰史特点。

三　17世纪蒙古人历史编纂特点及历史观的变化——以《蒙古源流》为例

14世纪60年代末至16世纪初，即元廷退回蒙古草原后的一百多年间，蒙古地区陷入无休止的战乱之中，政治局势动荡，修史等文化活动受到了严重的影响。16世纪初答言汗统一诸部，蒙古地区的政治形势开始出现好转，社会相对稳定，经济逐步恢复和发展，17世纪前后产生了一批蒙古历史文献。

17世纪在蒙古历史上是一个特殊时期。至17世纪30年代漠南蒙古诸部先后被满洲统治者所制服，大汗林丹汗遁死青海大草滩，传续了四百多年的蒙古汗统从此不复存在。满洲贵族建立清王朝后，继续向外扩张，蒙古外喀尔喀和卫拉特诸部亦面临险境，命运凶多吉少。蒙古人一次次的反抗遭到了失败，而清朝的统治日趋巩固。无奈的心情使贵族出身的文人自然怀恋起以往的岁月，触发了他们的创作意念。他们急切地要写下自己民族的历史，让子孙后代了解并记住蒙古人高贵的血统、源远流长的历史和曾经有过的辉煌业绩。① 在这样的历史背景下，《黄史》《黄金史纲》

---

① 如《黄史》的作者在卷首一开始就引用了五世达赖喇嘛在《西藏王臣记》中说过的一句话："凡人不知其来源，则如林中迷路的猴子；不知其宗族，则如玉石雕成的假龙；不读其家史，则如遭到遗弃的婴儿。"（П. П. Шастина, ШАРА ТУДЖИ монгольская летопись XII века, москв-ленинград, 1957, p. 15）《阿萨剌黑齐史》的作者在引用五世达赖喇嘛的这句名言后接着说："为使如今尚不知晓者了解，为使后来人继续修纂而概略写成此书。"（АСРАГЧ НЭРТИЙН ТУУХ, Улаанбаатар, 2011, p. 210）罗桑丹津在《黄金史》的后记中提到撰写该书的目的是"让广大的人民世代传阅"（Erten-ü Qad-un Ündüsülegsen Törö Yosun-u Jokiyal-i Tobčilan Quriyaγsan Altan Tobči Kemekü Orošibai, Ulaγanbaγatur, 1990, p. 177）。

《蒙古源流》等史书接连问世。

与《元朝秘史》相比，17世纪蒙文史书在编纂特点和历史观方面发生了一些明显的变化。本文将以《蒙古源流》为例试作比较、分析。

在编纂特点方面，首先《蒙古源流》的编纂规则有所完善，已经知道在跋文中交代书名、成书年代、作者姓名。由于作者在正文中比较详细地介绍了自己家族的历史及其个人的一些情况，因此便于读者更好地理解原文内容、体察作者的心境和立场。从作者的笔下我们得知《蒙古源流》的作者是蒙古贵族出身的萨冈彻辰洪台吉，为成吉思汗后裔，其家族属鄂尔多斯万户首领巴儿思孛罗吉囊的长子衮必里克吉囊一系。萨冈的曾祖父库图克台切尽黄台吉曾是鄂尔多斯万户乃至整个蒙古的知名政治活动家，促成了土默特万户俺答汗与藏传佛教格鲁派的联系，向蒙古地区引进了藏传佛教，并协助俺答汗与明朝政府建立了正常的通贡互市关系。萨冈十一岁获"彻辰洪台吉"之称号，十七岁入选臣僚之列参与执事，17世纪30年代当爱新国军队侵入鄂尔多斯地区时，他为保护万户首领和部众发挥了重要作用。1662年（清康熙元年）他完成了《蒙古源流》一书。另外，按照部落内的传说他因不与清朝合作而被清廷派人杀死。[①]

史书编纂技能趋向成熟、规范化。与《元朝秘史》不同，《蒙古源流》已经有较多可以参考利用的文字资料[②]。对其中选用的部分，作者都作了统一处理，然后组织成文，对材料中的不同说法进行了选择，对人物和事件的年代作了推算，因此文中基本上看不到前后矛盾之处。在写作手法上已经可以看到藏传佛教史学的影响。

其次，在编纂技能有所改进的同时，实际上仍然沿袭了《元朝秘史》的基本风格，即采用编年体叙述形式、文学色彩浓厚，传说故事和韵文穿插于史实记载之间。只是不同点在于：纪年方面，对成吉思汗二十八岁以后的史事都标出了年份，采用的是干支纪年法，天干用汉语音译，地支用十二属相动物。

[①] 田清波（A. Mostaert）：《传说中的萨囊彻辰》（《鄂尔多斯志》，北京，1934年），米济森格汉译文，《鄂尔多斯研究文集》第1辑，伊盟档案馆，1984年，第85—87页。

[②] 在跋文中明确交代了七种：《本义必用经》《妙见花蕾史》《宣示因果本原之红册》《沙儿巴忽笃土所撰诸汗源流史》《名为照亮诸贤心扉之花坛的汉书》《法门白史》《古昔蒙古诸汗源流之大黄史》；正文中另提到：《金光明经》《佛法数史》《旧经》《殊胜赞广释》《善说宝藏》等五种。参见拙著《〈蒙古源流〉研究》，辽宁民族出版社2000年版，导论，第25—26页。

在素材的选择方面，可以看出《蒙古源流》已经与《元朝秘史》有了很大的距离。史书素材的选择至关重要，不仅代表编纂者的修史水平，更反映着编纂者的历史观。由于萨冈所处的时代环境，他的历史观不可能不带有那个时代的烙印。综观《蒙古源流》，其思想意识方面最突出的特征除了强烈的成吉思汗—忽必烈系黄金家族正统观念之外，就是贯穿全书的浓厚的佛教氛围，一改《元朝秘史》萨满教色彩浓厚的特点。可以说，在藏传佛教及其史学的冲击和影响下，17世纪的蒙古史学在历史观方面基本上抛弃了《元朝秘史》所代表的13世纪蒙古人的传统历史观。本文将针对《蒙古源流》以及其他17世纪蒙文史书中两个比较突出的现象展开论述。

（一）对成吉思汗祖源传说的篡改

在结构上，《蒙古源流》开篇即讲佛教创世说，然后讲印度—吐蕃—蒙古一脉相承的王统史和佛教弘传史，较其他17世纪蒙古史书的相关内容更为系统、充实，成为印度—吐蕃—蒙古一脉相承王统史模式的集大成之作。与《元朝秘史》开篇所讲成吉思汗先祖起源之苍狼白鹿传说故事相比较，上面依次多出了吐蕃王统史、古印度王统史、佛教创世说。在总体内容上，也时时可以感觉到佛教思想意识的存在，带有佛教色彩的传说、反映佛教思想影响的言语比比皆是。说明在佛教思想的影响下，当时的蒙古人对历史的关注点发生了偏离。在《元朝秘史》中，传说故事主要集中在成吉思汗家族起源及其先祖系谱事迹部分，而大部分笔墨用来记载成吉思汗创建大蒙古国以及大蒙古国初期的历史。然而在《蒙古源流》中，看不到充满兴亡盛衰、波澜壮阔的大蒙古国乃至元朝的历史，所能看到的只是仅仅用历代大汗和皇帝的谱系以及一些佛教色彩浓厚的神话传说故事连缀而成的东西。[①] 萨冈对那一时期的众多具有历史意义的事件和人物缺乏兴趣，惜墨如金，其内容取舍实际上反映了作者个人的以及他所继

---

① 《蒙古源流》最重要的史料价值在于记载了元末以来至清初的蒙古历史，并突出记载了自身所属鄂尔多斯万户的历史。由于缺少14至16世纪的蒙文史书，17世纪的蒙文史书就成了继《元朝秘史》（即13世纪中叶元朝国史"脱卜赤颜"最早的部分）以来可供利用的蒙古史料。如果说元末以前的历史已有《元朝秘史》《史集》《元史》等早期史书做了记载，那么17世纪蒙文史书的优势就在于记载了元末至清初的蒙古历史。而《蒙古源流》可以说是17世纪蒙古编年史当中篇幅最大、记载元末至清初的蒙古历史最为丰富详细的一部史书。

承的前人的一些历史观。

《蒙古源流》中几乎看不到直接参考利用《元朝秘史》内容的痕迹，但是从孛儿帖赤那至成吉思汗之父也速该把阿秃儿的系谱及个别事迹、成吉思汗二十八岁之前的事迹部分，内容尽管较《元朝秘史》量少且有些变样，不过还是可以推测其间接源自《元朝秘史》，只是因后世的辗转流传而染上了新的时代色彩。萨冈或许看到了脱卜赤颜最初部分（《元朝秘史》蒙古文原文）的某种流传本，就像罗桑丹津《黄金史》所迻录的那种，但是没有重视并加以利用，因为不符合自己的需求。或许他没有接触到类似的文献，现成地参考利用了已经受到一些改造的后期文献。①

16世纪下半叶，藏传佛教的一支格鲁派从右翼部落开始传入蒙古地区。格鲁派藏传佛教的传入，迎合了蒙古右翼部落统治者和格鲁派双方的政治需求，蒙古右翼部落统治者需要寻找一个实现统治全蒙古的精神支柱和舆论口实，而格鲁派则期望借助蒙古贵族的武力建立自己的神权统治之路。为了顺利引进并传播佛教，蒙古右翼部落统治者们真是煞费苦心，甚至不惜篡改先祖起源的历史，以与吐蕃王统、古印度王统直至佛祖释迦牟尼拉上关系。

祖源乃至族源，对一个家族、一个民族来说是非常重要的问题，然而历史上常常发生更改祖源或族源的现象，而且往往是人们有意为之。17世纪的蒙文史书记载并见证了发生在蒙古人当中的此类现象，尤以《蒙古源流》的记述最为详尽丰富。于是，《元朝秘史》中的成吉思汗苍狼白鹿祖源传说被新编造的印藏蒙王统同源的故事所取代。这一"著作权完全属于蒙古的藏传佛教徒"，"他们懂得意识形态的重要性。他们把历史写成他们希望曾是的那样。宗教冥想代替了真实的史实。也许，对那些苦思冥想出来的编造，最后连编造者本人也信以为真"。②

关于成吉思汗家族和蒙古部的起源，早期史书的记载可以相互补充印证。

《元朝秘史》卷首在 Cinggis qahan-(n)u huja'ur［成吉思合罕的根源］

---

① 自藏传佛教16世纪下半叶传入至1662年《蒙古源流》成书，佛教已经在蒙古地区传播了近一个世纪，不少蒙古原有的观念和习俗已经被摒弃或是改造，这在其间的历史文献中已经有所反映。

② 亦邻真：《藏传佛教和蒙古史学》，载《亦邻真蒙古学文集》，内蒙古人民出版社2001年版，第764页。

之下记载："de'ere tenggeri-eče jaya'atu töregsen Börte čino aju'u. Gergei inu Qo'ai maral aji'ai. Tenggis ketüljü irebe. Onan müren-(n)ü teri'ün-e Burqan qaldun-(n)a nuntuqlaju……"① 可汉译为"应上天之命而出生的孛儿帖赤那。其妻是豁埃马阑勒。[他们]渡过大湖而来。在斡难河源头不儿罕山扎下营盘……"

14世纪初的波斯文史书《史集》记载："古代称为蒙古的部落被另一些部落打败，遭到屠杀，仅剩下两男两女两家人，他们逃到群山和森林环绕、人迹罕至的额儿古涅—昆，在那里生息繁衍，逐渐发展出很多分支，后来那些人熔铁化山，走出山林，全体迁徙到草原上。"② "所有的蒙古部落都是从逃到额儿古涅—昆的那两个人的氏族产生的，那两个人的后代中有一个名叫孛儿帖—赤那的异密，其长妻名叫豁埃—马阑勒。"③

两书都说成吉思汗家族出自孛儿帖赤那系。

汉籍《旧唐书》之《北狄传》记载："大室韦部落，其部落傍望建河居。其河源出突厥东北界俱轮泊，屈曲东流，经西室韦界，又东经大室韦界，又东经蒙兀室韦之北。"④

蒙兀室韦即蒙古部落，望建河即今内蒙古呼伦贝尔地区中俄界河额尔古纳河，《史集》的"额儿古涅—昆"，意为额尔古纳河流域的山地。

综合三方的记载，可以说蒙古人的先民原来生活在大兴安岭额尔古纳河流域的山林里，后来走出这片山林，迁徙到蒙古高原，其中孛儿帖赤那一支来到鄂嫩河源头的草原上生息繁衍，而孛儿帖赤那成为成吉思汗家族的始祖。出自草原方面的说法与汉文史籍的记载相合，说明所述内容基本真实、可信。

就成吉思汗家族以及蒙古汗统的起源问题，从以上记载所能获得的认识是：蒙古人原为室韦—达怛的一部分，原来居住在大兴安岭额尔古纳河

---

① 《元朝秘史》总译作："当初元朝的人祖，是天生一个苍色的狼（音译正文作：孛儿帖赤那），与一个惨白色的鹿（音译正文作：豁埃马阑勒）相配了。同渡过腾吉思名字的水来，到于斡难名字的河源头，不儿罕名字的山前住着……"乌兰：《〈元朝秘史〉校勘本》，第1节，第1页。

② 拉施特主编：《史集》，余大钧、周建奇译，商务印书馆1983年版，第1卷第1分册，第251—252页。

③ 《史集》第1卷第2分册，第6页。

④ 《旧唐书》卷199《北狄传·室韦》，中华书局1975年版，第5358页。

流域，后来迁徙到蒙古草原，其中孛儿帖赤那的后代中发展出了蒙古汗统一系。

然而到了四个世纪后的《蒙古源流》，孛儿帖赤那却被说成是吐蕃王（具有古印度王族的血统）的后裔，因遭难而逃到蒙古地方，被拥戴为首领，于是成了蒙古部的始祖。该书卷三讲述了这样的内容："古时吐蕃[诸]王，从颈座王共主下传七代时，名叫隆南的大臣弑杀海穴后侧金座王，篡夺了王位，王的三个儿子孛喇出、失宝出、孛儿帖·赤那逃往异地。其中幼子孛儿帖·赤那去了公布地方。他同那些人过不惯，于是携带妻子豁埃·马阑勒渡过腾吉思海，向东行，来到拜合勒江流域不儿罕·合勒敦山下，与巴塔人众相遇。他们向他询问来由，孛儿帖·赤那就从古时候印度的众恭王以及吐蕃的共主[颈座王]开始从头至尾讲述了一遍。那些巴塔人认为讲得有理，就说：'这是个有根脚人家的子嗣，我们没有首领，可以奉他为那颜。'[就这样]奉戴他作了那颜，一切遵照他的旨令行事。"①

这里，原本出自大兴安岭额尔古纳河流域山林里的孛儿帖赤那被移花接木地安到了吐蕃王族的家中。把蒙古王统与西藏王统挂起钩来，本不是一件容易的事，必须找到一个合适的结合点，但这对于熟通蒙文史书和藏文史籍的人来说事情似乎并不难办。因为在 16 世纪以前的藏文史籍中，在西藏王统起源的问题上已经可以看到后期史书对早期史书的篡改。

藏文史籍中关于吐蕃王统的早期说法是天神自天降世成为吐蕃之王。《敦煌吐蕃文书》所收"赞普世系表"说第一代吐蕃王代·聂墀赞普是"天神自天空降世"，"来作雅砻大地之主，降临雅砻地方"，"天神之子作人间之王"。②

而后期的说法变成了印度某代国王的一个儿子遭难后翻过雪山来到吐蕃，被误认为天神而奉为吐蕃第一代王。这一说法后来被普遍接受。1322 年成书的《布顿佛教史》说："至于说到西藏藏王的传统：有一部

---

① 《蒙古源流》[E. Haenisch, *Eine Urga-Handschrift des Mongolischen Geschichtswerk von Secen Sagang (alias Sanang Secen)*, Berlin, 1955] 卷3，汉译文见拙著《〈蒙古源流〉研究》，第 142 页。

② 王尧、陈践译注：《敦煌本吐蕃历史文书》，民族出版社 1992 年版，"赞普世系表"，第 173—174 页。

分人说……西藏诸魔同十二夜叉小王共同造作灾害的时候，白萨罗王名'能现'生有一子，睫毛盖着眼睛，手指间有蹼（薄膜）联着。该王十分惊恐，将小孩装入大铜盒中，抛入恒河中，被一农夫拾得，将他养了起来，直到他年事渐长，听旁人讲他是拾来的，便心生悲苦，逃到大雪山里。渐次越过'拉日'山口，来到了'赞塘阁西'地方，被当时的本教徒们看见，说他是由天索和天梯下来的。因此，说他是一位神人，问他是谁，他回答说是'赞普'。问他从哪里来？他以手指天，彼此不通语言。于是将他安置在木座上，四人用肩抬着，向众人说，这是我们的救主。尊称为'涅赤赞普'（意为肩舆王），这即是藏地最初的王。"①

14世纪中叶成书的《红史》说："《霞鲁教法史》中说，印度国王白沙拉恰切的儿子为聂赤赞普。"② 成书稍晚的《青史》说："……西藏的王朝世袭：往昔虽传说有十二位零散的小王等，但毕竟是一些小王，而且彼等的传承和他们对于佛教作有何种事业的史语，也是没有的。所以显见西藏的诸智者都是从栗赤赞波（肩舆王）起而撰述西藏王朝世系……至于栗赤赞波虽与大释迦、惹遮巴释迦、毗耶离释迦三种族姓中，任何一种都有所不同。然而在《文殊根本序》中，从松赞王至朗达玛以上，都有极明显的记载（预言），其示（藏王）阶段中《文殊根本序》中说：是'毗耶离种中所出'。以此正应说是'毗耶离'种姓。"③

以上三种书的记述尽管详略不一，但都将吐蕃王统上连到古印度王统，其中《布顿佛教史》的内容比较丰满，也最具故事性，易于被人们接受和流传。

早期藏文文献中所谓天神降世成为吐蕃之主的说法是吐蕃原始宗教本教的观点，而佛教传入吐蕃后在与本教势力的抗衡中几兴几衰，尤其是经历了9世纪朗达玛的灭法后，佛教势力为了更加名正言顺地在吐蕃传播其教法而不惜篡改历史，编造出吐蕃王统与印度王统同源的谎话来收买吐蕃人心。

有了这样的先例，熟通藏文史籍和典故的人是很容易仿造出类似的故事来的。只要如法先选取藏文史籍中止贡赞普被弑，诸子出逃异地的内

---

① 布顿大师：《佛教史大宝藏论》，郭和卿译，民族出版社1986年版，第167—168页。
② 蔡巴·贡噶多吉：《红史》，陈庆英、周润年译，西藏人民出版社1986年版，第30页。
③ 廓诺·迅鲁伯：《青史》，郭和卿译，西藏人民出版社1985年版，第24页。

容，再选取蒙文史书中孛儿帖赤那携妻迁往斡难河源头的内容，然后稍加改编，就可以将上下两部分内容衔接成一个完整的故事。

《蒙古源流》还引述了藏文史籍《布顿佛教史》中有关吐蕃王统起源的故事，由此又将蒙古王统与古印度王统间接地联系了起来。

自 17 世纪蒙文史书中出现印藏蒙王统同源的传说故事后，18、19 世纪的蒙文史书纷纷效仿，《元朝秘史》《史集》等早期史书有关蒙古汗统起源的记载已几乎得不到重视，或者说已经干脆不为后人所知了。① 印藏蒙王统同源的传说故事为藏传佛教在蒙古地区的传播发挥了重要的舆论作用，反过来，藏传佛教的普及又为印藏蒙王统同源的传说故事迅速扎根于蒙古地区、深入蒙古人心提供了保证。

（二）对成吉思汗去世原因的篡改

关于成吉思汗去世的原因，早期史书有比较明确的记载，即在 1227 年征讨西夏的过程中死于疾病。《元史》行文简洁，谓："秋七月壬午，不豫。己丑，崩于萨里川哈老徒之行宫。"② 而据《史集》，成吉思汗在拿下西夏的灵州城之后"曾得一梦，启示了他的死期将莅临"。③ 为此他特地召回各自行军中的儿子窝阔台和拖雷，单独与他们密谈，留下了遗嘱。然后"他来到女真、南家思和唐兀惕地面交接处的六盘山地方"，不久"病却一天天坏下去"。④ 他"自知病危，大渐已近"，密嘱身边的臣僚在他去世后暂时秘不发丧以利于灭敌，遂于"猪儿年秋第二月十五日""离

---

① 不过，清代的个别蒙古知识分子已经对 17 世纪蒙文史书的相关说法产生了怀疑和抵触。例如，衮布扎布在《恒河之流》（1725 成书）说道："虽然有些史书将乞颜氏黄金家族的根源与印度、西藏的诸王联系在一起，但是由于孛端察儿额真（主人之意）是应天命而生的，所以没有必要引述朵奔篾儿干的血统。"（Γangya-yin Urusqal, Čoyiji tulγan qaričaγulba, Öbör Mongγol-un Arad-un keblel-ün Qoriy-a, 1980, p. 40.）罗密在《蒙古世系谱》（1735 年序）卷首的注文中说："谨案，《元史》不载受姓之始，《秘史》则以巴塔赤罕为第一世，至天竺史无世系，吐蕃则羌戎之类，各为部落，本不相袭。《秘史》乃元时金匮石室之藏，永乐中录入《大典》，诚珍重之。苍狼白鹿之说久着史册，此则援蒙古一入吐蕃，援吐蕃一入天竺。岂元初名臣大儒有所不知而后世反详之乎？"（1939 年张尔田跋本，第 1 页）衮布扎布是内蒙古乌珠穆沁右翼旗人，曾在京城任理藩院唐古忒官学司业二十多年，而罗密为蒙古八旗之正蓝旗人，他们能够看到早期的相关史书和更多的文献，见识较多，因此观点也更合理一些。
② 《元史》卷 1《太祖本纪》，中华书局 1976 年版，第 25 页。
③ 《史集》第一卷第二分册，第 318 页。
④ 同上书，第 320 页。

开了［这个］易朽的世界"。① 又在"成吉思汗史编年纪要"的"猪年"项内说："他在这年由于疾病缠身，在唐兀惕地区去世了。"可能是出于避讳的原因，《元朝秘史》对成吉思汗的去世只简单记了一句话："至猪儿年成吉思［合罕］崩。"② 不过之前提到成吉思汗在出征西夏后不久就在一次围猎行动中坠马受伤，引起发烧等病症，但是他带病继续前行，夺取了西夏大将阿沙敢不坚守的边境重地贺兰山，并一路进军。③

然而到了17世纪，情况发生了变化。《黄史》中首先出现了所谓成吉思汗死于西夏皇妃之手的故事。故事梗概是说成吉思汗亲征西夏，杀夏主失都儿忽，纳其妃古儿别勒真，古儿别勒真身藏暗器，就寝时加害成吉思汗，成吉思汗遂病重去世。④《蒙古源流》也收有类似的故事，文字较《黄史》更丰富一些。"就这样杀死了失都儿忽皇帝，［主上］纳了他的古儿别勒只·豁阿皇后，收服了人称'米纳黑'的唐兀国。［众臣］商议说：'就在那阿勒塔哈纳山山阳、哈剌木连河岸边驻夏吧。'却说，众人都惊叹古儿别勒只·豁阿皇后的美貌，古儿别勒只·豁阿皇后却说：'我的容颜从前比这更美丽，现在蒙上你们军队的征尘，［容颜］已经减色。如果在水里洗浴一下，就可以恢复从前那样的光彩。'［主上］说：'那么，你就按自己的讲究去洗浴吧。'古儿别勒只·豁阿说：'我要到河边去入浴。'［她］去到河边，［看见］父亲［喂养］使唤的一只称作'家鸟'的小鸟在空中盘旋着飞来，就［把它］捉住了。然后说：'有你们这么多人陪从，我感到害羞。你们大家待在这里，我要一个人去洗。'说完去到［河边］，写下'我将要落入这条哈剌木连河而死。不要顺流去找我的遗骨，要逆流去寻找'［的字条］，系在那只鸟的脖子上，放［它］飞回去。洗浴之后回来［一看］，她的容貌果然是更加艳丽。夜里入寝之后，［她］加害主上的御体，主上因此身上感到不适，古儿别勒只·豁阿皇后乘机起身离去，跳进哈剌木连河身亡。"她的父亲得讯后，"按照女儿的话前来寻找她的遗骨，［可是］没有找到，只找到她的一只珍珠镶边的袜子。由于每人在［那只袜子］上埋上一锹土，就形成了名叫'铁木

---

① 《史集》第一卷第二分册，第318—321页。
② 乌兰：《〈元朝秘史〉校勘本》，第268节，第378—379页。
③ 乌兰：《〈元朝秘史〉校勘本》，第265节等，第373—376页。
④ П. П. Шастина, ШАРА ТУДЖИ монгольская летопись XII века, москв-ленинград, pp. 34–35.

儿·兀勒忽'的小山包。却说，主上的病情加重"，"丁亥年七月十二日，[主上]在朵儿篾该城驾崩，享年六十六岁"。①

这个故事的真实性，毋庸置疑是根本不存在的。因为根据早期史书记载的史实，成吉思汗在西夏都城被攻破之前已经因病去世，根本谈不上什么纳西夏皇妃之事，而所谓被纳的西夏皇妃古儿别勒只更是个后人虚构的人物，其原型可能是克烈部汪罕之弟札阿绀孛的一个女儿。《史集》说札阿绀孛有三个女儿嫁到了成吉思汗家族，但是"还有一个女儿，嫁给了唐兀惕国王。这个女儿非常美丽，[容貌]净洁。成吉思汗占领唐兀惕[国]时，杀死了国王，竭力搜寻这个女人，但没有找到"。②看来在蒙元时期就已经出现了类似的风传。然而故事中的一些细节也是经不起推敲的，例如所谓埋有古儿别勒只袜子的小山包"铁木儿·兀勒忽"，其蒙古语意为"铁山包"，实为今内蒙古自治区呼和浩特市南郊"昭君墓"的蒙古语名称。③不用说虚构的人物不可能有真实的墓地，就是按照故事所说本身也存在矛盾之处，因为从灵州（今宁夏灵武县）逆黄河而上，是根本无法到达位于其下游的今呼和浩特市一带的。此处借用青冢之名，无非是为了给编造的故事增添真实性而已。况且成吉思汗去世的地方也不是什么灵州。

这个故事的倾向性是比较明显的，即对西夏国怀有同情之意，对成吉思汗持有批评的态度。那么这样的故事会出自何人之手？又如何会出现在蒙古人的史书中呢？一般来说，蒙古人是不会编造出这种诬蔑自己伟大首领的故事的。清代的蒙古人罗密曾怀疑印藏蒙王统同源说"是西僧所附会"④，那么古儿别勒只皇妃的故事也很有可能出自西夏人之口⑤。我们现在要提的问题是，身为成吉思汗后裔的萨冈为何也会把这种故事收到自己的著作中呢？这岂不是对自己祖先的大不敬吗？按照常理，即使他不知

---

① 乌兰：《〈蒙古源流〉研究》，第226—227、229页。
② 《史集》第一卷第二分册，第146页。
③ 《大清一统志》卷124（第3叶背面）《归化城六厅·陵墓》记："青冢，在归化城南二十里，蒙古名特木尔乌尔虎。"
④ 《蒙古世系谱》，1939年张尔田跋本，第1页。
⑤ 拉什朋素克在《水晶数珠》（1775年成书）中推测这一说法是与成吉思汗家族有仇的斡亦剌、泰赤乌等部落的人编造的。（Bolor Erike, Čoyiji tulγan qaričaγulba, Öbör Mongγol-un Arad-un keblel-ün Qoriy-a, 1985, p. 136.）

道这个故事的真伪，也应当不自觉地从自己的政治立场出发去排斥这类有损于自己祖先形象的说法的。那么是什么原因驱使他这样做的呢？应当说是他那被藏传佛教洗脑以后变化了的历史观在作怪。在对待成吉思汗去世原因的问题上，面对是维护成吉思汗黄金家族的尊严还是采信对自己祖先名声不利的说法，他的天平最终偏向了后者，因为那个故事与藏传佛教有关，维护的是藏传佛教及其弘传国度的利益。说明藏传佛教的影响在他的脑子里已经根深蒂固，维护藏传佛教的利益成为他写史特别要遵循的原则，一切内容要为之让路，即便是危及祖先的名誉也在所不惜。

与《黄史》和《蒙古源流》相比，现存17世纪其他一些蒙文史书的情况稍有不同。《黄金史纲》、罗桑丹津《黄金史》也都收有古儿别勒只皇妃的故事，但不同的是说成吉思汗纳夏主失都儿忽皇妃古儿别勒真，古儿别勒真请求去黄河边洗浴，就在那里投河而死，后来成吉思汗病重去世。[①] 可以看出两书在内容取舍上是有所保留的，删除了原有故事中皇妃古儿别勒真加害成吉思汗的内容。[②] 说明两书的作者受藏传佛教影响的程度尚不及萨冈等人那么深。

16世纪下半叶藏传佛教的再次传入，使蒙古人的精神世界发生了巨大的变化，佛教的思想成为人们行为的依据和准则，佛教产生和弘传之地成为人们向往的地方，而佛祖释迦牟尼及其家族王统更为人们所敬仰和羡慕，人们以能够出身同一血统而感到自豪。蒙古右翼部落首领为实现自己的政治目的引进藏传佛教，印藏蒙王统同源的故事应运而生，很快得到了蒙古社会的认可和接受，蒙古人的历史观也就从此发生了根本性的改变。人们带着这种变化了的历史观去返观、回顾历史时，不免往往与从前的史实发生认识上的冲突或矛盾，于是在新的历史著作中早期的史实让步

---

① Хаадийны Үндсэн Хураангуй АЛТАН ТОВЧ, Улаанбаатар, 2011, p. 260. Blo bsang bstan gjin, *Erten-ü Qad-un Ündüsülegsen Törö Yosun-u Jokiyal-i Tobčilan Quriyaɣsan Altan Tobči Kemekü Orošibai*, Ulaɣanbaɣatur, 1990, pp. 124-125.

② 《黄金史纲》和罗桑丹津《黄金史》与《黄史》和《蒙古源流》一样，都说失都儿忽被杀之前曾提醒成吉思汗纳古儿别勒只妃之后要仔细搜查其全身，《黄史》《黄金史纲》和罗桑丹津《黄金史》更是说要从她的指甲到全身都要仔细搜查。这实际上是一种伏笔，暗示古儿别勒只妃会加害成吉思汗。伏笔的存在证明《黄金史纲》和罗桑丹津《黄金史》删除了古儿别勒只妃加害成吉思汗的内容。

了，或被避而不谈或被篡改，以适合新的历史观的需求。《元朝秘史》和《蒙古源流》站在蒙古人历史观变化的两端，见证了这一影响深远的变化。

(原载《蒙古史研究》第十二辑，2016年)

蒙古文历史文献中涉及"国"及其相关概念的一些表述方法*

古代蒙古人对"国"及其相关概念有自己的表述方法，主要见于蒙古文历史文献中。通过梳理，可以看出这些表述方法包含蒙古人传统观念的因素，也存在外来文化影响的因素，在使用的过程中是有发展和变化的。

一 蒙古文历史文献对"国"的称谓

自蒙古文历史文献产生以来，关于"国"的表述始终存在。从蒙元时期到清末，"国"的概念一直主要以 ulus 一词表示，但随着时代的发展情况有所变化。

蒙元时期，作为"国""国家"概念出现的蒙古语词汇即 ulus。例如，被视为目前所见最早的畏吾体蒙古文文献"移相哥碑"（亦称"成吉思汗石"，约 1225 年）中就已经出现了 Mongqol ulus（﹡蒙古国）之语，指成吉思汗时期的蒙古国家。13 世纪 40 年代后半期的"贵由汗印玺"明确使用了 Yeke Mongqol ulus（﹡大蒙古国）一名，《张应瑞先茔碑》等元末的汉蒙合璧碑文也多见此名，并以 ulus 对译"国"。[1] 1307 年的汉蒙合

---

* 本文系国家社会科学基金重大项目"中国古代民族志文献整理与研究"（项目批准号：12&ZD136）、"波斯文《五族谱》整理与研究"（项目批准号：10&ZD116）阶段性研究成果。

[1] 包括 1335 年《张应瑞先茔碑》、1346 年《兴元阁碑》、1362 年《西宁王忻都碑》，见 Dobu, *Uiɣurjin Mongyol üsüg-ün Durasqaltu Bičig-üd*, ündüsüten-ü Keblel-ün Qoriy-a, 1983, pp. 4、16、218、331、360。

璧《孝经》见有 qamuq qari ulus 之语，为汉语"万国"的蒙译文。① 元代国史脱卜赤颜之明初汉译本《元朝秘史》中"兀鲁思"（ulus）的一种汉译为"国"或"国土"②。

ulus，蒙古语本义为"人众""百姓"，引申为"国""国家"。《元朝秘史》中"兀鲁思"（ulus）的又一种汉译即为"百姓"③；《华夷译语》"国"译为"兀鲁思"（ulus），同时"百姓""民"也译为"兀鲁思"（ulus）④。ulus 还可以和 irgen 构成同义词词组，表示百姓之意⑤。irgen，《元朝秘史》音译为"亦儿坚"，旁译作"百姓"⑥。作为国、国家来讲，成吉思汗所建立的国家、元朝及其大封国都可以称 ulus，如 Dai Ön Yeke Mongqol ulus（*大元大蒙古国）⑦、Joči ulus（*术赤汗国）、Čaqatai ulus（*察合台汗国）⑧ 等。

明代，蒙古人仍然主要以 ulus 来表示国家之义。例如 17 世纪蒙文史书中常见的 Enedkeg Töbed Mongγol γurban ulus（印度、吐蕃、蒙古三国）之说中的 ulus，指的是完全独立存在的政体。明朝的《华夷译语》等译语类文献也均将"国"对译为 *ulus，只是音译用字之间有所不同。⑨ 不

---

① 《孝经》，参见 Dobu, *Uiγurjin Mongγol Üsüg-ün Durasqaltu Bičig-üd*, p. 92。

② 例如第 64 节：兀鲁思 兀禄 帖篾彻惕（不与人争国土百姓）；第 121 节：兀鲁思 帖额周 阿〔卜〕抽 阿亦速（我载着国送与他去）。参见乌兰《〈元朝秘史〉校勘本》，中华书局 2012 年版，第 22、102 页。

③ 第 106、110 等节，参见乌兰《〈元朝秘史〉校勘本》，第 87、90 页等。

④ ［日］栗林均：『華夷訳語（甲種本）モンゴル語全単語・語尾索引』，東北アジア研究センター叢書第 10 号，日本東北大学，2003 年，第 11、67、97 页。

⑤ 例如，《华夷译语》来文《勅礼部行移应昌卫》"兀鲁思 亦儿坚"旁译"国 百姓"，总译"民"。栗林均：『華夷訳語（甲種本）モンゴル語全単語・語尾索引』，第 81 页。

⑥ 第 5、8 等节，见乌兰《〈元朝秘史〉校勘本》第 9、11 页等。

⑦ 《西宁王忻都碑》。《竹温台神道碑》作 Dai Ön kemekü Yeke Mongqol ulus（*大元大蒙古国，汉文碑文作"大元"），参见 Dobu, *Uiγurjin Mongγol Üsüg-ün Durasqaltu Bičig-üd*, pp. 390, 275。

⑧ 《黄史》作 Joči-yin ulus, Čaqatai-yin ulus, 参见 *Erten-ü Mongγol-un Qad-un Ündüsün-ü Yeke Šir-a Tuγuji Orošiba*, Öljeitü emkidken qarγuγulju tailburi kibe, Ündüsüten-ü Keblel-ün Qoriy-a, 1983, p. 148。汉文文献中也有直接用"兀鲁思"这一音译名的，如《元史》卷 39《顺帝纪二》载："诏脱脱木儿袭脱火赤荆王位，仍命其妃忽剌灰同治兀鲁思事。"（《元史》，中华书局 1976 年版，第 842 页）

⑨ 参见栗林均『華夷訳語（甲種本）モンゴル語全単語・語尾索引』，第 11 页；《武备志・译语》：国——五路思（贾敬颜、朱风合辑：《蒙古译语女真译语汇编》，天津古籍出版社 1990 年版，第 152 页）。

过，ulus 一词同时又表示蒙古这一独立政权内的大的部落集团 tümen 即万户，例如所谓答言汗的六万户中大汗的直属部落 Čaqar，既称 Čaqar tümen（察哈尔万户），又称 Čaqar ulus（察哈尔国）①，清初满文文献即译为 Cahar gurun（察哈尔国）②。

清代，蒙古人基本上还是使用 ulus 来表示国家之义。称清朝为 Čing ulus，而不再将 ulus 一词用于当时蒙古及其大的部落名称中。此外，满语词汇 gurun（国）开始不断为蒙古人所使用，③ 逐渐变成了蒙古语中的一个外来语。

二 蒙古文历史文献中对蒙古自身及周边国家的概念性认识

古代蒙古人从地理上是如何看待和认识自身政权及其周围世界的呢？蒙古文历史文献中，基本看不到对蒙古国乃至元朝疆域以及周边国家方位的具体记载，反映出的只是一些相对抽象的概念性认识。其中，最具特点的应当是蒙元时期的"日出至日落之地"之说和 16 世纪中叶至清末的"五色四藩国"之说。

（一）"日出至日落之地"之说

从文献记载本身来看，古代蒙古人已经具备了中间以及东、西、南、北的概念，蒙元时期的文献中已经出现相关词汇，《至元译语》中的"东""南""西""北"，依次对译为"唾罗纳"（dorona）、"爱木捏"

---

① 齐木德道尔吉、吴元丰主编:《清内秘书院蒙古文档案汇编》，内蒙古人民出版社 2004 年版，第五册，第 15 页；Dharm-a, *Altan Kürdün Mingγan Kegesütü Bičig*, Čoiji tulγan qaričaγulju tailburilaba, Öbör Mongγol-un Arad-un Keblel-ün Qoriy-a, 1987, p. 151, 等。

② 《清太祖实录》丁未（1607）秋九月条，齐木德道尔吉、巴根那主编:《清朝太祖太宗世祖朝实录蒙古史史料抄——乾隆本康熙本比较》，内蒙古大学出版社 2001 年版，第 25 页；《清太宗实录》天聪八年（1634）十二月十四日条，中国第一历史档案馆编:《天聪朝崇德朝清初内国史院满文档案译编》，光明日报出版社 1989 年版，第 126 页。

③ 如 Ros-un gürün（俄国），Daičing gürün（大清国）等名（*Buriyad-un Teüken Surbulji Bičig*, Nasunöljei, Bilig emkidken tayilburilaba, Öbör Mongγol-un Soyol-un Keblel-ün Qoriy-a, 1999, pp. 187, 192）；《黄金数珠》见有 gürün-ü güngjü（固伦公主）之名（*Altan Erike*, Na Ta jokiyaba, Čoiji tulγan qaričaγulju tayilburilaba, Öbör Mongγol-un Arad-un Keblel-ün Qoriy-a, 1991, p. 144）等。

(emüne)、"豁罗纳"(höröne)、"兀木刺"(umura)①。《华夷译语》依次对译为"朵罗纳"(dorona)、"额木捏"(emüne)、"呵罗捏"(höröne)、"兀篾列"(ümere),"中"对译为"敦荅"(dumda)②。但是蒙文历史文献中未见整体描述蒙古自身及其周围政权地理形势的记载。所能看到的有些关联的记载,是一种对于蒙古自身政权区域极限空间的认识,具体反映为一种概念性的说法,即从东方日出之地至西方日落之地为止的区域。例如,13世纪40年代贵由汗致教皇因诺森四世答书中出现"我们……从东到西,摧毁了整个大陆"(拉丁语译本)之语。③ 1305年伊利汗完者都致法国国王腓力四世的书信中提到成吉思汗的子孙"从太阳升起的南家思之地直到大海,连接起了国家、建通了驿路"④。1346年的《兴元阁碑》残片留有一句不完整的话:"……至落下之处统一了之时"⑤。根据惯例推测,这句话缺损了的前半部分应该是"从太阳升起之地[至]太阳"(*naran urququi qajar-ača naran),全句意指统一了日出之地到日落之地的全部地区。⑥《马可波罗行记》说忽必烈汗"是世界一切鞑靼人的君主,从日出之地至日落之地的人和物都属于他"⑦。《元朝秘史》也有类似的说

---

① 参见贾敬颜、朱风合辑《蒙古译语女真译语汇编》,第14页。
② 栗林均:『華夷訳語(甲種本)モンゴル語全単語・語尾索引』,第57页
③ [法]伯希和著,冯承钧译:《蒙古与教廷》,中华书局1994年版,第14页。
④ 蒙古文原文的拉丁转写如下:Činggis qaqan-u uruq-ud ……naran urququi Nangqiyas-un qajar-ača abun dalu dalai-dur kürtele ulus barilduju jamud-iyan uyaγulbai. (*Uiγurjin Mongγol Üsüg-ün Durasqaltu Bičig-üd*, p.67) dalu dalai,未见于他处,田清波、柯立夫读作 Talu dalai,但是说:"这一读法并非确定不移,完者都在这里提到的这个海的名字,据我们所知,迄今还没有考证出来。"([比]田清波、[美]柯立夫著,周建奇译:《1289和1305年伊利汗阿鲁浑和完者都致美男子菲力普书》,内蒙古大学1982年油印本,第170页)但柯立夫在另一篇论文中作 Dalu dalai (F. W. Cleaves, *The Sino-Mongolian Inscription of 1346*, Harvard Journal of Asain Studies, 1952, p.111)。dalu,疑为 dalui 之异写,即 dalai。
⑤ 蒙古文原文的拉丁转写如下:……šinggeküi-dür kürtele nigedügsen-dür (Dobu, *Uiγurjin Mongγol Üsüg-ün Durasqaltu Bičig-üd*, p.330)。柯立夫《汉—蒙1346年碑文》的原文转写作……n šinggeküi-dür kürtele nigedügsen-dür (*The Sino-Mongolian Inscription of 1346*, p.71)。
⑥ 柯立夫在《汉—蒙1346年碑文》的原文转写中已经补入了 [naran urγuγu-ača nara] 的内容 (*The Sino-Mongolian Inscription of 1346*, p.71)。
⑦ 《马可波罗行记》FB本(宫廷法语本),见 A. C. Moule & Paul Pelliot, *Marco Polo*, *The Description of the World*, London, 1938, pp.167, 69(节)。……if they were all together, would not have so much power nor could they do so much as this Cublai great kaan could do, who is lord of all the Tartars of the world, both of those of the sunrising and of those of the sunsetting, for all are his men and subject to him.

法，第201节记有札木合临死前对帖木真说的一番话，里面提到他的"名声已经遍及从太阳升起之处到太阳落下之地"①。第260节记有西征过程中晃孩等三人对成吉思汗说的一番话，里面提到"如今日出入所在，皆是敌人"②，就是说到处都是敌人。《秘书监志》记载秘书监臣曾向忽必烈奏称："如今日头出来处、日头没处都是咱每的。"③ 在蒙古卫拉特英雄史诗《江格尔》中，多次出现"日出的方向""日落的方向""太阳升起的东方""落日的西北方"和"自……那太阳升起的方向……奔向这日落的方向"等说法④，还有"太阳普照下的一切""日光下广阔世界""太阳下主宰一切的伟大可汗""太阳脚下的所有百姓"等表述⑤。

这样的说法和表述，一方面反映出欧亚大陆的地理特征对生活于其间的人们的世界认知所产生的作用，估计又与蒙古高原游牧民族划分左右翼（左右也指东西方⑥）的习惯意识有关联。⑦ 8世纪中叶的《阙特勤碑》（南面第二行）第一句说的是："九姓乌古斯诸官和人民，你们好好听着，牢牢记住我的话。前面（东面）到日出，右面（南面）到日中，后面（西面）到日落，左面（北面）到夜中，那里的人民全都臣属于我。"⑧

---

① 乌兰：《〈元朝秘史〉校勘本》，第254页。原书总译缺此句，原文拉丁转写如下：Edö'e ene törelki-dür anda ba qoyar-un urququi naran-（n）ača šinggeküi naran-dur kürtele nere minu kürbe j-e。

② 乌兰：《〈元朝秘史〉校勘本》，第362页。所引为总译，原文拉丁转写如下：Naran šinggekü-eče urququ-da kürtele dayin irgen büi。

③ 高荣盛点校：《秘书监志》，浙江古籍出版社1992年版，第74页。

④ 黑勒、丁师浩译：《〈江格尔〉全译本》第一册，新疆人民出版社1993年版，第408、368页，第二册第890、437页。

⑤ 参见黑勒、丁师浩译《〈江格尔〉全译本》，第一册，第162、192、227页，第二册第658页。

⑥ 蒙古语jegün, baraɣun分别表示"左""右"，同时又表示"东""西"。例如，jegün ɣar, baraɣun ɣar分别指"左翼""右翼"，而jegün（eteged），baraɣun（eteged）指东方、西方。如《西宁王忻都碑》中baraɣun eteged对译汉文原文的"西方"（Dobu, Uiɣurjin Mongɣol Üsüg-ün Durasqaltu Bičig-üd, p. 391；Hindu Ong-un Küšiy-e-yin Mongɣol Bičig-ün Sudulul, Tu'ɣaɣuri jokiyaba, Öbör Mongɣol-un Soyol-un Keblel-ün Qoriy-a, 1992, p. 433），《华夷译语》来文《勅僧亦邻真臧卜》中baraɣun eteged对译汉文的"西域"［栗林均：『華夷訳語（甲種本）モンゴル語全単語・語尾索引』，第71页］。

⑦ 田清波、柯立夫曾说："'从日出处至日没处'是十三至十四世纪的蒙古人在谈到他们的广袤的帝国时［的］常用语。"（见《1289和1305年伊利汗阿鲁浑和完者都致美男子菲力普书》，周建奇汉译文，第168页）

⑧ 耿世民：《古代突厥文碑铭研究》，中央民族大学出版社2005年版，第117页。

说明突厥人已经有了这种认识。回鹘人当中也有类似观念，吐鲁番《畏吾儿写经残卷》"亦都护颂"有一句为"愿您从［日］出到日落名声远扬"①。《续资治通鉴长编》记载宋神宗元丰四年（1081）秋七月"于阗遣蕃部阿辛上表，称'于阗国偻儸有福力量知文法黑汗王，书与东方日出处大世界田地主汉家阿舅大官家'"②。

这种认识在伊斯兰世界也有一定反映。蒙古时期之前以及之后的一些波斯语和阿拉伯语等古代文献中，曾多次出现以类似"日出之地至日落之地"的说法指代世界的现象，如《道里邦国志》说："伊夫里宗（Ifridhūn）曾经将大地分赐给他的三个儿子。一块给了塞赖姆，塞赖姆（Salam）就是统治西方的舍莱姆（Sharam），他是罗马（Ai-Rūm）诸王和粟特（Al-Sughd）诸王的祖先……有诗为证：我活着的时候，就已将自己的国权如俎上的肉分成几份。我慷慨地将从沙姆（Al-Shām），罗马及至日落处的土地给了塞赖姆……"③《世界征服者史》说成吉思汗"征服和削平了从东到西的海内雄长"，提到成吉思汗圣旨里的一句话"从日出至日没之一切土地"④；《伊利汗积尺》的长序中说以成吉思汗为首领的蒙古人的居地"在日出的右方突厥地域以东"，短序中说蒙哥汗封给拖雷（当为旭烈兀）"从印度斯坦到日没之处的土地"⑤；《史集》也记载了所谓成吉思汗圣旨里的一句话"万能的主已将起自日出之地、直到日落之地为止的全部地区赐给了我们"⑥。参考《史集》等书写成的察合台突厥文史书《突厥世系》亦有类似说法，说成吉思汗遣使通告花剌子模算端："至高无上的天

---

① 迪拉娜·伊斯拉菲尔：《吐鲁番发现回鹘文佛教新文献研究》，民族出版社2014年版，第54页。
② 《续资治通鉴长编》卷314，宋神宗元丰四年秋七月条，中华书局2004年版，第7612页。
③ ［阿拉伯］伊本·胡尔达兹比赫著，宋岘译注：《道里邦国志》，中华书局1991年版，第16页。
④ ［伊朗］志费尼著，何高济译：《世界征服者史》，内蒙古人民出版社1980年版，上册，第27、170页。
⑤ ［英］波伊勒著，黄时鉴译：《〈伊利汗积尺〉的长序》，《黄时鉴文集Ⅱ远迹心契 中外文化交流史（迄于蒙元时代）》，中西书局2011年版，第343、342页。此处"日出的右方突厥地域以东"的说法，带有蒙古色彩，"右方"当即蒙古语 baraɣun eteged 的直译，意译为"西方"。波伊勒已经指出阿尔贝利认为短序的前半部分"带有一种浓厚的蒙古文字风味"，而他自己说《积尺》作者"运用了蒙古帝国的实用的混合语"（见黄时鉴同书第346页）。
⑥ ［伊朗］拉施特主编，余大钧、周建奇译：《史集》，商务印书馆1983年版，第一卷第二分册，第291页。

神将一个大帝国，包括从太阳升起之地直到你的国土临界之地的所有地方都授予了我。"① 有趣的是，《伊本·白图泰游记》形容到"花剌子模的西瓜是世界上从东到西独一无二的"②。

人类对于世界的认识，总不免有相通之处，不同地区的人们之间，或许会在某一历史时段发生某种联系，产生文化上的相互影响。归结到蒙古人，根据以上列举的现象来分析，似乎早期的蒙古人看待自身所处位置及其周围世界时是坐北（西北）向南（东南），大致以左前方（东南方）为东方，以右后方（西北方）为西方，另有相对的南方（西南方）和北方（东北方），③ 而在理解自身政权及其极限空间时主要是从东（南）方向西（北）方顺序看过，认为太阳依次照到的地方即为整个世界。

（二）"五色四藩国"的说法

有关"日出至日落之地"的表述，后来在蒙古历史文献中基本消失了。对于自身政权统治区域的描述，代之而起的是 16 世纪中叶以后蒙古文史书中大量出现的 tabun öngge dörben qari（ulus）的说法。tabun öngge dörben qari（ulus），以往多被汉译为"五色四夷（国）"。《恒河之流》的作者贡布扎布是已知最早将 dörben qari 音译为 tsi i④ 的人。此 tsi i 所对应的汉字，估计是"四夷"或"四裔"。蒙古语 qari 一词，在蒙元时期以及大约晚至明中期时的词义主要是"邦""外邦"。元代汉蒙合璧《孝经》中，"万国"译为 qamuq qari ulus，"诸侯"译为 qari-yin ejed，"小国"译为 üčüken qari⑤。《竹温台神道碑》一处"部"译为 qari⑥。《元朝秘史》中 qari（n）共出现十二处，五处旁译为"邦"，两处旁译为"外邦"，四处译为"部落"，一处译为"部"⑦。《华夷译语》"^中合^舌里坛"（qaritan，

---

① 阿布尔—哈齐—把阿秃儿汗著，罗贤佑译：《突厥世系》，中华书局 2005 年版，第 96 页。

② 伊本·白图泰著，马金鹏译：《伊本·白图泰游记》，宁夏人民出版社 2000 年版，第 293 页。

③ 古代和现代蒙古语中，je'ün 即指"左"也指"东"，bara'un 即指"右"也指"西"，指"南"的 emüne 兼具"前"之义，"北"又称 qoina 即"后"。

④ Γombujab, Γangγ-a-yin Urusqal, Čoiji tulγan qaričaγulju tailburilaba, Öbör Mongγol-un Aradun Keblel-ün Qoriy-a, 1980, p. 170.

⑤ Dobu, Uiγurjin Mongγol Üsüg-ün Durasqaltu Bičig-üd, pp. 92、83、92.

⑥ Ibid., p. 292.

⑦ 乌兰：《〈元朝秘史〉校勘本》，第 104、354、363、381、387；240、253；279、286、132；118 页。

qari 之复数形式），旁译作"邦土"①。《续增华夷译语》"邦"译为"哈里（qari)"②。qari 由邦国、外邦之意扩展至可以指代邦国首领，例如"鲁王"被译为 Luu qari③；qaritan-i （中合舌里塔泥）被译为"王子等行"，qaris-i （中合舌里昔）被译为"王子每［行］"④。16 世纪后半叶以后的蒙古文文献中，qari 一词多用作"外""异"之意。如《十善福法门白史》中的 qari daisun⑤，意为"外敌"或"异敌"，《黄史》中的 qari yosutu kümün⑥，意为"异己之人"。《蒙古源流》满译本将 dörben qari 译为 duin gorokin，即"四远方"。⑦ 仍含有"邦""外邦"之义而有所引申。因此，将蒙古文历史文献中的 dörben qari 汉译为"四夷"是不妥的。最近乌云毕力格等人将 tabun öngge dörben qari 译为"五色四藩"⑧，应该是可取的。

就目前所见，五色四藩之语最早出现于 16 世纪后半叶的《十善福法门白史》（以下简称《白史》)。《白史》的大意是说，蒙古的成吉思汗收服了整个赡部洲，其孙忽必烈汗崇信佛法，对五色四藩大国实施政教二道。⑨ 其后的蒙古历史文献中，有关五色四藩的说法屡见不鲜，基本都是用来指代蒙元时期的蒙古大一统国家。

所谓"五色四藩国"的格局和具体内涵，文献中的说法并不一致，一般的解释是：正中心有一国即中心国蒙古国，其周围四方各自分布着一个或更多的藩国。中心国和四周的藩国都以不同的颜色来代表，主要说法

---

① 栗林均：『華夷訳語（甲種本）モンゴル語全単語・語尾索引』，第 67 页。
② 贾敬颜、朱风合辑：《蒙古译语女真译语汇编》，第 78 页。
③ 《竹温台神道碑》，参见 Dobu, *Uiɣurjin Mongɣol Üsüg-ün Durasqaltu Bičig-üd*, p. 292。
④ 栗林均：『華夷訳語（甲種本）モンゴル語全単語・語尾索引』，第 87 页。
⑤ *Arban Buyantu Nom-un Čaɣan Teüke*, Liü Jin Süwe emkidken tailburilaba, Öbör Mongɣol-un Arad-un Keblel-ün Qoriy-a, 1981, p. 80.
⑥ *Erten-ü Mongɣol-un Qad-un Ündüsün-ü Yeke Šir-a Tuɣuji Orošiba*, p. 99.
⑦ 转引自江实日文译注《蒙古源流》所附满文原文（摹写自精抄本），东京 1940 年版，第 106 页等。清代汉译本一处未译，一处译为"四郭啰勒"（据满文刻本 duin gorol 而译），但 gorol 不见于辞书，当为讹写，故清廷官员只得音译。还有一处满译为 duin ergi geren aiman（江实译注本第 70 页），即"四方各部"之意。清代汉译本作"四方各部落"（《蒙古源流笺证》1934 年刻本，第一卷，14 下）。
⑧ 参见乌云毕力格、孔令伟《关于"五色四藩"——蒙藏文化交融之一例》，《蒙古佛教与蒙藏关系研究国际学术讨论会会议手册》，2015 年 10 月，第 26 页等。
⑨ 参见 *Arban Buyantu Nom-un Čaɣan Teüke*, pp. 75 – 76。

是蓝色蒙古，白色肃良哈，红色汉儿和囊家歹，黄色撒儿讨温，黑色吐蕃和唐兀。从蒙古的居中角度来说，其他四个方向所在的藩国即为四藩，向其纳贡领赏。对于中心之国，史书中的大多数情况是将蓝色蒙古列入其中，但是也存在个别例外。如《白史》的一种说法就是将蒙古和斡亦剌（瓦剌）一起列在了中央①，而《蒙古源流》将满洲和蒙古列在了中央②。原本想用来表述蒙元帝国疆土格局的说法，因时代的不同，被赋予了鲜明的部族立场和时代特征。诸文献对四周藩国一般的排序是：东方为白色肃良哈，南方为红色汉儿和囊家歹，西方为黄色撒儿讨温，北方为黑色吐蕃和唐兀。③ 五色四藩国也可以拆分开来说，如 tabun öngge ulus（五色国）④，dörben yeke qari ulus（四大藩国）⑤，蒙古国及其周围的四方之国合起来即为五色国，周围的四方之国即为四藩国。

　　从《白史》对五色四藩国的解说，可以看出这一概念的形成与藏传佛教有着直接关系。五色四藩国的构想和格局安排，应该是受到了佛教世界观的影响。按照佛教的说法，人们居住在三千大千世界的南赡部洲中，该地有四天子（或四主）统治着四方的国土和人民。伯希和《四天子说》一文引了《十二游经》所附短篇地志中的一段话："阎浮提中有十六大国，八万四千城，有八国王，四天子。东有晋天子，人民炽盛。南有天竺国天子，土地多名象。西有大秦国天子，土地饶金银碧玉。西北有月支天子，土地多好马。"⑥ 伯希和指出这种四天子说佛经中仅见此例，但在玄奘《大唐西域记》、道宣《释迦方志》、道宣《玄奘本传》以及 9 世纪大食人的行纪中有类似记载。《大唐西域记》记"瞻部洲地有四主"，具体

---

① 参见 Arban Buyantu Nom-un Čaɣan Teüke，p. 99。

② 参见 E. Haenisch，Qad-un Ündüsün-ü Erdeni-yin Tobči. Eine Urga-Handschrift des mongolischen Geschichtswerks von Sečen Sanang（alias Sanang Sečen），Berlin，1955，95v。

③ 也有个别不同的排序，如《白史》的一种说法是将红色汉儿和囊家歹放在西方，将黄色撒儿讨温放在南方（Arban Buyantu Nom-un Čaɣan Teüke，p. 99）；《金轮千辐》将黑色唐兀和大食放在了西方，将黄色撒儿讨温和托克马克放在了北方（Altan Kürdün Mingɣan Kegesütü Bičig，p. 77）。

④ 珠荣嘎译注：《阿勒坦汗传》，内蒙古人民出版社 1991 年版，第 187、264、288、303 页；Erten-ü Mongɣol-un Qad-un Ündüsün-ü Yeke Šir-a Tuɣuji Orošiba，p. 149；乌云毕力格：《〈阿萨喇克其史〉研究》，中央民族大学出版社 2009 年版，第 313 页，等。

⑤ 参见 Arban Buyantu Nom-un Čaɣan Teüke，p. 99。

⑥ 《西域南海史地考证译丛》第一卷，冯承钧译，商务印书馆 1995 年版，三编，第 84 页。

为"南象主""西宝主""北马主""东人主"①。《释迦方志》在说到四主时，点出"象主国"即"印度"，"宝主国"即"胡国"，"马主国"即"突厥"，"人主国"即"振旦"②。《玄奘本传》又说："赡部一洲四王所治。东谓脂那，主人王也。西谓波斯，主宝王也。南谓印度，主象王也。北谓猃狁，主马王也。"③ 而9世纪大食人伊宾哇哈（Ibn Wahab）的笔录中谈到他游历中国唐朝时，那里的皇帝对他说诸国共有五王，居世界之中的是诸王之王伊拉克国王，四周诸王依次为人王中国国王、猛兽之王突厥（Toguz-Oguz）王、象王印度王、美人国王东罗马（Rum）王。④

比较三地的说法，可以看出诸王的数字在当时的印度和中国保留为四，而在大食那里变成了五。所谓四天子（主、王）的说法中不存在中央的国度，但在五王的说法中多出了位于中央的国度。在佛教经典中，所谓赡部洲的形势被描绘为金刚座处在大地的正中。而金刚座位于古代印度摩揭陀国境内，佛陀时代该国为印度四大国之一，赡部洲因在须弥山之南而又称南赡部洲，原指印度地区，后扩指世界。是否可以这样理解，佛教世界观中曾经隐约存在赡部洲五方格局的认识，即中心为金刚座，四周为四个国家。到7世纪中叶的《释迦方志》，就出现了赡部洲南西北东四国的土地自雪山向四方达于四海的说法。⑤ 中心仍是金刚座所在的喜马拉雅山地区，只不过所谓的四国已经超出了原来的地理范围，除了印度本身又囊括进来了中国、突厥、大食（胡国）等三国。再到9世纪大食人的认识，又从自身地理位置的角度出发，将大食放进了中心位置，形成五（国）王说。

藏文史书中也见有一些四天子说的影子，在讲述松赞干布时期吐蕃历史时往往使用中央和四方的格局，例如《汉藏史籍》描述赡部洲形势时说："东部有汉地、契丹，南部有印度、克什米儿，西部有大第、食彭，北部有冲木、格萨尔，中心为雪山环绕之吐蕃，共九个部分。"⑥《贤者喜宴》说松赞干布时期"自东方汉地及木雅获得工艺及历算之书，自南方天竺翻译了诸种佛经，自西方之胡部、泥婆罗打开了享有食物财宝的库

---

① 参见《西域南海史地考证译丛》第一卷，三编，第88页。
② 《西域南海史地考证译丛》第一卷，三编，第89页。
③ 同上书，第99页。
④ 同上书，第94页。
⑤ （宋）道宣著，范祥雍点校：《释迦方志》，中华书局1983年版，第11页。
⑥ 达仓宗巴·班觉桑著，陈庆英译：《汉藏史籍》，西藏人民出版社1986年版，第11页。

藏，自北方霍尔、回纥取得了法律及事业之楷模"①。藏文史书自然以吐蕃之地为中心。蒙古文史书《白史》对五色四藩国的解释是"五色四藩九大国"，即蒙古为中央一国，其东西南北方向各有两国，合起来即九国。② 与《汉藏史籍》的说法非常接近。另外，《王统世系明鉴》记述了松赞干布迎娶唐朝文成公主的故事，说松赞干布的使臣一行抵达唐的都城时，另有"印度法王""格萨尔军王""大食财宝之王""巴达霍尔王"的使臣们也分别前来求娶公主。③《汉藏史集》也记载了这一故事，但提到的其他四王的称呼相对简单，作"印度、大食、冲木格萨尔王、霍尔王"④。《西藏王臣记》中的四王为"印度法王、波斯财王、格萨军王、美色市王"⑤。这一故事后来被《蒙古源流》所收录，松赞干布王之外的四王分别是"印度法王、大食宝王、蒙古聚会之主汗、格萨尔军王"⑥，用蒙古替换了霍尔的位置。藏文史书虽然没有说明四王所处的方向和位置，但还是能看出其说法源自四天子说的套路。这里已经可以看出藏文史书赡部洲形势认识对16世纪后半叶以后蒙古文史书的直接影响。

五色四藩国之说形成的时间，显然不会是在蒙元时期，因为各文种文献中全然不见其踪迹。而载有松赞干布时期赡部洲中央和四方格局内容的《汉藏史集》和《贤者喜宴》等一类藏文史书，大多成书于15世纪中叶以后。⑦ 分析元亡以后至藏传佛教再次传入蒙古的约二百年间的蒙古历史，可以推测五色四藩国之说产生于16世纪后半叶佛教再次传入之时。乌云毕力格等人已持这种观点，并进一步阐释"五色四藩国"之说的出现与俺答汗皈依佛教有直接关系，认为五色观念源于他崇信佛教密宗金刚乘。⑧ 何启

---

① 巴卧·祖拉陈瓦著，黄灏、周润年译注：《贤者喜宴——吐蕃史译注》，中央民族大学出版社2010年版，第30页。
② *Arban Buyantu Nom-un Čayan Teüke*, p. 86.
③ 萨迦·索南坚赞著，陈庆英、仁庆扎西译：《王统世系明鉴》，辽宁人民出版社1985年版，第78页。
④ 达仓宗巴·班觉桑著，陈庆英译：《汉藏史集》，第96页。
⑤ 五世达赖喇嘛著，郭和卿译：《西藏王臣记》，民族出版社1983年版，第31页。
⑥ 乌兰：《〈蒙古源流〉研究》，辽宁民族出版社2000年版，第106页。
⑦《汉藏史籍》成书于1434年，《贤者喜宴》成书于1564年。
⑧ 乌云毕力格、孔令伟：《关于"五色四藩"——蒙藏文化交融之一例》；《"青色蒙古"与民族融合——蒙古文献中"五色四藩"观念的形成与流程》，《光明日报》2015年10月21日第14版。

龙也认为《白史》"五色四夷"说法的出现与俺答汗时期引入藏传佛教有关，其内容不大可能属于13、14世纪，即使来自元代恐怕也已经被篡改得面目全非了。①

尽管五色四藩国之说通过藏文史书间接受到了佛教经典四天子说的影响，但是由于其名不见于《元朝秘史》等早期蒙古文献，也不直接见于佛教典籍和藏文史书，而藏文史书只提到五方诸国（王）而未配以相应的颜色，所以这一术语的由来以及确切内涵变得越来越模糊不清。约成书于17世纪中叶的《大黄史》说到五色国之得名，将其归结于吐蕃金座王未获家产之五个儿子的出走。② 还多少反映出吐蕃之源。然而到了18世纪以后的蒙古文史书中，所出现的一些解释就比较远了。例如，《恒河之流》说根据成吉思汗曾问道于长春真人以及忽必烈等人奉行汉法的情况，"五色"似指包含在具有宫、商、角、徵、羽五行之性的五个种姓中的中心国家百姓，"四夷"（或四裔）是指位于中国四方、纳贡受封的诸外国的统称，是依据汉理之语蒙译的词汇。③《金轮千辐》说颜色本身包含于物质存在之道的五行中，所以"五色"似依空、风、火、水、土之性而命名。④ 而另有墨尔根葛根《黄金史》将五色四藩说与佛法联系起来分析，认为该说法与佛法的五性即仁义礼智信有关，仁义礼智分别与木金火水相配，形成"四藩"，信与四藩相合即为"五色"。⑤ 乌云毕力格等人认为墨尔根葛根的解释不无道理，并进一步分析论证"五色四藩国"之说源于藏传佛教五方佛之坛城的概念，由五方佛的颜色——白、蓝、黄、红、绿调整为白、蓝、黄、红、黑（在藏传佛教五方佛的五种配色中绿色和黑色时常可以互换），因居于坛城中央的不动佛为蓝色，所以五色四藩国之中心国蒙古也被冠以蓝色之称。⑥ 他们的分析具有一定的合理性。古代生活于不同地理环境和不同文化背景下的人们，有时会产生相近的认

---

① 何启龙：《从五色四夷与十六大国看〈白史〉的历史层次》，《元史及民族与边疆研究集刊》第26辑，上海古籍出版社2013年版。

② *Erten-ü Mongɣol-un Qad-un Ündüsün-ü Yeke Šir-a Tuɣuji Orošiba*, p. 149.

③ Γombujab, *Γangɣ-a-yin Urusqal*, p. 170.

④ Dharm-a, *Altan Kürdün Mingɣan Kegesütü Bičig*, p. 340.

⑤ *Altan Tobči*, Lobsangdambijalsan jokiyaba, Gerel Kitadčilaba, Öbör Mongɣol-un Soyol-un Keblel-ün Qoriy-a, 1998, p. 272.

⑥ 乌云毕力格、孔令伟：《关于"五色四藩"——蒙藏文化交融之一例》，《"青色蒙古"与民族融合——蒙古文献中"五色四藩"观念的形成与流程》。

知。在地分五方各配颜色的作法方面，中原汉地社稷祭祀制度中的五色土之说，即东方青龙（蓝）、西方白虎（白）、南方朱雀（红）、北方玄武（黑）、中央（黄）五方五色代表社稷国家的认识，与"五色四藩国"之说在结构上非常相近。不过显示出颜色搭配上的三处不同，中央（黄）、东方（蓝）、西方（白）与五色四藩国之说的中央（蓝）、东方（白）、西方（黄）不合。观察16世纪后半叶蒙古人文化方面的情况，可以感觉到中原汉地文化的影响已经相当微弱，而当时他们能够大规模接触到的外来文化即藏传佛教所带来的佛教文化和吐蕃历史知识。晚至18世纪中叶的蒙古知识分子没有将五色四藩国之说与汉地五色土之说联系起来分析，似乎也说明二者之间不存在直接的关系。

总之，五色四藩国之说具有很深的藏传佛教的影响。一方面，通过藏文史书间接受到佛教经典四天子说的影响，获得五方国的格局概念，另一方面，受到藏传佛教五方佛及其颜色搭配的启发，为五方国配以相应的颜色。俺答汗时期，蒙古右翼部落统治阶层为了自身的政治目的，结合蒙元帝国时期的统治形势创造出五色四藩国之说，以成吉思汗、忽必烈汗为这一五色四藩国的主宰，又以俺答汗为忽必烈汗的转世，试图通过佛教观念来抬高俺答汗的政治地位。

三　蒙古文历史文献中有关中国的称谓

蒙元时期，蒙古人主要以 Qitad（Kitad）来指称汉人、汉地或中国。如《竹温台神道碑》中的 Qitad-un ayalqus 当指汉文[1]。《元朝秘史》"乞塔惕"旁译"契丹"或"金""金国"等[2]。Qitad 原为 Qitan 即"契丹"一名的复数形式，后来转称汉人（又称"汉儿"，概指淮河以北原金朝境内的汉人、契丹人、女真人等），因所述史事的时间当金朝年间，所以《元朝秘史》总译作"金（国）"等。

对汉人、汉地或中国的另一种称呼是 Nanggiyas 或 Nanggiyad。如《完者都书》有 Nangqiyas-un qajar 一语[3]，直译即"南家之地"；《至元译语》

---

[1] Dobu, *Uiɣurjin Mongyol Üsüg-ün Durasqaltu Bičig-üd*, p. 290.
[2] 第251、247节等，参见乌兰《〈元朝秘史〉校勘本》，第344、366、339、340页等。
[3] Dobu, *Uiɣurjin Mongyol Üsüg-ün Durasqaltu Bičig-üd*, p. 67.

"蛮子"作"囊家歹"（Nanggiyadai）①，是带有姓氏后缀的形式。Nanggi-yas/Nanggiyas，Nanggiyad 的词根 Nanggiya 为汉语"南家"的音译，-s、-d 为蒙古语复数词尾。这一名称主要指称原南宋境内的人，译成汉语则称为"南人"。

《至元译语》还有"汉儿"的一种称呼"扎忽歹"（Jaqudai）②，也是带有姓氏后缀的形式。《元朝秘史》作"札忽惕"③，《史集》作 Jāūqūt④，蒙哥汗癸丑年（1253）圣旨碑、忽必烈鸡儿年（1261）圣旨碑都作 Jauqud，对应的汉字是"汉儿"⑤。Jauqud ~ Jaqud 为"乣"的蒙古语复数形式，也用来指称淮河以北原金朝境内的汉人、契丹人、女真人等。

明代以后，蒙古人仍然主要以 Qitad（Kitad）来指称汉地、汉人或中国。《华夷译语》等译语类文献基本上以乞塔惕（Qitad/Kitad）对译"汉人"。⑥ 16 世纪下半叶以后的蒙古文历史文献中也多是使用 Kitad 一词，有时分别后加 kümün/ulus，γajar/oron，ulus 来表示"汉人""汉地""中国"等概念。有时也使用 Nanggiyas 或 Nanggiyad 之名，如《白史》《蒙古源流》有 Nanggiyad⑦，《俺答汗传》有 Nanggiyad ulus⑧，《水晶数珠》有 Nanggiyad aγči oron⑨，《黄金数珠》有 Nanggiyad oron⑩等名出现。

另外还见有一种 Kitad(-un)……ulus，Nanggiyad(-un)……ulus 的表述形式，指"汉人（汉地）的……朝"。如《清内秘书院蒙古文档案汇编》

---

① 参见贾敬颜、朱风合辑《蒙古译语女真译语汇编》，第 3 页。
② 同上。
③ 第 281 节，参见乌兰《〈元朝秘史〉校勘本》，第 400 页。
④ 《史集》，第 1 卷第 2 分册，第 174 页。
⑤ 原文为属格形式 Jauqud [-] un。见 D. Tumurtogoo, *Mongolian Monuments in Uighur-Mongolian-Script* (XIII-XVI Centuries), Institute of Linguistics, Academia Sinica, Taipei, 2006, pp. 10、12。
⑥ 参见栗林均『華夷訳語（甲種本）モンゴル語全単語・語尾索引』，第 37 页等。《登坛必究·译语》：汉人——乞塔[惕]；《武备志·译语》：叫南朝人——挖探；《卢龙塞略·译语》：汉人——东夷曰乞塔惕，北房曰起炭。参见贾敬颜、朱风合辑《蒙古译语女真译语汇编》，第 135、164、173 页。
⑦ *Arban Buyantu Nom-un Čaγan Teüke*, p. 73；*Qad-un Ündüsün-ü Erdeni-yin Tobči*, 35r。
⑧ 参见珠荣嘎译注《阿勒坦汗传》，第 204、225、308 页；
⑨ Rašipungsuγ, *Bolor Erike*, Kökeöndür qarγuγulun tulγaba, Öbör Mongγol-un Arad-un Keblel-ün Qoriy-a, 1985, p. 415.
⑩ *Altan Erike*, p. 5.

有 Kitad-un Ming ulus（＊汉地之明朝）①，《蒙古源流》有 Kitad-un Altan qaγan（＊汉地之金朝皇帝）、Kitad-un Daiming Wanli qaγan（＊汉地之大明万历皇帝）②，《水晶数珠》有 Kitad-un Qan ulus（＊汉地之汉朝）③，《黄金数珠》有 Nanggiyad Dai Ming ulus（＊汉地大明国）④ 等例子。

  Qitad（Kitad）和 Nanggiyas/Nanggiyad 是古代蒙古人对中国和汉人、汉地的传统称呼，此外还有译自汉语"中国"的称呼 Dotoradu ulus 和 Dumdadu ulus 等，但是仅见于明朝方面的敕书中，保留下来的是汉字音译的形式。如《华夷译语》（甲种本）来文中出现的"朵脱剌都 兀鲁思"（＊Dotoradu ulus），旁译作"中原 国"，总译作"中国"（直译即"内国"）。"朵脱剌因 兀鲁思"（＊Dotora-yin ulus），旁译作"中原的 国"，总译作"中国"（直译即"里面的国"）。"朵脱剌都 合扎的"（＊Dotoradu qajad-i），旁译作"中原 地每［行］"，总译作"中土""华夏"（直译即"内地"）。⑤《华夷译语》"鞑靼馆下续增"（丙种本）"中国"的对译语为"敦塔兀鲁思"（＊Dumda ulus 中部国）⑥。这种译名，蒙古人自己书写的文献中未见使用。

  清初崇德年间完成的《元史》蒙译本中首次出现了蒙古文书写的 Dumdadu ulus 之名⑦，直译即"中部的国"。该蒙译本转译自满译本，满译本该处作 Dulimbai gurun（直译为中央之国，是"中国"的固定译名）。自《元史》蒙译本之后，Dumdadu ulus 之名在蒙古历史文献中不断出现，使用率逐渐增加。⑧清代以来，传统的称呼 Kitad 和译自汉语的名称 Dumdadu ulus 均有使用，但 Kitad 之名更为多见。

---

① 参见齐木德道尔吉、吴元丰主编《清内秘书院蒙古文档案汇编》，2—47。
② *Qad-un Ündüsün-ü Erdeni-yin Tobči*，35r；83v。
③ *Bolor Erike*，p. 19。
④ *Altan Erike*，p. 144。
⑤ 栗林均：『華夷訳語（甲種本）モンゴル語全単語・語尾索引』，第71页《敕僧亦邻真臧卜》，第89页《敕礼部行移安答纳哈出》，第81页《敕礼部行移应昌卫》。
⑥ 参见贾敬颜、朱风合辑《蒙古译语女真译语汇编》，第66页。
⑦ *Daiyuwan Ulus-un Teüke*，Ündüsüten-ü Keblel-ün Qoriy-a，1987，p. 38。
⑧ Dumdadu ulus 一名还见于罗密《蒙古世系谱》（*Mongγol-un Borjigid Oboγ-un Teüke*，Lomi jokiyaba，Naγusayinküü，Ardajab tulγan qaričaγulju tailburilaba，Čoiji kinaba，Öbör Mongγol-un Arad-un Keblel-ün Qoriy-a，1989，pp. 56，100，102，144，etc.、《水晶数珠》（*Bolor Erike*，pp. 128，189）、《黄金数珠》（*Altan Erike*，p. 310）、《蒙古布里亚特史》（*Buruyad-un Teüken Surbulji Bičig*，p. 287）等。

现在，Kitad（ulus）一名为蒙古国的人们所沿用，Dumdadu ulus 一名为中国境内的蒙古人所沿用。

（原载《民族研究》2016 年第 2 期）

第六部分

关于整理蒙文史籍的意见

17世纪，蒙古地区陆续出现了一些蒙古人用蒙文写成的史籍，如《阿勒坦汗传》《黄金史纲》《黄金史》《黄史》《蒙古源流》《阿萨拉黑齐史》等。这些蒙文史籍对研究蒙古史，尤其是明代蒙古史有很大的价值。明代有关蒙古族历史的汉文史料极为丰富，但其内容大多是关于明朝与北方蒙古的关系，如军事冲突，以及封贡、互市等活动。对于蒙古内部的详情，如汗系王统、汗王更迭、内部战乱、各部落变迁等，则缺乏充分、确切的反映。而蒙文史籍的内容却更多地侧重在这些方面，正可以弥补汉文史料的不足。如果离开蒙文史籍，明代蒙古史很难整理出一个比较清晰的轮廓。所以，蒙文史籍对研究明代蒙古史有它不能忽视的史料价值。

但是，蒙文史籍必须经过科学的整理和研究，才能很好地利用。这里包括两个方面，一方面由于辗转传抄中发生脱误，以及抄写整理中妄加篡改，史书本身常常失去原来的面貌。这就需要进行认真的版本鉴定和精细的史文校勘。另一方面，由于封建意识和宗教迷信的影响很深，蒙文史籍中的记载并不全是可信的，有的地方充斥着蓄意的歪曲，有些地方文史不分，把传说故事和史实混为一谈。所以，对蒙文史籍的各种记载必须作科学的考证、研究，去粗取精，去伪存真，才能正确地加以利用。

蒙文史籍的整理研究是十分必要的，而这个工作却是艰巨的。在这方面，目前我们还落后于欧、美和日本。国外对许多17、18世纪的蒙文史籍作了刊行、翻译和研究，无论在数量、种类，还是在考证研究方面，都已走在我们的前头。彻底改变这种状况是我国蒙古史工作者不可推卸的责任。从根本上说，发掘、整理和研究蒙文史籍，是弘扬民族文化，继承各民族优秀的文化遗产，为社会主义精神文明建设服务的一项有益的工作。

蒙文史籍的整理，应当包括原文校勘、拉丁音写、译文、注释，以及索引、序（跋）等几项内容。

　　原文校勘中，通过鉴定选择出最优秀的版本作为底本，是非常重要的。其次是参校本的选择。特别是在现存抄本较多的情况下，应选择其中不同系统、各有特色的若干原始抄本作为参校本。还要注意利用其他蒙文史籍。就是说，应从三个方面进行校勘：一是用底本前后文进行本校；二是用其他版本进行对校；三是用其他蒙文史籍（特别是那些作为原书的参考书或以原书为参考书的蒙文史籍）进行他校，以达到改正讹倒衍脱的目的。根据古籍整理的要求，对经过校勘的原文还需添加现代标点符号并进行分段。为了保留古籍的原貌，在校勘当中应注意一条原则：不能用后来的正字法改动原文，即不能用规范书写形式代替原文的习惯写法。

　　对经过校勘的原文进行拉丁音写，是蒙文史籍整理工作中一项必要手段，不容忽视。畏吾体蒙古文由于它书写形式的特点，很容易被误读，拉丁音写能够帮助读者正确掌握原文的书面语读音。这种音写，是音形兼顾的。在进行拉丁音写时，应采用目前蒙古学界通用的书写形式。

　　汉文是我国各民族行用最广的文字，也是国际上公认的通行文字之一。将蒙文史籍译成汉文，有助于各族人民对蒙古族文化遗产的了解，有助于专业工作者的广泛利用。译文文体宜采用现代汉语，以求适合时代的要求，扩大影响范围。专有名词的音译，宜力求接近明人译写的习惯，以便于读者同明代汉文史料进行参照。因此，专名应尽量采用明代汉籍中常见的译名，如"也先""吉囊""满官嗔"等。但一些专名，虽有明译，但读音差距较大，用字怪僻，杂乱不一，且不常见。如 Bodi 明译作"卜赤""孛只"等，Dalad 明译作"打郎"等。遇到这类情况，则按明人常用译音字例译出，Bodi、Dalad 分别译作"不迪""达剌"。还有一些专名，汉译用字是自有清一代沿用至今的，这种情况，译名可从清译，如"鄂尔多斯""科尔沁"等。根据元、明译音惯例，闭音节的收尾辅音 g（γ; k, q), d (t) 一般都应从略，如"阿速"（Asud）不作"阿速惕"或"阿速特"。同样，长元音（第二音节以ḥ辅音开头的两音节）一般只用一个字表示，如"把秃儿"（baḥatur）不作"把阿秃儿"。另外，为了保持原文本来面貌，凡是为顺通语句而加上去的词句应放在方括号中。原文中的韵文，为了反映其特点起见，在译文中也宜依照原韵分行。

　　注释，是整个蒙文史籍整理工作中学术性很强的部分。注释包括两个方面，一是语文训诂，二是史实的考订。前者包括译音勘同、疑难词语的解读释义、词源探讨、正字法的比较等；后者包括年代、世系、事件、人物活动、地理、部落沿革等方面的考证和研究。

注释过程中，必须注意利用蒙文、汉文史料和国内外前人研究成果。

首先是 17 世纪先后问世的蒙文史籍，这些史籍当中，有些书是另外一些书的史源，有些书则包含许多与另外一些书不同的记载。利用这些蒙文史籍，有助于判断原书记载的正确与错误，有助于弄清史实。17 世纪蒙文史书中有关明代蒙古史的资料是目前能见到的最早的蒙文记载，这同 18 世纪以后出现的一些重新编纂的蒙文史学著作，如《恒河之流》《金轮千辐》《水晶数珠》等，是有区别的。当然，后者之中也包含一些明末的原始资料，注释中也应注意加以利用。

其次是大量的汉籍。汉籍不论在数量上还是在质量上，都有无与伦比的价值。如《明实录》包含同代人写下的大量的第一手资料。《皇明九边考》《皇明北虏考》《北虏始末志》《夷俗记》《万历武功录》等大量的明人著作，资料丰富，内容广泛，有的还是封疆大吏的直接记载。不利用这些汉籍，明代蒙古的历史是根本说不清楚的。

国内外前人留下了大量的研究成果，应当批判地继承。只有不断学习、研究国内外研究成果，正确地加以吸收和利用，才能站得高、看得远，才可能在前人成果的基础上使研究达到一个新的水平。

（原载《古籍整理出版情况简报》第 123 期，1984 年）

近年の中国に於ける蒙古史
研究の概要

　近年、中国に於ける蒙古史の研究は盛んになっている。七十年代の後半から蒙古史の研究は次第に正常になり、かつてないほどの大きな発展をとげつつあり、殆どの既存の研究機関が充実すると同時に、新しい研究機関もいくつか創設された。現在、蒙古史研究の機関および関係研究機関の数は全国ですでに十箇所以上になっている。蒙古史を専攻する大学院の碩士（修士）課程が再開され、博士課程も新設された。この碩士、博士両課程の修了者たちは蒙古史の研究に新しい生気をもたらしている。いま、各地の蒙古史研究者の人数はすでに百人を超え、その中で蒙古族の研究者が増えてきている。
　一九七九年から、『中国蒙古史学会』、『中国元史研究会』、『中国民族史学会』などが相次いで設立されたことは、中国に於ける蒙古史の研究があらたな発展の段階に達したことを示している。いっぽう、既存の関係学術雑誌が復刊され、また、多くの新しい学術雑誌も次々に創刊された。さまざまな雑誌に掲載された研究論文は、最近の数年間をみると毎年百篇を超えている。そのほかに専門著作も相当数出版された。研究領域もますます広がり、蒙古の政治、経済、軍事、文化、宗教、社会制度、歴史地理、歴史人物、民族関係など多方面にわたり、その水準も次第に向上した。こうしたなかで、元史の研究が著しい成果あげたばかりでなく、従来あまり進まなかった明代蒙古史、清代および近現代蒙古史の研究も勢いよく発展してきている。
　蒙古文献の整理と研究も盛んにおこなわれている。これは、少数民族の地方史誌に対する政府の重要視政策と計画にもとづいているのだが、蒙古族と関係のある地方史誌の研究と編纂が順調に進められ、多くの資料が収集されて整理され、またすでに出版されたものもある。

さらに、蒙古地域の考古学は急速に進展し、重大な発見がかなりあって、それらは蒙古史および蒙古地域の先住民族の研究に新しい貢献をしている。

これらの国内の研究状況にくわえて、外国の蒙古史学界との学術交流が日に日に増大していることも研究の発展を推進しているのである。

次に、一、研究機関・二、学会・三、研究の特徴・四、研究会議の動向と、四つにわけて、近年の中国に於ける蒙古史研究の状況を簡単に紹介したい。

一　研究機関

現在、中国に於ける蒙古史の専門研究機関と関連研究機関は、合計で十箇所以上ある。これらは全国各地におかれているが、内蒙古自治区、北京、南京などに主なものがある。これらの機関に所属し、また、その他の所に分散している蒙古史研究者とをあわせると百人以上になるだろう。

（一）　主な研究機関
1　内蒙古大学の蒙古史研究所

この研究所は一九六二年に創設された。その主な研究対象は、匈奴から清朝の終わりまでの、広義の古代蒙古史である。現在、十七人のスタッフがおり、その他に十二人の大学院生（修士課程）がいる。現所長は亦隣眞氏、副所長は周清澍氏と包文漢氏の二人。

この研究所は毎年四回『蒙古史研究参考資料』（内部資料）という雑誌を発行し、全国の蒙古史研究者たちに、外国のすぐれた蒙古史研究論文を翻訳紹介している。一九六二年以来すでに六十四冊が発行された。

そのほかの研究所の出版物のなかには、『内蒙古革命史』、『内蒙古文物古迹簡述』、『中国古代北方各族簡史』（内蒙古社会科学院の歴史研究所と共編）、『沙俄侵略我国蒙古地区簡史』、『蒙古史論文集』

(Mongγol Teüke-yin Tuqai Ügülel-üd. 以下、モンゴル語で書かれた著作はモンゴル題を併記する)や『蒙古史論文集』(いままでに五冊)などがある。現在、研究所の全スタッフは一九八八年の出版をめざして、『蒙古史辞典』を編纂中である。

　このほか、内蒙古大学にある「内蒙古革命史研究所」では、一八四〇年以来の内蒙古の歴史が研究されている。

　2　内蒙古社会科学院の歴史研究所

　この研究所は一九五八年に内蒙古歴史研究所として創設された。一九六四年には他のいくつかの研究所と合併して内蒙古哲学社会科学研究所になり、一九七二年に内蒙古蒙古語言文学歴史研究所と改名されたが、一九七九年に成立した内蒙古社会科学院に、現在の名称で属することになった。現在四十三人のスタッフがいる。内部は六つの研究室に分かれている。それらは古代史研究室、近現代史研究室、蒙文文献研究室、内蒙古地方史研究室、古代北方民族関係史研究室および考古研究室である。現所長は留金鎖氏。

　研究所の雑誌には『蒙古史文稿』(四冊既刊)、『蒙古史研究通訊』(内部資料、五冊既刊)があり、出版物には『蒙古族簡史』、『中国古代北方各族簡史』(上述)などがある。

　研究者の何人かは、現在『蒙古族通史』を執筆中で、また数人が西ドイツのボン大学中央アジア言語文化研究所主編『蒙古歴史文化辞典』のいくつかの項目を書いている。

　3　中国社会科学院の民族研究所

　一九六二年に創設されたこの研究所は、歴史研究室、言語研究室、民族学研究室、民族理論問題研究室など、いくつかの研究室にわかれているが、歴史研究室のなかの北方グループが主に蒙古史の研究を担当し、第一西北グループが西モンゴル即ち衛拉特史の研究を担当している。このふたつのグループに属する研究者は十数名になる。また研究所の三人のリーダーのうち、副所長の二人は蒙古史研究者で、杜栄坤氏は衛拉特史を専攻し、郝時遠氏は元代蒙古史を研究している。

　研究所は『民族研究』、『民族訳叢』、『民族語文』などの雑誌を発行しているほかに、西北グループは雑誌『厄魯特蒙古歴史訳叢』(内部資料)を出している。研究所の出版物のなかには『准噶爾史論文選集』

と『准噶爾史略』などがある。
　　4　南京大学歴史学部の元史研究室
　この元史研究室は中国に於ける元史研究の中心といえる。現主任の陳得芝氏と副主任の邱樹森氏のもとに五、六名のスタッフがいる。
　この研究室は現在までに『元史及北方民族史研究集刊』という雑誌を八冊発行し、『元史論集』を出版しており、『「永楽大典」元代史料索引』を編集中である。

(二) その他の研究機関

　以上四つの研究機関の外に、蒙古史研究と関係のある研究機関は、中国社会科学院の歴史研究所、おなじく近代史研究所、中央民族学院の歴史学部、中国人民大学清史研究所、内蒙古師範大学歴史学部、新疆社会科学院民族研究所、新疆大学歴史学部、南開大学歴史学部、西北大学西北歴史研究室そして蘭州大学歴史学部などがあげられる。

二　学会

　蒙古史の研究に直接関係する学会は三つある。これらの学会は設立以来、積極的に学術活動を行い、蒙古史研究の計画を統一的に進める努力をして、研究機関どうし、研究者間の連絡と学術交流を推進して、蒙古史研究に重要な役割を果たしてきた。

(一) 中国蒙古史学会

　この学会は一九七九年の八月に内蒙古自治区の首府、呼和浩特市 (Kökeqota) で設立された。当時の理事長は翁獨健教授だったが、現理事長は蔡美彪氏（中国社会科学院近代史研究所）であり、副理事長は亦隣眞氏（内蒙古大学蒙古史研究所）、陳育寧氏（内蒙古社会科学院）と高文徳氏（中国社会科学院民族研究所）の三人である。また秘書長は陳育寧氏が兼ね、副秘書長は郝維民氏（内蒙古大学内蒙古革命史研究所）と蔡志純氏（中国社会科学院民族研究所）の二人である。会員は百二十人をこえている。
　学会の本部は内蒙古社会科学院の歴史研究所に置かれている。現在までに学術討論会を五回ひらき、第二回までの学術論文集を刊行している。学会は雑誌『蒙古史研究』を一九八五年十月に創刊し、第二冊は一九八七年に出版される予定である。

(二) 中国元史研究会

一九八〇年十月に南京大学で設立されたこの会の当時の会長は韓儒林教授だった。現会長は蔡美彪氏、副会長は陳高華氏（中国社会科学院歴史研究所）、陳得芝氏（南京大学元史研究室）と亦隣眞氏の三人で、秘書長は邱樹森氏（南京大学元史研究室）である。

学会本部は南京大学の元史研究室に置かれている。学会の雑誌は『元史論叢』と『中国元史研究通訊』の二種類。学術討論会は現在までの三回開催している。

(三) 中国民族史学会

この学会は一九八三年四月に成都で設立され、翁獨健教授が会長であった。学会の本部は中国社会科学院の民族研究所に置かれている。学会の雑誌は『中国民族史研究通訊』。一九八五年十月に厦門市で第一回学術討論会が開かれた。

三 研究の特徴

すでに述べたように、一九七〇年代の後半から中国における蒙古史研究は、各分野でかなり発展してきているが、特に元史の研究、『元朝秘史』の研究、蒙文文献の研究、明代蒙古史の研究、衛拉特史の研究などの方面で著しい成果をあげた。

(一) 元史の研究

中国に於ける元史の研究は、既存の確実な基礎の上にたち、さらに高いレベルに達し、数多の論文が発表されたばかりでなく、国の水準を代表する専門著作も次々と出版された。

1 『元史』校勘標点本

この書物は翁獨健教授が責任者となって、全国多くの蒙古史研究者が協力して完成した重要な成果で、元史研究にとって最もすぐれた版本を提供した。一九七六年に中華書局から出版され、一九八三年には数十箇所の訂正をしたうえで再版された。

　2　『中国通史』第七冊（元代の部分）

　蔡美彪、周良霄、周清澍の三氏の著作。内容は、蒙古部族の起源とその発展、国家の建設からはじまって、一三六八年に元恵宗妥懽帖睦爾が大都から蒙古草原に退避したところまでに及んでいる。約二十三万字の大冊で、一九八三年に出版された。

　3　『穹廬集』

　韓儒林教授の論文集で、収録された三十四篇の論文の大部分が蒙元史関係であり、研究者の必読の書として利用されている。一九八二年の出版。

　4　『元史論集』

　南京大学の元史研究室の編集した書物。一九四九年から一九八〇年までに発表された元史研究関係の選集。「一九四九——一九八〇年的中国元史研究」と「一九四九——一九八〇年部分元史論文目録」を末尾に付し、研究者の便に供している。一九八四年の出版。

　5　『中国大百科全書・中国歴史』「元史」（分冊）

　韓儒林教授が主編となり、南京大学元史研究室、中国社会科学院に属するいくつかの研究所、そして内蒙古大学蒙古史研究所などが編纂に参加、本分冊は一八三項目より成り、約三十万字の大冊。一九八五年の出版。

　6　『中国歴史大辞典』「遼金元」（分冊）

　蔡美彪氏が主編となり、全国の多くの蒙元史研究者が執筆。近刊予定。

　7　『元史綱要』

　韓儒林教授と陳得芝氏が主編者として編纂された書物。人民出版社から近刊の予定。

　以上のほか、陸峻嶺氏の編集した『元人文集篇目分類索引』（一九七九年）、姚景安氏の『元史人名索引』（一九八二年）と周清澍氏の『元人文集版本目録』（一九八三年）など目録・索引類が出版され、また外国に於ける蒙元史研究の重要な著作も次々に漢訳出版されている。

例をあげると、翁獨健教授が校訂し、何高済氏が翻訳した『世界征服者史』('Alā'al-Dīn 'Aṭā-Malik Juwainī: Ta'rīkh-i Jahān-gushāi)（一九八〇年）、余大鈞氏と周建奇氏が翻訳した『史集』（Rashīd al-Dīn: Jāmi-'al-Tavārikh）（第一巻の第一・第二分冊と第二巻、一九八三年、一九八五年）、呂浦氏が翻訳し、周良霄氏が註釈をつけた『出使蒙古記』（Ch. Dawson ed.: The Mongol Mission）（一九八三年）などがある。

（二）『元朝秘史』の研究

近年、『元朝秘史』は、内蒙古自治区で非常に注目される研究対象になっている。その研究分野は広く、個別の研究論文のほかに、この古文献そのものについての研究すなわちテキストの校勘、ウイグル体蒙古文字の復元、漢訳、註釈、現代モンゴル語への転写など盛んに行われている。この種の出版物としては、七、八点を数える。

1　『新訳簡註「蒙古秘史」』

訳註者は道潤梯步氏（Doronatib）で、一九七九年の出版。

2　『「蒙古秘史」校勘本』

校勘者は烏雲達賚氏（Uyundalai）氏、額爾登泰氏（Eldengtei）のふたり。一九八〇年に出版された。

3　『「蒙古秘史」詞彙選釈』

この書は烏雲達賚氏、額爾登泰氏、それに阿薩拉圖氏（Asaraltu）の三人の共同研究成果で、一九八〇年に出版されて高い評価を受けた。

4　Mongγol-un Niḥuča Tobčiyan

『元朝秘史』のモンゴル語による復元転写本で、著者は巴雅爾氏（Bayar）。一九八一年の出版。

5　Mongγol-un Niḥuča Tobčiyan

『元朝秘史』のウイグル体蒙古文字での復元と現代モンゴル語の註釈で、著者は亦隣眞氏（Y. Irinčin）。これは『内蒙古大学学報』（蒙古文版）の一九八四年の第三冊から連載。イントロダクションには、『元朝秘史』について、その書かれた年代、版本、テキストの元来の文字の種類、現在にいたる各国に於ける研究状況、ウイグル体蒙古文字と音訳漢字に関する言語学・音韻学的問題など多方面にわたる論述があり、その中には多くの新見解も示されている。復元と註釈についても内外の研究者の注目するところとなっている。

　6　Mongγol-un Niḥuča Tobčiyan-u Qarγuḥulun Kinaγsan Debter

『元朝秘史』の現代モンゴル語による翻訳転写本。著者は都嘎爾扎布氏（Duγarjab）。底本とされているテキストは烏雲達来氏と額爾登泰氏の『「蒙古秘史」校勘本』で、一九八五年の出版である。

　7　Mongγol-un Niḥuča Tobčiyan

『元朝秘史』の現代モンゴル語翻訳本。著者は満昌氏（Mansang）で、一九八五年出版。

　これらのほかに、阿爾達扎布氏（Ardajab）の『元朝秘史』のモンゴル語復元本もまもなく出版されるという。

（三）蒙文文献の研究

　この数年間、内蒙古自治区では『元朝秘史』が熱心に研究されていると同時に、その他の蒙文文献の整理・研究もさかんになっており、現在までに様々な校勘本、漢訳本など十数種類が出版されている。中国における蒙文文献の研究は、いま開拓の段階にあると言うことができるだろうし、今後この分野の研究はますます発展して深まり、レベルも向上するであろうと私は信じている。

　モンゴル文字の校勘本と註釈本を九点紹介する。

　1　Qad-un Ündüsün Quriyangγui Altan Tobči（黄金史綱）。校勘・註釈は留金鎖氏がおこない。一九八〇に出版された。

　2　Arban Buyan-tu Nom-un Čaγan Teüke（白史）。おなじく留金鎖氏校勘・註釈。底本は内蒙古の蔵本。一九八一年出版。

　3　Γangγa-yin Urusqal（恒河の流）。註釈者は喬吉氏（Čoyiji）で、一九八一年刊。

　4　Asaraγči Nere-tü-yin Teüke（アサラクチの史書）。巴根氏（Baγan-a）註釈。一九八二年刊。

　5　Altan Tobči（ロブサン・ダンジンの黄金史）。喬吉氏註釈、一九八三年出版。

　6　Erten-ü Mongγol-un Qad-un Ündüsün-ü Yeke Šira Tuḥuji（黄史）。校勘・註釈は烏力吉圖氏（Öljeitü）。一九八三年出版。

　7　Bolor Toli（水晶の鑑）。留金鎖氏の校勘・註釈、一九八四年出版。まえがきによれば、原本に最も近い年代の写本を底本としているとのことである。

　　8　Erdeni Tunumal Nere-tü Sudur（アルタン・カン伝記）。珠栄嘎氏（Jurungγ-a）註釈、一九八四年出版。内蒙古社会科学院所蔵の唯一の写本をテキストとし、これを活字と写真版で発表したもの。蒙文文献の写真版出版は中国に於いてはこれが初めてである。

　　9　Bolor Erike（水晶の数珠）。胡和温都爾氏（Köke-öndür）註釈、一九八五年出版。

　以上のほか、近い内に出版される予定のものがある。

　ひとつは、Altan Kürdün Mingγan Kegesü-tü Keḥekü Bičig（金輪千輻書）で、内蒙古社会科学院所蔵の写本を底本として喬吉氏が出版することになっている。

　いまひとつは、Mongγol Borjigin Oboγ-un Teüke（蒙古ボルジギン氏族の系譜）で、阿爾達扎布氏の註釈による。

　漢訳および註釈本としては次のふたつをあげることができる。

　『新訳校註「蒙古源流」』。道潤梯歩氏により一九八一年出版。

　『漢訳「蒙古黄金史綱」』。著者は朱風氏と賈敬顔氏の二人で、一九八五年の出版。

　書物として出版された蒙文文献のほかに、雑誌に掲載された蒙文文献の漢訳もある。五つほど例をあげておこう。

　　1　『内済陀音（Neyiji Toyin）一世伝』。烏力吉圖氏の翻訳。『満族研究参考資料』第三冊（一九八五年）掲載。

　　2　『内済陀音二世伝』。烏力吉圖氏翻訳。『蒙古史研究』第一冊（一九八五年）掲載。

　　3　『咱雅斑迪達（Zaya Bandida）伝』。成崇徳氏翻訳。『厄魯特歴史研究訳叢』第四冊（一九八五年）掲載。

　　4　『卡爾梅克（Qalmuγ）諸汗簡史』。

　　5　『和鄂爾勒克（Qo örlög）歴史』。この第4と第5は、諾爾博氏（Norbu）の翻訳で、『厄魯特歴史研究訳叢』の第四冊に掲載された。

（四）明代蒙古史の研究

　中国において、明代蒙古史の研究は今世紀の一〇年代ころから始まったけれども、それほど盛んなものではなかった。しかし、七十年代の後半から、とくに一九七九年に中国蒙古史学会が設立された時から、新しい発展の段階に入った。数名しかいなかったこの分野の研究者は、この六、七年の間に十数名に増え、発表論文も百篇以上となって、一九一一年から一九七九年までに書かれた論文の総数をこえた。これらの論文は、明朝時代の蒙古の政治、経済、部族の変遷、法律、宗教および他民族との関係など、多方面にわたるものであるが、とくに蒙古の人物、蒙古地域の経済、蒙古と明朝との関係、瓦剌の内部構成と各部族の起源・系譜についての研究が多かった。また蒙古に関する明代の漢籍や明末清初の蒙文文献の収集・整理も始められた。

　外国の重要な専門著作や論文の翻訳もすすみ、すでに出版されたものとしては、和田清氏の『東亜史研究・蒙古篇』（漢訳本のタイトルは『明代蒙古史論集』）、アメリカのセロイス氏（Henry Serruys）の『達延汗後裔世系表』（Genealogical Tables of the Descendants of Dayan-qan）とモスタエル氏（Antoine Mostaert）の『蒙古源流』（Erdeni-yin Tobči）のイントロダクションがある。

（五）衛拉特史の研究

　衛拉特史の研究は蒙古史の研究の中で重要な分野のひとつである。この研究は、近年さらに重視され、発展を続けている。七十年代後半から発表された論文は百篇ほどになり、今世紀はじめから一九七六年までに発表された三十四篇と較べると、三倍にもなっている。

　一九八二年に、中国社会科学院の民族研究所と新疆社会科学院の民族研究所が中心となって組織された「新疆蒙古族社会歴史考察隊」が、新疆の蒙古族の居住地区において広範囲の社会調査をおこない、多様な資料を大量に収集した。衛拉特史の歴史に関するトド文字とチベット文字で書かれた文献資料も、わずかながらあった。

　この分野の研究論文の数は右に述べたが、同時に、この二、三年の間に専門単行本がつぎつぎに出版されている。

　1　『準噶爾史論文集』二冊。中国社会科学院民族研究所と新疆社会科学院民族研究所の編集になる。約百二十万字。一九八三年出版。

　2　『「明実録」瓦剌資料摘鈔』。約二十五万字。一九八四年刊。

3　『厄魯特蒙古史論集』。馬汝珩氏と馬大正氏の著作。一九八四年刊。
　　4　『準噶爾的歴史与文物』。王宏鈞氏と劉仲如氏の共著。一九八四年刊。
　　5　Oyirad Teüken Sorbulji Bičig（衛拉特歴史文献）。金峰氏（Altanorgil）、巴岱（Badai）、額爾徳尼氏（Erdeni）三名の編集。一九八五年刊。
　　6　『準噶爾史略』。中国社会科学院民族研究所と新疆社会科学院民族研究所の共編で、約二十五万字。一九八六年刊。モンゴル語訳本が新疆人民出版社から出る予定という。
　　さらに、約四十万字の『「清実録」準噶爾史料摘鈔』が出版予定となっている。

（五）考古学

　　一九七〇年代の後半から、内蒙古地域と、蒙古族に関連する地域にわたる考古学はかなり進展し、多くの発見が蒙古史研究に実物資料を提供した。とくに興味をひく発見はつぎのようなものであろう。
　　1　鮮卑の石窟——「嘎仙洞」
　　この洞窟は鮮卑部族の拓跋部発祥の地といわれており、内蒙古自治区の鄂倫春（Orčun）自治旗の中心地である阿里河という町から西北へ十キロほど離れた山にある。洞窟の中に、北魏の太武帝拓跋燾が太平眞君四年（西暦四四三年）に使者を遣わして、先祖を祭るために石に刻んだ祝儀文がある。この石刻文は鮮卑部族の初期と中国の北方民族の歴史地理研究にとって、大変貴重な文物といえよう。
　　2　契丹部族の女性ミイラ
　　内蒙古自治区の烏蘭察布（Ulaɣančab Ayimaɣ）の集寧市の近くで発掘されたもので、契丹部族の四十歳くらいの女性といわれている。内蒙古でははじめてのミイラであろう。ミイラ全身は銅線の網で包まれ、顔には金メッキの銅の仮面が被せられるという特徴をもっている。
　　3　岩壁画
　　蒙古族の居住する広い地域で多くの岩壁画が発見された。今までのところ、内蒙古自治区には陰山の岩壁画、卓子山の岩壁画、烏蘭察布の草原岩壁画と称するものがあり、また新疆ウイグル自治区には阿爾泰（Altai）の岩壁画がある。その数は非常に多く、内容も豊富であるが、草原の動物と人間の姿、車、狩獵図、踊りの図などが特徴的なテーマになっている。

　　4　南華寺の八思巴文字の聖旨

　広東省の韶関市にある南華寺で発見された。考証によると、この二種類の聖旨は元の仁宗の時代（延祐四年、西暦一三一七年ころ）に下されたもので、寺と僧侶たちの特権を守ることにかかわる内容をもっている。

　　5　敦煌莫高窟の元代ウイグル体蒙古文字の資料

　最近、敦煌莫高窟で、元代のウイグル体蒙古文字で書かれたものが二十数箇所発見された。内容の殆は、当時参詣に来た人たちの題記や、壁画の傍題・説明などである。

四　研究会議の動向

　最後に、今年（一九八六年）の秋から来年の秋までの間に、中国で開かれる蒙古史関係の重要な会議の動向を紹介しておきたい。

　　1　「第二回蒙古学信息交流会」　一九八六年秋、内蒙古大学。
　　2　「衛拉特史学術討論会」　一九八六年八月、新疆博爾塔拉（Boru-tala）蒙古族自治州。
　　3　「元史国際討論会」　一九八六年九月、南京大学。
　　4　「中国蒙古史学会会員大会及学術討論会」　一九八七年後半期、呼和浩特市。
　　5　「国際蒙古学大会」　一九八七年秋、内蒙古大学。

　このうち、3と5は中国における蒙古学関係の国際学会として画期的なものである。

　以上、中国に於ける蒙古史研究について、この数年間の動向を中心として簡単に紹介したが、私自身の知っている情報は必ずしも完全ではないと思う。しかし、もしこの紹介によって、近年の中国に於ける蒙古史研究の動向と現状を少しでも分かっていただければ、非常に幸いに思う。

蒙古の歴史は独自の特徴をもっており、これに対する研究は世界的な学問として広がっている。数多くの国で蒙古史の研究が行われ、この世界的な研究にそれぞれ貢献しているのだが、その中にあって中国では現在、政府が重要視していることもあって、蒙古史研究者は精一杯の努力を重ねている。こうしたことから、長い歴史を持ち、今また新しい発展の段階にある中国の蒙古史研究は今後ますます大きく発展することと、私は信じている。

　　さらに、近年、日本など外国の蒙古史学会との学術交流は、中国に於ける蒙古史研究のレベルを高め、世界の蒙古史研究の発展を促すのに欠くことのできない一つの手段となっている。将来にわたり、外国の蒙古史学界との学術交流の道をいっそう広げ、より多くの方面で交流が行われるようになれば、相互に大きな発展がみられるにちがいない。

　　今回、一九八六年「野尻湖クリルタィ」での口頭発表につづき、拙稿掲載の機会を得ることについては、神田信夫先生、松村潤先生、細谷良夫先生、梅村坦先生に大変お世話になった。心から感謝の意を表したいと思う。

（本稿は日本語で投稿されたことを付記する）

（原載《东洋学报》第 68 卷第 3·4 号，1987 年）

近年来国内外蒙古史研究概况

蒙古史是蒙古学的重要组成部分，在中国史和世界史上占有重要地位。蒙古史研究在以往的历程中走过了不同的发展阶段，取得了很大的成就。近些年来，蒙古史研究又有了新的进展。这里主要介绍1995年以来国内外蒙古史研究方面的大致情况。

一 国内蒙古史研究近况

蒙古史研究在我国有着较长的历史，从清初以来就不断有学者研究蒙古历史，各种研究成果陆续问世，水平逐步提高，研究已形成独自的系统。中华人民共和国成立以后，在党和政府的领导下，我国的蒙古史工作者运用马克思主义唯物史观的方法，继承丰富的历史遗产，吸收国外前人的研究成果，不断开拓研究领域，使蒙古史研究迈入了一个新的发展阶段。特别是"文化大革命"之后，我国的蒙古史研究得到了前所未有的长足发展。原有的科研机构得到了恢复和加强，还建立了一些新的研究机构。研究人员队伍实力增强，老一辈学者抓紧时间著书立说，培养学生；中青年学者边研究边学习，不断充实自己；还补充了不少新生力量，其中硕士、博士毕业生的人数逐年增加，蒙古族等少数民族研究人员的比重也有所增加。1979年至1983年间，相继成立了"中国蒙古史学会""元史研究会""中国民族史学会"等专业学术团体，这些学会的活动扩大了蒙古史研究的影响，有力地推动了蒙古史研究的开展。从20世纪70年代末到90年代中期，大量的、不乏高水平的研究成果层出不穷，令人振奋。

1995年以来的国内蒙古史学界的状况，似乎可以归纳为以下几个基本特点。各相关的主要研究机构仍继续发挥生力军的作用，在深化科学研究，开展学术交流活动，培养后继人才，组织、完成重要科研课题等方面作出了很大努力，成效颇佳。社会学术团体继续认真履行各自的职责，利用有限条件组织学术会议、出版学术刊物。科研人员逐步年轻化，学历层次也逐渐提高，分布的范围也有一定扩大。中青年学者已经成为科研队伍中举足轻重的力量，大部分人拥有硕士以上学历，拥有博士学历的人不断增加；除传统的主要相关科研教学单位外，一些从前不大为人所知的科研教学单位也出现了蒙古史的研究者。不少已离退休的老一辈研究者仍继续着自己的研究，笔耕不辍。一些仍留在工作岗位的老一辈研究者继续辛勤奉献，为蒙古史研究事业培养后继人才，同时也不放松自己的研究。科研成果方面，保持了一定的数量，其中不乏学术水平上乘者。各种论著涉及面相当广泛，研究范围有所扩大；随着草原生态环境恶化而引发的各种环境和社会、政治问题的日益显现，关注游牧文明史、从游牧生产生活方式与大自然和人类社会关系的角度审视蒙古人历史的研究成果有所增加；与蒙古史有关的一些边缘学科也受到了一定重视。研究手段上也有一些变化，不少研究者在研究中直接利用了少数民族文字档案资料、历史文献或外文档案资料；有的研究者根据研究需要，结合运用了人类学、社会学、自然科学等学科的研究方法。

总的来说，20世纪90年代中期至今的国内蒙古史研究状况还是令人满意的。但不可否认的是这一时期的研究也存在一些问题，学术水平方面反映出的问题尤其不容忽视。有些成果可以说学术性不强，缺少创意，只是稍加修饰地重复前人已经论述过的东西；有些则出现了不应有的硬伤性错误。造成这种情况的原因恐怕与研究者的治学态度和基本功有直接关系。也令人引发深层次的一些思考。

下面就1995年以来国内的蒙古史科研成果作一简单回顾和介绍。由于时间关系和获取资料的条件有限，台湾方面的相关情况暂未收入。

（一）古代部分

1. 部落、姓氏研究

蒙古部落、姓氏的研究，一直是古代蒙古史研究中的一个热点。在这一时期，有关这方面的问题仍旧受到了研究者们较多的关注。除了几本专著外，还发表了约80多篇论文。胡日查、长命的《科尔沁蒙古史略》（蒙古文，民族出版社2001年版）一书，全面考察了科尔沁部的历史，从其历史渊源写到近代，内容主要包括不同历史阶段该部落的具体状况、各主要分支形成、沿革情况以及近代科尔沁蒙古地区行政统辖范围、生产生活方式、经济成分等方面的变化。该书资料掌握得比较充分，不仅利用了汉文、蒙古文等文种的相关史料，而且及时利用了一些近年来对外开放的档案资料。部落史研究的专著还有加·奥其尔巴特、吐娜的《新疆察哈尔蒙古历史与文化》（新疆人民出版社 2001 年版）、集体编写的《卫拉特蒙古简史》（胡都木蒙古文，新疆人民出版社 2000 年版）、集体编写的《乌兰察布史略》（乌兰察布盟政协文史资料研究会，1997 年）等。姓氏方面，有乌瑞阳海·赵·阿拉坦格日勒的《蒙古姓氏录》（内蒙古科技出版社 1996 年版）、德山的《蒙郭勒津海勒图惕氏述略》（呼和浩特，1997 年）、鲍玺的《蒙古姓氏》（内蒙古文化出版社 1999 年版）等。《蒙古姓氏录》列述了 238 个古今蒙古姓氏，考证了其起源和沿革。但论述简单，有些结论缺乏说服力。德山的书探讨了今辽宁省阜新市（清代内蒙古卓索图盟东土默特旗）海勒图惕氏的起源、沿革，并介绍了该氏古今的一些著名人物。然而作者对该氏起源的考证似有偏差。海勒图惕氏（Qayilatud）与历史文献中所载明代蒙古鄂尔多斯万户中的哈流嗔氏（Qalighuchin），不仅读音上不能比对，而且也缺乏史实旁证。《蒙古姓氏》收入了 434 个蒙古姓氏，考证对象也主要是各姓氏的起源和沿革。尽管内容较《蒙古姓氏录》丰富不少，但还是存在一些类似的问题。蒙古姓氏的研究，在追根溯源、氏名读音勘同上应慎之又慎，避免简单连附、盲目比对。

有关蒙古部落、姓氏的论文中，宝音德力根的《关于 15—16 世纪阿儿秃斯万户历史的几个问题》（《内蒙古大学学报》1998 年第 1 期）、《往流和往流四万户》（蒙古文，《蒙古史研究》第 5 辑，1997 年）；胡日查的《有关朵颜卫者勒篾家族史实》（《内蒙古社会科学》2000 年第 1 期）、《论与阿巴嘎部历史有关的若干问题》（蒙古文，《内蒙古社会科学》2001 年第 1 期）；赵琦的《明末清初的哈喇慎与蒙古八旗》（《蒙古史研究》第 5 辑，1997 年）等值得推介。还有几篇讨论汉地蒙古姓氏的文章，在众多考述蒙古本土蒙古姓氏的文章中显得别有特色。其中包括波·少布的《鄞城蒙古苏氏考》（《黑龙江民族丛刊》1996 年第 1 期）、冒舒湮的《如皋冒氏得姓本末辨——兼论定居中原之蒙古族的来源》（《寻根》1997 年第 1 期）、邓和平的《湘鄂边一支蒙古人的来源与迁徙》（《内蒙古大学学报》1999年第5期)、孙定朝的《贵州余氏族人是成吉思汗的后裔》(《文物天地》2001年第4期)等。

2. 历史人物研究

围绕历史人物诸方面的问题,这一时期仍然很大程度地吸引着研究者们的注意力。研究侧重点主要集中在对历史人物身世、史实等问题的考证和历史作用的评价上。与以往国内的蒙古史历史人物的研究相比,这一时期的研究无论在考证还是在评价方面,都普遍显得更加注重实事求是的原则;研究对象的范围也有一定扩大,对不同情况的人物都有所涉及。

出版了几部历史人物研究的专著,如:朱清泽的《成吉思汗评估:一代天骄》(广西教育出版社1996年版)、杨讷的《世界征服者:成吉思汗及其子孙》(华夏出版社1996年版)、包·塞吉拉夫的《哈撒儿史记》(蒙古文,内蒙古人民出版社1999年版)、余大钧的《一代天骄成吉思汗——传记与研究》(内蒙古人民出版社2002年版)、包桂芹的《清代蒙古官吏传》(民族出版社1995年版)等。余大钧的著作分上、下编,上编为"成吉思汗传记",由成吉思汗兴起以前的突厥—蒙古地区、铁木真的诞生和他的少年时代、统一蒙古高原、建立蒙古国、征服西北地区、南下攻金、西征、西夏之亡与成吉思汗之死、成吉思汗的亲属与姻亲等9章构成;下编为"成吉思汗研究",由成吉思汗的性格与思想,卓越的大政治家,辉煌的大军事家,成吉思汗是蒙古国的立法者,成吉思汗与宗教、教育、文化、科技,成吉思汗的历史功过、历史影响与历史地位等6章构成。该书代表了成吉思汗研究的最新高度。

研究古代蒙古历史人物的论文大约有60多篇,其中与蒙元时期历史人物有关的近20篇,关于明代蒙古史人物的约20篇,关于清代蒙古史人物的20多篇。涉及君王、皇族成员、将臣、部落首领、政界要人、高僧、文化名人等。如:杨德华的《元代叛王哈丹下落考》(《云南师大学报》1995年第6期)、李治安的《成吉思汗生年问题补正》(《历史研究》1996年第1期)、王启龙的《忽必烈与八思巴、噶玛拔希关系新探》(《清华大学学报》1997年第2期)、齐木德道尔吉的《林丹汗之后的外喀尔喀玛哈撒玛谛车臣汗》(《内蒙古大学学报》1998年第2期)、罗布的《蒙、藏文献中顾实汗入藏记载的考辨》(《清史研究》1998年第2期)、喜蕾的《北元昭宗爱猷识理达腊生年考辨》(《内蒙古大学学报》2000年第4期)、桂栖鹏的《元代蒙古状元拜住事迹考略》(《蒙古史研究》第 5 辑,1997 年)、乌云毕力格的《17 世纪 20—30 年代喀喇沁部的台吉和塔布囊》(《蒙古史研究》第 6 辑,2000 年)、丹林的《多达那波对蒙藏文化的交流和发展的贡献》(《青海社会科学》1997 年第 2 期)、李俊义的《元代大长公主祥哥剌吉及其书画收藏》(《北方文物》2000 年第 4 期)、李勤璞的《斡禄打儿罕囊素:清朝藏传佛教开山考》(《蒙古学信息》2002 年第 3 期)等。

3. 政治制度、统治政策、机构建置研究

与蒙古有关的统治制度,包含蒙古人作为统治者所施行的统治制度和其他民族的统治者对蒙古人所采取的统治制度两个方面。这一时期相关的研究给人印象较深的是出版了几部专著,分别是张帆的《元代宰相制度研究》(北京大学出版社 1997 年版)、高树林的《元代赋役制度研究》(河北大学出版社 1997 年版)、张金铣的《元代地方行政制度研究》(安徽大学出版社 2001 年版)、张云的《元代吐蕃地方行政制度研究》(中国社会科学出版社 1998 年版)、张永江的《清代藩部研究——以政治变迁为中心》(黑龙江教育出版社 2001 年版)等。

与蒙古有关的统治政策,亦包含蒙古人作为统治者所采用的统治政策和其他民族的统治者对蒙古人所实施的统治政策两个方面。这一时期相关的研究成果不是很多,且多集中于清朝对蒙古的政策。如:齐书琛和龚江红的《论明太祖、成祖时期对蒙古的政策》(《史学集刊》1995 年第 3 期)、卢明辉的《略析清代前期治理蒙古的几项重要政策》(《北方民族》1995 年第 2 期)、陈安丽的《论康熙对蒙古政策产生的历史背景和作用》(《内蒙古大学学报》1999 年第 3 期)、苏德毕力格的《论清朝改变对蒙传统政策的内因》(《内蒙古大学学报》2001 年第 3 期)、苏德毕力格的《清朝对蒙政策的转变——筹划设省》(《蒙古史研究》第 6 辑,2000 年)、吐娜的《从清政府对土尔扈特部的优恤与安置看其民族政策》(《西域研究》1997 年第 4 期)、刁书仁的《论乾隆朝蒙地的封禁政策》(《史学集刊》1996 年第 4 期)、袁森坡的《清朝治理蒙藏方略》(《中国边疆史地研究》1996 年第 4 期)等。

与蒙古有关的机构建置,同样也包含蒙古统治王朝时期的机构建置和其他民族统治王朝因蒙古人而设的机构建置两个方面。这一时期相关的研究比较多,发表了不少论文。关于元代的大约有十几篇,如:阿丽娅的《元朝在天山南北各地设立的军政机构》(《新疆师范大学学报》1998 年第1期)、毕奥南的《元朝的军事戍防体系与版图维系》(《中国边疆史地研究》2002年第2期)、田卫疆的《蒙元时期新疆建置述论》(《中国边疆史地研究》1995年第1期)等。关于清代的也大约有十多篇,如:达力扎布的《清初内札萨克旗的建立问题》(《历史研究》1998年第1期)、佟佳江的《清朝统治蒙古的体制——八旗蒙古、外藩蒙古、内属蒙古》(《内蒙古社会科学》1998年第6期)、张永江的《论清代漠南蒙古地区的二元管理体制》(《清史研究》1998年第2期)、乌云格日勒的《略论清代内蒙古的厅》(《清史研究》1999年第3期)、姚念慈的《略论八旗蒙古和八旗汉军的建立》(《中央民族大学学报》1995年第6期)等。

4. 思想、法律研究

这里主要介绍1995年以来发表的几篇关于蒙古人史学思想史的论文。与13世纪的《元朝秘史》相比,17世纪以后的多数蒙古文史籍在史事叙述方面呈现出非常不同的特点,主要表现在对前者所述早期历史的某种篡改和对后续历史神话化的描述,反映出佛教对蒙古史学思想的影响。其中最明显的事例是17世纪蒙古文史籍中普遍存在的印藏蒙王统同源的故事。这个故事将《元朝秘史》所载蒙古王统始祖孛儿帖赤那变为具有古印度王室和吐蕃王室血统的人,使蒙古王统经吐蕃王统上挂到印度王统,为藏传佛教在蒙古地区名正言顺地传播编造出了所谓的历史根据。这一事例对研究17世纪以后的蒙古史学思想史具有典型意义,因此受到重视。亦邻真的《藏传佛教与蒙古史学》(《内蒙古大学第三届国际蒙古学学术讨论会论文提要集》,1998年)、乌兰的《印藏蒙一统传说故事的由来》(《蒙古史研究》第6辑,2000年)、色楞的《蒙藏王室同源说新探》(蒙古文,《内蒙古社会科学》2000年第2期)、希都日古的《论17世纪蒙古编年史的史学模式》(《内蒙古大学学报》2001年第5期)等,从不同角度对这个故事进行了分析、论述。亦邻真指出16世纪下半叶藏传佛教(格鲁派)传入蒙古地区以后,蒙古狂热的佛教徒开始改写、编造蒙古的历史,编造从印藏王统开始,然后将蒙古王统上攀印度—西藏王统,目的是为藏传佛教的传入作意识形态方面的宣传,反映了当时蒙古史家的历史观。乌兰的文章通过考证、分析蒙古文、藏文、汉文的有关文献资料,揭示出炮制这一故事的来龙去脉,使所谓印藏蒙同源说的"真实性"不攻自破。

这一时期还出版了一部专门探讨元代史学思想史的专著,书名为

《元代史学思想研究》（周少川，社科文献出版社2001年版）。该书共分4章：（1）元代理学影响下的史学思潮，（2）元代史学的民族观，（3）元代史学的世界性意识，（4）元代史学的经世思潮。作者对元代史学思想特点的把握还是比较准确的。另外，台湾学者黄丽生出版了专著《论〈阿勒坦汗传〉的撰史意识》（蒙藏委员会，1997年），她分"史学史的反省""《阿勒坦汗传》的原由与特征""政教并立的史观""历史分期与叙史结构""世俗政治的意识""以政弘教、以教辅政的信念"几个部分讨论了《阿勒坦汗传》的撰写思想，认为该书是一部具有佛教史观和蒙古—黄金家族历史背景，而以土默特部为主要叙事范围的史著。作者的不少观点是可以接受的。

法律方面，有两部专著引人注目。一部是吴海航的《元代法文化研究》（北京师范大学出版社2000年版），另一部是奇格的《古代蒙古法制史》（辽宁民族出版社1999年版）。《元代法文化研究》是在作者博士学位论文的基础上修订而成的，全书由绪论、元代法文化溯源、蒙古成文法《大札撒》、两种法文化观的冲突与协调、二元法文化模式的初步形成、二元法文化形态的成熟、二元法文化的多样性等7章组成，作者通过追溯蒙古法文化的成长环境，探讨蒙古习惯法的起源，论证蒙古法文化形成的基调；通过分析蒙古法进入中原与传统汉法接触的现象，认为两种法文化经过激烈的冲突和协调，最终形成了元代法文化的二元走向；并对元朝的二元性法文化的特点作了较为全面的阐述。视角比较新颖，方法亦属得当。《古代蒙古法制史》是一部系统研究蒙古古代法制史的著作，该书将古代蒙古法制史分为4个时期：未成文的蒙古族习惯法时期、成文的《成吉思汗大札撒》时期、蒙古族法制政教并行时期、清代蒙古族地方法时期。作者就不同时期所颁行的习惯法规、法典及其特点、作用分别进行了阐述，还探讨了各个时期蒙古法制的法律思想。对人们全面了解古代蒙古法制史有一定启发、帮助作用。

这一时期发表的相关论文大约有20多篇。如：包红颖的《〈卫拉特法典〉中民法内容初探》（《内蒙古社会科学》1995年第3期）、徐晓光的《明清之际蒙古地方政权法制概述》（《内蒙古大学学报》1996年第1期）、白翠琴的《略论元朝法律文化特色》（《民族研究》1998年第1期）、杨选第的《试论清代蒙古地区的司法制度》（《内蒙古社会科学》2001年第4期）、特木尔宝力道和斯琴高娃的《论蒙古族习惯法的主要内容》（蒙古文，《内蒙古师范大学学报》2000 年第 4 期）、廖扬的《论清代蒙古地区的民族立法》（《社科辑刊》1998 年第 3 期）等。从论文题目可以看出，研究的范围有所拓展，具体研究对象分类更细。

5. 经济研究

这一时期有关古代蒙古经济史的研究，成果数量不少而且颇具特色。首先应提到两部专著。一部是阿岩、乌恩的《蒙古族经济发展史》（远方出版社 1999 年版），另一部是邓九刚的《茶叶之路——欧亚商道兴衰三百年》（内蒙古人民出版社 2000 年版）。前者共分 8 章，其中前 5 章涉及古代蒙古经济史：（1）北方游牧文明与蒙古族族源，（2）统一前后的蒙古社会经济，（3）元代蒙古族经济，（4）北元时期的蒙古族经济，（5）清代蒙古族经济。作为第一部专门研究蒙古族经济史的学术著作，该书作了不小的努力，研究基本涉及了古代蒙古人经济发展史的不同方面，对某些问题的论述有一定深度，但是总体上也还有进一步提高和充实的必要。后者是一部体裁独特的作品，内容写的是经济史问题，而语言的文学色彩较浓。作者通过探寻清代中俄之间的商道，展示了北方草原以茶叶贸易为主的商贸活动的方方面面，以及商道的开通给草原经济生活带来的影响和变化。由于作者不仅参考了历史文献资料，而且利用了自己社会调查的成果，因此读者不仅可以从中整体了解清代中俄商道以及蒙古草原经济的历史，而且还能获取一些难得的信息。

另有 20 多篇论文论及古代蒙古经济史方面的问题。包括：余同元的《明后期长城沿线的民族贸易市场》（《历史研究》1995 年第 5 期）、包玉山的《蒙古族古代经济史研究的理论和方法》（《内蒙古师范大学学报》1996 年第 1 期）、额·额尔敦扎布的《论古代蒙古社会两级所有制关系》（蒙古文，《内蒙古社会科学》1999 年第 6 期）、董晓荣的《草原古丝绸之路与蒙古族经济文化》（蒙古文，《内蒙古民族师院学报》1999 年春季号）、陈永升的《板升与俺答汗时期土默川地区的开发》（《中山大学研究生学刊》1998 年第 1 期）、王玉海的《清代内蒙古东部蒙旗开垦中的揽头》（《清史研究》1999 年第 4 期）、吴乌力吉的《清代科尔沁等蒙古地区的农牧业经济》（蒙古文，《内蒙古民族师院学报》1999 年秋季号）等。

古代蒙古社会经济是蒙古史研究中的一个重要方面，不少问题尚待研究或深入研究，相关理论的水平有待进一步提高，研究手段也还有调整、更新的必要。

6. 文化、教育研究

古代蒙古文化史研究方面，1995年以来大致出版了3部专著。其中盖山林的《蒙古族文物与考古研究》（辽宁民族出版社1999年版）篇幅较大，该书目的在于"从蒙古族的古代城市开始，逐一去展示体现蒙古族游牧文化的实物资料"，内容涵盖面较宽，包括"蒙古族的古代城市""清代札萨克王公府第""蒙古族召庙和喇嘛塔""蒙古族衣冠之制""蒙古族手工业制品""蒙古族天文学遗迹""蒙古族岩画""蒙古族文物举要""元代蒙古族的景教遗迹"等章节。该书图文并茂，同时详细提供参考文献出处，便于读者理解、利用。但值得指出的是，该书文物、考古学方面的论证比较精彩，而历史学方面的论述相对薄弱，存在不少讹误。另一部是马世雯的《蒙古族文化史》（云南民族出版社2000年版），这本书是《云南少数民族文化史丛书》中的一部，研究对象是云南蒙古族的文化史。书中分"历史源流""社会物质生产方式""语言与文字""宗教信仰""生活习俗与风俗习惯""文学与艺术""文物考古"等章节，阐述了云南的蒙古族自元代留居云南地区以来生产生活方式、文化特征方面发生的变化。内容比较独特。还有一部是文化方面的《卫拉特西蒙古文化变迁》（民族出版社2002年版），作者介绍自己的研究方法是"运用中国民族学界的历史与现状研究相结合的传统研究方法，批判地吸收和运用西方人类学/民族学各学派的理论方法"。在历史研究中结合实际使用民族学、人类学的研究手段，是一种积极的态度，该书证明这样的研究方法还是有成效的。但是书中存在一些较明显的错误，除印刷错误外，一些错误当与资料准备不够细致有关。如第21页中对日本学者的介绍，年龄段的划分有混乱之处；第52页中所述和硕特的起源，过程不清，论述不准，而且提供的史料出处有误。

值得一提的是，这一时期蒙古文化研究比较突出的特点是人们对蒙古游牧文化中生态环境观的重视。随着工业文明的发展，蒙古传统游牧经济日渐受到冲击，游牧业发生了很大变化，很多环境、社会问题相继出现，引起不少人对游牧文明价值、意义的思考。草原游牧业对草原生态环境的保护作用，使人们对蒙古游牧文化中的生态环境观产生兴趣是很自然的事。发表的相关论文有：吴琼和周亚成的《游牧文化中的生态环境观浅析》（《西北民族研究》2001年第4期）、陈烨的《蒙古族文化的生态学思考》(《内蒙古社会科学》2001年第5期)、乌云巴图的《蒙古族游牧文化的生态特征》(《内蒙古社会科学》1999年第6期)、德力格尔的《蒙古的游牧生活及生态平衡》(蒙古文,《蒙古学研究》2001年第2期)、扎格尔的《蒙古族游牧文化习俗中的生态观》(《内蒙古民族大学学报》2001年第1期)、额谷岚的《青海蒙古族禁忌习俗中的环保意识》(《青海民族研究》2000年第4期)等。

关于游牧文明,这一时期出版了几部专著,有色音的《蒙古游牧社会的变迁》(内蒙古人民出版社1998年版)、李儿只斤·吉尔格勒的《游牧文明史论》(内蒙古人民出版社2002年版)、贺卫光的《中国古代游牧民族经济社会文化研究》(甘肃人民出版社2001年版)等。这些著作对于人们从不同角度、不同侧面了解包括蒙古游牧文明在内的游牧文明史不无益处。

有关教育方面的研究,成果较少。专著《呼伦贝尔民族教育史略(上编)》(苏日嘎拉图,民族出版社2001年版)主要介绍了清代和民国时期呼伦贝尔地方蒙古族、达斡尔族、鄂温克、鄂伦春等民族的教育状况,包括家庭教育和私塾、官学教育的各方面情况。相关论文有麻秀荣等人的《清代八旗索伦的旗学教育》(《黑龙江民族丛刊》1995年第3期)、王凤雷的《元上都教育考》(《内蒙古师范大学学报》2000年第4期)等。

7. 宗教研究

这一时期蒙古史宗教问题的研究,仍然主要集中于蒙古地区藏传佛教,另有个别关于蒙古地区基督教、伊斯兰教研究的论文。

藏传佛教研究方面,出版了苏鲁格和那木斯来的专著《简明内蒙古佛教史》(内蒙古文化出版社1999年版)、德勒格的专著《内蒙古喇嘛教史》(内蒙古人民出版社1998年版),还有内蒙古政协文史资料委员会编辑的《内蒙古喇嘛教纪例》(列《内蒙古文史资料》第45辑,1997年)。《简明内蒙古佛教史》由"蒙藏佛教概说""藏传佛教诸教派源流及各自的教义特色""藏传佛教在内蒙古地区的初次传播"和"十六世纪后期藏传佛教格鲁派在蒙古地区的传播"4章构成,其中第三章论述了蒙元时期藏传佛教在蒙古的传播史,在"蒙藏关系始于何时"等问题上提出了一些不同看法;第四章的主要内容为16世纪下半叶至清中期藏传佛教在内蒙古的传播史,还重点介绍了一些寺院和活佛系统。相关的论文可以举出:王浩勋的《元明清时期蒙古汗王与藏传佛教各派的关系及其影响述略》(《青海民族学院学报》1995年第2期)、周峰的《略述清政府平定准噶尔战争中的藏传佛教》(《西藏研究》1996年第4期)、王启龙的《藏传佛教在元代政治生活中的作用和影响》(《西藏研究》2001年第4期)、胡日查的《论黄教在嫩科尔沁的传播》(蒙古文,《内蒙古师范大学学报》2001年第4期)等。

其他宗教方面,论文有:盖山林的《中国北方草原地带的元代基督教遗迹》(《世界宗教研究》1995年第3期)、徐飞的《蒙元时期基督教在华兴盛的原因》(《贵州师范大学学报》1995年第2期)、佟洵的《也里可温在蒙元帝国的传入及消亡之原因初探》(《中央民族大学学报》2000年第3期)、徐黎丽的《试论13—14世纪蒙古贵族的伊斯兰教化及其原因》(《西北师范大学学报》1996年第5期)等。另有中国台湾学者郑素春的专著《全真教与大蒙古国帝室》(台湾学生书局1998年版)。

8. 地理、专名研究

有关蒙古历史地理的研究,这一时期情况比较活跃。从所发表的论文来看,不少学者将注意力放在了对具体历史地名的考证上。如:宝音德力根的《成吉思汗葬地"大斡秃克"及相关的几个问题》(《内蒙古社会科学》1997年第2期)、照日格图的《喀喇沁阿力素地名考——读和田清博士〈明代蒙古史论集〉》(《内蒙古社会科学》1997年第5期)、高·阿日华的《博迪阿拉克罕斡耳朵方位考证》(蒙古文,《内蒙古社会科学》1998年第1期)、珠荣嘎的《宰赛被俘之地——"三太师城"在哪里》(《蒙古学信息》1998年第2期)、乌兰的《17世纪蒙古文史书中的若干地名考》(《中国边疆史地研究》1998年第4期)、阿拉坦敖日格勒和那仁朝克图的《蒙古汗国最后都城——林丹汗的察罕浩特》(蒙古文,《内蒙古师范大学学报》1999年第1期)、先巴的《明代鄂尔多斯库图克台·彻辰·洪·台吉远征图伯特所到的"锡里木济三河交汇之地"考述》(《青海民族研究》2001年第2期)、刘建亚的《阜新境内蒙古语地名"沙力土"渊源考》(《满族研究》2001年第4期)、特木勒的《"希喇塔拉沟"今地考——明代朵颜卫历史研究之一》(《元史及北方民族史研究集刊》第15辑,2002年)等。

还有几篇讨论古代蒙古部落驻牧地问题的论文,如:宝音德力根的《兀良哈万户牧地考》(《内蒙古大学学报》2000年第5期)、曹永年的《嘉靖初蒙古察哈尔部的牧地问题——兼评和田清、达力扎布的相关研究》(《蒙古史研究》第6辑，2000年)、胡日查的《16世纪末17世纪初嫩科尔沁部牧地变迁考》(《中国边疆史地研究》2001年第4期)等。另有毕奥南的《元代疆域格局概述》(《中国边疆史地研究》2000年第4期)、张前的《元朝北疆范围研究》(《中国边疆史地研究》2000年第1期)、齐木德道尔吉的《康熙之路——纪康熙皇帝首次亲征噶尔丹》(《蒙古史研究》第6辑，2000年)等涉及蒙古历史地理的文章。总的来说，这一时期有关蒙古历史地理的研究，学术规范意识有所增强，水平也有不小的提高。

专名研究方面，成果不多，进展不大。值得一读的论文有：宝音德力根的《释明代蒙古官称"阿哈剌忽知院"和"迭知院"——兼考与此相关的几个人物》(《内蒙古大学学报》1996年第2期)、胡日查的《关于塔布囊的一些历史问题》(蒙古文，《内蒙古社会科学》1999年第2期)、包文汉的《清代"藩部"一词考释》(《清史研究》2000年第4期)、奇格的《〈卫拉特法典〉中"别尔克"一词考释》(《前沿》1996年第3期)等。

9. 民族关系与对外交流研究

蒙古族在自己的发展进程中，曾与不同国家、不同民族发生过多方面的关系，既有相互间的战争冲突，也有和平环境下的友好交往，还有思想意识、文化、宗教、生活习俗等诸多方面的相互影响。由于涉及的面较广，从不同方面、不同角度展开的研究历来很多，这一时期也不例外。

关于蒙藏关系，大约出版了3部专著，第一部是丁守璞、杨恩洪的《蒙藏关系史大系·文化卷》(外语教学研究出版社、西藏人民出版社2000年版)，第二部是乌力吉巴雅尔的《蒙藏关系史大系·宗教卷》(外语教学研究出版社、西藏人民出版社2001年版)，第三部是嘎尔迪的《蒙藏文化交流研究》(甘肃民族出版社1996年版)。从文化或宗教的角度系统探讨蒙藏两个民族历史上的关系，对于全面把握蒙藏关系史具有非常重要的意义。以上三部著作作了很好的尝试，对相关研究必将产生一定的推动作用。发表的论文有：马冀的《西藏蒙古早期关系探析》(《中央民族大学学报》1996年第1期)、噶尔迪和冈文义的《13世纪蒙藏文化关系的确立及其重要意义》(《兰州大学学报》1998年第1期)、戴发旺的《成吉思汗时期蒙藏关系中两件史实探微》(《青海民族研究》1998年第1期)等。

关于蒙汉关系，发表的论文有：哈正利的《明代蒙汉民族贸易投影下的民族关系》（《黑龙江民族丛刊》1996年第3期）、王玉海的《清代内蒙古东部农业发展过程中的蒙汉民族矛盾》（《内蒙古大学学报》1999年第4期）、樊保良的《略述瓦剌与明朝在西北的关系》（《兰州大学学报》1999年第3期）等。

关于蒙满关系，发表的论文有：汤代佳的《努尔哈赤时期科尔沁部与满洲的关系》（《西北史地》1996年第4期）、徐晓萍的《论清初阿拉善和硕特部与清政府的关系》（《西北史地》1996年第3期）、王希隆的《吐鲁番察合台后裔与清朝》（《兰州大学学报》1998年第4期）、齐木德道尔吉的《1640年以后的清朝与喀尔喀的关系》（《内蒙古大学学报》1998年第4期）等。

关于蒙丽关系，发表的论文有：毕奥南的《乃颜——哈丹事件与元丽关系》（《内蒙古社会科学》1997年第3期）、孟古托力的《蒙元与高丽关系述论》（《北方文物》2000年第4期）、喜蕾的《安西王阿难达对高丽政治势力的利用》（《西北民族研究》2001年第1期）、特木勒的《北元与高丽的外交：1368—1369》（《中国边疆史地研究》2000年第2期）等。

还有一些论文谈及古代蒙古人与畏吾儿、哈萨克以及其他一些西域穆斯林民族的关系、蒙夏关系等。如：王三北的《蒙元时期蒙畏民族关系发展及其影响》（《西北民族学院学报》2001年第2期）、祁杰的《准噶尔与哈萨克关系述略》（《西北民族学院学报》1996年第1期）、陈国光的《蒙元统治者与西域穆斯林》（《甘肃民族研究》1996年第3、4期）、孟楠的《论克烈人与西夏的关系》（《内蒙古社会科学》1998年第3期）等。

10. 历史文献研究

1995年以来蒙古史历史文献研究成绩显著，专著和论文的数量都相当可观。不仅整理出版了多部蒙古文、汉文蒙古史史书和档案，而且翻译出版了一些外文史书和研究著作，还编制出版了大型蒙古文古籍目录。汉文古籍方面，有包文汉和奇·朝克图整理的《蒙古回部王公表传》（内蒙古大学出版社1999年版）、薄音湖和王雄整理编辑的《明代蒙古汉籍史料汇编》（内蒙古大学出版社2000年版）、忒莫勒撰写的《建国前内蒙古方志考述》（内蒙古大学出版社1998年版）等。蒙古文古籍方面，属汉文译注的有：齐木德道尔吉等人的《黄金史》（内蒙古文化出版社 1998 年版）、乌兰的《〈蒙古源流〉研究》（辽宁民族出版社 2000 年版）、余大钧的《蒙古秘史》（河北人民出版社 2001 年版）等；属蒙古文校注的有：策·阿拉腾松布尔和苏雅拉达来的《格什克巴图译〈元朝秘史〉》（内蒙古人民出版社 2001 年版）、双福的《〈蒙古秘史〉还原及研究》（内蒙古人民出版社 2001 年版）、策·阿拉腾松布尔和拉·胡日查巴特尔的《古今宝史纲》（内蒙古文化出版社 1997 年版）、那顺乌力吉和毕力格的《布里亚特历史文献》（内蒙古文化出版社 1999 年版）等。另外，敖·达尔玛巴斯尔的《〈转轮王俺答汗传〉研究》（蒙古文，内蒙古人民出版社 2001 年版）从文献学、历史学、语言学等多方面对这部蒙古文史籍进行了研究。宝音德力根等人编辑的《明清档案与蒙古史研究（1）》（内蒙古人民出版社 2000 年版）和《明清档案与蒙古史研究（2）》（内蒙古人民出版社 2002 年版）两本论文集，收载了主要利用明清蒙、满、汉文档案资料研究蒙古史问题的 14 篇论文。令人高兴的是，多家图书馆和研究单位通力合作、历时多年完成的《中国蒙古文古籍总目》（北京图书馆出版社 2000 年版）终于正式出版，标志着我国蒙古文古籍目录整理水平达到了一个新高度，受到了研究者们的普遍欢迎。

出版了邵建东和刘迎胜汉译的《内陆亚洲厄鲁特历史资料》（［德］P. S. 帕拉斯原著，云南人民出版社 2002 年版）、策登道尔吉蒙译的《蒙古诸王朝史纲》（阿巴拉嘎兹突厥文原著，转译自哈萨克文版，内蒙古文化出版社 1999 年版）、陈远光汉译的《16～18 世纪中亚历史地理文献》（［乌］Б. А 艾哈迈多夫原著，云南人民出版社 2002 年版）等国外有关蒙古史的文献资料和学术著作。

共发表蒙古史文献资料研究的论文约 60 余篇。其中有对蒙古史文献资料进行文献学研究的，如纳古单夫的《关于〈蒙古博尔济吉忒氏族谱〉之版本》（《内蒙古社会科学》1996 年第 1 期）、周清澍的《建国前内蒙古方志评述》（《内蒙古大学学报》1996 年第 4 期）、白·特木尔巴根的《喀喇沁亲王府所藏〈元朝秘史〉抄本及其学术价值》（《内蒙古师范大学学报》1998 年第 1 期）、乌兰的《汪国钧本〈蒙古源流〉评介》（《内蒙古大学学报》1995 年第 1 期）、乌兰的《〈蒙古源流〉的流传及其研究》（《蒙古学信息》1997 年第 1、2 期）、乌兰的《〈蒙古源流〉成书的历史背景及其作者》（《内蒙古大学学报》1998 年第 4 期）等。也有对古籍所载史实进行考订研究的，如蔡美彪的《拉施特〈史集〉所记阿合马案释疑》（《历史研究》1999年第1期）、陈庆英和马连龙的《〈四世达赖喇嘛传〉中的蒙藏关系史料》（《西藏研究》1995年第2期）、乌云毕力格的《从17世纪初蒙古文和满文"遗留性"史料看内蒙古历史的若干问题——（一）"昭之战"》（《内蒙古大学学报》1999年第3期）、希都日古的《关于阿勒坦汗贡马表文所涉若干问题》（蒙古文，《内蒙古社会科学》1999年第3期）等。还有不少是对文献资料的介绍性的文章，如张长利的《波斯文蒙古史文献》（《中国边疆史地研究》1998年第3期）、乌·托娅的《各国收藏蒙古文史籍的历史概况》（《蒙古学信息》1999年第2、3期）、齐木德道尔吉的《与西土默特历史相关的几份档案》（《内蒙古大学学报》1999年第1期）、德力格尔的《欧洲一些国家所藏蒙古文古籍及其缩微片的研究》（蒙古文，《内蒙古大学学报》1999年第4期）、普·图格杰扎甫的《介绍在和布克赛尔所藏历史文献》（蒙古文，《卫拉特研究》2001年第3、4期）、长命的《布里雅特木刻版书籍梗概》（蒙古文，《内蒙古社会科学》2001年第4期）等。

11. 四大汗国研究

相关的学术刊物上可见到十来篇研究四大汗国的论文，如刘迎胜的《元宪宗朝的察合台兀鲁思》（《西北民族研究》1995年第1期）、苏北海的《元代金帐汗国的建立及其统治》（《新疆大学学报》1997年第3期）、徐黎丽的《察合台汗国与窝阔台汗国关系述评》（《西域研究》1998年第2期）、《海都与窝阔台汗国的兴衰》（《西北师范大学学报》2000年第4期）、李一新的《察合台汗国的伊斯兰化》（《西北民族研究》1998年第2期）、贾丛江的《窝阔台汗国前期历史研究》（《甘肃民族研究》2000年第1期）、张文德的《论金帐汗国的伊斯兰化》（《贵州师范大学学报》2000年第2期）等。从论文的数量和题目可以看得出，国内目前对四大汗国历史的研究还相对薄弱，期待今后的情况能够有所改观。

12. 其他专题性研究

这一时期有一批综合性的蒙古史专著问世。其中有几部是从作者的博士学位论文修订而成的，如张久和的《原蒙古人的历史——室韦—达怛研究》（高等教育出版社1998年版）、达力扎布的《明代漠南蒙古历史研究》（内蒙古文化出版社1998年版）、尚衍斌的《元代畏吾儿研究》（民族出版社1999年版）等。张久和的著作通过系统、深入地研究室韦、达怛的相关历史记载，搞清楚了室韦—达怛的基本问题，作者将室韦—达怛人视为原蒙古人，将室韦—达怛史视为蒙古史序史的观点是令人信服的。达力扎布的著作由"明代漠南蒙古的形成""明代漠南蒙古的社会制度及其与明朝的经济关系"和"明代漠南蒙古归附后金和内扎萨克蒙古的形成"3章构成，在尽可能充分占有资料的基础上进行了深入、细致的分析论证，不乏个人的独特见解。尚衍斌的著作虽然讨论的是维吾尔的历史，但由于年代是在元代，因此不少内容与蒙古人的历史有关。该书不但对维吾尔史的研究作出贡献，而且也有益于蒙古史、中国史的研究。

主要由中国社会科学院民族研究所的学者们撰写的《元代民族史》（罗贤佑，四川民族出版社1996年版）、《明代民族史》（杨绍猷等，四川民族出版社1996年版）、《清代民族史》（杨学琛，四川民族出版社1996年版）中，都有不少专门论述蒙古族历史的内容，值得参考利用。另外可以举出的专著有：叶新民的《元上都研究》（内蒙古大学出版社1998年版）、达林太等的《蒙古民族军事思想史》（军事科学出版社1996年版）、佟靖礼和张德祥的《呼和浩特史话》（内蒙古大学出版社1998年版）、刘玉印的《准噶尔文物志》（远方出版社1998年版）、申友良的《马可波罗时代》（中国社会科学出版社2001年版）、史卫民的《元代社会生活史》（中国社会科学出版社1996年版）、刘迎胜的《丝路文化·草原卷》（浙江人民出版社1995年版）、胡小鹏的《元代西北历史与民族研究》（甘肃文化出版社1999年版）、巴特和洪坚毅的《蒙古族古代战例史》（金城出版社2002年版）等。

2001年内蒙古自治区出版了亦邻真的学术文集《亦邻真蒙古学文集》（内蒙古人民出版社）和周清澍的学术文集《元蒙史札》（内蒙古大学出版社），文集中收录了两位著名蒙古史学者的主要学术成果。这两部文集定会成为蒙古史学习、研究者们的必读之书。2000年，著名蒙古史、满学学者金启孮的《清代蒙古史札记》（内蒙古人民出版社）一书出版。从中除可以获得一些有用的信息外，还可以学到老一辈学者认真细致的工作态度和值得借鉴的读书方法。著名旅美蒙古史学者札奇斯钦的80岁诞辰纪念文集也于这一时期出版，书名是《硕果——纪念札奇斯钦教授80寿辰》（蒙古文，乌云毕力格等编著，内蒙古文化出版社1996年版），书中收载了国内外20名学者的蒙古史学术论文。

（二）近现代史部分

与古代蒙古史相比，近现代蒙古史时间跨度较短，研究成果的数量相对较少。1995年以来，研究近现代蒙古史的专著和论文尽管数量上不是很多，然而涉及的面有一定的广度。出版的专著包括：郝维民主编的《百年风云内蒙古》（内蒙古教育出版社2001年版）、乌嫩奇主编的《一代英豪：建党初期的蒙古族共产党员》（民族出版社2001年版）、图克新白乙尔的《科尔沁铁骑》（解放军出版社2001年版）、牛敬忠的《近代绥远地区的社会变迁》（内蒙古大学出版社2001年版）等。还有中国台湾学者张启雄的《外蒙主权归属交涉1911—1916》（中研院近代史所，1995年）。

这一时期共发表论文约40余篇。内容与蒙古地区垦务、移民有关的论文约十多篇，如刘毅政的《丹丕尔抗垦起义始末》（《内蒙古师范大学学报》1995年第2期）、阿拉腾达来的《国民党政府在内蒙古的放垦》（蒙古文，《内蒙古社会科学》2000年第6期）、吴春梅的《贻谷与内蒙古垦务》（《民族研究》2000年第4期）、王卫东的《鄂尔多斯地区近代移民研究》（《中国边疆史地研究》2000年第4期）、奇文瑛的《清代呼伦贝尔地区的两次移民与得失》（《中国边疆史地研究》2001年第1期）、王迅的《清廷"放垦"蒙地刍议》（《北方民族》1997年第1期）、李玉伟的《略论清末绥远地区的蒙垦》（《内蒙古社会科学》2001年第3期）等。

内容与日本人在蒙古地区的活动有关的论文近10篇，如房建昌的《从档案看日本兴亚院"蒙疆连络部"及其对蒙古地区的调查研究》（《蒙古学信息》2001年第4期）、李茂杰的《日本关东军出兵西进策动伪蒙政权活动述评》（《民国档案》1998年第1期）、金海的《1931—1945年间的日本与蒙古喇嘛教》（《内蒙古大学学报》2000年第6期）、哈斯木仁、布和的《关东军的"内蒙工作"和伪蒙疆政权的建立》（《内蒙古民族大学学报》2001年第3期）等。

另有几篇文章论及外蒙古独立事件，如刘兰昌的《徐树铮与外蒙古撤治及其影响》（《中国边疆史地研究》2001年第4期）、哈日鲁的《外蒙古独立的"缘由"谈》（蒙古文，《内蒙古民族大学学报》2001年第3期）、赵承纲的《蒙古独立外因探源》（《贵州师范大学学报》2000年第4

期）等。

还有一些比较有特点的论文，其中值得介绍的有：白拉都格其的《清末蒙古王公图强奏议概论》(《内蒙古大学学报》1997年第4期)、苏德毕力格的《陕甘回民起义期间的伊克昭盟》(《内蒙古师范大学学报》1998年第5期)、苏德毕力格的《关于1900年内蒙古西部蒙旗反洋教事件》(蒙古文，《内蒙古大学学报》1998年第3期)、多捷和忒莫勒的《民国年间蒙古族出版史事考辨》(《内蒙古师范大学学报》1999年第1期)、乌力吉的《北洋政府与第一次东蒙王公会议》(《内蒙古大学学报》2000年第1期)、周学军的《〈蒙藏条约〉蒙方签字人职衔辨析——对〈近代俄国与中国西藏〉译文的意见》(《西藏研究》2000年第4期)、佟永功的《对清末至民国年间呼伦贝尔地方公文中使用满文情况的考察》(《满语研究》2000年第2期)等。

从论文的大致情况来看，注重史料、实事求是的治学意识普遍有所增强。希望这一好的现象今后能够继续下去。

二　国外蒙古史研究概况

国外蒙古史研究的历史也比较长，俄罗斯、日本、英国、德国、法国、美国、蒙古国等国起步较早，出现过一批优秀的蒙古史学者，如符拉基米尔佐夫、和田清、霍渥斯、海涅什、伯希和、柯立夫、沙·纳楚克道尔基等人；产生过《蒙古社会制度史》《东亚史研究·蒙古篇》《蒙古史》《圣武亲征录校注》《〈元朝秘史〉译注》《喀尔喀史》等众多重要的学术著作。目前，世界上十几个国家中有人在从事蒙古史研究，只是规模、水平不尽一致。由于获得资料、信息的条件有限，这里仅就蒙古国、日本、韩国、美国等国家蒙古史研究的近况作一简单介绍。

（一）蒙古国的蒙古史研究近况

蒙古国的历史学者主要集中在国家科学院历史研究所和国立大学、国立师范大学等科研教学机构。科学院历史研究所的现任领导是著名蒙古史学者策·达赖院士。目前活跃在蒙古史学界的学者除策·达赖院士外，还有沙·比拉院士、勒·扎木萨朗、阿·奥其尔、沙·乔玛、策·沙格达尔苏伦、波·苏米亚巴托尔、恩·赫西格图、奥·巴特赛罕等人。除各科研教学机构自己的学术刊物外，总部设在蒙古国首都乌兰巴托的国际蒙古学联合会定期出版《蒙古学研究》和《蒙古学通讯》两种学术刊物。

目前由于中国社会科学院民族与人类学研究所与蒙古国蒙古史学界的交流较少，又尚未开通获得对方有关学术刊物的正常渠道，因此对蒙古国蒙古史学界的动态缺乏及时、全面的了解。这里仅据个人所知情况简单介绍近些年来蒙古国蒙古史研究方面的一些科研成果。

已出版的综合性、专题性的著作有：扎·巴桑扎布等人的《蒙古国史》（乌兰巴托，1999年）、佳·格尔勒巴达拉夫的《蒙古领土、疆域史（3—19世纪）》（乌兰巴托，2002年）、奥·巴特赛罕的《蒙古独立与中、俄、蒙三方1915年恰克图条约（1911—1916）》（乌兰巴托，2002年）、鲁·达西尼玛等人的《蒙古国境内历史文化遗迹》（乌兰巴托，1999年）、策·达赖等人的《古今蒙古—日本关系》（乌兰巴托，2001年）、恩·孟克齐齐格的《额尔德尼济农王策·锡尔宁达木丁》（乌兰巴托，2002年）、奥·苏赫巴托尔的《蒙古地名传说》（乌兰巴托，2001年）、达·乌力吉道力格尔的《蒙古国国印》（乌兰巴托，1999年）等。

历史文献研究方面的专著有：成德·罕达苏伦的《成德公与〈蒙古秘史〉》（内容包括成德公生平简介、其手稿影印件等，乌兰巴托，1997年）、达·普尔布道尔基的《〈蒙古秘史〉注》（乌兰巴托，2001年）、沙·乔玛的《〈蒙古秘史〉与罗桑丹津〈黄金史〉》（乌兰巴托，2002年）、策·沙格达尔苏伦和李圣揆的《〈阿萨拉黑齐史〉之文献学研究》（乌兰巴托，2002年）、沙·乔玛的《〈诸汗源流黄金史纲〉之文献学研究》（乌兰巴托，2002年）、额·普尔布扎布的《成吉思汗著〈黄金史〉》（乌兰巴托，2001年）、波·苏米亚巴托尔的《成吉思汗黄金家族祖先记事和家谱》（乌兰巴托，2002年）等。

发表的论文包括：策·达赖的《大蒙古国时期的蒙丽关系》（载《蒙古学研究》第10卷，2000年）、赫·拉哈巴苏伦的《蒙古阿尔泰中世纪（12～14世纪）历史诸问题》（同前）、波·达瓦苏伦的《评把秃猛可答言汗的军事政治活动》（同前）、佳·格尔勒巴达拉夫的《14～17世纪蒙古行政管理的特点》（同前）、波·达西巴达拉夫的《蒙藏政治、宗教关系的若干问题》（同前）、勒·扎木萨朗的《蒙古恢复独立》（同前）、奥·巴特赛罕的《关于中俄蒙三方签约谈判》（同前）、恩·赫西格图的《20世纪初周边国家对蒙古的态度》（《蒙古学通讯》2002年第1、2

期）等。

总的来说，随着国家政治、经济形势的逐步好转，蒙古国的蒙古史研究事业也已基本走上正轨。由于与苏联—俄罗斯传统关系的变化、与国际社会交往的广泛加强，蒙古国历史学界获得了新的机遇，一些意义重大的科研项目正在实施，其中有不少是国际合作项目。据蒙古科学院历史研究所领导介绍，他们的集体科研项目——五卷本《蒙古国通史》将于近期出版。

（二）日本的蒙古史研究近况

日本的蒙古史研究多年来保持了一种长盛不衰的态势。目前，在早稻田大学、东京外国语大学亚非研究所、东京外国语大学蒙古语学部、东北大学、爱知大学、一桥大学、筑波大学、九州大学、大阪大学、京都大学等科研教学机构中都有蒙古史学者在开展自己的研究工作。其中比较知名的学者有：吉田顺一、大岛立子、中见立夫、杉山正明、森川哲雄、海老泽哲雄、田中克己、池内功、二木博史、原山煌、宫胁纯子、松田孝一、植松正、森久男、冈洋树、楠木贤道、宇野伸浩、柳泽明、萩原守、石滨裕美子、松川节、白石典之等人。已到退休年龄、但仍活跃在学界的老一辈学者有小泽重男、若松宽、冈田英弘等人。

相关的学术刊物有：《东洋史研究》（京都大学内"东洋史研究会"主办）、《史学杂志》（东京大学"史学会"主办）、《东方学报》（京都大学人文科学研究所主办）、《东方学》（"东方学会"主办）、《史林》（京都大学"史学研究会"主办）、《亚非语言文化研究》（东京外国语大学亚非研究所主办）、《史观》（早稻田大学"史学会"主办）、《内陆亚洲史研究》（早稻田大学"内陆亚洲史学会"主办）、《东北亚研究》（东北大学"东北亚研究中心"主办）、《史镜》（筑波大学"历史人类学会"主办）、《日本蒙古学会纪要》（日本蒙古学会主办）等。

这一时期出版的蒙古史研究专著有：杉山正明的《忽必烈的挑战——通往蒙古海上帝国的道路》（朝日新闻社1995年版）、宫胁纯子的《最后的游牧帝国——准噶尔部的兴亡》（讲谈社1995年版）、志茂硕敏的《蒙古帝国史研究序说·伊儿汗国的中心部族》（东京大学出版会1995年版）、岛田正郎的《北方欧亚大陆法系通史》（创文社1995年版）、杉山正明的《蒙古帝国的兴亡（上、下）》（讲谈社1996年版）、《耶律楚材及其时代》（白帝社 1996 年版）、爱宕松男和寺田隆信的《蒙古与大明帝国》（讲谈社 1998 年版）、松川节的《图说蒙古历史纪行》（河出书房新社 1998 年版）、吉田顺一等人的《〈阿勒坦汗传〉译注》（风间书房 1998 年版）、若松宽编集、竺沙雅章监修的《北亚史》（同朋舍 1999 年版）、田村实造等人编集的《中国文明史 7·大蒙古帝国》（中央公论新社 2000 年版）、杉山正明的《改变世界历史面貌的蒙古》（角川书店 2000 年版）、高桥弘臣的《元朝货币政策成立过程研究》（东洋书院 2000 年版）、竺沙雅章的《宋元佛教文化史研究》（汲古书院 2000 年版）、森久男的《德王之研究》（青土社 2000 年版）、木村毅的《蒙古的历史》（中西出版 2001 年版）、冈田英弘的《蒙古帝国的兴亡》（筑摩书房 2001 年版）、白石典之的《成吉思汗考古学》（同成社 2001 年版）、栗林均等人的《〈元朝秘史〉拉丁转写及词汇、词尾索引》（东北大学 2001 年版）、宫胁纯子的《蒙古的历史——从游牧民的诞生至蒙古国止》（刀水书房 2002 年版）等。

这一时期发表的有关论文，数量相当可观。从题目来看，这些论文涉及的范围很广，研究的具体对象很细。笔者读过的一些论文给人以史学基本功比较过硬的印象。兹列举一部分论文的题目：柳泽明的《布特哈与呼伦贝尔"八旗"的特征》（《清代中国诸问题》，山川出版社 1995 年版）、萩原守的《清朝蒙古例来源的一种形态》（《东洋学报》76—3·4，1995 年）、海老泽哲雄的《蒙古对金朝的外交》（《驹泽史学》52，1998 年）、冈洋树的《清代喀尔喀蒙古的比丁册》（《东北亚研究》2，1998 年）、船田善之的《关于元朝统治下的色目人》（《史学杂志》108—9，1999 年）、石滨裕美子的《关于〈阿勒坦汗传〉中所见 17 世纪蒙古的历史认识》（《日本蒙古学会纪要》25，1995 年）、森川哲雄的《〈蒙古源流〉的写本及其系统》（《亚非语言文化研究》50，1995 年）、手塚利彰的《青海和硕特在西藏的统治体制》（《日本西藏学会会报》44，1999 年）、中村淳的《关于元代大都的敕建寺院》（《东洋史研究》58—1，1999 年）、片冈一忠的《从朝贡规定看清朝与外藩、朝贡国的关系》（《驹泽史学》52，1999 年）、生驹雅则的《蒙古人民革命党与共产国际》（《亚洲与欧洲》，1999 年）、森平雅彦的《元朝怯薛制度与高丽王家》（《史学杂志》110—2，2001 年）、森田宪司的《曲阜地区元代的石刻群》（《奈良史学》19，2001 年）、川越泰博的《蓝玉之狱与蒙古人——乃儿不花及其周围》(《中央大学人文研究纪要》42，2001年)、大岛立子的《元朝福建地方的行省》(《爱大史学》11，2002年)、池内功的《河南省元代道教石碑调查报告》(《四国学院大学论集》107，2002年)等。

（三）韩国的蒙古史研究近况

韩国与蒙古国建交之前，韩国的蒙古史研究没有形成多大影响，1990年3月26日韩蒙建交以后，韩国的蒙古史研究随着国内整个蒙古学的长足发展，也进入了一个新的发展阶段。"韩国蒙古学会"于1990年12月14日成立，1993年"韩国中央亚洲学会"成立，与1965年11月20日成立的"东洋史学会"共同成为韩国蒙古史研究最重要的学术团体。这三个学会的学术刊物《蒙古学》《中央亚洲研究》《东洋史学研究》成为韩国蒙古史研究的主要园地。目前活跃在韩国蒙古史学界的，主要是20世纪70年代以后成长起来的学者。韩中、韩蒙建交以后，不少青年学者前往中国、蒙古国留学，有些人已在留学国获得博士学位。

1995年以来，韩国蒙古史研究的领域主要集中于蒙丽关系、元丽关系，蒙古史文献资料的整理研究，蒙古历史遗迹的田野调查及研究。

已知这一时期的研究成果包括：

专著：崔起镐、南相根、朴元吉三人的《〈元朝秘史〉译注（1）》（汉城，1997年），该书由前言、《元朝秘史解题》、《元朝秘史》第1—103节的拉丁转写、朝译文、注释等几部分组成。朴元吉的《欧亚草原帝国的历史与民俗》（汉城，2001年）、国立中央博物馆与蒙古国立历史博物馆、科学院历史研究所合作完成的《蒙古额古勒青郭勒遗址发掘报告书》（汉城，1999年）和《蒙古遗址发掘5年：1997—2001》（汉城，2002年）等。

论文：周采赫的《查剌与撒礼塔》（《史丛》21—22卷，1997年）、《大兴安岭地区的室韦与貊：蒙古—高丽与貊—高丽》（《韩国满洲学研究》3，1995年）、《札剌亦儿台与〈蒙古秘史〉的成书年代》（《蒙古研究》1，1999年），朴元吉的《贝加尔湖周边地区的历史》（《蒙古学》3，1995年）、《20世纪初外蒙古王公对政治形势的认识及其独立计划》（《韩国满洲学研究》3，1995年）、《20世纪初期蒙古王公的政治计划与帝俄》（《韩蒙合作研究》4，1995年）、《大蒙古帝国与南宋的外交关系》（《蒙古学》8，1999年），金浩东的《贵由（定宗）及其时代》（《近代东亚的国家与社会》，1998年），李介奭的《统治漠北与武宗的"创制改法"》（《近代东亚的国家与社会》，1998年），李平来的《16—18世纪蒙古文法典的"宣誓"》（《中央亚洲研究》4，1999年）、《〈阿勒坦汗法典〉研究》（《东洋史学研究》79，2002年），裴京汉的《孙文与革命派对辛亥革命之后"蒙古独立"问题的对策》（《成均馆大人文科学》30，2000年），金成修的《16、17世纪格鲁派在喀尔喀蒙古传教新探》（汉文，《蒙古学信息》1999年第1、2期）、《16世纪末、17世纪初格鲁派与卫拉特佛教》（《中国社会历史评论》2，2000年）等。

这一时期韩国蒙古史研究的一个明显变化是形成了重视历史文献的风气。除汉文、朝鲜文史料外，蒙古文、藏文、阿拉伯文、突厥文、波斯文等文种的史料也得到了研究、利用。目前，韩国蒙古学会、中央亚洲学会正组织学者开展《元朝秘史》《蒙古源流》《黄金史》《史集》等历史文献的译注工作。

（四）其他国家的蒙古史研究近况

由于客观条件所限，对目前俄罗斯、法国、英国等传统蒙古史研究国家的有关情况缺乏全面、准确的了解；对匈牙利、印度、土耳其以及中亚一些国家的有关情况也知之甚少。暂据个人所掌握的零星材料对美国、德国、澳大利亚的有关情况作简单介绍。

1. 美国蒙古史研究近况

目前美国从事蒙古史研究的学者似乎不是很多。知道的有印第安纳大学的约翰·R. 克鲁格、威尔斯利大学的刘元珠（Yuan-Chu R. Lam）、西华盛顿大学的陈学霖（Hok-Lam Chan）、印第安纳大学的克里斯托弗·P. 阿特伍德、新泽西学院的托玛斯·T. 阿尔森、普林斯顿大学的斯蒂芬·科特金、得克萨斯克里斯第安大学的布鲁斯·A. 埃里曼等人。

"美国蒙古学会"成立于1961年，常设机构在印第安纳大学，现任会长是托玛斯·T. 阿尔森，出版的学会刊物有：《蒙古学研究》《蒙古学会通讯》等。其他登载蒙古史研究论文的学术刊物有《哈佛亚洲研究杂志》等。

1995年以来出版的学术专著有：克里斯托弗·P. 阿特伍德的《内蒙古政权真空时期的蒙古青年与社会治安（1911—1931）》（莱顿，2002年）、克里斯第安·大卫的《俄国、中亚和蒙古的历史（第一卷）》（麻省，1998年)、托玛斯·T. 阿尔森的《蒙古帝国的商品与交流：伊斯兰纺织品之文化史》(1997年)、《蒙古欧亚大陆的文化与征服》(剑桥大学出版社，2001年)、陈学霖的《中国与蒙古：元明时代的历史传说》(1999年) 等。还出版了一部学术论文集，即斯蒂芬·科特金、布鲁斯·A. 埃里曼二人编辑的《20世纪的蒙古——内陆的世界主义者》(伦敦，1999年)。

2. 德国的蒙古史研究近况

目前德国的蒙古史研究，境况不如两德统一之前。现在比较活跃的学者有波恩大学中亚研究所的魏弥贤 (Michael Weiers)、夏嘉思 (Klaug Sagaster)、裴慕真 (Veronika Veit)，洪堡大学的乌·巴克曼 (U. D. Barkmann) 等人。有关的主要学术刊物为《中亚研究》(波恩大学中亚研究所主办)，另有德蒙协会的会刊《蒙古记录》。

1995年以来的研究成果：

乌·巴克曼的专著《蒙古国历史》(波恩，1999年)、斯·科诺曼和J. 库斯伯编辑的论文集《蒙古人在亚洲和欧洲》(法兰克福，1997年) 等，还有阿利斯·萨科兹等人编著的《佛教术语辞典——蒙古 Mahāvyutpatti》(威斯巴登，1995年)。

论文有：魏弥贤的《1628年的满洲—喀喇沁联盟》(《中亚研究》26，1996年)、《蒙古部落的起源和统一：突厥和蒙古》(《蒙古人在亚洲和欧洲》，1997年)、《喀喇沁部的编旗》(《中亚研究》29，1999年)、彼特·尼采的《蒙古风暴和蒙古统治在俄罗斯》(《蒙古人在亚洲和欧洲》，1997年)、比尔吉特·霍夫曼的《蒙古统治下的伊朗：伊儿汗国》(同前)、乌尔里希·哈尔曼的《"伟大的父亲月亮"与"黑色的幼狮"——一个蒙古钦察族源传说在阿拉伯的传承》(同前)、克劳斯·皮特·哈色的《从大蒙古国到帖木儿帝国》(同前)、约翰内斯·库尔茨的《在中国的蒙古人的元朝 (1279—1368)》(同前)、古都拉·林克的《"那可儿"——13/14世纪蒙古人异姓之间的关系》(同前)、扬·库斯巴尔的《蒙古统治在俄罗斯的终结及其影响》(同前) 等。

3. 澳大利亚的蒙古史研究近况

澳大利亚的专职蒙古史研究者只有罗依果 (Igor de Rachewiltz) 一人。他自20世纪70年代从意大利来到澳大利亚后，一直在澳大利亚国立大学从事蒙古史研究工作，1995年退休以后，以该校亚太历史系访问学者的身份继续开展自己的研究。他曾担任过国际蒙古学联合会的副主席。

1995年以来罗依果发表的主要研究成果：

论文《成吉思汗——一个男人的形象》（《蒙古和蒙古人》，1995年）、《〈元朝秘史〉若干难词考》（《蒙古学》6，1995年）、《马可波罗前往中国》（《中亚研究》27，1997年）、《寻找成吉思汗：蒙古国北部肯特省历史遗迹评注》（*Rivista degli Studi Orientali* 71，1997年）、《〈元朝秘史〉Börte 一词考释》（《东亚历史》13/14，1997年）、《关于1335年汉蒙合璧〈张应瑞神道碑〉中的几个难词》（《乌拉尔—阿尔泰年鉴》15，1997/1998年）、《脱列哥那哈屯是窝阔台汗的"第六皇后"吗?》（《东亚历史》17/18，1999年）等。

以上就1995年以来的国内外蒙古史研究概况作了介绍。随时了解、掌握学术界的动态，是保证科研成果质量的重要因素之一。若要做到随时了解掌握学术界的动态，就必须加强学术交流，包括科研人员的交流和资料成果的交流。目前中国社会科学院民族与人类学研究所这方面的情况还不能令人满意，距离科研的要求还有一定差距。仅就资料成果的交流来说，不仅国外有关蒙古史研究的资料（主要指学术刊物和专著）数量非常有限，而且国内的相关资料也很不全，尤其是缺乏蒙古文的学术刊物和著作。为了改善科研环境、提高科研水平，期望有关部门对中国社会科学院民族与人类学研究所蒙古史研究学术交流方面的不足之处能够给予应有的重视，采取切实有效的措施加以改进。

[原载《中国民族史近年来研究综述（2003）》，中国社会
科学院民族学与人类学研究所，2003年]

日本的蒙古史研究概述

一　简史

日本的蒙古史研究可以说开始于20世纪初，学界以那珂通世1907年的《成吉思汗实录》为发端的标志。日本学者一般将本国的蒙古史研究划分为4个阶段。

（一）第一阶段（明治维新时期至1931年）

前半期（明治维新至"日俄战争"）

明治维新以后，日本开始与他国交往，因为有对"元寇"的记忆，所以对蒙古比较关心；俄国向东北亚的南下、日本向亚洲大陆的势力扩张，也刺激了日本蒙古史研究的开展。19世纪末已开始出现一些研究成果，如北泽正诚1879年的《元代疆域考》和《元朝开国略》两篇文章，被誉为"开拓性成果"；还有白鸟库吉1896年的《弱水考》、1897年的《匈奴属于哪一种族》、1906年的《关于蒙古民族的起源》；内藤湖南1901年的《关于元圣武亲征录的翻刻》、1902年的《关于蒙文元朝秘史》；等等。

1907年，那珂通世的《成吉思汗实录》问世。那珂通世是日本"东洋史学"（the Oriental History）的主要创始人，最先提出了"东洋史学"的名称和构想。所谓"东洋史"，是以亚洲史为研究对象，一般包括除日本以外的亚洲诸地域的历史。"东洋史学"的提出和确立，使中国中原王朝周边各民族和亚洲各民族的历史在日本受到了前所未有的重视。那珂通世撰写《中国通史》，在写到元代部分时，因感到资料缺乏而暂时搁笔，1902年，他在内藤湖南、中国文人文廷式的帮助下得到了《元朝秘史》

的一个抄本，于是作为蒙古史研究的基本文献而潜心研究，到1907年出版了日文译注本，题名《成吉思汗实录》。这一巨著从此成为日本蒙古学研究的一个里程碑。

另一位日本"东洋史学"的主要创始人白鸟库吉，被公认为日本的民族史研究的开拓者。他在1897年写了《匈奴属于哪一种族》一文后，于1899年在罗马召开的国际东方学会上提交了《关于匈奴部族语言与东胡诸部》《鄂尔浑阙特勤碑汉文部分及其译文和注释》两份研究报告。《关于匈奴部族语言与东胡诸部》一文后来发表在俄国的学术杂志《突厥民族史汉文文集第二卷》上，成为最早被介绍到欧洲的日本学者的研究成果。白鸟库吉留下了大量的学术成果，主要是关于蒙古高原及中亚各民族的研究成果。在摆脱日本以往的汉学传统，采用欧洲近代的科学研究方法（主要指比较语言学、民族学等）方面，他也作出了贡献。作为日本的蒙古、中亚历史研究的开拓者，至少至太平洋战争爆发前，该领域的研究者都直接或间接地受到了他的影响。

在"日俄战争"（1904—1905年）爆发前夕，已有个别日本人进入内蒙古地区，例如在喀喇沁王府应聘的顾问吉原四郎、教师一宫操子等人，他（她）们的笔记或见闻录（《吉原四郎东部蒙古视察手记》《蒙古土产》）成为对蒙古地区实地调查的最早记录。

后半期（"日俄战争"结束至"九一八事变"）

"日俄战争"使日本确保了在满洲的权益，从而也使其有理由、有条件进一步开展蒙古史方面的研究。因此这一时期的研究与前期相比，得到了迅速的发展。由那珂通世、内藤湖南、白鸟库吉等人开创的历史文献领域继续活跃，其他领域也相继发展起来。

在历史文献学领域，由于那珂通世的去世（1908年），主要是白鸟库吉发挥着领军作用。他在继续自己的研究之外，还创建了"亚洲学会"，出版专门的学术杂志《东洋学报》，设立了满洲、朝鲜历史、地理的研究机构（后为东京大学的常设机构），培养了一批东洋史尤其是北方民族史研究队伍的骨干。

在元史研究方面，箭内亘的成绩比较突出。箭内亘是继那珂通世之后专攻元史的学者，他的成就主要是在元代历史地理和社会制度的研究方面，其研究成果在他去世后基本收入论文集《蒙古史研究》（1930年）中。

和田清自 1917 年发表《内蒙古诸部落的起源》后，于 20 世纪 30 年代初又发表了《兀良哈三卫的研究》《明初的蒙古经略》，对于尚很薄弱的明代蒙古史研究，在探索新史料的同时进行了艰难的开拓性的基础研究。

羽田亨不仅对中亚文明史的研究作出了很大贡献，而且在蒙古草原史的研究方面也取得了不小的成绩。他的早期成果有《蒙古驿传考》等。他主要从事蒙古文化史以及蒙古民族和北方民族传统习俗的研究。

西方史料和西方学术界的研究成果，也如同中国史料一样开始受到重视。多桑《蒙古史》、《马可波罗行记》都有了日译本。

随着日本人进入内蒙古地区机会的增多，对蒙古进行实地调查成为可能，各种旅行记和调查报告相继出现。例如：竹中翠村的《蒙古横断记》（1909 年）、松本隽的《东蒙古之真相》（1913 年）、宫本林治的《东蒙古》（1915 年）、小西茂的《入蒙旅行日志》（1920 年）、真继义太郎的《现代蒙古之真相》、《蒙古游览》（1920 年）、星武雄的《东蒙游记》（1920 年）、吉田平太郎的《踏遍蒙古记》（1927 年）、与谢野宽夫妇的《满蒙游记》（1930 年），等等。

真正作为学者进行实地调查的主要是桑原骘藏、矢野仁一和鸟居龙藏夫妇。东洋史学者桑原骘藏和矢野仁一于 1918 年前往内蒙古东部，在所到之处对历史遗迹进行了学术调查，其旅行记《东蒙古旅行报告书》1920 年连载于《历史地理》杂志第 17、18 卷。人类学与考古学者鸟居龙藏夫妇于 1906 年至 1908 年，自北向南从贝加尔湖到赤峰、多伦一带进行了调查旅行。他们共同撰写的《蒙古旅行》1911 年出版，对他们的考察成果作了概述，而后来发表的学术报告《东蒙古的原始居民》，对蒙古的石器时代、金石并用时代的调查结果作了详细的汇报。鸟居夫人 1906 年至 1907 年滞留喀喇沁王府，接任一宫操子的教师工作。后来她写的《蒙古民俗学》一书，就是她的旅行记和在喀喇沁地区调查蒙古风俗的记录。

出于控制满洲之政策的需要，相关的政府机构组织了各种实地调查，并根据实地调查资料和文献资料编写了地方志、产业志之类的书刊。在"日俄战争"之前，参谋本部就出版了《蒙古志》一书，1915 年又出版了《东蒙事情》。关东都督府的陆军部 1908 年出版了 3 卷本的《东部蒙古志》、1916 年出版了《满蒙产业志》。民政部 1917 年刊行了《矿产调查复命书》。农商省于 1914 年至 1917 年先后出版了《现代蒙古》《东部内蒙古事情》《东部内蒙古产业调查》《东部内蒙古畜产情况》等报告。也出版了一些这一类的个人著作,如中岛辣1916年的《蒙古通志》、柏原孝久、滨田纯一1919年的《蒙古地志》等。

1906年成立的南满洲铁道株式会社(以下简称"满铁"),成立伊始就设立了调查机关,在伪满洲国成立之前它几乎是唯一的实地调查机构,在此后的时期内也一直发挥着研究满洲及蒙古的先锋作用。在满铁的东京分部还设有"东亚经济调查局"。满铁先后刊行了十几种定期或不定期的出版物,仅在这一时期就出版了二百多种"资料"和"报告"。调查对象涉及政治、经济、外交、地理、资源、交通、历史、风俗、语言等领域。

(二) 第二阶段 (1931—1945年)

1931年爆发了"九一八事变",1932年伪满洲国建立,后来在内蒙古也出现了日本的傀儡政权,日本人进入内蒙古地区进行实地调查更加便利。调查、研究的人数增加,研究范围扩大,研究水平有所提高。

满铁的调查机关活动增多,组织也扩大了。所办刊物中,除了"一般经济资料"外,还刊行了名为《苏联极东及外蒙调查资料》的系列刊物。满铁的调查机关对伪满洲国和内蒙古地区的畜产进行了频繁的实地调查,还对手工业、商业、农村牧区社会展开了调查,发表了不少个别报告。

在满铁的调查机关之外,日本人还建立了"善邻协会""东亚研究所""东亚诸民族调查委员会""国立民族研究所"等机构,组织了一些实地调查活动,出版了一些书刊。善邻协会的定期刊物由《调查部旬报》更名为《善邻协会调查月报》,再更名为《蒙古》,一直出到1944年,刊登了大量的时事文章和研究论文。还出版了刊物《蒙古学》,专门登载与人文科学有关的学术研究成果。其附属学术机构"蒙古研究所"出版了两期《蒙古学报》,还出版了几期《蒙古研究丛书》。东亚研究所刊行《东亚研究所报》和《资料》等许多非公开出版物,还组织了1939年的内蒙古地理学调查。东亚诸民族调查委员会1940年设立于帝国学士院,刊行了《东亚民族名汇》、《东亚民族分布图》、《东亚民族要志资料》(4册)等。国立民族研究所成立于1943年,出版了《民族研究所纪要第一辑》。

除此之外,还有一些大学、学会所属的研究机构,它们的研究不止局限于研究室内，而且组织了多次的实地调查活动。例如：1933年的"第一次满蒙学术调查研究团"（团长德永寨康），以热河地区为中心展开地质、考古、人类、生物等方面的调查，后来出版了6部调查报告书；1938年的"京城帝大蒙疆学术探险队"（团长尾高朝雄），以热河、察哈尔、锡林郭勒地区为中心展开经济、动物、植物、地质、地理等方面的调查，后来出版了《蒙疆的自然和文化——京城帝大蒙疆学术探险队报告书》；同年的"京都帝国大学蒙古学术调查队"（团长木原均），对内蒙古全境进行了生物学方面的实地考察，后来出版了木原均的《内蒙古的生物学调查》、宫崎武的《蒙古横断——京都帝大调查队手记》；1940—1941年的"戈壁沙漠学术探险队"（团长多田文男），对浑善达克沙丘地带进行了地理、地质、古史、植物、动物等方面的调查，后来队员们分别发表了论文，作为日志和照片集出版了《戈壁沙漠》一书；1942年的"大兴安岭探险队"（团长今西锦司），对北部兴安岭地区的植物、动物、地形地质等展开了调查，后来出版了今西锦司编的《大兴安岭调查——1942年探险队报告》。另外还应提到两次专门的考古学调查活动，一次是1931年横尾安夫、江上波夫等人对锡林郭勒地区的考察；另一次是赤堀英三、江上波夫等人对乌兰察布等地区的考察。这两次调查的行记、照片等，后来由东亚考古学会蒙古调查班编成《蒙古高原横断记》出版；原计划出版的两卷报告书，后来仅出版了包括地质、古生物、人类学部分的一卷《蒙古高原（前篇）》。也有不少个人到实地进行了各方面的考察，并留下了旅行记或调查报告，如后藤富男、井手俊太郎、水野清一、村冈重夫、竹村茂昭、田村实造、米内山庸夫等人。

这一时期，蒙古语言文字的学习、蒙古文史料的整理利用也受到更多重视。1933—1934年，陆军省出版了3卷本的《蒙古语大辞典》；1940年，小林高四郎的《〈蒙古黄金史〉译注》《〈蒙古秘史〉译注》出版；江实也于1940年出版了《〈蒙古源流〉译注》。

（三）第三阶段（1945—1955年）

第二次世界大战结束后，日本的蒙古史研究因战前相关机构的关闭、相关学会的解散、研究资料的散失等原因而一时消沉。随着国内政治形势和经济条件的逐步好转，日本的蒙古史研究开始复苏。

保存下来的实地调查资料，重新得到了集中整理和出版。其中包括：

今西锦司的《记内蒙古草原的类型》(1951年)、《记内蒙古草原的地理位置》(1952年)、中尾佐助的《内蒙古草原的植物区分》(1950年)、梅棹忠夫的《从生态地理学看内蒙古浑善达克沙丘地带的性质》(1947年)、《关于蒙古的饮料》(1952年)、青木富太郎的《内蒙古喀尔喀右翼旗内的订婚礼、陪嫁物》(1952年)、《内蒙古喀尔喀右翼旗的继承制度》(1955年)、江上波夫的《东亚最初的大主教孟德高维诺的罗马教会遗址》(1951年)、《汪古部的景教系统与墓碑》(1951年)、今堀诚二的《关于鄂尔多斯的封建大土地所有》(1953年)、饭塚浩二的《游牧民的政治地理学》(1947年)、《达赉诺尔与呼伦贝尔》(1953年),等等。

在对以往的研究进行整理、出版的同时,新的研究也逐步展开,各种研究成果不断问世,研究进入了一个新阶段。藤枝晃的《征服王朝》(1948年)、江上波夫的《欧亚大陆北方文化研究》(1951年)、内田吟风的《匈奴史研究》(1953年)、田山茂的《清代蒙古的社会制度》(1953年)、小林高四郎的《〈元朝秘史〉研究》(1954年)、安部健夫的《西畏吾儿国史研究》(1955年)、山田信夫的《东亚游牧民族的世界》(1955年)、松田寿男的《游牧民的历史》(1953年)等著作代表了这一阶段研究的水平。

在这一时期,人们还十分重视考古学成果的利用,波斯文、阿拉伯文、俄文等文献资料的利用,以及中国文献中蒙古史料的整理利用。大谷探险队资料的整理研究、斯坦因敦煌文书缩微胶片的收集、《明实录》中蒙古史料的摘编等工作都开始启动。

这是一个承前启后的时期,很多研究问题已经提出,基本的研究方法已经确立,老一辈学者的研究事业正旺,年青一代学者正在成长。

(四) 第四阶段 (1956年以来)

20世纪50年代中叶以来,日本的蒙古史研究迅速发展。学术机构增加,学术队伍形成梯队,研究范围、学术视角逐步拓宽,研究方法趋向多样化(多学科研究方法的运用),学科知识更加充实,语言能力不断增强(大多数学者能够直接利用汉、蒙古、波斯、藏、满、英、法、俄、德等文种史料和研究成果),学术交流日益扩大。

一些已故学者曾发挥了不可替代的作用,留下了大量重要的研究成果。例如:著作方面,松田寿男1956年出版了《古代天山的历史地理学研究》；山田信夫1957年出版了《游牧国家论批判——内陆亚细亚史序言》；田村实造、羽田明1957年出版了《北亚史》；和田清1959年出版了《东亚史研究—蒙古篇》；小林高四郎1975年、1985年先后出版了《东西文化交流史——以丝绸之路为中心》《蒙古史论考》；青木富太郎1972年出版了《万里长城》；田村实造1967年、1977年、1985年先后出版了《大蒙古帝国》《庆陵的壁画》《中国史上的民族移动期——五胡·北魏时代的政治与社会》，他的3卷本《中国征服王朝之研究》于1964—1985年陆续出版；江上波夫1956年、1967年、1981年、1985年先后出版了《北亚史》《骑马民族国家——日本古代史新说》《鄂伦苏木I——元代汪古部族的都城与瓦砖》《中央亚细亚史》；岩村忍1963年、1968年、1977年先后出版了《元朝秘史——成吉思汗实录》《蒙古社会经济史研究》《中央亚细亚的游牧民族》；田山茂1967年出版了《蒙古法典之研究》；村上正二1968年出版了《苍狼之国》，1970—1976年出版了3卷本的《蒙古秘史——成吉思汗故事》，1977年、1993年又先后出版了《游牧民族国家——元朝》《蒙古帝国史研究》；安部健夫1971年、1972年先后出版了《清代史的研究》《元代史的研究》；爱宕松男1959年、1969年先后出版了《契丹古代史的研究》《亚洲的征服王朝》；萩原淳平1980年出版了《明代蒙古史研究》，等等。此外，还有大量的研究论文刊登在各种学术杂志上。

目前活跃在蒙古史研究第一线的，主要是第二次世界大战之后成长起来的几代学者。

二 研究机构及学者

早稻田大学

该校大学院历史专业设有"东洋史专修室"，吉田顺一任教授，招收硕士生、博士生。吉田顺一教授的研究方向侧重蒙古帝国建立史、蒙古文献研究、游牧文明史等方面。他培养的几批学生已成为日本蒙古史研究的中坚力量。该校另设有项目研究所"蒙古研究所"（2001—2007年），吉田顺一教授任所长，其他研究人员包括该校副教授柳泽明（清代蒙古史）、石滨裕美子（蒙藏关系史）、东北大学副教授冈洋树（清代蒙古史）、广岛修道大学教授宇野伸浩（元代蒙古史）等人。研究任务为：蒙古国乌布苏县蒙古文桦皮文书的保存、处理和研究（与蒙古国科学院历史研究所合作），内蒙古额济纳旗西夏黑水城遗址出土蒙古文文书的研究（与内蒙古大学蒙古学中心合作），畜牧（牧畜）与畜牧社会研究，蒙古学研究文献目录数据库的制作等4项课题。目前已刊行两期《早稻田大学蒙古研究所纪要》。该校2003年设立"亚洲地域文化高级研究中心"，蒙古研究所被归入其中，第三项研究课题与研究中心的课题"近现代内蒙古东部地域社会的变容"合为一项。该项目每年11月下旬召开一次学术讨论会（演讲会或座谈会），出版《演讲会记录》。

吉田顺一教授还开展《元朝秘史》的研究，先后从中国邀请了几位学者进行共同研究。

东京外国语大学

在履修课程（本科3、4年级以上课程）中设有"亚洲地域研究Ⅰ·蒙古地域研究"专业，二木博史任教授，现有博士生、硕士生十几人。二木博史教授主要从事蒙古近现代史的研究。

该校还设有"国立亚非语言文化研究所"，蒙古史方面的研究由中见立夫教授担当。中见立夫教授主要从事蒙古近现代史的研究。

东北大学

该校的"东北亚研究中心"成立于1996年，现有研究人员26人，其中社会科学领域的15人，自然科学领域的11人。所说的"东北亚"，从地域上讲包括俄罗斯西伯利亚及极东地区、蒙古国、中国北部及东北部、朝鲜半岛、日本；从文化上讲包括中国、朝鲜半岛、日本的汉字文化圈、蒙古高原的游牧文化圈、西伯利亚至中国东北部的狩猎文化圈、日本列岛的渔捞文化圈。

蒙古学研究是该中心的研究重点之一，研究范围涵盖语言学、历史学、文化人类学等。在"地域形成研究部门"的"社会构造研究分野"内，是由冈洋树副教授主持蒙古史的研究，他的主要研究方向是清代喀尔喀蒙古的历史。目前他承担着"近现代过程中东北亚各地域变容的诸问题"中的蒙古部分的研究（与俄罗斯、蒙古国、韩国等国学者合作）、"蒙古草原综合研究"（由社会科学、自然科学的研究者共同开展）等项课题。他还带有十几位博士生、硕士生。

筑波大学

该校设有历史人类学系，学系与学部（本科）、大学院（研究生院）

平行，是相近研究领域教师的组织，为教师提供学术研究的场所，教师在所属学系开展研究的同时，还担当学部、大学院的工作。楠木贤道副教授在历史人类学系主持清史、满族史的研究，他的研究方向主要是清初的满蒙关系史。他的门下现有十几位博士生、硕士生。

京都大学

该校文学部（大学院文学研究科）内，杉山正明教授在主持蒙古史的研究。杉山正明教授主要从事蒙元时期蒙古史的研究，注重波斯文史料的运用，对蒙元时期各语种文书的研究相当深入，对蒙元时期蒙古史研究的一些理论问题也提出了新的看法。他门下的学生有学习蒙古史的，也有学习辽史、金史的。

此外还有不少蒙古史学者，大多数分散在各大学中，也有个别人退休在家继续研究。年长一些的学者有：岛田正郎（蒙古法制史）、冈田英弘（东京外国语大学名誉教授，元代和明代蒙古史）、若松宽（日本蒙古学会会长，明代和清代蒙古史）、海老泽哲雄（帝京大学，蒙元时期蒙古史）等人。中青年学者有：大岛立子（爱知大学，元代蒙古史）、森川哲雄（九州大学，明代和清代蒙古史）、原山煌（桃山学院大学，元代蒙古史）、池内功（四国学院大学，元代蒙古史）、北村高（龙谷大学，元代蒙古史）、植松正（京都女子大学，元代蒙古史）、松田孝一（大阪国际大学，元代蒙古史）、宫胁淳子（东京外国语大学，清代蒙古史）、松川节（大谷大学，元代蒙古史）、萩原守（神户大学，清代蒙古史）、村冈伦（龙谷大学，元代蒙古史）、白石典之（新潟大学，蒙古考古学）、樱井智美（明治大学，元代蒙古史）、井上治（岛根大学，明代蒙古史）、中村笃志（山形大学，清代蒙古史）、永井匠（早稻田大学，明代蒙古史）、船田善之（九州大学，元代蒙古史）、四日市康博（九州大学，元代蒙古史）、广川佐保（东京学艺大学，近现代蒙古史）等人。

三　学术团体及刊物

（一）主要学术团体

日本蒙古学会

成立于1971年，首任会长岩村忍，副会长服部四郎、江上波夫。出版《日本蒙古学会会报》，后改为《日本蒙古学会纪要》。现任会长若松宽。每年召开两次学术会议，春季会议于5月中旬在关东地区举行；秋季会议于11月中旬在关西地区举行。学会常设机构现在大阪外国语大学蒙古语研究室，事务局代表桥本胜。

内陆亚洲史学会

成立于1984年，现任会长吉田顺一，事务局设在早稻田大学文学部东洋史专修室，出版会刊《内陆亚洲史研究》，每年1期，2005年当出第20期。

日本阿尔泰学会

俗称"野尻湖忽里勒台"，成立于1964年，常设机构在东洋文库清代史研究室内，联系人楠木贤道。每年7月中旬在长野县野尻湖岸边旅馆召开为期两天的会议。2004年7月18日、19日召开了第41届会议，出席人数50人左右。2005年的7月当召开第42届会议。

（二）主要学术刊物

《史学杂志》，东京大学史学会；

《东洋史研究》，京都大学东洋史研究会；

《东方学报》，京都大学人文科学研究所；

《史林》，京都大学史学研究会；

《东方学》，东方学会；

《史观》，早稻田大学史学会；

《史滴》，早稻田大学东洋史专修室；

《亚非语言文化研究》，东京外国语大学国立亚非语言文化研究所；

《东北亚研究》，东北大学东北亚研究中心；

《史镜》，筑波大学历史人类学会；

《东洋学报》，东洋文库，等等。

编者按：2004年4月至2005年2月，本研究室研究员乌兰博士赴日进行学术访问，归国后应邀于2005年4月12日在本室举办的"民族史论坛"上作了"日本的蒙古史研究概述"学术报告。此次发表时作者作了修订。

[原载《中国民族史研究动态（2005）》，2005年]

日本的《元朝秘史》研究概况

　　日本的《元朝秘史》（以下简称《秘史》）研究始于20世纪初。在100年来的发展历程中，取得了令世人瞩目的成绩。

　　研究从一开始就处于一个很高的起点，首项研究成果《成吉思汗实录》即成为世界上第一部《秘史》的外国语全译注本，且译文、注释水平均可称上乘，其学术魅力至今不减。至20世纪80年代末，出版的日文译本、译注本已达6种之多，多数在世界范围内具有广泛影响。此外，日本学者从多方面对《秘史》展开了研究。文献学方面的研究一直受到学者们的重视，学术争鸣的结果促进了研究的发展。在对《秘史》所载内容本身进行的研究以及利用《秘史》所载内容进行的蒙古帝国史的研究方面，更是有不少著名蒙古史学者投入其中，使《秘史》研究和蒙古帝国史研究一时共进。随着研究的深入，《秘史》作为史书的一些缺陷逐渐为学界所认识。更加谨慎地对待《秘史》所载内容、开展《秘史》与相关史料的比较研究，促进了研究水平的提高。语言学方面的研究，也是日本《秘史》研究的一个重点。从词汇的正确解读，到各种语法现象的阐释；从《秘史》原文的汉语音译用字及音韵特征的总结，到拉丁转写及蒙古文还原，学者们倾注了心血和精力，解决了不少疑难问题。根据《秘史》音译汉字进行拉丁转写的工作，开展得较早，最近又有新成果问世。根据《秘史》明初汉译文来研究元代汉语言的尝试，也见到了较好的成效。其他从文学、民族学、宗教学、社会学等角度对《秘史》进行的研究，也各具特色。下面，就以上几个方面作一简单介绍。

　　日本《秘史》研究的发端，与两位著名历史学者的业绩密不可分，一位是日本"中国学"的代表人物之一内藤虎次郎（内藤湖南），另一位是日本"东洋史学"的主要创始人那珂通世。内藤湖南与中国清朝学者文廷式相识，1899年文廷式访日，二人交谈之中内藤得知文氏家中藏有《秘史》的一种抄本（文氏家藏本抄自盛昱家藏的顾广圻校本），其中带有蒙古文原文的汉字音译文（内藤称其为"蒙文元朝秘史"或"蒙文元秘史"），遂请求文氏归国后抄寄一份。两年后即1901年冬，内藤收到了文氏托人捎来的《秘史》家藏本的转抄本。内藤随即请人转抄一份送给了那珂通世。日本"东洋史学"的名称及构想，是由那珂最先提出的，最终形成了一门独立的学科。所谓"东洋史"，是指以日本以外的东亚诸地域为中心的历史。那珂当时正在撰写《中国通史》（《支那通史》），已写完上古至宋代部分，开始着手准备元代部分，然而却就此止笔，未能续写下去。究其原因，据说是对史料现状的不满足和孜孜以求所致。那珂除《元史》之外，希望能够广泛利用所有东西方的有关史料，尤其渴望能够读到作为根本史料的蒙古文原作，寻求等待之间耽搁了写作。得到《秘史》抄本后，那珂立即投入研究，首先决定将全书译成日文。他先利用有关辞书和语法著作自学了蒙古文，然后着手翻译；同时参考汉文史料和西方著作，作了大量的注释；写出了几十页的"序论"，讨论了《秘史》文献学方面的一些问题，以及古蒙古语和《秘史》汉字音译法等方面的问题。那珂之书于1908年正式出版，题名《成吉思汗实录》。该书不论是译文的质量，还是研究的水平均堪称上乘，因此一经出版便受到学界的欢迎和瞩目，好评不断。该书被誉为日本东洋史学界最早的正式性的学术成果，自然也当之无愧地成为日本蒙古学的奠基之作。同时，作为世界上第一部《秘史》的外国语全译本，那珂之书在世界《秘史》研究领域也具有划时代的意义。

那珂之书的问世，引发了日本学者对《秘史》的兴趣，一时间出了不少研究成果，但大多数为探讨文献学方面问题或研究《秘史》具体内容的论文。第二阶段的译注之作出现于20世纪40年代初。1940年，小林高四郎出版了日文译注本《蒙古秘史》（东京，生活社）。小林的译文质量不错，普遍反映尚可。第三阶段的译本出现于20世纪60年代上半期。1961年，山口修的日译文《成吉思汗实录》（《世界传记全集22》，东京，筑摩书房）出版；1963年，岩村忍的日译本《元朝秘史——成吉思汗实录》（中公新书18，东京，中央公论社）出版。山口修的译本属一种通俗读物，岩村忍的译本不是全译本，不过做得还比较认真。第四阶段的译注之作是村上正二于20世纪70年代陆续出版的《蒙古秘史——成吉思汗故事》1—3 卷（东京，平凡社，1970、1972、1976）。村上之书的价值主要在于注释部分，尤其是史实考订的内容更见功力，所收大量外国学者的观点给利用者提供了参考的方便。第五阶段的译注之作是小泽重男于 20 世纪 80 年代陆续出版的《〈元朝秘史〉全释》上、中、下卷及《〈元朝秘史〉全释续考》上、中、下卷（东京，风间书房，1984—1989）。1997 年，小泽又出版了《秘史》日译文，题名《元朝秘史》（上、下册，东京，岩波书店）。《〈元朝秘史〉全释》及《〈元朝秘史〉全释续考》篇幅宏大，除《秘史》日译文外，还收有汉字音译原文及日语对译、原文拉丁转写、原文畏吾体蒙古文复原、原文八思巴蒙古文复原等项内容。注释主要侧重于语言学角度的研究，几乎各种语法现象都有所涉及，汇聚了作者多年《秘史》及蒙古语言学研究的精粹，是《秘史》语言学研究的集大成之作。

　　文献学方面的研究，成为日本《秘史》早期研究者的主要选择。20 世纪上半期，围绕《秘史》的汉译年代问题、《秘史》的成书以及与《圣武亲征录》《金册》等史书的关系问题、《秘史》的成书时间及地点问题、《秘史》的作者问题、《秘史》原文语种的问题等，学者们展开了广泛的讨论。除那珂通世《成吉思汗实录》的序论外，1902 年，内藤湖南发表了《蒙文〈元朝秘史〉》（《史学杂志》13：3）；1911 年，金井保三连续发表了两篇论文：《〈元朝秘史〉的汉译年代》（《东洋学报》1：2）、《〈元朝秘史〉的汉译年代补考》（《东洋学报》1：3）；同年稻叶岩吉也发表了论文《〈元朝秘史〉的汉译年代辨疑》（《东洋学报》1：3）；1931 年，植村清二发表了《对〈元朝秘史〉跋文的疑问》（《史学杂志》42：7）；1936 年，青木富太郎为《史籍解题》（东京，平凡社）一书写了《元朝秘史》条；1938 年，伊藤雅叙发表了《〈元朝秘史〉考》（《书物展望》8—3）；1951 年，村山七郎发表了《关于〈元朝秘史〉汉字音译本原文的诸见解》（《亚洲语言研究》1）；1951 年和 1954 年，服部四郎发表了《关于〈元朝秘史〉音译本原文为八思巴文之说》（《语言研究》19/20）、《关于〈元朝秘史〉原文的问题》（《语言研究》25）两篇论文；至 1954 年，小林高四郎的专著《〈元朝秘史〉研究》（东京，日本学术振兴会）一书出版，作者在书中回顾了日本《秘史》研究的历史，引经据典地详细考证了《秘史》文献学方面的诸问题，某些方面有所深入。1955 年，植村清二又发表了《〈元朝秘史〉小记》（《东方学》10）一文，再次就《秘史》的成书时间及作者问题提出了自己的看法，引用资料更为充分，考证分析亦属得当。1961年，村山七郎又一次发表论文，阐述了对《秘史》成书年代的看法（《〈华夷译语〉与〈元朝秘史〉成书时间问题的解决》，《东方学》22）；1969年，小林再次撰文就《秘史》成书年代问题作了补充考证（《〈元朝秘史〉编纂年考》，《史学汇刊》2）；冈田英弘1985年撰写了《〈元朝秘史〉之成书》（《东洋学报》66—1·2·3·4）一文，将《秘史》成书时间大致划定在元泰定帝在位期间，2002年他又撰文充实、强调了自己的观点（《〈元朝秘史〉写于何时》，为"第8届国际蒙古学家大会"提交的论文）。除此之外，原山煌于20世纪80年代发表了3篇有关《秘史》十五卷本的论文。其中，《关于〈元朝秘史〉十五卷抄本》（《东洋史研究》39：3，1980）一文，介绍、分析了十五卷本的由来及价值；《关于〈元朝秘史〉十五卷抄本——陆心源旧藏本研究》（《东洋史研究》42：1，1980）一文，介绍了日本静嘉堂文库所藏陆心源旧藏《秘史》十五卷本的情况；《关于陆心源旧藏〈元朝秘史〉十五卷抄本——与苏联本之对校》（《IBU四天王寺国际佛教大学文学部纪要》16，1984）一文，报告了两种十五卷本的校勘结果。

有了带有汉字音译原文的《秘史》抄本和那珂的日文译注本后，大大刺激同时也便利了日本学者对《秘史》本身的内容进行研究，利用《秘史》展开的蒙古帝国史的研究也蔚然成势。研究成果中，留下了不少著名东洋史学者的名字，其中包括：山本守（《〈元朝秘史〉所见"白身"》，《满洲史学》1：1，1937）、小林高四郎（《〈元朝秘史〉"孛黑塔"考》，《善邻协会调查月报》50，1936）、田山茂（《〈元朝秘史〉所见蒙古之社会集团的特征》，《史学研究纪念论丛》，1950）、田村实造（《关于〈元朝秘史〉所见蒙古族的系谱——朵奔篾儿干与海都》，《石田博士颂寿纪念东洋史论丛》，1964）、本田实信（《成吉思汗的十三翼》，《东方学》4，1952；《成吉思汗的千户——通过〈秘史〉与拉施特〈史集〉的比较》，《史学杂志》62：8，1953）、护雅夫（《"成吉思汗国家"形成期的"那可儿"考》，《史学杂志》61：8，1952；《关于〈元朝秘史〉所载"斡孛黑"的词义》，《内陆亚洲研究》，1955）、山口修（《"乞颜"与"孛儿只斤"——〈元朝秘史〉札记（1）》，《东洋文化研究所纪要》2，1951；《"孛斡勒"与"哈阑"——〈元朝秘史〉札记（2）》，《法文论丛》4，1953；《"尼伦"与"迭儿列斤"》，《东方古代研究》3，1954）、村上正二（《成吉思汗帝国建立的过程》，《历史学研究》154，1951；《关于〈元朝秘史〉所见"奄出"（ömčü）的意义》，《和田博士还历纪念东洋史论丛》，1951；《〈元朝秘史〉的世界——苍狼之国的法与社会》，《日本与世界的历史10》，1969；《关于〈蒙古秘史〉第261节所见"马答撒里"与"阿卜秃城"》，《江上波夫教授古稀纪念论集：民族·文化篇》，1977）等人。

随着研究的深入展开，学者们逐渐注意到《秘史》作为史书来说存在的一些缺陷，从史料批判的角度对其进行了研究。1953年，山口修发表《〈元朝秘史〉论序说》（《历史学研究》，166）一文，指出不加留意地径直使用《秘史》所记述的内容是危险的，他通过分析《秘史》产生的历史背景和记述的特征，得出结论：《秘史》的记述受到时代背景的制约，存在类型化人物描写的特征，与史实有距离，借此来了解当时的历史须格外当心。山口的提醒无疑是必要的。1968年，吉田顺一发表了论文《〈元朝秘史〉的历史性——编年史角度的考察》（《史观》78），通过几个事例与《圣武亲征录》《史集》《元史·太祖本纪》等相关史书的比较研究，指出《秘史》的历史记载中存在歪曲和讹误，从编年史角度来看缺陷更加明显（主要指记述成吉思汗与其他部落之间的关系时，往往不顾及年代地将几年内陆续发生的事情合收在一年内集中一次讲完的现象），认为《秘史》的记载本不追求编年体，其作为史书的价值不得不打折扣。作者同时也声明：自己的上述观点并不意味全盘蔑视《秘史》作为史书的价值，也不意味《圣武亲征录》等其他三种史书的记述完美无缺。吉田的分析相当客观、合理，结论也比较实事求是，可以说在学术界产生了一定的影响。吉田此后又连续发表了几篇论文，均为《秘史》与其他相关史书的比较研究：《关于罗桑丹津〈黄金史〉所引用的〈蒙古秘史〉》（《东洋学报》55—1，1972）、《罗桑丹津〈黄金史〉与佚名〈黄金史〉》（《史观》89，1974）、《〈阿萨拉黑齐史〉与〈蒙古秘史〉》（《日本蒙古学会会报》9，1978）、《〈元史·太祖本纪〉之研究——主要针对先祖传说》（《中国正史之基础研究》，1984）、《泰亦赤兀惕部众之归降——〈圣武亲征录〉、〈史集〉、〈元史·太祖本纪〉之比较研究》（《亚洲史相关编年史之研究》，1986）、《关于"阔亦田"之战》（《第5届国际蒙古学家大会论文集》第1卷，1992）。作者有意通过对具体历史个案进行精审的史料比较研究，整理出更为接近于史实的蒙古帝国建国史。继吉田 1968 年的论文之后，冈田英弘于 1970 年发表了《〈元朝秘史〉——一部伪历史小说》(《第三回东亚阿尔泰学会会议记录》，台湾大学)，对《秘史》的史书地位提出了质疑。

语言学方面的研究，主要分为 3 个方面：对《秘史》蒙古语的研究、对《秘史》音译汉字的研究及拉丁转写、对《秘史》汉译语言的研究。《秘史》蒙古语研究方面的基本情况如下：小林高四郎于 1937 年发表了 3 篇论文——《关于〈蒙古秘史〉的语言》(1—3)(《善邻协会调查月报》56、57、58)。服部四郎有两篇词语考释文章，一篇为 1957 年的《关于〈元朝秘史〉中的"呫连"》(《阿尔泰研究》)，另一篇为 1974 年的《〈元朝秘史〉中的"古温"一词——关于〈秘史〉蒙古语音再构之方法》(《宇野哲人先生白寿祝贺纪念东洋学论丛》)。村山七郎在 20 世纪 50 年代初至 60 年代初发表了几篇有关《秘史》蒙古语言研究的文章，依次为《关于〈元朝秘史〉蒙古语中的词尾-s》(《语言研究》19·20，1951)、《关于〈元朝秘史〉中的两个单词 ha'ul 与 qa'ul》(《亚洲语言研究》3，1952)、《〈元朝秘史〉蒙古语之研究 (1)——〈元朝秘史〉蒙古语夺格的用法；(2)——〈元朝秘史〉汉字音译年代问题》(《内陆亚洲研究》，1955)、《中世蒙古语诸问题 (1)—(2)》(《东洋学报》43：1·2，1960)。小泽重男的《秘史》蒙古语研究已逾半个世纪，著述颇丰，成绩最为显著。其最早的论文《关于〈元朝秘史〉蒙古语副动词词尾-run》，发表于 1952 年 (《东京外国语大学耕文会会报》)，最近的研究成果为 2000 年出版的《〈元朝秘史〉蒙古语文法讲义续讲》(东京，风间书房)。他的 6 卷本巨著《〈元朝秘史〉全释》及《〈元朝秘史〉全释续考》，代表了日本《秘史》蒙古语研究的最高成就，且具有世界性的影响。20 世纪 70 年代，桥本胜就《秘史》蒙古语研究的问题和方法发表了两篇论文，分别为《〈元朝秘史〉蒙古语研究的若干问题点》(《亚非语法研究》1，1972)、《〈元朝秘史〉蒙古语研究的课题和方法》(《中央欧亚文化研究的课题和方法》，1975)。此外，还有一些相关文章：小贯雅男的《〈元朝秘史〉与现代喀尔喀蒙古语 (1)——关于词尾"秃"和"台"》(《大阪外国语大学学报》16，1966)；栗林均的《关于〈元朝秘史〉与〈华夷译语〉与位格词尾的分写规则》(《语言研究》121，2002)、《〈元朝秘史〉蒙古语与汉语人称代词的对应》(《东北亚研究》7，2003)；盐谷茂树的《〈蒙古秘史〉动词对-üderi-/-üderid-之末尾-d-的考释》(《语言学研究》10，1991）等。

《秘史》音译汉字的研究方面，作为专项研究成果，主要有 1946 年出版的服部四郎的《〈元朝秘史〉音译蒙古语所用汉字的研究》（东京，文求堂）一书，该书反响不错，多为后人所参考。另外，小泽等人的著作中对这方面的问题也有不同程度的涉及。原文拉丁转写是《秘史》研究中难度较大然而必不可少的课题。日本首部《秘史》拉丁转写本是 1943 年出版的白鸟库吉的《音译蒙文〈元朝秘史〉》（东洋文库），白鸟的尝试在日本具有开拓性意义，然而尽管取得了一些成绩，但终因时代局限等原因，其转写中存在不少需要改进之处。2001 年，栗林均与内蒙古大学蒙古语言学者确精扎布合作完成的《秘史》新转写本《〈元朝秘史〉蒙古语词汇·词尾索引》（《东北大学东北亚研究丛书》4）出版，该书中所收《秘史》原文拉丁转写部分，参考、吸收了世界上前人研究成果的长处，转写质量有一定提高。小泽重男的《〈元朝秘史〉全释》及《〈元朝秘史〉全释续考》中，亦收有对原文的拉丁转写，所遵循的已基本是伯希和（Paul Pelliot）、罗依果（Igor de Rachewiltz）等人的转写规则，具体问题的处理上有所改进。原文复原方面，尽管尚未见专门的《秘史》全蒙古文复原本，也还是出了一些研究成果。1939 年，服部四郎与内蒙古呼伦贝尔蒙古人都嘎尔扎布的合作研究成果《蒙文元朝秘史第一卷》（东京，文求堂）出版；小泽的《〈元朝秘史〉全释》及《〈元朝秘史〉全释续考》中，附有《秘史》原文的畏吾体蒙古文复原内容。

对《秘史》汉译语言的专门研究，在日本始于 20 世纪 70 年代，是一个较新的研究方向。山川英彦 1976 年发表了《〈元朝秘史〉总译语法札记》（《名古屋大学文学部研究论集》67，文学 23）一文，对《秘史》总译中反映出的一些特殊语法现象（即元代硬译文体的一些特征）进行了归纳、分析，论证、结论基本得当。自 1987 年至 1997 年，山川又连续发表了几篇相关论文：《余志鸿〈蒙古秘史特殊语法〉读后》（《神户外国语大学论丛》38—7，1987）、《〈元朝秘史〉蒙古语动词终止形词尾与其汉语对译的试比较研究》（《神户外国语大学论丛》40—5，1989）、《〈元朝秘史〉傍译中蒙古语名词格词尾之汉语对译的研究》（《神户外国语大学论丛》47—1—4，1996）、《〈元朝秘史〉傍译中的时态助词"了"》（《神户外国语大学论丛》48—5，1997）。佐藤嘉之 20 世纪 90 年代前期发表了两篇相关论文：《关于〈元朝秘史〉与〈华夷译语〉总译中的

"么道"》(《早稻田大学大学院文学研究科纪要别册》20，文学·艺术学篇，1993)、《关于〈元朝秘史〉总译中出现于句尾的"有"》(《早稻田大学大学院文学研究科纪要别册》21，文学·艺术学篇，1994)。

从文学、民族学、宗教学、社会学等其他角度对《秘史》展开的专项研究，尽管数量不算多，但还是可以各具特色。研究成果主要有：羽田亨的《关于〈元朝秘史〉所见蒙古之文化》(《艺文》8—12，1917)，后藤富男的《关于〈元朝秘史〉所见蒙古人的婚姻》(《善邻协会调查月报》49，1936)，佐口透的《蒙古文〈元朝秘史〉文学、民族学之研究》(《人文》3—1，1949)，莲见治雄的《〈元朝秘史〉的口传文艺之研究(1)——关于帖木真与札木合的分离》(《东京外国语大学论集》28，1978)、《〈元朝秘史〉的口传文艺之研究(2)——孛端察儿之马为何尾短的原因》(《东京外国语大学论集》30，1980)，原山煌的《蒙古狩猎考》(《东洋史研究》31：1，1972)、《忽亦勒答儿之葬——关于〈蒙古秘史〉所见一事件》(《史林》57：3，1974)、《与〈元朝秘史〉所见"出烟孔"(*erüge)相关的两个主题》(《江上波夫教授古稀纪念论集：民族·文化篇》，1977)，梶村昇的《〈元朝秘史〉所见蒙古人的信仰》(《亚洲研究所纪要》5，1978)，土屋顺一的《关于〈元朝秘史〉中与狗有关的情节》(《日本蒙古学会纪要》22·23，1993)，渡边隆宏的《关于〈元朝秘史〉所见鱼类》(《日本蒙古学会纪要》30，2000)等。

日本学者一贯比较关注其他国家学者的相关研究，这一点不仅反映在他们的研究成果中，数量不少的评论文章以及学术译文也是很好的证明。例如，对于海涅什(H. Haenisch)1935年版的《蒙古秘史》，就有石滨纯太郎(《海涅什氏〈元朝秘史〉》，《东洋史研究》3—5，1938)、野村正郎(《海涅什〈元朝秘史〉》，《语言研究》3，1939)的评论文章；而小林高四郎对其1941年版的《蒙古秘史》作了评论(《海涅什译注〈元朝秘史〉》，《东洋学报》32：4，1950)，服部四郎则对其1939年版的《〈蒙古秘史〉词典》作了评论(《海涅什〈蒙古秘史词典〉》，《语言研究》5，1940)。小林还就伯希和的《〈蒙古秘史〉第1至6卷的原文转写及法译文》(巴黎，1949)写了评论文章(《关于伯希和教授的〈元朝秘史拉丁转写及译注〉》，《游牧民族的社会与文化》，1952)。对鲍国义的英文译本《〈蒙古秘史〉研究》(印第安纳大学，1965)，桥本胜、冈田英弘分别发表了评论文章(《鲍国义的〈元朝秘史研究〉》，《东洋学报》52：3，

1969；《鲍国义的〈元朝秘史研究〉》，《亚非语言文化研究》2，1969）。服部四郎还评论了斯垂特（J. R. Street）的《〈蒙古秘史〉的语言》（纽黑文，1957）一书（《斯垂特的〈蒙古秘史的语言〉》，《语言研究》34，1958）。译文方面，小泽重男的用心最多，他曾翻译蒙古国学者丕尔烈（X. Пэрлээ）的文章，题名为《〈元朝秘史〉所见地名、水名考——附"阿阑·豁阿"一语考》，登载于《游牧社会史研究》第 39 号（1970年），后来他又翻译了中国学者亦邻真的《〈元朝秘史〉及其复原》（《元朝秘史》畏吾体蒙古文复原本之导论，呼和浩特，1987）、巴雅尔的论文《关于〈蒙古秘史〉的编写者、音译者和翻译者》，分别登载于《日本蒙古学会纪要》第 20 号（1990）和第 21 号（1991）。1990 年，原山煌发表《亦邻真〈元朝秘史〉畏吾体蒙古文复原本评介》（《东洋史研究》49—1）一文，给予了高度评价。

除了专项研究之外，日本学者的其他研究成果中也有不少零散涉及《秘史》的内容。日本《秘史》研究方面的成绩和不足，都是一面镜子，对照镜子取长补短，有助于我们的《秘史》研究取得更好的成绩。

[原载《中国民族史研究动态（2004）》，中国社会
科学院民族学与人类学研究所，2004 年]

日本における『元朝秘史』研究の歴史をたずねて

―― 早稲田大学で過した研究生活の回顧として

　私は、日本学術振興会と早稲田大学文学部の吉田順一教授の招聘により、日本学術振興会の「外国人招聘研究員（長期）」として、2004年4月5日から2005年2月4日まで早稲田大学文学部吉田研究室にて10ケ月の共同研究を行った。この10ケ月の研究生活を回顧するに、とても充実したものであり、大きな成果を得ることができた。そして、期待していた目的を基本的に達成することができたと思う。

　今回の吉田教授との共同研究のテーマは『「元朝秘史」総合的研究』である。吉田教授は40年ほど前から『元朝秘史』（『モンゴル秘史』、『蒙古秘史』とも言う）の研究を始め、数多くの研究成果を挙げ、学界に広い影響を与えている。近年、吉田教授は、私の同僚でもある中国社会科学院の民族学・人類学研究所の孟達来氏と共同研究を行い、『元朝秘史』に見られるモンゴル遊牧文化関係語彙を抽出して分析し、モンゴル帝国当時におけるモンゴル遊牧文化の状況を明らかにすることを目的とする研究をしてきた。現在、私は中国社会科学院の『「元朝秘史」研究』という重点研究課題を担当し、『元朝秘史』に対する原文のローマ字転写、中国語訳＝注釈の完成、及び文献学研究を主とする導論の執筆を目的として研究を進めている。

　現存の『元朝秘史』という本の内容はおよそ13世紀前半期に書かれたものであり、モンゴル人が自分の歴史を初めて記録したものである。その内容は、主にモンゴル黄金家族の始祖と見做すボルテ＝チノからチンギス＝ハーンまでの家族小史、チンギス＝ハーンの一生の事跡及び彼の継承者オゴダイ＝ハーンの在位期間の歴史から成っている。『元朝秘史』の創作スタイルについては、文学的色彩が濃厚であることが指摘できる。そのチンギス＝ハーンの先祖史の部分は、大部分が口承文学風の物語を記録したものである。また、当時の多くの歴史事件が文学的処理によって物語化されている。これにもかかわらず、『元朝秘史』はやはり古代モンゴル史、特に大モンゴル国の歴史、引いてはモンゴルの史学思想史を研究するため重要な文献であり、その価値は揺るがない。一方、当然のことではあるが、『元朝秘史』は、同時に古典モンゴル語、モンゴル文学、モンゴル人類学、社会学など様々な分野の研究対象ともなっている。現存の『元朝秘史』は一部の特殊な史書である。282節に分かれており、すべての節は正文・傍訳・総訳という三つの部分から成っている。正文とは中国文字で音写したモンゴル語の原文を、傍訳とは正文の単語に付けた中国語の対訳を、総訳とは節末に位置する当該節の中国語抄訳を、それぞれ指している。正文・傍訳・総訳は14世紀の後半期に完成されたと考えられ、現存『元朝秘史』は当時の中国語の研究（音韻、文法、方言などを含む）にとっても重要な意義を有している。

　『元朝秘史』に対する研究は、中国・ロシア・日本などの国で比較的早く始まったが、進展情況はそれぞれの国において異なっている。中国では、研究者の数、研究成果の量ともに世界でも群を抜いており、大家と大作は枚挙にいとまがない。しかしながら、現在に至るまで、満足のいくような、学術レベルの高い中国語による訳注は、まだ出版されていない。ロシアでは、『元朝秘史』の研究が盛んな時期もあったが、最近の数十年についていえば、注目される進展はないようである。一方、日本では、『元朝秘史』の研究が20世紀の初めごろから着手されている。最初の研究者は、日本東洋史学の首唱者那珂通世である。氏によって、日本における最初の研究成果である日本語訳注本『成吉思汗実録』が1907年に刊行された。この巨著によって日本におけるモンゴル史研究は誕生したといってよい。それだけではなく、着手されたばかりの日本における『元朝秘史』研究を一挙に世界でリードする位置まで高めたのである。その後、日本の研究者たちは、各方面から『元朝秘史』

を研究し始め、多くの成果をつぎつぎと世に問うていく。邦訳と注釈に限っても、『成吉思汗実録』に続いて1940年代初めから80年代末にかけて、小林高四郎・村上正二・小沢重男の各氏による訳注本が相継いで出版され、研究を大いに推進した。今世紀初めに至って、栗林均氏による『「元朝秘史」モンゴル語全単語＝語尾索引』が出版され、研究者たちの利用に便宜を与えた。日本の学者たちの研究は、他の国々のそれと比較して、総合的で、しかもレベルが高い。これが、日本における『元朝秘史』研究を、自身の研究における主要な参考対象として設定した理由である。

　日本に来る前、共同研究のテーマを設定したが、それと同時に、具体的な研究内容についても吉田教授と相談して決定した。研究内容としては、日本における研究状況の把握、関連研究論文・資料等の収集、『元朝秘史』研究者との学術交流、吉田教授との定期的な研究会の開催が挙げられる。以下、具体的な実施内容を述べていきたい。

　まず、吉田教授から受けたご教示と自身で事前に収集しておいた情報に基づいて、那珂通世『成吉思汗実録』「序言」、『那珂通世遺書』「那珂通世博士伝」、及び内藤湖南『蒙文元朝秘史』などにみえる関連記事を調査した。また、小林高四郎『元朝秘史の研究』を参照しながら、日本における『元朝秘史』研究の最初期に関する詳しい情況と1960年代の初めごろまでに進展した情況を把握した。次に、原山煌『「元朝秘史」関係文献目録』（―1977）を基礎にして、『東洋学文献類目』・『日本に於ける中央アジア関係文献目録（1879年―1987年3月）』・『史学雑誌』「文献目録：東洋史」など文献目録類を用い、その上、インターネットにある関係情報も活用して、新たに『日本「元朝秘史」研究成果目録（1907―2004）』を完成させた。この目録を編集することによって、私は1960年代から現在までの日本における『元朝秘史』研究の全貌を把握することができ、資料収集の作業を要領よく進めることができた。

　資料の調査・収集の対象は、主に『元朝秘史』各種版本、日本における『元朝秘史』研究文献であるが、中国国内に所蔵されていない、或いは閲覧・入手が容易ではない日本以外の国々の研究文献もできるだけ収集するよう努めた。『元朝秘史』各種版本については、事前調査によって得られた情報により、「内藤本」（京都大学人文科学研究所所蔵）、「那珂本」（筑波大学図書館所蔵）、「早稲田本」（早稲田大学中央図書館所蔵）の三つの版本を実見の上、調査を行い、三者の関係をより明瞭にすることができた。文廷式という清末の中国文人が1902年に内藤湖南に贈った抄本（十二巻本、底本は盛昱が収蔵していた顧広圻の監校本である）を「内藤本」と言い、その第一巻には文廷式自身の書いた書き込みが数ヶ所ある。「那珂本」は「内藤本」を底本とする抄本で、内藤湖南が人に謄写させてから那珂通世に贈ったものである。那珂通世はこの抄本に基づいて『成吉思汗実録』を完成させた。「早稲田本」というのは「那珂本」を底本とする抄本を指し、後に早稲田大学の所蔵となったものである。「那珂本」と「早稲田本」は、「内藤本」と異なり、第一巻に文廷式の書き込みが見られない、しかし抄本全体に朱字で直した箇所（新たに写した時できた誤りを訂正したもの）が多数存在している。この三つの版本のほか、「陸心源本」（東京静嘉堂文庫に所蔵）を実見の上、調査した。以前は、他人の論文における版本に対する紹介と原文に対する部分的校勘のみから、これらの版本について間接的な知識を得ることしかできなかったが、今回原物を調査することができて、ようやく直接的かつ全面的な版本情報を得ることができた。今後『元朝秘史』に対して諸版本の校勘を行う際には、「陸心源本」を重要な対校本の一本として利用するつもりである。日本における『元朝秘史』関係研究文献の収集に当たっては、中国での閲覧・入手が容易ではないもの、あるいは特に図書館を始めとする研究機関に所蔵されていないものや煩瑣な手続きによって簡単に利用できないものをできるかぎり複写によって入手した。同様に、中国では閲覧・入手が困難な日本以外の他国の研究成果も部分的に複写によって入手した。そのほか、吉田教授を始めとする日本の研究者からも必要とする資料を提供していただいた。

　　資料の調査・収集を進めるに随って、独力では解決できない問題に直面したが、主に吉田教授の指導と協力によって解決することができた。例えば、小林高四郎氏が『元朝秘史の研究』の第20頁に「夙くは神谷衡平教授の蒙古字文秘史の草稿が完成してゐた由である。が、深く筐底に蔵されて公刊されなかった」と述べている。この「蒙古字文秘史の草稿」がその後どうなったことについて関心を抱いていたが、いくら資料を調べても解答が得られなかった。この問題については、吉田教授が関係者に連絡を取ることによって、解答を得ることができた。神谷衡平氏の弟子に当たる小沢重男先生によると、小林氏の上述の説明には恐らく間違いがあるということである。その根拠は、下記の通りである。第一に、小沢先生自身、この「蒙古字文秘史の草稿」のことについて神谷衡平氏からも、他の人からもかつて聞いたことがない。第二に、神谷衡平氏はもともと中国語の教師であり、モンゴル文字をきれいに書くことはできたとしても、モンゴル語で『元朝秘史』を復原することができたかどうかとやや疑問がある。第三に、東京外国語大学モンゴル学科で当時読んでいた『元朝秘史』のモンゴル語復原本は、とりもなおさず白鳥庫吉の『音訳蒙文元朝秘史』であった。もう一つの例として、次のようなことがあった。ある日早稲田大学の中央図書館で資料を捜している際、私は『蒙古秘史』という題名を持つ線装本に気づいた。帙が普通のものより薄いと思って開いて見たところ、『元朝秘史』の抄本そのものではなく、ある人が『元朝秘史』を研究する時に残した原稿と判断された。内容は十二巻本の第一巻から第四巻までであり、正文と傍訳（傍訳を写さなかった部分もある）の右側にモンゴル語の復原文が書き加えられてあり、その右側にところどころ邦訳も付けられている。しかしながら、原稿を作った人の名前が書かれておらず、ただ寄付者の名前として「寺田利邦」と書かれているだけで、これ以上詳しい情報はなかった。その後、吉田教授に寺田利邦氏と連絡を取っていただき、間もなく寺田氏から返事が届いた。その返事に同封された寺田利光氏（寺田利邦氏の父親に当たる）の筆跡のコピーを、原稿と上部の余白に書かれた注釈の筆跡と突き合わせて分析したところ、この写本は、おそらく寺田利光氏が東京外国語大学モンゴル語学科で授業を受ける時に講義の筆記に基づいて作ったものであるとの結論に至った。

　日本に滞在している間、電話や電子メールで、或いは研究会・学会に参加する機会を利用して、関連する研究者たちと学術交流をしてきたが、とくに小沢重男・原山煌・岡田英弘・栗林均の諸氏を訪問し、『元朝秘史』研究について意見交換を行うことができた。小沢先生は、現在の日本において、『元朝秘史』研究の第一人者であり、1950年代の初めごろから50年間のあいだに『元朝秘史』について多数の研究著作や論文などを発表し、1980年代には、それまでの研究成果を集大成した大作、『元朝秘史全釈』（6冊）を続々と出版し、近年また『「元朝秘史」文法講義』及び『「元朝秘史」文法講義続考』を出版した。小沢先生は、私にとって恩師でもある。私が1980年代の半ばごろ東京外国語大学モンゴル語学科に留学した時、小沢先生に指導教官を担当していただいたのである。当時、先生の『「元朝秘史」特別講義』という授業に出席したことは、非常に貴重な経験である。現在、先生は高齢で、体調もあまり良くないにもかかわらず、なお筆を置かずに研究を続けられており、深く敬服するところである。今回先生との意見交換を通じて、先生が日本の若い世代の研究者たちに寄せている大きな期待を強く感じることができた。先生からの、「若い人は前の高い壁を恐れずに乗り越えれば大いに進歩できる。もし私が当時服部四郎先生を超越する勇気を持っていなかったら、これまでの業績を残すこともなかった。私のこれらの業績は後世の人々が立ち止って進まない理由とされるべきではなく、新しく乗り越える目標にすべきである」という話は、強く印象に残った。原山氏は『元朝秘史』の版本目録学に精通し、1970年代の後半に『「元朝秘史」関係文献目録』を出版した。さらに「陸心源本」を初めて本格的に研究し、『元朝秘史』十五巻本にも良い抄本が存在することを指摘した。原山氏の話によると、同氏は、現在十全な『元朝秘史』研究文献目録を整理しているところで、近い将来に完成させることができるとのことであった。これは非常に意義のある作業であり、研究者の利用に大いに便宜を与えることになるであろう。同氏は、中国各地に所蔵されている『元朝秘史』の諸版本について、できるだけ早く利用環境が改善され、大々的に研究に利用されるようになることを期望している。私も、この問題については、非常に同感である。岡田氏は1970年代の初めごろ『元朝秘史』の性格及び書かれた時期に関する論文を発表し、独自の見解を提出した。岡田教授が1968年に論文で『元朝秘史』の歴史性に対して疑問を出したことに続いて、『元朝秘史』を「一部の歴史を偽造した小説」であると形容した。『元朝秘史』の成立した時期についても、他の研究者の見解のそれより百年近く遅く成立したと結論づけている。それから30年後、同氏は2004年9月にモンゴル国の首都ウラーンバートルで開催された『モンゴル帝国：成立・発展と崩壊』という国際シンポジウムにおいて更に自分の見解を補強した。学界に様々な見地が存在することはむしろ正常な現象で、見地の異同が思考の筋道を啓発し、研究を深化させることができると思う。栗林氏は長い間、古典モンゴル語の研究に従事し、主に『元朝秘史』を研究対象或いは資料として研究を行っている。同氏は2001年に内モンゴル大学のチョイジンジャブ教授と一緒に『「元朝秘史」モンゴル語全単語＝語尾索引』を出版した。これは現在最も利用しやすい転写・索引である。同氏も原山氏と同じように、中国に所蔵されている『元朝秘史』諸版本の利用環境が改善され、その中の重要なものが写真版で出版されることを期待している。これは非常に重要な問題であり、その解決には各方面の努力と協力が必要であろう。

　吉田教授との面会はおおよそ週一回或いは隔週一回行った。その場においては、主に吉田教授に最近の研究情況を報告したり、疑問点について意見を請うたり、研究の次の段階について相談したりした。このような通常の面会のほか、特別な仕事が二回あった。一つは、吉田教授が予定していた国際会議発表の草稿について意見を求められたことである。吉田教授は、2004年5月初めごろ中国中央民族大学主催の『モンゴル文献国際シンポジウム』での『「モンゴル秘史」研究のみちのり』と題する研究発表を行ったが、これに先立つ4月23日に、早稲田大学大学院において同内容の特別講義を行った。この際、私もコメントを求められ、聞き手に自分の見解をより深く理解してもらうため、研究者の専門分野に従って論証を始める前に、歴史文献学の知識を概観しておいたほうがよいとの意見を提出した。もう一つは、2004年11月9日に、『元朝秘史』研究について、吉田教授にインタビューさせていただいたことである。約一時間、吉田教授はそれまで書かれた論文の目的、主な見解について紹介し、研究の所感を語り、今後の研究計画を述べ、最後に学界に対する展望を提出された。吉田教授は40年前から『元朝秘史』に関する研究し始めたが、当時は日本における関連研究は文献学、言語学からなされたものがほとんどであり、歴史学の立場からの研究はまだ比較的手薄であった。特に、史料批判や史料分析の面において不十分であったことが指摘される。吉田教授は『元朝秘史』精読の成果を基礎にして、関係する史書との比較研究を通じて『元朝秘史』の史事を記述する特徴――例えば物語風の記述方法などを抽出し、更に『元朝秘史』の年代記としての歴史性について疑問を提出した。その後、この見解は、学界で注目されるようになった。その後、引き続き研究を深めていき、相継いで数篇の論文を発表し、その見解が学界に認められるに至ったのである。吉田教授は自身の研究所感について、『元朝秘史』に書かれた内容をより深く、正しく理解・研究するため、今後文学面からの研究も本格的に行われるべきであると述べられた。というのは、『元朝秘史』の史事を物語風に記述する特徴をはっきり認識して初めて、その述べられている史事を正しく理解できるからである。この問題は、またモンゴル人の歴史観にも関わっているので、モンゴル人の歴史観を徹底的に研究することは、モンゴル語文献の研究にとって極めて重要であると指摘された。吉田教授は、また、モンゴル人研究者に大きな期待を抱いており、エルデンテイ他『「蒙古秘史」詞彙選釈』やイリンチン『「元朝秘史」ウイグル式モンゴル文字の復原』のような佳作が次々と出版されること、特に古代モンゴル人の歴史観の研究やモンゴル語諸方言の辞書の編纂においても、モンゴル人が自分たちの役割を果たすことを希望している。私は、この話を聞いて大いに啓発され、多くの問題に対する認識が一層明らかになり、将来の研究についても新しい展望をもつことができた。

　要するに、日本の『元朝秘史』研究者たちとの学術交流を通じて、以前把握できていなかった或いは詳しく把握できていなかった情況を把握することができ、研究の視野と思考の筋道も広くもつことができるようになった。この意味で、今回の訪問中の学術交流は、今後の研究にとって非常に有意義なものであったといえる。

　今回の研究期間中に執筆したものとしては、『日本「元朝秘史」研究成果目録（1907—2004）』のほか、『日本における「元朝秘史」研究の概況』と『「元朝秘史」の中の「馬阿里黒＝伯牙兀歹」という言葉について』がある。前者は、中国社会科学院の民族学・人類学研究所の『中国民族史研究動態』第2巻（2004年秋）に掲載され、後者は早稲田大学東洋史懇話会の『史滴』第26号（2004年12月）に掲載された。

日本に滞在している間、関連する学会・シンポジウムに数回参加する機会があった。第一に挙げたいのが、2004年7月17日から20日まで、長野県の野尻湖で「日本アルタイ学会」主催の『第41回野尻湖クリルタイ』への参加である。私にとっては、18年ぶりの参加となる。私は、この学会において、『「元朝秘史」の中の「馬阿里黒＝伯牙兀歹」という言葉について』という題目で発表した。ほかに参加した学会・シンポジウムには、「日本モンゴル学会」主催の『日本モンゴル学会2004年度春季大会』（5月1日、於亜細亜大学）、早稲田大学「21世紀COEプログラム アジア地域文化エンハンシング研究センター」主催の『国際シンポジウム「アジア地域文化学の構造Ⅱ」』（2004年10月30日～31日、於早稲田大学）、早稲田大学モンゴル研究所主催・21世紀COE関連『国際シンポジウム「近現代に於ける内モンゴル東部地域の変容Ⅱ」』（2004年11月27日、於早稲田大学）、東京外国語大学アジア・アフリカ言語文化研究所主催の『中央ユーラシア史研究のあらたな展望』（2004年12月17日、於東京外国語大学アジア・アフリカ言語文化研究所）、和光大学総合文化研究所・「モンゴル民族文化基金」共催の『和光大学モンゴル学術祭』（2004年12月22日、於和光大学）、「元代文書史料研究会」主催の『元代文書史料研究会第5回研究報告会』（2004年9月17日、於早稲田大学）、『元代文書史料研究会第6回研究報告会』（2005年1月7日、於早稲田大学）などがある。これらの学会・シンポジウムで発表された論文や研究報告の内容は、モンゴル帝国時代から20世紀前半期までのモンゴル史に関わり、モンゴル帝国史や近現代のことに重点を置いたものが多くを占める。これらの研究発表を通じて、専門分野・学術情報の両面で大きな収穫を得ることができた。また、同時に、関係の研究者たちとの学術交流も拡げることができた。さらに、日本の学会・シンポジウムを開催するノウハウが強く印象に残った。効率を追求する日本の学会・シンポジウムの手法は、まさに中国の学界が学ぶべき点であろう。

　2004年5月の初めごろから7月の下旬まで、私は吉田教授のモンゴル史ゼミ（週一回）に参加し、大学院生たちの研究発表を聴講した。毎回の発表に対して私自身もコメントを求められた。このゼミを通じて、早稲田大学におけるモンゴル史の教育と研究に対する理解が深まっただけではなく、今後の自身の大学院生教育において、大いに参考となった。また、日本語のヒアリング能力を向上させることにおいても有益であった。このほか、2004年12月15日には、文学部柳澤研究室主催の『東アジアの法と外交講演会』（テーマカレッジ）に参加した。この講演会では、東北大学東北アジア研究センターの岡洋樹助教授による『清朝の帝国支配とモンゴル』という学術講演を聴講し、学問の視座の面で大いに啓発された。

　10ヶ月の間、私は東洋文庫で隔週一回開催されている「内国史院档研究会」、及び早稲田大学文学部東洋史専修室で月一回開催されている「元代文書史料研究会」に、継続的に参加していた。学術色の濃い雰囲気の中、参加者全員が共同で、史料を一字一字、一行一行、緻密に会読し、問題点を議論して解決する過程から、多大な刺激を受けた。

　資料調査・収集は、主に早稲田大学の図書館と東洋文庫において行った。そのほか、東京では、東京外国語大学図書館・拓殖大学図書館・東京大学の総合図書館と東洋文化研究所図書館へも赴いて必要な資料を調査・収集した。また、資料収集と研究者訪問を目的として、地方へ三回調査旅行に出かけた。第一回は仙台を訪問した。2004年8月に仙台へ行き、東北大学東北アジア研究センターで栗林均教授と岡洋樹助教授を訪問し、岡助教授の案内により、東北大学図書館で資料を調査した。第二回は、9月下旬に、関西を訪問した。初日は大阪で桃山学院大学文学部の原山煌教授を訪問した。翌日、大阪外国語大学外国語学部の橋本勝教授を訪問し、先生の案内により、大阪外国語大学図書館の「石浜文庫」蔵モンゴル関係資料を調査した。その後、京都を訪問した。まず、京都大学文学部の杉山正明教授を訪問し、先生の手配により、文学部図書館・人文科学研究所図書館・羽田記念館を訪問し、『元朝秘史』「内藤本」、『蒙古源流』「塔清阿本」の複写を調査した。その後、龍谷大学文学部の北村高教授を訪問し、先生の案内により、龍谷大学図書館所蔵の大谷探検隊の将来品を見学し、モンゴル史関係の資料を調査した。第三回は茨城県を訪問した。2004年11月11日、筑波大学歴史・人類学部の楠木賢道助教授を訪問し、先生の案内により、筑波大学図書館で『元朝秘史』「那珂本」の原本を実見したほか、関連資料を調査した。諸先生の協力により、調査旅行を順調に終えることができた。

各大学を訪問した際、以下のような報告・講演を担当した。東北大学東北アジア研究センターで岡洋樹先生の院生たちに『中国に於けるモンゴル史研究の概況と自分の「元朝秘史」関係研究』と題する学術報告を、桃山学院大学文学部で原山先生の院生たちに、筑波大学歴史・人類学部で楠木先生の院生たちに、東京外国語大学外国語学部（モンゴル学）で二木博史先生の院生たちに、『中国に於けるモンゴル史研究の小史と現状』と題する学術報告を、それぞれ行った。

　学術活動以外では、暇を見付けて夫と一緒に、興味をもった社会活動にも参加した。2004年5月1日には、東京光が丘公園で行われた「モンゴル春祭り」に参加し、モンゴルの伝統的な音楽を聞いたり、朝青龍を始めとするモンゴル出身の相撲力士たちと面会したりして、日本におけるモンゴル人の活動に触れることができた。7月下旬には、仙台でお盆祭りのパレードを参観した。11月の初めごろ、神保町の「古本祭り」に行って関係ある資料を入手することができた。12月中旬、早稲田大学で「日本モンゴル協会」主催の特別講演会に参加し、モンゴル国出身の相撲力士である旭鷲山による『モンゴルの草原から日本の土俵へ』という講演を聴講した。同日、東京外国語大学で「モンゴル民族文化基金」主催の『在日モンゴル人交歓会』にも参加した。このほか、明治神宮、松島、秋保大滝、ミチノク公園、京都御所、二条城など日本の名所を参観し、日本の歴史と伝統文化に対する見識を広めることができた。とくに、日本における自然環境と歴史遺跡に対する保護の姿勢に深く感銘を受けた。

　日本学術振興会の「外国人招聘研究員（長期）」というプログラムを通じて、私は日本で研究する機会を得ることができた。この間、直に吉田教授にお教えをいただき、また、日本の『元朝秘史』研究者たちを訪問し、関係資料を充分に収集することができた。これらは、いずれも、中国では遂行することが難しい研究過程であり、多くの収穫を収めることができた。この10ケ月の研究生活は、私にとってすでに忘れられない良い思い出になった。

（2005年2月20日）

（原載『早稲田大学モンゴル研究所紀要』第2号，2005年）

"第九届国际蒙古学家大会"纪要

2006年8月8日至12日,"第九届国际蒙古学家大会"在蒙古国首都乌兰巴托召开。会议由国际蒙古学协会主办、蒙古科学院和蒙古国立大学协办,蒙古国政府、联合国教科文组织和日本基金会提供赞助。

国际蒙古学家大会发端于1959年,近年来基本上每隔5年在乌兰巴托召开一届。第一届至第八届国际蒙古学家大会的简要历程为:

1959年9月1日至8日,蒙古科学院和科学与高等教育委员会联合在乌兰巴托召开了"第一届国际蒙古学家大会"。来自蒙古、中国、苏联、匈牙利、朝鲜、捷克斯洛伐克、波兰、民主德国、罗马尼亚、芬兰、英国、美国、日本、加拿大、印度等国的约40名正式代表出席了会议,另有百余名蒙古的语文工作者列席了会议。中国方面参加会议的代表为翁独健、秋浦、黄宗鉴、清格尔泰、额尔敦陶克陶。会议的学术报告主要围绕语言和文学领域展开。清格尔泰宣读了论文《蒙古语巴林土语的语音和词法》,额尔敦陶克陶论文的题目为《关于尹湛纳希及其作品》。

1970年9月2日至7日,"第二届国际蒙古学家大会"召开。参加这次会议的国家,除前届的蒙古、苏联、匈牙利、捷克斯洛伐克、波兰、民主德国、罗马尼亚、芬兰、英国、美国、日本、加拿大、印度等国外,新增加了联邦德国、保加利亚、荷兰、挪威、瑞典、澳大利亚、古巴、越南、法国、土耳其、阿富汗、阿拉伯联合酋长国等国家。会议代表人数也增加到124人。由于政治形势的原因,中国此次没有派代表出席会议。在本届大会上,成立了国际蒙古学家大会常设委员会,蒙古科学院院长B. 锡林迪布院士当选为主席,L. 李盖提(匈)、A. P. 奥克拉捷尼科夫(苏)、服部四郎(日)、欧文·拉铁摩尔(美)、S. D. 迪雷科夫(苏)、K. 古贝尔(民主德国)、布尔哈德(美)等人当选为副主席,秘书长人选为 Sh. 罗布桑旺丹（蒙）。大会分语言文学、历史与经济两个分会展开学术发言和讨论，共收到 106 篇学术论文。

1976 年 8 月 30 日至 9 月 4 日，"第三届国际蒙古学家大会"召开。共有 19 个国家的 200 多名代表和来宾出席了会议，其中瑞士是第一次派代表参加。联合国教科文组织也首次派正式代表出席了会议。中国仍旧没有派代表参加会议。国际蒙古学家大会常设委员会主席、蒙古科学院院长 B. 锡林迪布院士在大会上做了题为《关于蒙古人民共和国社会与科学相互作用的若干问题》的总报告。大会分"历史、经济、哲学""蒙古语言文学与艺术""蒙古与中亚各国"等 3 个分会，共收到 139 篇学术论文。

1982 年 8 月 24 日至 28 日，"第四届国际蒙古学家大会"召开。共有来自 27 个国家的近 200 名代表出席了会议。老挝、伊朗、阿尔及利亚和比利时等国是第一次派代表参会。蒙古科学院院士 Sh. 纳楚格道尔吉在大会上做了题为《蒙古学研究的迫切任务》的总报告。会议分历史与经济、语言与文学、文化艺术与哲学三个分会，会上宣读了 163 篇学术论文。这次大会选出了新一届国际蒙古学家大会常设委员会组成人员。主席为 Ch. 策仁院士，副主席为 S. D. 迪雷科夫（苏）、欧文·拉铁摩尔（美）、L. 李盖提（匈）、Sh. 纳楚格道尔吉（蒙）、W. M. 宋采夫（苏）、N. 费泽（民主德国）、服部四郎（日）、W. 海西希（联邦德国）等人，秘书长一职仍由 Sh. 罗布桑旺丹（蒙）担任。

1987 年 9 月 14 日至 18 日，"第五届国际蒙古学家大会"召开。派代表参加会议的国家达到了 33 个，其中丹麦、巴基斯坦、新西兰、奥地利等国的代表是首次出席。包括联合国教科文组织、国际阿尔泰学研究会常务会的代表，参会正式代表人数达到了 174 人，列席代表 200 多人。中国在时隔 28 年间隔了 3 届会议后，再次派代表出席。8 名学者组成的中国代表团，由中国社会科学院少数民族文学研究所副所长仁钦道尔吉任团长，内蒙古大学清格尔泰教授任顾问，其他成员为中国社会科学院近代史研究所蔡美彪研究员、中国社会科学院历史研究所副所长陈高华研究员、内蒙古大学特布信教授、内蒙古师范大学巴雅尔教授、内蒙古社会科学院语言研究所副所长诺尔金副研究员、中国社会科学院民族研究所斯钦朝克图助理研究员。会议分为历史、经济与哲学，语言与艺术，蒙古与中央亚细亚的文明联系等 3 个分会。中国学者分别在不同的分会宣读了自己的论文，具体题目为：《关于中国境内的蒙古英雄史诗》（仁钦道尔吉）、《关于契丹小字研究》（清格尔泰）、《脱列格那皇后史实考辨》（蔡美彪）、《元上都的宫廷生活》（陈高华）、《中国蒙古学研究概况》（特布信）、《〈蒙古秘史〉词的三种形态和数的变化》（巴雅尔）、《蒙古语元音体系》（诺尔金）、《蒙古语巴林土语的词汇特征》（斯钦朝克图）。中国学者的参会受到了大会的关注，他们的论文引起了各国学者的广泛兴趣和高度评价。在这次大会上成立了"国际蒙古学协会"（IAMS），选举产生了协会执行委员会的主席、副主席，以及秘书处成员。主席为欧文·拉铁摩尔（美）；副主席7人，为Sh. 纳楚格道尔吉（蒙）、W. M. 宋采夫（苏）、清格尔泰（中）、小泽重男（日）、Ch. 鲍登（英）、N. 费泽（民主德国）、W. 海西希（联邦德国）；秘书长为Sh. 比拉（蒙），另有来自11个国家的11位学者当选为秘书，中国的仁钦道尔吉亦在其中。

1992年8月11日至15日，"第六届国际蒙古学家大会"召开。会议由国际蒙古学协会和蒙古国科学院联合举办。共有来自20多个国家和地区的200多名代表出席了会议。中国大陆有26人参加了会议，他们分别来自北京、内蒙古、甘肃、青海、新疆、江苏等地。另有3名来自中国台湾的代表出席了会议。蒙古国总统P. 奥其尔巴特到会并致贺词。会议分5个分会举行，即：考古与蒙古古代史和中世纪史分会，20世纪初至今的蒙古近现代史分会，蒙古语言文字分会，蒙古文学与艺术分会，经济、哲学、法律与政治学研究分会。会上宣读的论文达200多篇。来自中国社会科学院民族研究所的照那斯图研究员、斯钦朝克图副研究员分别宣读了论文《八思巴字蒙古语龙年圣旨》《中世纪蒙古语动词被动态与现代蒙古语动词被动态比较研究》。大会还通过了国际蒙古学协会新一届执行委员会人选，主席为小泽重男（日）；副主席为Ch. 鲍登（英）、清格尔泰（中）、W. 海西希（德）、Sh. 纳楚格道尔吉（蒙）、W. M. 宋采夫（俄）、希马（捷）、罗依果（澳）；Sh. 比拉（蒙）继任秘书长。

1997年8月11日至16日，"第七届国际蒙古学家大会"召开。出席大会的320多名代表，来自27个国家和地区。中国代表的人数达到了40多人，其中20多人来自内蒙古。这次大会时逢国际蒙古学协会（IAMS）成立10周年，蒙古国总统N. 巴嘎班迪出席了大会开幕式并致贺词，国际蒙古学协会执行委员会主席小泽重男主持会议，协会秘书长Sh. 比拉做了题为《十年来的国际蒙古学研究》的工作报告。学术讨论会分4个分会举行。第一分会为历史学分会，包括考古学、人类学和种族学；第二分会为语言文字学分会；第三分会为文学分会，包括文化艺术；第四分会为综合学科分会，包括经济学、哲学、法律学、政治学。宣读的论文共有 248 篇。大会选举产生了国际蒙古学协会新的组织机构及成员。协会主席为小泽重男（日）；副主席为 Ch. 鲍登（英）、清格尔泰（中）、W. 海西希（德）、Sh. 纳楚格道尔吉（蒙）、W. M. 宋采夫（俄）、沙尔玛（印）、罗依果（澳）；秘书长为 Sh. 比拉（蒙）。副秘书长为包森（瑞典）、鲍特列尔（英）、坎培（美）、卡拉（匈）、列格昂（法）、巴特巴雅尔（蒙）、小贯雅男（日）、仁钦道尔吉（中）、罗申（俄）、希玛（捷）、瓦利柯（印）。大会还选出了由 25 人组成的理事会，来自中国的呼格吉勒图（内蒙古大学）、贺希格陶克陶（中央民族大学）入选。

2002 年 8 月 5 日至 11 日，"第八届国际蒙古学家大会"召开。来自 35 个国家和地区的近 400 名代表出席了大会。其中，蒙古国的代表人数超过了 100 人，俄罗斯为 44 人、日本为 38 人、美国为 17 人、韩国为 11 人。中国大陆的代表为 40 人，中国台湾有 2 名代表参加。中国社会科学院的仁钦道尔吉、丁守璞、斯钦孟和、乌兰等 4 人参加了会议。2002 年为成吉思汗诞生 840 周年。8 月 5 日上午，第八届国际蒙古学家大会开幕式在蒙古政府宫举行，蒙古国总统 N. 巴嘎班迪出席并致贺词。开幕式后，接着举行了以"成吉思汗与当代"为主题的学术大会，蒙古国总理、纪念成吉思汗诞辰 840 周年委员会主任 N. 恩赫巴雅尔发表了题为《成吉思汗的历史地位》的讲话。在会议上，先后有美国、蒙古、中国、俄罗斯、日本、法国、韩国、德国等国的 15 位学者做了学术报告。来自中国中央民族大学的贺希格陶克陶教授的报告题目为《与元代历史有关的一块碑文》、北京联合大学的朱耀廷教授的报告题目为《蒙古国家的创建者》。大会学术研讨会的主题为"蒙古与外部世界"，分为 5 个分会进行：（1）蒙古游牧文明及其与定居文明的关系；（2）蒙古语族民族的语言文学及其与其他民族语言文学的关系；（3）蒙古文化——传统与改革；（4）蒙古国的可持续发展问题——人类发展与环境因素；（5）蒙古国与国际关系新环境——地缘政治与对外关系问题。大会共收到论文 253 篇。来自中国社会科学院的学者仁钦道尔吉、丁守璞、斯钦孟和、乌兰分别宣读了论文《哈撒儿传说故事与〈格斯尔〉中的某一部分》《蒙古文化对藏族文化的影响》《Mongγol 一词中的 γol 之起源》《〈元朝秘史〉"兀真"

考释》。

为配合纪念大蒙古国建立 800 周年,"第九届国际蒙古学家大会"提前一年于 2006 年举行。会议主题为"蒙古国家——过去与现在"。据不完全统计,大约有近 30 个国家的 400 多人参加了会议,350 多人宣读了论文。中国出席会议的代表约有 40 人,其中来自中国社会科学院的有 10 人。

在 8 月 8 日上午举行的大会开幕式上,蒙古国总统 N. 恩赫巴雅尔到会并致贺词。在下午的学术大会上,先后有 6 位学者做了学术报告。Sh. 比拉(蒙古)报告的题目是《论蒙古国家历史的某些特殊方面》;托马斯 T. 奥尔森(美国)报告的题目是《论蒙古帝国的再分配》;E. I. 乞察诺夫(俄罗斯)报告的题目是《成吉思汗的建国思想与传统的游牧国家组织》;松田孝一(日本)报告的题目是《大蒙古国的继承模式——中央兀鲁思的继承》;金浩东(韩国)报告的题目是《蒙古汗国的统一与持续》;J. 保勒德巴特(蒙古)报告的题目是《当今蒙古国政治与民主的进程和发展趋势》。

8 月 9 日上午至 12 日上午,按不同的分会进行了学术研讨会。共分为 5 个分会:(1)蒙古国家——传统与改革;(2)蒙古的社会与经济;(3)蒙古的语言文字与文学;(4)文化与艺术;(5)全球化与蒙古国。

根据大会印发的论文提要集,代表们提交的论文从时间上大致可以划分为古代和近现代两大部分。古代部分,主要集中于大蒙古国、成吉思汗、《蒙古秘史》研究等方面,对古代其他时期的政治、经济、文化(考古、文献、语言等)、法律、历史人物等方面也有不少涉及。近现代部分,主要集中于蒙古国的政治、国际关系、发展与改革、文化等方面。此外,有个别文章谈到突厥、东北亚少数族人等其他部族或民族的情况。

本文仅就大蒙古国、成吉思汗、当代蒙古国研究 3 个方面作一简要介绍。

一 大蒙古国研究

关于蒙古汗国的建国史,Sh. 比拉在其报告《论蒙古国家历史的某些特殊方面》中说：试图将蒙古和其他游牧社会国家建设的发展演变塞进历史进程任何阶段的坚实框架，尤其是结构论的框架，都是几乎不可能的。蒙古游牧社会有其自身的历史发展，不需要经历同一的过程，其发展总是周期性的。游牧社会的这一特征，即国家形成、兴衰往复的过程已由其多少世纪历史的发展所证实。蒙古游牧社会的国家形成，总体上可以分为内源的和外源的。在12世纪末和13世纪初的蒙古社会，虽然氏族组织继续发挥支配作用，但是其内部结构已经发生了变化。氏族的繁衍带来了聚合或分散，大量聚合氏族的增加导致兀鲁思或亦儿坚（一群人）的产生。一体化的过程不断吸收更多的部落和人口，引发了社会政治认同的产生。这样的认同通常称为兀鲁思，由合罕、贵族和其他人实施统治。在蒙古游牧社会，兀鲁思不指领地本身，而是指一群人。名为兀鲁思的人群相继出现，为权力而争，最后发展演变为我们今天所理解的国家的建立。在成吉思汗时代，兀鲁思已经开始具备了国家的真正意义。游牧社会的社会分化是两种类型不平等的结果。一种不平等是源于牲畜占有的经济不平等，另一种是社会组织中个人地位的不平等。12—13世纪，对牲畜占有的不平等明显增长，贫富和门第的分化加剧，出现了很多社会阶层，相互之间的关系变得错综复杂，古代家族成员间的血缘纽带消失。出现了一个那颜或富人阶层，它在接下来的历史进程中发挥了重要作用。他们就是所谓的"草原贵族"，出身于这一阶层有权势、知识和技能的人们成为社会精英，担当起家族和大众的领导。因此，家族长老的权力不复存在，为那些富有、强大和有能力施展抱负的人们开辟了空间。蒙古贵族中的最高阶层为合汗（汗），汗最初出现于家族联盟，负责其行政管理。"合汗"或"汗"之称早在公元6世纪（鲜卑时代）就出现于中亚游牧民中，而其内涵在突厥和蒙古时代得到了进一步丰富和增强。蒙古社会中汗权的增强对于国家的形成具有非常大的作用。12—13世纪，蒙古高原上存在着若干大的家族联盟，如克烈、乃蛮、篾儿乞、塔塔儿、合木黑蒙古（指斡难、客鲁连、土拉3河源头的蒙古人）等，由各自的汗或同等阶层的首领（王、的吉惕忽里、别乞等）统辖。这样由汗统领的统一体，现在称为"汗国"。汗国在真正意义上不能视为国家，尽管汗国也称兀鲁思，但它实际上是前国家形式，用当代人类学术语表示，应当归类为酋长国的特殊形式。12—13世纪蒙古社会的状况显示建立真正意义上的国家的内部条件已经成熟。

任何游牧社会都不是一个自给自足的社会，游牧生产方式的自身产品无法完全满足其成员的生活所需，缺少外国的农业产品和手工业产品。因此对草原游牧民来说，从定居的农业国家获取所需生活用品就显得非常重要。蒙古游牧社会的草原贵族们总是希望发展与先进的定居国家间的关系，首先是与最大的邻国中国发展经济贸易关系。蒙古草原游牧民不断维持着与他们的南边、西边后来又有北边邻国之间的关系，无论是在和平还是危机时期，这本身在他们的发展中发挥了重要的历史作用。此外，不应低估或忽视西方远近国家在社会生活、文化尤其是在国家的历史进程中对蒙古所产生的影响。来自中亚和西南亚的定居、半定居以及游牧国家如东、西土耳其斯坦、突厥、畏吾儿、西夏和吐蕃的人们为蒙古带来了伟大的印度—伊朗、阿拉伯—穆斯林定居文明的成果，并与他们一起分享成功。中国在蒙古的政治进程中，从经济、政治、文化和其他方面都施加了悠久定居文明的影响。特别应当注意的是，在蒙古国家建国前蒙古人——主要是孛儿只斤、泰赤乌、塔塔儿、汪古、翁吉剌等部落保持了与南部邻国的积极、多方面的关系，从而有更多的机会直接或间接地通过其半定居的邻人契丹和女真学习中国定居生活和文化的成就（包括政治、文化和知识）。蒙古国家的奠基者成吉思汗也曾与和占据北中国的金朝为邻的游牧部落塔塔儿和汪古保持着一种能动的关系。因此他也就能够与金朝建立起直接或间接的关系。

历史事实证明，就其社会政治组织和文化来讲，古代蒙古人不是什么不文明的"野蛮人"。关于这一点，《剑桥史》给出了适当的结论："即使是在其统一国家形成之前，他们也有很多机会学习东西方邻国定居文明的成就，借此，从政治和文化发展角度讲，他们在建立其'游牧国家'上达到了令人难以置信的高度。"

蒙古国家经历了3个发展时期：早期蒙古国家的建立（1206—1227年）；国家巩固发展时期（1229—1259年）；国家最高发展时期——蒙古世界帝国（1260—1368年）。

祖先为我们留下的最大最珍贵的遗产在于蒙古人民丰富、英雄的国家传统。

B. 恩赫图布辛（蒙古）的报告《蒙古游牧社会国家传统与大蒙古国》也涉及蒙古汗国建国的历程。他分3个阶段讨论了蒙古游牧民的国家传统，这3个阶段依次为"古代时期"（公元前3世纪至公元3世纪）、

"早期国家时期"（公元3世纪至11世纪）、"大蒙古国时期"。报告认为：在第一阶段的匈奴帝国时期，与定居民族相比，匈奴人建立了相对简单的统治体制以管理其国内外事务。他们将军队按十人制、百人制、千人制和万人制的体系组织；将国家划分为中央、东部、西部行政区。他们还发展了天崇拜的观念，也就是国家权力崇拜的具体体现。这说明在匈奴帝国时期国家的另一关键要素即国民对国家的认知、信任和态度已经形成。在第二阶段，鲜卑、柔然、突厥、契丹等王国均从其先人那里继承了不少国家传统。但是正如这各个民族都拥有自己独特的文化一样，它们也同样创造了自己国家的模式。畏吾儿王国继突厥汗国之后在蒙古高原上发展了自己的国家传统，在城市建设、手工业生产和贸易方面取得了重要的进展。第三阶段中，合木黑蒙古国建立于12世纪，大蒙古国建立于1206年。这一时期蒙古游牧社会的国家传统大发展。大蒙古国国家传统最重要的方面是国家优先思想的发展，这为统一的、强大的国家奠定了基础。自匈奴帝国时期以来的基本国家观念——天崇拜，在大蒙古国时期伴随知识精英们国家统治观念发展而发展。成吉思汗成立了贤人协商机构，由有知识和经验丰富的人们组成，他们为国家政策的制定和实施提供建议和帮助。成吉思汗还使畏吾体蒙古文成为大蒙古国的官方文字，这一文字一直使用到了今天。"长生天"观念——蒙古游牧社会古典国家传统的基础之一——表明国民的国家崇信观念进一步发展。从成吉思汗时代起，蒙古游牧民尊称他们的大汗为"应天命而生的"。这一观念成为游牧民的国家传统的重要思想组成部分，为建立独特的统治体制提供了帮助。十人制、百人制、千人制和万人制的组织体系，以及中央、东部、西部行政区的划分形式为大蒙古国所采用。作为蒙古的"圣主"，成吉思汗建立了独特的"忽里勒台"制度，新汗即位或战争约定等最重要的国家事务，均通过忽里勒台决定。新的特权军事—行政组织"怯薛丹"（大汗的护卫队）巩固了游牧国家。成吉思汗利用法律法规来巩固国家基础，所采用的国家大法称为"大扎撒"，使社会关系在法律的基础上得到加强。成吉思汗开创了国玺的使用。大蒙古国的首都建在鄂尔浑河谷，那里曾是匈奴帝国的建都之地。大蒙古国时期蒙古游牧民国家传统的发展，不仅为蒙古的发展进程作出了贡献，而且也是对世界文明发展进程的贡献。

T. 阿巴耶夫（俄罗斯）在论文《从欧亚理论的观点看大蒙古国的政治文化》中说：欧亚理论的典型形式作为俄国海外移民的政治运动，产生于20世纪20年代。这一理论的主要思想是保持俄国文化和作为强国的俄罗斯帝国的特征。他们将俄罗斯帝国的政治史与欧洲和亚洲两个大陆连接起来看，他们认为这个政治史（即我们所说的政治文化）曾经统一了这两大洲的所有居民。他们宣布俄国既不属于西方，也不属于东方，但是东方的政治传统——包括东方文化的许多方面，远比西方对俄罗斯帝国的建立所产生的影响要大。欧亚理论的采用者认为是大蒙古国激励了统一的进程，使分散的、不同的斯拉夫部落进入后来的俄罗斯国家。根据俄罗斯欧亚地位的理论，这一理论的代表人物深信，由于蒙古的入侵，俄罗斯文化的精神方面不仅没有丧失，而且看来还受到了一些新的阿尔泰精神传统的革新。毫不隐晦地说，众多东方文献中的东方文化比欧洲的文化更具精神力。不少学者认为蒙古帝国对俄罗斯的统治给斯拉夫文化带来了巨大损失，但是欧亚理论的代表人物认为，是成吉思汗的军事组织为俄罗斯和全世界做出了一个崭新的强大国家——它凝聚了许多不同族群和人们——的独特范例。由于蒙古帝国的入侵，在俄罗斯建立了带有一些阿尔泰精神传统的国家。

二　成吉思汗研究

关于成吉思汗，提交的论文从多方面展开了论述。成吉思汗的出生地、埋葬地等，成为近年来人们讨论的热门话题。L. 达西尼玛（蒙古）在论文《关于成吉思汗出生地的确认问题》中指出：以往的英译者在翻译《蒙古秘史》第59节有关成吉思汗出生地的一段话时，漏掉了"就在那里"（job tende）两个词。Ts. 达木丁苏隆同样也漏掉了这两个词。而自从1928年扎米扬等人提出肯特省达达勒苏木称为迭里温孛勒答黑的地方是成吉思汗的出生地以后，长时间内无人质疑，直到1976年，特别是20世纪90年代以来，出现了一些新的说法。例如，除了肯特省达达勒苏木，位于该省宾德尔苏木中心附近的拉敏乌哈山上也被认为是成吉思汗出生的地方，那里还竖立起了纪念方尖碑。肯特省达达勒苏木的迭里温孛勒答黑南距鄂嫩河20公里，而拉敏乌哈（古称当为"帖里温孛勒答黑"）却正是位于鄂嫩河岸边，一如《蒙古秘史》所说。此地挨近位于鄂嫩河与忽儿忽河汇流处的不儿罕合勒敦山。这里应该是成吉思汗诞生的地方。

D. 额尔登巴托（蒙古）在论文《成吉思汗墓能找到吗》中说：根据

史书的各种记载，学者们试图确定成吉思汗的下葬之地。一些人认为成吉思汗及元朝皇帝埋在称为起辇谷的地方。著名的蒙古考古学家 Kh. 丕尔烈 1961 年参加蒙—德联合考察队赴肯特省工作，他的结论是今天称为阿萨拉勒图的该地区最高的山就是从前的不儿罕合勒敦山，而环绕该山的区域就是从前的"大禁地"。但是成吉思汗及其皇室成员埋葬地的具体方位仍不清楚。古代皇陵的文化传统和地理特征，可以为了解他们的葬法和葬地提供线索。匈奴贵族墓葬在构造和选址上与青铜时代的墓葬明显不同。匈奴贵族墓葬多发现于隐秘的山坡、森林和沙地，深入地下 10 米。鲜卑的一般葬俗、墓葬的内部和外部结构都基本同于匈奴，只是材料构成有较大区别。柔然的相关情况因缺乏研究而不甚明了。在突厥时代，皇室陵墓更为隐秘。贵族的确切埋葬地仍是一个谜，只留下一些为纪念他们而建的纪念碑和建筑物。这一传统始于突厥，经过回鹘时代一直传到蒙古帝国时期。清楚的一点是，皇室成员秘葬于被称为"大人之地"（贵族之地）、"大禁地"、"大鄂托克"或"不儿罕合勒敦山"。史书的相关记载与蒙古皇室的丧葬习俗应该是很接近事实的。

　　白石典之（日本）的论文《成吉思汗祠的起源》，报告了作者近些年来在蒙古国的相关考古发掘和研究结论。论文考察了成吉思汗祠的建立与沿革，认为第一座成吉思汗祠位于蒙古国肯特省的阿乌尔噶（Avraga），曾经是成吉思汗的宫帐"大斡耳朵"。通过考古发掘，可以确认该宫帐（下层建筑）被转用为了祠，时间发生在国都哈剌和林建成之前。后来在 13 世纪后半叶至 14 世纪初，在原址上又建立了一座新祠（上层建筑）。这座祠在阿乌尔噶之地一直保留到 15 世纪中叶，以马、牛为牺牲的祭祀仪式持续进行。15 世纪后半叶至 16 世纪初，成吉思汗祠迁往内蒙古的鄂尔多斯地区。迁移的原因除政局的混乱和游牧经济的衰败外，寒冷的气候也是可考虑的因素。清初，鄂尔多斯成吉思汗祠与阿乌尔噶成吉思汗祠在祭坛的形制、规模和设计上基本一致，可以设想在鄂尔多斯重建成吉思汗祠之时是以阿乌尔噶成吉思汗祠为模型的。

　　关于成吉思汗出生时的情况，《元朝秘史》《亲征录》《元史》《史集》等史书都记载了当时他手握凝血的特殊现象。乌兰（中国）的论文《关于成吉思汗"手握凝血"出生说》，就这一现象之记载的流变以及后人的解释进行了讨论。文章认为，伯希和所说"手握凝血"而生是一种见于佛经《阿育王的故事》的传说，大概是古老的佛教传承在亚洲的游牧民中间形成了一种民间故事而广泛流传的看法有值得推敲之处。因为，首先《阿育王的故事》（见《杂阿含经》第25卷）相关内容与《元朝秘史》等书的记载不甚一致。《杂阿含经》第25卷说的是印度古代某时"拘睒弥国有王，名摩因陀罗西那，其王生子，手似血塗，身似甲冑，有大勇力"。可以看出，"手似血塗"与"手握凝血"二者有区别。另外，如果说这种佛教传承在亚洲的游牧民中广泛存在，那么在他们中间应该有所反映，而实际上从公元1世纪印度佛经中的故事到13世纪蒙古史书的记载，二者之间缺少必要的中间环节。关于"手握凝血"而生现象的寓意，《元朝秘史》没有直接解释，但是从其第78节的内容来看，似乎认为这种现象预示杀戮、流血。《元史》"志武功也"的解释，也可以看出是把这种现象与用兵、征伐联系起来的。令人感兴趣的是，到14世纪初的《史集》时，成吉思汗出生时的特异现象已被赋予了将主宰世界的寓意。再到后来，在蒙古人中间出现了直接把"手握凝血"而生理解为将为王者的现象。成吉思汗长子术赤的直系后裔阿布尔·哈齐写于17世纪中叶的《突厥世系》，说有人解释成吉思汗手握凝血出生意味着他将成为强有力的国王、将征服整个大地。基于这样的认识，手握凝血而生的现象甚至成了争抢的对象，一些历史上颇有影响的人物在后人的口中或笔下也具有了同样的出生经历，例如成吉思汗的大弟弟哈撒儿在《水晶鉴》、卫拉特辉特部首领阿睦尔撒纳在佚名《四卫拉特史》中的情况。16世纪以后的蒙文史书中，成吉思汗"手握凝血"而生的说法已不多见。除罗桑丹津《黄金史》、《阿萨拉黑齐史》和噶勒丹《宝贝数珠》外，《白史》《俺答汗传》《小黄金史》《黄史》《蒙古源流》《恒河之流》《金轮千辐》《水晶数珠》《水晶鉴》等其他蒙文史书均无载。相反，不少16世纪以后的蒙文史书中关于成吉思汗的出生出现了另外一些说法。例如，《白史》说成吉思汗生为"金刚手的化身"；伊西巴勒登《宝贝数珠》也以成吉思汗为"金刚手的化身"；《小黄金史》说成吉思汗的出生是受命降伏12个苦害众生的暴君；《蒙古源流》说他出生时"妙相俱足"，《水晶鉴》则说当时"天空中出现彩虹横挂等吉兆"。这些说法显然是受了佛教的影响，有意地将"手握凝血"与"金刚手"作了巧妙的转换，其目的是把成吉思汗与佛教挂起钩来。

关于"成吉思汗"的含义，韩国学者李圣揆在《关于成吉思汗的汗号》一文中发表了自己的看法。他认为：成吉思汗（Chinggis）由chin缀加 gis 组成，chin 为"开化统治世界"之义；gis 有"汗王"之义，同时亦表示"最初的""起始的"之义。因此，成吉思汗的语义即"开化统治世界的最初之汗"。成吉思汗一名，在公元前 12 世纪青铜器时代的北方部落中已经开始使用，后来广泛使用于朝鲜半岛诸部落。

斯钦朝克图（中国）的论文《蒙古汗国与蒙古语言文字》考察了成吉思汗及其建立的大蒙古国对蒙古语言文字所产生的作用。认为成吉思汗不仅是一位杰出的政治家、军事家，而且是一位出色的语言文字规划者。他本人以及他所创立的蒙古帝国，对真正意义上的蒙古族的形成奠定了基础，而且在促进蒙古语言和书面蒙古语的形成、回鹘式蒙古文的应用并使之成为官方语言文字方面发挥了重要的作用。成吉思汗统一蒙古高原诸部落，蒙古民族登上历史舞台，诸方言土语统一成为共同的蒙古语。成吉思汗结合蒙古语的特点令人创制回鹘式蒙古文，促成了书面蒙古语的形成。当时的蒙古语虽然以成吉思汗黄金家族为代表的个别部落的语言为基础，但成为名副其实的书面蒙古语时已融入诸多方言土语，乃至其他语族的一些语言。蒙古语族语言及回鹘式蒙古文的形成，与 13 世纪蒙古高原政治、经济、文化的发展变化密切相关。文章概述了从东胡至蒙古的族源传承，回顾了蒙古汗国成立之前蒙古语言文字的状况。认为 11—12 世纪蒙古高原诸部落各自纷争，没有统一的政权，因此语言不统一、方言土语也多，更谈不上书面语。虽然有些部落使用某种文字，但不属于真正意义上的民族共同文字。蒙古部原为蒙古高原上众多部落中一个并不十分强大的部落，成吉思汗使它迅速发展壮大起来，并借此逐步统一了周围大小部落，于 1206 年建立了一个强盛的草原帝国——大蒙古国（Yeke Mongqol U-lus）。蒙古汗国成立后，众多方言土语，甚至阿尔泰语系其他语族的一些语言都汇集在了蒙古语名下。由于当时蒙古高原上有些部落在使用回鹘文，所以成吉思汗决定用回鹘文记写蒙古语，以这种回鹘式蒙古文作为全民族和国家的官方文字。当时的蒙古语言和文字之间存在较大的差异，这是因为回鹘文不能完全适应正在形成的共同蒙古语。也就是说，当时蒙古语有地域差异、方言土语差异以及部落族群语言差异，还没有形成严格意义上的书面语。借用的回鹘文和当时走向统一的蒙古语之间需要有个磨合和适应的过程。

Sh. 乔玛（蒙古）也讨论了成吉思汗与蒙古文字的关系问题。他在《圣主成吉思汗与蒙古文字》一文中说，成吉思汗 1222 年向丘处机问道，并令近臣吉息利答剌罕用蒙古文记录下来。此吉息利答剌罕即《蒙古秘史》所载克烈部首领王罕的马倌乞失里黑，当王罕预谋加害成吉思汗时他及时报信，使成吉思汗逃脱此劫。由此看来，克烈部较早使用蒙古文，乞失里黑从小懂得蒙古文。另据《蒙古秘史》（§§177、178）成吉思汗派人去对王罕和札木合所说的话分析，成吉思汗幼年曾与札木合一起在王罕家中生活过一段时间。估计那期间他们学习了蒙古文。《高丽史》（卷22）还记载了1221年成吉思汗命令高丽王进献笔、墨、砚台、纸张的事情。成吉思汗恩赐草原游牧民、森林狩猎民以开启智慧的钥匙——文字、典籍，使我们不至落后于世界文明与科学，他的高瞻远瞩值得特别称颂。成吉思汗将13世纪蒙古诸部落文字的小溪纳入大蒙古国文字的洪流，为其汇入人类文明的大海奠定了基础，他不愧是蒙古文明的功勋。

包胜利（中国）将成吉思汗传说与古代蒙古政治文化联系起来考察，他的论文《成吉思汗传说与古代蒙古政治文化》认为：在几百年的流变中，传说中的成吉思汗形象逐渐被放大、变异，远远超出了开国君主——大汗的范畴，比历史上的成吉思汗更加高大、丰满和夸张。成吉思汗在传说中的形象可分为神祇、大汗、文化英雄、平民及其他等多种角色。成吉思汗传说是一种"组织叙述"，所谓"组织叙述"就是反映"组织"的目的、志趣、价值观，维护"组织"利益的话语表达形式。帝王传说的形成和传播大都是为了维护和突出强调某一"组织"的特殊旨趣和利益，是典型的"组织叙述"形式。帝王传说的内容具有鲜明的政治倾向性。并且，帝王传说就其整体而言是一部道德剧，在政治社会化方面发挥着其他叙述形式无法替代的作用。帝王传说的编撰者、传播者本身或是国家权力机构，或是某一特定的组织成员，或者自觉不自觉被某种组织的价值观念所同化，带有明确政治倾向性的讲述人。传说的传播手段和途径总是受到组织和权力的影响，被"组织"所操纵。成吉思汗是蒙古历史上伟大的政治家、军事家、思想家，对蒙古人而言，成吉思汗时代是黄金时代。这就决定了以这样的君主为"原型"的传说在内容上应该是歌颂型的，而不是相反。同时，成吉思汗家族在蒙古历史上的长期统治，意味着统治集团所把持的传播手段和传播途径总是保留那些有利于维护成吉思汗及其黄金家族利益的信息输出。这也决定了传说的内容所具有的政治倾向性。成吉思汗传说作为"组织叙述"的具体特征还表现在：第一，成吉思汗传说的民族性。第二，成吉思汗传说的"历史化"。17—19世纪被写进蒙古历史文本中的传说大都是关于成吉思汗的,其数量之多、内容之丰富、成吉思汗身上表现出来的神性特点等方面的描写都超过以往任何时代的蒙古史籍。成吉思汗传说对突出历史文本中蕴含的统治旨趣和权力关系具有重要意义,是解读这一时期蒙古社会政治思想的重要切入点。既具有继承蒙古史传写作传统的一面,更是蒙古史家们整体性焦虑的反映。具体来讲,成吉思汗传说在17—19世纪的历史文本中的功能主要有两个方面:一是关于成吉思汗与佛教产生的种种联系的传说是建构蒙古佛教政治历史观的基石。二是传说通过塑造夸大、圣化、神化的成吉思汗形象,在蒙古历史上耸立起了完美的圣王形象。既是作为评判历史上其他一切蒙古大汗的标准,也是史家们关于蒙古历史退化的"失乐园"情结的隐喻表达,又是对民族复兴的希冀所在。第三,成吉思汗传说作为组织叙述的另一个标志是历史写作的"通史性""家谱性",以及史家们的"家族性"等。成吉思汗传说传播的社会历史根据在于:成吉思汗在政治和军事上的巨大成功成为产生众多传说的内在根据;不曾"改朝换代"的蒙古历史在客观上为成吉思汗被持久地纪念、讴歌创造了条件;古代蒙古社会对成吉思汗及其家族统治地位合法性的认同;蒙古人民族"复兴"意识的增强。成吉思汗传说的意义在于:一方面,成吉思汗传说是成吉思汗崇拜的话语表达形式,而成吉思汗崇拜的实质则是权力崇拜,其深层次是利益崇拜。另一方面,成吉思汗崇拜是蒙古人自我身份认同的表达。在长期的社会化过程中,成吉思汗的形象逐渐从权力、利益的"粘附"中独立出来,成为蒙古人祖先崇拜、神灵崇拜、英雄崇拜、权力崇拜等心理"聚焦"的特殊符号,也是蒙古人赖以血缘认同、文化认同、民族认同"合一"的特殊符号。

Biran M.（以色列）在论文《穆斯林世界中的成吉思汗》中说:蒙古帝国的创建者是以首要敌人的身份进入穆斯林世界的,对伊斯兰和穆斯林的打击造成了前所未有的巨大灾难。然而在其入侵穆斯林世界不到100年之后,伴随着伊朗蒙古人,再往后是南俄罗斯和中亚的蒙古人的伊斯兰化,在土耳其—伊朗世界的几个穆斯林王朝时期,成吉思汗成了受尊敬的祖先和政权正统性的根源,因此在穆斯林众英雄人物中享有一份荣誉。

M. 乌兰（中国）在《卫拉特蒙古史家的"成吉思汗观"》中说:成吉思汗作为统一蒙古高原,征服世界的一代帝王,对蒙古民族以及世界诸多民族留下了不可泯灭的历史记忆,卫拉特蒙古也不例外。蒙古族古代史学家记述下来的"杜沁杜尔本(四十四)"这样的称谓,凸显出卫拉特人作为蒙古民族共同体中一个组成部分之特殊性。这些蒙古族史学家中既有东蒙古的史家,也有西蒙古卫拉特人的史家。在东蒙古的史家记述中,大都以"成吉思汗观(黄金家族观)"为核心与正统,卫拉特人往往被边缘化。1648 年,咱雅班第达创制托忒蒙古文以后,在蒙古史学史上又增添了一项重要的内容——托忒文历史文献。自此卫拉特蒙古人作为史学叙述的主体开始进入蒙古史学领域。这样的史学作品(17—19 世纪)流传至今的有十余篇,其中的 6 篇直接或间接地谈到了成吉思汗,折射出卫拉特人的"成吉思汗观"。主要反映为:以成吉思汗的历史为历史叙事的开始;以成吉思汗为"转轮王";以成吉思汗为格萨尔的化身;以成吉思汗为谱系起源(认为和硕特、辉特是成吉思汗的后裔,土尔扈特的祖先王罕与成吉思汗有着亲密甚至亲属关系,而与成吉思汗家族无直接血缘继承关系的绰罗斯氏厄鲁特和杜尔伯特制造了起源神话);卫拉特史家的"一统观"——卫拉特人是成吉思汗福荫庇护之下的"杜沁杜尔本"属民中的重要组成部分,这是卫拉特史家"成吉思汗观"的一种体现。

  N. N. 克拉金(俄罗斯)讨论了成吉思汗与前工业全球化关系的问题,他在论文《成吉思汗与前工业全球化:世界秩序透视》中认为:不同区域世界经济的兴起始于 10 世纪。在宋朝发展得尤其显著。国际贸易在不同文明之间更加活跃。13 世纪的蒙古统治者恰逢蒙古和东欧草原水草丰美、欧亚大陆人口和经济增长的新时期,达到了前工业文明史的顶点。蒙古人将一系列国际贸易纳入陆路和海路的统一体系,所有大的区域中心,如欧洲、穆斯林地区、印度、中国、金帐汗国首次被统一于第一个真正的全球前工业世界体系。在草原上,出现了像海市蜃楼一样庞大的城市、政治权力的中心,以及交通贸易、多元文化和思想。自此,世界某些地区的政治和经济变化开始对世界其他一些地区的历史产生相当大的作用。形成一个真正的全球世界体系。蒙古人创建了在整个欧亚大陆互通文化信息的途径,这一过程影响了所有国家。蒙古兴起之后,许多文化汲取了新的不同的文化元素。这种交流对欧洲尤其具有大的意义,指南针、火药和印刷术是主要证明,它们带来了西方军事和区域政治的兴起。第一个世界体系并没有存在多长时间。在 1350 年至 1450 年之间,在所有主要的准中心都发生了严重的危机。原因在于诸文明之间先进的交通网络。这个网络不仅是物资、技术、文化思想的通道,而且是疾病和流行病的传播路径。淋巴腺鼠疫、蒙古退出中国、金帐汗国的衰落,成为引发世界体系崩坏的一系列事件中的最重要环节。15世纪初,第一个世界体系崩溃,帖木儿重建横贯欧亚大陆贸易通道的努力以失败告终。蒙古帝国历史的主要教训在于:人类世界非常脆弱,人们可以轻易地摧毁它。

三 当代蒙古国研究

关于当代蒙古国,与会代表也给予了广泛的关注,无论是从政治形势、经济建设状况,还是从国际关系、国家未来发展,以及文化事业的诸多方面都发表了各自的看法或建议。

J. 保鲁特巴托(蒙古)在其报告《当代蒙古国的国家与民主的发展与趋势》中说:在纪念大蒙古国成立800周年之际,最重要的是学习伟大帝国国家政策的丰富遗产、成吉思汗道德箴言的智慧及其实施,吸取我们国家以往历史的教训。自1368年蒙古元朝的大汗妥懽帖睦尔被迫放弃大都,至此蒙古国坚实的栋梁动摇了,14—17世纪蒙古人陷入了内讧,从17世纪至20世纪初又屈服于外来统治。虽然在1911年蒙古人民奋起反抗外来统治,恢复了民族独立,但是却成为邻国交易的牺牲品,被迫接受了一个自治政府。作为1911年民族解放斗争的结果,蒙古的国体在二重统治的君主制的形式下得以恢复。1921年民族民主革命的胜利,使有限君主制成为蒙古政府的形式。蒙古大多数的政界精英赞成民族主义和民主的原则,他们的目的在于过渡到君主立宪制。然而,在苏联政府和共产国际的压力下,蒙古领导层被迫于1924年11月接受了苏维埃式的宪法,宣告了人民共和。这种国家形式,名义上为人民共和,进一步演变为社会主义政权,最后导致了一党统治。蒙古社会中国家的作用被削弱,民主实际上已不复存在。于是,重组政治体制尤其是国家的国体结构的迫切要求在蒙古社会中出现。这一要求产生的原因是:第一,长期官僚主义政权的统治、过分依靠中央集权和对人民的不信任,对社会本身造成深刻影响,也变为领导层对民主方式的关注。第二,一旦根深蒂固,由单一政党围绕个人形成的独裁领导不可避免地导致政党思想意识的停滞。第三,这一体制不能及时认识并应对政治领域的挑战,以致引起未解决问题的扩大。第四,由于这一体制过分依赖官方和命令式的手段,它非但没有转化为对社会、经济和知识进步的刺激,反而成了障碍。特别是这种斯大林主义体制使领导集团凌驾于公众之上，引发了许多不正常的现象，例如个人崇拜、对真理的垄断、对不同政见的镇压等。20世纪80年代末和90年代初，蒙古经历了民主改革。起初旨在重组社会主义，不久被彻底改变蒙古社会根本结构的目标所取代。1990年，几个反对党——蒙古民主党、蒙古社会民主党、蒙古民族进步党、蒙古绿党、自由劳动党相继成立。多党制的合法化是政治改革和民主化的基石。报告者在列数政治改革以来蒙古发生的各方面情况后指出：蒙古政治制度改革的总趋势是向健全的法制、恰当的管理、巩固的公民社会、提高的公众意识、积极的公众参与和巩固的政治文化的方向迈进。保卫法制和促进公民社会的努力是巩固民主的关键因素。如同民主走近了蒙古一样，蒙古人也选择了民主。

A. 坎皮（美国）的论文《当今蒙古国在世界的地位》谈到了蒙古国当前定位的问题，并提出了一些建议。文章认为：当蒙古为界定其后社会主义民族认同和发展战略时，它的全球化专家们，用了很多时间去确定优先部分、开发国家目标和分析国际经济综合趋势，以明确这些倾向如何积极或消极地影响经济。然而，蒙古乃至外国的经济学家和政策制定者，有必要首先慎重考虑一下什么是民主蒙古的定位，以及并入国际市场和共同体的一体化将如何加强和保护这一定位的问题。这种寻找新定位的关键，表现为对蒙古国家和民族的缔造者成吉思汗的重新解释和复原。在稍窄小的范围，另一个主要标志来自藏传佛教活动的恢复。在民主的年代，重新评价成吉思汗的努力得到了大多数国家的积极反响。蒙古人不再担心被蔑视为野蛮人。外国人热情地参与蒙古传统文化和历史的保护，使得生活在任何地方的蒙古人开始自豪地探寻自己的根和传统。唯一应该提醒的是，一些外国人或许会借成吉思汗之名和对他的怀念来宣传自己的价值体系，这样在蒙古寻求现代和全球的认同时，他们重新审视其历史的全过程会自觉不自觉地受到歪曲。至于蒙古与佛教的传统关系，蒙古新的知识界和民众重新学习其宗教的基本教义、客观地研究佛教寺院对蒙古社会所产生的历史影响是非常重要的。但是无视或美化过去，无助于蒙古人懂得如何有效地、人道地建立一个宗教信仰自由和具有良好道德准则的公正社会。一个充满生机、公平的自由市场经济的发展、进入国际社会的一体化的成长，正在扮演使城市蒙古人放弃游牧经济文化特征催化剂的角色。这加剧了蒙古两种截然不同生活方式及其世界观的紧张关系，这通常反映为对传统游牧生活方式的诋毁和对乡村贫穷的习以为常。不过，如果蒙古乡村的传统文化和公共机构的保护能得到更多一些的考虑和关注，追求民主和经济活力的现代力量就可以使乡村畜牧经济得到重振和现代化，这甚至可以成为世界其他地区的一个榜样。

A. 布彦特古思（蒙古）在论文《东北亚一体化与蒙古》中说：东北亚地区包括蒙古、日本、俄罗斯、中国、韩国、朝鲜，还有美国和加拿大。在全球化和区域经济一体化的形势下，区域经济合作取得了相当大的进展。经济增长率显示这一地区已领先于世界其他地区。东北亚经济具有互补性。俄罗斯的远东地区蕴藏着丰富的煤炭、天然气、木材和海洋资源。中国拥有大量的农产品和廉价劳动力。美国、韩国、日本可以提供资金、技术和设备。东北亚对蒙古至关重要，东北亚的繁荣关系着蒙古的主权、国家安全和社会经济发展的问题。蒙古与东北亚国家的贸易额，从1990年的15.847亿美元增长到2005年的22亿美元。东北亚国家对蒙古的投资，从1990年到2005年底资金达14亿美元，共有来自88个国家的4814个投资公司在蒙古注册。中国是最大的投资者，占总投资的40%。加拿大占14%，美国占10%，朝鲜占7%，日本占5%，俄罗斯占3%，其他国家占20%。"图们江项目"是对东北亚的一大贡献。目前，双边贸易和其他合作形式正迅速发展。

一些代表对经济全球化带来的冲击和影响表示了关注。有人担忧经济全球化会给蒙古的传统民族文化、民族语言、环境保护、国家权益等方面造成损害。这也是当今世界许多国家和民族正在经历或面临的共同问题。有人还为此提出了应采取的对策。例如L. 海桑岱（蒙古）在题为《论全球一体化条件下维护蒙古国家根本权益的问题》的论文中说：在全球一体化条件下，小国的根本权益需要特殊对策、新目标、智谋、感情等因素来维护。因此首先要把国家民族的根本权益摆在思想和事业的首要地位，加以扶持和维护。应该在全民中间规范并加强爱国主义，除了以13世纪的蒙古为骄傲外，还要有为21世纪的蒙古奋斗的思想。不管处于顺境还是逆境，都应当坚持人民性。应当坚持国家至上的思想。国家财政的均衡发展对于政局的稳定尤其重要。因此，我们应当恢复国营工厂、提高效益，减少无业贫民，增加就业岗位，提高人民生活水平，奖励支持智力引进，摆脱财政赤字，使卫生、文化、科学的发展赶上国际水平，卓有成效地开展与外国的合作。

除以上介绍的3个主要方面外，学者们就其他时期、不同地区蒙古人各方面情况所展开的讨论也相当引人注目。论文总体来说选题涉及广泛，或信息性较强，或学术水准较高。中国代表们的学术报告严谨、认真，普遍受到欢迎。通过此届大会，可以说很好地达到了学术交流的目的。

（原载《中国民族研究年鉴2006》，中央民族大学出版社2007年版）

罗依果先生简介及著作目录

罗依果（Igor de Rachewiltz）先生是当代世界著名的蒙古学及元史学家。他1929年4月11日出生于意大利罗马。1949年入罗马大学学习法律、亚洲史以及汉语和蒙古语，1951年毕业。1952年入那不勒斯东方语言大学学习汉语、日本语以及其他专业，1955年毕业。其间在外交部机关（档案部）兼职工作。1956年赴澳大利亚国立大学远东历史系学习亚洲史博士课程，1960年毕业。1961年以学位论文《13世纪汉·蒙文化交流——耶律楚材研究》获博士学位，后留澳大利亚国立大学任教，1965年8月起任该校远东历史系（后改为亚太历史学部）研究员，1995年1月起为该部特邀研究员。

罗依果先生出身贵族世家，他的父亲一系是6世纪初在意大利北部建立王国的伦巴德王室的嫡支。德·拉契维尔茨（de Rachewiltz）一姓（先生自译为"罗"）始于13世纪，因神圣罗马帝国皇帝腓特烈二世所赐封地而得名。他的母亲一系是俄罗斯贵族，祖源可追溯到成吉思汗之孙、金帐汗国创立者拔都汗。或许是因血缘的关系，罗依果先生从少年时代起就对东方文化抱有较浓的兴趣，先后学习了汉语、日本语和蒙古语，他不仅能讲流利的意、英、法、俄等语言，而且还能阅读拉丁文、古希腊文以及现代欧洲主要文种，这一语言上的优势为他从事蒙古学的研究提供了有利的条件。

罗依果先生学识渊博，著述颇丰，研究面涉及很广。他介绍自己的主要研究方向为：13、14世纪汉·蒙政治、文化史，东西方之间的政治文化交流（侧重于13、14世纪），汉·蒙语文学等。他为数众多的论文及专著反映了他在这些方面所取得的成就。其中我们注意到罗依果先生研究的特点之一是非常注重基本史料的整理和研究。他多年悉心于对《元朝秘史》的整理、研究工作，在从20世纪70年代初到80年代中期的十多年间，以连载形式陆续发表了对这部13世纪著名蒙古史籍的全部英译文（附注释），后来又不断加以修改和补充，计划在不远的将来出版一部集中、完整的《元朝秘史》英文译注本。1972年出版的《〈元朝秘史〉词汇索引》（由原文拉丁转写和词汇索引两部分构成）是罗依果先生在学界首先使用电脑分析、处理蒙文史籍所取得的成果，在这方面他不愧是一位开拓者。继《元朝秘史》之后，罗依果先生又开始着手《蒙古源流》的整理、研究工作，在他的积极联系和组织下，四国学者合作完成了对这部17世纪著名蒙古史籍的原文拉丁转写，转写本和词汇索引本已于几年前分别出版。罗依果先生目前正在与他人合作进行英文译注本的工作。他对蒙文史籍所进行的这些整理、研究工作，不仅为学界提供了研究上的方便，而且也使史料本身的价值得到了充分的体现。在整理研究蒙文史籍的同时，罗依果先生还花费多年时间从事汉文史料的整理、编辑工作，先后与他人合作出版了《金元人文集传记资料索引》和《元朝人名录》，为研究者提供了不可多得的工具书。

罗依果先生除著书立说之外，还积极参加国际学术交流活动。他曾应邀到世界上许多著名的研究机构进行学术访问或做短期学术研究工作，日本的东洋文库、京都大学人文科学研究所、东京外国语大学蒙古语学部、德国的波恩大学中亚语言文化研究所、俄罗斯的科学院东方学研究所，以及我国的中国社会科学院民族研究所、世界宗教研究所、内蒙古大学蒙古史研究所等处都曾留下他的足迹。

鉴于罗依果先生为蒙古学研究所作出的卓越贡献，1992年召开的"第五届国际蒙古学家大会"推选他为国际蒙古学协会副主席，同时入选为"当代世界十大著名蒙古学者"。

罗依果先生著作目录

一、著作

《金元人文集传记资料索引》第一辑，与中野美代子合作，堪培拉，1970年。

《教皇派往大汗处的使节》，伦敦，1971年。

《〈元朝秘史〉索引》，乌拉尔—阿尔泰丛书，第121卷，布鲁明顿，

1972年。

《金元人文集传记资料索引》第二辑，与楼占梅合作，堪培拉，1972年。

《金元人文集传记资料索引》第三辑，与楼占梅合作，堪培拉，1979年。

《元朝人名录》，3卷，与楼占梅合作，台北，1988年。

《萨冈彻辰：宝贝史纲——1662年蒙古编年史》第1卷，乌日嘎（库伦）本原文拉丁转写，与江实、J. R. 克鲁格、B. 乌兰合作，堪培拉，1990年。

《萨冈彻辰：宝贝史纲——1662年蒙古编年史》第2卷，乌日嘎（库伦）本词汇索引，与J. R. 克鲁格合作，堪培拉，1991年。

《在大汗处服役——蒙元早期（1200—1300）的名人》，与陈学霖等人合作《亚洲研究》第121卷，威斯巴登，1993年。

《洪武（1389）版〈华夷译语〉中的蒙古语资料》第2卷，评注，田清波、罗依果，《汉学与佛学论集》第27期，布鲁塞尔，1995年。

二、论文

《耶律楚材（1189—1243）：佛教思想家与儒学政治家》，《儒学人物》，斯坦福，1962年。

《耶律楚材的〈西游录〉》，《华裔学志》，第21卷，1962年。

《关于〈元朝秘史〉的成书年代》，《华裔学志》，第24卷，1965年。

《蒙古早期北中国的人们与名人》，《东方经济史与社会史杂志》，第9期，1966年。

《论中国元朝的语言问题》，《澳大利亚东方学会杂志》，第5期，1—2，1967年。

《方回传》《刘豫传》，H. 福兰克《宋人传记》，威斯巴登，第1卷，第2卷，1967年。

《成吉思汗与澳大利亚国立大学的电脑》，《半球杂志》，第12期，4，1968年。

《穆罕木德·阿勒—撒马儿罕迪的蒙古文诗作》，《中亚杂志》，第12期，1968年。

《〈元朝秘史〉第1卷译注》，《蒙古学会会刊》，第9期，1，1970年。

《〈元朝秘史〉第 1、2 卷译注》，《远东历史论集》，第 4 期，1971 年。

《〈元朝秘史〉第 3 卷译注》，《远东历史论集》，第 5 期，1972 年。

《成吉思汗帝国的思想基础》，《远东历史论集》，第 7 期，1973 年（该论文曾在 1970 年 9 月乌兰巴托第 2 届国际蒙古学者大会上宣读，并被收入 1973 年出版的大会会报第 2 卷中）。

《论契丹氏族名称耶律—移剌》，《远东历史论集》，第 9 期，1974 年。

《〈元朝秘史〉第 4 卷译注》，《远东历史论集》，第 10 期，1974 年。

《〈元朝秘史〉第 5 卷译注》，《远东历史论集》，第 13 期，1976 年。

《移相哥碑考》，W. 海西希《阿尔泰论集》（D. 塞诺尔纪念文集），威斯巴登，1976 年。

《木华黎、孛鲁、塔思和安童》，《远东历史论集》，第 15 期，1977 年。

《〈元朝秘史〉第 6 卷译注》，《远东历史论集》，第 16 期，1977 年。

《〈元朝秘史〉第 7 卷译注》，《远东历史论集》，第 18 期，1978 年。

《〈元朝秘史〉第 8 卷译注》，《远东历史论集》，第 21 期，1980 年。

《脱列哥那 1240 年懿旨考》，《远东历史论集》，第 23 期，1981 年。

《〈元朝秘史〉第 9 卷译注》，《远东历史论集》，第 23 期，1981 年。

《〈元朝秘史〉第 10 卷译注》，《远东历史论集》，第 26 期，1982 年。

《关于新近发现的成吉思汗对诸弟诸子之训诫的手抄本》，《印度学与佛教研究》，堪培拉，1982 年。

《也论成吉思汗与爱好和平的角端的故事》，《澳大利亚东方学会成立 25 周年纪念论文集》，悉尼，1982 年。

《〈孝经〉的前古典期蒙古译文》，《中亚研究》，第 16 期，1982 年。

《蒙古统治下中国境内的突厥人：13、14 世纪突厥—蒙古关系初探》，M. 罗萨比《平等民族中之中国》，加利福尼亚大学出版社，1983 年。

《新近在中国发表的两种牌子》，《东方学报》，匈牙利，第 36 期，1983 年。

《汗、合罕与贵由之玺》，夏嘉思、魏弥贤《W. 海西希 70 寿辰纪念论文集》，威斯巴登，1983 年。

《关于〈蒙鞑备录〉、〈黑鞑事略〉的近期译文》，《华裔学志》，第 35

期，1981—1983 年。

《丘处机（1148—1227）》，与 T. 拉塞尔合作，《远东历史论集》，第 29 期，1984 年。

《〈元朝秘史〉第 11 卷译注》，《远东历史论集》，第 30 期，1984 年。

《〈元朝秘史〉第 12 卷译注》，《远东历史论集》，第 31 期，1985 年。

《关于〈兀朝秘史〉第 254 节中的词组 Čul ulja'ur（？= Čol Olja'ur）》，傅礼初《Niguca Bičig 秘文书》。《柯立夫纪念论文集》，《土耳其学杂志》，第 9 期，1985 年。

《〈元朝秘史〉：增订》，《远东历史论集》，第 33 期，1986 年。

《再论〈孝经〉的前古典期（蒙古）译文》，《中亚研究》，第 19 期，1986 年。

《为 1279 年宣威军设置所立汉文碑》，《东方学杂志》，45，2，1987 年。

《欧、美、澳蒙古学研究的现况及研究趋向》，《民族译丛》，北京，1988 年第 2 期。

《搠思吉·斡节儿〈入菩提行经〉译文之第 3 章：复原》，《I. 杜齐东方学纪念论文集》，《罗马东方丛书》，第 6 卷，3，1988 年。

《称号"成吉思汗/合罕"再考》，W. 海西希、夏嘉思《N. 鲍培 90 寿辰纪念论文集》，威斯巴登，1989 年。

《丹第的 Aleppe——地狱中之鞑靼语?》，1985 年威尼斯《第 28 届国际常设阿尔泰学会文献汇编》，威斯巴登，1989 年。

《关于罗桑丹津〈黄金史〉手抄本、铅印本和音写的札记》，《蒙古史研究》，第 3 辑，呼和浩特，1989 年。

《简评余大钧教授的论文〈关于蒙古秘史的成书年代〉》，《华裔学志》，第 37 卷，1986—1987 年（确切出版日期为 1989 年）。

《〈元朝秘史〉第 70 节中的词组 Qajaru Inerü》，P. 达菲纳《印—中—藏 L. 佩特克纪念论文集》，《东方学》，第 9 卷，罗马，1990 年。

《G. di Pian di Carpine》，蒙古历史，1989 年。文评，《东方学杂志》，第 64 期，1990 年。

《三部蒙古编年史》，《蒙古学》，1—22，1990 年。

《策旺〈库苏古尔湖的达尔哈特与乌梁海〉》，J. R. 克鲁格译，罗依果评注，《东亚历史》，第 1 期，1991 年。

《〈元朝秘史〉第 1 节考》,《第 5 届国际蒙古学家大会文献汇编》, 第 2 卷, 乌兰巴托, 1992 年。

《论成吉思汗的札撒》,《东亚历史》, 第 6 期, 1993 年。

《〈元朝秘史〉: 一些基本问题》,《国际蒙古学协会会报》, 1993 年第 2 期—1994 年第 1 期。

《蒙古人对自身早期历史的反思》, 罗马大学东方学系, 1994 年。

三、编辑的著作及论文

陈学霖《王鹗（1190—1273）》,《远东历史论集》, 第 12 期, 1975 年。

陈学霖《杨奂（1186—1255）》,《远东历史论集》, 第 14 期, 1976 年。

田清波《洪武（1389）版〈华夷译语〉中的蒙古语资料》第 1 卷（附罗依果撰写的"导言"）,《汉学与佛学论集》, 第 18 期, 布鲁塞尔, 1977 年。

《故宫汉蒙合璧木刻本〈孝经〉》,《中亚研究》, 第 12 期, 1978 年。

陈学霖《姚枢（1201—1278）》,《远东历史论集》, 第 22 期, 1980 年。

陈学霖《杨惟中（1206—1260）》,《远东历史论集》, 第 29 期, 1984 年。

萧启庆《严实（1182—1240）》,《远东历史论集》, 第 33 期, 1986 年。

四、书评

《P. 菲利帕尼—伦柯尼: 中国思想史（都灵, 1964 年）》,《华裔学志》, 第 22 期, 1963 年。

《P. 拉契涅夫斯基: 元代历史专名辞典（柏林, 1967 年）》,《大亚洲》, 第 14 期, 1968 年。

《W. 查普曼: 忽必烈汗——Xanadu 的主人（纽约—印第安纳波利斯, 1966 年）》,《太平洋事务》, 42: 2, 1969 年。

《R. 格鲁塞: 世界征服者（D. 塞诺尔、M. 麦凯勒译, 爱丁堡—伦敦, 1967 年）》,《太平洋事务》, 43: 2, 1970 年。

《D. 塞诺尔: 内陆亚细亚: 纲要（布鲁明顿, 1969 年）》,《美国东方学会杂志》, 第 92 期, 1972 年。

《G. 卡拉：蒙古的英雄史诗（布达佩斯，1970 年）》，《大亚洲》，第 18 期，1973 年。

《L. 李盖提：〈蒙古秘史〉（布达佩斯，1971 年）》等，《大亚洲》，第 18 期，1973 年。

《W. 海西希、C. 鲍登：蒙文书籍、手抄本及木刻本目录（皇家图书馆，哥本哈根，1971 年）》，《大亚洲》，第 19 期，1975 年。

《L. 李盖提：八思巴字文献、汉字标音公文 Ⅲ（布达佩斯，1973 年）》等，《华裔学志》，第 33 期，1977—1978 年。

《W. 海西希：内蒙古鄂伦苏木的蒙文手抄件（16—17 世纪）（威斯巴登，1976 年）》，《乌拉尔—阿尔泰年鉴》，N·F，1，1981 年。

五、已列入出版计划的论文和专著

《关于〈元朝秘史〉中的一些疑难词汇》，《第 6 届国际蒙古学家大会文献汇编》，乌兰巴托，1993 年。

《〈入菩提行经〉的蒙文〈丹珠尔〉译文》（音写，附词汇索引和 1748 年原文影印件），《亚洲研究》，第 129 期，威斯巴登，1994 年。

《论所谓的书面蒙古语》，《M. 陶贝纪念论文集》，波恩—莱比锡，1994 年。

《田清波对〈元朝秘史〉和 1389 年版〈华夷译语〉研究所做的贡献》，鲁汶 1993 年《田清波研讨会论文集》，1994 年。

《田清波：〈元朝秘史〉蒙文本之汉字音写中的若干语音学问题》，与 P. W. Geier 合作编辑，《田清波研讨会论文集》。

《语言交流及对蒙古的语言影响》，与 S. A. 沃姆合作，《太平洋半球文化交流之诸语言地图》，柏林，1995 年。

《亚洲和欧洲蒙古人的名称再考》，尚蒂伊 1994 年《第 37 届国际常设阿尔泰大会论文集》。

六、拟出版的专著和论文

《〈元朝秘史〉译注》（修订本），将由威斯巴登的奥托·哈拉索维茨出版社出版。

《萨冈彻辰：宝贝史纲——1662 年蒙古编年史》，J. R. 克鲁格英译，罗依果协助，将由澳大利亚国立大学出版社出版。

罗依果、楼占梅《元朝人名录》增补卷（即第 4 卷），S. 里沃思协助，将由台北南天书局有限公司出版。

《策旺:〈杜尔伯特、浩腾、巴雅特、厄鲁特〉》,罗依果、J. R. 克鲁格译,罗依果评注。

(乌兰编译,此目录由罗依果先生提供)

(原载《蒙古学信息》1996 年第 3 期)

亦师亦友三十载

——怀念尊敬的罗依果先生

  2017年6月下旬，我应澳大利亚国立大学亚太学院的邀请，参加了在那里举办的"蒙古学新进展"国际学术研讨会。会议的一个主题为纪念2016年7月30日去世的伟大的蒙古学家罗依果（Igor de Rachewiltz）先生，我在会上的发言介绍了自己与罗依果先生学术交往的主要方面。这次会议使我有机会系统重温与罗依果先生的学术交往和友谊，又一次感知先生对蒙古学的巨大学术贡献，为其孜孜不倦的求索精神而感动。这里，我愿再次讲起这个话题，与大家分享。

  罗依果先生于我，可谓亦师亦友，我们相识、交往三十年，靠着共同的追求架设起学术交流的桥梁，促进了各自的研究，而我尤其获益良多，从先生那里既学到了精深的专业知识也获得了真挚的友谊。怀念的思绪一旦打开，往事就像电影画面般地接二连三浮现在脑海里。由于时间的关系，这里仅就《蒙古源流》《元朝秘史》研究方面我与罗依果先生的合作、交流情况作一个简要介绍。

一　《蒙古源流》研究方面的合作

  我与罗依果先生相识于1986年春季，初次见面是在日本东京外国语大学蒙古语学科小泽重男教授的办公室。当时我在小泽先生那里进修，主要学习古典蒙古语，罗依果先生则是小泽先生请来的访问学者，主要做《元朝秘史》方面的研究。罗依果先生第一面留给我的印象是聪睿、精干、和善。之前，我曾拜读过先生的一些论文，利用过他制作的《元朝秘史》拉丁转写索引本；作为那时我所在工作单位内蒙古大学蒙古史研究所的一项对外学术交流工作，我还具体经手与先生有过一些信件和书刊邮寄往来。先生对我做《蒙古源流》的译注研究也有一些了解。因此见面后彼此都非常高兴。罗依果先生的访研为期三个月，虽然我们都住在学校的国际交流会馆（先生住一层学者房间，我住四层留学生房间），但平时见面机会不太多。一旦见面，先生总会询问我最近学习、查阅资料的情况，或提供一些新信息。

图1　1986年夏在东京外国语大学国际交流会馆院内
（中为罗依果先生，右为中见真理女士，左为笔者）

大概是在1986年的6月初，罗依果先生对我说，他通过小泽先生了解到江实先生手里有《蒙古源流》原文拉丁转写的旧稿，他想约我一起去看看实际情况，如果可以用，他打算编辑出版，还说已请小泽先生联系上了江实先生，现在就等确定前去拜访的具体日期。很快，小泽先生对我说，江实先生通知了会面的日子；听说访客中有一位蒙古人且对《蒙古源流》有过一些研究，江实先生比较痛快地答应了会面之事。罗依果先生和我是6月11日去的江实先生家。江实先生1940年曾出版《蒙古源流》的日文译注本，当时已从冈山大学退休多年，住在镰仓的海边，房子建在一处陡峭的山崖上。我们一大早出发，几经转车，最后在公交车的终点站——一大片光秃秃的斜坡前下了车。二人爬坡而上，十几分钟后终于到达了江实先生的家。江实先生夫妇在门前迎接我们，江实先生带我们进入一层的一个房间坐下来。罗依果先生表达了问候之后，谈起了江实先生旧稿之事。当时江实先生已是八十二岁高龄的老人，行动有些迟缓，但说起《蒙古源流》的事，思路仍然很清晰。他问过我研究《蒙古源流》的情况后，又像出考题似的问了我几个问题，我一一做了回答。因我的硕士学位论文就与《蒙古源流》有关，所以回答起来并不困难。江实先生随即给我们出示了他的旧稿，我大致看了一下，确认使用的底本是库伦本，转写完整，只是转写符号有些过时。经过双方磋商，基本达成合作意向：江实先生提供原稿，我负责核对修改，罗依果先生负责终审、出版。其间江实先生的夫人默默为我们准备了午餐——牛排米饭套餐，端上桌后就退了出去。罗依果先生和我都很过意不去，没想到时间这么快就到了中午，还麻烦八十来岁的老人为我们准备午饭。在回去的路上，罗依果先生显得很高兴，说有了第一步则事情大有希望，我们共同继续努力吧。我们边走边谈，不知不觉已来到了镰仓大佛跟前。拍照、稍事歇息后，乘车返回会馆。那天的情景，至今历历在目。两位先生对事业的执着和认真，给我留下了很深的印象。

图2　1986年6月11日在日本镰仓大佛前

拜访江实先生后不久，罗依果先生的访研结束，回到澳大利亚去了。1986年7月8日罗依果先生来信，祝我与江实先生工作顺利（Best of luck in your work and with Prof. Gō Minoru）。8月7日我一人应邀前往江实先生家，商谈具体工作程序。江实先生说他先重新誊抄一遍旧稿，届时约我每月过去一天，协助他工作。9月5日、9月12日我两次去见江实先生，制订了一个工作计划，即从10月份起每月一起工作两日，每次完成原文10叶的工作量，由我最后整理抄写。9月10日罗依果先生来信，说对合作的进展感到很高兴，他当天已致信江实先生，希望在我回国之前能够完成新的原文转写稿。9月22日，我回信汇报了最近两次见面的情况，还说将寄去一些样稿。10月30日罗依果先生来信，说希望我随时寄去整理抄写稿的复印件，那样他就可以尽早开始终审的工作。但是实际上9月份见面后不久情况就有了变化，江实先生改变了先前的主意，要从专有名词和疑难词汇的校对开始做起，最后再将整个原文转写过一遍。具体做法是：由他分批寄来专有名词和疑难词汇的转写稿，我在上面修改后再寄还给他，他根据修改稿最后抄出新稿。工作开始后，又因一些转写符号使用上的不同意见而停顿了一段时间。1987年1月7日我写信给罗依果先生，汇报了这期间的工作情况。经过一段紧张的工作，至3月31日回国前我完成了江实先生寄来的所有专有名词和疑难词汇转写稿的修改工作。4月14日罗依果先生来信，说已经收到江实先生寄去的约三分之一的稿子，其余的部分大致在两个月之内可以收到；克鲁格先生（John R. Krueger，美国印第安纳大学教授）和他正在审校稿子，全部工作预计在9月份之前可以结束。从5月22日起罗依果先生陆续寄来他和克鲁格先生的工作稿（同时还另寄江实先生一份），让我核校一遍。6月25日我寄去了第一份核校意见（另抄出）。7月29日罗依果先生来信，说已经收到江实先生寄去的其余部分的稿子。经过这样几个阶段的认真工作，我们四人的合作成果 Erdeni-yin Tobci, the Urga text transcribed and edited by M. Gō, I. de Rachewiltz, J. R. Krueger and B. Ulaan 于1990年在澳大利亚国立大学出版。

江实先生不幸于1989年3月19日去世，未及见到我们合作成果的出版。在1990年10月5日的来信中，罗依果先生提到他正忙着进行第二卷即词汇索引的工作。该词汇索引于1991年出版。这两卷书出版后，立即受到学界的欢迎和好评。内蒙古大学图书馆、蒙古语言研究所资料室等藏

图3　合作成果：《〈蒙古源流〉库伦本拉丁转写》第一卷、第二卷

书单位和不少学者希望我能赠送，我转告罗依果先生后，先生总是随即寄来，尽量满足了对方的愿望。多国学者间的这次学术合作，也得到了来自中国国内蒙古学界的赞扬。在1992年召开的内蒙古大学第2届国际蒙古学研讨会的开幕式上，清格尔泰教授在致辞中高度评价了我们的这次国际学术合作。2000年我的《〈蒙古源流〉研究》一书出版，第一时间寄给了罗依果先生。先生收到书后在回信（11月18日）中说："非常高兴你的书得以出版……对你《〈蒙古源流〉研究》一书的篇幅我感觉印象深刻，我没有想到你翻译了全书。衷心地祝贺你。我相信已故的江实教授也会为此感到高兴。我将转告克鲁格教授这一消息，他曾告诉我说明年将致力于《蒙古源流》英译本的工作（I am very pleased that your work has been published and in such clear and handy format ——you must be pleased too! ……I am most impressed by the quality and size of your book on the ET: I had not realized that you had translated the entire work. Sincere congratulations. I am sure the late Prof. M. Goo would also be happy to see it in print. I shall inform Prof. Krueger of its appearance as next year he will be working on his English translation, or so he told me.）。"遗憾的是，克鲁格先生的英译本尚未见出版。不过在2013年4月6日的来信中罗依果先生写道："你可能会感兴趣了解，包括哈佛大学欧立德教授在内的一些美国学者，正在编辑克鲁格教授的《蒙古源流》英文译稿［You may be interested to know that several scholars in the USA (including Prof. Mark Elliott of Harvard U.) are now working together to edit John Krueger's English translation of the Erdeni-yin tobci.]."罗依果先生为促进《蒙古源流》研究的更大发展所作出的努力和贡献，值得后辈学者代代铭记。

二 《元朝秘史》研究方面的交流

罗依果先生很早就对《元朝秘史》的研究产生了兴趣，1965 年发表了第一篇这方面的论文《关于〈元朝秘史〉的成书年代》[1]，此后多年悉心于对该文献的整理、研究工作，在从 20 世纪 70 年代初到 80 年代中期的十多年间，以连载形式陆续发表了对这部 13 世纪著名蒙古史籍的全部英译文（附注释）[2]。他的成果引起了蒙古学学界的广泛重视。之后，他又不断加以修改和补充，计划出版一部集中、完整的《元朝秘史》英文译注本。这一宏伟计划终于在 2004 年得以实现，两大卷本的巨作 *The Secret History of the Mongols, a Mongolian Epic Chronicle of the Thirteenth Century* 在 Brill 出版。

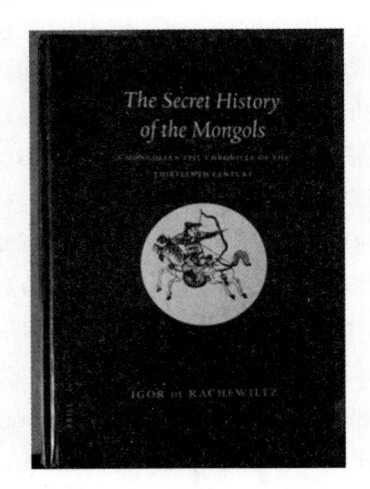

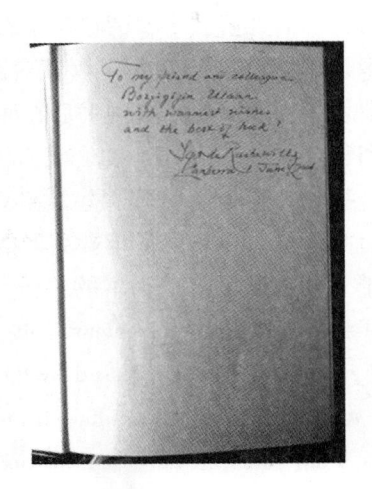

图 4 罗依果先生《元朝秘史》英文译注本第一卷封页、亲笔签名页

---

[1] 《华裔学志》（*Monumenta Serica*）第 24 卷，1965 年。
[2] 《〈元朝秘史〉第 1、2 卷译注》，《远东历史论集》（*Far Eastern History*）第 4 期，1971 年；《〈元朝秘史〉第 12 卷译注》，《远东历史论集》第 31 期，1985 年。

就我所知，1986年罗依果先生应邀赴日本开展《元朝秘史》的研究时，就将很多时间用在了搜集相关资料上。在那年10月30日的来信中，罗依果先生提到他正忙于《元朝秘史》新译本的工作。想必先生回到澳大利亚后立即投入了紧张的工作中。

在认识罗依果先生的三十年时间里，我们之间通过信件（包括电子信件）交流的内容，大多与《元朝秘史》的研究有关。先生有时会跟我讨论一些具体问题，有时会向我了解中国学者以及我的相关研究情况，还常常托我从内蒙古或北京替他寻找相关的研究成果寄去。即使在出版了英译本后，先生依然关注《元朝秘史》的研究动态，继续搜集相关研究成果，着手更正前两卷中的错误。2011年乌兰巴托"第10届国际蒙古学家大会"后，先生曾向我了解会议期间有关《元朝秘史》的发言情况，还曾邀我为他核校其《元朝秘史》译注本第二卷书目（Bibliography）等部分中的汉文、日文内容。经过几年的准备，先生又于2013年出版了其《元朝秘史》译注本的第三卷（增补卷），不仅补充了2003年至2012年的相关研究成果目录，而且订正了前两卷中的错误之处（包括印刷错误）。在第一卷和第三卷的前言里，罗依果先生对曾经帮助过他的学者们表达了谢意，很荣幸我的名字也列在其中。可见先生严谨认真的学风以及实事求是的品格。

我于2000年出版了《〈蒙古源流〉研究》一书后，从2001年起开始《元朝秘史》的研究。主要工作方向首先放在了原文的校勘上，为此利用大量时间搜集版本信息、实地核实查阅版本，并广泛阅读参考前人的相关研究成果。2004年在日本早稻田大学吉田顺一先生处访研期间，收到了罗依果先生寄来的他的《元朝秘史》英文译注本。这一巨著立即成为我最重要的学习和参考利用的对象。无论是版本信息（尤其是诸语种的译本或译注本的信息）方面的论述还是原文的译注部分，都使我了解、学习到了很多，真是受益匪浅。2012年我的《〈元朝秘史〉校勘本》出版，我同样是第一时间寄给了罗依果先生。先生后来（2012年11月12日）在信中说："我喜欢使用你的《〈元朝秘史〉校勘本》，它现在就一直放在我的桌子上。再次感谢你出色的奉献（I am enjoying your revised edition of the YCBS which is now on my desk permanently. Thank you also again for the nice dedication with which you have enriched it！）。"这简短朴实的话语，我视为对我工作的真诚肯定和赞誉。在十几年间我也陆续发表了一些研究《元朝秘史》的论文，写作过程中有时会写信给先生请教问题，发表的论文都会给先生寄去一份或发去扫描件。先生总是认真地回答我的问题，还会提出自己的一些看法。2010 年 9 月我参加了在圣彼得堡举行的"第 53 届国际阿尔泰学会年会"，用英语宣读论文，介绍了中国国家图书馆所藏《元朝秘史》几种抄本的情况。会后我将稿子发给罗依果先生请他过目，先生很快寄回了他亲笔修改过的稿子，令我感动不已。这篇稿子后来收进了俄罗斯科学院西伯利亚分院蒙古、佛教与西藏研究所 2014 年出版的论文集《中亚文化》[①] 中。

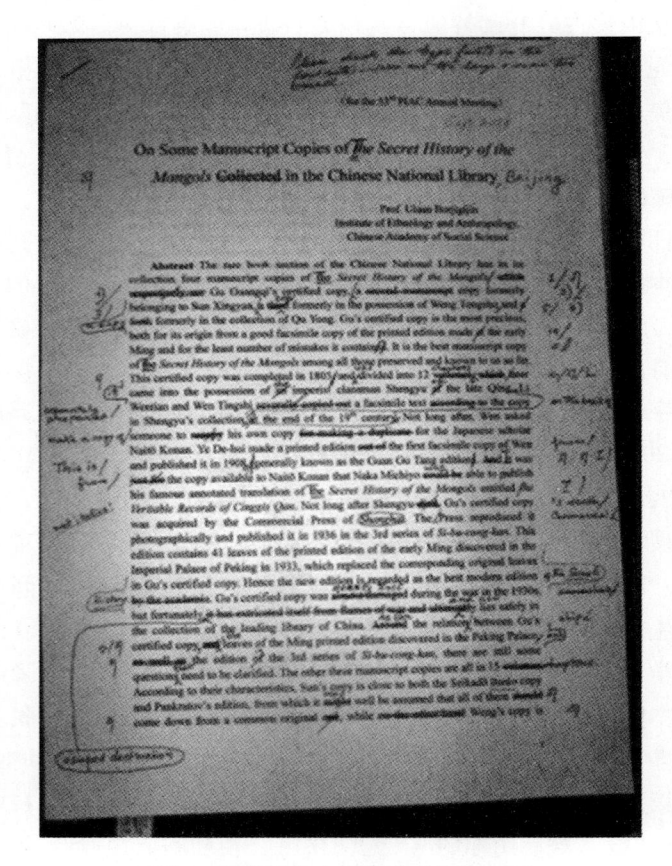

图 5　罗依果先生的修改手迹之一页

[①] Some Remarks on Gu's Certified Copy of The Secret History of the Mongols，КУЛТУРА ЦЕНТРАЛЬНОЙ АЗИИ，2014.

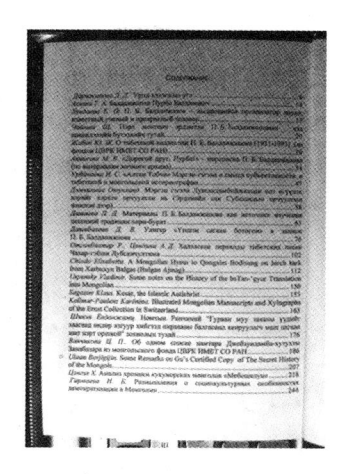

图6 《中亚文化》封面及目录页

图7 久别重逢——与罗依果先生的夫人、女儿在一起

罗依果先生的《元朝秘史》研究，以其深厚的蒙元史语文学知识、扎实的古代蒙古史知识为基础，辅以多种语言文字的能力，取得了辉煌的成就，代表着目前国际《秘史》学界的最高水平。罗依果先生的成功，

同时也是一个令人难以置信的奇迹,他一个人掌握了许多人加在一起也难以学成的多门专业知识,一个人完成了众人合作也难以完成的繁重的研究工作量。他的学术成就将成为一座永远的丰碑。

图 8　与罗依果先生的家人在一起

(原载《蒙古学问题与争论》第十三期,2017 年)

第七部分

清格尔泰先生访谈录

乌兰：

您是我国现代蒙古语言研究事业的开拓者和奠基人，被尊为"蒙古语言学泰斗"。您的蒙古语言教学、研究工作始于 20 世纪 40 年代中期，而我们听说您在大学时原本读的是理科专业，能否谈谈您是如何"改行"走上蒙古语言教学科研这条道路的？

清格尔泰：

我有时被誉为"泰斗""大师"等。我听到以后，深感"盛名之下，其实难副"。实际上，我作为一名教授、博导，也常感到先天不足，后天也不充裕。这就涉及您提到的我的学历和我"改行"的问题。为了说明这个问题，需要简要地谈三件事或三个情况。

（一）我学习理工科的事。20 世纪 40 年代初，我被当时的内蒙古当局派到日本留学。当时的青年受到社会和学校各方面的影响，比较认真地考虑过：为了我们处于苦难境地的民族，应该学些切实有用的知识。有的说教育最重要；有的说医学也很重要；有些上理工科大学的先去的同学说，这些固然重要，但也不能忽视理工科，可是人们对理工科知难而退，相比之下，这方面人才太少，将来要成问题。我受这些同学的影响，决心报考理工科。为此我白天在正式为我们内蒙古留学生安排的特设预科学习，晚上还去日本东京有名的补习学校"研数学馆"补习数学和英语。经过一年多的艰苦努力，终于考入东京工业大学，开始了理工科的学习。

（二）关于肄业回国的情况。入学以后，长期紧张学习的情况有所缓和。受学习文科的同学的影响，开始阅读一些文科书籍。从住处到学校每天来回坐三个小时左右的电车。在这段时间里，一般都浏览文科书籍。从文学名著到各种杂文，从历史到地理，从哲学思想史到世界观、人生观的讨论。后来战争进展的情况对日本越来越不利，一直到由于空袭警报频繁不能正常上学的地步。这时我们索性把专业学习放松下来，一边讨论时局问题和内蒙古的前途问题，一边搜集阅读有关蒙古人民共和国、有关中国共产党八路军的报纸杂志和书籍（当时国内看不到的书籍，在日本还可以看到）。在空袭进一步加剧的情况下，对外国留学生进行了疏散。我被疏散到仙台，转入日本东北帝国大学理学部。不久，我决心提前回国，否则后果不堪设想。我在回国前的一个多月，不去上课，专门到图书馆看书。专门看市场上禁卖但在大学图书馆里还可以看到的关于社会主义、共产主义的书籍。看这些书不只是出于好奇，而且主要是为了了解社会、了解世界。了解社会、了解世界的目的绝不是离开专业去在政治上找出路，而是为了减少人生道路上的盲目性。

（三）关于我"改行"做蒙文工作的情况。我从日本回国不久，东北解放。1945年冬喀喇沁中旗（宁城县）的大学生、中学生进行串联，1946年一过春节就集体到赤峰内蒙古自治学院参加工作或学习。自治学院有干部班、中学班。中学班有蒙文课，干部班的一个班需要以蒙语授课。这时需要从来到自治学院的人员当中挑选能教蒙文课又能以蒙语授政治课的人员。学院的领导是我小学时期的校长，其他一些负责人中，也有我过去的同学。他们的目光都集中到我的身上。矮子当中选高个子，选到我头上来了。这是有其原因的。

我的家乡喀喇沁地区，在内蒙古从历史上来说并不很落后，曾出现过不少"喀喇沁先生"，在内蒙古许多地方当过私塾先生。但是同全国情况来比较，还是相当落后的。20世纪30年代初期，全国范围的内战正在激烈地进行。这时我们的家乡却相对比较平静。从文化教育方面来说，村民们还在集资办私塾。学习的内容还是清朝时期的那一套。首先学满蒙文字母，然后学三种语言的"杂字"，之后学《三字经》。然后学习《名贤集》《千字文》《四书》等。也都是三种语言并学，目标可能是培养兼通三种语言的翻译、文书等。

我在这样的私塾学习过两年半多，后来转入伪满洲国的洋式学堂，即所谓的"国民优级学校"。由于我有这样一个"私塾底子"，在后来的汉语授课加学蒙古语的小学和蒙语授课的中学里蒙文成绩在班里始终是一流的。这就是知道我老底的老师同学们把目光投向我的原因。

我服从工作需要，不太自愿地接受了这项任务。中学班的蒙文课不太费力。干部班的蒙语授课内容是把延安来的政治教员的教材译成蒙语来讲。由于在留日后期比较广泛地阅读过社会科学方面的书籍，所以我在理解"社会发展史""中国革命史"等政治理论书籍方面没有太大的困难，但讲课当中在名词术语方面遇到了不少问题，当时只能以大致内容和基本精神讲懂为原则。

乌兰：

您说您做蒙古语文工作是服从工作需要，并不太自愿。可是我们听说您在内蒙古军政大学建立过内蒙古历史上第一个蒙古语文研究室，撰写过解放后的第一部《蒙文文法》，这些是怎么一回事呢？从教学科研的需要来说，当时可以借鉴、利用的资料可能很少，这些问题您是怎么解决的呢？

清格尔泰：

1947年，内蒙古自治政府成立之后，决定在齐齐哈尔成立内蒙古军政大学，轮训民族干部。内蒙古自治学院的一半人马，加上自治政府委派的一些人一同去建立这所学校，我也是被派往的人之一。任务是更大规模上、更正规地完成蒙文授课和以蒙古语讲政治课。我这时感到，如果想保质保量地完成这些任务，必须成立一个机构，必须集聚相应数量的合格的人才。于是在学校和内蒙古党政领导的支持下，成立了蒙古语文研究室，陆续调来了17位教学和翻译人员。所进行的具体工作是：（1）把全校学生打破原有班级，按蒙古语文的水平分成高级、中级、初级三个班，用统一时间（早晨一节课）统一授课。主要是教授新蒙文。（2）研究室中一部分人翻译政治课教材，提供给蒙语授课教师，还时常翻译一些中央重要文件。这方面与乌兰浩特内蒙古日报社有些协作关系，因为军大蒙古语文研究室和内蒙古日报社是当时的两个主要蒙古语文工作机构。（3）一部分人主要进行蒙古语文研究。如：研究新蒙文正字法，编写初级、中级、高级新蒙文材料，研究新词术语问题，编写汉蒙词汇、蒙汉词典，研究蒙古语语法等。

1949年由内蒙古日报社出版的我编写的《蒙文文法》，就是这一时期编写的稿子。当时编写这部书稿的主要目的是：介绍一下以西欧传统语法的观点观察蒙古语语法的方法；促进一下书面语与口语的接近，把书面语的语法形式、语法成分尽量改换为口语的语法形式和语法成分，并附有它们的口语读法。附带把蒙文字母和新蒙文字母（俄文字母）进行对比，以便加深理解音节的构成、词的构成，以及新旧蒙文的异同。

正如您所说，当时可以借鉴、利用的资料的确很少，所以我们也想了种种办法。我们把当时仅有的一两本新蒙文学习课本和新蒙文正字法，作了最大限度的利用。把到手的一部新蒙文的俄蒙词典拆开分头抄写成蒙俄汉词汇卡片来加以利用。关于语法，一方面参考了蒙古国学者参照西方和俄罗斯学者的著作编写的蒙古语语法，同时又参考了日本学者所著的蒙古语语法（他们也在很大程度上参考了西方和俄罗斯的著作）。当然这里边也有我自己不同的取舍法和自己的一些研究。

乌兰：

是否可以认为自从在内蒙古军政大学建立蒙古语文研究室，开展蒙古语言的教学科研以来，正式开始了您的自觉自愿的民族语文教学科研的历史？听说您在这以后还组织过蒙古语族语言调查队。

清格尔泰：

这问题一句话难以说清楚，还得做些说明。从我这方面说，经过内蒙古军政大学这一段工作，对民族语文工作产生了一定的感情。但在主观的方面，我还是在服从工作需要，没有长期从事这项工作的打算。因为我知道，内蒙古军政大学不是长期的正规大学，它是为了完成短期任务而设立的。因此蒙古语文研究室也不可能是长期的正规的研究机构。军政大学的历史任务完成后，所有人员都要分配到其他单位工作。到那时如果让我做与理工科有关的工作，或者到中学去教数理化方面的课程，我也许觉得比较自然。可是当时在上级组织部门的眼里，我们研究室的人员已经都属于语文工作干部了。军政大学的工作结束以后，我先后被调到编译部门和语文行政部门。其他人员也都分配到语文工作部门，都成为语文工作部门的骨干或者领导成员。

20 世纪 50 年代前期我在自治区党委宣传部语文工作处工作。当时自治区语文工作方面的情况是：在党的民族政策指导下，"发展蒙古民族语文的工作，已有相当大的成绩。但是这方面的工作，也还存在着许多缺点甚至错误。最主要的缺点与错误：一是在各级机关和广大干部中相当普遍地存在着轻视蒙古语文并忽视使用蒙古语文的偏向；一是把使用并发展民族语文与狭隘民族主义混为一谈，因而加以反对。显然，这不论在理论上、政策上都是错误的"（引自当时党委文件）。语文工作处在党政领导的指示下，对蒙古语文的学习使用情况，进行了调查了解。关于蒙古语文工作方面存在的问题，召开了座谈会听取了各方面的意见，并于1953年5月，由宣传部召开了全区蒙文工作会议。会上对有关蒙古语文的重要问题进行了认真的讨论。1953年7月，针对存在的问题，自治区党委（当时称为中共中央蒙绥分局）发出了"中共中央蒙绥分局关于反对忽视民族语文倾向及进一步加强民族语文工作的指示"。指示中除指出存在的问题及其危害性外，还制定了比较全面的改进措施。包括：各级党政机关和有关部门学习民族政策和民族语文政策，进行工作检查，在干部、群众中开展民族语文的学习，制定学校中的民族语文教育制度，各级各类机关团体、企事业单位重视使用民族语文，培养蒙文工作干部，开展蒙古语文研究，加强党政对蒙古语文工作的领导，从组织、编制、财政等方面采取必要的措施等。

经过党委指示的贯彻执行，民族语文工作的面貌发生了很大的变化。民族语文的学习、使用得到了重视。各机关的编译机构、民族语文的报刊及出版机构得到了充实。成立了蒙文研究会，建立了蒙文专科学校。

我在东北军大工作时期，重点学习并讲授马列主义民族政策以及民族语文政策。所以，在语文工作处的工作中，贯彻执行党的民族语文政策，还比较顺手。加上民族语文的学习与使用是民族语文工作的基础，是涉及民族语文的前途命运的问题，所以，我对这项工作也很重视。

随着民族语文工作的开展，有些学术性问题也凸显出来。如名词术语问题，基础方言标准音问题，文字改革问题等。语文工作处也开始组织对这些问题的讨论研究。1954年11月初，中央民委来电，让内蒙古派少数语文工作骨干到中央民族学院听取苏联专家关于苏联文字改革经验的学术报告。我办理这件事，我也想听取苏联经验，所以我带领几个人去中央民族学院。原来苏联专家谢尔久琴柯的夫人托达耶娃是苏联卡尔梅克蒙古族。他们对蒙文改革也抱有很大的兴趣。苏联专家也好，中央民族学院领导也好，对我们表示热烈欢迎。并以我们去民族学院为契机，成立了蒙语教研室（第七教研室），让我兼任教研室主任。根据苏联专家的建议，我们一方面听取苏联专家的报告，一方面筹备成立蒙古语族语言调查队，并进行编写调查大纲等工作。

1955年5月，以中央民族学院蒙语教研室和语言研究班中的内蒙古学员为核心（共18人），以内蒙古蒙文研究会派来的语文工作者为主力（39人），并由中国科学院语言研究所、北大东语系派人参加的六十余人的蒙古语族语言调查队成立。经过一个多月的集训,从 6 月末到 9 月末,分成 13 个组,分赴内蒙古以及东北、西北各省自治区进行了语言调查。调查结果初步整理后,提交到 1955 年 12 月中国科学院语言研究所和中央民族学院在北京联合召开的第一次民族语文科学讨论会上,得到了好评。1956 年进行全国规模的少数民族语言调查时,蒙古语族语言调查队(在全国的排号为第五调查队)在原来基础上增加人员(70 余人),增加调查分量,增补调查点,于 1956 年 7 月初到 12 月末(有的组到 1957 年 1 月),又进行了半年的调查。

经过两次大规模调查,基本弄清了蒙古语族语言及其方言的分布情况和它们的相互关系,搜集了大量的语言资料,培养了一批语言研究人员。后来在高等院校和科研机构研究蒙古语族语言的骨干,几乎都参加过这两次调查,并在调查研究的过程中得到了锻炼和提高。

我之所以特别谈这两次的语言调查,是因为它们对我的影响也特别大。我以前做语文工作是由于工作的需要,有时还加上责任感甚至使命感(如对语文工作处的工作),但是并没有感到很大的兴趣。在语言调查当中看到语音、语法、词汇各个方面的参差不齐的现象以后,觉得自己看到了语言的活的历史,又觉得自己走进了语言现象的大宝库里,有数不尽的新奇的东西在发光。因此可以说,我的自觉自愿的语言研究是从语言调查开始的。

乌兰:

说到语言研究,就不能不提到在您主持下创建并发展起来的内蒙古大学蒙古语言文学系和蒙古语文研究所,现在该系和所已是国家级重点学科,担负着重要的科研教学任务,发挥着重要作用。能否简单介绍一下内蒙古大学蒙古语言文学系和蒙古语文研究所的创建过程、语文研究所的主要研究方向和业绩?

清格尔泰:

内蒙古大学开始建校,就把我调到了内大。我是从民族研究所(当时为少数民族语言研究所)去内大的。过程是这样:我经过语言调查,热望从事语言研究。当时民研所也准备开展蒙古语族及北方语言的研究,希望把我留下。于是我征得内蒙古党委一些领导的勉强同意,于 1957 年 1 月举家搬到了北京。我正在所里组织力量开展研究工作的时候,内蒙古大学也正在开始建校。内蒙古大学建校时,国务院和教育部非常重视,以北京大学为首的各大学作了系统的支援。有许多系是从系主任、教研室主任、主讲教师到辅助人员全套支援的。唯独蒙古语言文学系主要靠自力更生。虽有一些在中央民族学院学习的研究生和在蒙古国学习过的人员，但力量还感单薄，尤其缺乏带头人。于是内蒙古一些领导又想起了我。内大筹建组的负责人（建校后的党委书记）到北京动员我回内蒙古主持蒙古语言文学系的工作。他说的话，要点有两个：一是内蒙古建立综合性大学，对蒙古民族来说是个有历史意义的大事，您应该积极支持并参与。二是您这个级别的干部（由国务院总理任命的自治区文改会副主任）的调动，要经过自治区党委的正式决定并报华北局备案，这些手续还没有办，您仍属内蒙古干部。我在去留两难的情况下，在个人工作问题上，生平第一次（大概也是最后一次）讲了个价：两方面的工作兼作一个时期。先到内大做建系的工作，一年回所里工作三四个月。随着建系工作基本完成再回到所里来。这也是我和傅懋勣先生一起出的主意。可是后来由于不断的政治运动，这个君子协定逐渐失去了效力。

　　当时内大蒙古语文系的情况是：蒙古语言文学的专业课暂由从蒙古国请来的专家担任；我们自己的师资队伍，人数少，学术水平尚待提高；适合我国国情的蒙古语言文学的专业课教材尚待建设。但是我们也有些有利条件：我们的青年教师都有若干年的蒙古语文工作经历，蒙汉文水平都比较高，其中有几名是参加过两次蒙古语族语言调查的研究生，已有相当的研究经验和理论水平；还有一些人已有相当的文艺理论修养，其中有的已被认为是青年作家。除此之外，我们的第一届学员中，也有一些从蒙古语文工作队伍中招来的年龄偏大的学生，可作为师资队伍的后备力量。当时的系的领导班子认为，如果我们在理论修养方面不断有所提高，在掌握实际、联系实际方面不断有所加强和深入的话，我们师资队伍的建设还是很有希望的。

　　不久在全国范围掀起了教学改革的高潮。我们也掀起了理论联系实际的高潮，于1959年把当时两个年级的学生和教师合在一起分为语言、文学两个班。语言班集中学习语言学理论和语言调查方法，于1960年下乡调查，回校以后撰写总结和论文。文学班集中学习文艺理论后，广泛搜集古今的蒙古文学作品，进行分析研究，写出心得或论文。在这些工作的基础上以教师为主编著了大学本科教材《现代蒙古语》（1964年正式出版，上下册）、《语言学概论》、《蒙古文学史》、《文艺学概论》等教材。通过这一过程，提高了教师的水平，建设了教材，也准备了后备力量。

为了充实、发展蒙古语文学科，也为了体现乌兰夫校长指示的内大除了有与国内一般大学相同的任务外，"还有培养本民族知识分子，发展民族文化的任务"的精神，于1962年成立了蒙古语文研究室。它的任务是除了进行直接与教学有关的研究外，还要拓展研究领域，为社会需要和学科发展服务。如：编写蒙汉词典，研究蒙古文字史，研究蒙古语发展史等。正当研究工作稳步发展的时候，遭遇了倒行逆施的"文化大革命"。

"文化大革命"后，为了弥补失去的宝贵的十年时间，蒙古语文系和蒙古语文研究室的教师们以更加忘我的精神投入到学科的建设当中。1976年《蒙汉词典》正式出版，1977年与中国社科院民族所合作研究的《关于契丹小字研究》（内大学报专刊）公开发表，1978年招收11名研究生，1981年获得硕士学位授予权，同年研究室升格为研究所，1984年获得博士学位授予权。随着研究工作和研究生培养工作的开展，研究所的研究领域和研究方向也逐渐拓展。以研究生的研究课题为例：1962年首次招收的两名研究生，一个研究一部蒙文名著的词法，一个研究一个方言的语法；1978年招收的11名研究生以蒙古语族各语言的语法为研究课题，后来有的以中期蒙古语语法为研究课题，有的以蒙古文字史的研究为课题，有的以满—通古斯语族与蒙古语族的关系为研究课题，有的以突厥语族与蒙古语族的关系为研究课题。最近，有的以蒙古语的信息处理、实验语音学、机器翻译为研究课题等。

研究所和系1988年成为少数民族语言文学国家级重点学科。1994年被批准为国家教委蒙古语言文学人才培养与科学研究基地。同年，研究所和系的资料室同本校其他有关图书资料部门一起被批准为国家教委民族学科蒙古学文献信息中心。1995年蒙古语言文学系和几个有关的研究所联合成立了内大蒙古学研究院，最近改名为蒙古学学院，下辖蒙古语言文学、新闻学、民族学三个系，蒙古语文研究所、蒙古文学研究所、蒙古史研究所、内蒙古近现代史研究所、蒙古文化研究所、周边国家研究所六个研究所；另有蒙古学研究中心、蒙古学文献信息中心、蒙古语文信息处理研究中心等。

乌兰：
您的研究领域很广，也有许多创新，不仅涉及蒙古语言自身的诸多方面，还涉及蒙古语族的其他语言如土族语等的研究、阿尔泰语系诸语言的比较研究等，您的研究成果屡次获奖，均受到学界的重视，由内蒙古大学蒙古语文研究所和中国社会科学院民族研究所组成的契丹文字研究小组，完成了高水平的学术著作《契丹小字研究》，于20世纪80年代中期出版，被日本著名学者西田龙雄誉为"划时代的新研究"。综观您的学术研究，您认为自己最主要的成就是什么？

清格尔泰：

我的研究领域看起来相当广，实际上并不太广。我还常常觉得，知识领域不够广泛，影响了我的研究工作的深度。我所进行的一些不同的研究，是随着时间的变化和任务的变化逐渐形成的。我们在内大的研究，开始时，为建立课程和教材的需要，着重研究了现代蒙古语及其方言，后来为了研究蒙古语历史，拓展到了文字史、书面语历史、同语族语言，甚至同语系语言。我在这当中，研究了蒙古语的语音、语法、土族语、满语及鄂温克语等。其中对契丹小字的研究，从我们这方面说，也是从研究蒙古语历史的需要出发的。在这些研究过程中，一些项目取得了较好的成绩，得到了较高的评价，但这些都是集体努力的结果。如专著《现代蒙古语》，工具书《蒙汉词典》，专著《契丹小字研究》，以及蒙古语族语言方言研究丛书（即21本书）的陆续出版等都是这样，我感到欣慰和比较满意的是我们在集体研究当中，相互关系很融洽，同心协力，集思广益。

说到研究当中的创新，我的体会是：创新往往与理论联系实际的深化有关。在一般情况下，我们学习理论的时候，可以找到实际的事例；相反的情况下，我们遇到的实际事例，也能在理论著作中找到答案。但是随着研究工作的深入，接触语言资料的千姿百态当中，也不免遇到一些理论著作中没有涉及的事例。在这种情况下，不应削足适履地把具有本身特点的事物硬塞进与它不合适的现成的模子中去。这时就需要给它制作一个合适的模子。现有的模子，或者说概念、范畴等也都不是天生就有的，而是实践当中逐渐形成的。这也是理论联系实际的必然要求。譬如在普通语音学里，说明一个元音的性质的时候，一般从①口腔的开合度及舌头的升降度，②舌头抬高部位的前后，③嘴唇的圆展这三个条件就可以说清楚。在蒙古语法著作中，也曾以这三个条件来说明，但始终不能令人满意。我们经过一段时间的研究，提出了"舌根后缩与否"这第四个条件，简称为"松与紧"。这个论点逐渐被蒙语学界接受，后来一些外国学者用这个论点，来说明其他语言中的类似现象。再譬如关于元音和谐律，一些权威性的语言学工具书上都说，元音和谐律是一种语言的元音之间的同化现象。这个定义虽说明了它的主要内容，但从具有严格的元音和谐律的蒙古语的情况看并不完整。在蒙古语里唇形到了又闭又圆的极点以后，反而在后续音节里要求出现展唇元音，这就不能说是同化，而属于异化了。这里包含着"谋求发音方便"的更根本的要求。我们研究具有元音和谐律的许多语言的共性和个性以后，认为元音和谐律特性中包括求同性、限制性、序列性、制约性。简言之，可以说，元音和谐律是一个词里元音之间的调和及制约关系的规律。语法方面举一个例子的话，土族语的形态变化里，有一系列-iː、-a 形式的对立。如：-niː、-na, -ʑiː、-dʑa（以上为副动词加-iː、-a 的），-guiː、-gua, -guniː、-guna, -saniː、-sana、-dʑiniː、-dʑina（以上为形动词加-iː、-a 的形式）。此外还有单词形式的 iː、a（有），guiː、gua（无），numbiː、numba（是），puçiː、puça（否）。

关于 iː、a 对立的语法意义，20 世纪 30 年代初，田清波（A. Mostaert 莫斯铁尔）写蒙古语语法时已发现，但当时未弄清其在语法上对立的意义。从 20 世纪 50 年代中期的蒙古语族语言调查以来，对这个现象的语法意义提出过种种看法，如：人称差别，肯定与不定，确定与非确定，直接与间接，眼见与不见，直述与转述，意料与非意料，想象与实际等。我们经过比较长期的观察和研究，比较种种说法的适用度和不适用度，提出了一个适用度最大而几乎没有反证的说法，即主观语气和客观语气（参见《土族语和蒙古语》）。类似的例子还有许多。语音方面，如中性元音 i 的性质，辅音的清浊与吐气与否的关系，辅音结合律问题，辅音之间的音势结构问题等。语法方面，如概称范畴问题，作为一个词类的时位词问题，动词的不同角度的分类问题，动词的分析形式问题，词组本位的句法分析问题等。总之，我们提倡不断地深入研究实际语言材料，并且给语言现象一个恰如其分的理论说明。

乌兰：

蒙古语言研究，包括蒙古语族语言的研究等已经取得了令人欣喜的进展，但仍存在不足之处，有待改进和加强。您认为目前蒙古语言研究中存在的主要薄弱环节是什么？哪些方面亟须加强和拓展？比如说，您对古代蒙古语的研究现状满意吗？契丹语与蒙古语等相关语言的比较研究是否有进一步深入的必要？

清格尔泰：

蒙古语和蒙古语族语言的研究的确取得了一定的成绩，一些该研究的领域和课题都有人开始研究，但这些研究大部分是初步的基础研究。在一些课题上取得了较好的成绩，但从数量方面看，是很少的，并且还需要进一步提高。我可以举几个例子：

（1）20世纪60年代初编写的《现代蒙古语》，在当时是里程碑性质的。但是随着研究工作的深入，还需要补充修订。

（2）《蒙汉词典》得到过好评，但这类工具书是需要定期修订的。将来还需要编撰更加充实的《蒙汉大词典》。

（3）蒙古语族语言的二十一本书也是得到好评的。但这是描写性的。我们原来的目的是在描写研究的基础上，进行蒙古语族历史比较研究，以及阿尔泰语系比较研究。从这个观点看，我们真正的工作还在后边。

（4）《契丹小字研究》得到过国内外好评，获得过国家教委人文社科研究优秀成果一等奖。可是后来发现的新资料增加了好几倍，也很需要培养新生力量，进行进一步的研究，包括契丹语与蒙古语的比较研究。

以上是已有知名度的几个项目。另外还有不少尚待完成的项目，如：中古期蒙古语词汇，蒙古语方言土语研究，蒙古语基础方言研究，方言地图集等。还有新开展的项目，如：实验语音学，蒙古语文计算语言学研究，机器翻译等。

这些情况说明，内大蒙古语文学科是发展中学科，而不是发达学科。至于更大范围的内大的蒙古学，情况更是这样。在蒙古学这个大学科中，语言、文学、历史三个，还属起步较早的学科，我们叫作"老三篇"。后建的文化研究所以及民俗博物馆等更是处于刚刚起步和刚要起步的阶段。

乌兰：

您在从事科研工作的同时，还长期承担教学任务，培养了包括本科生、硕士研究生、博士研究生在内的大批学生，其中不少人已成为蒙古语言科研教学方面的佼佼者。请问您这方面的经验和您对一个合格学生的主要要求是什么？

清格尔泰：

对大学生的培养，国家有德智体等多方面的统一要求，学校也有相应的规定，这些方面不需要多说。我只说一些专业方面的要求。蒙古语言文学专业的培养目标，在建校时主要是培养高等学校的教师和科研机构的研究人员，后来调整为：培养从事蒙古语言文学科学研究、教学和党政机关及其他部门所需的蒙汉兼通人才。近年为了适应社会需要，蒙古语言文学系分为语言文学、新闻学、民族学三个系，更加往培养蒙汉兼通的通才方面发展。蒙古语言文学方面的科研人才，则主要依靠培养出的硕士生、博士生。这里举一下培养硕士生、博士生的几个例子。

为了培养蒙古语言研究方面的后备力量，1978年招了11名硕士研究生。除了学习语言学、蒙语学的课程外，着重学习了语言调查课。1980年师生分为七个组调查了达斡尔语、土族语、东乡语、保安语、裕固语和蒙古语卫拉特方言、巴尔虎方言。回校以后把七个组的调查材料油印成册，分发给每个调查组成员。在这些语言资料的基础上，研究生们在导师指导下围绕蒙古语族语言，分别选题目，撰写了论文。写就的论文有：《关于蒙古语族语言人称代词的几个问题》《蒙古语族语言动词态诸形态的比较》《关于蒙古语族诸语言格的范畴》《关于蒙古语族语言几个后置词起源的探索》《蒙古语族语言辅音比较》《关于蒙古语族语言的长元音和复合元音》《蒙古语族语言的基本元音的比较》《关于蒙古语族语言的副动词》等。通过调查研究，强化了实践能力，搜集了比较充分的资料，在撰写论文的过程中进一步提高了分析研究的能力。由于指导教师也一同参加了调查研究，有利于指导研究生论文的撰写。这一次的调查研究和研究生的论文写作以及后来教师们编写有关这些语言的丛书，有力地促进了蒙古语文研究所的蒙古语族语言方面的研究。

我们在总结这次有益经验的基础上，对中期蒙古语的研究方面也采取了类似的做法。后来的一期硕士研究生班，在完成必要的课程以后转入对中期蒙古语文献的搜集和阅读。我们把《蒙古秘史》等主要文献分工输入到微机里，编制了检索程序。研究生们在导师指导下，分别选定了关于中期蒙古语的研究题目。写出的论文有：《中期蒙古语形动词形态及其演变》《中期蒙古语动词祈使式形态及其演变》《中期蒙古语陈述式诸形态及其演变》《中期蒙古语格范畴及其演变》以及关于中期蒙古语的构词附加成分、动词态、形容词、数范畴、助动词、联系动词等论文。这些论文利用中古蒙古语许多文献，也利用了蒙古语族语言的调查材料，着眼点都在于历史演变。后来的硕士生和博士生在前人研究的基础上作了进一步的研究。除涉及蒙古语族、中期蒙古语外，还涉及文字史、满—通古斯语族和突厥语族。

我们对研究生的专业方面的要求是,学好本学科的基础课和专业课,打好理论基础。对研究对象进行深入的学习和研究,最好掌握充分的第一手资料。在学风方面,提倡理论联系实际,实事求是,并且要求在前人研究基础上有所前进,有所创新。对博士生来说,在这方面的要求更高一些,力求在一些重要的学术问题上有所突破。

乌兰：

您曾多次出国,或讲学或开展科研工作或参加有关学术会议,还不断送学生赴外国如蒙古、日本、俄罗斯、土耳其、匈牙利、芬兰、美国等国家留学。在您看来,与国外同行的交流,相互学习、合作研究对我们的蒙古语言研究事业究竟具有什么样的意义？

清格尔泰：

蒙古学是一门国际性的学科。有一些国家的蒙古学研究具有百年以上的历史,与他们进行学术交流是很有必要的。

内大蒙古学学院的研究人员,近二十年来与一些国家的蒙古学研究人员逐渐加强了学术交流。既有教授、研究员的长短期互访,也有一般研究人员和研究生的互派进修。互相参加彼此的国际学术会议的人员则更多。内大在1987年、1991年、1998年举行过三次蒙古学国际学术讨论会,每次都有十多个国家的专家学者来参加。此外,还和日本、蒙古、俄罗斯等国进行过或正在进行合作研究。

通过这些交流,我们可以发现彼此间的共同点和不同点。其中一个显著的不同点就是具有相当数量的蒙古族居民的国家和没有蒙古族居民的国家之间有差异。虽说都在研究蒙古学,但在没有蒙古族居民的国家里,学者的研究中自愿选择的成分较多,也包含着一些偶然性。有些学者由于某种原因开始研究蒙古学以后,能毕生坚持研究,作出出色的成绩。有些学者也可能向政府或基金组织提出某一研究课题的申请,得到支持以后作出一些很好的研究成果。得不到支持时,也可能放弃这种打算,去做别的事情。

我国有内蒙古这样一个大的自治区,蒙古学的有组织的全面发展是很必要的。不能只依靠某些人的一种兴趣,也不能只靠某个时期某项课题的经费。必须有一个在全面考虑的基础上形成的研究规划。一些基础性的研究,必须有相对稳定的机构和人员,以免青黄不接或走弯路。

乌兰：

国内目前由于经济大潮等因素的冲击，作为蒙古语言研究基本对象的蒙古语正在迅速发生着变化，使用、学习蒙古语的人口不断减少，范围不断缩小，不少地区的蒙古语中汉语借词的成分大幅度增加。您对这一现象看法如何？这种现象对蒙古语言的研究有何影响或将会产生怎样的影响？对我们的研究提出了哪些新问题？

清格尔泰：

您提的这个问题，主要涉及民族语文的学习、使用以及使用与发展等问题，是很多人关心的问题，也是语文工作管理部门主要关心的问题。

蒙古语文的学习，最主要是指学校教育中的蒙古语文学习。学习人口的减少，主要发生在不同程度上兼通蒙汉两种语言的农区和城镇地区。这类地区的人口，占全部人口的比例越来越大，所以也不是小问题。一些家长愿意让他们的子女从以蒙古语文授课为主的学校转向以汉语文授课为主的学校。其原因可能是考虑到汉语文的使用范围广，将来在升学、就业等方面都有优越性。群众的这种考虑，有其现实的原因，不好一味责怪他们对民族语文没有感情。

另一方面，从语文工作和民族教育工作角度看这不是一个好办法。对一个有悠久文字历史的民族来说，幼儿教育、小学教育过程中不能利用母语，是文化教育方面的一个损失。从一般情况和国内外一些实例看，先以母语进行教育，进行一段时间后，再学第二语言，之后再到第三语言，对智力发展是比较理想的。我们能否做到在以蒙古语文开始教学的学校里，在小学、中学阶段大致做到蒙汉兼通并获得一门外语的基础知识呢？这种可能性是有的。但必须作一番努力，进行一些改革。

在蒙古语文的学习方面，还有一个蒙语会话的学习。这项学习也有一定的重要意义。一些农村和城镇的青少年，蒙语不太好，想提高一下，一些服务部门的工作人员，经常接触蒙古族群众，想学些蒙语会话，这种需要一直都有。一些以汉语授课的蒙古族地区学校加授蒙古语文课，使用一般的蒙古语文课教材效果不太好。有些学校反复学习字头，背写字头，背写书面课本，结果日常会话也不会。像这样一些学校的蒙古语文课还不如就学蒙古语会话。

说起蒙古语会话问题，似乎经验教训也不少。需要考虑的问题也不少。经过一些年的经验，我的粗线条的想法是：

第一，一定要注意实用性和少而精。据美国哥伦比亚大学桑代克教授的统计，学会常用的英语 500 个词和 3000 个词，等于学习了普通英文书刊用词的 82% 以上和 97% 以上。这就是说，会话读本的选词、选句都非常重要。选词选句得当，事半功倍；选词选句不当，事倍功半，浪费学习人员宝贵的时间和精力。

教材由浅入深，可以有第一个 100 句（初），第二个 100 句（中），第三个 100 句（高）等。每个句子都应有活用或扩展的余地。

第二，既然以会话为目的，最好不用传统的蒙文字母，而用便于口语表达的拉丁拼音字母或国际音标（类似学英语用的）。这些在其他方面也常用，也许学习人员都已经不陌生了。

第三，学习过程一定要成为实践的过程。学一句用一句，学习 100 句，巩固 100 句。正式开班学习应有结业考核，应该发结业证。一些服务单位的指定人员，应与岗位资格挂钩。正式开班的教师也应该是胜任这种教学的人员。

蒙古语文的使用问题，涉及面很广。它涉及不同地区（农村、牧区、城镇）、不同产业、不同年龄的不同用法（口语、书面语或听、说、读、写）。在这里不能谈及所有问题，只能谈一些比较重要的具有现实意义的问题。

（一）关于党政机关、社会团体、企事业单位以及各种服务单位中注意使用蒙古语文的问题已有规定，这里不必多说。如果还有该用而没有用的地方，是属于由语文工作行政部门检查督促的问题。

（二）关于满足广大群众的文化需要的问题。熟悉民族语言的群众，掌握初步的或初中级程度的文化比较容易，但满足进一步的文化需要，是一个重大的课题。如果这方面的需要不能满足，也影响人们进一步学习的积极性。这方面出版部门虽在努力，但离满足群众的需要还有相当大的距离。如果把思路转向这个方面，我想该做的事情一定很多。举一个我所知道的例子：为了解决群众所需读物缺乏的问题，一些有识之士早就建议出版农牧民文库之类的系列丛书。由出版部门、语文工作行政部门牵头，组织文教、科技、文艺、农牧林、医药卫生等各部门人士参加的一个委员会，调查研究群众的实际需要，物色适当人员，编撰或翻译适合的书籍，在陆续出版的同时，不断补充新的内容。

（三）关于挖掘、利用社会力量的问题。现在各地各部门都有不少蒙汉兼通的干部，其中有些人的文字水平还不错。可是平常他们不怎么用蒙文写作。学习蒙文的目的本来在于使用，学好之后不用，未免太可惜。有关领导部门、有关语文工作部门应考虑挖掘这方面的潜力，发挥这些人的作用。

（1）出版部门（包括上边谈到的农牧民文库之类）、报刊部门，有计划、有意识地向各部门组稿、约稿。这也是加强语文工作社会基础的举措。

（2）没有专职翻译或有时翻译力量不足的较大的单位，设置一些兼职翻译岗位或蒙汉兼通岗位，使一些蒙汉兼通的干部平常也多注意蒙古语的报刊广播，经常处于能够胜任这项工作的状态。

（3）像《蒙古语文》这样的刊物，应让蒙汉兼通人员进一步参与蒙文编译工作。每期刊物上登载当时报刊上的新词术语及当前语文工作的报道。这个刊物，现在办得也不错。希望更上一层楼，更深入地参与社会的语文实践。可能的话，每年出一期《语文工作年鉴》，进行一年的综合报道。

"汉语借词大幅度增加"的问题，需要作些分析。

（1）现在的书面语里，即正式的文学语言里，并不存在这种情况。

（2）干部和知识分子的口语中，有时看到借词较多的现象。这可能是因为对一些新词术语不知怎么说，也可能是图一时的方便。在后一种情况下，正式说的时候就能改正过来。

（3）在一些群众中，尤其在农区和边缘地区的群众口语中有大量的汉语借词。一般他们的蒙文程度不高，汉文程度更低。当地的干部一般讲汉语的多。群众讲不了汉语，只好说夹杂一些汉语借词的蒙古语。对于这种情况不宜取笑或反对，而应理解他们的苦处。他们现在依然离不开母语。可能的话，考虑一些如何引导、如何提高、如何辅导的问题。

有关蒙古语文的研究，大致可分为两大类，即基础研究和应用研究。我们这次谈话中前边谈的大都属于基础研究，除这些以外的语言规范化的研究，如蒙古文字改革问题，正字法改进问题，标准音的问题，新词术语的制定问题等，以及翻译问题，广播语言问题等，都属于应用研究的范围。

我们在进行基础研究的时候，注意的是揭示语言各部分、各方面的本来面目和客观规律，不考虑群众是否容易接受的问题。应用研究是在基础研究的基础上研究如何使其实用化的问题。因此必须考虑群众是否容易接受的问题，必须考虑对群众来说是否方便的问题。这个问题在应用研究者当中是否都得到了解决呢？这是需要以实践来回答的问题。

我们以蒙古文字改革问题为例：在长期的研究和实践过程中，大家觉得传统蒙文有改进的必要。但是在如何改进的问题上意见并不一致。在这种情况下，为了妥善处理这个问题，必须真正走群众路线。经过研究提出一个方案后，应有一个征求广大语文工作者意见的过程，应有一个试行阶段。经过一段时间的实践以后，再由大家共同总结经验，采纳大家比较满意的改进法。

再如：中国蒙古语的基础方言和标准音地区确定后标准音系统的具体方案迟迟定不下来。原因之一是察哈尔土语的过渡性很大，可塑性很大。如：前化元音与颚化辅音的关系问题，n 与 ng 的关系问题，阳性 i 与阳性 e 的问题等。近来有关研究人员在解决这个问题上取得了一些共识，在一些问题上不采取绝对的办法，而允许有一定的调整幅度等。朝这个方向努力，有可能使大多数人比较容易接受。

又如：蒙古语广播这些年很有进步，很有提高，受到群众的欢迎。但也有群众说，个别广播员的说话速度太快，不易接受。是否说话速度越快越好，越能表示业务水平？这个问题可以研究。这方面听听群众意见可能有帮助。

其他如新词术语的制定，教材的编撰法，书刊上的语言，翻译作品的语言等方面，似乎都有一个群众路线的问题。总起来说，在应用研究方面，如果向世界先进国家、先进民族语言看齐，可以讲出许多理论，但是我认为更重要的是，面向我国蒙古族的实际，面向群众的需要。

以上我针对蒙古语文工作的现状，暂时放弃"静观"态度，说了些有主观因素的想法。这是因为，对相对弱势语言来说，应采取一些促进措施和扶持措施。这样才能使其有个比较平等的机会，发挥它应有的历史使命。因此我也希望有关领导和语文工作者多考虑一些合情合理的促进语文工作的办法。希望各有关同志尽心尽力，尽到责任。

另一方面，有些地区居民在历史上已转用汉语或其他民族语言。有些地区居民由于现在的居住环境、工作条件等，汉语或其他民族语言成为第一语言，其中一些人已不使用蒙古语文。如果他们不要求学习、使用蒙古语文，也只好听其自便。

乌兰：

您长期担负研究所的领导工作，还担任过校领导，但个人的科研工作并没有因此而放松，给人感觉您首先是一位学者，您的学术成就使您成为享誉海内外的著名学者。在多年的科研工作中，您最深的感受是什么？

清格尔泰：

我和我们一起工作的集体在内大从事教学科研工作已有 45 年。在这 45 年中我们虽遇到了风风雨雨，但一直团结合作，取得了一些成绩。究其原因，除了客观方面学校工作的需要和学校领导的支持外，也有我们主观方面的原因。

第一，我们都认识到我们工作的重要意义。我们有看重大局，服从工作需要的精神。

第二，我们在重视调查研究，重视理论联系实际等方法问题上有共同的认识。

第三，我们对科学研究产生了浓厚的兴趣。

第四，我们有团结合作的精神，集体与个人的关系比较协调。我们既提倡个人服从工作需要，又主张充分发挥个人的潜能，使每个成员都能发挥本身的长处而有所成就。

作为我们集体中的一个成员，作为一个班长，我除了和大家有共同的态度和想法外，我想补充一下纯属我个人的一两个事例：我到内大以后不久，有一位很熟的老同志见我就说，你是咋搞的？经多年的科长、处长提上去的厅局级，怎么又回落到处长、副处长级了？你本人就没有意见？我回答说，我现在每时每刻都在考虑怎样才能把蒙古语言文学系真正建立起来，哪有时间考虑级别待遇呀？再举一个例子：到了 20 世纪 80 年代初，又有一位同志见到我说，祝贺你当选为全国人大常委。这个职位了不起呀，全内蒙古才你一个常委。你可以考虑改行啦。我说，我这个书呆子早已定性啦，再也改不了啦。

我的这些说法和态度，出于我的一种根本想法。从我个人的整个情况看，已经历史地形成为一个做学术工作的人，对此应有一个"自我定位"。既然这样，就不应计较待遇地位，患得患失，见异思迁。实际上我也是以学术上的点滴心得体会，为很大的快乐和满足。学术上微小的成绩，都是对学术工作者的很好的回报。

乌兰：

您现在虽已年逾古稀，但仍笔耕不辍，继续自己的研究。请问您现在的主要研究方向和具体内容是什么？

清格尔泰：

我早已年逾古稀，前几年就提出离休申请，学校还没有批准。对我个人来说，离休与否无所谓，全由学校的方便来定夺。无论离休与否，我还是做我能做的事情。

我在这个春节前，刚完成我在日本讲学期间答应下来的关于契丹文的一个论著。现在主要工作是主持编写蒙古学百科全书语言文字卷的工作。由于有关人员都有别的工作，所以进展较慢。

过一段时间，百科全书的工作告一段落后，我想继续进行已经开始而尚未完结的工作。主要是蒙古语族比较语法和契丹文字的研究。准确地说我继续做这些工作的一部分，绝大部分工作和接着做的工作要靠年轻同志。

另外学校给了我一个蒙古学学院名誉院长的荣誉职务。因为是荣誉职务，可以不管具体事情。但是现职的同志有时也找我商量，找我咨询，我也不能啥也不说。对此我采取的态度是：

知无不言，言无不尽，闻者参考，言者不究。

也就是说，我的意见采纳了没有，采纳了多少，我不去过问。这一方面是因为不在其位的人，本来就不应再去过问；另一方面，年纪大的人往往趋向于保守，容易犯经验主义错误。所以我认为，自己应有自知之明，不去过问为宜。

（原载《中国民族研究年鉴2001年卷》，民族出版社2002年版）

蔡美彪先生访谈录

乌兰：

蔡先生，您好。最近《中国民族研究年鉴》编辑部委托我与您联系，希望为您作一次访谈，介绍给广大读者。您在刚刚出院的情况下慷慨同意接受采访，真是令人感动，我本人并代表《中国民族研究年鉴》编辑部向您表示衷心的感谢。

您潜心历史研究几十年，贡献卓著，以广博的学识、丰硕坚实的成果和坚持求实求真的人格魅力奠定了自己在学界的地位，赢得了高度赞誉和广泛敬仰。周清澍老师曾评价您"是我国卓有成就和贡献的史学家，可称之为当今史学泰斗"。您最主要的工作和最突出的贡献，首先就是参与和主编了《中国通史》。这部十二册的巨著，在学界和社会上都产生了积极的影响，受到了普遍好评。关于这部书的总体情况，您已经作过比较详细的介绍，而在一次谈到如何保持后六册与前四册的完整性时您提道："后边问题复杂，每个时期不仅有汉族，还有少数民族，宋、元、明、清都是这样，所以在章节结构上我们和前四章并不完全一样，也是根据后边的具体情况，并不是和前边四章体系完全一样。"那么，能不能从民族史的角度请您谈谈该书处理非汉族历史内容的原则或设想？

蔡美彪：

范文澜同志创始的《中国通史》原来是提供给广大干部阅读的知识性读物，并不是学术专著。延安时编写的本子题为《简编》，篇幅较少。中华人民共和国成立后修订、扩展篇幅，才对各少数民族的历史有所叙述。如隋唐时期分别编写吐蕃国、回鹘国、南诏、大理国等三章，与唐朝并列，据事直书，较全面地反映了唐代中国的全貌，也体现了民族平等的原则。范老去世后，我们继续编写未完成部分，开头就碰到了宋辽金时期。元朝为编写这一时期的纪传体史书,对编写体例争论了几十年,叫作"正统辩"。最后确定宋史、辽史、金史各编一部,解决了争议。但没有编写西夏史。西夏立国西北一百九十年,对历史发展有重大影响。我们反复考虑之后,努力克服当时文献上的困难,为夏国自立一章,形成宋辽夏金四国四章并列,以便读者了解各国的兴衰。元朝统一,只列一节,题为"元朝统治下的各民族",分别叙述各民族的简况。清代部分,也援此例,设为"清朝统治下的各民族"一节。中国几十个民族,几千年来有分有合,有和有战,有民族压迫也有民族融合。历史的内容错综复杂,发展的道路迂回曲折,如实地全面地记述历史事实,才能深刻认识各民族凝结为一体的历史过程和发展规律。在中国通史的领域里,对待汉族和非汉族的历史不能有双重标准,都要遵循历史唯物主义的原则,一切从实际出发,具体分析具体事物。这些是我们写作时的设想和努力方向。书中只对一些少数民族的历史作了极简要的介绍,难得周全,更不可能多作理论分析。疏误之处,有待读者指正。

乌兰:

1948年您还在读大学时就发表了《元秘史中所见古代蒙古之婚俗》一文,依据史料记载,分析、归纳出古代蒙古人婚俗的几种形式和特征,并作出一些合理的解释,即使在今天读来也仍然具有参考、借鉴价值。近些年来我主要作《元朝秘史》的研究,很想了解您当时选择这一题目的初衷和写作心得。

蔡美彪:

我在大学时读过社会学课程,后又选修杨志玖先生开设的"《元朝秘史》研究"专题课。您说的那篇文章《元秘史中所见古代蒙古之婚俗》,是我的一篇习作,只是排比一些资料,很肤浅。我原来还想继续对古代蒙古氏族制度作些研究,但没能如愿。1950年夏季,我参加社会学家林耀华先生率领的燕京、清华、北大三校民族调查团,去内蒙古呼伦贝尔地区考察。林先生要我协同他作蒙古族亲属称谓的调查,由我记音,回京后作了整理。这年秋季,我到北大文科研究所工作,罗常培先生送给我一本他的新著《语言与文化》,其中有一节竟是"亲属称谓与婚姻制度",我读后惊喜不已。在两位先生的启示下,我打算再作一个课题,拟为"元秘史中所见古代蒙古的亲属称谓"。元代汉文文献中记录的蒙古亲属称谓,多是汉语称谓的比附套用,掩盖了原来的内在含义。《元秘史》中保存了大量蒙古语原词，是珍贵的记录。我有志于这项研究，但已是有心无力。现在我把这个课题贡献给您。您如果有兴趣作这件事，一定比我做得好，也一定会对古代蒙古的亲属制度得到更多的理解，有所发明。

乌兰：

改革开放以来在几代学者的努力下，蒙古史研究、元史研究乃至其他一些民族史研究的状况有了很大的转变，其中一个显著现象就是民族文字及其文献资料受到了更多的重视。而史料整理等基础性的研究工作，费时费力，对专业知识的要求相对也高，民族文字文献的整理更是如此。这类工作对于提高研究人员的能力和水平也具有重要意义，黄时鉴老师曾说过："研究中国古代史的人，应该至少做一次整理点校古籍的工作。"您读研究生兼做助教时即开始整理北大所藏大量的碑拓，您如何理解基础性研究工作的重要性以及与理论研究的关系？

蔡美彪：

您提的这个问题很重要。前辈学者对历史研究工作的要求，主要是强调两条。一是要在基础史料上下功夫，一是要善于独立思考。这是和自然科学不一样的。数学、物理学可以把别人的新成果作为研究的起点，不必再去引据阿基米德、牛顿、瓦特。历史研究不同。尽管秦汉史研究的专著、论文很多，你要研究项羽、刘邦还得依据《史记》《汉书》。不能依据别人的文章，写自己的文章。对于别人的所谓"新成果"，包括中国和外国的，都应该有所了解，但又都要加以识别，可以同意，也可以不同意，可以参考，也可以不参考。对于基础史料的理解程度和独立思考的深度，才是学术评价的依据。

如您所说："史料整理等基础性研究工作，费时费力"，难度很大。非汉族史料的整理和基础性研究，难度更大。这不仅是因为语言障碍需要克服，还因为不同时代不同民族有着不同的思维方式、不同的道德标准、不同的文化传统以及不同的社会政治制度。汉文文献往往是应用汉族的思想习惯和传统观点来观察和记录非汉族状况，不免似是而非。剥去汉化的外衣，才能发现合理的内核。所以，要想深入了解各民族的具体的历史实际，就需要付出很大的功力依据原始史料作基础性的研究。这类工作的甘苦，不易为人知。工作的意义也不容易被人们了解和认同。这就需要甘于冷漠，人不知而不愠，为学术事业无私奉献。中华人民共和国成立以来六十多年间，各民族历史文献的整理研究取得划时代的成就。这表明无数的奉献者付出了穷年累月的辛勤劳动,应当受到人们的尊敬。各民族的文化宝库中还有大量文献有待整理研究。希望年轻一代的朋友们继承前辈的奉献精神,继续努力做出更多的成绩。

乌兰:

记得在内蒙古大学蒙古史研究所学习、工作时,我的导师亦邻真老师、周清澍老师在课上和课余都曾多次夸赞您的文章,说您的文章不仅学术水平高,而且文风正,不故弄玄虚,无废话、不兜圈子,逻辑清楚,语言简明流畅,让我们每篇必读,从两个方面认真学习。您2012年11月在中国藏学中心作学术讲座时谈到如何写好文章的一些问题,我觉得很受启发,认为对纠正目前学界的一些不良倾向也具有正面警示作用,因此能否请您再具体展开来谈一下呢?

蔡美彪:

如何写文章是个大题目,不知从何说起。我的文章写得并不好,并不像您说的那样。承您过奖,愧不敢当。如果问我的体会,我只能说一句话:努力为读者服务。

文章有多种类型,您说的是学术性文章。这也有两类。一类是传播知识的普及性文章,另一类是专业性文章,破解疑难,探索未知。两类文章读者对象不同,但都是写给读者看的,不是个人抒情遣兴。所以,必须考虑让读者容易看、看得明白、看得下去并愿意看。要做到这些并不容易。首先需要对要谈的问题想清楚,否则先别急着写,等想清楚了再说。写作时要处处为读者着想。比如:能写得简短就不要拖长,浪费读者时间;能用平常话说明白就不要用生僻的词句,令人费解;引用史料旨在说明问题,不能贪多;注释明意而止,不需烦琐,如此等等的问题,心中有读者才能更好地为读者服务。如果心里总想着显示自己有学问,看书多、材料多,就难免陷于烦冗,影响读者畅读。文章怎么写才算好,还包含文学修养和写作技巧等问题,前人论说很多,见仁见智,都给人以启迪。就学术文章来说,树立为读者服务的观念,或许有益。

乌兰:

非常感谢您精彩的回答。考虑到您身体的关系,我不再提出更多的问题,但是您现有的回答已经让我又学习到了很多,包括精神层面的和专业方面的,更加明确了应当努力和坚持的方向。我想您所讲的内容是对民族史研究乃至整个历史研究的新贡献,必将引起广泛的重视。关于"《元秘史》中所见古代蒙古亲属称谓"的研究,承蒙您器重和鼓励,我一定会努力去做,争取不辜负您的期望,届时还少不了当面向您请教呢。最后,希望您多多保重身体,注意劳逸结合,祝您健康吉祥。

(原载《中国民族研究年鉴2010—2012》,中国社会科学出版社2014年版)

周清澍先生访谈录

乌兰：

周老师，您好。最近《中国民族研究年鉴》编辑部提出希望为您作一次学术访谈，委托我与您联系。在亦邻真老师和您的直接指导下，我读完了硕士研究生、博士研究生课程，获得了历史学博士学位，其后直到今天，仍然不断得到您无私的教诲。今天能借这样一个机会请您谈谈自己的研究生涯，我感到非常高兴。您爽快地同意接受采访，我本人并代表《中国民族研究年鉴》编辑部向您表示衷心的感谢。

您是蒙元史学界著名的大家，以自己广博的学识和对学科发展需要的透彻理解，几十年不懈努力，在科研、教学工作以及学科建设等方面都作出了非常重要的贡献，成为新中国蒙元史研究事业的奠基人之一。实际上您的研究范围不仅限于蒙元史，纵向上起成吉思汗，下逮明、清时期蒙古史；横向扩至辽、夏、金史，涉及政治史、经济史、部族史、历史地理、文献学、学术史等多个领域。您在《民族研究》复刊二十周年时曾谈及民族研究的目的，着重讲了"弘扬各民族的历史和文化，加强各民族的自信心和自豪感"的问题。现在能否请您谈谈民族史研究的理论和现实意义？在研究当中应该注意哪些问题？

周清澍：

几年前我曾应《民族研究》的邀请发表感言，我将自己多年思考的问题，即所学专业有何用途作为回复，非常浅薄。你对我的评价过誉了，尤其是在党指导下的理论和现实问题，我没有回答这类问题的能力。

乌兰：

1962年是一个具有特殊意义的年份，值成吉思汗诞生八百周年、《蒙古源流》成书三百周年。当年，以内蒙古大学历史系为主，内蒙古史学界举办了相应的纪念学术活动，全国不少蒙古史学者前来参加，成为学界的一大盛事。您写出了自己第一篇蒙古史论文《成吉思汗生年考》，还与他人合作完成了论文《〈蒙古源流〉初探》，提交会议，赢得了崇高的声誉。蔡美彪先生曾总结您的研究特征为"由博返约""求真求实""赋有新义"。请问您的治学理念和体会如何呢？

周清澍：

你提到的两篇论文，不能算我潜心研究的成果，而是完成领导所交任务的急就章。在写作过程中，当然有所收获和体会。

1961年冬，内蒙古大学向内蒙古党委报请明年举办纪念成吉思汗诞生八百周年学术会议，宣传部指示，由于生年有不同说法，应上报有关资料，确认是诞生八百周年才能举办。为此领导将任务交给我，我也尽所能地搜罗资料完成了任务。拉施特《史集》当时只有俄译本，国内很难看到，好在我自己有书并有自译稿。我发现第2分册成吉思汗纪与《圣武亲征录》同一蓝本，因而对照着读，发现《亲征录》和《元史》从壬戌年（1202）开始纪年，《史集》同样从这年起算一单元，可是在此前的1195年开始又另增七年有纪年的一单元，所列史实在汉文史料和《元朝秘史》中皆有记载，但既无纪年，也不似这几年内连贯发生的事。在1196—1203年这单元的标题上写着："在最后之一年，成吉思汗满四十一岁"。与《亲征录》所载同年"时上春秋四十有二（中国算虚岁）"是一致的。但拉施特在1167—1194年这单元的总标题上又说："到最后之一年成吉思汗满四十一岁"，他正是根据这增添的记载肯定成吉思汗享年七十二岁。但他忘了将原始史料中的真实记录删除，因而留下自相矛盾的漏洞让我轻易地否定了他的说法。

其次是洪钧与伯希和根据杨维桢的《正统辨》，说宋太祖与元太祖都生于亥年，因此洪钧得出中外史料都证明成吉思汗生于乙亥（1155）年；伯希和则强调干支全同，同生于丁亥年。

当时学校很重视此事，于北辰副校长亲自过问，令我去北京查书并向老师请教。我将初稿交翁独健先生审阅，他拿出一本《哈佛亚洲研究杂志》，展示其中洪煨莲的《〈蒙古秘史〉源流考》说，这篇文章中引用李慈铭读《宋季三朝政要》的《日记》，提到成吉思汗的生年问题。我回去查《宋季三朝政要》原书，才知《正统辨》是从此书摘抄，但删去了"生于乙亥，以庚申岁即位，命伯颜平江南"的具体内容。这三件事放在一起，明明是指忽必烈的出生、即位年和平南宋的事，作者是宋末遗民，将元太祖和世祖的长串谥号搞混了，因而得出汉籍中有史料佐证《史集》的说法，经我澄清，也被推翻了。

发现以上两点是《成吉思汗生年考》排除异说的要害，但科学研究中这种机会很难得，当然要感谢翁先生的指导。

你提到的《〈蒙古源流〉初探》一文，不是我个人的成果。我接手前，白音（额尔德尼巴雅尔）已阅读过内蒙古各处馆藏的蒙文原本，做了大量审查版本和校勘的工作，写出了初稿。由于他的汉文表达有困难，领导指定我修改。写作过程中，林沉（亦邻真）对我们的帮助很大，我们三人常聚在一起讨论到深夜。当时我正值而立之年，的确感到特有灵感，从扩大论文视野到频出新见，也得到他俩的赞赏。值得回味的不是论文的好坏如何，而是几个青年人在没导师指导下的真诚合作。

你没提到的《蒙古社会如何向封建制度过渡的问题》一文，却是我下过功夫自认为较满意之作。当时史学界风行所谓历史分期问题，但普遍有简单化的倾向。恩格斯的《家庭、私有制和国家的起源》，从古希腊和日耳曼人的历史记载中总结出若干特点，但不似《蒙古秘史》那种亲见亲闻的记载生动。在国家未出现前确有一个父家长奴隶制时期，同时包含奴隶制和农奴制的萌芽，也就有两种发展可能，从而打破了斯大林必经五种社会生产方式的教条。当时学长张广达正在北大讲授元史，与我常有交流，由于我采用他所译《原始文化史纲》的观点，所以对我的论文大加赞扬。

至于"治学的理念"我没特意总结过，你可以从我叙述的经历和体会中看出来。

乌兰：

蔡美彪先生曾评价您"治学勤奋，博览群书"。作为您多年的学生，我对您的最深印象也是"博学"，恐怕接触过您的人都会有这种感觉，因为不管是专门请教学术问题，还是平时聊及其他领域的事情，您总能将其来龙去脉一一清楚道来。例如刘元珠教授就曾赞叹您的博学，说您具有"照相机记忆"。您曾回忆叔父对您成长的影响，说叔父所留题词"博学、审问、敬业、乐群"八个字是自己治学等方面的终生准则。可否谈谈您是如何看待博学的？博学对于历史研究尤其是民族史研究具有什么意义？

周清澍：

我没资格称博学，反而会感到是嘲讽我不专精。我有一大缺憾，学蒙元史是改行，中国史只在大学上过基础课。当年学的世界近现代史、亚洲史后来很少用得上。

你提到我叔父的题词"博学、审问、敬业、乐群"八个字是我治学等方面的终生准则，这是入大学后逐渐领悟的。从进北大开始，我见识了什么是博学。跨进沙滩北大的图书馆，大开我这个来自三家村中学生的眼界，看到插架满厅的中西文阅览室，翻开仅录书名的卡片柜就有几十架，才知道学问之大，有读不完的书。一年级上课，张政烺先生的辅导，不管课内课外的内容，有问必答。余逊先生讲课，不管是秦汉的前四史，还是南北朝的八书二史，原文都是默写到黑板上。我羡慕和崇敬老师们的博学，开始懂得应朝此方向努力。

我调来内蒙古工作，改行从头学起，治蒙元史须掌握各种文字的史料，须借鉴国外的研究成果，我认识到自己业务知识贫乏，还有掌握的外语差而且少等缺陷，但不能对自己降格要求。如我不懂法文，也猜着读伯希和的《圣武亲征录注》，感到某一段有用时，就请教懂法文的人讲解、译出。在写《中国通史》西夏一章时，从俄文书刊中发现《天盛年改新定律令》一书，我不懂西夏文，就请黄振华先生帮我翻译。伯希和所得敦煌藏文文献有《八世纪五个回鹘人出使亚洲高原北部记》，我不懂藏文，借用《亚细亚杂志》的译文，引用到论文中，后来大家都能看到王尧先生从藏文译出的译文。因此，我的体会是，面临任何研究课题，应从最高标准要求，竭泽而渔地搜罗有关的史料和信息，哪怕我的能力只能浅尝即止，也争取尝一尝。譬如，我校召开过几次国际蒙古学会议，讨论的内容，包括从古到今的历史，还有文学、语言等等。所有的报告我都听，论文提要都看，不懂就从中学一点，没资格发言就耐心听，多少会听出些门道。我在蒙古族的同行朋友中生活五十多年，自愧没学会蒙文，但仍敢在你们蒙古族学者中讨论学术，敢写论蒙文史书《蒙古源流》的文章，敢于为你的大著写序，只能说我胆大，岂能称"博学"。

我学力有限，对许多棘手的课题仍敢于尝试，虽无力使研究深入，但发现了一些珍贵史料和佚书、新书，为有专长的研究者提供了方便。

乌兰：

您从20世纪70年代初开始，先后参加《元史》标点、《中国通史》、

《中国历史大辞典·辽夏金元史卷》、《中国大百科全书·中国历史卷》、《蒙古族简史》、《内蒙古历史地理》等集体项目，承担了重要的工作，成果面世后反响颇佳，广为使用。现在，集体项目的机会大大增加，科研经费也普遍增长，然而真正高质量的成果却不易看到。您觉得当前集体项目的做法与您们那时的情况主要有何不同？现在应当注意哪些问题、避免哪些倾向？

周清澍：

1959年年初我从农村回到学校，领导让我改行学蒙古史，同时参加《蒙古族简史》的编写，号称边干边学。从那时起，直到1985年《中国历史大辞典》审稿结束，二十多年中，我主要是参加集体研究工作（90年代又主编《内蒙古历史地理》）。

我对过去搞运动式的编书是不赞成的，尤其所谓边学边干，实际上是不学而要求能干，往往是浪费青春。但某些研究工作并非独力所能完成，必须聚集学有专长、志同道合者共同完成。这两类工作我都参加过。前一类我自知学力浅薄，又迫于时限，内心虽不以为然，但仍设法弥补自己的不足。如我一贯早睡，竟为此发奋，每夜工作到凌晨三点。读《蒙古秘史》，开始展阅就昏昏欲睡，坚持读了多遍，终于将全书几乎默记下来。至于后来点校《元史》等工作，都是国家的大工程，深感参加这类任务的光荣和责任重大，参加者又是能同心协力的朋友，因此元史学界累次协作任务完成得既快又好，得到好评。例如，《中国历史大辞典·辽金西夏元分册》定稿时，我因事进京，主编蔡美彪留我一同终审，当时编委朋友或任所长，或任主任，都脱不了身，只有我无官一身轻，心想能为朋友分忧也是我的荣幸，于是就独自留下工作了半年。稿子收齐后，有近百难写的辞条无人承担，我只得硬着头皮承接下来完成。

我叔父书勉我的题词，后四个字是"敬业、乐群"，这很适用于我和一起参加过集体项目的朋友。如朱熹夫子所说，"敬业"就是"专心攻志以事其业也"。工农百业的人皆能专心其业，知识分子皆能专心致志于科学事业，社会生产力、科学技术才能发展，这是极简单的马克思主义道理。中华人民共和国成立以后，对新中国满怀希望的知识分子，认为从此可以施展一己之长，既有自己的前途，也能报效社会和国家。谁知运动不断，资产阶级思想越改造越多。老师热心教学生，落得用资产阶级思想腐蚀青年的罪名；学生专心学，被批走白专道路；科学家潜心研究，又被责以"只会拉车,不会看路"。最后干脆说"知识越多越反动",把大家都赶到农村去劳动。在当时,我的专业知识从无到有,从"专心致志"学习,到热爱"以事其业",在频繁的运动中,能够有事可做,能够和志趣相同的朋友合作,一起探讨学问并从中取益,这就是"乐群",是我们这一代人的共同心情。如我们参加校点《元史》时,大家在一起工作,除平常的上午下午两班,又增晚上一班。驻校军宣队发现主楼四楼彻夜灯光灿烂,非常惊讶,问我们因何这样努力,大家的回答是,"文化大革命"耽误我们的时间太多了,现在有事可干,有使不完的劲,并不感到辛苦,来加夜班都是自觉自愿的。

由于能力有限,这类工作中我负担的部分不能尽如人意,但主观上我是尽心尽力敬业的。

你所说当前一些消极现象,我认为是从以往的极"左"又走向另一极端。文科的研究,科研经费少一点也能干。如果贪图经费,编造一些大而无当的工程,聚集一批不敬业而只想从中分享好处的人,反而事情做不好。

乌兰:

您1957年从北京大学历史系研究生毕业后留系工作,不久调到内蒙古大学工作,除了科研、教学工作外,几十年间陆续为历史系、蒙古史研究所和校图书馆购进了大量的图书、文物资料,包括珍贵的蒙古史波斯文图书、俄文图书等,还有五百多份辽、金、元时期不同文种的碑拓、数量可观的陶器、青铜器、古钱币等文物,为形成内蒙古大学蒙古史研究资料的特色收藏立下了头功。您在内大四十周年校庆时曾撰文谈过一些这方面的情况,不知现在收藏、利用的情况如何?您认为史料的搜集、保存、整理对于研究具有怎样的意义?

周清澍:

我是自觉自愿要求来内蒙古工作的,本来我是分配在北大。我们这一代人的青年时代充满了革命的豪情,只想为祖国作出更大的贡献,那就是到最需要自己的地方去。当时还没有历史系,更无系党政领导,戴学稷是筹建历史系的负责人,就住在我们宿舍里,我们这些他在北大结识的朋友成为他的参谋。首先是罗致教师,提供信息谁可能挖走,或毛遂自荐;其次是购买图书,搜罗资料。总之,那时的心情不同于现在谋职就业的大学毕业生,自认是为创建一所新大学出力的主人翁。

图书一类是北大赠送的。我们得到时任北大图书馆长的向达先生支持，赠送给我校122函的巨帙《清实录》（伪满影印本），燕京哈佛学社出版的专著丛刊和各种引得。院系调整取消了暨南大学，图书调归北大，来不及开箱整理，也都调归内蒙古大学。

另一类是采购。1957年11月，我同戴学稷专程前往上海、苏州、南京、济南等地买书。此后一直到1965年，多次利用出差的机会，主动为图书馆采购。在校期间，图书馆收到国内外书商的图书目录，也让我圈定选购。

买书耗费我不少精力，有时是很辛苦的事。住在北大和西郊的时候，每周约进城两次，从西城到东城，马不停蹄地跑遍旧书店，回时上了32路车，累得抓住车上吊环就睡着了。我工资不高，来回车费、途中吃饭也是一笔开支，加上看到好书，自己也买，因此弄得非常拮据。但是我却乐此不疲，先是因爱买书，所以愿为图书馆尽义务。这可算另一种敬业，其实我能从中自得其乐，尤其是买到难得的好书时，即使不归自有，也颇有成就感。

买了几年书，学到了不少知识，尤其是古籍的目录版本之学。我校图书馆馆藏渐多，我也学会重点搜罗。如地方志，我随身带着朱士嘉的方志目录，凡馆藏有的都画上圈，到每个书店就让店员挑选没圈的书。收罗元人文集，就自编元人文集版本目录。其中善本不可能买到，又从北京图书馆等大图书馆摄制了一批元明刻孤本。

外文书我也买到一些好书。如苏联1957年前科学院所有出版的历史著作和学术刊物。三书架沙俄时代的旧书，其中有两部百科全书。你译注《蒙古源流》用的底本库伦本，是我从旧书店的外文书目中发现这部德国的影印本。1736年出版的杜阿德著《清帝国和中国鞑靼人的地理、历史概述》，英文、法文版两部各4卷也是从书目中发现买回的，现已成为图书馆珍藏的展览品。商务印书馆出版的《穆拉维约夫—阿穆尔斯基伯爵》（1891年俄文原版）、内蒙古人民出版社的《蒙古及蒙古人》（第二卷，1898年原版），所用原本也都是我从旧书店淘来的。

此外，学长吴荣曾和我，得到张政烺先生的帮助挑选，为历史系采购了能办一个小博物馆的文物。经向达先生的指点，为研究室买到五百张辽、金、元的石刻拓片。纪念校庆时的文章，我特意写亲身接触到的几位老教授的事迹，包括还戴着"右派"帽子的向达先生。他们都充满政治热情，曾主动支持内蒙古大学的建设。

乌兰：

2011年您出版了《学史与史学——杂谈和回忆》一书，其中十篇与怀念恩师和学术挚友有关。读来不仅能了解到那些学术前辈们的学识和情操，也能体察到您尊师重友的品格。实际上您对我们这些学生也同样是极尽爱护、提携，一心想把我们培养成才。每当想到您，心里总是感到暖暖的。您认为好的老师对学术传承和学术事业的健康发展具有什么积极作用呢？还有，您和亦邻真老师"共事近四十年，生同岁，同出于北大，毕生同在内蒙古大学蒙古史研究室、所工作，并一同从事蒙元史研究"。乌云毕力格师弟曾比喻您们二人"如雄鹰双翼、车驾双轮"。初上工作岗位的您们二人，风华正茂、才华横溢，志同道合、相得益彰，在科研和教学方面一直配合默契，逐渐撑起蒙元史研究的一片天地，使内蒙古大学蒙古史研究所成为该学术领域的一块重镇。我非常怀念在您们身边学习、工作的那些岁月，感到自己特别幸运。还想请您谈谈内蒙古大学蒙古史研究所成立的过程以及办所特点。

周清澍：

我在美国十年，闲暇无事，常回忆往事。此生事业是从入北大学历史开始，我们是新中国最早一批大学生，经历过知识分子改造运动，与老师们有过近距离接触。当时将他们的历史翻个底朝天，将任何缺点上纲上线进行批判，多年后发现他们的缺点与一般人一样，并非资产阶级所独有，在现今的知识分子中普遍存在，甚至更严重，无所谓阶级性。因此我的回忆，是对当年的荒谬进行反思。60年前这段历史已有人开始研究并从中总结教训，亲历者逐渐故去，我的回忆也许能为他们提供些素材。

在20世纪五六十年代，旧知识分子被有的领导压制和歧视，学问再大，扣上不懂马列的资产阶级知识分子的帽子，就予以全盘否定。自己从事科学研究数十年后，回顾老师们的经历和治学道路，总结他们的成就和贡献，才明白当年幸遇那么多名师，却不懂得认真学习，虚心求教"审问之"，耽误了光阴，错过了难得的机遇。

到内大来以后，开始是我一人从事元史研究，四年后林沉来校与我同治蒙元史，在没有导师的情况下，我俩业务的长进，常得益于相互间的切磋。

北大校友我写了两个人，其一是蔡美彪，我入北大，他已是研究生第二年，早我五年。我在他领导下参编《中国通史》和《中国历史大辞典》，他是我名副其实的学长。其二是林沉，他入北大，我已是研究生第三年，晚我六年。但不同的是，他年长我两三月，有蒙古族治蒙古史的天然优势，反而成为我的学长。

我们的友谊不仅由于专业相同，而且由于治学理念接近。也许我们同受北大师长学风的影响，反对一切浮夸的学风。首先要求个人治学严谨，也反对集体为了搞经费，争抢力所不能及的科研项目。他担任所长后，大小事都事先同我商量。他的主张遭到抵制，或言谈得罪所内外的人，因我能理解他的思路，故能充当他的支持者，或帮他消除误会。

乌兰：

杉山正明十几年前谈及日本的元代史研究今后大的可能性时，从全面利用史料的角度出发，认为"以前的蒙古帝国史研究实际上可以说大体都是单引擎飞行的状态下进行的"，提倡综合利用东西方史料群文献。您从1978年招收第一届硕士研究生时就开设了"蒙古史史料学"课程，内容涉及蒙古史不同语种、不同类型的史料文献，强调充分占有史料的重要性。请问您对目前国内蒙古史研究、元史研究的现状看法如何？认为取得了哪些进步，还存在些什么问题？

周清澍：

杉山正明谈的是日本史学界的情况。我认为，在20世纪上半叶，日本由于国力较强，加上满蒙侵略政策的驱动，在蒙古史的研究上总体超过我国。从代表人物说，王国维这样的多方面成就的天才学者，在中日两国都是空前的；"单引擎飞行的"陈援庵，作为中国人其国学的深度日本学者也难达到。但王国维专攻蒙古史仅几年后就早逝，其他学者都因为战乱等不安定环境而成绩有限，而日本则产生了一批有成就的学者和学术著作。

就学术发展方向来说，也许我国有洪钧的榜样，由于在学术界颇有影响的二陈鼓吹，我国先后派出韩儒林、邵循正、翁独健三位先生向伯希和学习，目的非常明确，就是综合利用东西方史料研究蒙元史。可是韩、邵先生刚回国，翁先生还在法国未学成，中日战争已爆发。此后八年抗战，四年内战，三十年人为的阶级斗争内斗，致使本来文化、科学不发达的中国，各个学科皆踌躇不前，既有的人才不能发挥所长，甚而遭摧残，新的人才又培养不出来。这不是没有认识到的问题，而是社会环境不允许。

日本在 20 世纪初，白鸟库吉等人的研究就不能说是"单引擎飞行"，我明白杉山的意思，是指其师本田实信先生出国专门学习波斯等文字，回国后能综合汉文和穆斯林史料进行综合研究，并带出他们这批学生。的确，他们的研究扩大了视野，取得了新进展。因此，从事蒙元史的研究，须掌握多学科的知识和多种语言文字。

现在，国内外研究蒙元史的队伍扩大了，研究的问题越来越细。除元朝和伊利汗国两蒙古王朝留下若干史著和丰富史料外，金帐汗国有古俄文史料，高加索有古亚美尼亚文史料，正在打仗的叙利亚也有古叙利亚文史料，甚至有用叙利亚文刻的墓碑散布在内蒙古和新疆霍城。西欧有东来、西去的商人或传教士的游记等。国内还有各族文字史料，尤其是被元朝奉为帝师的藏传佛教也有不少藏文史料。实际上，一个人很难包打天下，伯希和那样的天才毕竟是罕有的。

对于年轻的学者来说，时间还允许进一步提高，不妨把目标放高一些，不要满足于硕士、博士、教授的头衔，应尽量充实自己，争取做一个双引擎、多引擎飞行的专家。有的人外语条件差也不要气馁，如能认真钻研，即使只掌握汉文史料，研究元王朝腹地的历史还大有文章可做，有待深入，治中国史中国人还是要胜过外国人。同样，外族人学蒙文，终不及蒙古族人占天然优势。我看到少数论文，连外国人已熟悉的汉文史料都不知道，那就太不应该了。

内蒙古大学蒙古史研究从开始就重视吸收国外的研究成果，搜罗和采购国外图书资料，订购专门杂志。1960 年以后配备了专门的翻译人才。1962 年创办《蒙古史参考资料》，"文化大革命"前出版 25 辑（25 辑制版未印，"文化大革命"后又出 43 辑），免费寄赠全国各大学图书馆和历史系，是全国唯一系办介绍国外研究的刊物。研究室内潘世宪、金启孮、周建奇、周良霄、黄时鉴、余大钧、林沉、白音等都是常看外文书的，其中潘世宪、周建奇、余大钧专职搜罗国外成果，译编刊物。在当时对外封闭的情况下，在全国的历史系中也是罕见的。近年来，我注意到大学招生强调外语，出国留学、进修者渐多，已有人能直接利用波斯文史料或译书，有非汉文蒙元史名著的研讨班，有人综合国外优秀成果发表论著，这是可喜的现象。但我从大量论著中，发现直接利用外文史料和国外成果的学者反而不如当年，如我的印象不误，这倒是一种应克服的不良倾向。

乌兰：

您退休后仍笔耕不辍，直到前年还有文章发表，其中既有不少回忆师友的文章，也有多篇学术论文。结束侨居美国的生活回到内蒙古大学后，您又多了义务为人审稿、改稿和答复学术咨询等事情。请问您今后在研究方面有些什么具体打算呢？

周清澍：

我退休后闲来无事，在美国选择写回忆消遣。回国后喜欢有朋友来往，参加健康允许的活动，只不过为填补晚年生活的空闲而已。我的回忆分两部分：一部分是入大学到参加工作后，另一部分是思念此前我生长的故乡。后者我以回忆地、物为主，见物思人，也追忆及我经历的往事。初稿在《武冈文史》发表，后来我发现引用的地方志颇有错误，也有遗漏，因此想在这小地方范围内翻翻书，做一点查缺纠误的工作，近年研究者利用方志的人渐多，也许我的工作能对他们提供借鉴。这仍是我消遣余生的安排，谈不上"笔耕不辍"，创什么名山事业。

乌兰：

谢谢。这次又真是不虚此行，听了您精彩的回答，感觉又上了一堂特殊的专业课，收益颇多。您所讲的内容非常重要，相信对学界尤其是年轻学子会产生积极有益的影响。祝愿您和屠骊珠老师健康快乐、吉祥如意！

（原载《中国民族研究年鉴2010—2012》，中国社会科学出版社2014年版）

后　　记

　　1978年夏季我大学毕业分配到内蒙古大学蒙古史研究所工作，正式开始了蒙古史专业的学习和研究。在恩师亦邻真先生、周清澍先生的指导下，先后完成了硕士课程、博士课程的学习，获得了历史学博士学位。老师们给我确定的基本研究方向是蒙古文历史文献的整理研究。回顾近四十年的研究历程，我主要做了《蒙古源流》和《元朝秘史》整理研究方面的工作。

　　进入内蒙古大学蒙古史研究所工作后不久，我就接受了《蒙古源流》的整理研究任务。《蒙古源流》是蒙古鄂尔多斯部贵族萨冈彻辰洪台吉完成于1662年的一部蒙古文史书，原名为Qad-un Ündüsün-ü Erdeni-yin Tobči（诸汗源流宝史），清乾隆年间清廷汉译本殿本版心刻简略书名"蒙古源流"，遂成为该书汉译本之通称。该书是明代蒙古史最为重要的蒙古文史料。元朝皇室退出中原之后，蒙古人的历史创作似乎沉寂了一段时间，至17世纪前后集中出现了一批蒙古文史书。原因在于从16世纪初答言汗统一诸部以来，蒙古地区的政治形势开始好转，社会相对稳定，经济逐步得以恢复和发展，客观上为修史提供了必要的条件，而藏传佛教的大规模传入也从精神上刺激了史书的创作，并带来了藏族修史特点的影响。这一时期的史书多为蒙古汗统史，也有个别高层统治者的个人传记。17世纪蒙古文史书在内容详略、史料来源等方面有些差别，但总的来说共同点还是比较明显的。它们都采用编年史的体裁，记载远古到作者生活时代的蒙古通史，以蒙古汗统为主线，辅以佛教传播史，对早期蒙古史书脱卜赤颜既有继承也有发展，已形成风格不同的新模式，对后世的蒙古文历史著作产生直接影响，起到了承前启后的作用，尤以《蒙古源流》为集大成者。在17世纪蒙古文史书中，《蒙古源流》记载的内容最多最丰富。蒙古汗统史是其中心内容，而其中元末至清初的一段历史又是全书的重点，约占整个篇幅的二分之一、蒙古汗统史部分的三分之二。明代有关蒙古族历史的汉文史料相当丰富，但其内容大多是关于明朝与北方蒙古的关系，如军事冲突，以及封贡、互市等活动。对于蒙古内部的详情，如汗系王统、汗王更迭、内部战乱、各部落变迁等，则缺乏充分、确切的反映。而蒙古文史书的内容却更多地侧重在这些方面，正可以弥补汉文史料的不足。如果离开蒙古文史书，明代蒙古史很难整理出一个比较清晰的轮廓。不仅如此，《蒙古源流》等17世纪蒙古文史书在史学思想方面也为研究元代以后蒙古人的历史观及其变化提供了珍贵的线索。因此《蒙古源流》等17世纪蒙古文史书对研究明代蒙古史具有不容忽视的重要价值。然而由于清代满译本、汉译本以及后来一些不同文种的译本都不是在定本的基础上完成的，且存在不同程度的问题，直接影响到《蒙古源流》这部重要史籍的正确利用。为此，学界需要一部对其进行科学、规范整理研究的新成果。在亦邻真、周清澍两位老师的精心指导下，经过近二十年的努力，我终于完成了该书的文献学研究工作，于2000年出版了《〈蒙古源流〉研究》一书。这一学术成果遵循的是目前国际蒙古学界通常的理念和方法，内容包括原文校勘、原文拉丁音写、翻译、注释，以及文献学研究性的导论。《蒙古源流》的蒙古文手抄本存世较多，达三十多种，还有一种木刻本，收藏于国内外的一些藏书机构。首先要辨清版本源流，尽量利用具有代表性意义的版本进行校勘并制出定本，然后对定本文字进行拉丁音写，最后从语文训诂、史实考订两个方面进行注释。《〈蒙古源流〉研究》一书，除原文拉丁音写和十万多字的汉译文外，导论有四万多字，注释二十二万多字。该书出版已近二十年，得到了学界一定的认可，我感到很欣慰。

    2001年，我开始进行《元朝秘史》文献学方面的研究。《元朝秘史》是目前存世的蒙古人最初的历史作品。蒙古人自古就有记忆和传留自身历史的传统。至成吉思汗时期，蒙古人从13世纪初开始正式使用一种借自畏吾儿人的文字来记写蒙古语，后人一般称之为"畏吾体蒙古文"。在1227年成吉思汗去世后不久，蒙古汗廷就组织相关人员用畏吾体蒙古文撰写了他的历史。这应当是蒙古人的第一部史书，成为"国史""脱卜赤颜"的最初部分。蒙古汗国和元朝时期，有为每朝大汗撰写其历史脱卜赤颜的惯例，且断断续续得以维持。然而这些史书大多已经失传，现在仅能看到一部早期脱卜赤颜的明初汉译本《元朝秘史》。这一汉译本原本是作为教习蒙古语的教材而被编译的，正式题名"元朝秘史"，又将蒙古语名"忙豁仑纽察脱察安"（蒙古秘史）书于汉语书名下方，因此该书又有《蒙古秘史》之称。因该书的完整形式由正文（汉字音写的蒙古语原文）、旁译（逐词标注的汉译）、总译（每节所附汉文缩译）三部分组成，又被称为"特殊形式的汉字史籍"。《元朝秘史》记载了成吉思汗先人的世系谱、成吉思汗的生平史以及窝阔台汗的简史。该书是蒙古人首次用自己的语言、从自己的视角和观念撰写的自身的历史，直接反映了当时蒙古人对自身历史以及历史作品的认识，尚未受到过多外来因素的影响，蒙古成分含量高，代表了早期草原蒙古史家的撰史特点。经过长期广泛的、多方面的深入研究，《元朝秘史》已经成为一个国际性的学术领域，形成了专门的学科"《秘史》学"。到目前为止，《元朝秘史》的研究成果已不计其数，涉及历史、语言、文学、宗教、社会学等诸多领域。其中，文献学方面的研究开始得最早，取得的成绩较大，受关注的程度也较高。研究一部古籍，首先离不开文献学方面的研究。文献学研究是最基础的研究，对于《元朝秘史》这样一部特殊形式的史籍，情况更是如此。如果没有扎实、到位的文献学研究，其他方面的研究就会缺少质量上必要的保证。前人为《元朝秘史》文献学的研究付出了持续的努力，取得了一系列重要成果。然而此前由于客观条件和工作难度所限，即各种版本不易搜集齐全并加以利用、对校勘者专业知识的要求较高等原因，学界一直缺乏一部对《元朝秘史》进行全面校勘的成果。承担了中国社会科学院院重大科研项目"《蒙古秘史》研究"后，我决定开展这方面的工作，完成一部尽量全面的校勘本，以适应古籍整理研究的要求。《元朝秘史》的版本（明、清刻本及手抄本）已知有十多种，主要收藏于国内的一些图书馆，国外也有个别收藏。通过几年时间的版本信息搜集、版本的实地查阅，我摸清、掌握了相关情况，为开展校勘奠定了基础。具体校勘时以质量最优的《四部丛刊》三编本为底本，以其他主要版本（多为抄本）作为参校本。经过多年的努力，终于完成了这一任务，2012年中华书局出版了我的《〈元朝秘史〉校勘本》。此次完成的校勘本所利用到的国内外版本，数量达到十二种，基本上囊括了主要的版本，校勘的范围包括《元朝秘史》汉字音写蒙古语正文、旁译、总译全部三个部分。《元朝秘史》校勘的具体内容，多涉及蒙元史语文学知识以及明初翰林院蒙译汉规则。蒙古语方面，

《元朝秘史》还保留着古代蒙古语发音和语法上的一些特征，如词首清喉擦音 h 依然存在，但也反映出正在向脱落过渡。一种现在已基本不见使用的强调句式大量出现。汉语方面，总译的语言与元代特殊的硬译体有关。《元朝秘史》所采用的汉字音译蒙古语用字、旁译中语法关系之表示等方式，十分系统、规范和严密。照顾到了蒙古语元音和谐律、舌尖颤音、词首清喉擦音、音节末辅音等多种特点，采取不同方式处理，旁译中不只是单纯给出词义，还使用一套标示词法形式的特定用字，使原文的语法意义更加明确，不仅便于当时的人们学习掌握蒙古语，而且在客观上为后世的研究者们提供了可信度相当高的参考依据。因此，要保证校勘的质量，就要尽量多学习掌握相关知识，认真分析领会相关的翻译规则。回顾《元朝秘史》的校勘，深深感到如果没有导师辛勤培养为我打下专业知识的基础，没有学界同仁的鼓励、支持和帮助，自己是不可能完成这样一件比较艰难的学术工作的。

我的研究领域是古代蒙古史，主要侧重于元代和北元时期的历史，研究方向主要是蒙古文历史文献。通过老师们的教诲和自己的研究实践，我切实感受到蒙古文史书必须经过科学的整理和研究才能很好地利用。原因在于两个方面，一是由于辗转传抄中难免发生脱误，以及抄写整理中妄加篡改，史书本身常常失去原来的面貌，因此需要进行认真的版本鉴定和精细的史文校勘。二是由于封建意识和宗教迷信的影响很深，蒙古文史籍中的记载并不全是可信的，有些地方充斥着蓄意的歪曲，有些地方则文史不分，把传说故事和史实混为一谈，因此对蒙古文史籍的各种记载必须作科学的考证、研究，去粗取精，去伪存真。而对于从事蒙元史研究、蒙古文历史文献研究的人来说，语文学是不可或缺的专业知识，是基本功。如果不具备蒙古史语文学方面的专业知识、没有经过这方面的专业训练，就无法正常开展蒙古史和蒙古史文献的研究，不是碰到问题会束手无策，就是作出的解读和分析会有偏差。即使偶尔蒙对了，也只能是知其然不知其所以然。

历史文献研究和历史本身研究的关系不言而喻，研究者在整理研究历史文献的过程中往往会发现史实等方面的问题，进而引发对某一具体问题的专门而深入的研究。在整理研究《蒙古源流》和《元朝秘史》的过程中，除了陆续发表一些相关的文献学研究方面的文章外，我还撰写并发表了一些涉及史实和历史观等方面问题的论文。例如，《关于达延汗史实方面几个有争论的问题》《蒙古征服乞儿吉思史实的几个问题》《关于月伦太后与朵颜山关系问题》《成吉思汗去世及埋葬地问题再研究》等论文，就史料中相关记载的矛盾之处展开考证，对后人的不同理解进行分析，提出了自己的观点。历史文献除了记事准确度方面的问题外，还存在作者历史观方面的问题。随着时代的变迁，人们对历史的看法会发生相应的变化。就蒙古人起源的问题来说，17世纪蒙古文史书的说法已经与《元朝秘史》《史集》等早期史书的记载出现了距离。在《元朝秘史》中，成吉思汗的先祖孛儿帖赤那被尊为"应上天之命而生的"，《史集》说他从森林中的额尔古涅昆迁徙到草原上，但是到了四个世纪后的《蒙古源流》，孛儿帖赤那却被说成是具有古印度王族血统的吐蕃王的后裔，因遭难而逃到蒙古地方，被拥戴为首领，于是成了蒙古部的始祖。16世纪下半叶藏传佛教的再次传入，使蒙古人的精神世界发生了巨大的变化，佛教的思想成为人们行为的依据和准则，佛教产生和弘传之地成为人们向往的地方，而佛祖释迦牟尼及其家族王统更为人们所敬仰和羡慕，人们以能够出身于同一血统而感到自豪。蒙古右翼部落首领为实现自己的政治目的而引进藏传佛教，印藏蒙王统同源的故事应运而生，很快得到了蒙古社会的认可和接受，蒙古人的历史观也就从此发生了根本性的改变。人们带着这种变化了的历史观去返观、回顾历史时，不免往往与从前的史实发生认识上的冲突或矛盾，于是在新的历史著作中早期的史实让步了，或被避而不谈或被篡改，以适合新的历史观的需求。《印藏蒙一统传说故事的由来》《关于成吉思汗祖源的一些思考》《古代蒙古人历史编纂之特点——从〈元朝秘史〉到〈蒙古源流〉的变化》等论文，主要关注的是蒙古人历史观变化方面的问题。

作为一个蒙古族人，我从小就对蒙古人的姓氏很感兴趣，经常问家长一些相关的问题。进入蒙古史研究领域后，更加留意这方面的问题。亦邻真师1977年发表的文章《蒙古姓氏》对我影响很大。那篇文章虽然文字不多，但是准确揭示了蒙古姓氏的性质、特征以及发展脉络。后来看到社会上人们对蒙古姓氏的一些误解（包括文字的或口头的），感到作为一名蒙古史工作者有责任用自己严谨的科研成果去正面宣传，以消除误解、普及常识。《关于蒙古人的姓氏》《关于〈元朝秘史〉中的"马阿里黑·巴牙兀歹"》《〈八旗满洲氏族通谱〉蒙古姓氏考》等论文，就是在这样的初衷下撰写的。

《Dayan 与"大元"——关于达延汗的汗号》《〈元朝秘史〉"兀真"考释》《关于成吉思汗"手握凝血"出生说》《17 世纪蒙古文史书中的若干地名考》《蒙古文历史文献中涉及"国"及其相关概念的一些表述方法》等论文,讨论了蒙古文历史文献中所反映出的一些文化现象。

对文献的熟知度取决于积累。经过长期对蒙古历史文献的研究,我不仅加深了对文献本身的了解和认识,而且拓宽了专业知识面,使自己能够在研究中主动追索学术信息和新史料,在遇到新资料时能够比较及时地作出准确判断并开展相关研究。《从新现蒙古文残叶看罗桑丹津〈黄金史〉与〈元朝秘史〉之关系》一文,即利用新获得的文献残叶展开考证,证实了一个十分重要的问题。蒙元时代皇家史乘脱卜赤颜在元廷退回蒙古高原后,一种流向是落入明廷,一部分后来被据以制成蒙古语教材,以《元朝秘史》的形式在汉地流传下来(蒙古文原书已佚);另一种流向是以某种传抄本或异本的形式在草原上留存下来,但今天已经看不到这类本子的全貌,只有 17 世纪的罗桑丹津《黄金史》中保留了大量的迻录,相当于《元朝秘史》三分之二的内容。罗桑丹津《黄金史》参考利用的相关内容,应当来自脱卜赤颜在草原流传过程中产生的某种异本,因为它与《元朝秘史》之间存在着细部的差异。对于二者之间的细部差异,以往有人认为是罗桑丹津或他手下的抄写人有意改动和疏忽造成的,然而也有学者认为罗桑丹津《黄金史》所保留的脱卜赤颜的内容很可能来自一个中介本。2006 年,青年学者蒙古夫通过对内蒙古自治区达茂旗鄂伦苏木出土的两份残毁严重的蒙古文残叶的考证,指出它们出自脱卜赤颜的某一异本,使脱卜赤颜与罗桑丹津《黄金史》之间可能存在某种异本的推测首次得到了实物的证实。2009 年 5 月,照那斯图先生送我一幅蒙古文残叶的照片,拍的是贝叶装手抄本的两个半面。先生说 1999 年从北京大学考古系获此照片,据说是当年参加西藏阿里地区托林寺考古实习的学生带回的。我初读残叶内容,知与罗桑丹津《黄金史》有关,立即设法查询相关背景情况,同时就这两份残叶本身作了初步考证。考证的结果,所得最大收获就是以更多的实例证实了脱卜赤颜与罗桑丹津《黄金史》之间确实存在某种异本,从而进一步明确了罗桑丹津《黄金史》与脱卜赤颜之间,乃至与《元朝秘史》之间的关系。先写出蒙古文稿《关于新获两份蒙古文残叶》投给蒙古国国立大学学报《ACTA MONGOLICA》,很快被收入 2009 年第 9 期。经过进一步修改补充的汉文稿《从新现蒙古文残叶看罗桑丹津〈黄金史〉与〈元朝秘史〉之关系》，刊登于《西域历史语言研究集刊》第四辑（2010年）。正是因为自己有了长年反复阅读、研究《元朝秘史》和17世纪蒙古文史书的积累，才能对看似无头绪的文献残叶及时作出学术反应，在判断其性质的基础上考察深层次的问题。《释"庆元儒学洋山砂岸复业公据"中的八思巴文》《汪国钧本〈蒙古源流〉评介》《王国维的〈元朝秘史〉校勘与其蒙元史研究之关系》《蒙古国西部新发现汉文崖壁诗所涉史事考》等论文，亦属这种情况。

承蒙中国人民大学国学院西域历史语言研究所乌云毕力格教授提议并资助，使我有机会将自己已发表的论文和《〈蒙古源流〉研究》导论、《〈元朝秘史〉校勘本》前言合为一集出版。在此向中国人民大学国学院西域历史语言研究所和乌云毕力格教授表示衷心的感谢。文中的不妥之处，还望得到各方的批评指正。

乌 兰
2017年11月5日